黑龙江省地方性法规汇编

（2013—2017）

黑龙江省人民代表大会常务委员会法制工作委员会　编

黑龙江人民出版社

图书在版编目(CIP)数据

黑龙江省地方性法规汇编：2013－2017／黑龙江省
人民代表大会常务委员会法制工作委员会　编. — 哈尔
滨：黑龙江人民出版社，2017.12
　ISBN 978－7－207－11262－0

　Ⅰ.①黑…　Ⅱ.①黑…　Ⅲ.①地方法规—汇编—黑龙
江省—2013－2017　Ⅳ.①D927.350.9

中国版本图书馆 CIP 数据核字(2017)第 326664 号

责任编辑:李春兰　付秋婷

封面设计:徐　洋

黑龙江省地方性法规汇编(2013—2017)

黑龙江省人民代表大会常务委员会法制工作委员会　编

出版发行	黑龙江人民出版社
地　　址	哈尔滨市南岗区宣庆小区 1 号楼
邮　　编	150008
网　　址	www. longpress. com
电子邮箱	hljrmcbs@ yeah. net
印　　刷	黑龙江龙江传媒有限责任公司
开　　本	850×1168　1/32
印　　张	40.5
字　　数	1550 千字
版　　次	2017 年 12 月第 1 版　2017 年 12 月第 1 次印刷
书　　号	ISBN 978－7－207－11262－0
定　　价	128.00 元

ISBN 978-7-207-11262-0

版权所有　侵权必究　　　　举报电话:(0451)82308054

法律顾问:北京市大成律师事务所哈尔滨分所律师赵学利、赵景波

编 辑 说 明

一、为了向公民、法人和其他组织提供黑龙江省地方性法规的标准文本,我们编辑了这部《黑龙江省地方性法规汇编》(2013—2017)。

二、本书汇编了黑龙江省自 2013—2017 年颁布实施的地方性法规、法规性决议决定及自治条例和单行条例,共 165 件。

三、本书分为四编:第一编为省人大及其常委会制定的地方性法规;第二编为省人大及其常委会通过的法规性决议决定;第三编为省人大及其常委会批准的地方性法规和自治条例、单行条例;第四编为已被废止的省地方性法规及法规性决议、决定目录。各编法规均按照通过的时间顺序排列。

本书随赠光盘一张。光盘除包含本书内容外,还收录了制定地方性法规过程中形成的有关文件,如法规草案说明、法规草案的审议意见和法规草案审议结果的报告等。

黑龙江省人民代表大会常务委员会法制工作委员会
2017 年 12 月

目 录

第一编

第 二 编

第 三 编

哈尔滨市

第四编

第一编

黑龙江省高速公路管理条例

(2013 年 10 月 18 日黑龙江省第十二届人民代表大会
常务委员会第六次会议通过)

第一章　总　　则

第一条　为了加强高速公路管理,促进高速公路事业发展,保障高速公路完好、安全和畅通,根据《中华人民共和国公路法》和其他有关法律、行政法规,结合本省实际,制定本条例。

第二条　本省行政区域内高速公路的管理、养护、收费、服务、经营和使用,适用本条例。

第三条　高速公路管理应当坚持依法管理、统一规范、安全畅通、高效便民的原则。

第四条　省交通运输行政主管部门负责全省高速公路的管理,并组织实施本条例。

省、市交通运输行政主管部门高速公路管理机构依法履行高速公路行政管理的具体工作职责。

第五条　已建成的高速公路,高速公路管理机构、高速公路经营企业应当为公安机关交通管理部门提供必要的业务用房;新建高速公路,公安机关交通管理部门的业务用房建设应当与高速公路建设同步实施,其办公设备和办公经费由当地人民政府负责。

第六条　政府还贷高速公路由交通运输行政主管部门确定的高速公路管理机构负责高速公路的收费、养护、管理;企业建设经营的高速公路由高速公路经营企业负责高速公路的收费、养护、经营。

第七条　高速公路受国家保护,任何单位和个人都有爱护高速公路、高速公路用地、高速公路附属设施的义务,有权检举和控告破坏、损坏、非法占用或者利用高速公路、高速公路用地、高速公路附属设施和影响高速公路安全、畅通的行为;有权对高速公路的收费、养护和经营进行监督。

省交通运输行政主管部门应当设置并公布服务、监督电话。

第二章　养　护

第八条　政府还贷高速公路年度养护计划应当报有关部门批准，企业经营高速公路年度养护计划报省交通运输行政主管部门确定的高速公路管理机构备案。

第九条　高速公路大中修工程的实施应当履行基本建设管理程序。

第十条　高速公路管理机构、高速公路经营企业组织实施高速公路大中修工程或者改建工程项目的，应当提前十五日将高速公路保畅方案报送交通运输行政主管部门和公安机关交通管理部门备案，并在工程项目开工五日前向社会公告。

因进行养护作业，需要对高速公路双向全幅封闭、单向全幅封闭借用对向车道分流车辆或者占用单向一个车道作业的路段在两公里以上并且作业期限超过三十日的，除紧急情况外，在养护作业开始五日前将施工路段、施工时间、车辆分流路线等信息通过公共媒体向社会公告。

高速公路维修养护应当保证工程质量，保障行车安全、畅通，并采取措施以最短的时间完成。小修工程应当避开车流高峰。

第十一条　高速公路养护作业应当遵守下列规定：

（一）按照国家有关规定实行作业交通控制；

（二）作业现场应当按照养护安全作业规程设置安全作业设施和标志，作业人员应当穿着统一的安全标志服。高速公路管理机构、高速公路经营企业负责维持高速公路养护作业现场秩序；

（三）在高速公路上进行养护作业的专用车辆和专用机械应当经省交通运输行政主管部门核准，并报所在市（地）公安机关交通管理部门备案。养护专用车辆和专用机械作业时，应当设置明显的作业标志，并开启危险报警闪光灯；

（四）养护专用车辆和专用机械作业时，应当避开车流高峰时段，在不影响过往车辆通行的前提下，其行驶路线和方向不受高速公路标志和标线限制。过往车辆应当注意避让作业专用车辆、专用机械和人员，服从现场人员的指挥；

（五）养护作业完毕，养护单位应当迅速清除作业现场或者公路上的障碍物。消除安全隐患后，方可恢复通行。

第十二条　高速公路标志、标线应当规范、清晰、统一、准确，易于识别。不同限速标志之间应当设置合理的提示性标志。

第十三条　高速公路管理机构、高速公路经营企业，对高速公路养护巡查每日不少于一次。

第十四条　高速公路管理机构、高速公路经营企业应当及时修剪影响交通安全和遮挡公路标志的树木。

第十五条 当高速公路路面存有积雪或者积冰,影响高速公路运行安全,尚未达到关闭程度时,高速公路管理机构和高速公路经营企业应当对过往车辆进行提示,并及时清理冰雪或者采取防滑措施。

第三章 收　费

第十六条 高速公路管理机构、高速公路经营企业应当在收费站的显著位置,设置载有收费站名称、收费单位、收费标准、收费起止年限、审批机关和监督电话等内容的公示牌,接受社会监督。

第十七条 高速公路应当实行计算机联网收费。对驶入高速公路的货运车辆,按照计重方式收费,对客运车辆,按照车型方式收费。具体办法由省交通运输行政主管部门会同省财政、价格主管部门制定。

第十八条 通行高速公路的车辆应当按照设定的交费方式交纳车辆通行费。收费人员需要识别车辆收费类型时,车辆驾驶人应当出示相应的有效证件。

第十九条 高速公路管理机构、高速公路经营企业应当制定计划,建设高速公路联网电子不停车等智能收费系统,提高高速公路通行效率。

已建高速公路收费道口数量不能满足车辆安全、快速通行的,应当采取措施增设收费车道或者采取调整进出收费车道、启用便携式收费机等应急措施对车辆进行疏导。

第二十条 车辆通过高速公路收费站时,不得有下列妨碍高速公路交费通行秩序的行为:

(一)逃交、少交、拒交车辆通行费;

(二)调换或者使用伪造的高速公路通行凭证;

(三)强行冲闯高速公路收费站;

(四)故意堵塞高速公路收费道口;

(五)侮辱、威胁、殴打高速公路收费人员;

(六)以各种非法方式妨碍计量器具正常计重或者干扰联网收费系统正常运行;

(七)其他妨碍高速公路交费通行秩序的行为。

第二十一条 高速公路、高速公路用地、高速公路建筑控制区广告经营权归高速公路管理机构、高速公路经营企业。

高速公路广告设置不得影响安全视距,具体办法由省交通运输行政主管部门依据国家规定和标准制定。

第四章　服　务

第二十二条　高速公路管理机构、高速公路经营企业应当在收费站入口、服务区、重点路段等区域设立电子信息显示屏,及时发布通行状况、施工作业、收费标准、气象预报等服务信息。

第二十三条　高速公路上的清障救援服务由高速公路管理机构、高速公路经营企业统筹组织实施。

当车辆发生故障或者事故时,当事人可以向高速公路管理机构、高速公路经营企业求助,也可以选择社会救援机构实施救助。接到车辆求助信息后,高速公路管理机构、高速公路经营企业应当调度指挥就近的救援车辆和人员及时赶赴现场施救。除救援、清障专用车辆外,禁止其他车辆在高速公路上拖曳故障车辆、肇事车辆。

社会救援机构实施救助的,应当及时通知高速公路管理机构,高速公路管理机构应当派人到现场协助。

第二十四条　省交通运输行政主管部门应当制定清障救援服务办法,并会同省价格主管部门制定清障救援服务收费标准。

第二十五条　省交通运输行政主管部门应当制定全省统一的高速公路服务区经营管理规范,加强对全省高速公路服务区的监督管理。

高速公路管理机构、高速公路经营企业负责高速公路服务区或者停车区的经营管理,服务区设施应当处于良好状态,保证安全,保持清洁、卫生。

高速公路服务区或者停车区可以由高速公路管理机构、高速公路经营企业自主经营、合作经营以及对外承包经营。对外承包经营的,应当采取招投标或者经营权拍卖的方式确定经营者。

第二十六条　高速公路服务区应当与高速公路同时投入使用,并且提供下列服务设施:

(一)符合卫生标准的饮用水和水冲式公共厕所以及停车场、供司乘人员临时休息场所等免费使用的公益性设施;

(二)加油、维修、餐饮、住宿和超市等经营性设施;

(三)绿化、夜间照明以及给排水、污水处理、备用电设备等功能性设施。

需要临时关闭高速公路服务区的,应当报请省交通运输行政主管部门批准,并在电子信息显示屏公示。

第二十七条　高速公路服务区经营者应当公开服务内容、标准、价格,依法经营,诚实守信,文明服务,禁止下列行为:

(一)擅自扩大服务收费范围、提高服务收费标准;

(二)强制他人接受有偿服务;

（三）刁难、勒索和敲诈司乘人员；

（四）收费不开具合法有效的票据；

（五）其他违法、违规行为。

高速公路服务区所在地有关行政主管部门应当依法加强对服务区治安、食品安全、环保、经营和服务的监督管理。

第五章 路 政

第二十八条 高速公路与其他等级公路或者城市道路管理范围的分界，由省交通运输行政主管部门会同有关部门和单位划定，并且在分界点设置分界标志。

第二十九条 高速公路管理机构、高速公路经营企业应当在高速公路入口、相关跨越高速公路的设施，设置车辆限速、限载、限高、限宽、限长标志。

第三十条 高速公路用地范围为高速公路两侧隔离栅外缘起一米内的区域。

第三十一条 高速公路用地两侧外缘起五十米，高速公路弯道内侧、互通立交、大型桥梁外侧一百米为高速公路建筑控制区。

第三十二条 车辆通过高速公路收费站安全岛通道时，在安全岛通道前后应当按照标线、道口指示灯行驶。除领取通行凭证、交费和高速公路管理人员及执行紧急公务的人员外，禁止在高速公路安全岛前后各一百米内停车、行走、滞留及上下人员。

第三十三条 对高速公路、高速公路附属设施造成损害的单位和个人，应当及时报告高速公路管理机构，接受现场调查，处理后方可驶离。对拒不接受调查处理的，高速公路管理机构可以扣留车辆、工具。

公安机关交通管理部门在处理高速公路交通事故涉及路产污染、损失的，应当及时通知高速公路管理机构；交通事故结案后，对路产污染、损失的赔偿由高速公路管理机构处理。

第三十四条 任何单位和个人占用、利用、污染、损坏高速公路路产的，应当按照省人民政府制定的标准，向高速公路管理机构、高速公路经营企业缴纳公路赔(补)偿费。

第六章 交通安全

第三十五条 公安机关交通管理部门应当加强高速公路交通安全管理，通过日常巡查和技术监控措施，对高速公路上车辆超载、违法变线、违法公里的,在保证高速公路通行安全的前提下,应当经过科学论证,合理确定。

第三十七条　禁止行人、非机动车、拖拉机、轮式专用机械车、铰接式客车、全挂拖斗车以及其他设计最高时速低于 70 公里的机动车进入高速公路。

第三十八条　高速公路中央分隔带活动护栏开口处,是养护、抢险、救援专用车道,禁止其他车辆擅自通行。

第三十九条　对已建成的高速公路的标志、标线,公安机关交通管理部门根据道路交通安全需要提出变更的,高速公路管理机构、高速公路经营企业应当及时予以变更。

第四十条　禁止在高速公路行车道、桥梁、匝道、匝道桥上和隧道内停放、检修车辆,因车辆发生故障需要停车排除故障的,驾驶人应当开启危险报警闪光灯,将车辆移入紧急停车带,设置警示标志;难以移动的,车辆驾驶人应当在来车方向 150 米外设置警示标志,持续开启危险报警闪光灯并且迅速报警。

第四十一条　交通运输行政主管部门和公安机关交通管理部门应当互相配合,依据各自的法定权限,在经省人民政府批准的高速公路入口、服务区设置的超限、超载运输检测站,对过往载货、载客车辆进行超限、超载运输检测、检查。载货、载客车辆应当按照引导标志行驶到指定地点接受检查,不得强行通过。

禁止遮挡号牌、无号牌、超载和未经批准超限的车辆驶入高速公路。

第四十二条　因高速公路严重损毁、自然灾害、恶劣气象条件或者重大交通事故、道路施工作业、突发事件等严重影响行车安全的,高速公路管理机构、高速公路经营企业和公安机关交通管理部门应当及时互相通报情况,采取其他措施难以保证交通安全时,公安机关交通管理部门可以采取限速通行、间断放行、调换车道、关闭道路等交通管制措施,并及时向社会发布信息。

第七章　法律责任

第四十三条　违反本条例规定的行为,按照本条例的规定处罚。法律、法规有处罚规定的,从其规定。

第四十四条　高速公路经营企业未按照国家技术规范和操作规程进行高速公路养护,未按照规定清理积冰、积雪,未修复高速公路坍塌、坑槽、隆起等损毁的,由高速公路管理机构责令改正,并处五万元以上十万元以下的罚款。

通行费无法确定收费里程的,应当按照待交收费站与高速公路网内最远站点收费里程补交并加付车辆通行费。

拒不补交车辆通行费的,高速公路管理机构、高速公路经营企业可以将车辆拖移到指定地点处理,由此造成的损失和发生的费用由当事人承担。

第四十六条 强行冲闯高速公路收费站,高速公路管理机构、高速公路经营企业可以采取措施阻止其驶离,高速公路管理机构对车辆驾驶人处以五千元罚款。造成损失的,由车辆驾驶人赔偿。

第四十七条 驾驶车辆故意堵塞收费道口的,高速公路管理机构、高速公路经营企业应当及时将车辆拖移,由此造成的损失和产生的相关费用由当事人承担。

第四十八条 侮辱、威胁、殴打高速公路收费人员或者有其他妨碍高速公路交费通行秩序的,高速公路管理机构、高速公路经营企业应当及时移交公安机关处理。

第四十九条 高速公路经营企业有下列行为之一的,由高速公路管理机构责令限期改正,逾期未改正的给予下列处罚:

(一)未按照规定开通或者擅自关闭服务区的,处以一万元罚款;

(二)高速公路服务区提供的服务设施不符合经营管理规范的,处以五千元罚款。

第五十条 高速公路管理机构相关负责人和属于国家工作人员的其他责任人,有下列行为之一的,由交通运输行政主管部门依法给予行政处分,对非国家工作人员依据有关规定给予处分:

(一)未按规定进行高速公路养护和清理积冰、积雪的;

(二)违法实施行政许可的;

(三)发现违法行为未依法查处的;

(四)违法扣留、扣押车辆、工具或者使用扣留、扣押的车辆、工具的;

(五)高速公路收费道口不能满足车辆安全、快速通行时,未按规定及时采取应急措施对车辆进行疏导的;

(六)违反规定故意放行遮挡号牌、无号牌、超载和未经批准超限的车辆进入高速公路的;

(七)刁难、勒索和敲诈司乘人员的;

(八)收费未开具合法有效票据的;

(九)擅自关闭服务区或者服务区提供的设施不符合本条例规定的;

(十)玩忽职守、徇私舞弊、滥用职权等其他违法行为。

第五十一条 违反交通安全管理规定的,由公安机关交通管理部门依照道路交通安全的法律、法规规定处罚。

第八章　附　则

第五十二条　一级公路的收费、养护和路政管理依照本条例的规定执行。

第五十三条　本条例下列用语的含义是：

（一）高速公路是指按照国家公路工程技术标准建设，经验收合格向社会公告，专供汽车分方向、分车道高速行驶并全部控制出入的公路，包括高速公路桥梁、高速公路匝道、匝道桥、高速公路隧道和高速公路渡口；

（二）高速公路附属设施是指为保护、养护高速公路和保障高速公路安全、畅通所设置的公路防护、排水、养护、环保、绿化、管理、交通安全、通信、收费、监控、服务等设施、设备，以及专用建筑物和构筑物等。

第五十四条　本条例自 2014 年 1 月 1 日起施行。

黑龙江挠力河国家级自然保护区
管理条例

（2013 年 10 月 18 日黑龙江省第十二届人民代表大会
常务委员会第六次会议通过）

第一条　为加强黑龙江挠力河国家级自然保护区(以下简称保护区)
的保护和管理,保持湿地生态系统功能和生物多样性,实现自然资源的有效
保护和可持续利用,根据有关法律、行政法规规定,结合保护区实际,制定本
条例。

第二条　保护区属于内陆湿地和水域生态系统类型,位于东经 132°22′
41″－134°10′24″,北纬 46°30′10″－47°22′17″范围内,具体界线和面积以国
务院批准文件为准。

第三条　从事与保护区相关活动的单位和个人,应当遵守本条例。

第四条　保护区的保护、管理应当坚持科学规划、严格保护、依法管理
和可持续利用的原则。

第五条　省农垦总局是保护区的行政主管部门。黑龙江挠力河国家级
自然保护区管理机构(以下简称保护区管理机构)负责保护区的保护、管理
等日常工作,行使保护区内资源保护、规划、利用和管理等方面的行政处罚
权,业务上接受省林业行政主管部门的指导和监督。

第六条　保护区管理机构的主要职责:

(一)宣传和贯彻执行国家有关法律、法规、规章及方针政策;

(二)编制、修订并组织实施保护区发展建设规划;

(三)制定并组织实施保护区的各项管理制度;

(四)组织开展保护自然资源、生态环境、生物物种的调查监测及保护
利用的科学研究、科学普及和宣传教育;

(五)负责保护区防火巡护检查、火险监控和日常预防管理;

(六)负责有害生物防治、疫源疫病监测;

(七)管理保护区的科学研究、参观考察、旅游等活动。

第七条　保护区的建设规划应当纳入省和垦区国民经济和社会发展
规划。

保护区管理机构或者省农垦总局应当组织编制保护区的建设规划。建

设规划应当根据保护区功能和主要保护对象的需要,坚持基础设施建设简约、实用,并与景观相协调的原则,经专家和有关部门充分论证和听证后,按照国家有关规定报请相关部门审查批准,方可组织实施。

保护区的开发建设项目的环境影响评价文件,应当对项目可能造成的保护区功能和保护对象的影响作出预测,提出保护与恢复治理方案。

第八条　垦区公安机关应当在保护区设立公安派出机构,负责保护区的治安管理。

第九条　省农垦总局对在保护区保护、建设、管理和科学研究工作中做出突出贡献的单位和个人,应当给予表彰奖励。

第十条　保护区的保护、建设与管理资金应当专款专用,并通过下列渠道解决:

(一)国家和省对保护区的专项补助资金;

(二)省农垦总局对保护区的日常管护经费;

(三)依法接受的社会捐赠;

(四)旅游等经营性收入;

(五)其他来源合法的资金。

在保护区内现有耕地土地承包费中应当提取不低于百分之二的资金,专项用于保护区的保护管理、退耕还湿和补充生态用水。具体办法由省农垦总局制定。

第十一条　保护区划分为核心区、缓冲区、实验区。保护区管理机构应当在国务院批准确定的保护区界线和核心区、缓冲区、实验区的分界线上设立界碑和界标,并予以公告。

第十二条　禁止任何人擅自进入保护区的核心区。因科学研究的需要,必须进入核心区从事科学研究观测、调查活动的,应当向保护区管理机构提交申请和活动计划,并经省林业行政主管部门批准。

禁止在保护区的缓冲区开展旅游和生产经营活动。因教学、科学研究的目的,必须进入缓冲区从事非破坏性的科学研究、教学实习和标本采集活动的,应当向保护区管理机构提交申请和活动计划,并经保护区管理机构批准。

在保护区的核心区和缓冲区内,不得建设任何生产设施;在保护区的实验区内,不得建设污染环境、破坏资源或者景观的生产设施,建设其他项目的,其污染排放不得超过国家和省规定的污染物排放标准。

保护区内现有污染物排放不得超过国家和省规定的排放标准。

第十三条　保护区管理机构应当编制保护区的实验区旅游发展规划,经省林业行政主管部门审核后,报国家林业行政主管部门批准。

在保护区的实验区组织、从事参观、旅游等活动的单位和个人,应当在保护区管理机构规定的时间、地点和路线进行。

禁止开设与保护区保护方向不一致的参观、旅游项目。

第十四条 经批准进入保护区的单位和个人,应当遵守保护区管理的有关规定,服从保护区管理机构的监督管理,不得超出规定的活动方式和范围,不得破坏自然资源和生态环境。

第十五条 经批准在保护区的缓冲区从事非破坏性科学研究、教学实习、标本采集等活动的单位和个人,应当将活动成果的副本提交保护区管理机构。保护区管理机构可以参加其科学研究。

第十六条 经批准在保护区的实验区从事建设的单位或者个人,应当依法对占地和损坏的自然资源进行补偿和恢复。

第十七条 保护区内不得开垦耕地,现有耕地应当由省农垦总局制定逐步退耕计划,并组织实施。

现有耕地在退耕之前应当种植绿色和有机农产品,禁止使用高毒、高残留农药等化学物品。农药等化学物品应当在保护区管理机构指定的地点存放和调配,其废弃物和包装物应当在保护区管理机构指定的地点贮存,由专门机构处置。

第十八条 省农垦总局应当制定保护区人口转移计划,按照核心区、缓冲区、实验区的顺序,实行异地转移和就地转移保护区的人口。

第十九条 省人民政府应当组织省农垦总局、省水行政主管部门和保护区周边相关市、县人民政府制定生态用水协调制度,建立保护区生态用水保障机制。

保护区内的水利基础设施,由保护区管理机构协助垦区水行政主管部门负责管理和维护。

第二十条 保护区所在地的省农垦总局所属管理局和农场有关管理机构负责防火监测预报、火灾扑救和区域防火指挥。

第二十一条 保护区内禁止下列行为:

(一)开垦湿地;

(二)挖沟、排水、筑坝;

(三)捕猎,捕捞,破坏动物迁徙通道、水生生物洄游通道和野生动物的巢穴、繁殖区、栖息地;

(四)勘探、开矿、采石、挖砂、取土、放牧、采药;

(五)盗伐或者毁损林木;

(六)烧荒、焚烧秸秆;

(七)向保护区内水域超标排放污水,投放可能危害水体、水生生物的化学物品及其废弃物、包装物;

(八)移动或者破坏界碑、界标等设施;

（九）法律、法规禁止的其他行为。

有关行政主管部门在保护区范围内不得再发放从事前款相关活动的行政许可证件。

第二十二条　在保护区内，违反自然资源管理、生态环境保护等法律、法规规定的，由保护区管理机构依其规定给予处罚。违反本条例规定的，由保护区管理机构按照下列规定处罚：

（一）开垦湿地的，责令停止违法行为，限期恢复原状或者采取其他补救措施，并处以每亩一千元以上三千元以下的罚款；

（二）挖沟、排水、筑坝的，责令停止违法行为，限期恢复原状或者采取其他补救措施，并按破坏湿地面积处以每平方米十元的罚款；

（三）投放可能危害水体、水生生物的化学物品及其废弃物、包装物的，责令停止违法行为。造成严重后果的，并处以一万元以上三万元以下的罚款；

（四）擅自移动或者破坏保护区界碑、界标等设施的，责令限期恢复或者赔偿损失，并处以恢复所需实际费用或者损失金额五倍的罚款；

（五）擅自进行建设活动的，责令限期拆除新建的建筑物和其他设施，恢复原状，并处以破坏面积每平方米十元的罚款；

（六）未经批准进入保护区或者在保护区内不服从保护区管理机构及其工作人员管理的，给予警告，并处以五百元的罚款；

（七）在耕地内施用高毒、高残留农药等化学物品的，责令改正。拒不改正的，处以每亩二百元的罚款；

（八）随意存放、调配农药等化学物品或者贮存、处置农药等化学物品的废弃物、包装物的，责令改正；拒不改正的，处以五百元的罚款。

对破坏保护区自然资源使用的机械设备，保护区管理机构可以拖移出保护区。

第二十三条　保护区周边市、县(市)有关行政主管部门、垦区有关行政执法单位及其工作人员，违反本条例规定在保护区内实施行政许可或者行政处罚的，由其主管部门或者相应的监察机关对直接负责的主管人员和其他直接责任人员依法给予行政处分，给当事人造成损失的，应当依法赔偿。

第二十四条　保护区管理机构及其工作人员有下列行为之一的，由垦区行政主管部门或者监察机关对直接负责的主管人员和其他直接责任人员依法给予行政处分：

（一）不执行保护区总体规划的；

（二）不履行保护区管理职责的；

（三）发现违法行为未及时查处的；

(四)保护区管理机构在保护区内违反规定开展经营活动的;

(五)违反本条例的其他行为。

第二十五条 保护区位于垦区区域外的范围,仍由原相关市、县依法管理。

第二十六条 本条例自 2014 年 1 月 1 日起施行。

黑龙江省水上搜寻救助条例

（2013 年 10 月 18 日黑龙江省第十二届人民代表大会
常务委员会第六次会议通过）

第一章　总　　则

第一条　为及时有效地应对水上突发事件,规范水上搜寻救助活动,保护水上人命安全和水域环境,减少财产损失,根据有关法律、行政法规,结合本省实际,制定本条例。

第二条　在本省行政区域内水域开展水上搜寻救助活动的单位和个人,应当遵守本条例。

本条例所称的水上搜寻救助,是指船舶、浮动设施、民用航空器以及人员在水上遇险,造成或者可能造成人员伤亡、水域污染等突发事件时,水上搜救指挥中心组织、协调搜寻救助力量,开展搜寻救助遇险人员,控制、减轻水域污染等危害的活动。

第三条　水上搜寻救助应当优先救助人命,遇险人员有获得无偿救助的权利。

第四条　水上搜寻救助实行政府领导、综合协调、分级负责、属地为主的管理体制。坚持预防与搜寻救助相结合、专业搜寻救助与社会搜寻救助相结合,遵循统一指挥、就近快速的原则。

第五条　县以上人民政府应当加强对水上搜寻救助工作的领导,根据工作需要,建立水上搜寻救助体系,完善水上搜寻救助机制,加强水上搜寻救助能力建设。

第六条　县以上人民政府应当加强水上搜寻救助的宣传教育工作,增强公众的水上风险防范意识和救助意识。

县以上人民政府应当对在水上搜寻救助工作中做出显著贡献的单位和个人给予表彰奖励。

第二章　组织任务

第七条　县以上水上搜救指挥中心由本级人民政府有关部门和相关单位组成,日常工作由各级海事管理机构承担;未设海事管理机构的,由本级人民政府确定的部门负责。

省水上搜救指挥中心负责统一组织、协调和指挥全省的水上搜寻救助工作。市(地)、县水上搜救指挥中心负责统一组织、协调和指挥管辖水域的水上搜寻救助工作。

第八条 水上搜救指挥中心成员单位工作任务:

(一)海事管理机构或者政府确定负责水上搜救指挥中心日常工作的部门负责组织、协调相关船舶、浮动设施参加水上搜寻救助行动;

(二)民航监管和空管部门负责提供民用航空器的水上遇险信息和搜寻救助技术支持,参加民用航空器的水上搜寻救助指挥和协调工作;

(三)交通运输主管部门负责组织实施用于水上险情应急反应行动的重点物资和紧急客货运输,根据水上搜救指挥中心的要求,组织交通系统力量参与水上搜寻救助活动;

(四)安全生产监管部门在职责范围内,参加或者组织水上事故调查处理工作;

(五)渔业行政主管部门负责组织本系统船舶和渔船参与水上搜寻救助活动,渔船水上遇险时应当及时向水上搜救指挥中心报告;

(六)公安机关负责组织公安系统力量参加水上险情应急行动,维护水上应急救援现场治安秩序和陆上交通管制,组织力量对船舶、浮动设施等发生在水上的火灾、爆炸事故的救助,并且在水上搜救指挥中心的组织下对公民人身水上遇险实施救助;

(七)民政和相关部门根据本部门的职能做好有关善后处理工作;

(八)财政部门提供资金支持,确保水上险情应急行动有效进行;

(九)卫生行政部门负责组织医疗系统力量参加水上险情应急行动,实施现场急救,协助安排医院接收获救伤员;

(十)通信行政管理部门负责提供水上应急行动指挥救援的通信保障;

(十一)环境保护行政主管部门负责水上防污染应急有关工作;

(十二)旅游行政主管部门负责组织险情区域旅游团队的安置与疏散工作;

(十三)气象主管机构负责为水上搜救指挥中心提供有关气象信息;

(十四)体育行政部门负责水上救生员的培训并参与组织水上搜寻救助活动;

(十五)外事部门负责协助做好有关涉外事宜的联络、协调和沟通。

在水上搜寻救助工作中,需要其他救助机构或者有关单位参与配合的,由水上搜救指挥中心提请本级人民政府下达急救指令,有关机构或者单位应当及时完成应急工作。

市、县志愿者组织机构可以动员具有相关知识和技能的成年志愿者组成水上搜寻救助队伍,需要时可在水上搜救指挥中心的指挥下参加水上搜寻救助。

第九条　省水上搜救指挥中心应当与相关部门或者单位协调建立省内救助联动机制。在其他突发事件的应急活动中需要水上搜救指挥中心配合的,各级水上搜救指挥中心应当服从指挥,配合相关机构,共同完成应急任务。

第十条　需要省外搜寻救助力量参加水上搜寻救助行动的,由省水上搜救指挥中心统一协调。外省籍船舶、浮动设施、民用航空器及其人员在本省水域发生险情的,水上搜救指挥中心在开展搜寻救助的同时应当根据需要通报其所属地水上搜寻救助机构或者人民政府。

省水上搜救指挥中心获悉本省籍船舶、浮动设施及其人员在省外水域发生险情的,应当跟踪搜寻救助情况。

需要国家搜寻救助力量和国外搜寻救助力量参加水上搜寻救助行动的,由省水上搜救指挥中心向国家水上搜寻救助中心报告。

第三章　预防救助

第十一条　县以上水上搜救指挥中心应当制定并且及时修订水上搜寻救助应急预案,经本级人民政府批准后,报上一级水上搜救指挥中心备案。

水上搜寻救助应急预案应当包括下列主要内容:

(一)水上搜寻救助应急组织指挥体系及其职责任务;

(二)水上突发事件的预警和预防机制;

(三)水上突发事件的险情分级与上报;

(四)水上突发事件的应急响应和处置;

(五)水上搜寻救助后期处置;

(六)水上搜寻救助的应急保障。

船舶、浮动设施的经营单位或者管理单位应当制定水上突发事件应急预案。

第十二条　水上搜救指挥中心应当建立健全水上突发事件的预报、预警、预防制度,做好预报、预警、预防工作。

气象、水利、国土资源等部门应当建立信息共享机制,及时收集、研究分析可能造成水上突发事件的信息,并将信息及时通报当地水上搜救指挥中心。

第十三条　县以上人民政府应当按照有关规定对专业预报、预警信息进行综合评估,根据国家有关规定发布专业预报、预警信息。

发布水上风险预警信息,应当充分运用短信平台、新闻媒体、互联网、电子标牌等信息化手段和工具通知有关单位和个人。

第十四条　水上搜救指挥中心应当设置并且公布水上遇险求救专用电话,保持二十四小时值班。水上遇险求救专用电话可以与公安、消防报警电话建立联动机制,随时接收各种水上遇险报警。

水上搜救指挥中心应当组织有关部门和单位建立健全应急值班及通信联络制度,确保通信联络畅通。

第十五条　船舶、浮动设施、民用航空器在水上发生险情时,船舶、浮动设施、民用航空器上的人员应当迅速将遇险的时间、地点、状况以及原因、救助要求等信息,向遇险地水上搜救指挥中心报告。

任何单位和个人发现或者获悉船舶、浮动设施、民用航空器以及人员在水上发生险情时,应当立即向遇险地水上搜救指挥中心报告,不得谎报或者故意夸大水上险情。

第十六条　水上险情发生变化后,遇险船舶、浮动设施、民用航空器上的人员及其所有人、经营人应当及时补充报告。

遇险船舶、浮动设施、民用航空器上的人员经自救、他救解除险情的,应当及时向遇险地水上搜救指挥中心报告。

任何单位和个人发现误报水上险情后,应当立即重新报告。

第十七条　水上搜救指挥中心工作人员接到水上险情报告,应当了解下列情况:

(一)遇险人员的情况;

(二)水上险情发生的时间、位置、原因、现状和已经采取的措施、救助请求以及联系方式;

(三)船舶、浮动设施、民用航空器的所有人或者经营人的名称以及联系方式;

(四)船舶、浮动设施、民用航空器的名称、种类、国籍以及载货情况;

(五)险情发生水域的风力、风向、流向、流速、浪高、水温等气象、水文信息;

(六)造成或者可能造成水域污染的情况;

(七)其他相关情况。

第十八条　水上搜救指挥中心接到险情报告后,应当立即组织救助,同时按照规定的程序和要求启动应急预案。

险情发生地的乡镇人民政府、基层群众自治组织获悉水上险情后,应当立即开展搜寻救助行动,同时向所在地水上搜救指挥中心报告。

第十九条　实施水上搜寻救助应当采取科学的救助措施,保障参加水上搜寻救助行动人员的自身安全,避免次生灾害的发生。

第二十条　船舶、浮动设施、民用航空器以及人员在水上遇险应当采取措施进行自救。

险情发生水域附近的船舶、浮动设施上的人员获悉水上险情信息时,在不危及自身安全的情况下,应当尽力救助遇险人员,并且将有关情况及时向遇险地水上搜救指挥中心报告。

第二十一条 接到水上搜寻救助指令的单位、人员、船舶、浮动设施和航空器应当立即执行指令;有特殊情况不能立即执行指令的,应当立即报告。

第二十二条 水上搜寻救助的现场指挥由水上搜救指挥中心的人员或者其指定的人员负责。现场指挥人员应当及时向水上搜救指挥中心报告现场情况,提出应对建议,组织执行水上搜救指挥中心的指令。

水上搜寻救助现场的单位、人员、船舶、浮动设施和航空器应当服从水上搜救指挥中心或者现场指挥人员的调度和指挥。

任何单位和个人不得妨碍现场指挥人员对水上搜寻救助行动的组织和协调。

第二十三条 遇险船舶、浮动设施、民用航空器上的人员及其所有人、经营人应当配合水上搜寻救助行动。

第二十四条 受气象、水文、技术状况等客观条件限制,水上搜寻救助行动无法进行的,水上搜救指挥中心报请本级人民政府同意后,可以决定暂时停止水上搜寻救助行动;暂时停止原因消除的,应当立即恢复水上搜寻救助行动。

第二十五条 有下列情形之一的,水上搜救指挥中心报请本级人民政府同意后,可以决定终止水上搜寻救助行动:

(一)遇险人员已经成功获救或者紧急情况已经消除;

(二)水上突发事件的危害已经彻底消除或者已经得到控制,不再有扩展或者复发的可能;

(三)所有可能存在遇险人员的区域已经搜寻;

(四)遇险人员在当时的气温、水温、风浪等自然条件下已经不可能生存。

决定终止水上搜寻救助行动的,水上搜救指挥中心应当及时向参加水上搜寻救助行动的单位、人员通报。

第二十六条 参加水上搜寻救助行动的单位和人员,需要退出的,应当经水上搜救指挥中心同意。

第二十七条 水上搜寻救助信息由县以上人民政府或者水上搜救指挥中心向社会发布。发布水上搜寻救助信息应当及时、准确、客观、全面。

任何单位和个人不得编造、传播有关水上突发事件事态发展或者水上搜寻救助工作的虚假信息。

第二十八条 搜寻救助行动结束后,负责指挥的水上搜救指挥中心应当及时对搜寻救助行动进行评估,并且将评估结果上报本级人民政府和上一级水上搜救指挥中心。

第四章　救助保障

第二十九条　县以上人民政府应当做好以下工作:

(一)将由本级人民政府承担的水上搜寻救助工作经费纳入财政预算,为水上搜寻救助工作提供必要的经费保障;

(二)整合水上搜寻救助应急资源,确定具有水上搜寻救助能力的单位及其装备作为水上搜救力量;

(三)配备水上搜寻救助的设施、设备。

第三十条　开展漂流、湿地游等活动的经营单位应当设置相应的水上安全设施并配备专业搜救队伍和必要的安全设备,保障旅游者的人身安全。

第三十一条　水上搜救指挥中心应当定期组织开展应对不同险情的水上搜寻救助训练和演习。

水上搜寻救助综合演习方案应当报本级人民政府批准,并且报上一级水上搜救指挥中心备案。

第三十二条　承担水上搜寻救助和水上遇险报警值守的单位应当对水上搜寻救助设施、遇险报警设备进行定期维护,使其处于良好状态,确保正常使用。

第三十三条　承担水上搜寻救助和险情值守的单位应当加强对有关人员水上搜寻救助知识和技能的培训。

第三十四条　县以上人民政府和有关部门应当按照国家和省有关规定做好水上搜寻救助的善后工作。

第三十五条　参加水上搜寻救助行动的人员受伤、致残或者死亡,用人单位参加工伤保险的,按照工伤保险的规定,由工伤保险基金支付相应的工伤保险费用;用人单位未参加工伤保险的,由用人单位按照工伤保险待遇的项目、标准支付费用;用人单位无力支付或者没有用人单位的,由事发地市(地)、县人民政府(行署)按照工伤保险待遇支付费用。

公务员和参照公务员管理的人员按照国家有关规定执行。

第三十六条　县以上人民政府为开展水上搜寻救助行动,可以征用单位和个人的财产。被征用的财产在使用完毕后,应当及时返还。财产被征用或者征用后毁坏、损耗、灭失的,应当依法给予补偿。

第五章　法律责任

第三十七条　违反本条例规定,水上搜救指挥中心及其工作人员在水上搜寻救助工作中不履行法定职责或者滥用职权、玩忽职守、徇私舞弊的,由其上级行政机关或者监察机关责令改正,根据情节对直接负责的主管人员和其他直接责任人员依法给予行政处分。

第三十八条　承担水上搜寻救助和被确定为搜寻救助力量的部门和单位违反本条例规定,由其上级行政机关或者监察机关责令改正,有下列情形之一的,根据情节对直接负责的主管人员和其他直接责任人员依法给予行政处分:

(一)未建立健全应急值班以及通信联络制度的;

(二)未按规定及时发布水上突发事件专业预警信息或者水上风险预警信息,导致损害发生的;

(三)接到水上搜救指挥中心指令后,无特殊情况未立即执行的;

(四)不服从水上搜救指挥中心现场指挥人员调度和指挥的;

(五)擅自退出水上搜寻救助行动的。

第三十九条　任何单位和个人谎报险情或者夸大水上险情构成违反治安管理行为的,由公安机关依法予以处罚。

第四十条　违反本条例规定,有下列行为之一的,由海事管理机构给予警告,可以对责任船员给予暂扣适任证书或者其他适任证件三个月至六个月直至吊销适任证书或者其他适任证件的处罚:

(一)船舶、浮动设施遇险后未履行报告义务或者不积极施救的;

(二)遇险现场和附近的船舶、船员不服从统一调度和指挥的。

第四十一条　违反本条例规定,开展漂流、湿地游等活动的经营单位未设置相应的水上安全设施并配备专业搜救队伍和必要的安全设备的,由海事管理机构责令限期改正;逾期未改正的,处以一万元以上三万元以下的罚款。

第六章　附　　则

第四十二条　遇险财产的救助,按照有关法律、法规的规定执行。

第四十三条　中国人民解放军、中国人民武装警察部队参加水上搜寻救助行动的,按照国家有关规定执行。

第四十四条　本条例自 2014 年 5 月 1 日起施行。

黑龙江省人民代表大会代表建议、批评和意见办理工作条例

(1992年8月18日黑龙江省第七届人民代表大会常务委员会第二十八次会议通过　2005年8月19日黑龙江省第十届人民代表大会常务委员会第十六次会议第一次修订　2013年10月18日黑龙江省第十二届人民代表大会常务委员会第六次会议第二次修订)

第一章　总　则

第一条　为了做好省人民代表大会代表(以下简称代表)提出的建议、批评和意见的办理工作,保证代表依法行使职权,根据《中华人民共和国地方各级人民代表大会和地方各级人民政府组织法》《中华人民共和国全国人民代表大会和地方各级人民代表大会代表法》的有关规定,结合我省实际,制定本条例。

第二条　本条例所称代表建议、批评和意见,是指代表按照规定格式向省人民代表大会及其常务委员会书面提出的对本省各方面工作的建议、批评和意见。

代表提出建议、批评和意见,是执行代表职务,参加管理国家事务、管理经济和文化事业、管理社会事务的一项重要形式。

认真研究办理代表建议、批评和意见并负责答复,是有关机关、组织的法定职责。

第三条　省、市、县(区)人大常委会和地区人大工作委员会(以下简称地区人大工委)应当为代表建议、批评和意见的提出和办理工作提供必要的条件;省人大人事委员会和人大常委会、地区人大工委工作机构和办事机构应当为代表建议、批评和意见的提出和办理工作提供服务。

第二章　代表建议、批评和意见的基本要求

第四条　代表应当主要围绕全省经济建设、政治建设、文化建设、社会建设和生态文明建设中的重大问题和人民群众普遍关心的问题,对省人大及其常委会、省人民政府及其所属工作部门、省高级人民法院、省人民检察

院和其他机关、组织的工作提出建议、批评和意见。

第五条　下列情况不应当作为代表建议、批评和意见提出：

(一)涉及解决代表及其亲属个人问题的；

(二)代转人民群众来信的；

(三)属于检举、控告或者申诉的；

(四)属于学术探讨、产品推介的；

(五)缺乏实际内容、无法操作的；

(六)法律、法规规定不应当作为代表建议、批评和意见的。

第六条　代表建议、批评和意见应当实事求是，简明扼要，做到有情况、有分析、有具体意见。

代表建议、批评和意见应当一事一议，使用统一印制的代表建议、批评和意见专用纸，并由本人签名。

代表建议、批评和意见可以通过网络提出、交办和办理。

第三章　代表建议、批评和意见的提出和受理

第七条　代表通过视察、调查、座谈、走访等形式同选举单位和人民群众保持密切联系，并根据人民群众的意见和要求，对全省各方面工作积极提出建议、批评和意见。

省人大常委会在组织调查、视察、检查等闭会期间代表活动时，省人大有关专门委员会、人大常委会和地区人大工委的工作机构和办事机构应当协助代表收集、整理、提炼代表建议、批评和意见素材。

第八条　代表建议、批评和意见，可以由代表一人提出，也可以由代表联名提出。

联名提出的，领衔代表应当采取适当的方式，使其他联名代表了解建议、批评和意见的内容，参加联名的代表应当确认建议、批评和意见能够真实表达自己的意愿。

第九条　代表可以使用印有省人大代表重要意见和建议直通的专用信封将重要的建议、批评和意见(简称直通建议)直接寄送省人大常委会主任会议成员。主任会议成员收到直通建议，应当亲自拆封并认真阅处。

第十条　省人民代表大会会议期间提出的代表建议、批评和意见由大会秘书处受理。闭会期间提出的代表建议、批评和意见由省人大人事委员会受理。

代表建议、批评和意见内容空泛、缺乏针对性和可操作性的，大会秘书处或者省人大人事委员会应当与代表团或者代表沟通，协助代表充实完善具体内容后再提出。

第四章　代表建议、批评和意见的交办

第十一条　代表在省人民代表大会会议之前参加集中视察提出的建议、批评和意见，由省、市人大常委会和地区人大工委办事机构负责收集，由省人大人事委员会及时交有关机关、组织研究办理，并将办理结果在人民代表大会会议期间书面答复代表。

代表在省人民代表大会会议期间提出的建议、批评和意见，按其内容由大会秘书处交由有关机关、组织研究办理。

代表在省人民代表大会闭会期间提出的建议、批评和意见以及省人大常委会主任会议成员阅批的直通建议，由省人大人事委员会交由有关机关、组织研究办理。

第十二条　省人大常委会主任会议应当选择人民代表大会会议期间代表提出的关系改革发展稳定大局和人民群众切身利益的建议、批评和意见，进行重点督办。

省人大各专门委员会和省人大常委会工作机构对代表在人民代表大会会议期间提出的建议、批评和意见，应当进行综合分析，提出拟重点督办的代表建议、批评和意见的意见，由省人大人事委员会负责汇总并报告省人大常委会主任会议，经省人大常委会主任会议确定后，交由有关机关、组织重点研究办理。

第十三条　代表建议、批评和意见内容所涉及的问题，需要两个以上部门共同办理的，属于省人大常委会、省高级人民法院、省人民检察院和其他机关、组织承办的，由省人大人事委员会负责协调，确定主办单位和协办单位；属于省人民政府及其所属部门承办的，由省人民政府办公厅负责协调，确定主办单位和协办单位。

主办单位应当主动与协办单位沟通，征询协办单位意见，并督促落实协办单位应当办理的事项；协办单位应当积极配合，在规定时限内将答复意见转交主办单位；办理结果由主办单位负责答复代表。

第十四条　承办单位应当确定专人负责代表建议、批评和意见办理工作。对属于本部门职权范围内的代表建议、批评和意见，应当及时签收并研究办理；对不属于本部门职权范围内的代表建议、批评和意见，应当在五日内退回交办单位并说明原因。对被退回的代表建议、批评和意见，交办单位应当认真分析原因，重新确定承办单位。原承办单位不得自行转办。

第五章　代表建议、批评和意见的办理

第十五条　办理代表建议、批评和意见应当根据宪法、法律、法规、规章和政策，坚持实事求是、一切从人民群众利益出发、注重解决实际问题的原

则。对能够及时解决的,应当予以解决;对因条件限制、短期内无法解决的,应当列入工作计划、规划,逐步解决;对确实不能解决的,应当向代表说明情况。

第十六条　办理代表建议、批评和意见应当实行部门领导、具体承办单位领导和承办人员分级负责的制度,落实办理工作责任制。

第十七条　对代表建议、批评和意见应当按照以下规定办理:

(一)在省人民代表大会举行会议前收集的代表建议、批评和意见,一般应在会议期间办结并答复代表,对问题比较复杂、会议期间确实难以作出答复的,可以在会后一个月内答复;

(二)对代表提出的建议、批评和意见,承办单位应当在交办之日起三个月内,至迟不超过六个月,予以答复,对情况比较复杂、在限期内办理答复有困难的,应当先向代表说明情况,待办理工作结束后,再作正式答复,但延期最长不超过一个月;

(三)对代表直通建议,承办单位应当在交办之日起一个月内,予以答复;

(四)对代表联名提出的建议、批评和意见,应逐人答复代表;

(五)对内容相同的代表建议、批评和意见,可以并案办理,分别答复代表;

(六)答复代表建议、批评和意见的复文应当做到格式规范、表达准确、文字精炼、态度诚恳,并经承办单位负责人审核签发;

(七)办理代表建议、批评和意见的复文应当抄报省人大人事委员会,属于省人民政府所属承办部门的,还应当抄报省人民政府办公厅;

(八)承办单位应当加强同代表的联系,主动与代表沟通情况,并通过走访、座谈、信函等形式,征询代表对办理情况的意见。

第六章　代表建议、批评和意见办理的监督检查

第十八条　代表建议、批评和意见办理工作由省人大常委会监督、检查,省人大人事委员会承担具体工作。

省人民政府负责所属部门办理代表建议、批评和意见的督促、检查工作,省人民政府办公厅承担具体工作。

省人大人事委员会负责省人大各专门委员会及省人大常委会工作机构、省高级人民法院、省人民检察院和其他机关、组织办理代表建议、批评和意见的督促、检查工作。

对省人大常委会主任会议重点督办的代表建议、批评和意见,由省人大有关专门委员会和常委会有关工作机构负责督办、检查办理工作,省人大人事委员会负责综合协调,并向省人大常委会主任会议报告督办和办理工作

情况。

第十九条 代表建议、批评和意见办理结束后,省人大人事委员会和省人民政府办公厅应当及时向有关代表征询对承办单位办理答复的意见。对代表不满意的答复件,需要重新作出答复的,应当责成承办单位重新研究办理。

第二十条 省人大常委会可以组织代表对承办单位办理和落实代表建议、批评和意见的工作进行视察、检查。

对办理和落实代表建议、批评和意见工作成绩显著的单位或者人员给予表彰。

对在办理和落实代表建议、批评和意见工作中出现的相互推诿、敷衍塞责、只答复不落实等现象,给予通报批评并限期改正;对提出建议、批评和意见的代表有无理指责、打击报复行为的,依法对相关部门开展询问或者质询,或者建议有关部门对相关人员给予行政处分。

承办单位应当建立完善制度,将代表建议、批评和意见的办理工作情况纳入部门年度考核的内容。

第二十一条 对省人民代表大会会议期间代表提出的或者会前集中视察收集的代表建议、批评和意见办理完毕后,省人民政府、省高级人民法院、省人民检察院和省人大人事委员会应当向省人大常委会作出办理情况的报告,印发下次人民代表大会会议。

第七章 附 则

第二十二条 各市、县(区)人大常委会和乡(镇)人民代表大会代表建议、批评和意见办理工作可以参照执行本条例。

第二十三条 本条例自 2014 年 1 月 1 日起施行。

黑龙江省农作物种子管理条例

(1984 年 1 月 17 日黑龙江省第六届人民代表大会常务委员会第五次会议通过 根据 1992 年 4 月 28 日黑龙江省第七届人民代表大会常务委员会第二十六次会议《关于修改〈黑龙江省农作物种子管理条例〉的决定》第一次修正 根据 2013 年 12 月 13 日黑龙江省第十二届人民代表大会常务委员会第七次会议《关于废止和修改〈黑龙江省赌博处罚条例〉等十九部地方性法规的决定》第二次修正)

第一章 总 则

第一条 为了加强农作物种子的管理和建设,保护品种选育者和种子生产者、经营者及使用者的正当权益,促进农业生产的发展,根据国家有关种子工作的方针、政策,结合我省情况,特制定《黑龙江省农作物种子管理条例》。

第二条 本条例所指的农作物种子包括粮食、油料、薯类、麻类、甜菜、蔬菜、烟草、瓜果、药材、饲料、牧草、绿肥等农业生产上种植用的籽粒、果实和根、茎、苗、芽等繁殖材料。

第三条 本条例适用于农作物品种选育和种子生产、经营及使用的一切单位和个人。

第四条 农业生产必须使用良种,要逐步实行品种布局区域化、种子生产专业化、加工机械化、质量标准化,有计划地组织供种(简称"四化一供")。目前还不能实行计划供种的地方,要组织指导好广大农民自用种子的选留。

第五条 省人民政府的农业行政主管部门管理全省农作物种子工作,市(行署)、县(市)人民政府农业行政主管部门管理本行政区域内农作物种子工作,其执行机构是县以上农业行政主管部门设置的种子管理机构。

种子管理机构的主要职责是:

(一)贯彻执行国家有关种子法规和方针、政策;

(二)制定并组织实施种子发展建设规划;

(三)负责种子计划、生产、经营和质量管理;

（四）负责选育和引进品种的试验、示范和审定的组织工作；

（五）签发和管理《种子生产许可证》《种子经营许可证》《种子质量合格证》；

（六）查处违法生产、经营种子的单位和个人；

（七）调解处理种子纠纷案件；

（八）培训种子技术和管理人员。

种子管理人员在执行公务时，应持有《中国种子管理员证》和佩戴《中国种子管理》胸章。县农业行政主管部门可根据需要，经同级人民政府批准聘请兼职种子管理员，接受种子管理机构委托行使种子检查、监督职能。

省农垦总局受省农业行政主管部门委托，管理垦区的农作物种子工作，具体委托办法由省农业行政主管部门会同省农垦总局另行制定。

省、地、市、县种子公司的任务是负责本公司经营范围内的农作物种子生产、加工、检验、经营、推广工作。

烟草、轻纺、医药系统（糖用甜菜、亚麻、烟草、药材下同）可根据需要设立专业种子公司，负责本系统的种子经营管理业务。专业公司在种子业务上受省种子管理局的管理和指导。

第二章 科研育种

第六条 农作物育种单位和育种者，要从当地生产需要出发选育新品种。农作物的品种选育，必须符合适期成熟、高产、优质、抗逆性强、适应性广的育种目标。

第七条 育种单位或个人在培育新品种的同时，要根据该品种的特征、特性研究出一套相适应的栽培技术，提供生产上应用。

第八条 除国家组织的攻关项目外，全省农作物的育种和与育种有关的基础理论及其应用技术研究方面的协作，在省科学技术委员会的主持下，由省农业科学院负责组织。

第九条 全省农作物品种资源的搜集、整理、保存、供应、研究和利用，由省农业科学院负责组织和办理。

第十条 凡从国外引入的品种资源，必须经过检疫、隔离试种，确认无检疫对象后，方可利用。

从国外引入品种资源，须将引种名单、说明书以及少量种子送交省农业科学院登记、编号和保存。

凡向国外提供农作物品种资源，按国务院农业主管部门关于农作物品种资源对外交换的有关规定办理。

第三章　品种审定

第十一条　农作物新品种实行省一级统一审定的制度。

第十二条　省农业行政主管部门设立省农作物品种审定委员会,负责全省的农作物新品种审定工作。其日常工作由省农作物品种审定委员会办公室负责省农作物品种审定委员会由农业行政主管部门、种子管理机构、农业科研单位、农业院校和有关单位推荐的专业人员组成,并按不同作物设专业委员会。省农作物品种审定委员会委员由省农业行政主管部门任命并颁发证书。省农作物品种审定委员会审定农作物新品种,应制定品种标准。

省品种审定委员会的职责是:

(一)审定省内选育的新品种及外地引入的品种;

(二)确定品种推广区域;

(三)重新审定需扩大推广区域和在推广中需终止推广或缩小推广范围的品种;

(四)审定参加区域试验和生产试验的品系、品种和杂交种及其亲本,并组织品种试验工作;

(五)新品种与新创造的品种资源的登记、编号、命名、发布和颁发证书。

各地、市和省农垦总局的品种审查委员会,辅助省品种审定委员会做好上述工作。

第十三条　向省品种审定委员会报审的品种,必须按照省人民政府有关规定办理。需报国家审定的品种,由省审定委员会推荐。

第十四条　凡是审定通过的农作物新品种,育种单位必须向种子推广部门提供原原种,由指定的种子生产单位加速繁殖、推广。

第十五条　未经审定或审定不合格的品种,任何单位和个人不得任意散发或用于生产,不得报奖,不得经营、推广和宣传。

第四章　种子生产

第十六条　商品常规种子的生产,纳入县以上各级种子管理机构的计划,杂交种子的生产计划,由省种子管理机构根据各地计划统一制定。出省繁殖制种需经省种子管理机构批准。

商品种子生产应签订预约合同。

第十七条　从事农作物商品种子生产的单位和个人,必须向所在地县以上的种子管理机构申请办理《种子生产许可证》,按照指定的作物种类、产地和规模生产。生产出口种子的单位凭出口繁殖合同,向省种子管理机构申请《种子生产许可证》。《种子生产许可证》有效期为种子的一个生产周期。

生产商品种子的单位和个人应具备下列条件：

（一）有一定规模的生产种子基地，并具备繁殖良种的隔离、栽培条件；

（二）有熟悉种子生产技术的专业人员；

（三）生产的种子应是审定通过的品种。

第十八条 种子生产要按照原原种–原种–良种的程序进行。原种一代必须采用原原种直接繁殖，或用株（穗）行圃、株（穗）系圃、混系繁殖圃（简称"三圃"）法生产。良种应用原种或用原种生产出来的良种进行生产。严禁用配制杂交种的父本种子和投入大田生产的种子作繁殖用种。

第十九条 农作物品种的原原种、原种和杂交种，由种子部门根据生产需要统一计划、统一组织繁殖、制种和供应。两杂亲本的原原种和原种由省、地（市）或指定县的种子公司按品种育成单位和适应地区统一安排生产和供应。

国营农场系统和轻纺、烟草、医药系统，应按第十八条规定的程序繁殖自己所需要的原种、良种。

第二十条 育种单位生产的原原种和原（良）种场生产的原种、良种，除自用于再繁殖的种子外，按计划交给同级种子公司统一调拨，种子公司必须按时收购。

第二十一条 种子生产要建立基地，实行种子生产专业化。种子基地包括国营原（良）种场、国营农场、各种子公司在农村建立的特约繁殖基地（种子专业户）和"小南繁"基地。

（一）国营原（良）种场除用育种单位提供的原原种进行繁殖以外，常规品种可通过"三圃"法自行生产原种。

（二）省原种场主要生产跨地区使用的原种；地、市原种场生产跨县使用的原种；县原（良）种场生产当地使用的原种、良种。

（三）生产商品种子的单位和个人必须严格执行种子生产技术规程和种苗产地检疫规程。交售的种子必须达到国家或省规定的等级标准。

第二十二条 各级国营种子公司在农村建立的特约种子生产基地，按省计划生产种子，不承担粮食定购任务。

各级种子管理机构的种子生产收购计划报同级人民政府下达。种子生产基地按计划交售种子，省有关部门应供应不低于收购同类产品的挂钩物资。任何单位和个人不得向种子基地哄抬种子价格抢购种子。

第五章   种子经营

第二十三条 杂交种子和大宗蔬菜种子由国营种子公司统一经营；水稻、小麦、大豆种子由国营种子公司主渠道经营；其他种子放开经营。

农业科研单位、农业院校可以依法经营本单位育成的并经过审定的农作物优良品种种子。

第二十四条 从事农作物种子经营的单位和个人，必须向所在地县以上种子管理机构申请办理《种子经营许可证》，凭证到所在地工商行政管理部门办理《营业执照》，按指定的作物种类和地点经营。经营种子的单位和个人，每年应到种子管理机构和工商行政管理部门分别办理验证。

经营种子的单位和个人应具备下列条件：

（一）具有对所经营种子能正确识别种类和质量的技术人员；

（二）具有能正确掌握种子贮藏技术的保管人员；

（三）具有同经营种类、数量相适应的营业场所，贮藏保管设施和检验种子质量的仪器设备；

（四）具有与经营种子种类和数量相适应的自有资金及独立承担民事责任的能力；

（五）具有完善的财务管理制度。

申请在省、地、市、县范围内刊播、设置、张贴种子广告，应当提交同级种子质量监督检验机构的证明；没有证明的，不得刊播、设置、张贴。

第二十五条 农作物种子调运计划实行归口管理。地、市范围内县与县之间调运种子，由地、市种子管理机构办理准运手续。地、市与地、市之间调运和调出省的种子，由省种子管理机构办理准运手续。垦区内调运种子，由省农垦总局办理准运手续。

第二十六条 经营良种贯彻以质论价、优质优价政策。种子的收购和销售，要执行全省统一价格，向下浮动可自行定价，提价须经省人民政府批准。

第二十七条 种子公司供应的种子必须保证质量。农业生产单位和农民个人有选购良种的自主权。用户因种子不符合质量标准而造成的经济损失，由供种单位负责赔偿。

第二十八条 农作物种子的进出口贸易业务，由省种子管理机构审核，报请中国种子公司办理。

第二十九条 种子公司经营的种子，实行微利保本原则，做到自负盈亏。其利润用于种子建设。

第三十条 经营单位之间、经营单位和生产单位之间预约繁殖种子，要实行合同制，按《中华人民共和国经济合同法》规定办理。

第六章　救灾备荒种子

第三十一条 救灾备荒种子，由农业部门提出贮备计划并负责检质，由粮食部门按作物进行收购、贮备、调拨和供应。

第三十二条 救灾备荒种子要按国家、省、地、市、县分级贮备。动用本级贮备的,须经本级农业、粮食部门批准;动用上级贮备的,须经上级农业、粮食主管部门批准。

第三十三条 各级种子公司要根据生产需要搞好隔年良种的贮备。凡计划外的隔年良种贮备所需资金,由下达贮备任务单位安排。

第七章 种子检验和检疫

第三十四条 省、地、市、县和省农垦总局所属的种子行政管理部门应当设立种子检验机构,配备专职检验人员。检验员的考核按照国家规定执行。

种子检验员必须按照省种子检验技术规程进行种子检验,任何人不得干预或妨碍种子检验员的正常工作。

第三十五条 凡生产、经营和储备的农作物种子必须进行检验。种子质量必须达到国家或地方规定的质量标准。经营的种子应附有《种子质量合格证》。

《种子质量合格证》由各级种子管理机构按照规定核发。

第三十六条 凡需调出省、地、市、县的农作物种子,必须经种子检验机构和植物检疫机构检验、检疫,领取合格证后方可调运。交通运输、邮电等部门凭合格证办理承运和邮寄,无合格证的不得受理。

第三十七条 生产单位和农户自繁自用的种子,要自行检验,并受种子检验机构的检查指导。

第三十八条 因遭受自然灾害或其它原因需使用不符合标准的种子时,需由种子检验机构发给特许证,并经检疫部门检疫后,方能种植。

第三十九条 进出口种子的检疫,按《中华人民共和国动植物进出口检疫条例》办理。

第八章 种子加工和贮藏

第四十条 各种子公司经营的种子必须进行精选加工处理,严格执行省种子分级和贮藏、包装、运输标准,不符合规定标准的种子,不得调运和销售。

第四十一条 各种子公司和国营原(良)种场要有种子仓储、晾晒、烘干、精选、拌药等设施,要配备专职种子加工机械员、种子贮藏保管员。

第九章 奖励和惩罚

第四十二条 有下列先进事迹之一的单位和个人,由各级人民政府给予奖励:

（一）认真贯彻执行种子工作方针、政策、法规,对种子建设做出较大贡献的;

（二）在种子科学理论和技术上,有显著成绩的;

（三）在新品种选育、引种和品种资源的搜集、保存、利用上有显著成绩的;

（四）在品种审定、区域试验、生产试验和良种繁育、推广、经营、贮藏、检验、检疫等工作上,做出显著成绩的;

（五）在种子加工机械化和提高种子质量上有显著成绩的。

第四十三条　有下列行为之一的,按下列规定处罚:

（一）未按规定取得《种子生产许可证》生产种子的,由种子管理机构责令其停止生产,并处以每公顷一百元至五百元的罚款,已经生产的种子做非种子处理。

（二）未按规定取得《种子经营许可证》和《营业执照》经营种子的,由种子管理机构会同工商行政管理部门责令其停止经营,经营的种子做非种子处理,没收违法所得,并可处以违法所得一倍以内的罚款。

（三）非法经营或者推广未经审定通过的农作物品系、品种的,由种子管理机构根据情节轻重给予警告,没收种子和违法所得。给使用者造成经济损失的,可责令其赔偿直接损失和可得利益损失。

（四）未取得《种子质量合格证》经营种子的,由种子管理机构责令其停止经营,扣押种子,情节严重的可没收种子和违法所得,并可处以违法所得一倍以内的罚款。

（五）销售不符合质量标准种子,以次充好、掺杂使假的,由种子管理机构制止其经营活动,扣押种子,会同工商行政管理和技术监督部门按有关规定予以处罚,并责令其赔偿直接经济损失和可得利益损失。

（六）凡到种子基地哄抬价格抢购种子的,由种子管理机构没收其所收购的种子,并可处以购种金额50%以内的罚款。

（七）将不准出国的种子和种质资源运出国外的,由海关按规定予以处罚,并通知农业行政主管部门。

（八）未按规定取得种子质量监督检验机构的证明,刊播、设置、张贴种子广告的,由工商行政管理部门依照广告管理条例的规定处罚。

前款行为情节严重的,由种子管理机构和工商行政管理部门分别吊销《种子经营许可证》和《营业执照》;构成犯罪的,由司法机关依法追究刑事责任。

罚没款全部上缴同级财政。

第四十四条　当事人对行政处罚决定不服的,可在接到处罚通知之日起十五日内,向做出处罚决定的上一级管理机构申请复议;对复议决定不服的,可在接到复议决定之日起十五日内向人民法院起诉,期满不申请复议不起诉又不履行的,由做出处罚决定的机关申请人民法院强制执行。

第十章 附 则

第四十五条 凡省内过去颁布有关种子的规章与本条例有抵触的,一律以本条例为准。本条例如有与国家有关法规抵触的,按国家的法规执行。

第四十六条 省种子行政管理机构和各专业种子公司,可依照本条例制定实施细则。

第四十七条 本条例修改权属黑龙江省人民代表大会常务委员会。本条例的具体应用由黑龙江省农牧渔业厅进行解释。

第四十八条 本条例自公布之日起施行。

黑龙江省人工增雨防雹管理条例

(1998 年 8 月 15 日黑龙江省第九届人民代表大会常务委员会第四次会议通过　根据 2002 年 8 月 17 日黑龙江省第九届人民代表大会常务委员会第三十一次会议《关于修改〈黑龙江省人工增雨防雹管理条件〉的决定》第一次修正　根据 2013 年 12 月 13 日黑龙江省第十二届人民代表大会常务委员会第七次会议《关于废止和修改〈黑龙江省赌博处罚条例〉等十九部地方性法规的决定》第二次修正)

第一条　为了加强对人工增雨防雹的管理,有效地开发利用云水资源,增强农业防灾减灾及森林火灾预防、扑火能力,根据《中华人民共和国气象法》及有关规定,结合本省实际,制定本条例。

第二条　人工增雨防雹是指利用飞机、高炮、火箭等对一定条件下的云进行催化增雨和抑制雹云发展,以减轻干旱、冰雹、森林大火等灾害的活动。

第三条　在本省行政区域内从事人工增雨防雹活动,必须遵守本条例。

第四条　人工增雨防雹是基础性社会公益事业。各级人民政府应当加强对人工增雨防雹工作的领导,把人工增雨防雹作为农业基础建设内容纳入国民经济发展计划,扩大主要干旱区和冰雹多发区、森林火灾防护区的防护面积,提高防灾减灾能力。

各级人民政府对在人工增雨防雹工作中做出贡献的单位和个人给予表彰和奖励。

第五条　各级气象主管部门是人工增雨防雹的主管部门,负责本行政区域内人工增雨防雹的规划、计划、组织、协调工作。

省农垦、森工、监狱农场等部门的人工增雨防雹工作,由省气象主管部门实行行业管理,接受省气象主管部门的业务指导和监督。

空域主管部门、人民武装部、财政、计划、公安、民航、通讯、交通、农业、水利等部门应当配合搞好人工增雨防雹工作。

第六条　进行人工增雨防雹应当具备相应的指挥及作业人员和各种技术设备。指挥及作业人员应当经县以上气象主管部门组织培训,颁发由省气象主管部门统一印制的上岗资格证书,方可上岗作业。

第七条　使用高炮、火箭人工增雨防雹作业必须具备下列条件:

(一)有适当的天气条件和作业时机;

(二)有空域主管部门批准的临时性空域;

(三)避开人口稠密区和重要设施;距国境线内10公里以上;

(四)在作业现场能与指挥中心迅速取得通讯联系;

(五)有具备上岗资格的指挥及作业人员。

第八条 人工增雨防雹作业站(点)设置,应由县以上人民政府或省农垦、森工、监狱农场等部门提前一年向省气象主管部门提出申请,经审查批准后方可组织实施。

经批准的作业站(点)移动时,所在县(市)气象主管部门应当将作业站(点)所在地的经纬度及地名报省气象主管部门备案。

第九条 使用飞机、高炮、火箭等人工增雨防雹作业前,必须由要求人工增雨防雹的单位向气象主管部门提出申请,由气象主管部门向空域主管部门履行空域申请手续,在批准的空域内、时间内作业;未经批准不得实施作业。

第十条 有关机场应当根据实施单位提出的飞机增雨作业计划,在空域调配、飞机起飞、降落、备降和地勤保障等方面予以支持和配合。

第十一条 各级气象主管部门要建立人工增雨防雹指挥系统、通信系统和天气监测预报系统,做到预报准确、严密跟踪、反应快速,联系畅通,不断提高人工增雨防雹的科学性和效益。

作业站(点)在作业时,应当采用现代化技术,准确选择作业天气,确定作业时机,记录、搜集整理作业和天气情况等有关资料,进行效果分析,上报作业情况。

试验研究所获得的人工增雨防雹成果(含产品),应报省气象主管部门组织审定后,方可推广应用。

第十二条 人工增雨防雹设备(含自筹经费购置的)由省气象主管部门归口管理。各市(行署)、县(市)、省农垦、森工、监狱农场等部门所需人工增雨防雹设备(含发射工具、弹药),应当由省气象主管部门向国家指定的生产企业和单位统一购买,经省气象主管部门审查合格后,核发使用许可证。

第十三条 每年开展作业前,由市(行署)气象主管部门组织对本辖区内的增雨防雹设备,按军械管理的规定进行全面检修或大修。省农垦、森工、监狱农场等部门增雨防雹设备的检修或大修由本部门组织实施。

第十四条 使用高炮进行人工增雨防雹必须严格按操作规程作业,每个作业站(点)至少安排一名能排除一般故障的炮手负责高炮的日常维护、保养。

有故障的高炮、火箭禁止作业。

第十五条　作业站(点)所在乡(镇)人民政府应按照标准建设炮库、临时弹药库、炮台,并设有值班室,配备通讯设施。

任何单位和个人不得在作业站(点)周围五百米内兴建妨碍作业的建筑物,不得侵占作业场地和设施。

第十六条　人工增雨防雹炮弹的运输、使用和保管,应遵守有关爆炸物品管理规定。

人工增雨防雹炮弹应当存放在当地人民武装部或公安部门批准的专用库房。作业临时使用的炮弹,应当存放在专用的临时弹药库房。对不合格弹药应当按规定销毁。

第十七条　人工增雨防雹安全工作实行责任制管理。县(市)、乡(镇)人民政府应当加强安全保障,作业站(点)应当严格执行安全制度,确保作业安全。

人工增雨防雹活动中出现人身伤亡事故,经有关部门确定事故原因和责任后,由乡(镇)以上人民政府根据有关规定处理。

因开展人工增雨防雹活动引起的权益纠纷由乡(镇)以上人民政府负责协调解决;个人合法权益受损害时,可直接向人民法院起诉。

第十八条　农村人工增雨防雹经费除省财政补贴的费用外,不足部分应当由市(行署)、县(市)、乡(镇)政府自行解决。

需要人工增雨防雹专项服务的森工、农垦、粮食、烟草、保险等单位或家庭农场、果园等承包者,必须提供所需经费和必要条件。

各级人民政府应鼓励农民依照本条例的规定,自愿出资发展人工增雨防雹事业。

第十九条　县以上人民政府投入的人工增雨防雹资金由同级财政和气象主管部门负责管理,实行专款专用。

第二十条　作业人员违反本条例,有下列行为之一的,由县以上气象主管部门处以200元至1000元罚款:

(一)不遵守操作规程的;

(二)使用不合格设备的;

(三)未经批准空域擅自作业的;

(四)损坏或丢失人工增雨防雹设备的;

(五)擅离职守贻误作业时机的。

造成损失的,应当视情节给予赔偿;构成犯罪的,依法追究刑事责任。

第二十一条　违反本条例第十二条规定,暂时封存所购设备,由气象主管部门按有关规定处理;违反本条例第十五条第二款规定,除责令拆除所建建筑物外,并处以1000元至2000元罚款。

第二十二条　气象主管部门负责人工增雨防雹的工作人员和指挥人员

玩忽职守、贻误作业时机造成损失的,由其所在单位或上级主管部门视情节给予行政处分;构成犯罪的,依法追究刑事责任。

第二十三条 当事人对行政处罚不服的,可依法申请复议或起诉。逾期不申请复议或不起诉又不履行处罚决定的,由作出处罚决定的机关申请人民法院强制执行。

第二十四条 本条例自 1998 年 10 月 1 日起施行。

黑龙江省地质环境保护条例

(2009年6月12日黑龙江省第十一届人民代表大会常务委员会第十次会议通过　根据2013年12月13日黑龙江省第十二届人民代表大会常务委员会第七次会议《关于废止和修改〈黑龙江省赌博处罚条例〉等十九部地方性法规的决定》修正)

第一章　总　　则

第一条　为保护地质环境,合理利用地质环境资源,防治地质灾害,保障国家财产和人民生命财产安全,促进经济和社会的可持续发展,制定本条例。

第二条　在本省行政区域内从事矿产资源开发、地质环境保护、地质灾害防治以及其他对地质环境产生影响的活动,适用本条例。

本条例所称地质环境,是指人类活动所涉及的地表至地下的空间环境以及地质遗迹、地质灾害等。

本条例所称地质灾害,是指由于自然因素或者人为活动引发的危害人民生命和财产安全的山体崩塌、滑坡、泥石流、地面塌陷、地裂缝、地面沉降、地表生态改变等与地质作用有关的危害。

第三条　地质环境保护应当坚持预防为主,政府主导和社会参与相结合,谁开发谁保护、谁破坏谁治理、谁投资谁受益的原则。

第四条　县以上人民政府应当加强本行政区域内地质环境保护工作的领导,组织和督促有关部门、单位和个人采取有效措施,保护、治理和改善地质环境,防治地质灾害。

地质灾害多发区的县以上人民政府应当将地质灾害防治所需经费列入年度财政预算。

县以上人民政府应当制定优惠政策,鼓励和支持地质环境治理活动,并对取得显著成绩的单位和个人给予表彰和奖励。

第五条　县以上人民政府国土资源主管部门(以下简称国土资源主管部门)负责本行政区域内地质环境保护的监督管理,并组织实施本条例。

县以上人民政府发展与改革、财政、环境保护、水行政、农业、林业、气象、建设、交通、旅游等有关部门按照各自的职责做好有关的地质环境保护工作。

第六条 任何单位和个人都有保护地质环境的义务,对破坏地质环境、造成或者可能诱发地质灾害的行为有权进行举报。

第二章 地质环境保护规划和项目管理

第七条 县以上人民政府应当根据上一级人民政府的地质环境保护规划,组织编制本行政区域的地质环境保护规划,并纳入本地区国民经济和社会发展总体规划。跨行政区域的地质环境保护规划,由其共同的上一级人民政府组织编制。

第八条 地质环境保护规划应当包括地质环境现状及问题、矿山地质环境恢复治理、开采矿泉水和地热水的地质环境保护、地质遗迹保护、地质环境监测、地质灾害防治等内容。

第九条 县以上人民政府编制的土地利用总体规划、城乡建设规划、矿产资源开发利用规划以及水利、铁路、交通、旅游、能源等建设规划,应当符合地质环境保护的要求,同级国土资源主管部门应当对上述规划的编制提供相关地质环境及保护的论证意见。

第十条 县以上国土资源主管部门和财政部门,对由探矿权、采矿权使用费和价款投入的矿山地质环境治理、地质遗迹保护、地质灾害治理等项目(以下简称项目)的立项、设计和投资预算组织专家进行评审后审批,并按照职责做好项目监管。

项目设计、投资预算确定后,如遇特殊情况确需调整的,应当按照相关程序审核,并报原批准机关批准。

第十一条 由社会资金投入的矿山地质环境治理和地质灾害治理项目,可以根据治理的难易程度和投入产出比率给予投资人一定年限的治理成果使用权。县以上国土资源等有关主管部门应当加强监督和指导。

第十二条 项目管理实行项目法人制、资质准入制、招标投标制、合同制、工程监理制和工程效果责任追究制。

项目主管部门应当依照国家有关法律、法规的规定组织实施。

项目资金实行专户管理,专款专用,单独核算。

第十三条 项目应当在规定的实施期限内完成,由省国土资源主管部门和财政部门按照国家和省有关规定组织验收。

第三章 地质环境保护措施

第一节 矿山地质环境保护

第十四条 依法取得矿产资源开采权的单位和个人(以下简称采矿权

人),应当承担保护矿山地质环境、防治矿山地质灾害的义务,依法做好水土保持、植被恢复和土地复垦工作,避免或者防止发生次生地质灾害。

开采矿产资源应当遵守有关环境保护和矿山安全的法律、法规,按照国家有关规定处置废水、废气、废渣、废石和尾矿等废弃物。

第十五条　采矿权申请人应当委托具有相应资质的单位进行矿山地质环境勘查评价并编写矿山地质环境恢复治理方案,经专家评审确认后,报省国土资源主管部门批准。

已投入生产的矿山企业应当按照前款规定编制矿山地质环境保护和恢复治理方案,报经省国土资源主管部门审批后实施。

采矿权人扩大开采规模、变更矿区范围或者开采方式的,应当重新编制矿山地质环境保护与治理恢复方案,并报原批准机关批准。

矿山地质环境恢复治理方案应当包括下列内容:

(一)矿山基本情况及地质环境现状;

(二)矿山地质环境勘查评价对矿山地质环境问题的分析、预测、评估的结论性意见;

(三)矿山地质环境恢复治理措施及其资金保障;

(四)矿山地质环境恢复治理的经济、社会、环境效益分析;

(五)国家规定的其他内容。

第十六条　经过恢复治理的矿山地质环境应当达到下列标准:

(一)破坏或者废弃的土地达到可供利用的状态;

(二)对采矿活动遗留的矿坑、废石、尾矿等进行防护处理,达到安全状态;

(三)地质灾害隐患得到有效排除;

(四)各类废弃物处置达到国家规定标准;

(五)采场和矿山固体废弃物堆放场的植被得到恢复;

(六)矿山地质环境恢复治理方案和矿山地质环境恢复治理保证书(以下简称保证书)中承诺的义务全面履行。

对具有观赏、科研价值的矿山遗迹,鼓励开发为地质地貌景观保护区、旅游区或者矿山公园。

第十七条　采矿权人应当根据矿山地质环境恢复治理方案中确定的各项责任和其他法定义务,与县以上国土资源主管部门签订保证书。

第十八条　保护和恢复矿山地质环境实行矿山地质环境恢复治理保证金(以下简称保证金)制度。

保证金是采矿权人预交的用于依法履行矿山地质环境恢复治理义务的预备金。保证金数额由县以上国土资源主管部门按照不得低于矿山地质环境治理恢复所需费用核定,由采矿权人一次性预提或者分年度预提,按规定存入财政部门指定银行开设的保证金账户,并列入采矿成本,实行采矿权人所有,政府监管,专款专用。

保证金缴存标准和管理的具体办法,由省财政部门会同国土资源、环境保护部门制定,报省人民政府批准后执行。

第十九条 采矿权人应当在领取采矿许可证或者进行许可证年检时,向所在地国土资源主管部门提交保证书和缴存保证金的凭据。

未按本条例规定进行矿山地质环境勘查评价并编制矿山地质环境恢复治理方案、未签订保证书或者未缴存保证金的,县以上国土资源主管部门不予办理采矿权审批、年检、扩储等相关手续。

第二十条 采矿权人应当根据已经确认的矿山地质环境勘查评价、矿山地质环境恢复治理方案和保证书的要求,对因采矿活动破坏的矿山地质环境实行分阶段治理或者集中治理。

县以上人民政府应当组织国土资源、环境保护等部门,对管辖范围内的矿山地质环境恢复治理状况进行监督检查。

无责任人的灭失矿山的地质环境恢复治理,由县以上人民政府组织本级国土资源主管部门及有关单位根据实际情况和条件,区分轻重缓急,分期实施。

第二十一条 采矿权人完成阶段性或者全部地质环境恢复治理工作的,均可申请检查验收。经省国土资源、环境保护、财政等部门现场验收合格的,退回已经缴存的保证金本息;经验收不合格的,由省国土资源主管部门责令限期治理达标。未按要求治理或者逾期仍未治理达标的,由县以上国土资源主管部门组织治理,所需费用从保证金中支付,超出部分由采矿权人承担。

第二十二条 采矿权人对因采矿而挖损、塌陷、压占的土地进行治理后可用于耕种的,经验收可以依法折抵建设占用耕地的补偿指标;从废石、尾矿中回收矿产品的,可以依法减免矿产资源补偿费。

第二十三条 采矿权人开采矿产资源过程中造成严重地质环境破坏或者诱发地质灾害的,应当立即停止采矿活动,采取必要的恢复治理措施,并及时向所在地县以上国土资源主管部门报告。

采剥、削坡和堆放尾矿、废渣,应当按照开采方案和治理方案执行。

采矿、选(洗)矿形成的废液和污水,应当按照有关规定进行处理,达标排放。

第二十四条 采矿权人向所在地县以上国土资源主管部门报送的矿产资源开发利用情况年度报告,应当包括矿山地质环境保护的内容。

第二节 开采矿泉水、地热水的地质环境保护

第二十五条 开采矿泉水、地热水的,应当在取得取水许可证后,到省

国土资源主管部门办理采矿登记,并按规定进行年检。

第二十六条　开采矿泉水、地热水应当进行地质环境勘查评价。采矿权人应当按照水源地保护规划,做好水源保护和卫生防护工作,并接受有关主管部门的监督管理。

地热水资源利用后应当进行达标排放或者采取达标回灌。

第二十七条　采矿权人开采矿泉水、地热水,应当按照省国土资源主管部门批准的开采方案进行,适时对水位、水量、水温、水质等情况进行动态监测,并接受发证机关的监督管理。

第三节　地质遗迹保护

第二十八条　地质遗迹是指在地球演化的漫长地质历史时期,由于各种内外动力地质作用,形成、发展并遗留下来的不可再生的地质自然遗产。

下列地质遗迹应当按照国家和省的有关规定设立地质遗迹自然保护区或者地质公园予以保护和利用:

(一)具有重大科学研究价值的地质构造、地质剖面、重要的古生物化石分布区;

(二)具有重大科学研究和观赏价值的火山、瀑布、岩洞、石林、岩体等奇特地质景观和岩石、矿物的典型产地;

(三)具有科学研究意义的典型地质灾害遗迹;

(四)法律、法规和规章规定应当建立保护区的其他地质遗迹。

地质遗迹自然保护区和地质公园(以下统称地质遗迹自然保护区)可以根据实际情况分为核心区、缓冲区和实验区。

第二十九条　对地质遗迹自然保护区和分布在风景名胜区、森林公园或者其他类型自然保护区内的地质遗迹,以及独立存在、具有保护价值的地质遗迹,所在地县以上人民政府及有关主管部门或者机构应当配备专业人员,并采取有效措施加以保护,所需经费由所在地人民政府承担。

第三十条　禁止在地质遗迹自然保护区保护范围内,从事开矿、采石、取土、放牧、垦荒、伐木以及其他对地质遗迹有损坏的活动。

禁止在地质遗迹自然保护区和其他地质遗迹保护范围内建设对地质遗迹有影响的建筑设施。经批准已建成并对地质遗迹造成污染或者破坏的建筑设施,由所在地国土资源主管部门责令限期治理或者采取补救措施;确需拆迁的,由所在地人民政府依法予以安置或者补偿。

第三十一条　单位或者个人在地质遗迹自然保护区的核心区和缓冲区内从事科学研究、教学实习以及标本采集活动,应当向地质遗迹自然保护区管理机构提交申请和活动计划,并依法报批。

从事前款活动形成的总结或者活动成果的副本应当提交地质遗迹自然

保护区管理机构存档。

第三十二条 在地质遗迹自然保护区内组织旅游活动,应当按照依法批准的方案进行。进入地质遗迹自然保护区旅游的单位和个人,应当遵守地质遗迹自然保护区的管理规定。

严禁开设与地质遗迹自然保护区保护方向不一致的旅游项目。

第四章　地质环境监测

第三十三条 省国土资源主管部门应当建立和完善全省地质环境监测网络,设置相应的监测设施,对地下水、矿泉水和地热资源、地质遗迹以及城镇、村庄、矿山等重点地区的地质环境和地质灾害进行监测。

省国土资源主管部门负责编制全省地质环境监测网络发展规划,统一协调区域性和专门性地质环境监测网络的部署,统一制定技术要求,组织开展地质环境监测工作和成果资料汇总,并定期发布全省地质环境状况公报。

第三十四条 县以上国土资源主管部门负责本行政区域内的地质环境监测工作,并接受上级国土资源主管部门的业务指导。

单位和个人应当对地质环境监测工作给予支持和配合,不得拒绝和阻挠。

第三十五条 任何单位和个人不得侵占、损毁或者擅自移动地质环境监测设施和标志。

第三十六条 县以上人民政府有关部门应当依法监测地下水水位、水量、水质和水温动态,防止地下水过量开采和污染,并组织编制通报和年度报告。

省水行政主管部门划定地下水超采区和禁采区,应当征求省国土资源主管部门的意见。

第五章　地质灾害防治

第三十七条 县以上国土资源主管部门应当根据地质灾害现状,按照国家规定,编制年度地质灾害防灾预案,报同级人民政府批准后组织实施。

第三十八条 除地震灾害预报外,地质灾害长期预报和重要灾害点的中期预报由省国土资源主管部门提出,并划定地质灾害危险区和易发区;短期预报和一般灾害点的中期预报由市(行署)国土资源主管部门提出;临时灾害预报由所在地县以上国土资源主管部门会同气象部门提出。

各类地质灾害预报均应报经同级人民政府同意后发布,任何单位和个人不得擅自发布。

第三十九条 县以上国土资源主管部门负责在地质灾害危险区边界设置警示标志。

禁止侵占、移动、损毁地质灾害危险区标志和地质灾害防治工程设施标志;确需变动或者拆除标志的,应当征得设立部门或者防治工程验收部门的同意。

第四十条 新建、改建、扩建铁路、公路、港口、机场、水库、地下工程、大型厂矿以及城镇、村庄迁建选址等影响地质环境或者地质环境可能对其产生影响的建设项目,应当进行地质环境勘查评价和地质灾害危险性评估,并履行规定的审批程序。

建设项目开工后,项目所在地国土资源主管部门应当加强建设项目对地质环境影响的监督和检查。

第四十一条 禁止在易发生山体崩塌、滑坡、泥石流等地质灾害的危险区内从事采矿、爆破、伐木、垦荒以及不合理削坡、引排水、堆放渣石、弃土等可能诱发地质灾害的活动。

第四十二条 县以上国土资源主管部门负责组织有关部门进行地质灾害诱发或者形成原因的认定。有关单位因地质灾害治理责任认定发生争议的,由争议双方协商解决;协商不成的,报请争议各方共同的上一级人民政府裁决。

人为活动诱发的地质灾害,由诱发者承担治理责任。自然因素形成的地质灾害,由所在地县以上人民政府组织治理。

第四十三条 依法取得相应资质从事地质灾害危险性评估和地质灾害防治工程的勘查、设计、施工、监理的单位(以下简称资质单位),在承担相关业务前,应当携带资质证书(副本)及工程情况说明,到县以上国土资源主管部门备案。

第四十四条 资质单位应当建立地质灾害危险性评估或者防治工程勘查、设计、施工、监理业务手册,如实记载工作业绩和存在的问题,作为资质延续、升级的必备材料。

资质单位应当遵守相关行业自律公约,接受工程所在地国土资源主管部门的监督检查。

第四十五条 从事地质灾害危险性评估和地质灾害防治工程勘查、设计、施工、监理的人员,应当定期参加相应的业务培训和考试。

第六章 法律责任

第四十六条 破坏地质环境或者违反本条例规定,有关法律、法规已经规定给予行政处罚或者承担相应法律责任的,从其规定。

本条例规定的行政处罚,由县以上国土资源主管部门实施。

第四十七条 违反本条例第十四条第一款,第二十三条第一款、第二款规定的,责令停止违法行为,限期采取补救措施,并处以5000元以上2万元以下的罚款;情节严重的,处以 2 万元以上 10 万元以下的罚款,并可暂扣其采矿许可证。

第四十八条　违反本条例第二十条第一款、第二十四条、第二十六条第一款、第二十七条、第三十四条第二款规定的,责令限期改正并给予警告;逾期不改正或者拒绝、阻挠主管部门依法实施监督检查的,处以 3000 元以上 1 万元以下的罚款。

第四十九条　违反本条例第三十五条、第三十九条第二款规定的,责令限期恢复原状或者赔偿损失,并处以 5000 元以上 3 万元以下的罚款;构成犯罪的,依法追究刑事责任。

第五十条　违反本条例第四十三条、第四十四条规定的,责令限期改正并给予通报;逾期不改的,处 1 万元以下的罚款。

第五十一条　违反本条例受到行政处罚或者被责令限期改正的单位及其法定代表人,逾期未改正或者造成严重后果的,县以上人民政府或者有关主管部门可以给予通报批评,并取消其当年评优资格或者其他荣誉称号。

第五十二条　县以上国土资源主管部门和其他有关部门违反本条例规定,有下列行为之一的,对直接负责的主管人员和其他直接责任人员依法给予行政处分;构成犯罪的,依法追究刑事责任:

(一)不依法履行对地质环境保护的监督管理职责,或者对破坏地质环境的行为不依法制止和查处的;

(二)将项目资金挪作他用的;

(三)对依法应当退回的保证金本息未予退回,或者将保证金挪作他用的;

(四)隐瞒、谎报或者授意他人隐瞒、谎报地质灾害灾情,或者擅自发布灾害预报的;

(五)其他玩忽职守、失职渎职、滥用职权、徇私舞弊的行为。

第七章　附　则

第五十三条　本条例自 2009 年 10 月 1 日起施行。

黑龙江省农田水利条例

(2009 年 12 月 17 日黑龙江省第十一届人民代表大会常务委员
会第十四次会议通过　根据 2013 年 12 月 13 日黑龙江省第十
二届人民代表大会常务委员会第七次会议《关于废止和修改
〈黑龙江省赌博处罚条例〉等十九部地方性法规的决定》修正)

第一章　总　　则

第一条　为加快发展农田水利事业,规范农田水利建设、管理和工程使用,改善农业生产条件,有效防御自然灾害,提高农业综合生产能力,根据《中华人民共和国水法》等有关法律、法规规定,结合本省实际,制定本条例。

第二条　在本省行政区域内从事农田灌溉、排水等农田水利建设、管理和工程使用活动,适用本条例。

第三条　各级人民政府应当加强对农田水利工作的领导,将农田水利建设纳入国民经济和社会发展规划,采取有效措施,保障农田水利事业的发展。

第四条　县以上水行政主管部门负责管理本行政区域内的农田水利工作,其所属的农田水利管理机构受水行政主管部门的委托负责农田水利管理的日常工作以及对有关农田水利的违法行为实施行政处罚。

省农垦总局、分局的水务管理机构负责垦区的农田水利管理工作,业务上接受省水行政主管部门的指导和监督。

县以上人民政府有关部门按照职责分工,负责做好农田水利有关工作。

第五条　乡、镇人民政府应当落实上级人民政府和水行政主管部门在农田水利建设、管理、工程使用方面的任务和措施,组织动员和指导协调农民开展小型农田水利建设,预防和调解处理水事纠纷。

第六条　农田水利工程受法律保护。任何单位和个人都有义务保护农田水利工程,并有权检举侵占、损坏农田水利工程的行为。

第二章　农田水利建设

第七条　农田水利建设应当坚持规划先行、政府主导、资源整合、民办公助、社会参与的原则,建立农田水利建设发展的长效机制。

第八条 农田水利规划由县以上水行政主管部门根据当地国民经济和社会发展规划、流域综合规划和区域综合规划,组织逐级编制。

编制农田水利规划,应当因地制宜,统筹兼顾,开源与节流、灌溉与排涝并重,优化水资源配置,科学调整种植结构,合理发展水田面积,促进水土资源平衡,实现经济效益、社会效益和生态效益的有机统一。

第九条 编制农田水利规划时,应当征求同级发展改革、财政、农业、国土资源等有关部门的意见,经上一级水行政主管部门同意后,由本级人民政府批准。

修改农田水利规划应当按照农田水利规划编制的程序,经原批准机关批准。

第十条 县以上水行政主管部门负责本行政区域内农田水利规划的组织实施。

新建、改建、扩建的农田水利工程应当符合农田水利规划。

第十一条 农田灌排骨干工程建设所需资金,以政府投入为主;其他农田水利工程所需资金,按照谁受益、谁负担和政府适当扶持的原则筹集。

各级人民政府应当鼓励和引导社会资金参与农田水利建设。

第十二条 各级人民政府应当根据经济发展和农田水利建设的需要,逐步增加对农田水利建设的投入,建立稳定的农田水利建设投入机制。

第十三条 各级人民政府应当按照农田水利规划,统筹安排项目,集中整合使用农田水利建设资金和农业综合开发、扶贫开发、以工代赈、商品粮基地建设、土地整理等与农田水利建设有关的资金,提高资金使用效率。

第十四条 农民直接受益的小型农田水利设施以农民自建为主。

各级人民政府应当鼓励、规范和引导农民对直接受益的小型农田水利设施建设投工投劳。村民委员会应当遵循村民自愿、民主决策的原则,通过一事一议组织农民出资出劳。对农民自建的农田水利工程,政府和有关部门可以给予适当补助。

第十五条 直接从江河、湖泊或者地下取水用于农田水利的,应当依法申请取水许可证,并履行建设项目水资源论证程序。

农业抗旱临时应急取水或者农村集体经济组织及其成员使用本集体经济组织的水塘、水库中的水的,不需要申请取水许可证。

农田水利建设项目取水量较少且对周边影响较小的,在申请取水许可证时可以不履行本条第一款规定的建设项目水资源论证程序。

第十六条 对需要履行基本建设程序的农田水利工程,在建设项目立项后需经有审批权的水行政主管部门对初步设计文件进行审批,方可进行建设。

第十七条　属于基本建设范围的农田水利工程建设应当实行项目法人责任制、工程建设监理制和招标投标制,其他农田水利工程建设可以参照执行。

项目建设单位应当建立健全质量管理和监督机制,实行质量责任制。

第十八条　农田水利工程竣工后,按照国家有关规定应当履行政府验收程序的,由工程建设审批机关组织工程验收,验收合格后方可正式投入使用。

第三章　农田水利工程管理

第十九条　政府投资的大型和中型农田水利工程、设备,归国家所有;政府资金和社会资金共同投资的大型和中型农田水利工程、设备,按照出资比例确定共有份额,归国家和投资人共有。

财政补助形成的小型农田水利工程、设备,归项目受益主体所有。受益农户较多的,归受益农户共有;农户自用的,归该农户所有。

非政府投资的农田水利工程、设备,归投资人所有。国家另有规定的,从其规定。

农田水利工程、设备的确权登记办法,由省人民政府另行制定。

第二十条　小型农田水利工程、设备可以通过承包、租赁、转让等形式进行流转,但不得改变其功能和用途。

第二十一条　大型和中型农田水利工程的管理,实行专业管理与群众性管理相结合的办法,其中骨干工程由农田水利工程管理单位管理、维修、养护;田间工程由农村集体经济组织或者个人管理、维修、养护。

产权归集体、个人所有的小型农田水利工程,由产权人自行管理、维修、养护,接受所在地水行政主管部门的指导和监督。

第二十二条　县以上人民政府应当按照国家和省的有关规定划定农田水利工程的管理范围,明确边界,设立标志,并发给土地权属凭证。

第二十三条　不得占用国家所有的农业灌溉水源、灌排工程,或者从事对原有灌溉用水、排水、供水水源有不利影响的活动;依照国家规定确需占用的,应当经管理该灌排工程的水行政主管部门批准。

第二十四条　需要占用农业灌溉水源、灌排工程三年以内的,占用者应当采取相应的补救措施;造成损失的,应当依法给予补偿。

需要占用农业灌溉水源、灌排工程三年以上(含三年)的,占用者应当负责兴建与被占用的农业灌溉水源、灌排工程效益相当的替代工程;没有条件兴建替代工程的,应当按照替代工程的总投资额交纳开发补偿费。

第二十五条　报废农田水利工程的,应当报请原工程建设审批机关审核同意。报废的农田水利工程中包含国有设备和物资的,应当由所在地水行政主管部门或者有关部门登记造册并收归国有。

第二十六条　任何单位和个人不得在灌渠内设置排污口排放污水、倾倒垃圾、堆放柴草。

第二十七条　对农田水利工程的其他管理和保护措施，依照《中华人民共和国水法》《黑龙江省水利工程管理条例》等法律、法规执行。

第二十八条　各级人民政府应当科学界定农田水利工程管理单位的类别，合理定岗定编，将纯公益性农田水利工程管理单位和准公益性农田水利工程管理单位公益性部分的基本支出列入本级财政预算，保证农田水利工程运行费和维修养护费足额到位。

按照国家和省的有关规定，逐步解决经营性水管单位人员的基本养老保险和基本医疗保险等社会保障问题。

第四章　农田水利工程使用

第二十九条　农业用水实行总量控制、定额管理，并推行计划用水、节约用水、计量供水。

第三十条　农业供水实行计量收费。暂无计量设施，不能实行计量收费的，可以按照实际受益面积收费。

第三十一条　农田水利工程供水价格按照补偿供水生产成本、费用的原则核定，不计利润和税金。

国有农田水利工程供水价格，实行政府定价；集体和民营农田水利工程供水价格，实行政府指导价。

农田水利工程供水价格的构成和定价权限、范围按照国家有关规定执行。

第三十二条　农田水利工程管理单位或者工程经营者（以下统称供水单位）应当与利用农田水利工程供水的单位和个人（以下统称用水户）或者农民用水合作组织依法签订供用水合同，并使用农业供用水合同示范文本；未签订供用水合同的，按照双方确认的实际用水量收费。

任何单位和个人不得在水价外加收其他费用。

农田水利工程水费应当用于供水单位运行管理和工程维修养护，任何单位和个人不得截留、平调和挪用。

第三十三条　供水单位应当保证正常供水，形成完善的供水管理模式和经营机制，降低运行成本，提高供水服务质量。

因不可抗力造成供水单位不能正常供水的，应当按照实际供水量核收水费。因供水单位原因造成不能按合同供水的，供水单位承担相应的违约责任。

第三十四条　用水户应当按照供用水合同用水和缴纳水费。用水户未按合同约定缴纳水费,或者隐瞒受益面积、用水量的,应当承担违约责任。

第三十五条 各级水行政主管部门应当扶持和规范农民用水合作组织,发挥其在灌溉、排水管理和农田水利工程使用中的作用。

农民用水合作组织行使其使用的灌排设施的管理权,接受水行政主管部门和水管单位的业务指导。

第三十六条 各级人民政府应当加强节水灌溉的组织、指导和宣传。新建、改建、扩建农田水利工程,应当采取节水灌溉措施。

各级人民政府应当根据实际情况,推行渠道防渗、喷灌、微灌、滴灌、建筑物配套和量测水设施建设等工程节水灌溉措施。并积极推广控制灌溉、非充分灌溉、节水点灌等节水灌溉技术,引导和支持节水灌溉新材料和新设备开发,降低单位面积灌溉用水量,提高水资源利用效率。

第三十七条 农田灌排水事纠纷,应当协商解决;当事人不愿协商或者协商不成的,可以申请人民政府或者水行政主管部门调解处理,也可以直接向人民法院提起民事诉讼。

不同行政区域之间发生的农田灌排水事纠纷,应当协商处理;协商不成的,由共同的上一级人民政府裁决。

第五章 法律责任

第三十八条 水行政主管部门和其他相关部门及其工作人员违反本条例规定,有下列行为之一的,对直接负责的主管人员和其他直接责任人员依法给予行政处分:

(一)农田水利工程建设不符合农田水利规划的;

(二)对符合法定条件的农田水利工程取水申请不予受理或者不在法定期限内批准的;

(三)对不符合法定条件的农田水利工程项目申请人签发取水申请批准文件或者发放取水许可证的;

(四)截留、挤占、挪用国家投入的农田水利建设资金的;

(五)其他滥用职权、玩忽职守、徇私舞弊的。

第三十九条 违反本条例规定,建设单位新建、改建、扩建农田水利工程不符合农田水利规划的,由县以上水行政主管部门责令停止建设,限期拆除;逾期不拆除的,强制拆除,所需费用由违法单位或者个人承担。

第四十条 经批准占用农业灌溉水源、灌排工程,但未按照本条例规定采取补救措施或者进行补偿的,由县以上水行政主管部门责令限期采取补救措施或者补偿相应费用,并处以五千元以上二万元以下的罚款。

第四十一条 违反本条例规定,未经水行政主管部门批准占用农业灌溉水源、灌排工程的,由县以上水行政主管部门责令停止违法行为,限期改正;造成灌排工程报废或者失去部分功能的,限期拆除违法设施、恢复原状或者赔偿损失,并处以一万元以上五万元以下的罚款;逾期不拆除违法设施的,强制拆除,所需费用由违法单位或者个人承担。

第四十二条　其他有关农田水利的违法行为,有关法律、法规已有处罚规定的,从其规定。

第六章　附　　则

第四十三条　本条例自 2010 年 2 月 1 日起施行。

黑龙江省人民代表大会常务委员会议事规则

(1988 年 3 月 11 日黑龙江省第七届人民代表大会常务委员会
第二次会议通过　根据 2005 年 8 月 19 日黑龙江省第十届人民
代表大会常务委员会第十六次会议《关于修改〈黑龙江省人民
代表大会常务委员会议事规则〉的决定》第一次修正　2008 年
6 月 13 日黑龙江省第十一届人民代表大会常务委员会第三次
会议第二次修订　根据 2009 年 6 月 12 日黑龙江省第十一届人
民代表大会常务委员会第十次会议《关于修改〈黑龙江省人民
代表大会常务委员会议事规则〉的决定》第三次修正　2014 年
6 月 13 日黑龙江省第十二届人民代表大会常务委员会第十一
次会议第四次修订)

第一章　总　　则

第一条　为了保障省人民代表大会常务委员会(以下简称常务委员
会)依法行使职权,根据《中华人民共和国宪法》、《中华人民共和国地方各
级人民代表大会和各级人民政府组织法》、《中华人民共和国立法法》、《中
华人民共和国各级人民代表大会常务委员会监督法》,参照《全国人民代表
大会常务委员会议事规则》,结合本常务委员会工作的实际,制定本规则。

第二条　常务委员会依据宪法和有关法律,遵照法定的权限和工作程
序行使职权。

第三条　常务委员会审议议案和有关报告、决定问题,应当充分发扬民
主,按照民主集中制的原则集体行使权力。

第四条　常务委员会行使职权的情况,向社会公开,接受本级人民代表
大会监督。

第二章　会议的召开

第五条　常务委员会会议每两个月至少举行一次。

常务委员会会议由常务委员会主任召集并主持,主任可以委托副主任
召集并主持。

第六条　常务委员会会议应当有常务委员会全体组成人员的过半数出

席,方能举行。

第七条　主任会议拟订常务委员会会议议程草案,提请常务委员会全体会议通过。

常务委员会举行会议期间,需要调整会议议程的,由主任会议提出,经常务委员会全体会议同意。

第八条　常务委员会举行会议,应当在会议举行七日前,将开会日期、会议建议议题,通知常务委员会组成人员;临时召集的会议,可以临时通知。

第九条　常务委员会举行会议时,省人民政府、省高级人民法院、省人民检察院的负责人列席会议。

不是常务委员会委员的省人民代表大会专门委员会(以下简称专门委员会)组成人员,常务委员会机关副厅级以上干部,常务委员会大兴安岭地区工作委员会主任或者副主任列席会议。

常务委员会举行会议时,可以邀请设区的市人民代表大会常务委员会主任或者副主任,省直管县(市)人民代表大会常务委员会主任或者副主任,部分全国人民代表大会代表和省人民代表大会代表列席会议。

第十条　常务委员会举行会议时,按照《黑龙江省人民代表大会常务委员会会议公民旁听办法》的规定,由常务委员会办事机构组织公民旁听。

旁听人员对审议议题提出的意见、建议,由常务委员会办事机构交有关部门研究处理。

第十一条　常务委员会举行会议时,召开全体会议、分组会议,根据需要可以召开联组会议。

常务委员会分组会议的第一召集人由专门委员会主任委员轮流担任,其他召集人由常务委员会委员轮流担任。每次常务委员会分组会议召集人由常务委员会办事机构拟订,主任会议确定。分组名单由常务委员会办事机构拟订,报秘书长审定,并定期调整。

常务委员会举行联组会议,由常务委员会主任主持,主任可以委托副主任主持。

第十二条　常务委员会召开分组会议审议议案或者有关报告时,应当通知有关部门派人到会,听取意见,回答询问。

常务委员会举行联组会议审议议案或者有关报告时,应当通知有关部门负责人到会,听取意见,回答询问。

第十三条　常务委员会会议一般应当公开举行,允许新闻单位采访并报道。会议通过的法规、决议、决定、人事任免名单应当公开发表。

第十四条　常务委员会委员应当按时参加常务委员会全体会议、联组会议和分组会议,因病或者其他特殊原因不能参加会议的,应当书面请假,经常务委员会办事机构提交常务委员会秘书长批准。

每次常务委员会会议对上次常务委员会会议缺席情况进行通报。一年内请假次数超过全年常务委员会全体会议、联组会议和分组会议一半的,常务委员会予以书面告诫。

一年内请假次数超过全年常务委员会全体会议、联组会议和分组会议三分之二的,说明不能达到履职要求,建议辞去常务委员会委员职务,或者建议推荐单位变更委员人选,并不作为下一届常务委员会委员推荐人选。

未请假,一年内三次全程不出席常务委员会会议的,应当辞去常务委员会委员职务,并不作为下一届常务委员会委员推荐人选。

第十五条　经主任会议提出,常务委员会主任或者副主任可以召集省人民政府、省高级人民法院、省人民检察院的负责人举行联席会议,协调工作。

第十六条　常务委员会举行会议时,可以根据需要召开新闻发布会。新闻发布会由常务委员会办事机构组织,常务委员会新闻发言人发布。

第三章　议案的提出和审议

第十七条　主任会议可以向常务委员会提出属于常务委员会职权范围内的议案,由常务委员会会议审议。

省人民政府、省高级人民法院、省人民检察院,各专门委员会,可以向常务委员会提出属于常务委员会职权范围内的议案,由主任会议决定提请常务委员会会议审议,或者先交有关专门委员会审议,提出报告,再决定提请常务委员会会议审议。

常务委员会组成人员五人以上联名,可以向常务委员会提出属于常务委员会职权范围内的议案,由主任会议决定是否提请常务委员会会议审议,或者先交有关专门委员会审议,提出报告,再决定是否提请常务委员会会议审议;不提请常务委员会会议审议的,应当向常务委员会会议报告或者向提案人说明情况。

第十八条　主任会议根据工作需要,可以委托各专门委员会或者常务委员会工作机构代主任会议拟订议案草案,并向常务委员会会议作说明。

第十九条　常务委员会会议审查批准的地方性法规、自治条例和单行条例,由省人民代表大会法制委员会向常务委员会会议提出对民族事务以外的地方性法规的审议意见的报告,由省人民代表大会民族侨务外事委员会提出对民族事务的地方性法规、自治条例和单行条例审议意见的报告,经主任会议决定,提请常务委员会会议审查、批准。

第二十条　省人民政府、省高级人民法院、省人民检察院提出的议案,应当在常务委员会会议举行二十日前,送交有关专门委员会或者常务委员会工作机构。

第二十一条 列入常务委员会会议议程的议案,提出议案的机关以及常务委员会工作机构应当提供议案文本及有关的资料,由常务委员会办事机构按规定时间提前发给常务委员会组成人员。常务委员会组成人员应当认真阅读材料,做好审议准备。

任免案提请机关应当介绍被任免人员的基本情况和任免理由。必要时,有关负责人应当到会回答询问。

第二十二条 常务委员会全体会议听取议案说明后,召开分组会议进行审议。

法规草案经常务委员会会议第一次审议后,有关专门委员会可以根据常务委员会组成人员的审议意见,继续调查研究,进行审议,提出本委员会审议意见交省人民代表大会法制委员会研究处理。

省人民代表大会法制委员会统一审议该法规案时,有关专门委员会相关负责人应当列席会议;省人民代表大会法制委员会认为有关专门委员会的意见不适当,应当向其反馈;重要问题不能达成一致意见时,应当提请主任会议决定。

第二十三条 常务委员会联组会议可以听取和审议专门委员会对议案审议意见的汇报。

第二十四条 提出议案机关的负责人可以在常务委员会全体会议或者联组会议上对议案作补充说明。

第二十五条 列入常务委员会会议议程的议案,在交付表决前,提案人要求撤回的,经主任会议同意,向常务委员会报告,对该议案的审议即行终止。

第二十六条 列入常务委员会会议议程的议案,在审议中有重大问题需要进一步研究的,经主任会议提出,全体会议同意,可以暂不付表决,交有关专门委员会进一步调研、修改、审议,提出审议报告。

第四章 听取和审议省人民政府、省高级人民法院、 省人民检察院的专项工作报告以及常务委 员会专项视察、专题调研报告

第二十七条 常务委员会每年选择若干关系经济社会发展大局和群众切身利益、社会普遍关注的重大问题,有计划地安排听取和审议省人民政府、省高级人民法院、省人民检察院的专项工作报告。

常务委员会听取和审议专项工作报告的年度计划,经主任会议通过,印发常务委员会组成人员并通过省级媒体向社会公布。

第二十八条 常务委员会听取和审议省人民政府、省高级人民法院、省人民检察院的专项工作报告的议题,根据下列途径反映的问题确定:

（一）常务委员会在执法检查中发现的突出问题；

（二）省人民代表大会代表对省人民政府、省高级人民法院、省人民检察院工作提出的建议、批评和意见集中反映的问题；

（三）常务委员会组成人员提出的比较集中的问题；

（四）专门委员会、常务委员会工作机构在调查研究中发现的突出问题；

（五）人民来信来访集中反映的问题；

（六）社会普遍关注的其他问题。

专门委员会或者常务委员会工作机构、办事机构通过以上途径，并经与省人民政府、省高级人民法院、省人民检察院有关部门沟通协调后，于每年年底前提出下一年度拟提请常务委员会审议的专项工作报告，由常务委员会办事机构汇总，提请主任会议确定。

省人民政府、省高级人民法院、省人民检察院可以向常务委员会要求报告专项工作。

第二十九条 常务委员会听取和审议专项工作报告前，主任会议可以组织常务委员会组成人员和省人民代表大会代表以及有关专业人员，对有关工作进行视察或者调研，形成视察或者调研报告，经主任会议同意，印发常务委员会会议。

常务委员会组织专项视察或者专题调研，所形成的报告，经主任会议同意，可以采取口头报告或者书面报告的方式提请常务委员会会议审议。

常务委员会听取和审议专项工作报告前，有关专门委员会或者常务委员会工作机构应当将各方面对该项工作的意见汇总，由常务委员会办事机构交由省人民政府、省高级人民法院或者省人民检察院研究并在专项工作报告中作出回应。

第三十条 省人民政府、省高级人民法院、省人民检察院应当在常务委员会举行会议的二十日前，由其办事机构将专项工作报告送交有关专门委员会或者常务委员会工作机构征求意见；有关专门委员会或者常务委员会工作机构应当于五个工作日内反馈意见。省人民政府、省高级人民法院或者省人民检察院对专项工作报告修改后，在常务委员会举行会议的十日前送交常务委员会办事机构。

第三十一条 常务委员会办事机构应当在常务委员会举行会议的七日前，将专项工作报告、专项视察报告、专题调研报告发给常务委员会组成人员。

第三十二条 常务委员会全体会议听取专项工作报告、专项视察报告、专题调研报告后，可以由分组会议或者联组会议进行审议。

常务委员会可以安排参加视察或者调研的代表列席常务委员会会议，

听取有关报告,提出意见。

有关专门委员会或者常务委员会工作机构应当将常务委员会组成人员对有关报告的审议情况向常务委员会全体会议汇报。

第三十三条 有关专门委员会对常务委员会组成人员在分组会议或者联组会议审议有关报告时提出的审议意见,应当及时进行整理,并在常务委员会会议结束后的五个工作日内,由常务委员会办事机构将审议意见转交省人民政府、省高级人民法院或者省人民检察院研究处理。

经审议的专项视察报告或者专题调研报告,连同审议意见一并转交。

省人民政府、省高级人民法院或者省人民检察院应当将研究处理情况由其办事机构送交有关专门委员会或者常务委员会工作机构征求意见,并在四个月内向常务委员会提出书面报告。有关专门委员会或者常务委员会工作机构对研究处理情况的报告提出审议意见。对处理结果满意的,经主任会议同意,印发常务委员会会议;对处理结果不满意的,经主任会议同意,退回重新研究处理。必要时,由主任会议决定将研究处理情况的报告提请常务委员会会议审议或者进行满意度测评,或者由常务委员会组织跟踪监督。常务委员会认为必要时,可以对有关报告作出决议,省人民政府、省高级人民法院或者省人民检察院应当在决议规定的期限内,将执行决议的情况向常务委员会报告。

常务委员会听取、审议的有关报告及审议意见,印发常务委员会会议的省人民政府、省高级人民法院或者省人民检察院对审议意见和有关报告研究处理情况或者执行决议情况的报告,经常务委员会办事机构交由代表联络机构向省人民代表大会代表通报,并由常务委员会办事机构在省级媒体上公布。

第五章 审查和批准决算,听取和审议

国民经济和社会发展计划、预算的执行情况报告,

听取和审议审计工作报告

第三十四条 省人民政府应当在每年八月底以前,将上一年度省本级决算草案提请常务委员会审查和批准。

决算草案应当在常务委员会举行会议的一个月前,提交常务委员会预算工作机构征求意见,提交省人民代表大会财政经济委员会审议,由财政经济委员会提出审查结果的报告。

第三十五条 省人民政府应当在每年八月底以前,向常务委员会报告本年度上半年国民经济和社会发展计划、预算的执行情况。

第三十六条 经省人民代表大会批准的国民经济和社会发展计划、预算,在执行过程中需要作部分调整的,常务委员会应当及时审查省人民政府

提报的调整方案,并作出是否批准的决议。

省人民政府有关主管部门应当在常务委员会举行会议审查和批准预算调整方案的一个月前,将预算调整方案草案送交常务委员会预算工作机构征求意见后,提交省人民代表大会财政经济委员会进行初步审查,由财政经济委员会提出审查结果的报告。

第三十七条　常务委员会对决算草案和预算执行情况报告,重点审查下列内容:

（一）预算收支平衡情况;

（二）重点支出的安排、资金到位和使用绩效情况;

（三）预算超收收入的安排和使用情况;

（四）部门预算制度建立和执行情况;

（五）向下级财政转移支付情况;

（六）本级人民代表大会关于批准预算的决议的执行情况;

（七）预算收入依法征缴情况;

（八）需由本级财政还款或者承诺的重大借贷和偿还债务情况;

（九）其他相关事项。

常务委员会可以在适当时候,听取和审议本级接受上级财政税收返还和补助收入资金安排和使用情况的报告。

第三十八条　常务委员会每年审查和批准决算的同时,听取和审议省人民政府提出的审计机关关于上一年度预算执行和其他财政收支的审计工作报告。

第三十九条　常务委员会组成人员对国民经济和社会发展计划执行情况报告、预算执行情况报告和审计工作报告的审议意见由省人民代表大会财政经济委员会或者常务委员会预算工作机构进行整理,由常务委员会办事机构交省人民政府研究处理。省人民政府应当将研究处理情况向常务委员会提出书面报告。常务委员会认为必要时,可以对审计工作报告作出决议;省人民政府应当在决议规定的期限内,将执行决议的情况向常务委员会报告。

常务委员会听取的国民经济和社会发展计划执行情况报告、预算执行情况报告和审计工作报告及审议意见,经主任会议同意的省人民政府对审议意见研究处理情况或者执行决议情况的报告,由常务委员会办事机构交代表联络机构向省人民代表大会代表通报,并由常务委员会办事机构在省级媒体上公布。

第四十条　经省人民代表大会批准的国民经济和社会发展五年规划,实施的中期阶段,常务委员会应当及时审议省人民政府对规划实施情况的中期评估报告。规划经中期评估需要调整的,常务委员会应当审查省人民政府提出的调整方案,并作出是否批准的决议。

第六章　法律法规实施情况的检查

第四十一条　常务委员会每年选择若干关系经济社会发展大局和群众切身利益、社会普遍关注的重大问题,有计划地对有关法律、法规实施情况组织执法检查。

第四十二条　常务委员会年度执法检查计划,由专门委员会和常务委员会工作机构参照本规则第二十八条规定的途径提出,常务委员会办事机构汇总,经主任会议决定,印发常务委员会组成人员并通过省级媒体向社会公布。

常务委员会执法检查工作由有关专门委员会或者常务委员会工作机构具体组织实施。

第四十三条　常务委员会开展执法检查,按照精干、效能的原则,组织执法检查组。

执法检查组的组成人员,从常务委员会组成人员、有关专门委员会组成人员中确定,并可以邀请全国、省人民代表大会代表参加。必要时,可以邀请有关专家作为执法检查组的顾问。

第四十四条　常务委员会根据需要,可以委托下一级人民代表大会常务委员会对有关法律、法规在本行政区域内的实施情况进行检查。受委托的人民代表大会常务委员会应当将检查情况书面报送常务委员会。

第四十五条　执法检查结束后,执法检查组应当及时提出执法检查报告,由主任会议决定提请常务委员会会议审议。

执法检查报告包括下列内容:

(一)对所检查的法律、法规实施情况进行评价,提出执法中存在的问题和改进执法工作的建议;

(二)对有关法律、法规提出修改完善的建议。

第四十六条　有关专门委员会应当将常务委员会组成人员对执法检查报告的审议情况向常务委员会全体会议汇报。常务委员会组成人员对执法检查报告的审议意见,由有关专门委员会及时整理,连同执法检查报告,在常务委员会会议结束后的五个工作日内,一并由常务委员会办事机构转交省人民政府、省高级人民法院或者省人民检察院研究处理;有关法律、法规的修改意见交由有关专门委员会或者常务委员会工作机构办理。

省人民政府、省高级人民法院或者省人民检察院应当将研究处理情况由其办事机构送交有关专门委员会或者常务委员会工作机构征求意见后,在四个月内向常务委员会提出书面报告。有关专门委员会或者常务委员会工作机构对研究处理情况的报告提出审议意见。对处理结果满意的,经主任会议同意,印发常务委员会会议;对处理结果不满意的,经主任会议同意,退回重新研究处理。必要时,由主任会议决定提请常务委员会审议或者进行满意度测评,或者由常务委员会组织跟踪检查;常务委员会也可以委托有关专门委员会或者常务委员会工作机构组织跟踪检查。

常务委员会的执法检查报告及审议意见,印发常务委员会会议的省人民政府、省高级人民法院或者省人民检察院对其研究处理情况的报告,经常务委员会办事机构交由代表联络机构向省人民代表大会代表通报,并由常务委员会办事机构在省级媒体上公布。

第七章　规范性文件的备案审查

第四十七条　省人民政府、省高级人民法院、省人民检察院、设区的市人民代表大会及其常务委员会应当按规定向常务委员会报送规范性文件。

第四十八条　常务委员会收到提请备案审查的规范性文件,由负责备案审查的常务委员会工作机构转有关专门委员会或者常务委员会工作机构审查。

有关专门委员会或者常务委员会工作机构认为规范性文件不适当的,应当提出书面审查意见,由负责备案审查的常务委员会工作机构汇总,报经主任会议同意后反馈给规范性文件制定机关。

规范性文件制定机关收到审查意见既不修改又不废止的,有关专门委员会或者主任会议可以向常务委员会提出予以撤销的议案。

第四十九条　常务委员会认为提请备案审查的规范性文件有下列不适当的情形之一的,有权予以撤销:

(一)超越法定权限,限制或者剥夺公民、法人和其他组织的合法权利,或者增加公民、法人和其他组织的义务的;

(二)同法律、法规规定相抵触的;

(三)有其他不适当的情形,应当予以撤销的。

第五十条　常务委员会审议撤销规范性文件议案时,由负责审查或者负责牵头审查的专门委员会或者受主任会议委托的常务委员会工作机构负责人在常务委员会全体会议上作说明。

第五十一条　常务委员会会议分组审议撤销规范性文件的议案后,由省人民代表大会法制委员会进行统一审议,常务委员会全体会议进行表决。

第八章　询问和质询

第五十二条　常务委员会会议审议议案或者有关报告时,省人民政府或者有关部门、省高级人民法院或省人民检察院应当派有关负责人员到会,听取意见,回答询问。

第五十三条 常务委员会每年有计划、有重点地围绕监督议题,对省人民政府、省高级人民法院或者省人民检察院进行专题询问。

第五十四条 专题询问的议题由专门委员会和常务委员会工作机构参照本规则第二十八条的途径,在每年年底提出,常务委员会办事机构汇总后,由主任会议确定列入年度监督计划,并通过省级媒体向社会公布。

第五十五条 常务委员会开展专题询问时,按照《黑龙江省人民代表大会常务委员会专题询问暂行办法》,由有关专门委员会或者常务委员会工作机构具体组织实施,常务委员会办事机构做好会议服务保障工作。

第五十六条 常务委员会会议期间,常务委员会组成人员五人以上联名,可以向常务委员会书面提出对省人民政府及其部门、省高级人民法院、省人民检察院的质询案。

质询案应当写明质询对象、质询的问题和内容。

第五十七条 质询案由主任会议决定交由有关专门委员会审议或者提请常务委员会会议审议。

第五十八条 质询案经主任会议决定,由受质询机关的负责人在常务委员会会议上或者有关的专门委员会会议上口头答复,或者由受质询机关书面答复。质询案以口头答复的,由受质询机关负责人到会答复。在专门委员会会议上口头答复的,提质询案的人员可以列席会议,发表意见。专门委员会应当向常务委员会或者主任会议提出报告。

质询案以书面答复的,应当由受质询机关主要负责人签署,并印发常务委员会组成人员和有关专门委员会。

第五十九条 提质询案的常务委员会组成人员的过半数对受质询机关的答复不满意的,可以提出要求,经主任会议决定,由受质询机关再作答复。

第九章 特定问题调查

第六十条 常务委员会对属于其职权范围内的事项,需要作出决议、决定,但有关重大事实不清的,可以组织关于特定问题的调查委员会。

第六十一条 主任会议可以向常务委员会提议组织关于特定问题的调查委员会,提请常务委员会审议。

五分之一以上常务委员会组成人员书面联名,可以向常务委员会提议组织关于特定问题的调查委员会,由主任会议决定提请常务委员会审议,或者先交有关专门委员会审议、提出报告,再决定提请常务委员会审议。

第六十二条 调查委员会由主任委员、副主任委员和委员组成,由主任会议在常务委员会组成人员和省人民代表大会代表中提名,提请常务委员会审议通过。调查委员会可以聘请有关专家或者专门机构参加调查工作。

与调查的问题有利害关系的常务委员会组成人员和其他人员不得参加

调查委员会。

第六十三条　调查委员会进行调查时,有关的国家机关、社会团体、企业事业组织和公民都有义务向其提供必要的材料。

提供材料的公民要求对材料来源保密的,调查委员会应当予以保密。

调查委员会在调查过程中,可以不公布调查的情况和材料。

第六十四条　调查委员会应当向常务委员会提出调查报告。常务委员会根据报告,可以作出相应的决议、决定。

第十章　撤职案的审议和决定

第六十五条　常务委员会在省人民代表大会闭会期间,可以决定撤销省人民政府个别副省长的职务;可以撤销由它任命的省人民政府其他组成人员和省高级人民法院副院长、庭长、副庭长、审判委员会委员、审判员,省人民检察院副检察长、检察委员会委员、检察员,中级人民法院院长,人民检察院分院检察长的职务;可以撤销由它任命的地区、铁路运输、农垦区和林区中级人民法院和基层人民法院院长、副院长、庭长、副庭长、审判委员会委员、审判员职务,地区、铁路运输、农垦区、林区人民检察院分院和基层人民检察院检察长、副检察长、检察委员会委员、检察员的职务。

第六十六条　省人民政府、省高级人民法院、省人民检察院可以向常务委员会提出对本规则第六十五条所列国家机关工作人员的撤职案。

主任会议可以向常务委员会提出对本规则第六十五条所列国家机关工作人员的撤职案。

常务委员会五分之一以上的组成人员书面联名,可以向常务委员会提出对本规则第六十五条所列国家机关工作人员的撤职案,由主任会议决定是否提请常务委员会会议审议;或者由主任会议提议,经常务委员会全体会议决定,组织调查委员会,由以后的常务委员会会议根据调查委员会的报告审议决定。

第六十七条　撤职案应当写明撤职的对象和理由,并提供有关的材料。

撤职案在提请表决前,被提出撤职的人员有权在常务委员会会议上提出申辩意见,或者提出书面申辩意见,由主任会议决定是否印发常务委员会会议。

撤职案的表决采用无记名投票的方式,由常务委员会以全体组成人员的过半数通过。

第十一章　发言和表决

第六十八条　在常务委员会会议上,常务委员会组成人员的发言和表决不受法律追究。

第六十九条 常务委员会组成人员和列席会议人员的发言内容,应当围绕会议议题在会前做好准备。

常务委员会组成人员和列席会议人员在全体会议或者联组会议上的发言每次不超过十五分钟;在分组会议上的第一次发言不超过十分钟,第二次对同一问题的发言不超过五分钟;事先提出要求,经会议主持人或者召集人同意的,可以延长发言时间。

常务委员会组成人员的发言应当由会议工作人员做好记录,经发言人核对签字后,编印会议简报和存档。

第七十条 常务委员会表决议案,采用无记名方式、举手方式或者其他方式。

第七十一条 交付表决的议案,有修正案的,先表决修正案。

第七十二条 任免案可以逐人表决,根据情况也可以合并表决。

第七十三条 表决议案由常务委员会以全体组成人员的过半数通过。

表决结果由会议主持人当场宣布。

第七十四条 常务委员会原则通过的议案,可以授权主任会议作文字上的修改,然后公布。

第十二章 附 则

第七十五条 本规则规定的应当向社会公布的各种报告、审议意见,可以通过常务委员会《公报》和省级有关网络媒体全文公布,但有关专门委员会或者常务委员会工作机构提出,经常务委员会办事机构审核认定涉及国家秘密、商业秘密和个人隐私的内容除外。

采取公开方式向省人民代表大会代表通报的各种报告、审议意见,应当符合前款保密的规定。

第七十六条 本规则自 2014 年 8 月 1 日起施行。

黑龙江省城市清除冰雪条例

（2014 年 8 月 14 日黑龙江省第十二届人民代表大会
常务委员会第十三次会议通过）

第一条　为了加强城市清除冰雪工作，保障道路畅通、出行安全和市容环境整洁，根据有关法律、法规，结合本省实际，制定本条例。

第二条　本省城市规划区内的清除冰雪活动，适用本条例。

清除冰雪的具体范围，由城市人民政府自行确定。

第三条　城市清除冰雪实行政府领导、部门管理、分区负责、全民参与的原则。

第四条　省住房和城乡建设行政主管部门监督指导本省城市清除冰雪工作。

城市人民政府确定的城市清除冰雪主管部门具体实施本条例。其他有关行政主管部门和单位按照各自分工，落实相关职责。

第五条　城市人民政府组织领导本辖区内清除冰雪工作，负责制定清除冰雪工作实施方案和灾害性降雪应急预案。

由城市人民政府承担的清除冰雪经费应当列入同级财政预算。

第六条　建立社会动员机制，落实全民义务清除冰雪责任制，实现清除冰雪范围内责任全覆盖。

城市清除冰雪主管部门负责组织清扫城市快速路、主次干路、桥梁、公共广场，以及未确定责任人的人行过街天桥和人行道的冰雪。

街道办事处负责组织清扫支路、巷道和未选聘物业服务企业的居民区内的冰雪；未设街道办事处的，由城市清除冰雪主管部门负责组织清扫。街道办事处和社区居委会负责监督落实已选聘物业服务企业居民区的清除冰雪责任。

第七条　本条例第六条规定以外的区域，按照下列规定确定清扫责任人：

（一）临街的建筑物墙体或者围栏至道路路边石（绿化带除外）区域，临街单位和工商业户为责任人。

（二）临街的建筑施工现场围挡至道路路边石（绿化带除外）区域，建设单位为责任人。

（三）露天集贸市场、封闭式或者收费停车场等公共区域,收费单位为责任人;没有收费单位的,管理单位为责任人。

（四）选聘物业服务企业的居民区,物业服务企业为责任人。

（五）机场高速等公路,高速公路经营企业或者公路管理机构为责任人。

（六）机关、团体、企事业单位、驻军等单位的自用自管区域,该单位为责任人。

（七）供排水、供热等管线渗漏形成的道路积冰区域,管线管理单位为责任人。

清扫冰雪责任区域未确定或者有争议的,由城市清除冰雪主管部门确定并书面告知。

第八条 城市清除冰雪可以采取市场化方式。采取市场化方式清除冰雪的,清扫、装运冰雪按照合同约定执行。

第九条 气象主管机构所属的气象台（站）应当负责加强灾害性降雪的预测预报,并向城市清除冰雪主管部门提供相关气象信息。可以预警的灾害性降雪即将发生或者发生的可能性增大时,城市人民政府应当依法发布相应级别的警报。

第十条 灾害性降雪发生时,城市人民政府应当及时启动应急预案。在应急处置期间,城市人民政府可以自行或者要求有关部门,依法采取以下措施:

（一）动员组织辖区内单位和个人;

（二）征用、调度社会清除冰雪物资、设备、交通运输工具和场地;

（三）实施交通管控措施,拖移妨碍清除冰雪作业的占道车辆;

（四）适当调整中小学校以及幼儿园上课时间;

（五）实行机关、企事业单位上班时间错峰错时安排;

（六）其他应急措施。

组织冰雪抢险救灾需要军队参加的,省人民政府或者城市人民政府依法向当地军事机关或者驻军部队提出救助请求。

第十一条 城市快速路、主次干路的冰雪,应当及时清除,保持道路畅通。

城市快速路、主次干路（含其桥梁、坡路车行道）的冰雪清扫,属于小雪、中雪量级的,应当在降雪停止后 24 小时以内完成;属于大雪量级的,应当在降雪停止后 48 小时以内完成。城市其他道路和区域的冰雪清扫,按照小雪、中雪、大雪的量级,应当分别在降雪停止后 24 小时、48 小时和 72 小时以内完成。

城市快速路、主次干路（含其桥梁、坡路车行道）的冰雪外运,应当在同量级降雪清扫时限后的 12 小时以内完成;其他道路和区域的冰雪需要外运的,应当在同量级降雪清扫时限后的 24 小时以内完成。

鼓励即下即清,连续降雪超过 12 小时的,清扫责任单位应当进行清雪。

暴雪(灾害性降雪)的清扫和外运时限,由城市人民政府规定。

供排水、供热等管线渗漏形成的道路积冰,应当在管线渗漏修复后 3 日内,完成清除和外运。

第十二条 清扫城市快速路、主次干路、桥梁、坡路车行道以及人行道的冰雪,应当露出原路面;清扫其他道路和区域的冰雪,应当达到不影响行人和车辆通行的标准。

建筑物、构筑物的管护单位或者使用人,应当及时清除因冰雪融化产生的冰溜。无管护单位或者使用人的,由街道办事处负责组织清除。

公园、广场、风景区、景观带等区域,在保证行人安全通行的情况下,可以保留冰雪景观。具体区域由管理部门确定。

省住房和城乡建设行政主管部门应当制定冰雪清扫装运技术规范。

第十三条 清扫的冰雪应当堆放到指定地点。任何单位和个人不得在道路交叉口、消防通道以及公共交通站台(点)、垃圾容器、公共厕所等公共设施周围堆放冰雪,不得向雪堆倾倒垃圾污物,不得向道路、广场等公共区域抛洒冰雪、液体。

第十四条 城市清除冰雪主管部门或者街道办事处负责组织装运城市公共区域的冰雪。

自用自管区域的冰雪需要外运的,由责任人自行装运或者委托其他运输企业装运。居民区的冰雪需要外运的,由物业服务企业清扫或者街道办事处组织清扫到指定地点,城市清除冰雪主管部门组织装运。

冰雪装运应当场清雪净,装运的冰雪应当运送到城市人民政府指定的冰雪消纳场地,不得沿途遗撒或者倾卸。

第十五条 鼓励城市清除冰雪少用或者不用融雪剂,实行绿色清除冰雪。必要时,城市快速路、主要干路以及坡路、引桥、环岛可以使用融雪剂。使用融雪剂的道路和区域应当在 4 小时内完成清扫。融雪剂的撒播区域应当设置明显标志。

城市人民政府可以制定严于本条例规定的融雪剂使用范围,并自行确定灾害性降雪时融雪剂的使用范围。

融雪剂由城市清除冰雪主管部门统一采购,统一分发。采购的融雪剂及其使用,应当符合国家和省相关技术标准。

含有融雪剂的冰雪,应当单独堆放,并运送到城市人民政府指定的场所集中处理,不得在树木、花坛、绿地及其周围堆放。

第十六条 城市人民政府应当按照国家和省有关清除冰雪作业标准定

额加大资金投入,提高清除冰雪机械化程度。

城市清除冰雪主管部门应当加强对政府采购的清除冰雪机械设备的管理。机械设备使用单位应当定期检修保养并入库管理,提高机械设备的使用效率和寿命。

第十七条 公安机关交通管理部门可以根据城市清除冰雪作业需要,采取临时交通管控措施,设置禁行、缓行、绕行、禁停等交通标志。

清除冰雪作业单位应当加强作业安全管理,定期对专业作业人员进行安全培训,并配发安全作业装备。

行人和车辆应当主动避让清除冰雪作业车辆以及现场作业人员。夜间实施清除冰雪作业时,作业单位应当设置必要的警示、反光标志。

清除冰雪作业车辆在作业期间,可以在收费停车场免费临时停放。

第十八条 清除冰雪作业时,不得损坏城市市政公用设施、树木、绿化带和景观带。

第十九条 在街路两侧停放的车辆,不得妨碍清除冰雪作业。

机动车驾驶人应当在机动车前风挡明显位置上预留移动车辆电话,并按照清除冰雪作业要求移动车辆。

第二十条 城市人民政府应当建立清除冰雪监督检查制度,公布清除冰雪监督举报电话和电子信箱,及时受理社会投诉。

新闻媒体应当加强对城市清除冰雪工作的宣传报道,及时播发、刊登气象信息,并对清除冰雪工作开展不力、妨碍作业以及破坏作业成果的行为予以曝光。

第二十一条 城市人民政府违反本条例规定,有下列情形之一的,按照有关法律、法规给予主要负责人、直接责任人行政处分:

(一)未制定城市清除冰雪工作实施方案和灾害性降雪应急预案的;

(二)灾害性降雪发生时,未及时启动应急预案或者未依法采取应急措施的;

(三)组织、督导、检查清除冰雪工作不力的;

(四)未按照规定指定集中处理含融雪剂冰雪场所的;

(五)其他依法应当给予行政处分的情形。

第二十二条 城市清除冰雪主管部门违反本条例规定,有下列情形之一的,按照有关法律、法规给予主要负责人、直接责任人行政处分:

(一)未按照规定划分和落实清扫冰雪责任区域的;

(二)未按照规定的时限和质量标准完成组织清除冰雪任务的;

(三)灾害性降雪应急预案启动后,未按照要求落实工作责任的;

(四)督导、检查清除冰雪工作不力的;

(五)违反规定采购、分发、使用融雪剂的;

（六）未按照规定管理政府采购的清除冰雪机械设备的；

（七）其他依法应当给予行政处分的情形。

其他有关行政主管部门和单位未按照本条例规定履行相应职责的，依法给予相关责任人行政处分。

第二十三条　单位和个人违反本条例规定，有下列情形之一的，由城市清除冰雪主管部门或者实行相对集中行政处罚权的部门责令限期改正；逾期不改正的，按照下列规定予以行政处罚：

（一）未按照规定时限和标准清扫冰雪的，处以每平方米 30 元罚款；

（二）未按照规定堆放冰雪的，处以每立方米 50 元罚款；

（三）向道路、广场等公共区域抛洒冰雪、液体或者向雪堆倾倒垃圾污物的，处以 500 元罚款；

（四）装运冰雪过程中，沿途遗撒或者倾卸冰雪的，处以每立方米 50 元罚款；

（五）未按照要求清除因管线渗漏形成的道路积冰的，处以每平方米 100 元罚款。

停放车辆妨碍清除冰雪作业，无法联系机动车驾驶人或者机动车驾驶人拒绝移动车辆的，由公安机关交通管理部门依法处理。

未按照规定及时清除冰溜的，责令限期改正；造成损害的，依法承担赔偿责任。

第二十四条　单位和个人违反本条例规定，有下列情形之一的，由城市清除冰雪主管部门或者实行相对集中行政处罚权的部门按照下列规定予以行政处罚：

（一）未按照规定和技术标准使用融雪剂的，处以每平方米 500 元罚款；

（二）未按照要求堆放或者运送含有融雪剂冰雪的，处以每立方米 500 元罚款。

第二十五条　本条例所称小雪、中雪、大雪、暴雪（灾害性降雪）根据国家气象部门发布的量级标准确定。

第二十六条　县人民政府所在地的镇和国有重点林区、垦区内的小城镇的清除冰雪工作，按照本条例执行。

其他建制镇的清除冰雪工作，参照本条例执行。

第二十七条　城市人民政府可以根据本条例制定具体实施办法。

第二十八条　本条例自 2014 年 10 月 1 日起施行。

黑龙江省科学技术进步条例

(2014 年 10 月 23 日黑龙江省第十二届人民代表大会
常务委员会第十五次会议通过)

第一章 总 则

第一条 为了促进科学技术进步,增强自主创新能力,加快科学技术成果转化,推动科学技术为经济建设和社会发展服务,建设科技强省,根据《中华人民共和国科学技术进步法》等有关法律、行政法规,结合本省实际,制定本条例。

第二条 在本省行政区域内从事科学技术的研究开发、成果转化应用、普及、交流以及相关的服务和行政管理等活动,适用本条例。

第三条 本省科学技术工作遵循自主创新、重点跨越、支撑发展、引领未来的指导方针,坚持发挥市场配置科技资源决定性作用,建立面向区域发展的产学研协同创新机制,实施科教兴省和创新驱动发展战略,构建具有本省特色的区域创新体系,建设创新型省份。

第四条 县级以上人民政府应当组织开展创新驱动发展战略研究,制定科学技术发展规划,确定发展目标、任务和重点领域,整合科学技术资源,建立和完善科学技术工作相关机制,将科学技术进步工作纳入国民经济和社会发展规划及政府目标考核体系,提高行政管理效能,提升为全社会科学技术进步服务水平。

第五条 省人民政府科学技术行政部门负责全省科学技术进步工作的统筹规划、指导协调,制定并组织实施年度科学技术发展计划。市、县级人民政府科学技术行政部门负责本行政区域的科学技术进步工作。

县级以上人民政府其他有关部门在各自的职责范围内,负责有关的科学技术进步工作。

第六条 县级以上人民政府应当根据国家和本省知识产权发展战略,建立和完善知识产权制度,提高创造、运用、保护和管理知识产权的能力,营造尊重知识产权的社会环境。

第七条 县级以上人民政府应当制定科学技术普及事业发展规划,加强科学技术普及场馆、设施的建设和管理,鼓励和扶持社会力量兴办科学技术普及事业,加强科学技术普及培训和资源开发,开展全民科学素质教育。

　　财政性资金投资建设的科学技术普及场馆、设施应当常年向社会开放,对青少年实行优惠。鼓励企业、高等学校、科学技术研究开发机构依托自身优势,向公众开放科学技术普及场馆、实验室、陈列室等场地和设施。

　　第八条　县级以上人民政府应当引导社会培育崇尚科学、勇于创新、尊重人才、开放包容的风尚,建立全民创新机制。

　　各类学校及其他教育机构应当注重培养受教育者的独立思考能力、实践能力、创新能力;职业教育类学校应当注重培养适应本省产业结构调整和经济社会发展的职业技能型人才。

　　机关、企业、事业单位和工会、共产主义青年团、妇女联合会、科学技术协会等社会团体,应当组织开展科学技术进步活动,鼓励和支持开展发明创造、技术创新、群众性技能竞赛活动。

第二章　科学技术研究开发与成果转化

　　第九条　鼓励企业、高等学校、科学技术研究开发机构等单位围绕全省重点产业建立产业技术创新战略联盟。省级人民政府应当对产业技术创新战略联盟发展和开展关键、共性技术攻关给予政策支持,对新认定的国家级产业技术创新战略联盟的牵头单位给予奖励。

　　县级以上人民政府科学技术行政部门对产业技术创新战略联盟申报的科学技术计划项目,应当给予优先支持。

　　第十条　鼓励企业、高等学校、科学技术研究开发机构根据国家和省产业、技术政策,开展原始创新、集成创新和引进消化吸收再创新,其进口科学研究、技术开发用品,或者关键设备、原材料、零部件,按照国家有关规定享受税收优惠。

　　利用财政性资金和国有资本引进重大技术、装备的企业、高等学校、科学技术研究开发机构,应当制定消化、吸收和再创新方案,并及时组织实施。项目审批部门应当将技术消化、吸收和再创新方案作为审批的重要依据。

　　第十一条　省和市级人民政府及其有关部门应当加强创新平台和创新队伍建设,并在资金安排等方面重点支持高等学校、科学技术研究开发机构开展重点学科建设,鼓励利用自身特色和优势,结合国家和本省重点发展领域的需求,发展新兴学科和交叉学科。

　　第十二条　省人民政府应当统筹规划,加快现代农业科学技术支撑体系建设,继续加大农业科学技术投入力度,重点资助企业、高等学校和科学技术研究开发机构开展农业现代化核心关键技术攻关。

　　省和有条件的市、县级人民政府应当安排科学技术计划项目,重点支持良种培育、农机装备、新型肥药、疫病防控、农产品精深加工等农业科学技术基础研究、应用技术研究。

第十三条 鼓励高等学校、科学技术研究开发机构、农业龙头企业等与乡(镇)、村开展多种形式的技术合作和推广应用;选派科学技术人员为村、农民专业合作社和农户提供科学技术服务。

县级以上人民政府可以通过项目、贷款贴息或者后补助等形式,支持科学技术人员到农村创业,鼓励其领办、创办、协办科技型农业企业和专业合作经济组织。

第十四条 县级以上人民政府应当加强农业和农村信息化建设,健全和完善农业科学技术推广服务网络。建立农民职业教育培训体系,重点培训新型职业农民和专业大户、家庭农场、专业合作社、农业产业化龙头企业等新型农业经营主体的从业人员。

第十五条 县级以上人民政府应当利用本省区域优势,与周边国家政府建立优势互补、互利共赢、资源共享的科学技术合作与交流机制,应当根据需要安排项目,支持与周边国家的科学技术交流与合作。

省人民政府应当大力支持对周边国家合作开展的科学技术研究开发、国际标准研究、技术引进推广、创新平台建设、重点项目建设、科学技术人员培训与交流等。

鼓励和支持企业、高等学校、科学技术研究开发机构等引进、消化国外先进技术,与境外企业、机构联合建立技术创新平台、科学技术研究开发机构、科学技术产业园区。支持本省企业、高等学校和科学技术研究开发机构到境外设立、兼并和收购科学技术研究开发机构,购买外国专利、专有技术和其他知识产权。

第十六条 县级以上人民政府应当把科技创新和加快科学技术成果转化、吸引进行科学技术成果转化的高端人才作为本地经济转型的核心任务。

县级以上人民政府可以按照市场运作的方式,委托专业投资管理机构,以股权投资方式支持企业转化科学技术成果并参与项目管理。在约定期满时,由企业或者股东按原价回购股权。

省、市和有条件的县级人民政府应当采取贷款贴息、投资补助、奖励等方式支持企业与高等学校、科学技术研究开发机构联合实施科学技术成果转化。

第十七条 企业购买高等学校、科学技术研究开发机构科学技术成果,或者承接高等学校、科学技术研究开发机构重大科学技术成果在省内转化取得经济效益的,可以按照有关规定享受投资补助或者贷款贴息等政策。

县级以上人民政府应当制定相关政策,支持和鼓励本省行政区域内的中央直属企业、科学技术研究开发机构、高等学校在省内转让科学技术成果、创办企业实施科学技术成果转化,或者与本省其他企业、科学技术研究开发机构、高等学校联合实施科学技术成果转化。

第十八条　利用财政性资金设立的科学技术计划项目,立项部门应当与项目承担者就项目形成的科学技术成果约定知识产权目标和实施转化期限,并在项目验收时对约定事项进行考核评价。

项目承担者应当按照约定的转化期限实施前款规定的科学技术成果。约定的实施转化期限届满之日起两年内未实施转化的,政府为了国家安全、国家利益和重大社会公共利益的需要,可以无偿实施转化,也可以许可他人有偿实施转化或者无偿实施转化。成果完成人在同等条件下享有优先实施转化权。

第十九条　省和有条件的市级人民政府应当制定相关政策,通过对生产企业进行奖励等方式,支持企业研究开发首台(套)产品;通过给用户发放补助、建立风险补偿机制等方式,鼓励用户购买和使用首台(套)产品。

第三章　科技园区与创新服务

第二十条　省人民政府可以根据需要批准建立省级高新技术产业开发区,重点发展高新技术产业,加快发展战略性新兴产业,培养发展以特色产业基地为基础的产业链和产业集群。

县级以上人民政府应当统筹高新技术产业开发区与周边地区的基础设施、公共设施以及其他配套设施的开发建设与利用,支持高新技术产业开发区的建设和发展。

国家和省级高新技术产业开发区管理机构属于所在市级人民政府派出机构的,市级人民政府在不违反法律、法规关于授权、委托规定的情况下,可以授予其行使市级人民政府必要的经济社会管理权限和职能。

高新技术产业开发区应当为入区企业提供便捷、高效的配套服务,建立和完善创新创业服务体系,支持金融、法律、知识产权、管理和信息咨询、人才服务、资产评估、审计等专业服务组织发展,可以安排资金支持人才引进、科技中介机构发展等。

第二十一条　县级以上人民政府应当加强农业科学技术示范园区建设,积极推进示范乡(镇)、示范村(屯)、示范户建设,鼓励具备条件的组织和个人建立优势特色农产品科技园(区)、示范基地,并在技术、资金、生产资料等方面给予支持。

第二十二条　县级以上人民政府应当在规划、用地、资金等方面支持高等学校、科学技术研究开发机构、企业和其他社会力量创办大学科技园、留学人员创业园、科技创业服务中心等科技企业孵化器,为科技型中小企业提供办公与生产场地、融资、信息、管理、培训、技术咨询等方面的配套服务。

第二十三条　县级以上人民政府可以对服务功能完善、孵化效率高的科技企业孵化器给予奖励或者补贴等支持。经认定的科技企业孵化器,享受国家和本省规定的优惠政策。

允许将孵化器内的集中办公区注册成多个企业的住所。在科技企业孵化器内设立企业,可以将管理机构出具的房屋使用证明作为企业住所登记文件,工商行政管理部门应当依法予以登记。

第二十四条　省和市级人民政府科学技术行政部门应当会同有关部门开展科学技术基础条件资源调查,建立科学技术资源的信息交流发布平台,及时向社会公布下列科学技术资源信息,但依法应当保密的内容除外:

(一)科学技术研究基地、科学仪器设备;

(二)科学技术文献、科学技术数据、科学技术自然资源、科学技术成果、科学技术普及资源;

(三)科学技术人才资源、专业技术服务资源、国际科技合作资源。

第二十五条　省人民政府应当构建覆盖省、市、县三级的科技公共服务平台。公共服务平台以统筹规划、集成资源、面向市场、共建共享为原则,以信息化网络为手段,通过整合、集成、优化科技资源,向社会提供科技资源共享服务、公共技术服务和创新创业服务。

第二十六条　省和有条件的市、县级人民政府应当支持重点(工程)实验室、工程(技术)研究中心、中间试验基地、企业技术中心等技术创新平台建设,发挥平台共享服务作用。

省人民政府应当将重点(工程)实验室、中间试验基地等重大科研基础设施的建设纳入基本建设投资计划,并按照有关规定对新认定的国家级重点(工程)实验室、工程(技术)研究中心、企业技术中心给予奖励。

第二十七条　利用财政性资金或者国有资本购置大型科学仪器设备、设施的单位,应当履行共享使用义务。县级以上人民政府应当建立利用财政性资金或者国有资本购置大型科学仪器设备、设施的查重机制和共享使用制度,可以对达到共享使用要求的单位,给予一定的资金奖励。大型仪器设备、设施共享的具体办法,由省人民政府在本条例通过之日起一年内制定。

第二十八条　县级以上人民政府应当通过政府购买服务的方式,培育和发展从事技术开发、技术转让、技术咨询、技术服务等活动的科学技术中介服务机构。

第二十九条　鼓励社会资本设立创业投资企业。县级以上人民政府可以设立创业投资引导资金,采取阶段参股、跟进投资、风险补助等方式,支持创业投资企业开展投资业务。创业投资企业按照国家有关规定享受税收优惠。

第三十条　省、市和有条件的县级人民政府应当利用贷款贴息等方式引导金融机构对高新技术企业、科技型中小企业给予信贷支持。

县级以上人民政府应当支持金融机构、相关中介服务机构合作建立知识产权质押融资平台,为其提供知识产权质押融资服务。

金融、发展改革等部门应当健全推动高新技术企业、科技型企业进入资本市场融资联动机制,为其境内外上市、挂牌和债券融资提供综合协调和指导服务,支持其利用资本市场进行融资。

第四章　企业技术进步

第三十一条　实行国家规定的高新技术企业认定制度。经认定的高新技术企业,按照国家有关规定享受税收优惠。

第三十二条　鼓励企业增加研究开发和技术创新投入。高新技术企业应当按照国家有关规定,提取当年销售收入一定比例的资金,用于研究开发和技术创新。

企业开发新技术、新产品、新工艺发生的研究开发费用,可以按照国家有关规定税前列支并加计扣除。税务机关对企业申报的研究开发项目有异议的,可以要求企业提供科学技术行政部门的意见书,同级科学技术行政部门应当在五个工作日内出具。企业用于科学技术研究开发的固定资产可以按照国家有关规定,加速折旧。

第三十三条　鼓励企业采取自建或者共建等方式建立科学技术研究开发机构。经省科学技术行政部门认定,设立科学技术研究开发机构的企业可以独立承担省级科学技术计划项目。

第三十四条　鼓励企业与高等学校、科学技术研究开发机构、中等职业学校或者职业培训机构联合建立实习、实训基地,培养专业技术人才和高技能人才。

企业应当建立职工继续教育制度,加强职工职业技能培训,提高职工技术创新能力。企业发生的职工教育经费支出,按照国家有关规定享受税收优惠。

第三十五条　国有资产监督管理部门应当完善国有企业业绩考核制度,将创新投入、创新能力建设、创新成效等情况纳入对国有企业负责人的考核范围。

第三十六条　鼓励企业参与制定国家标准或者国际标准。省人民政府应当对牵头制定并被确定为国家标准或者国际标准的企业、科学技术研究开发机构、高等学校和行业组织等给予奖励。

第五章　科学技术研究开发机构

第三十七条　省人民政府应当构建合理的科学技术研究开发体系,统筹规划全省科学技术研究开发机构的布局,整合利用财政性资金重复设立的科学技术研究开发机构。

第三十八条 县级以上人民政府应当建立利用财政性资金设立的科学技术研究开发机构的绩效考核制度,重点考核科学技术成果产出及转化情况,并根据考核结果,在经费、科研条件等方面择优予以支持。

第三十九条 省和市级人民政府应当推动利用财政性资金设立的科学技术研究开发机构建立现代院所制度,保障其研究开发、经费使用、机构设置、人员聘用及管理、人员激励分配等自主权利。按照科学技术研究开发机构特点和功能定位,稳步推进分类改革。

第四十条 鼓励境外、省外科学技术研究开发机构、高等学校和企业在本省设立具有法人资格的科学技术研究开发机构、分支机构或者技术转移机构,与省内科学技术研究开发机构、高等学校和企业合作开展科学技术研究开发和成果转化服务。在申请科学技术研究项目、技术人员专业技术职务任职资格评聘等方面享受本省科学技术研究开发机构同等待遇。

鼓励省内科学技术研究开发机构在省外、境外设立分支机构。

第四十一条 鼓励社会力量依法创办科学技术研究开发机构。社会力量创办的科学技术研究开发机构可以按照国家有关规定,平等参与政府各类科学技术研究开发计划项目的竞争与实施。社会力量创办的非营利性科学技术研究开发机构按照国家有关规定享受税收优惠。

第六章 科学技术人员

第四十二条 县级以上人民政府应当制定并实施科学技术人才发展规划和计划,支持高等学校、科学技术研究开发机构、企业设立博士点或者博士后科研流动(工作)站,培养高层次人才;依托重大科学技术计划项目和重大工程,培养学科带头人;依托高新技术产业开发区,建设人才发展实验区,推动科学技术人才发展平台建设。

县级以上人民政府有关部门在实施科学技术、人才等计划时,应当支持优秀青年科学技术人才主持开展科学技术研究开发活动。

第四十三条 县级以上人民政府可以通过提供补贴等方式支持企业事业单位引进高层次科学技术人才,并通过提供启动资金、贷款贴息等方式支持其创新创业,应当在落户、住房、子女入学、配偶安置等方面给予政策倾斜。

科学技术研究开发机构、高等学校、企业可以根据实际需要,按照有关规定正式聘任境外科学技术人员在本省从事科学技术工作,并给予相应的待遇。

第四十四条 省和市级人民政府应当建立有利于促进科学技术创新、

成果转化的技术职称评定制度，对从事科学技术创新的科学技术人员，重点考核其创新成果的应用情况；对从事科学技术成果转化及产业化的科学技术人员，重点考核其创造的经济与社会效益。

在科学技术创新和成果转化等方面做出重要贡献的科学技术人员，可以破格晋升专业技术职称。

第四十五条　高等学校、国有企业和利用财政性资金设立的科学技术研究开发机构转化职务科学技术成果，按照下列情形，给予成果完成人和为职务成果转化做出重要贡献的人员相应报酬：

（一）以股权投入方式实施转化的，可以享有不低于该成果所占股份百分之三十的股权；

（二）以技术转让方式实施转化的，可以享有不低于技术转让净收入百分之三十五的收益；

（三）自行实施转化的，自项目盈利之日起五年内，每年可以享有不低于净利润百分之五的收益。

第四十六条　县级以上人民政府应当建立科学技术人员供需信息发布制度，鼓励高等学校、科学技术研究开发机构的科学技术人员在不违反有关规定的情况下到企业兼职、挂职，深入农村开展科学技术成果转化活动。鼓励高等学校、科学技术研究开发机构选聘企业高级专业技术人员担任兼职教授或者研究员。

科学技术人员被选派服务农村和企业期间，工资、福利、专业技术职务（职称）晋升与原单位在职人员同等对待；对做出突出贡献的，优先晋升专业技术职务（职称）。

第四十七条　鼓励高等学校和利用财政性资金设立的科学技术研究开发机构的科学技术人员创办企业或者在企业实施科学技术成果转化，其在原单位的人事关系经批准可以保留三年。

第四十八条　县级以上人民政府应当提高在艰苦、边远地区和恶劣、危险环境中从事科学技术活动的科学技术人员的工作和生活待遇，所在单位除应当按照国家和地方人民政府的规定给予相应的待遇之外，还应当向其提供应有的职业健康卫生保护。

县级以上人民政府和企业事业组织应当对有突出贡献的科学技术人员给予优厚待遇。

第四十九条　科学技术人员应当弘扬科学精神，遵守法律、法规和学术规范；不得在科学技术活动中弄虚作假，不得从事有悖科学精神的活动。项目管理部门应当为承担科学技术计划项目的科学技术人员建立学术诚信档案，作为评聘专业技术职务（职称）、审批科学技术计划项目的依据。

鼓励科学技术人员自由探索、勇于承担风险，培育宽容失败的社会氛围。原始记录能够证明承担探索性强、风险高的科学技术研究项目的科学技术人员已经履行了勤勉尽责义务仍不能完成该项目的,不影响其继续申请本省利用财政性资金设立的科学技术研究项目。

第七章　保障措施

第五十条　县级以上人民政府应当建立以政府投入为引导、企业投入为主体、其他社会组织和个人投入相结合的多元化、多层次科学技术投入体系。

县级以上人民政府应当充分发挥财政性资金对科学技术进步工作的支持作用,建立科学技术投入稳定增长机制和绩效评价制度,建立竞争性经费和稳定支持经费相协调的财政性资金投入机制。

第五十一条　省、市和有条件的县级人民政府应当安排科学技术资金,用于资助基础研究、应用研究与开发、成果转化和产业化等科学技术进步活动。

第五十二条　县级以上人民政府及其有关部门应当建立以项目为导向的竞争性财政资金投入机制,对确实能够促进本地区科学技术进步、经济和社会发展的优质项目,根据项目特点综合运用贷款贴息、风险投资、后补助等投入方式集中支持,实现财政性资金使用效益最大化。

第五十三条　县级以上人民政府及其有关部门应当根据项目特点,建立公开、公平、公正的专家评审、中介评估、招投标等财政性科学技术计划项目选拔机制,并对财政性科学技术计划项目从申请、立项、验收、中间试验到成果转化全过程实行公开、科学的管理和评价。

第五十四条　利用财政性资金设立的科学技术计划项目所取得的科学技术成果,项目承担者应当在项目结题之后三个月内向立项部门报送成果信息及其技术转移情况。立项部门应当将科学技术成果信息及其技术转移情况通过科学技术资源的信息交流发布平台向社会公开,但依法应当保密的内容除外。

第五十五条　县级以上人民政府及财政、科学技术等部门应当按时、足额拨付财政性科学技术资金,并按照《中华人民共和国科学技术进步法》的相关规定,保障资金投入事项。

县级以上人民政府应当依法对财政性科学技术资金的投入和使用情况进行监督检查。同级人民代表大会常务委员会应当定期听取和审议对财政性科学技术资金投入和使用情况的报告,进行专项检查。

第五十六条　实行科学技术奖励制度,对在科学技术进步活动中做出重要贡献的组织和个人给予奖励。

鼓励、支持社会力量在本省设立科学技术奖励。

第五十七条 税务部门应当依法落实科学技术进步税收优惠政策,合理简化办事程序,为享受税收优惠的相关主体提供便捷服务。

第八章 法律责任

第五十八条 依照本条例规定承担相关职责的县级以上人民政府有下列行为之一的,由上级人民政府责令改正;拒不改正的,给予通报批评,并对直接负责的主管人员和其他直接责任人员依法给予行政处分:

(一)未将科学技术进步工作纳入国民经济和社会发展规划及政府目标考核体系的;

(二)未安排资金和未按照规定投入科学技术经费的;

(三)未将重大科研基础设施建设纳入基本建设投资计划的;

(四)未建立利用财政性资金和国有资本购置大型科学仪器设备、设施查重机制和共享使用制度的;

(五)未制定并实施科学技术人才发展规划和计划的;

(六)未建立科学技术进步奖励制度和未落实奖励的;

(七)其他未履行职责的行为。

第五十九条 依照本条例规定承担相关职责的县级以上人民政府有关部门有下列行为之一的,由本级人民政府或者上级主管部门责令改正;拒不改正的,给予通报批评,并对直接负责的主管人员和其他直接责任人员依法给予行政处分:

(一)未制定并组织实施年度科学技术发展计划的;

(二)未依法为科技企业办理设立登记的;

(三)未建立学术诚信档案的;

(四)未向社会公开科学技术成果信息及技术转移情况的;

(五)未落实有关税收优惠政策的;

(六)其他未履行职责的行为。

第六十条 科学技术人员抄袭、剽窃他人知识产权和其他科学技术成果权,或者在科学技术活动中弄虚作假的,由所在单位或者单位主管机关责令改正,并将有关违法行为记入其学术诚信档案;情节严重的,向社会公布其违法行为,并自该行为被记入学术诚信档案之日起五年内不得申报科学技术项目和科学技术奖励。违反其他法律规定的,由有关部门追究相应的法律责任。

第九章 附 则

第六十一条 本条例自 2015 年 1 月 1 日起施行。1994 年 1 月 21 日黑龙江省第八届人民代表大会常务委员会第七次会议通过的《黑龙江省科学技术进步条例》同时废止。

龙凤山区域大气本底站
气象设施和气象探测环境保护条例

（2014年10月23日黑龙江省第十二届人民代表大会
常务委员会第十五次会议通过）

第一条　为了加强龙凤山区域大气本底站（以下简称本底站）气象设施和气象探测环境保护，确保气象探测信息的代表性、准确性、连续性和可比较性，根据《中华人民共和国气象法》《气象设施和气象探测环境保护条例》，制定本条例。

第二条　本条例所称气象设施，是指气象探测设施、气象信息专用传输设施和气象专用技术装备等。

本条例所称气象探测环境，是指为避开各种干扰，保证气象探测设施准确获得气象探测信息所必需的最小距离构成的环境空间。

本条例所称观测场是指按照技术要求安装气象仪器并进行观测的场地。

第三条　省气象主管机构为本底站行政主管部门，负责本条例的组织实施。本底站负责日常具体管理工作，依法对本底站气象设施和气象探测环境实施保护，对破坏本底站气象设施和气象探测环境的行为给予相应行政处罚。

第四条　本底站所在地的县级人民政府应当加强本底站气象设施和气象探测环境保护工作，支持本底站的建设和管理。

本底站所在地县级人民政府的发展和改革、国土资源、城乡规划、水利、公安、农业、林业、环境保护、旅游、草原等行政主管部门按照各自职责，做好本底站气象设施和气象探测环境保护的有关工作。

第五条　任何单位和个人都有义务保护本底站气象设施和气象探测环境，并有权对破坏气象设施和气象探测环境的行为进行举报。

第六条　本底站所在地的气象主管机构应当会同当地国土资源、城乡规划等部门制定气象设施和气象探测环境保护专项规划，报本级人民政府批准后依法纳入城乡规划。

本底站所在地的气象主管机构制定气象设施和气象探测环境保护专项规划时，应当征求本底站意见。

第七条　本底站所在地的林业、草原等行政主管部门应当加强本底站气象设施及气象探测环境保护范围内植被保护和生态建设。

第八条　本底站站址应当保持长期稳定,任何单位或者个人不得擅自迁移本底站。确需迁移的,按照国家有关规定执行。

第九条　观测场周边水平距离 100 米范围内,非本底站工作人员不得进入;确需进入的,应当经本底站同意,并服从管理。

观测场周边水平距离 1000 米范围内,禁止燃放烟花爆竹、点燃篝火或者火把,不得采石、挖沙、取土、钻探、垦荒、放牧以及修建建筑物、构筑物等。

观测场周边水平距离 3000 米范围内,禁止爆破、烧荒、烧山、焚烧秸秆、烧炭等,不得新建能源企业、工业企业、规模化畜禽养殖场以及生产、生活垃圾堆放填埋场。

本底站应当如实记载保护范围内引起观测记录异常的事件。

第十条　本底站应当建立安全保护制度,并按照相关技术要求,在气象设施及气象探测环境保护范围的显著位置设立保护标志,标明保护要求,设置保护装置。

任何单位和个人不得擅自涂改、移动、破坏、损毁保护标志。

第十一条　本底站应当加强对气象设施和气象探测环境的日常巡查和检查。

本底站可以采取下列措施:

(一)要求被检查单位或者个人提供有关文件、证照、资料;

(二)要求被检查单位或者个人就有关问题作出说明;

(三)进入现场调查、取证。

本底站发现应当由其他行政主管部门查处的违法行为,应当通报有关行政主管部门进行查处。

第十二条　各级行政主管部门及其工作人员违反本条例规定,有下列行为之一的,由本级人民政府责令改正;对直接负责的主管人员和其他直接责任人员视情节给予行政处分:

(一)擅自迁移本底站的;

(二)擅自批准在气象探测环境保护范围修建建筑物、构筑物,新建能源企业、工业企业、规模化畜禽养殖场以及生产、生活垃圾堆放填埋场的;

(三)其他未履行气象设施和气象探测环境保护职责的。

第十三条　违反本条例规定,有下列行为之一的,由本底站责令停止违法行为,对经营性单位处以 1 万元以上 3 万元以下罚款,对个人处以 100 元以上 1000 元以下罚款:

(一)擅自进入观测场周边水平距离 100 米范围内的;

(二)在观测场周边水平距离 1000 米范围内燃放烟花爆竹、点燃篝火

或者火把、采石、挖沙、取土、钻探、垦荒、放牧的;

（三）在观测场周边水平距离 3000 米范围内爆破、烧荒、烧山、焚烧秸秆的;

（四）擅自涂改、移动、破坏、损毁保护标志的。

第十四条　违反本条例规定,在观测场周边水平距离 1000 米范围内修建建筑物、构筑物,或者在观测场周边水平距离 3000 米范围内新建能源企业、工业企业、规模化畜禽养殖场、生产生活垃圾堆放填埋场以及进行烧炭的,由本底站责令停止违法行为,限期拆除并恢复原状;情节严重的,对经营性单位处以 2 万元以上 5 万元以下罚款,对个人处以 200 元以上 3000 元以下罚款;逾期拒不拆除并恢复原状的,由本底站依法申请人民法院强制执行;造成损害的,依法承担赔偿责任。

第十五条　违反本条例规定,拒不停止违法行为的,由当地公安机关依照《中华人民共和国治安管理处罚法》处理。

第十六条　危害气象设施和气象探测环境行为,法律、法规已有规定的,从其规定。

第十七条　本条例自 2015 年 3 月 1 日起施行。

黑龙江省规范行政许可条例

(2014 年 12 月 17 日黑龙江省第十二届人民代表大会
常务委员会第十六次会议通过)

第一章　总　　则

第一条　为了规范行政许可的设定、实施和监督,保护公民、法人和其他组织的合法权益,促进依法行政,根据《中华人民共和国行政许可法》及有关法律、行政法规,结合本省实际,制定本条例。

第二条　本省行政区域内行政许可的设定、实施和监督等工作,适用本条例。

第三条　县级以上人民政府负责组织实施本条例,有关部门依据职责负责相关具体工作。

第四条　规范行政许可应当遵循公平公正、依法设定、简政放权、合法公开、高效便民、监督问责的原则。

第二章　行政许可设定

第五条　地方性法规设定行政许可,省人民政府规章设定临时性的行政许可,应当严格遵守法律、法规(指行政法规、地方性法规,下同)及国务院有关决定。

地方性法规、省人民政府规章以外的地方政府规章和规范性文件不得设定行政许可。

第六条　制定地方性法规确需设定行政许可的,制定省人民政府规章确需设定临时性的行政许可的,应当听取公众意见,对合法性、必要性和合理性进行论证、审查。

第七条　下列事项不得设定行政许可:

(一)法律、行政法规已经规定具体管理措施,但未设定行政许可的事项;

(二)未使用政府性资金且依法不需要核准的企业投资事项;

(三)企业或者其他组织的设立登记及其前置许可事项;

(四)应当由国家统一确定的公民、法人和其他组织的资格、资质事项;

（五）公民、法人和其他组织能够自主决定，市场竞争机制能够有效调节，行业协会或者中介机构能够自律管理，以及行政机关采用技术标准、管理规范、事后监督等其他行政管理方式能够解决的事项；

（六）法律、行政法规和国务院有关决定规定不得设定行政许可的其他事项。

第八条 地方性法规、政府规章以及规范性文件不得以备案、定期检验、监制、换证等形式变相设定行政许可。

第九条 行政许可的设定或者实施应当遵守下列规定：

（一）对同一事项，由一个行政机关实施行政许可能够解决的，不得设定由其他行政机关实施的行政许可；

（二）对可以由一个行政机关在实施行政许可中征求其他行政机关意见解决的事项，不得设定新的行政许可；

（三）对同一事项，在一个管理环节设定行政许可能够解决的，不得在多个管理环节分别设定行政许可；

（四）对同一行政许可事项或者环节，不得规定拆分实施；

（五）对同一行政许可事项，不得规定由下级行政机关初步审查。

第十条 对依法设定的行政许可作出实施性规定的，不得规定下列内容：

（一）改变上位法规定的实施范围；

（二）增设违反上位法的办理条件；

（三）增设违反上位法或者与申请事项无关的申报材料；

（四）增设违反上位法的实施程序；

（五）延长上位法规定的办理期限；

（六）缩短上位法规定的有效期。

第三章　行政许可公开

第十一条 县级以上人民政府应当向社会公开本级行政许可目录。依法新设的行政许可应当在其设定依据施行前纳入目录。

行政许可目录应当根据行政许可的变动情况及时进行调整。

行政许可有子项的，目录中应当同时列明子项。

市、县级人民政府的行政许可目录应当报上一级人民政府备案。

第十二条 县级以上人民政府应当组织编制有关经济社会活动行政许可流程指南，向社会公开。

第十三条 行政机关应当在办公场所、办理场所和有关政府网站公开下列行政许可信息：

（一）事项名称、设定依据、数量、受理和决定机关；

（二）条件、材料、程序、期限及依据；

（三）收费标准、定期检验周期及依据；

（四）咨询和投诉方式；

（五）其他依照法律、法规和国家有关规定应当公开的信息。

第十四条　行政机关作出的准予、不予、变更、延续、撤回、撤销、吊销、注销等行政许可决定，应当在作出后十日内公开，公众有权查阅。

第十五条　县级以上人民政府应当推进被许可人、中介机构涉及行政许可的信用信息公开工作。

第十六条　本条例规定公开的信息，涉及国家秘密、商业秘密或者个人隐私的信息除外。

第四章　行政许可实施

第十七条　行政机关应当依照法定的权限、范围、条件和程序实施行政许可，无合法依据的不得实施。

行政机关实施行政许可，应当优化办理流程，提高工作效率，提供便捷服务。

第十八条　县级以上人民政府应当建立统一的行政许可平台，加快推进集中办理、网上办理行政许可。

行政机关集中办理行政许可可以使用专用印章，网上办理行政许可应当使用电子印章。

第十九条　行政机关可以将行政许可交由一个内设机构统一办理，并向行政许可平台集中。

纳入行政许可平台办理的行政许可，不得在行政许可平台以外的其他场所办理。

在行政许可平台设置办事窗口的行政机关，应当以书面形式将行政许可办理权限授予办事窗口，并派驻正式工作人员到办事窗口工作。

第二十条　行政机关网上办理行政许可，不得拒绝公民、法人和其他组织在窗口申请和接受送达。

行政机关网上办理行政许可，应当制定应急预案，在出现意外事件时及时启动替代程序。

第二十一条　县级以上人民政府应当建立联合办理行政许可制度，对有关领域的行政许可事项可以确定一个行政机关统一接收申请材料，向其他行政机关转送申请材料，统一送达行政许可决定，或者接受其他行政机关委托实施行政许可。

第二十二条　县级以上人民政府应当组织行政许可平台管理机构、有关行政许可实施部门依法制定建设项目便捷许可服务制度，对建设项目申请人提供代办指导、会商会审、集中办理等便捷服务。

第二十三条 实施有限自然资源开发利用、公共资源配置的行政许可，行政机关应当通过招标、拍卖、挂牌等公平竞争的方式作出决定，并在依法建立的统一交易平台实施。

第二十四条 行政许可平台管理机构可以整合行政许可申请人办理相关行政许可需要重复填写的申请信息，推进申请信息共享。

第二十五条 行政机关收到、受理或者不予受理行政许可申请，应当出具加盖本行政机关专用印章和注明日期的书面凭证。

申请材料不齐全或者不符合法定形式的，行政机关应当当场或者在五日内一次告知申请人需要补正的全部内容，逾期不告知的，所出具的收到行政许可申请的书面凭证视为受理凭证。

行政机关当场出具受理或者不予受理行政许可申请书面凭证的，可以不再出具收到行政许可申请的书面凭证；行政机关当场交付准予或者不予行政许可书面决定的，可以不再出具收到、受理行政许可申请的书面凭证。

第二十六条 行政机关对行政许可申请进行审查时，发现直接关系他人重大利益的，应当在作出行政许可决定前以书面形式告知申请人、利害关系人享有陈述、申辩和要求听证的权利。

行政机关应当听取申请人、利害关系人的意见，并书面反馈意见采纳情况。申请人、利害关系人依法提出听证申请的，行政机关应当组织听证。

第二十七条 申请人的申请符合法定条件、标准的，行政机关应当依法作出准予行政许可的书面决定。

行政机关依法作出不予行政许可的书面决定的，应当说明理由，并告知申请人享有依法申请行政复议或者提起行政诉讼的权利。

第二十八条 行政机关承诺在法定期限内缩短办理期限的，应当在承诺期限内作出行政许可决定。

第二十九条 被许可人申请变更行政许可事项，符合法定条件、标准的，行政机关应当在作出行政许可决定的法定或者承诺期限内依法办理变更手续；能够当场办理的，应当当场办理。法律、法规另有规定的，从其规定。

第三十条 行政机关应当在作出准予行政许可、不予行政许可决定之日起十日内，将有关材料立卷备查。

第三十一条 行政机关决定撤销行政许可的，应当在二十日内作出书面决定，并在作出决定后七日内送达被许可人和相关利害关系人。

行政机关决定注销行政许可的，应当在十日内办结注销手续，有申请人的应当在注销行政许可后七日内告知。

法律、法规、规章对撤销、注销行政许可另有规定的，从其规定。

第三十二条　行政机关实施行政许可或者对行政许可事项进行监督检查,无法律、行政法规规定的,不得收取费用;不得向申请人、被许可人或者被检查人提出购买指定商品等不正当要求。

行政机关提供行政许可申请书格式文本,不得收费。

行政机关实施行政许可或者对行政许可事项进行监督检查依法收取费用的,应当符合法定收费项目和标准,并使用省级以上财政部门统一印制的收费票据。所收取的费用应当全部上缴国库,任何机关或者个人不得以任何形式截留、挪用、私分或者变相私分。财政部门不得以任何形式向行政机关返还或者变相返还所收取的费用。

第五章　事业单位、行业协会、中介机构行政许可及服务活动

第三十三条　具有管理公共事务职能的事业单位、行业协会实施行政许可,应当有法律、法规授权。

事业单位、行业协会实施行政许可,应当严格遵守《中华人民共和国行政许可法》和本条例的有关规定。

第三十四条　事业单位、行业协会实施行政许可收费,应当有法律、行政法规依据,不得搭车收费或者提出购买指定商品、接受有偿服务等不正当要求。

行政机关不得将本机关实施的行政许可事项或者环节转由事业单位、行业协会实施有偿服务。

第三十五条　行政机关不得委托事业单位、行业协会实施行政许可。

行政机关不得将依法应当由本机关实施的行政许可交由事业单位、行业协会实施初步审查。

行政机关不得将依法应当由本机关实施的行政许可监督检查或者定期检验,交由事业单位、行业协会实施。

第三十六条　中介机构提供行政许可中介服务应当有法律、法规依据,无合法依据的不得作为实施行政许可的必经程序。

县级以上人民政府应当编制本级行政许可中介服务事项目录,并向社会公布。

行政机关可以将有关中介服务事项依法由行政许可前置条件调整为后置条件。

第三十七条　需要中介机构提供服务的,依法由申请人或者被许可人委托的,应当由其自主选择,行政机关不得指定或者变相指定;依法由行政机关委托的,应当通过公平竞争的方式确定。

第三十八条　行政机关作出行政许可决定依法需要听证、招标、拍卖、检验、检测、检疫、鉴定和专家评审的,所需时间按照下列方式确定:

（一）法律、法规、规章或者规范性文件有规定期限的,依照其规定;

（二）行政机关组织的有关活动或者其主管的中介机构提供的有关服务无规定期限的,由该行政机关确定并向社会公开;

（三）与行政机关无隶属关系的中介机构提供的有关服务无规定期限的,由该中介机构确定期限并向社会公开。

第三十九条 行政许可中介服务收费根据国家有关规定,实行政府定价、政府指导价和市场调节价。

实行政府定价、政府指导价的行政许可中介服务纳入政府定价目录管理。制定或者调整政府定价、政府指导价的中介服务收费标准,应当认真测算、严格核定服务的成本费用,充分听取社会各方面的意见,并及时向社会公布。

实行市场调节价的中介服务收费标准应当由中介机构与委托人协商确定,中介机构之间不得达成价格垄断协议。

行政许可中介服务费由委托人支付。

第四十条 中介机构及其工作人员应当遵守法律、法规、规章及业务规范规定和职业道德,按照独立、客观、公正、诚信的原则,为委托人提供服务,并遵守下列规定:

（一）出具的中介服务报告等文件应当真实、合法;

（二）及时、如实告知委托人应当知悉的信息;

（三）保守执业中知悉的秘密;

（四）妥善保管委托人交付的样品、定金、预付款、有关凭证等财物及资料;

（五）在其服务场所和有关网站公示相关资料和信息;

（六）完成委托合同和法律、法规、规章及业务规范规定的其他事项。

中介机构及其工作人员应当对其提供的中介服务承担法律责任。

第六章 行政许可评估和清理

第四十一条 行政许可的设定机关应当至少每三年对其设定的行政许可进行一次评估。

行政许可的实施机关可以对已设定的行政许可的实施情况及存在的必要性适时进行评估,并将意见报告该行政许可的设定机关。

县级以上人民政府负责行政许可清理工作的部门可以对有关行政许可事项进行专项评估,并将意见报告本级人民政府。

第四十二条 组织行政许可评估的机关、部门可以根据需要委托高等院校、科研机构等第三方机构进行评估。

对行政许可进行评估,应当征求有关公民、法人和其他组织的意见和建议,并反馈处理结果。

第四十三条　行政许可的设定机关应当根据本机关或者行政许可实施机关、第三方机构的评估意见以及公民、法人和其他组织的意见和建议,作出继续实施、取消或者调整行政许可的决定。

第四十四条　县级以上人民政府组织开展行政许可清理,有下列情形之一的,应当提出取消或者调整的意见:

(一)设定依据废止或者相关内容修改的;

(二)上级机关决定取消或者调整行政许可的;

(三)不适应经济社会发展需要的;

(四)属于本条例规定不得设定行政许可的;

(五)相关或者相近的行政许可可以合并的;

(六)下级行政机关具备实施条件可以下放的;

(七)其他可以取消或者调整的情形。

第四十五条　市、县级人民政府对本省设定的行政许可,根据经济和社会发展情况,认为可以停止实施的,依法报设定机关批准后在本行政区域内停止实施。

第四十六条　对设定依据已废止或者修改的,或者上级机关决定取消或者调整行政许可的,行政许可实施部门应当自相关依据公布之日起十日内,将取消或者调整意见报本级人民政府负责行政许可清理工作的部门。

行政许可实施部门因其他原因拟取消或者调整行政许可的,应当将取消或者调整的依据及可行性论证材料报本级人民政府负责行政许可清理工作的部门。

取消或者调整意见应当按照法定程序经有权机关批准后决定。

第四十七条　有关机关应当根据行政许可取消、调整情况,提出修改、废止相关地方性法规、政府规章和规范性文件的建议,或者依据职责修改、废止相关地方性法规、政府规章和规范性文件。

第七章　行政许可监督

第四十八条　县级以上人民代表大会常务委员会发现本级人民政府制定的规章或者规范性文件有违法设定行政许可或者以备案、定期检验、监制、换证等形式变相设定行政许可的,应当建议其修改,不修改的,依法予以撤销。

县级以上人民代表大会常务委员会可以通过组织执法检查、专项视察、专题调研等形式对行政许可的实施进行监督。

第四十九条　上级行政机关应当加强对下级行政机关行政许可工作的指导和监督。

上级行政机关发现下级行政机关制定的规章或者规范性文件有违法设定行政许可或者以备案、定期检验、监制、换证等形式变相设定行政许可的,应当依法责令其停止实施并修改或者撤销。

第五十条 监察、法制、机构编制、行政许可平台管理等机关、机构(以下统称具有行政许可监督职责的机关)依据各自的职责对行政许可工作进行监督。

第五十一条 实施行政许可监督,应当重点监督以下内容:

(一)实施行政许可的依据、条件、材料、程序和期限;

(二)行政许可公开、评估、清理情况;

(三)行政许可实行集中办理、网上办理情况;

(四)行政许可的决定、案卷、收费情况;

(五)行政机关履行监督责任情况;

(六)行政许可实施人员资格、遵守职业道德和岗位要求情况;

(七)法律、法规或者规章规定的其他内容。

第五十二条 实施行政许可监督,可以采取下列方式,有关单位和个人应当协助、配合:

(一)组织开展行政许可实施情况的全面检查、重点抽查或者专项调查;

(二)调阅有关案卷、文件等资料;

(三)向被监督机关及其工作人员调查、核实有关情况;

(四)对行政许可实施活动进行现场监督;

(五)向有关单位和个人征求意见,了解情况,收集证据;

(六)对实行网上办理的行政许可进行网上监督;

(七)法律、法规或者规章规定的其他监督方式。

第五十三条 上级行政机关或者具有行政许可监督职责的机关可以根据有关法律、法规的规定,责令被监督机关自行撤销、变更或者直接撤销、变更有关行政许可规定或者决定,没收、追缴或者责令退赔财物,提出追究有关人员行政责任的意见。

被监督机关应当严格执行监督决定,并在规定的期限内反馈结果。

第五十四条 公民、法人和其他组织有权对行政许可工作提出意见、建议或者投诉、举报。

行政机关应当建立健全投诉、举报制度,依法处理公民、法人和其他组织提出的意见、建议或者投诉、举报。

行政机关可以邀请具备相应条件的人员担任社会监督员,参与行政许可监督。

行政机关应当接受新闻媒体对行政许可工作的监督。

第五十五条　行政机关应当建立健全监督检查制度,依法对被许可人从事行政许可活动的情况履行监督责任。

行政许可取消或者停止实施后需要继续实施监管的,原实施机关或者其他具有监管职责的机关应当加强事中事后监管,但不得变相实施行政许可。

第五十六条　行政机关依法实施监督检查,可以进行书面核查和实地检查。

通过核查有关材料可以达到监督管理目的的,应当以书面核查方式进行。

行政机关依法实施实地检查,应当指派两名以上行政执法人员进行,并制作笔录。

法律、法规、规章对实施监督检查另有规定的,从其规定。

第五十七条　行政机关实施定期检验应当有法律、行政法规依据,并不得改变法定检验周期。

第五十八条　行政机关依法进行抽样检查、检验、检测,结果应当予以记录并告知被检查人;被检查人对结果提出异议的,应当依法予以复查、复检。

行政机关抽样检查、检验、检测后,样品能够退还的,应当退还。

第五十九条　有关行政机关应当加强对事业单位、行业协会、中介机构的监督,及时纠正违法行为。

第八章　法律责任

第六十条　行政机关违反设定规定,有下列情形之一的,由其上级行政机关或者监察机关责令改正,对主要负责人和直接负责的主管人员依法给予行政处分:

(一)违反法定权限、程序设定行政许可的;

(二)以备案、定期检验、监制、换证等形式变相设定行政许可的;

(三)违法增设行政许可、增加行政许可管理层级和环节的;

(四)对依法设定的行政许可违法作出实施性规定的;

(五)其他违反行政许可设定规定的行为。

第六十一条　行政机关及其工作人员违反公开规定,有下列情形之一的,由其上级行政机关或者监察机关责令改正;情节严重的,对直接负责的主管人员和其他直接责任人员依法给予行政处分:

(一)未向社会公开有关行政许可信息的;

(二)向社会公开的有关行政许可信息不真实或者不符合有关规定的;

(三)公开不应当公开的行政许可信息的;

（四）其他违反行政许可公开规定的行为。

第六十二条　行政机关及其工作人员违反实施规定，有下列情形之一的，由其上级行政机关或者监察机关责令改正，对主要负责人、直接负责的主管人员和其他直接责任人员依法给予行政处分：

（一）依法新设的行政许可在其设定依据施行前未纳入目录的；

（二）实施无法律、法规依据的行政许可的；

（三）要求申请人提交与其申请事项无关的申报材料的；

（四）收到、受理或者不予受理行政许可申请，未出具加盖专用印章和注明日期的书面凭证的；

（五）对符合法定条件的行政许可申请不予受理的；

（六）申请人提交的申请材料不齐全、不符合法定形式，不一次告知申请人应当补正的全部内容的；

（七）对不符合法定条件的申请人准予行政许可或者对符合法定条件的申请人不予行政许可的；

（八）无正当理由，超过法定期限或者承诺期限的；

（九）对已纳入行政许可平台办理的行政许可，在行政许可平台以外的场所办理的；

（十）行政机关在行政许可平台设置办事窗口未以书面形式将行政许可办理权限授予办事窗口或者未派驻正式工作人员到办事窗口工作的；

（十一）对实行联合许可的事项，不履行相关工作职责，相互推诿或者拖延不办的；

（十二）搭车收费或者提出购买指定商品、接受有偿服务等不正当要求的；

（十三）丢失、损毁行政许可申请人提交的申请材料或者行政许可文书、案卷的；

（十四）其他违反行政许可实施规定的行为。

第六十三条　行政机关违反收费规定的，由上级行政机关或者有权机关责令改正并限期退还非法收取的费用；无法退还的非法所得依法上缴国库，并对主要负责人、直接负责的主管人员和其他直接责任人员依法给予行政处分。

第六十四条　行政机关和事业单位、行业协会及其工作人员违反规定，有下列情形之一的，由有权机关依法责令改正，有违法所得的责令退还，无法退还的依法予以没收，并对主要负责人、直接负责的主管人员和其他直接责任人员依法给予处分：

（一）行政机关将本机关实施的行政许可事项或者环节转由事业单位、行业协会实施有偿服务的；

（二）行政机关委托事业单位、行业协会实施行政许可的；

（三）行政机关将本机关实施的行政许可交由事业单位、行业协会实施初步审查的；

（四）行政机关将应由本机关实施的行政许可监督检查或者定期检验交由事业单位、行业协会实施的；

（五）事业单位、行业协会无法律、法规依据实施行政许可，或者实施行政许可违反《中华人民共和国行政许可法》和本条例的有关规定的；

（六）事业单位、行业协会违法实施行政许可收费，或者搭车收费，提出购买指定商品、接受有偿服务等不正当要求的；

（七）其他违反事业单位、行业协会实施行政许可活动规范的行为。

第六十五条　行政机关及其工作人员违反规定，有下列情形之一的，由其上级行政机关或者监察机关责令改正，对直接负责的主管人员和其他直接责任人员依法给予行政处分：

（一）未按照规定编制并公开行政许可中介服务事项目录的；

（二）将无合法依据的中介服务事项纳入目录或者将未纳入目录的中介服务事项作为实施行政许可或者监督检查必经程序的；

（三）违法指定或者变相指定中介机构提供服务的；

（四）未通过公平竞争的方式委托中介服务的；

（五）应当确定中介服务办理期限而未予确定的；

（六）未依法制定或者执行行政许可中介服务政府定价目录的；

（七）其他违反行政许可中介服务规定的行为。

第六十六条　中介机构及其工作人员有下列情形之一的，由有关行政机关依法给予行政处罚，给委托人或者他人利益造成损失的，由中介机构依法承担赔偿责任；属于行政机关主管的中介机构及其工作人员，由该行政机关或者有权机关责令改正，对直接负责的主管人员和其他直接责任人员依法给予处分；构成犯罪的，依法追究刑事责任：

（一）未向社会公开中介服务有关资料和信息的；

（二）违法确定收费标准或者收取费用的；

（三）超过规定期限的；

（四）出具虚假中介服务报告等文件的；

（五）其他违反法律、法规、规章规定的行为。

第六十七条　行政机关及其工作人员有下列情形之一的，由其上级行政机关或者监察机关责令改正，对主要负责人、直接负责的主管人员和其他直接责任人员依法给予行政处分：

（一）拒不接受、配合或者阻挠监督的；

（二）逾期未执行监督决定或者反馈结果的；

（三）其他违反行政许可监督规定的行为。

第六十八条 行政机关不依法履行监督职责或者监督不力，造成严重后果的，由其上级行政机关或者监察机关责令改正，对直接负责的主管人员和其他直接责任人员依法给予行政处分；构成犯罪的，依法追究刑事责任。

第六十九条 具有行政许可监督职责的机关及其工作人员违反本条例的规定，有下列情形之一的，由其上级行政机关或者监察机关责令改正，对直接负责的主管人员和其他直接责任人员依法给予行政处分；构成犯罪的，依法追究刑事责任：

（一）不履行行政许可监督职责的；

（二）不遵守行政许可监督程序的；

（三）超越职权、滥用职权、徇私舞弊的；

（四）其他违反行政许可监督规定的行为。

第七十条 行政机关工作人员办理行政许可、实施监督检查，以权谋私，索取或者收受他人财物或者谋取其他利益，构成犯罪的，依法追究刑事责任；尚不构成犯罪的，依法给予行政处分。

第七十一条 行政机关工作人员有下列情形之一的，由有关行政机关或者具有行政许可监督职责的机关责令改正，造成不良影响或者损害申请人、利害关系人合法权益的，可以按照本条例第七十三条规定追究责任或者依法给予处分：

（一）行政许可窗口工作人员擅自脱岗、迟到早退、工作期间从事其他活动的；

（二）进驻行政许可平台的人员不服从管理，影响工作正常开展的；

（三）语言不文明或者态度冷漠、恶劣的；

（四）其他严重违反职业道德或者岗位要求的行为。

第七十二条 有关行政机关或者具有行政许可监督职责的机关依据职责可以采取下列方式追究行政机关工作人员责任：

（一）责令公开道歉；

（二）诫勉谈话；

（三）通报批评；

（四）取消年度表彰、奖励资格；

（五）暂扣或者收缴行政执法证件；

（六）停职检查；

（七）责令辞职；

（八）免职。

第七十三条 行政机关工作人员违反本条例规定，依法应当追究责任的，按照下列规定承担行政责任：

（一）具体承办人直接作出的行为，该承办人承担全部责任；

（二）经审核、批准作出的行为，审核人、批准人承担主要责任，具体办人承担次要责任，但由于具体承办人隐瞒真实情况致使审核人、批准人失误造成的行为，具体承办人承担主要责任，审核人、批准人承担次要责任；

（三）因有关负责人直接干预所作的行为，该负责人承担主要责任，其他有关人员未提出过抵制意见的承担次要责任；

（四）经过行政机关负责人集体讨论决定作出的行为，主持讨论的负责人承担主要责任，其他有关人员未提出过抵制意见的承担次要责任；

（五）对造成严重后果的行为，作出该行为的行政机关主要负责人和主管负责人承担相应领导责任。

第九章　附　　则

第七十四条　本条例所称行政许可平台，是指县级以上人民政府集中办理、网上办理行政许可的载体，包括实体政务中心和网上办事大厅。

第七十五条　本条例规定的期限以工作日计算，不含法定节假日。

第七十六条　本条例自 2015 年 3 月 1 日起施行。2007 年 1 月 19 日黑龙江省第十届人民代表大会常务委员会第二十五次会议通过的《黑龙江省行政许可监督条例》同时废止。

黑龙江省城乡规划条例

(2014 年 12 月 17 日黑龙江省第十二届人民代表大会
常务委员会第十六次会议通过)

第一章　总　　则

第一条　为科学制定城乡规划,保障城乡规划有序实施,协调城乡空间布局,改善人居环境,提升城镇化发展的水平和质量,促进城乡经济社会全面协调可持续发展,根据《中华人民共和国城乡规划法》和有关法律、法规,结合本省实际,制定本条例。

第二条　在本省行政区域内制定、实施和修改城乡规划,在规划区内进行建设活动及其监督管理,应当遵守本条例。

本条例所称城乡规划,包括城镇体系规划、城市规划、镇规划、乡规划和村庄规划。城市规划、镇规划分为总体规划和详细规划。详细规划分为控制性详细规划和修建性详细规划。

第三条　制定和实施城乡规划,应当遵循城乡统筹、合理布局、先规划后建设、保护和改善生态环境、综合利用资源的原则,注重保护历史文化遗产,保持地方特色、民族特色和传统风貌,防止污染和其他公害,符合区域人口发展、国防建设、防灾减灾和公共卫生、公共安全的需要。

第四条　各级人民政府应当坚持民主决策和科学论证,加强城乡规划信息化建设,建立公众参与制度,广泛听取意见,从本地实际出发,吸收和借鉴先进规划理念和成果,保障城乡规划的科学制定和有效实施。

第五条　各级人民政府应当设立城乡规划委员会。城乡规划委员会是本级人民政府进行城乡规划的决策机构,负责审查通过、协调实施城乡规划。

第六条　省城乡规划主管部门负责组织实施本条例。

城市、县城乡规划主管部门负责本行政区域内的城乡规划管理工作。

县级以上人民政府其他有关部门应当按照各自职责,做好城乡规划管理的相关工作。

第七条　独立进行行政管理的垦区、国有重点林区应当完善城乡规划管理体制,做好垦区、国有重点林区城乡规划的制定和管理工作。独立的垦区、国有重点林区小城镇,由垦区、国有重点林区城乡规划主管部门进行城乡规划管理;与城市、镇毗邻的,应当在城乡规划制定和实施上相衔接、相协调;在城市规划区中心城区内的,应当服从城市的城乡规划管理。

第八条 实行城乡规划公开公示制度,公开公示的内容和期限应当符合国务院城乡规划主管部门的有关规定。

第九条 经依法批准的城乡规划应当严格执行,未经法定程序不得修改。

第二章 城乡规划的制定和修改

第十条 编制城乡规划应当依据国民经济和社会发展规划,符合国家法律、法规和相关技术规范的规定,并与土地利用规划、新型城镇化规划、产业发展规划相衔接,兼顾长远发展和近期建设、整体利益和局部利益,促进城乡统筹规划、区域协调发展。

第十一条 省人民政府组织编制的省域城镇体系规划,城市、县人民政府组织编制的总体规划,在报上一级人民政府审批前,应当先经本级人民代表大会常务委员会审议,常务委员会组成人员的审议意见交由本级人民政府研究处理。

镇人民政府组织编制的镇总体规划,在报上一级人民政府审批前,应当先经镇人民代表大会审议,代表的审议意见交由本级人民政府研究处理。

规划的组织编制机关报送审批省域城镇体系规划、城市总体规划或者镇总体规划,应当将本级人民代表大会常务委员会组成人员或者镇人民代表大会代表的审议意见和根据审议意见修改规划的情况一并报送。

第十二条 跨市(地、县)区域性城镇体系规划,由共同的上一级城乡规划主管部门会同有关部门组织编制,报共同的上一级人民政府审批;垦区、国有重点林区的小城镇体系规划分别由省农垦总局、省森林工业总局组织编制,报省人民政府审批。

国家级和省级开发区的总体规划,由所在城市、县城乡规划主管部门组织编制,经本级人民政府审查后,报省人民政府审批;垦区、国有重点林区的国家级、省级开发区总体规划,分别由省农垦总局、省森林工业总局组织编制,报省人民政府审批。

独立工矿区规划,由所在地城市、县人民政府组织编制,并纳入城市、镇总体规划。

垦区、国有重点林区的小城镇总体规划,分别由省农垦总局所属管理局、省森林工业总局所属林业局组织编制,分别报省农垦总局、省森林工业总局审批。

第十三条 城市、县、镇人民政府应当根据城市总体规划、镇总体规划、土地利用总体规划和年度计划以及国民经济和社会发展规划,制定近期建设规划,报总体规划审批机关备案。

第十四条 各有关行政主管部门组织编制基础设施、公共服务设施、环境保护、防灾减灾、城市交通、绿地系统、旅游、河湖水系、低影响开发雨水系统、住房建设、商业网点等有关专项规划,应当符合城市总体规划。

组织编制专项规划的行政主管部门应当征求相关行政主管部门意见,报本级人民政府审批。

第十五条 城市、县城乡规划主管部门应当会同有关部门依据城市总体规划、县人民政府所在地镇总体规划,组织编制地下空间规划,报本级人民政府审批。

地下空间规划应当对地下交通设施、人防设施、公共服务设施、市政管网、保护文物以及其他地下建筑物、构筑物等进行统筹安排,并与地面相关设施衔接。

第十六条 历史文化名城、名镇、名村保护规划,由所在地城市、县人民政府组织编制,报省人民政府审批。

历史文化街区保护规划,由所在地城乡规划主管部门会同同级文物主管部门组织编制,报城市、县人民政府审批。

纳入保护名录的历史建筑,城市、县城乡规划主管部门应当在规划编制中明确保护措施和使用功能,并可以根据保护需要划定建设控制地带,报本级人民政府审批。

垦区、国有重点林区历史文化名镇规划,由省农垦总局、省森林工业总局组织编制,报省人民政府审批。

垦区、国有重点林区历史文化街区保护规划,由省农垦总局所属管理局、省森林工业总局所属林业局城乡规划主管部门组织编制,分别报省农垦总局、省森林工业总局审批。

垦区、国有重点林区纳入保护名录的历史建筑,省农垦总局所属管理局、省森林工业总局所属林业局城乡规划主管部门应当在规划编制中明确保护措施和使用功能,并可以根据保护需要划定建设控制地带,分别报省农垦总局所属管理局、省森林工业总局所属林业局审批。

第十七条 控制性详细规划应当符合城市、镇总体规划和国家、省相关技术规范、标准,并覆盖城市、镇总体规划确定的近期建设用地范围。

城市人民政府城乡规划主管部门根据城市总体规划的要求,组织编制城市的控制性详细规划,经本级人民政府批准后,报本级人民代表大会常务委员会和上一级人民政府备案。

镇人民政府根据镇总体规划的要求,组织编制镇的控制性详细规划,报上一级人民政府审批。县人民政府所在地镇的控制性详细规划,由县人民政府城乡规划主管部门根据镇总体规划的要求组织编制,经县人民政府批准后,报本级人民代表大会常务委员会和上一级人民政府备案。

第十八条　城市人民政府城乡规划主管部门组织编制城市中心区、滨水区、历史文化街区、公共绿地和生态绿地、重要的市政基础设施、大型公共服务设施、城市主干道以及主要景观轴线两侧等重要地块的修建性详细规划。县城乡规划主管部门组织编制县人民政府所在地镇的重要地块的修建性详细规划;其他镇人民政府组织编制本镇重要地块的修建性详细规划。

城市、县人民政府应当向本级人民代表大会常务委员会提报重要地块名录,经审议通过后由本级人民代表大会常务委员会向社会公布。

第十九条　城市、县城乡规划主管部门、镇人民政府应当组织编制城市、镇总体城市设计并纳入各层次城乡规划进行管理。

城市、镇的旧城改造和新区开发以及重要景观控制区域,应当编制城市设计;未编制城市设计的不得进行建设。

城市、镇总体城市设计应当对城市、镇的总体形态、城市风貌特色、公共空间、交通系统等内容予以明确,并符合城市的功能和定位。城市、镇编制的城市设计应当对设计范围内地块的开发强度、交通组织以及建筑物的造型、色彩、高度、体量等内容予以明确。

城市设计应当经城乡规划委员会审查通过,在城市、县人民政府报请本级人民代表大会常务委员会审议决定后,由本级人民政府组织实施。修改城市设计的,应当按照原批准程序进行;未经批准的,不得修改城市设计。

第二十条　城乡规划的组织编制机关应当对城乡规划的实施情况进行评估。城镇体系规划每五年评估一次,城市、镇总体规划每二年评估一次。

第二十一条　有下列情形之一的,方可启动控制性详细规划和城市设计修改的法定程序:

(一)总体规划修改后,用地布局和功能发生调整的;

(二)实施国家、省重点工程需要修改的;

(三)建设重要基础设施、公共服务设施等工程需要修改的;

(四)控制性详细规划经评估确需修改的。

第二十二条　有下列情形之一的,方可启动修建性详细规划修改的法定程序:

(一)因控制性详细规划修改,原修建性详细规划无法实施的;

(二)涉及文物保护、地质灾害、公共安全等原因,原修建性详细规划无法实施的;

(三)确需修改原修建性详细规划,并且不改变控制性详细规划强制性内容的。

第二十三条　城镇体系规划、城市和镇总体规划、乡规划和村庄规划、各类专项规划以及控制性详细规划、重要地块的修建性详细规划的编制和修改,应当由各级城乡规划委员会组织技术论证。

第二十四条　各类城乡规划应当依法进行备案。重要地块的修建性详细规划应当报上级城乡规划主管部门备案;垦区、国有重点林区的小城镇总体规划,应当向省城乡规划主管部门进行备案。

第三章　城乡规划的实施

第二十五条　城乡规划主管部门应当在城乡规划确定的建设用地范围内,依法对建设项目实施规划许可。

核发建设项目选址意见书、建设用地规划许可证、建设工程规划许可证和乡村建设规划许可证,按照法定程序办理。

第二十六条　以划拨方式取得国有土地使用权的建设项目,建设单位在依法报送有关部门批准或者核准前,向城市、县城乡规划主管部门申请核发选址意见书时,应当提交下列材料:

(一)建设项目选址申请书;

(二)符合规划审批要求且能够反映拟建项目用地位置以及周围空间关系的现状地形图;

(三)建设项目土地证明文件。

市政管线工程还应当提供拟建工程示意图。

第二十七条　以出让方式取得国有土地使用权的建设项目,建设单位向城市、县城乡规划主管部门领取建设用地规划许可证时,应当提交下列材料:

(一)建设项目用地规划申请书;

(二)建设项目批准、核准、备案文件;

(三)国有土地使用权出让合同。

以划拨方式取得国有土地使用权的建设项目,建设单位向城市、县城乡规划主管部门申请建设用地规划许可证时,应当提供前款第一项、第二项规定的材料。

第二十八条　在城市、镇规划区内新建、扩建和改建建筑物、构筑物、道路、管线和其他工程建设的,建设单位或者个人应当向城市、县城乡规划主管部门申请办理建设工程规划许可证。

前款所称的其他工程建设,包括广场、停车场、重点绿化工程,城市雕塑、大中型户外广告固定设施,大中型或者受保护的建筑物外立面装修,以及法律、法规规定的其他工程建设项目。

第二十九条　城乡规划主管部门应当对建设工程设计方案进行审查,重要地块和重要建筑物的建设工程设计方案还应当提交城乡规划委员会主任主持的城乡规划委员会会议进行审查。

审查建设工程设计方案应当重点审查是否符合控制性详细规划和城市设计要求,是否与周边空间环境相协调,以及建筑物的平面、立面、剖面、风格特点和建筑立面材料、门窗、屋面、墙体、主要出入口等建筑元素。

第三十条 建设单位或者个人申请办理建设工程规划许可证,应当提交下列材料:

(一)建设工程规划申请书;

(二)使用土地的有关证明文件;

(三)建设工程设计方案。

重要地块和重要建筑物的建设,还应当提交经城乡规划委员会审查通过的建设工程设计方案;需要编制修建性详细规划的建设项目,还应当提交修建性详细规划。属于原有建筑物改建、扩建的,还应当提供房屋产权证明。

在已建成的城市道路上进行结构改造、维修的项目以及地下管线建设项目,应当提供本条第一款第一项、第三项规定的材料。

建设项目开工前,建设单位应当按照城乡规划主管部门的规定,在施工现场设置建设项目工程规划许可公告牌。

第三十一条 在集体土地上进行农村村民个人住房建设的,村民应当向村民委员会提出个人建房申请。村民委员会受理后,应当在本村公示七日。村民委员会同意建设的,应当将建房申请报乡、镇人民政府,由城市、县城乡规划主管部门或者其委托的乡、镇人民政府核发乡村建设规划许可证。申请办理乡村建设规划许可证时,应当提交下列材料:

(一)宅基地使用证明、房屋用地四至图,或者国土资源行政主管部门书面意见;

(二)村民委员会同意建设的书面意见;

(三)房屋设计方案或者简要设计说明。

在乡、村庄规划区内进行乡镇企业、乡村公共设施和公益事业建设的,建设单位或者个人应当向乡、镇人民政府申请,由乡、镇人民政府报城市、县人民政府城乡规划主管部门核发乡村建设规划许可证。申请办理乡村建设规划许可证时,应当提交下列材料:

(一)国土资源行政主管部门书面意见;

(二)村民委员会同意建设的书面意见;

(三)建设项目用地范围地形图和建设工程设计方案。

第三十二条 城市、镇规划区内临时建设应当办理临时用地、临时工程规划审批手续,但建设项目用地范围内因施工需要的临时建设除外。

临时建设的建筑物不得超过二层,不得办理房屋产权登记,不得擅自改变使用性质或者转让。

城乡基础设施、公共服务设施和公共安全设施建设项目因施工需要搭建的工棚、库房、管理用房、围墙等临时建设的使用期限至建设项目竣工之日止。其他临时建设的使用期限不得超过二年;确需延长使用期限的,建设单位或者个人应当在使用期满三十日前向城市、县城乡规划主管部门提出申请,经批准可以延续一次,延续期限不得超过一年。

临时建设应当在批准的使用期限内自行拆除。因城市、镇规划建设需要提前拆除的,应当在接到原批准机关通知之日起三十日内自行拆除。需要恢复场地原貌的,应当按照要求恢复。建设项目用地范围内因施工需要进行的临时建设,应当在规划条件核实前自行拆除。

第三十三条 有下列情形之一的,城市、县城乡规划主管部门不得批准进行临时建设:

(一)在历史文化名镇、名村、历史文化街区和文物保护单位核心保护范围内的;

(二)在国家和省级风景名胜区、自然保护区核心区、城市防洪区保护范围内的;

(三)影响近期建设规划、控制性详细规划实施的;

(四)影响交通、安全、市容的;

(五)占用绿地、水面和广场、公共停车场等公共空间场地的;

(六)占用城市主干道和城市重要交通节点红线内用地的;

(七)法律、法规禁止的其他情形。

第三十四条 未经城市、县城乡规划主管部门确定规划条件,国有土地使用权不得出让。擅自改变规划条件的,城市、县城乡规划主管部门不得核发建设用地规划许可证。

规划条件确定满一年土地未出让的,在土地出让前,应当由城市、县城乡规划主管部门重新核定规划条件。

城市、县城乡规划主管部门核发建设用地规划许可证时,应当向建设单位或者个人提出建设工程设计条件,建设单位或者个人应当按照建设工程设计条件,编制修建性详细规划或者工程设计方案。

第三十五条 城市、县城乡规划主管部门在受理规划许可前,应当将办理要件、办理程序和办理期限等一次性告知申请人,并应当自受理之日起二十日内作出行政许可决定;二十日内不能作出决定的,经城市、县城乡规划主管部门负责人批准,可以延长十日。对符合条件的核发行政许可,对不符合条件的,应当书面告知并说明理由。

第三十六条 建设项目选址意见书、建设用地规划许可证、建设工程规划许可证、乡村建设规划许可证的有效期限为二年,期限届满前应当取得后续批准文件。未取得后续批准文件的,规划许可自行失效。

城市、县城乡规划主管部门核发规划许可依据的建设项目批准文件被撤销、撤回或者土地使用权被收回的,相关部门应当告知城乡规划主管部门,由城乡规划主管部门注销相应的规划许可。

第三十七条 已经取得规划许可的建设项目,建设单位或者个人发生改变的,应当重新进行规划审批。重新核发的规划许可不得改变原规划条件。

规划条件的内容应当包括:

(一)地块的位置、范围和面积;

(二)土地使用性质;

(三)建筑密度、建筑高度、容积率、绿地率;

(四)建筑退让、出入口方位、停车泊位、应当配置的公共服务设施和市政基础设施的位置和规模、地下空间开发利用等规划要求;

(五)建筑风格、色彩等有关城市设计引导要素。

需要建设单位编制修建性详细规划的,应当在规划条件中予以明确。

第三十八条 建设单位或者个人应当按照规划条件和规划许可的内容进行建设,不得擅自变更;确需变更的,应当向城乡规划主管部门申请。变更内容依法应当先经其他有关主管部门同意的,建设单位或者个人在向城乡规划主管部门申请变更时,应当提供相关证明文件。

申请变更的内容不符合控制性详细规划的,城乡规划主管部门不得批准。

对房地产开发项目,除因公共利益需要外,申请变更的内容涉及提高容积率、改变使用性质、降低绿地率、减少公共服务设施和基础设施的,城乡规划主管部门不得批准。

第三十九条 城乡规划主管部门在规划许可和变更前应当采取公示、听证会、座谈会等形式,听取利害关系人的意见。因变更规划许可内容给利害关系人合法权益造成损失的,申请变更的建设单位或者个人应当依法给予补偿。

第四十条 城市、县城乡规划主管部门负责本地区地下空间的综合管理和协调,统筹地下空间资源的规划和建设,统一建立地下空间公共信息管理平台。

地下空间的开发利用,应当履行规划审批手续。与地面建设工程一并开发利用地下空间的,应当与地面建设工程一并办理规划审批;单独开发的地下交通、商业、仓储、能源、通信、管线、人防工程等建设项目,应当向城市、县城乡规划主管部门申请办理规划审批。

城市、县人民政府应当对旧城区的地下管线进行普查,并将普查档案移送当地城建档案管理机构统一管理。

鼓励城市建设地下综合管廊。

第四十一条 涉及日照需求的建设间距,应当符合国家强制性标准中有关日照的规定,采取日照间距系数或者日照分析方法确定。

采取日照分析方法确定建设间距的,应当由具备城乡规划编制资质的单位,采用国家认定的日照分析工具编制日照分析报告。

第四十二条 建设工程开工和地下管线隐蔽工程覆土前,建设单位或者个人应当向城市、县城乡规划主管部门申请验线。

城市、县城乡规划主管部门收到验线申请后,应当于五日内完成验线核实。

第四十三条 建设工程竣工后,建设单位或者个人应当向城市、县城乡规划主管部门提交竣工图和竣工测绘报告等资料,申请规划条件核实;经核实符合规划条件的,方可组织竣工验收,并按照国家和省有关城乡建设档案管理的规定,及时向有关部门移交建设工程档案资料。

城市、县城乡规划主管部门受理申请后,应当在十五日内完成规划条件核实。

第四十四条 各类园区、开发区、城市新区的设立,应当符合城市、镇总体规划确定的规划建设用地范围和规划布局,并由所在地县级以上城乡规划主管部门按照法律、法规和国务院有关规定实施规划管理。

第四十五条 设区城市的旧城区内除基础设施、公益性服务设施、绿地外,不得插建建设用地面积三千平方米以下的零星建设项目。

城市、镇规划区外的公路、铁路、电力、通信、输油输气管线等重大基础设施和加油加气站、殡葬设施等公共服务设施的城乡规划管理,依据经批准的城镇体系规划或者村镇体系规划实施。

第四章　监督检查

第四十六条 各级人民政府应当每年向本级人民代表大会常务委员会或者乡、镇人民代表大会报告城乡规划的实施情况,并接受监督。

城市、县人民政府确定的城市规划实施中的重大事项和重点建设项目,应当提请本级人民代表大会常务委员会审议。

第四十七条 城市、县人民政府应当向上一级人民政府报告上年度城乡规划的编制、审批、实施和修改情况;下级城乡规划主管部门应当每年向上一级城乡规划主管部门报告城乡规划行政许可核发和变更情况。

上级城乡规划主管部门应当加强对下级城乡规划主管部门的监督检查。对违法审批的建设项目,上级城乡规划主管部门可以直接撤销或者责令其自行撤销行政许可或者批准决定。

城市、县城乡规划主管部门依法应当作出行政许可或者批准决定而未作出的,上一级城乡规划主管部门有权责令其作出准予行政许可决定或者批准决定,也可以建议地方人民政府责令其作出准予行政许可或者批准决定。

第四十八条　上级城乡规划主管部门应当对下列情况进行监督检查:

(一)城乡规划的编制、修改、审批、备案情况;

(二)城市设计的编制、实施情况;

(三)城乡规划许可办理、执行情况;

(四)城市、镇、乡、村庄规划区内规划实施情况;

(五)建设工程规划核实情况;

(六)建筑物、构筑物的使用性质情况;

(七)违法建设查处情况;

(八)依法应当监督检查的其他内容。

第四十九条　省人民政府应当建立城乡规划督察制度,对城乡规划的编制、审批、实施和修改情况进行督察。

第五十条　任何单位和个人有权就建设活动是否符合规划的要求向城乡规划主管部门查询,有权就涉嫌违法的建设活动向城乡规划主管部门或者其他有关部门举报。

城市、县城乡规划主管部门及其他有关部门应当公布举报方式,对公民、法人和其他组织举报的违法行为,属于本部门职责范围的,应当及时进行核实、处理,并答复举报人;不属于本部门职责范围的,应当及时转告相关部门并告知举报人。

第五十一条　对于无法确定建设单位或者个人的违法建设工程,建设工程所在地城市、县城乡规划主管部门应当通过公告送达或者现场发布公告等形式告知违法建设所有人,公告期限不得少于三十日。公告期满后,由城乡规划主管部门依法处理。

第五章　法律责任

第五十二条　违反本条例规定,城市、县人民政府在城乡规划管理活动中有下列行为之一的,由上级人民政府责令改正,通报批评,对有关人民政府负责人和其他直接责任人员依法给予处分:

(一)未履行城乡规划组织编制义务的;

(二)未按照法定程序和要求组织编制、审批、修改城乡规划的;

(三)未按照城市、镇总体规划确定的建设用地范围和布局设立城市新区、各类园区、开发区的;

(四)对设立的城市新区、各类园区、开发区未依法实施规划管理的;

　　(五)未按照法定要求进行规划备案的;

　　(六)法律、法规规定的其他情形。

　　第五十三条　违反本条例规定,城市、县人民政府有关部门有下列行为之一的,由本级人民政府或者上级人民政府有关部门责令改正,通报批评;对直接负责的主管人员和其他直接责任人员依法给予处分:

　　(一)未按照法定程序修改控制性详细规划或者修建性详细规划的;

　　(二)未按照法定程序作出行政审批决定或者核发行政许可的;

　　(三)未按照法律、法规规定擅自批准临时建设和插建零星建设项目的;

　　(四)对未经规划条件核实或者核实不合格的建设工程,办理竣工验收备案的;

　　(五)未按照法定程序和要求,办理房屋权属登记的;

　　(六)未按照规定进行城乡规划公开公示的;

　　(七)未按照规定及时完成验线核实的;

　　(八)法律、法规规定的其他情形。

　　第五十四条　违反本条例,在城市、镇规划区内,建设单位或者个人未取得建设工程规划许可证或者未按照建设工程规划许可证规定进行建设的,由县级以上人民政府城乡规划主管部门责令停止建设。

　　违法建设工程尚可采取改正措施消除对规划实施影响的,由县级以上人民政府城乡规划主管部门责令限期改正,并处以建设工程造价百分之五以上百分之十以下的罚款,改正后应当及时补办相关手续;无法采取改正措施消除影响的,由县级以上人民政府城乡规划主管部门限期拆除,逾期不拆除的,依法强制拆除,并处以建设工程造价百分之十的罚款;不能拆除的,没收实物或者违法收入,可以并处建设工程造价百分之五以上百分之十以下的罚款。

　　前款所称无法采取改正措施消除影响的情形包括:

　　(一)占用历史文化街区、各级文物保护单位保护范围用地进行建设的;

　　(二)违反建筑间距、建筑退让城市道路红线、建筑退让用地边界等城市规划管理技术规定或者控制性详细规划确定的强制性内容的;

　　(三)擅自在建筑物楼顶、退层平台、住宅底层院内进行建设的;

　　(四)未按照控制性详细规划建设基础设施、公共服务设施而建设其他设施的;

　　(五)法律、法规规定的无法采取改正措施消除影响的其他情形。

　　第五十五条　违反本条例规定,建设单位或者个人有下列情形之一的,由城市、县城乡规划主管部门按照以下规定给予处罚:

（一）未依法办理建设工程规划审批手续，擅自进行地下空间开发建设，或者擅自改变经规划审批的地下空间的使用功能、层数和面积，以及在经规划核实合格后的建筑内擅自新建地下建筑物、构筑物的，责令停止建设，限期改正，并处以违法建设工程造价一倍的罚款；

（二）擅自变更经批准的城市设计或者建设工程设计方案所确定的建筑物造型、色彩的，责令限期恢复原状，并处以二万元以上五万元以下的罚款；

（三）未经城市、县城乡规划主管部门验线核准，擅自开工的，责令限期改正，补办相关手续，可以并处三万元的罚款；

（四）未在建设项目施工现场设置建设项目工程规划许可公告牌或者公示内容不符合规定的，责令限期改正；逾期未改正的，对建设单位处以三万元的罚款。

第五十六条　建设单位或者个人有下列行为之一的，由所在地城市、县人民政府城乡规划主管部门责令限期拆除，可以并处临时建设工程造价一倍以下的罚款：

（一）未经批准进行临时建设的；

（二）未按照批准内容进行临时建设的；

（三）临时建筑物、构筑物超过批准期限不拆除的。

第五十七条　在乡、村庄规划区内未依法取得乡村建设规划许可证或者未按照乡村建设规划许可证的规定进行建设的，由乡、镇人民政府责令停止建设、限期改正；逾期不改正的，可以拆除。

第六章　附　则

第五十八条　本条例未作规定的，法律、行政法规对城乡规划的制定、实施、修改、管理、监督以及行政处罚已作规定的，从其规定。

第五十九条　本条例自 2015 年 6 月 1 日起施行。1992 年 6 月 9 日黑龙江省第七届人民代表大会常务委员会第二十七次会议通过的《黑龙江省实施〈中华人民共和国城市规划法〉办法》同时废止。

黑龙江省安全生产条例

(2014 年 12 月 17 日黑龙江省第十二届人民代表大会
常务委员会第十六次会议通过)

目录

第一章　总　　则

第一条　为加强安全生产工作,防止和减少生产安全事故(以下简称事故),保障人民群众生命、健康和财产安全,促进经济社会持续健康发展,根据《中华人民共和国安全生产法》等有关法律、行政法规的规定,结合本省实际,制定本条例。

第二条　本省行政区内生产经营单位的安全生产以及相关监督管理活动,适用本条例。法律、法规对消防安全、交通安全、建筑施工安全和特种设备安全等另有规定的,从其规定。

第三条　安全生产工作应当坚持安全第一、预防为主、综合治理的方针;坚持分级负责、属地管理和管行业必须管安全、管业务必须管安全、管生产经营必须管安全的原则;建立生产经营单位负责、职工参与、政府监管、行业自律和社会监督的机制。

第四条　生产经营单位是安全生产的责任主体。

生产经营单位主要负责人是本单位安全生产工作的第一责任人,对安全生产工作负全面责任;分管安全生产负责人具体负责本单位安全生产管理工作,安全生产管理人员履行安全生产管理职责(以下统称安全管理人员);其他负责人、相关人员在履行岗位职责的同时履行相应的安全生产工作职责。

第五条　县级以上人民政府应当根据国民经济和社会发展规划制定安全生产规划,建立和完善安全生产责任制度和考核制度,及时协调解决本行政区内安全生产工作的重大问题,支持、督促各有关部门依法履行安全生产监督管理职责。

第六条　县级以上人民政府安全生产监督管理部门对本行政区内安全生产工作实施综合监督管理,指导、协调、监督、检查同级人民政府有关部门和下级人民政府履行安全生产监督管理职责。

负有安全生产监督管理职责的有关部门,按照法律、法规规定,对职责范围内安全生产工作实施监督管理。

其他有关部门,按照法律、法规规定和同级人民政府确定的职责,对本行业或者领域的安全生产工作实施管理。

第七条　各级人民政府主要负责人是本行政区安全生产工作第一责任人,对本行政区安全生产工作负全面领导责任;其他负责人对分管范围内的安全生产工作负相关领导责任。

第八条　工会依法组织职工参加本单位安全生产工作的民主管理,维护职工在安全生产方面的合法权益,对本单位执行安全生产法律、法规的情况进行监督。

第九条　县级以上人民政府应当加大安全生产监督管理资金投入,确保安全生产监督管理工作有效开展。

第十条　县级以上人民政府及其有关部门应当鼓励、支持安全生产科学技术研究、专业技术和技能人才培养以及先进技术、设备的推广应用。

第十一条　从事安全生产服务的机构应当依法设立,依照法律、法规和执业准则在规定的业务范围内独立、客观、公正地从事安全生产技术、管理服务,并对服务过程和结果负责。

第十二条　各级人民政府及其有关部门应当加强全社会的安全生产宣传教育,深入开展安全文化活动、安全常识普及活动和事故警示教育活动,培养和提高全民的安全意识和安全素质。

生产经营单位应当加强本单位安全宣传教育工作,教育引导从业人员掌握岗位安全知识及要求,遵守本单位安全生产规章制度和操作规程,增强从业人员事故预防和自救互救的能力。

生产经营单位应当通过典型事故案例等加强班组安全生产教育工作,教育引导班组成员掌握劳动防护用品的正确使用方法、岗位间工作衔接配合的安全事项,遵守岗位安全操作规程。

教育行政主管部门应当将安全教育纳入教学计划,培养学生的安全意识、知识和技能。

新闻媒体应当通过多种形式开展安全生产法律法规和知识等的宣传教育,对违反安全生产法律、法规的行为进行舆论监督。

第十三条 县级以上人民政府应当根据本行政区实际制定安全社区建设规划,支持社区开展建设工作,提高社区内单位和人员的安全素质和水平。

第十四条 县级以上人民政府应当对在落实安全生产责任、改善安全生产条件、防止事故发生、开展应急救援、举报安全生产违法行为、推动安全文化建设、研究和推广应用安全生产先进科学技术等方面取得显著成绩的单位和个人给予奖励。

第二章 生产经营单位的安全生产保障

第一节 一般规定

第十五条 生产经营单位应当具备法律、法规和国家标准、行业标准及地方标准(以下统称标准)规定的安全生产条件,制定并完善安全生产规章制度和操作规程,建立健全和实施安全生产责任制。

安全生产责任制应当明确各岗位的责任人员、责任内容和考核奖惩等内容。

第十六条 矿山、建筑施工、冶炼、道路运输、机械制造、城市地下经营、城市地下轨道交通运营单位和危险物品的生产、经营、储存单位,从业人员在一百人以上的,应当设置安全生产管理机构;从业人员不足一百人的,应当设置安全生产管理机构或者配备专职安全生产管理人员。

前款规定以外的其他生产经营单位,安全生产管理机构设置和安全生产管理人员配备依照有关法律、法规执行。

第十七条 生产经营单位主要负责人、管理人员应当履行有关法律、法规规定的安全生产职责,不得从事下列行为:

(一)指挥、强令或者放任从业人员违章、冒险作业;

(二)超过核定的生产能力、强度或者人员组织生产;

(三)隐瞒或者不及时处理安全隐患。

第十八条 生产经营单位从业人员应当履行下列安全生产义务:

(一)遵守本单位安全生产规章制度和安全操作规程;

(二)接受安全生产教育和培训,参加应急演练;

(三)及时报告安全隐患、异常情况或者事故;

(四)发生事故紧急撤离时,服从现场统一指挥;

(五)配合事故调查,如实提供有关情况。

第十九条 矿山、建筑施工、冶炼、交通运输、机械制造以及危险物品的生产、储存等单位应当按照国家和省有关规定足额提取、使用安全生产费用;其他生产经营单位应当保证安全生产资金投入。

安全生产费用计入生产成本,由生产经营单位自提自用、专户核算,专门用于与本单位安全生产直接相关的支出,其他单位不得采取收取、代管等形式对其进行集中管理和使用。

财政部门、负有安全生产监督管理职责的部门,依法对生产经营单位安全生产费用提取和使用进行监督检查。

第二十条 矿山、建筑施工、金属冶炼、道路运输单位以及危险物品的生产、经营、储存等单位的主要负责人和安全生产管理人员,应当由负有安全生产监督管理职责的有关部门对其安全生产知识和管理能力考核合格。

特种作业人员应当按照国家有关规定经专门的安全作业培训,取得相应资格,方可上岗作业。

第二十一条 生产经营单位应当对从业人员进行岗位安全操作规程、操作技能、防范措施和事故应急措施等培训。一般从业人员的培训由本单位进行。不具备安全生产培训条件的生产经营单位,应当委托安全培训机构对从业人员进行培训。

培训应当按照规定的大纲进行。

培训结束后,应当进行考核,未经安全生产培训合格的人员不得上岗作业。

负有安全生产监督管理职责的部门应当加强对生产经营单位和安全培训机构培训情况的监督检查,对违法行为依法作出处罚。

第二十二条 生产经营单位新建、改建、扩建工程项目(以下统称建设项目)的安全设施,应当与主体工程同时设计、同时施工、同时投入生产和使用。

生产经营单位在建设项目初步设计时,应当委托有相应资质的设计单位对建设项目安全设施进行设计,编制安全专篇。安全设施设计单位、设计人员应当对安全设施设计负责。

从事建设项目施工的单位应当取得相应资质,按照安全设施设计和施工技术标准进行施工,并对安全设施的工程质量负责。

建设项目安全设施建成后,生产经营单位应当对安全设施进行检查,对发现的问题及时整改。

第二十三条 生产经营单位应当按照规定开展安全生产标准化建设,做到安全管理标准化、设施设备标准化、作业现场标准化和操作过程标准化,提高安全生产水平和事故防范能力。

第二十四条　生产经营单位应当建立安全隐患排查治理和登记档案监控制度,定期组织开展安全隐患排查。

生产经营单位对安全隐患,应当及时组织排除;对不能及时排除的重大安全隐患,应当制定治理方案,落实整改措施、责任、资金、时限和应急预案,消除安全隐患;对非本单位原因造成的安全隐患,应当及时向负有安全生产监督管理职责的部门报告。

生产经营单位治理安全隐患,应当采取安全防范措施;危及人员安全的,应当暂时停止生产经营活动,防止事故发生。

第二十五条　生产经营单位对重大危险源,应当建立登记档案,设立安全警示标识。登记档案内容包括重大危险源的基本情况、检测检验报告、安全评估报告、相关规章制度和安全操作规程、可能造成的危害及影响范围、应急预案等。

生产经营单位对重大危险源应当进行实时监测,定期开展检测、评估,确认重大危险源状态,落实监控措施。

第二十六条　生产经营单位进行吊装、挖掘、爆破等作业,临近危险物品输送管道和高压输电线路作业,有限空间内作业以及国家规定的其他危险作业的,应当安排专门人员进行现场安全管理,落实下列安全管理措施:

(一)设置作业现场安全区域,落实安全防范措施;

(二)确认现场作业条件符合安全作业要求;

(三)确认作业人员的上岗资质、身体状况及配备的劳动防护用品符合安全作业要求;

(四)向作业人员说明危险因素、作业安全要求和应急措施;

(五)发现直接危及人身安全的紧急情况时,采取应急措施,立即停止作业并撤出作业人员。

第二十七条　存在粉尘爆炸危险的作业场所,应当符合下列规定:

(一)作业场所应当符合标准要求,禁止设置在居民区、不符合规定的多层房、安全间距不符合规定的厂房内;

(二)按照标准设计、安装、使用和维护通风除尘系统,按照规定检测和清理粉尘,在除尘系统停运期间或者粉尘超标时,应当立即停止作业并撤出作业人员;

(三)按照标准使用防爆电气设备,落实防雷、防静电等措施,禁止在作业场所使用各类明火和违规使用作业工具;

(四)执行安全操作规程和劳动防护制度,禁止从业人员未经培训和不按照规定佩戴使用防尘、防静电等劳动防护用品作业。

存在铝镁等金属粉尘的作业场所,应当配备铝镁等金属粉尘生产、收集、贮存的防水防潮设施,防止粉尘遇湿自燃。

第二十八条　生产经营单位应当配置符合标准要求的职业病防护设备、设施,按照有关规定定期对工作场所进行职业病危害因素检测、评价。检测、评价结果存入生产经营单位职业卫生档案,定期向安全生产监督管理部门报告并向从业人员公布。

对从事接触职业病危害因素作业的劳动者,用人单位应当按照有关规定组织上岗前、在岗期间、离岗时的职业健康检查,并将检查结果书面如实告知劳动者。

第二十九条　生产经营单位应当建立劳动防护用品管理制度,为从业人员提供符合标准,在使用期限内的劳动防护用品,并监督、教育从业人员按照使用规则佩戴、使用。禁止以发放货币等形式代替发放劳动防护用品。

第三十条　矿山、金属冶炼以及危险物品的生产、储存单位应当配备注册安全工程师从事安全生产管理工作,可以配备注册助理安全工程师协助注册安全工程师开展相关工作。

鼓励其他生产经营单位聘用注册安全工程师或者注册助理安全工程师从事安全生产管理工作。

鼓励社会力量组建注册安全工程师事务所,为生产经营单位提供安全生产管理和专业技术服务。

第三十一条　在矿山、建筑施工、冶炼、交通运输、机械制造和危险物品生产、经营、储存等行业推行安全生产责任保险。鼓励其他生产经营单位参加安全生产责任保险。

第三十二条　在宾馆、商场、学校、幼儿园、旅游景点、歌舞厅、影剧院、体育场(馆)、集贸市场、集体宿舍、养老院等人员密集场所禁止下列行为:

(一)擅自拆除、停用安全设施、设备;

(二)不按标准设置备用电源;

(三)占用、堵塞、封闭疏散通道或者安全出口以及其他妨碍安全疏散的行为;

(四)埋压、圈占、遮挡消火栓或者占用防火间距;

(五)占用、堵塞、封闭消防车通道,妨碍消防车通行;

(六)在门窗上设置影响逃生和灭火救援的障碍物。

生产、储存、经营易燃易爆危险物品的场所不得与人员密集场所设置在同一建筑物内。

第三十三条　大型群众性活动的安全管理责任由主办单位承担,具体安全工作由承办单位负责。

承办单位应当落实各项安全措施,制定应急预案,保证活动场所的设备、设施安全运转,配备足够的工作人员维持现场秩序。在人员相对聚集时,承办单位应当采取控制和疏散措施,确保参加活动的人数在安全条件允许范围之内。

第二节　煤矿特别规定

第三十四条　煤矿建设项目未通过安全核准的,不得予以项目核准;未通过项目核准的,不得颁发采矿许可证。煤矿建设项目不采用机械化开采的不得予以核准。

煤矿生产应当依法取得采矿许可证、安全生产许可证、矿长安全资格证和营业执照。

第三十五条　煤矿从事采煤、掘进、机电、运输、通风、地质测量等工作的班组长应当接受专门的安全生产培训。

第三十六条　煤矿应当建立并落实负责人带班下井制度。

生产煤矿和新建、改建、扩建以及技术改造等建设煤矿主要负责人、其他负责人和副总工程师应当轮流带班下井,与从业人员同时下井、同时升井,并认真填写交接班记录、带班下井记录,建立档案;遇到险情时,立即下达停产撤人命令,组织人员及时、有序撤离。

第三十七条　煤矿应当推进机械化、安全质量标准化和自动化、信息化建设,采取预防瓦斯、煤尘、冲击地压、火灾、水害、顶板等事故的措施,建立健全事故预防机制。

第三十八条　煤矿应当正规布置、壁式开采;具备条件的,应当采用沿空留巷。煤矿不得采用仓储式、巷道式、高落式等国家明令禁止或者淘汰的采煤工艺。煤与瓦斯突出矿井、高瓦斯矿井、瓦斯矿井高瓦斯区域的采煤工作面,不得采用前进式采煤方法。

第三十九条　煤矿的通风、防瓦斯、防水、防火、防煤尘、防冒顶等安全设备、设施和条件应当符合法律、法规和标准规定。

煤矿应当建立设备、设施检查维修制度,定期进行检查维修。

第四十条　煤矿应当加强煤炭地质勘查管理,勘查程度达不到规范要求的,国土资源部门不得为其划定矿区范围。煤矿应当加强建设、生产期间的地质勘查,查明井田范围内的瓦斯、水、火等隐蔽致灾因素。

第四十一条　煤矿有下列重大安全隐患和行为的,应当立即停止生产,排除隐患:

(一)超能力、超强度或者超定员组织生产的;

(二)瓦斯超限作业的;

(三)煤与瓦斯突出矿井,未按照规定实施防突出措施的;

(四)高瓦斯矿井未按照规定建立瓦斯抽放系统和监控系统,或者系统不能正常运行的;

(五)通风系统不完善、不可靠的;

（六）有严重水患,未采取有效措施的;

（七）超层越界开采的;

（八）有冲击地压危险,未采取有效措施的;

（九）自然发火严重,未采取有效措施的;

（十）使用明令禁止使用或者淘汰的设备、工艺的;

（十一）煤矿没有双回路供电系统的;

（十二）新建煤矿边建设边生产,煤矿改扩建期间,在改扩建的区域生产,或者在其他区域的生产超出安全设计规定的范围和规模的;

（十三）煤矿实行整体承包生产经营后,未重新取得安全生产许可证从事生产的,或者承包方再次转包的,以及煤矿将井下采掘工作面和井巷维修作业进行劳务承包的;

（十四）煤矿改制期间,未明确安全生产责任人和安全生产管理机构的,或者在完成改制后,未重新取得或者变更采矿许可证、安全生产许可证和营业执照的;

（十五）有其他重大安全隐患的。

煤矿井下劳动定员标准,由省煤炭生产安全管理部门另行制定。

第四十二条　下列煤矿应当立即予以关闭:

（一）无证照或者证照不全,擅自从事生产的;

（二）被责令停产整顿,擅自从事生产的;

（三）未达到安全质量标准化三级标准,经限期停产整顿逾期仍未达标的;

（四）不能实现正规开采,经停产整顿逾期仍未实现正规开采的;

（五）三个月内两次以上发现有本条例第四十一条所列重大安全隐患,仍然进行生产的;

（六）超层越界拒不退回的;

（七）国家和省人民政府规定其他应当关闭的情形。

第三节　化工及危险化学品单位特别规定

第四十三条　设立化工及危险化学品单位应当符合国家产业政策和当地产业结构规划;选址应当符合当地城乡规划;设计、建设应当符合有关法律、法规和标准规定。

第四十四条　新建危险化学品生产单位应当进入化工园区,安全距离不符合规定和城区内人员密集区域的化工生产、储存单位应当逐步进入化工园区。

化工园区应当至少每五年开展一次园区整体性安全风险评价,科学评估园区安全风险,提出消除、降低或者控制安全风险的措施。

劳动力密集型的非化工生产经营单位不得与化工生产、储存单位混建在同一化工园区内。

第四十五条 化工及危险化学品单位在工艺技术、设备设施和管理变更等情况发生前,应当进行风险分析,制定风险控制方案,并组织实施。

第四十六条 危险化学品单位应当按照有关规定对有毒有害废弃物进行妥善处置。

第四十七条 化工生产、储存装置应当依据有关法律、法规和标准装备自动化控制系统;涉及易燃易爆、有毒有害气体的生产、储存装置应当装备易燃易爆、有毒有害气体泄漏报警系统;涉及重点监管危险化工工艺、重点监管危险化学品的生产、储存装置或者存在危险化学品重大危险源的建设项目应当装备安全监测、监控系统。

第四十八条 化工及危险化学品单位应当建立特殊作业审批制度,未经审批,不得实施动火、进入受限空间、高处、吊装、临时用电、动土、检维修、盲板抽堵等作业。

特殊作业前,应当进行风险分析、确认安全作业条件,确保作业人员了解作业风险,掌握风险控制措施。

特殊作业时,管理人员应当加强现场监督检查,现场监护人员不得擅离现场。

第四十九条 危险物品输送管道的规划、建设应当符合相关法律、法规和标准规定,避开城市地下管网、地下轨道交通等各类地下空间和设施,并与土地利用总体规划和其他规划相协调。

危险物品输送管道运营单位应当自管道竣工验收合格之日起六十日内,将竣工测量图报危险物品输送管道主管部门备案。

在城乡规划和建设中,对可能影响危险物品输送管道运营安全的,应当与危险物品输送管道运营单位协商,制定并落实管道运行安全措施后,方可进行规划和建设。

第五十条 危险物品输送管道运营单位应当建立实施管道日常巡护制度,及时发现并处理管道沿线的异常情况;发现直接占压、不符合管道保护安全距离的建筑物、构筑物等安全隐患,无法自行排除的,应当向危险物品输送管道主管部门报告。

危险物品输送管道主管部门接到报告后,应当依法查处危害管道安全的违法行为,及时协调排除或者报请当地人民政府组织排除安全隐患。

第五十一条 县级以上人民政府应当组织相关部门和专家,对危险物品输送管道保护安全距离内已建成的人口密集场所,易燃易爆物品生产、经营、存储场所,危险物品输送管道与城市市政管网交叉、重叠区域,进行整体安全评估、评价;对不符合安全生产要求的,应当制定整治方案,进行搬迁、清理,并采取必要的防护措施。

第四节　城市地下经营和地下轨道交通运营单位特别规定

第五十二条　地下经营和地下轨道交通运营单位应当建立消防安全责任制,加强对疏散通道、安全出口、电气设备和线路、消防设施等的安全检查,落实事故防范措施。

第五十三条　地下经营场所的安全管理责任由所有权人承担。所有权人委托有关单位或者个人管理的,受托管理人应当按照规定和约定承担安全管理责任。

地下经营场所的安全使用责任由使用人承担。

第五十四条　使用人民防空工程从事经营活动的,应当符合经批准确定的使用用途;使用普通地下室从事经营活动的,应当符合规划确定的使用用途。

第五十五条　地下经营场所设置的电源线路应当符合标准;临时用电线路应当采取有效防护措施;电气设备应当安装漏电和过载保护装置。

第五十六条　地下经营场所安全出口的数目、间距、朝向、宽度等应当符合相关标准。

地下经营单位应当保证安全出口的畅通;不得挤占、封闭、堵塞安全出口;安全出口处不得设置门槛。

疏散门应当向疏散方向开启,不得采用卷帘门、转门、吊门、侧拉门。紧靠门口内外各1.4米范围内不得设置踏步。

第五十七条　地下经营场所的安全出口和疏散通道及其转角处,应当设置发光疏散指示标志。指示标志应能够在断电且无自然光照明时,指引疏散位置和疏散方向。

指示标志应当设置在安全出口的顶部和疏散通道及其转角处距地面高度一米以下的墙面上;设置在疏散通道上的指示标志的间距不得大于十米。

第五十八条　营业区域内的安全出口、疏散通道和重点部位应当设置应急照明灯。应急照明灯的连续照明时间不得少于三十分钟,其地面最低照度不得低于0.5勒克斯。

第五十九条　地下经营场所应当按照规定设置、配备应急广播、机械通风系统或者空气调节装置和消火栓、机械防烟排烟系统、自动喷淋系统、火灾自动报警系统等消防设施、器材。

地下经营单位应当建立安全设施、设备检查、维修制度,保证安全设施、设备正常运行、使用。

第六十条　在地下经营场所内禁止下列行为:

(一)生产、经营、存放、携带危险化学品、烟花爆竹等有毒有害、易燃易爆物品；

（二）挤占、堵塞疏散通道、通风口、消防通道；

（三）采用液化石油气和汽油、煤油、甲醇、乙醇等易燃液体作为燃料；

（四）吸烟；

（五）违规安装、使用电器产品和敷设用电线路。

第六十一条 地下经营单位应当建立健全人员疏散应急演练工作制度，落实人员疏散应急演练组织机构和责任，有效组织人员疏散应急演练。

人员疏散应急演练每两月至少举行一次。

第六十二条 地下轨道交通运营单位应当对地下轨道交通控制保护区、轨道交通设备设施等进行巡查和检查，发现有危及或者可能危及运营安全的，应当立即采取措施消除安全隐患。在控制保护区内进行施工作业的，应当征得轨道交通运营单位同意，制定并落实安全措施后，方可进行施工作业。

有关县级以上人民政府应当支持、督促有关部门依法加强对本行政区内地下轨道交通控制保护区的监督管理，协调解决地下轨道交通控制保护区内影响运营安全的问题。

第六十三条 地下轨道交通运营单位应当在地下轨道交通入口处设置安检设施，在地下轨道交通设施内设置报警、灭火、逃生、救援、防爆、防毒、防汛等器材和设备，定期检查、维护、更新，保证其完好和有效。

禁止在地下轨道交通车站站厅乘客疏散区、站台及疏散通道内从事商业经营活动。

第六十四条 禁止携带爆炸性、易燃性、放射性、毒害性、腐蚀性等可能影响安全的物品进入地下轨道交通车站及乘车。

车站工作人员有权对进站人员携带的物品实施必要的安全检查；对不接受安全检查的，有权拒绝其进站；对拒不接受安全检查强行进站或者扰乱现场秩序的，由公安机关依法处理。

公安机关应当制定地下轨道交通安全检查操作规范，对安全检查工作进行指导、检查和监督，并依法处理安全检查中发现的涉嫌违法犯罪行为。

第六十五条 遇有客流量激增危及运营安全的紧急情况，地下轨道交通运营单位应当采取增加运力或者限制客流等临时措施，确保安全运营。

发现重大安全隐患，应当立即组织排除隐患；排除过程中无法保证运营安全的，地下轨道交通运营单位应当立即停止相关线路运营，撤出人员。

第三章 安全生产监督管理

第六十六条 县级以上人民政府应当建立安全生产监督管理工作协调机制，明确安全生产监督管理部门和有关部门的安全生产监督管理职责。

县级以上人民政府应当将安全生产工作情况纳入年度目标责任制考核体系,并将考核结果作为各级人民政府及其负责人考核评价的重要内容。

乡镇人民政府和街道办事处应当根据安全生产工作需要,明确安全生产工作机构或者人员,并根据县级人民政府安全生产监督管理部门的委托,依法监督检查本行政区安全生产工作。

第六十七条　县级以上人民政府安全生产监督管理部门和其他负有安全生产监督管理职责的部门应当依法对生产经营单位安全生产情况进行下列监督检查和管理:

(一)监督检查生产经营单位建立和落实安全生产责任制情况;

(二)检查生产经营单位的安全生产状况,对检查中发现的安全生产违法行为,当场予以纠正或者要求限期改正;对依法应当给予行政处罚的行为,依法作出行政处罚决定;

(三)对监督检查中发现的安全隐患,责令立即排除,重大安全隐患排除前或者排除过程中无法保证安全的,责令从危险区域内撤出作业人员,责令停产停业、停止施工或者停止使用;

(四)按照规定报告事故情况,依法组织或者参与事故调查处理,指导、协调事故应急救援工作,督促落实事故处理的有关决定。

其他有关部门在履行行业管理职责的同时,对本行业或领域的安全生产工作实施管理。

对生产经营单位的监督检查,不得影响其正常的生产经营活动。

第六十八条　县级以上人民政府应当根据本地实际,建立完善煤矿、非煤矿山、危险化学品、烟花爆竹、交通运输、城市地下经营场所、城乡防火、防雷等行业或者领域安全生产联席会议制度,分析研究和协调解决相关行业或者领域安全生产重大问题。

相关行业或者领域主管部门具体负责联席会议的组织工作,有关部门应当予以配合。

第六十九条　县级以上人民政府应当建立政府统一领导,安全生产监督管理、发展和改革、公安、住房和城乡建设、交通运输、工商行政管理、人民防空、煤炭生产安全管理、气象、煤矿安全监察、海事等单位共同参与的联合检查机制,查处安全生产违法行为。

第七十条　县级以上人民政府应当建立安全生产约谈制度,对未履行或未正确履行职责、未及时组织排除重大安全隐患和对发生较大以上事故负有责任的本级人民政府有关部门和下级人民政府负责人进行约谈。

第七十一条　县级以上人民政府应当加强专业化安全生产执法队伍建设,配备符合安全生产执法要求的监督管理人员和装备,建立统一标识制度。

安全生产监督管理部门应当制定安全生产年度监督检查计划,报同级人民政府批准后,按照计划实施监督检查。

安全生产监督检查人员进行执法检查,应当两人以上共同进行,配备安全防护用品,出示执法证件。

第七十二条 城乡规划行政主管部门不得在城镇人口密集区批准新建、改建、扩建生产和储存易燃易爆物品、危险化学品的工厂、仓库。已在城镇人口密集区建成的上述项目,应当纳入改造规划,逐步迁出或者转产。

城乡规划行政主管部门在重大危险源、铁路、高压输电线路和危险物品输送管道等安全距离范围内,不得批准建设建筑物、构筑物。已建成的不符合安全距离要求的建筑物、构筑物,应当依法拆除或者采取其他保障安全的措施。

第七十三条 产业园区管理机构应当加强安全生产监督管理,配备专职安全生产监督管理人员,监督检查产业园区内生产经营单位的安全生产工作,协调解决产业园区内安全生产重大问题。发现安全生产违法行为或者安全隐患的,应当责令生产经营单位立即改正或者排除安全隐患。

第七十四条 县级以上安全生产监督管理部门应当组建安全生产专家组,下级安全生产监督管理部门可以聘用上级安全生产监督管理部门安全生产专家组成员,为安全生产监督管理工作提供咨询、技术、管理等服务。

第七十五条 县级以上人民政府及其有关部门应当加强安全生产信息化建设,完善安全生产信息基础设施,合理规划信息资源,逐步建成资源共享的安全生产信息体系。

第七十六条 县级以上人民政府安全生产监督管理部门和有关部门应当对生产经营单位实行安全生产诚信分类管理,建立激励和惩戒制度。

第七十七条 县级以上人民政府安全生产监督管理部门和有关部门可以将发生事故、存在重大安全隐患和安全生产违法行为的生产经营单位通过媒体向社会公布。

第七十八条 任何单位和个人有权向安全生产监督管理部门或者有关部门投诉、举报安全隐患和安全生产违法行为。

县级以上安全生产监督管理部门应当设置举报电话,安全生产监督管理部门或者有关部门应当及时受理投诉、举报,对投诉、举报进行核实并依法处理,对举报者的有关信息予以保密。

第四章 应急救援和事故调查处理

第七十九条 省和市级人民政府应当建立健全安全生产应急救援体系,建立安全生产应急救援指挥中心、应急救援队伍,提高应急救援装备水平。

县级以上人民政府应当制定本行政区事故应急预案,经主要负责人签署后报上一级人民政府备案,并根据本行政区实际,定期与生产经营单位共同开展应急演练。

第八十条　生产经营单位应当根据本单位存在的危险源和风险等因素制定并及时修订事故应急预案。

生产经营单位应当组织开展应急预案培训活动,有关人员应当掌握应急预案内容,熟悉应急职责、应急程序和岗位应急处置方案。

生产经营单位事故应急预案应当与当地政府事故应急预案保持衔接,每年至少组织一次应急演练。

第八十一条　矿山、建筑施工、冶炼、城市地下经营、城市地下轨道交通运营单位和危险物品的生产、经营、储存单位,应当建立应急救援组织,配备必要的应急救援物资和个人防护装备;除城市地下经营单位外,每半年至少组织一次应急演练。生产经营规模较小的,可以不建立应急救援组织,但应当指定应急救援人员;可以委托专业应急救援机构提供救援服务。

宾馆、商场、旅游景点、歌舞厅、影剧院、体育场、集贸市场等公众聚集场所和医院的经营者或管理者应当每年至少组织两次应急演练。

教育行政主管部门应当每学期至少组织学校安排学生进行一次应急演练。

第八十二条　事故发生后,事故现场有关人员应当立即报告本单位负责人。事故发生单位负责人接到事故报告后,应当立即组织启动事故应急预案,采取有效措施组织救援,并按照国家有关规定及时、如实报告安全生产监督管理部门和其他有关部门。

县级以上人民政府安全生产监督管理部门和其他有关部门接到事故报告后,应当立即按照规定上报事故情况、开展事故救援。

任何单位和个人不得谎报或者瞒报事故。

发生事故或者较大涉险事故的,当地人民政府负责人应当及时赶赴现场,组织有关部门进行救援;当地公安、司法机关应当依法采取有效措施,防止有关责任人员逃逸或者转移、隐匿财产。

第八十三条　事故调查依照下列规定进行:

(一)重大事故和造成一次死亡六人以上十人以下或者重伤三十人以上五十人以下或者涉嫌谎报、瞒报的较大事故,由省人民政府授权省级安全生产监督管理部门组织事故调查组进行调查;

(二)造成一次死亡三人以上六人以下或者重伤十人以上三十人以下或者直接经济损失一千万元以上五千万元以下的较大事故和造成一次死亡二人或者重伤五人以上十人以下或者涉嫌谎报、瞒报的一般事故,由市级人民政府或者授权同级安全生产监督管理部门组织事故调查组进行调查;

（三）造成一次死亡一人或者重伤一人以上五人以下或者直接经济损失一千万元以下的一般事故，由县级人民政府或者授权同级安全生产监督管理部门组织事故调查组进行调查；

（四）中央驻省和省属生产经营单位发生的较大事故，由省级安全生产监督管理部门组织事故调查组进行调查；一般事故由市级人民政府或者授权同级安全生产监督管理部门组织事故调查组进行调查；

（五）未造成人员伤亡的一般事故，县级人民政府可以委托事故发生单位组织事故调查组进行调查；

（六）法律、行政法规对事故调查另有规定的，从其规定。

上级人民政府认为必要时，可以调查下级人民政府负责调查的事故。

第八十四条 事故调查处理应当坚持科学严谨、依法依规、实事求是、注重实效的原则，及时、准确地查清事故原因，查明事故性质和责任，总结事故教训、提出整改措施，并对事故责任者提出处理意见。

事故调查和处理的具体办法，按照有关法律、法规和省人民政府规定执行。

第八十五条 事故发生单位应当认真吸取事故教训，落实防范和整改措施。安全生产监督管理部门和有关部门应当对事故发生单位落实防范和整改措施的情况进行监督检查。

第五章 法律责任

第八十六条 违反本条例规定，各级人民政府有下列行为之一的，由上级人民政府责令改正；拒不改正的，给予通报批评，并对直接负责的主管人员和其他直接责任人员依法给予行政处分：

（一）未制定安全生产规划，或者制定了安全生产规划，但未组织实施的；

（二）未建立安全生产工作协调机制的；

（三）未建立和完善安全生产责任制度和考核制度的；

（四）未及时协调解决安全生产监督管理中存在的重大问题的；

（五）未组织有关部门按职责分工，对本行政区内易发生重大事故的生产经营单位进行严格检查的；

（六）对安全生产监督管理投入不足，不能保证安全生产监督管理工作有效开展的；

（七）谎报或者瞒报事故，阻挠、干涉事故调查处理或者事故责任追究的。

第八十七条 违反本条例规定，县级以上人民政府安全生产监督管理部门和其他负有安全生产监督管理职责的部门有下列行为之一的，由本级人民政府责令改正；拒不改正的，给予通报批评，并对直接负责的主管人员和其他直接责任人员依法给予行政处分：

（一）未按照规定履行安全生产监督管理职责的；

（二）未按照规定的权限、条件和程序作出行政许可决定或者因其他失职、渎职行为，造成重大安全隐患的；

（三）在监督检查工作中违法泄露生产经营单位的技术秘密和业务秘密的；

（四）谎报或者瞒报事故的；

（五）发生事故，未按照规定组织救援或者玩忽职守致使人员伤亡或者财产损失扩大的。

第八十八条 其他有关部门违反本条例规定，未依法履行安全生产行业管理职责的，由本级人民政府责令改正；拒不改正的，给予通报批评，并对直接负责的主管人员和其他直接责任人员依法给予行政处分。

第八十九条 生产经营单位及其主要负责人或者其他人员有下列行为之一的，给予警告，并可以对生产经营单位处以一万元以上三万元以下的罚款，对其直接负责的主管人员和其他直接责任人员处以一千元以上一万元以下的罚款：

（一）指挥、强令或者放任从业人员违章、冒险作业；

（二）超过核定的生产能力、强度或者人员组织生产。

第九十条 生产经营单位有下列行为之一的，处以一万元以上三万元以下的罚款：

（一）未建立安全隐患登记档案监控制度的；

（二）未建立劳动防护用品管理制度的；

（三）对非本单位原因造成的重大安全隐患，未向负有安全生产监督管理职责的有关部门报告的。

第九十一条 生产经营单位有下列行为之一的，责令限期改正，可以处以五万元以下的罚款；逾期未改正的，责令停产停业整顿，并处以五万元以上十万元以下的罚款，对其直接负责的主管人员和其他直接责任人员处以一万元以上二万元以下的罚款：

（一）未按照规定设置安全生产管理机构或者配备安全生产管理人员的；

（二）未按照规定建立应急救援组织，或者未配备必要的应急救援物资和个人保护装备，或者未制定、修订事故应急预案，或者未按照规定组织应急演练的。

第九十二条 生产经营单位有下列行为之一的，责令限期改正，可以处以十万元以下的罚款；逾期未改正的，责令停产停业整顿，并处以十万元以

上二十万元以下的罚款,对其直接负责的主管人员和其他直接责任人员处以二万元以上五万元以下的罚款:

（一）对重大危险源未按照规定建立登记档案的;

（二）实施危险作业,未安排专门人员进行现场安全管理,落实安全管理措施的;

（三）化工及危险化学品单位未按照规定建立实施特殊作业审批制度的;

（四）对重大安全隐患未制定治理方案或者未落实整改措施、责任、资金、时限和应急预案的。

第九十三条　生产经营单位未按照规定开展安全生产标准化建设的,责令限期改正;逾期未改正的,责令停产停业整顿,取得安全生产许可证的暂扣安全生产许可证。

第九十四条　煤矿从事采煤、掘进、机电、运输、通风、地质测量等工作的班组长未接受专门的安全培训的,责令限期改正,对煤矿处以十万元以上五十万元以下的罚款;逾期未改正的,责令停产整顿。

第九十五条　煤矿未建立健全煤矿负责人带班下井制度或者未按照规定填写交接班记录、带班下井记录的,处以三万元的罚款,对煤矿主要负责人处以一万元的罚款。煤矿负责人未按照规定带班下井,或者带班下井档案虚假的,责令改正,并对该煤矿处以十五万元的罚款,对违反规定的煤矿负责人按照擅离职守处理,对煤矿主要负责人处以一万元的罚款。

第九十六条　化工及危险化学品单位有下列行为之一的,责令限期改正;逾期未改正的,责令停产停业整顿,可以并处以二万元以上十万元以下的罚款:

（一）未在工艺技术、设备设施和管理变更等情况发生前,进行风险分析,制定风险控制方案的;

（二）化工生产储存装置未按规定装备自动化控制系统;或者涉及易燃易爆、有毒有害气体的生产储存装置未装备易燃易爆、有毒有害气体泄漏报警系统;或者涉及重点监管危险化工工艺、重点监管危险化学品的生产储存装置或者存在危险化学品重大危险源的建设项目未装备安全监测、监控系统的。

第九十七条　危险物品输送管道运营单位未对管道线路进行日常巡护的,责令限期改正;逾期未改正的,处以二万元以上十万元以下的罚款。

第九十八条　生产经营单位违反本条例规定有下列行为之一的,责令限期改正;逾期不改正的,责令停产停业整顿:

（一）存在粉尘爆炸危险的作业场所违反本条例第二十七条规定的;

（二）人员密集场所违反本条例第三十二条规定的;

(三)地下经营场所违反本条例第五十五条、第五十六条、第五十七条、第五十八条、第五十九条规定的。

第九十九条　地下经营场所安全设施、设备不能正常运行或者使用,不属于消防设施、设备的,对地下经营单位处以五百元以上一千元以下的罚款。

第一百条　生产经营单位不具备本条例规定的安全生产条件,经停产停业整顿仍不具备条件的,予以关闭;有关部门应当依法吊销其有关证照。

第一百零一条　本条例规定的行政处罚,由县级以上人民政府及其有关部门按照各自职责决定。

违反本条例规定的行为,法律、法规已有处罚规定的,从其规定。

第六章　附　　则

第一百零二条　本条例下列用语的含义是:

危险物品输送管道,是指石油(包括原油和成品油)、天然气(包括天然气、煤层气和煤制气),城镇燃气,危险化学品等易燃易爆品输送管道。

化工园区,是指化工企业聚集的集中区或工业区等专门发展化工产业的园区。

产业园区,是指依法设立并由县级以上人民政府派出或者指定机构管理的工业园区、开发区、保税区和出口加工区等。

第一百零三条　本条例自 2015 年 4 月 1 日起施行。2006 年 8 月 19 日黑龙江省第十届人民代表大会常务委员会第二十二次会议通过的《黑龙江省安全生产条例》,同时废止。

黑龙江省道路交通安全条例

(2007年4月13日黑龙江省第十届人民代表大会常务委员会第二十六次会议通过 2014年12月17日黑龙江省第十二届人民代表大会常务委员会第十六次会议修订)

第一章 总 则

第一条 为了维护道路交通秩序,预防和减少交通事故,保护人身安全,保护公民、法人和其他组织的财产安全及其他合法权益,提高通行效率,根据《中华人民共和国道路交通安全法》及其实施条例等有关法律、行政法规,结合本省实际,制定本条例。

第二条 在本省行政区域内的车辆驾驶人、行人、乘车人以及与道路交通活动有关的单位和个人,应当遵守本条例。

第三条 县级以上人民政府应当加强道路交通安全管理工作,将道路交通安全宣传教育、基础设施建设、执勤执法、交通事故处理等所需经费列入财政预算,加大道路交通安全的科技经费投入,根据本行政区域的经济建设、社会发展以及道路交通安全、畅通的需要,每五年制定道路交通安全管理规划并组织实施。

第四条　县级以上人民政府公安机关交通管理部门具体负责本行政区域内的道路交通安全管理工作。

县级以上人民政府城乡规划、住房和城乡建设、城市管理、交通运输、农业(农业机械)、质量技术监督、安全生产监督管理、教育、工商、环境保护、气象等部门应当依据各自职责履行道路交通安全责任。

第五条　根据道路交通安全管理工作的需要,公安机关交通管理部门可以组织志愿服务人员和公安机关警务辅助人员协助维护道路交通秩序。志愿服务人员和公安机关警务辅助人员不得实施行政执法行为。

第二章　道路交通安全责任

第六条　县级以上人民政府应当定期研究解决道路交通安全管理工作中的重大问题,建立道路交通安全责任制和突发事件交通安全保障机制,将道路交通安全工作纳入年度考核目标,定期组织考核。

第七条　乡、镇人民政府和城市街道办事处应当督促辖区内单位落实道路交通安全责任制,进行道路交通安全宣传教育,提高公民交通安全意识和素质。

村民委员会应当对村民进行道路交通安全法制宣传教育,对本村机动车和驾驶人情况进行统计、登记,督促驾驶人依法驾驶,发现村民违反道路交通安全法律法规,经规劝拒不改正的,应当及时通知当地的公安机关交通管理部门或者执勤的交通警察。

第八条　公安机关交通管理部门应当严格执行车辆登记制度和驾驶人考试发证制度,依法维护道路交通秩序,查处道路交通安全违法行为,处理道路交通事故。

在执法过程中,公安机关交通管理部门应当承担检验、鉴定、拖拽、扣留保管车辆所需费用。

第九条　县级以上公安机关交通管理部门可以依据《中华人民共和国行政处罚法》的规定,委托同级农机安全监理部门对农业机械和拖拉机在农村道路上的交通安全违法行为实施行政处罚,但行政拘留除外。

农机安全监理人员可以在交通警察带领下在农村道路上巡逻检查,协助维护交通秩序,但无权对农业机械和拖拉机以外的车辆、行人实施行政处罚。

公安机关交通管理部门应当对农机安全监理人员进行道路交通安全法律法规和执勤执法规范的培训考核,并加强监督管理。

　　第十条　交通运输、住房和城乡建设、公安机关交通管理等部门应当依据各自职责保证交通标志、标线、信号灯、照明及其他交通安全设施符合相关技术标准。

　　第十一条　安全生产监督管理部门负责指导、协调和监督道路交通安全管理工作。

　　第十二条　质量技术监督部门应当依法对测速仪、酒精测试仪等设备进行监督、检定,经检定合格的,方可投入使用。

　　第十三条　教育行政部门应当把道路交通安全教育纳入法制教育内容,并进行监督检查。中小学校每学期应当对学生进行二次以上道路交通安全教育。

　　第十四条　公安机关交通管理、住房和城乡建设、交通运输、农业(农业机械)、统计、气象等部门,应当互相提供有关道路交通安全的统计数字等信息。公安机关交通管理、交通运输、气象部门应当建立道路管理协作机制和灾害性天气监测预警发布系统,实现气象信息和监控信息资源共享。

　　第十五条　新闻媒体应当经常对公众发布交通安全公益广告,宣传交通安全知识,及时无偿公布公安机关交通管理部门和交通运输部门的重大交通管理信息以及气象部门提供的影响道路交通安全的恶劣气象条件信息。

　　第十六条　遇有雨、雪、雾、霾、沙尘、冰雹等恶劣气象条件时,公安机关交通管理、交通运输和城市管理等部门应当依据各自职责在急弯、陡坡、低洼、桥梁、隧道、临崖、临水等易发生交通事故路段增派执法人员和专业工作人员,疏导交通,排除道路安全隐患。

　　第十七条　国家机关、企业事业单位、社会团体和其他组织,应当履行下列交通安全义务:

　　(一)建立健全交通安全内部管理制度;

　　(二)确定内部交通安全管理工作的负责人员;

　　(三)保障交通安全资金投入,改善交通安全条件;

　　(四)定期教育本单位人员遵守道路交通安全法律、法规、规章;

　　(五)做好机动车维护、保养和安全检查工作,消除交通安全隐患,保持车辆安全技术状况良好;

　　(六)雇用机动车驾驶人的,应当登记其驾驶证和身份证件;

　　(七)接受公安机关交通管理部门依法进行的监督检查。

　　交通事故多发单位和交通事故多发道路的经营管理单位,应当分析事故原因,采取整改措施,消除交通安全隐患。

　　第十八条　客运站场经营者应当按照规定对进、出站公路客运车辆进行安全检查,禁止驾驶人无相应资质、不符合安全技术条件或者超过核定载客人数的公路客运车辆驶出站场。

货运站场经营者和建设工程施工单位应当使用符合国家标准的机动车,按照规定对车辆进行安全检查,不得超载、超限,不得使用非法改装、报废、无号牌或者号牌污损的货运车辆。

第十九条 机动车安全技术检验机构应当经过计量认证合格,依法取得检验资质后,方可开展检验工作,并遵守下列规定:

(一)执行机动车国家安全技术标准;

(二)按照规定项目和方法检验机动车;

(三)建立被检验机动车的安全技术档案;

(四)按照国家和省价格主管部门核定的标准收费;

(五)接受质量技术监督部门和公安机关交通管理部门的监督检查。

第二十条 机动车驾驶培训学校和培训班应当严格按照国家有关规定和教学大纲进行驾驶培训,不得缩短培训时间或者减少培训内容。

第二十一条 报废机动车回收企业对报废机动车应当登记所有人身份证明和机动车号牌、发动机号码、车架号码等信息,向当事人提供机动车报废回收证明,并在规定的时限内到公安机关交通管理部门办理注销登记。

第二十二条 机动车交易企业不得允许已达报废标准的机动车或者拼装机动车进入市场交易。

第二十三条 机动车维修经营者应当遵守下列规定:

(一)承修外观损坏的机动车,应当登记送修人身份证明、送修时间及机动车号牌、发动机号码、车架号码,记录外观损坏部位和损坏程度,登记资料应当保存三年;

(二)发现有交通肇事逃逸或者被盗抢嫌疑的机动车,立即报告公安机关并配合调查。

第二十四条 申请机动车登记,申请人应当提供真实、合法、有效的证明、凭证。

机动车所有人改变已登记的实际住址、联系方式等登记事项的,应当在十五日内向公安机关交通管理部门提交有关变更资料。

第二十五条 公民、法人和其他组织自建道路,应当按照国家标准设置交通标志、标线等交通安全设施。

第二十六条 省人民政府应当设立道路交通事故社会救助基金。

对家庭基本生活出现严重困难的,救助基金管理机构可以给予交通事故重伤的受害人和死亡受害人的家属不超过五万元的继续治疗救助或者困难救助。

第二十七条 省人民政府确定的救助基金主管部门应当会同有关部门制定道路交通事故社会救助基金管理办法,在本条例实施后三个月内出台,并对救助基金的筹集、使用、管理进行指导和监督。

救助基金管理办法可以作出对交通事故受害人及其家属给予其他救助的规定。

第三章　车辆和驾驶人

第一节　机动车

第二十八条　在道路上行驶、停放的机动车应当符合下列规定：

（一）号牌应当按规定安装、悬挂，保持清晰、完整，严禁遮挡、污损、倒置、折叠、重叠号牌，严禁在机动车和机动车号牌上安装、喷涂、粘贴影响号牌识别的装置或者材料；

（二）载货汽车、专项作业车和大中型载客汽车驾驶室两侧应当按照国家相关规定和技术标准喷涂准乘人数、经营单位名称；

（三）载货汽车、货车底盘改装的专项作业车和挂车应当按照国家相关规定和技术标准设置车辆尾部标志板，粘贴车身反光标识并在车辆后下部及侧面安装安全防护装置；

（四）配备故障车警告标志，大中型客车应当配备有效的灭火器具；

（五）不得在车窗上粘贴、喷涂妨碍驾驶视线的文字、图案，不得使用镜面反光遮阳膜；

（六）道路施工养护、环卫清扫、设施维修及绿化等专业作业车辆，应当符合道路作业车辆安全标准；

（七）从事工程渣土、沙石等易散落货物运输的机动车应当加装封闭设施，进行封闭化运输；

（八）液体危险货物罐车应当按照国家规定加装紧急切断装置。

第二十九条　公路营运的载客汽车、危险货物运输车辆、半挂牵引车、重型载货汽车和校车应当安装、使用符合国家标准的具有行驶记录功能的卫星定位装置，卧铺客车应当同时安装车载视频监控装置，并保持功能完好、有效使用、数据完整。

道路运输经营者可以自主选购、安装符合国家相关标准的具有行驶记录功能的卫星定位装置，并接入符合要求的监控平台。

公安机关交通管理部门、交通运输部门和安全生产监督管理部门应当通过共享信息，实行动态监管。

第三十条　上道路行驶的拖拉机和拖拉机运输机组应当符合下列规定：

（一）悬挂号牌，拖拉机、挂车应当按照规定安装反光标识，挂车后部喷涂放大牌号；

（二）制动、灯光、连接、安全防护等设施齐全、有效，符合技术标准，载质量符合国家标准；

（三）轮式拖拉机运输机组标定功率小于或等于五十八千瓦的，其外廓尺寸的长、宽、高分别不大于十米、二点五米和三米。标定功率大于五十八千瓦的，其外廓尺寸的长、宽、高分别不大于十二米、二点五米和三点五米。手扶拖拉机运输机组其外廓尺寸的长、宽、高分别不大于五米、一点七米和二点二米。

第三十一条　机动车号牌丢失或者损毁期间，机动车需要上道路行驶的，机动车所有人应当到公安机关交通管理部门办理临时行驶车号牌。

临时行驶车号牌应当根据行驶需要，载明有效日期。

第三十二条　各级人民政府不得根据汽车排量制定限制登记注册、通行时间、通行区域的强制性交通管理措施。

摩托车的登记注册，应当符合本地的交通发展规划，设区的市人民政府可以在限定的区域内实行总量控制。实行总量控制前，应当举行听证会，并将听证结果予以公告，对于未采纳的意见，应当予以说明。

第三十三条　机动车不得加装、使用妨碍道路交通安全的光电设备、高音喇叭、大功率音响以及影响交通安全管理设施功能和其他车辆安全通行的装置。

第三十四条　机动车驾驶培训学校和培训班用于驾驶培训的专用机动车应当符合有关安全技术规定，悬挂公安机关交通管理部门核发的教练车号牌，并按国家标准喷涂教练车字样。

第三十五条　学校和校车服务提供者应当依法取得校车使用许可。校车服务提供者同时从事其他道路运输经营的，应当依法取得道路运输经营许可。

集中接送中小学生、幼儿的专用校车不能满足需求的，在省人民政府规定的过渡期内，可以使用取得校车标牌的其他载客汽车。

第二节　非机动车

第三十六条　电动自行车、残疾人机动轮椅车等带有动力装置的非机动车实行登记制度，经公安机关交通管理部门登记后，方可上道路行驶。

非机动车号牌、行驶证的式样由省公安机关交通管理部门规定并监制。

第三十七条　申请登记的非机动车应当符合国家安全技术标准。申请时应当提交非机动车所有人身份证明、车辆来历证明、合格证明或者进口凭证。申请残疾人机动轮椅车登记的，还应当提交县级以上残疾人联合会出具的残疾人下肢残疾证明。

公安机关交通管理部门应当自受理申请之日起五日内完成非机动车登

记工作,对符合规定条件的,应当发放非机动车号牌、行驶证;对不符合的,应当向申请人说明不予登记的理由。

第三十八条 驾驶应当登记的非机动车上道路行驶,必须按照规定悬挂号牌,并保持清晰、完整,不得转借、挪用、涂改号牌和行驶证,不得使用伪造、变造、失效的号牌和行驶证。

第三十九条 非机动车号牌、行驶证丢失或者损毁的,所有人应当携带本人身份证明到原登记部门申请补领。

公安机关交通管理部门应当自受理补领申请之日起五日内补发号牌、行驶证。

第四十条 已经领取号牌、行驶证的非机动车所有权发生转移、车辆所有人的住所迁出登记地公安机关交通管理部门管辖区域的,应当到公安机关交通管理部门申请登记,并提交车辆所有人的身份证明。

第四十一条 残疾人机动轮椅车只供下肢残疾人单人代步使用,二级以上的下肢残疾人驾驶的残疾人机动轮椅车,可以附载一名陪护人员。

禁止擅自改装残疾人机动轮椅车。

第三节 机动车驾驶人

第四十二条 申请人申请机动车驾驶证应当提供真实、合法、有效的证明、凭证。机动车驾驶人联系电话、联系地址信息发生变化的,机动车驾驶人应当在信息变化后三十日内向公安机关交通管理部门备案。

第四十三条 申请驾驶大中型长途客车以及运载爆炸物品、易燃易爆化学物品、剧毒、放射性等危险物品的机动车驾驶人,应当有三年以上驾驶该型机动车的驾驶经历,并且在申请之日前三年内无重大以上道路交通责任事故和前三个记分周期内无满分记录。

第四十四条 集中接送中小学生和幼儿的专用校车驾驶人应当依法取得校车驾驶资格。校车发生故障不能行驶时,校车驾驶人、随车照管人员应当设置警示标志,将学生、幼儿撤离到安全区域,并及时与校车服务提供者联系转运。

第四章 道路通行条件

第四十五条 新建、改建、扩建道路建设项目时,交通安全设施应当与道路同时设计、同时施工、同时投入使用。交通安全设施投资应当纳入建设项目概算。

交通安全设施的设计应当征求公安机关交通管理部门意见,竣工验收应当邀请公安机关交通管理部门参加。

第四十六条 道路、交通设施的养护部门或者管理部门应当完善交通标志、标线、信号灯等交通安全设施,保持清晰、醒目、准确、完好,及时修剪道路两侧及隔离带上妨碍安全视距、影响通行的树木或者其他植物。

公安机关交通管理部门应当科学合理设置、优化调整道路交通标志、标线、信号灯,优先保证行人通行并提高车辆的通行效率。

改建和扩建道路后通行条件发生变化的,应当及时增设、调换、更新交通标志、标线、信号灯等交通安全设施。

第四十七条 公安机关交通管理部门发现已经投入使用的道路存在交通事故频发路段或者其他交通安全隐患的,应当及时报告当地人民政府或者通知道路养护部门、管理部门,并提出防范交通事故、消除隐患的建议,当地人民政府或者道路养护部门、管理部门应当及时作出处理决定。

第四十八条 道路或者交通设施养护部门、管理部门应当在交通事故频发或者存在交通安全隐患的路段,完善交通标志、标线、信号灯等安全防护设施。

第四十九条 公安机关交通管理部门采取限制性的道路管理措施,应当坚持便民原则,进行科学论证,通过举行听证会等形式征求社会意见。公安机关交通管理部门增设限制性的交通标志、标线、信号灯等设施的,应当在十五日前通过新闻媒体向社会公告。

第五十条 城市新建、改建或者扩建大型建设项目应当进行交通影响评价。对道路交通有影响的,审批部门应当在批准前征求公安机关交通管理部门的改善意见。

第五十一条 因施工封闭半幅道路时,车辆需在对向车道通行的,道路施工单位应当划分双向车辆的通行路线范围,并设置标志和反光隔离设施。

第五十二条 任何单位和个人不得在车行道和人行道上晾晒物品、搭棚盖房、抛撒残冰残雪或者从事妨碍道路交通安全的摆摊设点等活动。

过街天桥、人行地下通道、隧道内应当保持畅通、整洁,不得从事非交通活动。

第五十三条 严格限制占用人行道,因城市建设、改造等需要经有关部门批准临时占用人行道的,应当预留宽度一米以上的人行通道。

设置台阶、门坡、广告,不得影响道路交通安全畅通。

第五十四条 城市主要道路公共汽车站点、行人过街设施应当按照国家标准设置盲道和无障碍通道。

盲道应当保持安全、畅通。任何单位和个人不得占用、损毁盲道及设施。

第五十五条 城市道路两侧单位、居民区的机动车出入口,应当设置在交通流量相对较小的路段上,并设置让行的交通标志、标线、信号灯。

第五十六条 在道路上方安设的牌匾、横幅、管、线等,其净空高度为:

车行道不得低于五点五米,人行道不得低于四点五米。

第五十七条 禁止在道路交通安全设施上晾晒物品、悬挂商业性条幅和广告牌匾等。

第五十八条 在道路两侧不得设置与交通信号灯、交通标志颜色和式样相同或者相似的广告牌匾和灯饰。其他广告牌匾和灯饰,应当与道路保持平行。

在交通标志上不得刊登广告。

第五十九条 公安机关交通管理部门应当根据交通状况和道路条件,合理设置客运出租汽车、单位职工通勤客车停靠站。

第六十条 在城市道路上进行清扫、养护或者其他作业的机动车及作业人员,应当遵守下列规定:

(一)作业时间避开交通流量高峰期;

(二)车辆开启示警灯和危险报警闪光灯;

(三)在车行道停车作业时,划出作业区,设置围挡,白天在作业区来车方向不少于五十米、夜间在不少于一百米的地点设置反光的施工标志或者危险警告标志;

(四)作业人员按照规定穿戴反光服饰,横穿车行道时直行通过。遇有交通阻塞或者其他紧急情况,公安机关交通管理部门可以要求暂时停止道路施工、作业,临时恢复交通。

第六十一条 道路作业车辆应当按照下列规定使用箭头指示标志灯:

(一)占用左侧车道作业时,开启右箭头指示标志灯,指引后方车辆向右变更车道;

(二)占用右侧车道作业时,开启左箭头指示标志灯,指引后方车辆向左变更车道;

(三)占用中间车道作业时,开启左右双箭头指示标志灯,指引后方车辆向左右两侧变更车道。

第六十二条 市、县人民政府应当根据道路交通发展规划和安全、畅通、方便出行的要求,制定和实施公共交通发展规划,鼓励并优先发展公共交通。城市道路应当根据公共交通发展规划,设置公共汽车专用道。

停车场地的建设应当纳入城市总体规划,按照城市停车场地和车辆保有量总体平衡的要求进行建设。新建、改建、扩建的公共建筑、商业区、居民区,应当按标准配建、增建停车场(库)。

鼓励单位、个人兴办停车场或者出租自有场地供其他单位或者个人停放车辆。

第六十三条 居民区周边道路在不影响通行的条件下应当施划24小时免费停车泊位。

大型商场、购物中心、商品批发市场等商业区和大型医疗机构、旅游景区、客流物流集散地等周边主要路段可以施划收费停车泊位。

收费道路停车泊位停车十五分钟以内不得收费,在非营业时间不得收费,但道路以外的商业停车场除外。

城市停车泊位管理单位以外的任何单位和个人不得在道路上擅自施划停车泊位,不得在公共道路免费停车泊位上通过摆设障碍物等方式将停车泊位占为己有,妨碍他人使用。

第六十四条 市、县人民政府应当通过听证会等形式向公民广泛征求意见,按照本条例第六十三条的规定,制定收费标准和具体街路的收费停车泊位和免费停车泊位的施划方案,报同级人大常委会决定。

道路停车泊位的停车收费标准由价格行政管理部门核定。收费应当全额上缴财政部门,实行收支两条线管理,除用于必要的人员开支外,应当用于道路停车设施的建设、维护和管理。停车费的收缴和使用情况,市、县人民政府应当至少每年向社会公开一次,并接受公众的查询。

第六十五条 对使用率高的停车泊位,交通警察或者停车泊位管理者应当采用合理便捷的方式告知停车泊位的使用情况,引导驾驶人便捷停车。

第六十六条 遇有自然灾害、恶劣气象条件或者发生交通事故等严重影响交通安全的情形时,道路经营管理单位和公安机关交通管理部门应当及时相互通报情况;采取其他措施难以保证交通安全时,公安机关交通管理部门可以采取限制车速、调换车道、暂时中断通行、关闭道路等交通管制措施。

第六十七条 开辟和调整公共汽车、公路长途客车在城市道路上的行驶路线或者停靠站点,有关行政主管部门在批准前,应当征求公安机关交通管理部门意见。

第六十八条 公民、法人或者其他组织可以对交通标志、标线、信号灯等交通安全设施和固定式交通技术监控设备的设置和调整提出建议。交通运输、住房和城乡建设、公安机关交通管理等部门应当及时受理,并在五日内作出答复。

书面提出建议的,有关部门应当按照前款规定的时限作出书面答复。

第六十九条 县级以上公安机关交通管理部门设置的固定式交通技术监控设备地点,应当向社会公布。

禁止企业和个人以营利为目的与公安机关交通管理部门合作,通过罚款分成等方式,设置、使用、管理交通技术监控设备。

固定式、移动式测速取证设备应当设置在限速标志后500米距离以外,设备前200米至500米应当设立显著测速提示标志,设备应当置于显著位置,不得设置隐蔽测速取证设备。

第五章　道路通行规定

第一节　一般规定

第七十条　车辆和行人应当各行其道。在没有划分机动车道、非机动车道、人行道的道路上，从道路右侧边缘线算起，行人在一米的范围内通行，自行车、电动自行车在一点五米的范围内通行，畜力车和牵骑牲畜的在二点六米的范围内通行，其他非机动车在二点二米的范围内通行。

第七十一条　行人遇有障碍无法正常通行借用车行道时，车辆应当避让。

车辆遇有在道路上进行清扫、养护及其他作业人员应当注意避让。

第七十二条　设置车道标志、标线或者文字标识的，车辆应当按照具体指示行驶。在同方向划有二条以上机动车道或者设有主路、辅路的道路上，未标示车辆行驶车道的，机动车通行应当按照下列规定分道行驶：

（一）摩托车、拖拉机、低速载货汽车、三轮汽车、轮式自行机械车和实习期内的驾驶人驾驶的机动车，在慢速车道行驶；

（二）在设有主路、辅路的道路上，摩托车、拖拉机、低速载货汽车、三轮汽车、轮式自行机械车，在辅路行驶；

（三）校车可以在公共汽车专用车道通行。

第七十三条　因施工半幅封闭道路时，机动车应当按照指示标志驶入对向车道；没有道路交通标线的，机动车按照没有中心隔离设施或者没有道路中心线的通行规定通行；对向划有两条机动车道分界线的，按照道路交通标线分道行驶；对向划有三条以上机动车道分界线的，按照道路施工部门设置的标志和隔离设施通行。

第七十四条　车辆借道通行或者变更车道时应当遵守下列规定：

（一）让所借道路内通行的车辆、行人优先通行；

（二）驶入主路的机动车让已在主路行驶和驶出主路的机动车先行，驶入辅路的机动车让辅路上行驶的机动车先行；

（三）进出停车场（库）、停车泊位，不得妨碍其他车辆、行人通行；

（四）不得一次连续变更两条以上机动车道；

（五）同方向行驶左右两侧车道的车辆向同一车道变更时，左侧车道的车辆让右侧车道的车辆先行。

第七十五条　禁止在高速公路、城市快速路和机动车专用路上赶放牲畜。在其他道路赶放牲畜，赶放人员应当加强管护，靠边行走，并给车辆留出通行空间，避免牲畜在车辆临近时突然跑窜。机动车行驶中遇有赶放的牲畜在道路上行走时，应当提前减速，待牲畜靠边后，缓行通过。

第七十六条　机动车行经交通事故现场,有通行条件的,应当依次缓慢通行;没有通行条件的,应当开启危险报警闪光灯,在本车道内依次停车等候,不得穿插、超越等候的车辆或者将车辆停放在应急车道。

第二节　机动车和非机动车通行规定

第七十七条　同方向划有二条以上机动车道的道路,没有设置限速交通标志、标线的,机动车应当遵守下列限速规定:

(一)一级公路最高时速为一百公里,二级公路最高时速为九十公里;

(二)城市快速路最高时速为九十公里,其他道路最高时速为七十公里。

第七十八条　机动车在行驶中应当根据路面状况、可视距离,保持安全车速。

第七十九条　机动车通过没有交通标志、标线、信号灯控制或者没有交通警察指挥的交叉路口时,转弯车让直行车先行,非相对方向机动车同时直行或者同时左转弯的让右方道路的来车先行。

机动车从道路两侧出入口驶入或者穿越道路时,应当让道路内行驶的车辆、行人先行。

第八十条　机动车在居民区、校园和单位内行驶时,不得超过限速标志、标线标明的速度。没有限速标志、标线的,最高时速不得超过二十公里。

第八十一条　机动车通过有交通信号控制的交叉路口,遇有停止信号时,因冰雪覆盖、道路损坏致使停止线不清的,应当停在路口以外。

第八十二条　机动车在夜间行驶时,应当开启前照灯、示廓灯和后位灯。

机动车转弯、变更车道、超车、掉头、靠路边停车时,在城市道路上应当提前三十米、在公路上应当提前一百米开启转向灯。

机动车驶离停车地点前应当查看车辆周围情况,提前开启转向灯,注意避让车辆、行人。

第八十三条　公共汽车不得在站点以外的地点停车上下乘客,在站点内上下乘客后应当立即驶离。

多辆公共汽车同时进入同一个站点停靠的,应当依次单排靠边进站。

站点内没有其他车辆时,进站的车辆应当靠前停放,不得影响其他车辆进站停车。

遇有公共汽车进出站点时,其他车辆应当让行。

第八十四条　禁止驾驶擅自改变已登记的结构、构造或者特征的机动车上道路行驶。

改装的机动车应当消除违法状态后,经检验合格,方可上道行驶。

第八十五条 设有客运出租汽车停靠站的街路,客运出租汽车可以在停靠站点停车等客,但在停靠站点以外载客应当即停即走。其他车辆禁止在客运出租汽车停靠站停放。

客运出租汽车在空驶招乘时,应当在最右侧车道或者辅路上行驶,不得突然减速、变换车道或者掉头停车。

第八十六条 机动车在允许掉头的地点掉头时,设有导向车道的,应当提前进入导向车道;未设导向车道的,应当在距掉头地点三十米前驶入最左侧车道。

第八十七条 牵引故障机动车应当遵守下列规定:

(一)牵引车由有一年以上驾驶经历的驾驶人驾驶,牵引车应当与被牵引车设置联系信号;

(二)大中型载客汽车、半挂汽车列车、全挂车、运载危险物品的车辆不得牵引车辆;

(三)设有辅路的,在辅路上行驶;未设辅路的,在最右侧机动车道内行驶;

(四)夜间使用软连接牵引时,牵引装置上设置反光标识物;

(五)牵引制动器失效的故障车或者在冰雪路面牵引故障车使用硬连接牵引装置;

(六)不得牵引轮式自行机械车。

第八十八条 机动车试车应当遵守下列规定:

(一)由有一年以上驾驶经历的驾驶人驾驶;

(二)按照公安机关交通管理部门规定的时间、路线进行;

(三)不得搭乘与试车无关的人员。

第八十九条 机动车临时停车应当遵守下列规定:

(一)按照顺行方向停放,车身距道路右侧边缘不得超过零点三米;

(二)在宽度不足九米的道路上,不得并列双向停车;

(三)夜间须开示廓灯、后位灯,能见度低时,还应当开启危险报警闪光灯。

第九十条 机动车驾驶人、乘车人应当按照规定使用安全带。

乘车人未按规定使用安全带的,机动车驾驶人应当督促、指导其使用安全带。

第九十一条 遇有宽度不足四米的窄路、窄桥会车困难等情形,校车相对方向行驶的车辆应当选择适当地点停车让行。

第九十二条 载货汽车确需运载超限的不可解体载运物影响交通安全的,应当遵守下列规定:

(一)在车辆的显著部位悬挂明显的超限运输标志和示高、示宽标志;

（二）夜间上道路行驶的，开启示高、示宽灯；

（三）按照公安机关交通管理部门规定的时间、路线、车道和速度行驶；

（四）由有三年以上安全驾驶经历的机动车驾驶人驾驶；

（五）停车时选择安全的地点，并有专人管护。

第九十三条　在道路上驾驶机动车不得互相追逐、竞驶、频繁变更车道或者实施其他危害道路交通安全的行为。

第九十四条　各级人民政府及公安机关交通管理部门，应当在农副产品销售集中的季节制定有关农用车特别通行规定，方便农民销售。

自走式农业机械跨区转场作业上道路行驶的，应当遵守下列规定：

（一）按照规定悬挂农业机械号牌，并保持技术状况良好，安全设备齐全有效；

（二）驾驶人应当携带农业机械驾驶证、操作证、行驶证；

（三）夜间上道路行驶的，应当设置示廓灯，粘贴反光标识。

第九十五条　遇有交通警察示意停车检查时，机动车驾驶人应当按照交通警察的指挥靠边停车接受检查。对拒不停车接受检查的，可以采取拦截措施。

第九十六条　驾驶非机动车应当遵守下列规定：

（一）上道路行驶的非机动车应当保持车况良好，车闸、车铃、反射器及牌证齐全、有效；

（二）不得进入城市快速路、高架路、专供机动车通行的立交桥或者其他机动车专用道路；

（三）与相邻行驶的非机动车保持安全距离，在混行的道路上避让行人；

（四）在大中城市中心城区内的道路上驾驶自行车、电动自行车不得带人；

（五）不得在骑行中两车以上共载一物；

（六）行经人行横道或者在允许通行的人行道上行驶时，避让行人；

（七）转弯时开启转向灯或者伸手示意；

（八）横过道路遇有车辆临近时不得突然加速横穿或者折返。

第三节　行人和乘车人通行规定

第九十七条　行人通过路口或者横过道路，应当走人行横道或者过街设施；通过有交通信号灯的人行横道，应当按照交通信号灯指示通行；通过没有交通信号灯、人行横道的路口，或者在没有过街设施的路段横过道路，应当在确认安全后通过。

行人应当遵守下列规定：

（一）不得进入城市快速路、高架路、专供机动车通行的立交桥或者其他封闭的机动车专用道；

（二）不得在车行道上销售或者发送物品、索要财物；

（三）携带宠物时须妥善看护，不得妨碍车辆、行人通行；

（四）不得在道路上扒车、追车、强行拦车、互相追逐以及进行其他妨碍交通安全的活动。

第九十八条　机动车未停稳或者停车等待信号时不得上下车。

第四节　高速公路特别规定

第九十九条　高速公路管理机构和高速公路经营企业应当保证安全防护设施、监控设施和道路信息显示装置齐全有效，及时清除路面影响交通安全的障碍物，制止行人和禁止驶入高速公路车辆进入高速公路。

在公安机关交通管理部门勘查交通事故现场后，高速公路管理机构和高速公路经营企业应当按照规定及时进行清理。

第一百条　进行施工、维修、养护等作业的单位，应当在批准的时间、地点、范围内进行。

第一百零一条　公民、法人或者其他组织认为高速公路限速标志标明的最高限速与高速公路实际安全通行条件不相符的，可以提出意见或者建议，公安机关交通管理部门、高速公路管理机构和高速公路经营企业应当及时予以评估和调整。

第一百零二条　警车、消防车、救护车、工程救险车、救援车、清障车在执行紧急任务时，可以在应急车道内行驶，其他机动车不得在应急车道内行驶。

第一百零三条　机动车遇有交通阻塞，应当持续开启示廓灯和危险报警闪光灯。工程救险车、救援车、清障车在执行救援、清障任务时，应当持续开启危险报警闪光灯。

第一百零四条　因道路交通事故、危险化学品泄漏、恶劣气象条件、自然灾害以及其他突发事件，造成高速公路不具备通行条件或者不封闭高速公路难以保障交通安全的，公安机关交通管理部门应当按照有关规定及时封闭高速公路，并向社会发布信息。

公安机关交通管理部门应当会同安全生产监督管理、环境保护、交通运输、消防、卫生计生、气象等部门和高速公路经营企业、医疗急救、抢险救援等单位采取措施，排除险情，恢复交通。

第一百零五条　公安机关交通管理部门应当根据实际需要，在高速公路上设置交通技术监控设备，实时记录交通违法和交通事故等信息。

交通警察应当加强巡逻检查，发现遮挡号牌、不按照规定车道行驶、超过或者低于限速行驶、遗洒载运物、客车严重超员、车身严重倾斜等危及道路交通安全的违法行为,可以通过喊话、鸣警报器、车载显示屏等方式,引导车辆到就近服务区或者驶出高速公路接受处理。情况紧急的,可以立即进行纠正。

第六章　交通事故处理

第一百零六条　车辆驾驶人、乘车人、行人遇有交通事故受伤人员,应当及时报告医疗急救单位和公安机关交通管理部门,服从交通警察的指挥救助伤员。

第一百零七条　发生无人员伤亡、财产损失在机动车交通事故责任强制保险责任限额范围内的轻微交通事故后,驾驶人应当立即把车辆移至不阻碍其他车辆通行的位置或者立即报警。

驾驶人对事故责任有争议的,可以通过照相摄像或者标划现场停车位置等方式,对事故现场进行证据收集后将车辆移至不阻碍其他车辆通行的位置。

公安机关交通管理部门或者保险机构应当对驾驶人自行收集的事故证据进行比较鉴别后认定事故责任或者保险赔偿。

公安机关交通管理部门应当采取适当的方式对车辆驾驶人和其他交通参与者宣传、普及自行收集事故证据的方式方法。

第一百零八条　公安机关交通管理部门因调查交通事故的需要,可以查阅、调取收费站、渡口和其他有关单位记载的车辆信息等资料,以及车辆维修单位维修记录和交通事故当事人的通讯记录,有关单位应当及时无偿提供。

第一百零九条　公安机关交通管理部门因收集证据的需要,可以扣留交通事故车辆、嫌疑车辆、机动车驾驶证、机动车行驶证,并妥善保管,检验、鉴定结束后应当立即通知当事人领取。

第一百一十条　机动车交通事故责任强制保险财产损失责任限额范围内的交通事故,当事人依照有关规定可以自行协商处理的,可以直接到保险公司申请理赔,保险公司应当依法及时办理理赔。

第一百一十一条　机动车发生交通事故造成人身伤亡、财产损失的,由保险公司在机动车交通事故责任强制保险责任限额范围内予以赔偿。未参加交通事故责任强制保险的,由机动车所有人或者管理人按照该车应当投保的交通事故责任强制保险责任限额范围内予以赔偿。

对不足的部分,机动车与机动车之间发生交通事故的,由有过错的一方承担损害赔偿责任;双方都有过错的,按照各自过错的比例承担损害赔偿责任。

对不足的部分,机动车与非机动车、行人之间发生交通事故的,非机动车驾驶人、行人没有过错的,由机动车所有人或者管理人承担赔偿责任;有证据证明非机动车驾驶人、行人有过错的,机动车所有人或者管理人按照下列方式承担赔偿责任:

(一)机动车负事故主要责任的,由机动车所有人或者管理人承担百分之八十的赔偿责任;

(二)机动车负事故同等责任的,由机动车所有人或者管理人承担百分之六十的赔偿责任;

(三)机动车负事故次要责任的,由机动车所有人或者管理人承担百分之四十的赔偿责任;

(四)机动车没有事故责任的,由机动车所有人或者管理人承担百分之十的赔偿责任。道路交通事故发生在高速公路及禁止非机动车、行人通行的道路上,由机动车所有人或者管理人承担百分之五的赔偿责任。

第一百一十二条 机动车发生道路交通事故造成人身伤亡、财产损失,当事人有条件报案或者保护现场但没有报案或者保护现场,致使事故成因无法查清的,由保险公司在交通事故责任强制保险责任限额范围内赔偿。

未参加保险或者不足的部分,按照下列规定承担赔偿责任:

(一)机动车之间发生交通事故,一方当事人有上述行为的,承担全部赔偿责任;两方或者两方以上当事人均有上述行为的,平均分担赔偿责任;

(二)机动车与非机动车、行人发生交通事故,机动车一方当事人有上述行为,又没有证据证明非机动车、行人一方当事人有过错的,由机动车一方承担赔偿责任。

非机动车与非机动车、非机动车与行人发生交通事故,一方当事人有条件报案、保护现场但没有依法报案、保护现场,致使事故成因无法查清的,承担全部赔偿责任;两方或者两方以上当事人均有前述行为的,平均分担赔偿责任。

第一百一十三条 驾驶非机动车与处于合法停放状态的机动车发生道路交通事故,机动车一方不承担赔偿责任。

第一百一十四条 发生交通事故后,机动车驾驶人有下列行为之一的,按照交通肇事逃逸确定事故责任:

(一)明知发生交通事故而驾驶车辆或者遗弃车辆逃离现场的;

(二)无正当理由离开现场后又返回或者虽未离开现场,但有证据证明由他人冒名顶替的;

(三)在送伤者到医院后或者接受调查期间逃匿的;

(四)提供虚假身份证明的。

第一百一十五条 因交通事故当事人处于抢救或者昏迷状态等特殊原

因,无法收集当事人证据,并且无其他证据佐证交通事故事实时,经上一级公安机关交通管理部门批准,交通事故认定的时限可以中止计算,但中止的时间最长不得超过二个月。中止原因消除或者中止时间期满后,公安机关交通管理部门应当制作或者出具交通事故认定书或者证明,分别送达当事人。

第一百一十六条　当事人对交通事故认定不服的,可以在接到交通事故认定书之日起十日内,向上一级公安机关交通管理部门书面提出复核申请。

上一级公安机关交通管理部门应当在接到当事人的复核申请之日起二十日内作出书面决定。

第一百一十七条　人民法院对机动车驾驶人作出交通肇事有罪判决生效后,应当在十日内将判决书或者司法建议函转递承办案件的公安机关交通管理部门。

公安机关交通管理部门收到人民法院对机动车驾驶人作出的交通肇事有罪判决书或者司法建议函后,应当在五日内作出吊销机动车驾驶证处罚决定。

第七章　执法监督

第一百一十八条　交通堵塞时,交通警察应当以指挥疏导交通和纠正交通违法行为为主,不得因处罚交通违法行为而影响交通疏导。

第一百一十九条　交通警察执行特别勤务应当严格按照警卫级别履行职责,在确保被警卫车辆安全通过的前提下,减少对社会车辆和行人的影响。

第一百二十条　交通警察对交通违法行为人当场作出行政处罚决定的,应当立即发还驾驶证、行驶证等证件,放行车辆。

第一百二十一条　公安机关交通管理部门及其交通警察在查处交通违法行为时,应当以合法手段获得证据。

第一百二十二条　对交通技术监控设备、录像、照相等拍摄的违法行为记录,公安机关交通管理部门应当在录入交通违法信息管理系统后三日内提供查询,并在道路交通安全违法行为发生之日起十五日内,采取短信、电话等方式告知违法行为人接受处理的时间、地点;当事人逾期未到指定地点接受处理的,可以采取邮寄或者公告方式告知。

第一百二十三条　对固定式交通技术监控设备抓拍违法行为较多的道路,有关人民政府应当组织公安机关交通管理、城市管理和交通运输等部门对交通标志、标线进行评估和调整。

第一百二十四条　公安机关交通管理部门依法实施的行政处罚、行政许可、行政确认、行政收费、行政强制措施和作出的交通事故认定,当事人提出异议,应当为其查阅、复制有关材料提供方便,但涉及国家秘密、商业秘密或者个人隐私的除外。

第一百二十五条 公安机关交通管理部门及其交通警察拖拽违法车辆,应当在拖拽地点将车辆存放场地和接受处理的地点采取有效方式通知驾驶人,同时报"110"指挥中心,以便于当事人查询。

公安机关交通管理部门对拖拽的违法车辆,应当在驾驶人提供有效证件或者合法证明到指定地点接受处理之时起当日内处理完毕。

第一百二十六条 公安机关交通管理部门和机动车检验机构不得以任何理由强行推销物品,不得为其他部门收费设置前置条件。

第一百二十七条 公安机关交通管理部门应当认真履行法定职责,建立和完善执法监督检查机制,定期开展执法监督检查。

第一百二十八条 公安机关交通管理部门对交通技术监控设备收集的违法行为记录内容应当严格审核制度,完善审核程序。

交通技术监控设备记录或者录入道路交通违法信息管理系统的违法行为信息,有符合更改、消除条件的,应当及时处理。

第一百二十九条 公安机关交通管理部门进行执法监督检查时,对发现的违法执法行为应当立即给予纠正,对行为责任人采取扣留其执法证件、停止执行职务、禁闭等必要措施。

公安机关交通管理部门收到公民、法人、其他组织对违法执法行为的检举、控告,应当调查核实,根据事实、情节,追究相关责任人的行政责任。

对前两款规定的行为责任人应当按照有关规定作出如下处理:

(一)责令作出书面检查;

(二)离岗培训;

(三)取消评选先进的资格;

(四)通报批评;

(五)延期晋职晋级;

(六)辞退。

第八章 法律责任

第一百三十条 公安机关交通管理部门或者交通警察有下列行为之一的,由主管部门或者行政监察机关按照管理权限,对直接负责的主管人员和其他直接责任人员,依法给予行政处分:

(一)对本级人民政府、同级公安机关、上级公安机关交通管理部门提出纠正的违法行政行为或者不当执法行为,不及时改正的;

(二)未按照上级公安机关交通管理部门要求另行作出交通事故认定

书的;

（三）对公民举报或者投诉的问题袒护、推诿、不查处的;

（四）对公民、法人和其他组织提出的交通管理意见或者建议不及时受理和答复的;

（五）利用办理业务便利,为他人推销物品或者为其他部门收费设置前置条件的;

（六）当场作出行政处罚决定未立即发还驾驶证、行驶证等证件或者未放行车辆的;

（七）违法取证的;

（八）不及时通知驾驶人被拖拽违法车辆存放场地、接受处理的地点或者未报"110"指挥中心的;

（九）不按规定设置测速提示标志或者设置隐蔽测速取证设备的;

（十）与他人通过合作、罚款分成等方式设置、使用、管理交通技术监控设备的。

有前款第九项行为的,对单位主要领导给予记大过以上行政处分,造成恶劣影响的,给予降级以上行政处分。

第一百三十一条　行人有不遵守交通标志、标线、信号灯、翻越护栏、不走人行横道等违反法律、法规、规章关于道路通行规定的行为的,处以警告或者二十元罚款。

非机动车驾驶人有不遵守交通标志、标线、信号灯、逆向行驶等违反法律、法规、规章关于道路通行规定的行为的,处以警告或者五十元罚款。

行人、非机动车驾驶人拒不执行处罚决定,扰乱公共场所秩序或者阻碍国家机关工作人员依法执行职务的,依照《中华人民共和国治安管理处罚法》的有关规定予以处理。

非机动车驾驶人拒不执行处罚决定的,可以依法扣留车辆。

行人、非机动车驾驶人认识到自己的违法行为,自愿从事法制宣传等交通辅助工作十至三十分钟的,应当免于处罚。

拒不执行处罚决定的违法行为人的交通违法信息应当计入其诚信档案。

第一百三十二条　繁忙路段和交通流量高峰期,发生无人员伤亡、财产损失在机动车交通事故责任强制保险责任限额范围内的轻微交通事故后,驾驶人不及时固定证据、不按规定将车辆移至不阻碍其他车辆通行的位置和报警,争执不休,造成交通堵塞,对双方当事人各处以二百元罚款。

第一百三十三条　机动车驾驶人有下列行为之一的,处以五十元罚款:

（一）驾驶机动车上道路行驶时,未按照规定放置机动车检验合格标志、保险标志,或者未携带机动车行驶证、驾驶证的;

（二）在同车道行驶中，未按照规定与前车保持安全距离的；

（三）未按照有关规定避让行人、非机动车驾驶人、作业车辆及作业人员、赶放的牲畜的；

（四）未按照规定使用安全带的；

（五）车门、车厢未关好时行车的；

（六）驾车时有拨打接听手持电话、观看电视等妨碍安全驾驶行为的；

（七）向道路上抛撒物品的；

（八）未按照规定鸣喇叭示意或者在禁止鸣喇叭的区域、路段鸣喇叭的；

（九）下陡坡时熄火或者空挡滑行的；

（十）未在规定车道行驶的；

（十一）未按规定喷涂放大的牌号、准乘人数和营运单位名称的；

（十二）未配备故障车警告标志，大中型客车未配备有效的灭火器具的；

（十三）机动车车窗违反规定粘贴、喷涂妨碍驾驶视线的文字、图案、使用镜面反光遮阳膜的；

（十四）未按照规定的时间、区域、路线通行的；

（十五）未按照指定的时间、路线学习驾驶机动车的；

（十六）实习期内驾驶机动车未按照规定粘贴或者悬挂实习标志的；

（十七）拖拉机载人或者在禁止拖拉机通行的道路上行驶的；

（十八）拖拉机、农业机械未按照规定设置反光标识，或者灯光信号、制动、连接、安全防护等装置不符合国家标准的；

（十九）摩托车违反载人规定、手离车把或者在车把上悬挂物品的。

第一百三十四条　机动车驾驶人、作业单位有下列行为之一的，处以一百元罚款：

（一）违反交通标志、标线、指示通行的；

（二）未将故障车移到不妨碍交通的地方停放的；

（三）行经漫水路、漫水桥、渡口、铁路道口或者上下渡船时违反规定的；

（四）在没有划分机动车道、非机动车道和人行道的道路上，未按照规定通行的；

（五）违反法律、法规、规章关于机动车停放或者临时停车规定，且驾驶人不在现场或者虽在现场但拒绝驶离，妨碍其他车辆、行人通行的；

（六）遇有前方车辆停车排队等候或者缓慢行驶时，从前方车辆两侧超越行驶、穿插或者在人行横道、网状线区域内停车等候的；

（七）借道通行或者变更车道时不按照规定让行的；

（八）载货汽车、挂车、货车底盘改装的专项作业车未按照规定设置反

光标识,或者灯光信号、制动、连接、安全防护等装置不符合国家标准的;

(九)在实习期内驾驶法律、法规、规章禁止驾驶的机动车的;

(十)使用教练车时有与教学无关的人员乘坐的;

(十一)驾驶摩托车未按照规定戴安全头盔的;

(十二)进行作业的人员未按照规定穿戴反光服饰的;

(十三)道路施工养护、环卫清扫、设施维修及绿化等专业作业车辆,不符合道路作业车辆安全标准或者未按照规定使用标志灯光、示警灯和危险报警闪光灯的;

(十四)进行作业的单位未按照规定设置警告标志牌,示警灯、筒的。

第一百三十五条 机动车驾驶人有下列行为之一的,处以二百元罚款:

(一)在机动车驾驶证超过有效期或者被依法扣留、交通安全违法行为记分累积达到满分后仍驾驶机动车的;

(二)吸食、注射鸦片、海洛因、甲基苯丙胺(冰毒)、吗啡、大麻、可卡因,以及国家规定管制的其他能够使人形成瘾癖的麻醉药品和精神药品或者患有妨碍安全驾驶的疾病驾驶机动车的;

(三)连续驾驶超过四小时,未停车休息或者停车休息时间少于二十分钟的;

(四)未按照规定安装、悬挂机动车号牌或者遮挡、污损、倒置、折叠、重叠机动车号牌,在机动车或者机动车号牌上喷涂、粘贴、安装影响号牌识别的装置或者材料的;

(五)驾驶安全设施不全或者机件不符合技术标准等具有安全隐患的机动车的;

(六)将机动车交由未取得机动车驾驶证或者机动车驾驶证被吊销、暂扣的人驾驶的;

(七)不按照交通信号灯规定通行或者不服从交通警察指挥的;

(八)逆向行驶的;

(九)遇有前方交叉路口交通阻塞时,未依次停在路口以外等候的;

(十)在车道减少的路口、路段,遇有前方车辆停车排队等候或者缓慢行驶时,未按照规定依次交替通行的;

(十一)机动车载货的长度、宽度、高度超过规定的,违反规定运载超限的不可解体的物品的;

(十二)货车遗洒、飘散载运物的;

(十三)对执行紧急任务的特种车辆未按照规定让行的;

(十四)违反规定牵引挂车、故障车的;

(十五)机动车在道路上发生故障或者交通事故后,未按照规定使用灯光、设置警告标志的;

（十六）未按照规定倒车、会车、超车、掉头或者在行驶时未按照规定使用灯光的；

（十七）通过交叉路口时，未按照规定通行或者让行的；

（十八）未按照规定的期限进行安全技术检验的；

（十九）警车、消防车、救护车、工程救险车违反规定使用警报器、标志灯具的。

发现机动车驾驶人吸食、注射鸦片、海洛因、甲基苯丙胺（冰毒）、吗啡、大麻、可卡因，以及国家规定管制的其他能够使人形成瘾癖的麻醉药品和精神药品的，公安机关交通管理部门注销其驾驶证，并移送公安机关有关部门处理。

货车遗洒、飘散载运物情节严重的，公安机关交通管理部门应当将其移交给交通运输管理部门依照《中华人民共和国道路运输条例》第七十条规定处罚。

第一百三十六条 机动车驾驶人或者作业单位有下列违反高速公路通行规定行为之一的，处以二百元罚款：

（一）驾驶禁止驶入高速公路的机动车进入高速公路的；

（二）遇有低能见度气象条件时未按照规定行驶的；

（三）骑、轧车行道分界线或者在应急车道、路肩上行驶的；

（四）通过施工作业路段，不按照规定时速行驶的；

（五）违反规定停车的；

（六）遇有交通阻塞时未持续开启示廓灯和危险报警闪光灯的；

（七）试车或者学习驾驶机动车的；

（八）驾驶两轮摩托车载人的；

（九）工程救险车、救援车、清障车执行任务时，未按照规定使用危险报警闪光灯的；

（十）作业单位未在批准的时间、地点、范围内进行作业的；

（十一）未按照规定使用安全带的。

城市快速路参照前款规定执行。

第一百三十七条 有下列行为之一的，处以二百元罚款：

（一）机动车违反规定加装、使用妨碍道路交通安全的光电设备、高音喇叭、大功率音响以及影响交通安全管理设施功能和其他车辆安全通行装置的；

（二）驾驶人未具备规定条件驾驶大中型长途营运客车以及运载爆炸物品、易燃易爆化学物品、剧毒、放射性等危险物品运输车的。

第一百三十八条 有下列行为之一的，由公安机关交通管理部门责令行为人排除妨碍；拒不执行的，处以二百元罚款：

（一）在道路上方安设的牌匾、横幅、管、线等净空高度不符合标准的；

（二）在车行道和人行道上晾晒物品、搭棚盖房、抛撒残冰残雪或者从事妨碍道路交通安全的摆摊设点等活动的；

（三）在交通隔离护栏上悬挂商业性横幅、条幅和广告牌匾等的；

（四）临时占用人行道未预留宽度一米以上的人行通道、占用盲道或者设置台阶、门坡、广告影响道路交通安全畅通的；

（五）在公共道路免费停车泊位上通过摆设障碍物等方式将停车泊位占为己有，妨碍他人使用的。

第一百三十九条　违反规定使用载货车辆载客或者载客车辆载货的，处以五百元罚款。

第一百四十条　有下列行为之一的，由公安机关交通管理部门责令行为人限期改正；逾期不改，处以一千元罚款：

（一）在道路两侧及隔离带上种植树木、其他植物和未及时予以修剪或者设置广告牌、管线以及悬挂标语和其他设施遮挡路灯、交通信号灯、交通标志，妨碍安全视距的；

（二）城市道路两侧单位、居民区未按照规定设置机动车出入口的；

（三）在道路两侧设置与交通信号灯、交通标志颜色和式样相同或者相似的广告牌匾和灯饰，或者其他广告牌匾和灯饰未与道路保持平行的；

（四）封闭半幅道路施工时，道路施工单位未在允许通行的道路划分双向车辆的通行路线范围，或者未按照规定设置标志和反光隔离设施的。

第一百四十一条　机动车驾驶人驾驶机动车超过规定时速的，按照下列规定处罚：

（一）超过规定时速不足百分之十的，给予警告；

（二）超过规定时速百分之十以上不足百分之二十的，处以五十元罚款；

（三）超过规定时速百分之二十以上不足百分之五十的，处以一百元罚款；

（四）超过规定时速百分之五十以上，处以五百元罚款。

在高速公路上违反前款第二项、第三项的，加倍处罚，违反前款第四项的，处以二千元罚款。

驾驶机动车在限速低于时速六十公里的公路上行驶超过规定时速百分之五十以下的，给予警告。

驾驶机动车在高速公路上正常情况下行驶速度低于规定最低时速百分之二十以上的，处以二百元罚款；低于规定时速不足百分之二十的，给予警告。

第一百四十二条　公路客运车辆超过额定乘员的，按照下列规定处罚：

（一）超过额定乘员不足百分之二十的，处以二百元罚款；

（二）超过额定乘员百分之二十以上不足百分之五十的，处以五百元罚款；

（三）超过额定乘员百分之五十以上不足百分之一百的，处以一千元罚款；

（四）超过额定乘员百分之一百以上的，处以二千元罚款。

货运机动车超过核定载质量的，按照下列规定处罚：

（一）超过核定载质量不足百分之三十的，处以二百元罚款；

（二）超过核定载质量百分之三十以上不足百分之五十的，处以五百元罚款；

（三）超过核定载质量百分之五十以上不足百分之一百的，处以一千元罚款；

（四）超过核定载质量百分之一百以上的，处以二千元罚款。

运输单位的车辆有本条第一款、第二款规定的情形，经处罚不改的，对直接负责的主管人员处以五千元罚款。

第一百四十三条　机动车交易企业允许已达报废标准的机动车或者拼装机动车进入市场交易的，由有关部门对机动车交易企业按照每台机动车二千元的标准处以罚款。

第一百四十四条　有下列行为之一的，由公安机关交通管理部门处以一千五百元罚款：

（一）强迫机动车驾驶人违反道路交通安全法律、法规和安全驾驶要求驾驶机动车，造成交通事故，尚不构成犯罪的；

（二）违反交通管制的规定不听劝阻，强行通行的；

（三）故意损毁、移动、涂改交通设施，造成危害后果，尚不构成犯罪的；

（四）非法拦截、扣留机动车辆，不听劝阻，造成严重交通阻塞或者较大财产损失的。

第一百四十五条　有下列行为之一的，由公安机关交通管理部门处以二千元罚款：

（一）未取得机动车驾驶证、机动车驾驶证被吊销或者被暂扣期间驾驶机动车，驾驶与驾驶证载明的准驾车型不相符合的车辆的；

（二）造成交通事故后逃逸，尚不构成犯罪的；

（三）非法安装、使用警车、消防车、救护车、工程救险车警报器、标志灯具的，非法喷涂专用的或者与其相类似的标志图案的；

（四）驾驶拼装、改装的机动车或者已达到报废标准的机动车上道路行驶的；

（五）驾驶机动车互相追逐、竞驶、频繁变更车道或者实施其他危害道路交通安全行为,尚不构成犯罪的。

摩托车、拖拉机驾驶人有前款第一项所列行为的,处以五百元罚款。

第一百四十六条 饮酒后驾驶机动车的,处以二千元罚款。

第一百四十七条 伪造、变造或者使用伪造、变造的机动车登记证书、号牌、行驶证、驾驶证的,处以五千元罚款。

伪造、变造或者使用伪造、变造的检验合格标志、保险标志的处以三千元罚款。

使用其他车辆的机动车登记证书、号牌、行驶证、检验合格标志、保险标志的处以五千元罚款。

第一百四十八条 违反规定施划城市道路范围内的停车泊位并收费的,由公安机关交通管理部门没收违法所得,并处以五千元罚款。

第一百四十九条 使用拼装或达到报废标准的机动车接送学生的,由公安机关交通管理部门对驾驶人处以五千元罚款,对车辆所有人处以十万元罚款。

第一百五十条 使用未取得校车标牌的车辆提供校车服务,或者使用未取得校车驾驶资格的人员驾驶校车的,由公安机关交通管理部门处以二万元罚款。

伪造、变造或者使用伪造、变造的校车标牌的,由公安机关交通管理部门处以五千元罚款。

第一百五十一条 不按照规定为校车配备安全设备,或者不按照规定对校车进行安全维护的,由公安机关交通管理部门处以三千元罚款。

机动车驾驶人未取得校车驾驶资格驾驶校车的,由公安机关交通管理部门处以三千元罚款。

第一百五十二条 运输危险化学品车辆有下列情形之一的,由公安机关交通管理部门责令改正,有第一项情形的,处以一万元罚款;有第二项至第四项情形之一的,处以三万元罚款;有第五项情形的,处以五万元罚款;有第六项至第九项情形之一的,处以七万元罚款:

(一)危险化学品运输车辆未悬挂或者喷涂警示标志,或者悬挂或者喷涂的警示标志不符合国家标准要求的;

(二)通过道路运输危险化学品,不配备押运人的;

(三)运输剧毒化学品或者易制爆危险化学品途中需要较长时间停车,驾驶人、押运人不向当地公安机关报告的;

(四)剧毒化学品、易制爆危险化学品在道路运输途中丢失、被盗、被抢,驾驶人、押运人不向当地公安机关报告的;

(五)剧毒化学品、易制爆危险化学品在道路运输途中发生流散、泄露等情况,驾驶人、押运人未采取必要的警示措施和安全措施或者未向当地公

安机关报告的;

(六)超过运输车辆的核定载质量装载危险化学品的;

(七)使用安全技术条件不符合国家标准要求的车辆运输危险化学品的;

(八)运输危险化学品的车辆未经公安机关批准,进入危险化学品运输车辆限制通行的区域的;

(九)未取得剧毒化学品道路运输通行证,通过道路运输剧毒化学品的。

第一百五十三条 特种车辆违反法律、法规和规章规定的,除依法对车辆驾驶人予以行政处罚外,应当将其违法事实抄告其所在单位。

第九章 附 则

第一百五十四条 对上道路行驶的拖拉机,由农业(农业机械)主管部门行使本条例第二十四条、第三十一条、第三十四条、第四十二条规定的公安机关交通管理部门的管理职权。

第一百五十五条 违反道路交通安全管理规定应当处以拘留、吊销或者暂扣机动车驾驶证的,依据《中华人民共和国道路交通安全法》的规定处罚。

第一百五十六条 本条例第一百四十一条、第一百四十二条所称的以上,包括本数。

第一百五十七条 本条例自 2015 年 4 月 1 日起施行。

黑龙江省水利工程管理条例

(1991年7月6日黑龙江省第七届人民代表大会常务委员会第二十一次会议通过 根据2015年4月17日黑龙江省第十二届人民代表大会常务委员会第十九次会议《关于废止和修改〈黑龙江省文化市场管理条例〉等五十部地方性法规的决定》修正)

第一章 总 则

第一条 为加强水利工程的保护和管理,保障人民生命财产安全,发挥水利工程综合效益,促进国民经济发展,根据《中华人民共和国水法》等有关法律、法规的规定,结合我省实际情况,制定本条例。

第二条 本条例适用于全省范围内的水库、闸坝、堤防、机电排灌站、水轮泵站、水电站、机电井、引水、灌溉、排水、蓄滞洪区和河道整治等水利工程及其附属设施。

第三条 省人民政府水行政主管部门负责全省水利工程的管理工作,组织实施本条例。

行政公署和市、县(区)人民政府水行政主管部门负责本行政区域内水利工程的管理工作。

省国营农场总局依照本条例的规定负责本系统水利工程的管理工作。

第四条 县级以上人民政府水行政主管部门,按照有关规定健全水利工程管理机构,配备专业管理人员。

水利工程管理单位的职责是:按照国家法律、法规和本条例规定,负责水利工程的检查观测,掌握水利工程运行状态;及时维修养护,保持水利工程完整,制止破坏水利工程设施行为;制定和执行调度运用方案,保证水利工程设施正常运行,充分发挥效益。

任何单位和个人不准干预和阻挠水利工程管理人员履行职责。

第五条 水利工程管理贯彻安全第一的方针,在保证工程安全的前提下,充分发挥工程效益。

水利工程管理实行统一管理和分级管理相结合,专业管理和群众管理相结合的原则。

第六条 任何单位和个人都有保护水利工程的义务和制止、检举损害水利工程行为的权利。

第七条 对在水利工程管理、用水管理和抢险救灾等方面做出显著成绩的单位和个人,由县级以上人民政府给予表彰和奖励。

第二章 工程管理

第八条 兴建水利工程必须为管理运行创造条件,明确管理体制,划定管理和保护范围,配套建设监测、通讯、动力、交通、房屋等管护基础设施。

第九条 已建水利工程的管理范围用地,由水利工程管理单位与该工程有关部门协商后,报工程所在地县以上人民政府批准,明确边界,树立标志,发给《土地使用证》。

列入国家基本建设计划的水库、闸坝等水利工程及管理范围用地,按土地管理的有关法律、法规办理用地审批手续。涉及森林资源的,依照森林法律、法规的有关规定办理。

群众兴办的堤防、灌溉、排水等水利工程及管理范围用地,由所在市、县人民政府根据实际情况调剂解决,并按规定办理用地审批手续。

凡经县以上人民政府划定的管理范围内的土地,由水利工程管理单位管理和使用,用于营造种植工程防护林、草,防汛抢险和管理设施建设。

第十条 水利工程管理范围按照下列标准划定:

(一)江河堤防管理范围按《黑龙江省河道管理条例》第十四条规定划定;

(二)湖泊和蓄滞洪区堤防按设计标准断面迎水坡堤脚外不小于50米,背水坡堤脚外不小于30米;

(三)护岸工程从岸肩向后不小于30米;

(四)水库主体工程周围,大型水库不小于500米,中型水库不小于300米,小型水库不小于100米,水库大坝上游至设计最高洪水位;

(五)拦河坝(闸)上下游不小于300米,左右岸不小于100米;

(六)干渠的渠坡坡脚外不小于10米,支渠的渠坡坡脚外不小于5米;

(七)挡水、泄水、引水、提水设施和电站厂房等建筑物边线以外不小于50米。

第十一条 水利工程管理范围内禁止下列行为:

(一)损毁堤坝、涵闸、抽水站、水电站等水利工程建筑物和防汛设施,水文、水工、地质监测设施以及通信照明等设施;

(二)扒口、取土、打井、钻探、挖掘、埋坟、建房、垦种和破坏林木、草皮等其他危害水利工程安全行为;

(三)堤顶、坝顶行驶重型车辆以及在堤顶、坝顶泥泞期间,行驶非防汛抢险车辆;

（四）非工程管理人员操作蓄水、输水、泄水等设施，强行放水、挖渠破闸、拦渠堵水等。

第十二条　重要水利工程和受益及影响范围在两个市（行署）以上的水利工程，由省水行政主管部门或其委托的单位负责管理；受益和影响范围在一个市（行署）范围内跨县的水利工程，由市（行署）水行政主管部门或其委托的单位负责管理；受益和影响范围在一个县（市）范围内的水利工程，由县（市）水行政主管部门或其委托的单位负责管理。

第十三条　农场、电力、林业、森工、交通、工矿、城建、水产等部门兴建的水利工程自行管理，但应接受水行政主管部门的指导和监督。

利用国家水利投资和企事业资金共同兴建的水利工程，由省水行政主管部门或其委托的单位负责管理。

第十四条　水库、灌溉、排水、堤防等水利工程可由管理单位和受益单位组成管理委员会，负责审查水利工程管理单位工作计划，制定有关管理制度，协调本管理区域内水利工程管理中的重大问题。

第三章　工程保护

第十五条　水利工程及其附属设施受国家保护，任何单位和个人不得侵占、毁坏。

第十六条　水利工程必须划定保护范围。堤防工程保护范围根据《黑龙江省河道管理条例》第十五条的规定划定；水库工程保护范围为设计最高洪水位至分水岭；其他水利工程保护范围由水利工程管理单位根据批准的设计和工程安全的需要，报经县以上人民政府批准，可在水利工程管理范围相连地域划定。划定的水利工程保护范围应树立标志。水利工程保护范围内的土地及其附着物的权属不变，但应按本条例的规定使用。

第十七条　禁止在排涝、输水河道和渠道内设置影响行水的建筑物、障碍物或种植高秆植物。

第十八条　不准擅自在河滩、湖泊、蓄滞洪区、行洪区及水库库区内围垦造田、修建建筑物和其他工程设施。

第十九条　禁止在水利工程保护范围内擅自打井、钻探、爆破、开沟、埋坟、挖筑鱼塘、采矿石、采砂、取土、乱伐林木、陡坡开荒及其他危害工程安全的活动。

第二十条　饮水水源工程区禁止旅游；饮水水源工程附近有旅游区的，应采取保护措施，防止污染水质。

第二十一条　禁止在限制航速的河段内超速行驶船舶。

第二十二条　水库保护范围内的坡耕地，有水土流失危害的，必须采取等高种植、营造水土保持林等水土保持措施。

第二十三条 禁止在河道、渠道、水库等水域或水利工程管理范围内倾倒垃圾、废渣、煤灰、残土等废弃物。

第二十四条 在水利工程保护范围内进行建设,应当符合水利工程安全的要求。凡对原有水利工程有不利影响或损害其效能的,建设单位应采取补救措施或予以补偿。

第二十五条 利用水利工程做公路、码头、货场,应经有审批权的水利工程主管部门批准。通车路面由公路管理单位负责维修养护;码头、货场由使用单位或个人负责维修养护。

负责维修养护的单位和个人,应保持所利用水利工程的原有设计标准,或交纳养护费,由水利工程管理单位负责维修养护。

第四章 工程利用

第二十六条 有防洪任务的水库、水电站、蓄滞洪区等蓄水工程,应当根据工程规划设计和实际情况,由工程管理单位依据确保重点、兼顾一般的原则,制定防洪方案和防洪调度计划,经主管部门审核后,报具有管辖权的防汛指挥部批准。

水利工程管理单位必须严格执行批准的防洪方案和防洪调度计划,服从当地和上级人民政府防汛指挥部的调度和决定。未经原批准机关同意,任何单位和个人不准擅自改变。

第二十七条 发生超标准洪水或意外事故危及水利工程安全并与上级失去联系时,水利工程管理单位可按上级批准的方案,根据实际情况采取非常措施,保证水利工程安全,并通过一切可能途径,向下游报警,通知群众转移。事后及时向上级主管部门报告。

第二十八条 位于行政区域边界河道上水利工程运用,必须兼顾上、下游、左右岸的权益,局部服从整体,团结互让,按照统一的水利规划及有关协议执行。未经统一规划和双方协议,任何一方不得修建排水、阻水、引水和蓄水工程,不得单方改变水的现状。

第二十九条 水利工程供水应坚持统一调配,分级管理,保证重点,兼顾全面的原则,实行计划用水,科学用水,节约用水。

第三十条 用水单位必须提出用水计划,与供水工程管理单位签订供用水合同。计划内用水,水利工程管理单位应按合同供应;因自然原因水源不足时,可酌减供水量。对超计划用水和违反合同严重浪费水的用户,供水工程管理单位可限量供水,直至停止供水。

第三十一条 灌溉、排水工程主管部门应当完善渠系配套工程设施,做到能灌、能排,充分发挥工程效益。

第三十二条 水利工程管理单位在管好用好工程前提下,因地制宜地开展多种经营,逐步提高自给能力。

第五章　法律责任

第三十三条　违反本条例第十一条、十九条规定的单位或个人,由水行政主管部门责令其停止违法行为,赔偿损失,限期采取补救措施,可以并处100元至2000元罚款。

违反本条例第十七、十八、二十一条规定的单位或个人,由水行政主管部门责令其停止违法行为,限期采取补救措施,可以并处100元至3000元罚款。

违反本条例规定的责任人员,需要给予行政处分的,由水行政主管部门提出处理建议,由其所在单位或上级主管机关处理。

第三十四条　违反本条例第二十条、二十三条规定的,由水行政主管部门会同环境保护主管部门,依照有关法律、法规的规定处理。

第三十五条　违反本条例第二十八条规定,由水行政主管部门,责令其停止违法行为,赔偿损失,限期采取补救措施,对责任人员可以并处100元至500元罚款。

第三十六条　违反本条例规定,应给予治安管理处罚的,由公安机关依照治安管理处罚的规定处理;构成犯罪的,由司法机关依法追究刑事责任。

盗窃水利工程物资、器材、设备,破坏水利工程设施的,应依法从严惩处。

第三十七条　当事人对行政处罚决定不服的,可以在接到处罚通知之日起15日内,向作出处罚决定的机关的上一级机关申请复议;对复议决定不服的,可以在接到复议决定之日起,15日内向人民法院起诉。当事人也可以在接到处罚通知之日起15日内,直接向人民法院起诉。当事人逾期不申请复议或者不向人民法院起诉又不履行处罚决定的,由作出处罚决定的机关申请人民法院强制执行。

当事人对治安管理处罚不服的,依照《治安管理处罚条例》的规定办理。

第三十八条　发生工程防洪排涝现状标准以下的洪水,因管理不善,造成损失的,应追究水利工程管理单位的责任。因发生超工程防洪排涝现状标准洪水等不可抗力,造成损失的,水利工程管理单位不承担责任。

水利工程管理人员玩忽职守、滥用职权、徇私舞弊的,由其所在单位或上级主管机关给予行政处分;构成犯罪的,由司法机关依法追究刑事责任。

第六章　附　　则

第三十九条　本条例在执行中与国家有关规定有抵触时,执行国家有关规定。

第四十条　本条例具体应用中的问题由黑龙江省水行政主管部门负责解释。

第四十一条　本条例自 1991 年 10 月 1 日起施行。

黑龙江省环境保护条例

(1994 年 12 月 3 日黑龙江省第八届人民代表大会常务委员会
第十二次会议通过　根据 2015 年 4 月 17 日黑龙江省第十二届
人民代表大会常务委员会第十九次会议《关于废止和修改〈黑
龙江省文化市场管理条例〉等五十部地方性法规的决定》修正)

第一章　总　　则

第一条　为保护和改善生活环境与生态环境,防治污染和其他公害,保护人体健康,促进环境保护与国民经济持续和协调发展,根据《中华人民共和国环境保护法》等法律、法规,结合本省实际,制定本条例。

第二条　凡本省行政区域内的单位和个人均应遵守本条例。

第三条　环境保护工作坚持全面规划、预防为主、防治结合、综合治理和谁污染谁治理、谁利用谁补偿的原则。积极消除历史遗留的环境污染,严格控制新的环境污染,防止资源的过度利用和破坏。

第四条　各级人民政府对本辖区的环境质量负责,把环境保护纳入国民经济和社会发展计划,在立项、拨款、信贷等方面给予保证。

把环境保护目标纳入市长(专员)、县长任期目标责任制,作为考核各级政府工作的重要指标。

各企业、事业单位的法定代表人对本单位的环境保护工作负责,把防治污染、改善环境,作为经营管理的重要内容。

第五条　县级以上人民政府应当定期向本级人民代表大会或其常务委员会,报告本辖区的环境质量状况和环境保护工作。

第六条　各级人民政府应加强环境保护知识和环境保护法律、法规的宣传教育,提高全民的环境意识和环境法制观念。各级各类学校要进行环境保护教育。文化、新闻单位应加强对环境保护的宣传和舆论监督。

第七条　县级以上人民政府环境保护行政主管部门,对本辖区的环境保护工作实施统一监督管理。

有关部门依照有关的法律、法规,在同级环境保护行政主管部门的统一监督协调下,对环境污染防治和资源保护实施监督管理。

第八条　任何单位和个人对违反环境保护法律、法规的行为,都有权向当地环境保护行政主管部门举报和控告。接受举报和控告的环境保护行政主管部门应当及时登记,查证处理,对举报和控告有功的单位或个人给予奖励。

第九条 环境保护应作为评选精神文明单位的重要条件,违反环境保护法律、法规,严重污染和破坏环境的,不能评选为文明单位。

对保护和改善环境有显著成绩的单位和个人,由人民政府给予奖励。

第二章 环境监督管理

第十条 各级环境保护行政主管部门,应当监督检查环境保护法律、法规的贯彻实施,拟定环境保护的规划和计划,监督管理污染防治和保护生态环境,开展环境监测、环境保护科学技术研究和环境保护宣传教育,协调处理跨区、跨省污染问题,调查处理环境污染与破坏事故,履行法律、法规赋予的职责。

第十一条 省环境保护行政主管部门会同有关部门,拟定地方环境质量补充标准和地方污染物排放标准,报省人民政府批准后,由省标准化行政主管部门发布实施。

在本省行政区域内排放污染物的,执行本省污染物排放标准;本省未作规定的,执行国家污染物排放标准。

第十二条 各级环境保护行政主管部门的环境监测机构,按照国家和省有关规定开展环境监测工作。

环境保护行政主管部门,负责组建由各行业主管部门和企业事业单位的环境监测站参加的环境监测网。各行业主管部门和企业事业单位的环境监测机构,由环境保护行政主管部门进行环境监测资格审查认定,负责本行业和本单位的环境监测工作,接受同级环境保护行政主管部门监测机构的监督和业务指导。

环境监测机构应当执行监测技术规范,保证监测数据及时准确。监测数据发生争议,由上一级环境保护行政主管部门的监测机构进行技术裁定,省环境保护行政主管部门监测机构的裁定为终结裁定。

第十三条 行业管理部门对本行业的环境保护工作负责,按照国家和省有关规定,制定行业环境保护与污染防治规划并组织实施。

第十四条 一切开发建设活动,应当实行环境影响报告制度。进行环境影响评价应当执行国家规定的技术规范。承担评价单位和参与审查评价人员,对评价结论负责;环境保护行政主管部门对评价结论进行审查,对审查意见负责。对未执行环境影响报告制度的,规划、发展和改革、国土资源、银行等部门不得办理有关手续,设计部门不得先行设计。

第十五条 新建、改建、扩建和技术改造的项目,应坚持防治污染设施与主体工程同时设计、同时施工、同时投产使用的制度。防治污染设施应经环境保护部门验收合格后，方可开工生产；未经环境保护部门验收，不准开工生产。

改建、扩建和技术改造项目，应当对原有相关的污染同时进行治理。项目建成后，其污染物的排放应当达到国家和省规定的污染物排放标准或有关规定的要求。

第十六条　污染物的排放实行浓度控制和总量控制相结合的管理措施。在工业集中或排污量大的地区以及环境质量要求高的区域，应当实行污染物排放总量控制。总量控制指标、污染源排放污染物的种类及排放限量，由环境保护行政主管部门会同有关部门拟定，报本级人民政府批准。

实行污染物排放总量控制的排污单位执行排污许可证制度，其排污总量不得超过规定的限额。

第十七条　排放污染物的单位和个体经营者，应当向当地环境保护行政主管部门办理排污申报登记。

污染物排放情况发生重大改变时，应当在 10 日内到当地环境保护行政主管部门重新申报登记。

第十八条　对严重污染环境的单位和个体经营者，都要实行限期治理。省管单位的限期治理决定，由省环境保护行政主管部门做出。其他单位的限期治理决定，由所在市县环境保护行政主管部门做出。被限期治理的单位和个体经营者，必须按期完成限期治理任务。

国家直属单位的限期治理决定，按国家规定执行。

第十九条　排放污染物的单位和个体经营者，应当按国家有关规定缴纳排污费、超标准排污费。

排污费和超标准排污费，必须按照国家规定的用途使用，不得挪作他用。

加强对排污费和超标准排污费收支、使用的审计监督，要收支公开。

第二十条　各级环境保护行政主管部门负责环境保护产业的行业管理。

生产环境保护产品的单位对产品质量负责，产品应当符合国家和省规定的标准。

第二十一条　各级环境保护行政主管部门的环境监理机构，依法对本辖区内的单位和个体经营者执行环境保护法律、法规的情况，进行现场监督检查。

第二十二条　各级环境保护行政主管部门，可以对同级其他依照法律规定行使环境监督管理权的部门，做出的不符合环境保护法律、法规的行政行为，向本级人民政府提出撤销或变更的建议。

上级环境保护行政主管部门,对下级环境保护行政主管部门的环境执法有稽查权。对下级环境保护行政主管部门少征或未征的排污费可以直接征收并上缴本级财政。对违反环境保护法律、法规的其他具体行政行为,有权建议变更,直至撤销。

第二十三条 各级人民政府应当支持环境保护行政主管部门依法行使职权,任何单位和个人不得干扰环境保护行政主管部门监督污染防治、征收排污费和处罚违法行为等执法活动。

第三章 保护和改善环境

第二十四条 逐步建立省级环境保护污染治理基金制度。资金来源可依照国家有关规定,由财政拨给、从排污费中提取、国内外捐赠、其他法律和政策规定的来源。建立环境保护基金制度的具体办法由省人民政府另行制定。

第二十五条 保护和改善城市居民生活居住环境。城市居民区内不得新建或扩建污染环境的项目。已建的严重污染环境,扰乱居民生活的项目应当限期治理。

在城市居民区内开办商业、饮食、服务、文化娱乐等经营项目,应当执行环境影响报告制度,采取保护环境的措施。

省环境保护行政主管部门负责拟定居民区内第三产业主要污染物排放标准。

城市区域环境由街道办事处配合环境保护部门共同检查监督。

第二十六条 城市实行区域环境噪声管理,产生噪声的单位和个体经营者,应当采取防治措施,将噪声控制在城市区域环境噪声标准以内。

大中城市市区限制燃放鞭炮,限制文化娱乐噪声,限制汽车鸣喇叭,竖立噪声声级标志,具体办法由各市人民政府制定。

第二十七条 开发区必须执行国家和省有关环境保护规定,不得兴建污染环境而无切实治理措施的项目。

第二十八条 开发利用自然资源,造成环境与资源破坏的,应当负责恢复和补偿。

凡开发利用自然资源的单位和个人,应当依法向有关部门缴纳资源利用补偿费,用于保护和改善生态环境。

第二十九条 各级环境保护行政主管部门,应当对本辖区内生态环境的变化组织监测,进行研究和预测,提出改善和加强生态环境建设的规划和计划,会同有关部门制定本省生态环境考核指标和考核办法。

以利用自然资源为主导产业的地方,县级以上人民政府及行业主管部门,要制定资源恢复和生态补偿的规划和计划。

第三十条　县级以上人民政府,对当地各种类型的自然生态系统区域,珍稀、濒危的野生动植物自然分布区域,重要的水源涵养区域和地质构造区域,有利用价值的矿藏及自然遗迹、人文遗迹等,按照国家有关规定,组织有关部门,分工合作进行保护。

第三十一条　各级人民政府应当采取措施对本辖区内各种类型的自然保护区加以保护,严禁破坏。各级环境保护行政主管部门负责自然保护区的综合管理工作。

各主管部门依据有关法律、法规,加强所属自然保护区的建设和管理工作。

第四章　防治环境污染和其他公害

第三十二条　实行城市环境综合整治。各级人民政府都应当对城市环境污染的综合整治做出总体规划。按照国家和省规定的时限,达到相应的环境质量标准。

第三十三条　各级人民政府应当积极采取措施,减少烟尘排放。对城市烟尘排放实行总量控制。

城市新区开发和旧区改造,应实行集中供热。

城市市区内工业锅炉炉窑,应燃用型煤或其他清洁燃料,禁止直接燃用原煤;居民炉灶应逐步燃用型煤。

第三十四条　加强排放污水管理,严格执行污水排放标准。冰封期向江河、湖泊排放污染物的单位或个体经营者,应当采取措施,控制和削减污染物排放总量。

新建、改建、扩建项目排放污水,经过特殊区域对环境造成影响的,应当执行环境影响评价确定的排放数值限量。

第三十五条　各级环境保护行政主管部门对机动车排气污染实施统一监督管理,指导、协调机动车排气污染监督管理部门的工作,并负责汽车排气检测仪器设备的抽检和业务指导。

各级公安、交通、农机、铁道管理部门,根据环境保护法律、法规的规定,对在用机动车排气污染实施监督管理检查。尾气排放超过国家规定标准的机动车不得发放牌照,不得行驶。

环境保护部门对机动车排气污染实行抽测抽检。

第三十六条　对固体废物应当分类收集、综合利用和进行无害化处理,禁止擅自堆放、弃置、倾倒固体废物。

有害固体废物处理设施的选址,应当符合国家和省环境保护的要求。城市生活垃圾堆放场与填埋场的选址,应当征得环境保护行政主管部门及其他有关部门同意后确定。

严禁将国外、省外的有毒有害废物和工业、生活垃圾转移到本省处置。

第三十七条 任何单位和个体经营者,不得从国外、省外引进污染、破坏环境、无有效治理措施、污染物排放超过国家和省规定标准的项目。对省内不能配套解决污染治理的项目,应当同时引进相应的先进环境保护设施。

第三十八条 积极推行清洁生产,实行排污审计,在工业生产中,应当全过程控制污染,新建、扩建、改建和技术改造时,应当采取低消耗、低污染工艺和技术。

第三十九条 有防治污染设施的单位,应对防治污染设施运转采取技术监测的措施,不得随意拆除或闲置防治污染设施。确需拆除或闲置的,应当报当地环境保护行政主管部门批准。

第五章　法律责任

第四十条 违反本条例规定,有下列行为之一的,环境保护行政主管部门可以根据不同情节,给予警告、责令改正,并处以 500 元至 5000 元罚款:

(一)拒绝环境保护部门现场检查或者在被检查时弄虚作假的;

(二)拒报或者谎报污染物排放情况的。

第四十一条 违反本条例规定,有下列行为之一的,环境保护行政主管部门可根据不同情节,责令改正,并处以 5000 元至 5 万元罚款:

(一)未执行"三同时"制度或未经验收,擅自开工生产的;

(二)在改建、扩建和进行技术改造中,未对原有污染进行治理的;

(三)新建、扩建、改建项目排放污水经过特殊区城,未达到环境影响评价确定的数值给环境造成影响的;

(四)引进不符合我国环境保护规定要求的技术和设备的;

(五)固体废物擅自堆放、弃置、倾倒的;

(六)违反防治噪声污染的规定,危害居民生活环境。

第四十二条 违反本条例规定,应当进行环境影响评价而不进行的,由环境保护行政主管部门责令补做环境影响评价,并按环境影响评价费用的 1 至 3 倍处以罚款。

环境影响评价失误的,责令退回环境影响评价费用,造成严重后果的,取消环境影响评价资格,并对主要责任人给予行政处分。

第四十三条 违反本条例规定,排放污染物未办理排污申报的,由当地环境保护行政主管部门责令停止使用污染环境的设施,补办手续,并处以 300 元至 3000 元罚款。

第四十四条 违反本条例规定,擅自拆除或闲置防治污染设施的,由当地环境保护行政主管部门责令限期修复,重新安装使用,并处以拆除或闲置期间运行费用的 1 至 3 倍罚款,污染物排放超过标准的,加倍征收超标准排污费。

在用机动车尾气排放超过标准的,由主管部门负责限期处置,并处以2000元至3000元罚款。超过处置期限仍然超过标准排放尾气行驶的,强制报废;应报废而不报废的,由政府追究有关部门责任。

第四十五条　违反本条例规定,逾期未完成限期治理任务的,责令其加倍缴纳排污费、超标准排污费,可并处1万元至10万元罚款或者责令其停止使用污染环境的设施。

第四十六条　违反本条例规定,将省外的有毒有害废物和工业、生活垃圾转移到本省处置的,由当地环境保护行政主管部门予以扣押和封存,没收非法所得,并对转移方和接受方分别给予20万元以下罚款,处置费用由转移方和接受方按责任大小分担。

第四十七条　违反本条例规定,拒绝缴纳排污费、超标排污费的,环境保护部门除追缴排污费、超标准排污费及滞纳金外,并处以1000元至1万元罚款。

挪用排污费或超标准排污费,由上级人民政府或环境保护行政主管部门责令改正,退回挪用款项,情节严重的,对主要责任者给予行政处分;构成犯罪的,依法追究刑事责任。

第四十八条　违反本条例规定,造成环境污染事故的单位和个人,由环境保护行政主管部门或其他依照法律规定行使监督管理权的部门,处以1万元至5万元罚款,造成重大经济损失的,按照直接损失的30%计算罚款额。

造成重大污染或环境与资源的破坏,使财产遭到重大损失和人身伤亡后果,对有关人员给予行政处分;构成犯罪的,依法追究刑事责任。

第四十九条　县级人民政府环境保护行政主管部门,可以决定1万元以下罚款;市人民政府、行政公署环境保护行政主管部门可以决定5万元以下罚款;省环境保护行政主管部门可以决定20万元以下罚款。超过罚款限额的,报上一级环境保护行政主管部门批准。

同一违法行为,不得重复罚款。罚款使用省财政部门统一印制的票据。罚款上缴同级财政,通过环境保护行政主管部门用于污染治理。

第五十条　当事人对行政处罚决定不服的,可以在接到处罚通知之日起15日内,向作出处罚决定机关的上一级机关申请复议,复议机关应当在收到申请书之日起两个月内作出决定。当事人对复议决定不服的,可以在接到复议决定书之日起15日内,向人民法院起诉。当事人也可以在接到处罚通知15日内直接向人民法院起诉。当事人逾期不申请复议,也不向人民法院起诉,又不履行处罚决定的,由做出处罚决定的机关申请人民法院强制执行。

第五十一条　缴纳排污费、超标准排污费、资源利用补偿费或被行政处罚的单位和个人,不免除其消除污染、排除危害和赔偿损失的责任。

因违法排污受到行政处罚的企业事业单位、个体经营者,仍应依法缴纳排污费、超标准排污费。

第五十二条　造成环境污染和破坏的单位和个人,有排除危害并对直接受到损害的单位或个人赔偿损失的责任。

由于环境污染引起的赔偿责任和赔偿金额的纠纷,当事人可以请求环境保护行政主管部门予以调解或直接向人民法院起诉。

第五十三条　妨碍、阻挠环境保护监督管理人员依法执行公务,违反治安管理的,由公安机关依照《中华人民共和国治安管理处罚条例》处理;构成犯罪的,依法追究刑事责任。

第五十四条　环境保护行政主管部门和其他依照法律规定行使环境监督管理权部门的工作人员玩忽职守、滥用职权、徇私舞弊、索贿受贿的,由其所在单位或者上级主管部门给予行政处分;构成犯罪的,依法追究刑事责任。

第六章　附　　则

第五十五条　本条例由省环境保护行政主管部门负责应用解释。

第五十六条　本条例自 1995 年 4 月 1 日起施行。

黑龙江省林木种子管理条例

(1997年8月20日黑龙江省第八届人民代表大会常务委员会第二十九次会议通过　根据2013年12月13日黑龙江省第十二届人民代表大会常务委员会第七次会议《关于废止和修改〈黑龙江省赌博处罚条例〉等十九部地方性法规的决定》第一次修正　根据2015年4月17日黑龙江省第十二届人民代表大会常务委员会第十九次会议《关于废止和修改〈黑龙江省文化市场管理条例〉等五十部地方性法规的决定》第二次修正)

第一条　为了保证林木种子质量,维护林木种子选育者、生产者、经营者和使用者的合法权益,根据《中华人民共和国种子管理条例》,结合本省实际,制定本条例。

第二条　本条例所称林木种子,是指用于林业生产和国土绿化的籽粒、果实和根、茎、苗、芽等繁殖材料。

第三条　在本省行政辖区内从事林木种子选育、生产、经营、使用、运输和管理工作的单位和个人,必须遵守本条例。

第四条　省人民政府林业行政主管部门主管全省林木种子工作,市(行署,下同)、县(含县级市、区,下同)人民政府林业行政主管部门主管本行政辖区内的林木种子工作。具体工作由县级以上林业行政主管部门的林木种子管理机构负责。

省国有重点林区主管部门负责本系统的林木种子工作。国有重点林区内企业已实行政企分开,林木种子管理工作交给市、县的,按本条第一款规定执行。

省农垦等有关部门可按省林业行政主管部门的委托,负责本系统的林木种子工作。

第五条　各级人民政府应当依照有关规定积极扶持林木良种的选育、生产、经营和推广。

第六条　在林木种子工作中成绩显著的单位和个人,由各级人民政府或有关部门给予表彰和奖励。

第七条　省林业行政主管部门和省国有重点林区主管部门分别负责全省和国有重点林区内的林木种质资源调查工作。林木种质资源的搜集、整理、鉴定、保存和利用的管理工作由其种子管理机构负责。

从国外引进林木种质资源材料的单位和个人,必须向省林木种子管理机构登记种质资源的名称、产地、数量、保存地点等,附适量的种子供鉴定和保存,并按有关规定报林业部备案。

单位和个人向国外输出林木种质资源的,必须先经省林木种子管理机构批准,并按国家有关规定报批后,办理出境手续。

第八条 县级以上林业行政主管部门和省国有重点林区主管部门应当对下列林木种质资源,确定保护范围,设立保护标志,加强保护管理:

(一)天然红松、红皮云杉、水曲柳、黄菠萝、胡桃楸等珍稀、濒危树种的种质资源;

(二)经选择确定的优树、优良林分和优良种源;

(三)异地收集的林木种质资源;

(四)其他具有特殊价值的林木种质资源。

第九条 省林业行政主管部门设立省林木良种审定委员会,负责本省的林木良种审定、认定工作。省林木良种审定委员会由有关单位的专家和管理人员组成。

审定林木良种应当按省林木良种审定委员会制定的审定程序进行。经审定、认定通过的林木良种,由省林木良种审定委员会颁发良种审定或认定合格证书,并由省林业行政主管部门公布。

未取得林木良种审定或认定合格证书的林木种子,不得作为林木良种经营和推广。

第十条 县级以上林业行政主管部门和省国有重点林区主管部门应当根据造林绿化规划建立林木种子生产基地,并按照有关规定报经批准。已建立的林木种子生产基地,未经原批准机关同意,不得擅自变动或占用。

第十一条 林木种子生产基地内只准进行抚育、卫生伐。在林木种子生产基地内从事抚育、卫生伐时,必须进行调查设计,报省林木种子管理机构审批。林木种子管理机构应当进行技术指导和检查验收。

林木种子生产基地抚育、卫生伐的采伐指标应当在采伐限额中优先安排,采伐收入全部用于林木种子生产基地建设。

第十二条 从事商品林木种子生产的单位和个人,必须具备下列条件并到县级以上林业行政主管部门申请领取《林木种子生产许可证》,方可从事商品林木种子生产:

(一)有省林木种子管理机构确认的林木种子生产基地或采种林分;

(二)有熟悉林木种子生产、质量检验的技术人员、设备和场所。

国有重点林区内的《林木种子生产许可证》由省国有重点林区主管部门核发。

第十三条　采种应当按照国家或地方有关规定进行,禁止抢采掠青、损坏母树或在劣质林内、劣质母树上采种。

林木种子生产者应当填写产地标签。

第十四条　林木种子生产基地生产的林木种子,由市以上林业行政主管部门或省国有重点林区主管部门有计划地统一组织收购。

进入林区收购林木种子时,应征得当地林业行政主管部门的同意。在造林绿化所需的林木种子收购计划未完成之前,任何单位和个人不得擅自收购、经营。

红松种子作其他用途时,经营者应当对种子资源损失给予适当补偿。

第十五条　经营林木种子的单位和个人应当具备下列条件:

(一)有对所经营林木种子能正确识别种类、鉴定质量和掌握贮藏保管技术的人员;

(二)有与所经营林木种子相适应的资金、营业场所和设施。

第十六条　具备本条例第十五条规定条件的单位和个人,必须经所在地县级以上林业行政主管部门批准,取得《林木种子经营许可证》。

国有重点林区内的《林木种子经营许可证》由省国有重点林区主管部门核发。《林木种子经营许可证》由发证机关每年验证一次。

第十七条　经营的林木种子,种和种源必须清楚,达到国家或地方质量标准,并附有林木种子质量检验合格证书和产地标签。

经营林木种子严禁掺杂使假、以次充好。

经营的林木种子,供需双方应当共同封存样品,以备复检。

第十八条　调运或者邮寄林木种子出县境的,必须持有林木种子质量检验合格证书、植物检疫证。

运输红松、樟子松、落叶松种子必须持有林木种子运输证明。省内林木种子运输证明由县级以上林业行政主管部门签发;国有重点林区内的由省国有重点林区主管部门签发。出省林木种子运输证明,分别由市林业行政主管部门和省国有重点林区主管部门签发,加盖林木种子运输专用章。

经省人民政府批准的木材检查站可以对红松、樟子松、落叶松种子运输进行检查,对无证运输的有权扣留,并依法处理。

铁路、公路、航空、水运、邮政等部门应当凭证优先安排运输和邮寄林木种子。未取得本条前二款规定证件的,任何单位和个人不得擅自承运和邮寄。

第十九条　省林木种子管理机构负责组织市际间林木种子调剂,市林木种子管理机构负责组织县际间林木种子调剂。本省主要造林树种种子紧缺,需从外省调入时,必须经省林业行政主管部门批准。

省国有重点林区主管部门统一组织系统内林木种子调剂。

第二十条 生产、经营、贮备、使用林木种子,应当依据国家或地方标准进行林木种子质量检验。

第二十一条 县级以上林业行政主管部门、林业局以上的国有重点林区主管部门根据需要建立林木种子检验机构,配备林木种子检验员和仪器设备。林木种子检验员必须具有高中以上文化水平,熟悉林木种子检验业务,经省林业行政主管部门或者省国有重点林区主管部门考核合格。

林木种子检验员对生产、经营、贮备、使用的林木种子进行抽检时,应当依照林木种子检验的有关规定提取样品、样品由被抽查者无偿提供。

第二十二条 禁止任何单位和个人在林木良种基地做病虫害接种试验。

第二十三条 林木种子行政执法人员有权进入种子生产、经营、贮藏和运输现场,对林木种子质量进行监督检查,有权制止用种单位使用不符合质量标准的种子,有权制止非法运输。

林木种子行政执法人员依法执行公务时,应当出示证件,任何单位和个人不得拒绝、阻碍其执行公务。

第二十四条 县级以上林业行政主管部门应当根据林木结实丰歉规律及生产用种需要,组织有关单位贮备林木种子。省国有重点林区主管部门组织贮备系统内的林木种子。

贮备林木种子应当执行有关标准和规定,保证贮备的林木种子质量,并应当优先贮备林木良种。

林木种子贮备产生的政策性亏损,由同级财政部门给予适当补贴。具体办法由省人民政府根据国家有关规定另行制定。

第二十五条 国家鼓励从事林业生产的单位和个人使用良种。营造速生丰产用材林和经济林必须使用良种。利用国家投资或由国家扶持造林的,应当依照有关规定由省林木种子管理机构统一安排使用林木种子。

禁止使用无林木种子质量检验合格证书和无产地标签的林木种子进行育苗生产。

第二十六条 禁止伪造、倒卖、转让、涂改《林木种子生产许可证》《林木种子经营许可证》《林木种子运输证明》。

第二十七条 未取得《林木种子生产许可证》生产林木种子的,由县级以上林业行政主管部门责令停止生产,没收种子及违法所得,并处违法所得2倍以下的罚款。

未取得《林木种子经营许可证》和《营业执照》经营林木种子的,由工商行政管理机关责令停止经营,没收违法所得,并处以违法所得2倍以下的罚款。

第二十八条 非法经营或推广未经审定、认定通过的林木良种的,由县级以上林业行政主管部门责令停止经营或推广,根据情节轻重给予警告,没收林木种子和违法所得;造成损失的,责令赔偿直接损失和可得利益损失。

第二十九条 销售不符合质量标准林木种子的,掺杂使假、以次充好的,林木种子执法人员有权制止其经营活动,由县级以上林业行政主管部门或有关部门依法没收林木种子和违法所得,并处以违法所得1至5倍的罚款;造成损失的,责令赔偿直接损失和可得利益损失。

第三十条 抢采掠青、损坏母树或在劣质林内、劣质母树上采种的,由县级以上林业行政主管部门责令停止采种、赔偿损失、没收种子,可以并处经济损失1至3倍的罚款。

第三十一条 运输林木种子证件不全或货证不符的,扣押其所运输的林木种子,由县级以上林业行政主管部门责令限期补办手续,逾期未补办的,没收林木种子,并处以种子价值1倍以下的罚款。对承运单位和个人处以运输费用2倍以下的罚款。

第三十二条 在林木良种基地做病虫害接种试验的,县级以上林业行政主管部门有权制止;造成危害的,责令赔偿损失,可以并处经济损失2倍以下的罚款。

第三十三条 伪造、倒卖、转让、涂改《林木种子生产许可证》《林木种子经营许可证》的,由县级以上林业行政主管部门没收违法所得,并处以5000元至1万元的罚款;伪造、倒卖、转让、涂改《林木种子运输证明》的处以1000元至5000元的罚款。

第三十四条 对使用无林木种子质量检验合格证书和无产地标签林木种子进行育苗生产的,县级以上林业行政主管部门有权制止、没收种子;造成经济损失的,处以经济损失2倍以下的罚款。

第三十五条 违反本条例规定,情节严重、构成犯罪的,依法追究刑事责任。

第三十六条 对在林木种子工作中滥用职权、徇私舞弊、玩忽职守的工作人员,依照国家有关规定处理;构成犯罪的,依法追究刑事责任。

第三十七条 林业行政主管部门实施行政处罚时,应当按照《中华人民共和国行政处罚法》的规定执行。

第三十八条 当事人对行政处罚决定不服的,可以依法申请复议或向人民法院起诉。

第三十九条 本条例由省林业行政主管部门负责应用解释。

第四十条 本条例自1997年10月1日起施行。

黑龙江省河道管理条例

(1984年11月6日黑龙江省第六届人民代表大会常务委员会第十次会议通过 根据1997年10月20日黑龙江省第八届人民代表大会常务委员会第三十次会议《关于修改〈黑龙江省河道管理条例〉的决定》第一次修正 根据2015年4月17日黑龙江省第十二届人民代表大会常务委员会第十九次会议《关于废止和修改〈黑龙江省文化市场管理条例〉等五十部地方性法规的决定》第二次修正)

第一章 总 则

第一条 根据《中华人民共和国防汛法》和《中华人民共和国河道管理条例》等有关法律、法规,结合本省实际,制定本条例。

第二条 本条例适用于本省行政区内的河道(包括湖泊、人工水道、行洪区、蓄洪区、滞洪区)。

河道内的航道,同时适用航道管理法律、法规。

第三条 各级人民政府的水行政主管部门为河道主管部门,负责本条例的组织实施和监督执行;负责防洪调度、综合开发利用水资源;协调处理各部门在用河方面的矛盾及河道业务技术指导;会同航运、城建等部门编制江河流域规划、河道整治规划。

各级人民政府根据需要在水行政主管部门建立河道管理机构。

第四条 省水行政主管部门可根据情况,委托省有关部门实施河道管理。被委托部门应当接受省水行政主管部门指导和监督。有堤防、护岸管理任务的部门和单位,应设置相应的管理机构或专职人员。

第五条 河道水土资源除集体所有的土地外均属全民所有。保护河道水土资源及附属工程设施的完整,是全省人民的义务。

各单位和个人有权在法律规定范围内开发利用江河水土资源。单位和个人的兴利活动,必须服从江河流域规划、河道整治规划,要严格遵守本条例。

第二章 河道管理

第六条 有堤防的河道,其管理范围为两岸堤防之间的水域、沙洲、滩地(包括可耕地)、行洪区,两岸堤防及护堤地。

无堤防的河道,其管理范围根据历史最高洪水位或者设计洪水位确定。河道的具体管理范围,由县级以上人民政府负责划定。

第七条 在河道管理范围内修建工程不得影响行洪、排涝及堤防安全,不得引起河势的不良变化,不得破坏通航条件,不得危及其它部门的兴利活动。在河道管理范围内新建、改建工程及河道整治工程,由建设单位提出设计方案,征求有关单位意见,按下列分级管理权限,经河道主管部门审定,再按基本建设程序履行审批手续。

省界和边境河流按规定程序由国家或省审定,穿越两个以上专区、市或跨县、场的河流由省审定,穿越两个以上县(含县级市,下同)并在同一专区、市范围内的河流由专区、市审定,河道长度不超出县境的河流由县审定,河道长度不超出国营农、林、牧、渔场和劳改农场范围的河流,由各自主管部门审定。在通航河段上修建工程,要征求有关部门意见,由省河道主管部门和航运主管部门共同审定。在市区河段上修建工程,由省河道主管部门和城建部门共同审定。市区河段以外和不危及堤岸安全的航道疏浚由航运部门审定。

第八条 在河道管理范围内,不准擅自修筑丁坝、锁坝、围堤、泵站、码头、高渠、高路,厂房、民房等建筑物;不准擅自堆放物资、倾填矿渣、煤灰、残土、垃圾;除营造护堤护岸林外,不准种植高秆阻水植物;不准从事任何造成壅水、冲刷、淤积等不利影响的生产活动。

第九条 在河道管理范围内采砂、取土、淘金的单位和个人必须报经河道主管机关批准,按河道管理权限实行管理,由河道主管机关发放准采证。按照批准的范围和作业方式进行,并向河道主管机关缴纳管理费;涉及其他部门的,由河道主管机关会同有关部门批准。河道采砂管理费纳入财政预算管理,用于河道堤防工程的维修、工程设施的更新改造及管理单位的管理经费。收费具体标准和计收办法由省人民政府根据国家有关规定制定。禁止在下述区域内采掘砂石土料物:

(1)堤防迎水面五十米以内,河床凹岸和堤防险工地段、河道整治工程一百米以内;

(2)大、中、小铁路桥及防护工程上下游五百、三百、二百米以内,公路桥及引道、防护工程上下游二百米以内;

(3)拦河闸坝、泵站上下游三百米以内;

(4)水文测流断面上下游五百米至一千米以内;

(5)可能因采砂而导致流势变化影响其它部门正常生产活动的区域。

第十条 经批准在河道管理范围内修建工程、堆放物料和采掘矿产、砂石,对防洪及其它单位用河造成影响或经济损失的,要支付采取补救措施所需全部费用。

第十一条 禁止在通航河流和渔业生产繁忙的江河内散放流送木材和无船舶牵引的木排。如有散排,放排单位要及时打捞。因流送木排使桥梁等工程施放受到破坏的,放排单位要给予赔偿。

第十二条 禁止向江河及江河相连的排水渠道和水库、泡沼内排放废油及超过国家规定标准的有毒有害污水。水利和环保部门负责江河水质监测工作。

第三章 工程及林草管理

第十三条 受益范围明确的堤防、护岸、水闸和排涝等工程设施,河道主管机关可以向受益的工商企业等单位和农户收取河道工程修建维护管理费,其标准应当根据工程修建和维护管理费用确定。收费具体标准和计收办法由省人民政府制定。

第十四条 市、县人民政府要按照下列标准划定江河堤防护提用地范围:黑龙江、松花江、嫩江、牡丹江、穆棱河、汤旺河、呼兰河、拉林河、绰尔河、雅鲁河等十条主要江河堤防和大型堤防迎水面不小于五十米,背水面不小于三十米。中、小河流堤防迎水面不小于三十米,背水面不小于二十米。凡已经市、县人民政府划定的护提用地由河道、堤防管理部门管理使用。护提地主要用于营造防浪林、防汛用材林及发展围堤经济。

其它单位和个人临时占用护堤地需经河道、堤防管理部门同意,损坏的树草应予补栽,并作价赔偿。

第十五条 在堤身和护提地内禁止挖掘草皮、取土挖洞、开沟、打井,扒道口、建房、爆破、埋葬、堆放杂物、修建鱼池及从事其它危及工程安全的活动。十条主要江河堤防背水面三百米以内,其它江河堤防背水面一百米以内,不准擅自钻探、打深井和修筑地下工程。如必须钻探,应经河道、堤防主管部门批准,并由钻探部门负责进行安全处理。

第十六条 河道工程(堤防、护坡、护岸、大坝、涵闸)未经河道主管机关批准不得做公路、乡路,不得停靠船只或做码头。确需利用河道工程做公路、乡路的,利用堤防(坝)、护坡、护岸等工程和护提地做码头或堆放物料的,须经有审批权的河道主管机关同意,同使用单位和个人对所利用工程负责养护维修,保持原有工程防洪标准,或者向河道主管机关缴纳工程养护费。收费具体标准和计收办法由省人民政府制定。对工程造成损坏由使用单位和个人负责赔偿。

在堤身泥泞期间,禁止车辆通行。防汛抢险和紧急军事、公安、救护车辆除外。

第十七条　修建穿堤工程,要做出工程设计和回填设计,按本条例第七条规定履行手续。工程交付使用须经河道主管部门验收,其工程由建设单位负责管理和维护。市、镇港区道路穿越堤防要修建确保防洪安全的永久性设施。

第十八条　护堤护岸林草由河道管理单位组织营造和管理,其他单位和个人不得侵占、砍伐或者破坏。河道管理单位对护堤护岸林木进行抚育和更新性质的采伐及用于防汛抢险的采伐,根据国家有关规定免交育林基金。

第十九条　河道整治工程和护岸林草及测量标志,工程、水文观测和通讯照明设施及护堤房等,任何单位和个人不准侵占、偷盗和破坏。不准在各类标志附近设置有碍观测的障碍物。

第二十条　河道堤防的防汛岁修费,按照分级管理的原则,由各级人民政府负担,列入各级财政预算。

第四章　防　　汛

第二十一条　省、市、县人民政府及行政公署应设立防汛指挥部,其日常办事机构设在同级水行政主管部门,负责建立健全防汛组织,做好汛期的防洪工作。

第二十二条　防汛工作要实行集中领导,统一指挥。下级防汛指挥部必须服从上级防汛指挥部的调度和决定,各部门和单位在汛期必须服从当地和上级防汛指挥部调度和决定。

在防汛紧急时期,防汛指挥部有权调动防汛抢险急需的物资、设备、器材、交通运输工具和劳动力。汛期,在河道作业的各部门的工作与防汛有矛盾时,必须服从防汛需要。

第二十三条　各级防御特大洪水措施方案由当地人民政府负责制定,报上级人民政府批准。在遭遇特大洪水时,任何单位和个人不准妨碍、阻挠蓄洪、分洪、滞洪命令的执行。对严重阻水的工程设施,经上级人民政府批准,防汛指挥部可以采取非常措施。

第二十四条　十条主要江河干堤的警戒水位和保证水位由省防汛指挥部审定。其它河流由行署、市人民政府防汛指挥部审定。

第二十五条　汛期水库的调度要按批准的调度计划执行。如遇特殊情况需要变更调度计划,要经原批准机关同意,其它部门和个人不准擅自改变。不安全的病、险水库要限制蓄水。废弃的水库不准擅自恢复利用。

第二十六条　气象、水文部门应及时预测预报雨情水情。邮电及其它有关部门应保证汛情联络畅通。物资部门应保证防汛抢险物资、器材供应。交通运输部门应保证防汛物资和人员的及时运送。

一切部门、单位和个人，都必须按时完成分担的防汛任务。

第二十七条 防汛抢险救灾的资金和物资器材，要严加管理，不准挪用。

第五章 奖励和惩罚

第二十八条 有下列事迹之一的单位和个人，由河道管理部门或报请人民政府给予奖励。

（一）模范执行本条例，或同违法行为作斗争有显著成绩的；

（二）在防汛抢险斗争中作出显著成绩的；

（三）对保护、开发和科学利用江河资源做出显著成绩的；

（四）积极搞好河道及附属工程设施管理，种植防护林草取得显著成绩的；

（五）广泛开展宣传教育工作，积极发动和组织受益单位和群众搞好河道、堤防管理取得显著成绩的。

第二十九条 有下列行为之一的，县级以上人民政府河道主管机关除责令其纠正违法行为、采取补救措施外，限期清除障碍，可以并处警告、五万元以下罚款、没收非法所得、吊销准采证；对有关责任人员，由其所在单位或者上级主管机关给予行政处分；构成犯罪的，依法追究刑事责任：

（一）损毁堤防、护岸、闸坝、水工程建筑物，损毁防汛设施、水文监测和测量设施、河岸地质监测设施以及通信照明等设施的；

（二）在河道管理范围内弃置、堆放阻碍行洪物体的；种植阻碍行洪的林木或者高秆植物的；修建围堤、阻水渠道、阻水道路的；

（三）在堤防、护堤地建房、放牧、开渠、打井、挖窖、葬坟、晒粮、存放物料、开采地下资源，进行考古发掘以及开展集市贸易活动的；

（四）未经批准或者不按照河道主管机关批准的范围和作业方式在河道管理范围内采砂、取土、淘金的；

（五）未经批准或者不按照河道主管机关的规定在河道管理范围内弃置砂石、淤泥或者爆破、钻探、挖筑鱼塘的；

（六）未经批准在河道滩地存放物料、修建厂房或者其他设施，以及开采地下资源或者进行考古发掘的；

（七）擅自砍伐护堤护岸林木的；

（八）非管理人员操作河道上的涵闸闸门或者干扰河道管理单位正常工作的。

第三十条 有下列行为之一的，县级以上人民政府河道主管机关除责令其纠正违法行为、赔偿损失、采取补救措施外,可以并处警告、一万元以上十万元以下罚款;应当给予治安管理处罚的,由公安机关按照《中华人民共和国治安管理处罚条例》的规定处罚;构成犯罪的,依法追究刑事责任:

(一)未经批准或者不按照国家规定的防洪标准、工程安全标准整治河道或者修建水工程建筑物和其他设施的;

(二)在堤防安全保护区内进行打井、钻探、爆破、挖筑鱼塘、采砂石、取土、淘金等危害堤防安全活动的。

第三十一条　对拒不执行防汛调度和决定,挪用盗窃防汛救灾资金和物资器材,造成损失的单位和个人,视情节轻重给予行政处分或依法追究刑事责任。

第三十二条　当事人对行政处罚决定不服的,可以依法申请行政复议或者提起诉讼。

第三十三条　对在河道管理工作中滥用职权、徇私舞弊、玩忽职守的工作人员,由其所在单位或者上一级机关给予行政处分;构成犯罪的,依法追究刑事责任。

第六章　附　　则

第三十四条　本条例实施前已有的影响行洪、排涝、供水、过船、过鱼的障碍物,应本着"谁设障,谁清除"的原则,按河道管理部门的要求,由设障单位在限期内清除或改建。

现有穿堤工程不符合安全要求的由工程所属部门加固改建;废弃的由工程所属单位及时清除并回填加固。

第三十五条　在河道管理范围内兴建工程、开发资源、划定管理使用范围,涉及土地、草原、林木、水面所有权或使用权的变更,按国家和省有关规定办理。

第三十六条　本条例自一九八五年一月一日起施行。

黑龙江省矿产资源管理条例

(1998 年 10 月 16 日黑龙江省第九届人民代表大会常务委员会
第五次会议通过　根据 2015 年 4 月 17 日黑龙江省第十二届人
民代表大会常务委员会第十九次会议《关于废止和修改〈黑龙
江省文化市场管理条例〉等五十部地方性法规的决定》修正)

第一章　总　　则

第一条　为了加强矿产资源的勘查、开发利用和保护,促进矿业发展,根据《中华人民共和国矿产资源法》(以下简称《矿产资源法》)和有关法律、行政法规,结合本省实际,制定本条例。

第二条　在本省辖区内勘查、开采矿产资源,必须遵守本条例。

第三条　矿产资源属于国家所有。勘查、开采矿产资源,必须依法分别申请登记,经批准有偿取得探矿权、采矿权。探矿权、采矿权可以依法有偿转让。

开采矿产资源必须依法缴纳资源税和矿产资源补偿费。

第四条　矿产资源勘查、开发实行统一规划、合理布局、综合勘查、合理开发、综合利用的方针。全省矿产资源勘查规划、开发规划,由省人民政府地质矿产主管部门根据全国矿产资源规划组织有关部门编制,报省人民政府批准后实施。

勘查、开采矿产资源必须遵守有关环境保护、森林资源保护、地质灾害防治、水土保持、土地复垦和矿山安全的法律、法规。

第五条　县级以上人民政府地质矿产主管部门主管本行政区域内矿产资源勘查、开采的监督管理工作。

县级以上人民政府有关部门按照各自职责协助同级地质矿产主管部门进行矿产资源勘查、开采的监督管理工作。

第六条　各级人民政府必须加强矿产资源的保护工作,保护探矿权、采矿权不受侵犯,保障勘查作业区和矿区的生产秩序、工作秩序不受影响和破坏。

第七条　各级人民政府应当鼓励矿产资源勘查、开发的科学技术研究,推广先进技术,提高资源勘查、开发的科学技术水平。

第八条　在勘查、开发、保护矿产资源和进行科学技术研究等方面成绩显著的单位和个人，由各级人民政府给予奖励。

第九条　民族自治地方的自治机关根据法律规定和国家统一规划，对可以由本地方开发的矿产资源，优先合理开发利用。

第二章　矿产资源的勘查

第十条　省人民政府地质矿产主管部门负责全省矿产资源勘查登记工作。勘查国务院《矿产资源勘查区块登记管理办法》第四条第一款、第二款规定以外的矿产资源和国务院地质矿产主管部门授权省人民政府地质矿产主管部门审批登记的矿产资源，必须经省人民政府地质矿产主管部门审批登记。

第十一条　从事矿产资源勘查的单位必须符合规定的资质条件，并到省人民政府地质矿产主管部门申请办理勘查资格证书。

第十二条　勘查出资人为探矿权申请人。

国家出资勘查的，国家委托勘查的单位为探矿权申请人；共同出资勘查的，探矿权申请人由合同约定。

第十三条　探矿权申请人申请探矿权时，应当向地质矿产主管部门提交下列资料：

（一）申请登记书和申请的区块范围图；

（二）勘查单位的资格证书复印件；

（三）勘查工作计划、勘查合同或者委托勘查的证明文件；

（四）勘查工作实施方案及附件；

（五）勘查项目资金来源证明；

（六）勘查工作所依据的地质资料及其合法取得的来源证明；

（七）国务院地质矿产主管部门规定应当提交的其他资料。

第十四条　地质矿产主管部门应当自收到探矿权申请之日起40日内按照申请在先的原则作出准予登记或者不予登记的决定，并书面通知探矿权申请人。

准予登记的，探矿权申请人应当自收到通知之日起30日内，到地质矿产主管部门按国家规定缴纳探矿权使用费和国家出资勘查形成的探矿权价款，办理登记手续，领取勘查许可证，成为探矿权人。

不予登记的，地质矿产主管部门应当向探矿权申请人说明理由。

第十五条　勘查许可证有效期最长为3年，需要延长勘查工作时间的，应当在勘查许可证有效期届满的30日前申请延续登记，每次延续时间不得超过2年。逾期不办理延续登记手续的，勘查许可证自行废止。

第十六条　探矿权人应当自领取勘查许可证之日起6个月内开始施

工。勘查施工中,必须严格按照批准的勘查设计施工,完成年度最低勘查投入,不得越界勘查。

探矿权人在勘查许可证有效期内探明可供开采的矿体后,经原发证机关批准,可以停止相应区块的最低勘查投入,并可以在勘查许可证有效期届满的30日前,按照有关规定申请保留探矿权。

探矿权人可以优先取得勘查作业区内新发现矿种的探矿权和矿产资源的采矿权。

第十七条 探矿权人在勘查许可证有效期内进行勘查时,发现符合国家边探边采规定要求的复杂类型矿床的,可以申请开采,经原发证机关批准,办理采矿登记手续。

边探边采办法,由省人民政府地质矿产主管部门另行规定。

第十八条 在勘查许可证有效期内,有下列情形之一的,探矿权人应当向原发证机关申请办理变更登记:

(一)扩大或者缩小勘查区块范围的;

(二)改变勘查工作对象的;

(三)对勘查工作设计作重大修改和变更勘查工作阶段的;

(四)改变勘查施工单位的;

(五)经依法批准转让探矿权的;

(六)探矿权人改变名称或者地址的。

在勘查许可证有效期内,探矿权人申请采矿权、需要撤销勘查项目、完成勘查工作的,应当到原发证机关办理注销登记手续。

自勘查许可证注销之日起90日内,原探矿权人不得申请已注销的区块范围内的探矿权。

第十九条 探矿权人完成勘查项目后,必须编写勘查报告,按照国家有关规定向省人民政府地质矿产主管部门汇交地质勘查成果档案资料。矿产资源勘查报告和其他有价值的勘查资料,按照国家规定实行有偿使用,国家保护资料所有权人的合法权益。

第三章 矿产资源的开采

第二十条 开采《矿产资源法》第十六条第一款、第二款规定以外的矿产资源,按下列规定审批登记,颁发采矿许可证:

(一)可供开采的矿产储量规模为中型以上的矿产资源和国务院地质矿产主管部门授权省人民政府地质矿产主管部门审批发证的矿产资源,由省人民政府地质矿产主管部门审批登记,颁发采矿许可证;

(二)可供开采的矿产储量规模为小型的矿产资源,由市人民政府(行署)地质矿产主管部门审批登记,颁发采矿许可证;

（三）开采零星分散的矿产资源和只能用作普通建筑材料的砂、石、粘土,由县级人民政府地质矿产主管部门审批登记,颁发采矿许可证;

（四）矿区范围跨县级以上行政区域的,由共同的上一级地质矿产主管部门审批登记,颁发采矿许可证。

县级以上人民政府地质矿产主管部门在审批发证后,应当逐级汇总向上一级地质矿产主管部门备案。

零星分散的矿产资源划分标准,由省人民政府地质矿产主管部门规定。

第二十一条　矿产储量规模适宜由矿山企业开采的矿产资源、国家规定实行保护性开采的特定矿种,个人不得开采。

第二十二条　采矿权申请人在提出采矿权申请前,应当按有关规定持经过批准的地质勘查储量报告和其他必要的资料,到地质矿产主管部门申请划定矿区范围,登记占用矿产储量。

需要申请矿山建设项目立项、设立企业的,应当根据划定的矿区范围,按国家规定办理有关审批手续,再申请采矿登记。

矿区范围、矿山建设规模和服务年限应当与矿产储量规模相适应。矿山建设规模应当达到规定的最低标准,各类矿山的建设规模的最低标准,由省人民政府地质矿产主管部门按照国家规定确定。

已建矿山企业开办新项目的,依照本条规定办理。

第二十三条　采矿权申请人申请办理采矿许可证时,应当向地质矿产主管部门提交下列资料:

（一）申请登记书和划定的矿区范围图;

（二）占用矿产储量登记表;

（三）采矿权申请人资质条件的证明和营业执照;

（四）矿产资源开发利用方案及其批准文件;

（五）依法应当具有的有关部门关于矿山建设项目、设立矿山企业的批准文件;

（六）开采矿产资源的环境影响评价报告;

（七）国务院地质矿产主管部门规定应当提交的其他资料。

开采零星分散矿产资源和只能用作普通建筑材料的砂、石、粘土的,只需提交前款(一)(二)(三)(五)项规定的资料和相应的地质资料、开采方案及环境保护措施。

在行洪、排涝河道和航道范围内开采砂石、砂金、粘土的,还应当具有河道主管部门或者河道主管部门会同航道主管部门的批准证明。

第二十四条　地质矿产主管部门应当自收到采矿权申请之日起 28 日内作出准予登记或者不予登记的决定,并书面通知申请人。

采矿权申请人应当自收到准予登记通知之日起 30 日内,到地质矿产主管部门按规定缴纳采矿权使用费和国家出资勘查形成的采矿权价款,办理登记手续,领取采矿许可证,成为采矿权人。

不予登记的,地质矿产主管部门应当向采矿权申请人说明理由。

采矿许可证有效期按矿山建设规模确定:大型以上矿山不超过30年,中型矿山不超过20年,小型矿山不超过10年。

第二十五条 采矿权人领取采矿许可证后,大型矿山在2年内,中型矿山在1年内,小型矿山在6个月内,应当进行矿山建设。

第二十六条 地质矿产主管部门在颁发采矿许可证后,应当通知矿区范围所在地的有关县级人民政府。有关县级人民政府应当自收到通知之日起90日内,对矿区范围予以公告,并可根据采矿权人的申请,组织埋设界桩或者设置地面标志。

第二十七条 在采矿许可证有效期内,有下列情形之一的,采矿权人应当向原发证机关申请办理变更登记:

(一)变更矿区范围的;

(二)变更开采矿种的;

(三)变更开采方式的;

(四)变更矿山企业名称的;

(五)经依法批准转让采矿权的。

第二十八条 采矿许可证有效期满,需要继续采矿的,采矿权人应当在采矿许可证有效期届满的30日前,到原发证机关办理延续登记手续。延续时间不得超过本条例第二十四条第四款规定的有效期,逾期不办理延续登记手续的,采矿许可证自行废止。

第二十九条 采矿权人在采矿许可证有效期内或者有效期届满,停办或者关闭矿山的,应当自决定停办或者关闭矿山之日起30日内,持下列资料到原发证机关办理采矿登记注销手续:

(一)矿产储量注销报告及储量管理部门的批准文件;

(二)停办或者关闭矿山前采掘工程进行情况及不安全隐患的说明;

(三)环境保护、土地复垦情况及尾矿处理措施。

第四章 探矿权、采矿权的转让

第三十条 符合《矿产资源法》第六条第一款规定情形的,除由国务院地质矿产主管部门负责转让审批的探矿权、采矿权外,探矿权、采矿权的转让由省人民政府地质矿产主管部门审批。

个人取得的采矿权不得转让。法律、法规规定禁止个人开采的矿产资源的采矿权,不得转让给个人。

第三十一条 转让探矿权的,应当具备下列条件:

（一）自颁发勘查许可证之日起满 2 年或者在勘查作业区内发现可供进一步勘查、开采的矿产资源；

（二）完成规定的最低勘查投入；

（三）探矿权属无争议；

（四）按照国家有关规定已经缴纳探矿权使用费、探矿权价款；

（五）国务院地质矿产主管部门规定的其他条件。

探矿权转让的受让人，应当符合法律、法规规定的有关探矿权申请人的条件。

第三十二条　转让采矿权的，应当具备下列条件：

（一）矿山企业依法投入采矿生产满 1 年；

（二）采矿权属无争议；

（三）按照国家有关规定已经缴纳采矿权使用费、采矿权价款、矿产资源补偿费和资源税；

（四）国务院地质矿产主管部门规定的其他条件。

采矿权转让的受让人，应当符合法律、法规规定的有关采矿权申请人的条件。

第三十三条　探矿权人或者采矿权人申请转让探矿权或者采矿权时，应当向地质矿产主管部门提交下列资料：

（一）转让申请书；

（二）转让人与受让人签订的转让合同；

（三）受让人资质条件的证明文件；

（四）转让人具备本条例第三十一条、第三十二条规定的转让条件的证明；

（五）矿产资源勘查或者开采情况的报告；

（六）省人民政府地质矿产主管部门规定提交的其他资料。

国有矿山企业转让采矿权的，还应当提交矿山企业主管部门同意转让采矿权的批准文件。

转让国家出资勘查所形成的探矿权、采矿权的，还须提交由国务院地质矿产主管部门会同国务院国有资产管理部门认定的评估机构作出的、并经国务院地质矿产主管部门确认的评估报告。

第三十四条　地质矿产主管部门应当自收到探矿权或者采矿权转让申请之日起 40 日内，作出准予转让或者不准转让的决定，并通知转让人、受让人和原发证机关。

准予转让的，转让人和受让人应当自收到批准转让通知之日起 60 日内，到原发证机关办理变更登记手续；受让人按照国家规定缴纳有关费用后，领取勘查许可证或者采矿许可证。

第五章　矿产储量审批和登记

第三十五条　省人民政府地质矿产主管部门负责全省矿产储量报告和矿床工业指标的审批工作。除按规定由国务院地质矿产主管部门审批的报告外,下列矿产储量报告必须经省人民政府地质矿产主管部门审批:

(一)供矿山或者水源地新建、改建、扩建使用的能源、金属、非金属、水气矿产储量报告;

(二)采矿权人在划定的矿区范围内为本企业生产而进行勘查的矿产储量报告;

(三)已批准的矿产储量报告,由于工业指标改变或者其他原因而重新编制的矿产储量报告;

(四)闭坑地质报告;

(五)采矿权转让时核定保有矿产储量的报告。

矿产储量报告未按规定审批,不得作为矿山或者水源地新建、改建、扩建设计的依据。

第三十六条　矿产储量按照下列规定进行登记:

(一)探明的矿产储量经批准后,探矿权人应当在规定的期限内向省人民政府地质矿产主管部门办理储量登记;

(二)设立矿山企业占用的矿产储量,应当按照采矿审批权限向地质矿产主管部门申报登记;

(三)建设项目压覆的矿产储量,应当按照建设项目管理权限向同级地质矿产主管部门申报登记。

第三十七条　探矿权人、采矿权人应当按照有关规定填报年度基层矿产储量表,按照省人民政府地质矿产主管部门规定的程序,审查、汇总和上报。

省人民政府地质矿产主管部门负责全省矿产储量表的编制、汇总和通报。

第六章　监督管理

第三十八条　探矿权人、采矿权人应当在开工前持勘查许可证、采矿许可证等资料到勘查作业区、矿区所在地的县级地质矿产主管部门办理探矿权、采矿权验证手续。

县级以上人民政府地质矿产主管部门应当定期对本行政区域内探矿权人、采矿权人履行法定义务的情况依法进行监督检查,探矿权人、采矿权人应当如实报告有关情况,提供有关资料,不得拒绝检查。

第三十九条　探矿权人、采矿权人应当按照有关规定向当地地质矿产主管部门提交矿产资源勘查和开发利用情况年度报告,办理勘查许可证、采矿许可证年检手续。

第四十条 开采矿产资源,应当按照地质矿产主管部门核准的矿山设计方案或者开采方案,采用科学合理的开采顺序、采矿方法和选矿工艺进行施工。开采回采率、采矿贫化率和选矿回收率(以下简称"三率")应当达到设计要求。

县级以上人民政府地质矿产主管部门应当对本行政区域内矿山企业的"三率"指标,按设计标准予以认定和核定,并进行监督。

第四十一条 采矿权人在开采主要矿产的同时,对具有工业价值的共生、伴生矿产,应当统一规划,综合回收利用;对中低品位矿、薄层矿、难选矿、尾矿和废石(矸石)应当加强管理和综合利用;对暂时不能综合开采或已采出暂时不能综合利用的,应当采取有效保护措施,防止损失浪费。

第四十二条 矿山企业应当定期进行地质测量,将消耗的矿产储量报地质矿产主管部门核准。不能独立完成地质测量工作的,应当委托有资质条件的地质测量单位进行测量。

矿山企业必须按规定的时间和要求测绘矿山(井)采矿工程平面图或者井上、井下工程对照图,及时报送当地地质矿产主管部门。

第四十三条 严禁破坏矿产资源。矿产资源的损失价值总额在5万元以上50万元以下的,属于破坏矿产资源;矿产资源损失价值总额超过50万元的,属于严重破坏矿产资源。

矿产资源损失价值数额的计算经有资格的评估机构评估后,由省人民政府地质矿产主管部门确认。

第四十四条 勘查、开采矿产资源,必须加强环境、资源的保护工作,妥善处置生产中产生的废水、废渣和废矿,节约用地,科学合理安排采掘工程,防止环境污染、资源破坏或者引发地质灾害。对有害物质应当进行无害化处理。

勘查、开采矿产资源造成环境污染、资源破坏或者引发地质灾害的,探矿权人、采矿权人应当采取必要的措施进行恢复治理,并及时向当地地质矿产主管部门报告。

第四十五条 矿井、中段、采区闭坑或者采矿终止需要关闭矿山的,应当按照闭坑或者关闭矿山的有关规定,办理审批手续,并做好矿山安全、水土保持、土地复垦和环境保护工作,或者缴清土地复垦和环境保护的有关费用。经地质矿产主管部门会同有关部门审查、验收后,方可闭坑。对小型矿山企业实行闭坑抵押办法,其闭坑工作经验收合格,抵押金及利息予以返还。

第四十六条 销售矿产品的单位和个人,应当到当地税务部门办理有关手续,购买统一印制的矿产品销售专用发票。任何单位和个人不得收购或者销售无专用发票的矿产品。

第七章　法律责任

第四十七条　未取得勘查许可证擅自进行勘查或者超越批准的勘查区块范围进行勘查的,责令停止违法行为,予以警告,可以并处 1 万元以上 10 万元以下的罚款。

第四十八条　未取得采矿许可证擅自进行采矿的,责令停止开采,没收采出的矿产品和违法所得,可以并处 1 万元以上 10 万元以下的罚款,拒不停止开采的,可以封填井口,查封采矿设备和工具;造成资源损失的,应当承担赔偿责任。

超越批准的矿区范围采矿的,责令退回本矿区范围内开采,没收越界开采的矿产品和违法所得,可以并处 1 万元以上 10 万元以下的罚款;造成矿产资源破坏的,吊销采矿许可证。造成损失的,应当承担赔偿责任。

第四十九条　买卖、出租或者以其他形式转让矿产资源的,没收违法所得,并处 1 万元以上 10 万元以下的罚款。

未经批准擅自转让探矿权、采矿权的,责令改正,没收违法所得,处以 1 万元以上 10 万元以下的罚款;情节严重的,吊销勘查许可证、采矿许可证。

第五十条　擅自印制或者伪造、冒用勘查许可证、采矿许可证的,没收违法所得,可以并处 1 万元以上 10 万元以下的罚款。

第五十一条　超过规定时间未进行勘查施工、矿山建设的,责令限期改正;逾期不改正的,处以 5000 元以上 5 万元以下的罚款;情节严重的,吊销勘查许可证、采矿许可证。

不按规定办理勘查许可证、采矿许可证变更、注销登记手续的,责令限期改正;逾期不改正的,吊销勘查许可证、采矿许可证。

第五十二条　探矿权人不按规定完成年度最低勘查投入的,责令限期完成,逾期不完成的,处以 5000 元以上 5 万元以下的罚款;情节严重的,吊销勘查许可证。

第五十三条　破坏或者擅自移动矿区范围界桩或者地面标志的,责令限期恢复;情节严重的,处以 3000 元以上 3 万元以下的罚款。

第五十四条　采取破坏性开采方法开采矿产资源的,处以 1 万元以上 10 万元以下的罚款,可以吊销采矿许可证。

第五十五条　达不到地质矿产主管部门核定的“三率”指标要求的,责令限期达到,逾期达不到的,处以相当于矿产资源损失价值 10% 以上 50% 以下的罚款;情节严重的,可以责令停产整顿,直至吊销采矿许可证。

第五十六条　不按规定测绘矿山(井)采矿工程平面图或者井上、井下工程对照图或者不按规定报送图件的,予以警告,责令限期改正;逾期不改正的,处2千元以上2万元以下的罚款。

第五十七条　不按规定提交年度报告、办理年检手续的,予以警告,责令限期改正;逾期不改正的,处5000元以上5万元以下的罚款;情节严重的,吊销勘查许可证、采矿许可证。

第五十八条　勘查、开采矿产资源造成地质环境破坏或者诱发地质灾害未按规定恢复治理的,责令限期恢复治理,可以并处1万元以上10万元以下的罚款;情节严重的,吊销勘查许可证、采矿许可证。

第五十九条　采矿权人不按规定闭坑的,责令限期改正,按照对生态、环境的影响程度,处以1万元以上10万元以下的罚款;造成损失的,应当承担赔偿责任。

第六十条　收购、销售无矿产品专用发票的矿产品的,没收矿产品和违法所得,可以并处1万元以上10万元以下的罚款。

第六十一条　本条例第五十四条规定的行政处罚,由省人民政府地质矿产主管部门决定;第五十一条第二款规定的行政处罚以及给予吊销勘查许可证、采矿许可证处罚的,由原发证机关决定;第六十条规定的行政处罚,由县级以上人民政府工商行政管理部门决定。

除前款规定外,本条例规定的行政处罚,由县级以上人民政府地质矿产主管部门决定。

依照本条例规定应当由有关地质矿产主管部门给予行政处罚而不给予行政处罚的,上级人民政府地质矿产主管部门有权责令改正或者直接给予行政处罚。

第六十二条　地质矿产主管部门的工作人员或者其他有关工作人员玩忽职守、滥用职权或者徇私舞弊,违反本条例规定批准勘查、开采矿产资源和颁发勘查许可证、采矿许可证,未按规定时间办理勘查和采矿登记手续,或者对违法勘查、开采矿产资源的行为不依法予以制止、处罚尚不构成犯罪的,由其所在单位或者上级机关给予行政处分,违法颁发的勘查许可证、采矿许可证,上级人民政府地质矿产主管部门有权撤销。

第六十三条　当事人对行政处罚决定不服的,可以依法申请复议,也可以依法直接向人民法院起诉。当事人逾期不申请复议也不向人民法院起诉,又不履行处罚决定的,由作出决定的机关申请人民法院强制执行。

第六十四条　违反本条例构成犯罪的,依法追究刑事责任。

第八章　附　　则

第六十五条　本条例由省人民政府地质矿产主管部门负责应用解释。

第六十六条　本条例自1998年11月1日起施行。《黑龙江省集体和个体采矿管理条例》同时废止。

黑龙江省公路条例

(1999 年 4 月 15 日黑龙江省第九届人民代表大会常务委员会
第九次会议通过 根据 2015 年 4 月 17 日黑龙江省第十二届人
民代表大会常务委员会第十九次会议《关于废止和修改〈黑龙
江省文化市场管理条例〉等五十部地方性法规的决定》修正)

第一章 总 则

第一条 为加强对公路建设、养护和管理,加快公路事业发展,适应经济建设和人民生活需要,根据《中华人民共和国公路法》及有关法律、法规,结合本省实际,制定本条例。

第二条 在本省行政区域内从事公路的规划、建设、养护、经营、使用和管理,适用本条例。

本条例所称公路是指本省行政区域内的国道、省道、县道、乡道,包括公路桥梁、公路隧道和公路渡口。

本条例对专用公路有规定的,适用于专用公路。

第三条 公路的发展应遵循全面规划、合理布局、确保质量、保障畅通、保护环境、建设改造与养护并重的原则。

第四条 各级人民政府应采取有力措施,加大资金投入,调动各方面积极性,扶持、促进公路建设。

第五条 县级以上人民政府交通主管部门是本行政区域内的公路主管部门,其所属的公路管理机构行使公路行政管理职责。

农垦、森工、厂矿系统的专用公路,由其主管单位规划、建设、养护和管理,省人民政府交通主管部门(以下简称省交通主管部门)负责对专用公路规划、建设、养护和管理的监督指导。

第六条 除公安、交通、林业按规定上路检查外,禁止任何单位和个人在公路上非法设卡、收费、罚款和拦截车辆。

第二章 公路规划

第七条 公路规划的编制与审批:

(一)国道规划按国家有关规定编制和审批;

（二）省道规划由省交通主管部门会同同级有关部门并商省道沿线市人民政府(行署)编制,报省人民政府批准,并报国务院交通主管部门备案;

（三）县道规划由县(市)人民政府交通主管部门会同同级有关部门编制,经上一级人民政府(行署)审定,报省人民政府批准;

（四）乡道规划由县(市)人民政府交通主管部门协助乡、镇人民政府编制,经县(市)人民政府批准,并报省、市人民政府(行署)交通主管部门备案。

专用公路规划由专用公路的主管单位编制,经上级主管部门审定后,报市人民政府(行署)交通主管部门审核,并报省交通主管部门备案。

第八条 经批准的公路规划,需要调整或修改的,由原编制机关提出调整或修改方案,报原批准机关批准。

第九条 规划和新建村镇、开发区边缘应与国道、省道边沟外缘保持不少于 500 米的距离,并避免在公路两侧对应建设,防止公路街道化,影响公路的运行安全与畅通。

第三章 公路建设

第十条 公路建设应统筹规划、条块结合、分级负责、联合建设。

国道、省道的建设由省人民政府负责,其建设资金由建设单位承担。国道、省道征用土地的,依照法定程序批准后,征地、拆迁、安置工作由县级以上地方人民政府予以公告并组织实施。

征地、拆迁安置费用应由建设单位承担。由国家投资建设的国道、省道按其在行政区域内的实际情况,各级人民政府相应承担有关费用。

县道建设由县(市)人民政府负责,乡道建设由乡、镇人民政府负责。

公路建设、改造所使用的国有土地,县级以上人民政府应依法予以划拨,任何单位和个人不得收取费用。

第十一条 公路建设项目的设计和施工应符合依法保护环境、保护文物和防止水土流失的要求。公路建设项目应按国家有关规定编制水土保持方案,并与公路建设项目同时设计、同时施工、同时验收。

第十二条 公路建设应实行国家投资、地方筹资、社会配资和利用外资,多渠道筹融资体制。

公路建设资金应专款专用,不得挪用。

第十三条 公路建设项目应按照国家有关法律、法规和规定实行项目法人负责制度、招投标制度、工程监理制度、合同管理制度和工程质量终身负责制度。

公路建设的设计、施工和监理单位,不得转包业务。

第十四条 公路建设工程实行全面质量监督管理制度。

交通主管部门和建设行政主管部门应依法对工程质量实行监督和管理。

公路建设工程项目的建设单位和勘察设计、施工、监理单位,应接受监督和管理。

第十五条 公路工程施工时,施工单位应在施工路段两端设置明显的施工标志、安全标志。需要车辆绕行的,应在绕行路口设置标志;不能绕行的,应按保证通行和安全的要求修建临时便道。

第十六条 交通主管部门应对公路建设工程造价定额进行管理和监督。未经批准,不得擅自提高或降低工程造价定额。

第十七条 公路建设必须符合公路工程技术标准。未经原批准机关批准,不得擅自变更设计。项目竣工后,应按国家有关规定进行验收。未经验收或验收不合格的项目,不得交付使用。

第四章　公路养护

第十八条 国道、省道养护由省公路管理机构负责;县道养护由县(市)公路管理机构负责;乡道养护由乡、镇人民政府负责。

公路应坚持常年养护、保证公路经常处于良好状态。

公路发生翻浆、水毁、雪阻等自然灾害时,公路管理机构要立即组织力量抢修,当公路管理机构抢修力量不足时,沿线各级人民政府应组织社会力量及时修复。

第十九条 公路养护需要封路时,施工单位应提前发布公告,标明绕行路线,设置安全标志,并采取措施保证通行。

第二十条 各级人民政府对公路修建、养护需要使用国有荒山、荒地或者需要在国有荒山、荒地、河滩、滩涂上挖砂、采石、取土的,依照有关法律、行政法规的规定办理,任何单位和个人不得阻挠或者非法收取费用。

废弃的公路养护料场由公路管理机构负责采取水土保持措施。

第二十一条 公路沿线农村劳动力和车辆,应按国家规定履行公路建勤义务。

第五章　路政管理

第二十二条 公路两侧建筑控制区与规定的公路边沟外缘,无边沟的与坡角外 3.5 米最小间距应符合下列规定:

(一)国道不少于 20 米;(二)省道不少于 15 米;(三)县道、乡道、专用公路不少于 10 米;因特殊需要控制的由县(市)人民政府确定。

高速公路和一级公路两侧建筑控制区不少于 50 米,二级公路不少于 20 米。

第二十三条　公路建筑控制区禁止修建建筑物和地面构筑物。

因公路新建、改建或公路建筑控制区调整,被划入公路控制区内的建筑物和地面构筑物,不得扩建、改建。当公路建设需要时,由所在区域内的人民政府负责动迁安置。

第二十四条　任何单位和个人不得擅自在公路用地范围内设置标牌、广告牌、宣传标语、匾幌等非公路标志。在公路零公里以外的公路用地范围内确需设置的,应经公路管理机构批准。

第二十五条　国道、省道、县道两侧各 150 米和公路路基下 50 米范围内,不得挖砂、采石、取土、倾倒废弃物,不得进行爆破作业及其他危及公路安全的活动。

第二十六条　任何单位和个人不得在公路上及公路用地范围内摆摊设点、堆放物品、打场晒粮、倾倒垃圾、设置障碍、挖沟引水、种植作物、放牧拴畜、乱停乱放车辆、利用公路边沟排放污物或者进行其他损坏、污染公路和影响公路畅通的活动。

在收费公路上行驶的车辆,禁止抛弃、散落、滴漏、流淌物品或试车、教车和随意停车。

第二十七条　在高速公路和公路封闭路段上禁止下列行为:

(一)拦截或检查车辆;

(二)停车乘降旅客;

(三)非机动车、行人和牲畜进入。

第二十八条　各级公路管理机构,应在无人看守的公铁平交道口的公路两端,除设置缓行标志外,还应按标准设置安全路坎。

第二十九条　对已列入公路发展规划拟新建、改建的公路,交通主管部门应当事先通知有关部门,有关部门在建筑控制区内,不得再行审批建筑物、地面构筑物的建设。

第三十条　对已立项即将开工和正在建设的公路,公路管理机构应依法实施路政管理。

第三十一条　在公路和专用公路上不得擅自增设平交道口,确需增设的,须经公路管理机构审批。经批准新增设的平交道口,应按照国家规定的公路工程技术标准修建,并向公路管理机构缴纳有关费用。因公路改造拓宽需要时使用者必须无条件拆除。

原审批的平交道口未达到公路工程技术标准的,应限期达到标准。

第三十二条　对轴载质量超过公路工程技术标准要求确需通过的车辆,须经公路管理机构批准,并承担公路管理机构为此采取的技术保护措施和修复损坏部分所需的费用。

第三十三条　任何单位和个人不得擅自占用、挖掘公路、专用公路和公路用地。确需占用和挖掘的，须经公路管理机构批准，并应缴纳有关费用。造成公路路产损失的，应给予赔偿。

占用、挖掘公路、专用公路和公路用地的有关费用标准由省人民政府制定。

第三十四条 公路发生交通事故时，属地内的有关部门应在最短时间内赶赴现场，疏导交通，完成现场勘查后，由公安交通管理部门或公路管理机构负责清障。

第六章 收费公路

第三十五条 符合国家收费规定的公路，经省人民政府批准，可以设置车辆通行费收费站。

车辆通行费收费标准按省人民政府批准的标准执行。

除国家规定的军车、武警车、正在执行任务的设有固定装置的消防车、红十字会车、医院救护车、公安部门的警备车和抢险救灾等特殊情况外，其他车辆一律按规定缴纳车辆通行费。

第三十六条 收费公路的收费站应实行统筹规划、合理布局、总量控制、规范建设、文明服务。

第三十七条 收费公路车辆通行费实行收支两条线，由省交通主管部门实行统收统支，按贷款和集资款的比例，专项用于偿还贷款、集资款本息、收费公路的养护管理等。

收费公路的收费站应逐步采取现代化手段，防止票、款流失。

第三十八条 省交通主管部门应加强对收费公路的管理。公路收费站应公开审批部门、主管部门、收费年限、收费标准、收费单位和监督电话。

收费公路使用的车辆通行费票据，由省财政部门统一印制，省交通主管部门统一领取和管理。收费站不使用省财政主管部门统一印制票据的，车主可拒交和举报。

第三十九条 公路管理机构对收费公路实施统一的路政管理。经营性公路路政管理职责由公路管理机构派出的机构、人员行使。

第七章 法律责任

第四十条 违反本条例规定，有下列行为之一的，由交通主管部门责令停止违法行为，限期改正并给予下列处罚：

（一）转包公路建设设计、施工和监理业务的，没收违法所得，并处以公路建设设计、施工和监理费用 10% 至 20% 的罚款；造成工程质量责任事故的单位，依法承担建设单位的经济损失，并处事故造成全部损失费用的 5% 至 10% 罚款；构成犯罪的，依法追究其刑事责任。

（二）未经交通主管部门批准擅自提高或降低工程造价定额的，由交通主管部门没收提高或降低造价的差额部分，并处以提高或降低造价差额2倍的罚款；构成犯罪的依法追究其刑事责任；

（三）未经原批准机关批准擅自变更设计、降低技术标准的，处以变更部分工程造价的5%至10%的罚款，造成工程质量事故的，包赔质量事故所造成的全部损失；构成犯罪的，依法追究其刑事责任。

（四）施工单位不服从监理，违章作业，偷工减料或采用不合格的材料，造成工程质量和人身伤亡事故的，除按国家有关规定处罚外，应依照法律规定赔偿建设单位的经济损失；构成犯罪的，依法追究责任人的刑事责任。

（五）公路收费站未公开审批部门、主管部门、收费年限、收费标准、收费单位和监督电话的，处以1000元以上5000元以下的罚款。

（六）非法在公路上设卡、收费、罚款和拦截车辆或在高速公路和公路封闭路段上拦截或检查车辆的，由交通主管部门责令停止违法行为，没收违法所得，处2万元以下的罚款或处违法所得三倍以下的罚款；对负有直接责任的主管人员和其他直接责任人员，应给予行政处分。

第四十一条　违反本条例规定，有下列行为之一的，由公路管理机构责令停止违法行为，限期改正，并给予下列处罚：

（一）施工单位或公路养护单位在改建、养护公路时，未设置安全标志、封路标志、绕行标志或临时便道不能保证通行的，处以1000元以上5000元以下的罚款；

（二）在公路建筑控制区内修建建筑物或地面构筑物的，责令限期拆除，可处5万元以下罚款；逾期不拆除的，由公路管理机构拆除，有关费用由建筑或者构筑者承担；

（三）擅自在公路用地范围内设置标牌、广告牌、宣传标语、匾幌等非公路标志的，可处2万元以下的罚款，逾期不拆除的，由公路管理机构拆除，有关费用由设置者承担；

（四）在国道、省道、县道两侧150米和公路路基下50米范围内进行挖砂、采石、取土、倾倒废弃物、爆破等危及公路安全的，可处3万元以下的罚款；

（五）在公路用地范围内摆摊设点、堆放物品、打场晒粮、倾倒垃圾、设置障碍、挖沟引水、种植作物、放牧拴畜、乱停乱放车辆、利用公路边沟排放污物或者进行其他损坏、污染公路和影响公路畅通活动的，可处5000元以下的罚款；

（六）在公路上擅自增设道口，或未按公路工程技术标准修建的，处5万元以下的罚款；

（七）拒缴、逃缴公路车辆通行费的，责令其补交全程车辆通行费，处以车辆通行费 10 倍的罚款；

（八）在收费公路上行驶的车辆抛弃、散落、滴漏、流淌物品或教车、试车和随意停车的，处以 500 元以上 1000 元以下的罚款；

（九）在高速公路或公路封闭路段上停车乘降旅客的，处以车辆定员全程往返票价总金额的罚款；非机动车、行人和牲畜进入高速公路和公路封闭路段的，对非机动车当事人、行人和牲畜物主处以 50 元至 100 元的罚款。

（十）对轴载质量超过公路工程技术标准要求，擅自通过的，除缴纳路产损失赔偿费用外，处以 5000 元至 1 万元的罚款。

第四十二条　拒绝执行本条例处罚或不能当场赔偿的，公路管理机构可暂扣其车辆；对装有危险品、贵重物品或鲜活易腐物资不宜扣留的车辆，可暂扣驾驶证照，并开具盖有省交通公路管理机构印章的暂扣凭证，限期到指定的公路管理机构接受处理。被扣车辆或证照的单位或个人接受处理后，公路管理机构应当立即退还暂扣的证照或放行车辆。

对暂扣车辆，逾期 3 个月不到指定地点接受处理的，公路管理机构依法拍卖被扣车辆。被拍卖车辆资金除抵交赔偿费用和处罚金额外，剩余部分应退还给当事人，不足部分由当事人补交，拒不补交的，可以申请人民法院强制执行。

第四十三条　对挪用公路建设资金的，责令限期收回，对直接责任人视情节轻重给予相应行政处分；构成犯罪的，依法追究其刑事责任。

第四十四条　当事人对行政处罚决定不服的，可以依法申请行政复议或提起行政诉讼。

第四十五条　收费、赔偿、罚没应使用省财政部门统一印制的票据。罚没款应上缴同级财政。

第四十六条　交通主管部门、公路管理机构的管理人员玩忽职守、滥用职权、徇私舞弊，构成犯罪的，依法追究刑事责任；尚不构成犯罪的，依法给予行政处分。

第八章　附　　则

第四十七条　本条例由省交通主管部门负责应用解释。

第四十八条　本条例自 1999 年 7 月 1 日起施行。1993 年 5 月 16 日黑龙江省第八届人大常委会第三次会议通过的《黑龙江省公路管理条例》同时废止。

黑龙江省档案管理条例

(1999年8月11日黑龙江省第九届人民代表大会常务委员会第十一次会议通过 根据2005年6月24日黑龙江省第十届人民代表大会常务委员会第十五次会议《关于修改〈黑龙江省档案管理条例〉的决定》第一次修正 根据2013年10月18日黑龙江省第十二届人民代表大会常务委员会第六次会议《关于修改〈黑龙江省体育发展条例〉等四部地方性法规的决定》第二次修正 根据2015年4月17日黑龙江省第十二届人民代表大会常务委员会第十九次会议《关于废止和修改〈黑龙江省文化市场管理条例〉等五十部地方性法规的决定》第三次修正)

第一章 总 则

第一条 为加强档案工作,促进档案事业建设,有效地保护和利用档案,根据《中华人民共和国档案法》和有关法律、法规,结合本省实际,制定本条例。

第二条 本条例所称档案,是指过去和现在的国家机构、社会组织以及个人从事政治、军事、经济、科学、技术、文化、宗教等活动直接形成的对国家和社会具有保存价值的各种文字、图表、声像等不同形式的历史记录。

第三条 本省行政区域内的机关、团体、企业事业单位和其他组织及公民均应当遵守本条例。

第四条 各级人民政府档案行政管理部门负责组织实施本条例。

各级计划、财政、人事等行政管理部门,应当按照各自职责,配合档案行政管理部门做好档案管理工作,加强档案事业建设。

农垦、森工、铁路主管部门负责本系统的档案管理工作,并接受省人民政府档案行政管理部门的监督和指导。

第五条 各级人民政府应当加强对本行政区域内档案工作的领导,把档案事业建设列入国民经济和社会发展计划。

第六条 各级人民政府、各级档案行政管理部门以及有关单位,对在档案工作中做出突出贡献的单位和个人应当给予表彰和奖励。

第二章 档案机构

第七条 省人民政府档案行政管理部门主管全省档案事业,依法对本省档案事业进行统筹规划,组织协调,统一制度,监督指导。

市(行署)、县(市、区)人民政府档案行政管理部门主管本行政区域内档案事业。

乡、民族乡、镇人民政府应当建立档案室(馆),指定人员负责档案收集、整理、保管和利用工作,并对本行政区域内的单位和所辖行政村的档案工作实行监督和指导。

第八条 村民委员会应当建立档案,并指定人员负责档案的收集、整理、保管和利用工作。

街道办事处应当指定人员负责本机关及所属单位的档案收集、整理、保管和利用工作。

第九条 机关、团体、企业事业单位和其他组织应当建立档案机构或者配备专兼职档案工作人员,统一管理本单位的档案,按照规定向有关档案馆移交档案,并对本系统或者所属单位的档案工作进行监督和指导。

第十条 各级综合档案馆是集中管理档案的文化事业机构,负责收集、接收、整理和保管各分管范围内具有保存价值的档案,建立本行政区域内档案信息中心,并按规定提供服务。

第十一条 专业档案馆负责收集、接收、整理和保管本行业(部门)的档案,并按规定提供服务。

第十二条 县级以上综合档案馆的设置,由同级人民政府批准。

企业事业单位设置档案馆,应当报省人民政府档案行政管理部门备案。

第十三条 中外合资(合作)企业和外商独资企业应当按照我国有关法律、法规建立档案,其档案工作受所在地档案行政管理部门监督和指导。

第十四条 从事档案鉴定、评估、咨询等中介服务的机构和人员,应当到省人民政府档案行政管理部门备案,并接受其业务监督。

第三章 档案收集和移交

第十五条 机关、团体、企业事业单位和其他组织及其工作人员在公务活动中形成的应当立卷归档的材料,由文书部门或者业务部门收集齐全,并进行整理立卷,定期交本单位档案机构或者档案工作人员集中管理。

任何单位和个人不得拒绝立卷归档或把档案据为己有,不得随意扩大或缩小档案收集范围。

第十六条 个人在公务活动中形成的具有保存价值属于国家所有的文字、图表、声像等档案应当及时整理立卷,并移交档案机构。

第十七条 本行政区域内重大的政治、经济、科学、技术、文化、宗教等活动和重要人物、杰出人物在其政务、业务活动中形成的对国家和社会具有保存价值的各种载体档案,应当在当地档案行政管理部门监督指导下,由各有关部门或单位档案机构或档案馆重点收集或征集。

第十八条 各级各类档案馆以及机关、团体、企业事业单位和其他组织经省级以上人民政府档案行政管理部门依据职权审查批准,可以采取交换档案复制件的方式收集散失在国外的档案。

第十九条 集体所有的和个人所有的对国家和社会具有保存价值的或者应当保密的档案,由于保管条件恶劣或者其他原因可能导致严重损毁和不安全的,有关档案行政管理部门有权采取代为保管等确保档案完整和安全的措施,必要时可以收购或者征购。

第二十条 机关、团体、企业事业单位和其他组织应当按照下列规定,定期向有关档案馆(室)移交档案:

(一)列入省综合档案馆接收范围的档案,自形成之日起满10年向省综合档案馆移交;

(二)列入市(行署)综合档案馆接收范围的档案,自形成之日起满5年向市(行署)综合档案馆移交;

(三)列入县(市、区)综合档案馆接收范围的档案,自形成之日起满3年内向县(市、区)综合档案馆移交;

(四)列入乡、民族乡、镇档案室(馆)收集范围的档案,自形成之日起满1年向乡、民族乡、镇档案室(馆)移交;

(五)列入专业档案馆收集范围的档案,按照国家有关档案接收年限的规定,向专业档案馆移交。

第二十一条 专业性较强或者需要保密的档案,经档案行政管理部门认定和同意,可以延长向有关档案馆移交的期限。

第二十二条 机关、团体和其他组织在机构撤销时,应当在主管部门和同级档案行政管理部门监督指导下,向上级主管部门或者有关档案馆移交档案。

国有企业事业单位资产与产权转让或依法实行破产时,其档案转让或转移依照国家有关规定办理。

第二十三条 中外合资(合作)企业在合同生效后形成的档案,为中外双方共同所有;合同终止,档案原件归中方所有,外方可以保存复制件。

第二十四条 博物馆、图书馆、纪念馆等单位保存的文物、图书资料同时是档案的,档案馆可以与上述单位相互交换重复件、复制件或者目录。

第四章　档案管理

第二十五条　各级人民政府档案行政管理部门实行档案管理登记制度。经批准成立的机关、团体、企业事业单位和其他组织应当向档案行政管理部门申报登记。档案管理登记具体办法由省人民政府档案行政管理部门制定。

第二十六条　建设工程、科学研究、技术改造和设备更新改造等项目的档案,应当由项目单位及其主管部门的档案机构进行验收。

县级以上人民政府确定的重点建设工程、重大科学研究、重要技术改造和设备更新改造等项目的档案,应当由项目单位主管部门的档案机构和档案行政管理部门进行验收。

第二十七条　档案馆和单位档案机构应当定期对档案进行鉴定,对失去保存价值的档案,按照国家档案行政管理部门的规定予以销毁。

禁止擅自销毁档案。

第二十八条　国家机关、团体、国有企业事业单位和其他组织形成的档案归国家所有。

向档案馆捐赠的档案,归国家所有;寄存在档案馆的档案,归寄存者所有。

非国有组织或单位形成的档案归该组织或单位所有;个人在非公务活动中形成的档案归个人所有。

第二十九条　国家所有的档案,任何机关、团体、企业事业单位和其他组织以及个人不得出卖。集体所有的和个人所有的对国家和社会具有保存价值的或者应当保密的档案,档案所有者可以向各级国家档案馆寄存、捐赠或者出卖;在向各级国家档案馆以外的任何单位或者个人出卖时,应当报请县级以上人民政府档案行政管理部门批准。其中涉密档案还应严格执行国家有关保密法律、法规。

严禁倒卖档案牟利,严禁将档案卖给或者赠送给外国人。

第三十条　国家所有的档案以及集体或个人所有的对国家和社会具有保存价值的或者应当保密的档案及其复制件,禁止私自携带、运输或者邮寄出境。

各级各类档案馆以及机关、团体、企业事业单位和其他组织,需要携带、运输或者邮寄前款档案出境的,应当报省级以上档案行政管理部门审核批准。海关凭批准文件查验放行。

个人需要携带、运输或者邮寄本条第一款档案出境的,应当经省级以上档案行政管理部门审核批准。海关凭批准文件查验放行。

第五章 档案利用和公布

第三十一条 县级以上各级国家档案馆保管的档案一般应当自形成之日起满30年向社会开放。经济、科学、技术、文化等类档案向社会开放的期限,可以少于30年。涉及国家安全或者重大利益以及其他到期不宜开放的档案向社会开放的期限,可以多于30年。

第三十二条 各级综合档案馆应当建立档案资料目录中心,定期公布开放的档案目录,并为档案利用创造条件,简化手续,提供方便。

第三十三条 公民和组织持有身份证、工作证或者介绍信等合法证明,可以利用已经开放的档案。

外国人或者外国组织经有关主管部门批准以及前往的档案馆同意,可以利用已经开放的档案。

第三十四条 机关、团体、企业事业单位和其他组织以及公民,利用档案馆未开放的档案,应当经档案馆同意,必要时还须经有关档案行政管理部门审查批准。

机关、团体、企业事业单位和其他组织的档案机构所保存的尚未向档案馆移交的档案,其他机关、团体、企业事业单位和组织以及公民如需利用,应当征得档案保存单位的同意。

第三十五条 向档案馆移交、捐赠档案的单位和个人,对其档案享有优先利用权,并可对其档案中不宜向社会开放的部分提出限制利用的意见。

档案馆对所寄存的档案不得任意提供利用;如需提供利用,应当征得寄存者的同意。

第三十六条 各级各类档案馆提供利用的档案,应当逐步实现以复制件代替原件。档案复制件载有档案收藏单位法定代表人的签名或者印章标记的,具有与档案原件同等的效力。

第三十七条 单位和个人利用档案,应当遵守查阅档案的有关规定,不得涂改、损毁、丢失、伪造或者擅自抄录和复制档案。

第三十八条 档案可以通过下列形式向社会公布:

(一)在报纸、期刊、图书、声像、电子等出版物上发表;

(二)在公众计算机信息网络上传播;

(三)在电台、电视台播放;

(四)在公开场合宣读或者播放;

(五)陈列、展览档案或者其复制件;

(六)公开出售、散发或者张贴档案复制件;

(七)出版发行档案史料汇编。

第三十九条 国家所有的档案,由档案馆或者有关单位公布:

（一）保存在档案馆的,由档案馆公布,必要时应当征得档案形成单位的同意或者报请其上级主管部门同意;

（二）保存在各单位档案机构的,由本单位公布,必要时应当报经其上级主管部门批准;

利用档案的单位和个人,未经档案馆或者有关单位同意,无权公布档案。

第四十条　集体所有的和个人所有的对国家和社会具有保存价值的或者应当保密的档案,档案所有者向社会公布时,应当遵守国家有关保密法律、法规,不得损害国家安全和重大利益,不得侵犯其他集体或者公民的合法权益。

集体和个人寄存在档案馆和其他档案机构的档案,如需公布应当征得档案所有者的同意。

第四十一条　利用和公布涉及知识产权的档案,应当征得知识产权所有者的同意。

第四十二条　各级各类档案馆和机关、团体、企业事业单位及其他组织的档案机构,应当加强档案的研究整理,采取各种形式大力开发档案信息资源,主动为经济建设和社会发展服务。

第六章　保障措施

第四十三条　各级人民政府应当将档案事业经费纳入同级财政预算,统筹安排档案事业费,保障档案事业发展需要。

第四十四条　机关、团体、企业事业单位和其他组织应当将档案管理所需经费纳入单位年度计划,并为档案收集、整理、保管和利用提供必要条件,保障档案工作的开展。

第四十五条　各级人民政府应当把档案馆基本建设纳入地方基建计划,所需投资在地方基建投资内统筹安排。

档案馆建筑应当符合国家规定的档案馆建筑设计规范。档案馆周边环境应当根据国家和省人民政府规定予以保护。

第四十六条　各级各类档案馆和各单位档案机构应当配置档案管理必需的设施和设备,逐步实现档案管理现代化。

第四十七条　机关、团体、企业事业单位和其他组织应当保证档案机构和档案工作人员的相对稳定。

档案工作人员应当具备档案和相关专业知识,并接受档案行政管理部门的业务培训。

第四十八条　鼓励社会各界和海外人士通过捐助或其他形式支持本省档案事业的发展。

第七章　法律责任

第四十九条　有下列行为之一的,由县级以上人民政府档案行政管理部门责令限期改正,逾期不改正的,对直接责任人员处以 200 元以上 1000 元以下罚款,对单位处以 2000 元以上 1 万元以下罚款;有关主管部门对直接负责的主管人员或者其他直接责任人员给予行政处分;

(一)未按规定立卷归档的;

(二)未按规定向国家档案馆移交档案的;

(三)擅自扩大或缩小档案馆接收范围的;

(四)未按规定开放档案的;

(五)未按规定办理档案登记的;

(六)明知所保存的档案面临危险而不采取措施的。

第五十条　有下列行为之一的,由县级以上人民政府档案行政管理部门根据档案的价值对单位处以 1 万元以上 10 万元以下罚款,对直接责任人员处以 500 元以上 5000 元以下罚款;有违法所得的,没收违法所得,并依法收缴或者征购所出卖或者赠送的档案;情节严重构成犯罪的,依法追究刑事责任:

(一)将国家所有的档案据为己有的;

(二)损毁、丢失国家所有或者列入国家监管范围档案的;

(三)擅自提供、抄录、复制、公布、销毁国家所有或者列入国家监管范围档案的;

(四)涂改、伪造档案的;

(五)擅自出卖或者转让国家所有的档案的;

(六)倒卖档案牟利或者将档案卖给、赠送给外国人的;

(七)档案工作人员玩忽职守造成档案损失的。

有前款所列行为的个人,有关主管部门还应当给予行政处分。

第五十一条　有本条例第四十九条、第五十条所列行为造成档案损失的,县级以上人民政府档案行政管理部门和有关主管部门可以根据档案的价值和数量,责令其赔偿损失。

第五十二条　携带、运输或者邮寄禁止出境的档案或者其复制件出境的,由海关予以没收,并按有关规定予以处罚;没收的档案或者其复制件移交给县级以上人民政府档案行政管理部门。

第五十三条　抢夺、窃取国家所有的档案构成犯罪的,依法追究刑事责任。

第五十四条　当事人对行政处罚决定不服的,可以依法申请行政复议或者提起行政诉讼;当事人逾期不申请复议或者不起诉又不履行处罚决定的,由作出处罚决定的行政机关依法申请人民法院强制执行。

　　第五十五条　档案行政管理部门及其工作人员在档案行政管理工作中玩忽职守、徇私舞弊、滥用职权,有下列情形之一的,由其所在单位或者上级主管部门对直接负责的主管人员和其他直接责任人员给予行政处分;构成犯罪的,依法追究刑事责任:

　　(一)未履行法定职责造成后果的;

　　(二)违法实施行政许可的;

　　(三)违反法定权限实施行政处罚的;

　　(四)违反法定程序实施行政处罚的;

　　(五)法律、法规、规章规定应当给予行政处分的其他情形。

第八章　附　　则

　　第五十六条　本条例自 1999 年 9 月 1 日起施行。

黑龙江省实施《中华人民共和国气象法》办法

(2003 年 6 月 20 日黑龙江省第十届人民代表大会常务委员会第三次会议通过　根据 2015 年 4 月 17 日黑龙江省第十二届人民代表大会常务委员会第十九次会议《关于废止和修改〈黑龙江省文化市场管理条例〉等五十部地方性法规的决定》修正)

第一条　为了发展气象事业,规范气象工作,根据《中华人民共和国气象法》和有关法律、法规,结合本省实际,制定本办法。

第二条　省气象主管机构负责全省的气象工作。

市(行署,下同)、县(市、区,下同)气象主管机构在上级气象主管机构和本级人民政府的领导下,负责本行政区域内的气象工作。

省监狱管理局、民航管理局等有关部门所属的气象台站,应当接受当地气象主管机构对其气象工作的指导、监督和行业管理。

省农垦总局、森工总局具体负责本系统气象管理工作,应当接受省气象主管机构的指导、监督和行业管理。

第三条　县级以上气象主管机构和有关部门所属的气象台站(以下简称气象台站),应当充分发挥其先进设备和技术优势,为经济发展和社会进步提供及时准确的气象信息。在确保气象公益服务的前提下,可以根据国家有关规定开展气象有偿服务。

县气象台站在开展公益性气象服务时,应当把为农业生产服务作为重点,积极主动地为当地农业生产提供所需的公益性气象信息。

气象台站应当执行国家或者省统一制定的气象技术规范、气象装备和业务标准,遵守气象工作制度。

第四条　县级以上人民政府应当将发展气象事业纳入本级国民经济和社会发展计划,在财政预算中安排本级应当负担的基本建设投资、有关事业经费和专项经费。

第五条　县、市和省根据当地需要所建立的不属于国家统一布点的气象台站监测系统、气象服务系统、气象通信系统、天气预警系统,以及为农业综合开发、气象科技扶贫、抗旱、森林防火、防灾减灾的地方气象事业项目,其投资主要由本级财政承担。

第六条 县级以上人民政府应当加强气象现代化建设,鼓励和支持气象科学研究和技术创新,培养气象人才,保护和利用气象科技成果,发展气象信息产业,扶持少数民族地区、边远艰苦和贫困地区的气象工作。

第七条 省气象主管机构应当根据国家气象设施建设规划,按照合理布局、有效利用、兼顾当前与长远需要的原则,编制全省气象设施建设规划,并组织实施。

第八条 县级以上人民政府应当根据国家规定的标准,划定气象探测环境的保护范围,纳入城市规划或者乡村建设规划。

任何单位和个人都应当严格执行国家关于气象探测环境保护标准和本办法关于保护范围的规定,不得在保护范围内批建不符合气象探测环境保护规定的建设项目。

第九条 基准气候站、基本气象站、一般气象站和自动气象站观测场周边探测环境的保护范围:

(一)观测场边缘与周围建筑物、树木等其他遮挡物的距离,为该遮挡物高度的十倍以远;

(二)观测场边缘距铁路路基200米以远,距水库等大型水体100米以远、并在水工程保护范围之外,距公路路基30米以远;

(三)观测场边缘距对观测有影响的热源、电磁辐射、化工污染、烟尘等源体500米以远;

禁止向观测场周围50米以内排放废水、废气、堆弃垃圾。

第十条 高空气象站、大气本底站、气象雷达站、酸雨站、雷电监测站等特种气象探测环境,除符合本办法第九条规定的保护范围外,实行特殊保护:

(一)天气雷达天线与周围障碍物的仰角小于0.5度;

(二)观测场主导风向上风方5公里内无大型污染排放源;

(三)观测场周围1公里内无大型燃烧热排放装置;

(四)观测场周围无干扰气象探测的无线电发射和电磁辐射装置;

(五)大气本底站观测场周围1公里内的地形地貌、自然植被应当保持长期不变。

第十一条 气象台站的台站址应当保持稳定。确因实施城市规划或者国家重点工程建设,需要迁移国家基准气候站、基本气象站、特种观测站或者其设施的,按照国家有关规定报批;需要迁移一般气象站的,由当地人民政府报省气象主管机构审批。

未经批准,任何组织或者个人不得迁移气象台站。

迁移工作由当地人民政府组织进行,迁建费用由建设单位承担。

省气象主管机构会同有关部门选定新台站址,新台站址应当进行科学论证和对比观测。

第十二条 气象仪器、设备、标志和通信线路、信道等气象设施受法律保护，任何单位或者个人不得侵占、损毁或者擅自移动。

第十三条 气象台站应当依照有关规定及时送检气象计量器具。未经检定、检定不合格或者超过检定有效期的气象计量器具，不得使用。

第十四条 公众气象预报和灾害性天气警报实行统一发布、分级负责制度。

省气象主管机构所属的气象台负责发布全省范围的公众气象预报、灾害性天气警报、分区指导预报、省人民政府用于防灾减灾决策的气象预报和专业预报。

市气象主管机构所属的气象台负责发布本行政区的公众气象预报、灾害性天气警报、分县指导预报、市人民政府用于防灾减灾决策的气象预报、所在城市单点预报和专业预报。

县气象主管机构所属的气象站负责发布本行政区的补充、订正公众气象预报、灾害性天气警报、县人民政府用于防灾减灾决策的气象预报和专业预报。

其他部门所属的气象台站按照职责在本系统内部发布相应的专项气象预报。

电视气象预报节目由发布该预报的气象台站负责制作，并保证制作质量。

第十五条 各级广播、电视台站和省级人民政府指定的报纸，应当安排专门的时间或者版面，每天播发或者刊登公众气象预报或者灾害性天气警报。为满足人民群众生产、生活需要，鼓励广播、电视台站增加气象预报节目的播出次数和时间。

广播、电视播出单位改变气象预报节目播发时间安排的，应当事先征得有关气象台站的同意；对国计民生可能产生重大影响的灾害性天气警报和补充、订正的公众气象预报，应当及时增播或者插播。

第十六条 广播、电视、报纸、电信和互联网等公共媒体传播气象预报和灾害性天气警报等气象信息，应当使用当地气象主管机构所属的气象台站直接提供的适时气象信息，并标明发布时间和气象台站名称。

通过传播气象信息获得的收益，应当提取一部分支持气象事业的发展，具体提取比例由双方协商确定。

禁止传播虚假气象信息。

第十七条 县级以上人民政府应当组织编制低温冷害、冰雹、暴雨、干旱等气象灾害防御预案，并组织实施。

气象台站应当加强对灾害性天气的联合监测预报，上游气象台站应当提供灾害性天气信息,协助下游气象台站做好灾害性天气的预报服务。

与气象灾害防御有关的单位,应当按照规定提供和报告气象灾害信息。

第十八条　县以上人民政府应当加强对人工影响天气工作的领导,依法组织编制人工影响天气计划,开展人工影响天气作业。

第十九条　县级以上气象主管机构应当参加有关部门组织的可能引起局地气候变化的城市规划、国家和省重点建设工程、重大区域性经济开发项目和气候资源开发利用项目的可行性论证。

第二十条　具有大气环境影响评价资格的单位进行工程建设项目大气环境影响评价时,应当使用县级以上气象主管机构提供或者经其审查的气象资料。

气象灾害保险理赔和科学技术研究等活动所需的气象资料,应当由县级以上气象主管机构所属的气象台站直接提供。

第二十一条　气象台站应当按照气象资料共享、共用的原则,根据有关规定交换气象资料,向社会发布适时气象信息。

外国组织和个人需要在本省境内设立气象观测站点的,应当根据国家有关规定报批后方可建站。

外国组织和个人在本省境内所获取气象资料的原始记录,应当由省气象主管机构负责保存。

第二十二条　县级以上气象主管机构负责本行政区雷电灾害防御的组织管理工作,组织开展雷电灾害的科学技术研究、监测、预警、鉴定,会同有关部门指导防雷电装置的检测工作。

专业从事防雷电装置设计、安装、检测的人员应当具备国家规定的资格条件;专业从事防雷电装置设计、安装、检测的单位应当具备国家规定的资质等级。但按国家规定取得建筑设计、建筑安装资质等级和资格条件的单位和人员除外。

使用强制检定工作的计量仪器和人员,应当按照国家和省的有关规定进行计量检定和持证上岗。

第二十三条　国家防雷电设计规范中规定的需要强制安装防雷电装置的建(构)筑物或者场所,以及电力、通信、广播电视设施,应当安装防雷电装置。

安装防雷电装置必须符合国务院气象主管机构规定的使用要求。已安装防雷电装置的单位应当按照有关规定委托防雷电装置检测机构进行检测。

新建、改建和扩建工程中安装的防雷电装置,经检测合格后,方可投入使用。

第二十四条　县级以上气象主管机构参加建设行政主管部门组织的本

办法第二十三条规定的防雷电装置的图纸设计审查。

第二十五条 县级以上气象主管机构的执法人员在履行监督检查职责时,有权采取下列措施:

(一)要求被检查的单位和个人说明情况,提供与气象活动有关的文件、记录和其他资料;

(二)检查与气象活动有关的场所和设施;

(三)责令被检查单位和个人停止违反国家规定或者本办法的行为,履行法定义务;

(四)对可能转移、隐匿、销毁的与违法行为有关文件、记录、资料、仪器和设备,可以先行登记保存。

执法人员在履行监督检查职责时,应当向被检查的单位和个人出示行政执法证件,遵守执法程序。

有关单位和个人不得拒绝与阻碍执法人员依法执行职务。

第二十六条 违反本办法规定,有下列行为之一的由县级以上气象主管机构依照《中华人民共和国气象法》和其它法律、法规的有关规定予以处罚:

(一)在气象探测环境保护范围内,违法批准占用土地或者非法占用土地新建建筑物及其他设施的;

(二)在气象探测环境保护范围内,从事危害气象探测环境的;

(三)侵占、损毁或者未经批准擅自移动气象设施的;

(四)传播气象预报和灾害性天气警报,未依法使用县级以上气象主管机构所属的气象台站直接提供的适时气象信息的;

(五)非法向社会发布公众气象预报、灾害性天气警报的。

第二十七条 违反本办法规定,外国组织和个人设立气象观测站点或者携带气象资料的原始记录出境的,由省气象主管机构责令拆除气象观测站点及设施,没收所携带气象资料的原始记录,并处一万元以上三万元以下的罚款。对国内有关责任人员,由其主管部门给予行政处分或者由省气象主管机构处以一万元以上三万元以下的罚款。

第二十八条 违反本办法规定,未按规定安装、使用防雷电装置和产品或已安装防雷电装置未经检测或者检测不合格投入使用的,由当地县级以上气象主管机构责令限期改正,可以并处应当安装、检测防雷电装置所需费用的一倍至二倍的罚款;给他人造成人身伤害或者财产损失的,依法承担赔偿责任。

第二十九条 违反本办法规定,有下列行为之一的,由县级以上气象主管机构或者法律、法规规定的其他有关部门责令改正,有违法所得的,没收违法所得,可以并处一万元以上三万元以下的罚款;情节严重的,吊销资质等级证书和从业人员的资格证书;给他人造成人身伤害或者财产损失的,依法承担赔偿责任。

(一)安装防雷电装置不合格导致雷击安全事故的;

(二)没有资质或者超越资质等级范围从事防雷电装置设计、安装、检测的;

(三)转让、伪造防雷电装置设计、安装、检测资质等级证书的;

(四)出具虚假防雷电装置检测报告的。

第三十条　各级气象主管机构及气象台站的工作人员有下列行为之一的,依法给予行政处分:

(一)玩忽职守,出现重大漏报、错报公众气象预报、灾害性天气警报的;

(二)丢失或者毁坏原始气象探测资料、伪造气象资料、违反国家规定提供气象资料的;

(三)其他应当给予行政处分的行为。

第三十一条　本办法自 2003 年 8 月 1 日起施行。

黑龙江省建筑市场管理条例

(2003 年 10 月 17 日黑龙江省第十届人民代表大会常务委员会
第五次会议通过　根据 2015 年 4 月 17 日黑龙江省第十二届人
民代表大会常务委员会第十九次会议《关于废止和修改〈黑龙
江省文化市场管理条例〉等五十部地方性法规的决定》修正)

第一章　总　　则

第一条　为了加强建筑市场管理,维护和规范建筑市场秩序,保障建筑
市场交易当事人的合法权益,促进建筑业健康发展,根据国家有关法律、法
规的规定,结合本省实际,制定本条例。

第二条　在本省行政区域内从事建筑市场活动,实施建筑市场监督管
理,应当遵守本条例。

本条例所称建筑市场,是指房屋建筑工程和市政基础设施工程(以下
简称建筑工程)的勘察、设计、施工以及建筑工程中介服务业务的交易行为
和场所。

本条例所称房屋建筑工程,是指各类房屋建筑及其附属设施和与其配
套的线路、管道、设备安装工程以及建筑装修工程。

本条例所称市政基础设施工程,是指城市道路、公共交通、供水、排水、
燃气、热力、园林、环卫、污水处理、垃圾处理、防洪、地下公共设施及附属设
施的土建、管道和设备安装工程。

第三条　从事建筑市场交易活动应当遵循诚实信用、竞争有序的原则,
建筑市场的监督管理应当坚持公开、公平、公正的原则。

第四条　省建设行政主管部门负责全省建筑市场的监督管理,并组织
实施本条例。

市(行署,下同)、县(县级市,下同)建设行政主管部门负责本行政区域
内的建筑市场管理。

省农垦总局、森工总局按照省人民政府的相关规定,负责本系统小城镇
的建筑市场管理,业务上接受省建设行政主管部门的监督和指导。

第五条　建设行政主管部门及其执法监察机构进行建筑市场管理时,
有权采取下列措施:

（一）进入被检查单位的施工现场和其他工作场所进行检查；

（二）查阅与监督检查事项有关的文件和资料；

（三）向被检查的单位、个人和其他有关人员调查了解情况；

（四）向社会公布对建筑市场交易活动实施检查的情况。

第二章 建筑市场准入

第六条 建筑工程实行报建制度。建设单位应当在建筑工程立项文件批准之日起三十日内，到建设行政主管部门办理报建手续。

大型、省重点建筑工程的报建手续到市建设行政主管部门办理；其他建筑工程的报建手续到项目所在地建设行政主管部门办理。

第七条 从事下列活动的单位应当向建设行政主管部门申请资质证书，经审查合格并取得相应等级的资质证书后，方可在其资质等级许可的范围内从事相关活动：

（一）勘察、设计、施工、安装、建筑装修；

（二）监理、造价咨询和招标代理；

（三）预制构配件、预拌混凝土、预拌砂浆生产；

（四）施工图设计文件审查代理；

（五）工程项目管理。

第八条 申请资质证书的单位，应当按照规定向建设行政主管部门出具真实、有效的文件。

第九条 建筑工程开工前，建设单位应当依照有关规定，向建设行政主管部门申请领取施工许可证。

大型和省重点建筑工程的施工许可证，由市建设行政主管部门负责办理。其他建筑工程的施工许可证，按照管理权限由建筑工程所在地建设行政主管部门负责办理。

第十条 建设单位申请领取施工许可证，应当具备下列条件，并提交相应的证明文件：

（一）已经办理建筑工程用地批准手续；

（二）在城市规划区的建筑工程，已经取得建设工程规划许可证；

（三）施工现场已经具备施工条件；

（四）确定的施工企业的资质条件和所配备的技术、经济管理人员的从业资格符合建筑工程项目的要求；

（五）施工图设计文件已经法定部门审查合格；

（六）应当委托监理的建筑工程已经签订委托合同；

（七）已经办理工程质量监督和安全监督手续；

（八）建设资金已经落实并能满足建筑工程施工进度需要。

　　第十一条　境外相关企业到本省从事建筑市场活动的,按照国家有关规定管理。

<h2 style="text-align:center">第三章　建筑工程发包与承包</h2>

　　第十二条　建筑工程发包与承包依法实行招标投标制度。

　　省人民政府可以根据有关法律、行政法规和本条例制定建筑工程招标投标管理的具体办法。

　　第十三条　施工单项合同估算价二百万元以上或者勘察、设计和监理等建筑工程中介服务单项合同估算价五十万元以上以及项目总投资三千万元以上的下列建筑项目,必须进行招标:

　　(一)房屋建筑及其配套设施项目;

　　(二)供水、排水、供热、供气项目;

　　(三)城市道路及桥梁、涵洞、地铁、轻轨、公共停车场项目;

　　(四)污水排放及处理、垃圾处理项目;

　　(五)其他市政基础设施项目。

　　第十四条　本条例第十三条规定的建筑工程项目,有下列情形之一的,必须实行公开招标:

　　(一)全部使用国有资金投资的;

　　(二)国有资金投资占控股或者主导地位的;

　　(三)使用国际组织或者外国贷款投资的;

　　(四)政府融资的。

　　其他建筑工程项目可以邀请招标。

　　公开招标、邀请招标应当有三个以上的投标单位参加,否则招标无效。

　　第十五条　建筑工程招标由招标人依法组织实施。

　　招标人不得以不合理条件限制或者排斥潜在投标人,不得对潜在投标人实行歧视性待遇,不得对潜在投标人提出过高的资质等级要求和其他不合理要求。

　　违反前款规定尚未确定中标人的,由建设行政主管部门责令限期依法修改招标文件;已经确定中标人的,由建设行政主管部门责令依法重新组织招标。

　　第十六条　招标文件一经发出,招标人不得无故中止招标活动,对于中止招标活动给投标人造成损失的,招标人应当给予赔偿。

　　招标人发售的招标文件只可收取工本费。

　　第十七条　招标人自行办理工程招标事宜,应当具备下列条件:

　　(一)有专门的组织机构;

　　(二)有与工程规模、复杂程度相适应的,熟悉有关工程招标法律、法规的工程技术、概预算和工程管理专业人员。

不具备上述条件的招标人,应当委托招标代理机构实施招标。

第十八条　招标人自行办理工程招标事宜,应当在发布招标公告五日前,向当地建设行政主管部门备案,并提交下列资料:

(一)按照国家和省的有关规定办理审批手续的批准文件;

(二)有关工程技术、概预算、工程管理专业人员名单及其技术职称、执业资格以及工作经历等书面证明材料;

(三)国家和省规定的其他材料。

招标人不具备自行办理招标事宜条件的,建设行政主管部门应当自收到备案材料之日起五日内,责令招标人停止自行办理招标事宜。

第十九条　本条例规定必须进行公开招标的建筑工程,应当在有形建筑市场进行招标活动。

有形建筑市场是自主经营的建筑工程中介服务机构,应当按照省价格行政主管部门核定的收费标准收取服务费用。

第二十条　招标人在发出工程招标文件的同时,应当将工程招标文件报送工程所在地建设行政主管部门备案。建设行政主管部门发现招标文件有违法内容的,应当责令招标人改正。

依法可以直接发包的建筑工程,建设单位应当在取得《建设工程规划许可证》之日起十五日内,到当地建设行政主管部门备案。

第二十一条　建筑工程施工招标人可以在招标文件中要求提供投标担保。投标担保可以采取投标保函或者投标保证金的方式。投标保证金可以使用支票或者银行汇票,一般不得超过投标总价的百分之二,最高不得超过八十万元。

招标结束后十日内,招标人应当退还投标保证金,但中标人未按招标文件规定的内容和期限与招标人签订施工合同的,其投标保证金不予退还。

第二十二条　发包单位应当将建筑工程发包给具备相应资质条件的承包单位。

任何单位和个人不得干涉、刁难和限制发包单位依法选择、确定的承包单位。

第二十三条　禁止发包单位将建筑工程肢解发包。禁止承包单位转包和违法分包。

肢解发包、转包和违法分包行为按照国务院《建设工程质量管理条例》的规定认定。

第二十四条　供水、供气、供热、供电、排水、消防等企业或者部门不得利用垄断地位或者行政权力,限定发包单位将建筑工程发包给其指定的承包单位。

供水、供气、供热、供电、排水、消防等专业设计、施工企业,应当通过公平竞争承包建筑工程,不得与前款规定的企业或者部门串通承包建筑工程。

第二十五条 省建设行政主管部门应当建立全省建筑工程评标专家名册,建立、健全建筑工程评标制度。

进入专家名册的专家应当具备国家规定的条件,经省建设行政主管部门考试合格并领取岗位证书后方可从事评标业务。

第二十六条 建筑工程开标时,由投标人或者其推选的代表检查投标文件的密封情况,也可以由招标人委托的公证机构检查并公证;经确认无误后,由工作人员当众拆封,宣读投标人名称、投标价格和投标文件的其他主要内容。

第二十七条 建设行政主管部门应当建立建设、勘察、设计、施工、监理等单位及其专业技术人员和评标专业人员的信用档案,并通过有形建筑市场或者新闻媒体向社会公布。

第四章 建筑工程中介服务

第二十八条 监理、造价咨询、招标代理、施工图设计文件审查代理、项目管理和风险担保等建筑工程中介服务单位不得与行政执法机关或者具有管理公共事务职能的组织有行政隶属关系或者经济利益关系。

建筑工程中介服务单位的收费标准,按照国家和省价格行政主管部门核定的标准执行。

第二十九条 委托人可以自主选择建筑工程中介服务单位,法律、法规另有规定的除外。

任何单位和个人不得以任何方式为委托人指定建筑工程中介服务单位,不得限制或者排斥建筑中介服务单位进行合法的中介服务活动。

第三十条 建筑工程中介服务单位应当在资质证书许可的业务范围内承接业务,并自行完成,不得转让。

从事建筑工程中介服务活动的专业技术人员,应当具备与所承担的业务相适应的执业资格。

第三十一条 下列建设工程必须实行监理:

(一)国家重点建设工程;

(二)大中型公用事业工程;

(三)中、小学校校舍工程;

(四)成片开发建设的住宅小区工程;

(五)利用外国政府或者国际组织贷款、援助资金的工程;

(六)国家规定必须实行监理的其他工程。

前款所列建筑工程以外的工程项目是否监理,由建设单位自行决定。

第三十二条 施工、房地产开发、工程总承包企业不得组建监理单位，并不得与监理单位发生股权关系。

第三十三条 政府投资、国有单位投资以及国有企事业单位投资控股的建筑工程，应当按照国家有关规定委托造价咨询单位进行工程造价咨询。

第三十四条 造价咨询单位根据委托，可以对建筑工程造价的确定与控制提供专业服务，并出具工程造价成果文件。

造价咨询单位应当在工程造价成果文件上注明资格证书的等级和编号，加盖单位公章和造价工程师执业专用章，否则无效。

第三十五条 造价咨询单位及其造价工程师应当严格执行工程建设标准、规范和定额，真实、准确、客观、公正地出具工程造价成果文件，不得弄虚作假，对其所出具的证明文件和材料应当依法承担相应的法律责任。

第三十六条 招标代理单位根据建设单位的委托，编制工程招标方案、招标文件、工程标底等文件和草拟建筑工程合同。

招标代理单位及其工作人员不得向任何单位和个人泄露与其所承接的业务有关的信息。

第五章 建筑工程合同与造价

第三十七条 建筑工程发包和承包单位应当签订建筑工程合同，建筑工程中介服务的双方当事人应当签订委托合同，并按照国家和省有关部门制定的合同示范文本的规定内容约定双方的权利和义务。

第三十八条 全部使用国有资金投资或者国有资金投资为主的大中型建筑工程，建设单位和施工单位应当执行国务院建设行政主管部门颁布的建设工程工程量清单计价规范，并参照省建设行政主管部门发布的消耗量定额和价格信息，约定合同造价。其他建设工程，建设单位和施工单位可以按照国家和省建设行政主管部门制定的计价规则和计价方法，约定合同造价。

招标发包的建筑工程合同的造价等主要条款应当与中标文件中的内容一致。

第三十九条 建筑工程合同签订之日起五日内，建设单位应当将合同文本报送工程所在地建设行政主管部门备案，备案的建筑工程合同作为确定双方当事人权利义务的最终依据。

经双方同意补充、变更建筑工程合同的，应当按照前款规定备案。

第四十条 工程款的支付实行预付工程款和支付工程进度款制度。

发包单位应当在施工合同约定的开工之日起十五日内，向承包单位支付不少于合同约定的工程造价百分之二十五的预付工程款。

发包单位应当在建筑工程项目开工后按照施工合同的约定，向承包单位支付工程款,并按照比例冲销预付工程款。

第四十一条　承包单位应当在建筑工程项目竣工验收之日起三十日内向发包单位交送竣工结算文件,发包单位应当在接到竣工结算文件之日起五十日内完成竣工结算审核,并支付应付的工程款。

比较复杂的大、中型建筑工程项目的竣工结算期限,经发包、承包双方协商一致,可以适当延长。

发包单位收到承包单位交送的竣工结算文件时,应当书面签收。发包单位不签收的,承包单位可以申请建设行政主管部门责令签收,拒不签收的,以建设行政主管部门责令期限的最后一天作为发包单位收到竣工结算文件的日期。

第四十二条　发包单位自接到竣工结算文件之日起五十日内未完成竣工结算审核,且未支付应付的工程款的,视为拖欠工程款。拖欠工程款应当按照省人民政府的有关规定支付滞纳金。

有关部门对拖欠工程款的发包单位不得办理新建建筑工程的立项和有关审批手续,建设行政主管部门不得为其办理施工许可证。审查和解决拖欠工程款的具体办法由省人民政府另行制定。

第四十三条　发包单位要求承包单位提供履约担保的,承包单位应当提供担保;承包单位要求发包单位提供工程款支付担保的,发包单位应当提供担保,发包单位拒绝提供担保的,承包单位可以拒绝施工。

第六章　法律责任

第四十四条　建设单位违反本条例,有下列情形之一的,由建设行政主管部门责令停止违法行为,限期改正,并给予以下处罚:

(一)不具备国家和省规定的条件自行组织建筑工程招标的,处以八万元至十万元的罚款;具备国家和省规定的条件,但未向建设行政主管部门备案的,限期补办手续,处以一万元至三万元的罚款;

(二)未取得施工许可证擅自施工的,责令停止施工,处以合同价款百分之一至百分之二的罚款;

(三)未办理报建手续的,处以一万元至三万元的罚款;

(四)依法应当公开招标而未公开招标的,责令重新组织招标,并处以建筑工程合同价款百分之零点五至百分之一的罚款,并追究单位法定代表人和直接责任人的行政责任;

(五)招标人发售招标文件超出工本费变相牟利的,超出部分责令返还。拒不返还的,由价格行政主管部门依法给予处罚;

(六)将建筑工程发包给不具备相应资质条件的承包单位的,处以五十万元至一百万元的罚款;

（七）将建筑工程肢解发包的，处以合同价款百分之零点五至百分之一的罚款；

（八）应当实行监理而未实行监理的，处以二十万元至五十万元的罚款；

（九）合同文本未按规定报送工程所在地建设行政主管部门备案的，责令限期补办备案手续，逾期未补办的，处以一万元至三万元的罚款。

第四十五条 勘察、设计、施工和建筑工程中介服务单位违反本条例，有下列情形之一的，由建设行政主管部门责令停止违法行为并给予以下处罚：

（一）向建设行政主管部门提供虚假证明文件骗取资质证书的，予以吊销，有违法所得的，予以没收；三年内不得重新申请资质证书。

（二）未取得施工许可证擅自施工的，对施工单位处以五千元至三万元的罚款。

（三）未取得资质等级证书从事相关建筑活动的，予以取缔，对勘察、设计单位或者中介服务单位处以合同约定的勘察费、设计费或者服务费用一倍至二倍的罚款；对施工单位处以合同价款百分之二至百分之四的罚款；有违法所得的，予以没收。

（四）施工单位越级承包的，处以五十万元至一百万元的罚款，有违法所得的，予以没收，并降低资质等级或者吊销资质等级证书。

（五）建筑工程中介服务单位超越资质证书许可的业务范围承接业务的，处以合同约定的服务费用百分之二十五至百分之五十的罚款；责令停业整顿或者降低资质等级；情节严重的，吊销资质证书。

（六）承包单位将承包的建筑工程转包或者违法分包的，没收违法所得，对勘察、设计或者中介服务单位处以合同约定的勘察费、设计费或者服务费用百分之二十五至百分之五十的罚款；对施工单位处以合同价款百分之零点五至百分之一的罚款；责令停业整顿或者降低资质等级；情节严重的，吊销资质证书。

（七）咨询单位出具虚假工程造价成果文件的，处以合同约定的服务费用一倍至二倍的罚款，降低资质等级直至吊销资质证书，并吊销在虚假工程造价成果文件上盖章的造价工程师的执业资格证书。

（八）供水、供气、供热、供电、排水、消防等专业设计、施工企业违反本条例，与相关企业或者部门串通承包建筑工程的，处以合同价款百分之零点五至百分之一的罚款，有违法所得的，予以没收。

第四十六条 供水、供气、供热、供电、排水等单位违反本条例，限定发包单位将建筑工程发包给指定的承包单位的，责令停止违法行为，处以十万元至二十万元的罚款。

第四十七条　建设行政主管部门及其执法监察机构的行政执法人员以及其他行政主管部门的工作人员违反本条例,有下列行为之一的,由其所在单位或者上级主管部门给予行政处分;构成犯罪的,依法追究刑事责任:

(一)违法办理审批、许可事项的;

(二)超出规定工作期限不作为的;

(三)利用职权谋取私利的;

(四)发现违反本条例行为不予制止,应当处罚而不予处罚的;

(五)利用职权指定施工单位、勘察单位、设计单位以及中介服务单位的;

(六)利用职权为建筑工程指定建筑材料或者其他材料设备的;

(七)泄露管理相对人商业机密的;

(八)其他损害管理相对人合法权益的。

第四十八条　法律、行政法规对违反本条例规定的其他违法行为有法律责任规定的,从其规定。

第七章　附　　则

第四十九条　国务院、中央军事委员会规定的军事设施建设和乡村自建二层以下(含二层)住宅建设不适用本条例。

第五十条　本条例自 2004 年 1 月 1 日起施行。一九九四年七月二十五日黑龙江省第八届人民代表大会常务委员会第十次会议通过的《黑龙江省建筑市场管理条例》同时废止。

黑龙江省测绘管理条例

(2004 年 4 月 9 日黑龙江省第十届人民代表大会常务委员会第八次会议通过 根据 2015 年 4 月 17 日黑龙江省第十二届人民代表大会常务委员会第十九次会议《关于废止和修改〈黑龙江省文化市场管理条例〉等五十部地方性法规的决定》修正)

第一条 根据《中华人民共和国测绘法》和有关法律、法规规定,结合本省实际,制定本条例。

第二条 在本省行政区域内从事大地测量(含卫星大地测量)、测绘航空摄影、摄影测量与遥感、工程测量、地图编制、地籍测绘、房产测量、行政区域界线测绘、海洋测绘、地理信息系统工程以及军事测绘单位从事非军事测绘活动,应当遵守本条例。

第三条 省测绘局是省人民政府负责测绘工作的行政主管部门,统一管理监督全省测绘工作。

市(行署)、县(市)人民政府负责管理测绘工作的行政部门(以下称市、县测绘行政主管部门)统一管理、监督本行政区域内的测绘工作。

县级以上地方人民政府其他有关部门按照本级人民政府规定的职责分工,负责本部门有关的测绘工作。

省农垦总局按照规定的职责分工,负责本系统有关的测绘工作,并接受省测绘行政主管部门的指导和监督。

第四条 县级以上人民政府应当将基础测绘经费纳入本级政府财政预算。

县级以上人民政府应当根据本行政区域内国民经济发展需要和省测绘行政主管部门确定的更新周期,对基础测绘成果进行更新。

第五条 县级以上测绘行政主管部门应当加强对城市建设、水利、能源、交通、通信、资源开发和其他领域的工程测量活动以及房产测量活动实施测量技术规范的监督。

第六条 中等以下城市和地方建设项目确需建立相对独立的平面坐标系统的,由省测绘行政主管部门批准。

涉外测绘项目应当采用相对独立的平面坐标系统。

第七条 省测绘行政主管部门按照国家有关规定负责全省测绘资质审

查、发放测绘资质证书和监督管理工作。

从事测绘活动的单位或者个人，应当取得测绘资质或者执业资格和测绘作业证件。

第八条 测绘单位不得伪造、涂改、转借、转让和借用测绘资质证书。

测绘单位分立、合并或者终止测绘业务，应当在分立、合并、终止后三十日内将测绘资质证书交回颁发证书的测绘行政主管部门。

第九条 三十万元以上的测绘项目应当实行招投标，涉及国家安全和国家秘密的测绘项目除外。

第十条 测绘项目发包单位应当将测绘项目发包给具有相应测绘资质等级的单位承包。

测绘项目发包单位不得低于测绘成本价格发包。

第十一条 测绘项目不得转包。

经测绘项目发包单位同意的测绘项目可以分包，但是，已经承担分包项目的单位不得再次分包。

第十二条 测绘单位在实施测绘项目前，应当向测绘项目所在地的市、县测绘行政主管部门登记；受理测绘项目登记的市、县测绘行政主管部门，应当及时将测绘项目登记报省测绘行政主管部门备案。

取得测绘资质证书的单位承担建立专题地理信息系统或者区域地理信息系统的，应当向省测绘行政主管部门登记。

第十三条 国家和省投资的基础测绘成果应当无偿汇交副本，非基础测绘成果应当汇交目录。

省测绘行政主管部门应当向汇交测绘成果副本或者目录的单位出具凭证，并在三十日内移交给测绘成果保管单位。

第十四条 外国组织或者个人经批准在本省行政区域内与我国有关部门、单位合资或者合作完成的测绘成果，中方合资或者合作者应当按照国家有关规定向国务院测绘行政主管部门提交全部测绘成果副本，并应当向省测绘行政主管部门提交测绘成果目录。

第十五条 县级以上测绘行政主管部门应当加强对测绘成果的管理和利用。

在本省行政区域内从事测绘活动的，应当首先利用本省已有的测绘成果。

县级以上人民政府发展和改革部门、财政部门在对使用财政资金的测绘项目和建设工程测绘项目批准立项前，应当征求本级人民政府测绘行政主管部门的意见，有适宜使用的测绘成果，应当充分予以利用。

第十六条 除国家规定无偿提供使用的测绘成果外，测绘成果实行有偿使用。测绘成果的使用单位应当按照国家和省的有关规定与测绘成果保管单位签订使用协议。

第十七条 生产、存储国家基础地理信息数据的基地或者场所,周边五十米范围内不得建造可能影响安全的建筑物或者从事生产经营性活动。

第十八条 测绘单位应当接受县级以上测绘行政主管部门对测绘成果的质量监督;任何单位不得提供未经质量检查验收或者检查验收不合格的测绘成果。

第十九条 编制、出版地图,应当选用当时最新资料作为编制基础,并根据地形、地物变化情况及时进行补充和更新。地图内容的表示应当符合国家规定。

第二十条 公开出版的地图,应当由国务院新闻出版行政主管部门批准的具有地图出版权的出版社出版;其他出版社、报社、期刊社可以根据需要在图书、报刊中插附地图。

保密地图和内部用图不得以任何形式公开销售、展示和登载。

第二十一条 在地图上发布广告的,广告面积不得超过整个图幅面积的25%。发布广告的编稿样图应当向省测绘行政主管部门备案。

第二十二条 出版、生产、展示、登载或者引进下列地图以及地图产品的,应当将试制样图(样品)一式两份报省测绘行政主管部门审核,需报国务院测绘行政主管部门审核的,由省测绘行政主管部门转报:

(一)公开发行的地图;

(二)绘有国界线或者县级以上行政区域界线的图书、报刊、互联网中的插图;

(三)影视、广告、标牌、宣传画等载体上使用的涉及国家版图的地图和示意图;

(四)送省外出版或者由省外单位编制出版的本省乡、镇以上地方性地图;

(五)与国外或者香港、澳门以及台湾地区合作出版或者引进的地图;

(六)生产地球仪和涉及国界线、国家版图图形的其他产品。

公开展示本行政区域内绘有乡、镇行政区域界线的地图,由所在地的市测绘行政主管部门审核。

第二十三条 本省行政区域内除国家审核公布的重要地理信息数据之外的其他地理信息数据,由省测绘行政主管部门与省其他有关部门和军队测绘主管部门会商后,报省人民政府批准,由省人民政府或者其授权的部门公布。

第二十四条 测量标志是国家基础设施,任何单位和个人都有保护测量标志的权利和义务,不得损毁和擅自移动测量标志、侵占永久性测量标志用地、在永久性测量标志安全控制范围内从事危害测量标志安全和使用效能的活动。

第二十五条 测量标志用地应当依法使用。农村集体经济组织发包和调整承包耕地,应当扣除设置在可耕地中的永久性测量标志用地面积。

第二十六条 建设永久性测量标志的单位,可以将测量标志委托标志所在地有关单位或者人员保护管理。委托方与保管方应当签订《测量标志委托保管书》,由委托方在签订后三十日内报省测绘行政主管部门及标志所在地的市县测绘行政主管部门备案,并由标志所在地的市或者县测绘行政主管部门书面通知乡镇人民政府或者街道办事处。

第二十七条 县级以上人民政府应当采取有效措施加强测量标志保护工作,并对测量标志保护给予资金支持。

第二十八条 违反本条例规定,由县级以上测绘行政主管部门按下列规定予以处罚:

(一)违反本条例第八条第一款规定的,没收违法所得,并处以一万元以上三万元以下罚款;

(二)违反本条例第十条、第十一条规定的,没收违法所得,并处以测绘约定报酬一倍以上二倍以下罚款;

(三)违反本条例第十二条规定的,责令其停止测绘活动,限期补办测绘项目登记逾期不登记的,处以二千元以上五千元以下罚款;

(四)违反本条例第十七条规定的,责令限期改正,并通报有关部门依法处理;

(五)违反本条例第十八条规定的,责令测绘单位补测或者重测;给用户造成损失的,应当承担赔偿责任;

(六)违反本条例第十九条、第二十条第二款规定的,责令停止违法行为,并处以三千元以上一万元以下罚款;造成严重后果的,没收全部地图产品及违法所得;

(七)违反本条例第二十一条、第二十二条规定的,责令停止违法行为,限期送审,并处以五百元以上五千元以下罚款;拒不送审或者不按照审核意见修改的,没收全部地图及违法所得,并处以五千元以上二万元以下罚款。对主要负责人和直接责任人由其主管部门或者有关部门给予行政处分;

(八)违反本条例第二十三条规定,擅自公布地理信息数据的,责令消除影响,并处以二千元以上三万元以下罚款;

(九)违反本条例第二十四条规定的,责令恢复原状,并处以三百元以上二万元以下罚款。

前款规定的违法行为,情节严重的,由颁发测绘资质证书的部门降低资质等级或者吊销测绘资质证书。其他违法测绘行为,依照《中华人民共和国测绘法》的规定予以处罚,或者由有关部门依法处罚。构成犯罪的,依法追究刑事责任。

第二十九条 县级以上测绘行政主管部门工作人员有下列行为之一，但尚未构成犯罪的，依法给予行政处分：

（一）不履行法定职责的；

（二）不按照法定条件、程序和时限核发测绘资质证书的；

（三）利用职务上的便利索取或者收受他人财物的；

（四）违法处理罚没款、罚没物品的。

第三十条 本条例自 2004 年 5 月 20 日起施行。一九九四年二月二十一日黑龙江省第八届人民代表大会常务委员会第八次会议通过，一九九七年六月十二日黑龙江省第八届人民代表大会常务委员会第二十八次会议修正的《黑龙江省实施〈中华人民共和国测绘法〉办法》同时废止。

黑龙江省农业机械管理条例

(2004年10月15日黑龙江省第十届人民代表大会常务委员会第十一次会议通过　根据2015年4月17日黑龙江省第十二届人民代表大会常务委员会第十九次会议《关于废止和修改〈黑龙江省文化市场管理条例〉等五十部地方性法规的决定》修正)

第一章　总　　则

第一条　为维护农业机械使用者和经营者的合法权益,加强农业机械安全管理,促进农业机械化和农业经济的可持续发展,根据国家有关法律、法规规定,结合本省实际,制定本条例。

第二条　在本省行政区域内从事农业机械生产、鉴定、销售、维修、推广、使用、培训、安全监理、监督管理等活动,适用本条例。

第三条　本条例所称农业机械,是指用于农业生产及其产品初加工等相关农事活动的机械和设备。

第四条　省农业机械行政主管部门负责全省农业机械管理工作,负责组织实施本条例。

市(行署,下同)、县(市,下同)农业机械行政主管部门负责本行政区域内农业机械管理工作。

县以上农业机械行政主管部门所属的农业机械安全监理机构负责本行政区域内的农业机械安全管理工作。

省农垦总局、省森林工业总局、省监狱管理局负责本系统内农业机械管理工作,业务上接受省农业机械行政主管部门的指导和监督。

工商、质量技术监督、工信等有关部门,按照各自的职责,互相配合,共同做好农业机械监督管理工作。

第五条　县以上人民政府应当将农业机械化纳入农业发展规划,在政策和资金等方面扶持农业机械化事业的发展。鼓励和扶持基础性、关键性、公益性农业机械的科学技术研究和先进适用的农业机械推广应用。

第二章　产品鉴定、销售、维修

第六条　农业机械产品(含组装省外和国外产品)生产企业,应当到企业所在地的农业机械行政主管部门进行技术条件备案。

各级财政预算安排的科技开发资金应当对农业机械生产企业开发农业机械新产品给予扶持。

第七条　农业机械生产者或者销售者,可以委托农业机械试验鉴定机构,对其定型生产或者销售的农业机械产品进行适用性、安全性和可靠性检测,作出技术评价。农业机械试验鉴定机构应当公布具有适用性、安全性和可靠性的农业机械产品的检测结果,为农民和农业生产经营组织选购先进适用的农业机械提供信息。

第八条　农业机械生产和销售企业应当依法对产品质量负责。

禁止生产和销售危害人身健康、生命财产安全,假冒伪劣和国家明令淘汰的农业机械产品以及配件。

第九条　首次进入我省销售的省外和国外农业机械,省农业机械行政主管部门应当对其适应性进行跟踪生产实验,并及时公布实验结果。

第十条　农业机械销售单位和个人应当具备所销售产品的保管条件和相应的进货检查验收能力,配备熟悉销售产品知识的人员。

第十一条　农业机械销售单位和个人应当完善进货检查验收制度。验明产品鉴定证书、合格证和标识,对实行生产许可证、安全认证和推广许可证管理的农业机械产品,还应当验明生产许可证、安全认证和推广许可证。

第十二条　农业机械生产、销售、维修单位和个人应当按照国家有关规定作好农业机械产品售后服务工作。

第十三条　县以上农业机械行政主管部门应当会同工商行政管理部门加强对旧农业机械交易市场的服务和监督管理。

第十四条　农业机械维修单位和个人应当具备相应的维修设备和检测仪器,配备具有相应职业技能资格的技术人员,保证维修质量。

农业机械维修单位和个人应当接受县以上农业机械行政主管部门对其维修技术条件的定期检查。

第十五条　农业机械维修单位和个人应当按照国家和省有关农业机械维修技术标准和技术规范进行维修,并对维修质量负责。维修质量不合格的,维修单位和个人应当免费重新修理;造成人身伤害和财产损失的,维修单位和个人应当依法承担赔偿责任。

第三章　技术推广与社会化服务

第十六条　省农业机械行政主管部门根据农业机械使用者的投诉情况

和农业生产的实际需要,可以组织对在用的特定种类农业机械产品的适用性、安全性、可靠性和售后服务状况进行调查,并公布结果。

省农业机械行政主管部门会同省财政和发展改革部门确定公布省人民政府支持推广的先进适用的农业机械产品目录,并定期调整。列入目录的产品,应当由农业机械生产者自愿提出申请,并通过农业机械试验鉴定机构进行的先进性、适用性、安全性和可靠性鉴定。

第十七条　县以上农业机械技术推广机构,应当有计划地对农业机械技术推广人员进行技术培训。

农业机械技术推广人员经培训合格,由省农业机械行政主管部门核发农业机械技术推广职业证书。

第十八条　农业机械技术推广,应当按照试验、示范、推广的程序进行,并将经过试验证明具有先进性和适用性的农业机械技术,列入当地农业技术推广规划并实施。

第十九条　各级人民政府应当扶持农业机械技术推广机构试验基地的建设、仪器设备的更新改造和农业机械技术的试验示范。

第二十条　各级人民政府应当扶持农业机械作业股份合作社、农业机械作业公司、农业机械作业联合体、农业机械作业大户、农业机械作业服务协会等多种形式的作业服务组织。

各级人民政府应当鼓励、支持省农垦总局系统的农业机械社会化服务组织为系统外提供服务。

第二十一条　国家投资或者补贴购置的大型农业机械在折旧期限内出卖时,应当经当地财政部门和农业机械行政主管部门批准,并报省农业机械行政主管部门备案。

第二十二条　县以上农业机械行政主管部门应当加强农业机械作业质量管理。农业机械作业应当符合省农业机械作业质量标准。

农业机械驾驶、操作人员应当熟练掌握农业机械性能和调试使用方法,按照作业技术规范和质量标准提供标准化服务。

第二十三条　各级人民政府应当鼓励农民购买、使用大型农业机械作业,实行连片耕作,促进规模经营,提高作业质量和作业效率,降低作业成本。从事农业机械作业服务的收入,按照国家规定给予税收优惠。

各级财政应当安排专项资金对农民和农业机械作业服务组织购买国家支持推广的、先进适用的农业机械有计划地给予补贴。

有关部门应当提供便利条件,鼓励和支持农业机械经营者开展跨区作业。

县级以上农业机械行政主管部门应当免费为农民和农业机械作业组织提供农业机械信息服务。

第四章 技术培训与驾驶管理

第二十四条 县以上农业机械行政主管部门负责农业机械培训管理工作。

各级农业机械化技术学校或者有关培训单位,具体负责农业机械管理、使用、销售、维修以及相关人员的技术培训工作。

第二十五条 农业机械的驾驶培训实行社会化。开展农业机械驾驶培训业务的单位应当接受县级农业机械行政主管部门的资格审验,取得《中华人民共和国拖拉机驾驶培训许可证》后,方可开展培训业务。

农业机械驾驶人员应当定期接受农业机械行政主管部门组织的有关农业机械安全和农业机械新技术培训。

第二十六条 拖拉机、联合收割机以及其他自走式动力农业机械驾驶人员,应当按照国家规定,经具有资质的培训机构培训,由市、县农业机械安全监理机构考核合格,领取农业机械驾驶证后,方可驾驶。

农业机械驾驶人员的考试科目、内容和评定标准由省农业机械行政主管部门另行制定。

农业机械驾驶人员转籍或者变更时,应当到原发证机关办理异动手续。

第二十七条 农业机械驾驶人员应当按照驾驶证载明的准予驾驶的机型驾驶农业机械。驾驶农业机械时,农业机械驾驶证应当随身携带。

不得转借、涂改、伪造农业机械驾驶证。

农业机械驾驶证有效期为六年,在有效期内实行违章积分管理,具体办法执行国家有关规定。

换发农业机械驾驶证时,农业机械安全监理机构应当免费对农业机械驾驶证进行审验。

第二十八条 农业机械驾驶、操作人员在道路上驾驶和从事农事活动时,应当遵守道路交通安全法律、法规和《黑龙江省农业机械安全操作规则》。任何单位和个人不得强迫、指使、纵容农业机械驾驶、操作人员违章驾驶、操作农业机械。

饮酒、服用国家管制的精神药品、麻醉药品和患有妨碍安全驾驶农业机械疾病的,不得驾驶、操作农业机械。

农业机械驾驶、操作人员驾驶、操作农业机械前,应当对农业机械的安全技术性能进行认真检查;不得驾驶、操作安全设施不全、失效或者机件不符合技术标准的农业机械。

农业机械驾驶、操作人员应当告知参加农业机械作业的辅助人员本项作业的安全操作规则。

第二十九条 农业机械安全监理人员应当深入农业机械生产作业场所

开展安全教育和安全生产检查,维护安全生产秩序。

农业机械安全监理机构对异地从事农业生产作业的农业机械以及驾驶人员,应当加强管理。对其违章行为实施处罚的,应当在做出处罚决定后15日内,将《违章处罚决定书》转给农业机械和驾驶人员原登记机关。

农业机械安全监理人员应当经过业务和法律培训合格后,持证上岗。

第五章 安全与事故处理

第三十条 拖拉机、联合收割机以及其他自走式动力农业机械应当自购买之日起四十五日内向当地农业机械安全监理机构登记,领取号牌、行驶证后,方可使用。需要临时上道路行驶的,应当领取临时通行牌证。

第三十一条 申请农业机械登记,应当提交以下证明、凭证:

(一)农业机械所有人的身份证明;

(二)农业机械来历证明;

(三)农业机械整机出厂合格证明或者进口农业机械进口凭证。

第三十二条 县以上农业机械安全监理机构应当自受理申请之日起三个工作日内完成农业机械登记审查。对符合第三十一条规定条件的,应当发放农业机械号牌、行驶证;对不符合规定条件的,应当向申请人说明不予登记的理由。

第三十三条 农业机械号牌、行驶证和驾驶证由省农业机械行政主管部门按照国家规定制发。

农业机械所有权发生转移、登记内容变更、用作抵押或者报废的,农业机械所有人应当在三十日内向登记该农业机械的农业机械安全监理机构办理相应登记。

第三十四条 初次申请登记的农业机械,除国家农业机械产品主管部门认定免于检验的机型外,应当接受农业机械安全监理机构按照国家有关标准进行的安全技术检验。

农业机械安全监理人员应当对不实行牌证管理的脱粒机、粉碎机、铡草机等固定式作业农业机械的使用者加强安全技术指导。

第三十五条 对实行牌证管理的农业机械,任何单位或者个人不得有下列行为:

(一)拼装农业机械或者擅自改变农业机械已登记的结构、构造或者特征;

(二)改变农业机械型号、发动机号、车架号或者车辆识别代号;

(三)伪造、变造或者使用伪造、变造的农业机械号牌、行驶证、检验合格标志;

(四)使用其他农业机械的号牌、行驶证、检验合格标志。

第三十六条 农业机械号牌应当按照规定悬挂在农业机械的指定位置并保持清晰、完整，不得故意遮挡、污损。拖拉机及其挂车的车身或者车厢后部应当喷涂放大的牌号，字样应当端正并保持清晰。上道路行驶的，应当安装反光牌或者标志灯。

行驶证、检验合格证应当随机携带。牌证不得转借、涂改、伪造。

第三十七条 发生农业机械事故（以下简称事故），农业机械驾驶、操作人员应当立即停车或者停机，保护现场。造成人身伤亡的，农业机械驾驶、操作人员以及现场人员应当立即抢救受伤人员并向有关部门报告。农业机械安全监理机构接到报案后，应当立即赶赴现场并组织营救；未造成人身伤亡，仅造成轻微财产损失，并且基本事实清楚、当事人对事实及成因无争议的，当事人可以自行协商处理。

第三十八条 农业机械安全监理人员到达事故现场后，应当及时进行现场勘察，登记保存与事故有关的农业机械和当事人的有关证件，并视情节轻重委托有关部门对事故肇事者和受害人的身体状况或者死者尸体进行检验，做出书面结论，认定事故性质和当事人的事故责任。

第三十九条 农业机械安全监理机构应当根据事故现场勘验、检查、调查情况和有关的检验、鉴定结论，及时制作事故责任认定书。事故责任认定书应当载明事故的基本事实、成因和当事人的责任，并送达当事人。

第四十条 对事故损害赔偿发生争议，双方当事人可以请求农业机械安全监理机构进行调解。经调解未达成协议或者协议生效后不履行的，当事人可以直接向人民法院提起民事诉讼。

第四十一条 因事故造成人身伤害需要抢救治疗的，肇事者或者农业机械的所有人应当预付医疗费，也可以由农业机械安全监理机构指定一方或者几方预付。结案后由事故责任人承担。

医疗单位应当及时抢救治疗事故的受害人，并如实向农业机械安全监理机构提供医疗单据和诊断证明。

第四十二条 发生事故造成人身伤亡、财产损失的，按照下列方式承担赔偿责任：

（一）农业机械之间发生事故的，由有过错的一方承担责任；双方都有过错的，按照各自过错的比例分担责任。

（二）农业机械与非农业机械驾驶、操作人员和行人之间发生事故的，由农业机械驾驶、操作人员承担责任；但是，有证据证明非农业机械驾驶、操作人员和行人有过错的，农业机械驾驶、操作人员已经采取必要处置措施的，可以减轻农业机械驾驶、操作人员的责任。

（三）事故的损失是由非农业机械驾驶、操作人员故意造成的，农业机械驾驶、操作人员不承担责任。

（四）肇事者逃逸或者破坏现场，伪造现场，毁灭证据，使事故责任无法认定的，肇事者负全部责任。

第六章　法律责任

第四十三条　违反本条例第六条第一款规定的，由县以上农业机械行政主管部门责令限期改正。

第四十四条　违反本条例第八条规定的，由有关行政主管部门依法处罚。

第四十五条　违反本条例第十条、第十四条第一款规定的，由县以上农业机械行政主管部门责令其限期改正；逾期未改正的，处以二百元以上一千元以下罚款。

第四十六条　违反本条例第二十一条规定的，由县以上农业机械行政主管部门处以国家投资额或者补贴资金百分之五以上百分之十以下罚款，并由当地财政部门负责收回国家投资或者补贴款。

第四十七条　违反本条例第二十二条规定的，可以返工重作的项目，应当返工重作，并由农业机械经营者承担返工重作造成的直接经济损失；不能返工重作的项目，可以补救的，由农业机械经营者承担补救费用；无法补救的，根据损失程度，按照当地前三年平均产量，以及当时市场价格，计算赔偿金额，由农业机械经营者赔偿。

第四十八条　驾驶人员有下列行为之一的，由县以上农业机械安全监理机构给予警告，可以并处二十元以上五十元以下罚款：

（一）违章载人的；

（二）违章超载的；

（三）驾驶没有车辆放大号、反光牌、标志灯和安全销（链）的农业机械的。

第四十九条　驾驶、操作人员有下列行为之一的，由县以上农业机械安全监理机构给予警告，责令限期改正，可以并处五十元以上一百元以下罚款：

（一）驾驶、操作未经检验或者检验不合格的农业机械的；

（二）使用失效牌证的；

（三）驾驶与本人证件签注准驾机型不相符的农业机械的；

（四）将农业机械交给无驾驶证的人员或者农业机械驾驶证被暂扣期间的人员驾驶的。

第五十条　驾驶、操作人员有下列行为之一的，由县以上农业机械安全监理机构暂扣农业机械至违章状态消除，并处以一百元以上二百元以下罚款：

（一）驾驶、操作未办理登记手续农业机械的；

（二）驾驶、操作安全设施不全或者失效的农业机械的；

（三）醉酒驾驶、操作农业机械的；

第五十一条 驾驶、操作人员有下列行为之一的，由县以上农业机械安全监理机构处以二百元以上五百元以下罚款，情节严重的，并处吊销农业机械驾驶证：

（一）涂改、转借、伪造驾驶证的；

（二）无证驾驶农业机械的；

（三）造成农业机械事故，负有同等以上责任，或者造成大事故，负有责任的。

第五十二条 违反本条例第三十五条规定的，县以上农业机械安全监理机构可以暂扣农业机械，通知当事人提供相应的牌证、标志或者补办手续，并处以二百元罚款。

逾期不接受处理，并经公告三个月仍不接受处理的，对暂扣的农业机械依照有关规定处理。

对暂扣的农业机械应当妥善保管，不得使用或者损坏。

第五十三条 在省农垦、森工系统内违反本条例的行为，由省农垦总局、分局、农场和省森林工业总局、管理局、林业局处罚。

第五十四条 农业机械行政主管部门、农业机械安全监理机构、农业机械技术推广机构及其工作人员玩忽职守、滥用职权、徇私舞弊，有下列行为之一的，由其所在单位或者监察部门给予行政处分；给当事人造成损失的，应当依法赔偿：

（一）不遵守农业机械生产备案程序，擅自降低生产标准的；

（二）不依据农业机械法定鉴定机构鉴定结果，擅自发放推广鉴定证的；

（三）擅自推广没有经过试验证明具有先进性和适用性的农业机械化技术的；

（四）为不符合法定条件的农业机械发放行驶证、号牌、检验合格标志的；

（五）为不符合驾驶许可条件、未经考试或者考试不合格人员发放农业机械驾驶证的；

（六）违法扣留农业机械、行驶证、驾驶证、车辆号牌的；

（七）使用或者损坏依法扣留的农业机械的。

第七章 附 则

第五十五条 企业、事业和其他单位所有的拖拉机、联合收割机和其他自走式动力农业机械,从事农事活动或者上道路行驶,其牌证管理由当地农业机械安全监理机构负责。

第五十六条　农业机械事故是指农业机械在田间和场院从事农事活动中发生的事故。

第五十七条　本条例自 2004 年 12 月 1 日起施行。一九九四年七月二十五日黑龙江省第八届人民代表大会常务委员会第十次会议通过的《黑龙江省农业机械管理条例》和一九九六年七月六日黑龙江省第八届人民代表大会常务委员会第二十二次会议通过的《黑龙江省农业机械安全监督管理条例》同时废止。

黑龙江省野生药材资源保护条例

(2005 年 6 月 24 日黑龙江省第十届人民代表大会常务委员会第十五次会议通过 根据 2015 年 4 月 17 日黑龙江省第十二届人民代表大会常务委员会第十九次会议《关于废止和修改〈黑龙江省文化市场管理条例〉等五十部地方性法规的决定》修正)

第一章 总 则

第一条 为了保护、合理利用野生药材资源,改善区域生态环境,发展中医药事业,保障人体健康,根据《中华人民共和国药品管理法》等有关法律、行政法规规定,结合本省实际,制定本条例。

第二条 在本省行政区域内从事野生药材采集、猎捕、收购、运输、繁育、资源保护、管理等活动的单位和个人,应当遵守本条例。

第三条 本条例所称的野生药材是指在原生地天然生长和经人工培育后自然生长的药用植物;在原生地自然生息和经人工繁殖后自然生长的药用动物。

第四条 野生药材资源实行保护、繁育和合理利用并重的方针,坚持植物药材采集与培育相结合,动物药材猎捕与饲养相结合的原则。

第五条 省食品药品监督管理部门负责组织实施本条例。县级以上地方野生药材资源保护管理机构负责本行政区域内的本条例规定的管理职责。

林业、农业、科技、公安、海关、铁路、交通、工商、畜牧、邮政、民航等部门在各自的职责范围内做好野生药材资源保护工作。

省森工总局、省农垦总局设立的野生药材主管机构负责本系统的野生药材资源保护管理工作,接受省野生药材资源保护管理机构的业务指导和监督。

第六条 县级以上食品药品监督管理部门应当制定野生药材资源中、长期保护和发展规划。

县级以上野生药材资源保护管理机构(含森工、农垦系统的野生药材主管机构,下同)应当建立野生药材资源档案。

第七条 县级以上人民政府应当设立野生药材资源保护专项资金。鼓励建立野生药材资源保护区和扶持中药材发展。

第八条 县级以上野生药材资源保护管理机构应当建立野生药材资源保护的预警机制,及时将管辖区内接近濒危的野生药材物种情况,上报省野生药材资源保护管理机构。

第二章　采集与猎捕

第九条 国家和省重点保护野生药材物种:

(一)国家一级保护野生药材物种:豹、梅花鹿、麝(俗称香獐子、麇鹿);

(二)国家二级保护野生药材物种:马鹿、黑熊、棕熊、林蛙(中国林蛙、黑龙江林蛙)、人参(山参)、甘草、黄檗(俗称黄菠萝);

(三)国家三级保护野生药材物种:刺五加、五味子(俗称山花椒)、防风、龙胆草(条叶龙胆、龙胆、三花龙胆)、黄芩、远志、细辛;

(四)省重点保护野生药材物种:桔梗、知母、柴胡(狭叶柴胡、柴胡)、兴安杜鹃(满山红)、芡实、黄芪(蒙古黄芪、膜荚黄芪)、升麻、穿山龙、赤芍、红景天(高山红景天、兴安红景天)、苍术、暴马丁香。

国家重点保护野生药材物种、级别调整时,从其规定。其他野生药材物种需要列入省重点保护野生药材物种的,以省食品药品监督管理部门发布的公告为准。

第十条 国家和省重点保护野生药材物种的采集、猎捕期及采集、猎捕禁止事项,按照下列规定执行:

(一)林蛙的捕捉期为九月至次年四月,禁止捕捞幼蛙、蝌蚪和蛙卵;

(二)人参的采挖期为八月至十月,禁止采挖幼苗;

(三)关黄柏应当从黄檗原木、采伐剩余物上剥取,禁止剥活立木;

(四)刺五加的采挖期为八月至十一月,禁止采挖幼株;

(五)五味子的采果期为九月至十一月,禁止割藤和采摘不成熟的果实;

(六)防风的采挖期为五月至十月,禁止采挖幼苗和抽苔打籽植株;

(七)甘草、龙胆草、黄芩、远志、细辛、桔梗、知母、柴胡、黄芪、升麻、赤芍、苍术、穿山龙的采挖期为六月至十月,禁止采挖幼苗;

(八)满山红的采摘期为七月至九月,禁止用割折枝条的方法采集;

(九)芡实的采收期为九月至十月;

(十)红景天的采挖期为七月至九月,禁止采挖幼苗。

第十一条 禁止猎捕国家一级保护野生药材物种。人工驯养繁殖需要猎捕的,按照有关法律、法规规定执行。

第十二条 采集、猎捕国家和省重点保护野生药材物种的,应当办理采药证。采药证由省食品药品监督管理部门印制,县级野生药材资源保护管理机构核发。涉及到采伐林木和猎捕动物的,应当同时取得相应的许可。

第十三条 采集、猎捕野生药材物种,禁止使用割藤、剥活立木、投毒、电击等严重破坏野生药材资源的工具和方法。

第十四条 列入野生药材资源保护预警机制的野生药材物种,省食品药品监督管理部门应当会同同级野生动物植物保护管理部门发布禁采令或者禁捕令,并制定保护、恢复措施和计划。

第十五条 外国人进行野生药材资源考察、采集、猎捕标本等活动,依照有关法律、行政法规规定办理有关手续。

第三章 保护区管理

第十六条 凡具备下列条件之一的,可以建立野生药材资源保护区:

(一)濒临灭绝状态的稀有珍贵野生药材物种分布的地域;

(二)国家和省重点保护的野生药材物种已经遭到破坏,经保护能够恢复自然生态的地域;

(三)资源严重减少的主要常用野生药材物种分布集中的地域;

(四)对人体防病、治病具有特殊作用的野生药材分布的地域。

第十七条 建立野生药材资源保护区,须征得所在地人民政府或者森工、农垦系统的管理机构同意,向省野生药材资源保护管理机构提出申请,经省野生药材资源保护区评审委员会评审后,报省人民政府批准。

第十八条 野生药材资源保护区应当建立保护组织,制定发展规划和保护管理制度。实行专人负责,完善保护设施,按照批准的范围标明区界,设立标识,并予以公告。

第十九条 野生药材资源保护区实行谁管护、谁受益的原则,禁止他人擅自进入野生药材资源保护区采集、猎捕野生药材物种。

第二十条 采集野生药材资源保护区内的野生植物药材物种,应当遵循采大留小、采密留稀、划片轮采、采育结合的原则。

第二十一条 省野生药材资源保护管理机构应当组织省野生药材资源保护区评审委员会的专家每二年对保护区复查一次。

第四章 繁殖与培育

第二十二条 县级以上野生药材资源保护管理机构应当积极配合有关部门和单位,鼓励开展珍稀、濒危、道地野生药材物种变家种、家养研究。在有条件的地方,建立中药材种植、饲养基地和野生药材种质资源库,实现中药材资源可持续利用。

第二十三条 中药材种植、饲养应当严格执行国家的《中药材生产质量管理规范》。

县级以上地方野生药材资源保护管理机构应当对执行《中药材生产质量管理规范》的情况实施监督。

第二十四条　县级以上野生药材资源保护管理机构应当对中药材种植、饲养人员进行技术培训。

第二十五条　县级以上野生药材资源保护管理机构应当加强技术指导,将人工培育和繁殖的珍稀、濒危野生药材物种移植或者放回到原有的自然环境中,恢复其野生状态。

第五章　法律责任

第二十六条　未取得采药证,违法采集、猎捕国家和省重点保护野生药材物种的,由县级以上野生药材资源保护管理机构没收其野生药材,可以并处野生药材价值二倍以下罚款。

第二十七条　使用严重破坏野生药材资源的工具和方法采集、猎捕国家和省重点保护野生药材物种的,县级以上野生药材资源保护管理机构应当没收其工具,责令其恢复植被,并处五百元以上二千元以下罚款。

第二十八条　未按照规定的采集期采集国家和省重点保护野生植物药材物种的,由县级以上野生药材资源保护管理机构没收其野生药材,可以并处野生药材价值一倍以上三倍以下罚款。

第二十九条　野生药材资源保护区管理不善,造成野生药材资源严重破坏的,由县级以上野生药材资源保护管理机构责令其限期抚育更新,恢复资源。逾期未恢复的,由上级行政机关对直接负责的主管人员和其他直接责任人员给予行政处分。

第三十条　县级以上野生药材资源保护管理机构及其工作人员有下列情形之一的,由上级行政机关或者行政监察机关对直接负责的主管人员和其他直接责任人员,给予行政处分:

(一)未履行法定职责致使本行政区域内的野生药材资源遭到严重破坏的;

(二)违法发放《采药证》的;

(三)对举报案件不及时立案查处的;

(四)私分、截留以及违法处置罚没的钱款或者野生药材的。

前款规定私分和截留的钱物由上级行政机关上缴财政。

第三十一条　未经批准,外国人进入本省行政区域内从事野生药材资源考察、采猎标本等活动的,依照有关法律、行政法规规定予以处罚。

第六章　附　　则

第三十二条　县级以上野生药材资源保护管理机构及其他相关机构依

法没收的国家和省重点保护的活体野生动物药材物种,应当移送同级野生动物保护行政主管部门处理。

第三十三条 县级以上野生药材资源保护管理机构对依法没收的野生药材应当按照国家的有关规定拍卖或者变卖,所得款项上缴财政。

第三十四条 本条例自 2005 年 8 月 1 日起施行。1987 年 3 月 7 日黑龙江省第六届人民代表大会常务委员会第 26 次会议通过的《黑龙江省野生药材资源保护管理条例》、1998 年 4 月 16 日黑龙江省第九届人民代表大会常务委员会第二次会议通过的《黑龙江省人大常委会关于修改〈黑龙江省野生药材资源保护管理条例〉的决定》和 1989 年 5 月 1 日黑龙江省人民政府发布的《黑龙江省野生药材资源保护管理条例实施细则》同时废止。

黑龙江省石油天然气勘探开发
环境保护条例

(1996年11月3日黑龙江省第八届人民代表大会常务委员会第二十四次会议通过　根据2010年8月13日黑龙江省第十一届人民代表大会常务委员会第十八次会议《关于修改〈黑龙江省实施《中华人民共和国水土保持法》办法〉等11部地方性法规的决定》第一次修正　根据2015年4月17日黑龙江省第十二届人民代表大会常务委员会第十九次会议《关于废止和修改〈黑龙江省文化市场管理条例〉等五十部地方性法规的决定》第二次修正)

第一章　总　　则

第一条　为加强石油、天然气勘探开发环境保护工作,防止对环境的污染和生态的破坏,促进经济、社会、环境的协调发展,根据《中华人民共和国环境保护法》等法律、法规,结合本省实际,制定本条例。

第二条　在本省行政区域内从事石油、天然气(以下简称油气)勘探开发和管理,适用本条例。

第三条　县级以上人民政府应当将本行政区域内油气勘探开发的污染防治和生态保护工作纳入环境保护规划,制定有利于保护生态、治理污染和提高资源利用率的政策和措施。

第四条　县级以上环境保护行政主管部门(以下简称环保部门)对本行政区域内油气勘探开发的环境保护工作实施统一监督管理。

县级以上国土资源、公安、畜牧、林业、水等行政主管部门按照各自的职责,互相配合,共同做好油气勘探开发的环境保护监督管理工作。

第五条　县级以上人民政府应当加强环境保护的宣传和教育,普及环境保护知识,增强全社会的环境保护意识。

从事油气勘探开发和管理的单位应当及时向社会发布有关环境保护的信息。

公民、法人和其他组织有保护油田环境的义务,对污染和破坏油田环境的单位和个人有检举和控告的权利。

第二章　环境管理

第六条　从事油气勘探开发的单位,应当制定环境保护中长期规划和年度污染控制计划。

中长期规划和年度污染控制计划应当符合国家、省及所在地人民政府的环境保护规划。

第七条　从事油气勘探开发的单位应当在油气田勘探开发建设项目可行性研究阶段编制环境影响报告书(表),报有审批权限的环保部门审批,并抄报所在地环保部门。

第八条　油气勘探开发单位在区域开发施工作业前,应当根据国家和省有关规定,对钻井、试油等作业污染物排放进行申报登记,并按规定提供必要的资料。

油气勘探开发单位排放污染物情况需要作重大改变或者发生紧急重大改变的,应当在改变前或者改变后的三日内履行变更申报手续。

第九条　油气勘探开发单位应当按照有关规定向所在地环保部门申领污染物排放许可证。环保部门按照区域、流域排污总量控制指标核准排污量,对不超出排污总量控制指标的,颁发污染物排放许可证;对超出排污总量控制指标而确需排放的,颁发临时污染物排放许可证,并限期削减排放量。

第十条　油气勘探开发单位应当保证污染防治设施的正常使用。有下列情形之一的,应当报所在地环保部门审查批准:

(一)暂时停止运行的;

(二)改造、更新的;

(三)拆除或者闲置的。

环保部门自接到报告之日起,应当在七日内作出批复。逾期未批复的,视为同意。

因停电、设备损坏等突发原因导致污染防治设施停止运行的,应当立即向所在地环保部门报告。环保部门应当及时赶赴现场,监督油气勘探开发单位采取有效措施恢复设施运行。

第十一条　油气勘探开发单位应当对本单位排放污染物和污染防治设施运行情况进行定期监测,掌握污染动态。

环保部门应当加强对油气勘探开发单位排放污染物和污染防治设施运行情况的监督性监测。

第十二条　油气勘探开发单位应当制订环境污染突发性事件应急预案。

油气勘探开发单位发生污染事故,应当立即采取措施处理,控制事故范围,及时通报可能受到污染危害的单位和个人,并且立即向所在地环保部门和其他有关部门报告污染事故发生的时间、地点、范围及危害程度,接受调查处理。

第十三条 油气勘探开发生产作业场地内禁止无关人员进入。

油气田所在地人民政府应当组织公安、环保等有关部门,协同油气勘探开发单位对各类生产设施加强安全保卫和巡查,防止盗窃原油、污染环境的事件发生。

第三章 污染防治

第十四条 油气勘探开发单位应当加强新技术的研究,优先采用资源利用率高、污染物产生量少的清洁生产技术、工艺和设备,并根据需要对油气勘探开发实施清洁生产审核。

第十五条 油气勘探开发单位未达到污染物排放总量控制要求或者超标准排放污染物的,市级以上环保部门应当作出限期治理决定。

被限期治理的单位应当按期完成治理任务。

第十六条 油气勘探开发单位进行地震勘探作业的,应当在开始作业前十五日内向所在地环保部门报告,并且采取有效的防护措施,减少对环境的损害或者影响。

第十七条 油气勘探开发单位进行钻井时,应当使用密闭钻井液循环罐等设备。

油气勘探开发单位应当在钻井液中使用无毒化学药剂。特殊情况需要使用含毒化学药剂的,应当向所在地市级环保部门报告,环保部门应当及时向有关部门通报。

废弃钻井液、废水、岩屑、污油等应当进行处理,严禁随意排放。废弃钻井液集中处理排放场所选址应当经所在地市级环保部门同意。

油气勘探开发单位应当对本单位产生的危险废物按照国家和省有关要求进行处置。

第十八条 油气勘探开发单位对井下作业和测试时产生的废液、废水应当采取有效措施进行回收利用,严禁随意排放。

油气勘探开发单位在油气集输过程中应当对油水分离后产生的废水进行回收利用,确实需要排放的,应当达到污染物排放标准;产生的油沙、污泥应当进行无害化处理。

第十九条 新建井场投产时应当做到原油、化学药剂及其他有害物质不落地,发生落地现象的应当及时采取措施予以清除。

油气勘探开发单位新建井场不准设置土油池。已建井场的土油池应当按照所在地市级以上人民政府的统一规划逐步进行整改。

第二十条　在江河、湖泊、渠道、水库等地表水体或者附近进行油气勘探开发活动的，应当采取有效措施防止污染水体和破坏水体功能。排放污水必须按照该区域水功能区划标准达标排放，严禁直接或者稀释排放。废弃钻井液、岩屑、污油及其他工业固体废物、生活垃圾必须回收，不得排放或者弃置水体。

第二十一条　油气勘探开发单位应当采取保护性措施，防止地下水污染。油气勘探开发设施在运行过程中，出现油井套管破损、气井泄漏等直接污染地下水资源的事故，油气勘探开发单位应当立即采取保护性措施，并向当地环保部门和水行政主管部门报告。

第二十二条　气井测试放喷有毒有害气体时，应当及时采取处理措施，减轻对环境的污染。排气管线应当按照有关规定远离人群聚集区等环境敏感区域。

第二十三条　油气生产、储存、集输过程中应当采取有效措施，减少烃类及其他气体排放。

天然气、油田伴生气及其他可燃性气体应当回收利用。不具备回收利用条件需要向大气排放的，应当经过充分燃烧或者采取其他污染防治措施。由于安全因素必须排放的，油气勘探开发单位应当立即报所在地环保部门。

第二十四条　油气勘探开发单位对产生噪声的设备和装置应当采取消音、隔音、防震等有效措施。

禁止夜间在居民区、文教区、疗养区等控制区域从事产生噪声污染的作业，因抢修、抢险作业和生产工艺要求或者特殊需要必须连续作业的，应当向环保部门报告，并且公告附近居民。

第二十五条　油气勘探开发单位使用放射源的，应当加强在分装、使用、运输、储存过程中的管理，防止丢失、被盗或者操作事故发生；闲置、废弃放射源和放射性废物应当按照国家和省有关规定及时送交省城市放射性废物库储存或者由厂家回收处理。

第二十六条　油气勘探开发单位应当加强油气运输管线和油气储存设备的巡查、检测、维修，采取有效的防腐、防裂等措施，防止渗漏、溢流事故发生。

发生井喷、管道破裂、穿孔等突发性事件，或者因盗窃事件致使原油泄漏的，应当采取应急措施，排除故障，防止污染面积扩大；落地污油污物应当在排除故障后五日内予以清除，居民区内污油污物应当在二日内清除，清除时不得扩大污染面积。

第二十七条　运输易挥发、易扬散、易泄漏的油气勘探开发原料或者产品，应当使用密闭运输工具或者采取有效防护措施。严禁运送油气、化学药剂的车辆泄漏、撒落或者随意排放。

第二十八条 禁止任何单位和个人从事下列行为：

（一）非法炼油；

（二）为非法炼油提供原料、设备、厂房等；

（三）非法运输、收购、储存、销售原油及非法炼油产品。

第四章　生态保护

第二十九条 油气勘探开发单位制定的油田开发方案，应当明确生态保护、地质环境保护目标和任务。

油气勘探开发单位应当依法对油田勘探开发以来造成的生态破坏逐年进行生态恢复。

第三十条 在自然保护区、饮用水水源保护区、风景名胜区等区域从事油气勘探开发活动，按照法律、行政法规的规定执行。

第三十一条 油气勘探开发单位车辆在草原上行驶时，应当严格遵守有关法律、法规的规定，防止对草原生态环境的破坏。

井位间距在三百米以上的，禁止井架整体搬迁。因施工造成的植被破坏应当在施工后一年内恢复。

第三十二条 新开发区域内埋设油、水、气管线不得改变原有的地形、地貌。油气勘探开发中的各项工程应当减少占地，施工中临时占地的，应当将腐殖质层剥离移走，工程结束后及时恢复原有地貌。

油气勘探开发单位在勘探开发中因挖损、钻孔、震裂、压占等造成土地破坏的，应当及时采取整治措施恢复原有地貌。

第三十三条 在泡沼中进行油气勘探开发需要修筑道路的，应当设置涵洞或者其他过水设施，保证水体的自然流动。对原有泡沼中已建成的道路未设置涵洞或者其他过水设施的，应当限期改造。

第三十四条 油气勘探开发单位应当加强对退役井、站的管理。对套损井应当及时修复，不能修复的应当彻底报废，限期恢复原貌；中转站、联合站等有关设施应当在退役后六个月内予以拆除，限期恢复原有地貌。

报废的油气井应当采取措施进行密封回填，防止由于井管腐烂、破裂造成地下水污染。

第三十五条 油气勘探开发单位应当按照本条例规定对因勘探开发造成的生态破坏进行恢复，未进行恢复的，由所在地市级以上人民政府责令其限期恢复；逾期未恢复的，所在地市级以上人民政府可以指定单位代为恢复。恢复费用由油气勘探开发单位承担，恢复费用可以在成本中列支，专款专用。

地方人民政府和有关行政主管部门以及村民委员会应当积极协助生态恢复工作，任何单位和个人不得妨碍、干扰和阻挠。

第五章　法律责任

第三十六条　违反本条例规定的行为,有关法律、法规有规定的,依照有关规定处理。

第三十七条　违反本条例第十条、第十六条、第十七条第一款和第二款、第十九条、第二十三条第二款规定的,由环保部门责令停止违法行为,限期改正;逾期未改正的,处以一万元以上三万元以下罚款。

第三十八条　违反本条例第十三条第一款规定,擅自进入油气勘探开发生产作业场地内经劝阻仍不离开的,由公安机关予以治安处罚。

第三十九条　违反本条例第十五条规定,油气勘探开发单位未达到污染物排放总量控制要求或者超标准排放污染物的,按照国家有关法律规定予以处罚。

第四十条　违反本条例第二十条规定,由环保部门责令停止违法行为,限期改正;逾期未改正的,处以一万元以上十万元以下罚款。

第四十一条　违反本条例第二十一条规定,油气勘探开发设施在运行过程中,发生油井套管破损、气井泄漏等直接污染地下水资源事故的,按照国家有关法律规定予以处罚。

第四十二条　违反本条例规定,有下列行为之一的,由环保部门责令停止违法行为,限期改正;逾期未改正的,处以一万元以上五万元以下罚款:

(一)随意排放废弃钻井液、废水、岩屑、污油的;

(二)随意排放井下作业和测试时产生的废液、废水的;

(三)随意排放油气集输过程中产生的废水和油沙、污泥的。

第四十三条　违反本条例规定,未采取处理措施,在气井测试时放喷有毒有害气体或者运送油气、化学药剂车辆泄漏、撒落或者随意排放的,由环保部门责令停止违法行为,并处以二万元以上五万元以下罚款。

第四十四条　违反本条例第二十六条规定,未采取应急措施控制污染或者污油污物未在规定时间内予以清除的,由环保部门责令立即采取措施或者限期改正;既未采取措施又不改正的,处以五千元以上二万元以下罚款。

第四十五条　违反本条例第二十八条规定,由县级以上人民政府组织公安、工商、质量技术监督、环保等有关部门依法予以取缔;公安机关没收原料、非法炼油产品和生产、运输、储存设备以及非法所得,并处以一万元以上五万元以下罚款。

第四十六条　环保部门等国家工作人员有下列行为之一,但尚未构成犯罪的,由其所在单位或者上级主管部门给予行政处分:

(一)违反规定审批环境影响报告书(表),不按规定发放污染物排放许

可证、临时污染物排放许可证的;

（二）对违法行为未依法查处或者查处不力的;

（三）在执法行动中通风报信或者放任、包庇、纵容违法行为的;

（四）妨碍、干扰和阻挠生态恢复工作的。

第六章　附　　则

第四十七条　本条例自 2005 年 6 月 5 日起施行。

黑龙江省建设工程质量监督管理条例

(2006年8月19日黑龙江省第十届人民代表大会常务委员会第二十二次会议通过　根据2015年4月17日黑龙江省第十二届人民代表大会常务委员会第十九次会议《关于废止和修改〈黑龙江省文化市场管理条例〉等五十部地方性法规的决定》修正)

第一章　总　　则

第一条　为加强建设工程质量监督管理,保证建设工程质量,保护人民生命和财产安全,保障公民、法人和其他组织的合法权益,根据《中华人民共和国建筑法》和国务院《建设工程质量管理条例》等有关法律、法规的规定,结合本省实际,制定本条例。

第二条　凡在本省行政区域内从事建设工程的新建、扩建、改建以及建设工程质量监督管理活动,应当遵守本条例。

第三条　本条例所称建设工程,是指土木工程、建筑工程、线路管道和设备安装工程及建筑装修工程。

本条例所称建设工程质量责任主体,是指对建设工程质量负有法定责任的建设、勘察、设计、施工、工程监理、工程检测、施工图审查等单位。

本条例所称质量行为,是指建设工程项目在建设过程中各责任主体履行法定质量责任和义务的行为。

第四条　县以上建设行政主管部门对本行政区域内的建设工程质量实施统一监督管理,其所属的建设工程质量监督管理机构(以下简称工程质量监督机构)具体负责建设工程质量监督管理工作。

省农垦总局、分局、省森林工业总局、林业管理局负责垦区内、国有森工林区内的建设工程质量监督管理,其所属的工程质量监督机构具体负责建设工程质量监督管理工作。业务上接受省建设行政主管部门的指导和监督。

交通、水利等行政主管部门按照职责分工负责本行政区域内本专业建设工程质量的监督管理工作。专业工程质量监督机构设立应当按照国家有关规定进行考核并向省建设行政主管部门备案。

第五条　工程质量监督机构履行下列职责：

（一）贯彻有关建设工程质量方面的法律、法规；

（二）执行国家和省有关建设工程质量方面的规范、标准；

（三）对建设工程质量责任主体的质量行为实施监督；

（四）对下级工程质量监督机构实行层级监督和业务指导；

（五）组织建设工程质量执法检查；

（六）巡查、抽查建设工程实体质量；

（七）参与建设工程质量事故处理；

（八）调解在建建设工程和保修期内的建设工程质量纠纷，受理对建设工程质量的投诉；

（九）监督建设工程竣工验收活动，办理建设工程竣工验收备案手续。

第六条　省建设行政主管部门负责本省建设工程质量检测单位的资质管理工作，具体组织实施工作由省工程质量监督机构负责。

第七条　工程质量监督机构履行监督管理职责时，有权采取下列措施：

（一）要求被检查单位提供有关建设工程质量的文件和资料；

（二）进入被检查单位的施工现场进行检查；

（三）发现有影响建设工程质量的问题时，责令改正；

（四）依法查处违反有关建设工程质量法律、法规和规章的行为。

第八条　各级人民政府应当鼓励和引导建设工程采用先进技术，推广使用节能环保材料。

第二章　建设工程质量监督注册

第九条　建设单位在领取建设工程施工许可证或者开工报告前，应当向建设工程所在地的工程质量监督机构办理建设工程质量监督注册手续，并提交下列文件：

（一）建设工程施工合同；

（二）建设单位、施工单位的负责人和项目机构组成；

（三）施工现场项目负责人、技术人员的资质证书和质量检查人员的岗位证书；

（四）施工组织设计；

（五）施工图设计文件审查报告和批准书；

（六）建设工程消防设计审查合格书面证明文件；

（七）其他有关法律、法规规定的文件。

实行建设工程监理的，还应当同时提交下列文件：

（一）建设工程监理合同；

（二）现场建设工程监理人员的注册执业证书；

（三）监理单位建设工程项目的负责人和机构组成；

（四）建设工程监理规划。

第十条　工程质量监督机构应当自接到建设单位报送的建设工程质量监督注册合格文件之日起一个工作日内办结建设工程质量监督注册手续。

未履行建设工程质量监督注册手续的，建设行政主管部门不予发放施工许可证，有关部门不得发放开工报告。

第十一条　工程质量监督机构办结建设工程质量监督注册手续后，应当及时制定《建设工程项目质量监督工作方案》，确定监督责任人员。

工程质量监督机构对建设工程项目实施质量监督前，应当将《建设工程项目质量监督工作方案》送达建设单位、施工单位和监理单位，并对相关单位进行技术交底。

第三章　建设工程质量行为的监督

第十二条　建设工程项目在建设过程中，公安消防、人民防空、环境保护、燃气、供热、给排水、电气、信息、智能、电梯等专项配套建设工程应当与建设项目主体建设工程同步设计、同步施工、同步验收。

第十三条　建设单位要求施工单位提供建设工程质量担保的，应当同时向施工单位提供建设工程价款支付担保。

第十四条　建设单位应当在开工前将全套施工图设计文件送交施工图审查单位，并提交下列文件：

（一）作为勘察、设计依据的政府有关部门的批准文件及附件；

（二）建设工程项目勘察成果报告；

（三）建设工程结构设计计算书和建设工程节能计算书；

（四）有关专项配套建设工程施工图设计文件及审查合格意见。

按规定需要进行初步设计的建设工程项目，还应当提供初步设计文件。

第十五条　下列建设工程项目的地基基础、主体结构、重要设备安装的施工阶段，设计单位应当向施工现场派驻设计代表：

（一）国家和省重点建设工程；

（二）大型公共建筑、市政基础设施建设工程；

（三）超限高层建设工程；

（四）专业技术性较强，需要设计单位指导施工的建设工程；

（五）设计单位建议采用新技术、新结构的建设工程。

施工现场设计代表的责任和酬金应当在设计合同中约定。

第十六条　建设工程施工所使用的建筑材料、建筑构配件和设备应当符合下列要求：

（一）国家和省有关标准、设计要求和合同约定；

（二）有产品出厂质量证明文件和具有相应资质的检测单位出具的检测合格报告；

（三）有国家实行生产许可证管理产品的生产许可证；

（四）国家和省规定的其他有关产品质量要求。

建筑材料和建筑装修材料还应当符合国家规定的环境保护标准。

第十七条 施工单位因使用不合格建筑材料、建筑构配件导致建设工程质量事故，由其承担质量责任。但因建设单位、监理单位明示或者暗示施工单位使用不符合国家标准和设计文件要求的建筑材料、建筑构配件和设备，导致建设工程质量隐患或者事故的，建设单位应当承担相应的质量责任。

第十八条 监理建设工程师应当严格按照建设工程监理规范履行职责。

地基基础、主体结构的关键部位和关键工序的施工阶段应当实行全过程无间断旁站监理，并留存影像资料。

第十九条 监理单位应当在分部工程、单位建设工程完工后五个工作日内出具真实、完整的建设工程质量评估报告和其他监理文件。

对进入施工现场的建筑材料、建筑构配件和设备，未经监理人员签字同意的，不得使用。

监理单位对违反建设工程建设技术标准、质量标准的行为以及发现建设工程质量事故隐患，应当立即通知责任单位采取措施予以处理，并同时通报建设单位。

责任单位对建设工程质量事故隐患拒不处理的，监理单位应当报告工程质量监督机构。

第二十条 建设工程质量检测单位应当依据国家和省有关标准、规定进行检测，所出具的检测数据和结论应当真实、准确。

建设工程质量检测单位对经检测不合格的检测项目应当立即通知委托检测的单位，同时报告建设工程所在地的工程质量监督机构。

第二十一条 施工图审查单位对违反国家强制性规范和强制性标准的施工图设计文件，应当提出明确的修改意见。对所报送的施工图设计审查文件不符合本条例第十四条规定的，施工图审查单位不得审查。

任何单位和个人不得擅自修改审查合格的施工图。确需修改审查部分的，建设单位应当将修改后的施工图送原审查单位审查。

第四章　建设工程竣工验收监督

第二十二条 施工单位通过自检认定建设工程项目达到竣工条件的，应当向建设单位提交建设工程竣工报告，同时送交建设工程质量控制资料和建设工程技术资料,并在建设工程竣工验收合格后出具《建设工程质量保修书》。

实行监理的工程,工程竣工报告须经总监理工程师签署意见。

第二十三条 建设单位组织竣工验收前,应当向城市规划、公安消防、环境保护、人民防空等主管部门提出建设工程的竣工认可申请,城市规划、公安消防、环境保护、人民防空等主管部门应当在法定期限内出具是否认可或者准许使用的文件。

城市规划部门作出的认可意见应当签署在《建设工程规划许可证》的附图及附件名称栏中。

第二十四条 建设单位应当按照规划设计对住宅小区附属设施组织竣工验收。验收时应当邀请业主代表参加,并由业主代表签署验收意见。

第二十五条 建设单位应当在接到施工单位所提交的建设工程竣工报告之日起十个工作日内组织有关单位进行建设工程竣工验收。

建设工程竣工验收开始前,建设单位应当书面报告工程质量监督机构。工程质量监督机构应当对建设工程竣工验收程序进行监督。

建设工程竣工验收未书面报告工程质量监督机构的,工程质量监督机构不予办理建设工程竣工验收备案手续。

第二十六条 建设工程竣工验收合格后,建设单位应当自工程竣工验收合格之日起十五日内到建设工程所在地的工程质量监督机构办理备案手续。

建设单位申请办理备案手续时,应当同时提交下列文件:

(一)建设工程竣工验收报告;

(二)有关行政主管部门对专项建设工程的认可和准许使用文件;

(三)参与验收的业主代表签署的认可意见;

(四)监理单位出具的建设工程质量评估报告;

(五)建设工程质量保修书;

(六)设计单位和施工图审查单位出具的认可文件;

(七)法律、法规规定的其他文件。

住宅建设工程项目还应当提交《住宅质量保修书》、《住宅使用说明书》和《分户验收证明》。

建设单位提交的文件不符合本条第二款、第三款规定的,工程质量监督机构应当一次性告知;符合规定的,工程质量监督机构应当在五个工作日内向发放《建设工程竣工验收备案证书》。

第二十七条 建设工程交付使用前,应当取得工程质量监督机构核发的《建设工程竣工验收备案证书》,否则不得交付使用。

房屋建筑建设工程未取得《建设工程竣工验收备案证书》的,房屋所有权登记机关不得办理房屋所有权登记手续。

第五章　建设工程质量保修和纠纷处理

第二十八条　建设工程实行质量保修制度，保修范围及期限按照国家和省有关规定执行。

第二十九条　因建设、勘察、设计、施工、监理、检测和施工图设计文件审查等单位责任造成建设工程质量缺陷的，由责任方承担保修责任和赔偿责任。

住宅建设工程项目在保修范围和保修期限内发生质量缺陷的，由建设单位先行承担保修责任，建设单位在承担保修责任后，可以向造成质量缺陷的责任方追偿。

第三十条　房屋所有权人或者使用权人不得擅自拆改房屋承重结构。因建筑装修造成建设工程质量隐患或者结构破坏的，房屋所有权人或者使用权人应当承担法律责任，给他人造成财产损失的，还应当承担赔偿责任。

第三十一条　在建或者保修期内的建设工程发生质量纠纷的，当事人可以向建设工程所在地的工程质量监督机构提出质量纠纷调解申请，也可以直接根据合同约定向仲裁机构申请仲裁，或者向人民法院提起诉讼。

第三十二条　工程质量监督机构应当自接到建设工程质量纠纷调解申请之日起三个工作日内出具是否受理通知。

第三十三条　工程质量监督机构调解建设工程质量纠纷时，应当坚持公平、公正、公开的原则。

第三十四条　工程质量监督机构应当自受理建设工程质量调解纠纷之日起十个工作日内作出调解意见。

第三十五条　有关单位和个人就建设工程质量问题向工程质量监督机构投诉的，工程质量监督机构应当在三个工作日内作出是否受理的决定。

第三十六条　工程质量监督机构在受理投诉之后，应当对投诉事项进行调查，在十五个工作日内作出处理决定，并书面送达当事人。

第六章　法律责任

第三十七条　监理单位违反本条例第十八条第二款规定的，由工程质量监督机构责令改正；未改正的，处以一万元罚款；造成严重质量事故的，建议资质证书颁发机关降低该监理单位资质等级或者吊销其资质证书，并吊销相关人员资格证书。

第三十八条　违反本条例第十九条第四款规定，对建设工程隐患拒不处理的，由工程质量监督机构对责任单位处以五万元的罚款；监理单位未向工程质量监督机构报告的，由工程质量监督机构责令限期改正，逾期未改正的,处以合同价款一倍的罚款;情节严重的,建议资质证书颁发机关降低该监理单位资质等级或者吊销其资质证书,并吊销相关人员资格证书。

第三十九条 建设工程质量检测单位违反本条例第二十条第一款规定的,由工程质量监督机构责令限期改正;逾期未改正的,可处以一万元罚款,建议资质证书颁发机关吊销其资质证书;违反本条第二款规定的,由工程质量监督机构对其处以一万元罚款;情节严重的,建议资质证书颁发机关吊销其资质证书。

第四十条 建设单位违反本条例第二十四条规定的,由工程质量监督机构责令改正,并处以一万元以上三万元以下罚款;违反本条例第二十六条第一款规定的,由工程质量监督机构责令停止违法行为,限期改正。逾期未改正的,处以单位建设工程造价百分之五罚款,但最高不得超过五十万元。

第四十一条 施工图审查单位未按规定进行施工图审查,或者出具虚假审查合格书的,由县级以上人民政府建设行政主管部门处以一万元以上三万元以下罚款。

第四十二条 有关行政主管部门和单位违反本条例规定的,由有关行政机关或者监察机关依法追究其主管人员和工作人员的行政责任。

第四十三条 建设行政主管部门及工程质量监督机构违反本条例,有下列行为之一的,由有关行政机关或者监察机关依法追究其主管人员和工作人员的行政责任:

(一)给未办理建设工程质量监督注册手续的建设工程发放施工许可证的;

(二)未按规定程序和条件办理建设工程质量监督注册手续的;

(三)未按规定程序和条件办理建设工程竣工验收备案手续的;

(四)未按规定程序和标准对建设工程实行质量监督的;

(五)未按规定程序和时限进行建设工程质量纠纷调解的;

(六)对有关建设工程质量举报投诉未及时处理的;

(七)其他以权谋私、滥用职权、徇私舞弊的。

第四十四条 本条例未作处罚规定的,依据国务院《建设工程质量管理条例》实施处罚。

第七章 附 则

第四十五条 本条例自2006年10月1日起施行。1993年9月17日黑龙江省第八届人民代表大会常务委员会第五次会议通过的《黑龙江省建设工程质量管理条例》同时废止。

黑龙江省民办教育促进条例

(2007 年 10 月 12 日黑龙江省第十届人民代表大会常务委员会第二十九次会议通过　根据 2015 年 4 月 17 日黑龙江省第十二届人民代表大会常务委员会第十九次会议《关于废止和修改〈黑龙江省文化市场管理条例〉等五十部地方性法规的决定》修正)

第一章　总　　则

第一条　为促进民办教育事业的健康发展,维护民办学校和受教育者的合法权益,根据《中华人民共和国民办教育促进法》和有关法律、行政法规的规定,结合本省实际,制定本条例。

第二条　国家机构以外的社会组织或者个人,利用非国家财政性经费,在本省行政区域内面向社会举办学校以及其他教育机构(以下统称民办学校)的活动,适用本条例。

第三条　民办教育事业属于公益性事业,是国家教育事业的组成部分。民办学校与公办学校具有同等的法律地位。

各级人民政府依法保障民办学校的办学自主权,保障民办学校举办者、校长、教职工和受教育者的合法权益。

第四条　民办学校应当贯彻国家教育方针,全面实施素质教育,坚持社会主义办学方向,保证教育质量,致力于培养社会主义建设事业的各类人才。

民办学校应当贯彻教育与宗教相分离的原则。任何组织和个人不得利用宗教进行妨碍国家教育制度的活动。

第五条　县级以上人民政府应当加强对民办教育事业的领导,将民办教育事业纳入国民经济和社会发展规划。

县级以上人民政府教育、人力资源和社会保障行政部门应当根据本地实际,制定民办教育发展的具体规划,报同级人民政府批准后实施。

第六条　省教育行政部门主管全省民办教育工作,负责民办教育工作的规划、协调和管理。

省人力资源和社会保障部门负责实施以职业技能为主的职业资格培训、职业技能培训的民办学校的服务、监督和管理。

省民政、财政、价格、公安、工商等行政部门在各自职责范围内,负责民办教育的有关工作。

第七条 县级以上人民政府应当建立由教育行政部门、人力资源和社会保障行政部门和其他有关部门参加的民办教育联席工作会议制度,主要协调解决民办教育发展中的有关问题。

第二章 设 立

第八条 设立民办学校应当符合本省教育发展的需求,具备法律、法规规定的条件。民办学校(高等学历教育除外)的具体设置标准由省人民政府制定。

第九条 设立民办学校应当按照下列权限审批:

(一)普通高等本科学校和师范、医学类高等专科学校的设立,由国务院教育行政部门审批;

(二)高等职业学校的设立(不含师范、医学类),由省人民政府审批,并报国务院教育行政部门备案;

(三)民办助学高等学校以及非学历高等教育机构的设立,由省教育行政部门审批;

(四)实施中等及其以下学历教育的学校和学前教育学校的设立,由市、县级教育行政部门按照同级同类公办学校的规定审批;

(五)文化教育培训学校的设立,由县级教育行政部门审批;

(六)技工学校的设立,省人力资源和社会保障行政部门审批;职业技能培训学校的设立,由市、县级人力资源和社会保障行政部门审批。

人力资源和社会保障行政部门审批的民办学校,人力资源和社会保障行政部门应当在批准后七个工作日内抄送同级教育行政部门备案。

第十条 教育行政部门审批的民办学校举办职业资格、职业技能培训,应当经同级人力资源和社会保障行政部门审批后,方可在该校增加培训项目。人力资源和社会保障行政部门审批的民办学校举办非学历文化教育培训,应当经同级教育行政部门审批后,方可在该校增加非学历文化教育培训项目。

实施体育、艺术等特殊类别非学历教育的民办学校,国家对其设立审批权限有规定的,按照国家规定执行;没有规定的,由市、县级教育行政部门审批。

第十一条 民办学校的名称应当符合有关法律、法规的规定,不得损害社会公共利益。

民办学校的名称应当冠以学校所在地的行政区域名称,并与民办学校的教育类别、办学层次及办学范围相适应。未经省以上教育或者人力资源和社会保障行政部门批准,不得冠以与省以上行政区域名称含义相同的字样。

第十二条　审批机关应当将批准正式设立的民办学校的名称、章程、地址、法定代表人、办学层次、类别、规模、招生范围等信息,通过政府网站或者其他媒体向社会公告。

第十三条　民办学校应当在取得审批机关批准文件后三十日内到登记机关办理登记。登记机关应当简化登记手续,自收到申请材料之日起五个工作日内完成登记。

第三章　教育教学活动

第十四条　民办学校应当依据国家和省有关规定提供符合标准的校舍和教育教学设施、设备,履行招生简章承诺,开设相应课程,开展教育教学活动,保证教育教学质量。

实施职业教育的民办学校开展教育教学活动,应当突出职业院校的特色,加强实践教学,建设相应的实验、实训基地,合理安排课程结构比例,完成国家规定的实践教学课时。

民办学校不得将承担的教育教学任务转交给其他组织或者个人。

第十五条　民办学校应当有与其办学层次、规模和专业设置相适应的专职教师。民办学校的教师应当具有国家规定的任职资格。

实施学历教育的民办学校聘任的专职教师,应当不少于其教师总数的三分之一。

实施以职业技能为主的职业资格培训、职业技能培训的民办学校,应当根据所设专业聘任专职教师,专职教师不少于其教师总数的三分之一,实习指导教师不少于其专职教师总数的二分之一。

第十六条　实施高等教育和中等职业技术教育的民办学校,可以按照办学宗旨和培养目标,自行设置专业、开设课程,资助选用教材,并报审批机关备案。

第十七条　民办学校享有与同级同类公办学校同等的招生权,可以自主确定招生的范围、标准和方式。但是,招收接受高等学历教育的学生应当遵守国家有关规定。

民办学校不得采取支付或者变相支付生源组织费的形式组织生源,生源学校不得向民办学校收取或者变相收取生源组织费。

第十八条　民办学校应当在发布招生简章或者广告前,将拟发布招生简章和广告的内容、发布形式及其相关证明材料报送审批机关备案。正式发布招生简章和广告的内容应当与报送审批机关备案的材料内容相一致。

招生简章和广告应当客观、真实、准确,载明学校名称、性质、法定代表人、培养目标、办学层次、专业设置、办学形式、办学地址、收费标准、证书发放等有关事项。

第十九条 民办学校应当建立学籍管理制度。

实施学历教育的民办学校应当对完成全部课程、考试或者考核成绩合格的受教育者,发给学历证书。具有学位授予资格的民办高等学校,对符合学位授予条件的受教育者,应当发给学位证书。

实施非学历教育的民办学校应当建立学生注册登记制度,建立学业成绩档案,对完成学习任务的受教育者,发给非学历证书。

接受职业技能培训的受教育者,经培训合格的,发给职业技能培训合格证书。经依法批准的职业技能鉴定机构鉴定合格的,由人力资源和社会保障行政部门发给国家职业资格证书。

第二十条 民办学校应当建立安全管理制度,健全安全稳定工作机制,落实安全防范措施,维护学校安全和教学秩序。

社会治安综合治理委员会办公室应当协调教育、公安、交通、城建(城管)、工商、环保、文化、卫生等有关部门加强对民办学校周边环境的治理,维护学校周边安全。

第二十一条 提倡民办学校参加学校责任保险,受教育者参加意外伤害保险。民办学校可以为受教育者参加意外伤害保险提供便利条件,但不得从中收取任何费用。

第二十二条 自学考试助学应当由民办高等教育自学考试助学机构承担。实施职业技能培训的民办学校应当在审批机关所在的行政区域内组织学生进行职业技能鉴定。实施职业资格考试和职业技能鉴定的机构不得举办与其所实施的考试、鉴定相关的民办学校。

第四章　教职工与受教育者

第二十三条 民办学校应当按时足额发放教职工工资,为教职工缴纳社会保险费,依法保障教职工的福利待遇等合法权益。

第二十四条 民办学校应当加强对教师的职业道德教育和教学业务培训,提高教师的思想道德素质和教育教学能力。

第二十五条 县级以上人民政府及其教育、人力资源和社会保障、人事等有关部门应当采取措施,保障民办学校的教职工在业务培训、教师资格认定、职称评定、岗位聘用、教龄和工龄计算、表彰奖励、社会活动以及申请科研项目、课题等方面,享有与同级同类公办学校的教职工同等权利。

第二十六条 县级以上人才服务机构负责管理民办学校教职工的人事档案。民办高等学校参照非财政补贴事业单位的人事管理办法进行人事管理。

第二十七条　民办高等学校的教职工,与学校发生人事争议时,当事人可以到学校所在地的人事争议仲裁委员会申请仲裁。与其他民办学校建立劳动关系的教职工,与民办学校发生劳动争议时,当事人可以到学校所在地的劳动争议仲裁委员会申请劳动仲裁。

第二十八条　县级以上人民政府及其有关部门应当保障民办学校的受教育者在升学、就业、参加先进评选、医疗保险、助学贷款以及乘车等方面,享有与同级同类公办学校的受教育者同等权利。

第二十九条　民办学校应当建立与受教育者的沟通联系和调解制度,指定专人负责受理受教育者的建议、意见和申诉,并在受理之日起十五日内予以答复。

受教育者对学校不按规定予以答复或者对答复意见不服的,有权向审批机关申诉。审批机关应当在接到申诉后三十日内予以处理。不属于本部门管辖的,应当及时告知受教育者。

第三十条　民办学校应当按照有关规定,通过减免学费、安排勤工助学岗位等形式,帮助家庭贫困的受教育者。

民办中等职业学校和民办高等学校应当为受教育者提供就业指导和服务,帮助其就业。

第五章　资产与财务管理

第三十一条　民办学校应当建立财务、会计制度和资产管理制度,设置会计账簿,执行民办非企业单位会计制度。

第三十二条　民办学校收取的费用应当主要用于教育教学活动和改善办学条件。

举办者投入民办学校的资产应当与举办者的其他资产相分离。民办学校存续期间,举办者投入民办学校的资产、国有资产、受赠的财产、收取的费用以及办学积累等,由民办学校管理和使用,并接受审批机关和国有资产监督管理等有关部门的监督。

民办学校资产中的国有资产和受赠财产的监督和管理,按照国家有关规定执行。

第三十三条　民办学校应当执行国家和省有关收费、退费方面的规定。

学历教育的收费项目和收费标准,由民办学校提出书面申请,报价格主管部门批准并公示;非学历教育的收费项目和收费标准的制定或者调整,由民办学校自行确定,报价格主管部门备案并公示。

第三十四条　民办学校在招生时,应当向社会公示学校的收费项目、收费标准等相关内容,公示后不得擅自变更,未经公示的收费项目不得收取。收费时,应当公示或者出示收费许可证。

民办学校收费应当依法使用规定的票据。

第三十五条 受教育者入学后提出退学的,民办学校应当依照有关规定及时为受教育者办理退学、退费手续。

第三十六条 民办学校应当在每个会计年度结束时制作财务会计报告,委托会计师事务所依法进行审计,将审计结果予以公布并报审批机关备案。

第三十七条 省人民政府可以建立民办学校风险保证金制度。风险保证金主要用于民办学校终止时退回向学生收取的学费、杂费和其他费用。具体办法由省人民政府制定。

第六章　扶　　持

第三十八条 省人民政府应当设立民办教育发展专项资金,用于扶持民办教育事业发展,奖励和表彰在民办教育工作中有突出贡献的集体和个人。

市、县级人民政府可以根据本行政区域的实际情况设立民办教育发展专项资金。

对符合本省社会经济发展需要,办学质量高,信誉好,有发展潜力的民办学校,政府优先给予资助或者其他政策扶持。

第三十九条 省财政、税务主管部门应当根据国家有关规定,制定民办学校享受国家税收优惠政策的具体实施办法,并随着国家相关政策的调整及时作出相应调整。

第四十条 县级以上人民政府及其有关行政部门应当将民办学校的基本建设纳入城乡建设规划。

有批准权的人民政府,可以以划拨方式向新建、扩建实施学历教育的民办学校提供国有土地使用权。实施非学历教育的民办学校,按照国家有关规定享受土地政策。

教育用地不得用于其他用途。

第四十一条 社会组织或者公民个人以不动产用于办学,原有不动产过户到民办学校名下,并且不属于买卖、赠予或者交换行为的,在办理过户手续时,只收取证照工本费。

第四十二条 新建、扩建民办学校,县级以上人民政府应当按照公益事业建设的有关规定给予优惠。

第四十三条 县级以上人民政府及其有关部门应当保障民办学校在水、电、煤气、采暖、排污等公用事业性收费方面,享有与公办学校同等待遇。

第七章　管理与监督

第四十四条　县级以上教育、人力资源和社会保障行政部门应当组织或者委托社会中介组织对民办学校的办学条件、办学水平、财务状况等进行评估,对评估过程中发现的问题,应当督促民办学校限期整改。

第四十五条　县级以上人民政府及其教育、人力资源和社会保障等行政部门在民办学校被吊销办学许可证或者因其他事由终止时,应当监督并协助民办学校妥善安置在校学生。

第四十六条　县级以上教育、人力资源和社会保障行政部门应当建立民办学校信用记录公告制度,将民办学校的有关情况适时向社会公布,并在相关网站上建立民办学校信用记录查询系统,向公众提供查询服务。

第四十七条　县级以上价格主管部门应当对民办学校收费、退费实施管理和监督,引导学校建立健全收费、退费管理制度。

第四十八条　民办学校变更举办者或者在举办者内部调整出资比例的,应当报审批机关核准,并办理相应的变更登记手续。

第四十九条　民办学校变更学校地址或者在审批机关批准的区域外增设教学地点的,应当重新办理审批、登记手续;在审批机关批准的区域内增设教学地点的,应当报审批机关备案。

第五十条　民办学校行业自律组织应当依照其章程,开展民办学校之间的交流与合作,加强民办学校行业自律制度建设,促进民办学校办学。

第五十一条　有关部门向民办学校收取费用时,应当出示法定依据,并向民办学校出具收费票据。

第八章　法律责任

第五十二条　社会组织和个人擅自举办民办学校,由县级以上教育、人力资源和社会保障行政部门按照下列规定处理:依法达到办学条件的,责令补办手续;逾期仍达不到办学条件的,责令停止办学,有违法所得的,没收违法所得,造成经济损失的,依法承担赔偿责任。当事人妨碍公务的,由公安机关依法予以处罚。

第五十三条　民办学校有下列行为之一的,由审批机关责令限期改正,并予以警告;逾期未改正的,责令停止招生;情节严重,造成恶劣社会影响的,吊销办学许可证:

(一)将承担的教育教学任务转交给其他组织或者个人的;

(二)减少教学课时,未按教学计划开展教育教学活动,导致教学质量低下的;

(三)未按照招生简章或者广告的承诺开展教育教学活动的;

（四）校舍或者其他教育教学设施、设备经整改仍达不到设置标准，或者存在重大安全隐患未及时采取措施的；

（五）管理混乱，严重影响教育教学，造成恶劣社会影响的；

（六）发生学生重大伤害等校园安全事故，学校负有主要责任的。

第五十四条　民办学校有下列行为之一的，由审批机关或者其他有关部门责令限期改正，并予以警告；有违法所得的，责令退还所收费用后，没收违法所得；情节严重的，责令停止招生、吊销办学许可证；构成犯罪的，依法追究刑事责任：

（一）发布的招生简章或者广告与报审批机关备案的不一致；

（二）发布虚假招生简章或者广告，骗取钱财的。

第五十五条　民办学校有下列情形之一的，由价格主管部门或者审批机关责令限期改正，并予以警告；有违法所得的，责令退还所收费用后，没收违法所得；拒不退还或者逾期没有退还的，可以并处违法所得一倍以上三倍以下的罚款；情节严重的，责令停止招生、吊销办学许可证：

（一）擅自增加收费项目、提高收费标准的；

（二）无正当理由拒不向受教育者退费或者不按规定退费的；

（三）采取支付或者变相支付生源组织费的形式组织生源的；

（四）在组织学生参加意外伤害保险过程中收取费用的。

第五十六条　民办学校有下列情形之一的，由人力资源和社会保障行政部门依法处理：

（一）未依法与教职工签订劳动合同的；

（二）未按时足额发放教职工工资的；

（三）民办学校未按规定为教职工缴纳社会保险费的。

第五十七条　有关部门没有法定依据，向民办学校收取费用或者收取的费用高于同级同类公办学校标准的，由同级价格主管部门责令及时退还所收费用或者多收费用；

情节严重的，对直接负责的主管人员和其他直接责任人员，依法给予行政处分。

第五十八条　教育、人力资源和社会保障行政部门以及其他有关部门有下列行为之一的，由上级机关责令改正；情节严重的，对直接负责的主管人员和其他直接责任人员，给予行政处分；造成经济损失的，依法承担赔偿责任；构成犯罪的，依法追究刑事责任：

（一）对符合法定条件的设立申请不予受理的；

（二）已受理设立申请，未按法定期限予以答复的；

（三）批准不符合法定条件申请的；

（四）疏于管理，造成严重后果的；

（五）侵犯民办学校及其教职工、受教育者合法权益的；

（六）其他滥用职权、徇私舞弊的。

第九章　附　　则

第五十九条　本条例自 2008 年 1 月 1 日起施行。1994 年 12 月 3 日黑龙江省第八届人民代表大会常务委员会第十二次会议通过的《黑龙江省社会力量办学条例》同时废止。

黑龙江省农村可再生能源开发利用条例

(2008年1月18日黑龙江省第十届人民代表大会常务委员会第三十二次会议通过 根据2015年4月17日黑龙江省第十二届人民代表大会常务委员会第十九次会议《关于废止和修改〈黑龙江省文化市场管理条例〉等五十部地方性法规的决定》修正)

第一章 总 则

第一条 为了加快农村可再生能源开发利用,发展农村循环经济,改善农村生产生活条件和生态环境,促进农村经济和社会可持续发展,根据国家有关法律规定,结合本省实际,制定本条例。

第二条 本条例所称农村可再生能源,是指农村生产生活中使用的生物质能(沼气、秸秆气化、秸秆固化等)、太阳能、风能、地热能、微水能等非化石能源。

第三条 在本省行政区域内从事农村可再生能源开发利用以及管理活动的单位和个人,应当遵守本条例。

第四条 省农业行政主管部门是全省农村可再生能源开发利用的行政主管部门,负责组织实施本条例,具体工作由其所属的省农村能源管理机构负责。

市(行署)、县(市、区)农业行政主管部门负责本行政区域内的农村可再生能源开发利用和管理工作,具体工作可以委托已设立的农村能源管理机构负责。

乡(镇)人民政府在上级农业行政主管部门的指导下,做好本行政区域内的农村可再生能源开发利用工作。

省农垦总局、分局,省森林工业总局、林业管理局负责垦区内、国有森工林区内的农村可再生能源开发利用和管理工作,具体工作可以委托已设立的农村能源管理机构负责,业务上接受省农业行政主管部门的指导和监督。

第五条 县级以上发展和改革、财政、科技、建设、畜牧、环保、林业、国土资源、质量技术监督、工商行政管理、公安消防、劳动和社会保障等有关部门,应当依照有关法律、法规规定和各自的职责,做好农村可再生能源开发利用和管理的相关工作。

第六条　农村可再生能源开发利用应当坚持因地制宜、农民自愿,政府引导与市场运作相结合,节约、安全、清洁、方便并举,经济效益、社会效益和生态效益相统一的原则。

第七条　各级人民政府对在农村可再生能源科研开发、推广应用工作中做出显著成绩的单位和个人,应当给予表彰奖励。

第二章　开发与推广

第八条　各级人民政府应当鼓励和支持科研单位、大专院校、群众性科技组织、企业和个人研究先进适用的农村可再生能源技术,节约常规能源,普及农村可再生能源科技知识;鼓励和支持农村用能单位和个人使用先进适用的农村可再生能源技术、设备和产品。

农村可再生能源开发利用的新项目、新技术,由省农业行政主管部门会同省科技行政主管部门组织专家进行可行性论证和评估后,方可推广。

第九条　引进省外农村可再生能源开发利用的新技术、新设备、新产品,应当具有国家或者省级有关部门出具的质量检验合格证明或者鉴定证书,报省农村能源管理机构备案。

引进国外新技术、新设备和新产品的,应当符合国家有关规定。

第十条　各级农业行政主管部门应当组织推广下列技术:

(一)农林废弃物生物质气化、固化、液化、炭化和发电技术;

(二)利用非耕地种植能源植物和薪炭林营造技术;

(三)利用太阳能取暖、热水、干燥、种植、养殖等技术;

(四)小型风能、微水能和太阳能光伏发电技术;

(五)农村生产生活污水沼气净化技术;

(六)用于农村生产、生活的地热利用技术;

(七)先进适用的农产品加工、太阳房、节能农宅、生物质高效炉灶等生产生活节能技术;

(八)其他先进适用的农村可再生能源技术。

第十一条　从事农村可再生能源新技术和新产品推广的单位和个人,应当推广技术成熟、经济合理、安全可靠的技术、设备和产品,加强对用户的技术指导。

第十二条　各级人民政府应当把农村可再生能源项目建设纳入村镇总体规划和建设规划,重点支持沼气的开发利用;鼓励农村户用沼气开发利用与日光节能温室、太阳能畜禽舍相结合,在建设沼气池的同时,配套进行改圈、改厕、改厨、改炕灶、改庭院。

各级农业行政主管部门应当组织沼气生产单位和个人对沼渣、沼液实行综合利用,发展有机、绿色和无公害农产品。

第十三条　畜禽养殖场、畜禽养殖小区、畜禽屠宰场、酿造厂、豆制品厂等排放有机废水的单位,应当优先采用沼气工程技术处理有机废弃物,实现集中供应沼气、发电或者生产高效有机肥。

引导和支持新建的畜禽养殖场、畜禽养殖小区建设沼气工程等利用和处理废弃物的环保工程。

第十四条　各级农业行政主管部门应当协同科技、建设、环保等有关部门,加强对农作物秸秆的综合开发利用,加快推广秸秆气化、固化和热电联供技术,逐年减少秸秆直接用于燃烧的比例。

第十五条　农村新建、改建、扩建农宅、公益设施、办公场所和农业生产经营场所等,应当优先采用太阳能利用技术、新型节能建筑材料、节能炉和燃池、节能炕灶等设施。

第十六条　各级农业行政主管部门应当按照农村可再生能源开发利用原则和相关技术标准,组织建设、培育并推广符合本地特点的农村可再生能源典型模式。

第三章　生产与经营

第十七条　农村可再生能源产品的生产,应当执行国家标准、行业标准。没有国家标准和行业标准的,由省标准化行政主管部门组织制定地方标准。生产企业制定的企业标准应当按有关规定备案。

第十八条　生产、销售涉及人体健康和人身财产安全的农村可再生能源产品,应当经法定质量检验检测机构检验合格;未经检验或者经检验质量不合格的,任何单位和个人不得生产、销售。

第十九条　农村可再生能源产品的生产经营者,应当对产品的质量负责,并对已销售的产品提供使用技术和售后服务。

第二十条　从事农村可再生能源产品规模化生产经营的单位和个人,应当向所在地农业行政主管部门备案。

第二十一条　禁止生产、销售国家明令淘汰和假冒伪劣的农村可再生能源产品和设备,不得将国家明令淘汰的农村用能设备转让他人使用。

第四章　扶持与保障

第二十二条　各级人民政府应当把农村可再生能源开发利用作为一项长远发展战略,纳入国民经济和社会中长期发展规划和年度计划。

第二十三条　各级人民政府应当把开发利用农村可再生能源所需资金列入本级财政预算,并根据当地财政状况和农村可再生能源发展情况逐步增加。

对国家和省下达的农村可再生能源项目,按照规定需要市(行署)、县(市、区)匹配资金的,市(行署)、县(市、区)人民政府应当落实配套资金。

农业综合开发、农村扶贫开发、以工代赈、新农村建设、节能减排、农村新技术研发等资金可以适当用于农村可再生能源建设项目。

第二十四条　各级人民政府应当引导和支持农村可再生能源产业化经营。

各级人民政府应当鼓励各种投资主体参与农村可再生能源工程项目建设,支持其开发、生产和营销农村可再生能源产品,并依法保护投资者和生产经营者的合法权益。

第二十五条　开发利用农村可再生能源以及节能技术、产品,按照国家有关规定享受资金补助、贷款贴息、税收优惠等政策。

兴建农村可再生能源开发利用设施的具体优惠政策,由当地人民政府负责制定。

第二十六条　各级人民政府应当加强农村可再生能源的人才培养,通过多种形式培养技术骨干和实用人才。

有条件的高等院校和中等职业学校可以增设农村可再生能源相关专业,培养专业人才。

第二十七条　各级人民政府应当根据当地农村可再生能源开发利用的需要,建立健全农村可再生能源技术推广服务体系,加强农村可再生能源的技术指导、安全管理等公益性服务。

科研单位、科普部门和有关组织应当积极开展农村可再生能源的技术指导、科学普及和咨询活动。

第二十八条　对已建大型农村可再生能源项目,应当实行企业化管理和市场化运作,对分散的户用项目,应当逐步实行物业化管理。鼓励企业或者个人参与农村可再生能源工程项目的管理和经营。

鼓励组建各种类型的专业化服务组织和服务网点,为农民提供优质服务。

各地对各类农村可再生能源开发利用工程项目,应当建立健全安全操作和使用制度。

第五章　监督与管理

第二十九条　各级农业行政主管部门在农村可再生能源开发利用中,应当做好下列工作:

(一)贯彻执行有关农村可再生能源开发利用的法律、法规、规章和政策;

(二)开展农村可再生能源资源调查,编制农村可再生能源开发利用规

划和计划,并组织实施;

(三)组织开展农村可再生能源项目试验、示范和技术改造工作,负责农村可再生能源重点建设项目的组织实施工作;

(四)组织开展农村可再生能源科技开发、技术推广、宣传教育、培训、科学技术普及、职业技能鉴定、服务体系建设,以及国内外技术合作与交流;

(五)会同有关部门执行农村可再生能源技术和产品标准,协同质量技术监督、工商行政管理、建设、安全生产监督管理等部门进行质量监督、市场规范和安全监管;

(六)负责农村可再生能源开发利用情况和农村相关节能减排工作的综合统计工作;

(七)法律、法规、规章规定的其他事项。

第三十条 农村可再生能源开发利用资金应当专款专用,任何单位和个人不得截留、挪用、侵占。

第三十一条 政府投资兴建的下列农村可再生能源开发利用工程项目,应当执行相关的行业管理规定和专业技术标准:

(一)单池容积二百立方米以上的沼气工程;

(二)日供气量四百立方米以上的秸秆气化工程;

(三)年产五千吨以上的生物质固化工程;

(四)一千瓦以上的太阳能光伏电站、五千瓦以上十千瓦以下的风力发电站;

(五)集热面积三百平方米以上的太阳能供热系统;

(六)其他大、中型农村可再生能源工程。

第三十二条 从事规模化户用沼气池、秸秆气化集中供气、集约化养殖场沼气等农村可再生能源专业工程的设计、施工单位,应当具备相应的技术等级和资质,方可承担工程设计和施工,并向所在地农业行政主管部门备案。

第三十三条 从事农村可再生能源工程施工、设备安装以及维修的技术人员,应当经过具备相关资质的培训机构组织的专业技能培训,并经劳动和社会保障部门批准的职业技能鉴定机构鉴定合格,取得职业资格证书后,方可上岗。

第三十四条 省农业行政主管部门应当制定农村可再生能源开发利用统计报表制度,调查统计全省农村可再生能源开发利用情况。

从事农村可再生能源开发利用的单位,应当如实提供有关统计资料和数据;涉及商业秘密的,农业行政主管部门应当为其保密。

第六章　法律责任

第三十五条　在农村可再生能源项目实施过程中,对市(行署)、县(市、区)人民政府在申请项目时承诺配套的资金不予落实的,由上级人民政府责令限期落实。逾期仍未达到要求的,调减或者终止下一年度的项目投资计划。对弄虚作假套取项目资金从事其他活动,或者有其他违纪行为的,由有关部门对相关责任人给予行政处分。

第三十六条　从事农村可再生能源开发利用的国家工作人员有下列行为之一的,由有关部门依法给予行政处分:

(一)不执行国家和省下达的农村可再生能源开发利用项目建设计划的;

(二)对需要进行技术审核的农村可再生能源开发利用工程项目,未依法进行技术审核的;

(三)不履行管理和服务职责,或者发现违反本条例的行为未及时依法查处的;

(四)利用职权限制或者阻碍农村可再生能源开发利用的;

(五)徇私舞弊、玩忽职守,以及其他违反本条例的行为。

第三十七条　违反本条例第九条、第二十条规定,从事农村可再生能源产品的生产经营或者引进省外农村可再生能源开发利用的新技术未予备案的,由农业行政主管部门责令限期改正;逾期不改正的,处以一千元以下罚款。

第三十八条　农业行政主管部门发现有违反本条例第十七条、第十八条、第二十一条规定行为的,有权制止并及时告知有关部门依法查处。

第三十九条　违反本条例第三十条规定,截留、挪用和侵占专项资金的,由省农业行政主管部门、财政部门和审计机关按照各自职责责令其限期归还被截留、挪用和侵占的资金,并由所在单位或者上级主管机关对责任人员给予行政处分;构成犯罪的,依法追究刑事责任。

第四十条　违反本条例第三十一条规定,兴建农村可再生能源开发利用工程项目未经技术审核或者备案的,由农业行政主管部门责令限期改正;逾期不改正的,对未经审核的处以一千元以上三千元以下的罚款,对未备案的处以一千元的罚款。

第四十一条　违反本条例第三十二条规定,承担农村可再生能源开发利用工程设计、施工的单位,未向所在地农业行政主管部门备案的,由农业行政主管部门责令限期改正;逾期不改正的,处以一千元的罚款。

第四十二条　农村可再生能源开发利用工程未达到设计、施工标准或者质量、安全要求的,承担设计、施工的单位应当采取补救措施;给用户造成损失的,应当依法予以赔偿。

第七章 附 则

第四十三条 本条例自 2008 年 3 月 1 日起施行。黑龙江省人民政府一九九七年十一月一日发布的《黑龙江省农村能源管理规定》同时废止。

黑龙江省旅游条例

(2008年12月19日黑龙江省第十一届人民代表大会常务委员会第七次会议通过　根据2015年4月17日黑龙江省第十二届人民代表大会常务委员会第十九次会议《关于废止和修改〈黑龙江省文化市场管理条例〉等五十部地方性法规的决定》修正)

第一章　总　　则

第一条　为了保护和合理开发利用旅游资源,规范旅游市场秩序,维护旅游者和旅游经营者的合法权益,促进旅游业发展,根据有关法律、行政法规,结合本省实际,制定本条例。

第二条　本省行政区域内保护和开发旅游资源、从事旅游经营、进行旅游活动、实施旅游监督管理,适用本条例。

第三条　发展旅游业应当实行政府主导、规划先行、市场运作、企业经营、突出特色、可持续发展的方针,坚持经济效益、社会效益和环境效益相统一的原则。

第四条　县级以上人民政府应当根据需要,建立由发展和改革、财政、交通、国土、农林、建设、水利等部门和农垦、森工系统参加的旅游工作联席会议制度,研究旅游业发展和协调解决旅游工作的重大问题。与俄罗斯接壤的地方县级以上人民政府及其旅游行政部门应当建立工作协调机制,协调解决对俄罗斯边境旅游的重大问题。

第五条　县级以上旅游行政部门负责本行政区域内旅游业的统筹协调、综合指导、公共服务和监督管理工作。县级以上相关行政部门应当按照各自职责做好旅游业的发展和促进工作。省森工总局、省农垦总局的旅游管理机构负责本系统内旅游管理工作,业务上接受省旅游行政部门的指导和监督。

第六条　旅游行业协会应当完善行业自律制度,依法开展活动,发挥服务、引导、协调和监督作用,促进旅游业健康发展。旅游行业协会应当建立旅游行业诚信经营公开承诺制度、诚信经营监理制度、失信惩戒制度和旅游行业诚信档案,并向社会公告。

第二章 旅游业开发和扶持

第七条 县级以上人民政府应当将旅游业发展和旅游基础设施建设纳入国民经济和社会发展计划。根据旅游业发展和本级财力状况在年度财政预算中逐步增加旅游发展专项资金,重点用于加强旅游基础设施和重点景区建设,完善配套设施和服务体系。

第八条 各级人民政府应当开放旅游市场,将重点旅游开发项目纳入招商计划,鼓励和扶持境内外企业及其他组织和个人在本省投资经营旅游业,依法保护投资者的合法权益,为投资者提供咨询服务。

第九条 旅游产品开发应当充分利用本省自然生态、人文历史、城乡建设、边境口岸等资源优势,注重旅游品牌保护和推广,突出地方特色,提高文化含量。鼓励旅游经营者开发本省的冰雪旅游、文化旅游、生态旅游、红色旅游、边境旅游等特色旅游项目。鼓励企业开发生产具有黑龙江历史文化内涵和独具特色的旅游商品和纪念品。

第十条 具备旅游业发展条件的县级以上人民政府及旅游行政部门应当制定旅游产业开发总体方案和实施计划,有组织、有重点地宣传黑龙江旅游整体形象和宣传促销主题,支持境内外主要媒体宣传、推介本省重要旅游资源和重点项目,拓展国内外旅游市场。县级以上旅游行政部门应当在交通枢纽和旅游集散地为旅游者提供公益性信息咨询服务。

第十一条 质量技术监督管理部门应当会同旅游行政部门组织实施旅游行业的国家标准、行业标准和地方标准,并定期向社会公布达到标准的旅游经营者。

第十二条 旅游饭店、宾馆、度假村、旅游景区和符合国家旅游航运服务质量标准的旅游航运船舶,按照国家和省有关规定实行质量等级评定制度。

第十三条 旅游行政部门对中国优秀旅游城市、旅游饭店、旅游景区、旅游漂流区、旅游滑雪场、工农业旅游示范点、家庭旅馆等实行服务质量等级标准化管理。

第十四条 县级以上交通行政部门在制定交通规划、安排交通线路和配置设施时,应当适应旅游业发展的需要。

第十五条 县级以上旅游行政部门应当会同教育、发展和改革、人事、劳动和社会保障等部门制定旅游人力资源开发规划,加强院(校)旅游专业建设,培养旅游专门人才。鼓励在旅游业发达的城市设立旅游人才中介机构,实现旅游人才的合理配置。

第十六条 县级以上旅游行政部门应当加强与周边地区或者旅游城市间的区域合作,促进优势互补、协调发展。鼓励旅游经营者加强同境内外旅游经营者的合作。省外旅行社可以组织当地旅游团队直接来我省进行旅游活动,并享受与本省旅游企业同等待遇。旅游行政部门和其他有关行政部门应当为省外旅行社组团来我省旅游提供服务和保障。

第十七条　鼓励利用境内外有关专业会议、展览交易、文艺演出、体育赛事、科技交流、民族节庆等活动,促进旅游业的发展。国家机关、事业单位、社会团体的公务活动,可以委托旅行社按照有关规定安排交通、住宿和会务等服务事项。

第三章　旅游规划和资源保护

第十八条　省旅游行政部门应当会同有关部门编制全省旅游规划,报省人民政府批准后实施。市(地)和具备旅游业发展条件的县旅游行政部门应当会同有关部门编制本行政区域内的旅游规划,经上一级人民政府旅游行政部门审查同意后,报本级人民政府批准。编制旅游规划应当突出地方特色,与土地利用总体规划、城市总体规划、自然保护区规划等规划相协调。旅游规划经批准后,不得擅自变更。确需变更的,应当按照原审批程序报批。

第十九条　县级以上旅游行政部门可以会同有关部门对本行政区域内的旅游资源进行普查、评估和论证,建立旅游资源档案,并按照旅游规划建立和完善旅游开发项目信息库。

第二十条　新建、改建、扩建城市建筑、旅游项目和旅游设施,应当符合旅游规划。对生产、生活可能产生重大影响的旅游建设项目,审批部门应当举行听证会,听取各方面的意见。

第二十一条　开发旅游资源和建设旅游设施,应当采取有效措施,保护自然景观和生态环境,建设规模和建筑风格应当与周围景观相协调。利用历史文化资源和民族文化资源开发旅游项目,应当保持特有的历史风貌和民族特色。禁止任何单位和个人违反规划在重点旅游景区建设培训中心和度假设施。禁止在旅游景区内进行采石、开矿、挖沙、排污、伐木、倾倒垃圾等破坏环境、文物或者自然资源的行为。

第二十二条　旅游景区应当根据旅游安全、环境保护、文物保护以及服务质量等要求,实行游客流量控制。游客时段流量控制标准由旅游行政部门确认、公告并监督执行。

第四章　旅游经营者的权利和义务

第二十三条　旅游经营者有下列权利:

(一)核实旅游者提供的相关信息资料;

(二)按照旅游合同约定向旅游者收取费用;

（三）按照旅游合同约定选择交通工具、酒店、地接社以及安排旅游配套服务；

（四）拒绝违法的检查、收费或者摊派；

（五）拒绝违法、违反社会公德和旅游合同约定内容的要求；

（六）法律、法规规定和旅游合同约定的其他权利。

第二十四条 任何单位、组织和个人不得以非法方式获取、使用或者披露旅游经营者的营销计划、销售渠道、客户名单、经营信息以及其他商业秘密。

第二十五条 符合国家标准、行业标准或者地方标准并取得服务质量等级的旅游经营者,应当按照标准提供服务并公开服务项目和收费标准。旅游经营者不得超越评定等级进行宣传。未经等级评定或者等级评定不合格的,不得使用等级标志和称谓。

第二十六条 旅游经营者应当建立安全管理责任制,设置内部安全管理机构或者专门人员,配备必要的安全设备和设施,保障旅游者的人身、财物安全。旅游经营者应当制定处理安全突发事件和紧急救助预案,落实安全措施,定期组织救援演练,提高应急救援能力。

第二十七条 旅游经营者应当按照国家有关安全规定和标准配备设备、设施,加强设备、设施的日常维护和保养,配备持证作业人员进行安全管理和操作,对存在的安全事故隐患,应当及时组织消除,未消除的不得使用。

第二十八条 对滑雪、漂流、狩猎、探险等可能危及旅游者人身财产安全的活动项目,旅游经营者应当事先向旅游者做出说明和明确警示,并为旅游者办理人身意外伤害保险提供服务。

第二十九条 从事旅游客运的经营企业和车辆,应当依法具有客运资质,并取得客运经营许可证和营业执照。

第三十条 旅游经营者及其从业人员不得有下列行为:

（一）不履行旅游合同义务或者履行旅游合同义务不符合约定条件；

（二）不按照国家标准、行业标准或者地方标准提供服务；

（三）出售假冒伪劣商品；

（四）隐瞒真实情况,提供质价不符的服务或者商品；

（五）对服务范围、内容、标准、价格等做虚假的宣传；

（六）违反旅游合同约定擅自提高旅游服务收费标准或者互相串通操纵旅游市场价格；

（七）未按照规定实行明码标价；

（八）欺骗旅游者购买商品或者接受服务；

（九）其他违法或者侵害旅游者合法权益的行为。

第三十一条 旅游景区应当按照规划合理设置停车场、餐饮、购物、公厕、垃圾箱等配套服务设施。旅游景区应当设置地域界限、服务设施和游览导向等标志;对有危险性的区域或者项目,应当设立明显的提示或者警示标志,并采取必要的防护措施。旅游景区应当设置中文、英文对照的指示牌、说明牌、警示牌,使用符合国家和行业强制性标准的公共信息图形符号。

第三十二条　在旅游景区内从事旅游商品销售等服务活动的,应当经旅游景区管理机构同意,并接受统一管理。任何单位和个人不得擅自在旅游景区摆摊、设点和出租景观,不得尾随、纠缠、胁迫、欺骗旅游者购买商品或者接受有偿服务。

第三十三条　旅行社应当与旅游者签订书面合同,明确服务项目、费用标准和违约责任等事项。旅行社在与旅游者签订书面合同前,应当如实向旅游者说明有关情况,不得额外收取老年人、儿童服务费,不得误导旅游者。安排旅游者购物的,应当在合同中明确购物场所、购物次数和停留时间。

第三十四条　旅行社因接待、招徕旅游者,与其他旅行社或者住宿、餐饮、交通、购物、旅游景区等单位发生业务往来的,应当选择具有法定资质的旅游经营者为服务提供方,订立合同,约定双方的权利义务;组织出境旅游的,应当按照国家规定选择境外旅行社。

第三十五条　旅行社将已经与其订立旅游合同的旅游者转给其他旅行社的,应当征得旅游者的书面同意;旅游者不同意的,应当返还旅游者预付的全部旅游费用;给旅游者造成损失的,应当依法赔偿。

第三十六条　旅行社从事业务经营不得有下列行为:

(一)以任何形式向导游人员和领队人员收取任何费用;

(二)以零团费、负团费等低于成本的价格销售旅游产品;

(三)安排旅游团队到安全设施不健全的景区进行旅游活动;

(四)进行虚假广告宣传,使用模糊、不确定用语故意误导、欺骗旅游者和公众。

第五章　旅游者的权利和义务

第三十七条　旅游者有下列权利:

(一)要求旅游经营者签订书面合同并全面履行,了解旅游服务的内容、规格、时间、费用等真实情况;

(二)自主选择旅游经营者、旅游服务方式和服务项目;

(三)享有质价相符的服务;

(四)享有人身和合同约定的财物的安全保障;

(五)人格尊严、宗教信仰、民族风俗习惯得到尊重和保护;

(六)合法权益受到损害时,要求赔偿损失或者向有关部门投诉;

(七)法律、法规规定和旅游合同约定的其他权利。

第三十八条 旅游者应当履行下列义务：

(一)遵守法律、法规和社会公德；

(二)尊重旅游地的民族风俗习惯和宗教信仰；

(三)保护旅游资源和生态环境；

(四)爱护古迹、文物和旅游设施；

(五)遵守旅游秩序、安全和卫生管理规定；

(六)履行旅游合同约定的义务；

(七)法律、法规规定的其他义务。

第三十九条 旅游者与旅游经营者发生争议，可以通过下列途径解决：

(一)自行协商或者请求消费者协会调解；

(二)向旅游行政部门投诉；

(三)根据仲裁协议，申请仲裁机构仲裁；

(四)向人民法院提起诉讼。

第四十条 旅游行政部门或者旅游质量监督管理机构收到投诉申请后，应当立即作出是否受理的决定，情况复杂的至迟不超过五个工作日。不予受理的，应当说明理由。对质量保证金赔偿案件应当自收到投诉申请之日起九十个工作日内作出书面处理决定，其他投诉案件应当自收到投诉申请之日起四十五个工作日内作出书面处理决定，并告知投诉人。

第六章 旅游管理和监督

第四十一条 县级以上旅游行政部门和其他有关行政部门应当加强对旅游市场的管理与监督，建立健全旅游投诉制度，设立并公布旅游投诉电话。旅游行政部门可以委托旅游质量监督管理机构，对旅游市场进行监督检查。

第四十二条 县级以上价格管理部门制定或者调整重点景区门票价格，应当依法举行听证会。旅游景区门票价格调整时，应当自公布之日起，对国内旅游团队推迟六十日执行，对境外旅游团队推迟九十日执行。

第四十三条 旅行社应当按照国家规定向旅游行政部门交纳质量保证金。质量保证金应当按照国家有关规定实行专项管理，不得挪作他用。旅游行政部门应当定期公布质量保障金的使用和管理情况。旅行社因自身过错造成旅游者权益损失，应当赔偿而不承担或者无力承担赔偿责任的，旅游行政部门可以依法使用质量保证金对旅游者进行赔偿。

第四十四条 旅行社设立门市部的，在办理工商登记后三个工作日内，到所在地县或者设区的市的旅游行政部门备案。门市部应当按照其核准的经营范围开展业务，对外广告宣传、招徕促销、签订合同应当以设立社法人名义进行。旅行社应当对其所属的门市部的经营活动承担法律责任。

第四十五条　利用互联网经营旅行社业务的,需经其住所地工商行政管理部门注册登记,依法取得旅行社业务经营许可。

第四十六条　经营出境旅游业务的旅行社不得委托未取得出境旅游业务经营资格的旅行社签订出境旅游合同或者办理出境旅游手续。经营出境旅游业务的旅行社组织出境旅游活动的,应当按照国家有关规定办理手续,报有关部门审验。

第四十七条　旅行社经营中国和俄罗斯边境旅游业务,接待俄罗斯入境旅游团队和组织中国公民赴俄罗斯旅游应当持国家旅游行政部门制发的《接待俄罗斯联邦公民旅游确认函》和《中国公民赴俄罗斯旅游团队名单表》。

第四十八条　旅游管理公司从事旅游宾馆、饭店和旅游景区管理的,应当报旅游行政部门备案。

第四十九条　县级以上旅游行政部门应当建立旅游信息网络,为社会提供旅游信息咨询服务,建立旅游信息统计制度、旅游信息预报制度和旅游安全预警制度。

第五十条　县级以上人民政府应当建立旅游安全监督责任制。定期开展旅游安全检查,落实安全应急预案。旅游区域发生自然灾害、流行性疾病等可能危及旅游者人身安全和财产安全的情形时,县级以上旅游行政部门应当及时向旅游经营者和旅游者发布旅游警示信息。

第七章　法律责任

第五十一条　违反本条例,旅游经营者及其从业人员有下列行为之一的,由县级以上旅游行政部门予以处罚:

(一)违法从事出境旅游活动的,责令限期改正,处以五千元以上二万元以下的罚款;逾期未改的,暂停其经营出境旅游业务;情节严重的,吊销旅行社业务经营许可证;

(二)违法向导游员、领队人员收取费用的,责令限期退还,并处以一万元以上三万元以下的罚款;逾期未退还的,暂扣旅行社业务经营许可证;

(三)未取得服务质量等级而使用服务质量等级标志和称谓进行宣传的,处以二千元以上一万元以下的罚款;

(四)伪造、涂改、买卖、转借旅游从业人员证件的,没收违法所得,处以一千元以上五千元以下的罚款;

(五)使用未取得导游证的人员从事导游活动的,处以一千元以上五千元以下的罚款;

(六)经旅游行政部门公告实行游客流量控制的景区,未执行游客流量控制标准的,给予警告,责令限期改正;逾期未改的,处以一千元以上五千

以下的罚款;

（七）旅行社设立门市部未按照规定向旅游行政部门备案和超范围开展业务的,责令限期改正;逾期未改的,处以三千元以上五千元以下的罚款;

（八）旅游管理公司从事旅游宾馆、饭店和旅游景区管理未报旅游行政部门备案的,责令限期备案;逾期未备案的,处以三千元以上五千元以下的罚款;

（九）安排旅游团队到安全设施不健全的景区进行旅游活动的,责令限期改正;逾期未改的,处以二千元以上五千元以下的罚款;

（十）欺骗旅游者购买商品或者接受服务的,处以一千元以上五千元以下的罚款;情节严重的,处以五千元以上三万元以下的罚款;

（十一）未经旅游者书面同意擅自将旅游者转给其他旅行社的,处以一千元以上五千元以下的罚款;情节严重的,处以五千元以上三万元以下的罚款;

（十二）购物次数及停留时间超过旅游合同约定的,处以一千元以上五千元以下的罚款;情节严重的,处以五千元以上三万元以下的罚款。

（十三）额外收取老年人、儿童服务费的,责令退还服务费,处以一千元以上五千元以下的罚款;情节严重的,处以五千元以上三万元以下的罚款。

第五十二条 违反本条例,旅游行政部门或者其他有关行政部门及其工作人员有下列行为之一的,由其所在单位或者上级主管部门责令限期改正;逾期未改的,对直接负责的主管人员和其他直接责任人员给予行政处分:

（一）未制定旅游规划或者未执行旅游规划,造成旅游资源和旅游环境破坏的;

（二）擅自变更旅游规划的;

（三）违法使用质量保证金的;

（四）不依法颁发有关旅游经营许可证或者执业资格证的;

（五）违法向旅游经营者收费、摊派或者实施处罚的;

（六）未按照规定受理和处理旅游投诉的;

（七）未依法履行对旅游经营者的监管职责,造成重大损失的。

第五十三条 对不符合旅游规划、破坏生态环境和景观的违法建筑以及不符合安全规定的设备、设施,县级以上人民政府应当依法责令其限期拆除、迁移或者改建;逾期未改的,由有关部门依法予以处罚。

第八章 附 则

第五十四条 本条例所称的旅游业,是指利用旅游资源和设施,为旅游者提供游览、住宿、餐饮、交通、购物、娱乐、信息等服务的综合性产业。本条例所称的旅游资源,是指对发展旅游业具有开发利用价值,对旅游者具有吸引力,能产生经济效益、社会效益和环境效益的自然资源、人文资源以及其他社会资源。本条例所称的旅游产品,是指向市场提供的能满足旅游者消费的物质和非物质形态服务。本条例所称的旅游经营者,是指从事旅游经营活动,为旅游者提供有偿服务的单位或者个人。

第五十五条 本条例自 2009 年 3 月 1 日起施行。2000 年 10 月 20 日黑龙江省第九届人民代表大会常务委员会第十九次会议通过的《黑龙江省旅游管理条例》同时废止。

黑龙江省松花江流域水污染防治条例

(2008年12月19日黑龙江省第十一届人民代表大会常务委员会第七次会议通过 根据2015年4月17日黑龙江省第十二届人民代表大会常务委员会第十九次会议《关于废止和修改〈黑龙江省文化市场管理条例〉等五十部地方性法规的决定》修正)

第一章 总 则

第一条 为了防治松花江流域水体污染,改善流域水环境质量,保障用水安全,建立污染防治的长效机制,根据《中华人民共和国水污染防治法》等法律、法规,结合本省实际,制定本条例。

第二条 本条例适用于本省行政区域内汇入松花江水系的所有地表水的全部集水区域(以下简称流域)的水体污染防治。

第三条 流域水污染防治遵循预防为主、防治结合,统筹兼顾、突出重点,明确责任、依法监管、综合治理的原则。

第四条 县级以上人民政府应当根据依法批准的《松花江流域水污染防治规划》,制定本行政区域的水污染防治规划,将其纳入国民经济和社会发展总体规划,并组织实施。

第五条 县级以上人民政府应当对本行政区域的水环境质量负责,增加水污染防治投入,并制定相关政策,引导和鼓励发展循环经济,推广清洁生产和有利于水污染防治的生产方式,鼓励污水处理、中水回用等技术的研究和应用,控制水污染物排放总量。

第六条 省、市(地)人民政府(行署)应当将重点水污染物总量控制指标完成情况、跨行政区界断面水质状况和生活饮用水水源地水质状况纳入环境保护目标责任制,对下级人民政府及其主要负责人进行年度和任期考核,并向社会公布考核结果。

第七条 县级以上环境保护行政主管部门对本行政区域内水污染防治实施统一监督管理,并组织实施本条例。

省环境保护行政主管部门可以根据流域水污染防治工作需要,经批准在省内有关社会经济区域设立环境保护派出机构,负责该区域水污染防治的监督管理。

各级发展改革、财政、水行政、工业、建设、交通、卫生计生、农业、畜牧、林业、公安、国土资源等部门以及海事管理机构,在各自的职责范围内对流域水污染防治实施监督管理。

第八条 各级人民政府应当加强对流域水污染防治工作的宣传和教育。任何单位和个人都有对污染流域水环境的行为进行监督和举报的权利,并负有保护流域水环境的义务。

市、县人民政府环境保护行政主管部门可以根据工作需要聘请人民群众担任环保监督员。

县级以上人民政府及其有关行政主管部门对在水污染防治工作中做出显著成绩的单位和个人,应当给予表彰和奖励。

第二章　监督管理

第九条 新建、改建、扩建直接或者间接向水体排放污染物的建设项目和其他水上设施,应当遵守国家和省有关建设项目环境保护管理的规定;建设项目的环境影响评价文件未经有审批权限的环境保护行政主管部门批准的,建设单位不得开工建设。

建设项目的水污染防治设施,应当与主体工程同时设计、同时施工、同时投入使用。水污染防治设施未建成的,不得生产或者试生产;未经环境保护行政主管部门验收或者经验收不合格的,该建设项目不得投入生产或者使用。

第十条 使用水污染防治设施的单位应当保证该设施正常运行。未经环境保护行政主管部门批准,不得擅自闲置或者拆除水污染防治设施;水污染防治设施因故不能正常运行或者无法运行的,设施使用单位应当立即启动应急预案,采取措施停止或者减少排污,并立即向当地环境保护行政主管部门报告。

第十一条 县级以上人民政府应当按照上一级人民政府分解下达的重点水污染物排放总量控制指标,制定本行政区域重点水污染物排放总量控制计划,并组织实施。

第十二条 对排放重点水污染物超过总量控制指标、未完成主要污染物减排目标的地区或者单位,暂停审批新增水污染物排放总量的建设项目的环境影响评价文件。

第十三条 对不符合环境保护法律、法规和产业政策,不符合国家水污染物排放标准和选址布局要求的建设项目,不得开工建设,有关部门不得办理征地、施工等审批手续。

第十四条 排污单位应当按照国家和省有关规定,向环境保护行政主管部门申请取得排污许可证。

排污单位不得无排污许可证或者不按照排污许可证的规定向水体排放污染物;排放的污染物不得超过总量控制指标和水污染物排放标准。

第十五条 排污单位应当按照国家和省有关排污申报的规定,进行申报登记。排放水污染物的种类、数量、浓度发生较大变化时,能够事先预知的,应当在发生变化三日前向所在地环境保护行政主管部门报告;不能事先预知的,应当在发生变化二日内向所在地环境保护行政主管部门报告。

第十六条 省、市(地)环境保护行政主管部门应当对流域内的重点排污单位进行监督性监测;重点排污单位应当予以配合,不得以任何理由阻碍、干扰监测工作。

重点排污单位名单由省、市(地)环境保护行政主管部门分级向社会公布。

第十七条 重点排污单位应当按照规定设置排污口,设立标志,安装污水自动计量和水污染物自动监测装置,与环境保护行政主管部门的监控设备联网,并保证监测设备正常运行。

需要安装污水自动计量和水污染物自动监测装置的重点排污单位名单及安装时限,由省、市(地)环境保护行政主管部门分级公布。

第十八条 排污单位应当按照国家和省有关排污费征收管理的规定缴纳排污费。

第十九条 县级以上人民政府应当保障环境监测、环境执法和环境信息化管理的资金投入,使环境监测、环境监察和环境信息化管理机构的建设达到国家规定标准。

乡(镇)人民政府和街道办事处应当确定专职或者兼职环境保护工作人员。

第二十条 县级以上人民政府应当组织有关部门建立水质监测预警、应急系统,制定本行政区域突发水环境事件应急预案,并报上一级环境保护行政主管部门备案。

造纸、医药、化工、酿造、石油开采等排放污染物的工业企业,应当制定生产、存贮、运输过程中水污染事故防范和应急预案,储备事故防范应急物资,并报所在地环境保护行政主管部门备案。

第二十一条 县级以上人民政府应当组织有关部门,对流域内氧化塘、污水储存设施、贮灰场、尾矿坝及其他有毒、有害物品堆放场所的环境安全进行监督检查,发现重大环境污染隐患的,可以采取强制性的应急措施,防止水污染事故的发生。

第二十二条 县级以上环境保护行政主管部门和其他依法行使监督管理权的部门在进行环境保护监督检查时,有权进入现场,调阅有关资料,封存、扣押相关证据,约见有关单位负责人以及相关人员。有关单位和人员应当予以配合。

第三章　跨界协同管理

第二十三条　县级以上人民政府应当采取措施,有效控制本行政区域内的水污染,保证出界江河或者进入湖泊、水库的水质达到水环境质量功能要求。

第二十四条　流域实行跨行政区域水环境质量监测和报告制度,监测网络由省环境保护行政主管部门会同水行政等有关部门组织确定。

省环境保护行政主管部门应当在江河、湖泊、水库跨市(地)界(以下统称市界)处设置水质监测断面,组织开展水质监测,并发布水环境质量监测信息。监测断面水质出现异常变化时,应当立即向省人民政府报告。

市(地)环境保护行政主管部门应当分别在江河、湖泊、水库跨县(市、区)界处设置水质监测断面,组织开展水质监测,并定期向上一级环境保护行政主管部门报告监测结果。监测断面的设置应当报省环境保护行政主管部门备案。

第二十五条　流域内河流上的大型控制性水利工程,应当兼顾下游水环境质量,制定防污调控方案,确定坝下枯水期最小放流量,维护水体的自然净化能力,确保流域生态环境需要。

流域内新建水利工程设施应当采取措施防止对松花江干流水文情势、水环境质量和水生生态产生不良影响。

第二十六条　跨市界上下游人民政府应当建立跨行政区域联防治污机制,协同日常监测、预警、检查,并互通情况,预防和处置跨行政区域的水污染纠纷。

第二十七条　跨市界流域的上游地区环境保护行政主管部门在审批可能对跨界断面水质产生影响或者可能造成水质超标的建设项目的环境影响评价文件时,应当征询相邻的下游地区环境保护行政主管部门的意见。相邻的上下游地区环境保护行政主管部门对建设项目环境影响评价结论无法达成一致意见的,其环境影响评价文件应当报共同的上一级环境保护行政主管部门审批。

第二十八条　跨市界流域的上下游市人民政府应当建立联席会商制度,下游市人民政府应当在每年汛期前主动召集联席会议,相互通报并商讨跨行政区界的水污染防治工作,上游市人民政府应当予以配合。

第二十九条　跨市界流域相邻的环境保护行政主管部门应当定期互通水污染防治情况。

上游地区发生污染事故或者污染物排放和水量、水质、水文等出现异常时,上游市人民政府和环境保护、水行政等相关部门应当立即通知下游市人民政府和环境保护、水行政等相关部门,并对重点污染源采取控制措施。

下游地区发生水质恶化或者污染事故并确认是上游来水所致的,应当及时通报上游市人民政府和环境保护等相关部门;上游地区应当立即采取措施控制污染,并向下游市人民政府和环境保护行政主管部门及时通报事故调查处理进展情况。

第三十条 跨市界流域相邻的环境保护行政主管部门应当根据需要组成联合检查组,共同对两地水污染防治情况开展现场检查,预防跨界水污染事故发生,并互相通报界内河流断面监测报告和检查整改情况。

第三十一条 发生跨市界流域的水污染事件时,事件发生地环境保护行政主管部门应当在报请本级人民政府启动应急预案的同时,协助相邻地区共同采取措施控制和消除污染。

第三十二条 跨市界流域的水污染纠纷,有关人民政府协商不成的,由其共同的上级人民政府协调处理。

第四章 预防和治理

第三十三条 在生产、服务、运输和产品使用过程中,对水体产生或者可能产生污染的单位和个人,应当采取有效措施,减少或者避免污染物的产生和排放。

第三十四条 勘探、采矿、开采地下水以及建设地下工程和污水输送渠道,应当采取防护措施,不得污染地下水。

第三十五条 禁止任何单位和个人从事以下可能对流域产生污染的活动:

(一)新建不符合国家产业政策和其他严重污染水环境的生产项目;

(二)使用国家和省明令淘汰的污染水环境的工艺和设备;

(三)在风景名胜区和自然保护区水体、重要渔业水体和其他有特殊经济文化价值的水体的保护区内,新建排污口;

(四)在水体清洗装贮过油类或者有毒污染物的车辆和容器;

(五)向水体排放油类、酸液、碱液或者剧毒废液;

(六)将含有汞、镉、砷、铬、铅、氰化物、黄磷等剧毒物质的可溶性废渣向水体排放、倾倒或者直接埋入地下;

(七)向水体排放、倾倒工业废渣、城镇垃圾和其他废弃物;

(八)向水体排放、倾倒放射性固体废弃物或者含有高放射性和中放射性物质的废水;

(九)向水体排放、倾倒未经过消毒处理、不符合排放标准的含病原体的污水;

(十)使用无防渗漏措施或者防渗漏措施不符合环境保护要求的沟渠、

坑塘、塌陷区、尾矿坝、废弃矿井等输送、存贮或者排放含有毒污染物或者病原体的废水和其他废弃物;

(十一)违法设置排污口、私设暗管或者采取其他方式向水体偷排污染物;

(十二)法律、法规、规章禁止的其他活动。

第三十六条　工业园区、开发区等工业集聚区应当建设污水集中处理设施,实行污水集中处理,并按照国家规定运营、管理污水集中处理设施。

已建成污水集中处理设施的工业园区、开发区内的排污单位,在向污水集中处理设施排放污水时,应当符合相应的水污染物排放标准和重点水污染物排放总量控制指标。

经批准的工业园区、开发区的管理机构统一负责污水集中处理设施正常运行的管理。

第三十七条　县级以上人民政府应当统筹安排建设城镇污水集中处理设施及其配套管网。

新建的城镇排水管网应当与污水集中处理设施同时设计、同时施工、同时投入使用;已经建成的城镇污水集中处理设施,应当限期配套建设与其设计处理能力相当的管网,并保障按照设计能力正常运行。

城镇污水集中处理设施的运营单位应当按照国家规定向排污单位和居民提供污水处理的有偿服务,并收取污水处理费用。收取的污水处理费应当实行专款专用,有关部门应当足额拨付到位。各级人民政府应当制定并落实扶持政策和相应配套措施,保障污水处理厂正常运转并达标排放。向城镇污水集中处理设施排放污水、缴纳污水处理费用的排污单位,不再缴纳排污费。

第三十八条　建设垃圾处理场、堆放场和垃圾处理设施,应当采取防渗漏等处理措施,不得污染江河、湖泊、水库、渠道和地下水水质。

禁止在毗邻江河、湖泊、水库、渠道的区域和泄洪区内建设垃圾处理场、堆放场和垃圾处理设施;已经建设的,由当地人民政府责令限期搬迁。

第三十九条　在江河、湖泊、水库、渠道最高水位线以下的滩地和岸坡上,禁止堆放、存贮固体废弃物和其他污染物;已经堆放、存贮的,由所在地人民政府责令限期清除。

未按照前款规定清除的,由所在地人民政府强制清除,所需费用由责任方承担。责任方不明确的,由所在地人民政府组织清除。

第四十条　港口、码头以及其他跨越水体的设施或者装置产生污水的,应当设置独立的污水收集、排放和处理系统;原油码头、危险品码头、水上加油站应当按照规定配备污染应急处置器材设备。

第四十一条　在流域航行、停泊、作业的船舶,应当持有合法有效的防止水域环境污染的证书与文书,配备油水分离器或者专用容器等防污设备和器材,并按照有关规定使用和如实记载。装卸、运输油类或者其他有毒、有害污染物的船舶,应当采取严格的防溢漏措施。

第四十二条 县级以上人民政府应当合理划定规模化畜禽饲养的禁止养殖区和控制养殖区。规模化畜禽养殖场和专业化养殖小区、专业村的畜禽养殖产生的粪便应当进行资源化、无害化处理,防止污染水体。动物饲养场、养殖小区和隔离场所,动物屠宰加工场所,以及动物和动物产品无害化处理场所,应当具有相应的污水、污物、病死动物、染疫动物产品的无害化处理设施设备和清洗消毒设施设备。

第四十三条 各级人民政府应当加强对农村畜禽粪便、生活污水、生活垃圾、农业废弃物的污染防治,在集镇或者农业人口集中居住区加快生活污水处理设施和垃圾无害化处理工程等环境基础设施建设。

第四十四条 各级人民政府应当加强对农用化肥、农药以及其他投入品对农业污染的防治,推广使用高效低毒的绿色生态农药和肥料,限制高残留农药的使用,防止农药、化肥及其包装物的污染。

在毗邻江河、湖泊、水库的农田,当地人民政府应当引导发展无公害农业,避免对水体产生污染。

第四十五条 利用湖泊、水库从事水产养殖业,应当保护水域生态环境,科学确定养殖密度,合理投饵和使用药物,不得造成水域的环境污染。

第四十六条 经依法批准在江河、湖泊、水库周边建设旅游和疗养场所的,应当配套建设完善的生活污水和垃圾处理设施;对已经建成的旅游和疗养场所,由当地人民政府责令限期配套建设。

第四十七条 禁止在流域内河流、湖泊、水库管理范围内开垦农田、破坏植被、建设违法设施或者从事其他破坏生态环境的活动。对已经开垦的农田和破坏的植被,当地人民政府应当有计划地组织退耕,并限期恢复植被。

第五章 饮用水水源保护

第四十八条 市(地)、县(市、区)人民政府(行署)应当按照国家有关饮用水水源保护区的规定,提出保护区划定方案,报省人民政府批准后组织实施。有关地方人民政府应当设置标志,采取保护措施,并定期向社会公布饮用水水源地水质状况。

第四十九条 在饮用水水源保护区内,除本条例第三十五条所列行为外,禁止从事下列活动:

(一)设置排污口;

(二)从事肥水养殖;

　　(三)在一级保护区内新建、改建、扩建与供水设施和保护水源无关的建设项目;

　　(四)在一级保护区内从事网箱养殖、养殖畜禽、耕种、旅游、游泳、捕鱼、垂钓、水上训练以及停靠以油、煤作动力燃料的船舶等;

　　(五)在二级保护区内新建、改建、扩建排放污染物的建设项目;

　　(六)其他可能污染饮用水水体的活动。

　　第五十条　饮用水水源一级保护区内禁止迁入居民;对原有居民,当地人民政府应当有计划地组织迁出;未迁出前,应当采取措施,加强对畜禽粪便、生活污水、生活垃圾、农药、化肥以及农业废弃物的污染防治。

　　第五十一条　流域内县级人民政府应当有计划地开发和保护农村分散式饮用水水源,推进农村环境综合整治,确保农村饮用水安全。

　　农村分散式饮用水水源由县级人民政府划定适当的保护区域,参照集中式饮用水水源一级保护区的规定进行管理。

第六章　法律责任

　　第五十二条　各级人民政府和有关部门负责人违反本条例规定,有下列情形之一的,由上级行政机关或者监察部门责令改正,并依法给予行政处分:

　　(一)指使、授意、放任或者批准对不符合水环境保护规定的建设项目立项、建设或者为其办理征地、施工等审批手续的;

　　(二)对严重污染水环境的排污单位或者落后产能未按照规定责令停产、关闭或者取缔、淘汰的;

　　(三)干扰、阻碍查处环境违法行为的;

　　(四)对严重环境违法行为未履行法定的监管职责的;

　　(五)未按照国家规定制定和启动环境污染与生态破坏突发事件应急预案的;

　　(六)有其他违反本条例规定行为的。

　　第五十三条　环境保护行政主管部门违反本条例规定,有下列情形之一的,由上级行政机关或者监察部门责令改正,并对直接负责的主管人员和其他直接责任人员依法给予行政处分:

　　(一)未按照规定审批建设项目环境影响评价文件或者进行环境保护竣工验收的;

　　(二)违反规定发放排污许可证以及其他具有行政许可性质的证书的;

　　(三)未依法履行监督检查职责的;

　　(四)发现违法行为或者接到对违法行为的举报后不予查处的;

　　(五)发生环境污染事故未及时报告或者在报告中弄虚作假,延误事故

处理,造成事态扩大的;

(六)违反法定程序行使行政许可、行政征收、行政处罚权或者采取行政强制措施的;

(七)放任、纵容、包庇、祖护环境违法行为的;

(八)有其他玩忽职守、滥用职权、徇私舞弊行为的。

第五十四条 建设单位违反本条例第九条第一款规定的,由有权审批该项目环境影响评价文件的环境保护行政主管部门责令停止建设、生产、使用或者试生产,并可以按照下列规定处罚:

(一)建设项目开工建设尚未竣工的,处五万元以上十万元以下罚款;

(二)建设项目已建成尚未投入生产、使用或者试生产的,处十万元以上十五万元以下罚款;

(三)建设项目已建成且投入生产、使用或者试生产的,处十五万元以上二十万元以下罚款。

第五十五条 违反本条例第九条第二款规定,擅自将主体工程投入生产、使用或者试生产的,由县级以上环境保护行政主管部门责令停止生产、使用或者试生产,并按照下列规定处罚:

(一)水污染防治设施未建成或者尚未建设的,处三十万元以上五十万元以下罚款;

(二)水污染防治设施已建成但未同步投入使用的,处二十万元以上四十万元以下罚款;

(三)水污染防治设施已建成并使用,但未经验收或者超过试生产规定期限不申请验收的,处十万元以上三十万元以下罚款;

(四)水污染防治设施已建成并使用,但经验收不合格继续生产或者使用的,处五万元以上二十万元以下罚款。

第五十六条 违反本条例第十五条规定,排污单位排放污染物的种类、数量、浓度发生较大变化未及时报告的,由所在地环境保护行政主管部门责令改正,并处一万元以上五万元以下罚款。

第五十七条 违反本条例第二十二条规定,约见的有关人员无正当理由不到场的,由监督检查部门对被检查单位和被约见人予以警告;第二次约见无正当理由仍不到场的,由监督检查部门对被检查单位处一万元以上五万元以下罚款,对被约见人处一千元以上五千元以下罚款。

第五十八条 违反本条例第四十条规定,由县级以上环境保护行政主管部门责令限期设置、配备;逾期未设置、配备的,处五万元以上二十万元以下罚款。

第五十九条 违反本条例规定的其他行为,《中华人民共和国水污染防治法》和其他法律、法规已有行政处罚规定的,由环境保护行政主管部门或者其他依法行使监督管理权的部门依法处罚。

第六十条 对违反《中华人民共和国水污染防治法》和本条例的规定应当给予行政处罚的行为,市(地)、县(市、区)具有行政处罚权的部门未处罚的,其上级行政主管部门可以责令处罚或者直接实施处罚。

第六十一条 依法被责令改正或者受到行政处罚的排污单位拒不改正违法行为,继续违法建设、生产、试生产或者向水体排放污染物的,作出行政处理决定的环境保护行政主管部门可以采取查封、扣押、拆除其产生污染的设备、设施等行政强制措施,直至排污单位改正环境违法行为。有关行政主管部门应当予以协助。

对违反《中华人民共和国水污染防治法》的有关规定被责令限期治理的单位,不执行责令限制生产、限制排放或者停产整顿等决定的,由县级以上环境保护行政主管部门上报有批准权的人民政府责令其停产、停业或者关闭,并可以由本级人民政府通知有关行政主管部门采取限制供水量、供电量等措施。

采取行政强制措施产生的费用,由违法者承担。违法者拒不承担费用的,采取行政强制措施的环境保护行政主管部门可以申请人民法院强制执行。

第七章 附　则

第六十二条 本条例下列用语的含义是:

(一)"排污单位"是指直接或者间接向水体排放污染物的企业、事业单位和个体工商户;

(二)"排放污染物的种类、数量、浓度发生较大变化"是指排放污染物的种类、数量、浓度与其申报登记的数值相比,偏离率大于百分之二十。

第六十三条 本省行政区域内的其他江河流域的水污染防治,参照本条例执行。

第六十四条 本条例自 2009 年 5 月 1 日起施行。

黑龙江省电力设施建设与保护条例

(2009年4月9日黑龙江省第十一届人民代表大会常务委员第
九次会议通过 根据2015年4月17日黑龙江省第十二届人民
代表大会常务委员会第十九次会议《关于废止和修改〈黑龙江
省文化市场管理条例〉等五十部地方性法规的决定》修正)

第一章 总 则

第一条 为保障电力建设和生产的顺利进行,维护公共安全,促进经济
社会发展,根据《中华人民共和国电力法》《电力设施保护条例》等有关法
律、行政法规,结合本省实际,制定本条例。

第二条 本省行政区域内电力设施的规划、建设与保护,适用本条例,
但地方水电建设与保护除外。

前款所称电力设施包括发电设施、变电设施、电力线路设施以及电力调
度设施、电力市场交易设施等有关辅助设施;电力设施建设包括电力设施的
新建、改建和扩建;电力设施保护,是指电力设施建设过程和运行过程中的
保护。

第三条 电力设施的建设与保护,坚持安全、效能、环保、均衡的原则。

第四条 各级人民政府统一领导、组织、协调本行政区域内电力设施建
设与保护工作。

县级以上人民政府可以根据工作需要,建立由有关部门和电力企业参
加的电力设施建设与保护工作领导小组,组织、协调本行政区域内电力设施
建设与保护工作。

乡、镇人民政府应当协助县级以上电力行政主管部门做好本行政区域
内电力设施建设与保护工作。

第五条 县级以上电力行政主管部门负责本行政区域内电力设施建设
与保护的监督管理,确定专门机构负责具体执法工作,并从相关单位选拔人
员,协助进行电力设施建设与保护行政执法的相关工作。

公安机关应当及时查处电力设施建设与保护方面违反治安管理处罚法
或者涉嫌犯罪的行为。

发展改革、国土资源、环境保护、规划、建设、交通运输、财政、林业、工

商、水利(水务)、城市管理等行政主管部门应当按照各自职责,做好电力设施建设与保护的相关工作。

省农垦总局、省森林工业总局负责垦区、国有森工林区内电力设施建设与保护工作,业务上接受省电力行政主管部门的指导和监督。

第六条 电力设施受国家法律保护。

任何单位和个人不得非法阻碍电力设施建设,不得危害电力设施安全;对危害或者破坏电力设施的行为,有权制止并向电力行政主管部门、公安部门和电力企业举报。对于经查证属实的举报,电力企业可以对举报人进行奖励。

第二章　电力设施规划

第七条 有关部门编制的电力发展规划应当经本级人民政府批准后实施。电力发展规划应当符合土地利用总体规划和城乡规划,其中水电发展规划还应当符合流域和区域水资源综合规划。

任何单位和个人不得擅自变更经批准的电力发展规划;确需变更的,应当经过科学论证,由原编制机关提出修改方案,报原批准机关批准。

电力发展规划的制定和修改,应当征求有关电力企业、部门和专家的意见。

电力发展规划,包括电源规划、电网规划、城网规划、农网规划和配电网规划。

第八条 各级人民政府编制土地利用总体规划、城乡规划,应当预留相应的电力设施用地、架空输电线路走廊和电力电缆通道,划定保护区范围。

城市中心区主、次干道的新建输电线路,应当规划为电力电缆通道;已有的110千伏以下架空输电线路,应当逐步改造成电力电缆。

规划、设计桥梁,应当按照电力发展规划和相关设计规范,预留相应的电力电缆通道。

第九条 依法取得的电力设施用地和依法划定的架空输电线路走廊、电力电缆通道,任何单位和个人不得非法占用或者改变其用途。

第三章　电力设施建设

第十条 电力设施建设应当遵守国家法律、法规的规定,符合电力发展规划,适应经济社会发展需要。

电力设施设计、施工,应当符合电力规程和安全技术要求,增强抵御自然灾害等突发事件的能力,并依法招标。

第十一条 国家和省人民政府确定的电力设施建设重点工程以及县级以上人民政府招商引资配套工程,经电力设施建设单位申请,由电力设施建设与保护工作领导小组同意后可以开展相关前期工作。

第十二条　电力设施建设项目应当依法进行环境影响评价。对电力设施建设项目的环境影响评价审批文件,环境保护行政主管部门应当予以公布。

电力设施建设单位应当采取措施,保证输变电设施产生的工频电场、工频磁场、无线电干扰水平符合国家规定的限值。

第十三条　电力设施用地中属于永久性用地且符合国家《划拨用地目录》的,依法划拨取得。属于临时用地的,依法办理临时用地审批手续,土地权属不变。架空输电线路走廊和地下电力电缆通道建设不实行征地。

新建电力设施建设项目取得建设项目规划选址意见书后,电力行政主管部门应当根据建设项目规划选址意见书和电力设施保护范围的要求,对依法需要确定的电力设施保护区进行公告。在公告明示的电力设施保护区内,公告前已有的植物需要砍伐或者建筑物、构筑物需要拆除的,按照国家和省征地补偿的有关项目和标准给予补偿;公告后新种植物需要砍伐或者新建、扩建的建筑物、构筑物需要拆除的,不予补偿。电力设施建设单位因自身原因未按照公示的电力设施保护区使用土地,给土地使用人造成损失的,应当予以补偿。

征地补偿和安置方案由市、县人民政府土地行政主管部门组织实施。对补偿标准有争议的,由县级以上地方人民政府协调;协调不成的,由批准征用土地的人民政府裁决。对人民政府裁决不服的,可以依法申请行政复议或者提起行政诉讼。征地补偿、安置争议期间征用土地方案的实施按照《中华人民共和国土地管理法实施条例》有关规定执行。

第十四条　电力线路需跨(穿)越铁路、公路、桥梁、航道(水道)、水利工程设施的,应当符合有关规程规范和技术要求,并采取安全防护措施。工程实施前,电力设施建设单位应当依法向有关行政管理部门或者单位办理相关手续。有关行政管理部门和单位应当在法定时限内予以书面答复;没有法定时限的,应当在收到申请之日起二十日内答复;逾期未答复的,视为同意。

因电力线路穿越,给铁路、公路、桥梁、航道(水道)、水利工程设施造成损坏的,电力设施建设单位应当依据有关法律、法规给予补偿。除法律、法规规定外,相关方面不得因电力线路跨(穿)越上述设施收取费用。

第十五条　新建架空电力线路确需跨越房屋等建筑物、构筑物时,电力设施建设单位应当按照国家有关技术规程采取安全措施,保证跨越线路与房屋等建筑物、构筑物的安全距离符合下列规定:

电压等级	导线在最大弧垂情况下与建筑物、构筑物的最小垂直距离
1 千伏以下	绝缘导线 2.0 米;裸导线 2.5 米
6—10 千伏	绝缘导线 2.5 米;裸导线 3.0 米
35 千伏	4.0 米
66—110 千伏	5.0 米
154—220 千伏	6.0 米
330 千伏	7.0 米
500 千伏	9.0 米

被跨越房屋等建筑物、构筑物不得再行增加高度。超越房屋等建筑物、构筑物的物体高度或者周边延伸出的物体长度必须符合安全距离的要求。

500 千伏及以上电压等级的架空电力线路不得跨越居民住宅。

第十六条　新建架空电力线路经过森林、城市绿化林的,电力设施建设单位应当采取安全措施,避免或者减少树木的砍伐;确需砍伐树木的,应当依法办理审批手续并给予一次性补偿。

涉及古树名木的,应当按照法律、法规的有关规定执行。

第十七条　在公路两侧建筑控制区内已建的电力线路杆塔,因国家和省另行规划和建设替代线路的,电力设施所有人或者其委托的管理人应当及时拆除原有电力线路杆塔。

第十八条　任何单位和个人不得从事下列危害电力设施建设的行为:

(一)涂改、移动、损坏、拔除电力设施建设的测量标桩或者标记;

(二)破坏、封堵施工道路,截断施工水源或者电源;

(三)其他阻挠或者危害电力设施建设的行为。

第四章　电力设施保护区

第十九条　架空电力线路的保护区:导线边线向外侧水平延伸并垂直于地面所形成的两平行面内的区域。

在厂矿、城镇等人口密集地区之外的地区,各电压等级导线的边线向外侧水平延伸的距离为:

电压等级	导线的边线向外侧水平延伸的距离
1—10 千伏	5 米
35—110 千伏	10 米
220—330 千伏	15 米
500 千伏	20 米

在厂矿、城镇等人口密集地区,各电压等级导线的边线在计算最大风偏情况下,距离建筑物的最小水平安全距离为:

电压等级	距离建筑物最小水平距离
10 千伏绝缘导线	0.75 米
10 千伏裸导线	1.5 米
35 千伏	3.0 米
66—110 千伏	4.0 米
154—220 千伏	5.0 米
330 千伏	6.0 米
500 千伏	8.5 米

第二十条　各电压等级导线的边线在计算最大风偏、各电压等级导线在计算最大弧垂的情况下,与树木等高秆植物之间的安全距离为:

电压等级	最小水平距离	最小垂直距离	
		果树、经济作物、城市绿化灌木、街道树	其他
1—10 千伏绝缘导线	1.0 米	0.8 米	2.0 米
1—10 千伏裸导线	2.0 米	1.5 米	2.0 米
35—110 千伏	3.5 米	3.0 米	4.0 米
154—220 千伏	4.0 米	3.5 米	4.5 米
330 千伏	5.0 米	4.5 米	5.5 米
500 千伏	7.0 米	7.0 米	7.0 米

第二十一条　电力电缆线路的保护区:

(一)地下电力电缆为电力电缆线路地面标桩两侧各 0.75 米所形成的两平行线内的区域;

(二)跨江河电力电缆一般不小于线路两侧各 100 米(中、小河流一般不小于各 50 米)所形成的两平行线内的水域。

第二十二条　发电厂的输水、输油、输煤、供热、排灰、送气等管道保护区为管道侧面向外延伸 3 米所形成的区域。

第五章　电力设施保护措施

第二十三条　电力设施所有人或者其委托的管理人应当对所管理的电力设施定期进行巡视和维护,及时排除故障,处理事故。

电力设施所有人或者其委托的管理人应当采取相应的技术防范措施,加强对电力设施的保护。

第二十四条　电力设施所有人或者其委托的管理人应当协助电力行政主管部门,采取下列措施,保护电力设施:

(一)建立电力线路沿线群众护线组织,或者委托电力线路沿线的乡、镇人民政府(街道办事处)建立群众护线组织,并加强对群众护线组织的业务指导;

(二)在人口密集地区和人员活动频繁地段的架空电力线路杆塔、变压器上设立安全警示标志;

(三)在架空电力线路穿越国道、省道、县道及航道的重要区段,设立安全警示标志,并标明架空电力线路保护区的宽度和导线距穿越物体之间的安全距离;

(四)在地下电力电缆、水底电力电缆敷设后,设立永久性标志。

第二十五条　任何单位和个人不得从事下列危害发电设施、变电设施的行为:

(一)闯入发电厂、变电站内扰乱生产和工作秩序,移动、损坏标志物;

(二)危及输水、输油、供热、排灰等管道(沟)的安全运行;

(三)影响专用铁路、公路、桥梁、码头的使用;

(四)在用于水力发电的水库内,进入距水工建筑物300米区域内炸鱼、捕鱼、游泳、划船及其他可能危及水工建筑物安全的行为;

(五)在发电厂、变电站围墙外缘500米内烧窑、烧荒或者焚烧垃圾等;

(六)在发电厂、变电站围墙外缘300米区域内放风筝、镀膜气球等飘动物体;

(七)其他危害发电设施、变电设施的行为。

第二十六条　任何单位和个人不得从事下列危害电力线路设施的行为:

(一)向电力线路设施射击、向导线抛掷物体;

(二)在架空电力线路导线两侧各300米的区域内放风筝、镀膜气球等飘动物体;

(三)擅自攀登架空电力线路杆塔、变压器;

(四)利用架空电力线路杆塔、拉线拴牲畜、悬挂物体、攀附农作物、作起重制动或者牵引地锚;

(五)移动、损坏电力线路设施的永久性标志或者安全警示标志牌;

(六)其他危害电力线路设施的行为。

第二十七条　禁止在下列范围内堆物、打桩、钻探、挖掘或者倾倒生活垃圾和酸、碱、盐及其他有害化学物品:

(一)10—35千伏架空电力线路杆塔、拉线基础外缘5米;

(二)66—220千伏架空电力线路杆塔、拉线基础外缘10米;

（三）500千伏架空电力线路杆塔、拉线基础外缘12米；

（四）发电厂、变电站围墙外缘10米。

在前款规定范围外堆物、打桩、钻探、挖掘的，应当遵守下列规定：

（一）不得妨碍巡视和检修人员通行，或者为其预留出通往杆塔、拉线基础维护通道；

（二）不得影响杆塔、拉线基础稳定，对可能引起杆塔、拉线基础周围泥土、砂石、岩体垮塌的，应当负责修筑护坡堤进行加固；

（三）不得损坏电力设施接地装置或者改变其埋设深度。

第二十八条 禁止在电力电缆通道附近和电力电缆通道保护区内从事下列行为：

（一）电力电缆通道两侧各50米以内，倾倒酸、碱、盐及其他有害化学物品；

（二）电力电缆通道两侧各2米内机械挖掘；

（三）在水底电力电缆保护区内抛锚、拖锚、炸鱼、挖掘。

第二十九条 在电力设施保护区及其周边从事生产经营活动，可能造成电力设施危及他人人身安全的，生产经营者应当设立并维护安全警示标志。

第三十条 禁止在架空电力线路保护区内钓鱼。

架空电力线路下的鱼塘所有人或者管理人，不得在架空电力线路保护区内从事钓鱼经营活动。

第三十一条 任何单位和个人经市、县级电力行政主管部门批准并采取安全措施后，方可实施下列行为：

（一）在架空电力线路保护区内进行农田水利基本建设工程及打桩、钻探、挖掘等作业；

（二）起重机械的任何部位进入架空电力线路保护区施工；

（三）高度与架空电力线路的导线之间不符合垂直安全距离规定的车辆及其运载物体或者其他物体，穿越架空电力线路保护区；

（四）在电力电缆线路保护区内作业。

市、县级电力行政主管部门受理申请后，应当进行审查，并征求有关电力设施所有人或者其委托的管理人的意见，自受理申请之日起二十日内作出是否批准的书面决定。

第三十二条 任何单位和个人与电力设施所有人或者其委托的管理人达成协议并采取安全措施后，方可实施下列行为：

（一）在电力设施附属的输水、输油、输煤、供热、排灰、送气等管道保护区内取土、挖掘、堆放杂物；

（二）利用架空电力线路杆塔架设通讯、广播、电视线路以及放置其他设施。

第三十三条 各级人民政府依据城乡规划进行城乡改造需要搬迁已建或者在建电力设施的,应当与电力设施所有人或者其委托的管理人协商确定搬迁费用。

城乡改造以外的其他建设工程改建或者扩建,可能妨碍或者危及电力设施安全的,建设单位应当与电力设施所有人或者其委托的管理人达成协议后方可施工,采取安全措施或者迁移电力设施所需费用和损失由建设单位承担。

第三十四条 后于电力设施建设的其他建设工程,与相邻电力设施的距离必须符合相关规范的要求,不得危及电力设施的安全。

新建、改建、扩建高速公路以外的其他公路,应当为发电厂、变电站、电力微波站、电力调度中心等电力设施保护场所预留道口。

第三十五条 在架空电力线路保护区内不得种植乔木。架空电力线路保护区内新种植的树木危及电力线路安全的,电力设施所有者可以自行清除并不予补偿。

第三十六条 无法区分架空电力线路建设在先还是树木种植在先的,县级以上人民政府应当本着权衡利弊、有利于化解矛盾的原则协调相关方面妥善处理。

对不符合安全距离规定的树木,树木所有者应当及时修剪或者砍伐,依法需要办理审批手续的,由其按照有关规定办理;电力设施所有人或者其委托的管理人发现树木不符合安全距离的,应当通知树木所有者及时修剪或者砍伐。

树木因不可抗力危及线路运行安全,树木所有者未及时修剪或者砍伐的,电力设施所有人或者其委托的管理人可以自行修剪或者砍伐;树木因自然生长危及线路运行安全,树木所有者未及时修剪或者砍伐的,电力设施所有人或者其委托的管理人可以自行修剪;修剪或者砍伐后应当及时通知树木所有者,并告知相关部门。

第六章　电力设施突发事件处置

第三十七条 各级人民政府及其电力行政主管部门负责本行政区域内电力设施突发事件的应急工作。

县级以上人民政府应当制定和完善电力设施突发事件应急预案,建立应急救援组织和电力设施突发事件应急救援物资储备制度,保障处置电力设施突发事件的物资供应。

第三十八条 电力企业应当根据当地人民政府电力设施突发事件应急预案的要求,制定本单位电力设施突发事件应急预案,报电力行政主管部门备案,并按照应急预案的要求,保证应急设施、设备、物资的储备和完好,保障应对突发事件的经费。

第三十九条 电力设施突发事件发生后,当地人民政府应当立即向上一级人民政府报告,必要时可越级上报,同时启动本级政府电力设施突发事件应急预案,并组织有关部门、单位和人员采取下列措施开展救援工作:

(一)救治受伤人员,撤离、疏散、安置受到威胁的人员;

(二)划定危险区,消除危险源;

(三)封闭或者征用有关场所;

(四)组织抢修损坏的电力设施;

(五)调用人员、物资、交通工具以及相关设施、设备;

(六)排除妨碍、限制通行或者其他行政强制措施。

第四十条 电力设施突发事件发生后,电力设施所有人或者其委托的管理人应当立即启动本单位电力设施突发事件应急预案,并采取下列措施:

(一)消除危险源,控制事故扩大;

(二)对遭受破坏的电力设施进行抢修,排除障碍;

(三)其他应急措施。

电力设施突发事件发生后,电力设施所有人或者其委托的管理人应当采取相应安全技术措施,必要时可以采取砍伐树木、临时占用土地等措施排除障碍,并应当在排除障碍后三日内及时告知有关部门,按规定补办手续。给他人造成损失的,依法给予补偿。

第四十一条 电力设施突发事件处置过程中,县级以上人民政府征用单位或者个人所有的交通工具、房屋、设施、设备的,使用后应当及时返还并支付补偿费用,造成损毁、灭失的,应当按照国家有关规定给予补偿。

第七章 法律责任

第四十二条 违反本条例第七条第二款规定,擅自变更电力发展规划的,由上级人民政府按照《中华人民共和国城乡规划法》的规定追究法律责任。

第四十三条 违反本条例第九条规定,非法占用电力设施用地、架空输电线路走廊或者电力电缆通道的,由县级以上人民政府责令限期改正;逾期不改正的,强制清除障碍。

第四十四条 违反本条例第十八条、第二十五条、第二十六条、第二十七条、第二十八条、第二十九条、第三十一条第一款、第三十二条、第三十四条规定的,由电力行政主管部门责令改正;拒不改正的,处五百元以上一千元以下罚款;造成严重后果的,处一千元以上一万元以下罚款;有违法所得的,没收违法所得。

第四十五条 违反本条例第三十五条规定,在架空电力线路保护区内种植乔木的,由电力行政主管部门责令其所有者自行移植或者砍伐,并处五百元以上五千元以下罚款。

第四十六条 有下列行为之一,尚不构成犯罪的,由公安机关依据有关法律、法规的规定予以处罚;构成犯罪的,依法追究刑事责任:

（一）擅自进入发电厂、变电站、电力微波站、电力调度中心等涉及电力运行安全的工作场所,封堵、破坏发电厂、变电站、电力调度中心等场所进出道路,截断水源、电源,扰乱生产和工作秩序,致使生产和工作不能正常进行,尚未造成严重损失的;

（二）盗窃、损毁电力设施的;

（三）违反国家规定,收购电力设施废旧专用器材的;

（四）阻挠施工单位拆除废旧电力设施的。

第四十七条 违反本条例第三十条规定,在架空电力线路保护区内钓鱼的,由电力行政主管部门责令改正;拒不改正的,对钓鱼者处五百元以上一千元以下罚款;在架空电力线路保护区内从事钓鱼经营活动的,由电力行政主管部门责令改正,对鱼塘所有人或者其管理人处一千元以上五千元以下罚款。

第四十八条 电力行政主管部门和有关行政部门的工作人员有下列行为之一的,对直接负责的主管人员和其他直接责任人员依法给予行政处分;构成犯罪的,依法追究刑事责任:

（一）对于受理的举报案件,未予及时处理的;

（二）在执法过程中徇私舞弊,发现违法行为不予查处的;

（三）利用职权,侵犯他人合法权益的;

（四）泄露电力用户的商业秘密或者举报人情况的;

（五）将收缴、罚没的财物据为己有的;

（六）不依法履行电力设施建设与保护职责的其他行为。

第四十九条 损害电力设施的,电力设施所有人或者其委托的管理人有权要求恢复原状、排除妨害、赔偿损失,电力行政主管部门可以责令侵权人赔偿损失。

赔偿损失范围包括修复电力设施的费用以及少供（发）电电量损失。修复电力设施的费用包括设备材料购置费以及更换、修复的人工和运输费用等。电量损失金额计算方法为:停电前抄见电力负荷×停电时间×价格行政管理部门核定的电价。

违反本条例规定,引发电力事故造成其他单位损失或者公民人身财产损失的,事故责任人还应当依法承担民事赔偿责任。

第八章　附　则

第五十条　本条例下列用语含义：

（一）电力调度设施，包括电力调度场所、电力调度通讯设施、电网调度自动化设施、电网运行控制设施以及其他有关辅助设施。

（二）电力市场交易设施，包括计量、报价、交易、结算、监视、复核、预警、信息发布等设施以及其他有关辅助设施。

（三）电力线路，是指电压等级在 35 千伏及以上的架空输电线路、电力电缆线路和电压等级在 10 千伏及以下的架空配电线路、电力电缆线路的总称。

（四）输电线路走廊，是指在计算导线最大风偏和安全距离情况下，35千伏及以上高压架空输电线路两边导线向外侧延伸一定距所形成的两条平行线之间的专用通道。

（五）电力电缆通道，是指本条例第二十一条规定的电力电缆线路保护区。

第五十一条　本条例自 2009 年 6 月 1 日起施行。

黑龙江省畜禽屠宰管理条例

(2009 年 10 月 23 日黑龙江省第十一届人民代表大会常务委员会第十三次会议通过 根据 2015 年 4 月 17 日黑龙江省第十二届人民代表大会常务委员会第十九次会议《关于废止和修改〈黑龙江省文化市场管理条例〉等五十部地方性法规的决定》修正)

第一章 总 则

第一条 为了加强畜禽屠宰管理,防止疫病传播,保证畜禽产品质量安全,保障人体健康,根据有关法律、行政法规,结合本省实际,制定本条例。

第二条 在本省行政区域内从事畜禽屠宰和与畜禽屠宰有关的分割、冷藏、运输以及对上述活动的监督管理,适用本条例。

第三条 本条例所称畜禽,是指人工饲养的猪、牛、羊、鸡、鸭、鹅等。

本条例所称畜禽产品,是指畜禽屠宰后未经加工的胴体、肉、脂、脏器、血液、骨、头、蹄、皮等。

第四条 本省实行畜禽定点屠宰、集中检疫制度。

未经定点,任何单位和个人不得从事畜禽屠宰活动。但农村居民屠宰自己食用的畜禽,城镇居民屠宰自己食用的禽类除外。

第五条 县级以上人民政府应当加强对畜禽屠宰监督管理工作的领导,强化畜禽屠宰监督管理队伍建设,加大基础设施和设备投入,及时协调解决畜禽屠宰监督管理工作中的重大问题。引导、扶持畜禽定点屠宰厂(场)向机械化、规模化、标准化方向发展。

县级以上人民政府应当将畜禽屠宰监督管理所需经费列入同级财政预算。

第六条 县级以上人民政府畜牧兽医主管部门负责本行政区域内畜禽屠宰监督管理工作。其所属的畜禽屠宰管理机构,协助畜牧兽医主管部门开展对本行政区域内畜禽屠宰活动的日常监督检查,并受畜牧兽医主管部门的委托,对违反本条例的行为实施行政处罚。

省农垦总局、省森林工业总局负责垦区、国有森工林区内畜禽屠宰活动的监督管理工作,业务上接受省人民政府畜牧兽医主管部门的指导和监督。

县级以上人民政府卫生计生、工商、质量技术监督、环境保护、民族事务、公安、财政、规划、住房建设等有关部门,应当在各自职责范围内,依法做好畜禽屠宰监督管理的有关工作。

乡镇人民政府应当协助县级人民政府畜牧兽医主管部门,做好本乡镇畜禽屠宰活动的监督管理工作。

第七条　生产经营者应当对其生产、加工、销售的畜禽产品的质量安全负责,不得生产、加工、销售不符合法定要求的畜禽产品。

第八条　鼓励畜禽定点屠宰企业和畜禽产品经营者在自愿的基础上依法成立专业化行业组织,发挥协调和自律作用。

第二章　屠宰厂(场)设立、变更与撤销

第九条　畜禽定点屠宰厂(场)设置规划由省人民政府畜牧兽医主管部门会同有关部门按照合理布局、适当集中、有利流通、方便群众的原则,结合本省实际情况编制,报省人民政府批准后实施。

畜禽定点屠宰厂(场)设置规划应当包括畜禽定点屠宰厂(场)、小型生猪屠宰场点的数量、布局等内容。

设立(包括新建、迁建,下同)畜禽定点屠宰厂(场)、小型生猪屠宰场点,应当符合畜禽定点屠宰厂(场)设置规划。

第十条　畜禽定点屠宰厂(场)、小型生猪屠宰场点的选址,应当符合规划、建设、土地、环境保护、动物防疫、食品安全等方面有关法律、法规的规定。

第十一条　设立畜禽定点屠宰厂(场)应当具备下列条件:

(一)有与屠宰规模相适应,水质符合国家规定标准的水源条件;

(二)有符合国家规定要求的待宰间、屠宰间、急宰间以及畜禽屠宰设备和运载工具;

(三)有与屠宰规模相适应并依法取得健康证明的屠宰技术人员;

(四)有与屠宰规模相适应并经省人民政府畜牧兽医主管部门考核合格的肉品品质检验人员;

(五)有符合国家规定要求的检验设备、消毒设施、消毒药品以及符合环境保护要求的污染防治设施;

(六)有病害畜禽及畜禽产品无害化处理设施;

(七)依法取得动物防疫条件合格证;

(八)法律、法规规定的其他条件。

第十二条　申请设立畜禽定点屠宰厂(场),应当向所在市(地)人民政府(行署)畜牧兽医主管部门提出书面申请。市(地)人民政府(行署)畜牧兽医主管部门应当自收到申请之日起二十个工作日内,根据畜禽定点屠宰厂(场)设置规划,会同有关部门进行审查。

市(地)人民政府(行署)畜牧兽医主管部门应当就申请设立的畜禽定点屠宰厂(场)是否符合畜禽定点屠宰厂(场)设置规划,书面征求省人民政府畜牧兽医主管部门的意见后,报市(地)人民政府(行署)作出同意或者不同意建设畜禽定点屠宰厂(场)的书面决定。省人民政府畜牧兽医主管部门应当在七个工作日内作出答复。

申请人获得市(地)人民政府(行署)作出的同意建设的书面决定后,方可建设畜禽定点屠宰厂(场)。

第十三条 畜禽定点屠宰厂(场)建成竣工后,申请人应当向市(地)人民政府(行署)畜牧兽医主管部门提出验收申请。

市(地)人民政府(行署)畜牧兽医主管部门应当自收到申请人提出的验收书面申请之日起十五个工作日内,会同有关部门按照本条例第十一条的规定进行验收;验收合格的,报市(地)人民政府(行署)颁发畜禽定点屠宰证书和标志牌,并报省人民政府畜牧兽医主管部门备案。

畜禽定点屠宰厂(场)应当将依法取得的畜禽定点屠宰标志牌挂于厂(场)的显著位置。

畜禽定点屠宰厂(场)申请设立分厂(场)的,应当依据本条例规定提出申请,经审查符合畜禽定点屠宰厂(场)设立条件的,对其分厂(场)颁发畜禽定点屠宰证书和标志牌。

第十四条 在边远和交通不便的农村地区,经批准可以设置小型生猪屠宰场点。但依法设置的生猪定点屠宰厂(场)能够保证供应的地区,不得设立小型生猪屠宰场点。小型生猪屠宰场点生产的生猪产品,仅限于供应本地市场。

小型生猪屠宰场点定点条件、批准程序和管理办法,由省人民政府按照方便群众、供应充足、管理科学、保障健康的原则规定。

第十五条 省人民政府畜牧兽医主管部门应当定期将全省的畜禽定点屠宰厂(场)名单向社会公布。

第十六条 畜禽定点屠宰厂(场)改建、扩建或者其所有权、经营权发生变更的,应当在改建、扩建竣工验收完成或者所有权、经营权发生变更之日起二十日内向市(地)人民政府(行署)畜牧兽医主管部门备案。

第十七条 畜禽定点屠宰厂(场)歇业、停业预计超过三十日的,应当自歇业、停业之日起十日内向所在县级人民政府畜牧兽医主管部门报告。

畜禽定点屠宰厂(场)歇业、停业超过一百八十日的,县级人民政府畜牧兽医主管部门应当报市(地)人民政府(行署)畜牧兽医主管部门对其是否符合本条例规定的条件进行审查。

第十八条 畜禽定点屠宰厂(场)不再符合法定条件要求的,由县级以上人民政府畜牧兽医主管部门责令其停止屠宰活动,限期整改;逾期未改正或者经整改后仍不合格的,由市(地)人民政府(行署)取消其定点资格,并在当地媒体上公布。

第三章 畜禽屠宰与检验

第十九条 畜禽定点屠宰厂(场)应当建立畜禽进厂(场)屠宰检查登记制度,对经动物卫生监督机构检疫合格并附有检疫证明的畜禽,方可屠宰。

第二十条 畜禽定点屠宰厂(场)屠宰畜禽,应当按照下列操作规程进行,并符合国家规定的其他技术和有关动物福利的要求:

(一)畜禽屠宰前,应当停食静养;

(二)畜禽放血前应当冲洗体表,清除血块污垢,宰杀后放血时间充分;

(三)屠宰用水应当保持清洁卫生,烫毛池应当定时更换用水,冷水池应当保持长流水;

(四)宰后胴体应当悬挂于通风、阴凉、清洁的场所,不得被有害、有异味的物体污染;

(五)屠宰过程中,畜禽产品应当按照国家有关要求盛放,不得落地,废弃物应当专门存放、处置,不得污染环境;

(六)胴体及脏器不得带有血、毛、粪、污、伤斑、病灶及有害腺体,应当防止交叉污染;

(七)未能及时销售或者及时出厂(场)的畜禽产品应当采取冷冻或者冷藏等必要措施储存;

(八)屠宰车间、设备、工具等应当及时进行清洗、消毒。

第二十一条 畜禽定点屠宰厂(场)应当建立并实行肉品品质检验制度,肉品品质检验必须与畜禽屠宰同步进行。畜禽定点屠宰厂(场)应当对肉品品质检验者、检验结果及处理情况进行记录,检验结果及处理情况记录保存期限不得少于二年。

肉品品质检验内容包括:

(一)健康状况;

(二)传染病和寄生虫病以外的疾病;

(三)注水或者注入其他物质;

(四)有害物质;

(五)有害腺体;

(六)屠宰加工质量;

(七)白肌肉(PSE 肉)或者黑干肉(DFD 肉);

(八)种猪及晚阉猪、奶公牛犊;

(九)国家规定的其他检验项目。

第二十二条 经肉品品质检验合格的畜禽产品,畜禽定点屠宰厂(场)应当加盖肉品品质检验合格验讫印章或者附具肉品品质检验合格标志。其中,片猪肉等可以加盖印章的,应当加盖肉品品质检验合格验讫印章;不便加盖印章的,应当使用肉品品质检验合格标志,方可出厂(场)。

经肉品品质检验不合格的畜禽产品,应当在肉品品质检验人员的监督下,按照国家有关规定处理,并如实记录处理情况,记录保存期限不得少于二年。

第二十三条 种猪、晚阉猪和奶公牛犊产品出厂(场)时,畜禽定点屠宰厂(场)应当加盖专用检验标志。

销售种猪、晚阉猪和奶公牛犊产品,销售者应当在销售场所以明示的方式告知消费者。

第二十四条 任何单位和个人不得对畜禽和畜禽产品注水或者注入其他物质。

任何单位和个人不得屠宰、加工、销售注水或者注入其他物质、染疫或者疑似染疫、病死、毒死、死因不明的畜禽。

第二十五条 畜禽定点屠宰厂(场)应当对检疫、检验出的病害畜禽及其产品作无害化处理。

政府对病害畜禽损失和无害化处理费用,根据实际情况给予适当补贴。具体补贴和监督办法由省人民政府财政部门会同省人民政府畜牧兽医主管部门制定。

第二十六条 畜禽屠宰的检疫及其监督,依照《中华人民共和国动物防疫法》和国务院的有关规定执行。畜禽屠宰的卫生检验及其监督,依照《中华人民共和国食品安全法》的有关规定执行。

第四章　畜禽产品经营与管理

第二十七条 畜禽定点屠宰厂(场)应当建立信息报送制度,按照国家有关屠宰统计报表制度的要求,及时报送屠宰、销售和停业、歇业等相关信息。

第二十八条 畜禽定点屠宰厂(场)、应当建立畜禽产品质量可追溯制度。

畜禽定点屠宰厂(场)应当如实记录其屠宰的畜禽来源和畜禽产品流向等信息,记录保存期限不得少于二年。

第二十九条 畜禽定点屠宰厂(场)应当建立产品召回制度,发现其产品不安全时,应当立即停止生产,向社会公布有关信息,通知销售者停止销售,告知消费者停止使用,召回已经上市销售的产品,并向所在县级人民政府畜牧兽医主管部门报告。

畜禽定点屠宰厂(场)对召回的产品应当采取无害化处理措施,防止该产品再次流入市场。

给消费者造成损害的,应当依法赔偿损失。

第三十条　运输畜禽产品应当使用专用运载工具,猪、牛、羊胴体应当实行密闭、吊挂运输;其他畜禽产品应当实行密闭运输,并使用专用容器盛装。

专用运载工具应当有明显标志,不得用于其他用途。运输超过四小时的,应当采取冷链运输。

第三十一条　经营者凭动物卫生监督机构出具的动物产品检疫合格证明、标志、章和畜禽定点屠宰厂(场)出具的肉品品质检验合格验讫印章或者肉品品质检验合格标志销售畜禽产品。

第三十二条　从事畜禽产品销售、肉食品生产加工的单位和个人以及餐饮服务经营者、集体供餐、配送单位,销售、使用的畜禽产品应当是畜禽定点屠宰厂(场)屠宰的畜禽产品或者小型生猪屠宰场点屠宰的生猪产品。

经县级以上人民政府畜牧兽医主管部门批准,偏远旅游风景区的特色饭店、宾馆可以自宰自用禽类产品,但应当接受动物卫生监督机构依法检疫。

第三十三条　畜禽定点屠宰厂(场)、小型生猪屠宰场点出具的肉品品质检验合格验讫印章、肉品品质检验合格标志应当有所区别。

畜禽产品肉品品质检验合格验讫印章、肉品品质检验合格标志的具体式样,由省人民政府畜牧兽医主管部门另行公布。

任何单位和个人不得伪造、冒用、涂改、出租、出借或者转让畜禽定点屠宰证书或者标志牌、肉品品质检验合格验讫印章、肉品品质检验合格标志。

第三十四条　任何单位和个人不得为未取得畜禽定点屠宰资格的单位和个人提供畜禽屠宰场所、屠宰工具、运输工具和仓储设施。

第三十五条　县级以上人民政府畜牧兽医主管部门应当加强畜禽定点屠宰管理,开展经常性监督检查。

依法进行监督检查时,可以采取下列措施:

(一)进入畜禽屠宰等有关场所实施现场检查;

(二)查阅、复制有关合同、票据、账簿以及其他有关资料;

(三)取样化验、查验证件;

(四)扣押与违法屠宰活动有关的畜禽产品和违法接收的病死、注水或者注入其他物质的畜禽以及用于违法屠宰经营的工具、设备和运载工具;

(五)查封与违法屠宰活动有关的场所、设施。

第五章　法律责任

第三十六条　违反本条例规定,未经定点擅自从事畜禽屠宰活动的,由县级以上人民政府畜牧兽医主管部门予以取缔,没收其畜禽、畜禽产品、屠宰工具、设备和违法所得,并处货值金额三倍以上五倍以下罚款;货值金额难以确定的,对单位并处十万元以上二十万元以下罚款,对个人并处五千元以上一万元以下罚款。

冒用或者使用伪造的畜禽定点屠宰证书或者标志牌、小型生猪屠宰场点证书或者标志牌的,依照前款规定处罚;情节严重的,由公安机关依据《中华人民共和国治安管理处罚法》进行处罚。

在市场内擅自屠宰畜禽的,由工商行政管理部门依照有关规定给予处罚。

在实行相对集中行政处罚权的城镇街道或者居民生活区内擅自屠宰畜禽的,由城市管理行政执法部门依法处罚。

第三十七条　出借、转让畜禽定点屠宰证书或者标志牌、小型生猪屠宰场点证书或者标志牌的,由市(地)人民政府(行署)取消其定点资格;有违法所得的,由市(地)人民政府(行署)畜牧兽医主管部门没收违法所得。

第三十八条　违反本条例规定,为非法屠宰畜禽,对畜禽或者畜禽产品注水或者注入其他物质的单位和个人提供场所、屠宰工具、运输工具或者仓储设施的,由县级以上人民政府畜牧兽医主管部门责令改正,没收违法所得,对单位并处二万元以上五万元以下罚款,对个人并处五千元以上一万元以下罚款。

第三十九条　违反本条例规定,畜禽定点屠宰厂(场)有下列情形之一的,由县级以上人民政府畜牧兽医主管部门责令限期改正;逾期未改正的,责令停业整顿,处二万元以上五万元以下罚款,对其主要负责人处五千元以上一万元以下罚款:

(一)未建立或者实行畜禽进厂(场)屠宰检查登记制度的;

(二)屠宰畜禽不符合国家和本条例规定的操作规程、技术要求的;

(三)未建立或者实行肉品品质检验制度的;

(四)对经肉品品质检验不合格的畜禽产品,未按照国家有关规定处理并如实记录处理情况或者记录保存期限少于二年的;

(五)未如实记录其屠宰的畜禽来源和畜禽产品流向或者记录保存期限少于二年的;

(六)未建立或者实行畜禽屠宰信息报送制度的。

第四十条　违反本条例规定,畜禽定点屠宰厂(场)、其他单位或者个人对畜禽、畜禽产品注水或者注入其他物质的,由县级以上人民政府畜牧兽医主管部门没收注水或者注入其他物质的畜禽、畜禽产品、注水工具和设备以及违法所得,并处货值金额三倍以上五倍以下罚款,对畜禽定点屠宰厂(场)或者其他单位的主要负责人处一万元以上二万元以下罚款;货值金额难以确定的,对畜禽定点屠宰厂(场)或者其他单位并处五万元以上十万元以下罚款,对个人并处一万元以上二万元以下罚款。

畜禽定点屠宰厂(场)对畜禽、畜禽产品注水或者注入其他物质的,除依照前款规定处罚外,还应当由县级以上人民政府畜牧兽医主管部门责令停业整顿;造成严重后果,或者两次以上对畜禽、畜禽产品注水或者注入其他物质的,由市(地)人民政府(行署)取消其定点资格。

畜禽定点屠宰厂(场)屠宰已注水或者注入其他物质的畜禽的,由县级以上人民政府畜牧兽医主管部门责令改正,没收注水或者注入其他物质的畜禽产品以及违法所得,并处货值金额一倍以上三倍以下罚款,对其主要负责人处一万元以上二万元以下罚款;货值金额难以确定的,对畜禽定点屠宰厂(场)并处二万元以上五万元以下罚款;拒不改正的,责令停业整顿;造成严重后果的,由市(地)人民政府(行署)取消其定点资格。

第四十一条 违反本条例规定,畜禽定点屠宰厂(场)出厂未经肉品品质检验或者经肉品品质检验不合格的畜禽产品的,由县级以上人民政府畜牧兽医主管部门责令停业整顿,没收畜禽产品和违法所得,并处货值金额一倍以上三倍以下罚款,对其主要负责人处一万元以上二万元以下罚款;货值金额难以确定的,对畜禽定点屠宰厂(场)并处五万元以上十万元以下罚款;造成严重后果的,由市(地)人民政府(行署)取消其定点资格。

第四十二条 违反本条例规定,畜禽定点屠宰厂(场)出厂(场)种猪、晚阉猪和奶公牛犊产品未加盖专用检验标志的,由县级以上人民政府畜牧兽医主管部门责令改正;拒不改正的,没收其畜禽产品,并处五千元以上一万元以下罚款。

销售种猪、晚阉猪和奶公牛犊产品,未在销售场所以明示的方式告知消费者的,由工商行政管理部门责令改正;拒不改正的,没收其产品,并处一千元以上二千元以下罚款。

第四十三条 违反本条例规定,任何单位和个人超出规定的范围销售小型生猪屠宰场点屠宰加工的生猪产品的,由工商行政管理部门没收生猪产品和违法所得,并处五百元以上一千元以下罚款。

第四十四条 违反本条例规定,运输畜禽产品未使用国家或者省规定的专用运载工具的,由县级以上人民政府畜牧兽医主管部门责令限期改正;逾期未改正的,处五千元以上二万元以下罚款。

第四十五条 违反本条例规定,从事畜禽产品销售、肉食品生产加工的单位和个人以及餐饮服务经营者、集体供餐、配送单位,销售、使用非畜禽定点屠宰厂(场)屠宰的畜禽产品或者非小型生猪屠宰场点屠宰的生猪产品,未经肉品品质检验或者经肉品品质检验不合格的畜禽产品以及注水或者注入其他物质的畜禽产品的,由工商、卫生计生、质量技术监督部门依据各自职责,没收尚未销售、使用的畜禽产品以及违法所得,并处货值金额三倍以上五倍以下罚款;货值金额难以确定的,对单位并处五万元以上十万元以下罚款,对个人并处一万元以上二万元以下罚款;情节严重的,由原发证(照)机关吊销有关证照。

第四十六条 违反本条例规定,伪造、冒用、涂改、出租、出借或者转让畜禽定点屠宰厂(场)出具的肉品品质检验合格验讫印章、肉品品质检验合格标志的,由县级以上人民政府畜牧兽医主管部门责令改正,处五千元以上一万元以下罚款;有违法所得的,没收违法所得;情节严重的,由公安机关依据《中华人民共和国治安管理处罚法》进行处罚。

第四十七条 违反本条例规定,以暴力、胁迫等方法阻碍畜禽屠宰执法人员依法执行公务的,由公安机关依法处理。

第四十八条 县级以上人民政府畜牧兽医主管部门、有关行政部门及其工作人员有下列行为之一,尚未构成犯罪的,由其所在单位、上级主管部门或者监察机关对直接负责的主管领导和其他直接责任人员依法给予行政处分:

(一)未按规定程序、条件审查、批准定点屠宰厂(场)的;

(二)未依法履行职责,造成畜禽产品质量安全事故的;

(三)接到举报或者发现违法屠宰、经营行为不查处的;

(四)不依法履行检疫检验和监管职责,造成违法屠宰或者不合格畜禽产品流通的;

(五)隐瞒畜禽产品质量安全事故不报的;

(六)有其他滥用职权、徇私舞弊、渎职失职行为的。

第四十九条 违反本条例规定情节严重,构成犯罪的,依法追究刑事责任。

第六章 附 则

第五十条 供应少数民族食用畜禽的定点屠宰活动,应当尊重少数民族风俗习惯,按照国家和省有关规定执行。

第五十一条 本条例自2010年1月1日起施行。

黑龙江省防震减灾条例

(2011年12月8日黑龙江省第十一届人民代表大会常务委员会第二十九次会议通过 根据2015年4月17日黑龙江省第十二届人民代表大会常务委员会第十九次会议《关于废止和修改〈黑龙江省文化市场管理条例〉等五十部地方性法规的决定》修正)

第一章 总 则

第一条 为了防御和减轻地震灾害,保护人民生命和财产安全,保障经济社会的可持续发展,根据《中华人民共和国防震减灾法》等有关法律、行政法规的规定,结合本省实际,制定本条例。

第二条 在本省行政区域内从事地震监测预报、地震灾害预防、地震应急救援、地震灾后安置和恢复重建等防震减灾活动,适用本条例。

第三条 县级以上人民政府应当将防震减灾工作纳入本级国民经济和社会发展规划,加强对防震减灾工作的领导,健全防震减灾工作体系,并将防震减灾工作纳入政府相关考核内容。

第四条 县级以上地震工作管理部门,在同级人民政府领导下,同发展改革、财政、建设、规划、民政、卫生计生、公安、教育、交通运输、水利、国土资源、环保以及其他有关部门,按照职责分工,各负其责,密切配合,共同做好防震减灾工作。

省森工总局、林业局的地震工作管理机构负责国有森工林区的防震减灾管理工作,业务上接受省地震工作管理部门的指导和监督。

乡(镇)人民政府、街道办事处和村民委员会、居民委员会应当指定人员,在地震工作管理部门的指导下做好防震减灾工作。

第五条 县级以上人民政府抗震救灾指挥机构负责统一领导、指挥和协调本行政区域的抗震救灾工作,日常工作由地震工作管理部门承担。

第六条 县级以上人民政府应当将防震减灾所需经费纳入本级财政预算,随着财政收入的增加逐步加大对防震减灾工作的投入,用于地震监测台网建设和运行、群测群防工作、农村民居地震安全指导、防震减灾知识宣传教育、地震应急救援演练、地震灾害救援队伍培训以及设备维护等工作。

第七条 县级以上人民政府应当加强地震群测群防工作,健全群测群防体系,完善地震宏观观测、地震灾情速报和防震减灾宣传网络。

第八条 县级以上地震工作管理部门应当根据上一级防震减灾规划和本行政区域的实际情况,会同有关部门编制本行政区域防震减灾规划,报本级人民政府批准后组织实施,并报上一级地震工作管理部门备案。

防震减灾规划应当与土地利用总体规划、城乡规划等规划相协调。

第九条 县级以上人民政府应当做好下列防震减灾工作,进行监督检查,并推动落实:

(一)防震减灾工作体制的健全和完善;

(二)防震减灾规划的编制与实施;

(三)防震减灾工作经费的落实;

(四)地震监测设施和地震观测环境的保护;

(五)建设工程抗震设防要求的执行;

(六)防震减灾知识的宣传教育;

(七)抗震救灾物资的储备以及质量安全;

(八)地震应急预案的落实和演练;

(九)其他防震减灾工作的落实。

第二章　地震监测预报

第十条 县级以上地震工作管理部门应当根据上一级地震监测台网规划,编制本级地震监测台网规划,报本级人民政府批准并报上一级地震工作管理部门备案。

全省地震监测台网由省级地震监测台网和市(地)、县(市)地震监测台网组成。地震监测台网实行统一规划,分级、分类建设和管理,台网建设和运行经费分别列入省、市、县级财政预算。

第十一条 核电站、油田、水库、大型矿山、石油化工、特大桥梁、发射塔、地铁等重大建设工程的建设单位,应当按照国家规定建设专用地震监测台网或者设置强震动监测设施。

专用地震监测台网和强震动监测设施的建设资金和运行经费由建设单位承担。

专用地震监测台网和强震动监测设施的建设单位,在开工建设前,应当将有关技术方案报省地震工作管理部门备案,并接受其业务指导。

第十二条 专用地震监测台网和强震动监测设施的运行责任由工程项目所有人或者管理单位承担。工程项目所有人或者管理单位应当保证其正常运行,并将监测信息及时上报省地震工作管理部门,纳入全省地震监测信息系统,实行信息共享;确需中止或者终止运行的,应当报省地震工作管理部门备案。

第十三条 任何单位和个人不得侵占、损毁、拆除或者擅自移动地震监测设施,不得危害地震观测环境,不得干扰和妨碍地震监测台网的正常工作。

县级以上地震工作管理部门应当会同公安、国土、规划等有关部门,按照国务院有关规定划定地震监测环境的保护范围,设置地震监测设施保护标志,标明保护要求,并向社会公示。

第十四条 在地震观测环境保护范围内的新建、扩建、改建建设工程项目,城乡规划主管部门在核发选址意见书时,应当征求管理该地震监测设施的地震工作管理部门的意见;不需要核发选址意见书的,在核发建设用地规划许可证或者乡村建设规划许可证时,应当征求管理该地震监测设施的地震工作管理部门的意见。省地震工作管理部门对地震监测设施和地震观测环境定期进行督查。

建设国家或者省重点工程,确实无法避免对地震监测设施和地震观测环境造成危害的,建设单位应当增建抗干扰工程;确有特殊情况无法增建的,应当新建地震监测设施,新建地震监测设施建成并运行满一年后,达到监测效能的,方可拆除原地震监测设施。

增建抗干扰设施或者新建地震监测设施的费用以及由此造成的损失由建设单位承担。

第十五条 地震监测设施受到破坏时,县级以上地震工作管理部门应当会同公安、规划、建设等有关部门采取有效措施,及时修复。

第十六条 地震预报意见实行统一发布制度,全省范围内的地震长期、中期、短期预报意见和临震预报意见,由省人民政府根据国家有关规定发布。

任何单位和个人不得散布地震谣言。新闻媒体刊登、播报地震预报消息,应当以国务院或者省人民政府发布的地震预报意见为准。对扰乱社会秩序的地震谣传、误传,县级以上人民政府应当立即采取有效措施予以澄清和制止。

第三章　地震灾害预防

第十七条 省人民政府应当组织有关部门开展地震活动断层探测和地震小区划,并逐步完成全省城区地震小区划,为确定抗震设防要求、编制和修订土地利用总体规划和城乡规划提供依据。

地震重点监视防御区内的县级以上城市人民政府,应当对新建城区进行地震活动断层探测和地震小区划,地震小区划结果经国务院地震工作主管部门审定后,由县级以上地震工作管理部门作为确定一般建设工程抗震设防要求的依据。

第十八条 新建、扩建、改建建设工程,应当达到抗震设防要求。除按照规定应当由国家地震工作主管部门确定抗震设防要求外,其他抗震设防要求的确定应当遵守下列规定:

（一）重大建设工程、可能发生严重次生灾害的建设工程和其他重要建设工程,应当进行地震安全性评价,并由省地震工作管理部门根据地震安全性评价结果确定抗震设防要求;

（二）一般建设工程按照地震动参数区划图或者地震小区划结果确定抗震设防要求,在尚未开展地震小区划工作的城市或者地区由市级地震工作管理部门按照国家颁布的地震动参数区划图确定抗震设防要求;

（三）学校、医院等人员密集场所的建设工程,应当高于当地房屋建筑的抗震设防要求一档进行设计和施工。

第十九条 位于地震动参数区划分界线两侧各四千米区域或者地震研究程度以及资料详细程度较差地区的一般建设工程,应当进行地震动参数复核,并由省地震工作管理部门根据地震动参数复核结果确定抗震设防要求。省地震工作管理部门可以委托设区的市地震工作管理部门对地震动参数复核结果进行审核。

第二十条 下列建设工程应当按照有关规定进行地震安全性评价:

（一）国家和省重大建设工程;

（二）国家建筑工程抗震设防分类标准规定应当进行地震安全性评价的建设工程;

（三）受地震破坏后可能引发水灾、火灾、爆炸,或者剧毒、强腐蚀性、放射性物质大量泄漏,以及其他严重次生灾害的建设工程,包括水库、堤防、石油化工、大型矿山、核电站及其他核设施,贮存易燃易爆或者剧毒、强腐蚀性、放射性物质的设施,以及其他可能发生严重次生灾害的建设工程;

（四）大型发、变电工程,高等级公路、高速公路和铁路干线上的大型桥梁,大型广播电视发射工程,救灾物资储备库建筑,特大型火车站的客运候车楼,航管楼,城市轨道交通工程,一级汽车客运站候车楼,大型影剧院、体育场（馆）等人员密集场所的大型建设工程。

省内重大建设工程地震安全性评价的具体范围和管理办法,由省人民政府另行制定。

第二十一条 建设工程抗震设防要求管理应当纳入基本建设管理程序。县级以上人民政府负责项目审批的部门,应当将抗震设防要求纳入建设工程可行性研究报告的审查内容。对可行性研究报告中未包含抗震设防要求的项目,有关主管部门不予审批、核准、备案。

在尚未开展地震小区划工作的城市或者地区的一般建设工程,建设单位应当在建设工程项目选址报批时或者工程设计前,将拟建工程采用的抗震设防要求情况,报所在地的市级以上地震工作管理部门确定。对建设工程未按照抗震设防要求进行抗震设防的,地震工作管理部门应当向建设单位提出纠正意见,并抄送有关项目审批部门,项目审批部门应当依法予以纠正。

第二十二条 外省地震安全性评价单位在本省从事地震安全性评价活动,应当到省地震工作管理部门办理备案手续;未经备案,其出具的地震安全性评价报告无效。

第二十三条 建设单位应当按照抗震设防要求和工程建设强制性标准进行抗震设计,并按照抗震设计进行施工。

县级以上建设主管部门负责本行政区域内各类房屋建筑及其附属设施、城市市政基础设施等建设工程的工程建设强制性标准、抗震设计与施工的监督管理工作。

交通运输、水利、铁路、民用航空以及其他行业主管部门,负责本行业的工程建设强制性标准、抗震设计与施工的监督管理工作。

第二十四条 市(地)、县(市)人民政府(行署)应当对本行政区域内已建成建筑物、构筑物的抗震性能进行普查,对未达到抗震设防要求的建筑物、构筑物,应当制定改造或者抗震加固规划。其中学校、托幼机构、医院、大型文体活动场所等人员密集场所的建筑物、构筑物,应当优先进行改造或者抗震加固。

第二十五条 已经建成的下列建设工程,未采取抗震设防措施或者经抗震性能鉴定抗震设防措施未达到抗震设防要求的,县级以上人民政府应当组织有关部门采取必要的抗震加固措施:

(一)重大建设工程;

(二)可能发生严重次生灾害的建设工程;

(三)具有重大历史、科学、艺术价值或者重要纪念意义的建设工程;

(四)学校、医院等人员密集场所的建设工程;

(五)地震重点监视防御区内的建设工程。

建设工程产权人、使用人也可以申请对建设工程抗震性能进行鉴定。

抗震性能鉴定和抗震加固费用,根据鉴定结果由相关责任人承担。

抗震加固工程应当执行基本建设程序,按照其规定办理相关手续,保证质量和安全。

第二十六条 县级以上人民政府应当加强对农村村民住宅和乡村公共设施抗震设防的管理。新农村建设民居、移民搬迁、灾后恢复重建的村民住宅和三层以上农村村民自建住宅应当按照抗震设防要求和有关建设工程的强制性标准进行抗震设防。其他农村村民住宅应当采用国家和本省有关村镇建筑抗震设防技术标准进行抗震设防。

县级以上人民政府对需要抗震设防的农村村民住宅和乡村公共设施，应当在技术指导、工匠培训、信息服务等方面给予必要支持。

市（地）、县（市）人民政府（行署）应当组织编制达到抗震设防要求的农村村民个人建房通用建筑设计图纸，向农村村民推荐并免费提供。

第二十七条　县级以上人民政府及其有关部门应当加强对采矿、采油和水库蓄水等诱发地震以及火山预警的研究工作。

县级以上人民政府对地震可能引发的火灾、水灾、爆炸、山体滑坡和崩塌、泥石流、地面塌陷、放射性污染、毒气泄漏等次生灾害以及传染病疫情的发生，应当采取有效防范措施。

第二十八条　县级以上人民政府应当支持地震监测预报、抗震设防、应急救援等理论研究和技术、方法实验；支持研究开发和推广使用符合抗震设防要求、经济实用的新技术、新工艺、新材料；支持地震应急救助技术、装备和地震预警技术的研究与开发。

第二十九条　每年5月12日所在周为全省防震减灾宣传活动周。

乡（镇）人民政府、街道办事处和村民委员会、居民委员会应当组织开展地震应急知识的宣传教育和必要的地震应急救援演练，提高公民在地震灾害中自救互救的能力。

机关、团体、企业事业等单位，应当对职工进行防震减灾基本知识教育和防灾技能的训练。

各学校应当组织开展地震应急避险演练，每年九月第二周统一进行一次应急避险演练，结合其他教学形式培养学生安全意识和自救互救能力。

地震重点监视防御区应当开展经常性的防震减灾知识宣传教育，至少每年普遍进行一次地震应急演练，提高公民应变素质和自救互救能力。

第三十条　县级以上人民政府新闻、宣传等主管部门，应当组织新闻媒体每年结合重要纪念日进行防震减灾知识的重点宣传，并做好防震减灾知识的日常宣传教育工作。

县级以上教育行政部门应当将防震减灾知识教育纳入地方课程，规定固定课时进行地震安全知识教育。

县级以上地震工作管理部门应当指导、协助、督促有关单位做好防震减灾知识的宣传教育和地震应急救援演练等工作。

第三十一条　县级以上人民政府应当制定地震应急避难场所布局规划，合理利用广场、公园、城市绿地、人防设施、公共体育场馆、学校操场等公共场所或者选择符合国家标准的其他场所，建立地震应急避难场所，完善配套的交通、供水、供电、保暖、排污等基础设施，并对地震应急避难场所的建设、管理进行统筹协调。

县级以上人民政府应当在地震应急避难场所及其周边设置明显的指示标识,向社会公告,并定期宣传其功能和使用方法。

第三十二条 地震应急避难场所的管理单位应当按照国家有关规定,对场所、设施等进行维护和管理,保持应急疏散通道畅通。

县级以上地震工作管理部门应当会同有关部门,对地震应急避难场所的建设、管理给予技术指导,并定期进行检查。

第三十三条 地震重点监视防御区的县级以上人民政府应当根据实际需要,在本级物资储备中安排必需的抗震救灾物资。

第四章 地震应急救援

第三十四条 省地震工作管理部门会同有关部门制定全省地震应急预案,报省人民政府批准并组织实施,同时报国务院地震工作主管部门备案。

市、县级人民政府和乡(镇)人民政府制定本行政区域的地震应急预案,报上级地震工作管理部门备案;较大的市的地震应急预案,还应当报国务院地震工作主管部门备案。

市、县级人民政府有关部门,制定本部门的地震应急预案,报本级地震工作管理部门备案。

地震应急预案应当根据实际情况适时修订,经修订的地震应急预案应当按照原程序报送备案。

第三十五条 破坏性地震发生后,当地人民政府应当及时组织有关部门迅速启动地震应急预案,启用地震应急避难场所、医疗救治场所,设置救济物资供应点,控制次生灾害危险源,预防传染病疫情,做好抗震救灾工作。

第三十六条 省人民政府和地震重点监视防御区的市、县级人民政府应当依托武警、消防、民兵、预备役和其他专业队伍,按照一队多用、专职与兼职相结合的原则,建立地震灾害紧急救援队伍。

地震灾害紧急救援队伍应当由专业搜救、医疗救护、工程技术和后勤保障等人员组成,并配备相应的装备和器材。

第三十七条 县级以上人民政府及其有关部门、企事业单位和社会团体可以召集建立地震灾害救援志愿者队伍。

地震灾害救援志愿者队伍应当接受地震工作管理部门的专业指导和培训,平时进行防震减灾知识宣传、组织居民自救互救演练;灾时服从抗震救灾指挥机构的统一安排,担任专业救援人员的向导和翻译、搜集灾情、防范和处置次生灾害、疏散和安置灾民、协助医疗救治、提供心理帮助服务。

第三十八条 省、市级地震工作管理部门会同有关部门定期对下一级行政区地震灾害紧急救援队伍建设和演练进行检查。

本省地震灾害紧急救援队伍建设和演练标准与实施办法,由省地震工作管理部门会同有关部门依照国家有关规定制定,经省政府批准后实施。

第三十九条 地震灾害发生后,灾区的人民政府、有关部门和单位、地震紧急救援队伍、中国人民解放军、中国人民武装警察部队、民兵组织、预备役部队和医疗队伍应当按照国家有关规定,由抗震救灾指挥机构统一部署实施抢险救援。

第四十条 县级以上人民政府应当建立具备灾情速报、灾害评估、辅助决策、调度指挥等功能的应急指挥技术系统。

各级规划、民政、建设、交通运输、国土资源、教育、卫生计生、铁路、统计、测绘、水利、气象、电力等有关部门和单位应当根据地震应急指挥的需要提供相关信息。

第四十一条 县级以上人民政府应当建立地震灾情速报网络。完善从村民委员会、居民委员会、企业事业单位到县级人民政府、市级人民政府、省级人民政府的灾情逐级上报体系,必要时可以越级上报,不得迟报、谎报、瞒报。

第四十二条 地震震情、灾情和抗震救灾等信息按照国务院有关规定实行归口管理,统一、准确、及时发布。

新闻媒体应当按照抗震救灾指挥机构的统一要求,保证地震灾区灾情和抗震救灾情况报道的快捷畅通,宣传防震减灾知识,引导灾区人民抗灾自救,倡导全社会对灾区进行援助。

第五章　地震灾后安置和恢复重建

第四十三条 省人民政府应当及时组织开展地震灾害损失调查评估工作,为地震应急救援、灾后安置和恢复重建提供依据。

地震灾害损失调查评估的具体工作,由省地震工作管理部门和财政、建设、民政等有关部门按照职责分工承担。

地震灾害损失调查评估结果经评审后,向省人民政府报告,破坏性地震灾情以及总评估结果由省人民政府统一对外发布。

第四十四条 抗震救灾所需资金和物资,通过国家救助、生产自救、社会捐赠、公民互助、保险理赔和自筹、信贷等多种方式筹集解决。

第四十五条 地震灾区的各级人民政府应当组织相关部门,慈善总会、红十字会等社会团体以及其他单位、组织,针对受灾群众不同情况,做好救助、救治、康复、补偿、抚慰、抚恤、安置、心理援助、法律服务、公共文化服务等工作。各级人民政府及其有关部门应当做好受灾群众的就业工作,鼓励企业事业单位优先吸纳符合条件的受灾群众就业。

第四十六条 特别重大地震灾害发生后,省人民政府应当配合国务院有关部门,编制地震灾后恢复重建规划。

重大、较大、一般地震灾害发生后,由省人民政府根据实际需要,组织编制地震灾后恢复重建规划。

第六章 法律责任

第四十七条 县级以上地震工作管理部门和依照本条例规定行使管理权的其他部门及其工作人员,有下列行为之一的,对直接负责的主管人员和其他直接责任人员,依法给予行政处分:

(一)未依法作出行政许可或者办理批准文件的;

(二)未执行抗震设防和抗震加固有关规定、有关标准的;

(三)迟报、谎报、瞒报地震震情、灾情信息的;

(四)拒不服从上级人民政府或者抗震救灾指挥机构的决定和指挥,造成重大损失的;

(五)其他未依法履行职责的行为。

第四十八条 违反本条例规定,有下列行为之一的,由县级以上地震工作管理部门,责令停止违法行为,恢复原状或者采取其他补救措施:

(一)侵占、毁损、拆除或者擅自移动地震监测设施的;

(二)新建、扩建、改建建设工程,对地震监测设施和地震观测环境造成危害的。

单位有前款所列违法行为,造成地震监测设施破坏或者影响地震观测环境的,处二万元以上十万元以下的罚款;拒不停止违法行为,延续和扩大危害后果的,处十万元以上二十万元以下的罚款。个人有前款所列违法行为,情节严重的,处二千元以下的罚款。

第四十九条 违反本条例规定,未按照要求增建抗干扰设施或者新建地震监测设施的,由县级以上地震工作管理部门责令限期改正;逾期不改正的,处二万元以上十万元以下的罚款;情节严重的,处十万元以上二十万元以下的罚款。

第五十条 违反本条例规定,未依法进行地震安全性评价,或者未按照地震安全性评价报告所确定的抗震设防要求进行抗震设防的,由县级以上地震工作管理部门责令限期改正;逾期不改正的,处三万元以上十五万元以下的罚款;情节严重的,处十五万元以上三十万元以下的罚款。

第五十一条 违反本条例规定,有下列情形之一的,由公安机关依照《中华人民共和国治安管理处罚法》的有关规定,依法给予处罚:

(一)散布地震谣言,故意扰乱公共秩序的;

(二)损毁地震应急避难场所设施的;

(三)阻碍国家机关工作人员依法执行职务的。

第五十二条 违反本条例规定,造成损失的,依法承担民事赔偿责任。

第五十三条　违反本条例规定,涉嫌犯罪的,依法移送司法机关追究刑事责任。

第七章　附　则

第五十四条　本条例自 2012 年 3 月 1 日起施行。一九九八年十二月十二日黑龙江省第九届人民代表大会常务委员会第六次会议通过的《黑龙江省防震减灾条例》同时废止。

黑龙江省无线电管理条例

(2012年8月24日黑龙江省第十一届人民代表大会常务委员会第三十四次会议通过　根据2015年4月17日黑龙江省第十二届人民代表大会常务委员会第十九次会议《关于废止和修改〈黑龙江省文化市场管理条例〉等五十部地方性法规的决定》修正)

第一章　总　则

第一条　为加强无线电管理,维护空中电波秩序,有效利用无线电频谱资源,保证无线电业务正常进行,保障国家安全和人民生命财产安全,促进经济和社会发展,根据有关法律、行政法规,结合本省实际,制定本条例。

第二条　在本省行政区域内开发、利用无线电频谱资源,设置、使用无线电台(站),研制、生产、进口、销售和维修无线电发射设备,以及使用辐射无线电波的非无线电设备,适用本条例。

军事系统的无线电管理,依照国家和军队的有关规定执行。

第三条　无线电管理应当坚持统一规划、科学管理、保护资源、保障安全、促进发展的原则。

第四条　县级以上人民政府应当加强对无线电管理工作的领导,协调解决无线电管理工作中的重大问题,保护电磁环境,引导、鼓励和支持应用无线电新技术,提高频谱资源利用率。

县级人民政府应当确定一名主管领导,负责本行政区域内无线电管理工作;同时确定相应机构做好相关工作。

第五条　省无线电管理机构负责全省无线电管理工作。

省无线电管理机构在市(地)设立的派出机构,按照规定的职责和权限,负责本辖区内无线电管理工作。

无线电管理机构人员和工作所需经费列入财政预算,确保足额及时到位。

国家安全、公安、质量技术监督、环境保护、工商行政管理、广播电视、住房和城乡建设、交通运输、通信管理等部门以及海关、海事、民航、铁路等单位应当按照各自职责,加强沟通、协调和配合,做好无线电管理的相关工作。

第六条　从事无线电业务的公民、法人或者其他组织,其合法权益依法受到保护,任何单位和个人不得侵犯。

第七条　鼓励中小学校开展无线电科普教育。

第二章　无线电频谱资源管理

第八条　省无线电管理机构应当根据职责和权限,制定全省无线电频率使用规划,对无线电频率进行分配、指配和管理。

第九条　使用无线电频率的单位和个人,应当向省无线电管理机构或者其派出机构提出申请,并提交下列材料:

(一)拟使用无线电频率申请;

(二)拟使用无线电频率用途的说明、技术方案及可行性报告;

(三)相应专业技术人员、设施情况的说明。

第十条　无线电管理机构受理无线电频率使用申请后,应当在十五个工作日内作出是否分配、指配的决定,并书面告知申请人;作出不予分配、指配决定的,应当书面说明理由和依据。

无线电频率使用期限最长不得超过十年。使用期满需继续使用或者终止使用的,应当在届满三十日前,向原分配、指配的无线电管理机构重新提出申请或者办理注销手续。

第十一条　省无线电管理机构经国家无线电管理机构批准或者授权,对用于经营性的无线电频率可以采用招标、拍卖等方式确定使用权。

第十二条　使用国家无线电管理机构及其委托的国务院有关部门分配、指配频率和呼号的单位,应当向省无线电管理机构或者其派出机构备案。

第十三条　取得无线电频率使用权的单位或者个人,应当按照国家有关规定缴纳无线电频率占用费。省无线电管理机构收取的频率占用费,应当及时上缴省级国库,不得截留、挪用。

无线电频率占用费的减免,按照国家有关规定执行。

第十四条　不得擅自转让、出租、出借无线电频率,不得擅自扩大频率使用范围或者改变用途。

第十五条　已经分配、指配的无线电频率连续两年未使用的,原分配、指配的无线电管理机构应当予以收回。

第十六条　因国家修改无线电频率划分或者公共利益,需要调整无线电频率时,省无线电管理机构或者其派出机构应当在六个月前发布有关调整或者提前收回无线电频率的公告,告知频率使用者有关事项,协助频率使用者在规定的时限内进行调整。

无线电频率调整、收回的补偿按国家规定执行。

第三章 无线电台（站）设置和使用管理

第十七条 设置、使用无线电台（站）的单位或者个人，应当向省无线电管理机构或者其派出机构提出书面申请，并具备下列条件：

（一）具有拟使用无线电频率申请或者无线电频率指配证明；

（二）拟使用无线电发射设备已取得国家《无线电发射设备型号核准证》；

（三）有明确、合理的用途，无线电网络设计合理，工作环境安全可靠；

（四）操作人员熟悉无线电管理的有关规定，并具有相应的业务技能和操作资格；

（五）具有相应的管理制度和措施。

第十八条 无线电管理机构受理设置、使用无线电台（站）申请后，应当在十五个工作日内作出是否批准的决定；作出批准使用决定的，核发无线电台执照；作出不予批准决定的，应当书面说明理由和依据。

无线电台执照有效期执行国家有关规定。

禁止伪造、涂改、出租或者出借无线电台执照。

第十九条 部（委）直属、省直属单位以及覆盖和服务于两个以上市（地）行政区域的无线电台（站）的设置和使用，由省无线电管理机构审批。

雷达、导航、卫星通信地球站、微波站、短波无线电台（站）、广播发射台、电视发射台（含差转台）等需要在全省统筹布局的无线电台（站）的设置和使用，报省无线电管理机构审批。

市（地）所属单位以及覆盖和服务于市（地）行政区域内的无线电台（站）的设置和使用，由省无线电管理机构的派出机构审批，报省无线电管理机构备案。

通信范围或者服务区域涉及两个以上的省或者涉及境外的无线电台（站），由国家无线电管理机构审批。

第二十条 设置业余无线电台（站），应当按照国家有关业余无线电台（站）管理的规定办理设台（站）审批手续。

第二十一条 经批准设置的无线电台（站）需变更站址、使用频率等核定项目的，应当向原核发无线电台执照的无线电管理机构申请办理变更手续，重新核发无线电台执照。

第二十二条 无线电台（站）停用或者被撤销的，使用者应当在停用或者被撤销后三十日内，到核发无线电台执照的无线电管理机构办理注销手续，交回无线电台执照，并说明设备拆除、封存或者销毁等处理情况。

第二十三条 机场、铁路、港口以及高压输电线、变电站等重大建设项目的选址，应当符合电磁环境保护和电磁兼容的要求。无法实现电磁兼容的,由无线电管理机构按照有关规定提出调整意见,由建设单位实施。

固定无线电台(站)的建设布局和选址,应当符合城乡规划。在制定城乡规划工作中,应当保护已建无线电台(站)、微波通道和无线电监测设施的工作环境。

第二十四条　无线电台(站)的使用者应当对无线电发射设备和天线进行维护和管理,确保无线电台(站)正常工作,避免对其他无线电台(站)产生有害干扰。

第二十五条　设置、使用公众移动通信手机、公众对讲机等微功率(短距离)无线电设备,不需要办理无线电台执照,但应当按照国家规定接受无线电管理机构对其产品性能指标的检查或者测试。

第二十六条　国家规定应当使用呼号的无线电台(站),必须使用无线电管理机构指配的呼号。无线电管理机构应当根据职责和权限对呼号进行指配。

任何单位或者个人未经指配,不得使用无线电台(站)呼号。

第二十七条　无线电台(站)不得发送、接收与核定项目无关的信号;不得擅自改变核定的技术指标。

禁止利用无线电接收设备非法截获含有国家安全或者国家秘密以及其他单位和个人的信息。

第二十八条　设置、使用无线电台(站)的单位和个人应当及时拆除废弃无线电台(站)的天线、电缆及其附属设施;场所提供者应当予以督促。

第二十九条　使用无线电干扰设备的,应当向无线电管理机构提出申请,经批准后,方可使用。国家另有规定的除外。

使用无线电干扰设备的,使用者应当指定专人负责看管,并按照规定的频率、功率、时间、地点使用,使用后应当及时关闭。

第三十条　省外设置、使用无线电台(站)的单位或者个人携带无线电发射设备在本省辖区内使用的,应当持无线电台(站)所在地无线电管理机构核发的电台执照,向无线电管理机构备案。国家无线电管理机构批准使用有跨省联网功能的除外。

第三十一条　工业、科学、医疗设备、电气化运输系统、高压电力线、信息技术设备、机动车(船)点火装置以及其他电器装置产生的无线电波辐射,应当符合国家强制性标准和国家无线电管理规定。

第三十二条　鼓励和支持公众移动通信运营商通过平等协商,合理共建、共享基站站址等资源。

第四章　无线电发射设备管理

第三十三条　生产、进口和销售无线电发射设备,应当取得国家《无线电发射设备型号核准证》并标明型号核准代码。研制、维修无线电发射设备，其频率、频段、功率等技术指标应当符合国家无线电管理的有关规定。

第三十四条 生产、销售涉及国家安全、公共安全以及严重影响电磁环境的无线电发射设备，生产者和销售者应当登记产品的数量、批号以及购买者，并向所在地无线电管理机构备案。

前款规定需要备案的无线电发射设备目录，由省无线电管理机构会同有关部门制定，并向社会公布。

第三十五条 进口无线电发射设备，应当经无线电管理机构审核后，到海关办理通关手续。国家另有规定的，从其规定。

第三十六条 维修无线电发射设备，不得改变国家无线电管理机构核准的技术指标。

第三十七条 研制、生产、销售和维修无线电发射设备，应当采取措施有效抑制电波发射。进行实效发射试验时，应当经无线电管理机构批准，办理临时无线电台执照。

第五章 无线电安全管理

第三十八条 任何单位或者个人不得利用无线电台（站）进行危害国家安全和人民生命财产安全的活动。

第三十九条 任何单位或者个人设置、使用的无线电台（站），不得对民航、铁路、港口、防火防汛、广播电视的无线电导航、遇险与安全通信、节目播出等无线电频率产生有害干扰；产生有害干扰的，应当立即停止使用。

第四十条 因国家安全、重大任务或者重大突发事件等需要实施无线电管制的，由省人民政府和军区批准，省无线电管理机构和军区电磁频谱管理机构会同相关部门组织协调，并报国务院和中央军事委员会备案。

实施无线电管制时，可以限制或者禁止无线电台（站）、无线电发射设备和辐射无线电波的非无线电设备的使用。管制区域内使用频率的相关单位和个人，不得以任何理由拒绝执行管制命令。

第四十一条 县级以上人民政府应当组织建立无线电应急保障机制和无线电应急指挥通信网络。

铁路、机场、港口等重要单位建设的无线电指挥调度网络，应当与当地人民政府应急指挥无线电通信网络实现互联互通。

在重要时期、重要部位和重大活动的应急处置中，无线电管理机构应当组织协调相关部门，做好无线电安全保障工作。

第四十二条 任何单位或者个人遇有危及国家安全、人民生命财产安全等紧急情况时，可以临时设置、使用无线电台（站），并及时向无线电管理机构报告。紧急情况解除后，应当及时撤销该临时无线电台（站）。

鼓励业余无线电爱好者在发生重大自然灾害等紧急情况时,利用业余无线电设备提供应急通信服务。

第四十三条 依法设置、使用的无线电台(站)受到其他无线电频率有害干扰时,可以向无线电管理机构投诉。无线电管理机构应当及时受理,当场解决;不能当场解决的,应当自受理之日起七个工作日内将处理情况告知投诉人。

处理无线电频率有害干扰,应当遵循带外让带内、次要业务让主要业务、后用让先用、无规划让有规划的原则;遇特殊情况时,由无线电管理机构根据具体情况协调、处理。

第四十四条 无线电台(站)的电磁环境,应当符合相关法律、法规、规章等规定。

第四十五条 设置、使用无线电台(站)的单位或者个人,应当遵守环境保护的相关规定,做好无线电电磁辐射污染环境的防治工作,接受环境保护部门的监督管理和检查。

用于防治无线电电磁辐射污染的设施、设备应当保证其正常运行,不得擅自拆除或者停止使用。

第四十六条 应当加强对职业从事无线电工作人员工作环境的安全保护,防止或者减轻其受到高频电磁辐射。

第六章　涉外无线电管理

第四十七条 边境地区无线电频率的使用者,应当遵守国际无线电规则和国家间无线电双边协议的规定,合理开展无线电业务。

第四十八条 境外无线电频率与本省无线电频率产生互相干扰的,无线电管理机构应当测定其特性和方位,提出协调方案,逐级上报国家无线电管理机构协调。

第四十九条 境外个人、法人或者其他组织携带、运载无线电发射设备暂时入境的,应当向省无线电管理机构提出申请,经批准后,方可入境。

第七章　无线电监测和监督检查

第五十条 无线电管理机构所属的无线电监测站负责对本辖区内无线电信号实施监测,对设置、使用的无线电发射设备进行测定,对电磁环境进行测试,负责行政执法中技术取证以及采取必要的技术制止措施。

第五十一条 无线电监测数据应当作为对无线电频率、无线电台(站)、无线电设备管理和监督检查的技术依据。有关电磁环境的监测数据,环境保护等有关部门可以查询。

有审批权的环境保护部门,应当将无线电台(站)的环境影响评价结果向社会公布。

第五十二条　无线电管理机构监督检查人员依法实施监督检查时,被检查的单位或者个人应当予以配合,不得拒绝、阻挠。

第五十三条　无线电管理机构在实施无线电管理监督检查时,有权采取下列措施:

(一)进行现场检查、勘验、取证;

(二)要求被检查的单位或者个人提供有关材料和文件;

(三)询问当事人和证人,制作询问笔录;

(四)实施必要的措施,制止非法无线电波发射。

第五十四条　无线电管理机构可以对生产、销售、进口的无线电发射设备的工作频率、功率等有关技术指标进行抽查检测。抽查检测应当按照国家及本省有关规定抽样,不得收取任何费用。

第八章　法律责任

第五十五条　违反本条例规定,法律、法规已作出处罚规定的,从其规定。

第五十六条　违反本条例规定,未经无线电管理机构批准,擅自使用无线电频率或者无线电呼号的,由无线电管理机构责令限期改正;逾期不改正的,没收违法所得,处以五千元以上二万元以下罚款;造成严重后果的,没收无线电发射设备。

第五十七条　违反本条例规定,未经批准使用无线电干扰设备影响正常无线电业务的,由无线电管理机构责令改正,可以根据具体情况给予警告、查封或者没收设备、没收违法所得的处罚;情节严重的,可以并处一千元以上五千元以下罚款。

第五十八条　违反本条例规定,使用工业、科学、医疗设备、电气化运输系统、高压电力线、信息技术设备、机动车(船)点火装置以及其他电器装置产生的无线电波辐射等非无线电设备干扰无线电业务正常开展的,由无线电管理机构责令改正,给予警告;造成严重后果的,依法处以一千元以上五千元以下罚款。

第五十九条　违反本条例规定,有下列行为之一的,由无线电管理机构责令限期改正;逾期不改正的,处以一万元以上三万元以下罚款;情节严重的,没收无线电发射设备:

(一)销售未经国家无线电管理机构型号核准或者未标明型号核准代码的无线电发射设备的;

(二)销售、维修无线电发射设备未采取措施有效抑制电波发射的。

第六十条　违反本条例规定,伪造、涂改、出租或者出借无线电台执照的,由无线电管理机构责令改正,没收违法所得,处以一万元以上三万元以下罚款;情节严重的,吊销无线电台执照。

违反本条例规定,出借无线电频率的,由无线电管理机构责令改正,没收违法所得,处以一万元以上三万元以下罚款;情节严重的,撤销分配、指配的决定。

第六十一条 违反本条例规定,未按规定缴纳无线电频率占用费的,由无线电管理机构责令限期缴纳;逾期未缴纳的,由无线电管理机构收回无线电频率或者吊销无线电台执照。

第六十二条 违反本条例规定,利用无线电设备非法发送和接收涉及国家秘密信息的,由无线电管理机构责令改正,没收违法所得,处以三万元以上五万元以下罚款;情节严重的,吊销无线电台执照;利用无线电设备非法发送和接收涉及国家安全信息的,移交国家安全机关处理;构成犯罪的,依法追究刑事责任。

第六十三条 违反本条例规定,对民航、铁路、港口、防火防汛、广播电视的无线电导航、遇险与安全通信、节目播出等无线电频率产生有害干扰的,由无线电管理机构责令改正,处以五万元以上十万元以下罚款;情节严重的,吊销无线电台执照。

第六十四条 无线电管理机构及其工作人员有下列行为之一的,由其所在单位或者上级主管部门,对直接负责的主管人员和其他直接责任人员依法给予行政处分;构成犯罪的,依法追究刑事责任:

(一)未依照国家规定权限和程序对无线电频率进行指配的;

(二)未依法审批设置、使用无线电台(站)的;

(三)未依法对无线电发射设备进行检测的;

(四)未依法履行无线电监督检查职责的;

(五)发现违法行为不及时查处造成严重后果的;

(六)有其他滥用职权、玩忽职守、徇私舞弊行为的。

第九章 附 则

第六十五条 本条例下列用语的含义:

(一)无线电频率划分,是指将某个特定的频带列入频率划分表,规定该频带可以在指定的条件下供一种或者多种地面或者空间无线电业务或者射电天文业务使用。

(二)无线电频率分配,是指将无线电频率或者频道规定由一个或者多个部门,在指定的区域内供地面或者空间无线电通信业务在指定条件下使用。

(三)无线电频率指配,是指将无线电频率或者频道批准给无线电台在规定条件下使用。

（四）无线电台（站），是指为开展无线电业务或者射电天文业务所必需的一个或者多个发信机或者收信机，或者发信机与收信机的组合（包括附属设备）。

（五）非无线电设备，是指产生无线电波辐射的工业、科学、医疗等设备。

（六）业余无线电台（站），是指供业余无线电爱好者进行自我训练、相互通信和技术研究的无线电台（站）。

（七）无线电台（站）呼号，是指从事无线电操作人员或者电台，在无线电通讯时使用的电台（站）的代号。

（八）无线电干扰，是指由于一种或者多种发射、辐射、感应或者其组合所产生的无用能量对无线电系统的接收产生的影响，其表现为性能下降、误解或者信息丢失，若不存在这种无用能量，则此后果可以避免。

（九）有害干扰，是指危害无线电导航或者其他安全业务的正常运行或者严重地损害、阻碍或者一再阻断按照规定正常开展的无线电业务的干扰。

（十）无线电发射设备，是指开展无线电通信、导航、定位、测定、雷达、遥测、遥令、广播电视等业务中各种传输、发射无线电波的设备，不包含可以辐射电磁波的工业、科学和医疗应用设备，电气化运输系统、高压电力线、机动车（船）点火装置及其他电器装置等。

（十一）无线电干扰设备，是指通过发射同频无线电信号，阻塞通信设备在一定范围内拨入和呼出的无线电发射设备。

第六十六条 本条例自 2012 年 10 月 1 日起施行。

黑龙江省民族教育条例

（1997 年 12 月 16 日黑龙江省第八届人民代表大会常务委员会第三十一次会议通过　根据 2002 年 8 月 17 日黑龙江省第九届人民代表大会常务委员会第三十一次会议《关于修改〈黑龙江省民族教育条例〉的决定》第一次修正　根据 2011 年 10 月 20 日黑龙江省第十一届人民代表大会常务委员会第二十八次会议《关于修改〈黑龙江省民族教育条例〉的决定》第二次修正　根据 2015 年 6 月 19 日黑龙江省第十二届人民代表大会常务委员会第二十次会议《关于修改〈黑龙江省民族教育条例〉的决定》第三次修正）

第一条　为保障和发展民族教育事业，根据《中华人民共和国教育法》和有关法律、法规，结合本省实际，制定本条例。

第二条　民族教育是国家教育事业和民族团结进步事业的重要组成部分。发展民族教育事业应当坚持贯彻执行党和国家教育方针同民族政策相结合的原则。

各级人民政府应当把民族教育放在优先发展的地位，稳步推进民族教育事业的改革与发展。

第三条　坚持教育与宗教相分离的原则，任何组织和个人不得利用宗教妨碍民族学校的教育教学。

第四条　本省行政区域内，对少数民族公民所实施的各级各类教育，均应当执行本条例。

第五条　县级以上人民政府教育行政部门负责管理本行政区域内的民族教育工作，并组织实施本条例。

第六条　县级以上人民政府应当统筹规划、合理确定和调整各级各类民族教育的学校布局、发展规模、教育结构和办学形式，提高教育质量和办学效益。

县级以上人民政府应当根据本地少数民族生源情况，优先规划建设寄宿制民族小学、民族初中和民族高中达标学校，设立少数民族幼儿园或者幼儿班。

第七条　各级人民政府应当组织本地经济、教育较发达的地方，对少数民族教育开展多种形式的支援。

第八条 县级以上人民政府教育行政部门应当加强对民族教育工作的领导,健全民族教育工作机构或者安排专兼职人员,负责民族教育工作。

第九条 民族学校、民族班(以下统称民族学校)的设置、撤并,应当经县级以上人民政府批准,并报省、市(地)人民政府(行署)教育行政部门备案。

民族学校的名称按照地方名称加民族名称、学校类别名称的顺序组成。

民族学校的主要行政领导一般应当由相应的少数民族公民担任。

第十条 单独设立的民族中小学校以县级人民政府管理为主,县级人民政府教育行政部门和乡(镇)人民政府应当组织和督促少数民族适龄儿童、少年入学,居民委员会和村民委员会应当协助政府督促少数民族适龄儿童、少年入学。

第十一条 招收学习本民族语言文字的少数民族学生的民族学校,应当实行本民族语言文字授课加授汉语言文字或者汉语言文字授课加授本民族语言文字教学(以下简称"双语"教学)。

"双语"教学的民族学校,学制可以适当延长,班额和师生比可以适当放宽。

"双语"教学的民族学校应当在开展本民族语言文字教学的同时加强汉语言文字教学。

第十二条 招收有语言无文字少数民族学生的民族学校,可以用本民族语言辅助教学。

用本民族语言辅助教学的民族学校,应当设置学校课程学习本民族语言,传承民族文化。

第十三条 民族学校应当推广使用普通话和规范汉字。

第十四条 "双语"教学的民族学校毕业生,报考职业中学、技工学校、中等专业学校和高等院校时,可以用本民族文字答卷。

第十五条 少数民族考生参加高考的,享受国家和省人民政府规定的照顾政策。

少数民族成份的确定和变更,按照国家有关规定执行。

第十六条 民族学校所在地方的教师进修院校应当加强民族教研工作。

省及设有"双语"教学民族学校的市(地)、县(市、区)应当科学合理配置民族教研机构人员编制,保障民族教研工作有效开展。

第十七条 "双语"教学民族学校的教职工编制,按照国家和省规定的定编标准执行。

第十八条 民族中小学校所需少数民族教师,除正常渠道培养外,可以通过举办省属师范院校民族预科班和民族高等院校培养;"双语"教学的民族中学教师实行与外省、区对等交换招生的办法培养。

省人民政府应当加强民族师范院校建设,为民族教育学校培养合格教师。

第十九条　鼓励大、中专毕业生到民族学校任教。在职教师到边远、贫困地区的民族学校任教的,其子女在报考高中、中等专业学校时,享受当地少数民族考生待遇。

省属师范院校面向少数民族地区招生时,应当实行定额定向招生。

第二十条　人力资源社会保障行政部门、教育行政部门在评聘教师专业技术职务、评定特级教师、优秀教师、骨干教师、学科带头人时,应当对民族学校适当增加数额。

第二十一条　县级以上人民政府教育行政部门每年应当有计划地选送民族学校教师到师范院校或者教师进修院校培训,加强在职教师继续教育和民族中小学校长培训工作,在经费上给予保证。

第二十二条　各级人民政府和有关部门应当采取具体措施,改善民族学校教师的工作条件和生活条件,稳定教师队伍。

第二十三条　省人民政府每年应当拨出专项资金,用于发展民族教育事业。

市(地)人民政府(行署)和民族学校较多、民族教育任务较重的县(市、区)人民政府应当设立民族教育专项补助经费,对少数民族教育给予专项扶持。

第二十四条　县级以上人民政府在安排教育经费时,应当充分考虑民族教育特点,对民族学校优先安排并给予适当照顾。

各有关部门应当在基建维修补助、教学仪器配备和师资培训等方面给予保证。

第二十五条　民族教育经费应当专款专用,严禁克扣、挪用或者抵顶正常经费。

第二十六条　县级以上人民政府教育行政部门对民族学校教育教学活动所需的民族语言文字各学科教材、教学参考书、教学挂图、图书资料、音像电教设备等,应当优先安排,予以保证。

少数民族文字教学用书的政策性亏损补贴,由省财政专项支付。

第二十七条　县级以上人民政府及其有关部门应当按照规定,对少数民族学生给予助学金照顾,其标准由各地根据各民族学生实际情况自行制定,纳入当地财政预算。

第二十八条　县级以上人民政府应当发展少数民族职业教育,加强民族职业院校建设,依托职业学校举办民族班或者划定名额招生。

 第二十九条 县级以上人民政府应当依托当地职业教育和成人教育资源开展少数民族成人教育。有文字的民族,可以用本民族文字扫盲。

 第三十条 县级以上人民政府教育行政部门应当依照有关法律、法规,鼓励并支持社会力量举办各种形式的民族学校。

 鼓励境内外组织和个人对民族教育捐资助学。

 第三十一条 县级以上人民政府应当加强民族学校的民族文化教育基地建设。民族学校应当重视对学生进行本民族优秀文化传统教育,开展具有民族特色的体育和文化艺术活动,促进民族语言文字、民族艺术、民族体育事业的发展。

 第三十二条 各级人民政府及其有关部门应当重视和加强民族教育科学研究工作,推广教育科学研究成果和教育改革实验成果,为全省民族教育改革与发展服务。

 第三十三条 县级以上人民政府教育督导机构应当加强对民族教育的督导工作。

 第三十四条 县级以上人民政府对认真执行本条例,在发展民族教育事业中做出显著成绩的单位和个人,应当给予表彰奖励。

 第三十五条 对违反国家规定确定或者变更民族成份的考生,由省教育行政部门取消其考试资格或者录取资格,并记入考生电子档案;已经入学的,取消其学籍。对违反国家规定确定或者变更考生民族成份的有关部门工作人员,依法给予行政处分。

 对在民族教育活动中违反本条例其他规定的单位和个人,依照《中华人民共和国教育法》有关规定给予处罚。

 第三十六条 民族幼儿园(班)的建设和管理,参照本条例执行。

 第三十七条 本条例自 1998 年 3 月 1 日起施行。

黑龙江省实施《中华人民共和国归侨侨眷权益保护法》办法

（1992 年 2 月 28 日黑龙江省第七届人民代表大会常务委员会第二十五次会议通过 根据 1994 年 5 月 21 日黑龙江省第八届人民代表大会常务委员会第九次会议《关于修改〈黑龙江省实施中华人民共和国归侨侨眷权益保护法办法〉的决定》第一次修正 根据 2005 年 6 月 24 日黑龙江省第十届人民代表大会常务委员会第十五次会议《关于修改〈黑龙江省实施中华人民共和国归侨侨眷权益保护法办法〉的决定》第二次修正 根据 2015 年 6 月 19 日黑龙江省第十二届人民代表大会常务委员会第二十次会议《关于修改〈黑龙江省实施中华人民共和国归侨侨眷权益保护法办法〉的决定》第三次修正）

第一条 为保护归侨、侨眷的合法权益，根据《中华人民共和国归侨侨眷权益保护法》和《中华人民共和国归侨侨眷权益保护法实施办法》，结合本省实际情况，制定本办法。

第二条 归侨是指回国定居的华侨。华侨是指定居在国外的中国公民。

侨眷是指华侨、归侨在国内的眷属。本办法所称侨眷包括：华侨、归侨的配偶，父母，子女及其配偶，兄弟姐妹，祖父母、外祖父母，孙子女、外孙子女，以及同华侨、归侨有长期扶养关系的其他亲属。

第三条 归侨、侨眷的身份，由其户籍所在地的县级或者县级以上人民政府侨务部门根据其所在工作单位、街道办事处或者乡、民族乡、镇人民政府出具的证明审核认定；必要时可以由我国驻外国的外交代表机关、领事机关或者归国华侨联合会组织提供协助。

同华侨、归侨有长期扶养关系的其他亲属，其侨眷身份可以由公证机关出具扶养公证后审核认定。

第四条 各级人民政府侨务部门负责本办法的组织实施。

第五条 归侨、侨眷享有宪法和法律规定的公民的权利，并履行宪法和法律规定的公民的义务，任何组织或者个人不得歧视。

国家机关、社会团体、企业事业单位、基层群众性自治组织应当根据实际情况和归侨、侨眷的特点,给予适当照顾。

第六条 要求来我省定居的华侨,由省公安机关按照国家有关出入境管理的规定核发回国定居证明。

对来我省定居的华侨,各级人民政府和有关部门应当按照国家有关规定及时妥善地给予安置。

第七条 省、市人民代表大会和归侨、侨眷人数较多的县(市、区),乡、民族乡、镇人民代表大会应当有适当名额的归侨、侨眷代表。

第八条 省归国华侨联合会及其地方组织按照其章程开展活动,维护归侨、侨眷的合法权益。

归侨、侨眷可以依法组织其他社会团体,进行适合归侨、侨眷需要的合法活动。

归侨、侨眷社会团体的合法权益以及按照其章程所进行的合法活动,受法律保护;其依法拥有的财产,任何组织或者个人不得侵占、损害。

第九条 归侨、侨眷投资兴办工商企业,投资开发荒山、荒地,或者从事农业、林业、牧业、副业、渔业生产的,各级人民政府应当给予支持,有关部门应当按照国家和省的有关规定在税收、收费、信贷上给予照顾,其合法权益受法律保护。

归侨、侨眷接受境外亲友赠送直接用于生产的小型生产工具、设备和维修用的零配件,以及经批准进口的优良种苗、种畜、种蛋,按照国家有关规定办理。

第十条 鼓励和支持归侨、侨眷在本省兴办公益事业,所兴办项目的用途、命名应当得到尊重,任何组织或者个人对其财产不得侵占或破坏。

归侨、侨眷接受境外亲友赠予的物资,直接用于公益事业的,由举办该项目公益事业的组织提出申请,经有关主管部门核准,享受减征或者免征关税的待遇。

第十一条 国家保护归侨侨眷在国内私有房屋的所有权。归侨侨眷对其私有房屋,依法享有占有、使用、处分、收益的权利,任何组织或者个人不得侵犯。

国家建设依法征用土地,需要拆迁归侨、侨眷私有房屋的,拆迁单位应当于动迁前将批准拆迁通知书送达被拆迁房屋产权人或代管人,并商定补偿安置办法。被拆迁房屋产权人要求就近或者易地自建的,在服从城乡建设规划前提下,应当予以允许和支持。

依法征用、拆迁归侨、侨眷建国后用侨汇购建的房屋,产权人要产权的,拆迁人可以用相应的建筑面积与产权人进行产权调换,结算结构差价按50%优惠收取;不要权产要求安置的,除按照上述办法安置外,再按照重置价格结合成新提高一个成新档次予以补偿;产权人不要产权又不要求安置的,按照交易价格予以补偿。

拆迁归侨、侨眷非住宅用房,应当按照城市规划和当地动迁规定给予安置。

任何组织或者个人租用归侨、侨眷的私房,必须事先征得房主同意,签订并履行租赁合同。

归侨、侨眷合家出境定居后,对其私有房屋,可以与当地房产部门签订代管协议。

第十二条　对生活贫困的归侨、侨眷,各级人民政府应当优先扶持其摆脱贫困;无劳动能力又无人抚养的归侨、侨眷,由当地民政部门给予照顾:

第十三条　在国家机关、社会团体、国有企业事业单位工作的归侨职工,工龄满三十年以上退休的,退休金中的原标准工资的不足部分由所在单位补足。

第十四条　归侨学生、归侨子女、华侨子女升学、就业的,按照下列规定给予照顾。

(一)参加高考的考生按照国家和省人民政府的规定给予照顾,并由学校审查录取;

(二)报考电大、夜大、函大、职大、业大和中学、职业中学、技工学校,总分低于录取分数线10分(含本数)以内的,予以照顾录取;

(三)参加劳动就业文化考试的,给予总分增加10分的照顾,并在同等条件下优先录用。

第十五条　归侨、侨眷及其子女申请自费出国留学,符合国家规定的,有关部门应当优先审批。

归侨、侨眷及其子女申请自费出国留学,在办理手续过程中,所在单位不得责令其退职或者退学。自获准离境之日起允许保留公职或学籍一年。

归侨、侨眷及其子女自费出国学习,学成回省要求安排工作的,可以于毕业日期半年以前与我国驻外国的外交代表机关、领事机关联系,办理有关登记手续;其工作安排,由省教育主管部门或者人事部门按照同类同等学历的公派出国学习人员的有关规定办理。

第十六条　侨汇是归侨、侨眷的合法收入,其所有权受法律保护,并依法享受有关免税的待遇。

银行对侨汇应当及时解付,不得积压和挪用。任何组织或者个人不得强索、侵吞、冒领、截留、克扣侨汇,也不得强行摊派、借贷。

任何组织或者个人不得非法通知银行冻结、没收侨汇,不得向银行查阅侨汇凭证。

第十七条　归侨、侨眷可以自由选择侨汇结算方式,有权自由支配侨汇,任何组织或者个人无权干涉。

归侨、侨眷因私出境时,可以按照外汇管理部门的有关规定,兑换一定数额的外汇。

第十八条 归侨、侨眷有权继承或者接受境外亲友的遗产、遗赠或者赠予,有权处分其在境外的财产。归侨、侨眷需要处理上述事宜时,有关部门应及时予以办理手续。

归侨、侨眷将其在境外的财产调入国内的,按照国家有关规定办理;其财产转换成外汇调入国内的,依法享受有关免税的待遇。

第十九条 归侨、侨眷与境外亲友的往来和联系受法律保护,任何组织或者个人不得非法限制和干涉。

归侨、侨眷与境外亲友的通信自由和通信秘密受法律保护。任何组织或者个人不得非法开拆、毁弃、陷匿、盗窃归侨、侨眷的邮件。归侨、侨眷的票据邮件丢失、损毁、短少,邮政部门应当依法赔偿或者采取补救措施。

第二十条 归侨、侨眷因私申请出境,所在单位或街道办事处应当及时提出意见;其户口所在地的市、县公安机关应当自收到出境申请之日起30日(地处偏僻、交通不便的地区在60日)内,做出批准或者不批准的决定,通知申请人。

申请人在规定期限内未收到审批结果通知的,有权查询,受理部门应当及时作出答复;申请人认为不批准其出境不符合有关法律、法规规定的,有权向上一级公安机关提出申诉,受理机关应当自收到申诉之日起十日内作出处理和答复。

归侨、侨眷确因境外直系亲属病危、死亡或者限期处理境外财产等特殊情况急需出境时,公安机关应当根据申请人提供的有效证明优先办理。

归侨、侨眷申请出境,有关单位和有关部门不得因其正常出境作出损害其权益的规定。

第二十一条 国家机关、社会团体、企业事业单位应当保障归侨、侨眷出境探亲的权利。

国家机关、社会团体、国有企业事业单位的归侨、侨眷职工出境探亲,其假期由所在单位按照国家和省的有关规定安排,其工资、福利待遇按照现行规定执行。

第二十二条 获准出境定居的归侨、侨眷职工符合离休、退休、退职条件的,其离休金、退休金、退职金照发,不符合离休、退休、退职条件的,可以按照国家规定发给一次性离职费,并允许兑换成外币汇出或者携带出境。

离休、退休、退职的归侨、侨眷职工出境定居后,可以每年向原工作单位提供一份由我国驻外国的外交代表机关、领事机关出具的或者当地公证机关出具的经我国驻外国的外交代表机关、领事机关认证的本人生存证明,其离休金、退休金、退职金继续发放。

第二十三条　归侨、侨眷申请保护其在境外的正当权益,有关部门应当按照国家有关规定办理。

第二十四条　对归侨、侨眷在资金、技术、人才、设备引进和商品出口、劳务输出中做出贡献者,有关部门和单位应当给予适当奖励。

第二十五条　归侨、侨眷在其合法权益受到侵犯时,有权要求有关主管部门依法处理,或者依法向人民法院提起诉讼,任何组织或者个人不得压制或者阻挠。

第二十六条　违反《中华人民共和国归侨侨眷权益保护法》、《中华人民共和国归侨侨眷权益保护法实施办法》和本办法,情节较轻的,由有关主管部门给以批评教育、行政处分;情节严重的,依法追究法律责任。

第二十七条　侨务部门或者其他有关行政部门及其工作人员玩忽职守、徇私舞弊、滥用职权,有下列情形之一的,由其所在单位或者上级主管部门对直接负责的主管人员和其他直接责任人员给予行政处分;构成犯罪的,依法追究刑事责任:

(一)未依法审核认定公民归侨侨眷身份的;

(二)未履行其他法定职责造成后果的;

(三)其他应当给予行政处分的行为。

第二十八条　本办法自发布之日起施行。

黑龙江省电信设施建设与保护条例

(2015年8月21日黑龙江省第十二届人民代表大会
常务委员会第二十一次会议通过)

第一章 总 则

第一条 为了规范电信设施建设,加强电信设施保护,保障电信设施安全稳定运行,维护电信用户和电信业务经营者的合法权益,促进经济社会发展,根据《中华人民共和国电信条例》等有关法律、行政法规的规定,结合本省实际,制定本条例。

第二条 本省行政区域内电信设施的建设与保护活动,适用本条例。

第三条 县级以上人民政府应当加强对电信设施建设与保护工作的组织领导,建立组织协调机构和制度,统筹协调解决电信设施建设、管理、运行与保护工作中的问题。

乡(镇)人民政府、街道办事处、村(居)民委员会应当协助做好电信设施建设与保护工作。

第四条 省电信管理机构负责全省电信设施建设与保护的组织协调和监督管理工作。具体职责如下:

(一)组织实施并向社会公开电信行业发展规划、电信设施建设专项规划;

(二)组织协调电信设施共建共享;

(三)对电信设施建设进行监督检查;

(四)法律、法规规定的其他职责。

县级以上人民政府城乡规划、住房和城乡建设、工业和信息化、环境保护、国土资源、交通运输、林业等有关部门和公安机关应当按照各自职责,依法做好电信设施建设与保护相关工作。

第五条 电信设施属于公共基础设施。

任何单位和个人不得非法阻碍依法进行的电信设施建设,不得破坏在建和已建的电信设施;对危害电信设施安全的行为,有权制止并及时向公安机关、电信管理机构或者相关电信设施产权人、使用人、管理人举报。

第六条 县级以上人民政府应当加强电信设施辐射知识宣传。电信管理机构、环境保护行政主管部门、电信设施建设单位、新闻媒体等应当通过多种形式进行客观真实的宣传,向公众普及电信设施电磁辐射知识。

第二章　规划与建设

第七条　县级以上人民政府应当将电信设施建设纳入本行政区域国民经济和社会发展规划、城乡规划以及土地利用规划。

第八条　省电信管理机构应当根据本省国民经济和社会发展规划编制本省电信行业发展规划,报省人民政府批准后实施。

第九条　省电信管理机构应当组织电信设施建设单位,根据本省电信行业发展规划编制通信管道、通信光(电)缆、移动通信基站、通信机房等电信设施建设专项规划。

省电信管理机构在编制电信设施建设专项规划时,应当遵循统筹协调、集约建设的原则,履行协调责任,避免重复建设和资源浪费。

电信设施建设专项规划应当符合城乡规划和土地利用总体规划,并报省人民政府批准后实施。

第十条　省电信管理机构应当依据政府信息公开的有关规定,向社会公开电信行业发展规划、电信设施建设专项规划等信息。

第十一条　电信设施建设应当遵守有关法律、法规的规定,执行国家通信工程建设强制性标准,遵循统筹规划、共建共享和资源有效利用的原则,履行基本建设程序。

第十二条　电信设施建设应当与当地城乡建设风貌相协调。在风景名胜区、文物保护区和历史文化名城、名镇、名村、名街区等区域建设电信设施,应当采取景观化或者隐蔽化建设方案。

具备电信线路入地条件的,电信设施建设单位不得在城市规划建设用地范围内建设架空电信线路,城市建成区内已有的架空电信线路应当逐步入地。县级以上人民政府应当统一规划城市地下综合管廊(沟),为电信线路入地提供条件。

新建基站和天线应当小型化,采取美观化建设方案。

第十三条　新建、改建、扩建民用建筑,建设单位应当将建筑物内的电信管线和配线设施以及建设项目用地范围内的通信管道、电信间、设备间、移动通信基站纳入建设项目的设计文件,随主体工程同步施工,工程竣工后,组织电信设施建设单位参与验收;属于商用楼宇、居民住宅小区的,建设单位还应当预先铺设入户光纤。移动通信基站以外的其他电信设施建设所需经费应当纳入建设项目概算。移动通信基站由电信设施建设单位根据电信设施建设专项规划,会同项目建设单位同步建设。

第十四条　有关单位或者部门规划、建设城镇道路、桥梁、隧道、轨道交通等,应当事先通知电信管理机构和电信设施建设单位,根据电信建设需要和国家标准,协商预留电信管线和其他电信设施建设空间等事宜。

第十五条 新建、改建、扩建民用建筑,建设单位应当为所有电信业务经营者使用区域内的配套电信设施提供平等接入和使用条件。

电信业务经营者不得通过与民用建筑的建设单位、产权人、管理人签订排他性协议等方式,阻碍其他电信业务经营者进入区域提供服务,限制电信用户自主选择权。

第十六条 电信设施建设单位应当在移动通信话务量高或者网络频繁切换的大型公共场所和建(构)筑物内的移动通信信号盲区或者弱区,设置移动通信网络室内分布系统。

室内分布系统的设计、建设应当符合国家有关标准,满足多套系统共享要求,实现多网合一,避免相互干扰。

第十七条 省电信管理机构应当根据电信行业发展规划和电信设施建设专项规划,组织协调电信设施建设单位开展电信设施共建共享工作,并推进电信网与广播电视传输网和互联网建设的共建共享。

电信设施建设单位应当按照有关规定,对新建的电信设施进行联合建设;对已有的空余通信管道、杆路、移动通信基站、铁塔、室内分布系统等电信设施,应当按照有关规定以出租、出售或者资源互换等方式与其他电信设施建设单位实现资源共享。

因资源整合或者布局调整,移动通信基站等电信设施不需要继续保留的,应当及时拆除。

第十八条 电信设施建设单位在对居民小区管线等电信设施进行改造时,应当严格按照国家强制性标准进行施工,保证工程质量安全,并采用美观化建设方案。

第十九条 电信设施建设单位不得违反规划或者在规划之外擅自建设电信设施。

电信设施建设单位应当按照设计图纸组织施工,不得擅自修改设计、偷工减料,不得降低工程质量标准。在施工结束后,应当将施工过程中损坏的建筑物、小区绿地、道路等恢复原状;不能恢复原状的,应当根据损失程度依法给予补偿。

电信设施建设单位或者电信设施产权人在电信设施建设和维护时,应当规范、文明施工,避免或者减少影响公民、法人和其他组织的正常生产生活。

第二十条 电信设施建设单位在建筑物上附挂电信线路或者设置小型天线、移动通信基站等电信设施的,应当优先设置在公共设施和公共机构所属建筑物上。需要在居住区设置的,应当优先设置在非居住建筑物上。

第二十一条　在国家机关、事业单位、国有企业、公办高等院校等所属建筑物上,以及在公路、铁路、桥梁、机场、车站、地铁、旅游景点、公园、绿地等公共设施上,敷设电信线路或者设置小型天线、移动通信基站等电信设施,其产权人、管理人和使用人应当开放,并提供通行便利。其中公共机构和政府全额出资的企业所属建筑物以及政府投资为主的公共设施,应当无偿开放。

第二十二条　电信设施建设单位在公共机构所属建筑物以外的民用建筑物上附挂电信线路或者设置小型天线、移动通信基站等电信设施的,应当事先通知建筑物产权人或者使用人,并按照省人民政府规定的标准向该建筑物的产权人或者其他权利人支付使用费。使用费标准由省电信管理机构提出,报省人民政府批准后执行。

物业服务企业不得收取本条例第十九条第二款规定的补偿费以外的其他费用。

第二十三条　电信设施建设单位在建筑物上附挂电信线路或者设置小型天线、移动通信基站等电信设施时,应当符合建筑物荷载要求,保证建筑物安全、正常使用;造成人身、财产损害的,应当依法承担赔偿责任。

第二十四条　电信设施建设单位应当在移动通信基站建设前对电磁辐射进行检测,并对电磁辐射符合国家标准向社会作出承诺。检测结果应当在基站建设范围内公示,并向社会公布;承诺履行情况应当纳入企业信用信息管理体系。

电信设施建设单位应当委托具备资质的机构对电磁辐射有争议的移动通信基站进行检测,检测结果应当在基站建设范围内公示,机构出具的检测报告应当向社会公开。公民、法人和其他组织对检测结果仍有异议的,可以向环境保护行政主管部门投诉。

电信设施建设单位可以根据实际需要,在规划确定的建设站址半径三百米范围内修正站址,但应当符合电磁辐射国家标准和民用航空安全的有关要求。

第二十五条　环境保护行政主管部门应当履行电磁辐射监管职责。对电磁辐射不符合国家标准的移动通信基站,应当依法处理。

第二十六条　物业服务企业、业主委员会、小区业主应当配合电信设施建设,为电信设施建设单位进出居民小区进行电信设施建设提供便利,不得阻碍依法进行的电信设施建设。

电信设施建设单位进入居民小区业主享有专有权的住宅内进行电信设施建设或者改造的,应当征得业主同意。

第三章 电信设施保护

第二十七条 电信设施产权人应当履行下列职责：

（一）定期检修和维护电信设施，落实安全保护责任，完善应急措施，为开展保护电信设施工作提供必要保障；

（二）根据保护电信设施的需要，在电信设施上或者周围设置标志，标明电信设施产权人和联系方式等信息；

（三）根据保护公众身体和财产安全的需要，在电信设施上或者周围设置警示标志、围墙、栅栏等安全防护设施。

第二十八条 电信设施的安全保护区为：

（一）市区内架空电信光（电）缆线路（含附属拉线），向两侧水平延伸0.5米，市区外架空电信光（电）缆线路，向两侧水平延伸一米，并垂直于地面所形成的两平行面内的区域。

（二）市区内地下电信线路两侧水平延伸0.5米，市区外地下电信线路两侧水平延伸三米；水底电信线路两侧水平延伸五十米；内河港区内水底电信线路两侧水平延伸一百米。

（三）室外电信设备及配套设施向四至水平延伸一米。

（四）野外移动通信基站、机房、通信杆（塔）向四至水平延伸三米。

第二十九条 禁止实施下列危害或者损坏电信设施的行为：

（一）侵占、哄抢、破坏、盗窃电信设施或者擅自拆除电信设施；

（二）将未取得入网许可的设备接入电信网络，干扰或者中断正常通信；

（三）非法进入通信网络系统，或者擅自修改、删除通信网络系统数据；

（四）在电信设施安全保护区内爆破、烧荒、焚烧物品，堆放易燃易爆物品，倾倒含酸、碱、盐等腐蚀性的废液、废渣等；

（五）在电信设施安全保护区内挖沙、采石、取土、挖沟、掘井、钻探，修建粪池、牲畜圈、沼气池等；

（六）向电信设施射击、抛掷物体；

（七）涂改、拆除或者损毁电信设施标志；

（八）攀爬通信杆（塔）或者在电信设施上附挂物体、拴系牲畜；

（九）其他危害或者损坏电信设施的行为。

第三十条 电信设施安全保护区范围内，实施下列影响电信设施安全行为的，应当事先告知电信设施产权人，并采取有效的安全防护措施：

（一）建造建筑物、构筑物或者搭建附属物；

（二）新建、改建、扩建公路、铁路、城市道路、桥梁、隧道、城市轨道交通、水利工程等；

（三）铺设电力线路、广播电视传输线路、燃气管道、自来水管道、下水道以及设置干扰性设备；

（四）钻探、爆破、采矿；

（五）建设涉及易燃易爆物品、排放腐蚀性物体的场所；

（六）其他影响电信设施安全的行为。

在电信设施安全保护区以外实施前款行为，可能影响电信设施安全的，应当采取有效的安全防护措施。

第三十一条　任何单位或者个人不得擅自改动或者迁移他人的电信线路及其他电信设施；遇有特殊情况必须改动或者迁移的，应当征得该电信设施产权人同意。改动或者迁移电信设施一般应当坚持先建设后拆除的原则，确保信息服务畅通。

第三十二条　架空或者地下油、气、水、电等管线需要与电信管线交叉穿越、平行建设时，应当符合国家规定的间隔距离。不符合的，后建设单位应当与先建设单位协商，采取适当措施，确保先建设施的安全。

第三十三条　电信设施产权人需要进入放置电信设施的场所进行电信设施维护和管理活动的，该场所的产权人或者管理人应当予以配合，提供便利。

任何单位和个人不得非法阻止、妨碍电信设施产权人进入放置电信设施的场所进行正常维护和管理。因阻挠、妨碍行为造成电信设施损毁、通信中断的，阻挠、妨碍者应当依法承担赔偿责任。

第三十四条　电信设施产权人在紧急情况下进行电信设施抢修时，可以在城市道路、绿地等公共设施上先行施工，并及时通知市政、公安机关交通管理等部门。依法需要办理审批手续的，还应当在二十四小时内提出补办审批手续申请。

第三十五条　收购、运输废旧电信设施的单位和个人，应当查验并留存出售单位、交运单位开具的出售、交运证明，并如实登记经办人、出售人的姓名、住址、身份证号码以及物品的名称、数量、规格等信息。有关证明和登记资料保存期限不得少于两年。

禁止出售、运输、收购无合法来源证明的废旧电信设施。

第三十六条　公安机关应当依法及时查处危害电信设施安全的违法行为。对危害电信设施违法行为进行举报的单位和个人，电信设施产权人可以进行奖励。

第四章　法律责任

第三十七条　违反本条例规定，省电信管理机构在电信设施建设与保护过程中，不履行法定职责，有下列行为之一的，由同级人民政府责令限期

改正;逾期不改正的,对直接负责的主管人员和其他直接责任人员依法给予处分:

(一)未编制或者组织实施电信行业发展规划、电信设施建设专项规划的;

(二)未依据政府信息公开的有关规定,向社会公开电信行业发展规划、电信设施建设专项规划等信息的;

(三)未依法履行电信设施共建共享的组织协调职责的;

(四)未依法履行电信设施建设监督职责的;

(五)其他不履行法定职责的行为。

其他有关行政管理部门在电信设施建设与保护过程中,不履行法定职责的,由同级人民政府或者上级主管部门责令限期改正;逾期不改正的,对直接负责的主管人员和其他直接责任人员依法给予处分。

第三十八条 违反本条例规定,建设项目的建设单位未为所有电信业务经营者提供配套电信设施平等接入和使用条件的,由省电信管理机构责令限期改正;逾期不改正的,处以五万元以上十万元以下罚款。

第三十九条 对电信设施不符合建筑物荷载要求,或者未保证建筑物安全、正常使用的,由省电信管理机构根据实际情况责令立即改正或者责令拆除。

第四十条 电信设施建设单位违反本条例规定,有下列行为之一的,由省电信管理机构按照下列规定给予处罚:

(一)违反规划或者在规划之外擅自建设电信设施的,责令限期改正。

(二)对施工过程中损坏的建筑物、小区绿地、道路等未恢复原状,也未给予补偿的,责令限期改正,并处以损坏金额一倍以上三倍以下罚款。

第四十一条 违反本条例规定,电信设施产权人未定期维护检修电信设施的,由省电信管理机构责令限期改正;逾期不改正的,处以一万元以上五万元以下罚款。

第四十二条 电信设施建设单位或者电信设施产权人违反本条例规定,有下列行为之一的,由省电信管理机构按照下列规定给予处罚:

(一)未在电信设施上或者周围设置防护设施或者标志的,责令限期改正;逾期不改正的,处以二千元以上一万元以下罚款。

(二)在电信设施建设和维修时,严重影响公民、法人或者其他组织正常生产生活的,责令改正;拒不改正的,处以五千元以上一万元以下罚款。

第四十三条 违反本条例第二十九条规定,危害或者损坏电信设施安全的,由省通信管理机构按照下列规定给予处罚,并依法赔偿电信设施产权人的损失;涉嫌犯罪的,移送司法机关处理:

(一)违反第一项至第五项规定,责令改正;拒不改正的,对个人处以二千元以上五千元以下罚款,对单位处以五万元以上十万元以下罚款。

(二)违反第六项至第八项规定,责令改正;情节严重的,处以二千元以下罚款。

第四十四条 对违反本条例规定的行为,有关法律、行政法规已经作出法律责任规定的,从其规定。

第五章 附　则

第四十五条 本条例所称电信设施,是指为社会公众提供电信服务并实现电信功能的通信交换设备、通信传输设备和通信配套设备,包括交换机、服务器、数据存储设备、通信光(电)缆、通信管道、通信杆(塔)、发射天线、保护地线、通信分线箱(盒)、通信交接箱(间)、移动通信基站、通信机房、供电设备、室内分布系统等。

本条例所称民用建筑是指供人们居住和进行公共活动的建筑的总称。

第四十六条 专用电信网、广播电视传输网的建设与保护,按照有关法律、法规的规定执行。

第四十七条 本条例自 2015 年 10 月 1 日起施行。

黑龙江省行政执法与监督条例

(2015年8月21日黑龙江省第十二届人民代表大会
常务委员会第二十一次会议通过)

第一章 总 则

第一条 为规范行政执法和行政执法监督行为,保障法律、法规、规章实施,维护公民、法人和其他组织的合法权益,推进依法行政,根据有关法律、行政法规,结合本省实际,制定本条例。

第二条 在本省行政区域内从事行政执法和行政执法监督活动,适用本条例。

第三条 行政执法和行政执法监督工作应当坚持职权法定、权责一致、程序规范、公正文明、高效便民、监督有效的原则。

第四条 县级以上人民政府负责本行政区域内的行政执法和行政执法监督工作,并组织实施本条例。

县级以上人民政府法制工作机构依照法定职责,负责本级人民政府行政执法和行政执法监督的具体工作。

第五条 县级以上人民代表大会及其常务委员会应当加强对行政执法机关行政执法活动的监督,保证宪法、法律、法规在本行政区域内的遵守和执行。

行政执法和行政执法监督工作应当依法接受司法监督、民主监督、舆论监督和群众监督。

第六条 县级以上人民政府应当合理配置行政执法力量,整合行政执法主体,减少行政执法层级,健全行政执法和刑事司法衔接机制。

第七条 县级以上人民政府应当建立健全行政执法和行政执法监督工作机制,将行政执法和行政执法监督工作纳入依法行政考核内容。行政执法和行政执法监督工作所需经费应当纳入财政预算予以保障。

第八条 行政执法机关应当建立健全受理投诉、举报制度,公开投诉、举报电话、电子信箱;对投诉、举报处理结果,应当及时反馈给投诉、举报人。

公民、法人和其他组织认为行政执法机关及其行政执法人员的行政执法行为违法或者合法权益受到侵害,可以依法向县级以上人民政府和有关部门投诉、举报。

第二章 执　　法

第九条　县级以上人民政府应当建立权力清单和责任清单制度。规范行政职权运行,将行政职责、执法依据、实施主体、执法流程、执法结果等向社会公布并接受监督。

第十条　行政执法机关及其行政执法人员应当在法定职权范围内,依法从事行政执法活动。

第十一条　行政执法部门应当完善行政执法级别管辖制度。明确不同层级行政执法管辖权限,避免重复交叉执法。

行政执法部门之间发生管辖权、执法协助、移送执法案件等争议时,应当依法协商解决;协商不成的,由同级人民政府法制工作机构协调;不能协调一致的,由法制工作机构提出意见,报同级人民政府决定。

第十二条　行政执法部门应当组织行政执法人员参加通用法律知识和专门法律知识培训及行政执法资格考试。行政执法人员经考试合格,取得行政执法证件后,方可从事行政执法活动。

行政执法机关聘用的劳动合同制人员、劳务派遣人员、临时借调人员以及其他无行政执法资格的人员不得从事行政执法活动。

第十三条　行政执法人员从事行政执法活动,应当主动出示行政执法证件,不出示行政执法证件的,公民、法人和其他组织有权拒绝。

第十四条　行政执法人员从事行政执法活动有下列情形之一的,应当回避,或者当事人申请其回避:

(一)是行政执法事项当事人或者其近亲属的;

(二)与行政执法事项有利害关系的;

(三)与行政执法事项当事人有其他关系,可能影响公正执法的。

第十五条　行政执法人员从事行政执法活动,应当举止文明、行为规范,平等对待行政相对人,作出的决定应当合法、适当。

行政执法机关及其行政执法人员在作出具体行政行为时,应当告知行政相对人有关的事实、法律依据以及相关的权利和义务。

第十六条　行政执法机关及其行政执法人员从事行政执法活动,应当严格履行法定职责,维护公平公正的社会和市场管理秩序,加强事中事后监管,依法查处各类违法行为。

行政执法机关及其行政执法人员应当强化安全生产、食品药品、环境保护等重点领域的执法力度。

第十七条　行政执法机关不得下达或者变相下达罚款指标,不得违法违规收取费用,罚款不得与行政执法人员考核、利益挂钩。

行政执法机关罚款、收取费用、没收违法所得、没收非法财物的,应当向行政相对人开具法定票据、清单,并执行收支两条线和罚缴分离的有关规定。

第十八条 行政执法机关依照法律、法规规定对行政相对人的营业执照、房屋产权证、会计档案等财物采取查封、扣押、冻结等行政强制措施的,应当向行政相对人出具法定文书,开具法定票据、清单,妥善保管扣留财物,并按规定时限作出处理决定,不得违反法律、法规规定擅自使用或者处分查封、扣押、冻结的财物。

行政强制措施时限和解除条件没有法律、法规规定的,行政执法机关应当在十五个工作日内作出处理决定。

第十九条 县级以上人民政府应当建立行政执法责任制,明确行政执法部门及机构、岗位和行政执法人员执法责任及责任追究机制。

县级以上人民政府对下级人民政府、本级人民政府对其所属行政执法部门、上级行政执法部门对下级行政执法部门的行政执法责任制落实情况进行评议考核。评议考核结果应当作为对行政执法机关及其行政执法人员奖惩的重要依据。

第二十条 省人民政府应当建立健全重大行政执法决定法制审核制度。明确重大行政执法决定的范围和标准,并向社会公布。重大行政执法决定,应当经行政执法机关负责法制工作的机构审核,未经法制工作机构审核或者经审核不符合法律、法规规定的,不得作出决定。

第二十一条 县级以上人民政府应当完善行政执法程序,逐步建立行政执法全过程记录制度,制作完整的执法文书,利用音频、视频等电子技术手段,对立案、调查取证、行政决定等行政执法全过程实施跟踪记录。

对领导干部违法违规干预行政执法活动、插手具体行政执法案件的,行政执法人员应当如实记录。领导干部不得对行政执法人员打击报复。

第二十二条 行政执法部门及其行政执法人员对企业依法实施行政执法检查,不得干扰企业正常生产经营活动。对行政执法部门的违规检查行为,企业有权拒绝并举报,县级以上人民政府企业投诉受理部门和监察机关应当及时查处。

除涉及安全生产、制售假劣食品药品、环境污染等领域违法行为需要立即实施行政执法检查外,其他涉企行政执法检查应当经行政执法部门负责法制工作的机构审核,报行政执法部门负责人同意后实施。

行政执法部门及其行政执法人员从事涉企行政执法检查活动,应当制作涉企行政执法检查记录,形成行政执法检查报告。需要向企业主要负责人反馈行政执法检查情况的,应当经行政执法部门负责人批准。

第二十三条 行政执法部门对企业作出责令停产停业、吊销企业营业执照等行政处罚和查封、扣押财产以及冻结银行存款等行政强制措施决定的,应当进行法制审核。

第二十四条 行政执法人员不得以任何方式,有下列侵害企业合法权益或者影响公正执法的行为:

(一)干涉企业的招投标;

(二)干涉企业工程建设过程;

(三)干涉企业采购;

(四)干涉企业对各类合作者的自由选择;

(五)以参股分红、合伙合作等方式向企业谋取利益;

(六)向企业索取钱物、报销费用;

(七)强制企业捐赠、赞助,购买指定商品、订阅报刊、刊登广告或者接受指定服务;

(八)强制企业参加学会、协会、研究会等组织;

(九)强制企业参加各类收费性质的会议、培训、考察、检查、评比等活动;

(十)接受企业礼金、有价证券和支付凭证等各种形式的馈赠以及影响公正执法的有关活动安排;

(十一)其他侵害企业合法权益或者影响公正执法的行为。

第二十五条 行政执法机关应当加强行政执法信息化建设和信息共享,建立信息收集、报送、处理、监督、反馈的网络平台,实现各行政执法机关之间的执法信息资源共享、网上投诉、网上移送、网上办理、执法动态交流和案件信息流程跟踪和监控。

第三章 监督

第二十六条 县级以上人大常委会应当选择本行政区域内若干关系改革发展稳定大局和群众切身利益、社会普遍关注的重大问题,制定年度监督工作计划,采取执法检查、听取专项报告、专题询问和质询等方式实施监督,促进依法行政。

第二十七条 县级以上人民政府应当根据本级人民代表大会常务委员会的年度监督工作计划,结合经济社会发展和法律、法规、规章的实施情况,制定行政执法监督年度工作计划。

第二十八条 县级以上人民政府监督所属部门和下级人民政府的行政执法工作。

县级以上人民政府所属行政执法部门监督下级部门的行政执法工作。

实行垂直领导的行政执法部门接受同级人民政府的监督,发生争议的,由上级人民政府裁决。

法律、法规授予行政执法职权的具有管理公共事务职能的组织对下级被授权组织的行政执法活动进行监督。

第二十九条 行政执法机关履行下列监督职责：

(一)审查行政执法主体的合法性；

(二)审查行政执法人员资格；

(三)监督行政行为的合法性；

(四)监督行政执法人员的行政执法行为；

(五)监督行政执法程序是否规范；

(六)监督其他行政执法违法行为。

第三十条 省人民政府负责法制工作的机构应当组织行政执法监督人员参加通用法律知识和专门法律知识培训及行政执法监督资格考试,经考试合格,取得行政执法监督证件后,方可从事行政执法监督工作。

省人民政府根据工作需要,可以从社会各界聘请行政执法特邀监督员,配合行政执法机关参与行政执法监督活动。

第三十一条 行政执法监督可以通过下列方式进行,有关行政执法机关及其行政执法人员应当配合：

(一)明察暗访开展行政执法监督工作；

(二)调阅审查有关案卷、文件或者资料,向行政执法机关和行政执法人员调查了解有关情况,收集证据、制作笔录；

(三)开展行政执法案卷评查；

(四)开展网上法制监督；

(五)抽查测试行政执法人员法律知识状况；

(六)开展行政执法社会满意度测评；

(七)法律、法规、规章规定的其他监督方式。

第三十二条 行政执法机关应当建立健全内部监督机制,根据法定职责,受理行政执法投诉举报,监督调查和转办督查行政执法投诉举报案件。对于符合行政复议、行政诉讼受理条件的投诉举报事项,应当引导投诉举报人按照法定途径解决;对正在或者已经行政复议、行政诉讼、信访等程序的行政执法投诉举报事项不予受理,已经受理的,应当终止办理,并告知投诉举报人。

行政执法投诉举报案件的办理情况应当及时告知投诉举报人;转办督查的行政执法投诉举报案件的办理情况,由承办单位及时告知投诉举报人。

第三十三条 行政执法机关办理行政执法监督事项涉及有关部门职责或者权限的,可以提请有关部门予以协助。

第三十四条 县级以上人民政府负责法制工作的机构在行政执法监督工作中,应当与监察、审计机关协作配合,建立行政执法监督与行政监察和审计监督联动机制。

第三十五条 行政执法机关对行政执法违法行为,有权作出以下处理:

(一)责令立即纠正或者限期改正;

(二)撤销违法行政执法行为;

(三)责令履行法定职责;

(四)暂扣或者收缴违法人员行政执法证件并通知持证人员所在单位;

(五)取消违法人员行政执法资格,责令调离行政执法岗位;

(六)约谈行政执法机关的负责人;

(七)对有关责任人员给予行政处分。

第三十六条 上级行政执法机关可以向下级行政执法机关发出《行政执法监督通知书》。收到《行政执法监督通知书》的下级行政执法机关,应当执行通知书的内容,并在规定的期限内报告结果。

第三十七条 行政执法机关在行政执法监督工作中,发现行政执法人员涉嫌违反纪律的,应当移送监察机关;发现涉嫌违反财经规定的,应当移送财政部门或者审计机关等有关部门;发现涉嫌犯罪的,应当移送司法机关。

第四章 责任

第三十八条 各级领导干部应当模范遵守宪法和法律,维护行政执法权威,支持行政机关依法行使职权,加强对行政执法机关和行政执法人员的教育、指导和监督,纠正执法人员的违法违规行为,不得要求行政机关违反法定职责或法定程序处理案件。

实行领导干部干预行政执法活动责任追究制。发现领导干部违法违规干预行政执法活动的行为,行政执法人员和当事人应当及时向监察机关报告,监察机关应当开展调查,并将调查处理意见上报有权机关处理。对造成冤假错案或其他严重后果,构成犯罪的,移送司法机关追究其刑事责任。

领导干部违法违规干预行政执法活动,或者对行政执法人员进行打击报复的,依法追究有关人员的责任。行政执法人员不报告、不记录,或者不如实记录领导干部违法违规干预行政执法活动的,视情节轻重,给予行政处分。

第三十九条 行政执法机关及其行政执法人员不履行法定职责或者违反本条例规定,由有权机关或者监察机关责令改正,依纪依法追究有关人员责任,并视情节对相关责任人员通报批评、公开曝光;涉嫌犯罪的,依法移送司法机关。

第四十条 行政执法机关及其行政执法人员有下列情形之一的,由有权机关或者监察机关责令改正,对直接负责的主管人员和其他直接责任人

员依法依规给予处分;涉嫌犯罪的,依法移送司法机关:

(一)干涉企业招投标的;

(二)干涉企业工程建设过程的;

(三)干涉企业采购的;

(四)干涉企业对各类合作者自由选择的;

(五)以参股分红、合伙合作等方式向企业谋取利益的;

(六)向企业索取或收受钱物、报销费用的;

(七)强制企业捐赠、赞助,购买指定商品、订阅报刊、刊登广告或者接受指定服务的;

(八)强制企业参加学会、协会、研究会等组织的;

(九)强制企业参加各类收费性质的会议、培训、考察、检查、评比等活动的;

(十)接受企业礼金、有价证券和支付凭证以及影响公正执法的有关活动安排的;

(十一)对投诉或者反映问题的企业、个人打击报复的;

(十二)向企业收取未经依法设立的行政事业性费用的;

(十三)未经法定程序对企业采取行政强制措施的;

(十四)其他严重侵害企业合法权益的情形。

第四十一条 行政执法机关及其行政执法监督人员有下列情形之一的,由有权机关或者监察机关责令改正,予以通报批评;情节严重的,对直接负责的主管人员和其他直接责任人员依纪依法追究责任;涉嫌犯罪的,依法移送司法机关:

(一)不依法履行行政执法监督职责或者越权监督,造成严重后果的;

(二)阻碍行政执法机关及其行政执法人员依法行使职权的;

(三)利用行政执法监督职权谋取私利的;

(四)无正当理由拒不受理投诉举报的;

(五)其他违反有关法律、法规、规章规定的情形。

第五章　附　　则

第四十二条 本条例所称的行政执法机关,是指依法行使行政执法职权的行政机关和法律、法规授予行政执法职权的具有管理公共事务职能的组织。

第四十三条 本条例自2015年10月1日起施行。2000年12月14日黑龙江省第九届人民代表大会常务委员会第二十次会议通过的《黑龙江省规范行政执法条例》同时废止。

黑龙江省司法鉴定管理条例

(2015 年 10 月 22 日黑龙江省第十二届人民代表大会
常务委员会第二十二次会议通过)

第一章 总 则

第一条 为加强对司法鉴定机构和司法鉴定人的管理,规范司法鉴定
活动,提高司法公信力,根据《全国人民代表大会常务委员会关于司法鉴定
管理问题的决定》和有关法律、法规,结合本省实际,制定本条例。

第二条 本省行政区域内司法鉴定机构、司法鉴定人从事司法鉴定业
务,适用本条例。

第三条 本条例所称司法鉴定,是指在诉讼活动中鉴定人运用科学技
术或者专门知识对诉讼涉及的专门性问题进行鉴别和判断并提供鉴定意见
的活动。

本条例所称司法鉴定机构和司法鉴定人,是指符合国家规定条件,经省
司法行政部门登记或备案,从事司法鉴定业务的机构和人员。

第四条 司法鉴定机构应当统筹规划、合理布局、优化结构、有序发展。

司法鉴定活动应当客观、公正、科学,实行鉴定人负责制度。

司法鉴定机构和司法鉴定人应当遵守法律、法规,遵守职业道德和执业
纪律,遵守技术操作规范。

第五条 司法鉴定机构和司法鉴定人依法独立开展司法鉴定活动受法
律保护,任何组织和个人不得非法干预。

第六条 省司法行政部门负责本省行政区域内司法鉴定监督管理
工作。

市(地)司法行政部门依照本条例有关规定,负责本行政区域内司法鉴
定监督管理工作。

第七条 从事法医类、物证类和声像资料等法律规定的司法鉴定业务
的司法鉴定机构和司法鉴定人实行登记管理制度。

对从事会计、道路交通事故、资产评估、产品质量、建设工程、食品、药
品、知识产权等诉讼活动中经常使用的司法鉴定业务的司法鉴定机构和司
法鉴定人实行备案管理制度。

申请从事司法鉴定业务的公民、法人或者其他组织,由省司法行政部门审核,对符合条件的,应当予以登记或者备案,编入司法鉴定人和司法鉴定机构名册并公告。

法律、法规另有规定的从其规定。

第八条 诉讼中需要鉴定的,应当委托登记或者备案范围内的司法鉴定机构和司法鉴定人进行鉴定。

委托鉴定的事项超出名册中司法鉴定机构登记和备案的业务范围,委托人可以委托登记和备案以外的其他具备鉴定能力的社会组织进行鉴定。

第九条 司法鉴定机构、司法鉴定人可以依法组建或者参加司法鉴定行业协会。司法鉴定行业协会应当依照协会章程开展活动,对会员进行行业自律管理,并接受司法行政部门的指导和监督。

第十条 省、市(地)司法行政部门应当将司法鉴定机构和司法鉴定人变更、行政处罚等情况及时向同级人民法院、人民检察院和公安机关通报,并向社会公开。

省、市(地)人民法院应当将司法鉴定机构和司法鉴定人的鉴定意见的采信情况以及违法违规行为及时向司法行政部门提出司法建议。司法行政部门应当将司法建议作为对司法鉴定机构资质等级评估、司法鉴定质量评估、司法鉴定人诚信评估、年度执业审核的重要依据。

省司法行政部门应当对司法鉴定机构和司法鉴定人的相关信息建立电子平台,对其业务范围、资质等级、鉴定意见的采信状况、受到行政处罚情况等信息进行统计,并向社会公开和公示。

第十一条 由省高级人民法院、省人民检察院、省公安厅、省司法厅组成省司法鉴定工作委员会,并邀请有关国家机关、人民团体、行业协会的人员和专家学者参加。省司法鉴定工作委员会负责以下工作:

(一)指导、协调全省司法鉴定工作;

(二)协调省内疑难、复杂、有重大社会影响的相关司法鉴定问题;

(三)建立、完善省司法鉴定工作委员会专家库并制定工作规范。

省司法鉴定工作委员会办公室设在省司法厅,负责日常工作。

第十二条 县级以上人民政府应当根据经济社会发展状况,将司法鉴定必须的工作经费以及符合法律援助条件的司法鉴定经费纳入本级司法行政部门预算。

县级以上人民政府应当将本级人民法院在行政诉讼、公益诉讼中依照职权申请司法鉴定所需费用纳入法院部门预算。

第二章 司法鉴定机构和司法鉴定人

第十三条 法人或者其他组织申请司法鉴定业务登记或者备案,应当

具备下列条件:

(一)有司法鉴定机构自己的名称、住所和符合规定的资金;

(二)有明确的司法鉴定业务范围和必需的仪器、设备、执业场所;

(三)有必需的依法通过计量认证或者实验室认可的检测实验室;

(四)申请从事的每项司法鉴定业务有三名以上司法鉴定人。

申请从事的司法鉴定业务相关行业有特殊资质要求的,除具备前款规定条件外,还应当具备相应的行业资质。行业资质被取消后不得从事司法鉴定。

已取得行业资质的法人或者其他组织申请备案的,司法鉴定机构应当与原行业资质主体一致。

成立法医类司法鉴定机构,应当由具有医学或法医学专业的高等院校、科研性质单位或医疗机构申请。市(地)医疗机构申请的,应具有三级甲等级别医院资质;县(市)医疗机构申请的,应具有二级甲等以上级别医院资质。

第十四条　司法鉴定机构负责人应当是专职司法鉴定人;受到停止执业处罚期满后未满五年的,不得担任司法鉴定机构负责人。

司法鉴定机构法定代表人和机构负责人可以为同一人,机构负责人可以依据章程产生,也可以由法定代表人授权或者申请设立的主体任命。

第十五条　申请司法鉴定执业的人员,应当具备下列条件:

(一)身体健康,能够适应司法鉴定工作需要;

(二)具有与所申请从事的司法鉴定业务相关的高级专业技术职称;或者相关的行业执业资格或者高等院校相关专业本科以上学历,从事相关工作五年以上;

(三)申请从事经验鉴定型或者技能鉴定型司法鉴定业务的,应当具备相关专业工作十年以上经历和较强的专业技能;

(四)所申请从事的司法鉴定业务,行业有特殊规定的,应当符合行业规定;

(五)拟执业机构已经取得或者正在申请《司法鉴定许可证》或者司法鉴定备案的。

第十六条　有下列情形之一的,不得申请从事司法鉴定业务:

(一)因故意犯罪或者职务过失犯罪受过刑事处罚的;

(二)受过开除公职处分的;

(三)被司法行政部门撤销司法鉴定人登记或者备案的;

(四)所在的司法鉴定机构受到停业处罚,处罚期未满的;

(五)无民事行为能力或者限制行为能力的;

(六)法律、法规规定的其他情形。

　　无责任的司法鉴定人申请变更执业司法鉴定机构的,不受前款第四项规定限制。

　　第十七条　司法鉴定机构应当履行下列职责:

　　(一)建立健全执业、收费、公示、鉴定材料、业务档案、财务、投诉处理等管理制度;

　　(二)在登记或者备案的业务范围内接受司法鉴定委托,指派司法鉴定人并组织实施司法鉴定,按照规定或者约定的时限完成司法鉴定;

　　(三)有权拒绝不合法、不具备司法鉴定条件或者超出登记或者备案业务范围的司法鉴定委托;

　　(四)管理本机构人员,监督司法鉴定人执业活动;

　　(五)为司法鉴定人执业活动提供与司法鉴定业务相适应的办公场所,设置案件受理室、司法鉴定室、鉴定档案室和必要的鉴定实验室等;

　　(六)依法开展司法鉴定法律援助;

　　(七)组织本机构人员的业务培训;

　　(八)接受司法行政部门的监督检查,按要求提供有关材料;

　　(九)协助、配合司法行政部门调查、处理涉及本机构的举报、投诉;

　　(十)法律、法规和规章规定的其他职责。

　　第十八条　司法鉴定机构变更原登记、备案事项的,应当向省司法行政部门申请。

　　司法鉴定人变更登记或者备案事项的,应当由其执业的司法鉴定机构向省司法行政部门申请。

　　侦查机关所属的司法鉴定机构及司法鉴定人变更备案事项的,应当通过其主管部门在七个工作日内书面告知省司法行政部门。

　　省司法行政部门应当在变更登记或者备案后十个工作日内予以公告。

　　第十九条　司法鉴定机构有下列情形之一的,省司法行政部门应当依法注销登记或者备案并予以公告:

　　(一)依法申请终止司法鉴定活动的;

　　(二)自愿解散或者无正当理由停止执业一年以上的;

　　(三)登记或者备案事项发生变化,不符合设立条件,且在六个月内没有补足的;

　　(四)《司法鉴定许可证》或者司法鉴定备案有效期限届满未申请延续的;

　　(五)法律、法规规定的其他情形。

　　第二十条　司法鉴定人有下列情形之一的,省司法行政部门应当依法注销登记或者备案并予以公告:

　　(一)申请终止司法鉴定执业的;

（二）死亡或者丧失行为能力的；

（三）无正当理由停止执业一年以上的；

（四）《司法鉴定人执业证》或者备案有效期届满未申请延续的；

（五）所在司法鉴定机构被注销或者撤销登记或者备案的，且六个月内未依法申请变更执业机构的；

（六）相关的专业执业资格被有关行政主管部门撤销的；

（七）法律、法规规定的其他情形。

第二十一条　申请从事司法鉴定业务的机构的备案事项包括：名称、住所、法定代表人或者鉴定机构负责人、资金数额、仪器设备和实验室、司法鉴定人、司法鉴定业务范围、工商登记手续或者法定批准文件等。

申请从事司法鉴定的人员的备案事项包括：姓名、性别、出生年月、学历、专业技术职称或者行业资格、执业类别、执业机构等。

第二十二条　省司法行政部门应当当场受理备案申请，对不符合条件的申请，可以要求申请人进行补正。

省司法行政部门应当在受理后的十个工作日内查验司法鉴定机构或者司法鉴定人是否符合本条例第十三条至第十六条规定，对符合条件的申请人应当发放备案文书并予以公示，对不符合条件的申请人应当书面告知理由。

第二十三条　申请备案的司法鉴定机构和司法鉴定人的备案有效期、审验期应当与行业资质的有效期、审验期一致。

第三章　司法鉴定程序

第二十四条　诉讼活动中需要进行司法鉴定的，委托人应当委托司法行政部门编入名册中的司法鉴定机构和司法鉴定人鉴定，并出具委托书，提供鉴定材料。

法律、法规对委托人委托司法鉴定另有规定的，从其规定。

第二十五条　当事人申请进行司法鉴定的，经委托人同意并出具委托书后，申请人与司法鉴定机构应当签订鉴定协议书。鉴定协议书应当载明下列事项：

（一）申请人和司法鉴定机构的基本情况；

（二）鉴定事项及用途和要求；

（三）鉴定材料的目录、种类、数量、性状、保存状况，以及可能耗尽、损坏或者在鉴定后无法完整退还鉴定材料的情况说明；

（四）鉴定事项是否属于重新鉴定；

（五）鉴定时限要求；

（六）鉴定的收费项目、收费标准、收费方式、收费金额、出庭作证费用标准及收取方式；

（七）鉴定终止所产生的费用的计算方法；

（八）对鉴定结果的风险提示；

（九）其他需要载明的事项。

第二十六条 委托人在无当事人申请、根据履行自身职责需要委托司法鉴定机构进行鉴定的,应当出具委托书。委托书应当载明下列事项：

（一）委托人、当事人及其辩护人、代理人,代理人的权限；

（二）鉴定事项及用途和要求；

（三）鉴定材料的目录、来源、种类、数量、性状、保存状况；

（四）鉴定事项是否属于重新鉴定；

（五）鉴定时限要求；

（六）鉴定文书及鉴定材料的移交方式；

（七）鉴定的收费标准；

（八）对鉴定结果的风险提示；

（九）其他需要载明的事项。

省司法行政部门应当会同省高级人民法院、省人民检察院、省公安厅制定委托书标准文本。

司法鉴定机构对有关鉴定事宜有异议的,应当提出书面意见,经委托人书面同意后方可继续鉴定。

第二十七条 司法鉴定机构统一受理司法鉴定委托,司法鉴定人不得私自接受司法鉴定委托。

司法鉴定人和司法鉴定机构的其他工作人员不得私自接触当事人,如因鉴定需要会见当事人的,应当有委托人在场。

第二十八条 司法鉴定委托有下列情形之一的,司法鉴定机构不得受理：

（一）委托事项超出本机构业务范围的；

（二）鉴定材料不真实、不完整、不充分、取得方式不合法；

（三）鉴定事项的用途不合法或者违背社会公德的；

（四）鉴定要求不符合司法鉴定执业规则或者技术规范的；

（五）鉴定要求超出本机构技术条件和鉴定能力的；

（六）委托人要求司法鉴定机构和司法鉴定人按其意图或者特定目的出具鉴定意见的；

（七）其他不符合法律、法规规定情形的。

对不予受理的,司法鉴定机构应当书面说明理由并退还鉴定材料。

第二十九条 司法鉴定机构受理鉴定委托后,应当指派本机构两名以上具有相关专业司法鉴定事项执业资格的司法鉴定人进行鉴定。

实施法医病理司法鉴定,应有一名以上司法鉴定人具有副高级以上法医专业技术职称。

实施医疗损害司法鉴定,应有一名以上司法鉴定人具有与被鉴定主要疾病所属学科相关的专业经历和副高级以上技术职称。

第三十条 司法鉴定人有下列情形之一的,应当回避:

(一)本人或者其近亲属与委托人、当事人、委托鉴定事项或者鉴定事项涉及的案件有利害关系的;

(二)曾参加过同一鉴定事项的鉴定或者为其提供过咨询意见的;

(三)法律、法规规定应当回避的其他情形。

司法鉴定人自行提出回避的,由其所属的司法鉴定机构决定;委托人要求司法鉴定人回避的,应当向该司法鉴定人所属的司法鉴定机构提出,由司法鉴定机构决定。委托人对司法鉴定机构是否回避的决定有异议的,可以撤销鉴定委托。

第三十一条 有下列情形之一的,司法鉴定机构应当中止鉴定,并书面告知委托人:

(一)鉴定材料处于不稳定状态的;

(二)被鉴定人不能在规定的时间、地点接受检验的;

(三)因特殊检验需预约时间或者等待检验结果的;

(四)须补充鉴定材料的;

(五)双方书面约定的其他中止鉴定的情形。

前款规定情形消失后,应当及时恢复鉴定。

第三十二条 在进行鉴定过程中有下列情形之一的,司法鉴定机构可以终止鉴定:

(一)发现鉴定目的不合法或者违背社会公德的;

(二)发现委托人提供的鉴定材料不真实或者取得方式不合法的;

(三)鉴定材料耗尽、自然损坏,委托人不能或者拒绝补充提供符合要求的鉴定材料的;

(四)当事人不予配合,致使鉴定无法继续进行的;

(五)委托人撤销鉴定委托或者主动要求终止鉴定的;

(六)委托人拒绝支付鉴定费用的;

(七)因不可抗力致使鉴定无法继续进行的;

(八)双方书面约定的其他终止鉴定的情形。

终止鉴定的,司法鉴定机构应当书面告知委托人,说明理由,退还鉴定材料,并按照约定退还鉴定费用。

第三十三条 有下列情形之一的,司法鉴定机构可以根据委托人的请求进行补充鉴定:

（一）委托人增加新的鉴定要求的；

（二）委托人发现委托的鉴定事项被遗漏的；

（三）委托人在鉴定过程中又补充提供新的鉴定材料的；

（四）其他需要补充鉴定的情形。

第三十四条 有下列情形之一的，委托人可以委托司法鉴定机构重新鉴定：

（一）原司法鉴定机构、司法鉴定人不具备司法鉴定资质、资格的；

（二）原司法鉴定机构、司法鉴定人超出登记或者备案的业务范围进行鉴定的；

（三）原司法鉴定人应当回避而未回避的；

（四）原司法鉴定严重违反规定程序、技术操作规范或者适用技术标准明显不当的；

（五）当事人对原鉴定意见有异议，并能提出合法依据和合理理由的；

（六）法律、法规和规章规定可以委托重新鉴定的其他情形。

重新鉴定应当委托其他司法鉴定机构进行，受委托的司法鉴定机构的资质条件，应当不低于原司法鉴定机构的资质条件；当事人协商一致的，经委托人同意，也可以委托原司法鉴定机构鉴定，由其他司法鉴定人实施。

委托司法鉴定机构重新鉴定，应当在重新鉴定的委托书中注明。

第三十五条 司法鉴定完成后，司法鉴定机构应当按照司法鉴定文书规范要求向委托人出具司法鉴定文书，实行登记管理的司法鉴定机构加盖司法鉴定专用章，实行备案管理的司法鉴定机构加盖取得行业资质的法人或者其他组织公章。司法鉴定文书应当由实施鉴定的司法鉴定人签名并盖章。多人参加的鉴定，对鉴定意见有不同意见的，应当在司法鉴定文书上注明。

未经委托人的同意，司法鉴定机构和司法鉴定人不得向其他人或者组织提供与鉴定事项有关的信息，但法律、法规另有规定的除外。

第三十六条 司法鉴定人在人民法院指定日期出庭作证所发生的交通费、住宿费、误餐费和误工补贴等必要费用，由申请人先行垫付，司法鉴定机构代为收取。

第三十七条 司法鉴定的收费标准，按照省价格主管部门和司法行政部门共同制定的标准执行。

司法鉴定机构应当在办公场所显著位置公示收费项目、收费标准、收费方式。

第四章 监督管理

第三十八条 司法鉴定机构应当向省司法行政部门提交年度执业情况

报告和名册编制申报材料,经省司法行政部门审核,对符合本条例规定执业条件的司法鉴定机构和司法鉴定人,编入年度名册。

司法鉴定机构和司法鉴定人有新增、变更、撤销、注销、停业整改等情形的,省司法行政部门应当及时更新电子版名册并予以公告。

第三十九条　省、市(地)司法行政部门应当就下列事项,对司法鉴定机构和司法鉴定人进行监督、检查:

(一)遵守法律、法规和规章的情况;

(二)执行司法鉴定程序、标准和技术规范的情况;

(三)业务开展和鉴定质量情况;

(四)遵守职业道德和执业纪律的情况;

(五)制定和执行管理制度情况;

(六)法律、法规规定的其他事项。

第四十条　司法行政部门、价格主管部门对司法鉴定机构执行司法鉴定收费规定情况予以监督管理。

第四十一条　司法鉴定利害关系人认为司法鉴定机构、司法鉴定人在执业活动中有违法违规行为,有权向司法鉴定机构或者司法鉴定人执业机构所在地县级以上司法行政部门投诉。

司法行政部门应当自收到投诉材料之日起七个工作日内,作出是否受理的决定,并书面告知投诉人,不受理的还应当书面告知投诉人理由。投诉材料不齐全的,应当及时告知投诉人补充,所需时间不计算在规定期限内。

司法行政部门受理投诉的,应当自受理之日起六十日内办结;情况复杂,不能在规定期限内办结的,经本部门负责人批准,可以适当延长办理期限,但延长期限不得超过三十日,并应当将延长的理由告知投诉人。

司法行政部门应当将查处结果书面告知投诉人和被投诉人。

第五章　法律责任

第四十二条　违反本条例规定,未经依法登记或者备案从事司法鉴定业务的,由省或市(地)司法行政部门责令停止违法活动,并处以违法所得一至三倍的罚款,罚款总额最高不得超过三万元。

第四十三条　违反本条例规定,司法鉴定机构有下列情形之一的,由省或市(地)司法行政部门警告并责令改正,可以处以一万元以上五万元以下的罚款;有违法所得的,没收违法所得:

(一)超出登记或者备案业务范围从事司法鉴定业务的;

(二)登记或者备案事项发生变化,未依法申请变更登记或者备案的;

(三)涂改、出借、出租、转让《司法鉴定许可证》或者司法鉴定备案文书的;

（四）未经登记或者备案擅自设立分支机构的；

（五）组织未取得《司法鉴定人执业证》或者备案文书的人员从事司法鉴定业务的或者组织司法鉴定人超出本人登记或者备案的业务范围执业的；

（六）以支付回扣、介绍费,进行虚假宣传等不正当手段招揽司法鉴定业务的；

（七）无正当理由拒绝接受司法鉴定委托或者不按时出具司法鉴定文书的；

（八）组织司法鉴定人违反司法鉴定程序、标准和技术规范进行鉴定；

（九）拒绝履行司法鉴定援助义务的；

（十）拒绝接受司法行政部门监督检查或者提供虚假材料的。

第四十四条　违反本条例规定,司法鉴定人有下列情形之一的,由省或市（地）司法行政部门警告并责令改正,可以处以二千元以上二万元以下的罚款；有违法所得的,没收违法所得：

（一）超出登记或者备案执业类别执业的；

（二）同时在两个以上司法鉴定机构执业的；

（三）涂改、出借、出租、转让《司法鉴定人执业证》或者备案文书的；

（四）私自接受委托、收取费用或者当事人财物的；

（五）擅自变更鉴定事项的；

（六）违反保密和回避规定的；

（七）违反司法鉴定程序、标准和技术规范进行鉴定的；

（八）拒绝履行司法鉴定法律援助义务的；

（九）无正当理由拒绝或者不按时出具司法鉴定文书的；

（十）拒绝接受司法行政部门监督检查或者提供虚假材料的。

第四十五条　违反本条例规定,司法鉴定机构有下列情形之一的,由省或市（地）司法行政部门依法给予停止从事司法鉴定业务三个月以上一年以下的处罚；情节严重的,由省司法行政部门撤销登记或者备案：

（一）因违反执业纪律、操作规范等给当事人合法权益造成重大损失的；

（二）具有本条例第四十三条规定的情形之一,并造成严重后果的。

（三）两年内因同一类违法情形被司法行政部门警告两次以上的；

以欺骗、贿赂等不正当手段取得登记或者备案的由省司法行政部门撤销登记或者备案,司法鉴定机构负责人涉嫌犯罪的,移送司法机关。

第四十六条　违反本条例规定,司法鉴定人有下列情形之一的,由省或市（地）司法行政部门依法给予停止执业三个月以上一年以下的处罚；情节严重的,由省司法行政部门撤销登记或者备案：

（一）故意作虚假鉴定的；

（二）因违反执业纪律、操作规范等给当事人合法权益造成重大损失的；

（三）经人民法院依法通知，无正当理由拒绝出庭作证的；

（四）具有本条例第四十四条规定的情形之一，并造成严重后果的；

（五）两年内被司法行政部门警告两次以上的。

以欺骗、贿赂等不正当手段取得登记或者备案的由省司法行政部门撤销登记或者备案。被依法追究刑事责任的，终身不得从事司法鉴定行业。

第四十七条　司法鉴定机构和司法鉴定人在停业整改期间继续从事司法鉴定业务的，由省司法行政部门撤销登记或者备案。

第四十八条　司法鉴定机构违反司法鉴定收费规定的，由司法行政部门或者价格主管部门依法给予处罚。

第四十九条　司法行政部门工作人员和其他国家机关的工作人员在司法鉴定管理工作中有下列行为的，依法给予行政处分；涉嫌犯罪的，移送司法机关：

（一）批准申报材料不符合本条例要求的司法鉴定机构或者司法鉴定人从事司法鉴定业务的；

（二）故意拖延不批准符合条件的司法鉴定机构或者司法鉴定人从事司法鉴定业务的申请的；

（三）收受或者索取司法鉴定机构或者司法鉴定人财物的；

（四）包庇违反本条例的司法鉴定机构或者司法鉴定人的；

（五）干预、阻碍司法鉴定机构或者司法鉴定人依法开展司法鉴定活动的；

（六）其他滥用职权、玩忽职守、徇私舞弊的。

第六章　附　　则

第五十条　鉴定机构接受仲裁机构、行政执法机关等委托进行的鉴定，参照本条例有关规定执行。

公民、法人或其他组织基于举证的需要委托鉴定的，鉴定机构可以参照本条例的有关规定执行。

第五十一条　本条例自 2016 年 3 月 1 日起施行。

黑龙江省湿地保护条例

(2015 年 10 月 22 日黑龙江省第十二届人民代表大会
常务委员会第二十二次会议通过)

第一章 总 则

第一条 为加强湿地保护,维护湿地生态功能和生物多样性,促进湿地资源可持续利用,根据有关法律、行政法规的规定,结合本省实际,制定本条例。

第二条 在本省辖区内从事与湿地有关的活动,适用本条例。

第三条 本条例所称湿地,是指常年或者季节性积水、适宜动植物生存、具有一定生态功能、纳入湿地名录的地带或者水域,包括沼泽、湖泊、河流等自然湿地和库塘等人工湿地。

第四条 湿地保护遵循保护优先、科学利用、严格管理和可持续发展的原则。

第五条 县级以上人民政府对本行政区域内的湿地保护工作负总责。

第六条 省林业行政主管部门是全省湿地行政主管部门;市(地,下同)、县(市、区,下同)人民政府(行署)林业行政主管部门负责本行政区域内的湿地保护工作;国有重点林区主管部门负责国有重点林区范围内的湿地保护工作(以上部门统称湿地主管部门)。湿地主管部门对湿地保护、利用、监督和管理负有主管责任,对其他部门和单位管理的湿地负有监督指导责任。

发展和改革、财政、国土资源、公安、畜牧、水行政、住房和城乡建设、农业、渔业、旅游、交通运输、气象等部门按照相关法律、法规和本条例的规定,负有保护湿地的责任。环境保护行政主管部门依照环境保护法律、法规的规定,对湿地的环境保护负有监督责任。

乡(镇)人民政府、街道办事处(含社区,下同)对本地区的湿地负有保护责任,应当组织有关村民委员会、居民委员会做好湿地保护工作。

松花江哈尔滨段湿地的保护和管理由哈尔滨市人民政府依照本条例的规定,明确主管部门及其具体责任。

第七条 县级以上人民政府及其有关部门违反本条例规定造成湿地生

态环境损害的,依据国家有关生态环境损害责任追究的规定,追究主要负责人和主管负责人的责任。

第八条 县级以上人民政府应当依法设立湿地自然保护区、湿地公园管理机构,明确管理职责。跨行政区域或者部门管理的重要湿地,可以由上一级人民政府成立管理委员会,统一组织协调对湿地的管理。

湿地管理机构履行下列职责:

(一)宣传和贯彻执行有关自然资源管理和生态环境保护方面的法律、法规和规章;

(二)组织实施湿地保护规划;

(三)制定并组织实施湿地的各项管理制度和突发事件应急预案;

(四)统一保护和管理湿地内野生生物等自然资源;

(五)组织开展自然资源和生态环境等方面的调查、监测、评估以及保护和利用的科研、科普教育;

(六)负责湿地内防火巡护检查、火险监控和日常预防管理;

(七)负责有害生物防治、疫源疫病监测;

(八)管理湿地内的科研、教学、参观、考察和生态旅游等活动;

(九)开展国际、国内湿地保护和管理工作的交流与合作;

(十)集中行使所辖区域内湿地保护和管理的行政处罚权。

第九条 县级以上人民政府应当将湿地保护工作纳入国民经济和社会发展规划以及综合评价考核体系,湿地保护和管理经费纳入同级财政预算。

建立湿地生态红线制度。县级以上人民政府应当科学划定并严守湿地生态红线,确保湿地生态功能不降低、面积不减少、性质不改变。

建立湿地保护补偿制度,具体实施办法由省人民政府另行制定。

第十条 县级以上湿地主管部门和湿地管理机构应当对湿地的自然资源、生态环境和生物多样性进行调查和监测,并组织科研单位开展湿地科学研究、技术创新和技术推广工作,提高湿地保护、利用和管理的科学技术水平。

第十一条 每年的六月为湿地保护宣传月,六月十日为黑龙江湿地日。

各级人民政府及其有关部门、新闻媒体应当组织开展湿地保护宣传教育,普及湿地保护法律、法规和科学知识,传播湿地文化,提高全社会湿地保护意识。

第二章　规划和名录

第十二条 省林业行政主管部门应当会同有关部门和单位编制全省湿地保护规划,报省人民政府批准后组织实施。

市、县人民政府应当根据上一级湿地保护规划,组织编制本行政区域湿地保护规划并组织实施,同时报上一级人民政府湿地主管部门备案。

第十三条 湿地保护规划应当符合土地利用总体规划、城乡规划、环境保护规划,并与水资源、防洪、水土保持、林地保护利用、旅游发展等专项规划相互协调。

第十四条 湿地保护规划应当包括下列内容:

(一)湿地资源分布情况、类型及特点、生态功能和水资源、野生生物资源状况;

(二)保护和利用的总体要求、目标、措施、保护责任;

(三)湿地保护区划与建设布局;

(四)生态、社会以及经济效益分析和评价;

(五)保障措施。

第十五条 编制或者修改湿地保护规划,应当公开征求有关单位、专家和公众的意见。

经批准的湿地保护规划,应当向社会公布。

任何单位和个人未经批准不得修改湿地保护规划。确需修改的,应当按照原审批程序报批、备案。湿地保护规划修改后应当重新公布。

第十六条 湿地保护实行名录管理。省林业行政主管部门应当根据湿地资源调查结果,拟定全省湿地名录,报省人民政府批准并公布。

湿地名录应当明确湿地的名称、类型、保护级别、保护范围、主管部门或者管理机构等事项。

第十七条 湿地实行分级保护。按照湿地生态功能和环境效益以及重点保护野生动植物物种的重要性,将湿地分为重要湿地和一般湿地。重要湿地包括国际重要湿地、国家重要湿地和省级重要湿地,重要湿地以外的湿地为一般湿地。

第十八条 国际重要湿地、国家级湿地自然保护区、国家湿地公园划分标准和保护管理办法,按照国家有关规定执行。

省级重要湿地的划分标准和保护管理办法,由省林业行政主管部门会同有关部门制定。

第十九条 县级以上人民政府在发放不动产登记权属证书时,不动产中含有湿地的,应当标明湿地类型、面积、范围以及其他依法需要标明的内容。

第二十条 经公布的湿地应当由湿地主管部门或者湿地管理机构设立保护标志,任何单位和个人不得损毁、涂改、擅自移动湿地保护标志。

第三章 湿地保护

第二十一条 湿地保护可以采取建立湿地自然保护区、湿地公园、湿地保护小区等形式进行。

第二十二条　湿地自然保护区的建立和管理,按照国家和省有关规定执行。

湿地自然保护区内禁止扩大耕地面积,并逐步实行退耕还湿、还林、还草。现有的耕地应当在湿地主管部门或者湿地管理机构的指导和监督下发展有机农业。

第二十三条　具有一定规模和景观价值,适宜开展生态展示、科普教育、生态旅游等活动的湿地,可以建立湿地公园。

第二十四条　湿地公园分为国家湿地公园、省级湿地公园、市级湿地公园和县级湿地公园。

国家湿地公园的建立和管理,按照国家有关规定执行。

省、市、县级湿地公园,由同级人民政府确立并命名。

第二十五条　湿地公园可以实行分区管理。采取分区管理的湿地公园,可以根据湿地的主要功能,划分为湿地保育区、恢复重建区、生态功能展示区、合理利用区、管理服务区等。

第二十六条　湿地自然保护区、湿地公园所在地的县级以上人民政府根据保护需要,可以在湿地自然保护区和湿地公园的外围划定一定面积的外围保护地带。

第二十七条　对生态区位重要、生态功能明显,尚不具备建立湿地自然保护区和湿地公园条件的湿地,经湿地所在地县级以上人民政府批准,可以建立湿地保护小区。

湿地保护小区的管理办法,由省林业行政主管部门在本条例施行后六个月内予以公布。

第二十八条　未建立湿地自然保护区、湿地公园和湿地保护小区的湿地,县级以上人民政府应当根据实际情况,采取相应的保护措施,防止湿地面积减少和湿地污染,维护湿地生态系统结构和功能。

第二十九条　湿地内的水体、地形地貌,野生动物、植物植被等,应当保持生态原状。确需进行人为改变的,应当符合湿地保护规划。

第三十条　在湿地内从事割芦苇、割草等活动,应当按照湿地主管部门或者湿地管理机构划定的范围和有关规定进行,不得破坏湿地和野生动物栖息环境。

第三十一条　因气候变化、自然灾害等造成湿地生态特征退化的,县级以上人民政府应当进行综合治理,采取退耕、补水、截污、禁牧、限牧、季节性休牧、生态移民等措施,恢复湿地生态功能。

湿地主管部门或者湿地管理机构应当根据湿地生态平衡的需要,对重要区域实行定期封闭轮休,并可以划定一定的范围,限制人员进入。

因工程建设等造成重要湿地生态特征退化的,省林业行政主管部门应当会同有关部门督促、指导项目建设单位限期恢复。

第三十二条　建立湿地生态补水机制。对于季节性缺水严重的湿地,由县级以上人民政府组织有关部门给予补水;跨行政区域的湿地生态用水,由共同的上一级人民政府组织有关部门建立湿地生态补水机制。

县级以上水行政主管部门在编制水资源相关规划时,应当统筹安排生活、生产和湿地生态用水,满足湿地生态用水需求。

开发利用湿地上游水资源和周边地下水资源,应当进行科学论证,不得造成湿地缺水或者退化。

第三十三条　湿地内原则上不得进行景观建设。

对湿地内确需建设的旅游设施和基础设施,应当按照《黑龙江省城乡规划条例》的规定进行规划设计,并按照规定的程序审批后方可进行建设。

垦区、国有重点林区内国际重要湿地、国家重要湿地设施建设的规划设计,应当经省人民政府批准。

经依法批准在湿地内从事建设活动的单位和个人,应当制定生态保护和污染防治方案,保护湿地景观资源和自然生态环境。建设项目的建筑物或者构筑物,应当采用节能环保材料和设施,并与自然生态环境相协调。建设活动结束后,应当及时清理场地,恢复原貌。

第三十四条　湿地主管部门或者湿地管理机构应当对湿地自然保护区实验区和湿地公园内的旅游、餐饮、住宿、娱乐等商业服务网点进行统一规划、合理布局,并根据保护生态资源、人文历史风貌以及公共安全、环境卫生的需要,对商业服务网点的经营方式、种类、时间、地点等内容作出规定。

在湿地内开展旅游活动的,应当按照湿地生态旅游规划进行。湿地主管部门或者湿地管理机构应当根据湿地承载能力和对资源的监测评估结果,确定资源利用强度和游客最大承载量并予以公布。

第三十五条　除法律、法规另有规定外,在湿地内禁止从事下列活动:

(一)开垦、挖沟、筑坝、堆山;

(二)填埋、倾倒垃圾和有毒有害物体,排放生活污水、工业废水;

(三)排放或者抽采湿地水资源;

(四)砍伐林木、采挖泥炭、勘探(国家公益性勘探除外)、采矿、挖砂、取土;

(五)破坏鱼类等水生生物洄游通道和野生动物的繁殖区及其栖息地;

(六)猎捕保护的野生动物、捡拾鸟卵或者采用灭绝性方式捕捞鱼类以及其他水生生物;

(七)引进外来物种或者放生动物;

(八)破坏湿地保护设施或者监测设备;

（九）其他破坏湿地及其生态功能的行为。

对于违反前款第一项、第三项规定以及填埋、倾倒垃圾和有毒有害物体、采挖泥炭、擅自改变湿地用途的，林业行政主管部门或者法律、行政法规授权的组织可以对实施违法行为的施工机械、设备和工具进行查封、扣押。

第四章　湿地利用

第三十六条　在严格保护的基础上，可以科学、节约、可持续地利用湿地资源。

利用湿地资源，应当符合湿地保护规划，不得改变湿地生态系统基本功能，不得超出资源的再生能力或者给野生动植物物种造成永久性损害，不得破坏野生动物的栖息环境。

第三十七条　湿地利用可以根据湿地资源的不同功能定位和自然条件，采取生态旅游、休闲度假等多种方式进行。

第三十八条　县级以上人民政府应当统筹协调湿地内的基础设施和公共服务设施建设，为湿地开发利用提供保障。

湿地主管部门或者湿地管理机构应当组织协调湿地内旅游配套设施的建设，为游客进入湿地参观游览创造便利条件。

第三十九条　县级以上人民政府可以采取定向援助、产业转移、吸引社会资金、社区共管等方式，促进湿地及其周边地区的经济社会发展。

第四十条　鼓励采用符合环保要求的观光塔、栈道、电动车船、航空器等多种方式开展湿地生态旅游；湿地主管部门或者湿地管理机构对依法开展的生态旅游应当提供相应的服务。

第四十一条　经批准利用湿地资源开展经营活动的单位和个人，应当承担湿地保护责任，对进入湿地的人员进行有关湿地保护方面的科普知识和法律、法规的宣传教育。发现违反本条例的行为，应当予以制止；对不听从劝阻的，应当向湿地所在地相关主管部门报告，主管部门应当及时到现场处理。

湿地主管部门和湿地管理机构应当加强对利用湿地资源进行经营活动的监督管理，对破坏湿地的行为依法及时查处。

第五章　监督管理

第四十二条　县级以上人民政府应当组织林业、环境保护、国土资源、畜牧、水行政、住房和城乡建设、农业、渔业、旅游等部门建立湿地执法协作机制，依法查处破坏、侵占湿地的违法行为。

县级以上湿地主管部门或者湿地管理机构应当设立公开举报电话，接受单位和个人对破坏、侵占湿地行为的检举。

第四十三条 湿地所在地乡(镇)人民政府和街道办事处应当建立巡查制度,加强对本辖区内湿地保护情况的日常监督,协助湿地主管部门或者湿地管理机构调查违反本条例的行为。

鼓励、支持志愿者组织和志愿者参与湿地保护工作。

村民委员会、居民委员会和公民发现违反本条例的行为,有权予以制止,对不听从劝阻的,可以向所在地的湿地主管部门报告,湿地主管部门应当及时到现场查处。

公安机关对违反《中华人民共和国治安管理处罚法》的行为,应当及时到现场处理。

第四十四条 湿地自然保护区、湿地公园所在地的公安机关,可以根据需要设置公安派出机构,维护湿地自然保护区、湿地公园内的治安秩序,履行保护湿地自然资源和人民群众生命财产安全等职责。

第四十五条 任何单位和个人不得擅自征用、占用湿地或者改变湿地用途。确需征用、占用国际重要湿地、国家级湿地自然保护区、国家湿地公园或者改变其湿地用途的,应当报国家林业行政主管部门批准;征用、占用或者改变其他湿地用途的,应当经省林业行政主管部门审核同意后依法办理相关手续。

第四十六条 临时占用湿地的,应当经湿地主管部门或者湿地管理机构同意。占用单位应当提出湿地临时占用方案,明确湿地占用范围、期限、用途、相应的保护措施以及使用期满后的恢复措施等。

临时占用湿地期限最长不得超过二年。临时占用期限届满后,占用单位应当按照湿地临时占用方案恢复湿地原状。

经批准临时占用湿地的,不得修筑永久性建筑物或者构筑物,不得损害湿地生态系统的基本功能。

第四十七条 省林业行政主管部门应当会同有关部门,定期开展全省湿地资源调查、监测和评估工作,建立湿地资源档案,实现湿地资源档案的年度更新,并编制年度湿地资源监测和评估报告,报省人民政府批准后公布。

第四十八条 县级以上人民政府应当制定突发事件应急预案,应对造成或者可能造成湿地污染和破坏的污染事故以及其他突发事件。

第六章 法律责任

第四十九条 对违反本条例规定的行为,法律、行政法规已规定法律责任的,从其规定。

第五十条 县级以上人民政府违反本条例规定,有下列情形之一的,对主要负责人、直接责任人依法给予行政处分:

（一）未严格执行湿地保护规划的；

（二）未严格落实生态红线制度，导致湿地面积减少或者退化且未采取有效措施进行综合治理的；

（三）未按照规定落实湿地保护补偿制度的；

（四）其他依法应当给予处分的情形。

第五十一条　县级以上人民政府湿地主管部门、湿地管理机构以及有关部门，违反本条例规定，有下列情形之一的，对主要负责人、直接责任人依法给予行政处分：

（一）未按照规定确定湿地名录的；

（二）未依法履行监督管理职责的；

（三）未对湿地自然保护区实验区和湿地公园内商业服务网点的经营方式、种类、时间、地点等内容作出规定的；

（四）未依法对征用、占用、临时占用湿地以及在湿地内从事的建设活动办理审批手续的；

（五）未依法及时受理、查处举报的；

（六）其他依法应当给予处分的情形。

第五十二条　违反本条例规定，在湿地范围内有下列行为之一的，已设立湿地管理机构的，由湿地管理机构依照相关法律、法规处罚；未设立湿地管理机构的，由湿地主管部门会同有关主管部门依照相关法律、法规处罚：

（一）破坏鱼类等水生生物洄游通道和野生动物的繁殖区及其栖息地的；

（二）砍伐林木、勘探（国家公益性勘探除外）、采矿、挖砂、取土的；

（三）猎捕保护的野生动物或者采用灭绝性方式捕捞鱼类以及其他水生生物的。

第五十三条　违反本条例规定，有下列情形之一的，已设立湿地管理机构的，由湿地管理机构给予处罚；未设立湿地管理机构的，由湿地主管部门会同有关主管部门给予处罚：

（一）损毁、涂改、擅自移动湿地保护标志的，责令限期恢复或者赔偿损失，并处以恢复所需实际费用或者损失金额五倍罚款。

（二）擅自进行开发建设活动或者在临时占用的湿地上修筑永久性建筑物、构筑物的，责令限期拆除，恢复原状，并处以破坏面积每平方米一百元的罚款；逾期不拆除的，予以没收后拆除，并处以建设工程造价一倍的罚款。

（三）开垦、挖沟、筑坝、堆山、填埋、倾倒垃圾和有毒有害物体、采挖泥炭、擅自改变湿地用途以及排放或者抽采湿地水资源的，责令停止违法行为，限期恢复原状或者采取其他补救措施。开垦、填埋、倾倒垃圾、擅自改变湿地用途的，按照破坏湿地面积处以每平方米十元的罚款；挖沟、筑坝、堆山、采挖泥炭的,处以每立方米二百元的罚款;排放或者抽采湿地水资源的,处以五万元以上五十万元以下的罚款。

(四)违反规定在湿地内割芦苇、割草等破坏野生动物栖息环境的,责令停止违法行为,并按照破坏湿地面积处以每平方米十元的罚款。

(五)引进外来物种或者放生动物的,责令停止违法行为,处以一千元以上五千元以下的罚款;造成严重后果的,处以二万元以上二十万元以下的罚款。

(六)捡拾国家重点保护野生动物鸟卵的,没收违法所得,并处以每枚二百元的罚款;捡拾其他野生动物鸟卵的,没收违法所得,并处以每枚一百元的罚款。

(七)破坏湿地保护设施或者监测设备的,责令停止违法行为,限期恢复原状或者赔偿损失。破坏湿地保护设施,处以五千元的罚款;破坏监测设备的,处以一万元的罚款。

(八)临时占用湿地期限届满后,未进行恢复的,责令限期恢复,并处以一万元的罚款;逾期未恢复或者对湿地造成永久性损害,面积不足一百平方米的,处以二万元以上十万元以下的罚款;面积一百平方米以上的,处以十万元以上五十万元以下的罚款。

(九)擅自命名、挂牌县级以上湿地公园的,责令限期改正;逾期未改正的,处以一万元的罚款。

第七章 附   则

第五十四条 本条例法律责任中规定的罚金数额幅度,由省人民政府另行制定细化标准,与本条例同步实施。

第五十五条 本条例自 2016 年 1 月 1 日起施行。2003 年 6 月 20 日黑龙江省第十届人民代表大会常务委员会第三次会议通过的《黑龙江省湿地保护条例》同时废止。

黑龙江省社会治安综合治理条例

(2015 年 10 月 22 日黑龙江省第十二届人民代表大会
常务委员会第二十二次会议通过)

第一章 总 则

第一条 为了维护社会治安秩序和社会和谐稳定,加强社会治安综合治理,根据全国人民代表大会常务委员会《关于加强社会治安综合治理的决定》,结合本省实际,制定本条例。

第二条 本省行政区域内的国家机关、群众团体、企业事业单位及其他组织和公民开展、参与社会治安综合治理工作,适用本条例。

第三条 各级人民政府应当动员和组织社会各方面力量,齐抓共管,运用政治、法律、行政、经济、文化、教育等多种手段,打击、预防和减少违法犯罪,维护社会治安秩序,保障社会和谐稳定。

第四条 社会治安综合治理应当坚持打防结合、预防为主、专门机关工作与群防群治相结合的方针,实行谁主管、谁负责的原则和条块结合、以块为主的属地管理原则。

第五条 各级人民政府应当把社会治安综合治理工作纳入经济社会发展总体规划和年度工作计划,提供人力、物力、财力保障,落实社会治安综合治理责任制。

第六条 各级人民政府应当加强社会治安防控体系的法治化、社会化、信息化建设,完善必要的硬件设施,构建立体化社会治安防控网。

第七条 各级人民政府应当鼓励、支持社会组织、企业事业单位和公民参与社会治安综合治理,可以通过购买服务等方式委托相关社会组织开展社会治安综合治理工作。

第八条 审判机关、检察机关和公安、司法行政机关,应当依照法定职责,在社会治安综合治理中发挥主要作用。

第二章 组织机构与职责

第九条 省、市(地)、县(市、区)、乡(镇)、街道办事处设立社会治安综合治理委员会,其办事机构负责日常工作。

乡（镇）、街道办事处应当有领导专门负责社会治安综合治理工作,配备专职工作人员负责办理具体事务,工作经费由当地政府予以保障。

社区居民委员会、村民委员会应当设立社会治安综合治理工作站,并由一名负责人分管。

机关、群众团体、企业事业单位和其他组织设立社会治安综合治理组织或者指定专人负责日常工作。

第十条　社会治安综合治理委员会实行委员分工负责制和专门工作小组机制,各成员单位应当各司其职、各负其责,建立密切配合、互相协调的工作制度。

第十一条　县级以上社会治安综合治理委员会主要职责:

(一)贯彻执行社会治安综合治理法律、法规和方针政策;

(二)研究部署本地区社会治安综合治理工作,并监督指导实施;

(三)检查考核本地区社会治安综合治理目标管理责任制落实情况;

(四)分析社会治安形势,组织开展多元化社会矛盾化解和社会治安防控体系建设,协调处理本行政区社会治安综合治理重大问题;

(五)调查研究,交流信息、推广经验,决定奖惩事项或者向有关部门提出奖惩建议。

第十二条　乡（镇）、街道办事处社会治安综合治理委员会主要职责:

(一)贯彻执行上级社会治安综合治理工作部署,制定实施方案,推动落实;

(二)分析社会治安形势,排查本辖区内矛盾纠纷、社会治安和公共安全突出问题和隐患,落实治理措施;

(三)做好流动人口和出租房屋服务管理、预防青少年违法犯罪、刑满释放人员安置帮教等工作,协助有关部门做好吸毒人员和受邪教影响人员的帮教工作;

(四)推动有关部门加强基层组织建设,组织指导帮助行政区各单位、社区居民委员会和村民委员会平安建设工作,落实各项社会治安防范措施;

(五)开展思想道德教育、法制宣传教育、公共安全教育和国家安全教育;

(六)表彰奖励先进,总结经验,督导检查,督促整改,履行责任查纠建议权。

第三章　国家机关的职责

第十三条　审判机关应当依法惩处各种刑事犯罪;教育、感化、挽救犯罪的未成年人;加强司法调解,及时妥善处理矛盾纠纷;做好申诉、信访的接访工作;结合案件办理提出加强治安防范工作的司法建议。

第十四条　检察机关应当加强法律监督,依法打击各种刑事犯罪活动,注意发现和化解社会矛盾,结合案件办理提出加强治安防范工作的检察建议。

第十五条　公安机关应当在依法查处、严厉打击各种违法犯罪活动,会同有关部门整治突出治安问题,治理治安薄弱环节,创新社会治安防控体系建设,加强对常住人口、流动人口的服务和治安管理工作,加强群防群治队伍建设,落实防控措施,组织指导治安防范和平安建设工作。

第十六条　司法行政机关应当加强人民调解,提高调处矛盾纠纷能力;加强人民调解与司法调解、行政调解有效衔接,指导做好专业性、行业性调解工作;开展法制宣传教育,加强法律服务、法律援助工作;做好刑满释放人员和社区矫正人员安置、对接、帮教工作,强化监所安全管理,提高监狱服刑人员教育改造质量。

第十七条　国家安全机关应当严密防范和严厉打击危害国家安全的违法犯罪活动,依法开展反间防谍工作,加强国家安全宣传教育,动员和组织人民群众参与维护国家安全。

第十八条　防范和处理邪教管理部门应当防范控制邪教组织的聚集滋事活动,会同相关部门依法打击邪教人员的违法犯罪活动;开展对邪教人员的教育转化和反邪教知识的宣传普及工作。

第十九条　驻省部队和省内的人民武装警察部队应当积极开展军民、警民共建精神文明活动,支持和配合地方搞好社会治安综合治理。人民武装部门应当组织民兵积极参与社会治安综合治理,搞好治安联防等活动。

第二十条　民政部门应当抓好基层政权和自治组织建设,指导社区居民自治章程、居民公约、村规民约的制定和执行,发挥群众自治组织在化解社会矛盾、维护公共安全和社会稳定方面的作用;建立和完善城乡社会救助体系,做好救灾、社会救济、优抚安置和流浪乞讨人员的救助管理工作;动员社会组织参与社会治安综合治理。

第二十一条　人力资源和社会保障部门应当加强人力资源市场建设和管理,组织指导有关机构加强职业培训,拓宽就业渠道;提高劳动人事争议调解仲裁效能,加强劳动保障监察,维护劳动者合法权益;做好刑满释放人员、社区矫正人员、进城务工人员的就业服务和社会保障工作;会同有关部门做好社会治安综合治理目标管理考评考核工作,检查监督社会治安综合治理领导责任制的执行情况,完善并实施社会治安综合治理的奖惩制度。

第二十二条　教育行政部门应当把思想品德教育和法制教育列入各类学校教学内容,推动建立学校管理规范,建立健全家庭、社会、学校教育相互配合的工作机制,共同做好青少年学生的管理教育工作。

各类学校应当组织开展平安校园创建活动,加强学生活动场所的安全防范,指导学生的校外活动,预防和减少学生违法犯罪和校园暴力的发生,会同有关部门做好校园及周边地区的社会治安综合治理工作。

第二十三条　文化、新闻出版广电部门应当把社会治安综合治理和法制宣传教育纳入工作计划,协助有关部门加强对互联网及其网络经营场所、广播电视传播及娱乐场所的安全管理,配合有关部门依法查处走私、盗版、盗印、赌博等违法犯罪行为,查禁含有危害国家安全、暴力、淫秽、色情、迷信、邪教等内容的出版物和音像制品。

第二十四条　工商行政管理等市场监管部门应当按照各自的职责,切实加强对市场经营者的服务和监督管理工作,维护正常的市场秩序和经营活动,依法严厉打击违法行为;建立联动、协作工作机制,协助司法机关查处违法犯罪活动。

第二十五条　卫生计生部门应当加强医疗市场和医疗秩序的管理和监督工作,与有关部门配合做好吸毒人员、严重精神障碍患者的监测、治疗和康复工作,做好各类传染性疾病和突发性公共卫生事件的监测、检查、预防和治疗工作;依法取缔非法行医,预防和妥善处置医疗纠纷,配合查处假冒伪劣医用卫生材料。

第二十六条　食品药品监督管理部门应当加强食品安全、药品、医疗器械、化妆品监督管理工作,依法治理危害食品、药品、化妆品、保健食品和医疗器械安全等问题。

第二十七条　住房和城乡建设部门应当将公共场所、城镇社区、居民住宅区以及涉及国计民生重要设施的社会治安防范设施建设纳入建设规划,加强实施过程中的监管;预防和化解城市拆迁矛盾纠纷,加强出租房屋和群租房的源头治理,指导物业服务企业加强居民区安全防范工作,配合有关部门加强对建筑工程施工人员的治安管理。

第二十八条　民航、铁路、航运等行业主管部门应当依照法定职责维护机场、铁路、航道、港口码头、公路、车站的运输秩序和治安秩序,预防交通运输事故,预防发生暴力恐怖事件和违法犯罪行为,协助有关部门做好枪支弹药、管制刀具、易燃易爆、剧毒、放射源等违禁物品和重要物资的管理工作。

供水、供电、供热、燃油、燃气等行业主管部门应当加强对设施的安全管护工作,严格防范措施,协同有关部门打击危害公共安全的违法犯罪活动。

第二十九条　工业和信息化、通信管理部门应当加强互联网、移动通信信息的监督管理,依法治理破坏基础设施和信息安全问题,对互联网接入单位、互联网服务单位应当依法落实安全管理和安全技术措施,防止提供、制作、发布或者传播虚假、有害信息,营造良好的网络环境,防范和配合公安机关打击网络违法犯罪活动。

第三十条　民族宗教工作部门应当宣传国家民族宗教方面的法律、法规和政策,依法管理民族宗教事务;会同有关部门及时疏导和调处涉及民族宗教问题的矛盾纠纷,制止和取缔非法宗教活动,防范和打击以民族、宗教名义进行的违法犯罪活动。

第三十一条 安全生产监督管理部门应当依法行使安全生产监督管理职责,定期分析安全生产形势,依法治理影响安全生产问题,预防和减少生产安全事故的发生。

第三十二条 环境保护部门应当加强环境保护执法监管力度,依法治理损害生态环境问题,及时协调、处理涉及环境污染的信访事项。

第四章　其他组织及公民的职责

第三十三条 群众团体、企业事业单位及其他组织应当加强法制宣传和思想品德教育工作,参与所在地区社会治安综合治理活动。

第三十四条 工会组织应当做好职工内部矛盾的疏导和劳动争议的调解工作,配合落实安全保卫责任制,依法维护职工的合法权益,保障职工队伍的安全稳定。协同有关部门做好刑满释放人员的安置帮教工作。

第三十五条 共青团组织应当做好违法青少年的教育、感化、挽救工作,维护未成年人的合法权益,预防和减少青少年违法犯罪。

第三十六条 妇联组织应当依法维护妇女儿童合法权益,主动参与调解、疏导婚姻家庭纠纷,推进平安家庭创建工作,配合有关部门做好对拐卖和性侵妇女儿童、卖淫等违法犯罪行为的预防和治理工作。

第三十七条 老龄工作机构应当依法维护老年人的合法权益,对虐待、遗弃老人的违法犯罪行为配合有关部门做好预防和处理工作。

第三十八条 残疾人工作机构应当依法维护残疾人的合法权益,教育残疾人自尊、自信、自强和自立,对侵害残疾人的违法犯罪行为做好预防和配合有关部门进行处理工作。

第三十九条 企业事业单位及其他组织应当按照所在地社会治安综合治理委员会的指导,参加本地区社会治安综合治理工作,落实本单位社会治安综合治理目标管理责任制。

企业事业单位及其他组织的法定代表人、主要负责人为社会治安综合治理工作的主要责任人。

国有企业、集体企业、民营企业、其他形式的企业以及新经济组织、新社会组织应当建立健全社会治安综合治理制度,落实各项治安防范措施。

第四十条 社区居民委员会、村民委员会应当以网格化管理、社会化服务为方向,健全基层综合服务管理平台,组织专门力量,有效承接和协助有关部门落实社会治安综合治理各项工作措施,并负责以下具体工作:

(一)宣传法律、法规和方针政策,对居民、村民进行思想道德教育和法

制教育,提高居民、村民自防自治能力;

(二)动员和组织居民、村民参与社会治安综合治理,协助公安、司法机关调查违法犯罪活动;

(三)做好治安防范、邻里和家庭等社会矛盾纠纷排查调处化解和基层平安创建工作;

(四)协助有关部门做好出租房屋和实有人口登记管理、预防青少年违法犯罪、刑满释放人员安置帮教、严重精神障碍患者服务管理和社区矫正工作;

(五)反映居民、村民对社会治安综合治理工作的意见、要求。

第四十一条 物业服务企业应当协助公安机关等有关部门维护其服务区域的治安秩序,并依照物业服务合同履行维护公共秩序的职责。

业主大会、业主委员会应当配合公安机关等有关部门,与居民委员会相互协作,共同维护本居民区的社会治安。

商业楼宇的业主、使用方、物业服务企业应当接受乡镇、街道社会治安综合治理委员会以及公安机关等有关部门的指导,落实本楼宇社会治安综合治理各项措施。

第四十二条 依法成立的参与禁毒、社区矫正、社会帮教等社会治安综合治理工作的社会组织应当建立健全专业社会工作者的聘用、管理、考核、激励机制。

第四十三条 警务辅助人员应当在本单位的组织指导下,参与对各种违法犯罪活动的预防和治理工作。

第四十四条 各类保安组织应当接受公安机关的指导和管理,完善岗位职责要求,加强技能培训,协助维护社会治安秩序。保安人员应当遵守职业操守,熟悉业务技能,履行岗位职责。

第四十五条 鼓励各类志愿服务组织参与社会治安综合治理活动。

平安建设志愿者应当履行志愿服务承诺,积极参与维护社会治安秩序的志愿服务活动。

第四十六条 鼓励公民参与社会治安综合治理活动,公民应当遵守国家法律和社会公德,加强自身和家庭的安全防范,教育子女遵纪守法,保持和谐的家庭和邻里关系,提高安全防范能力,协助有关单位做好社会治安防范工作,共同维护社会治安秩序。

第五章 奖励与处罚

第四十七条 县级以上人民政府对在法定职责、法定义务、约定义务之外为保护国家利益、社会公共利益或者他人生命财产安全,制止正在发生的违法行为或者实施抢险救灾、救人的见义勇为行为,应当授予见义勇为人员和群体相应荣誉称号,给予表彰奖励和相应的抚恤。

县级以上人民政府应当设立见义勇为基金,建立支持、保障见义勇为行为工作机制,落实保障措施。

第四十八条 县级以上人民政府或社会治安综合治理委员会应当对社会治安综合治理和平安建设工作做出突出贡献的单位、组织和个人,进行表彰和奖励。

第四十九条 符合下列条件的地区、单位,由县级以上人民政府或者社会治安综合治理委员会给予表彰和奖励:

(一)社会治安综合治理组织机构、制度机制健全,目标管理责任制和领导责任制落实到位;

(二)全面落实社会治安综合治理措施,成绩突出;

(三)社会治安持续稳定,人民群众安全感普遍增强;

(四)积极探索社会治安综合治理工作新机制、新方法,在实践中取得良好效果;

(五)在社会治安综合治理工作中做出其他突出贡献。

第五十条 符合下列条件之一的个人,由县级以上人民政府或者社会治安综合治理委员会给予表彰和奖励:

(一)组织、推动本地区、本部门、本单位社会治安综合治理工作,取得显著成效;

(二)志愿向群众开展思想道德教育和法制宣传教育,成绩显著;

(三)检举揭发违法犯罪行为,勇于同违法犯罪分子作斗争,事迹突出;

(四)协助公安、司法机关打击犯罪,维护社会治安,成绩突出;

(五)发现并消除安全隐患,有效预防违法犯罪和其他治安问题发生;

(六)预防青少年违法犯罪和安置帮教刑满释放人员工作成绩突出;

(七)做好矛盾纠纷排查调处工作,在消除不安定因素、避免矛盾激化、维护社会稳定中成绩突出;

第五十一条 县级以上社会治安综合治理委员会负责对社会治安综合治理目标责任制的落实情况进行监督和检查,并根据检查结果提出奖惩建议。

第五十二条 违反本条例规定有下列情况之一的,由各级社会治安综合治理委员会视情节给予责任单位通报批评或者警告,提请相关部门取消第一责任人和主要责任人评先受奖、晋职晋级资格,或者建议依法给予行政处分:

(一)未达到社会治安综合治理目标管理责任制要求;

(二)社会治安综合治理组织机构不健全,造成本地区、本部门、本单位治安秩序严重混乱;

（三）发生重大刑事案件、重大公共安全事故或者重大治安灾害事故，造成重大损失或者恶劣影响；

（四）对不安定因素、矛盾纠纷排查调处不力，致使矛盾激化，造成严重后果；

（五）在上级主管部门或者有关单位提出工作建议、司法建议、检察建议、整改建议后，拒不整改或者整改不力；

（六）对社会治安综合治理重大问题有意隐瞒不报、作虚假报告或者有其他弄虚作假行为。

第六章　附　　则

第五十三条　本条例2016年1月1日起施行。1992年8月18日黑龙江省第七届人民代表大会常务委员会第二十八次会议通过的《黑龙江省社会治安综合治理条例》同时废止。

黑龙江省消费者权益保护条例

(2015年12月18日黑龙江省第十二届人民代表大会
常务委员会第二十三次会议通过)

第一章　总　　则

第一条　为保护消费者的合法权益,维护社会经济秩序,促进社会主义市场经济的健康发展,根据《中华人民共和国消费者权益保护法》等有关法律、行政法规的规定,结合本省实际,制定本条例。

第二条　消费者在本省行政区域内为生活消费需要购买、使用商品或者接受服务,其权益受本条例保护。法律、法规另有规定的,从其规定。

经营者在本省行政区域内为消费者提供其生产、销售的商品或者服务,应当遵守本条例。法律、法规另有规定的,从其规定。

第三条　县级以上人民政府应当加强对消费者权益保护工作的领导,负责组织、协调、督促有关行政部门依法做好保护消费者合法权益的工作,支持消费者协会依法履行保护消费者合法权益的职责。

县级以上工商行政管理、质量技术监督、食品药品监督管理、价格、卫生和计划生育、旅游等有关行政部门应当依法在各自的职责范围内,保护消费者的合法权益。

第四条　消费者协会应当依法开展保护消费者合法权益的活动,对侵害消费者合法权益的行为,可以公布、揭露和批评。

第五条　鼓励单位和个人对侵害消费者合法权益的行为予以举报。

行业协会应当督促、引导本行业的经营者依法经营,加强自律;在制定行业规则时,应当体现对消费者合法权益的保护。

大众传播媒介应当秉持公正立场,采取多种形式积极做好维护消费者合法权益的宣传以及舆论监督工作。

第二章　消费者的权利

第六条　消费者在购买、使用商品和接受服务时,享有人身和财产安全不受损害的权利。

消费者有权要求经营者提供的商品和服务符合保障人身和财产安全的

强制性国家标准、行业标准和地方标准;没有强制性国家标准、行业标准和地方标准的,应当符合社会公认的安全要求。

消费者有权要求经营者提供安全的消费场所和环境。

第七条 消费者在购买、使用商品或者接受服务时,有权知悉商品或者服务的真实情况及交易条件。

消费者有权根据商品或者服务的不同情况,要求经营者提供商品的价格、产地、生产者、用途、性能、规格、等级、主要成份、净含量、生产日期、有效期限、储存条件、环保指标、检验合格证明、使用方法说明、售后服务等消费者有权知悉的事项;要求经营者提供服务的内容、规格、费用、标准、检验检测报告或者维修服务记录等情况。

第八条 消费者有权自主选择提供商品或者服务的经营者,自主选择商品品种或者服务方式,自主决定是否购买任何一种商品、是否接受任何一项服务。

消费者在自主选择商品或者服务时,有权进行比较、鉴别和挑选。

消费者采用网络、电视、电话、邮购等方式购买商品的,有权在法律、法规规定或者经营者承诺的期限内退货。

第九条 消费者有权要求经营者遵循公平的原则提供商品或者服务。

消费者在购买商品或者接受服务时,有权通过平等协商确定交易价格以及其他交易条件,有权获得质量合格、价格合理、计量正确的商品或者服务,有权要求经营者按约定提供商品或者服务。

消费者有权拒绝经营者强制交易、搭售商品和服务,有权要求经营者保证赠品的质量。

消费者购买商品和接受服务,有权要求经营者提供发票、服务单据、信誉卡等消费凭证。

第十条 消费者购买、使用商品和接受服务时,享有其人格尊严、民族风俗习惯得到尊重的权利。

第十一条 消费者享有个人信息依法得到保护的权利,消费者有权要求经营者按照法律、法规的规定和双方的约定收集、使用其个人信息。消费者有权拒绝经营者向其发送商业性信息。

第十二条 消费者有权对商品和服务的质量、价格、计量、服务态度等向经营者提出意见、建议,对经营者侵害消费者合法权益的行为向有关行政部门举报,将有关情况如实向大众传播媒介反映。

消费者有权对行业协会制定或者经营者共同约定的行业规则中不利于保护消费者的内容提出修改意见和建议。

消费者有权对消费者协会和其他消费者组织的工作提出意见和建议。

消费者有权对有关行政部门保护消费者合法权益的工作提出建议,对有关行政部门及其工作人员在保护消费者合法权益工作中的违法、失职行为进行检举、控告。

第十三条 消费者在购买、使用商品或者接受服务时,其生命健康权、姓名权、肖像权、名誉权、荣誉权和个人隐私等人身权受到损害的,有权要求经营者依法予以赔偿、赔礼道歉、恢复名誉。

消费者在购买、使用商品或者接受服务时,其财产受到损害的,有权要求经营者依法对其造成的损失予以赔偿;法律、法规未作规定的,消费者有权要求经营者按照行业规则予以赔偿。

消费者购买的商品、接受的服务不符合国家规定或者双方约定的质量标准的,有权要求经营者承担修理、重作、更换、退货、退还货款和服务费用或者赔偿损失等责任。

第十四条 消费者应当按照法律、法规的规定行使权利,尊重经营者的劳动和合法权益,遵守营业秩序,对经营者的投诉、举报应当真实、客观。

第三章 经营者的义务

第十五条 经营者应当依法、诚信经营,恪守社会公德,保障消费者合法权益。

经营者在销售商品或者提供服务时与消费者有约定的,应当按照约定履行义务,但双方的约定不得违反法律、法规的规定。

经营者以广告、产品说明、实物样品或者通知、声明、店堂告示等方式,明示商品或者服务的质量、价格、售后责任等内容的,应当保证其提供的商品或者服务的质量、价格、售后责任等与明示内容一致。消费者受上述明示内容引导购买商品或者接受服务的,视为经营者将该明示内容作为约定内容。

第十六条 经营者在提供商品或者服务时,不得有下列欺诈行为:

(一)与人合谋或者雇佣他人进行销售诱导;

(二)采用虚构交易、虚标成交量、虚假评论等方式进行销售诱导;

(三)对商品或者服务作虚假的现场演示和说明;

(四)在商品中掺杂、掺假、以假充真、以次充好、以不合格商品冒充合格商品,销售失效、变质或者过期的商品;

(五)以虚假的清仓价、甩卖价、最低价、优惠价等手段进行价格表示;

(六)以虚假或者引人误解的说明、标准、实物样品等方式销售商品或者提供服务;

(七)隐瞒或者夸大商品或者服务的数量、质量、性能等与消费者有重大利害关系的信息误导消费者;

(八)销售处理品、残次品、等外品等商品应当标明而未标明;

（九）侵犯他人注册商标专用权、版权或者伪造、冒用认证标志等质量标志；

（十）伪造商品产地，篡改商品生产日期，伪造或者冒用他人厂名、厂址，以虚假名称从事经营活动；

（十一）销售依法应当检验、检疫但未经检验、检疫的商品；

（十二）收取消费者价款或者费用而不提供或者不按照约定提供商品或者服务；

（十三）未经生产者授权的经营者，声称经生产者授权，提供售后服务；

（十四）其他欺诈行为。

前款所称欺诈行为，是指故意告知消费者虚假情况或者故意隐瞒真实情况，诱使消费者作出错误意思表示的行为。

第十七条　经营者不得有谩骂、侮辱、搜查、拘禁消费者等侵害消费者合法权益的行为。

第十八条　经营者应当对消费者的个人信息予以保密，确保安全，防止泄露、丢失。在发生或者可能发生泄露、丢失的情况时，经营者应当立即采取补救措施。

经营者收集、使用消费者个人信息，应当遵循合法、正当、必要的原则，明示收集、使用信息的目的、方式和范围，并应当事先征得消费者同意。

经营者不得泄露、出售或者非法向他人提供所收集的消费者个人信息。未经消费者同意或者请求，或者消费者明确表示拒绝的，经营者不得向其发送商业性信息。

本条所称消费者个人信息，是指经营者在提供商品或者服务活动中收集的消费者姓名、性别、职业、出生日期、身份证件号码、住址、联系方式、收入和财产状况、健康状况、消费情况等能够单独或者与其他信息结合识别消费者的信息。

第十九条　从事惊险娱乐服务行业的经营者，应当提供保障消费者人身安全的技术条件、服务设备和必要的救护设施，并制定应急预案。

第二十条　经营者应当在其经营场所、网站首页或者从事经营活动的主页面等显著位置，标明其真实名称和标记，便于识别、查询。

通过加盟等形式从事商业特许经营的经营者，应当标明特许人和被特许人的真实名称和标记。

第二十一条　经营者提供商品或者服务，应当将有关商品或者服务的价格、产地、生产者、用途、性能、规格、等级、主要成份、净含量、生产日期、有效期限、储存条件、环保指标、检验合格证明、使用方法说明、售后服务等主动告知消费者或者出示书面文件，并就消费者的询问作出真实的答复。

经营者提供的商品达不到标注的标准或者等级，但仍有使用价值的，应当在显著位置标明,并在消费者的购货凭证上予以注明。

经营进口商品的,应当用中文在商品或者其包装上标明代理商的名称、地址、商品原产地;根据商品的特点和使用要求,需要标明商品规格、等级、所含主要成份的名称和含量的,用中文相应予以标明。

提供服务的经营者,应当在经营场所的显著位置设置服务标识。服务标识包括服务的内容、质量标准、收费标准以及服务中的有关注意事项、限制条件和必要提示等内容。

第二十二条　经营者提供商品或者服务,应当依法明码标价。标价内容应当全面、真实、明确,字迹清晰,字码大小一致,货签对位,标识醒目。价格变动时,应当同时调整价签和结算系统。

经营者不得在标价之外加价出售商品或者提供服务,不得收取任何未标明的费用。

第二十三条　经营者提供商品或者服务,应当主动向消费者出具发票等购货凭证或者服务单据。

消费者索要消费明细单、结账清单等收费清单的,经营者应当出具。

经营者不出具发票的,应当按照规定或者消费者要求向消费者提供信誉卡,信誉卡由消费者协会监制。

第二十四条　经营者应当保存进货时的各种原始发票、单据等能够证明进货来源的文件资料,并依法建立台账。文件资料的保存期限不得少于两年。

第二十五条　经营者对其售出的商品应当承担修理的义务,承担修理义务的期限不得少于六个月;国家另有规定或者当事人另有约定的,从其规定或者约定。更换后的商品,修理、更换、退货期限自更换之日起重新计算。

经营者未在规定或者约定的期限内修复商品,按照商品性质能够提供替代品的,在逾期维修期间,应当提供同类商品供消费者在维修期间使用。

经营者承担维修责任的商品,不能按承诺条件完成修理的,应当按照消费者的要求更换或者退货。

第二十六条　消费者因商品质量问题要求退货的,遇价格下降时,经营者应当按照原价格退还货款;价格上涨时,按照新价格退还货款。法律、法规另有规定或者双方另有约定的除外。

第二十七条　除《中华人民共和国消费者权益保护法》第二十五条第一款规定的不适用无理由退货的商品外,其他根据商品性质不适用无理由退货的商品,经营者应当通过显著方式告知消费者,设置提示程序,供消费者在购买结算前确认。

第二十八条　经营者不得有下列故意拖延或者无理拒绝的行为:

(一)自国家规定、当事人约定期满之日起超过十五日,无正当理由拒不履行修理、重作、更换、退货、补足商品数量、退还货款和服务费用或者赔偿损失等义务；

（二）经有关行政部门依法认定为不合格商品，自消费者提出退货要求之日起超过十五日不办理退货手续；

（三）对于适用国家规定的无理由退货的商品，自收到消费者退货要求之日起超过十五日不办理退货手续，或者自收到退回商品之日起超过十五日无正当理由不返还消费者支付的商品价款。

第二十九条 从事供水、供电、供气、供热、电信、有线电视等公用事业的经营者，应当公示提供商品或者服务的质量标准和收费标准；未达到公示标准的，应当采取补救措施，给消费者造成损害的，应当予以赔偿。

公用事业经营者因自身原因或者消费者未支付费用等原因停止提供商品或者服务的，应当事先告知消费者，并为消费者留出必要的准备时间。

第三十条 网络交易平台提供者应当对进入平台销售商品或者提供服务的经营者进行身份信息审查和登记，并在经营者从事经营活动的主页面显著位置标明下列信息：

（一）法人、其他经济组织、个体工商户的营业执照和相关许可证信息，或者营业执照的电子链接标识；

（二）自然人身份经审查真实的信息。

鼓励网络交易平台提供者设立消费者权益保证金。消费者权益保证金用于对消费者权益的保障，不得挪作他用，使用情况应当定期公开。

第三十一条 经营者采用网络、电视、电话、邮购等方式提供商品或者服务的，应当保证商品或者服务的质量、性能等与宣传相一致，并按照承诺的时限提供商品或者服务。

第三十二条 营利性教育培训服务经营者，应当向消费者提供经营地址、联系方式、相关资质证明、服务的数量和质量、价款或者费用、履行期限和方式等信息。

第三十三条 美容服务经营者向消费者提供商品或者服务的数量、质量、价款或者费用、履行期限和方式、售后服务等，应当与约定相一致，并告知消费者安全注意事项和风险警示信息。

医疗美容服务经营者应当向消费者出示相关资质证明。

美容服务经营者应当尊重消费者的隐私权。未经消费者本人或者监护人同意，不得泄露消费者相关资料。

第三十四条 机动车销售者应当与消费者约定维护、修理、更换、退货以及损失赔偿等事项。机动车售出后主要部件出现安全性能故障的，销售者应当立即告知消费者，并向有关行政部门报告。

第三十五条 修理、加工、安装、装饰装修等行业的经营者不得有下列行为：

（一）谎报用工用料、偷工减料；

（二）故意损坏、偷换零部件或者材料；

（三）使用不符合国家质量标准或者与约定不相符的零部件、材料；

（四）更换不需要更换的零部件等过度修理行为；

（五）其他侵害消费者合法权益的行为。

第三十六条 商品房销售者应当将销售商品房所需的法定证明材料、建筑结构、面积构成等事项主动向消费者作出真实的介绍和说明，并就消费者的询问作出真实的答复或者出示书面文件。

第三十七条 旅游行业经营者，应当公开服务项目和收费标准，与消费者约定旅游线路、时间安排、交通服务安排及标准、住宿服务安排及标准、景点(景区)等内容，不得有下列行为：

（一）对服务范围、内容、标准等作虚假和引人误解的宣传；

（二）以不合理的低价组织旅游活动，诱骗旅游者，并通过安排购物或者另行付费旅游项目获取回扣；

（三）放任从业人员或者与从业人员串通欺骗、胁迫消费者消费；

（四）不履行合同义务或者不按照合同约定的条件履行义务；

（五）出售假冒伪劣商品；

（六）其他侵害消费者合法权益的行为。

旅游行业经营者应当加强对设备、设施的日常维护和检查，保证其安全运营。

第三十八条 经营者应当依法使用有机、绿色、无公害标志以及地理标志等认证标志。销售带有有机、绿色、无公害标志以及地理标志等认证标志的商品的经营者，应当遵守下列规定：

（一）不得销售假冒有机、绿色、无公害标志以及地理标志等认证标志的商品；

（二）提供有机、绿色、无公害标志以及地理标志等认证标志的使用证明，出示相应的商品质量证明；

（三）禁止出售已经受到污染的带有有机、绿色、无公害标志以及地理标志等认证标志的商品。

第三十九条 中介服务经营者应当于提供服务前与委托人签订委托协议书，在收费场所显著位置公示服务项目、收费标准、服务程序等，不得采取提供虚假信息、隐瞒真实情况及价格欺诈等手段侵害消费者合法权益。

第四十条 商品交易市场经营者和柜台、场地出租者，应当核验场内经营者、承租者的营业执照、许可证件等资料，保存复印件，并向查询上述情况的消费者提供真实信息。

租用他人柜台、场地从事经营活动的经营者,应当公示承租人的真实名称和标记。

第四十一条　经营者以预收款方式提供商品或者服务,应当与消费者约定经营地址、联系方式、商品或者服务的数量和质量、价款或者费用、履行期限和方式、安全注意事项和风险警示、售后服务、民事责任、争议解决方式等事项。消费者要求订立书面合同的,应当订立书面合同。

经营者应当保存合同以及合同履行情况的相关资料,方便消费者查询、复制;相关资料至少应当保存至合同履行完毕后两年。

经营者以预收款方式提供商品或者服务,应当按照同期银行定期存款利率支付消费者利息,但消费者已享受到预付款优惠的除外。

经营者以预收款方式提供商品或者服务,未如约履行的,应当按照消费者的要求履行约定或者退回预付款及其利息,并承担消费者必须支付的合理费用;对退款无约定的,按照有利于消费者的计算方式折算退款金额。

以预收款方式提供商品或者服务的经营者,停业、歇业或者变更经营场所的,应当提前一个月通知已交预付款的消费者。

工商行政管理部门可以制定预付款合同范本,并鼓励经营者使用。

第四十二条　经营者以消费者购买商品或者接受服务为条件,向消费者提供奖励或赠予的,应当符合法律、法规和标准要求,并对奖品、赠品或者奖励、赠与的服务承担修理、更换以及造成损害的赔偿等责任。

第四十三条　经营者在保险公司投保的商品或者服务,给消费者造成损失,消费者向经营者提出赔偿要求的,经营者应当先行予以赔偿。

第四十四条　经营者以格式条款、通知、声明、店堂告示等方式为消费者提供商品或者服务时,对与消费者有重大利害关系的内容,应当用显著方式提示消费者,并按照消费者的要求予以说明,不得作出含有下列内容的规定:

(一)免除或者部分免除经营者对其提供的商品或者服务应当承担的修理、重作、更换、退货、退还货款和服务费用或者赔偿损失等责任;

(二)排除或者限制消费者提出修理、重作、更换、退货、退还货款和服务费用或者赔偿损失以及获得违约金和其他合理赔偿的权利;

(三)排除或者限制消费者依法投诉、举报、申请仲裁、提起诉讼的权利;

(四)收取餐位费、开瓶费、消毒餐具费、包房最低消费;

(五)任意变更或者解除合同,限制消费者依法变更或者解除合同的权利;

(六)单方享有解释权或者最终解释权;

(七)其他对消费者不公平、不合理的规定。

第四十五条 经营者违反本条例规定的,有关行政部门应当将违法经营者的信息记入信用档案。

第四章　行政保护

第四十六条 工商行政管理、质量技术监督、食品药品监督管理、价格、卫生和计划生育、旅游等有关行政部门应当依法履行保护消费者合法权益的职责,加强市场监管,及时受理、处理投诉和举报,对涉嫌侵害消费者合法权益的行为进行监督检查时,行使下列职权:

(一)对生产、经营场所实施现场检查;

(二)向经营者以及相关人员调查、了解与侵害消费者合法权益有关的违法生产、经营活动的情况;

(三)查阅、复制有关合同、发票、账簿以及其他有关资料。

第四十七条 工商行政管理部门和其他有关行政部门在各自职责范围内,应当定期或者不定期对经营者提供的商品和服务进行抽查检验。对涉及人身健康、财产安全和影响国计民生、消费者投诉集中的商品和服务,应当优先列入年度抽查检验计划。抽查检验部门应当按照有关规定将抽查检验结果通过政务网站等途径向社会公布。

大众传播媒介引用抽查检验结果应当全面、客观、真实,并注明出处。

第四十八条 工商行政管理部门和其他有关行政部门对投诉、举报、行政检查、其他行政部门移送或者通过其他方式发现的经营者侵害消费者合法权益的行为,应当责令改正,依法作出警告、罚款、责令停业整顿等行政处罚;对危害消费者人身、财产安全的有质量问题的商品,依法予以查封或者扣押。

第四十九条 县级以上工商行政管理部门应当指导社区以及商场、市场、旅游景区等经营者建立消费者维权服务点(站)。

消费者维权服务点(站)应当宣传保护消费者合法权益的法律、法规和消费知识,引导消费者科学、合理、绿色消费,接受消费者咨询、投诉。

第五章　消费者组织保护

第五十条 县级以上行政区域应当依法成立消费者协会。

消费者协会应当无偿为消费者提供服务,所需经费单独列入财政预算。

依法成立的其他消费者组织依照法律、法规及其章程的规定,开展保护消费者合法权益活动。

第五十一条 消费者协会应当履行下列公益性职责:

(一)宣传保护消费者合法权益的法律、法规和消费知识,向消费者提供消费信息和咨询服务,引导文明、健康、节约资源和保护环境的消费方式;

（二）参与制定有关消费者权益的地方性法规、政府规章和地方标准；

（三）参与有关行政部门对商品和服务的监督、检查；受行政部门委托对侵害消费者合法权益的行为进行调查；

（四）对商品和服务的质量、价格、售后服务以及消费者的意见等进行调查、比较和评议，并可以向社会公布结果；

（五）就有关消费者合法权益的问题，向有关行政部门反映、查询，提出建议；

（六）受理消费者的投诉，并对投诉事项进行调查、调解；

（七）就侵害消费者合法权益的行为，支持受侵害的消费者提起诉讼或者依法提起诉讼；

（八）组织由消费者、经营者、行业协会、专业机构、相关部门等多方参加的协调会，研究解决涉及消费者合法权益的重大事项；

（九）参与公用事业、公益性服务、自然垄断经营的商品、服务价格听证会以及涉及保护消费者利益的重大案件听证会，并独立发表意见；

（十）针对商品质量或者服务质量等领域存在的影响消费者合法权益的突出问题，约谈经营者；

（十一）推动建立跨境消费争议解决机制。

消费者协会应当认真履行保护消费者合法权益的职责，听取消费者意见和建议，接受社会监督。

第五十二条　消费者协会认为经营者有侵害消费者合法权益的违法经营行为的，可以书面告知有关行政部门。有关行政部门应当及时处理，并将处理结果书面告知消费者协会。

有关行政部门、行业协会对消费者协会就消费者合法权益保护事项的反映、查询、建议，应当在十五个工作日内予以答复，超期不答复的，消费者协会可以向被查询单位的上级单位反映，也可以公开披露、批评。

第五十三条　对侵害消费者合法权益的行为，县级以上消费者协会工作人员可以依法接受消费者委托向人民法院提起诉讼。

第五十四条　有关行政部门和消费者协会可以聘请消费者权益保护志愿者，宣传保护消费者合法权益的法律、法规，对经营者提供的商品和服务进行监督，举报侵害消费者合法权益的行为。

第六章　争议的解决

第五十五条　消费者与经营者发生争议的，可以通过双方和解、消费者协会等组织调解、向有关行政部门投诉、申请仲裁机构仲裁、向人民法院提起诉讼的途径解决。

第五十六条　鼓励经营者建立方便快捷的消费投诉处理机制，采用和解的方式与消费者协商解决争议。

和解协议的内容不得违反法律、法规的规定，不得侵害社会公共利益和他人合法权益。

第五十七条 人民法院应当支持消费者协会发挥消费纠纷调解的职能。对于经其调解达成的协议，双方当事人向人民法院申请司法确认的，人民法院应当依法及时办理。

第五十八条 鼓励经营者在经营场所张贴、悬挂标识或者在服务单据、信誉卡等消费凭证上承诺，一旦消费者与经营者发生纠纷，双方和解不成的，经营者同意纠纷由双方选定的仲裁委员会解决。

第五十九条 仲裁机构可以主动与消费者协会和有关部门沟通，针对消费争议的特点，简化工作程序，确立专门解决消费争议的工作机制。鼓励仲裁机构对小额消费争议，减免仲裁费用。

第六十条 消费者协会应当自接到消费者投诉之日起七个工作日内，告知消费者是否受理。

消费者协会受理投诉后，对事实清楚，争议双方没有异议的，应当在七个工作日内完成调解；对事实复杂或者争议双方意见分歧较大的，应当在三十日内完成调解。逾期未达成调解协议的，经争议双方同意，调解期限可以延长三十日。

达成调解协议的，应当制作调解书；经争议双方同意，调解协议可以采取口头形式，消费者协会调解人员应当予以记录备查；未能达成调解协议的，终止调解，消费者协会应当书面告知其他解决途径。

第六十一条 消费者可以就消费者权益争议向工商行政管理、质量技术监督、食品药品监督管理、价格、卫生和计划生育、旅游、住房和城乡建设、民政、教育、文化、新闻出版广播影视、通信管理等部门投诉。有关行政部门应当自接到消费者投诉之日起七个工作日内，予以处理并告知消费者。

对消费者权益争议，当事人可以请求有关行政部门调解，有关行政部门应当予以调解。对事实清楚，争议双方没有异议的，有关行政部门应当在七个工作日内完成调解；对事实复杂或者争议双方意见分歧较大的，有关行政部门应当在受理投诉之日起六十日内完成调解。

达成调解协议的，有关行政部门应当制作调解书；经争议双方同意，调解协议可以采取口头形式，有关行政部门调解人员应当予以记录备查；未能达成调解协议的，终止调解，有关行政部门应当书面告知其他解决途径。

第六十二条 消费者投诉由经营者所在地或者经营行为发生地的消费者协会或者有关行政部门受理。

消费者因网络交易发生消费者权益争议的，可以向经营者所在地、经营行为发生地或者网络交易平台所在地消费者协会或者有关行政部门投诉。

第六十三条 消费者向消费者协会或者有关行政部门投诉的,应当提供真实的姓名和联系方式、被投诉人的名称和地址等信息,并提出具体的投诉请求事项、理由和相关事实根据。

消费者协会或者有关行政部门对消费者权益争议进行调解时,消费者应当提供身份证明以及商品实物、购货凭证、服务单据等能够证明消费关系的证据。

第六十四条 因商品或者服务质量争议需要进行检测、鉴定的,消费者与经营者可以约定委托检测机构、鉴定组织单位;未约定或者对约定有争议的,由受理该投诉的有关行政部门或者消费者协会指定检测机构、鉴定组织单位进行检测、鉴定。

检测、鉴定的费用由经营者先行垫付,消费者提供等额担保,最终由责任方承担,也可以由双方当事人协商承担;无法明确责任的,由双方均担;法律、法规另有规定的,从其规定。经营者拒绝先行垫付或者消费者拒绝提供担保,导致检测、鉴定无法进行的,由经营者或者消费者承担相应的后果。

第七章　法律责任

第六十五条 经营者违反本条例规定侵害消费者合法权益,有关法律、法规对行政处罚机关和处罚方式已有规定的,从其规定。法律、法规未作规定的,依照本条例规定予以处罚。

第六十六条 违反本条例第十六条规定的,由工商行政管理部门或者其他有关行政部门责令改正,可以单处或者并处警告、没收违法所得、处以违法所得三倍以上十倍以下的罚款,没有违法所得的,处以两万元以上五十万元以下的罚款;情节严重的,并处责令停业整顿。

第六十七条 违反本条例第二十一条第四款规定的,由工商行政管理部门责令改正,可以处以五千元以上一万元以下的罚款;情节严重的,并处责令停业整顿。

第六十八条 违反本条例规定,应当开具信誉卡而未开具的,由工商行政管理部门责令改正,并处一百元罚款。

第六十九条 违反本条例第四十条第一款规定的,由工商行政管理部门责令改正,可以处以两千元以上五千元以下的罚款。

第七十条 违反本条例第四十四条规定的,由工商行政管理部门或者其他有关行政部门责令改正,可以单处或者并处警告,没收违法所得,处以违法所得一倍以上三倍以下但最高不超过三万元的罚款;没有违法所得的,处以三千元以上一万元以下的罚款。

第七十一条 有关行政部门及其工作人员、消费者协会及其工作人员违反本条例规定,有下列行为之一的,由有关部门依法给予处分;构成犯罪

的,依法追究刑事责任:

(一)应当受理消费者投诉未依法受理的;

(二)受理消费者投诉后,未在法定期限内办理的;

(三)处理消费者投诉过程中发现违法行为未依法处理的;

(四)在调解消费权益争议时,向消费者或者经营者收取或者变相收取费用的;

(五)包庇经营者侵害消费者合法权益行为的;

(六)以收取费用或者其他牟取利益的方式向消费者推荐商品和服务的;

(七)其他违法行为。

第八章　附　　则

第七十二条　本条例自 2016 年 3 月 15 日起施行。1995 年 12 月 15 日黑龙江省第八届人民代表大会常务委员会第十九次会议通过的《黑龙江省消费者权益保护条例》同时废止。

黑龙江省历史文化建筑保护条例

(2015年12月18日黑龙江省第十二届人民代表大会
常务委员会第二十三次会议通过)

第一章 总 则

第一条 为了加强对历史文化建筑的保护,传承优秀历史文化,促进城乡建设与社会文化协调发展,根据《中华人民共和国文物保护法》、《中华人民共和国城乡规划法》和《历史文化名城名镇名村保护条例》等法律、行政法规,结合本省实际,制定本条例。

第二条 本省行政区域内历史文化建筑保护及相关活动,适用本条例。

本条例所称历史文化建筑,包括文物保护单位和不可移动文物中的建(构)筑物,以及历史建筑。

第三条 历史文化建筑的保护,应当遵循统筹规划、科学管理、有效保护、合理利用的原则。

第四条 县级以上人民政府负责本行政区域内历史文化建筑的保护管理工作,应当将其纳入国民经济和社会发展规划,采取下列方式筹集资金用于历史文化建筑的维护和修缮:

(一)财政预算安排的资金;

(二)国有历史文化建筑依法使用获得的收益;

(三)社会捐赠;

(四)其他渠道筹集的资金。

县级以上文物主管部门负责本行政区域内文物保护单位和不可移动文物中的建(构)筑物保护管理的具体工作。

县级以上城乡规划主管部门负责本行政区域内历史建筑保护管理的具体工作。

县级以上其他有关行政主管部门应当按照各自职责做好相关工作。

第五条 县级以上人民政府及其文物、城乡规划等主管部门,应当加强对历史文化建筑保护的宣传教育,普及保护知识,增强全社会保护意识。

第六条 任何单位和个人都有依法保护历史文化建筑的义务,有权劝阻和举报危害历史文化建筑的行为。

县级以上文物和城乡规划主管部门应当公布举报方式,及时调查处理危害历史文化建筑的行为,并将处理结果告知举报人。

第七条　县级以上人民政府应当采取措施,鼓励、支持单位和个人以投资、捐赠、提供技术服务、志愿服务等方式,参与历史文化建筑的保护和保护性利用。

第八条　城市、县文物和城乡规划主管部门应当严格依法履行职责,对历史文化建筑的保护和使用情况进行日常巡查,及时制止、依法处理危害历史文化建筑的行为,督促、指导历史文化建筑保护责任人履行保护义务。

第二章　历史文化建筑的认定

第九条　建(构)筑物认定为不可移动文物,以及认定为不可移动文物的建(构)筑物核定公布为文物保护单位的,按照有关法律、法规规定执行。

第十条　建成五十年以上,并符合下列条件之一,未核定公布为文物保护单位,也未认定为不可移动文物的建(构)筑物,可以认定为历史建筑:

(一)建筑样式、结构、材料、施工工艺和工程技术具有建筑艺术特色或者科学研究价值的;

(二)反映地方历史文化、民俗传统,具有时代特征、地域特色的;

(三)在产业发展史上具有代表性或者典型性的;

(四)与重大历史事件或者著名人物有关的;

(五)具有其他历史、科学、艺术、社会价值,或者纪念、教育意义的。

建成三十年以上,不满五十年,但是符合前款规定条件之一,且历史、科学、艺术、社会价值特殊或者纪念、教育意义重要的建(构)筑物,也可以认定为历史建筑。

第十一条　城市、县人民政府应当组织文物和城乡规划等主管部门,每五年进行一次历史文化建筑普查。

第十二条　建(构)筑物的所有权人、管理人、使用人以及其他单位和个人,可以选择向建(构)筑物所在地城市、县文物或者城乡规划主管部门推荐不可移动文物、历史建筑。

第十三条　城市、县城乡规划主管部门应当会同同级文物主管部门,根据普查和推荐等情况,拟订历史建筑名录,在组织有关部门论证、专家评审和征求社会意见后,报本级人民政府认定。城市、县人民政府应当自历史建筑认定之日起十五日内,向社会公布历史建筑名录。

依法认定的历史建筑,未经法定程序不得调整或者撤销;确需调整或者撤销的,应当履行前款规定的程序。

第十四条　城市、县人民政府应当自历史建筑名录公布之日起六十日内,在历史建筑显著位置设置保护标志。任何单位和个人不得擅自设置、移动、涂改或者损毁保护标志。

第十五条　县级以上文物和城乡规划主管部门发现具有保护价值,但尚未认定为不可移动文物或者历史建筑的建(构)筑物的,应当先行采取保护措施,并及时依法履行认定程序。

第三章　历史文化建筑的保护

第十六条　历史文化建筑保护责任人应当履行保护历史文化建筑的义务。保护责任人按照下列规定确定:

(一)国有历史文化建筑,管理人是保护责任人;管理人不明确的,使用人是保护责任人;管理人不明确并且没有使用人的,由城市、县人民政府确定保护责任人。

(二)非国有历史文化建筑,所有权人是保护责任人;所有权人下落不明或者房屋权属不清的,使用人是保护责任人;所有权人与使用人另有约定的,从其约定。

第十七条　城市、县文物、城乡规划主管部门应当分别会同同级不动产登记机构,与历史文化建筑保护责任人签订保护责任书,明确保护责任。

保护责任人应当按照保护规划、保护图则和分级分类保护要求,合理使用历史文化建筑,保持整洁美观和原有风貌。

保护责任人负责历史文化建筑的维护和修缮,维护和修缮应当符合保护规划、保护图则和分级分类保护要求,并符合国家和省有关技术标准、规范。

第十八条　历史文化建筑有损毁危险,保护责任人不具备维护和修缮能力的,城市、县人民政府应当视情况给予资助或者组织实施抢险加固工程;经非国有历史文化建筑所有权人同意,城市、县人民政府可以采取货币化、置换产权等方式进行收购,并按照原有风貌进行修复。

使用政府补助维护或者修缮的非国有历史文化建筑出售的,在同等条件下,城市、县人民政府有权优先购买。

第十九条　历史文化建筑应当根据历史、科学、艺术、社会价值和纪念、教育意义,实行分级分类保护。

不可移动文物中的建(构)筑物实行分级保护,县级以上文物主管部门应当根据保护需要,制定文物保护单位和未定级不可移动文物的具体保护措施,并公布施行。

历史建筑实行分类保护,具体保护类别和保护措施由城市、县人民政府确定。

第二十条　文物保护单位保护规划,应当根据保护需要依法组织编制,经批准后公布实施。文物保护单位保护范围和建设控制地带的划定,按照有关法律、法规规定执行。未定级不可移动文物保护规划的编制和批准公布,以及保护范围和建设控制地带的划定,可以根据保护需要按照文物保护单位的相关规定执行。

在历史文化名城、名镇、名村、街区、风貌区外依法认定的历史建筑,城市、县城乡规划主管部门应当会同同级文物主管部门,组织编制历史建筑保护规划,根据保护需要划定保护范围和建设控制地带,在组织有关部门论证、专家评审和征求社会意见后,报本级人民政府批准。历史建筑保护规划依法批准后,城市、县城乡规划主管部门应当及时公布。

在历史文化名城、名镇、名村、街区、风貌区中依法认定的历史建筑的规划管理,按照历史文化名城、名镇、名村、街区、风貌区保护规划执行。

第二十一条　县级以上人民政府应当将历史文化建筑保护规划纳入城乡规划。

各有关行政主管部门组织编制基础设施、公共服务设施、住房建设、环境保护、城市交通、绿地系统、旅游、河湖水系、商业网点等有关专项规划,应当与历史文化建筑保护规划相衔接。

第二十二条　县级以上文物和城乡规划主管部门应当依法严格监督历史文化建筑保护规划的实施,未经法定程序不得修改。

第二十三条　城市、县人民政府应当根据历史文化建筑保护需要,组织编制保护图则,明确使用、维护和修缮等具体要求,在组织专家评审后向社会公布。需要编制保护图则的,保护图则应当自历史文化建筑认定之日起六个月内编制完成;本条例施行前已经认定但尚未编制的,应当自本条例施行之日起六个月内编制完成。

第二十四条　历史文化建筑及其相互依存的周边环境和自然景观,以及历史文化街区和历史文化风貌区保护范围内的建(构)筑物,应当实施整体保护,保持和延续传统格局、空间尺度和历史风貌。

第二十五条　历史文化建筑保护范围和建设控制地带内的建设活动,应当遵守相关法律、法规及下列规定:

(一)除修缮、保养、抢险加固和设置保护性设施外,不得对认定为不可移动文物的建(构)筑物进行建设活动;修缮、保养、抢险加固和设置保护性设施不得改变原状,不得损毁、改建、添建或者拆除不可移动文物,并由具有文物保护工程资质的单位承担。

(二)不得对历史建筑进行与保护或者保护性利用无关的建设活动,保护或者保护性利用建设活动应当符合保护规划、保护图则和分类保护要求,并保持历史建筑原有高度、体量、造型、立面和色彩等。

(三)不得在历史文化建筑保护范围内新建建(构)筑物;确因保护或者保护性利用需要建设附属设施的,应当符合保护规划、保护图则和分级分类保护要求,并与历史文化建筑相协调。

(四)在历史文化建筑建设控制地带内进行建设活动,应当符合保护规划确定的建设控制要求,不得影响历史文化建筑安全和正常使用,不得破坏历史风貌。

第二十六条 城市、县人民政府应当根据当地经济社会发展水平,按照保护规划,逐步改善历史文化建筑所处区域的基础设施、公共服务设施和居住环境。

在历史文化建筑保护范围和建设控制地带内,修建基础设施、公共服务设施的,应当在退让、间距、日照、节能和抗震等方面符合国家和省有关技术标准、规范;确实无法达到的,城市、县文物、城乡规划主管部门应当分别会同相关主管部门制定相应的建设方案,明确具体标准和要求。

历史文化建筑的消防设施和消防车通道等,应当按照消防技术标准和规范设置;确实无法达到的,城市、县人民政府应当组织文物、城乡规划主管部门和公安机关消防机构,指导历史文化建筑保护责任人制定相应的防火安全保障方案。

第二十七条 任何单位或者个人不得在历史文化建筑上设置广告、灯箱、条幅、电子显示屏等严重影响历史文化建筑外观的外部设施。

未经批准不得擅自在历史文化建筑上设置牌匾、照明设备、遮雨(阳)篷等外部设施;城市市容环境卫生行政主管部门依照有关法律、法规批准前,应当征得城市、县文物和城乡规划主管部门同意。

经批准设置的外部设施应当符合保护规划、保护图则和分级分类保护要求,并与历史文化建筑相协调;已经设置但不符合保护规划、保护图则或者分级分类保护要求的,应当依法限期拆除或者按照保护要求依法重新设置。

第二十八条 建设工程选址,应当避开历史文化建筑;因特殊情况无法避开的,应当实施原址保护。

实施原址保护的,建设单位应当事先制定保护措施。对文物保护单位和不可移动文物中的建(构)筑物实施原址保护的,应当按照文物保护单位的级别报相应的文物主管部门批准。对历史建筑实施原址保护的,应当报城市、县人民政府城乡规划主管部门会同同级文物主管部门批准。

因公共利益需要,无法实施原址保护、必须迁移异地保护或者拆除的,建设单位应当事先制定建设方案。迁移或者拆除文物保护单位和不可移动文物中的建(构)筑物的,应当按照法律、法规规定批准。迁移或者拆除历史建筑的,应当由城市、县城乡规划主管部门会同同级文物主管部门,报省城乡规划主管部门会同省文物主管部门批准。

建设单位在实施迁移异地保护或者拆除时,应当做好测绘信息记录和档案资料保存,并按规定及时报送文物主管部门或者城乡建设档案管理机构。

原址保护、迁移、拆除所需费用,由建设单位承担。

第二十九条　禁止下列影响历史文化建筑保护的活动:

(一)涂污、刻划、损坏历史文化建筑;

(二)危及历史文化建筑安全的爆破、钻探、挖掘等作业;

(三)在历史文化建筑保护范围内生产、储存、使用具有毒害、腐蚀、爆炸、燃烧、助燃等性质的危险物品;

(四)在国有文物保护单位,以及烈士纪念设施保护单位、宗教活动场所的国有历史建筑中设立私人会所;

(五)违反法律、法规、保护规划、保护图则、分级分类保护要求的其他活动。

第三十条　文物保护单位自核定公布之日起一年内,未定级不可移动文物自登记公布之日起一年内,由县级以上人民政府划定必要的保护范围,在建筑物显著位置设置标志说明,建立记录档案,设置专门机构或者指定专人负责管理。

城市、县人民政府应当自历史建筑名录公布之日起六个月内,建立历史建筑档案,由城乡建设档案管理机构保管,并按照规定供社会查阅。

第四章　历史文化建筑的保护性利用

第三十一条　县级以上人民政府应当鼓励、支持符合历史文化建筑保护要求的保护性利用活动,发展与保护相适应的文化、旅游等相关产业。

第三十二条　核定公布为文物保护单位的国有建(构)筑物,具备开放和保证文物安全条件的,应当向社会开放,并可以开展下列保护性利用活动:

(一)开设博物馆;

(二)设立文物保管所;

(三)辟为参观游览场所。

用作前款规定以外其他用途的,应当根据文物保护单位级别,报相应的人民政府批准。

未定级不可移动文物中的国有建(构)筑物用作其他用途的,应当向所在地县级文物主管部门备案。

鼓励认定为不可移动文物的非国有建(构)筑物向社会开放;改变用途的,应当根据其级别向相应的文物主管部门备案。

第三十三条　在历史建筑中可以开展下列保护性利用活动:

(一)设立博物馆、陈列馆、纪念馆;

（二）传统文化研究；

（三）民间艺术表演活动；

（四）开设传统作坊、传统商铺、民俗客栈；

（五）制作、展示、经营民间工艺品；

（六）其他保护性利用活动。

第三十四条　向社会开放的历史文化建筑的游客承载标准，由城市、县文物、城乡规划主管部门分别会同同级旅游主管部门制定，并向社会公布。

第三十五条　鼓励发掘、收集、整理、研究和利用与历史文化建筑有关的历史事件、典故、传统文化、艺术和民俗等非物质文化遗产。

第五章　法律责任

第三十六条　违反本条例规定的行为，《中华人民共和国文物保护法》等法律、行政法规已有法律责任规定的，从其规定。构成犯罪的，依法追究刑事责任。

本条例规定的行政处罚，由文物、城乡规划、城市管理、城市市容环境卫生和公安机关消防机构等有关行政主管部门按照职责分工决定。

第三十七条　违反本条例规定，县级以上人民政府及其文物、城乡规划和其他有关行政主管部门，有下列行为之一的，对直接负责的主管人员和其他直接责任人员依法给予处分：

（一）未将历史文化建筑保护管理工作纳入国民经济和社会发展规划或者未将历史文化建筑保护规划纳入城乡规划的；

（二）未定期进行历史文化建筑普查的；

（三）未拟定历史建筑名录或者未按照规定程序将名录报认定的；

（四）未向社会公布危害历史文化建筑行为的举报方式、历史建筑名录或者保护规划的；

（五）未在规定期限内设置保护标志、标志说明或者建立档案的；

（六）未组织编制或者未按照规定程序组织编制保护规划的；

（七）其他未履行历史文化建筑保护管理职责的行为。

县级以上人民政府及其有关行政主管部门工作人员发现违法行为不予查处，或者有其他玩忽职守、滥用职权、徇私舞弊行为的，依法给予处分。

第三十八条　违反本条例规定使用、维护或者修缮历史建筑的，责令限期改正；逾期不改正的，对单位处以五万元以上十万元以下的罚款，对个人处一万元以上五万元以下的罚款；有违法所得的，没收违法所得；造成损失的，依法承担赔偿责任。

第三十九条　违反本条例规定，在历史文化建筑上设置广告标牌、条幅、电子显示屏等严重影响历史文化建筑外观的外部设施的，责令限期改正;逾期不改正的,处以二千元以上一万元以下的罚款。

第四十条 违反本条例规定,从事危及历史建筑安全的爆破、钻探或者挖掘等作业的,责令改正;造成严重后果的,对单位处以十万元以上二十万元以下的罚款,对个人处以五万元以上十万元以下的罚款;有违法所得的,没收违法所得;造成损失的,依法承担赔偿责任。

第四十一条 违反本条例规定,在历史文化建筑保护范围内生产、储存或者使用具有毒害、腐蚀、爆炸、燃烧、助燃等性质的危险物品的,责令限期改正;逾期不改正的,处以一万元以上五万元以下的罚款。

第四十二条 违反本条例规定,擅自设置、移动、涂改或者损毁历史文化建筑标志说明、保护标志的,责令限期改正;逾期不改正的,对单位处以一万元以上五万元以下的罚款,对个人处以一千元以上五千元以下的罚款。

第六章 附 则

第四十三条 本条例下列用语的含义是:

(一)不可移动文物,包括县级以上文物主管部门认定的具有历史、艺术、科学、社会价值的古文化遗址、古墓葬、古建筑、石窟寺、石刻、壁画、近代现代重要史迹和代表性建筑等文物。

(二)文物保护单位,包括根据不可移动文物的历史、艺术、科学、社会价值,分别由国务院和省、设区的市级、县级人民政府核定公布的全国重点文物保护单位、省级文物保护单位、设区的市级文物保护单位和县级文物保护单位。

(三)历史建筑,是指经城市、县人民政府认定公布的具有一定保护价值,能够反映历史风貌和地方特色,未核定公布为文物保护单位,也未认定为不可移动文物的建(构)筑物。

(四)历史文化街区,是指经省人民政府核定公布的保存文物特别丰富、历史建筑集中成片、能够较完整和真实地体现传统格局和历史风貌,并具有一定规模的区域。

(五)历史文化风貌区,是指经城市、县人民政府核定公布的保存历史建筑集中成片,能够较完整和真实地体现地域文化特点,具有一定规模,但尚不具备历史文化街区条件,或者尚未核定公布为历史文化街区的区域。

第四十四条 历史文化街区和历史文化风貌区保护范围内,除历史文化建筑外的其他建(构)筑物的建设和外部设施设置等可能影响历史风貌的活动,参照本条例执行。

第四十五条 本条例自2016年3月1日施行。本条例施行前,已经核定公布为文物保护单位,或者认定为不可移动文物和历史建筑的,其核定或者认定继续有效。

黑龙江省国家工作人员宪法宣誓办法

（2015 年 12 月 18 日黑龙江省第十二届人民代表大会
常务委员会第二十三次会议通过）

第一条 为彰显宪法权威，激励和教育国家工作人员忠于宪法、遵守宪法、维护宪法，加强宪法实施，根据《全国人民代表大会常务委员会关于实行宪法宣誓制度的决定》，结合我省实际，制定本办法。

第二条 全省各级人民代表大会及县级以上各级人民代表大会常务委员会选举、任命或者决定任命的国家工作人员，以及地方各级人民政府、人民法院、人民检察院任命的国家工作人员，在就职时应当公开进行宪法宣誓。

第三条 宣誓誓词如下：

我宣誓：忠于中华人民共和国宪法，维护宪法权威，履行法定职责，忠于祖国、忠于人民，恪尽职守、廉洁奉公，接受人民监督，为建设富强、民主、文明、和谐的社会主义国家努力奋斗！

第四条 省人民代表大会选举和表决通过的下列国家工作人员，依照法定程序产生后，进行宪法宣誓：（一）人民代表大会常务委员会主任、副主任、秘书长、委员；（二）人民政府省长、副省长；（三）高级人民法院院长；（四）人民代表大会专门委员会主任委员、副主任委员、委员等。宣誓仪式由人民代表大会会议主席团组织。

设区的市、县（市、区）人民代表大会选举和表决通过的下列国家工作人员，依照法定程序产生后，进行宪法宣誓：（一）本级人民代表大会常务委员会主任、副主任、秘书长、委员；（二）市长、副市长，县长、副县长，区长、副区长；（三）本级人民法院院长；（四）本级人民代表大会专门委员会主任委员、副主任委员、委员等。宣誓仪式由本级人民代表大会会议主席团组织。

经批准任命的本级人民检察院检察长，在依照法定程序产生后，进行宪法宣誓。宣誓仪式由本级人民代表大会常务委员会主任会议组织。

乡镇人民代表大会选举和表决通过的乡镇人民代表大会主席、副主席，乡长、副乡长，镇长、副镇长，以及乡镇人民代表大会代表资格审查委员会主任委员、副主任委员、委员等，在依照法定程序产生后，进行宪法宣誓。宣誓仪式由乡镇人民代表大会会议主席团组织。

第五条　省人民代表大会常务委员会任命或者决定任命的下列国家工作人员,依照法定程序产生后,进行宪法宣誓:(一)人民代表大会专门委员会个别副主任委员、部分委员;(二)人民代表大会常务委员会副秘书长,办公厅主任,研究室主任,工作委员会主任,派出的人大工作委员会主任、副主任;(三)人民代表大会常务委员会代表资格审查委员会主任委员、副主任委员、委员;(四)人民政府个别副省长,秘书长、厅长、委员会主任;(五)高级人民法院副院长;(六)人民检察院副检察长等。宣誓仪式由省人民代表大会常务委员会主任会议组织。

省人民代表大会常务委员会任命的省高级人民法院审判委员会委员、庭长、副庭长、审判员,省人民检察院检察委员会委员、检察员,大兴安岭地区、农垦、林区、铁路运输人民法院和人民检察院的法职人员,在依照法定程序产生后,进行宪法宣誓。宣誓仪式委托省高级人民法院、省人民检察院分别组织。省高级人民法院、省人民检察院组织的宣誓仪式,应在15个工作日内进行,如遇特殊情况可适当延后,省人民代表大会常务委员会可以委托相关部门负责人见证宣誓。

设区的市、县(市、区)人民代表大会常务委员会任命或者决定任命的下列国家工作人员,依照法定程序产生后,进行宪法宣誓:(一)本级人民代表大会专门委员会个别副主任委员、部分委员;(二)本级人民代表大会常务委员会副秘书长、办公厅(室)主任、研究室主任、工作委员会主任;(三)本级人民代表大会常务委员会代表资格审查委员会主任委员、副主任委员、委员;(四)本级人民政府个别副市长、副县长、副区长、秘书长、局长、委员会主任;(五)本级人民法院副院长、审判委员会委员、庭长、副庭长、审判员;(六)本级人民检察院副检察长、检察委员会委员、检察员等,在依照法定程序产生后,进行宪法宣誓。宣誓仪式由本级人民代表大会常务委员会主任会议组织。宣誓仪式也可以委托本级人民法院、人民检察院分别组织。

第六条　宣誓场所应当庄重、严肃,悬挂中华人民共和国国旗或者国徽。宣誓人员应当着正装,面向国旗或者国徽宣誓。

宣誓仪式可以采取单独宣誓或者集体宣誓的形式。单独宣誓时,宣誓人左手抚按《中华人民共和国宪法》,右手举拳,诵读誓词,诵读誓词后报宣誓人姓名。集体宣誓时,在宣誓人中确定一人领誓。领誓人左手抚按《中华人民共和国宪法》,右手举拳,领诵誓词;其他宣誓人整齐排列,右手举拳,跟诵誓词。诵读誓词后,领誓人先报姓名,其他宣誓人同时或者依次自报姓名。

因故未能参加宪法宣誓的任职人员,应当另行安排。

第七条　全省各级人民代表大会及其常务委员会组织的宣誓仪式,应当向社会公开报道。

第八条 全省县级以上各级人民代表大会换届选举和表决通过的国家工作人员产生后,宣誓时可根据场地情况,按人大常委会和专门委员会,人民政府和人民法院的顺序分别组织进行。

第九条 全省县级以上各级人民政府及其各部门、人民法院、人民检察院任命的国家工作人员,在就职时进行宪法宣誓。宣誓仪式由本级人民政府及其各部门、人民法院、人民检察院分别组织。

第十条 有关负责组织宣誓的机关可以根据本办法规定并结合实际,制定宣誓的具体实施方案。

第十一条 省人民政府、省高级人民法院、省人民检察院、设区的市人大常委会可参照本办法制定宣誓的具体组织办法,报省人民代表大会常务委员会备案。

第十二条 本办法自 2016 年 1 月 1 日起施行。

黑龙江省人民代表大会
及其常务委员会立法条例

(2002 年 2 月 4 日黑龙江省第九届人民代表大会第五次会议
通过 2016 年 1 月 31 日黑龙江省第十二届人民代表大会第
五次会议修订)

第一章 总 则

第一条 为了规范地方立法活动,提高立法质量,发挥立法的引领、推动和保障作用,全面推进依法治省,根据《中华人民共和国立法法》和《中华人民共和国地方各级人民代表大会和地方各级人民政府组织法》等法律的有关规定,结合本省实际,制定本条例。

第二条 省人民代表大会及其常务委员会制定、修改、废止、解释地方性法规,省人民代表大会常务委员会(以下简称常务委员会)批准地方性法规、自治条例和单行条例,适用本条例。

第三条 地方立法应当维护社会主义法制统一和尊严,不得与宪法、法律、行政法规相抵触。

第四条 地方立法应当从本省实际需要出发,适应经济社会发展和全面深化改革的要求,突出地方特色。

第五条 地方立法应当体现人民的意志,发扬社会主义民主,坚持立法公开,保障人民通过多种途径参与立法活动。

第六条 省人民代表大会及其常务委员会应当加强对立法工作的组织协调,发挥在地方立法工作中的主导作用。

第七条 立法经费应当列入财政预算。

第二章 立法权限

第八条 省人民代表大会可以就下列事项制定地方性法规:

(一)法律明确授权的事项;

(二)本省政治、经济、教育、科学、文化、卫生、环境与资源保护、民政、民族等方面的重大事项;

(三)省人民代表大会的工作制度;

（四）常务委员会报请的事项；

（五）应当由省人民代表大会规定的其他事项。

第九条　常务委员会可以就下列事项制定地方性法规：

（一）为了实施法律、行政法规，根据本省实际，需要作出具体规定的；

（二）法律授权由常务委员会规定的；

（三）除《中华人民共和国立法法》第八条规定的事项外，国家尚未制定法律或者行政法规，根据本省实际，需要先行作出规定的；

（四）本省的地方性事务，需要用法规加以规范和调整的；

（五）规范常务委员会自身活动的；

（六）应当由常务委员会规定的其他事项。

第十条　省人民代表大会有权撤销常务委员会制定或者批准的不适当的地方性法规。

第十一条　在省人民代表大会闭会期间，常务委员会可以对省人民代表大会制定的地方性法规进行部分补充和修改，但不得同该法规的基本原则相抵触。

第十二条　设区的市人民代表大会及其常务委员会制定的地方性法规，不得同宪法、法律、行政法规和省人民代表大会及其常务委员会制定的地方性法规相抵触。

第十三条　省人民代表大会及其常务委员会制定的地方性法规要求省人民政府及其有关部门对专门事项作出配套的具体规定的，省人民政府及其有关部门应当自该法规施行之日起一年内作出规定，地方性法规对配套的具体规定制定期限另有规定的，从其规定。

省人民政府及其有关部门不得将被授予的权力转授给其他机关、组织，制定的规定不得与省地方性法规相违背。

省人民政府及其有关部门对专门事项作出配套的具体规定应当同时报常务委员会备案。

省人民政府及其有关部门未能在期限内作出配套的具体规定的，应当向常务委员会书面说明情况。

第十四条　省人民代表大会及其常务委员会可以根据改革发展的需要，决定就行政管理等领域的特定事项授权在一定期限内在部分地方暂时调整或者暂时停止适用省的地方性法规的部分规定。

第十五条　常务委员会有权撤销省人民政府制定的不适当的规章。设区的市人民政府制定的规章不适当的，常务委员会可以建议设区的市人民代表大会常务委员会予以撤销，也可以责成省人民政府予以改变或者撤销。

第三章　立法准备

第十六条　常务委员会通过立法规划和年度立法计划等形式，统筹安排立法工作。

常务委员会法制工作机构负责编制立法规划草案和年度立法计划草案，并按照常务委员会的要求，督促立法规划和年度立法计划的落实。

第十七条　常务委员会法制工作机构应当向省人民代表大会专门委员会、常务委员会工作机构和省人民政府法制工作机构等单位征集立法规划和年度立法计划建议项目。广泛征集省人民代表大会代表和常务委员会组成人员意见，并在网站、报刊上公告，向社会公开征集立法建议项目。

第十八条　提出立法建议项目，应当采用书面形式。单位提出立法建议项目，应当提供法规草案初稿和立项论证报告。立项论证报告应当对项目的必要性、合理性、可行性、立法时机等进行论证。个人提出立法建议项目，可以只提供建议项目名称和主要理由。

第十九条　省人民代表大会专门委员会、常务委员会工作机构和省人民政府法制工作机构应当根据需要，对立法建议项目进行调研、评估、论证，提出是否列入立法规划和年度立法计划的意见。

第二十条　常务委员会法制工作机构应当召开立项会议，组织专家逐项听取项目提出单位对立法建议项目的说明，对项目的必要性、合理性、可行性、立法时机等进行论证，并根据论证情况，拟定立法规划和年度立法计划项目，形成立法规划和年度立法计划草案。

立项会议应当邀请省人民代表大会有关专门委员会、常务委员会有关工作机构和省人民政府法制工作机构参加。

第二十一条　立法建议项目有下列情形之一的，不予列入年度立法计划：

（一）超越立法权限或者主要内容与上位法相抵触的；

（二）拟解决的主要问题已经通过其他立法解决的；

（三）立法目的不明确，或者拟设定的制度、规范难以实现立法目的的；

（四）主要内容难以操作执行的；

（五）与主要内容相关的上位法正在修改，即将出台的。

第二十二条　立法规划和年度立法计划由主任会议通过并向社会公布。

立法规划和年度立法计划正式项目的变更和调整由常务委员会法制工作机构综合各方面意见，提请主任会议决定。

第二十三条　省人民政府年度立法计划中的法规项目应当与常务委员会的立法计划相衔接。省人民政府法制工作机构应当及时跟踪了解省人民政府各部门落实立法计划的情况,加强组织协调和督促指导。

拟列入省人民政府年度立法计划的规章项目应当同时告知常务委员会法制工作机构。

设区的市、自治县的年度立法计划,应当报常务委员会备案。

第二十四条 省人民代表大会专门委员会、常务委员会工作机构应当认真研究省人民代表大会代表提出的立法议案和意见、建议,并由常务委员会法制工作机构在编制立法规划和年度立法计划时统筹考虑。

第二十五条 列入年度立法计划的法规项目,由提案人组织起草。

常务委员会认为需要由自己组织起草的法规草案,可由主任会议指定省人民代表大会专门委员会或者常务委员会工作机构组织起草。

综合性、全局性、基础性的重要法规草案,可以由有关专门委员会或者常务委员会工作机构组织起草。

专业性较强的法规草案,可以吸收相关领域的专家参与起草工作,或者委托有关专家、教学科研单位、社会组织起草。

提案人组织起草法规草案,应当邀请省人民代表大会有关专门委员会、常务委员会工作机构提前参与。

第二十六条 省人民政府有关部门在起草法规草案过程中,省人民代表大会专门委员会、常务委员会法制工作机构应当了解法规起草情况,并参与调查研究和论证工作。

第二十七条 起草法规草案,应当深入开展调查研究,广泛听取各方面的意见,准确掌握实际情况,真实反映公民、法人和其他组织的利益和诉求。

对于地方性法规中的专门问题或者重要问题,起草人应当提出专题可行性报告。

起草法规草案,可以根据需要征求立法联系点、立法咨询专家、民主党派、工商联、人民团体、社会组织、政协委员和无党派人士的意见。

第二十八条 起草的法规草案涉及两个以上部门权限的,提案人在提请审议前应当做好协调工作。

第四章　省人民代表大会立法程序

第二十九条 省人民代表大会主席团可以向省人民代表大会提出法规案,由省人民代表大会会议审议。

常务委员会、省人民政府、省人民代表大会专门委员会可以向省人民代表大会提出法规案,由主席团决定列入会议议程。

第三十条 一个代表团或者省人民代表大会代表十人以上联名,可以向省人民代表大会提出法规案,由主席团决定是否列入会议议程,或者先交有关专门委员会审议,提出是否列入会议议程的意见,再决定是否列入会议议程。

第三十一条 向省人民代表大会提出的法规案,在省人民代表大会闭会期间,可以先向常务委员会提出,经常务委员会审议后,提请省人民代表大会审议。

常务委员会依照前款规定审议法规案,应当通过多种形式征求代表意见,并将有关情况予以反馈;省人民代表大会专门委员会和常务委员会工作机构进行立法调研,可以邀请相关代表参加。

第三十二条 常务委员会决定提请省人民代表大会审议的法规案,应当在会议举行的一个月前将法规案发给代表。

第三十三条 列入省人民代表大会会议议程的法规案,大会全体会议听取提案人的说明后,由各代表团进行审议。

各代表团审议法规案时,提案人应当派人听取意见,回答询问。

第三十四条 列入省人民代表大会会议议程的法规案,由有关专门委员会审议,向主席团提出审议意见,并印发会议。

第三十五条 列入省人民代表大会会议议程的法规案,由法制委员会根据各代表团和有关专门委员会的审议意见对法规案进行统一审议,向主席团提出审议结果的报告和法规草案修改稿。

第三十六条 省人民代表大会会议审议法规案时,主席团常务主席可以召开代表团团长会议,就法规案中的重大问题听取各代表团的意见,进行讨论,并将讨论情况和意见向主席团报告。

第三十七条 法规案在审议中有重大问题需要进一步研究的,经主席团提出,大会全体会议决定,可以授权常务委员会根据代表的意见进一步审议,作出决定,并将决定情况向省人民代表大会下次会议报告;也可以授权常务委员会根据代表的意见进一步审议,提出修改方案,提请省人民代表大会下次会议审议决定。

第三十八条 法规草案修改稿经各代表团审议后,由法制委员会根据各代表团的审议意见进行修改,提出法规草案表决稿,由主席团提请大会全体会议表决,由全体代表的过半数通过。

审议中意见较多的,经主席团决定,表决前由法制委员会在全体会议上汇报审议修改情况并提出法规草案表决稿。

第三十九条 省人民代表大会制定的地方性法规由大会主席团发布公告予以公布。

第五章　常务委员会立法程序

第一节　提出法规案

第四十条 主任会议可以向常务委员会提出法规案,由常务委员会会议审议。

第四十一条 省人民政府、省人民代表大会专门委员会可以向常务委员会提出法规案。

省人民政府提出的法规案,由主任会议决定列入常务委员会会议议程,或者先交有关专门委员会审议,提出审议意见,再决定列入常务委员会会议议程。

省人民代表大会专门委员会提出的法规案,由主任会议决定列入常务委员会会议议程。

主任会议认为法规案有重大问题,需要进一步研究的,可以建议提案人修改完善后再向常务委员会提出。

第四十二条 常务委员会组成人员五人以上联名可以向常务委员会提出法规案,由主任会议决定是否列入常务委员会会议议程,或者先交有关专门委员会审议,提出审议意见,再决定是否列入常务委员会会议议程。

第四十三条 省人民政府提出的法规案,应当经其全体会议或者常务会议讨论通过,并于常务委员会举行会议 15 日前提交常务委员会。

未按期限提交的法规案,不列入该次常务委员会会议的议程。

第四十四条 提出法规案,应当同时提出法规草案文本及其说明,并提供必要的参阅资料。修改法规的,还应当提交修改前后的对照文本。法规草案的说明应当包括制定或者修改法规的必要性、可行性和主要内容,以及起草过程中对重大分歧意见的协调处理情况。

对有关行政许可、行政处罚、行政强制、行政收费条款的依据应当作出具体说明。

法规草案与其他法规相关规定不一致的,提案人应当予以说明并提出处理意见,必要时应当同时提出修改或者废止其他法规相关规定的议案。

报请批准的自治条例、单行条例涉及对法律法规作出变通规定的,应当作出具体说明。

第四十五条 列入常务委员会会议议程的法规案,一般应当在常务委员会会议举行的 10 日前将法规案和相关材料发给常务委员会组成人员。

常务委员会组成人员可以对法规案进行调查研究,准备审议意见。

对重要法规案或者法规案中的重大问题,常务委员会组成人员可以组织人员调查研究。需要由省人民代表大会有关专门委员会或者常务委员会工作机构协助的,应当予以协助。

第二节 常务委员会审议

第四十六条 列入常务委员会会议议程的地方性法规案,一般应当经两次常务委员会会议审议后交付表决。

对意见分歧较大或者意见较多的法规案,应当经隔次或者三次常务委员会会议审议后交付表决,或者经两次常务委员会会议审议后交付下次常务委员会会议表决。

对部门间争议较大的法规案,可由常务委员会委托第三方评估,充分听取各方意见,协调决定。

调整事项较为单一或者部分修改的法规案,各方面的意见比较一致的,也可以经一次常务委员会会议审议即交付表决。

第四十七条　常务委员会会议审议法规案时,列席人员可以对法规案提出意见和建议。

第四十八条　常务委员会会议审议法规案,应当有充足的时间保证。

分组审议法规案应当依照会议议程逐案审议。

法制委员会统一审议法规案会议期间,不安排审议法规案的分组或者联组会议。

主任会议应当在法制委员会统一审议法规案会议半个工作日后审议法规草案修改稿或者表决稿。

主任会议应当在常务委员会会议表决法规草案表决稿半个工作日前作出交付表决决定。

第四十九条　常务委员会会议审议法规案,提案人应当派人听取意见,回答询问。

常务委员会分组会议审议法规案,有关单位应当派人介绍情况。

第五十条　常务委员会会议审议法规案,遇到意见分歧较大的或者重要的问题,应当召开联组会议或者全体会议审议。

第五十一条　常务委员会会议审议法规案时,常务委员会组成人员应当围绕法规案提出审议意见。审议意见应当具体、明确,具有针对性和可操作性。

常务委员会组成人员在常务委员会会议上提出审议意见可以用口头形式,也可以用书面形式。不能出席审议法规案的常务委员会会议时,可以提交书面审议意见。

第五十二条　列入常务委员会会议议程的法规案,应当在常务委员会会议初次审议后,将法规草案修改文稿向相关领域的全国和省人民代表大会代表征求意见,并向社会公布,但经主任会议决定不公布的除外。

向社会公布征求意见的时间一般不少于15个工作日。

第五十三条　常务委员会会议审议法规案,根据需要允许公民旁听。

第五十四条　列入常务委员会会议议程的法规案,在交付表决前提案人要求撤回的,提案人应当说明理由,经主任会议同意,并向常务委员会报告,对该法规案的审议即行终止。

第五十五条 列入常务委员会会议审议的法规案,因各方面对制定该法规的必要性、可行性等重大问题存在较大意见分歧搁置审议满两年的,或者因暂不付表决经过两年没有再次列入常务委员会会议议程审议的,由主任会议向常务委员会报告,该法规案终止审议。

第五十六条 常务委员会法制工作机构在常务委员会会议审议法规案过程中,应当履行下列职责:

(一)汇总、整理组成人员和有关专门委员会的意见;

(二)收集、整理社会各方面对法规草案的意见;

(三)向省人民代表大会专门委员会、常务委员会组成人员反馈意见、建议的采纳情况;

(四)起草法制委员会审议结果的报告和修改情况的汇报等材料草稿;

(五)其他审议服务工作。

第三节 专门委员会审议

第五十七条 对实行两次常务委员会会议审议的法规案,常务委员会会议第一次审议时,由提案人向全体会议作说明,有关专门委员会提出审议意见书面印发会议。会后,法制委员会根据常务委员会组成人员、有关专门委员会的审议意见和各方面提出的意见,对法规案统一审议。

常务委员会会议第二次审议时,由法制委员会提出审议结果的报告和法规草案修改稿,对重要的不同意见应当在审议结果的报告中予以说明。有关专门委员会的审议意见和常务委员会组成人员的重要意见未被采纳的,应当给予反馈。分组会议审议后,由法制委员会根据组成人员的意见对法规草案继续修改,提出修改情况的汇报和草案表决稿。

法制委员会统一审议法规案时,应当邀请有关专门委员会的成员列席会议,发表意见。

第五十八条 对实行三次常务委员会会议审议的法规案,常务委员会会议第一次审议时,依照本条例第五十七条第一款的规定。

常务委员会会议第二次审议时,由法制委员会向全体会议作审议结果的报告并提出草案修改稿。

常务委员会会议第三次审议时,由法制委员会向全体会议作修改情况的汇报,并提出法规草案二次修改稿。分组会议审议后,法制委员会根据常务委员会组成人员的意见对法规草案继续修改,提出对二次修改稿修改情况的汇报和草案表决稿。

第五十九条 对实行一次常务委员会会议审议的法规案,由提案人向全体会议作说明,有关专门委员会提出审议意见书面印发会议。分组会议审议后,由法制委员会向全体会议提出审议结果的报告和草案表决稿。

第六十条 拟提请常务委员会会议审议表决的法规案,在法制委员会提出审议结果报告前,常务委员会法制工作机构可以对法规草案中主要制度规范的可行性、法规出台时机、法规实施的社会效果和可能出现的问题等进行评估。评估情况由法制委员会在审议结果报告中予以说明。

第六十一条 法规案经三次常务委员会会议审议后仍有重大问题需要进一步研究的,由主任会议决定,交法制委员会或者有关专门委员会进一步审议,法制委员会或者有关专门委员会应当进行研究,向主任会议提出是否继续提请常务委员会审议的意见。

第六十二条 法制委员会或者有关专门委员会审议法规案应当召开全体组成人员会议,意见不一致时依据少数服从多数原则进行表决。

法制委员会或者有关专门委员会审议法规案时,有关机关、组织负责人应当到会听取意见,回答询问。

第六十三条 有关专门委员会在审议法规案时,可以邀请其他专门委员会组成人员和常务委员会法制工作机构的有关人员列席会议。

第六十四条 法制委员会和有关专门委员会审议法规案时,可以组织听证会或者论证会,听取有关部门、专家和利害关系人的意见。

第四节　表决和公布

第六十五条 常务委员会表决法规案,由常务委员会全体组成人员的过半数通过。

第六十六条 法规草案表决稿交付常务委员会会议表决前,主任会议根据常务委员会会议审议的情况,可以决定将个别意见分歧较大的重要条款提请常务委员会会议单独表决。

单独表决的条款经常务委员会会议表决后,主任会议根据单独表决的情况,可以决定将法规草案表决稿交付表决,

也可以决定暂不交付表决,交法制委员会和有关专门委员会进一步审议。

第六十七条 对多部法规中涉及同类事项的个别条款进行修改,一并提出法规案的,经主任会议决定,可以合并表决,也可以分别表决。

第六十八条 经常务委员会表决未获通过的法规案,如果提案人认为必须制定地方性法规的,可以按照本章规定的程序重新提出。

第六十九条 常务委员会制定的地方性法规由常务委员会发布公告予以公布。

公告和地方性法规文本应当自通过之日起 10 个工作日内在常务委员会公报、省人民代表大会会网站、《黑龙江日报》上全文刊载。

法规规定的生效日期与公布日期的间隔至少为 30 日,但特殊情况除

外。在常务委员会公报上刊登的文本为地方性法规的标准文本。

第七十条　法规被修改的,应当公布新的法规文本。

法规被废止的,除由其他法规规定废止该法规的以外,由常务委员会发布公告予以公布。

第六章　常务委员会批准地方性法规、自治条例和单行条例程序

第七十一条　设区的市的地方性法规草案经其常务委员会会议第一次审议后,设区的市人民代表大会常务委员会法制工作机构应当向常务委员会法制工作机构及时通报情况。

第七十二条　自治县的自治条例和单行条例草案提交人民代表大会审议前,应当征求省人民代表大会民族侨务外事委员会和常务委员会法制工作机构的意见。

第七十三条　设区的市、自治县报请批准地方性法规、自治条例和单行条例,由主任会议决定列入常务委员会会议议程。

第七十四条　常务委员会会议审查报请批准的地方性法规、自治条例和单行条例,报请机关的负责人在全体会议上作说明,由法制委员会向会议提出对民族事务以外的地方性法规的审议意见的报告;由民族侨务外事委员会提出对自治条例、单行条例和涉及民族事务的地方性法规审议意见的报告。常务委员会分组会议审议后,法制委员会根据常务委员会组成人员的意见,向全体会议提出审查结果的报告和是否批准的决定草案。

第七十五条　设区的市的地方性法规、自治县的自治条例和单行条例,须报常务委员会批准后施行。常务委员会只审查其合法性,同宪法、法律、行政法规和本省的地方性法规不抵触的,应当在四个月内予以批准。

常务委员会审查设区的市、自治县报请批准的地方性法规、自治条例和单行条例的修改,只审查修改部分。

第七十六条　常务委员会在对报请批准的地方性法规进行审查时,发现个别条款存在合法性问题,可以采取附审查修改意见的形式批准。修改意见不属于合法性问题的,转报批机关研究处理。

常务委员会在对报请批准的地方性法规进行审查时,发现其同省人民政府规章相抵触的,应当作出处理决定。

第七十七条　常务委员会批准地方性法规、自治条例和单行条例,一般经一次常务委员会会议审查即交付表决。

第七十八条　设区的市人民代表大会及其常务委员会制定的地方性法规报经批准后,由设区的市人民代表大会常务委员会发布公告予以公布。

自治县人民代表大会制定的自治条例和单行条例报经批准后,由自治县人民代表大会常务委员会发布公告予以公布。

第七章　地方性法规的适用和解释

第七十九条　适用地方性法规时,应当遵循下列原则:

(一)下位法与上位法规定不一致的,适用上位法的规定;

(二)特别规定与一般规定不一致的,适用特别规定;

(三)新的规定与旧的规定不一致的,适用新的规定;

(四)不溯及既往,但为了更好地保护公民、法人和其他组织的权利和利益而作的特别规定除外。

第八十条　地方性法规适用中,如果同法律、行政法规规定不一致,应当适用法律、行政法规。但执行机关应当向常务委员会及时报告。

第八十一条　地方性法规适用中,如果同国务院部门规章规定不一致,常务委员会可以向国务院提出意见。

第八十二条　设区的市的地方性法规在适用中,发现与省人民政府的规章规定不一致的,由省人民代表大会法制委员会研究、提出处理意见:

(一)如果省人民政府的规章不适当,应当向主任会议报告,由主任会议建议省人民政府修改,或者提请常务委员会会议决定,撤销省人民政府的规章;

(二)如果常务委员会批准的地方性法规不适当,应当向主任会议报告,并建议设区的市人民代表大会常务委员会修改地方性法规,也可以提请省人民代表大会予以改变或者撤销。

第八十三条　省人民政府、省高级人民法院、省人民检察院、省人民代表大会专门委员会、设区的市人民代表大会常务委员会和常务委员会派出机构可以向常务委员会提出地方性法规解释要求。

公民、法人及其他组织要求对地方性法规进行解释的,可以向常务委员会法制工作机构提出建议。

第八十四条　地方性法规解释草案由常务委员会法制工作机构拟订,由主任会议决定列入常务委员会会议议程。

第八十五条　常务委员会会议审议地方性法规解释案时,省人民代表大会法制委员会根据常务委员会组成人员的意见进行审议和修改,提出地方性法规解释草案表决稿。

第八十六条　地方性法规解释草案表决稿由常务委员会组成人员的过半数通过,以常务委员会公告形式公布并按规定备案。

第八十七条　常务委员会的地方性法规解释同地方性法规具有同等效力。

第八十八条　常务委员会法制工作机构可以对地方性法规中有关具体问题的询问进行研究、予以答复,并报常务委员会备案。

第八章 备案审查

第八十九条 省人民代表大会及其常务委员会制定和批准的地方性法规,应当在公布后的 30 日内由常务委员会报全国人民代表大会常务委员会和国务院备案。

自治县的人民代表大会制定的自治条例和单行条例,由常务委员会报全国人民代表大会常务委员会和国务院备案;自治条例、单行条例报送备案时,应当说明对法律、行政法规、地方性法规作出变通的情况。

设区的市和自治县人民代表大会常务委员会应当在地方性法规、自治条例和单行条例批准后 7 个工作日内将备案所需材料报常务委员会,并同时报送相关电子文本。

第九十条 省人民政府、设区的市人民政府规章应当在公布后 30 日内报国务院备案,同时报本级人民代表大会常务委员会备案;设区的市人民政府制定的规章应当同时报常务委员会和省人民政府备案。

第九十一条 省人民政府、省高级人民法院、省人民检察院和设区的市人民代表大会常务委员会认为规章及规范性文件同宪法、法律、行政法规和本省的地方性法规相抵触的,可以向常务委员会书面提出进行审查的要求,由常务委员会工作机构分送有关专门委员会进行审查、提出意见。

前款规定以外的其他国家机关和社会团体、企业事业组织以及公民认为规章及规范性文件同宪法或者法律、行政法规、地方性法规相抵触的,可以向常务委员会书面提出进行审查的建议,由常务委员会工作机构进行研究,必要时,送有关专门委员会进行审查、提出意见。

省人民代表大会有关专门委员会和常务委员会工作机构可以对报送备案的规章及规范性文件进行主动审查。

第九十二条 省人民代表大会专门委员会、常务委员会工作机构在审查、研究中认为省人民政府制定的规章及规范性文件与宪法、法律、行政法规和本省的地方性法规相抵触的,可以向制定机关提出书面审查意见、研究意见;也可以由法制委员会与有关专门委员会、常务委员会工作机构召开联合审查会议,要求制定机关到会说明情况,再提出书面审查意见。制定机关应当在两个月内研究提出是否修改的意见,并向法制委员会和有关专门委员会或者常务委员会工作机构反馈。

省人民政府按照所提意见对规章及规范性文件进行修改或者废止的,审查终止。

省人民代表大会法制委员会、有关专门委员会、常务委员会工作机构经审查、研究认为省人民政府制定的规章及规范性文件同宪法、法律、行政法规和本省的地方性法规相抵触而省人民政府不予修改的,应当向主任会议提出予以撤销的议案、建议,由主任会议决定向省人民政府提出撤销意见或者提请常务委员会审议。

第九十三条　省人民代表大会有关专门委员会和常务委员会工作机构应当按照规定要求,将审查、研究情况向提出审查建议的国家机关、社会团体、企业事业组织以及公民反馈,并可以向社会公开。

第九章　附　　则

第九十四条　省人民代表大会有关专门委员会、常务委员会工作机构可以组织对有关法规或者法规中有关规定进行立法后评估。评估情况应当向常务委员会报告。

立法后评估应当遵循客观真实、公开透明、公众参与和科学规范的原则。

第九十五条　地方性法规编纂、译审工作由常务委员会法制工作机构负责。

第九十六条　本条例自 2016 年 3 月 1 日起施行。

黑龙江省农村扶贫开发条例

(2016年4月21日黑龙江省第十二届人民代表大会
常务委员会第二十五次会议通过)

第一条 为规范农村扶贫开发工作,推动农村贫困人口脱贫致富,加快农村贫困地区经济和社会发展,全面建成小康社会,根据相关法律、法规,结合本省实际,制定本条例。

第二条 本省行政区域内的农村扶贫开发以及管理活动,适用本条例。

本条例所称农村扶贫开发是指各级国家机关、社会各界和个人,通过政策、资金、物资、智力、技术、信息服务等方式,帮扶贫困地区和扶贫对象改善生产生活条件,提高发展能力,实现脱贫致富的活动。

第三条 农村扶贫开发应当坚持开发式扶贫方针,遵循政府主导、社会帮扶、产业带动、增强贫困人口自我发展能力的原则,坚持因地制宜,创新体制机制,坚持保护生态,实现绿色发展,实施精准扶贫、精准脱贫。

省人民政府有关部门应当制定和完善农村扶贫开发政策与农村最低生活保障制度相衔接的实施方案,实现应扶尽扶。

第四条 县级以上人民政府负责本行政区域的农村扶贫开发工作,建立健全目标责任和考核评价制度,对农村扶贫开发工作负总责,按期实现国家和省规定的脱贫目标。

县级以上人民政府应当按照减贫任务,加大财政专项扶贫资金投入。

乡(镇)人民政府应当做好农村扶贫开发任务承接、组织落实和分类推进等具体工作。

第五条 县级以上人民政府扶贫开发主管部门负责管理和监督本行政区域的农村扶贫开发工作。

其他相关部门应当按照各自职责,做好农村扶贫开发工作。

第六条 县级以上人民政府应当在每年10月17日扶贫日,组织相关部门和社会各界开展扶贫政策、法律、法规的宣传教育和扶贫济困等活动。

第七条 省人民政府应当对在扶贫开发工作中做出突出贡献的单位和个人给予表彰。

第八条 农村扶贫开发范围包括集中连片特殊困难地区县、国家扶贫开发工作重点县和省扶贫开发工作重点县、贫困村、贫困户。

　　集中连片特殊困难地区县和扶贫开发工作重点县人民政府应当加强扶贫开发机构队伍建设,保证机构、人员、经费与扶贫开发任务相适应。有贫困村的乡(镇)人民政府应当配备扶贫专职工作人员。

　　第九条　省扶贫开发主管部门应当建立扶贫对象精准识别机制,对扶贫对象建档立卡,实行有进有出的动态管理。扶贫对象应当如实提供建档立卡所需的信息和材料。

　　扶贫对象是按照国家和省有关规定识别确定的农村贫困人口。

　　贫困村、贫困户的识别、确定和退出,按照国家和省相关规定执行。

　　扶贫对象中的军烈属、残疾人、失独家庭、少数民族和归侨、侨眷等特殊群体应当给予优先扶持。

　　县级以上人民政府应当加强扶贫脱贫信息管理,建立相关信息数据平台,实现各级扶贫开发主管部门和相关主管部门资源共享、信息互通。

　　第十条　县级以上人民政府应当将农村扶贫开发纳入国民经济和社会发展规划,并制定农村扶贫开发专项规划。农村扶贫开发专项规划应当与区域发展规划、产业发展规划相互衔接。

　　县级以上扶贫开发主管部门应当根据本级人民政府制定的扶贫开发规划,拟定年度扶贫实施方案,报本级人民政府批准后实施。

　　县级以上人民政府有关部门应当结合行业特点,将农村扶贫开发纳入行业规划,优先保障贫困地区的资金、项目、技术、服务等需要。

　　第十一条　县级以上人民政府应当组织实施整村推进、产业发展、就业培训等扶贫开发项目。

　　整村推进项目重点用于村级特色产业发展以及配套设施建设,改善贫困村生产生活条件,确保贫困户获得直接的产业收益。

　　产业发展应当依托当地资源禀赋、区位优势和产业布局,以新型农业经营主体为载体,支持贫困地区发展特色种养业、农产品加工业、乡村旅游和电子商务等特色优势增收产业,建立健全新型农业经营主体与贫困户利益联结机制,在劳动力就业、利益分配等方面向贫困户倾斜。

　　加强农村贫困地区劳动力职业技能培训和就业创业指导服务,促进农村贫困地区劳动力转移就业、返乡创业和自主创业。支持贫困户劳动力接受职业教育,对参加中、高等职业教育的家庭成员实行扶贫助学补助。

　　金融、保险机构应当按照国家规定加强对贫困地区金融保险服务,开展信贷保险扶贫开发活动,创新金融保险产品。建立风险补偿保障机制。

　　对符合国家规定条件的交通不便、资源匮乏的深山等区域贫困人口,县级以上人民政府应当组织实施搬迁扶贫。

　　第十二条　县级以上发展和改革、财政、交通运输、农业、林业、水行政、电力、通信、住房和城乡建设、卫生和计生、人力资源和社会保障、旅游等有关部门和行业,应当按照农村扶贫开发专项规划制定贫困地区基础设施和社会公益事业建设年度实施计划,重点加强贫困地区基础设施建设,提高贫困地区的基本公共服务水平。

县级以上卫生和计生主管部门应当实施健康扶贫工程,加强贫困地区乡(镇)卫生院、村卫生室建设,对贫困人口健康信息建档立卡,建立健全医疗保障和医疗救助制度。

县级以上教育主管部门应当实施教育扶贫工程,全面落实贫困地区农村学生学前教育、义务教育、高中教育、职业教育、高等教育各项优惠政策。加大对贫困家庭学生的资助力度,减少因学致贫的贫困家庭。

第十三条 县级以上人民政府应当组织实施定点扶贫,引导和鼓励民营企业、社会组织和个人开展扶贫活动。

国家机关、国有企业、事业单位、大专院校、科研院(所)、军队和武警部队等应当按照国家和省有关规定,建立定点扶贫机制。通过包扶贫困县贫困村、建立驻村工作队、干部挂职等形式,落实帮扶责任。

按照国家税收法律以及有关规定,落实扶贫捐赠税前扣除、税收减免等优惠政策,鼓励民营企业到贫困县或者贫困村开展投资兴业、技能培训、技术推广、发展贸易、吸纳就业、捐资助贫等活动。

支持社会团体、基金会、民办非企业单位等各类社会组织,通过引进项目、资金、人才、技术和提供法律服务等形式开展扶贫活动。

鼓励社会成员以及在外创业成功的同乡和港澳同胞、台湾同胞、华侨、海外人士通过捐赠、志愿服务、结对帮扶等形式开展扶贫活动。

第十四条 省扶贫开发、财政等主管部门应当依据扶贫开发工作目标、贫困人口数量、减贫任务、扶贫工作成效和绩效评价等因素,将资金分配拨付到县。

省财政主管部门应当加大扶贫资金、行业资金、相关涉农资金的整合,将整合资金划拨到贫困县。逐步给予贫困县相应的资金整合使用自主权。贫困县的公益性建设项目不得要求县级配套。

县级人民政府应当依据贫困人口规模、贫困程度、减贫任务、资源条件等因素,在资金拨付到县后30日内将资金落实到具体项目,报省扶贫开发、财政主管部门备案,同时抄送市(地)扶贫开发、财政主管部门。

第十五条 扶贫开发项目主要包括基础设施、产业发展、公益事业、生态环境改善等项目。县级人民政府应当建立扶贫开发项目库,对项目实行动态管理。

审批权限下放到县级的扶贫开发项目,由县级确定后,将项目计划以及项目实施方案报省扶贫开发、财政主管部门备案;需要省级审批的扶贫开发项目,由县级人民政府报省扶贫开发、财政主管部门审核,经省人民政府批准后下达。

扶贫开发项目由县级扶贫开发主管部门会同乡(镇)人民政府,指导项目实施村召开村民大会或者村民代表大会,由群众民主选择项目,经公示无异议后,将项目申请逐级报乡(镇)人民政府、县级扶贫开发和财政主管部门审核,由县级人民政府确定。

扶贫开发项目一经批准,不得擅自变更;确需变更的,应当按照项目确定程序重新办理。

第十六条 县级人民政府应当执行扶贫开发项目实施前公告公示制度。在政府网站或者主要媒体公告公示扶贫资金安排、项目建设内容和扶持贫困户等情况。

扶贫开发项目实施村应当完善并执行村公告公示制度。公告公示主要内容应当包括项目名称、资金来源、资金规模、建设地点、建设内容、实施期限、预期目标、项目实施结果、实施单位以及负责人、监管部门和举报电话等。

县级扶贫开发主管部门对财政专项扶贫资金建设的扶贫开发项目应当依法进行招投标。

县级扶贫开发主管部门应当制定扶贫开发项目实施方案,落实项目责任、合同管理、竣工验收、绩效评价、档案登记、收益分配机制、后续管理等制度,并将项目实施情况报告省扶贫开发、财政主管部门。

扶贫开发项目实施期限原则上应当在一个年度内完成。

第十七条 扶贫开发项目建设完成后,由县级人民政府组织相关部门或者第三方,对扶贫开发项目建设内容、建设标准、工程质量等进行验收和审核决算,出具项目验收报告。

省扶贫开发、财政主管部门组织相关部门或者第三方,对扶贫开发项目进行检查评估。

对扶贫开发项目验收或者评估不合格的,责令限期整改。整改仍不合格的,省扶贫开发、财政主管部门相应减少或者取消下一年度扶贫开发专项资金支持,并由所在县级人民政府负责安排资金整改达到验收标准。

第十八条 扶贫开发项目形成的资产,产权归项目区域内的村集体所有,由村集体经营或者通过承包、租赁、股份合作等方式由新型农业经营主体经营,并承担管护责任。项目区域内的贫困村、贫困户、贫困人口应当作为扶贫开发项目的主要受益主体。村集体获得的收益主要用于扶持贫困户和农业基础设施、公益事业建设。

扶贫开发资金投入到新型农业经营主体的,可以具体折股量化给村集体经济组织和贫困户,其中村集体经济组织所占股份不得超过扶贫开发资金形成股份的20%。具备条件的,应当折股量化。

除扶贫对象外,扶贫开发资金或者扶贫开发项目形成的资产不得交由任何单位和个人无偿使用。

扶贫开发项目形成的资产,任何单位和个人不得损毁、非法占用或者处置,不得用于抵偿村级债务。

第十九条 省、市扶贫开发、财政主管部门应当加强对县级的指导监督,组织对财政专项扶贫资金绩效和项目实效的评价。

监察机关应当依法对扶贫开发资金、项目管理等实施监察。

审计机关应当依法对扶贫开发资金的使用情况进行审计监督。

任何单位和个人不得虚报、冒领、套取、截留、挤占、挪用扶贫开发资金。

第二十条 省人民政府以及有关部门应当建立扶贫开发考核机制,对有扶贫开发任务的市(地)、县(市)扶贫开发工作进行考核。

省人民政府应当按照国家有关规定,建立扶贫开发工作重点县退出机制。

第二十一条 扶贫开发工作重点县的人民代表大会常务委员会应当每年听取同级人民政府扶贫开发工作报告,适时开展对扶贫开发工作的监督检查。

第二十二条 扶贫开发主管部门在履行监督管理职责时,被检查单位和个人应当如实说明情况,提供相关文件、账册、单据和其他资料,配合检查相关项目、工程和场所。

第二十三条 扶贫开发主管部门和其他有关部门的工作人员滥用职权、玩忽职守、徇私舞弊的,由其所在单位、上级主管部门或者监察机关依法给予行政处分。

未经批准变更扶贫开发项目和资金用途的,由主管部门责令改正,对负有直接责任的主管人员和其他直接责任人员依法给予行政处分。

虚报、冒领、套取、截留、挤占、挪用扶贫开发资金的,擅自处置扶贫开发项目形成的资产的,将扶贫开发项目形成的资产用于抵偿村级债务的,由有关部门责令改正,对负有直接责任的主管人员和其他直接责任人员依法给予行政处分。

第二十四条 单位和个人弄虚作假骗取农村扶贫开发优惠待遇的,由有关部门取消其优惠待遇;有违法所得的,没收违法所得,并追究相关责任人的责任;造成损失的,依法赔偿损失。

损毁扶贫开发项目资产的,依法赔偿损失。非法占用扶贫开发项目资产的,由有关部门责令限期改正;有违法所得的,没收违法所得。

第二十五条 本条例自 2016 年 7 月 1 日起施行。2002 年 10 月 18 日黑龙江省第九届人民代表大会常务委员会第三十二次会议通过的《黑龙江省农村扶贫开发条例》同时废止。

黑龙江省耕地保护条例

（2016 年 4 月 21 日黑龙江省第十二届人民代表大会
常务委员会第二十五次会议通过）

第一章　总　　则

第一条　为保护耕地资源,提高耕地质量,改善耕地生态环境,促进农业可持续发展,根据《中华人民共和国农业法》、《中华人民共和国土地管理法》、《基本农田保护条例》等法律、行政法规,结合本省实际,制定本条例。

第二条　在本省行政区域内从事耕地保护和利用等活动,应当遵守本条例。

第三条　本条例所称耕地,是指各级人民政府依法编制的土地利用总体规划确定的种植农作物的土地。

本条例所称基本农田,是指按照一定时期人口和经济社会发展对农产品的需求,依据土地利用总体规划确定的不得占用的耕地。

本条例所称生态高产标准农田,是指由市、县级人民政府建设的生态良好、土地平整、集中连片、土壤肥沃、基础设施完善、抗灾能力强,与现代农业生产和经营方式相适应,并划定为基本农田的耕地。

第四条　耕地保护和利用,应当遵循科学规划、量质并重、用养兼顾、建管结合、综合整治的原则。

第五条　县级以上人民政府应当将耕地保护纳入国民经济和社会发展规划,并实行最严格的耕地保护制度,保持耕地数量,提高耕地质量。

乡(镇)人民政府、街道办事处负责耕地保护巡查,对村民委员会、农村集体经济组织和耕地使用者的耕地保护和利用等情况进行日常监督管理。

第六条　县级以上农业行政主管部门负责本行政区域内耕地的保护、建设、利用以及监督管理工作。

县级以上国土资源行政主管部门负责本行政区域内耕地总量控制、用途管制,以及耕地的整理、复垦、开发等监督管理工作。

县级以上发展和改革行政主管部门负责组织实施生态高产标准农田建设规划,建立部门会商机制,编制规划内中央基本建设投资年度计划,并做好项目安排衔接工作。

县级以上水行政主管部门负责本行政区域内水土流失调查、治理以及农田水利基础设施的建设、监督、管理等工作。

县级以上财政、环境保护、林业、畜牧等行政主管部门按照各自职责,负责耕地保护、建设、利用的相关工作。

第七条 耕地保护实行目标责任制度。

各级人民政府应当逐级签订耕地保护目标责任书。乡(镇)人民政府、街道办事处应当与村民委员会、农村集体经济组织签订耕地保护目标责任书。

耕地保护目标责任书应当包括耕地数量和质量状况、耕地地类、耕地保护措施、奖励与惩处等内容。

第八条 村民委员会、农村集体经济组织和村民小组作为耕地发包方,有权监督承包方、耕地使用者依照承包合同约定的用途合理利用和保护耕地,督促耕地使用者采取保护性耕作措施,制止损害耕地和耕地基础设施的行为。

第九条 耕地承包方和耕地使用者应当按照国家、省的有关规定和合同约定,科学合理使用耕地,自觉履行耕地保护义务,对他人损害耕地的行为有权予以制止并要求赔偿。

第十条 县级以上人民政府应当加强对耕地保护、基本农田和生态高产标准农田建设、农业技术推广的科研支持和资金投入;对采取措施提高耕地质量的,给予相应的政策和资金支持。

第十一条 各级人民政府应当加强对耕地保护的宣传教育,增强全社会耕地保护意识。

任何单位和个人都有保护耕地的义务,对破坏耕地的行为有进行制止和举报的权利。

第二章 规划与建设

第十二条 省农业行政主管部门应当根据全省土地利用总体规划,编制耕地质量保护和建设专项规划,经省人民政府批准后公布实施。

市、县级人民政府应当根据上一级人民政府制定的耕地质量保护和建设专项规划,结合本地实际,制定本行政区域的相应规划,并公布实施。

第十三条 县级国土资源行政主管部门会同同级农业行政主管部门,根据当地土地利用总体规划,确定基本农田保护区,按照国家规定划定永久基本农田,实行最严格保护。

第十四条 下列耕地应当划入基本农田保护区:

(一)国家有关行政主管部门和县级以上人民政府批准确定的粮、油生产基地;

（二）高产、稳产和基础设施良好的耕地；

（三）正在实施改造和列入农业综合开发项目的中、低产田；

（四）蔬菜生产基地；

（五）农业科研、教学试验田。

需要退耕还林、还草和还湿的耕地，不得划入基本农田保护区。

第十五条　基本农田保护面积实行指标控制，全省基本农田保护面积不得低于全部耕地的百分之八十；市（地）、县（市、区）基本农田面积，应当符合全省土地利用总体规划确定的控制指标。

第十六条　省发展和改革行政主管部门应当会同省质量技术监督、农业、国土资源等行政主管部门，制定生态高产标准农田的标准以及规划实施的保障制度，并公布实施。

第十七条　建设生态高产标准农田应当以平原区为重点；松嫩平原、三江平原以及中部粮食主产区的中、高产田，应当优先建设为生态高产标准农田。

第十八条　市、县级人民政府应当按照全省生态高产标准农田建设规划，制定本行政区域的生态高产标准农田建设总体方案和年度实施方案，并负责组织实施。

第十九条　县级以上人民政府应当加强生态高产标准农田生态系统和生产基础设施建设，采用生物防控措施，推行绿色、有机生产，改善耕地生态环境。

第二十条　县级以上人民政府应当组织开展下列耕地基础设施建设：

（一）农田水利以及水土保持设施；

（二）田间道路；

（三）田间用电设施；

（四）农田监测设施；

（五）植物保护设施；

（六）农田机械临时存放设施；

（七）其他有利于保护耕地和提高耕地质量的相关配套基础设施。

第二十一条　耕地基础设施建设项目应当符合耕地质量保护的相关要求，县级以上人民政府应当依法组织进行可行性论证、监督、检查和验收。

第三章　保护与管理

第二十二条　县级以上人民政府应当严格控制耕地转为非耕地，确保本行政区域内耕地总量不减少。

第二十三条　非农业建设可以利用非耕地的，不得占用耕地。经依法批准占用耕地的，用地单位应当负责开垦与所占用耕地数量、质量相当的耕地;没有条件开垦或者开垦的耕地不符合要求的,应当向县以上国土资源行政主管部门缴纳耕地开垦费,专款用于开垦新的耕地;耕地储备资源不足的,依法实行易地占补。

第二十四条　县级以上人民政府应当采取有效措施,减少易造成地力下降和耕地污染的农业投入品使用数量,预防并治理农业面源污染。

第二十五条　省农业行政主管部门应当会同同级相关部门,制定并公布耕地质量建设、监测评价、耕地地力等级提升、测土配方施肥、耕地污染源普查、耕地退化治理等技术标准和规程,指导并规范耕地使用和质量保护。

县级以上农业行政主管部门应当组织开展耕地质量保护技术示范与推广。

第二十六条　县级以上人民政府应当鼓励和支持耕地使用者使用测土配方肥,增施有机肥、生物肥以及有机无机复混肥,降低化肥使用量。

市、县级农业技术推广机构应当建立测土配方施肥数据库,制定测土配方施肥方案并组织实施。

第二十七条　县级以上质量技术监督、工商、农业等行政主管部门,应当按照各自职责,加强对农药生产、经营和使用的管理。对高毒农药实行定点经营制度。

县级以上农业行政主管部门应当对耕地使用者安全、合理使用农药进行监督;县级以上农业技术推广机构应当指导耕地使用者按照国家公布的禁止使用和限制使用农药的目录,合理使用农药。

耕地使用者应当严格遵守国家禁止使用和限制使用农药的规定,并逐年降低农药使用量。

第二十八条　县级以上农业技术推广机构应当指导耕地使用者科学、合理混配使用除草剂,降低除草剂的使用量。

禁止销售和使用长残留、高风险除草剂,推广使用用量低、安全高效、剂型环保的新型除草剂。

第二十九条　农药废弃包装物实行回收制度,回收可以采取押金等方式进行。具体实施办法由省农业行政主管部门制定。

农药经营单位应当建立农药销售台账和农药废弃包装物回收台账,对已售出农药的产品信息、产品来源、销售信息以及农药废弃包装物回收情况进行详细记录,台账记录应当完整、准确,台账资料应当至少保存三年。

回收所售农药的废弃包装,应当暂存于专用场所,不得与其他废弃物混合存放。暂存场所应当采取防雨淋、防渗漏等措施。回收的农药废弃包装物应当按照有关规定及时处置,贮存时间最长不得超过六个月。

农药使用者、农药经营单位以及农药废弃包装物运输、处置单位应当妥善保管农药废弃包装物,不得随意丢弃和堆放。

第三十条　县级农业行政主管部门应当定期对农药经营单位的农药销售台账和农药废弃包装物回收台账进行检查。

乡(镇)人民政府、街道办事处应当对农药使用者、农药经营单位的农药废弃包装物回收、存放情况进行日常监督管理,发现未按照规定进行回收、存放的,有权进行制止并及时向当地县级环境保护或者农业行政主管部门报告,相关行政主管部门应当依法进行处理。

第三十一条　鼓励推广使用非降解地膜回收再生利用技术和可降解地膜。耕地使用者应当及时捡拾其在农业生产过程中使用的废旧非降解地膜,并送交农业行政主管部门指定的机构处理,不得随意丢弃、掩埋或者焚烧。

禁止使用厚度低于 0.01 毫米的非降解地膜。

第三十二条　耕地灌溉用水应当符合国家农田灌溉水质标准和用水效率的要求。有条件的地区,逐步利用地表水替代地下水进行农田灌溉。

县级以上环境保护、水行政主管部门应当加强水质和用水效率监测,发现灌溉用水不符合国家农田灌溉水质标准和用水效率要求的,应当及时报告本级人民政府,并分别采取相应处理措施。

第三十三条　农田防护林建设应当符合国家和本省标准。农田防护林工程设计标准由省林业行政主管部门会同省质量技术监督行政主管部门制定。

县级以上林业行政主管部门应当依法加强农田防护林、水土保持林的建设;对已不能起到保护作用的林木应当及时更新,并对林木保护利用情况进行监督。

禁止任何单位和个人擅自砍伐、损毁农田防护林和水土保持林,以及在农田防护林地、水土保持林地取土。

第三十四条　耕地范围内禁止下列行为:

(一)建坟墓、建窑;

(二)擅自建房、挖砂、采石、采矿、取土;

(三)向耕地范围内排放工业废水、废气、废渣,以及未经无害化处理的污水、污泥等有害废物;

(四)向耕地范围内倾倒垃圾;

(五)法律、法规规定的其他行为。

第三十五条　禁止在耕地上种植未获得国家转基因种子生产许可证的转基因农作物。

经依法批准从事农业转基因生物试验、生产的单位和个人,应当制定安全管理和防范措施,防止转基因农作物及其废弃物向非试验、生产区耕地扩散;发现扩散、残留或者其废弃物造成环境污染的,应当立即采取有效措施加以控制和消除,并向当地县级农业行政主管部门报告。

第三十六条 向耕地使用者出让作为肥料的垃圾、污泥、污水、畜禽粪便的,出让方应当按照相关标准进行无害化处理,并提供有资质的检测机构出具的检测报告。

第三十七条 耕地所有者和承包经营者应当在土地承包合同中,明确耕地数量、质量以及保护责任等内容。耕地经营权流转后,流转合同应当载明耕地质量状况,明确转入方承担耕地质量保护、建设的权利和义务等相关内容。

第三十八条 县级以上人民政府应当针对可能造成耕地破坏、污染的突发事件,制定应急预案。

发现耕地被破坏的,任何单位和个人可以向当地县级农业或者国土资源行政主管部门报告,县级农业或者国土资源行政主管部门应当依法及时查处。

因事故或者其他突发事件,造成耕地环境污染的,当事人应当立即采取补救措施,并向当地县级农业或者环境保护行政主管部门报告。相关行政主管部门接到报告后,应当及时启动应急预案,并按照规定处理。

第四章 整治与利用

第三十九条 县级以上人民政府应当采取有效措施对耕地进行整理。耕地整理应当结合田、土、水、路、电、林、技、管等要素,与农业生产、生态保护等要求协调一致。

第四十条 县级以上人民政府应当完善土地复垦制度,建立土地复垦激励约束机制,落实生产建设毁损耕地的复垦责任。

第四十一条 县级以上人民政府应当制定本行政区域内的中、低产田改造计划,按照先易后难的原则,分期分批进行改造。改造后的中、低产农田,应当至少提高一个地力等级。

第四十二条 耕地使用者应当在适宜区域,至少每三年对耕地进行一次深松耕暄。

县级农业行政主管部门应当对深松耕暄情况定期进行监测,对深松耕暄结果进行检查和验收。

第四十三条 县级人民政府应当引导和鼓励耕地使用者调整种植结构,建立科学的轮作制度,鼓励有条件的地区实行休耕。

第四十四条 县级以上水行政主管部门应当根据水土保持规划,开展水土流失综合治理。

集体所有土地发包给农户的,承包合同中应当载明水土流失治理责任;乡(镇)人民政府、街道办事处和农村集体经济组织应当监督合同中相应责任的履行。

第四十五条　禁止在十五度以上的坡地开垦耕地。县级人民政府应当对十五度以上已经开垦并种植农作物的耕地制定退耕计划,逐步还林、还草。

第四十六条　县级以上林业或者其他有关行政主管部门,应当采用地面调查和遥感探测等方法,对本行政区域内耕地的沙化情况定期进行监测,并将监测结果向本级人民政府和上一级相关行政主管部门报告。

县级以上人民政府应当组织林业等相关行政主管部门,对生态脆弱地区的耕地采取植被保护、建设防风固沙林网等保护性措施;对已经沙化的耕地,应当依法进行治理。

第四十七条　非农业建设项目占用耕地的,县级国土资源行政主管部门应当要求并监督建设单位对所占用耕地的耕作层土壤进行剥离;剥离的土壤应当主要用于土地复垦,苗床用土,改良中、低产田和被污染耕地的治理。县级农业行政主管部门应当对剥离土壤的利用进行监督管理。

耕作层土壤剥离技术规程和标准,由省国土资源行政主管部门会同省质量技术监督行政主管部门制定。

耕作层土壤剥离管理与利用的具体办法,由省国土资源行政主管部门会同省农业行政主管部门制定。

第四十八条　经批准占用耕地的非农业建设项目施工时,施工单位应当减少地表扰动范围,避免损坏周边耕地的耕作层。无法避免的,由建设单位及时进行整理、修复或者依法补偿。

第四十九条　县级以上人民政府应当鼓励并推广采用粉碎还田、造肥还田、过腹还田等方式进行秸秆还田,提高地力。

任何单位和个人不得在省人民政府划定的禁烧区域内、限定的时限外,露天焚烧秸秆。

第五十条　耕地整理、复垦、开发等建设项目应当注重地力建设,建设单位应当根据项目规模,从项目资金中安排一定比例用于地力建设。

第五十一条　县级以上农业行政主管部门应当采取措施,对典型黑土进行优先保护,采取工程、生物和农艺等措施,对质量下降的黑土耕地优先进行综合治理。

第五章　监测与评价

第五十二条　省农业、国土资源行政主管部门应当按照各自职责,分别建立耕地质量详查和土地等级评价制度,每六年组织开展一次调查,了解耕地质量和土地等级变化情况,并建立相关档案。

第五十三条　县级以上农业、国土资源行政主管部门应当完善监测网络体系,按照各自职责,开展耕地质量和土地等级监测;每年向本级人民政府报告耕地质量监测和土地等级评价情况,提出保护建议。县级以上人民政府应当组织有关部门根据耕地质量、土地等级变化情况,采取相应保护措施。

第五十四条 县级以上农业、国土资源行政主管部门在耕地质量和土地等级监测中,可以采取下列措施:

(一)进入耕地现场进行实地勘查;

(二)采集土壤、灌溉水和农作物样品;

(三)要求耕地使用者如实提供有关情况和资料。

第五十五条 县级以上农业、国土资源行政主管部门应当分别建立耕地质量数据库、耕地等级评价与监测数据库,与相关部门实现互联互通、信息共享。

县级以上农业、国土资源行政主管部门应当相互通报非农业建设占用耕地和补充耕地的区位、面积、质量状况等信息。

第六章 法律责任

第五十六条 违反本条例规定的行为,法律、法规已经规定法律责任的,从其规定。

对违反本条例行为的行政处罚,由农业、国土资源、环境保护、水行政、林业等有关行政主管部门按照职责分工依法作出决定。行政主管部门发现违反本条例的行为本部门无权处理的,应当及时告知相关行政主管部门,相关行政主管部门应当依法处理。

第五十七条 违反本条例,县级以上人民政府有下列情形之一的,由上一级人民政府对其主要负责人、直接责任人给予行政处分:

(一)未对耕地总量进行严格管理,使耕地数量减少的;

(二)未按照生态高产标准农田相关标准推进并落实全省生态高产标准农田建设规划的;

(三)未建立科学轮作制度的;

(四)未建立耕地保护目标责任制度的;

(五)未对耕地污染、破坏等突发事件制定应急预案的;

(六)其他依法应当给予处分的情形。

第五十八条 违反本条例,乡(镇)人民政府、街道办事处有下列行为之一的,由县级人民政府对其主要负责人、直接责任人给予行政处分:

(一)未与农村集体经济组织或者其他农业生产经营组织签订耕地保护目标责任书的;

(二)未对农药使用者、农药经营单位的农药废弃包装物回收、存放情

况进行监督管理,或者发现问题未及时向当地县级环境保护、农业等行政主管部门报告,造成严重后果的;

(三)未对耕地经营者履行水土流失治理责任进行监督或者监督不力的;

(四)其他依法应当给予处分的情形。

第五十九条 违反本条例,县级以上有关行政主管部门及其工作人员有下列行为之一的,由有权机关依法对其主要负责人、直接责任人给予行政处分:

(一)未建立耕地质量数据库、测土配方施肥数据库、耕地等级评价与监测数据库的;

(二)在耕地基础设施建设项目论证、监督、检查、验收中弄虚作假的;

(三)未对耕作层土壤剥离、利用进行监督管理的;

(四)未对农药销售以及农药废弃包装物回收台账情况进行监督管理的;

(五)挤占、截留、挪用耕地质量保护、建设以及农业技术推广资金的;

(六)其他在耕地保护工作中滥用职权、玩忽职守、徇私舞弊等行为。

第六十条 违反本条例,擅自改变耕地用途,将耕地转为非耕地,以及非法占用耕地的,责令改正,限期恢复原状,并可以按照所破坏或者占用耕地面积处以每平方米十元至三十元的罚款。

第六十一条 违反本条例,在耕地范围内建坟墓、建窑,或者擅自建房、挖砂、采石、采矿、取土,破坏种植条件的,责令限期改正或者治理,可以并处所占耕地开垦费一倍至二倍的罚款。

第六十二条 违反本条例,单位或者个人损毁、非法占用耕地基础设施的,责令停止违法行为,限期恢复原状或者修复,并依法赔偿经济损失;逾期未恢复原状或者未修复的,处以五千元至二万元的罚款。

第六十三条 违反本条例,非农业建设项目的建设单位未剥离耕作层土壤或者剥离耕作层土壤未达到规定标准,以及施工单位损坏非农业建设项目占用耕地的周边耕地耕作层的,责令改正;逾期不改正或者无法改正的,按照耕作层土壤的占用面积或者损坏面积处以每平方米二十元的罚款。

第六十四条 违反本条例,出让方未对作为肥料的垃圾、污泥、污水、畜禽粪便进行无害化处理或者虽经处理但是不符合相关标准的,责令改正;对耕地造成污染的,应当责令进行土壤修复,并按照污染面积处以每平方米三十元的罚款。

向耕地范围内排放未经无害化处理的污水、污泥的,依照前款规定处罚。

第六十五条 违反本条例,农药经营单位有下列情形之一的,责令改

正;拒不改正的,处以五千元至一万元的罚款;造成损失的,依法赔偿:

（一）擅自经营高毒农药的;

（二）未建立农药销售台账或者农药废弃包装物回收台账的;

（三）未对售出农药的产品信息、产品来源、销售信息以及农药废弃包装物回收情况进行详细登记的;

（四）未执行农药废弃包装物销售回收制度的;

（五）对农药废弃包装物随意丢弃或者堆放的。

第六十六条 违反本条例,耕地使用者有下列行为之一的,责令改正或者限期排除危害;拒不改正或者拒不排除危害,或者无正当理由在规定期限内没有排除危害的,责令对造成的损失依法赔偿,并处以一千元至五千元的罚款,也可以由相关行政主管部门取消其资金补贴等政策支持:

（一）未按照肥料使用标准施用肥料,造成耕地质量下降的;

（二）未按照国家有关规定施用农药,造成土壤、水质等环境污染的;

（三）施用长残留、高风险除草剂的;

（四）随意丢弃、堆放农药废弃包装物的;

（五）随意丢弃、掩埋或者焚烧地膜,以及使用厚度低于0.01毫米非降解地膜的;

（六）未按照规定在适宜区域开展深松耕暄,造成耕地地力下降的;

（七）法律、法规规定的其他行为。

第七章 附　则

第六十七条 本条例自2016年7月1日起施行。1995年6月30日黑龙江省第八届人民代表大会常务委员会第十六次会议通过的《黑龙江省基本农田保护条例》、1996年11月3日黑龙江省第八届人民代表大会常务委员会第二十四次会议通过的《黑龙江省耕地保养条例》同时废止。

黑龙江省人口与计划生育条例

(2002 年 10 月 18 日黑龙江省第九届人民代表大会常务委员会第三十二次会议通过　根据 2013 年 12 月 13 日黑龙江省第十二届人民代表大会常务委员会第七次会议《关于废止和修改〈黑龙江省赌博处罚条例〉等十九部地方性法规的决定》第一次修正　根据 2014 年 4 月 22 日黑龙江省第十二届人民代表大会常务委员会第十次会议《关于修改〈黑龙江省人口与计划生育条例〉的决定》第二次修正　根据 2015 年 4 月 17 日黑龙江省第十二届人民代表大会常务委员会第十九次会议《关于废止和修改〈黑龙江省文化市场管理条例〉等五十部地方性法规的决定》第三次修正　根据 2016 年 4 月 21 日黑龙江省第十二届人民代表大会常务委员会第二十五次会议《关于修改〈黑龙江省人口与计划生育条例〉的决定》第四次修正)

第一章　总　　则

第一条　为了实现人口与经济、社会、资源、环境的协调发展,推行计划生育,维护公民的合法权益,根据《中华人民共和国人口与计划生育法》和有关法律、行政法规,结合本省实际,制定本条例。

第二条　本省行政区域内的机关、团体、企业事业单位和其他组织以及公民,均应当遵守本条例。

第三条　实行计划生育是国家的基本国策。

各级人民政府应当建立政府领导、部门指导、各方配合、单位管理、群众参与的工作机制,采取综合措施提高出生人口素质,促进人口均衡发展。

第四条　各级人民政府应当依靠宣传教育、科学技术进步、综合服务、建立健全奖励和社会保障制度,开展人口与计划生育工作。

第五条　各级人民政府领导本行政区域内的人口与计划生育工作,实行主要负责人责任制。

第六条　各级卫生和计划生育行政部门是本级人民政府人口与计划生育工作的主管部门,负责组织实施本条例。

农垦、森工主管部门分别负责垦区和森工林区内的本条例实施工作,业务上接受省卫生和计划生育行政部门的指导和监督。

第七条　建立人口与计划生育综合治理成员单位考核制度。公安、工商、人力资源和社会保障、财政、民政、卫生计生、农业等成员单位应当按照职责分工履行人口与计划生育管理职责。

第八条　工会、共产主义青年团、妇女联合会、计划生育协会以及个体劳动者协会等社会团体、企业事业单位和公民应当协助人民政府开展人口与计划生育工作。

村(居)民委员会应当依法做好计划生育工作。

第九条　人口与计划生育工作应当依法行政、严格执法、文明执法,不得侵犯公民的合法权益。

卫生和计划生育行政部门及其工作人员依法执行公务受法律保护。

第十条　对在人口与计划生育工作中作出显著成绩的组织和个人,给予表彰奖励。

对不履行计划生育义务、违反计划生育法律、法规规定的组织和个人,在评选综合性先进、确定综合性奖励以及工作人员晋升职级等方面,实行计划生育一票否决制度。

第二章　生育调节

第十一条　公民有生育的权利,也有依法实行计划生育的义务,夫妻双方在实行计划生育中负有共同的责任。

提倡一对夫妻生育两个子女。

第十二条　已生育两个子女的夫妻,符合下列条件之一的,可以再生育一胎子女:

(一)夫妻双方均为归国华侨或者香港、澳门、台湾地区居民在本省行政区域内定居的;

(二)夫妻双方均为边境地区居民的;

(三)经市(地)政府(行署)卫生和计划生育行政部门组织鉴定,两个子女中有残疾儿,且医学上认为能够生育健康儿的;

(四)特殊情况经省卫生和计划生育行政部门批准的,并报省人民政府备案。

第十三条　少数民族也应当实行计划生育。

夫妻双方或者一方为鄂伦春、鄂温克、赫哲、达斡尔、柯尔克孜、锡伯、俄罗斯族的,依法生育两个子女后,可以再生育一胎子女。

第十四条　再婚(不含复婚)夫妻,符合下列条件之一的,可以再生育一胎子女:

(一)再婚前合计只生育一个子女,婚后生育一个子女的;

(二)再婚前合计生育两个以上子女,婚后没有生育子女的。

第十五条 实行生育登记服务制度。生育登记服务,按照国家有关规定执行。

符合本条例第十二条、第十三条、第十四条规定的夫妻,由双方向一方户籍所在地县级卫生和计划生育行政部门提出申请。卫生和计划生育行政部门应当在二十个工作日内作出批准或者不予批准的决定并说明理由。

第十六条 公民与外国人、无国籍人以及香港、澳门、台湾居民结婚生育子女的,按照国家有关规定执行。

第十七条 计划生育以避孕为主。育龄夫妻自主选择计划生育避孕节育措施,预防和减少非意愿妊娠。

第三章 计划生育技术服务

第十八条 各级人民政府应当采取措施,开展计划生育技术服务,普及避孕节育、优生优育等生殖健康科学知识,提高公民生殖健康水平,防止或者减少出生缺陷。

第十九条 各级人民政府应当合理配置、综合利用卫生资源,建立健全由从事计划生育技术服务的医疗、保健机构组成的计划生育技术服务网络,改善技术服务设施和条件,提高技术服务水平。

第二十条 县级以上卫生和计划生育行政部门负责本行政区域内计划生育技术服务的管理和监督工作。

县级以上卫生和计划生育行政部门负责对从事计划生育技术服务的医疗、保健机构的管理和监督工作。

第二十一条 公民享有避孕方法的知情选择权。计划生育技术服务人员应当指导公民选择安全、有效、适宜的避孕措施。

对已生育子女的夫妻,提倡选择长效避孕措施。

实施避孕节育手术、特殊检查或者特殊治疗时,应当征得受术者本人同意并保障受术者的安全。

第二十二条 农村实行计划生育的育龄夫妻免费享受使用避孕药具,孕情、环情检查,放置、取出宫内节育器,人工终止妊娠术,输卵管结扎术,输精管结扎术以及技术常规所规定的各项医学检查,计划生育手术并发症诊治等基本项目的计划生育技术服务,所需经费由各级财政予以保障。具体经费来源及支付方式按省人民政府有关规定执行。

第二十三条 城镇实行计划生育的育龄夫妻享受国家规定的基本项目的计划生育技术服务,其费用除国家承担的专项经费外,已经参加生育保险的,在生育保险基金中支付;没有参加生育保险的,由用人单位支付;其他人员,由县级人民政府解决。

第二十四条 经卫生和计划生育行政部门组织鉴定,确系避孕节育措施引起的计划生育手术并发症,按照国家有关规定处理。

第二十五条 卫生和计划生育行政部门统一组织发放和管理非经营性避孕药具。

药品监督等部门应当加强对避孕药具零售市场的检查和监督。禁止生产经营伪劣避孕药具。

第二十六条 实施输卵管或者输精管结扎手术后符合再生育规定的,可以实施输精管或者输卵管复通手术。

第二十七条 严禁利用超声技术和其他技术手段进行非医学需要的胎儿性别鉴定;严禁非医学需要的选择性别的人工终止妊娠。

第四章 组织和管理

第二十八条 县级以上人民政府根据全国人口发展规划和上一级人民政府人口发展规划,结合当地实际情况,编制本行政区域的人口发展规划,并将其纳入国民经济和社会发展计划;负责制定人口与计划生育实施方案并组织实施。

人口与计划生育实施方案应当规定控制人口数量,加强母婴保健,提高人口素质的措施。

第二十九条 乡(镇)人民政府和街道办事处应当设置计划生育管理机构或者配备专职工作人员。

村(居)民委员会应当配备计划生育工作人员,在乡(镇)人民政府或者街道办事处指导下,做好计划生育宣传教育、咨询服务、提供统计信息、组织村(居)民参与计划生育等工作。

鼓励成立有关计划生育的群众组织,提高群众进行计划生育自我教育、自我管理、自我服务的能力。

第三十条 机关、社会团体、企业事业单位的计划生育工作应当实行主要负责人或者法定代表人责任制,设置计划生育机构或者配备专兼职人员,负责本单位计划生育管理和服务工作。

第三十一条 城镇人口与计划生育工作应当依托社区,实行属地管理、单位负责、居民自治、社区服务的管理体制。

农村人口与计划生育工作应当作为村民自治的一项重要内容,实行村务公开和民主管理。

第三十二条 离开原工作单位人员的计划生育管理和服务,有聘用单位的由聘用单位负责;没有聘用单位但尚未与原单位解除人事、劳动关系的,由原单位负责;没有聘用单位且已经与原单位解除人事、劳动关系的,由现居住地乡(镇)人民政府或者街道办事处负责。

个体工商业者的计划生育管理和服务,由其现居住地乡(镇)人民政府或者街道办事处和工商行政管理部门共同负责。

城镇无工作单位人员的计划生育管理和服务,由其现居住地乡(镇)人民政府或者街道办事处负责。

第三十三条　流动人口的计划生育工作由其户籍所在地和现居住地人民政府共同负责管理,以现居住地人民政府为主。具体管理办法按照国家和本省有关规定执行。

第三十四条　卫生计生、宣传、教育、科技、文化、民政、农业、新闻出版、广播电视等部门,以及工会、共产主义青年团、妇女联合会、计划生育协会等社会团体,应当开展人口与计划生育宣传教育,建设新型生育文化,引导公民树立科学、文明、进步的婚育观念。

广播、电视、报刊等大众传媒负有开展人口与计划生育的社会公益性宣传的义务。

学校应当在学生中,以符合受教育者特征的方式,有计划地开展国情国策和人口知识教育、生理卫生教育、青春期教育及性健康教育。

第三十五条　人口与计划生育统计工作应当执行《中华人民共和国统计法》和《黑龙江省统计监督处罚条例》等法律、法规以及有关规定,任何单位和个人都应当如实、及时提供人口与计划生育统计数字,严禁弄虚作假。

建立人口信息交流制度。公安、民政、人力资源和社会保障、卫生计生、统计等部门应当互相提供有关数据,实行人口信息资源共享。

第三十六条　各级人民政府应当把人口与计划生育经费纳入财政预算,切实予以保证。确保实现国家确定的投入目标。

建立多渠道的筹资体制。鼓励社会团体、企业事业单位和个人为人口与计划生育事业提供捐助。

各级人民政府应当对贫困、边远地区人口与计划生育经费投入给予重点扶持。

第三十七条　各级人民政府及有关部门应当定期对下级人民政府人口与计划生育经费的投入和使用情况进行监督、检查。

任何单位和个人不得截留、克扣、挪用人口与计划生育经费。

第三十八条　对从事人口与计划生育工作的人员应当发给必要的劳动保护用品。按规定解决好村(居)民委员会计划生育工作人员的报酬。

第五章　奖励与社会保障

第三十九条　依法办理结婚登记的夫妻享受婚假十五日,参加婚前医学检查的,增加婚假十日,假期工资照发。

符合本条例规定生育子女的,女方享受产假一百八十日,假期工资照发,不影响聘任、工资调整、职级晋升;男方享受护理假十五日,特殊情况可以参照医疗单位意见适当延长,护理假期间工资照发。

第四十条 职工采取避孕节育措施的,按以下规定休假,休假期间工资照发,不影响聘任、职级晋升及原有福利待遇和全勤评奖:

(一)放置、取出宫内节育器的,休假二日,七日内不安排国家规定的第三级体力劳动强度的劳动;

(二)结扎输精管、输卵管的,休假二十日;

(三)终止妊娠和采取其他避孕节育措施的,可以根据有关规定或者医师意见休假。

第四十一条 在国家提倡一对夫妻生育一个子女期间,依法生育一个子女后自愿不再生育的夫妻,领取《独生子女父母光荣证》后,享受以下优待:

(一)从领证之月起至子女满十八周岁止,每月发给不低于十元的独生子女父母奖励费或者给予相应待遇;

(二)在社会救济、扶贫、以工代赈、生产资料供应、技术培训等方面优先照顾;

(三)农村安排宅基地优先照顾。

第四十二条 在国家提倡一对夫妻生育一个子女期间,符合再生育条件而自愿不生育的夫妻,领取《独生子女父母光荣证》后,经县级卫生和计划生育行政部门审核,除享受独生子女家庭优待外,一次性发给不低于三百元的独生子女父母奖励费或者给予相应待遇。

第四十三条 领取《独生子女父母光荣证》的夫妻,按规定退休时享受以下优待:

(一)未实行养老保险的国家机关和事业单位职工,各加发退休费标准百分之五的退休金;

(二)企业和实行养老保险的机关、事业单位职工,2000年2月1日前领取《独生子女父母光荣证》,在本条例实施后退休的,由其所在单位给予不低于三千元的一次性补助;2000年2月1日及以后领取《独生子女父母光荣证》的,由所在单位在领证时为其一次性办理相当于本人一个月工资额的独生子女父母补充养老保险。

领取《独生子女父母光荣证》的职工,在独生子女死亡后不再生育和收养子女的,除享受前款规定的奖励外,退休时由所在单位给予不低于五千元的一次性补助;其他人员由当地人民政府给予适当帮助。

各级人民政府应当根据实际情况在农村逐步建立独生子女父母养老保险及其他有利于计划生育的社会保障制度。

第四十四条 独生子女父母奖励费按下列规定支付:

（一）夫妻双方为职工的，由双方所在单位各承担百分之五十；

（二）一方为职工，另一方无工作单位，或者丧偶的，由职工所在单位全部承担；

（三）城镇其他人员，由户籍所在地县级人民政府解决；

（四）离开原工作单位的人员，有聘用单位的由聘用单位承担；没有聘用单位但尚未与原单位解除人事、劳动关系的，由原单位承担；没有聘用单位且已经与原单位解除人事、劳动关系的，按照第（二）项和第（三）项之规定处理；

（五）农村居民由所在地乡（镇）人民政府承担。

第四十五条 国家机关、企业事业单位的独生子女父母奖励费、补助费、补充养老保险资金，按现行经费开支渠道列支。

第四十六条 完善计划生育家庭奖励扶助制度和特别扶助制度。对计划生育家庭在老年人福利、社会救助、就医养老服务等方面给予必要的优先和照顾。

领取《独生子女父母光荣证》的夫妻，独生子女发生意外伤残、死亡的，按照规定获得扶助。

在国家提倡一对夫妻生育一个子女期间，按照规定应当享受计划生育家庭老年人奖励扶助的，继续享受相关奖励扶助。

第四十七条 已领取《独生子女父母光荣证》的夫妻，再生育子女的，应当交回《独生子女父母光荣证》，不再享受对独生子女父母的优待和奖励。

第六章 法律责任

第四十八条 违反本条例规定生育的，每多生育一胎子女，按照子女出生上一年度本省城镇居民或者农村居民年人均可支配收入的一倍，对男女双方分别征收社会抚养费。

第四十九条 有配偶者与他人生育的，对有配偶者依照本条例第四十八条规定的征收标准的三倍征收社会抚养费。

第五十条 违反本条例，有下列行为之一的，由县级以上卫生和计划生育行政部门给予警告，没收违法所得；违法所得一万元以上的，处违法所得二倍以上六倍以下的罚款；没有违法所得或者违法所得不足一万元的，处一万元以上三万元以下的罚款；情节严重的，由原发证机关吊销执业证书；构成犯罪的，依法追究刑事责任：

（一）非法为他人施行计划生育手术的；

（二）利用超声技术和其他技术手段为他人进行非医学需要的胎儿性别鉴定或者选择性别的人工终止妊娠的；

（三）进行假医学鉴定、出具假计划生育证明的。

第五十一条 伪造、变造、买卖计划生育证明，由县级以上卫生和计划生育行政部门没收违法所得；违法所得五千元以上的，处违法所得二倍以上十倍以下的罚款；没有违法所得或者违法所得不足五千元的，处五千元以上二万元以下的罚款；构成犯罪的，依法追究刑事责任。

以不正当手段取得计划生育证明的，由卫生和计划生育行政部门取消其证明；出具证明的单位有过错的，对直接负责的主管人员和其他直接责任人员依法给予行政处分。

第五十二条 国家机关工作人员在计划生育工作中，有下列行为之一的，依法给予行政处分；构成犯罪的，依法追究刑事责任；有违法所得的，没收违法所得：

（一）侵犯公民人身权、财产权或者其他合法权益的；

（二）滥用职权、玩忽职守、徇私舞弊的；

（三）索取、收受贿赂的；

（四）截留、克扣、挪用、贪污计划生育经费或者社会抚养费的；

（五）虚报、瞒报、伪造、篡改或者拒报人口与计划生育统计数据的。

第五十三条 干涉他人实行计划生育、包庇违反计划生育法律法规人员的，由县级以上卫生和计划生育行政部门给予五千元以上一万元以下罚款；是国家工作人员的，还应当由所在单位给予记过以上行政处分。

第五十四条 对不履行计划生育工作职责的相关部门、单位和人员，由当地人民政府责令改正，并给予通报批评；对直接负责的主管人员和其他直接责任人员依法给予行政处分。

第五十五条 拒绝、阻碍卫生和计划生育行政部门及其工作人员依法执行公务的，由县级以上卫生和计划生育行政部门给予批评教育并予以制止；所在单位应当给予行政处分；构成违反治安管理行为的，由公安机关依法给予治安管理处罚；构成犯罪的，依法追究刑事责任。

第五十六条 公民、法人或者其他组织认为行政机关在实施计划生育管理过程中侵犯其合法权益的，可以依法申请行政复议或者提起行政诉讼。

第七章 附 则

第五十七条 本条例所称农村居民是指户籍所在地在乡村的人员。

本条例规定的生育子女数是指男女双方生育、送养子女的存活数。

第五十八条 本条例自 2003 年 1 月 1 日起施行。

1999 年 12 月 18 日黑龙江省第九届人民代表大会常务委员会第十三次会议通过的《黑龙江省计划生育条例》同时废止。

黑龙江省人民代表大会常务委员会
人事任免条例

(1988 年 10 月 16 日黑龙江省第七届人民代表大会常务委员会第五次会议通过　根据 2000 年 12 月 14 日黑龙江省第九届人民代表大会常务委员会第二十次会议《关于修改〈黑龙江省人民代表大会常务委员会人事任免条例〉的决定》第一次修正
根据 2016 年 4 月 21 日黑龙江省第十二届人民代表大会常务委员会第二十五次会议《关于修改〈黑龙江省人民代表大会常务委员会人事任免条例〉的决定》第二次修正)

第一章　总　　则

第一条　根据《中华人民共和国宪法》、《中华人民共和国地方各级人民代表大会和地方各级人民政府组织法》、《中华人民共和国人民法院组织法》、《中华人民共和国人民检察院组织法》以及全国人民代表大会常务委员会的有关规定,结合我省实际,制定本条例。

第二条　制定本条例是为了认真履行宪法和法律赋予省人民代表大会常务委员会(以下简称省人大常委会)任免国家机关工作人员的职权,加强对国家机关工作人员的监督,更好地为社会主义建设服务。

第三条　人事任免工作,必须坚持党管干部的原则,德才兼备、任人唯贤的原则,群众公认、注重实绩的原则,公开、平等、竞争、择优的原则,民主集中制的原则,依法办事的原则,以及干部革命化、年轻化、知识化、专业化要求,严格按照法律和省人大常委会有关规则、决议、决定办事。

第四条　省人大常委会对市、县(市、区)人大常委会人事任免工作负有法律监督责任。

第二章　任免范围

第五条　省人大常委会在人民代表大会闭会期间,根据主任会议提名,任免省人大各专门委员会的个别副主任委员和部分委员。根据主任会议提名,任免省人大常委会副秘书长,各厅、室、工作委员会主任和派驻大兴安岭地区工作委员会主任、副主任。

第六条　省人大常委会在省人民代表大会闭会期间,根据省长提名,决定副省长的个别任免,决定秘书长、厅长、局长、主任等省人民政府组成人员的任免,由省人民政府报国务院备案。在人民代表大会上落选的副省长候选人,一年之内不得由人大常委会任命为同一职务。

在省人民政府换届时,秘书长、厅长、局长、主任等省人民政府组成人员应在省人大常委会第一次会议上予以任命,至迟不得超过第二次会议。未经重新任命,职务自然免除。

第七条　省人大常委会根据省高级人民法院院长提名,任免省高级人民法院副院长、审判委员会委员、庭长、副庭长、审判员,大兴安岭地区中级人民法院副院长、审判委员会委员、庭长、副庭长、审判员,农垦区、林区、铁路运输中级人民法院和基层人民法院院长、副院长、审判委员会委员、庭长、副庭长、审判员。根据省人大常委会主任会议提名,任免大兴安岭地区中级人民法院院长。

第八条　省人大常委会根据省人民检察院检察长提名,任免省人民检察院副检察长、检察委员会委员、检察员,省人民检察院大兴安岭分院检察长、副检察长、检察委员会委员、检察员,农垦区、林区、铁路运输分院和基层人民检察院检察长、副检察长、检察委员会委员、检察员;批准任免省辖市和地辖县、市、区人民检察院检察长。

第九条　省人民代表大会闭会期间,省人大常委会主任因故不能工作或缺位时,省人大常委会根据主任会议提名,在常委会副主任中推选一人代理主任职务,直到主任可以工作或由省人民代表大会选出新的主任为止。

第十条　在省长、省高级人民法院院长、省人民检察院检察长因故不能工作或缺位时,省人大常委会根据主任会议提名,在副省长、副院长、副检察长中决定代理人选。如果上述副职中没有合适人选,可根据推荐机关的建议,由主任会议提名,经省人大常委会通过,任命为副省长、副院长、副检察长,决定代理省长、代理院长、代理检察长。

决定代理检察长须报最高人民检察院和全国人大常委会备案。

第十一条　省人民代表大会闭会期间,省人大常委会组成人员,省人大各专门委员会组成人员,省人民政府省长、副省长,省高级人民法院院长,省人民检察院检察长可以向省人大常委会提出辞职的申请,由省人大常委会决定是否接受辞职。决定接受辞职后,应报省人民代表大会备案,省人民检察院检察长的辞职须报经最高人民检察院检察长提请全国人大常委会批准。

第十二条　省人大常委会根据本条例第五条至第八条所规定的任命提请人的建议,或省人大常委会组成人员五人以上联名提出的撤销职务案,分别审议是否撤销由它任命或批准任命的国家机关工作人员的职务。

第十三条　在省人民代表大会闭会期间，省人大常委会决定撤销个别副省长职务，由省人民政府报国务院备案；省人大常委会如果认为省高级人民法院院长需要撤换，作出撤销职务决定后，报最高人民法院报经全国人大常委会批准；根据省人大常委会主任会议的提议，决定撤销省人大各专门委员会的个别组成人员的职务。撤销上述职务的决定，均需报省人民代表大会备案。根据省高级人民法院院长的建议，批准撤销省辖市中级人民法院院长的职务。根据省人民检察院检察长的建议，批准撤销省辖市、地辖县（市、区）人民检察院检察长、副检察长、检察委员会委员职务。

第三章　任免程序

第十四条　省人大常委会对人事任免案的审议，分别由省人大常委会主任会议、省长、省高级人民法院院长、省人民检察院检察长提请省人大常委会审议，作出决定。

第十五条　提请省人大常委会审议的任免案，必须附有说明任免理由的正式报告和介绍拟任命人员的简历、政绩表现材料。提请省人大常委会审议的撤销职务案，应附有拟撤销职务人员所犯错误事实的调查材料。

提请机关应于省人大常委会召开会议前二十天报送上述材料。

第十六条　人事任免案和撤销职务案经省人大人事委员会初步审议后报省人大常委会主任会议，由主任会议决定是否提交常委会会议审议。

省高级人民法院审判员，大兴安岭地区、农垦区、林区和铁路运输中级人民法院副院长、审判委员会委员、庭长、副庭长、审判员和基层人民法院院长、副院长、审判委员会委员、庭长、副庭长、审判员，省人民检察院检察员，大兴安岭、农垦区、林区和铁路运输分院副检察长、检察委员会委员、检察员和基层人民检察院检察长、副检察长、检察委员会委员、检察员，上述职务的任免，授权省人大人事委员会审议，将审议结果报告常委会主任会议和常委会会议，由常委会会议决定。

第十七条　省人大常委会审议人事任免案时，提请人应到会作关于任免案的说明。提请人不能到会时，也可委托其他领导人代作任免案的说明。分组审议时，提请机关应派人到会听取意见、回答询问。

第十八条　省人大常委会审议省人民政府组成人员、省高级人民法院副院长和省人民检察院副检察长等领导人员的任命时，本人应到会作供职发言并回答常委会组成人员的询问。

第十九条　省人大常委会审议人事任免案时，如提出需要查清的问题，提请机关应尽快调查核实作出报告；如果会议期间查不清，可由常委会主任会议决定暂不审议，交省人大人事委员会于会后根据提请机关的调查报告进行审议，并向下一次常委会会议提出报告。

第二十条　省人大常委会对人事任免案、撤销职务案、人事委员会的审议报告经过充分审议后,采用无记名投票方式表决,以常委会全体成员的过半数通过。其任、免职和撤销职务的时间以常委会通过之日为准,并记入本人档案。常委会通过的任免和撤销职务的决定公开发表,并书面通知提请机关。

第二十一条　省人大常委会通过适当形式,向由它任命的国家机关工作人员颁发任命证书。

第二十二条　由省人大常委会任免的国家机关工作人员,在未经常委会通过之前,不得先行到职、离职和对外公布。

第四章　考察与监督

第二十三条　省人大常委会根据需要,可以对其任命的国家机关工作人员采取适当形式进行考察、了解。

第二十四条　省人大常委会任命的省人民政府组成人员,省高级人民法院副院长和省人民检察院副检察长,应以书面形式定期或不定期向省人大常委会报告任期责任目标完成情况,以便监督检查。

第二十五条　省人大常委会受理人民群众对选举和任命的国家机关工作人员的检举、揭发和控告,并认真处理。

第五章　附　　则

第二十六条　本条例遇有与国家有关法律规定不符时,按国家法律规定执行。

第二十七条　本条例自通过之日起施行。

黑龙江省县、乡两级人民代表大会代表选举工作实施细则

(1983 年 11 月 19 日黑龙江省第六届人民代表大会常务委员会第四次会议通过 根据 1987 年 3 月 7 日黑龙江省第六届人民代表大会常务委员会第二十六次会议《关于修改〈黑龙江省县、乡两级人民代表大会代表选举工作实施细则〉的决定》第一次修正 根据 1996 年 4 月 26 日黑龙江省第八届人民代表大会常务委员会第二十一次会议《关于修改〈黑龙江省县、乡两级人民代表大会代表选举工作实施细则〉的决定》第二次修正 根据 2005 年 4 月 8 日黑龙江省第十届人民代表大会常务委员会第十四次会议《关于修改〈黑龙江省县、乡两级人民代表大会代表选举工作实施细则〉的决定》第三次修正 根据 2011 年 6 月 10 日黑龙江省第十一届人民代表大会常务委员会第二十五次会议《关于修改〈黑龙江省县、乡两级人民代表大会代表选举工作实施细则〉的决定》第四次修正 根据 2016 年 4 月 21 日黑龙江省第十二届人民代表大会常务委员会第二十五次会议《关于修改〈黑龙江省县、乡两级人民代表大会代表选举工作实施细则〉的决定》第五次修正)

第一章 总 则

第一条 为具体实施《中华人民共和国全国人民代表大会和地方各级人民代表大会选举法》(以下简称《选举法》),结合我省实际,制定本细则。

第二条 不设区的市、市辖区、县、自治县、乡、民族乡、镇(以下简称县、乡两级)人民代表大会的代表,由选民直接选举。县、乡两级人民代表大会每届任期五年。

第三条 选举工作必须认真贯彻执行《选举法》,充分发扬民主,严格依法办事。

第四条 加强换届选举的宣传教育工作,广泛利用各种宣传工具,深入地宣传人民代表大会制度和有关法律法规,使选民认识选举的重要意义和目的,自觉地行使民主权利,选好代表,推进基层的民主与法制建设。

第五条 加强对选举工作人员的培训,使之明确选举工作的法律规定、方法和步骤,树立严格依法办事的思想,做好选举工作。

第六条 省、设区的市的人民代表大会常务委员会和地区人大工作委员会指导本行政区域内县、乡两级人民代表大会代表的选举工作。

第七条 选举经费列入财政预算,由国库开支。

第二章 选举工作机构

第八条 县、乡两级设立选举委员会。选区设立选举办事处。一个系统、单位、街道办事处、村民委员会划分两个以上选区的,可设立选举工作领导小组,作为选举委员会的派出机构。

第九条 选区可本着便于生产、工作和选民活动的原则,划分若干选民小组,组长、副组长由选民推选。选民小组,一般应由二十至三十人组成。

第十条 县、乡两级的选举委员会受县级人民代表大会常务委员会的领导。选举办事处和选举工作领导小组受本级选举委员会的领导。

第十一条 县级选举委员会由九至十九人组成,设主任一人,副主任二至三人和委员若干人,由本级人民代表大会常务委员会任命。

乡级选举委员会由七至十三人组成,设主任一人,副主任二至三人和委员若干人,由县级人民代表大会常务委员会任命。

选举委员会的组成人员被确定为正式代表候选人的,应当向县级人民代表大会常务委员会主任会议提出辞职报告,经主任会议讨论同意,向下一次县级人民代表大会常务委员会会议报告。

选举工作领导小组由五至九人组成,设组长一人,副组长一至三人,由选区内各方面推选的选民组成,报本级选举委员会批准。

选举办事处由三至七人组成,设主任一人,副主任一至二人,由选区内选民推选,报本级选举委员会批准。

选举办事处设立选民资格审查小组,其成员三至五人,由选举办事处与选民协商确定。

第十二条 选举委员会下设办公室。办公室可根据工作需要设若干组,负责处理选举工作中具体事宜。

第十三条 民族自治地方的选举委员会主任,由实行民族自治的少数民族干部担任;选举委员会的组成人员应有其他民族适当的名额。

第十四条 选举委员会履行下列职责:

(一)主持本级人民代表大会代表的选举;

(二)制定选举工作计划、方案、宣传提纲,部署、检查、指导选举工作,培训选举工作人员,按照国家法律、法规,向选民解答有关选举问题;

(三)划分选区,分配代表名额;

（四）进行选民登记,审查选民资格,公布选民名单；

（五）依法确定和公布正式代表候选人名单；

（六）确定选举日期；

（七）确定选举结果是否有效,公布当选代表名单；

（八）受理选民对选民名单不同意见的申诉,并作出决定。

选举委员会应当及时公布选举信息。

第十五条 选举办事处的任务：

（一）指导选民小组的工作；

（二）培训本选区宣传员、登记员和其他工作人员；

（三）组织选民学习有关法律、法规,做好宣传教育工作；

（四）办理选民登记,领导选民资格审查小组进行选民资格审查,确定选民资格,公布选民名单,发放选民证；

（五）向选民介绍代表候选人情况,并组织选民酝酿、讨论,汇总选民对代表候选人的意见,向选举委员会汇报；

（六）讲解选举程序和注意事项,做好投票选举的准备工作；

（七）组织选民参加选举,统计选票,向选举委员会报告选举结果；

（八）承办选举委员会交办的其他工作。

第十六条 单独选举县级人民代表大会代表时,乡一级设立选举工作领导小组。单独选举乡级人民代表大会代表时,县一级设立乡镇人民代表大会换届选举工作领导小组及相应的办事机构。

第十七条 换届选举工作结束后,选举工作机构即行撤销。并将有关选举工作的全部文件、表册、印章交本级档案部门存档。

第三章　代表名额和分配

第十八条 县级人民代表大会的代表名额基数为一百二十名,每五千人可以增加一名代表；人口超过一百六十五万的,代表总名额不得超过四百五十名；人口不足五万的,代表总名额可以少于一百二十名。

乡级人民代表大会的代表名额基数为四十名,每一千五百人可以增加一名代表；但是,代表总名额不得超过一百六十名；人口不足两千的,代表总名额可以少于四十名。

聚居的少数民族多或者人口居住分散的县、乡,经省人民代表大会常务委员会决定,代表名额可以另加百分之五。

第十九条 县级的人民代表大会代表的具体名额,由省人民代表大会常务委员会依法确定,报全国人民代表大会常务委员会备案。乡级的人民代表大会代表的具体名额,由县级人民代表大会常务委员会依法确定,报上一级人民代表大会常务委员会备案。

第二十条 县、乡两级人民代表大会的代表总名额确定后,不再变动。如果由于行政区划变动或者由于重大工程建设等原因造成人口较大变动的,该级人民代表大会代表的总名额,依法重新确定。

第二十一条 县、乡两级人民代表大会代表的名额,由本级选举委员会根据各选区的人口数,按照每一代表所代表的城乡人口数相同的原则,以及保证各地区、各民族、各方面都有适当数量代表的要求进行分配。

第二十二条 有少数民族聚居的地方,每一聚居的少数民族都应有代表参加当地的人民代表大会。

聚居境内同一少数民族的总人口数占境内总人口数百分之三十以上的,每一代表所代表的人口数应相当于当地人民代表大会每一代表所代表的人口数。

聚居境内同一少数民族的总人口数不足境内总人口数百分之十五的,每一代表所代表的人口数,可以适当少于当地人民代表大会每一代表所代表的人口数,但不得少于二分之一;实行区域自治的民族人口特少的自治县,经省人民代表大会常务委员会决定,可以少于二分之一。人口特少的其他聚居民族,至少应有代表一人。

聚居境内同一少数民族的总人口数占境内总人口数百分之十五以上,不足百分之三十的,每一代表所代表的人口数,可以适当少于当地人民代表大会每一代表所代表的人口数,但分配给该少数民族的应选代表名额不得超过代表总名额的百分之三十。

第二十三条 散居的少数民族应选当地人民代表大会的代表,每一代表所代表的人口数可以少于当地人民代表大会每一代表所代表的人口数。

自治县和有少数民族聚居的乡、镇的人民代表大会,对于散居的其他少数民族和汉族代表的选举,适用前款的规定。

第二十四条 中国人民解放军军分区、县级人民武装部和团以上驻军单位以及武装警察部队应选举县级人民代表大会代表,其代表名额由本级人民代表大会常务委员会同上述单位协商确定。属军队序列的选举工作,按人民解放军的选举办法进行。

第二十五条 驻在县级行政区域内的国家、省、市(地)属的企业事业单位,应参加县级人民代表大会代表的选举。

第二十六条 在设有乡一级政权地方的林场、农场分场的职工及其家属,应参加所在乡一级人民代表大会代表的选举。

第四章 选区划分

第二十七条 选区的划分,应当便于选民参加选举活动和选举工作,便于选民了解代表候选人和代表联系选民,便于选民监督代表和补选、撤换代表,并与代表名额分配统筹考虑。选区的大小按照每一选区选一至三名代表划分。

第二十八条 农村选区,选举县级代表,可以按生产组织或者几个村民委员会联合划分;人口多的村民委员会或者人口居住比较集中的乡,可以单独划分;乡所在地的企业事业单位和机关、学校可以联合划分,也可以同所在地村民委员会联合划分。选举乡级的代表,可以按村民小组联合或者单独划分,企业事业单位和机关、学校,可以按单位或者按系统划分,也可以联合划分。

城镇选区,选举县(市、区)、镇的代表,可按生产单位、工作单位、系统和一个街道办事处单独划分或者几个单位、几个居民委员会联合划分,有的单位也可以同附近街道办事处或者居民委员会联合划分。较大的单位也可以划分几个选区。

第二十九条 县、乡两级选举同时进行的,一般要分别划分选区。

本行政区域内各选区每一代表所代表的人口数应当大体相等。

第五章 选民登记

第三十条 对年满十八周岁、有选举权和被选举权的中华人民共和国公民,都要进行选民登记。计算年满十八周岁的时间,以当地选举委员会确定的选举日期为准。

第三十一条 选民登记按选区进行。经登记确认的选民资格长期有效。每次选举前只对上次选民登记后新满十八周岁的、被剥夺政治权利期满恢复政治权利的选民,予以登记。对选民经登记后迁出原选区的,列入新迁入的选区的选民名单;对死亡和依照法律被剥夺政治权利的人,从选民名单上除名。

精神病患者不能行使选举权利的,经选举委员会确认,不列入选民名单。

选民登记应当做到不错、不重、不漏,使有选举权利的人都能依法行使选举权利。

第三十二条 旅居国外的中华人民共和国公民,在县级以下人民代表大会代表选举期间在国内的,可以参加原籍地或者出国前居住地的选举。

第三十三条 选民登记可以设立登记站,也可以按户进行。职工凭职工名册登记。城乡居民有户口的,凭户口册登记,没有户口的按有关政策规定办理。

选举期间,临时在外劳动、工作、学习或者居住的人员,由户口所在地的选区登记。

对外地来的人员经公安部门注册,有居住证的,可以在居住地的选区登记。

户口迁入、迁出，其手续在选举期间尚未办理完毕的，由原户口所在地的选区登记。

城镇建设动迁人员，由原户口所在地的选区登记。

第三十四条 因危害国家安全罪或者其他严重刑事犯罪正在受侦查、起诉、审判的人，经人民检察院或者人民法院决定，在被羁押期间停止行使选举权利的不予登记。

第三十五条 对下列人员可准予登记：

（一）被判处有期徒刑、拘役、管制而没有附加剥夺政治权利的；

（二）被羁押，正在受侦查、起诉、审判，人民检察院或者人民法院没有决定停止行使选举权利的；

（三）正在取保候审或者被监视居住的；

（四）正在受行政拘留处罚的。

以上所列人员参加选举，由选举委员会和执行监禁、羁押、拘留的机关共同决定，可以在流动票箱投票，也可以委托有选举权利的选民代为投票。

第三十六条 选民登记结束后，按选区或者单位于选举日的二十日以前张榜公布选民名单。实行凭选民证参加投票选举的，并应当发给选民证。

选民名单公布以后，发现漏登的选民应当给予补登。

第三十七条 对公布的选民名单有不同意见的，可以在选民名单公布之日起五日内向选举委员会提出申诉。选举委员会对申诉意见，应在三日内作出处理决定。申诉人如果对处理决定不服，可以在选举日的五日以前向人民法院起诉，人民法院应在选举日以前作出判决。人民法院的判决为最后决定。

第六章 代表候选人的提出

第三十八条 县、乡两级人民代表大会的代表候选人，按选区提名产生。

各政党、各人民团体可以联合或者单独推荐代表候选人。选民十人以上联名，也可以推荐代表候选人。推荐者应当向选举委员会介绍代表候选人的情况。接受推荐的代表候选人应当向选举委员会如实提供个人身份、简历等基本情况。提供的基本情况不实的，选举委员会应当向选民通报。

各政党、各人民团体联合或者单独推荐的代表候选人的人数，每一选民参加联名推荐的代表候选人的人数，均不得超过本选区应选代表的名额。

第三十九条 县、乡两级人民代表大会代表，应当具有广泛的代表性，应当有适当数量的基层代表，特别是工人、农民和知识分子代表。应当有适当数量的妇女代表，并逐步提高妇女代表的比例。换届选举时，妇女代表候选人的比例应不低于百分之二十五。

第四十条 各选区选民和各政党、各人民团体提名推荐的代表候选人由选举委员会汇总后,将代表候选人名单及代表候选人的基本情况在选举日的十五日以前以选区为单位公布。

第四十一条 县、乡两级人民代表大会代表实行差额选举,正式代表候选人的名额,应多于应选代表名额的三分之一至一倍。

选区对公布的代表候选人,交该选区的选民小组讨论、协商,确定正式代表候选人名单。如果所提候选人的人数超过上款规定的最高差额比例,由选举委员会交该选区的选民小组讨论、协商,根据较多数选民的意见,确定正式代表候选人名单;对正式代表候选人不能形成较为一致意见的,进行预选,根据预选时得票多少的顺序,确定正式代表候选人名单。正式代表候选人名单及代表候选人的基本情况应当在选举日的七日以前公布。

第四十二条 正式代表候选人确定以后,选举委员会应当向选民介绍代表候选人的情况。推荐代表候选人的政党、人民团体和选民可以在选民小组会议上介绍所推荐的代表候选人的情况。

选民可以在选举日前提出与代表候选人见面的要求。选举委员会根据选民的要求,应当组织代表候选人与选民见面,由代表候选人介绍本人情况,回答选民问题。但是,在选举日必须停止代表候选人的介绍。

向选民介绍代表候选人、代表候选人向选民作自我介绍,应当实事求是,不得违反有关法律法规。

第四十三条 公民参加各级人民代表大会代表的选举,不得直接或者间接接受境外机构、组织、个人提供的与选举有关的任何形式的资助。

违反前款规定的,不列入代表候选人名单;已经列入代表候选人名单的,从名单中除名;已经当选的,其当选无效。

第七章 选举代表

第四十四条 县、乡两级人民代表大会代表的选举,应当严格依照法定程序进行,并接受监督。任何组织或者个人都不得以任何方式干预选民自由行使选举权。

第四十五条 各选区应当召开选举大会或设立投票站、流动票箱进行选举。选民根据选举委员会的规定,凭身份证或者选民证领取选票。

选举工作由选举委员会指派的选举工作领导小组、选举办事处主持。各选区由选民推选出监票和计票人员,负责选举的监票和计票工作。

正式代表候选人以及与其有夫妻关系、直系血亲关系和三代以内旁系血亲关系的人不得担任监票人、计票人和流动票箱的工作人员。

第四十六条 选票上代表候选人的名次,按姓名笔画顺序排列。

第四十七条　选举一律采用无记名投票的方式。选举时应当设有秘密写票处。每一选民在一次选举中只有一个投票权。选民应当亲自参加选举大会或者到投票站投票。对确因病残或者其他原因不能参加选举大会或者到投票站投票的选民,可利用流动票箱投票选举。

对因事外出不能回原选区参加选举的,经选举委员会认可,可以书面委托其他选民在原选区代为投票。但每一选民接受的委托不得超过三人。

选民如果是文盲或者因残疾不能写选票的,可以委托他信任的选民,按照本人意愿代写选票。

第四十八条　选举县、乡两级人民代表大会代表时,选区全体选民的过半数参加投票,选举有效。代表候选人获得参加投票的选民过半数的选票时,始得当选。

获得过半数选票的代表候选人人数超过应选代表名额时,以得票多的当选。如遇票数相等不能确定当选人时,应当就票数相等的候选人再次投票,以得票多的当选。

获得过半数选票的当选代表的人数少于应选代表的名额时,不足的名额另行选举。另行选举时,根据在第一次投票时得票多少的顺序,按照本细则第四十一条规定的差额比例,确定候选人名单。如果只选一人,候选人应为二人。

依照前款规定另行选举时,代表候选人以得票多的当选,但是得票数不得少于选票的三分之一。另行选举仍有不足的名额,可暂作缺额处理。

第四十九条　投票结束后,由监票、计票人员将投票人数和票数加以核对。确定投票有效后,按选区进行计票,填写选举结果记录单,由监票人员签名,连同选票一并送交选举委员会或者选举委员会指定的派出机构,选举结果由选举委员会依法确定是否有效,并予以宣布。

当选代表名单由选举委员会予以公布。

第五十条　代表资格审查委员会依法对当选代表是否符合宪法、法律规定的代表的基本条件,选举是否符合法律规定的程序,以及是否存在破坏选举和其他当选无效的违法行为进行审查,提出代表当选是否有效的意见,向本级人民代表大会常务委员会或者乡、民族乡、镇的人民代表大会主席团报告。

县级人民代表大会常务委员会或者乡、民族乡、镇的人民代表大会主席团根据代表资格审查委员会提出的报告,确认代表的资格或者确定代表的当选无效,在每届人民代表大会第一次会议前公布代表名单,并制发代表证。

第五十一条　公民不得同时担任两个以上无隶属关系的行政区域的人民代表大会代表。

第五十二条　选举代表的选票要由本级主持选举工作机构或者指定部门封存，待召开人民代表大会一个月以后销毁。

第八章　对代表的监督和罢免、辞职、补选

第五十三条　县、乡两级人民代表大会的代表，受选民的监督。选民有权罢免自己选出的代表。

第五十四条　对于县级的人民代表大会代表，原选区选民五十人以上联名，对于乡级的人民代表大会代表，原选区选民三十人以上联名，可以向县级的人民代表大会常务委员会书面提出罢免要求。

罢免要求应当写明罢免理由。被提出罢免的代表有权在选民会议上提出申辩意见，也可以书面提出申辩意见。

县级的人民代表大会常务委员会应当将罢免要求和被提出罢免的代表的书面申辩意见印发原选区选民。

表决罢免要求，由县级的人民代表大会常务委员会派有关负责人员主持。

罢免代表采用无记名投票的表决方式。

罢免代表，须经原选区过半数的选民通过。

第五十五条　县级的人民代表大会代表可以向本级人民代表大会常务委员会书面提出辞职，乡级的人民代表大会代表可以向本级人民代表大会书面提出辞职。县级的人民代表大会常务委员会接受辞职，须经常务委员会组成人员的过半数通过。乡级的人民代表大会接受辞职，须经人民代表大会过半数的代表通过。接受辞职的，应当予以公告。

第五十六条　代表在任期内，因故出缺，由原选区补选。

代表在任期内调离或者迁出本行政区域的，其代表资格自行终止，缺额另行补选。

代表在任期内辞职被接受的、未经批准两次不出席本级人民代表大会会议的、被罢免的、丧失中华人民共和国国籍的、依照法律被剥夺政治权利的、死亡的，其代表资格终止。代表资格终止后，缺额由原选区补选。

第五十七条　补选出缺代表，应在县级人民代表大会常务委员会或乡级人民代表大会主席团主持下，由原选区依法进行选举。

补选出缺的代表时，代表候选人的名额可以多于应选代表的名额，也可以同应选代表名额相等。补选的表决方式按本细则第四十七条、第四十八条规定办理。

对补选产生的代表，依照本细则第五十条的规定进行代表资格审查。

第九章 对破坏选举的制裁

第五十八条 为保障选民自由行使选举权和被选举权,对有下列行为之一,破坏选举,违反治安管理规定的,依法给予治安管理处罚;构成犯罪的,依法追究刑事责任:

(一)以金钱或者其他财物贿赂选民,妨害选民自由行使选举权和被选举权的;

(二)以暴力、威胁、欺骗或者其他非法手段妨害选民自由行使选举权和被选举权的;

(三)伪造选举文件、虚报选举票数或者有其他违法行为的;

(四)对控告、检举选举中违法行为的人,或者对于提出要求罢免代表的人进行压制、打击报复的。

国家工作人员有前款所列行为的,还应当依法给予行政处分。

以本条第一款所列违法行为当选的,其当选无效。

第五十九条 对选举中的违法行为的处理,应当坚持实事求是的原则,以事实为根据,以法律为准绳,做到及时发现、及时调查、及时处理。对有意推脱掩盖,使违法行为得不到正确处理和纠正的,应当追究有关人员或领导者责任。

第十章 附 则

第六十条 本细则应用中的问题,由省人民代表大会常务委员会负责解释。

黑龙江省道路运输条例

(2016 年 6 月 17 日黑龙江省第十二届人民代表大会
常务委员会第二十六次会议通过)

第一章 总 则

第一条 为了维护道路运输市场秩序,保障道路运输安全,保护道路运输各方当事人的合法权益,促进道路运输业的健康发展,根据《中华人民共和国道路运输条例》等有关法律、行政法规,结合本省实际,制定本条例。

第二条 在本省行政区域内从事道路运输经营、道路运输相关业务及其管理活动的,适用本条例。

本条例所称道路运输经营,包括公共汽(电)车客运、班线客运、包车客运、旅游客运、出租汽车客运等道路旅客运输经营(以下简称客运经营)和道路货物运输经营(以下简称货运经营)。

本条例所称道路运输相关业务,包括道路运输站(场)经营、机动车维修经营、机动车驾驶员培训和汽车租赁经营。

本条例所称管理活动是指县级以上人民政府对道路运输业发展制定相关政策,交通运输主管部门、道路运输管理机构对道路运输经营者经营许可办理、经营行为监督、为公众运输提供的社会化服务以及县级以上人民政府的有关部门按照各自职责,对道路运输进行管理的相关工作。

第三条 道路运输的发展应当遵循统筹规划、合理引导、安全便捷、节能环保、禁止封锁和垄断的原则。

从事道路运输经营以及道路运输相关业务,应当依法经营,文明经营,文明服务,诚实守信,公平竞争,保障安全。

道路运输管理应当依法、规范、公平、公正、公开、高效、为民、利民、便民。

第四条 县级以上人民政府应当根据国民经济和社会发展规划,制定本行政区域道路运输发展规划,纳入城乡规划,并与航空、铁路、水路运输等发展规划合理衔接,构建道路运输综合服务体系,发展智慧运输;在城市规划区范围内,铁路的线路、车站、枢纽以及其他有关设施的规划,应当纳入所在城市的总体规划;民用机场建设规划应当与城市建设规划相协调。

县级以上人民政府应当优先发展公共交通,加快淘汰尾气排放不合格的运输车辆,推广使用新能源车辆;执行国家购买新能源公共汽(电)车优惠政策;加大对公共汽(电)车客运、旅游客运、道路运输站(场)建设、城乡物流等的投入和政策扶持;推进城乡客运均等化服务,提高乡村的通班车率。

第五条 县级以上人民政府交通运输主管部门主管本行政区域的道路运输管理工作。

县级以上道路运输管理机构负责具体实施道路运输管理工作。

县级以上人民政府公安、发展和改革、国土资源、住房和城乡建设等有关部门应当按照各自的职责,共同做好道路运输管理相关工作。

第六条 道路运输行业协会应当建立行业自律机制,规范和监督会员经营行为,推动行业诚信建设,提升会员的服务质量,维护公平竞争,保护行业和会员的合法权益,促进道路运输业健康发展。

第二章 道路运输经营

第一节 客运经营

第七条 客运经营者应当依法取得营业执照和道路运输经营许可证,并在许可的经营范围内从事经营活动。

第八条 公共汽(电)车客运线路和班线客运的班线应当科学规划、合理配置,经营权采取招标方式确定。申请人不足三个的,招标人可以重新组织招标,重新招标申请人仍不足三个的,按照实施行政许可管理,根据受理行政许可申请的先后顺序作出准予行政许可的决定。对无申请人的公共汽(电)车客运线路,市、县级人民政府及其道路运输管理机构应当采取资金扶持和线路搭配等方式,确定经营主体,开通线路。

市、县级道路运输管理机构应当同取得公共汽(电)车客运线路经营权的经营者签订协议书,协议书应当明确经营方式、经营区域、经营期限、服务质量和标准、违约责任等事项。

县级以上道路运输管理机构应当向取得班线客运经营权的经营者依法发放许可证明。

第九条 县级以上人民政府应当在财政政策、用地保障、设施建设、道路交通管理等方面支持公共汽(电)车客运发展。

公共交通企业因承担社会福利而增加的费用,县级以上人民政府应当予以合理补贴。

第十条 公共汽(电)车交通基础设施管理单位负责对公共汽(电)车交通基础设施的维护;发现损坏的,应当及时维修,确保正常使用。

任何单位和个人不得擅自迁移、拆除和占用公共汽(电)车交通基础设施或者擅自改变其使用性质,不得擅自改变公共交通用地性质。

第十一条　新建、扩建居民小区和大型公共活动场所,应当同时依据道路运输发展规划建设公共汽(电)车首末站或者停靠站点。新建首末站和停靠站点,应当具备遮雨功能。

前款规定的小区和大型公共活动场所交付使用后,市道路运输管理机构应当确定公共汽(电)车客运经营者,并组织其在六个月内开通公共汽(电)车线路。

第十二条　城市新建道路时应当建设港湾式停靠站;城市改造道路时,道路宽度符合《城市公共交通站、场、厂设计规范》要求的,应当建设港湾式停靠站。

第十三条　公安机关交通管理部门应当会同交通运输主管等部门设置公共汽(电)车专用道。机场专线客车、校车和班车可以使用公共汽(电)车专用道。

第十四条　机场、火车站、道路旅客运输站(场)、客运码头的经营者应当会同道路运输管理机构合理规划、建设公交站点,方便旅客换乘。

第十五条　道路运输管理机构应当制定冬、夏两季运行图,根据客运市场的客流量情况和车辆载客情况,合理规划线路和发车时间间隔。

价格主管部门应当依据运营成本和社会承受能力等,合理确定公共汽(电)车客运票价。

第十六条　公共汽(电)车、班线客运新增、变更、暂停、终止线路运营,变更站点、站名的,道路运输管理机构应当提前三十日征求社会公众意见,进行科学论证,并将意见采纳情况向社会公告。

道路运输管理机构、公共汽(电)车和班线客运经营者应当分别在信息服务网站、相关公交站点、车辆、客运站等及时公告线路调整的时间、运行线路和站点的位置等信息。

因工程建设、大型活动等特殊情况需要临时变更公共汽(电)车、班线客运线路或者站点的,建设单位或者有关部门应当提前三十日书面告知所在地道路运输管理机构,道路运输管理机构以及客运经营者应当按照前款规定及时公告。

第十七条　省道路运输管理机构应当制定公共汽(电)车、班线客运服务规范。对服务标准,从业人员要求,文明用语,公交站台、站亭、站牌的标准,站点的命名原则等做出规定。

第十八条　推行农村客运以公交化的模式营运。实行公交化营运的农村客运班线,站点、车辆、行驶线路、票价、财政补贴等参照城市公交客运的有关规定执行。

第十九条 包车客运经营者应当与包车人签订包车合同,包车合同应当约定时间、起始地和目的地、线路等。

第二十条 旅游经营者应当使用有合法经营手续的车辆运载游客,并登记游客的身份证件。

旅游客运车辆应当随车携带游客名单,不得运载游客名单以外的人员。

第二十一条 县级以上道路运输管理机构应当根据旅游发展规划和旅游主管部门公布的旅游市场情况,开通、调整旅游客运班线。

机场、火车站、道路旅客运输站(场)、客运码头、旅游景区应当合理设置旅游客运车辆停靠场所。

第二十二条 公共汽(电)车、班线、包车、旅游客运经营者应当向旅客连续提供运输服务。因客观原因导致车辆无法行驶的,应当及时安排改乘或者退还票款,不得加收费用;降低车辆类型等级的,应当退还相应的票款。

客运经营者应当为旅客提供良好的乘车环境,确保车辆的设施齐全、有效,保持车辆清洁、卫生。

公共汽(电)车、班线客运经营者应当按照规定的线路、站点、班次和时间顺序营运。

公共汽(电)车应当设置老、弱、病、残、孕专座。

旅游客运车辆应当按规定设置导游专座。

第二十三条 公共汽(电)车客运驾驶员在运营服务中,应当携带相关证件,文明安全驾驶,规范作业,不得有下列行为:

(一)不按照规定线路行驶或者不按照规定站点停靠;

(二)无故拒载乘客、中途甩客、滞站揽客;

(三)乘客上、下车过程中关闭车门;

(四)违反法律、法规的其他行为。

第二十四条 机场、火车站、道路旅客运输站(场)、客运码头等场所,应当划定出租汽车行驶路线和专用候车区域,出租汽车应当依次候客经营。

除经营性停车场(站)外,其他为社会车辆提供服务的停车场所,管理单位不得对临时停靠的出租汽车收取任何费用。

第二十五条 出租汽车客运经营者应当遵守下列规定:

(一)合理设置出租汽车交接班时间;

(二)不得擅自暂停、终止出租汽车经营;

(三)不得非法转让出租汽车客运经营权;

(四)不得聘用不符合法定条件的驾驶人员从事出租汽车运营;

(五)不得从事班线客运;

(六)依法应当遵守的其他规定。

第二十六条 出租汽车客运驾驶人员应当遵守下列规定:

(一)在车辆醒目位置放置服务监督标志;

(二)使用经检定合格的客运出租汽车计价器,不得擅自改动、串用计价器,不得破坏计价器准确度;

(三)收取运费不得超过计价器明示的金额,并给付收费票据,但价格主管部门核准可以收取的其他费用除外;

(四)运营起始地和目的地至少有一端在核定的经营区域内;

(五)交接班前在车辆明显位置明示交接班时段和去向;

(六)不得途中甩客、倒客、故意绕道,未经乘客允许不得搭载其他乘客;

(七)不得利用车载通讯设施传播、接听与营运无关的信息;

(八)不得显示空车时拒绝载客,不得在运载乘客时显示空车信号;

(九)依法应当遵守的其他规定。

第二节　货运经营

第二十六条　货运经营者应当依法取得营业执照和道路运输经营许可证,并在许可的经营范围内从事经营活动。

从事危险货物运输的,应当依法取得危险货物运输经营许可。从事危险货物运输的驾驶人员、装卸管理人员、押运人员应当具备国家规定的资质条件,依法取得上岗资格证。

第二十八条　县级以上人民政府应当引导发展多式联运、甩挂运输、集装箱运输、封闭厢式运输、冷链运输等现代运输方式和装备。

完善城乡物流配送体系,推进县、乡、村消费品和农资配送网络体系建设。

第二十九条　货运经营者应当按照货物运输规则受理、承运货物,并采取必要措施防止运输中货物的脱落、扬撒、流失或者渗漏。

货运经营者应当建立并执行承运验视制度,不得承运禁止运输的物品。

第三十条　货运经营者不得有下列行为:

(一)混合装载性质相抵触、运输条件要求不同的货物;

(二)使用非集装箱车辆从事集装箱货物运输;

(三)使用危险货物的专用车辆运输普通货物;

(四)使用罐式集装箱以外的移动罐体从事危险货物运输;

(五)依法应当禁止的其他行为。

第三十一条　托运危险货物的,应当将危险货物委托给具备危险品运输资格的运输企业承运,向承运企业说明危险货物的品名、性质、应急处置方法等情况,并严格按照国家有关规定包装,设置明显标志。

第三十二条　道路危险货物运输经营者应当对运输车辆进行维护,确保车辆技术状况符合法定标准。

第三十三条 危险货物运输车辆驾驶人员应当遵守危险货物运输相关规定,押运人员应当对危险货物进行监管。

危险货物运输车辆应当悬挂或者喷涂符合国家标准要求的警示标志,随车携带道路运输危险货物安全卡,配备安全防护、环境保护和应急救援器材等设备。

第三十四条 道路危险货物运输经营者对重复使用的危险货物包装物、容器,在重复使用前应当进行检查;存在安全隐患的,应当维修或者更换。

第三章 国际道路运输

第三十五条 从事国际道路运输的,应当持有有效的国际道路运输许可证和相关单证,车辆须标明国际道路运输国籍识别标志。

第三十六条 口岸所在地人民政府应当在口岸联检厅设立国际道路运输办公场所;在口岸设立的国际道路运输管理机构应当依法与有关部门联合检查国际道路运输车辆,并采用现代化科技手段,简化出入境运输手续,提高口岸通关效率。

第三十七条 境外国际道路运输车辆进入本省境内的,应当符合中华人民共和国有关道路运输车辆外廓尺寸、轴荷及载质量标准规定,并按照确定的国际道路运输线路运行。与中华人民共和国签署有关双边、多边协定的,从其协定。

第三十八条 在口岸设立的国际道路运输管理机构应当与对外经济贸易主管部门和国际货物运输代理企业建立运力、货源信息共享机制,及时发布车辆和货源信息,为国际道路运输提供服务。

第四章 道路运输相关业务

第一节 道路运输站(场)经营

第三十九条 道路旅客运输站(场)经营者应当对进站(场)车辆实行统一调度和管理,按照车辆核定载客限额售票,维持旅客乘降秩序,不得拒绝经批准的车辆进入站(场),不得接纳未经批准的车辆在站(场)内从事经营活动。

二级以上道路旅客运输站(场)应当配备并使用行包安全检查和视频监控设备。

第四十条 道路旅客运输站(场)经营者应当提供下列服务:

(一)在站(场)内显著位置公布客运车辆运营信息、收费项目和标准、

旅客乘车须知、站(场)外换乘信息、明示客运车辆终到站的具体地点;

（二）提供行包托运办理、小件寄存、咨询等服务;

（三）设置免费候车室,老、弱、病、残、孕专座和公共厕所;

（四）设立旅客意见簿,公布投诉电话,受理旅客投诉;

（五）保持站(场)清洁、卫生;

（六）依法应当提供的其他服务。

第四十一条　道路旅客运输站(场)经营者、票务代理机构应当使用全省统一式样的客票,逐步实现异地联网售票、电子售票、自动售票机售票等多种售票方式,并为旅客出行提供客票信息查询服务。

第四十二条　道路货物运输站(场)经营者应当建立并执行货物验视、装载、配载登记等管理制度,按照规定配备安全设施、设备和相关指示标志,不得擅自改变站(场)用途和服务功能。

第四十三条　道路货物运输站(场)经营者应当按照货物的性质、保管要求对货物进行登记,并分类存放,保证货物完好无损。危险货物的存放应当符合国家有关规定。

道路货物运输站(场)内的搬运、装卸应当按照国家规定的操作规程作业。从事危险货物和大型、特种物件搬运、装卸的,应当配备专用工具和防护设备。

第二节　机动车维修经营

第四十四条　机动车维修经营者应当按照有关技术规范维修车辆,建立并执行机动车维修质量保证期制度;采用节能环保方式维修机动车,并按照规定处置废弃物。

第四十五条　机动车维修经营者应当建立维修配件采购登记制度,查验配件合格证书,建立台账并记录配件购买日期、供应商名称及地址、配件名称及型号规格等内容,保存能够证明进货来源的原始凭证和台账不少于两年。

对承接机动车二级维护、总成修理、整车修理的,机动车维修经营者应当按照规定建立维修档案。

机动车维修经营者应当将配件分别标识,明码标价。

第四十六条　任何单位和个人不得强制或者变相强制机动车所有者到指定的修理厂维修机动车或者装配机动车附加设备。

第四十七条　机动车维修经营者应当按照许可范围和类别承修车辆,不得承修报废机动车、拼装机动车、擅自改装机动车以及使用假冒伪劣配件。

对危险货物运输车辆进行维修作业时,机动车维修经营者应当做好安全防护工作。

第三节　机动车驾驶员培训

第四十八条　县级以上道路运输管理机构应当对机动车驾驶员培训机构资格条件、培训记录等情况进行检查。

公安机关交通管理部门受理经机动车驾驶员培训机构培训的人员申请机动车驾驶证考试，应当按照国家有关规定查验并收存机动车驾驶员培训机构出具的培训记录。

第四十九条　机动车驾驶员培训机构应当遵守下列规定：

（一）按照核定的经营类别、培训范围开展培训活动；

（二）按照规定的教学大纲和培训教材进行培训，保证学时，真实准确地填写教学日志和培训记录；

（三）教学车辆应当符合国家、行业标准的规定，配置学时计时仪；

（四）使用本机构的车辆开展培训；

（五）在许可的训练场地内开展场地训练；

（六）按照指定的时间、地点和路线进行培训；

（七）向培训结业、考试合格的人员颁发机动车驾驶培训结业证书；

（八）依法应当遵守的其他规定。

机动车驾驶员培训机构应当对经营类别、培训范围、收费项目和标准、教练员、教学场地、投诉举报电话等情况予以公示。

第五十条　机动车驾驶员培训机构的教练员应当使用教练车辆从事驾驶培训，不得向学员索要或者变相索要、收取财物。

第四节　汽车租赁经营

第五十一条　从事汽车租赁经营的，经营者应当在依法取得营业执照之日起三十日内，将营业执照和车辆信息报送所在地市、县道路运输管理机构备案。

汽车租赁经营者的备案事项发生变化的，应当在十五日内告知原备案的道路运输管理机构。

第五十二条　汽车租赁经营者应当遵守下列规定：

（一）在经营场所显著位置公布服务项目、收费标准、租车流程以及监督电话；

（二）与承租人签订租赁合同；

（三）按照规定进行车辆安全技术检验，对车辆进行维护保养，保证车辆技术性能良好、符合安全行驶条件；

（四）建立租赁经营管理档案和车辆管理档案；

（五）将车辆租给持有相应机动车驾驶证的承租人；

（六）不得以提供驾驶劳务等方式从事或者变相从事道路运输经营；

（七）依法应当遵守的其他规定。

第五十三条　汽车承租人应当随车携带承租车辆的相关手续，不得实施下列行为：

（一）利用承租车辆从事违法活动；

（二）将承租车辆抵押、变卖、转租；

（三）将承租车辆转交给未持相应机动车驾驶证的人员驾驶；

（四）依法应当禁止的其他行为。

第五十四条　用于租赁的车辆应当符合下列要求：

（一）车辆号牌、行驶证齐全有效；

（二）已按照国家规定办理相应的保险；

（三）随车配备有效的车用灭火器、故障车警示标志牌和必要的维修工具；

（四）八座以下（含驾驶员）。

第五章　道路运输安全

第五十五条　县级以上人民政府应当加强道路运输安全工作的领导。

县级以上人民政府交通运输主管部门及其道路运输管理机构依法对道路运输安全工作实施监督管理。

县级以上公安机关负责道路交通安全的管理工作。

第五十六条　道路运输和道路运输相关业务经营者是道路运输安全的责任主体，应当建立和落实道路运输安全制度，开展从业人员安全教育培训，排查事故隐患，采取有效预防措施，保证道路运输安全。

客运经营者、危险货物运输经营者应当依法分别为旅客或者危险货物投保承运人责任险。

第五十七条　道路运输经营者应当对驾驶人员开展冬季以及雨、雪、雾等特殊天气行车安全教育培训，配备提高车辆安全性能的装备，并向驾驶人员发送特殊天气预警信息。

第五十八条　客货营运车辆应当按照国家有关规定安装具有行车记录仪功能的卫星定位装置，并确保正常使用。

道路运输经营者应当按照有关规定建立或者接入卫星定位系统监控平台，制定卫星定位系统动态监控管理制度，配备专（兼）职人员对车辆实时监控，及时向驾驶人员发送提示信息，监督、纠正营运车辆超员、超速、疲劳驾驶等违法行为，并做好记录。

第五十九条　道路客运、道路货运、道路运输站（场）、机动车驾驶员培训机构、汽车租赁经营者应当建立道路运输车辆安全检查制度，发现车辆故障应当及时排除。

客运车辆通道内不得堆放障碍物,并保持畅通。

道路客运、道路货运、机动车驾驶员培训机构、汽车租赁经营者应当对警示标志牌、灭火器、自动灭火装置、安全锤、安全带等车辆安全设备定期检查,及时补充更换车辆安全设备。

班线客运、旅游客运驾驶人员以及乘务员应当在发车前告知乘车安全规定和常识,驾驶人员、乘务员、客运站站务员还应当督促旅客系好安全带。

班线、旅游等客运车辆未按照有关规定配备安全带的,不得运营。对旅客未系安全带的,客运站(场)经营者应当禁止客运车辆出站(场)。

第六十条　道路运输经营者应当根据车辆运行时间和里程,按照规定的数量配备驾驶人员,减轻驾驶人员劳动强度,落实强制休息制度。

第六十一条　旅客不得有下列行为:

(一)非法拦截或者强行上下客运车辆;

(二)影响驾驶人员安全驾驶;

(三)破坏客运车辆设施、设备;

(四)携带管制刀具以及爆炸性、易燃性、放射性、毒害性、腐蚀性等影响公共安全的物品乘坐客运车辆;

(五)其他危害客运车辆运营安全的行为。

第六章　监督管理

第六十二条　县级以上道路运输管理机构应当建立健全监督检查制度,推行执法全过程记录,严格按照法定权限和程序对道路运输经营和道路运输相关业务活动进行监督检查。

县级以上道路运输管理机构和公安机关交通管理部门应当建立案件移交机制,对执法活动中发现涉及对方管辖的案件,应当及时移交。

第六十三条　道路运输管理机构的执法人员应当经考试合格后,持证上岗。实施监督检查时,应当不少于二人,并持有效执法证件,规范、文明执法。

第六十四条　县级以上道路运输管理机构应当依托互联网、云计算等先进科技手段,组织建设道路运输行业监管、公共服务等信息系统,并向社会发布道路运输公共服务信息。

县级以上道路运输管理机构和公安机关交通管理部门应当建立信息共享机制,为道路运输和道路运输相关业务经营者、驾驶人员提供营运车辆违法行为以及驾驶员培训、考试、发证等信息查询服务。

交通运输、公安、气象、旅游等部门应当加强沟通协作和信息共享,及时发布气象、路况等预警信息,共同做好特殊天气的道路运输安全工作。

第六十五条 县级以上道路运输管理机构应当建立道路运输市场运价指数采集、构成和市场供求等动态成本监测分析制度,适时发布道路运输价格指数和市场供求状况信息。

第六十六条 县级以上人民政府交通运输主管部门应当加强道路运输行业诚信体系建设,建立道路运输、道路运输相关业务经营者服务质量和信用档案,制定守信激励、失信惩戒办法,提高道路运输业服务质量。

第六十七条 县级以上人民政府交通运输主管部门及其道路运输管理机构应当建立举报投诉制度,公开举报投诉电话、通信地址或者电子邮件信箱,接受社会监督;对举报投诉应当按照职责依法开展调查和处理,在三十日内作出处理决定并向举报人反馈。

第六十八条 县级以上人民政府应当建立道路应急运力储备和道路运输应急保障制度。

道路运输经营者应当完成县级以上人民政府下达的抢险救灾等应急运输任务。对承担应急运输任务的道路运输经营者,县级以上人民政府应当予以合理补偿。

第六十九条 县级以上人民政府及其交通运输主管部门,在做出影响公众和道路运输经营者重大利益的决策之前,应当开展听证和社会风险评估,并完善各类应急预案。

第七章 法律责任

第七十条 违反本条例规定的行为,有关法律、法规和规章已经规定法律责任的,从其规定。

第七十一条 违反本条例规定,道路运输管理机构的工作人员有下列情形之一的,依法追究其相关责任:

(一)未依法实施行政许可的;

(二)发现违法行为未及时查处的;

(三)违反规定拦截、检查正常行驶的道路运输车辆的;

(四)违法扣留营运车辆、车辆营运证的;

(五)参与或者变相参与道路运输经营以及道路运输相关业务的;

(六)索取、收受他人财物或者谋取其他利益的;

(七)其他违法行为。

第七十二条 违反本条例规定,未能及时维修公共汽(电)车交通基础设施的,由县级以上道路运输管理机构责令限期维修;拒不维修的,处以二千元罚款。

违反本条例规定,擅自迁移、拆除和占用公共汽(电)车交通基础设施的,由县级以上道路运输管理机构责令改正,处以三千元罚款。

第七十三条 违反本条例规定,逾期未开通公共汽(电)车线路的,由市道路运输管理机构责令公共汽(电)车客运经营者在三十日内开通;逾期仍不开通的,由市道路运输管理机构责令停业整顿。

第七十四条 违反本条例规定,公共汽(电)车、班线客运经营者有下列情形之一的,由县级以上道路运输管理机构责令改正,并按照下列规定予以处罚:

(一)未按照确定的线路、站点、班次、时间营运的,处以三千元罚款;

(二)未在相关公交站点、车辆、客运站公告线路调整信息的,处以五千元罚款。

第七十五条 公共汽(电)车客运驾驶员违反本条例第二十三条规定的,由县级以上道路运输管理机构处以二百元罚款。

第七十六条 违反本条例规定,旅游经营者使用无合法经营手续的车辆运载游客或者未登记游客身份证件的,由县级以上道路运输管理机构处以一千元罚款。

第七十七条 违反本条例规定,出租汽车客运驾驶人员有下列情形之一的,由县级以上道路运输管理机构责令改正,处以二百元罚款:

(一)未在车辆醒目位置放置服务监督标志的;

(二)交接班前未在车辆明显位置明示交接班时段和去向的;

(三)利用车载通讯设施传播、接听与营运无关的信息的。

第七十八条 违反本条例规定,道路货运经营者未建立货物验视制度的,由县级以上道路运输管理机构责令改正,处以一千元罚款;道路货运经营者未执行货物验视制度的,由县级以上道路运输管理机构责令改正,处以三千元罚款。

第七十九条 违反本条例规定,道路旅客运输站(场)经营者有下列情形之一的,由县级以上道路运输管理机构责令改正,并按照下列规定予以处罚:

(一)二级以上道路旅客运输站(场)未配备并使用行包安全检查和视频监控设备的,处以五千元罚款;

(二)未提供本条例第四十条规定的服务项目的,处以一千元罚款。

第八十条 违反本条例规定,机动车维修经营者未按照规定建立维修配件采购登记台账、记录有关内容的,由县级以上道路运输管理机构责令改正,处以五千元罚款。

第八十一条 违反本条例规定,机动车驾驶员培训机构在许可的训练场地外开展场地训练的,由县级以上道路运输管理机构责令改正,处以二千元罚款。

第八十二条 汽车租赁经营者未按本条例要求备案的,由县级以上道路运输管理机构责令限期改正,逾期不改的,处以一千元罚款。

第八十三条　违反本条例规定,汽车租赁经营者有下列情形之一的,由县级以上道路运输管理机构责令改正,并按照下列规定予以处罚:

(一)未按照要求公布服务项目、收费标准、租车流程以及监督电话的,处以一千元罚款;

(二)未与承租人签订租赁合同的,处以一千元罚款;

(三)未向承租人提供技术状况良好的车辆的,处以一万元罚款;

(四)未建立租赁经营管理档案和车辆管理档案的,处以一千元罚款;

(五)租赁车辆并提供驾驶员劳务服务的,按照未取得道路运输经营许可,擅自从事道路运输经营进行处罚。

第八十四条　违反本条例规定,道路运输和道路运输相关业务经营者有下列情形之一的,由县级以上道路运输管理机构按照下列规定予以处罚:

(一)道路运输经营者不能保证具有行车记录仪功能的卫星定位装置正常使用的,责令改正,拒不改正的,处以八百元罚款;

(二)道路运输经营者未建立或者未接入卫星定位系统监控平台的,责令限期改正,逾期不改的,处以五千元罚款;

(三)未建立并落实道路运输车辆安全检查制度的,责令改正,处以一千元罚款;

(四)在发车前,班线客运、旅游客运驾驶人员以及乘务员未向乘客告知乘车安全规定和常识,驾驶人员、乘务员、站务员未督促旅客系好安全带的,责令改正,处以二百元罚款。

第八十五条　道路运输经营者有下列情形之一的,由县级以上道路运输管理机构按照下列规定处理:

(一)不符合道路运输安全生产条件,经整改仍不合格的,吊销道路运输经营许可证;

(二)客运经营者、危险货物运输经营者拒不投保承运人责任险的,吊销道路运输经营许可证;

(三)经营期限到期未延续的,注销道路运输经营许可;

(四)依法应当吊销道路运输经营许可证、注销道路运输经营许可的其他情形。

第八章　附　　则

第八十六条　本条例下列用语的含义:

(一)班线客运,是指营运客车在城乡道路上按照固定的线路、时间、站点、班次运行的一种客运方式,包括直达班线客运和普通班线客运。

(二)包车客运,是指以运送团体乘客为目的,将营运客车提供给客户安排使用,由经营者提供驾驶劳务,按照约定的起始地、目的地、线路、时间行驶,并由客户按照约定支付费用的一种客运方式。

(三)汽车租赁,是指在约定时间内租赁经营者将供租赁的乘用汽车交付承租人使用,收取租赁费用,不提供驾驶劳务的经营方式。

第八十七条 国家对出租汽车的经营管理另有规定的,从其规定。

第八十八条 本条例自 2016 年 10 月 1 日起施行。1997 年 2 月 16 日黑龙江省第八届人民代表大会常务委员会第二十六次会议通过的《黑龙江省道路运输管理条例》同时废止。

黑龙江省劳动力市场管理条例

(2001 年 12 月 5 日黑龙江省第九届人民代表大会常务委员会第二十六次会议通过　根据 2005 年 6 月 24 日黑龙江省第十届人民代表大会常务委员会第十五次会议《关于修改〈黑龙江省劳动力市场管理条例〉的决定》第一次修正　根据 2013 年 12 月 13 日黑龙江省第十二届人民代表大会常务委员会第七次会议《关于废止和修改〈黑龙江省赌博处罚条例〉等十九部地方性法规的决定》第二次修正　根据 2015 年 4 月 17 日黑龙江省第十二届人民代表大会常务委员会第十九次会议《关于废止和修改〈黑龙江省文化市场管理条例〉等五十部地方性法规的决定》第三次修正　根据 2016 年 6 月 17 日黑龙江省第十二届人民代表大会常务委员会第二十六次会议《黑龙江省人民代表大会常务委员会关于修改〈黑龙江省森林管理条例〉等五部地方性法规的决定》第四次修正)

第一章　总　　则

第一条　为保护劳动者和用人单位的合法权益,发展和规范劳动力市场,促进就业,根据《中华人民共和国劳动法》和国家有关规定,结合本省实际,制定本条例。

第二条　本省行政区域内的劳动者求职与就业,用人单位招用人员和各类职业介绍机构从事职业介绍活动,适用本条例。但是,通过人才交流机构招用人员和求职与就业的不适用本条例。

第三条　劳动力市场管理应当遵循资源配置规律,坚持统筹规划、规范管理、有利于平等竞争和促进劳动力有序流动的原则。

第四条　各级人民政府应当把培育和发展劳动力市场纳入国民经济和社会发展规划,坚持积极的就业方针,鼓励和引导劳动者多形式、多渠道实现就业,确保劳动力资源得到合理开发和有效配置,促进经济发展,保障社会稳定。

第五条　县级以上人力资源和社会保障行政部门负责本行政区域内的劳动力市场管理工作,并组织实施本条例。

县级以上人力资源和社会保障行政部门可以委托所属的就业服务机构具体办理本行政区域内劳动力市场有关事务,组织、指导各类职业介绍机构为劳动者和用人单位提供就业服务。

省农垦、森工主管部门负责垦区、国有林区内的劳动力市场管理和监督检查工作。

各级财政、物价、工商、税务、民政、公安等部门应当按照各自职责协同做好劳动力市场管理工作。

工会组织依法监督用人单位的用工行为,维护劳动者的合法权益。

第六条　人力资源和社会保障行政部门应当对职业介绍机构和用人单位执行劳动和社会保障法律、法规的情况进行监督检查。

第七条　任何组织和个人对违反本条例的行为有权投诉和举报。

第八条　本省行政区域内有劳动能力、有就业要求、符合法定条件的劳动者,不分民族、种族、性别、宗教信仰,都可以通过职业介绍机构或者直接联系用人单位实现就业。

第二章　求职与就业

第九条　推行劳动预备制度。在城镇就业的普通初、高中毕业生初次就业前,应当参加职业培训或者职业教育。

第十条　劳动者从事国家规定实行就业准入的职业,应当经过职业培训或者职业教育,并参加职业技能鉴定机构组织的职业技能鉴定,取得相应的职业资格证书。

用人单位招用从事国家规定实行就业准入职业的劳动者,应当从取得相应职业资格证书的人员中录取。

第十一条　在法定劳动年龄内,有劳动能力且有就业要求的城镇失业人员,应当进行失业登记。

进行失业登记时,没有就业经历的人员,应当持本人身份证件和证明原身份的有关证明;有就业经历的人员,还应当持原单位出具的终止或者解除劳动关系的证明。

第十二条　劳动者求职择业时,有权要求用人单位和职业介绍机构如实提供与其择业有关的情况。

第三章　招用人员

第十三条　用人单位享有招用人员的自主权,可以通过下列途径招用人员:

(一)委托职业介绍机构;

(二)举办劳动力交流洽谈活动;

（三）通过大众传播媒介刊播招用信息；

（四）利用互联网进行网上招聘；

（五）其他合法途径。

第十四条　用人单位招用人员时，禁止下列行为：

（一）提供虚假招聘信息；

（二）招用无合法证件的人员；

（三）向求职者收取招聘费用；

（四）向被招用人员收取保证金或者抵押金以及其他有价证券；

（五）扣押被招用人员的身份证等证件；

（六）以招用人员为名牟取不正当利益或者进行其他违法活动。

第十五条　用人单位委托职业介绍机构招用人员时，应当出示本单位证明材料、营业执照（副本）或者其他法人登记文件、招用人员简章和经办人身份证件。

招用人员简章应当包括用人单位基本情况、招用人数、职业工种、岗位要求、招用条件、社会保险、劳动报酬、福利待遇、劳动保护等内容。

第十六条　人力资源和社会保障行政部门应当及时开展空岗调查，了解用人单位空岗信息。

第十七条　用人单位应当自确定招用之日起一个月内与被招用人员依法签订书面劳动合同，并参加社会保险。

第十八条　劳动合同期限三个月以上不满一年的，试用期不得超过一个月；劳动合同期限一年以上不满三年的，试用期不得超过两个月；三年以上固定期限和无固定期限的劳动合同，试用期不得超过六个月。

试用期包括在劳动合同期限内。劳动者在试用期间未被证明不符合招用条件的，用人单位不得单方解除劳动合同。用人单位对同一个被招用人员只能试用一次。

用人单位在劳动者试用期间应当向其支付报酬，支付的报酬不得低于当地最低工资标准。

第十九条　用人单位招用人员，应当自招用之日起 30 日内到人力资源和社会保障行政部门办理招用备案手续和就业登记，人力资源和社会保障行政部门应当在 3 个工作日内予以办理。

第四章　职业介绍

第二十条　职业介绍机构分为公共职业介绍机构和营利性职业介绍机构。

公共职业介绍机构是各级人力资源和社会保障行政部门开办的公益性职业介绍服务机构。公共职业介绍机构应当使用全国统一标识。

第二十一条 开办职业介绍机构应当具备下列条件：

（一）有明确的业务范围、机构章程和管理制度；

（二）具备开展职业中介业务所必备的固定场所、办公设施和5万元以上的开办资金；

（三）有3名以上取得相应职业资格证书的专职工作人员；

（四）法律、法规规定的其他条件。

第二十二条 职业介绍机构实行许可证制度。开办职业介绍机构应当经工商行政管理部门登记注册，报设区的市级人力资源和社会保障行政部门审批，并发放《职业介绍许可证》。

人力资源和社会保障行政部门负责对职业介绍机构进行业务指导和专职工作人员培训。

第二十三条 公共职业介绍机构的有偿服务项目及收费标准按照国家和省的有关规定执行。

营利性职业介绍机构的收费标准参照国家和省有关规定自主确定。

第二十四条 职业介绍机构可以从事下列业务：

（一）对具备就业条件的求职人员进行求职登记和对用人单位进行用工登记；

（二）为用人单位提供劳动力资源信息和咨询服务，推荐合格的求职者；

（三）为求职人员提供用工信息，并为其提供求职咨询和就业指导；

（四）指导求职人员和用人单位签订劳动合同并到人力资源和社会保障行政部门办理有关手续；

（五）组织职业招聘洽谈活动；

（六）经人力资源和社会保障行政部门核准的其他服务项目。

公共职业介绍机构除从事前款规定的业务外，受人力资源和社会保障行政部门的委托，按照国家有关规定可以从事人力资源和社会保障事务代理业务。

第二十五条 禁止职业介绍机构有下列行为：

（一）超出核准的业务范围经营；

（二）提供虚假信息；

（三）介绍求职者从事法律、法规、规章禁止从事的职业、岗位和活动；

（四）为无本条例规定的有关文件的用人单位或者无合法身份证件及相关有效证件的求职者提供职业介绍服务活动；

（五）以暴力、胁迫、欺诈等方式进行职业介绍活动；

（六）转借、转让、变造、伪造批准文件；

（七）以职业介绍为名牟取不正当利益或者其他违法活动。

第二十六条 职业介绍机构应当在中介服务场所显著位置明示合法证照、批准证书、服务项目、收费标准、监督机关名称和监督电话等，并接受人力资源和社会保障行政部门及其他有关部门的监督检查。

利用互联网开展职业介绍活动的，应当在其主页明示前款规定事项。

第二十七条 职业介绍机构应当按规定向批准机关如实填报有关统计报表。

第二十八条 职业介绍机构变更名称、地址或者停办，应当提前30日向原批准机关申请，办理相应手续，并同时到有关登记部门办理变更或者注销手续。

职业介绍机构从事境外职业中介服务活动，应当按照有关规定办理批准手续。

第五章 公共就业服务

第二十九条 各级人力资源和社会保障行政部门开办的公共职业介绍机构应当免费提供以下服务：

(一)向求职者和用人单位提供劳动保障政策法规咨询；

(二)向各类求职人员及特殊服务对象提供就业指导和职业介绍；

(三)在中介服务场所公开发布当地岗位空缺、职业供求分析、劳动力市场工资指导价位和职业培训等信息；

(四)办理失业、就业登记，招用和终止、解除劳动合同备案等项事务；

(五)为失业人员及特殊服务对象提供职业技能培训；

(六)人力资源和社会保障行政部门指定的其他有关服务内容。

第三十条 对残疾人、享受当地最低生活保障待遇的人员、退出现役的军人和随军家属等特殊服务对象的求职，应当给予优先照顾，并督促用人单位遵守有关法律、法规、规章，保障特殊群体求职人员的就业权利。

第三十一条 在有条件的城市，人力资源和社会保障行政部门应当依托市、区公共职业介绍机构，建立综合性服务场所，集中为用人单位和劳动者提供服务。

公共职业介绍机构应当实行计算机管理与服务，建立用人单位和求职者资源信息库，并实现就业服务、失业保险、就业培训等信息的计算机联网。

第三十二条 公共职业介绍机构提供免费服务所需费用，劳动力市场信息网络建设和运行维护费用，以及对失业人员免费培训的补贴费用(不含享受失业保险待遇人员)，按照有关规定从各级财政安排的城镇就业补助费中列支。

对失业人员领取失业保险金期间接受职业培训、职业介绍的补贴，按照有关规定从失业保险金中支出。

各级人力资源和社会保障行政部门应当根据财政部门的预算编制要求,编制本级城镇就业补助费年度预算,报同级财政部门审批后执行。

第六章　法律责任

第三十三条　违反本条例规定,未经批准擅自设立职业介绍机构或者未经批准擅自从事职业介绍活动的,由人力资源和社会保障行政部门予以取缔,并处以1万元至3万元罚款;有违法所得的,没收违法所得。

第三十四条　用人单位有本条例第十四条所列行为之一的,由人力资源和社会保障行政部门责令改正,并处以3000元至5000元罚款。

第三十五条　用人单位违反本条例规定,未在规定期限内与被招用人员依法签订书面劳动合同的,由人力资源和社会保障行政部门责令限期改正。

第三十六条　违反本条例有下列行为之一的,由人力资源和社会保障行政部门给予处罚:

(一)转借、转让、变造、伪造《职业介绍许可证》的,收回许可证,没收违法所得,并处以1万元至2万元罚款;

(二)介绍未满16周岁的未成年人就业或者介绍未成年工从事禁忌劳动的,责令改正,并按照每招用1人处以2000元罚款,对直接责任人员由其单位或者主管部门给予行政处分;

(三)介绍或者招用求职人员从事法律、法规、规章禁止从事的职业、岗位或者活动的,责令其终止介绍或者招用活动,并处以5000元至1万元罚款,并由原批准机关收回《职业介绍许可证》;

(四)以欺诈方式进行职业介绍活动的,责令改正,并处以3000元至5000元罚款,情节严重的,收回《职业介绍许可证》;

(五)擅自从事涉外职业介绍活动的,责令停业,并按照每介绍1人处以1000元至5000元罚款,并没收违法所得。

第三十七条　违反本条例规定,用人单位招用人员后未办理有关手续的,由人力资源和社会保障行政部门责令补办手续;逾期不补办手续的,按照每招用1人处以500元罚款。

第三十八条　违反本条例第二十五条第(一)项规定的,由工商行政管理部门依法予以处罚。

违反本条例第二十三条规定,由价格主管部门依法予以处罚。

第三十九条　人力资源和社会保障行政部门或者有关部门及其工作人员在劳动力市场管理工作中,有下列行为之一的,对其主管人员和直接责任人员依法给予行政处分:

(一)无正当理由对应当许可、批准的事项不予许可、批准,或者逾期不

做答复,也不说明理由的;

（二）对违反本条例的行为不查处或者不及时查处的;

（三）无法定依据或者超过法定种类、幅度实施行政处罚的;

（四）违反法定程序规定实施行政处罚的;

（五）对罚没款、罚没物品违法予以处理的;

（六）利用职务的便利,索取或者收受他人的财物,情节轻微的;

（七）依照法律、法规和规章规定承担行政执法过错责任的其他行为。

第四十条　违反本条例规定,对当事人造成损害的,应当承担赔偿责任;触犯《中华人民共和国治安管理处罚法》的,由公安机关予以处罚;构成犯罪的,依法追究刑事责任。

第四十一条　当事人对行政处罚决定不服的,可以依照《中华人民共和国行政复议法》或者《中华人民共和国行政诉讼法》申请行政复议或者提起行政诉讼。

当事人对处罚决定逾期不申请复议,也不向人民法院提起诉讼,又不履行的,作出处罚决定的机关可以申请人民法院强制执行。

第七章　附　　则

第四十二条　本条例自 2002 年 2 月 1 日起施行。

黑龙江省城镇公有房产管理条例

(1986年5月16日黑龙江省第六届人民代表大会常务委员会第二十二次会议通过 根据2000年6月6日黑龙江省第九届人民代表大会常务委员会第十七次会议《关于修改〈黑龙江省公有房产管理条例〉的决定》第一次修正 根据2016年6月17日黑龙江省第十二届人民代表大会常务委员会第二十六次会议《黑龙江省人民代表大会常务委员会关于修改〈黑龙江省森林管理条例〉等五部地方性法规的决定》第二次修正)

第一章 总 则

第一条 为了加强城镇公房管理,充分发挥房屋的效用,为四化建设和人民生活服务,根据国家有关规定,结合我省情况,制定本条例。

第二条 本条例适用于本省城市、建制镇公有房产的管理。

第三条 全民所有制单位购建和依法收归国有的房产,为全民所有;集体所有制单位购建的房产,为集体所有。全民所有的和集体所有的房产均为公有房产。

第四条 省、市、地、县设置的房产部门,是本级人民政府、行政公署的房产主管部门,负责管理、指导本行政区域内的房产事业,组织监督实施本条例。

第五条 房产主管部门的房产,产权属于归口经营单位,由其经营管理;机关、团体、企业、事业单位自有房产,在当地房产主管部门的指导下,自行经营管理。

第六条 及时修缮公有房产,保证基本使用功能,是产权单位应尽的责任。爱护公有房产及附属设备,是承租人应尽的义务。

第二章 产 权

第七条 公有房产实行产权登记。产权单位应持房籍资料、证件,向当地房产主管部门申请办理登记手续,领取公有房产产权证照,产权方受法律保护。新建公有房屋,产权单位应在房屋竣工验收后一个月内,向当地房产主管部门申请、领取公有房产产权证照。

拆除公有房屋,应事先向当地房产主管部门办理手续。

第八条　公有房屋产权变更或改变用途时,产权单位应向当地房产主管部门办理手续。

第九条　房产归口经营单位的房产,不准无偿拨用。过去无偿拨用的房产,其产权仍属房产归口经营单位所有。

使用单位因撤销、合并、搬迁不使用时,房产应退交房产归口经营单位,不准擅自拆除、变卖、转让、转租、转借。对擅自转让、转租、转借的房产,应限期收回,并收回转租期间所得的全部租金,对擅自拆除、变卖的,应赔偿损失,并收缴变卖的全部所得。

过去无偿拨用的房产,改做生产、营业使用的,由房产归口经营单位按公用用房租金标准起租。

第十条　任何单位或个人,不准以任何借口平调、索要、强占公有房产。平调、索要、强占的房产,应限期退出,追缴居住期间的租金。

第十一条　未经城市规划部门批准,不准依附公有房屋接建建筑物,擅自接建的,应限期拆除;经批准接建使原建筑物损坏的,由新建单位负责修复。

第三章　租　　赁

第十二条　承租公有房屋的单位或个人为承租人。承租人承租房屋时,应向产权单位提出申请,签订租赁合同后,方可使用。

第十三条　承租人租用的公有房屋,不使用时,应在迁出前五日内向产权单位办理退租手续,付清租金,交清设备。

第十四条　公有房产使用权经产权单位同意可以转让、转租。转让、转租前应当按房产主管部门的有关规定办理手续。擅自转让、转租的,产权单位有权收回房屋。原租赁关系自动终止。已经转让、转租的,应按前款规定办理。

第十五条　公有房产使用权转让、转租人应当向产权单位交纳一定数额的转让、转租收益,具体办法由各市人民政府制定。

第十六条　公有房屋经产权单位同意可以改变用途。但改变用途前,应到房产主管部门和有关部门办理审批手续。

第十七条　承租人租用的公有住宅用房,无正当理由空闲三个月以上者,由产权单位收回。

第十八条　承租人未经产权单位同意和有关部门的批准,不得改修、改建、增添、拆除与房屋主体结构相连接的设施设备;装饰装修、改修、改建涉及改变房屋主体结构和承重结构的,应经房产主管部门和有关部门审查批准。

第十九条 承租人进行对公有房产有腐蚀、损坏作用的生产时,应装设保护设施,经产权单位审查同意后,方可使用。擅自进行上述生产的,应令其停产;造成损失的,应作价赔偿。

第二十条 机关、团体、事业单位使用的公企用房,按建设面积计租;住宅用房,按使用面积计租。承租人按租赁合同交纳房租和按规定交纳采暖费,不准借口拒付或拖欠。

第二十一条 产权单位应及时收取租金和采暖费,不准挪用、侵占。

第二十二条 公有房产的租金标准按国家和省的有关规定,由各市(地)人民政府(行署)制定。

第二十三条 产权单位不准将公有房屋免租交给个人自修自住;过去交出的,应收回计租或作价出售。

第二十四条 产权单位无力经营的公有房产,可以委托当地房产经营单位或其他单位代管,不准放弃管理。

第四章 买卖与互换

第二十五条 公有房产允许买卖。买卖时,应由当地房产主管部门审查产权证照、房产评价、办理产权变更手续。未经房产主管部门办理手续买卖公有房产的,应按规定补交契税,并没收非法所得。

第二十六条 房产主管部门根据有利生产、方便生活、自愿互利的原则,组织开展房屋互换活动产权单位和有关部门应予支持。

第二十七条 承租人需要互换房屋时,应事先征得产权单位同意。互换后,原租赁合同即行停止,新承租人与产权单位即行签订租赁合同。

第五章 修 缮

第二十八条 房产经营单位应把人力、财力、物力主要用于房屋修缮,租金用于房屋修缮的比例不得少于国家的规定;定期检查房屋状况,解决承租人合理的修缮要求。

第二十九条 房产经营单位应保持房屋的门窗、烟囱、采暖、照明设施完好和室内上水、下水管道畅通,保证采暖期间室内的适宜温度。及时修缮屋面、天棚、地面、墙壁和墙的基础。

保证居住和使用安全。因维修不善,给承租人造成损失的,应予赔偿。

第三十条 过去拨用的公有房产,由使用单位负责修缮。

第三十一条 任何人不准阻碍公有房产的修缮;不准用公款、公物对住宅用房进行特殊修缮。进行特殊修缮工料费由承租人自付。

第三十二条 承租人因使用不当或人为损坏公有房产及设备的,由承租人负责修复。

第三十三条 凡属两个以上单位共有或同山共脊房产的修缮,是产权单位的共同责任,修缮费用合理负担。

第六章 法律责任

第三十四条 违反本条例第十四条规定,擅自转让、转租公有房屋使用权的,由房产主管部门没收违法所得,并对转让人处以转让金额 20% 以下的罚款,对转租人处以月转租金额 5 倍以下罚款。

第三十五条 违反本条例第十五条规定,擅自改变公有房产用途的,由房产主管部门或有关主管部门依法予以处罚。

第三十六条 违反本条例第十七条规定,由房产主管部门责令限期改正和恢复,并给予下列处罚:

(一)擅自改修、改建、增添、拆除与主体结构相连接的设施设备的,处以 1000 元以上 1 万元以下的罚款;

(二)装饰装修、改修、改建擅自改变房屋主体结构和承重结构的,处以 5 万元以上 10 万元以下罚款。

第三十七条 违反本条例情节轻微的,产权单位应给予批评、教育;经教育不改或情节较重的,产权单位可向当地主管部门提出申请,由房产主管部门处以五百元以下罚款。

第三十八条 违反本条例的机关、团体、企业、事业单位支付的经济赔偿和罚款,从其利润留成或包干经费中支付。对个人的罚款由个人自付。

第三十九条 收缴的罚没款,按国家和省有关规定处理。

第四十条 违反本条例情节严重的,产权单位提出处理建议,由当事人的主管部门给予行政处分。

第四十一条 房产主管部门和产权单位的房管工作人员,执行本条例有弄虚作假、徇私舞弊、敲诈勒索、违法乱纪行为的,应从严处理。

第四十二条 对房产主管部门处理不服的,自接到处理通知书之日起六个月内,可向当地人民法院起诉;期满不起诉又不履行的,房产主管部门可申请人民法院强制执行。

第四十三条 违反本条例,触犯《中华人民共和国治安管理处罚法》的,由公安机关报给予治安处罚;构成犯罪的,由司法机关依法追究刑事责任。

第七章 附 则

第四十四条 乡和非建制镇公有房产的管理,可参照本条例执行。

第四十五条 省建设委员会可根据本条例规定,制订实施细则,经省人民政府批准后实施。

第四十六条 本条例如与国家规定抵触时,按国家规定执行;过去省内有关规定与本条例有抵触的,按本条例执行。

第四十七条 本条例自 1986 年 7 月 1 日起施行。

黑龙江省森林管理条例

(1995 年 8 月 23 日黑龙江省第八届人民代表大会常务委员会第十七次会议通过　根据 1997 年 12 月 16 日黑龙江省第八届人民代表大会常务委员会第三十一次会议《关于修改〈黑龙江省森林管理条例〉的决定》第一次修正　根据 2004 年 12 月 18 日黑龙江省第十届人民代表大会常务委员会第十二次会议《关于修改〈黑龙江省森林管理条例〉的决定》第二次修正　根据 2010 年 8 月 13 日黑龙江省第十一届人民代表大会常务委员会第十八次会议《关于修改〈黑龙江省实施《中华人民共和国水土保持法》办法〉等 11 部地方性法规的决定》第三次修正　根据 2015 年 4 月 17 日黑龙江省第十二届人民代表大会常务委员会第十九次会议《关于废止和修改〈黑龙江省文化市场管理条例〉等五十部地方性法规的决定》第四次修正　根据 2016 年 6 月 17 日黑龙江省第十二届人民代表大会常务委员会第二十六次会议《黑龙江省人民代表大会常务委员会关于修改〈黑龙江省森林管理条例〉等五部地方性法规的决定》第五次修正)

第一章　总　　则

第一条　根据《中华人民共和国森林法》和《中华人民共和国森林法实施条例》,结合本省实际,制定本条例。

第二条　在本省行政辖区内从事森林资源保护、培育、利用、管理以及改变森林资源生态环境的活动,必须遵守本条例。

森林资源,包括林地、林木以及森林生态环境下所形成的生物资源。林地,包括有林地、疏林地、灌木林地、采伐迹地、火烧迹地、苗圃地和依法确认的其他林业用地。

第三条　省人民政府林业行政主管部门负责全省林业工作。市(行署)、县(含县级市、区,下同)人民政府林业行政主管部门,负责本辖区内林业工作。乡(含镇,下同)人民政府设林业工作站或专职人员负责林业工作。省森林工业行政主管部门负责本系统林业工作。大兴安岭森林工业管理部门负责本系统林业工作。

其他有关部门可按省林业行政主管部门的委托,管理本系统林业工作。

第四条 各级人民政府及林业企业、事业单位应当建立保护培育森林资源和发展林业经济领导任期目标责任制。各级人民政府每年应当从地方财政中适当安排资金扶持林业发展。

第五条 林业建设实行以营林为基础,普遍护林,大力造林,采育结合,永续利用的方针,逐步建立林业生态体系和林业产业体系。

林区应当加快速生丰产林基地建设,大力发展木材综合利用,实现林业工业化,调整产业结构,实行多种经营。

平原地区应当在统一规划下,加速营造防护林、用材林、经济林和薪炭林,逐步增加覆盖率。

第六条 对保护、培育、合理利用、科学管理森林资源以及发展林业生产,开展林业教育和科学研究有显著成绩的单位和个人,由各级人民政府或有关部门给予表彰和奖励。

第二章 森林、林木、林地权属

第七条 国有林业企业、事业单位和其他国有企业、事业单位经营管理的森林、林木、林地,为国家所有。

农村集体经济组织在其所有的土地上营造的林木,为集体所有。

机关、团体、部队、学校等单位,在县级以上人民政府依法批准的用地范围内营造的林木,为造林单位所有。

第八条 农村居民在已确认的房前屋后、自留地、自留山、薪炭林地营造的林木,为营造者所有,承包荒山荒地造林的,按照承包合同的约定确定林木所有权。

个人所有的林木允许继承、转让和出卖。

第九条 国有林业企业、事业单位及其他国有企业、事业单位与乡、村或者其他单位联合经营的森林,林地仍为国家所有,共同支配林木收益。单位与单位、单位与个人、个人与个人联合营造的林木,为联合营造者共有。

第十条 义务植树按国务院《关于开展全民义务植树运动的实施办法》和《黑龙江省开展全民义务植树运动的实施细则》的有关规定确定林木所有权。

第十一条 国家和集体所有的森林、林木和林地,个人所有的林木和使用的林地,由县级以上林业行政主管部门登记造册,报同级人民政府核发《林权证》,确认所有权或者使用权。国有森林工业由国家授权的部门核发《林权证》。已领取《林权证》的国有林业单位,不需再办理《土地证》。

国有林业企业、事业单位和集体经济组织,应当按《林权证》所确定的面积及其界线,严格守界经营,未经上级主管部门和原批准机关同意,任何单位和个人不得擅自变更。权属发生变更时,应当到原发证机关更换《林权证》。

第十二条 森林、林木、林地权属发生争议时,由县级以上人民政府处理。森林工业企业单位与其他森林经营单位发生权属争议时,由省人民政府或者国家授权的部门处理。

森林、林木、林地权属争议解决以前,任何一方不得砍伐有争议的林木和抢占有争议的林地。

第三章 森林保护

第十三条 国家建设占用国有林地和征收、征用集体林地及其他必须使用林地的,应当到县级以上林业行政主管部门和林业局以上森林工业管理部门办理《改变林地用作许可证》后,再依法办理土地等有关手续。

森林经营单位在其经营的林地内修筑为林业生产服务的工程设施和多种经营使用的林地,按照上级主管部门批准的文件执行。

第十四条 禁止毁林开垦和毁林采石、挖沙、取土等违法行为。已在森林经营施业区内擅自开垦的林地,应当由所在森林经营单位限期收回。

第十五条 严禁盗伐、滥伐森林、林木。

严禁毁林养蚕、毁树采集林木种子和在活立木上扒树皮等毁林行为。

第十六条 养木耳应当推行新技术,充分利用采伐剩余物,不准砍伐柞林和使用成材柞木做木耳段。

林区种参应当在采伐迹地、火烧迹地、疏林地、林间空地种植,或实行林参间作。不得毁林种参。

第十七条 严禁木材经营和加工厂点收购盗伐木材。

在林区开办木材经营和加工厂点必须征得所在施业区林业单位的同意,向有审批权的林业行政主管部门和林业局申领《木材经营、加工许可证》。

第十八条 严格保护国家确定的一、二级保护树种。需要采伐利用的,国家一级保护树种,须经国家林业部批准;国家二级保护树种,须经省林业行政主管部门或者省森林工业行政主管部门、大兴安岭森林工业管理部门批准。采集野生药材和经济植物,应当保护植物资源。

第十九条 各级人民政府和林业企业、事业单位应当加强林政、公安、护林队伍建设。

第二十条 森林防火、森林植物检疫、森林病虫害防治、林木种子管理、野生动植物保护、森林和野生动物类型自然保护区、森林公园、城市绿化管理,按国家和省的有关规定执行。

第四章　森林经营管理

第二十一条　森林划分为防护林、用材林、经济林、薪炭林、特种用途林,可以结合森林经理调查划分为生态保护、速生丰产、常规管理 3 种类型经营区,实行科学经营。

第二十二条　森林资源应当实行资产化管理,有偿使用。国有森林资源资产应结合森林经理复查定期进行评估。

第二十三条　各级林业部门负责组织森林资源调查工作,建立森林资源档案,编制森林经营方案,掌握森林资源变化情况。

第二十四条　各森林经营单位应当按用材林消耗量低于生长量和其他林种合理经营、永续利用的原则,严格控制森林年采伐量,对森林资源消耗实行全额管理。

第二十五条　国有林业企业、事业单位应当建立健全森林资源审计制度,在其单位主要负责人任期、采伐限额执行期、森林经理期结束时,应当进行审计。

第五章　植树造林

第二十六条　到本世纪末,全省森林覆盖率应当达到 40% 以上,其中山区不低于 70% ,半山区不低于 40% ,平原区不低于 10% 。

各级人民政府根据省森林覆盖率总目标确定本辖区森林覆盖率的目标,制定实施规划,明令公布。

第二十七条　城镇和乡村应当按照造林规划,因地制宜地营造用材林、防护林、经济林和薪炭林。

各级人民政府应当按照国家规定,组织各系统、各单位和负有义务的公民,完成法定的植树任务。

第二十八条　农垦、畜牧、铁路、交通、水利等部门,应当按因地制宜、因害设防的原则,积极营造防护林。煤炭、造纸等部门,应当营造坑木、造纸等用材林和原料林。

第二十九条　植树造林应当遵守造林技术规程,实行科学造林。县级人民政府和国有森林工业企业每年应当对植树造林组织验收,核实造林面积和成活率、保存率。

第三十条　建立林业基金制度。林业基金按规定权限分级管理,专款专用。林业基金的提取标准和管理、使用办法,由省人民政府制定。

第三十一条　采伐林木应当提取育林基金。育林基金的具体提取和使用办法,按国家和省有关规定执行。

第六章　森林采伐和木材运输

第三十二条　森林、林木实行限额采伐。省森林工业行政主管部门和大兴安岭森林工业管理部门,综合本系统森林采伐限额,在报国家林业部同时报省林业行政主管部门。各县林业行政主管部门和省林业行政主管部门委托的部门,均综合本系统森林采伐限额,逐级报省林业行政主管部门。省林业行政主管部门汇总全省森林采伐限额,经省人民政府审核后,上报国务院批准。经国家批准的森林采伐限额指标,任何单位和个人不得超过。

第三十三条　采伐森林、林木,必须进行伐区调查设计,凭《林木采伐许可证》进行采伐。农村居民采伐自留地和房前屋后个人所有的零星树木除外。

第三十四条　《林木采伐许可证》的审发:国有林业企业、事业单位的由本系统上级主管部门审发;乡村集体和个人承包的,由县级林业行政主管部门审发;铁路、公路护路林的更新采伐,属铁路、公路部门营造的,由其上级主管部门审发;其他国有企业、事业单位的,由省林业行政主管部门或者其委托的部门审发。

第三十五条　森林采伐应当严格执行国家《森林采伐更新管理办法》,皆伐面积比重应当严格控制。采伐后必须不晚于次年完成更新。

第三十六条　运输木材必须持有木材运输证件。具体办理木材运输证件办法,由省人民政府制定。

铁路、公路、航运部门应当凭木材运输证件承运木材。

第三十七条　经省人民政府批准,可以在林区设立或者变更木材检查站。检查人员在执行木材检查任务时,应当出示执法证件。

林业执法人员可以进入车站、码头、货场和木材市场进行检查。

第七章　法律责任

第三十八条　未办理《改变林地用途许可证》占用、征用林地的,责令停止作业,限期补办手续。对已构成非法占用林地的,处以每平方米5～15元罚款;致使森林、林木受到毁坏的,赔偿损失;补种毁坏株数1～3倍的树木或缴纳补种树木费。逾期不补办手续的,除按上述规定处罚外,立即退回所占林地。抢占有争议林地的,应当立即退出,对直接责任者处以500～1000元的罚款。

对毁林开垦和毁林采石、挖沙、取土等违法行为,责令返回占有,处以每平方米1～5元的罚款;致使森林、林木毁坏的,赔偿损失;补种毁坏株数1～3倍的树木或缴纳补种树木费。

对违法从事种植、养殖、采集的,没收违法所得,并处以违法所得2～5

倍的罚款;致使森林、林木毁坏的,赔偿损失;补种毁坏株数 1 ~ 3 倍的树木或缴纳补种树木费。

对砍伐柞树和使用成材柞树做木耳段的,没收木耳段和违法所得,并处以违法所得 2 ~ 5 倍的罚款。

对在活立木上扒树皮的,处以每株 10 ~ 50 元罚款;致使树木死亡的,处以木材价值 3 ~ 5 倍的罚款。

森林经营单位对在其森林经营施业区内擅自开垦的林地,没有按期收回的,由上级机关对其负责人给予行政处分。

第三十九条 盗伐森林或者其他林木,林区木材 2 立方米以下,幼树 100 株以下的,非林区木材 1 立方米以下,幼树 50 株以下的,防护林、特种用途林和国家确定的一、二级保护树种 1 立方米以下的,或者相当于上述损失的,缴回所盗木材,责令赔偿损失,补种盗伐株数 10 倍的树木或缴纳补种树木费,并处以违法所得 3 ~ 10 倍的罚款。

受雇和帮工参与盗伐以及为盗伐人提供运输工具的,处以相当于盗伐人罚款额度 50% 的罚款。盗伐、运输工具予以扣留,在限期内不接受处理的,可以变卖盗伐、运输工具,折抵赔偿损失和罚款。

第四十条 滥伐森林、林木,林区木材 10 立方米以下,幼树 500 株以下,非林区木材 5 立方米以下,幼树 250 株以下,或者相当于上述损失的,责令补种滥伐株数 5 倍的树木或缴纳补种树木费,并处以违法所得 2 ~ 5 倍的罚款。国有林业企业、事业单位和其他经营林业单位不执行伐区调查设计和《林木采伐许可证》规定超采林木,按滥伐处理,由上级林业主管部门收缴违法所得,列为育林基金。对直接责任者由其上级机关给予行政处分。

采伐林木的单位或者个人,未按规定完成更新造林任务的,责令限期完成任务,并处以相当于所需造林费用的罚款。

第四十一条 在林区无《木材经营、加工许可证》私自经营、加工木材的,责令其立即停止营业,由林业和工商主管部门依法处理。

对经营、加工盗伐木材的,应当没收全部盗伐木材,并处以木材价值 3 ~ 5 倍的罚款,由林业行政主管部门收缴《木材经营、加工许可证》。

第四十二条 无木材运输证件运输木材的,扣押其所运木材,责令限期补办运输证件,逾期未补办的,没收全部木材,并处以木材价值 10% ~ 50% 的罚款。对承运单位和个人处以承运木材价值 10% ~ 30% 的罚款。

运输木材的数量、树种、材种和规格与木材运输证件记载不符的,没收超过数量和不符部分的木材。

对使用伪造、涂改、倒卖证件运输木材的,没收全部木材,并对货主处以相当于木材价值 10% ~ 50% 的罚款。对伪造、涂改、倒卖运输证件者,没收其非法所得,并处以非法所得 2 ~ 5 倍的罚款。

第四十三条 违反本条例的行政处罚，由县级以上林业行政主管部门、省林业行政主管部门依法委托的部门和省森林工业行政主管部门决定。

第四十四条 违反本条例规定，情节严重，构成犯罪的，依法追究刑事责任。

第四十五条 罚没使用财政部门统一印制的票据。罚没款全额上缴同级财政部门。

追缴盗伐的木材、变卖所得及核收的赔偿损失费、补种树木费，返还原森林经营单位，用于恢复森林资源。

第四十六条 对拒绝、阻碍林业行政执法人员和护林人员依法执行公务的，由公安机关依照《中华人民共和国治安管理处罚法》处罚；构成犯罪的，依法追究刑事责任。

第四十七条 对林业管理部门和企业事业单位负责人以及林业职工玩忽职守，滥用职权，营私舞弊，弄虚作假，贪污受贿，包庇纵容违法者，参与和支持盗伐、滥伐，造成森林资源损失的，由其所在单位或上一级机关给予行政处分；情节严重，构成犯罪的，依法追究刑事责任。

第八章 附　　则

第四十八条 本条例由省林业行政主管部门负责应用解释。

第四十九条 本条例自一九九五年十月一日起施行。

黑龙江省出版管理条例

(1997年12月16日黑龙江省第八届人民代表大会常务委员会第三十一次会议通过 根据2011年12月8日黑龙江省第十一届人民代表大会常务委员会第二十九次会议《关于修改〈黑龙江省野生动物保护条例〉等12部地方性法规的决定》第一次修正 根据2013年12月13日黑龙江省第十二届人民代表大会常务委员会第七次会议通过的《黑龙江省人民代表大会常务委员会关于废止和修改〈黑龙江省赌博处罚条例〉等十九部地方性法规的决定》第二次修正 根据2015年4月17日黑龙江省第十二届人民代表大会常务委员会第十九次会议《关于废止和修改〈黑龙江省文化市场管理条例〉等五十部地方性法规的决定》第三次修正 根据2016年6月17日黑龙江省第十二届人民代表大会常务委员会第二十六次会议《黑龙江省人民代表大会常务委员会关于修改〈黑龙江省森林管理条例〉等五部地方性法规的决定》第四次修正)

第一章 总 则

第一条 为加强对出版活动的管理,繁荣和发展出版事业,保障公民依法行使出版自由的权利,促进社会主义物质文明和精神文明建设,根据国家有关法律、法规,结合本省实际,制定本条例。

第二条 凡在本省行政区域内从事出版物的出版、印刷或复制、发行等出版活动的单位和个人,均应当遵守本条例。

第三条 出版事业必须坚持宪法所确定的基本原则,坚持为人民服务、为社会主义服务的方向,传播和积累有益于经济发展和社会进步的思想、道德、科学技术和文化知识,满足人民的精神文化需求。

出版活动应当把社会效益放在首位,实现社会效益和经济效益的统一。

第四条 省出版行政部门负责全省出版活动的监督管理工作。市(行署)、县出版行政部门负责本行政区域内出版活动的监督管理工作;未设出版行政部门的地方,由文化行政部门行使出版行政部门的监督管理职能。

铁路、森工、农垦系统管理出版工作的机构,在省出版行政部门的指导监督下负责本系统出版活动的管理工作。

各级文化、教育、工商、公安、邮电、铁路、交通、民航、海关等部门应当按照各自职责分工,相互配合,监督管理有关的出版活动。

第五条 县级以上人民政府主管出版工作的行政部门负责本行政区域内出版事业总量、结构、布局的规划和宏观调控工作,指导、协调出版事业的发展。

第六条 全省性出版行业的社会团体按照其章程,在省出版行政部门的指导下,实行自律管理。

第二章 出版单位的管理

第七条 出版物应当由报社、期刊社、图书出版社、音像出版社和电子出版物出版社等出版单位出版。法人设立的报纸编辑部、期刊编辑部视为出版单位。出版单位对其出版的出版物负责。

第八条 设立出版单位,应当符合国家《出版管理条例》第十条规定的条件,由其主办单位向省出版行政部门申请,经审核同意后,报国家出版行政部门审批,到省出版行政部门登记,领取出版许可证后到工商行政管理部门办理营业执照。

第九条 出版单位应当有确定的主管、主办单位。主管、主办单位负责领导和监督所属出版单位依法从事出版活动,保证出版物的出版、印刷或复制、发行工作的正常进行。

第十条 出版单位应当在国家和省出版行政部门批准的业务范围内从事出版活动。

图书出版社、音像出版社、电子出版物出版社的出版选题,应当报送省出版行政部门审核。

出版单位的年度出版计划和涉及国家安全、社会安定等方面的重大选题,应当经省出版行政部门审核,并报国家出版行政部门备案。

第十一条 出版单位变更名称、主办或主管单位、业务范围,合并或分立,出版新的报纸、期刊或改变报纸、期刊名称、刊期的,应当按照设立出版单位的规定重新办理审批手续。

出版单位变更地址、主要负责人或法定代表人,报纸或期刊变更开版或开本的,应当经主办及主管单位审查同意后,向省出版行政部门申请变更登记,并报国家出版行政部门备案。

第十二条 出版单位发行其出版物前,应当按照规定向国家和省有关部门和单位送交样本。

第十三条 出版、印刷或复制、发行单位不得出售或转让本单位的许可证、名称、书号、刊号和版号,并不得出租、出借本单位的许可证、名称、刊号。

第十四条　出版、印刷或复制、发行单位应当接受出版行政部门的年检，未接受年检或年检不合格的，由出版行政部门给予暂缓登记或吊销许可证。

第三章　出版物的出版

第十五条　从事出版活动，必须遵守宪法、法律和法规，保证出版物的内容符合国家的，社会的，集体的利益和其他公民的合法权益。

第十六条　任何出版物不得含有下列内容：

（一）反对宪法确定的基本原则的；

（二）危害国家的统一、主权和领土完整的；

（三）危害国家的安全、荣誉和利益的；

（四）煽动民族分裂，侵害少数民族风俗习惯，破坏民族团结的；

（五）泄露国家秘密的；

（六）宣扬淫秽、迷信或者渲染暴力，危害社会公德和民族优秀文化传统的；

（七）侮辱或者诽谤他人的；

（八）法律、法规规定禁止的其他内容的。

第十七条　以未成年人为对象的出版物不得含有诱发未成年人模仿违反社会公德的行为和违法犯罪的行为的内容，不得含有恐怖、残酷、色情等妨害未成年人身心健康的内容。

第十八条　出版物的内容不真实或不公正，致使公民、法人或其他组织的合法权益受到侵害的，其出版单位应当公开更正，消除影响，并依法承担民事责任。

第十九条　出版单位实行编辑责任制度。编审人员应当恪尽职守，保证出版物的质量。

第二十条　任何单位和个人不得以任何名义直接或间接购买或租借许可证、书号、刊号和版号，并参与出版、印刷或复制、发行等活动。

任何单位和个人不得伪造、假冒出版单位或报纸、期刊名称出版出版物。

第二十一条　出版物刊登的广告内容，应当真实、健康、科学、准确，符合广告法律、法规的规定。出版单位不得刊登非法、虚假广告，不得以新闻报道形式刊登广告，不得擅自更改广告审批机关审核的广告内容。

广告专版、专刊、专页、专栏应当有明显的广告标识。

第二十二条　出版单位采集、编辑、发表新闻或组织、编辑、印发稿件，不得向报道对象和供稿者索取和收受审稿、编辑、印发等费用。

出版工作者不得利用职务之便向报道对象和供稿者索取财物。

第二十三条 中小学教材由国家或省教育行政部门审定或组织审定,由省出版行政部门指定的出版、印刷或复制、发行单位承担出版、印刷或复制、发行。

第二十四条 从事出版活动的单位和个人应当遵守国家物价法规和政策,不得以不正当手段牟取暴利,损害消费者的利益。

第四章 出版物的印刷或复制

第二十五条 设立出版物印刷企业,需由省出版行政部门批准,到工商行政管理部门办理营业执照。

印刷企业变更原登记内容,应当按照原审批程序办理审批手续。

第二十六条 从事图书、报纸、期刊印刷经营活动应当遵守下列规定:

(一)承印出版单位委托印制的图书、报纸、期刊,应当查验图书、期刊印制委托书、报纸登记证;

(二)承印音像制品、电子出版物的装帧封面、宣传品等,应当查验省出版行政部门核发的批准文件;

(三)承印图书、报纸、期刊的单位,不得将纸型、印版、底片等租借或转让给其他单位或个人,不得擅自加印和销售,不得自编、自印和自销。

第二十七条 印刷企业承印非出版单位委托印制的内部资料性出版物,应当查验并收存省出版行政部门核发的一次性准印证。

第二十八条 省外的出版物在本省印制,应当持委托单位所在地省级出版行政部门的批准文件,经省出版行政部门核发准印证,到定点印刷企业印制。

出省印制的出版物,应当持省出版行政部门的批准文件,经受委托地省级出版行政部门核发准印证,到该省定点印刷企业印制。

第二十九条 承印境外出版物,应当查验有关著作权的合法证明文件和本省出版行政部门的批准文件。印制的出版物必须全部运输出境,不得在境内销售。

第三十条 设立音像制品、电子出版物复制单位,需经工商行政管理部门登记注册,由所在地设区的市级出版行政部门审批。

第三十一条 从事音像制品、电子出版物复制活动应当遵守下列规定:

(一)承制出版单位委托复制的音像制品、电子出版物,应当查验音像制品、电子出版物复制委托书;

(二)承制省内部资料性音像制品、电子出版物和省外音像制品、电子出版物出版单位的音像制品、电子出版物,应当经省出版行政部门批准;

(三)不得将出版单位委托复制的音像制品、电子出版物的母带、模版出售或转让;

（四）不得盗制、擅自翻录和发行。

第三十二条　印刷或复制单位，不得印刷或复制有下列情形之一的出版物：

（一）含有本条例第十六条、第十七条禁止内容的；

（二）非法进口的；

（三）伪造、假冒出版单位名称或报纸、期刊名称的；

（四）未署出版单位名称的；

（五）中小学教材未经国家或省教育行政部门审定的；

（六）侵犯他人著作权的。

第五章　　出版物的发行

第三十三条　出版社、报社、期刊社自办发行，中、省直出版单位应当报省出版行政部门审核，其他出版单位经市（行署）出版行政部门审核，报省出版行政部门审批，领取省出版行政部门核发的书报刊自办发行经营许可证后到所在地工商行政管理部门办理营业执照。

第三十四条　从事出版物批发业务的单位，需经工商行政管理部门登记注册，由省出版行政部门审批。

从事出版物零售业务的单位和个人，需经工商行政管理部门登记注册，由县级出版行政部门审批。

第三十五条　出版物批发单位可兼营批发及零售、出租业务。出版物零售、出租店（摊）不得从事出版物批发业务。

第三十六条　从事出版物发行的单位和个人必须从国家批准的正式渠道进货，所经营的出版物应当是出版单位出版的出版物。

经营香港特别行政区、澳门、台湾地区和国外出版物，按照国家有关规定执行。

第三十七条　图书、期刊批发单位应当进入出版行政部门指定的批发市场集中经营，不得在批发市场以外从事批发业务。

批发单位应当按照批发前送审的规定，将图书、期刊样本报送所在地市（行署）级以上出版行政部门。

第三十八条　县级以上出版行政部门应当加强对举办出版物展览、展销、订货会等活动的监督检查。

第三十九条　国家指定的发行单位可以经营内部发行的出版物，出版单位可以经营本出版单位出版的内部发行的出版物，但均不得公开陈列和宣传。其他发行单位不得经营内部发行的各类出版物。

第四十条　出版单位委托发行单位征订发行图书、报纸、期刊，应当实行统一的图书、报纸、期刊征订发行委托书制度。凡未提供委托书或委托书未按规定填写,并报省出版行政部门备案的,均不得承发。

第四十一条 任何单位不得强行或变相强行推销和摊派各类出版物。

第四十二条 出版物发行单位歇业、转业、变更原登记事项时,应当按照设立时的审批程序办理批准手续。

第四十三条 邮政企业发行报纸、期刊,依照邮政法的规定办理。

第六章 保障与奖励

第四十四条 各级人民政府应当按照有关法律、法规,保护著作权人和出版经营者的合法权益,对非法干扰、阻止和破坏出版、印刷或复制、发行的行为应当及时采取措施予以制止。

第四十五条 各级人民政府应当执行国家和省有关出版事业发展的财税优惠政策,增加财政投入,合理使用文化事业建设费,鼓励社会力量资助出版事业,建立和发展出版专项资金,扶持优秀、重点出版物的出版。

第四十六条 制定扶持农村出版物发行的优惠政策,加快农村出版物发行网点建设,扩大农村出版物的发行量。

第四十七条 各级人民政府应当保障中小学教材的出版、印刷或复制、发行,出版单位应当保证按时出版。

第四十八条 扶持少数民族语言文字出版单位的发展和少数民族出版物的出版、印刷或复制、发行。

第四十九条 各级人民政府和有关部门鼓励、支持、保护一切组织和个人对违反本条例的行为进行监督,对检举、揭发违法行为有功的组织和个人,应当予以奖励。

第五十条 各级人民政府和有关部门对发展、繁荣出版事业做出突出贡献的单位和个人,应当予以奖励。

第七章 法律责任

第五十一条 出版、印刷或复制、发行单位的主管或主办单位不履行职责,致使出版活动违反国家法律、法规,损害国家和人民利益的,由出版行政部门责令改正,并由有关部门追究主要责任人的责任。

第五十二条 未经批准擅自从事出版活动的,由有审批权的出版行政部门或管理出版工作的部门予以取缔,没收出版物和从事非法出版活动的主要专用工具、设备以及违法所得,并处违法所得2倍以上10倍以下罚款;构成犯罪的,依法追究刑事责任。

第五十三条 违反本条例,有下列行为之一的,由出版行政部门或管理出版工作的部门没收出版物和违法所得,并处违法所得3倍以上10倍以下罚款;情节严重的,责令停业整顿或吊销许可证;构成犯罪的,依法追究刑事

责任:

(一)出版含有本条例第十六条、第十七条禁止内容的出版物的;

(二)明知他人出版含有本条例第十六条、第十七条禁止内容的出版物而向其出售、出租或以其他形式转让本出版单位的名称、书号、刊号、版号的;

(三)伪造、假冒出版单位或报纸、期刊名称,出版含有本条例第十六条、第十七条禁止内容的出版物的;

(四)印刷或复制、发行明知含有本条例第十六条、第十七条禁止内容的出版物的。

第五十四条 盗印、盗制出版物的,由出版行政部门或管理出版工作的部门没收出版物和违法所得,并处违法所得 3 倍以上 10 倍以下罚款;情节严重的,责令停业整顿或吊销许可证;构成犯罪的,依法追究刑事责任。

第五十五条 出售、出租或以其他形式转让本单位的许可证、名称、书号、刊号和版号的,由出版行政部门或管理出版工作的部门没收违法所得,并处违法所得 2 倍以上 5 倍以下罚款;情节严重的,责令停业整顿或吊销许可证。

购买、租借或以其他形式使用出版单位的许可证、名称、书号、刊号和版号,参与出版活动,由出版行政部门或管理出版工作的部门没收违法所得,并处违法所得 2 倍以上 5 倍以下罚款。

第五十六条 伪造、假冒出版单位或报纸、期刊名称出版出版物的,由出版行政部门或管理出版工作的部门予以取缔,没收出版物和违法所得,并处违法所得 3 倍以上 5 倍以下罚款;侵犯其他出版单位合法权益的,依法承担民事责任。

第五十七条 违反本条例,有下列行为之一的,由出版行政部门或管理出版工作的部门没收出版物和违法所得,并处违法所得 2 倍以上 5 倍以下罚款;情节严重的,责令停业整顿或吊销许可证:

(一)印刷或复制单位未取得印刷或复制合法手续而印刷或复制出版物的;

(二)印刷企业印刷无准印证的内部资料性出版物和非出版单位公开发行内部资料性出版物的;

(三)出版、印刷或复制、发行未经依法审定的中小学教材的;

(四)印刷或复制单位租借、转让出版物纸型、印版、底片、母带、模版的;

(五)发行单位和个人发行未署出版单位名称的出版物的;

(六)发行单位未经批准发行内部发行的出版物的;

(七)出版物发行单位和个人不从正式发行渠道进货或经营非出版单

位出版的出版物的。

第五十八条　出版单位违反国家有关规定和出版工作者利用职务之便向报道对象和供稿者索取收受财物的,由出版行政部门或管理出版工作的部门没收违法所得,并处违法所得 2 倍以上 5 倍以下罚款;构成犯罪的,依法追究刑事责任。

第五十九条　强行或变相强行推销、摊派出版物的,由省出版行政部门责令改正,通报批评,并处违法所得 2 倍以上 5 倍以下罚款。

从事出版活动的单位和个人以不正当手段牟取暴利的,处以违法所得 2 倍以上 5 倍以下罚款。

第六十条　出版物刊登非法、虚假、变相广告的,由出版行政部门和管理出版工作的部门协同广告审查机关提出查处意见,由广告监督管理机关依法处理。

第六十一条　凡部门和单位违反本条例受到罚款处罚,应当追究个人责任的,对主要责任人和直接责任人分别处以 500 元以上 5000 元以下罚款。

第六十二条　当事人对处罚决定不服的,可以依照《行政复议条例》《中华人民共和国行政诉讼法》申请复议或提起行政诉讼。逾期不申请复议,不起诉又不履行处罚决定的,作出处罚决定的部门可以申请人民法院强制执行。

第六十三条　出版行政部门和管理出版工作的部门的工作人员滥用职权、玩忽职守、徇私舞弊的,由其所在单位视其情节给予行政处分;构成犯罪的,依法追究刑事责任。

第八章　附　　则

第六十四条　本条例由省出版行政部门负责应用解释。

第六十五条　本条例自 1998 年 1 月 1 日起施行。1986 年省人大常委会通过的《黑龙江省出版管理条例》同时废止。

黑龙江省非物质文化遗产条例

(2016年8月19日黑龙江省第十二届人民代表大会
常务委员会第二十八次会议通过)

第一章 总 则

第一条 为了继承和弘扬中华民族优秀传统文化,加强非物质文化遗产保护、保存工作,促进非物质文化遗产的传承、传播和开发利用,根据《中华人民共和国非物质文化遗产法》等法律、行政法规,结合本省实际,制定本条例。

第二条 本省行政区域内非物质文化遗产的保护、保存和开发利用等活动,适用本条例。

第三条 本条例所称非物质文化遗产,是指各族人民世代相传并视为其文化遗产组成部分的各种传统文化表现形式,以及与传统文化表现形式相关的实物和场所。包括:

(一)传统口头文学以及作为其载体的语言;

(二)传统美术、书法、音乐、舞蹈、戏剧、曲艺和杂技;

(三)传统技艺、医药和历法;

(四)传统礼仪、节庆等民俗;

(五)传统体育和游艺;

(六)与非物质文化遗产项目相关联的传统民居建筑、服饰、器皿、用具等;

(七)其他非物质文化遗产。

第四条 保护非物质文化遗产应当注重其真实性、整体性和传承性,坚持保护为主、抢救第一、合理利用、传承发展的方针和政府主导、社会参与的原则。

第五条 县级以上人民政府应当将非物质文化遗产保护、保存工作纳入本级国民经济和社会发展规划,建立非物质文化遗产保护工作协调机制,协调解决保护工作中的重大问题。

县级以上人民政府应当将非物质文化遗产保护、保存经费列入本级财政预算,根据非物质文化遗产保护工作实际需要给予保障,有条件的可逐年增加。

县级以上人民政府应当在非物质文化遗产代表性项目申报过程中给予资金等方面的扶持。

对赫哲等少数民族聚居的地区、贫困地区的非物质文化遗产保护、保存工作,省、市级人民政府在资金、人才培养、设施建设等方面给予扶持。

第六条 县级以上人民政府文化主管部门负责本行政区域内非物质文化遗产的保护、保存和监督管理工作。

发展和改革、财政、人力资源和社会保障、住房和城乡建设、教育、民族事务、旅游、卫生计生、体育、新闻出版广电、科技等有关部门在各自职责范围内,负责有关非物质文化遗产的保护、保存工作。

乡镇人民政府、街道办事处应当配合县级以上人民政府文化主管部门做好非物质文化遗产保护、保存工作。

村(居)民委员会(社区)应当协助当地人民政府做好非物质文化遗产保护、保存工作。

第七条 县级以上人民政府应当加强对非物质文化遗产保护工作的宣传,提高全社会保护非物质文化遗产的意识。

非物质文化遗产保护、保存工作应当纳入各级领导干部教育培训机构培训内容,普及非物质文化遗产知识,提高各级领导干部保护意识和保护能力。

第八条 鼓励和支持公民、法人和其他组织参与非物质文化遗产保护工作,鼓励其捐赠非物质文化遗产实物、资料或者捐赠资金。

第九条 对在非物质文化遗产保护工作中做出显著贡献的组织和个人,按照国家有关规定予以表彰、奖励。

第二章 代表性项目调查与名录

第十条 县级以上人民政府文化主管部门应当开展非物质文化遗产调查,并运用文字、录音、录像、数字化多媒体等方式对非物质文化遗产进行真实、系统和全面的记录,建立非物质文化遗产档案及相关数据库。除依法应当保密的外,非物质文化遗产档案及相关数据信息应当公开,便于公众查阅。

文化主管部门的工作人员在非物质文化遗产调查工作中,取得的音像资料、实物图片、资料复制件等应当交由本部门保存,防止损毁、流失。

第十一条 县级以上人民政府应当建立本级非物质文化遗产代表性项目名录(以下简称代表性项目名录)。

列入代表性项目名录的项目应当符合下列条件:

(一)体现中华民族优秀传统文化,具有典型性、代表性;

（二）具有历史、文学、艺术、科学价值；

（三）在一定群体或者地域范围内世代传承，至今仍以活态形式存在；

（四）具有地域和民族特色，在本行政区域内有较大影响力。

第十二条　省人民政府可以从省级代表性项目名录中遴选具有重大历史、文学、艺术、科学价值的非物质文化遗产项目，向国务院文化主管部门推荐列入国家级代表性项目名录，并提出申报联合国教科文组织人类非物质文化遗产代表作名录、急需保护的非物质文化遗产名录等国家候选项目的建议。

县级以上人民政府可以将本级代表性项目名录中的项目，推荐列入上一级代表性项目名录。推荐时应当提交下列材料：

（一）项目介绍，包括项目的名称、历史、现状和价值；

（二）传承情况介绍，包括传承范围、传承谱系、传承人的技艺水平、传承活动的社会影响；

（三）保护要求，包括保护应当达到的目标和采取的措施、步骤、管理制度；

（四）其他有助于说明项目的视听资料等材料。

公民、法人和其他组织认为某项非物质文化遗产符合列入代表性项目名录条件的，可以向县级以上人民政府文化主管部门提出列入代表性项目名录的建议，并提交前款所列材料。

第十三条　拟列入代表性项目名录的项目实行专家评审制度。

县级以上人民政府文化主管部门可以建立非物质文化遗产专家库，专家库由历史、文学、艺术、民族、民俗、体育、医药等相关领域具有良好职业道德和较高学术水平的专家组成。

第十四条　县级以上人民政府文化主管部门应当从非物质文化遗产专家库中选择相关领域专家组成专家评审小组和专家评审委员会，对拟列入代表性项目名录的项目进行初评和审议。专家评审小组成员不少于五人，专家评审委员会成员不少于九人。

专家评审小组形成初评意见后，送专家评审委员会进行审议，形成审议意见。具体评审办法由省文化主管部门制定。

第十五条　县级以上人民政府文化主管部门应当将拟列入本级代表性项目名录的项目予以公示，征求公众意见。公示时间不得少于二十日。

公示期间，公民、法人和其他组织提出异议的，县级以上人民政府文化主管部门应当进行核查。认为异议不成立的，应当自收到异议之日起二十日内书面告知异议人并说明理由；认为异议成立的，应当重新组织评审。

第十六条　县级以上人民政府文化主管部门应当根据专家评审委员会的审议意见和公示结果，拟订本级代表性项目名录，报本级人民政府批准、公布,并报上一级人民政府文化主管部门备案。

第三章　传承与传播

第十七条　县级以上人民政府文化主管部门对本级人民政府批准公布的代表性项目,可以认定代表性传承人。

代表性传承人应当符合下列条件:

(一)熟练掌握其传承的代表性项目;

(二)在特定领域内具有代表性,并在一定区域内具有较大影响;

(三)积极开展传承活动,培养传承人才。

仅从事非物质文化遗产资料收集、整理、研究的人员以及不直接从事代表性项目传承活动的其他人员,不得被认定为代表性传承人。

第十八条　县级以上人民政府文化主管部门认定代表性传承人,应当参照执行本条例有关代表性项目评审的规定。代表性传承人名单应当予以公布,并报上一级人民政府文化主管部门备案。

对列入本级非物质文化遗产代表性项目名录的代表性项目,县级以上人民政府可以采取命名、授予称号、表彰奖励、资助、扶持等方式,支持代表性传承人进行传承活动。

对代表性传承人实行动态管理,具体办法由省文化主管部门制定。

第十九条　代表性传承人享有下列权利:

(一)开展传艺、技艺展示、艺术创作、讲学及学术研究等活动;

(二)获得传承、传播工作或者开展相关活动的报酬;

(三)提出非物质文化遗产保护工作的意见、建议;

(四)开展传承活动有困难的,可以向文化主管部门申请扶持;

(五)其他与代表性项目保护相关的权利。

第二十条　代表性传承人应当履行下列义务:

(一)采取收徒、培训、办学等方式传授技艺,培养传承人;

(二)妥善整理、保存相关的实物、资料;

(三)配合进行非物质文化遗产调查;

(四)在开发利用过程中保持核心技艺的真实性,具有传统工艺流程的,保持其整体性;

(五)参与非物质文化遗产公益性宣传。

第二十一条　县级以上人民政府文化主管部门应当根据需要,采取下列措施,支持代表性传承人开展传承、传播活动:

(一)提供必要的传承、传播场所;

(二)提供必要的经费资助其开展授徒、传艺、交流等活动;

(三)支持其参与社会公益性活动和对外文化交流活动;

（四）支持其开展传承、传播活动的其他措施。

第二十二条 县级以上人民政府应当利用现有场馆、在新建公共文化设施中设立专门区域或者根据需要新建专项公共文化设施，设立非物质文化遗产展示场馆、传习馆（所），并将其纳入公共文化设施网络建设，用于代表性项目的收藏、展示、传承、传播和研究。

公民、法人和其他组织可以依法设立非物质文化遗产展示场所和传承场所，展示和传承代表性项目。

第二十三条 县级以上人民政府及其文化主管部门可以举办专题展示，或者结合节庆、会展、民间习俗等活动，组织开展代表性项目的展示、展销和表演等活动。

县级以上人民政府文化主管部门应当将非物质文化遗产传播与农村文化、社区文化、校园文化、企业文化、军营文化建设相结合，组织开展代表性项目的展示和表演等活动。

文化馆（站）、博物馆、图书馆、美术馆、科技馆、青（少）年宫等公共文化机构，应当组织开展代表性项目的宣传和展示等活动。

第二十四条 教育主管部门应当将具有本地特色的非物质文化遗产知识纳入中小学校教育教学内容，可以采取聘请代表性传承人授课等方式开展相关教育活动。

高等学校、中等职业学校、科研机构可以设置非物质文化遗产相关专业和课程，或者建立教学、研究基地，开展非物质文化遗产科学研究，培养专业人才。

第二十五条 新闻媒体应当通过专题、专栏和公益广告等形式，展示、展播代表性项目，普及非物质文化遗产相关知识，提高全社会的保护意识。

第四章 保护与利用

第二十六条 县级以上人民政府文化主管部门应当制定保护规划，对本级人民政府批准公布的代表性项目予以保护。保护规划应当包括代表性项目的基本现状、保护原则、保护范围和目标、规划期限、保护措施等内容。

县级以上人民政府文化主管部门应当对保护规划的实施情况进行监督检查；发现保护规划未能有效实施的，应当及时纠正、处理。

第二十七条 对濒临消失的代表性项目，由县级以上人民政府专设名录，实行抢救性保护。

县级以上人民政府文化主管部门应当会同有关部门制定濒临消失的代表性项目抢救保护方案，优先安排保护资金，记录、整理、保存资料和实物，修缮建（构）筑物及场所，改善或者提供相应的传承条件，采取特殊措施培养传承人。

濒临消失的代表性项目需要通过民族语言进行传承的,代表性传承人在传承活动中应当加强民族语言的传授。

第二十八条 对存续良好、具有一定市场潜力和发展优势的代表性项目,可以实行生产性保护。

县级以上人民政府应当引导扶持代表性项目生产性保护示范中心、示范基地或者示范园区建设,并在场所、资金和基础设施建设等方面给予支持。

第二十九条 对代表性项目集中、特色鲜明、形式和内涵保持完整的特定区域,可以设立省级文化生态保护区,制定专项保护规划,实行区域性整体保护。

在省级文化生态保护区内从事生产、建设和开发活动,应当符合专项保护规划,不得破坏代表性项目及其所依存的建(构)筑物、场所、遗迹等。

省级文化生态保护区应当设立非物质文化遗产专题展示场所。

第三十条 县级以上人民政府文化主管部门应当对本级人民政府批准公布的代表性项目认定保护单位。申报代表性项目时,应当同时推荐该项目的保护单位。

保护单位应当具备下列条件:

(一)具备法人资格,并有专人负责项目保护工作;

(二)具有项目传承人和相对完整的资料;

(三)具有制定并实施项目保护计划的能力;

(四)具有开展传承、传播活动的场所和条件。

保护单位名单应当予以公布,并报上一级人民政府文化主管部门备案。

第三十一条 代表性项目的保护单位应当履行下列保护责任:

(一)根据保护规划制定并实施项目保护计划;

(二)推荐项目代表性传承人,并提交证明其符合规定条件的相关材料;

(三)收集项目相关的实物、资料,并予以登记、整理、建档;

(四)开展项目的展示、表演和宣传活动以及理论研究、成果出版工作,并为代表性传承人开展传承活动提供必要条件;

(五)保护与项目相关的实物、资料和文化场所;

(六)按照规定使用项目保护经费;

(七)定期报告项目保护情况并接受监督。

保护单位与代表性项目不在一地的,保护单位可以在代表性项目所在地确定保护协作单位,并与保护协作单位协商确定相关保护责任和工作任务。

第三十二条 科技主管部门应当支持公民、法人和其他组织开展非物质文化遗产的科学技术研究和非物质文化遗产保护、保存方法及创新利用的研究,对符合科研课题立项的项目予以支持。

第三十三条　县级以上人民政府应当采取措施,保护与代表性项目密切相关的天然和珍稀矿产、植物、动物等原材料。

支持种植、养殖与代表性项目密切相关的植物、动物等原材料。

保护单位和代表性传承人在保持传统工艺流程和核心技艺的基础上,可以开发、推广和使用与代表性项目密切相关的天然原材料的替代品。

第三十四条　保护单位和代表性传承人可以采取与经贸、旅游相结合等方式,利用营销、品牌等手段,将代表性项目转化为文化产品、旅游产品或者文化服务。代表性传承人可以自行设立企业,或者采取与企业合作、入股等方式,对代表性项目实施转化。

保护单位和代表性传承人应当在保持传统工艺流程和核心技艺的前提下,根据市场需求对代表性项目进行技艺创新和产品研发,推动传统产品功能转型,提升审美价值,增强产品的文化品牌影响力。

县级以上人民政府及其有关部门应当对已经转化为文化产品、旅游产品或者文化服务的代表性项目,在场所提供、产品设计、扩大生产、宣传推介、产品销售等方面给予支持,推动其形成文化产业。

第三十五条　省级文化生态保护区在保持代表性项目真实性、整体性和传承性的基础上,可以依托代表性项目资源,发展符合其特色的旅游活动。

县级以上人民政府应当在旅游景区内为代表性项目的展示、表演创造条件,发挥代表性项目的特色优势,推动文化和旅游相互融合,发展独具特色的文化旅游。

第三十六条　公民、法人和其他组织在有效保护的基础上,可以通过融资、合作、入股等方式合理利用非物质文化遗产资源,挖掘非物质文化遗产蕴含的文化价值和经济价值,开发具有地方特色的传统文化产品、文化服务和旅游项目。

第三十七条　支持保护单位和代表性传承人开展以代表性项目为主题的整理、翻译、出版和艺术创作。

利用代表性项目进行翻译、出版和艺术创作,应当尊重其原真形式和文化内涵,不得以歪曲、贬损等方式使用非物质文化遗产。

第五章　法律责任

第三十八条　违反本条例规定,公民、法人和其他组织在申报代表性项目及其保护单位或者代表性传承人的过程中弄虚作假的,由文化主管部门给予警告;情节严重的,取消其参评资格;已被评定、认定为代表性项目及其保护单位或者代表性传承人的,予以撤销,并责令其返还项目保护经费。

第三十九条　违反本条例规定,文化主管部门或者其他有关部门及其工作人员在非物质文化遗产保护工作中有下列情形之一的,对直接负责的主管人员或者其他直接责任人员依法追究其相关责任:

(一)在代表性项目、保护单位、代表性传承人评审认定过程中弄虚作假的;

(二)未制定代表性项目保护规划,或者未对保护规划的实施情况进行监督检查的;

(三)未妥善保存非物质文化遗产音像资料、实物图片、资料复制件等,造成损毁、流失的;

(四)对明知濒临消失的代表性项目不履行保护职责,致使其失传的;

(五)其他玩忽职守、滥用职权、徇私舞弊的行为。

第四十条　违反本条例规定,贪污、挪用非物质文化遗产保护资金的,责令退还,并依法追究其相关责任。

第四十一条　违反本条例规定,以歪曲、贬损等方式使用非物质文化遗产的,或者侵占、破坏已列入代表性项目名录的代表性项目相关资料、实物、建(构)筑物、场所的,由文化主管部门批评教育,责令改正或者赔偿损失。

第四十二条　违反本条例规定,保护单位未履行保护责任的,由文化主管部门责令改正;逾期未改正的,取消其保护单位资格,并责令返还项目保护经费。

违反本条例规定,代表性传承人无正当理由不履行相关义务的,由文化主管部门责令改正;逾期未改正的,取消其代表性传承人资格。

第六章　附　则

第四十三条　本条例自 2016 年 10 月 1 日起施行。

黑龙江省森林防火条例

(2016 年 8 月 19 日黑龙江省第十二届人民代表大会
常务委员会第二十八次会议通过)

第一章 总 则

第一条 为有效预防和扑救森林火灾,保障人民生命财产安全,保护森林资源,维护生态安全,根据《中华人民共和国森林法》《森林防火条例》等有关法律、法规,结合本省实际,制定本条例。

第二条 本条例适用于本省辖区内森林火灾的预防和扑救。

第三条 森林防火工作实行分级负责、预防为主、科学扑救、积极消灭的方针。

第四条 森林防火工作实行各级人民政府行政首长负责制。

各级人民政府应当建立健全并严格执行森林防火工作制度,逐级签订森林防火责任书,将森林防火工作纳入政府绩效考核内容。

森林、林木、林地的经营单位和个人承担其经营区域内的森林防火责任;实行承包、租赁的,合同中应当包括森林防火责任等相关内容。

任何单位和个人均有预防森林火灾、保护森林防火设施、报告森林火情的义务。

县级以上人民政府应当加强基层林场(所)森林防火能力建设。

第五条 县级以上人民政府的森林防火指挥机构,负责组织、协调、指导本辖区的森林防火工作。

森林防火指挥机构的主要职责是:

(一)负责森林防火法律、法规的宣传和组织实施;

(二)协调解决本辖区部门之间、地区之间有关森林防火的重大问题;

(三)指导和监督森林防火责任制的建立,组织有关部门对森林防火工作的检查,督促森林火灾隐患整改;

(四)指导森林防火队伍的组建,组织开展森林防火培训和森林火灾应急预案演练;

(五)组织、协调和指挥森林火灾的扑救,指导和监督森林火灾的调查、评估工作;

（六）法律、法规规定的其他职责。

第六条 县级以上林业主管部门负责本辖区森林防火的监督和管理工作，承担本级森林防火指挥机构的日常工作。

县级以上人民政府其他有关部门按照职责分工，负责相关的森林防火工作。

有森林防火任务的乡（镇）人民政府的森林防火指挥机构负责本辖区的森林防火工作。

伊春市、大兴安岭地区的森林防火主管部门由本级人民政府（行署）确定。

第七条 森林防火工作涉及两个以上行政区域或者管理区域的，有关人民政府或者主管部门应当建立森林防火联防机制，签订联防协议，划定联防区域，明确联防职责，协同做好联防区域内的森林防火工作。达不成一致联防意见的，由各方共同的上一级森林防火指挥机构协调确定。

第八条 县级以上人民政府应当将森林防火工作纳入国民经济和社会发展规划，将应当由政府承担的森林防火经费纳入本级财政年度预算，并按照有关要求完成森林防火年度投资计划的资金投入。

森林防火经费主要用于森林火灾的预防、扑救和基础保障等工作。

第九条 县级以上森林防火指挥机构对在森林防火工作中作出突出成绩的单位和个人，按照国家有关规定给予表彰和奖励。

第十条 县级以上人民政府应当支持森林防火的科学研究，推广和运用先进的科学技术，提高科学防火扑火能力。

第二章 森林火灾的预防

第十一条 县级以上林业主管部门应当根据上一级森林防火规划，结合实际编制本辖区的森林防火规划，报本级人民政府批准后组织实施。

第十二条 县级以上人民政府应当按照森林防火规划，加强森林防火基础设施建设，储备必要的森林防火扑救物资和器材，并定期进行补充、更新和检修。

第十三条 县级以上林业主管部门应当按照有关规定编制森林火灾应急预案，报本级人民政府批准，并报上一级林业主管部门备案。

第十四条 县级以上人民政府应当建立和完善森林火险监测、预警信息发布系统，加强森林火险气象自动监测站建设，提高森林火险等级预报的准确率和时效性。

县级以上气象主管机构应当及时提供天气预报和森林火险等级预报信息，必要时应当实施人工影响天气作业。

第十五条 各级人民政府及其森林防火指挥机构应当建立森林火险预

警响应机制,做好森林火灾的预防和应急处置等各项准备工作。对易引发森林火灾的可燃物,应当及时清除。必要时,可以按照国家有关标准实施计划烧除。

第十六条 省人民政府应当根据森林防火实际需要,利用现有军用、民用航空基础设施,建立相关单位参与的航空护林协作机制,完善航空护林基础设施。

航空护林巡护区所在地的人民政府应当配合、支持航空护林工作。

航空护林站应当配备专业人员,加强业务培训和演练,做好空中巡护和地面保障,积极配合当地森林防火指挥机构开展森林火灾的预防和扑救工作。

第十七条 全省森林防火期为每年3月15日至6月15日、9月15日至11月15日。县级以上人民政府可以根据当地实际调整森林防火期。

第十八条 县级以上人民政府应当根据森林资源分布状况和森林火灾发生规律,划定森林防火区。

第十九条 森林防火期内,各级森林防火指挥机构实行24小时值班制度,森林消防专业队伍实行24小时执勤、备勤、靠前驻防制度。

第二十条 森林防火期内,进入森林防火区进行生产、建设、勘探的单位和个人,应当与当地林业主管部门签订森林防火责任书,确定责任人和责任区,配备森林防火设施,加强森林防火安全防范,并接受当地林业主管部门的监督管理。

森林防火期内,森林防火检查站应当对进入森林防火区的车辆、人员进行登记和森林防火检查,对携带的火种和易燃易爆物品集中保管。

第二十一条 森林防火期内,在森林防火区禁止下列野外用火行为:

(一)烧荒、烧秸秆、烧枝桠、烧煮加工山野菜;

(二)吸烟、烧纸、烧香;

(三)野炊、使用火把、点火取暖;

(四)燃放烟花爆竹和孔明灯;

(五)焚烧垃圾;

(六)其他野外用火行为。

因防治病虫鼠害、冻害、勘探开采矿藏、公路建设和养护等特殊情况确需野外用火的,应当经县级人民政府批准。

经批准野外用火的,用火单位或者个人应当指定专人负责,事先开设防火隔离带,组织人员防控,并且仅限在非森林高火险期内用火;用火结束后,应当检查清理现场,彻底熄灭余火。

第二十二条 森林防火期内,通过森林防火区和在森林防火区内作业的机动车辆、机械等,应当安装防火装置,配备灭火器材,并采取有效措施,严防漏火、喷火引起森林火灾。

行驶在森林防火区的旅客列车和客运汽车,司乘人员应当对旅客进行森林防火安全教育,严防旅客丢弃火种。

各种森林消防车辆在执行森林火灾扑救任务时,在确保安全的前提下,不受行驶路线、行驶方向、行驶速度和信号灯的限制,其他车辆以及行人应当让行;执行扑救森林火灾任务的各种森林消防车辆,免交车辆通行费。

第二十三条　森林防火区内的旅游景区管理机构或者经营单位,应当在景区设置森林防火安全警示标志,在门票上印制森林防火提示语,并对游客进行森林防火安全宣传教育;在景区入口处、沿线森林防火重点部位以及各类商业网点,应当配备必要的防火设施、器材,及时组织清除可燃物。

森林防火期内,不得将火种带入旅游景区。旅游景区的工作人员和导游人员应当告知游客森林防火的注意事项,按照规定的路线和范围组织旅游活动。

第二十四条　森林防火区内的工矿企业以及其他作业点,应当按照规定配备必要的防火设施、器材,开展森林防火宣传教育,排查并及时消除森林火灾隐患。

第二十五条　穿越森林防火区的铁路、公路、电力线路、电信线路、石油天然气管道,其森林防火责任单位应当采取有效防火措施,按照当地森林防火指挥机构的要求设置固定的森林防火安全警示标志。

因林木生长危及电线、电缆或者其他管线安全,产生森林火灾隐患的,其森林防火责任单位应当及时采取消除措施。需要采伐林木的,按照有关规定办理。

第二十六条　森林防火期内,预报有高温、干旱、大风等高火险天气的,县级以上人民政府应当划定森林高火险区,规定森林高火险期。必要时,县级以上人民政府可以根据需要发布命令,严禁一切野外用火;对可能引起森林火灾的居民生活用火应当严格管理。

县级以上人民政府应当将划定的森林防火区、森林高火险区,规定的森林防火期、森林高火险期,向社会公布并报上一级森林防火指挥机构备案。

第二十七条　任何单位和个人不得有下列行为:

(一)占用森林防火通道、防火隔离带;

(二)破坏森林防火瞭望台(塔)、无线电通讯、视频监控、宣传警示牌等设施、设备;

(三)破坏航空护林设施、设备;

(四)干扰依法设置的森林防火专用电台频率的正常使用。

第二十八条　县级以上林业主管部门应当组织开展经常性的森林防火安全检查。对检查中发现的森林火灾隐患,县级以上林业主管部门应当及时向有关单位或者个人下达森林火灾隐患整改通知书,责令限期整改。

第二十九条 各级人民政府及其林业、教育、广播电视等部门和新闻媒体应当组织开展经常性的森林防火宣传,普及森林防火法律、法规和安全避险知识,增强全社会森林防火意识。林区中小学应当将森林防火知识和避险技能纳入学校安全教育活动内容,并定期组织演练。县级以上林业主管部门应当给予指导。

森林、林木、林地经营单位和个人应当设置森林防火宣传警示牌,在森林防火期悬挂预警信号旗,对进入其经营范围的人员进行森林防火宣传。

鼓励社会团体和公益组织参与森林防火宣传。

第三十条 无行为能力人和限制行为能力人的监护人,应当履行监护职责,防止被监护人进入森林防火区用火、玩火。

第三章 森林火灾的扑救和灾后处置

第三十一条 森林火灾扑救以森林消防专业队伍和武警森林部队为主要力量,以兼职从事扑救森林火灾的队伍和其他队伍为补充。

森林消防专业队伍的建设标准,由县级以上人民政府参照国家有关标准制定,并明确专业队伍人员的工资和福利待遇。

县级以上人民政府及其林业主管部门应当加强对森林火灾扑救队伍的培训和演练。

第三十二条 县级以上人民政府应当建立森林火灾报警联动机制,公布森林火警电话。任何单位和个人发现森林火灾应当立即报警。接到报警的森林防火指挥机构,应当立即通知相关单位作出应急处置。

第三十三条 发生森林火灾,森林防火指挥机构应当按照规定启动森林火灾应急预案或者应急处置办法。森林防火指挥机构成员单位应当在森林防火指挥机构的统一指挥下,按照各自职责做好扑救森林火灾的有关工作。

在森林火灾现场,可以根据需要成立扑火前线指挥部。

毗邻交界地区发生森林火灾的,相关地区的森林防火指挥机构应当按照联防协议组织扑救,互通信息,相互配合。

第三十四条 跨辖区执行扑火任务的森林火灾扑救队伍,由上一级森林防火指挥机构协调调度,自带扑火装备以及三天给养,后续给养由火灾发生地县级以上人民政府负责。

第三十五条 因扑救森林火灾的需要,县级以上森林防火指挥机构可以决定采取下列措施:

(一)开设应急防火隔离带或者转移疏散人员;

(二)清除阻碍森林火灾扑救的有关建筑物、构筑物、设施等障碍物;

（三）实施人工增雨、应急取水；

（四）实行局部交通管制；

（五）调动航空护林直升机、固定翼飞机参与扑救；

（六）调动供水、供电、供气、通信、医疗救护、交通运输、公安消防等有关单位协助扑火和救援；

（七）其他应急措施。

第三十六条 森林火灾发生后，县级以上森林公安机关应当立即赶赴火场，会同有关部门按照有关规定对起火的时间、地点、原因、肇事者进行森林火灾事故调查，并及时将事故调查结果报同级林业主管部门；未设立森林公安机关的，由当地县级以上公安机关负责调查。

第三十七条 森林火灾扑灭后，一般、较大森林火灾由县级林业主管部门组织评估；重大森林火灾由市级林业主管部门组织评估；特别重大森林火灾由省林业主管部门组织评估。

森林火灾的评估内容和标准以及调查和责任认定，按照国家规定执行。

第三十八条 参加森林火灾扑救人员的误工补贴、生活补助以及扑救森林火灾所发生的其他费用，由火灾肇事单位或者个人支付；起火原因不清的，由起火单位支付。查明原因后，向责任人追偿；火灾肇事单位、个人或者起火单位确实无力支付的部分，由当地人民政府支付。

第三十九条 县级以上人民政府应当逐步建立森林火灾保险补贴机制，鼓励森林、林木、林地经营单位和个人参加森林保险。

县级以上人民政府有关部门和有森林防火任务的单位应当为所属的森林消防专业队伍和兼职从事扑救森林火灾队伍的人员购买人身意外伤害保险。

第四十条 对因预防和扑救森林火灾受伤、致残或者死亡的人员，按照有关规定给予医疗、抚恤；符合烈士条件的，依照有关规定办理。

第四章　法律责任

第四十一条 违反本条例规定的行为，法律、法规已作出处罚规定的，从其规定。

第四十二条 违反本条例规定，各级人民政府、森林防火指挥机构、林业主管部门或者其他有关部门及其工作人员，有下列行为之一的，由其上级行政机关或者监察机关责令改正；情节严重的，对直接负责的主管人员和其他直接责任人员依法给予处分：

（一）未履行森林防火责任制的；

（二）违法审批野外用火的；

（三）未按照联防协议履行联防职责的；

（四）未依法编制森林防火规划、森林火灾应急预案的；

（五）未按照规定建设森林防火设施的；

（六）未按照规定落实值班或者执勤、备勤、靠前驻防制度的；

（七）瞒报、谎报或者故意拖延报告森林火灾的；

（八）发生森林火灾后，未及时采取扑救措施，延误扑火的；

（九）指挥扑救不当，造成人员伤亡或者重大财产损失的；

（十）对森林火灾事故未及时调查的；

（十一）未如实提交森林火灾评估报告的；

（十二）未按照规定备足森林扑火给养的；

（十三）未按照规定执行森林火灾补贴和补助标准的；

（十四）未依法履行森林防火职责的其他行为。

第四十三条　违反本条例规定，森林防火期内，在森林防火区有下列行为之一，未引起森林火灾的，由县级以上林业主管部门责令改正，给予警告，对个人并处二百元以上一千元以下罚款，对单位并处一万元以上二万元以下罚款；引起森林火灾尚未构成犯罪的，应当依法承担民事赔偿责任，县级以上林业主管部门可以责令限期补种树木，对个人处一千元以上三千元以下罚款，对单位处二万元以上五万元以下罚款：

（一）建设铁路公路、架设输电线路、电信线路和铺设石油天然气管道等未采取有效防火措施的；

（二）违反规定携带火种和易燃易爆物品进入森林防火区的；

（三）未经批准野外用火，或者虽经批准，但未按照批准要求野外用火的。

第四十四条　违反本条例规定，在森林高火险期内拒不执行县级以上人民政府发布的命令，在森林高火险区野外用火的，由县级以上林业主管部门责令停止违法行为，对个人处一千元以上三千元以下罚款，对单位处二万元以上五万元以下罚款。

造成森林火灾，尚未构成犯罪的，除依法追究法律责任外，县级以上林业主管部门可以责令责任人限期补种树木。

第四十五条　违反本条例规定，有下列行为之一的，由县级以上林业主管部门责令停止违法行为，依法赔偿损失，对个人处五百元以上二千元以下罚款，对单位处一万元以上二万元以下罚款：

（一）占用森林防火通道、防火隔离带的；

（二）破坏森林防火瞭望台(塔)、无线电通讯、视频监控、宣传警示牌等设施、设备的；

（三）破坏航空护林设施、设备的；

（四）干扰依法设置的森林防火专用电台频率的正常使用的。

第四十六条　在伊春市、大兴安岭地区违反森林防火有关规定依法应当给予行政处罚的,由市人民政府、地区行政公署确定的森林防火主管部门行使行政处罚权。

第五章　附　　则

第四十七条　国有重点林区、垦区主管部门按照本条例规定负责所管理区域的森林防火工作,承担相应的森林防火责任。具体责任划分由省人民政府确定。

第四十八条　森林防火经费使用管理的具体办法以及森林防火补贴、补助的范围和标准,由省财政主管部门会同省林业主管部门在本条例实施后六个月内制定并公布。

第四十九条　本条例自 2016 年 9 月 1 日起施行。

黑龙江省乡镇人民代表大会工作条例

（2016 年 8 月 19 日黑龙江省第十二届人民代表大会
常务委员会第二十八次会议通过）

第一章 总 则

第一条 为了坚持和完善人民代表大会制度，充分发挥基层国家权力机关和人大代表作用，推进国家治理体系和治理能力现代化，根据《中华人民共和国宪法》、《中华人民共和国地方各级人民代表大会和地方各级人民政府组织法》、《中华人民共和国全国人民代表大会和地方各级人民代表大会选举法》、《中华人民共和国全国人民代表大会和地方各级人民代表大会代表法》和其他有关法律法规，结合我省实际情况，制定本条例。

第二条 乡镇（包括乡、民族乡、镇）人民代表大会是基层国家权力机关，是地方国家政权的重要基础，是实现基层民主的有效形式。

第三条 乡镇人民代表大会及其主席团所需经费，列入财政预算。

第二章 乡镇人民代表大会

第四条 乡镇人民代表大会由选民直接选举的代表组成。

第五条 乡镇人民代表大会每届任期五年。

第六条 乡镇人民代表大会设专职主席一人，设副主席一人至二人，由本级人民代表大会从代表中选出，任期同本级人民代表大会每届任期相同。

第七条 乡镇人民代表大会行使下列职权：

（一）在本行政区域内，保证宪法、法律、行政法规、地方性法规和上级人民代表大会及其常务委员会决议的遵守和执行；

（二）在职权范围内通过和发布决议；

（三）决定本行政区域内的经济、文化事业和公共事业的建设计划；

（四）决定本行政区域内的民政工作的实施计划；

（五）讨论和决定民主法治建设的重大措施以及区域发展总体规划、城镇建设、重大民生工程、重大建设项目等有关重大事项；

（六）选举本级人民代表大会主席团，主席、副主席，乡长、副乡长，镇长、副镇长；

（七）表决通过代表资格审查委员会；

（八）听取和审查本级人民代表大会主席团在闭会期间的工作报告；

（九）听取和审查乡镇人民政府的工作报告；

（十）审查和批准本行政区域内的财政预算和预算执行情况的报告、预算调整方案、决算；

（十一）监督本级预算、决算；

（十二）撤销乡镇人民政府的不适当的决定和命令；

（十三）保护社会主义的全民所有的财产和劳动群众集体所有的财产，保护公民私人所有的合法财产，维护社会秩序，保障公民的人身权利、民主权利和其他权利；

（十四）保护各种经济组织的合法权益；

（十五）保障少数民族的权利；

（十六）保障宪法和法律赋予妇女的男女平等、同工同酬和婚姻自由等各项权利。

第八条　乡镇人民代表大会会议每年至少举行一次。没有选举事项时，会期不少于一天；有选举事项时，会期不少于两天。

经过五分之一以上代表提议，可以临时召集本级人民代表大会会议。

第九条　乡镇人民代表大会每届第一次会议，在本届人民代表大会代表选举完成后的两个月内举行。

第十条　乡镇人民代表大会举行会议时，乡镇人民政府领导人员应当列席会议；其他有关机关、团体负责人，经主席团决定，可以列席会议。

第十一条　乡镇人民代表大会举行会议时，主席团、乡镇人民政府、乡镇人民代表大会代表五人以上联名可以提出属于本级人民代表大会职权范围内的议案。

主席团、乡镇人民政府提出的议案，由主席团决定提交本级人民代表大会审议。

乡镇人民代表大会代表五人以上联名提出的议案，由主席团决定是否列入会议议程。

议案应当有案由、案据和方案。

列入会议议程的议案，在交付大会表决前，提案人要求撤回的，经主席团同意，会议对该项议案的审议即行终止。

第十二条　乡镇人民代表大会进行选举和通过决议，以全体代表的过半数通过。

第十三条　乡镇人民代表大会主席、副主席，人民政府领导人员的候选人，由本级人民代表大会主席团或十人以上代表联合提名。不同选区选出的代表可以酝酿、联合提出候选人。

民族乡的乡长应当由建立民族乡的少数民族公民担任。

乡镇人民代表大会主席、人民政府正职领导人员的候选人数一般应多一人，进行差额选举；如果提名的候选人只有一人，也可以等额选举。乡镇人民代表大会副主席、人民政府副职领导人员的候选人数应比应选人数多一人至三人。如果提名的候选人数符合选举办法规定的差额数，由主席团提交代表酝酿、讨论后，进行选举。如果提名的候选人数超过选举办法规定的差额数，由主席团提交代表酝酿、讨论后，进行预选，根据在预选中得票多少的顺序，按照选举办法规定的差额数，确定正式候选人名单，进行选举。

补选乡镇人民代表大会主席、副主席，人民政府领导人员时，候选人数可以多于应选人数，也可以同应选人数相等。选举办法由本级人民代表大会决定。

第十四条　乡镇人民代表大会举行会议时，主席团或者五分之一以上代表联名，可以提出对人民代表大会主席、副主席，乡长、副乡长，镇长、副镇长的罢免案，由主席团提请大会审议。

罢免案应当写明罢免理由。

被提出罢免的人员有权在主席团会议或者大会全体会议上提出申辩意见，或者书面提出申辩意见。在主席团会议上提出的申辩意见或者书面提出的申辩意见，由主席团印发会议。

第十五条　乡镇人民代表大会主席、副主席，乡长、副乡长，镇长、副镇长，可以向本级人民代表大会提出辞职，由大会决定是否接受辞职。

第十六条　乡镇人民代表大会举行会议时，代表十人以上联名可以书面提出对本级人民政府的质询案。

质询案必须写明质询对象、质询的问题和内容。

质询案由主席团决定交受质询的机关，受质询的机关必须在会议期间答复。

第十七条　乡镇人民代表大会审议议案时，代表可以向本级人民政府提出询问，人民政府负责人应当就询问的问题向代表作出答复或说明。

第十八条　乡镇人民政府对代表提出的议案、建议、批评和意见，应当自交办之日起三个月内答复；对涉及面广、处理难度大的，应当自交办之日起六个月内答复；办理情况应向本级人民代表大会或主席团报告。

第十九条　乡镇人民代表大会每届第一次会议通过的代表资格审查委员会，行使职权至本届人民代表大会任期届满为止。代表资格审查委员会设主任委员和副主任委员一人至三人，委员三人至五人，组成人员从乡镇人民代表大会主席团成员中提名。

第二十条　乡镇的代表资格审查委员会依法对当选代表是否符合宪法、法律规定的代表的基本条件，选举是否符合法律规定的程序，以及是否存在破坏选举和其他当选无效的违法行为进行审查,提出代表当选是否有效的意见,向乡镇人民代表大会主席团报告。

对有下列行为之一,破坏选举,违反治安管理规定的,依法给予治安管理处罚:

(一)以金钱或者其他财物贿赂选民或者代表,妨害选民和代表自由行使选举权和被选举权的;

(二)以暴力、威胁、欺骗或者其他非法手段妨害选民和代表自由行使选举权和被选举权的;

(三)伪造选举文件、虚报选举票数或者有其他违法行为的;

(四)对于控告、检举选举中违法行为的人,或者对于提出要求罢免代表的人进行压制、报复的。

国家工作人员有前款所列行为的,应当依法给予行政处分。

以本条第二款所列违法行为当选的,其当选无效。

主持选举的机构发现有破坏选举的行为或者收到对破坏选举行为的举报,应当及时依法调查处理;需要追究法律责任的,及时移送有关机关予以处理。

第三章　乡镇人民代表大会主席团

第二十一条　乡镇人民代表大会举行会议时,在代表中选举七至九人组成主席团,一般由乡镇党委书记、人民代表大会主席、党委副书记、人民代表大会副主席、有关方面代表等人选构成。乡镇人民代表大会主席团成员不得担任国家行政机关的职务。乡镇人民代表大会主席、副主席如果担任国家行政机关的职务,应当向本级人民代表大会辞去主席、副主席的职务。

主席团配备专职人员协助乡镇人民代表大会主席、副主席开展工作,专职人员提名为本级人民代表大会代表候选人。

第二十二条　乡镇人民代表大会主席团在本级人民代表大会会议期间,履行下列职责:

(一)主持本届本次人民代表大会会议;

(二)决定代表提出议案的截止时间;

(三)提出选举办法草案;

(四)提出属于本级人民代表大会职权范围内的议案和各项决议、决定草案;

(五)依法提出和确定本级人民代表大会主席、副主席,乡长、副乡长,镇长、副镇长的候选人名单;

(六)向本级人民代表大会报告工作;

(七)组织审议列入会议议程的议案和有关报告;

（八）依法处理代表提出的议案、质询案、罢免案；

（九）组织本级人民代表大会选举、通过的国家工作人员进行宪法宣誓；

（十）发布公告；

（十一）其他依法需由主席团讨论决定的事项。

第二十三条　乡镇人民代表大会主席团在本级人民代表大会闭会期间，负责处理日常工作，履行下列职责：

（一）组织代表对宪法、法律、行政法规、地方性法规以及上级人民代表大会及其常务委员会和本级人民代表大会的决议、决定实施情况进行检查；

（二）有计划地安排代表听取和讨论本级人民政府的专项工作报告；

（三）根据代表要求，联系安排本级或者上级人民代表大会代表就地视察；

（四）安排代表对本级人民政府和有关单位的工作进行视察，根据代表要求，安排约见有关国家机关负责人；

（五）安排代表围绕本地区群众普遍关注的问题开展调研等活动；

（六）向本级有关机关和组织转交执法检查、视察和专题调研报告，并向代表反馈研究处理情况；

（七）听取和反映代表和群众对本级人民政府工作的建议、批评和意见；

（八）向本级有关机关和组织转交代表提出的建议、批评和意见，负责催办检查，并向下一次人民代表大会会议印发办理情况的书面报告；

（九）定期组织本级人民代表大会代表向原选区选民报告履职情况，开展测评工作；

（十）根据代表资格审查委员会提出的报告，确认代表的资格或者当选无效，并予以公告；

（十一）组织本级人民代表大会代表，采用多种形式，听取选民和社会各界对预算草案、预算调整方案、决算草案的意见；

（十二）组织代表参加履职学习；

（十三）筹备和召集下一次人民代表大会会议；

（十四）办理本级人民代表大会和上级人民代表大会常务委员会交办和委托的其他工作。

第二十四条　主席团每个季度至少召开一次会议。主席团会议须全体成员的过半数出席，方能举行。

第二十五条　乡镇人民代表大会主席、副主席的职责是：

（一）召集并主持主席团会议；

（二）在本级人民代表大会闭会期间负责联系本级人民代表大会代表；

（三）根据主席团的安排组织代表开展视察、调查等活动；

（四）反映代表和群众对本级人民政府工作的建议、批评和意见；

（五）做好代表资格变动的相关工作；

（六）负责处理主席团的日常工作。

第四章　乡镇人民代表大会代表

第二十六条　乡镇人民代表大会代表任期与本级人民代表大会任期相同，即从本届人民代表大会第一次会议开始到下届本级人民代表大会举行第一次会议为止。

第二十七条　乡镇人民代表大会代表在人民代表大会上的发言和表决，不受法律追究。

第二十八条　乡镇人民代表大会代表，如果被逮捕、受刑事审判、或者被采取法律规定的其他限制人身自由的措施，执行机关应当立即报告乡镇人民代表大会；在乡镇人民代表大会闭会期间，书面报告乡镇人民代表大会主席团。

第二十九条　乡镇人民代表大会代表活动经费列入本级财政预算，专款专用。

代表在执行职务时，其所在单位按正常出勤对待，享受所在单位的工资和其他待遇。

无固定工资收入的代表执行代表职务，应由本级财政给予适当补贴。

第三十条　乡镇人民代表大会代表在本级人民代表大会闭会期间，参加由主席团安排的代表活动，其所在单位必须给予时间保障。

第三十一条　乡镇人民代表大会代表享有下列权利：

（一）出席本级人民代表大会会议，参加审议各项议案、报告和其他议题，发表意见；

（二）依法联名提出议案、质询案、罢免案等；

（三）提出对各方面工作的建议、批评和意见；

（四）参加本级人民代表大会的各项选举；

（五）参加本级人民代表大会的各项表决；

（六）获得依法执行代表职务所需的信息和各项保障；

（七）法律规定的其他权利。

第三十二条　乡镇人民代表大会代表应当履行下列义务：

（一）模范遵守宪法和法律，保守国家秘密，在自己参加的生产、工作和社会活动中，协助宪法和法律的实施；

（二）与原选区选民和人民群众保持密切联系，听取和反映他们的意见和要求；

　　（三）按时出席本级人民代表大会，认真审议各项议案、报告和其他议题，发表意见，做好会议期间的各项工作；

　　（四）积极参加统一组织的视察、专题调研、执法检查等履职活动；

　　（五）加强学习和调查研究，不断提高代表履职能力；

　　（六）自觉遵守社会公德，廉洁自律，公道正派，勤勉尽责；

　　（七）法律规定的其他义务。

　　第三十三条　乡镇人民代表大会代表分工联系选民，有代表三人以上的，可按照居住地区或生产单位组成代表小组，代表小组可邀请上级人大代表参加代表小组活动。

　　第三十四条　乡镇人民代表大会代表受选民的监督，选民有权随时罢免自己选出的代表。罢免乡镇人民代表大会代表由原选区选民三十人以上联名，向县级人民代表大会常务委员会书面提出罢免要求。

　　罢免要求应当写明罢免理由。被提出罢免的代表有权在选民会议上提出申辩意见，也可以书面提出申辩意见。

　　表决罢免要求，由县级的人民代表大会常务委员会派有关负责人员主持。

　　罢免代表采用无记名投票的表决方式。

　　罢免代表，须经原选区过半数的选民通过。

　　第三十五条　乡镇人民代表大会代表可以向本级人民代表大会书面提出辞职。乡镇人民代表大会接受辞职，须经人民代表大会过半数的代表通过；接受辞职的，应当予以公告。

　　第三十六条　乡镇人民代表大会代表被罢免或辞去代表职务被接受的，其代表资格终止；担任乡镇人民代表大会主席、副主席、主席团成员、代表资格审查委员会组成人员职务的，其职务相应撤销或终止。

　　第三十七条　乡镇人民代表大会代表因故出缺时，可由原选区选民补选。补选出缺代表，应在乡级人民代表大会主席团主持下，由原选区依法进行选举。

　　补选出缺的代表时，代表候选人的名额可以多于应选代表的名额，也可以同应选代表名额相等。

第五章　附　　则

　　第三十八条　本条例自 2016 年 9 月 1 日起施行。1989 年 4 月 27 日黑龙江省第七届人民代表大会常务委员会第九次会议通过的《黑龙江省乡镇人民代表大会工作暂行条例》同时废止。

黑龙江省城镇燃气管理条例

(2016 年 10 月 21 日黑龙江省第十二届人民代表大会
常务委员会第二十九次会议通过)

第一章　总　　则

第一条　为了加强城镇燃气管理,规范燃气经营和使用,保障公民生命、财产安全和公共安全,维护燃气用户和燃气经营企业的合法权益,根据国务院《城镇燃气管理条例》和有关法律、行政法规,结合本省实际,制定本条例。

第二条　本省行政区域内城镇燃气发展规划与设施建设、燃气经营与服务、燃气使用以及安全监督管理等活动,适用本条例。

第三条　燃气工作应当遵循统筹规划、保障安全、确保供应、规范服务和节能高效的原则。

第四条　县级以上人民政府应当加强对燃气工作的领导,将燃气工作纳入国民经济和社会发展规划,并建立相关部门参与的燃气管理工作机制。

第五条　省住房和城乡建设行政主管部门是全省燃气行政主管部门,市(地,下同)、县(市、区,下同)燃气管理部门负责本行政区域内的燃气管理工作(以上部门统称燃气管理部门)。

县级以上其他有关行政主管部门按照各自职责,负责有关燃气管理工作。

第二章　燃气发展规划与设施建设

第六条　县级以上燃气管理部门应当会同有关部门,依据国民经济和社会发展规划、土地利用总体规划、城乡规划、能源规划、上一级燃气发展规划以及国家有关技术规范,组织编制本行政区域的燃气发展规划,经本级城乡规划委员会专家评审论证后,报本级人民政府批准并组织实施。

燃气发展规划经依法批准后,组织编制的燃气管理部门应当及时向社会公布,并报上一级燃气管理部门备案。

修改燃气发展规划应当按照本条第一款、第二款规定办理。

第七条　省燃气发展规划应当将燃气发展预测、气源方案、重大燃气基础设施布局和相关政策措施等作为重点内容。市、县燃气发展规划应当将燃气设施工程建设、规模、管网铺设范围等具体事项作为重点内容,并分别纳入城市总体规划和镇总体规划。

第八条 省、市燃气管理部门应当加强对下级燃气发展规划编制、审批、实施、修改的监督检查,对发现的问题,应当依法纠正。

第九条 县级以上人民政府应当根据燃气发展规划,加大对燃气设施建设的投入,并鼓励社会资本投资建设燃气设施。

第十条 新区建设和旧区改造,应当按照城乡规划和燃气发展规划配套建设燃气设施或者预留燃气设施建设用地;预留的燃气设施建设用地,未经法定程序不得改变用途。

具备条件的,应当将燃气管道纳入城市地下综合管廊统一建设。

第十一条 城乡规划主管部门依法对燃气设施建设工程进行规划许可审查时,应当征求同级燃气管理部门的意见,燃气管理部门应当自收到征求意见材料之日起五个工作日内反馈。

燃气管理部门发现燃气设施建设工程规划许可违反燃气发展规划的,应当通知城乡规划主管部门依法处理;城乡规划主管部门不依法处理的,燃气管理部门应当提请本级人民政府或者上一级城乡规划主管部门依法处理。

第十二条 燃气发展规划范围内燃气设施建设工程的勘察、设计、施工和工程监理,应当遵守相关法律、法规,执行相关技术标准和规范,并按照国家有关规定进行安全评价。

燃气设施建设工程竣工后,建设单位应当依法组织竣工验收和安全设施验收;验收合格后,方可投入使用。

建设单位应当自验收合格之日起十五日内,将验收报告向所在地燃气管理部门备案,并按照规定将燃气设施建设工程档案移交城乡建设档案管理机构。

第十三条 燃气发展规划范围内新建、改建、扩建建设工程配套建设的燃气设施,应当与主体工程同步设计、同步施工、同步验收。

第十四条 燃气发展规划范围内需要用气的新建房屋,应当配套建设管道燃气设施并预留接口。

新建民用建筑配套建设的管道燃气设施应当包括燃气泄漏报警和自动切断装置。管道燃气设施的建设费用应当纳入房屋开发建设总成本,不得向燃气用户另行收取。

燃气发展规划范围内已建成房屋,需要用气但未配套建设管道燃气设施的,市、县人民政府应当组织配套建设。管道燃气设施已经建成,但未使用燃气泄漏报警或者自动切断装置的,非居民用户应当使用。居民用户使用的,由居民用户购置,由燃气经营企业免费安装。

第三章　燃气经营与服务

第十五条　政府投资建设的燃气设施,应当依法通过招标投标方式选择燃气经营企业。

引入社会资本投资建设的燃气设施,投资方可以自行经营,也可以选择具有相应资质的燃气经营企业经营。政府选择投资方应当依法通过公平竞争方式确定。

管道燃气设施的特许经营活动,按照国家有关规定执行。

第十六条　从事管道燃气、瓶装燃气、燃气汽车加气等燃气经营活动的企业,应当依法取得县以上燃气管理部门核发的燃气经营许可证。

燃气管理部门应当公布受理对燃气经营企业举报和投诉的监督电话。

第十七条　瓶装燃气分销站点应当由燃气经营企业设置,经所在地公安机关消防机构消防设计审核和消防验收合格后,十日内向所在地燃气管理部门备案。

第十八条　燃气经营企业应当遵守下列规定:

(一)按照国家燃气服务标准提供服务,并为燃气用户交纳、查询燃气费和其他服务需求提供便利;

(二)向燃气用户持续、稳定、安全供应符合国家质量标准的燃气;

(三)不得向不具备用气条件的燃气用户供气;

(四)不得要求燃气用户购买其指定的产品或者接受其提供的服务;

(五)不得要求燃气用户接受其指定的安装单位安装燃气燃烧器具;

(六)向社会公布客户服务和投诉电话;

(七)法律、法规的其他有关规定。

第十九条　管道燃气经营企业除应当遵守本条例第十八条的规定外,还应当遵守下列规定:

(一)管道燃气经营企业应当制定服务标准,公示营业网点和营业时间,采取网络、手机等多种方式方便用户交纳燃气费,并向用户提供合法收费凭证。对有特殊困难的用户,应当提供上门服务。

(二)管道燃气经营企业接到用户管道燃气设施故障报修后,应当在二十四小时内入户维修;管道燃气经营企业接到用户室内燃气泄漏报告的同时,应当提示用户采取常规应对措施,并立即赶到现场处置。

(三)管道燃气经营企业接到用户改装、拆除、迁移燃气设施的书面申请后,应当在三个工作日内予以答复。对受理的,应当与用户约定时间提供服务;对不予受理的,应当书面向用户说明理由。迁移、改装燃气设施的质量保证期应当符合国家有关规定。

（四）建立健全燃气用户档案。

（五）因施工、检修等非突发原因确需临时调整供气量或者暂停供气的,应当提前四十八小时将作业时间、影响区域、调整供气量或者暂停供气的时间,以及恢复供气的时间予以公告或者书面通知燃气用户;因突发原因影响供气的,应当立即采取紧急措施,及时通知燃气用户,并尽快恢复供气;恢复供气的时间应当安排在六时至二十二时之间。

（六）燃气用户室内燃气设施的设计应当符合有关技术标准和规范,并兼顾合理布局和合理使用的需要。

（七）居民住宅楼集中开栓后,符合条件的未开栓用户单独申请开栓,管道燃气经营企业应当在收到申请后十日内予以开栓。

第二十条 瓶装燃气经营企业除应当遵守本条例第十八条的规定外,还应当遵守下列规定:

（一）建立气瓶管理台账制度,对自有气瓶喷涂权属单位标志,对进出站气瓶进行登记管理;

（二）气瓶充装量、残液量误差不得超过国家规定范围;

（三）气瓶充装前按照规定免费抽取燃气残液;

（四）不得使用燃气槽车直接充装,或者用气瓶相互转充;

（五）不得充装未经检验、超过检验期限或者经检验不符合安全技术规范的气瓶。

第二十一条 燃气汽车加气经营企业除应当遵守本条例第十八条的规定外,还应当遵守下列规定:

（一）加气前主动提示驾驶员将加气车辆熄火并在车旁监护,告知乘客离车到安全区域等候;

（二）不得向无车用气瓶使用登记证或者与使用登记信息不一致的车用气瓶加气;

（三）不得向车用气瓶以外的其他气瓶或者装置加气;

（四）不得在有燃气泄漏、燃气压力异常、附近发生火灾、雷击天气等危险情况下加气或者卸气。

第二十二条 对居民用户室内燃气设施,管道燃气经营企业负责燃气燃烧器具前的阀门,以及阀门之前包括燃气泄漏报警和自动切断装置在内的燃气设施的运行、维护、抢修和更新改造;用户负责该阀门之后的输气软管、燃气燃烧器具的维护和更新,并按照使用期限及时更换。

对非居民用户专有部分燃气设施,按照供用气合同的约定确定管理责任;未约定的,管道燃气经营企业负责燃气计量装置前燃气设施的运行、维护、抢修和更新改造;用户负责燃气计量装置后燃气设施的维护和更新。

第二十三条 管道燃气经营企业负责燃气计量装置的安装、管理和维修,并按照规定期限检定;检定不合格的,应当及时维修或者更换。

燃气计量装置达到国家规定使用期限的,应当及时更换;居民用户的更换费用由管道燃气经营企业承担,非居民用户的更换费用由用户承担。

第二十四条 市、县人民政府应当建立健全城市管道燃气上下游价格联动机制,并逐步建立居民生活用气阶梯价格制度。

实行政府定价的燃气销售价格,应当根据购气成本、经营成本和当地经济社会发展水平等合理确定,并依法适时调整。

居民用户室内由管道燃气经营企业负责的管道燃气设施的维护和更新改造费用可以计入燃气销售价格成本。

第四章 管道燃气使用

第二十五条 具备用气条件的燃气用户需要使用管道燃气的,应当向所在区域管道燃气经营企业提出用气申请。

管道燃气经营企业应当自办理入户手续之日起三个月内供气;逾期未供气的,对已入住用户,应当免费提供气瓶和相匹配燃气灶的借用服务。

管道燃气经营企业应当与燃气用户签订供用气合同,明确双方权利和义务。供用气合同的示范文本,由省住房和城乡建设行政主管部门与省工商行政主管部门联合制定,并向社会公布。

第二十六条 管道燃气用户应当按照供用气合同的约定交纳燃气费;逾期不交纳的,管道燃气经营企业可以催告燃气用户交纳,燃气用户自收到催交通知书之日起十日内仍不交纳的,管道燃气经营企业在不损害其他燃气用户用气权益的情况下,可以对其中止供气。

因欠费被中止供气的,管道燃气经营企业应当自燃气费结清后二十四小时内恢复供气。恢复供气前,应当通知用户。

第二十七条 管道燃气的用气量,应当以经检定合格的燃气计量装置的记录为准。

燃气用户或者管道燃气经营企业对燃气计量装置的准确度有异议的,可以向所在地质量技术监督部门申请仲裁检定;对仲裁检定结果有异议的,可以向上一级质量技术监督部门申请二次仲裁检定;费用由申请方垫付。

经仲裁检定的燃气计量装置,误差在法定范围内的,拆装和仲裁检定费用由申请方承担;误差超过法定范围的,拆装和仲裁检定费用由管道燃气经营企业承担,由其免费更换合格的燃气计量装置,并按照自申请仲裁检定之日至上次检定合格日期期间的用气量重新核算燃气费,由管道燃气经营企业返还多收取的燃气费,或者由燃气用户补交少交的燃气费。

第二十八条 管道燃气用户需要安装、改装、拆除、迁移室内燃气设施的,应当到所在区域管道燃气经营企业办理手续,按照国家有关工程建设标准实施作业,燃气用户不得擅自实施作业。作业所需费用,由燃气用户承担。

管道燃气经营企业不得拒绝经营区域内燃气用户提出的符合规定的安装、改装、拆除、迁移室内燃气设施申请;管道燃气经营企业不予办理的,燃气用户可以向所在地燃气管理部门投诉,燃气管理部门应当自接到投诉之日起五日内作出处理决定。

第二十九条 管道燃气用户需要更名、注销或者暂停用气的,应当到所在区域管道燃气经营企业办理手续,并结清燃气费。燃气费有剩余,用户要求退费的,管道燃气经营企业应当在五个工作日内退还。

第五章 燃气安全监督管理

第三十条 市、县人民政府应当建立健全燃气数字化信息监督管理和燃气安全事故应急救援体系。

第三十一条 燃气管理部门负责燃气安全生产工作的行业监督管理,应当履行下列职责:

(一)会同有关部门制定燃气安全事故应急预案;

(二)建立燃气安全事故统计分析制度;

(三)制定燃气安全生产年度监督检查计划;

(四)定期对燃气经营、使用和服务的安全状况进行监督检查,及时处理发现的燃气安全事故隐患,并通报处理结果。

第三十二条 县级以上其他有关行政主管部门,应当履行下列燃气安全监督管理职责:

(一)安全生产监督管理部门负责燃气安全生产工作的综合监督管理,根据本级人民政府的授权或者委托组织调查处理燃气生产安全事故;

(二)公安机关消防机构和公安派出所按照职责分工负责管辖范围内燃气经营企业和非居民燃气用户的消防安全检查,督促落实消防安全制度;

(三)质量技术监督部门负责燃气压力容器、压力管道安全的监督管理;

(四)工商行政主管部门负责查处无照经营、销售假冒伪劣燃气燃烧器具等行为;

(五)交通运输部门负责燃气运输企业资质认定,驾驶人员、装卸管理人员、押运人员的资格认定和考核,以及运输车辆的安全监督管理;

(六)教育主管部门负责对学校开展燃气安全教育情况进行监督;

(七)新闻出版广电部门负责组织媒体无偿开展安全、节约用气和燃气设施保护等方面的公益宣传;

(八)气象部门负责燃气经营企业防雷安全的监督管理;

（九）按照县级以上人民政府职责分工,负有燃气管理职能的其他部门承担各自责任。

第三十三条　燃气经营企业对本单位燃气安全生产工作负主体责任,主要负责人对安全生产工作全面负责。

燃气经营企业应当遵守下列安全规定:

（一）制定本单位燃气安全事故应急预案,以及燃气设施和安全设施的维护、保养和检测等安全管理制度。

（二）对本单位从业人员加强安全生产教育和培训,配备应急抢修人员和必要的装备、器材,并定期组织演练。

（三）按照规定配备视频监管设施,并接入所在地燃气安全数字化信息监督管理平台。

（四）向社会公布燃气设施抢修电话,实行二十四小时燃气安全值班制度,接到报修后及时处理。

（五）每年至少对非居民管道燃气用户的室内燃气设施进行一次免费安全检查,对居民用户至少每二年免费检查一次,并及时排除发现的燃气安全事故隐患。安全检查的内容应当符合国家标准和有关安全技术规程的规定,检查记录应当经燃气用户确认。

（六）对燃气用户进行安全、节约用气指导。

（七）法律、法规的其他有关规定。

第三十四条　燃气用户应当遵守安全用气规则,不得危害公共安全。单位燃气用户应当建立健全安全管理制度,加强对操作维护人员安全知识和操作技能的培训。燃气用户以及相关单位和个人应当遵守下列安全规定:

（一）不得妨碍按照规定开启或者关闭公用燃气阀门;

（二）装饰装修活动不得影响燃气设施安全;

（三）不得安装不符合管道燃气气源要求的燃气燃烧器具;

（四）不得使用自行组装以管道燃气为燃料的燃气燃烧器具;

（五）法律、法规的其他有关规定。

第三十五条　任何单位和个人发现燃气安全事故或者事故隐患的,应当立即告知燃气经营企业或者燃气管理部门、安全生产监督管理部门、公安机关消防机构等有关单位,接到告知的单位应当立即调查处理。

任何单位和个人有权劝阻和举报违反燃气安全管理的行为。

燃气管理部门、安全生产监督管理部门和公安机关消防机构等有关部门和机构,应当公布举报方式,及时调查处理违反燃气安全管理的行为,并将处理结果告知实名举报人。

第三十六条　管道燃气经营企业需要入户安装燃气设施、开展安全检查,或者查验用气量的,应当提前预约,并在约定时间入户工作。工作人员应当出示工作证件,燃气用户应当配合。

管道燃气经营企业发现燃气用户室内存在燃气安全事故隐患的,应当及时书面告知燃气用户,并指导进行整改,燃气用户应当及时整改。因违反安全用气规定、拒绝整改引发燃气安全事故的,由燃气用户承担责任。

燃气用户室内燃气安全事故隐患可能危及公共安全的,管道燃气经营企业应当入户抢修,燃气用户和社区居民委员会、物业服务企业等相关单位应当配合;燃气用户拒不配合的,管道燃气经营企业可以中止供气。燃气安全事故隐患消除后,管道燃气经营企业应当在二十四小时内恢复供气。

由于燃气经营企业的责任,造成燃气用户人身伤亡或者财产损失的,燃气经营企业应当负责赔偿。

第三十七条 市、县燃气管理部门应当会同城乡规划等有关部门,按照国家有关标准和规定划定燃气设施保护范围,向社会公布,并在燃气设施保护范围周边显著位置设置保护范围标志。

任何单位和个人不得在燃气设施保护范围内从事法律、法规禁止的危及燃气设施安全的活动,不得损坏、覆盖、涂改、擅自拆除或者移动保护范围标志。

第三十八条 新建、改建、扩建建设工程,不得影响燃气设施安全。

建设单位在开工前,应当查明建设工程施工范围内地下燃气管线的相关情况;燃气管理部门以及其他有关部门和单位应当及时提供相关资料。

建设工程施工范围内有地下燃气管线等重要燃气设施的,建设单位应当会同施工单位与管道燃气经营企业共同制定燃气设施保护方案。建设单位、施工单位应当采取相应的安全保护措施,确保燃气设施运行安全,费用由建设单位承担。管道燃气经营企业应当派专业人员进行现场指导。

建设活动造成燃气设施损坏的,施工单位应当立即告知管道燃气经营企业,协助抢修,并依法予以赔偿。

第三十九条 燃气安全事故发生后,燃气经营企业应当立即启动本单位燃气安全事故应急预案,开展抢险、抢修,防止事故扩大,减少人员伤亡和财产损失,并按照国家有关规定立即如实报告有关部门和单位。

燃气管理部门、安全生产监督管理部门和公安机关消防机构等有关部门和机构接到事故报告后,应当按照各自职责立即组织采取有效措施,根据有关情况启动燃气安全事故应急预案,并依照有关法律、行政法规的规定报告和调查处理。

第四十条 管道燃气经营企业根据燃气安全事故应急预案暂停向事故涉及区域供气的,在查明事故原因、消除事故隐患,并达到安全供气条件后,方可恢复供气。

第四十一条 燃气用户可以自愿投保燃气事故责任保险,任何单位和个人不得强制燃气用户购买。

第六章 法律责任

第四十二条 违反本条例规定应当承担法律责任,有关法律、法规已有规定的,从其规定。

第四十三条 县级以上人民政府、燃气管理部门和其他有关行政主管部门及其工作人员有下列情形之一的,对直接负责的主管人员和其他直接责任人员依照有关法律、行政法规和相关规定追究行政责任:

(一)未按照规定的条件、程序和期限实施行政许可的;

(二)发现违法行为或者接到对违法行为的举报后未依法查处的;

(三)接到重大燃气事故报告后,未按照应急预案采取措施的;

(四)未依法履行安全监督管理职责,导致发生重大安全事故的;

(五)拒不执行上级行政主管部门整改意见的;

(六)其他玩忽职守、滥用职权、徇私舞弊的行为。

第四十四条 违反本条例第十三条规定,燃气设施未与主体工程同步设计、同步施工、同步验收的,由燃气管理部门责令建设单位限期改正,处燃气设施定额造价百分之五以上百分之十以下的罚款;拒不改正的,不得投入使用。

第四十五条 违反本条例第十七条规定,非燃气经营企业违法设置瓶装燃气分销站点的,由燃气管理部门责令停止违法行为,处五万元以上十万元以下的罚款;有违法所得的,没收违法所得。

第四十六条 违反本条例第十八条第三项至第五项规定之一的,由燃气管理部门责令限期改正,处二万元以上五万元以下的罚款;有违法所得的,没收违法所得;情节严重的,吊销燃气经营许可证;造成损失的,依法承担赔偿责任。

第四十七条 违反本条例第十九条第一项、第二项、第三项、第五项和第七项规定之一的,由燃气管理部门责令限期改正;逾期未改正的,处一万元以上三万元以下的罚款。

第四十八条 违反本条例第二十条第一项至第四项规定之一的,由燃气管理部门责令限期改正,处五千元以上一万元以下的罚款;情节严重的,吊销燃气经营许可证;造成损失的,依法承担赔偿责任。

第四十九条 违反本条例第二十一条第一项至第四项规定之一的,由燃气管理部门责令限期改正,处二万元以上五万元以下的罚款;有违法所得的,没收违法所得;情节严重的,吊销燃气经营许可证;造成损失的,依法承担赔偿责任。

第五十条 违反本条例第二十五条第二款规定,管道燃气经营企业拒不向已入住用户免费提供气瓶和相匹配燃气灶借用服务的,由燃气管理部门责令限期改正;拒不改正的,按户处五百元的罚款。

第五十一条 违反本条例第三十三条第二款第三项至第五项规定之一的,由燃气管理部门责令限期改正,处一万元以上五万元以下的罚款;情节严重的,吊销燃气经营许可证;造成损失的,依法承担赔偿责任。

第五十二条 违反本条例第三十四条第一项至第四项规定之一的,由燃气管理部门责令限期改正,逾期未改正的,对个人处五百元以上一千元以下的罚款;对单位处五千元以上一万元以下的罚款;造成损失的,依法承担赔偿责任。

第五十三条 违反本条例第三十七条第二款规定,损坏、覆盖、涂改、擅自拆除或者移动保护范围标志的,由燃气管理部门责令限期改正,恢复原状,可以处五百元以上一千元以下的罚款。

第七章 附 则

第五十四条 本条例下列用语的含义:

(一)燃气,是指作为燃料使用并符合一定要求的气体燃料,包括天然气(含煤层气)、液化石油气和人工煤气等;

(二)燃气设施,是指人工煤气生产厂、燃气储配站、门站、气化站、混气站、加气站、灌装站、供应站、调压站、市政燃气管网等的总称,包括市政燃气设施、建筑区划内业主专有部分以外的燃气设施以及室内燃气设施等;

(三)自动切断装置,是指安装在管道燃气用户室内的燃气管道上,在燃气管道内压力、流量异常或者室内燃气浓度过高时能够自动中断燃气输入、防止燃气泄漏的设备,包括管道燃气自闭阀和紧急切断阀等;

(四)燃气燃烧器具,是指以燃气为燃料的燃烧器具,包括居民家庭和商业用户所使用的燃气灶、热水器、沸水器、采暖器、空调器等。

第五十五条 国有重点林区、垦区内小城镇的燃气管理,按照本条例执行。

沼气、秸秆气用于城镇燃气经营,以及农村的燃气管理,参照本条例执行。

第五十六条 本条例自 2017 年 1 月 1 日起施行。1998 年 12 月 12 日黑龙江省第九届人民代表大会常务委员会第六次会议通过的《黑龙江省燃气管理条例》同时废止。

黑龙江省动物防疫条例

(2016年10月21日黑龙江省第十二届人民代表大会
常务委员会第二十九次会议通过)

第一章　总　　则

第一条　为了加强对动物防疫活动的管理,预防、控制和扑灭动物疫病,促进养殖业发展,保护公众健康和生命安全,根据《中华人民共和国动物防疫法》等有关法律、行政法规的规定,结合本省实际,制定本条例。

第二条　本条例适用于本省行政区域内的动物防疫及其监督管理活动。

第三条　对动物疫病实行预防为主的方针,建立政府主导、企业承担主体责任、行业自律、社会参与的综合防治机制。

第四条　县级以上人民政府应当加强对动物防疫工作的统一领导,建立健全动物防疫体系,加强基层动物防疫队伍建设和技术培训。

各级人民政府应当建立健全动物防疫管理机制,逐级签订责任书,将动物防疫工作纳入绩效考核。

乡级人民政府、城市街道办事处应当组织群众协助做好本管辖区域内的动物疫病预防与控制工作。

村民委员会、居民委员会应当配合当地人民政府开展免疫、消毒、应急处置等动物防疫工作,督促、引导村(居)民自觉履行动物防疫义务。

第五条　县级以上人民政府兽医主管部门主管本行政区域内的动物防疫工作。

环保、交通运输、农业、林业、卫生计生、食品药品、渔业、海关、出入境检验检疫等部门在各自职责范围内做好动物防疫工作。

第六条　县级以上人民政府设立的动物卫生监督机构,负责本行政区域内的动物、动物产品检疫工作和动物饲养、屠宰、经营、隔离、运输以及动物产品贮藏、运输等活动中动物防疫的监督管理执法工作。

县级以上动物疫病预防控制机构承担本行政区域内的动物疫病监测、检测、诊断、流行病学调查、疫情报告以及其他预防、控制等技术工作。

第七条　县级以上人民政府应当将动物防疫纳入本级国民经济和社会

发展规划及年度计划,所需经费纳入本级财政预算。

第八条 对动物疫病实行区域化管理,逐步建立无规定动物疫病区。

第九条 县级以上人民政府及有关部门应当加强动物防疫知识和有关法律法规的宣传普及工作。

第十条 对在动物防疫、动物防疫科学研究及其成果推广工作中有突出贡献的单位和个人,各级人民政府及有关部门应当给予表彰和奖励。

第二章 动物疫病的预防、控制和扑灭

第十一条 省人民政府兽医主管部门应当对全省动物疫病状况进行风险评估,并根据对动物疫病发生、流行趋势的预测,及时发出动物疫情预警,制定相应的动物疫病预防、控制措施。

第十二条 对严重危害养殖业生产和人体健康的动物疫病实施强制免疫。

省人民政府兽医主管部门应当按照国家动物疫病强制免疫计划,制定全省动物疫病强制免疫计划;各市(地,下同)、县(市、区,下同)人民政府兽医主管部门应当根据全省动物疫病强制免疫计划,制定本行政区域的动物疫病强制免疫方案并组织实施。

乡级人民政府、城市街道办事处应当按照动物疫病强制免疫实施方案,组织做好本行政区域内的动物疫病强制免疫工作。

饲养动物的单位和个人应当依法履行动物疫病强制免疫义务,按照兽医主管部门的要求做好动物疫病强制免疫工作,对经强制免疫的动物,建立免疫档案,加施畜禽标识,实施可追溯管理。

对个人散养的动物,市、县人民政府可以通过购买社会化服务或者聘用动物防疫员等形式实施强制免疫。

第十三条 县级以上动物疫病预防控制机构应当对本行政区域的强制免疫密度和效果进行评价。对经评价未达到规定标准的,市、县人民政府及其兽医主管部门应当责令相关责任人进行补免。

第十四条 县级以上人民政府应当建立健全动物疫情监测网络,加强动物疫情监测。

省人民政府兽医主管部门应当根据国家动物疫病监测计划,制定全省动物疫病监测计划;各市、县人民政府兽医主管部门应当根据全省动物疫病监测计划,制定本行政区域的动物疫病监测方案并组织实施。

县级以上动物疫病预防控制机构应当对动物疫病的发生、流行等情况进行监测;从事动物饲养、屠宰、经营、隔离、运输以及动物产品生产、经营、加工、贮藏等活动的单位和个人,应当配合做好动物疫病监测工作,不得拒绝或者阻碍。

第十五条　动物饲养场(养殖小区)应当承担动物防疫责任,建立健全动物防疫制度,做好免疫、消毒等动物疫病预防工作。

第十六条　动物饲养场(养殖小区)应当对其饲养的动物开展规定的动物疫病检测,并有完整的检测记录。

第十七条　动物饲养场(养殖小区)、动物隔离场所、动物屠宰加工场所、动物和动物产品无害化处理场所,应当依法取得动物防疫条件合格证,并向发证机关报告年度动物防疫条件和防疫制度执行情况。

第十八条　县级以上人民政府兽医主管部门、卫生计生部门应当建立人畜共患传染病防控合作机制,制定人畜共患传染病防控方案,对易感动物和相关职业人群进行人畜共患传染病的监测,及时通报相关信息,并按照各自职责做好防控工作。

第十九条　边境市、县人民政府应当建立外来动物疫病联防联控合作机制。兽医、林业、出入境检验检疫、海关等部门应当互通信息,按照各自职责做好防控工作。

第二十条　县级以上人民政府统一领导、指挥、协调动物疫情应急管理工作,建立并完善应急预案,加强应急队伍建设,开展技术培训和应急演练,储备应急物资,做好应对突发动物疫情工作。

第二十一条　从事动物疫情监测、检验检疫、疫病研究与诊疗以及动物饲养、屠宰、经营、隔离、运输等活动的单位和个人,发现动物染疫或者疑似染疫的,应当立即向当地兽医主管部门、动物卫生监督机构或者动物疫病预防控制机构报告,并采取隔离等控制措施,防止动物疫情扩散。其他单位和个人发现染疫或者疑似染疫动物的,应当及时报告。

接到动物疫情报告的单位,应当采取措施,及时控制并按照规定上报。

省人民政府兽医主管部门按照国家授权,向社会及时公布本行政区域内的动物疫情。其他单位和个人不得擅自发布。

第二十二条　重大动物疫情报告期间,县级以上人民政府兽医主管部门应当立即采取临时隔离控制措施;必要时,县级以上人民政府可以做出封锁决定,并采取扑杀、销毁等措施。

重大动物疫情确认后,县级以上人民政府应当启动相应等级的应急预案,采取封锁、隔离、扑杀、无害化处理、消毒、紧急免疫、疫情监测、流行病学调查等措施,并做好社会治安维护、易感人群监测、肉食品供应以及动物、动物产品市场监管等工作。

第二十三条　疫区内的单位和个人,应当遵守县级以上人民政府依法作出的有关控制、扑灭动物疫病的规定。

任何单位和个人不得隐匿、转移、盗掘已被依法隔离、封存、处理的动物和动物产品。

第二十四条 重大动物疫病病料应当由动物疫病预防控制机构采集。

未经省人民政府兽医主管部门批准,其他单位和个人不得擅自采集,国务院兽医主管部门指定的国家参考实验室和兽医专业实验室除外。

第二十五条 在动物疫病预防、控制和扑灭过程中强制扑杀的动物、销毁的动物产品和相关物品,以及因依法实施强制免疫造成动物应激死亡的,由县级以上人民政府根据有关规定给予补偿。

第二十六条 对从事动物疫病免疫、监测、检测、诊断、检疫、监督检查、现场处理疫情以及在工作中接触动物疫病病原体的人员,有关单位应当采取卫生防护和医疗保健措施。

第三章 病死畜禽无害化处理

第二十七条 县级以上人民政府应当统筹规划、合理布局,建立健全病死畜禽无害化收集处理体系,建设无害化处理场所以及收集网点、暂存设施应当符合动物防疫、环境保护等有关规定。

县级以上人民政府应当鼓励和支持单位、个人投资建设无害化处理设施,向社会提供无害化处理服务。

市、县人民政府可以通过财政补贴等方式鼓励饲养动物的单位和个人参加政策性农业保险。享受政府保费补贴的保险合同发生保险理赔的,保险机构应当依据保险合同以及病死动物无害化处理凭据予以理赔。

第二十八条 从事畜禽饲养、屠宰、经营、运输等活动的单位和个人应当对病死畜禽进行无害化处理。

任何单位和个人不得抛弃、收购、贩卖、屠宰加工病死畜禽。

第二十九条 动物饲养场(养殖小区)、屠宰加工场所、动物隔离场所应当具备无害化处理能力,设置相应的无害化处理设施,建立病死畜禽来源、数量、处置方式等无害化处理情况档案并保存三年。

饲养畜禽的个人不具备无害化处理能力的,应当将病死畜禽送交无害化处理场所或者向无害化收集处理单位报告。

第三十条 在江河、湖泊、水库等公共水域发现的病死畜禽,由所在地县级人民政府组织收集并进行无害化处理;在城市公共场所以及乡村发现的病死畜禽,由所在地城市街道办事处或者乡级人民政府组织收集并进行无害化处理。

第四章 动物及动物产品检疫

第三十一条 县级以上人民政府应当配备与当地动物、动物产品检疫工作和动物卫生监督工作相适应的官方兽医。

第三十二条 县级人民政府兽医主管部门可以根据动物防疫工作需

要,向乡镇或者特定区域派驻动物卫生监督机构。

第三十三条 动物、动物产品的检疫实行申报制度。

屠宰、出售或者运输动物以及出售或者运输动物产品前,货主应当向当地动物卫生监督机构申报检疫。动物卫生监督机构接到检疫申报后,应当及时指派官方兽医对动物、动物产品实施现场检疫。检疫合格的,出具检疫证明、加施检疫标志。实施现场检疫的官方兽医应当在检疫证明上签字,并对检疫结论负责。

第三十四条 下列动物、动物产品在离开产地前,货主应当按照规定时限向所在地动物卫生监督机构申报检疫:

(一)供屠宰、继续饲养的动物和出售、运输的动物产品,应当提前三日申报检疫;

(二)出售、运输的乳用、种用动物及其精液、卵、胚胎、种蛋,以及参加展览、演出和比赛的动物,应当提前十五日申报检疫。

第三十五条 申报检疫可以采取到申报点填报、传真、电话等方式。采用电话方式的,应当在现场补填检疫申报单。

第三十六条 动物卫生监督机构应当根据动物养殖规模及分布情况,合理设置动物检疫申报点,并将动物检疫申报点、检疫范围和检疫对象等有关事项向社会公布。

第三十七条 县级动物卫生监督机构应当向定点屠宰场所派驻官方兽医。官方兽医应当依法履行职责并对检疫结论负责。

定点屠宰场所应当提供与屠宰规模相适应的检疫室和检疫操作台等设施设备,配合官方兽医实施动物检疫。

第五章　无规定动物疫病区建设和管理

第三十八条 省人民政府制定并公布全省无规定动物疫病区建设实施方案,确定无规定动物疫病区的建设范围和实施区域化管理的动物疫病种类。

各市、县人民政府应当根据全省无规定动物疫病区建设实施方案,制定本行政区域的无规定动物疫病区建设实施方案。

县级以上人民政府应当加强无规定动物疫病区动物免疫体系、动物疫病监测体系、动物卫生监管体系、应急管理体系、动物防疫信息管理体系的建设和管理。

第三十九条 县级以上兽医主管部门具体负责本行政区域的无规定动物疫病区的建设和管理工作,按照相关规定组织无规定动物疫病区的自我评估工作。同级发展和改革、财政、公安、交通运输、卫生计生、工商、林业、出入境检验检疫等部门按照各自职责,配合做好无规定动物疫病区建设和管理的相关工作。

第四十条 省人民政府兽医主管部门根据无规定动物疫病区建设需要,经省人民政府批准,可以设置易感动物、动物产品运输指定通道,并向社会公布。动物卫生监督机构应当依法在指定通道开展监督检查工作。

指定通道前方应当设置指示标志,引导运输易感动物、动物产品车辆经指定通道通行。

第四十一条 跨省输入易感动物、动物产品,货主或者承运人应当向指定通道的动物卫生监督检查站申报查验,经指定通道进入无规定动物疫病区。

运输易感动物、动物产品经过无规定动物疫病区的,应当按照省人民政府兽医主管部门规定的期限出境。

未经指定通道动物卫生监督检查站查验签章的易感动物、动物产品,任何单位和个人不得接收。

第六章 监督管理

第四十二条 动物卫生监督机构执行监督检查任务时,可以采取下列措施,有关单位和个人不得拒绝或者阻碍:

(一)对动物、动物产品按照规定采样、留验、抽检;

(二)对染疫或者疑似染疫的动物、动物产品及相关物品,进行隔离、查封、扣押和处理;

(三)查验检疫证明、检疫标志和畜禽标识;

(四)进入有关场所调查取证,查阅、复制、摄录、摘录与动物防疫有关的资料。

第四十三条 从事动物饲养、屠宰、经营、隔离、运输和动物产品贮藏、运输以及开展与动物防疫有关活动的单位和个人,应当详细记录动物及动物产品种类、数量、来源、流向等信息。

县级以上动物卫生监督机构应当依法对记录情况进行监督检查,有关单位和个人不得拒绝或者阻碍。

第四十四条 官方兽医在执行监督检查任务时,应当出示行政执法证件,佩戴统一标志。

动物卫生监督机构及其工作人员不得从事与动物防疫有关的经营性活动,监督检查不得收取任何费用。

第四十五条 任何单位或者个人均有权举报动物防疫违法行为,县级以上动物卫生监督机构应当向社会公布举报方式,接到举报应当及时处理。

第七章 法律责任

第四十六条 违反本条例规定的行为,法律、法规已有处罚规定的,从其规定。

第四十七条 县级以上人民政府及其工作人员未按照本条例规定履行职责的,对直接负责的主管人员和其他直接责任人员依法给予处分。

第四十八条 县级以上人民政府兽医主管部门及其工作人员违反本条例规定,有下列行为之一的,由本级人民政府责令改正,通报批评;对直接负责的主管人员和其他直接责任人员依法给予处分:

(一)未及时采取预防、控制、扑灭等措施的;

(二)对不符合条件的颁发动物防疫条件合格证,或者对符合条件的拒不颁发动物防疫条件合格证的;

(三)其他未按照本条例规定履行职责的行为。

第四十九条 动物卫生监督机构及其工作人员违反本条例规定,有下列行为之一的,由本级人民政府或者兽医主管部门责令改正,通报批评;对直接负责的主管人员和其他直接责任人员依法给予处分:

(一)对未经现场检疫或者检疫不合格的动物、动物产品出具检疫证明、加施检疫标志,或者对检疫合格的动物、动物产品拒不出具检疫证明、加施检疫标志的;

(二)对附有检疫证明、检疫标志的动物、动物产品重复检疫的;

(三)从事与动物防疫有关的经营性活动;

(四)其他未依照本条例规定履行职责的行为。

第五十条 动物疫病预防控制机构及其工作人员违反本条例规定,有下列行为之一的,由本级人民政府或者兽医主管部门责令改正,通报批评;对直接负责的主管人员和其他直接责任人员依法给予处分:

(一)未履行动物疫病监测、检测职责或者伪造监测、检测结果的;

(二)发生动物疫情时未及时进行诊断、调查的;

(三)其他未依照本条例规定履行职责的行为。

第五十一条 违反本条例规定,对饲养的动物不按照动物疫病强制免疫计划进行免疫接种的,由动物卫生监督机构责令改正,给予警告;拒不改正的,由动物卫生监督机构代作处理,所需处理费用由违法行为人承担,可以处五百元以上一千元以下罚款。

第五十二条 违反本条例规定,拒绝或者阻碍动物疫病预防控制机构进行动物疫病监测的,由动物卫生监督机构责令改正;拒不改正的,对违法行为单位处五千元以上一万元以下罚款,对违法行为个人可以处两百元以上五百元以下罚款。

第五十三条 违反本条例规定,未开展规定的动物疫病检测或者未建立完整检测记录的,由动物卫生监督机构责令改正,拒不改正的,可以处一千元以上五千元以下罚款,并由当地动物疫病预防控制机构进行检测。

第五十四条 违反本条例规定,发布动物疫情的,按授权由动物卫生监督机构责令改正,处两千元以上一万元以下罚款。

第五十五条 违反本条例规定,未对病死畜禽进行无害化处理的,由动物卫生监督机构责令无害化处理,所需处理费用由违法行为人承担,可以处一千元以上三千元以下罚款;未按规定建立无害化处理情况档案或保存的,责令改正,拒不改正的,可以处一千元以上三千元以下罚款。

第五十六条 违反本条例规定,未经指定通道运载易感动物、动物产品进入无规定动物疫病区的,由动物卫生监督机构对承运人或者货主处两千元以上五千元以下罚款;接收未经指定通道运入无规定动物疫病区易感动物、动物产品的,由动物卫生监督机构对接收人处两千元以上五千元以下罚款。

第八章 附 则

第五十七条 本条例下列用语的含义:

(一)重大动物疫情,是指高致病性禽流感等发病率或者死亡率高的动物疫病突然发生,迅速传播,给养殖业生产安全造成严重威胁、危害,以及可能对公众身体健康与生命安全造成危害的情形,包括特别重大动物疫情。

(二)无规定动物疫病区,是指具有天然屏障或者采取人工措施,在一定期限内没有发生规定的一种或者几种动物疫病,并经国务院兽医主管部门验收合格的区域。

第五十八条 本条例自 2017 年 1 月 1 日起施行。2000 年 12 月 14 日黑龙江省第九届人大常委会第 20 次会议审议通过的《黑龙江省动物防疫条例》同时废止。

黑龙江省实施《中华人民共和国水法》条例

(2013年10月18日黑龙江省第十二届人民代表大会常务委员会第六次会议通过　根据2016年12月16日省十二届人大常委会第三十次会议《黑龙江省人民代表大会常务委员会关于废止和修改〈黑龙江省特种设备安全监察条例〉等44部地方性法规的决定》修正)

第一章　总　　则

第一条　为保障水资源的可持续利用,建设节水型社会,适应经济社会发展需要,根据《中华人民共和国水法》等有关法律、行政法规,结合本省实际,制定本条例。

第二条　在本省行政区域内开发、利用、节约、保护、管理水资源,适用本条例。

本条例所称水资源,包括地表水和地下水。

第三条　县级以上人民政府应当严格管理水资源,实行用水总量控制,提高用水效率,建立水功能区限制纳污指标体系,保障水资源的可持续利用。

第四条　县级以上人民政府应当将水资源开发、利用、节约、保护和管理工作纳入本级国民经济和社会发展规划,建立长期稳定的水利基础设施投入机制。

第五条　水资源实行流域管理与行政区域管理相结合的管理体制。

省水行政主管部门依法负责全省水资源的统一管理和监督工作,并组织实施本条例。

市、县级水行政主管部门按照规定的权限负责本行政区域内水资源的统一管理和监督工作。

县级以上发展和改革、农业、环保、国土资源、住建、航道等行政主管部门按照职责分工,负责水资源开发、利用、节约和保护的有关工作。

第六条　县级以上人民政府主要负责人对本行政区域水资源管理和保护工作负总责。省人民政府应当制定水资源管理考核办法,将水资源开发、利用、节约、保护的主要指标纳入地方经济社会发展综合评价体系,省人民政府对各市(地)的主要指标落实情况定期进行考核。

第七条 县级以上人民政府应当建立水政监察机制,健全水政监察队伍,加强对水事活动的监督检查,维护正常的水事秩序。

第八条 县级以上人民政府应当加强基本水情宣传教育,提高全社会珍惜、保护水资源意识和节约用水意识。

广播、电视、报刊、网络等媒体应当加强对珍惜、保护水资源和节约用水的宣传和舆论监督。

第九条 任何单位和个人都有依法保护水资源和节约用水的义务。

在开发、利用、节约、保护、管理水资源等方面成绩显著的单位和个人,由县级以上人民政府给予奖励。

第二章 水资源管理和开发利用

第十条 额木尔河、呼玛河、逊别拉河、讷谟尔河、乌裕尔河、通肯河、呼兰河、汤旺河、蚂蚁河、倭肯河、穆棱河、挠力河及其他跨市级行政区河流的流域综合规划,由省水行政主管部门会同省有关部门和有关市(地)人民政府(行署)编制,报省人民政府或者其授权的部门批准,并报国务院水行政主管部门备案。

前款规定以外的其他江河、湖泊的流域综合规划和区域综合规划,由市(地)、县(市、区)水行政主管部门按照管理权限,会同同级有关部门和有关地方人民政府编制,报本级人民政府或者其授权的部门批准,并报上一级水行政主管部门备案。

第十一条 建设水工程项目,应当保障生态用水需要,保证河道最小生态基流,符合流域综合规划和防洪规划,并按照国家有关规定实行水工程建设规划同意书制度。水工程项目可行性研究报告报请批准前,水行政主管部门应当按照管理权限,对水工程的建设是否符合流域综合规划和防洪规划进行审查。

建设水工程项目涉及其他地区和行业的,建设单位应当事先征求有关地区和部门的意见。

第十二条 在行政区域交界线两侧一定范围内,未经有关各方达成协议或者共同的上一级水行政主管部门批准,不得修建排水、阻水、取水和截(蓄)水等对边界河道和跨行政区域河道的水量、水质及防汛抗旱有影响的工程,不得单方面改变水的现状。

第十三条 省人民政府应当按照江河流域水量分配方案或者取用水总量控制指标,制定年度用水计划,对本省年度用水实行总量管理。

县级以上人民政府应当在总量控制的前提下,按照优先利用地表水、合理开发利用浅层地下水、严格限制开采深层承压水的原则取用水资源。应当制定优惠政策,鼓励使用再生水。

第十四条 全省、跨市(地)的水中长期供求规划,由省水行政主管部门会同有关部门制订,经省发展和改革部门审查批准后执行。

市、县级的水中长期供求规划,由市、县级水行政主管部门按照管理权限会同同级有关部门,依据上一级水中长期供求规划和本地区的实际情况制订,经本级发展和改革部门审查批准后执行。

第十五条 用水实行总量控制和定额管理相结合制度。省人民政府应当在本行政区域建立取用水总量控制指标体系,实行用水总量控制,并将国务院分配的用水总量控制指标分解到市、县级人民政府。

用水总量已经达到或者超过用水总量控制指标的地区,应当暂停审批建设项目新增取水;用水总量已经接近用水总量控制指标的地区,应当限制审批建设项目新增取水。

第十六条 省有关行业主管部门应当制订全省行业用水定额,报省水行政主管部门和省质量监督检验行政主管部门审核同意后,由省人民政府公布,并报国务院水行政主管部门和国务院质量监督检验行政主管部门备案。

用水定额应当根据节水技术的推广应用、产业结构和产品结构的调整适时修订。

第十七条 本省实行取水许可制度。直接从江河、湖泊或者地下取用水资源的单位和个人,应当依法向县级以上水行政主管部门申请领取取水许可证,并缴纳水资源费,取得取水权。

取水许可和水资源费征收使用,按照国家和省有关规定执行。

第十八条 有下列情形之一的,不需要申请领取取水许可证和缴纳水资源费:

(一)农村集体经济组织及其成员使用本集体经济组织的水塘、水库中的水的;

(二)家庭生活和零星散养、圈养畜禽饮用等少量取水,年取水量在1000立方米以下的;

(三)为保障矿井等地下工程施工安全和生产安全必须进行临时应急取(排)水的;

(四)为消除对公共安全或者公共利益的危害临时应急取水的;

(五)为农业抗旱和维护生态与环境必须临时应急取水的;

(六)法律、法规规定的其他情形。

前款第(三)项、第(四)项规定的取水,应当及时报有管辖权的县级以上水行政主管部门备案;第(五)项规定的取水,应当经有管辖权的县级以上水行政主管部门同意。临时应急取水结束后,应当停止取水。

第十九条　工业园区、经济技术开发区、高新技术产业开发区、生态园区等园区规划,农业灌溉、电力、石油石化、钢铁、煤炭、造纸、化工等高耗水行业的专项规划,应当进行水资源论证。

对于直接从江河、湖泊或者地下取水并需申请取水许可证的建设项目,应当向有管辖权的水行政主管部门提交水资源论证报告书。未进行水资源论证的,水行政主管部门不予批准取水许可申请,有关部门不得批准立项,建设单位不得擅自开工建设和投产使用。

第二十条　取得取水许可证开采地下水的单位或者个人,应当按照批准的井点布局、取水层位开凿取水井。

任何施工单位和个人不得为未取得取水许可证的单位和个人开凿取水井,本条例规定不需要申请取水许可证的除外。

第三章　水资源、水域和水工程的保护

第二十一条　跨市(地)的江河、湖泊以及省确定的重要江河、湖泊的水功能区划,由省水行政主管部门会同省环境保护行政主管部门和有关部门拟定,报省人民政府或者其授权的部门批准,并报国务院水行政主管部门和国务院环境保护行政主管部门备案。

前款规定以外的其他江河、湖泊的水功能区划,由市(地)、县(市、区)水行政主管部门按照管理权限,会同同级环境保护行政主管部门和有关部门拟定,报本级人民政府或者其授权的部门批准,并报上一级水行政主管部门和环境保护行政主管部门备案。

经批准的水功能区划应当向社会公告,并在水功能区的边界设立标志。

第二十二条　本省实行入河排污总量控制制度。经批准的水功能区划是水资源开发、利用和保护的依据。任何单位和个人从事开发利用水资源的活动以及向水体排污,应当符合水功能区划对水质管理的有关规定。

各级人民政府应当将限制排污总量作为水污染防治和污染减排工作的依据,执行重点水污染物排放总量控制指标。

第二十三条　县级以上水行政主管部门应当对水功能区的水量、水质状况进行监测。发现重点污染物排放总量超过控制指标的,或者水功能区水质未达到水域使用功能要求的,应当及时报告本级人民政府采取治理措施,并向同级环境保护、城市供水行政主管部门通报。

各级人民政府应当对本行政区域监测站网实施监测予以保障,逐步建立和完善水环境监测体系。水功能区的水量、水质监测结果应当按照有关规定向社会公开。

第二十四条　本省实行饮用水水源保护区制度。饮用水水源保护区经省人民政府依法划定后,市、县人民政府应当设置明显标志,并予以公告。

环境保护、水行政、卫生、住建、国土资源等有关行政主管部门应当依法加强饮用水水源保护区的保护和管理工作。

县级以上人民政府应当加强现有饮用水水源的保护以及备用水源的规划和建设,制定对城市供水管网进行维护和更新改造规划,加强城乡供水工程的建设和管理,防止饮用水水源枯竭和水体污染,提高供水质量,保障居民饮用水安全,逐步实行农村集中式供水。有关行政主管部门应当按照各自职责,保护饮用水水质,改善城乡居民饮用水条件。

第二十五条　在江河、湖泊新建、改建或者扩建排污口,应当经有管辖权的水行政主管部门同意,由环境保护行政主管部门对该建设项目的环境影响评价文件进行审批。

禁止在饮用水水源保护区内设置排污口。

禁止以任何形式向地下水排污。兴建地下工程设施或者进行地下勘探、采矿等活动的,应当采取防护性措施,防止地下水污染。人工回灌补给地下水的,不得恶化地下水水质。

第二十六条　实行地下水取用总量控制和水位控制制度。省水行政主管部门征求相关市、县人民政府意见后,应当划定地下水超采区和严重超采区。在严重超采区划定限制开采区或者禁止开采区,报省人民政府批准后向社会公布。

在城市公共供水管网覆盖范围内,严格控制新建自备水井,对原有的自备水井应当按照国家规定逐步提高水资源费征收标准,递减许可取水量直至限期关闭。

第二十七条　开采地下水资源,应当符合地下水区划管理要求。

在地下水超采区,应当控制开采地下水,削减地下水开采量,逐步实现开采与补给平衡,防止地面沉降、水源枯竭和水质恶化。县级以上地方人民政府应当采取措施,禁止农业、工业建设项目和服务业新增取用地下水。

在地下水限制开采区,原则上不得新增地下取水;确需新增取水的,经当地水行政主管部门审查同意后,由省水行政主管部门审批。

在地下水禁止开采区,严禁取用地下水;已有取水的,应当统一规划建设替代水源,关停原有取水设施。

第二十八条　在河道管理范围内采砂、取土,应当按照水系统一管理和分级管理相结合的原则,实行河道采砂许可制度。

在河道管理范围内采砂、取土的单位和个人,应当向有管辖权的水行政主管部门申请办理准采证。涉及其他部门的,由水行政主管部门会同有关部门批准。

县级以上水行政主管部门应当根据堤防安全和河势稳定的需要,按照河道管理权限划定禁采区和规定禁采期,并予以公告。

在禁采区、禁采期内,任何单位和个人不得从事采砂、取土活动。从事采砂、取土的单位和个人应当及时将机具和设备运出,以保障防洪和通航安全。

第二十九条 县级以上水行政主管部门应当按照国家和省有关规定,对管理的水工程划定管理范围和保护范围,并报经本级人民政府批准后予以公告。

第四章 水资源节约使用

第三十条 县级以上水行政主管部门负责本行政区域的节约用水工作,其他有关部门在各自职责范围内做好相关节约用水工作。

节约用水应当坚持统一规划、总量控制、合理调配、高效利用的原则。

县级以上人民政府应当支持节约用水技术和节水产品的研发、示范和推广。对再生水、矿井水、雨水利用等非常规水源的开发利用项目给予财政补贴。

第三十一条 用水实行计量收费和超定额累进加价制度,具体征收办法和标准按照省有关规定执行。

第三十二条 取用水单位和个人应当安装经法定计量检定机构检定合格的用水计量设施。用水计量设施发生故障的,应当及时修复或者更换,经检定合格后方可使用。

工业企业的生产用水和生活用水应当分别计量,主要用水车间和用水设备应当单独安装计量设施。

农业灌溉用水应当实行计量供水、计量收费。暂时不具备计量设施安装条件的,应当采用替代方式进行计量。

城市新建居民住宅应当分户安装计量设施;已建成的城市居民住宅未安装用水计量设施的,应当限期安装。

纳入计划用水管理的取用水单位,应当安装用水计量自动监测设备,接入水行政主管部门的水资源监控系统,并保证监测设备正常运行。

第三十三条 年用水量在 30 万立方米以上,纳入计划用水管理的取用水单位应当按照国家有关规定定期进行水平衡测试,水平衡测试应当符合国家规定的方法和规程,并由有管辖权的水行政主管部门组织验收核定。经测试发现不符合规定的,应当整改。

钢铁、造纸、啤酒、酒精、合成氨和医药等重点耗水行业用水户应当每两年进行一次水平衡测试。

第三十四条 县级以上人民政府应当加强农业节水工作,提高农业用水效率,引导农业生产者因地制宜调整产业结构,发展节水型农业。

县级以上人民政府应当合理安排和保障农业节水资金投入,兴建蓄水设施,扶持灌区、灌溉管道、渠道、排灌泵站等技术改造,明确农业节水灌溉工程产权和维护责任。

县级以上水行政主管部门应当会同有关部门制定节水灌溉规划,并依据规划加强农业灌溉管理工作,严重缺水的区域应当限制水田等高耗水农业发展。

农业灌溉应当采取管道或者渠道防渗方式进行输水,并采用管灌、喷灌、微灌、滴灌、控灌等高效节水灌溉方式,提高用水效率。已建成的农业用水设施不符合节水灌溉标准的,应当进行更新改造。禁止使用未经处理达标的污水灌溉农作物。

第三十五条 经营洗浴、洗车、滑雪场、高尔夫球场等高耗水服务业应当采用国家规定的节水工艺,采取节水措施,安装节水设施、器具。有条件的市、县人民政府应当采取措施,逐步引导洗车、滑雪场、高尔夫球场、城市园林绿化、市容环境卫生等行业用水户使用再生水。

鼓励机关、事业、企业单位和居民生活用水使用节水型设备和器具。已使用非节水型产品的,使用单位和个人逐步更换或者进行节水技术改造。

第三十六条 新建、改建、扩建建设项目,应当制订节水措施方案,配套建设节水设施。节水设施和水污染防治设施应当与主体工程同时设计、同时施工、同时投入使用。

第三十七条 建设单位应当安装、使用符合国家标准的节水型设备和产品。已安装使用的非节水型设备和产品,应当按照国家有关规定逐步更换。任何单位和个人不得生产、销售不符合节水强制标准的产品以及国家公布淘汰的非节水型设备和产品。

禁止生产、进口、销售列入淘汰目录的产品、设备,禁止使用列入淘汰目录的工艺。

第三十八条 供水企业和自建供水设施的单位应当加强供水设施的检修和维护,管网漏失率不得超过国家标准。

第三十九条 取用水单位和个人不得有下列行为:

(一)损毁和擅自改动计量设施、计量自动监测设备,损坏计量设施铅封;

(二)直接排放间接冷却水;

(三)窃取水资源;

(四)擅自改变水资源用途;

(五)未及时修复用水设施,造成水漏失;

(六)未及时关闭用水阀门,造成水流失。

第四十条 县级以上人民政府及有关部门应当采取措施,加快污水处理和再生水利用设施建设,鼓励使用再生水,提高污水再生利用率。

建设城镇生活污水集中排放和处理设施时,应当统筹规划、配套建设再生水输配管网。再生水输配管网覆盖区域内的工业企业,应当优先使用符合用水水质要求的再生水。新建的宾馆、学校、居民区、公共建筑等建设项目,应当配套建设再生水使用设施;已建成的,有条件使用再生水的地区应当逐步配套建设再生水使用设施。

第四十一条 因突发事件、干旱等情况造成居民用水短缺的,县以上人民政府可以根据当地水资源供需状况,启动用水应急预案,报上一级人民政府批准后实施。

第五章　法律责任

第四十二条 违反本条例规定,有关法律、法规有法律责任规定的,从其规定。

第四十三条 违反本条例规定,在饮用水水源保护区内设置排污口的,由县级以上地方人民政府责令限期拆除,处二十万元以上五十万元以下的罚款;逾期不拆除的,强制拆除,所需费用由违法者承担,处五十万元以上一百万元以下的罚款,并可以责令停产整顿。

未经水行政主管部门或者流域管理机构审查同意,擅自在江河、湖泊新建、改建或者扩大排污口的,由县级以上水行政主管部门或者流域管理机构依据职权,责令停止违法行为,限期恢复原状,处五万元以上十万元以下的罚款;逾期不拆除的,强制拆除,所需费用由违法者承担,处二十万元以上五十万元以下的罚款。私设暗管或者有其他严重情节的,由县级以上人民政府责令停产整顿。

第四十四条 违反本条例规定,对未取得取水许可证擅自凿井取水的单位和个人,由县级以上水行政主管部门责令停止违法行为,并处二万元以上五万元以下的罚款;为未取得取水许可证的单位和个人开凿取水井的施工单位,由县级以上水行政主管部门责令停止违法行为,没收违法所得,并处二千元罚款。

第四十五条 违反本条例规定,未经批准在地下水限制开采区新增取水的,由县级以上水行政主管部门责令停止违法行为,并处三万元以上十万元以下的罚款。

违反本条例规定,在地下水禁止开采区取用地下水或者原有取水设施未按照水行政主管部门要求关停的,由县级以上水行政主管部门责令停止违法行为,限期拆除取水设施,并处五万元以上十万元以下的罚款。

第四十六条 违反本条例规定,有下列行为之一的,由县级以上水行政主管部门责令停止违法行为,没收非法所得,并处五万元以上十万元以下的罚款:

(一)未取得河道采砂许可证采砂的;

（二）在禁采区、禁采期内采砂的；

（三）未按照河道采砂许可证规定的范围和作业方式采砂的。

违反前款第（二）项、第（三）项规定，情节严重的，吊销河道采砂许可证。

第四十七条　违反本条例规定，经营高耗水服务业未采取节水工艺和安装节水设施、器具的，由县级以上水行政主管部门责令限期改正；逾期未改正，处一万元以上二万元以下的罚款。

第四十八条　违反本条例规定，取用水单位有下列行为之一的，由县级以上水行政主管部门责令限期改正，并予以处罚：

（一）损毁和擅自改动计量自动监测设备的，处二万元以上五万元以下的罚款；

（二）直接排放间接冷却水的，处以直接排放总量水费的二倍罚款；

（三）窃取水资源的，补交水资源费，并处二万元以上十万元以下的罚款；

（四）擅自改变水资源用途的，处以售出总量或者改变用途后的用水总量水费的二倍罚款；

（五）未及时修复用水设施造成水漏失或者未及时关闭用水阀门造成水流失的，处一千元以上五千元以下的罚款。

第四十九条　水行政主管部门或者其他有关部门及其工作人员，有下列行为之一的，对负有责任的主管人员和其他直接责任人员，依法给予行政处分：

（一）不执行水资源规划的；

（二）违法核发许可证、签署审查意见的；

（三）不按照规定收取水资源费或者截留、挪用水资源费的；

（四）违反规定擅自供水的；

（五）不履行监督检查职责或者发现违法行为不予查处，造成严重后果的；

（六）利用职务上的便利收受财物或者其他好处的；

（七）有其他玩忽职守、滥用职权、徇私舞弊的行为。

第六章　附　　则

第五十条　江河、湖泊、河道的管理范围未有明确界定的，由县级以上人民政府依据国家有关法律、行政法规和本地实际情况确定具体管理范围和管理职责。

第五十一条　本条例自 2014 年 1 月 1 日起施行。1991 年 10 月 30 日黑龙江省第七届人民代表大会常务委员会第二十三次会议通过的《黑龙江省实施〈中华人民共和国水法〉办法》同时废止。

黑龙江省全民义务植树条例

(2012年12月14日黑龙江省第十一届人民代表大会常务委员会第三十六次会议通过 根据2016年12月16日省十二届人大常委会第三十次会议《黑龙江省人民代表大会常务委员会关于废止和修改〈黑龙江省特种设备安全监察条例〉等44部地方性法规的决定》修正)

第一条 为增强全民绿化意识,推动全民义务植树活动开展,保护和改善环境,建设生态文明,根据有关法律、法规规定,结合本省实际,制定本条例。

第二条 在本省行政区域内从事与义务植树有关的活动应当遵守本条例。

第三条 本条例所称义务植树,是指适龄公民为国土绿化无报酬地完成法定工作量的植树、种草、种花、整地、育苗、抚育、管护以及其他与绿化有关的任务。

第四条 本省行政区域内,年满十八周岁至六十周岁的男性适龄公民和年满十八周岁至五十五周岁的女性适龄公民,除丧失劳动能力外,应当按照本条例的规定履行植树义务。

年满十一周岁不满十八周岁的未成年人,可以根据实际情况,有组织地就近参加力所能及的义务植树活动。

其他人员自愿参加义务植树的,应当予以鼓励。

第五条 县级以上人民政府应当把义务植树纳入国民经济和社会发展规划,把义务植树组织管理和种苗、林木抚育补贴等费用列入本级财政预算,把义务植树任务完成情况纳入各级人民政府造林绿化和生态建设目标责任制考核内容。

第六条 县级以上人民政府绿化委员会统一领导本行政区域内的义务植树和城乡造林绿化工作。绿化委员会下设办公室,具体负责义务植树和城乡造林绿化的组织实施、协调指导、监督管理等日常工作。

第七条 城乡适龄公民应当在当地乡(镇)人民政府、城市街道办事处的统一组织和安排下履行植树义务。

机关、团体、企事业单位、大中专院校的适龄公民,根据实际情况可以由当地县级人民政府绿化委员会办公室直接安排,由所在单位、学校组织履行植树义务。

第八条　每年4月中旬至5月中旬为本省全民义务植树活动月。市(地,下同)、县(县级市、区,下同)可以根据当地气候条件确定具体的义务植树活动时间。

第九条　相关新闻媒体应当加强对义务植树、国土绿化的公益宣传,在全民义务植树活动月期间集中宣传报道,增强公民义务植树意识和生态文明意识。

中小学校应当进行义务植树教育。

第十条　县级以上人民政府绿化委员会应当对在义务植树和绿化活动中成绩显著的单位和个人给予表彰奖励。

第十一条　省人民政府绿化委员会负责制定全省义务植树规划和年度实施计划。市、县人民政府绿化委员会应当根据上一级义务植树规划和年度实施计划,制定本行政区的义务植树规划和年度实施计划。

县级以上人民政府应当将义务植树规划纳入本行政区城乡造林绿化规划,并在城区预留造林绿化用地。

第十二条　适龄公民应当按照国家规定履行植树义务,或者按照本条例规定的尽责方式完成相应劳动量的任务。

第十三条　县级人民政府绿化委员会办公室每年应当根据义务植树年度实施计划和当地实际情况,将义务植树任务下达到乡(镇)人民政府、城市街道办事处,由乡(镇)人民政府、城市街道办事处将任务分解落实到村民组和社区。

第十四条　县级以上人民政府绿化委员会办公室统一监督、考核本行政区域适龄公民义务植树的尽责情况。乡(镇)人民政府、城市街道办事处应当对本行政区域的单位和适龄公民建立义务植树登记、考核、统计制度。

第十五条　县级以上人民政府应当推进义务植树基地建设。县级以上人民政府绿化委员会办公室应当对义务植树地点进行统筹安排。义务植树地点由县级人民政府绿化委员会办公室确定,也可以由组织履行义务植树任务的单位自行选择,但应当报当地县级人民政府绿化委员会办公室备案。

第十六条　履行植树义务可以选择下列方式:

(一)直接参加义务植树劳动;

(二)参加整地、育苗、管护等绿化劳动;

(三)认种、认养绿地和树木;

(四)从事绿化、生态保护义务宣传和科普活动;

(五)从事城市街道、庭院和村屯的植树绿化活动;

(六)省人民政府绿化委员会办公室确定的其他方式。

以间接方式履行植树义务的具体折算办法由省人民政府绿化委员会办公室制定。

第十七条 认种、认养等收入应当纳入政府非税收入管理。

第十八条 用于义务植树的苗木,应当符合规定的品种和标准,可以通过下列途径解决:

(一)组织义务植树的单位提供;

(二)参加义务植树的公民自带;

(三)土地使用权人提供;

(四)社会捐赠;

(五)各级人民政府提供。

第十九条 参加义务植树的单位和个人,应当按照造林技术规程栽植树木。县级人民政府绿化委员会办公室应当组织专业技术人员对本行政区域内参加义务植树的单位和个人进行技术指导。

第二十条 义务栽植的树木验收后由林权所有者、承包经营者或者县级人民政府绿化委员会办公室指定的单位或者个人管护。承担管护责任的单位或者个人应当落实管护措施。

第二十一条 机关、团体、企事业单位、大中专院校、城市街道办事处、乡(镇)人民政府每年应当对适龄公民义务植树任务完成情况进行检查,对无故不履行义务的进行批评教育,并责令其限期履行。

第二十二条 在国有土地上义务栽植树木的权属按照国家有关规定确定;在集体所有土地上义务栽植的树木归集体土地所有者所有;没有明确土地使用权人的由当地县级人民政府依法确定。

对土地使用权和林木所有权另有约定的,从其约定。

林权确定后,由县级以上人民政府依照有关规定颁发权属证书。

第二十三条 县级以上人民政府绿化委员会办公室每年应当对本行政区域内适龄公民履行义务植树情况进行抽检,统计义务植树尽责率。

市、县人民政府绿化委员会办公室应当将本行政区域每年义务植树完成情况报上一级人民政府绿化委员会办公室。

第二十四条 县级以上人民政府绿化委员会办公室工作人员或者主管人员有下列行为之一的,由其所在单位或者上一级部门对直接负责的主管人员和其他直接责任人员给予行政处分:

(一)贪污、挪用认种认养费、社会捐赠资金和物资的;

(二)提供的苗木不符合规定标准造成损失的;

(三)瞒报、拒报义务植树适龄公民人数和义务植树任务完成情况的;

(四)在义务植树活动的组织、管理和检查验收中严重失职的;

(五)其他有滥用职权、玩忽职守、徇私舞弊行为的。

第二十五条　负责管护的单位或者个人违反本条例规定,不履行管护责任造成林木丢失、损毁的,由县级人民政府绿化委员会办公室责令限期补植;逾期未补植的,处以林木价值二倍罚款。

第二十六条　铁路、煤炭、石油、交通、水利、监狱等有法定植树任务的部门应当设立绿化委员会,除完成本部门的植树任务外,还应当按照当地人民政府绿化委员会办公室的统一安排,组织本部门职工履行植树义务。

驻本省行政区域内的人民解放军、武警部队,按照国务院、中央军委的有关规定参加义务植树。

第二十七条　本条例自 2013 年 3 月 1 日起施行。

黑龙江省公共安全技术防范条例

(2012年8月24日黑龙江省第十一届人民代表大会常务委员会第三十四次会议通过 根据2015年4月17日黑龙江省第十二届人民代表大会常务委员会第十九次会议《关于废止和修改〈黑龙江省文化市场管理条例〉等五十部地方性法规的决定》第一次修正 根据2016年12月16日黑龙江省第十二届人民代表大会常务委员会第三十次会议《关于废止和修改〈黑龙江省特种设备安全监察条例〉等44部地方性法规的决定》第二次修正)

第一章 总 则

第一条 为规范公共安全技术防范管理,维护公共安全,保护公民、法人和其他组织的合法权益,根据有关法律、行政法规,结合本省实际,制定本条例。

第二条 在本省行政区域内,从事安全技术防范产品的生产、销售和安全技术防范系统的设计、安装、验收、使用、运营服务等活动及其管理,适用本条例。

第三条 本条例所称公共安全技术防范,是运用安全技术防范产品、安全技术防范系统等技术手段,预防、制止违法犯罪和治安事故,维护公共安全的活动。

本条例所称安全技术防范产品,是用于防入侵、防盗窃、防抢劫、防破坏、防爆安全检查等领域并列入国家《安全技术防范产品目录》的特种器材或者设备。

本条例所称安全技术防范系统,是以维护社会公共安全为目的,运用安全技术防范产品和其他相关产品所构成的入侵报警系统、视频和音频监控系统、出入口控制系统、防爆安全检查系统等,或者以这些系统为子系统组合、集成的系统或者网络。

第四条 公共安全技术防范应当遵循合法、公开、规范、适当的原则。

任何单位和个人不得利用安全技术防范产品或者安全技术防范系统侵犯他人的合法权益。

第五条 县级以上人民政府应当加强对公共安全技术防范工作的领

导,将其纳入社会管理综合治理目标考核体系,保障公共安全技术防范工作所需经费。

第六条 公安机关是公共安全技术防范工作的主管部门,负责公共安全技术防范工作的规划、指导、管理和监督。

发展和改革、住房和城乡建设、工业和信息化、交通运输、质量技术监督、通信管理、教育、金融监管等有关部门,应当在各自的职责范围内做好公共安全技术防范工作。

第七条 国家机关、社会团体、企事业单位和其他组织应当在公安机关指导下,做好公共安全技术防范工作。

安全技术防范行业组织应当依法开展行业自律、技术保障、咨询和评价服务等活动。

第八条 各级人民政府应当采取多种方式,宣传普及公共安全技术防范知识,增强全社会的公共安全防范意识,鼓励推广使用科学管理方法和先进技术装备。

第二章　安全技术防范产品

第九条 实行工业产品生产许可证制度和安全认证制度的安全技术防范产品,按照国家有关规定管理。

第十条 销售安全技术防范产品的单位或者个人应当持下列材料,到销售地市级以上公安机关备案:

(一)营业执照;

(二)销售的安全技术防范产品目录及售后服务承诺;

(三)安全技术防范产品的工业产品生产许可证书或者安全认证证书;

(四)产品质量检验合格证明。

第三章　安全技术防范系统

第十一条 广场、公园、城市主要道路、轨道交通、城市地下通道、过街天桥、隧道、大型桥梁、高速公路等社会公共区域,法律、行政法规规定的治安保卫重点单位,法律、法规和规章规定的其他场所和部位应当安装安全技术防范产品或者安全技术防范系统。

县级以上人民政府公安机关根据本地实际情况提出其他应当安装安全技术防范产品或者安全技术防范系统的单位和场所,报本级人民政府确定。

第十二条 城市主要道路、广场、政府举办的中、小学校和幼儿园等社会公共区域的安全技术防范系统由各级人民政府负责建设。其他单位或者场所重要部位和交通工具的安全技术防范系统由所属单位或者责任单位负责建设。

社会公共区域的范围由县级以上人民政府公安机关根据本地实际情况提出,报本级人民政府确定。

任何单位和个人不得擅自在社会公共区域安装安全技术防范产品和系统,确需安装的,应当向所在地公安机关申请批准。

任何单位和个人不得阻碍安全技术防范系统的合法安装。

第十三条 宾馆客房和公共宿舍、浴室、更衣室、卫生间等涉及他人隐私的场所禁止安装视频和音频监控系统。

第十四条 在公共场所安装具有视频监控功能的安全技术防范系统,应当设置明显标识。

第十五条 安全技术防范系统的设计、安装、验收,应当符合有关国家标准、行业标准或者地方标准。

需要安装安全技术防范系统的新建、改建、扩建的建设项目,建设单位应当将安全技术防范系统与建设项目综合设计、同步施工、同步验收。

第十六条 安全技术防范系统中使用的产品,应当符合法律、法规、规章的规定,符合国家标准、行业标准、地方标准或者企业标准。

第十七条 社会公共区域和国家规定应当通过方案论证的安全技术防范系统的设计方案,应当报设区的市级或者县级人民政府公安机关审核。

安全技术防范系统竣工后,应当由有资质的机构进行检验检测,建设单位或者责任单位应当会同公安机关共同组织竣工验收。验收不合格的,不得擅自投入使用。

第十八条 安全技术防范系统的设计、安装、使用、运营服务单位应当妥善保管相关图纸和其他信息资料,建立资料档案,对工作人员进行保密业务培训。

第十九条 安全技术防范系统运营服务单位应当建立健全运营服务管理制度,规范系统操作规程,制定相关应急预案,保证系统安全有效。

安全技术防范系统的运营单位接到报警信息应当予以复核,确认为警情的,应当立即报告所在地公安机关。

第二十条 安全技术防范系统的使用单位应当履行下列义务:

(一)制定安全技术防范系统的使用、保养、维护、更新制度;

(二)确定专门人员使用安全技术防范系统;

(三)建立健全值班制度和治安突发事件处置预案;

(四)保障安全技术防范系统的正常运行。

第二十一条 县级以上人民政府根据公共安全的需要,可以对辖区内的安全技术防范系统进行整合,相关部门、单位和组织应当予以配合。

除涉密单位外,安全技术防范系统的监控报警平台应当留有与当地公安机关联网的接口,确因公共安全需要时,应当与公安机关联网。

第二十二条 任何单位和个人不得有下列行为：

（一）擅自拆除、损坏安全技术防范系统的设备、设施；

（二）擅自改变安全技术防范系统的用途和使用范围；

（三）擅自删除、修改、破坏安全技术防范系统的运行程序或者记录；

（四）其他破坏或者妨碍安全技术防范系统正常使用的行为。

第四章　公共安全技术防范信息

第二十三条 安全技术防范系统获取的视频、音频信息资料留存时限不得少于三十日。国家另有规定的，从其规定。

第二十四条 国家机关工作人员和安全技术防范系统设计、安装、使用、运营服务单位的工作人员，对合法获取的国家秘密、商业秘密和个人隐私以及用户明确要求保密的信息，应当予以保密。

第二十五条 县级以上人民政府公安机关等有关部门工作人员在履行法定职责时，可以查看、复制、调取安全技术防范系统的相关信息，安全技术防范系统使用和运营服务单位应当予以配合。

第二十六条 县级以上人民政府公安机关等有关部门工作人员在查看、复制、调取安全技术防范系统信息时，应当遵守下列规定：

（一）工作人员不得少于二人；

（二）出示工作证件和单位证明文件；

（三）履行相关登记手续。

第二十七条 任何单位和个人不得有下列行为：

（一）非法使用、传播安全技术防范系统信息资料；

（二）隐匿、删改、毁弃安全技术防范系统采集的信息资料；

（三）其他违法使用安全技术防范系统信息的情形。

第五章　监督检查

第二十八条 县级以上人民政府公安机关应当对未纳入工业产品生产许可证制度或者安全认证制度管理的安全技术防范产品的生产、销售进行日常监督，并定期检查。

第二十九条 县级以上人民政府公安机关对应当安装安全技术防范系统而未安装的单位，督促其限期安装；对已安装安全技术防范系统的单位，督促其建立日常运行维护、信息管理和使用、相关档案资料管理等具体制度，并对安装、使用和运营服务单位进行定期检查。

第三十条 省级公安机关应当定期公布下列公共安全技术防范信息：

（一）销售备案企业名录；

（二）检测机构、评估机构等中介机构和行业协会的相关信息；

（三）从业单位以及个人的相关奖励和处罚情况；

（四）依据法律、法规、规章规定应当公布的其他信息。

第三十一条 国家机关及其工作人员不得指定或者变相指定安全技术防范产品的品牌、销售单位或者安全技术防范系统的设计、安装、运营服务单位；不得有偿参与安全技术防范系统设计、安装、运营服务活动。

第六章 法律责任

第三十二条 违反本条例规定的，由县级以上人民政府公安机关实施处罚。法律、行政法规有处罚规定的，从其规定。

第三十三条 违反本条例规定，未经备案，销售未纳入工业产品生产许可证制度或者安全认证制度管理的安全技术防范产品的，处三千元以上五千元以下罚款。

第三十四条 违反本条例规定，有下列行为之一的，责令限期改正；逾期不改正的，处三千元以上一万元以下罚款：

（一）应当安装安全技术防范系统而未安装的；

（二）安全技术防范系统的设计方案应当经公安机关审核而未审核的；

（三）安全技术防范系统未经验收或者验收不合格，擅自投入使用的；

（四）未经批准擅自在社会公共区域安装安全技术防范产品和系统的。

第三十五条 违反本条例第十三条规定的，责令拆除，并按照《中华人民共和国治安管理处罚法》的规定予以处罚。

第三十六条 违反本条例第十八条、第十九条规定，给予警告，责令限期改正；逾期不改正或者造成损失的，对直接责任人员处一千元以上三千元以下罚款。

第三十七条 违反本条例第二十条第一项、第二项、第三项规定的，责令限期改正；逾期不改正的，处一千元以上三千元以下罚款。违反本条例第二十条第四项规定并且没有委托运营服务单位的，责令限期改正；逾期不改正的，处三千元以上一万元以下罚款。

第三十八条 违反本条例第二十二条、第二十七条规定的，处一千元以上五千元以下罚款；情节严重的，处五千元以上一万元以下罚款。

第三十九条 有关国家机关及其工作人员违反本条例规定，有下列行为之一的，对主管人员和直接责任人员依法给予行政处分；给当事人造成损失的，依法予以赔偿；构成犯罪的，依法追究刑事责任：

（一）未对安全技术防范产品的生产、销售和安全技术防范系统的安装、使用和运营服务单位进行定期检查，经批评教育拒不改正的；

（二）指定或者变相指定安全技术防范产品的品牌或者安全技术防范系统的设计、安装、运营服务单位，有偿参与安全技术防范系统设计、安装、运营服务活动的；

（三）未按照规定公布公共安全技术防范相关信息的；

（四）滥用审批权限的；

（五）罚没款物未出具正式票据的；

（六）泄漏、传播合法获取的国家秘密、商业秘密和个人隐私以及用户明确要求保密的信息的；

（七）安装安全技术防范系统应当设立明显标识而未设立的；

（八）其他滥用职权、玩忽职守、徇私舞弊的行为。

第七章 附 则

第四十条 对涉及国家秘密、安全和利益的单位或者场所，国家在安全技术防范产品的选择、使用或者安全技术防范系统的设计、安装、运营服务等方面有规定的，从其规定。

第四十一条 本条例自 2012 年 11 月 1 日起施行。

黑龙江省气候资源探测和保护条例

(2012年6月14日黑龙江省第十一届人民代表大会常务委员会第三十三次会议通过 根据2016年12月16日省十二届人大常委会第三十次会议《黑龙江省人民代表大会常务委员会关于废止和修改〈黑龙江省特种设备安全监察条例〉等44部地方性法规的决定》修正)

第一条 为加强气候资源探测和保护,促进经济社会与自然环境协调发展,根据《中华人民共和国气象法》和有关法律、法规,结合本省实际,制定本条例。

第二条 在本省行政区域内从事涉及气候资源探测和保护活动的,应当遵守本条例。

本条例所称的气候资源,是指能为人类活动所利用的风力风能、太阳能、降水和大气成分等构成气候环境的自然资源。

第三条 气候资源的探测和保护应当遵循自然规律,坚持利用与保护并重、因地制宜、综合有序、防止和减轻人类活动对气候及自然生态的影响,积极应对气候变化的原则。

第四条 省气象主管机构是本省气候资源探测和保护工作的主管部门,负责组织实施本条例。

市(地)、县(市)气象主管机构负责本行政区域的气候资源探测和保护工作。

各级发展和改革、科技、国土、环境保护、住房和建设、农业、林业、水利等有关部门,按照职责分工,做好气候资源探测和保护工作。

第五条 县以上人民政府应当根据本地区气候资源的特点,组织相关部门,对气候资源开发利用的方向和保护的重点作出规划,并将气候资源调查和保护所需要的基本建设投入和事业经费,纳入本级国民经济、社会发展计划和财政预算。

第六条 省气象主管机构应当加强对气候变化基础理论、评估模型和气候变化敏感行业、敏感区域的研究。

各级科技主管部门应当加强对气候资源科研项目、科研成果推广应用的支持,促进气候资源探测和保护领域的自主创新与科技进步。

第七条　气候资源为国家所有。

从事气候资源探测活动,应当将从事探测活动的主体、探测范围、探测种类以及所使用的仪器、遵循的探测方法标准书面告知所在地气象主管机构。

第八条　申请气候资源探测应当具备以下条件:

(一)具有独立法人资格;

(二)具有符合国家气象主管机构规定的技术要求的探测设备;

(三)具有符合省气象主管机构规定的探测规模相适应的专业技术人员。

第九条　气候资源的探测活动应当执行国家、行业有关技术标准和规范。探测活动应当遵守生态环境保护的有关规定。

气候资源探测设备未经法定机构检定、检定不合格、超过检定有效期的不得使用。

第十条　从事气候资源探测活动的单位,应当按照国家规定向省气象主管机构汇交气候资源探测资料,气候资源探测资料未经复核不得使用。

省气象主管机构应当加强汇交资料的管理,建立汇交资料档案密级制度,不得将汇交资料泄漏给其他单位或者个人。

第十一条　气候资源区划分为综合气候资源区划、专业气候资源区划和单项气候资源区划。

省、市(地)气象主管机构负责组织制定本行政区域的综合气候资源区划以及单项气候资源区划,会同有关部门组织制定专业气候资源区划。

县以上人民政府应当组织同级气象主管机构和农业、林业、水利、发展和改革等有关部门,推广气候资源区划成果,科学合理利用气候资源。

第十二条　依照国家有关气候可行性论证管理的规定,与气候条件密切相关的规划和建设项目应当进行气候可行性论证。

第十三条　省气象主管机构应当组织对城乡规划、国家重点建设工程、重大区域性经济发展规划等进行气候可行性论证,编写气候专篇。

第十四条　按照本条例的规定,进行气候可行性论证的规划和建设项目,规划实施和项目建设单位应当在规划实施过程中和项目完成后,组织气候环境的跟踪监测和气候影响评价,并向省气象主管机构报送结果。

第十五条　县以上气象主管机构应当依照本条例的规定开展行政执法活动。

被检查的单位和个人应当配合气象行政执法人员的检查工作,提供有关情况和资料,不得隐匿,不得拒绝或者阻碍执法人员依法履行职责。

对可能与违法行为有关的文件、记录、资料、仪器和设备,可以先行登记保存。

第十六条 违反本条例规定,未书面告知所在地气象主管机构探测活动的主体、探测范围、探测种类以及所使用的仪器、遵循的探测方法标准从事气候资源探测的,由县以上气象主管机构责令改正,没收违法所得,情节严重的,处五万元以上十万元以下的罚款。

第十七条 违反本条例规定,有下列情形之一的,由县以上气象主管机构责令改正,可以处一万元以上三万元以下的罚款:

(一)气候资源探测所使用的仪器未按规定检定合格的;

(二)使用的探测仪器不在检定有效期内的;

(三)不执行规定的探测方法、标准和规范或者擅自变更探测方法、标准和规范的。

第十八条 从事气候资源探测的单位未按照本条例规定汇交气候资源探测资料的,由县以上气象主管机构责令改正,逾期未改正的,处三万元以上五万元以下罚款。

第十九条 违反本条例规定,有下列情形之一的,由县以上气象主管机构责令改正并给予警告,拒不改正的,处一千元以上五千元以下罚款:

(一)被检查单位人员拒不说明情况或者不提供有关的文件、记录和其他资料的;

(二)无正当理由阻止检查人员检查有关场所和设施的;

(三)转移、隐匿、销毁与违法行为有关的文件、记录、资料、仪器和设备的。

第二十条 气象主管机构、有关主管部门行政执法人员有下列行为之一的,对主要负责人和直接责任人依法给予行政处分:

(一)不履行气候资源探测相关规定造成严重后果的;

(二)批准未经气候可行性论证或者无审查意见项目的;

(三)批准对环境造成不利影响或者存在气象灾害隐患项目的;

(四)不履行气候区划、气候可行性论证评估职责造成严重后果的;

(五)其他依法应当给予行政处分的。

第二十一条 气候资源的开发利用应当按照国家和省有关规定执行。

第二十二条 本条例自 2012 年 8 月 1 日起施行。

黑龙江省城市供热条例

(2011 年 8 月 12 日黑龙江省第十一届人民代表大会常务委员会第二十六次会议通过 根据 2015 年 4 月 17 日黑龙江省第十二届人民代表大会常务委员会第十九次会议《关于废止和修改〈黑龙江省文化市场管理条例〉等五十部地方性法规的决定》第一次修正 根据 2016 年 12 月 16 日省十二届人大常委会第三十次会议《黑龙江省人民代表大会常务委员会关于废止和修改〈黑龙江省特种设备安全监察条例〉等 44 部地方性法规的决定》第二次修正)

第一章 总 则

第一条 为加强城市供用热管理,保障安全稳定供热,规范供热采暖行为,改善民生,节约能源,维护热用户、供热单位和热源单位的合法权益,根据国家有关法律、法规,结合本省实际,制定本条例。

第二条 在本省城市规划区及其他实行城市化管理的地区内从事供热规划、建设、经营、管理的单位、个人和热用户,应当遵守本条例。

第三条 本条例所称城市供热(以下简称供热),是指在城市规划区及其他实行城市化管理的地区内由热源产生的蒸汽、热水通过管网为热用户提供生产和生活用热的行为。

本条例所称热源单位,是指为供热单位提供热能的单位。

本条例所称供热单位,是指取得供热许可证,利用热源单位提供或者自行生产的热能从事供热经营的单位。

本条例所称热用户(以下简称用户),是指消费供热单位热能的单位和个人。

第四条 冬季采暖是本省城镇居民的基本生活需求,供热事业是直接关系公众利益的基础性公用事业。本条例所称的热是具有不可选择性的公用服务性特殊商品。

供热实行政府主导,引入竞争机制,鼓励外资企业、民营企业和个人投资、参与经营。

市、县人民政府应当优先发展热电联产和区域锅炉等集中供热方式,制定取消分散锅炉供热的计划,并按照城市供热专项规划逐年提高集中供热比例。

第五条 省建设行政主管部门负责本省供热管理工作,并组织实施本条例。

市(地,下同)、县(市、区,下同)供热主管部门负责本行政区域内的供热管理工作。

省农垦总局、省森林工业总局负责垦区和重点国有林区的供热管理工作,业务上接受省建设行政主管部门的监督和指导。

财政、价格监督、质量技术监督、电力行政管理等有关部门,在各自的职责范围内共同做好供热管理工作。

第六条 各级人民政府应当按照建筑节能技术和设计规范,推广科学先进、节能环保的供用热方式和技术。加强对供热事业的管理和监督,提高供热科学管理水平,保证供热质量。

第二章 供热规划与建设

第七条 市、县人民政府应当组织供热主管部门和有关部门编制供热专项规划。供热专项规划经省建设行政主管部门评审后纳入城市总体规划,由市、县供热主管部门组织实施。

编制供热专项规划应当遵循统筹安排、合理布局、远近结合、分期实施的原则,重点发展集中供热。

供热专项规划应当包括逐步取消分散锅炉供热的计划和最终取消分散锅炉供热的年限。

第八条 任何单位和个人不得擅自变更供热专项规划。确需变更的,应当按照本条例第七条第一款规定办理批准手续。

第九条 供热主管部门应当根据供热专项规划,统筹安排热源建设和管网布局。

建设单位在办理建设工程规划许可证前,应当向供热主管部门提出申请,供热主管部门根据供热专项规划确定供热方案,建设单位应当按照供热方案进行建设。工程竣工后,应当组织供热单位参加专项验收。未经验收或者验收不合格的,不得投入使用。

热源建设单位在项目列入年度建设投资计划前,应当取得相应供热主管部门核发的技术论证报告书。50万平方米以上(含50万平方米)热源项目由省建设主管部门核发;50万平方米以下热源项目由市、县供热主管部门核发。

市(地)供热主管部门可以委托区供热主管部门受理用热申请,确定供热方案。

第十条 新建建筑应当安装供热计量装置和室温调控装置。对既有建筑供热系统,市、县人民政府应当在建筑节能改造时,同步安装供热计量装置和室温调控装置。

供热单位负责供热计量装置和室温调控装置的选型、购置和安装,其费用由建设单位承担;建设单位或者其他单位均不得自行采购、安装供热计量装置和室温调控装置;建设主管部门对建设单位或者其他单位自行采购、安装供热计量装置和室温调控装置的,不得批准投入使用。

供热计量装置须经法定计量检定机构检定合格后方可安装使用。供热计量装置在保修期内,由生产企业负责维修更换;保修期外,由供热单位负责维修更换。

供热计量装置和室温调控装置的选用、安装、使用和维护的具体办法由省建设行政主管部门制定。

第十一条 新建、扩建、改建供热工程,应当符合供热专项规划,并经当地供热主管部门同意。

供热工程的设计和施工,应当由具有相应资质的专业单位承担,并执行国家和省有关技术标准和技术规范。

第十二条 在已建成和规划建设的热电联产集中供热管网的范围内,不得批准新建、扩建自备热电厂和永久性锅炉。

热电联产供热范围以外的新建房屋和旧城改造,应当实行区域锅炉供热;在区域锅炉供热管网敷设范围内,供热单位有能力提供热源的,不得批准新建分散锅炉供热工程。

市、县人民政府应当对本条第一款和第二款规定范围内已有的分散锅炉,制定计划拆除或者改造后并入集中供热管网。

任何单位和个人不得擅自拆除、迁移、改建、变卖热源设施。确需拆除、迁移、改建、变卖热源设施的,应当提前向当地供热主管部门报告,并提供替代热源设施,保障用户的用热权益。

第十三条 市、县人民政府应当增加对城市老旧供热管网改造的资金投入,并使城市老旧供热管网改造与城市市政公用设施管网规划建设相协调。具体投入标准与方式由当地人民政府制定。

第十四条 新建、扩建、改建建筑新增供热面积的,建设单位应当交纳供热基础设施配套费。

第十五条 原有分散锅炉改造后并入集中供热管网的,不得向居民用户收取供热基础设施配套费;部队、学校、大型企业厂区等采用区域锅炉供热的单位申请并入集中供热管网的,供热基础设施配套费可以适当减免。具体办法由市、县人民政府制定。

第十六条 供热基础设施配套费的标准,由市、县价格监督部门、财政部门会同供热主管部门提出,报省价格监督部门、省财政部门批准。

供热基础设施配套费属于城市基础设施配套费的专项组成部分,应当由当地人民政府依法收取并专项用于供热工程建设。

第三章　供热市场准入与退出

第十七条　供热经营实行许可证制度。供热单位未取得供热主管部门核发的《供热许可证》,不得经营供热。

《供热许可证》有效期为三年。

第十八条　《供热许可证》由市、县供热主管部门负责审查和发放。

《供热许可证》审查和发放的具体办法,由省建设行政主管部门制定。

市、县供热主管部门应当将本地供热单位的相关信息定期报送省建设行政主管部门。

《供热许可证》由省建设行政主管部门统一监制。

第十九条　申请《供热许可证》的基本条件:

(一)具备法人资格;

(二)具备建设单位或者产权单位提供的热源及供热设施、设备的建设审批手续和委托管理手续;

(三)具有相应从业资格的供热技术人员和安全管理人员;

(四)具有与其经营规模相适应的资金;

(五)没有擅自停热或者弃管记录;

(六)具备法律、法规规定的其他条件。

第二十条　具备独立法人资格的供热单位,应当以自有规模条件独立申请《供热许可证》。

新成立或者变更法定代表人的供热单位申领《供热许可证》,其法定代表人或者股东不得为已记入弃管记录的供热单位的法定代表人或者股东。

第二十一条　供热单位应当履行下列义务:

(一)遵守国家、省有关规定及当地供热专项规划,依法经营、自负盈亏,承担相应的经营风险和法律责任;

(二)科学合理地制定供热单位年度生产、供应计划;

(三)按照国家安全生产法规和行业安全生产标准规范,组织安全生产;

(四)为用户提供合格的产品和服务;

(五)接受供热主管部门对供热产品和服务质量的监督检查;

(六)依法缴纳有关税金和费用;

(七)按照本条例的规定,对供热设施进行管理、维护和检修,保证设施完好、安全;

（八）当地人民政府依法规定的其他义务。

第二十二条　供热主管部门应当履行下列职责：

（一）监督供热单位履行法定义务和约定义务；

（二）对供热单位经营计划的实施情况、产品和服务的质量以及安全生产情况进行监督；

（三）受理用户对供热单位的投诉；

（四）在发生危及或者可能危及公共利益、公共安全等紧急情况时，组织符合条件的供热单位临时接管供热经营项目；

（五）对供热单位建立诚信考核档案，采取巡检、抽查等方式对供热单位进行检查和考核，记录考核结果，并于每年度供热期开始前向社会公布。

第二十三条　供热单位拟停止供热的，应当在供热期开始 120 日前向当地供热主管部门提出退出供热市场申请，经当地人民政府同意后方可停止供热经营。当地供热主管部门应当在 30 日内作出是否批准的决定。超过期限未作出决定的，视为同意。

第二十四条　供热单位有下列情形之一的，主管部门应当责令改正；逾期未改正的，依法吊销其《供热许可证》：

（一）擅自转让、出租供热经营项目的；

（二）擅自将运行的主要供热设施变卖的；

（三）擅自停业、歇业、弃管的；

（四）擅自对供热区域推迟供热、提前停热、中途停热的；

（五）擅自转让、移交、接管供热设施、供热区域的；

（六）对供热设施不履行养护、维修和更新改造义务的；

（七）环境保护审批手续不完备或者供热设施达不到环境保护标准的；

（八）锅炉不符合节能或者安全技术标准或者超过报废期限继续使用的；

（九）供热质量不符合本条例规定标准的；

（十）未按照规定缴纳供热质量保证金的；

（十一）《供热许可证》未经年检或者年检不合格的；

（十二）法律、法规规定应当停止经营活动的其他行为。

对于擅自停业、歇业、弃管以及被依法吊销《供热许可证》的，当地人民政府应当组织其他供热单位临时接管。供热单位擅自停业、歇业、弃管，给他人造成损失的，应当予以赔偿。弃管的供热单位的资产由当地人民政府依法处置。

第四章　供热与用热

第二十五条　热源单位与供热单位、供热单位与用户之间应当于供热期前分别签订供用热合同(以下简称合同)。

合同文本应当使用由省建设行政主管部门和省工商行政管理部门联合发布的文本。

合同是供用热双方收缴热费、投诉维权的法定依据,任何单位和个人不得随意拒签。供用热双方有一方未履行义务的,另一方可以按照合同约定,向仲裁机构申请仲裁,或者直接向人民法院提起诉讼。

未签订书面合同,供热单位已经向用户供热一个或者一个以上供暖期的,视为用户与供热单位之间存在事实合同关系。

用户更名的,应当在办理用户更名手续前,与供热单位结清热费。

第二十六条 供热单位应当自行建设、管理热源厂区外至住宅小区或者单体建筑用地规划红线以外的供热设施。住宅小区或者单体建筑用地红线内的供热设施由建设单位建设。

热源单位、供热单位的供热设施不得超负荷运行。

第二十七条 电力行政管理部门应当按照以热定电的原则,以满足热负荷为主要目标制定热电厂的电力生产、供应计划,不得以电量指标限制热电厂对外供热。

第二十八条 供热设施发生故障不能正常供热,需停热 8 小时以上的,热源单位和供热单位应当及时通知用户,并立即组织抢修,恢复供热,同时报告当地供热主管部门。

由于供热单位原因造成停热 48 小时以上未达到本条例规定标准的,应当给用户按日双倍退还热费。

第二十九条 采用分散锅炉间歇式供热的,每天锅炉供热运行时间不得少于 16 小时。

第三十条 市、县人民政府应当规定当地居民年度供热的起止时间,可以根据气象情况要求供热单位提前供热或者延长供热时间,并给予供热单位适当补偿。

未经市、县人民政府批准,供热单位不得推迟供热或者提前停热。

供热单位应当直接向终端用户供热,不得截留、倒卖或者转售热能;不得以节能减排、低温长供等为由降低供热温度。

第三十一条 供热单位应当建立用户室内温度定期抽样测温制度,测温记录应当有用户签字。

第三十二条 在供热期内,供热单位应当保证居民卧室、起居室(厅)温度全天不低于 18℃,其他部位应当符合设计规范标准要求。各市、县人民政府可以根据当地实际情况,制定高于 18℃的温度标准。

检测居民室内温度时,应当以居民卧室、起居室(厅)门进深二分之一处距地面一点四米高点为检测点进行检测。

非居民用户的室内温度及其检测方法,由供用热双方在合同中约定。

第三十三条　建立供热质量保证金制度。供热单位应当于供热期前按照下列标准向当地供热主管部门指定的银行存入供热质量保证金:

(一)实际供热面积不足 50 万平方米的,供热质量保证金为应收热费总额的 3%;

(二)实际供热面积达到 50 万平方米,不足 100 万平方米的,供热质量保证金为应收热费总额的 2%;

(三)实际供热面积达到 100 万平方米,不足 500 万平方米的,供热质量保证金为应收热费总额的 1%;

(四)实际供热面积达到 500 万平方米的,供热质量保证金为应收热费总额的 0.5%。

供热质量保证金实行专户存储,专款专用,由当地供热主管部门监督使用,其储蓄收益归供热单位所有。

供热质量保证金扣缴后,供热单位应当在 30 日内补齐。

第三十四条　因供热单位责任有下列情况之一的,可以由供热主管部门在供热质量保证金中抵扣,直接向用户支付:

(一)停热超过 48 小时,对用户不予退赔的;

(二)温度不达标,对用户不予退赔的;

(三)弃烧、弃管的;

(四)擅自转让、出租供热经营项目的;

(五)擅自对供热区域推迟供热、提前停热、中途停热的;

(六)擅自移交、接管供热设施、供热区域的。

第三十五条　实行分户供热的用户申请停止供热的,应当在本供热期开始 30 日前向供热单位提出申请,供热单位应于接到申请后 10 日内形成书面答复意见。对不同意停止供热的,应当说明理由。

停止用热的用户,应当向供热单位交纳供热设施运行基础费。供热设施运行基础费的收取标准由市、县人民政府确定。

有下列情况之一的,不得申请停止用热:

(一)非分户供热用户;

(二)新建建筑在供热设施保修期内;

(三)其他可能危害相邻用户用热安全和室内公共设施安全运行的。

第三十六条　居民用户室内温度低于本条例规定最低温度或者合同约定温度的,用户可以告知供热单位。供热单位自被告知之时起 10 小时内进行现场测温。双方对未达标温度没有异议的,对测温时间和结果应当共同签字确认,供热单位应当在 24 小时内采取改进措施。自告知时起 48 小时仍未达到温度标准的,供热单位应当自收到告知之日起折算日标准热费退还用户。

双方对未达标温度有异议的,居民用户可以向供热主管部门投诉。供热主管部门应当自用户投诉之时起 24 小时内采取现场免费测量的方式,确定室内温度。由于供热单位原因未达到供热标准的,供热主管部门应当责令供热单位采取改正措施,自用户投诉之时起 48 小时未能改正的,供热单位应当自接到用户告知之日按照本条第三款规定向用户退还热费。

居民室内温度低于 18℃,高于 16℃(含 16℃)的,按日退还用户日标准热费的 30%;室温低于 16℃,高于 14℃(含 14℃)的,按日退还用户日标准热费的 50%;室温低于 14 度的,按日退还用户日标准热费的 100%。属于热源单位原因的,供热单位先行赔付,再向热源单位追偿。

退还热费总额 = 日标准热费 × 室内温度不达标天数 × 室内温度不达标退还热费比例

日标准热费 = 用户应交纳热费总额 ÷ 年度供热期天数

市、县人民政府制定的居民供热温度最低标准高于本条例规定的,供热不达标责任追究按照市、县人民政府规定执行。

非居民用户按合同约定承担相应违约责任。

第三十七条　供热主管部门使用的测温器具应当为具有质量技术监督部门认定标识的测温器具。

供热主管部门现场测量温度的,应当将测量的时间、地点、用户名称、设施状况、检测器具编号、检测人员、在场人员等信息记录清晰、完整。记录凭证应为三联形式,由供热主管部门、用户、供热单位各自留存。

供热主管部门应当对供热单位的供热服务质量进行监督检查,设置用户公开投诉电话,及时查处投诉人反映的问题。

第三十八条　未经供热单位同意,用户不得有下列行为:

(一)连接或者隔断供热设施;

(二)改动供热设施,影响供热质量;

(三)安装热水循环装置或者放水装置;

(四)改变热用途;

(五)改动热计量及温控设施;

(六)改变供热采暖方式。

用户违反前款规定或者损害供热设施,给他人造成损失的,应当依法承担责任。

第三十九条　用户未按照规定交纳热费或者有本条例第三十八条规定的行为,导致其室内温度低于本条例规定温度或者合同约定温度的,供热单位不承担责任。给其他用户和供热单位造成损失的,应当依法赔偿。

用户盗用供热系统热水或者由于室内装修影响正常检修和擅自改动室

内供热设施,给供热单位和其他用户造成损害的,应当依法承担赔偿责任。

第四十条 供热单位的司炉、维修和专业技术人员,应当经有关部门培训合格后,持证上岗。

第五章 热费管理

第四十一条 市、县供热主管部门可以分别核定热电联产、区域锅炉、分散锅炉供热的社会平均成本费用标准,并协助相关部门核算和监控供热单位成本,提出价格调整意见。

热价由市、县价格主管部门会同供热主管部门核定,报当地人民政府批准后公布实施,并报省价格主管部门和省建设行政主管部门备案。

热电联产、区域锅炉、分散锅炉供热和节能建筑的热价,可以按照优质优价的原则分别核定。

调整热力销售价格时,应当由市、县价格主管部门履行成本监审,公布热费价格组成,组织召开定价听证会广泛听取社会各界意见。

第四十二条 已安装供热计量装置和室温调控装置的,应当推行热计量收费;未实行热计量收费的用户,按照面积收费的具体办法由市、县人民政府自行确定。

第四十三条 实行热计量收费的用户,热费按照基本热价和计量热价相结合的两部制计收,具体标准由市、县人民政府按照国家规定核定。

文化、教育、体育等公益性设施应当实行计量收费。

第四十四条 实行热计量收费的用户应当于每年 12 月 31 日前向供热单位按面积预交全额热费,待供热期结束后,按实际计量情况结算热费,多退少补。

未实行热计量收费的用户应当于供热期前向供热单位交纳不少于50% 的热费,剩余热费应当于每年 12 月 31 日前向供热单位交纳。需退还热费的,应当在供热期结束后一个月内退还给用户。

新建房屋未交付购房人使用前的热费,由建设单位交纳;租赁房屋的热费,由房屋所有人交纳;承租公有住房的,热费由房屋承租人交纳。

第四十五条 用户逾期未交纳热费的,供热单位可以向用户发出催交通知书,用户自收到催交通知书满 15 日仍未交纳的,供热单位在不损害其他用户的用热权益的情况下,可以对其限热或者停止供热,并向供热主管部门备案。

用户拒不交纳热费的,应当按照合同约定支付违约金,供热单位可以向人民法院提起诉讼。

供热单位未向用户公示《供热许可证》的,用户可以拒绝交纳热费,并向供热主管部门举报。

第四十六条 向居民供热的用水价格,按照居民生活用水价格结算。

第四十七条 市、县人民政府应当建立并完善供热保障机制,保障享受城市居民最低生活保障待遇的用户和其他特殊困难群体的用热。

市、县人民政府应当建立供热风险防范机制及供热突发事件应急机制,防范供热风险,保证供热安全。

第六章 供热设施管理

第四十八条 供热单位应当建立供热设施巡检制度,对管理范围内的供热设施进行检查,并作好记录。发现居民用户供热设施存在隐患的,应当及时消除;发现非居民用户采暖设施存在隐患的,应当书面告知。

第四十九条 城市供热设施地面及地下安全保护范围内,禁止下列行为:

(一)修建建筑物、构筑物;

(二)挖坑、掘土、植树、打桩;

(三)爆破作业;

(四)堆放垃圾、杂物等;

(五)其他影响供热设施安全的行为。

第五十条 任何单位和个人未经热源单位或者供热单位同意,不得擅自改变、拆卸或者移动共用的供热管网和标志、井盖、阀门、仪表等设施。

第五十一条 工程建设施工应当保证供热设施安全。因施工造成供热设施损坏的,由施工单位负责修复;造成损失的,应当赔偿。

第五十二条 热源单位、供热单位应当按照相关规范标准,每年在停热期内,对供热设备进行检修,对供热设施进行疏通、清洗、除锈以及维修养护,保障供热设施安全运行。

供热主管部门应当对供热单位的管理和设施设备维护检修情况进行检查。

第五十三条 非居民用户的供热设施的更新、改造、维修、养护、清洗、除锈由产权人负责。

居民用户入户管网及楼内的共用供热设施的更新、改造、维修、养护、清洗、除锈由供热单位负责,其费用已经计入热费成本的,供热单位不得另行收费。未计入热费成本的,可以按成本收费。

居民用户应当对其室内供热设施履行保护义务。居民用户室内供热设施的维修、养护、清洗、除锈应当委托供热单位实施,供热单位不得拒绝。其费用已经计入热费成本的,供热单位不得另行收费。

供热单位不得以用户室内装修遮挡散热器、改动室内供热设施为由,拒绝为居民用户维修、养护室内供热设施。

在供热工程保修期内的更新、改造、维修和养护费用由建设单位承担。

供热工程保修期满后,建设单位应当与供热单位签订供热工程交接协议书。供热设施存在质量问题尚未解决的,建设单位应当继续履行保修责任。

第五十四条 地板辐射采暖方式用户室内分水器等可见部分供热设施的维修和养护由供热单位负责。用户室内隐蔽工程部分供热设施维修、养护以及更新由供热单位实施,费用由房屋所有权人承担。室内隐蔽工程部分供热设施损坏给相邻用户造成损失的,由房屋所有权人承担责任。属于供热设施质量原因的,房屋所有权人有权向责任方追偿。

第五十五条 供热单位检查、维修供热设施时,应当事先告知用户,用户应当予以配合,不得阻挠。

供热单位的工作人员在上门服务时,应当佩带统一标志,文明服务。

第五十六条 城市供热设施发生故障需要紧急抢修时,热源单位或者供热单位可以先行组织施工并向公安交通和路政管理部门报告,有关部门应当允许施工单位后期补办有关占、挖道审批手续。抢修结束后,应当立即将所占场地恢复原状。

任何单位和个人不得阻挠、拒绝抢修供热设施或者按照经人民政府批准的计划改造供热设施。

第五十七条 确因危及公共安全,在情况紧急条件下,用户不能及时赶赴抢修现场的,供热单位应当会同供热主管部门、当地公安机关和居民委员会采取措施入室抢修。抢修后,现场四方负责人应当在抢修单上签字,并共同做好用户相关财产的安全保障工作。因抢修人员故意或者重大过失给用户造成损失的,供热单位承担赔偿责任。

用户室内装修遮挡供热设施影响维修、抢修的,用户应当拆除,不得拒绝。用户未拆除的,由供热单位拆除,损失由用户承担。

第七章 法律责任

第五十八条 建设单位或者其他单位违反本条例第九条规定,由供热主管部门给予以下处罚:

(一)未按照供热主管部门批准的供热方案进行建设的,责令停止建设,逾期不改正的,予以拆除,并处10万元以上20万元以下罚款;

(二)未经验收或者验收不合格的供热工程投入使用的,责令限期改正并处以供热工程合同造价10%至15%的罚款。

建设单位或者其他单位违反本条例第十条规定擅自采购、安装供热计量装置和室温调控装置的,责令停止安装或者拆除,逾期不改正的,由供热主管部门会同有关部门予以拆除。

各类工程施工单位违反本条例第五十一条规定,因施工造成供热设施损坏的,处以 1 万元以上 3 万元以下罚款。

第五十九条　热源单位或者供热单位违反本条例规定,由供热主管部门给予以下处罚:

(一)违反本条例第九条规定,未按照供热专项规划确定的管网布局和供热方案,擅自为建设单位接入供热管网的,没收其违法所得,并处以 5 万元以上 10 万元以下罚款;

(二)违反本条例第十二条第四款规定,擅自拆除、迁移、改建、变卖热源设施的,没收其违法所得,并处以 5 万元以上 10 万元以下罚款;

(三)违反本条例第十七条规定,未取得《供热许可证》擅自从事供热经营的,责令停止违法活动,没收违法所得,并处以 5 万元以上 10 万元以下罚款;

(四)违反本条例第二十五条规定,拒不与用户签订合同的,处以 5 千元以上 1 万元以下罚款;

(五)违反本条例第二十六条第二款规定,供热设施超负荷运行的,处以 5 万元以上 10 万元以下罚款;

(六)违反本条例第二十八条规定,停热 8 小时以上未及时通知用户的,处以 5 千元罚款;供热设施发生故障,未立即组织抢修恢复供热的,处以 1 万元以上 2 万元以下罚款;

(七)违反本条例第二十九条规定,分散锅炉间歇式供热运行时间少于 16 小时的,处以一万元罚款;

(八)违反本条例第三十条第二款规定的,应当按照推迟供热或者提前停热日数退还用户热费,并处以等额罚款;

(九)违反本条例第三十条第三款规定,截留、倒卖或者转售热能的,或者以节能减排、低温长供等为由降低供热温度的,处以 10 万元以上 20 万元以下罚款;

(十)违反本条例第五十三条规定,未对居民室内供热设施进行维护、养护、清洗、除锈的,处以 2 万元以上 10 万元以下罚款。

第六十条　用户违反本条例下列规定的,由供热主管部门给予以下处罚:

(一)违反本条例第三十八条第一项、第二项、第三项、第四项、第五项的,责令停止违法行为,限期改正。逾期不改的,处以 5 千元以上 1 万元以下罚款;

(二)违反本条例第三十八条第六项规定,擅自改变供热采暖方式的,责令限期改正。对其他用户造成损害的,由用户负责赔偿;

(三)违反本条例第三十九条第二款规定,盗用供热系统热水的,处以 2

万元以上3万元以下罚款。

第六十一条　违反本条例第四十九条、第五十条规定,由供热主管部门责令停止违法行为,限期采取改正、补救措施;逾期未改正、补救的,拆除违法建筑物、构筑物,对个人处以2百元以上1千元以下罚款,对单位处以1万元以上3万元以下罚款;造成损害的,承担赔偿责任。

第六十二条　供热主管部门和有关部门及其工作人员违反本条例规定,有下列行为之一,尚未构成犯罪的,由当地人民政府或者上级监察部门查处并追究行政责任:

(一)供热主管部门擅自变更经批准的供热专项规划的;

(二)供热主管部门违反本条例第十二条规定擅自批准建设供热工程项目的;

(三)供热主管部门挪用供热基础设施配套费的;

(四)供热主管部门接到举报、投诉不及时受理,或者发现违法行为未及时查处的;

(五)建设主管部门对建设单位或者其他单位擅自采购、安装供热计量装置和室温调控装置的建设工程予以验收备案的;

(六)电力行政管理部门以电量指标限制热电厂对外供热的;

(七)质量技术监督部门违反法律、法规和技术规程检测供热计量产品,增加供热单位负担的。

第八章　附　　则

第六十三条　本条例自2011年10月1日起施行。2005年4月8日黑龙江省第十届人民代表大会常务委员会第十四次会议通过的《黑龙江省城市供热条例》同时废止。

黑龙江省辐射污染防治条例

(2011年6月10日黑龙江省第十一届人民代表大会常务委员会第二十五次会议通过 根据2015年4月17日黑龙江省第十二届人民代表大会常务委员会第十九次会议《关于废止和修改〈黑龙江省文化市场管理条例〉等五十部地方性法规的决定》第一次修正 根据2016年12月16日省十二届人大常委会第三十次会议《黑龙江省人民代表大会常务委员会关于废止和修改〈黑龙江省特种设备安全监察条例〉等44部地方性法规的决定》第二次修正)

第一章 总 则

第一条 为了防治辐射污染,保障公众健康,维护环境安全,根据《中华人民共和国环境保护法》《中华人民共和国放射性污染防治法》等法律、法规规定,结合本省实际,制定本条例。

第二条 在本省行政区域内从事核技术利用,伴生放射性矿产资源开发利用,放射性废物或者放射性污染物处理、处置以及从事电磁辐射或者进行伴有电磁辐射等活动,可能造成环境污染的,适用本条例。

军用或者涉密的设施、装备的辐射污染防治,依照国家有关规定执行。

第三条 辐射污染防治坚持科学规划,预防为主,防治结合,严格管理,安全第一的原则。

第四条 省环境保护行政主管部门负责对全省辐射污染防治工作实施监督管理,并组织实施本条例。

市(地)、县(市、区)环境保护行政主管部门负责本行政区域内辐射污染防治的监督管理工作。

县级以上环境保护行政主管部门可以委托已设立的辐射环境监督管理机构依照本条例履行辐射环境管理职责。

第五条 县级以上公安、卫生计生、科技、教育和质量技术监督等有关行政主管部门按照各自职责分工做好辐射危害控制的监督管理工作。

第六条 县级以上人民政府应当将辐射污染防治工作纳入本行政区域的环境保护规划,建立并落实辐射环境安全责任制。

第七条　县级以上人民政府在组织编制城乡建设规划时,应当考虑辐射设施对周围环境的影响,统筹规划,合理布局。

第八条　县级以上人民政府应当组织环境保护、公安、卫生计生、科技、教育、质量技术监督等行政主管部门开展辐射污染防治宣传,普及辐射污染防治知识,提高公众辐射污染防治意识和能力。新闻单位应当予以支持和配合。

可能产生辐射污染的单位应当依法管理辐射源并加强辐射污染防治知识的宣传教育。

任何单位和个人对造成辐射污染的行为有权举报和控告。

第二章　放射性污染防治

第九条　本条例所称放射性污染是指由于人类活动造成物料、人体、场所、环境介质表面或者内部出现超过国家标准的放射性物质或者射线。

第十条　新建、改建、扩建可能产生放射性污染的建设项目,建设单位在向环境保护行政主管部门报送的环境影响评价文件中,应当包含专项辐射环境影响报告书(表)或者登记表。

第十一条　对环境有放射性影响的建设项目的污染防治设施应当与主体工程同时设计、同时施工、同时投产使用。

有审批权的环境保护行政主管部门和其他部门应当执行有关法律、法规规定,对主体工程与污染防治设施同时进行验收;验收合格的,方可投入生产或者使用。

第十二条　生产、销售、使用放射性同位素和射线装置的单位,应当按照国家有关规定申请领取辐射安全许可证。

使用放射性同位素和射线装置进行放射诊疗的医疗卫生机构,还应当获得放射源诊疗技术和医用辐射机构许可。

第十三条　停止生产、销售、使用放射性同位素与射线装置的单位,应当在停止相关活动前,向有审批权的环境保护行政主管部门提交终止辐射活动方案,经批准、验收合格后,注销辐射安全许可证。

第十四条　生产、销售、使用放射性同位素和射线装置的单位,应当对本单位的放射性同位素、射线装置的安全和防护状况进行年度评估,并于每年1月31日前向颁发辐射安全许可证的环境保护行政主管部门报送年度评估报告。

第十五条　生产、销售、使用、贮存放射性同位素和射线装置的场所,应当按照国家有关规定设置安全和防护设施以及必要的防护安全联锁、报警装置或者工作信号,并确保其正常运行。

第十六条　生产、销售、使用放射性同位素和射线装置的单位,应当配备必要的监测仪器,按照环境保护行政主管部门的要求制定监测计划,定期对工作场所以及周围环境进行监测或者委托有资质的机构进行监测,建立监测档案。发现异常情况的,应当立即采取措施,同时向当地环境保护行政主管部门报告。

生产、销售、使用放射性同位素和射线装置的单位应当将监测结果纳入放射性同位素与射线装置安全和防护年度评估报告。

使用放射性同位素和射线装置进行放射诊疗的医疗卫生机构,应当严格遵守法律、法规规定和技术规范要求,事先告知患者和受检者放射诊疗对健康的潜在影响;发现设施、设备异常,应当立即停止使用,采取防护措施,同时向当地环境保护和卫生和计划生育行政部门报告。

第十七条 生产、销售、使用放射性同位素的单位应当根据放射源潜在危害的大小,建立相应的多层防护制度,采取实体保卫、安全监控和剂量监控等安全措施。Ⅰ类、Ⅱ类、Ⅲ类放射源和重点行业还应当建立放射源在线监控系统。

第十八条 生产、销售、使用放射性同位素和射线装置的单位应当按照国家有关规定,组织从事放射工作的人员到有资质的机构进行个人剂量监测和职业健康体检,建立个人剂量档案和健康档案,并为其提供符合规定的个人防护用品。

第十九条 从事放射工作的人员的保健津贴按照国家有关规定执行。

在国家统一规定的休假外,从事放射工作的在岗人员每年可以享受保健休假2至4周,或者由所在单位利用休假时间安排健康疗养。

第二十条 从事放射工作人员的职业病防治,依照《中华人民共和国职业病防治法》的规定执行。

第二十一条 放射性同位素和射线装置应当在辐射安全许可证规定的位置使用或者贮存,不得擅自改变。确需改变的,应当经有审批权的环境保护行政主管部门批准。

第二十二条 放射性同位素和射线探伤装置需要在本省行政区域内跨市(地)转移使用的,应当于转移使用活动实施前3日内,向使用地的市级环境保护行政主管部门备案;活动结束后20日内,向使用地的市级环境保护行政主管部门办理备案注销手续。

跨省转移使用放射性同位素和射线探伤装置的,按照国家有关规定执行。

第二十三条 在室外、野外使用放射源和射线装置的单位应当按照国家有关规定进行作业,每日检查和记录放射源和射线装置的使用情况、安全防护情况,并每月向使用地市级环境保护行政主管部门报告检查情况。

可移动的放射源需要在野外贮存的,应当贮存在相对封闭的场所内。

贮存场所应当由专人看管,并采取防盗、防射线泄漏等安全防护措施。

在室外、野外使用放射源的单位应当按照有关规定,对放射源实行实时定位监控。

市(地)、县(市、区)环境保护行政主管部门应当加强对室外、野外使用放射源和射线装置作业现场的监督管理。

第二十四条　辐射防护器材、含放射性同位素的设备和射线装置,以及含有放射性物质的产品和伴生 X 射线的电器产品,应当符合辐射防护要求,未经有相应资质的检测部门检测或者经检测不合格的产品不得出厂和销售。

第二十五条　使用伴生放射性矿渣和含有天然放射性物质的石材加工建筑材料和装饰装修材料,应当符合国家规定的建筑材料放射性核素控制标准。产品出厂时,生产者应当进行放射性核素含量检测,出具检测报告。无检测报告的产品不得销售。

前款规定的建筑材料和装饰装修材料集中销售的市场举办者,应当配备经质量技术监督部门检定合格的放射性检测设备,提供免费检测服务。

质量技术监督、工商行政管理部门按照各自职责,加强对本条规定产品的质量监督。

第二十六条　生产、使用放射性同位素单位的废旧金属,未经放射性检测合格,不得销售。

进口、回收冶炼废旧金属的企业,应当对废旧金属的放射性进行监测,如实记录监测结果;发现监测结果异常的,应当及时向当地环境保护行政主管部门报告,并按照要求处理。

第二十七条　使用放射源的单位临时存放闲置、废弃放射源的设施、场所,应当设置明显的放射性标志,采取防火、防盗、防泄漏等安全防护措施。

使用单位对暂不使用的放射源不具备安全存放条件的,应当送交有资质的城市放射性固体废物集中贮存单位代管,所需费用由使用单位承担。

第二十八条　生产、销售、使用放射性同位素和射线装置的单位需要终止或者部分终止相关活动的,应当按照规定处置或者送贮放射性同位素和放射性废物。其中,使用、贮存Ⅰ类、Ⅱ类、Ⅲ类放射源与非密封放射性物质的工作场所、生产放射性同位素的工作场所以及终结运行后产生放射性污染的射线装置,应当在退役前开展环境影响评价,并报有审批权的环境保护行政主管部门审查批准后,方可实施退役。

第二十九条　伴生放射性矿产资源开发利用单位应当建造废渣库,按照有关辐射污染防治规定对开发利用过程中产生的放射性废渣进行暂存。

废渣库库容已满或者因转产、停产不再产生放射性废渣的,开发利用单位应当在 60 日内向省环境保护行政主管部门提出废渣库退役处置申请。

第三十条 产生放射性废气、废液的单位应当具有确保放射性废气、废液达标排放的处理能力或者可行的处理方案。

排放单位确需排放的,应当向有审批权的环境保护行政主管部门提出排放申请,按照批准的放射性核素排放量和浓度、排放方式、排放去向等要求排放,并定期报告排放计量结果。

第三十一条 放射性固体废物实行强制收贮制度。产生放射性固体废物的单位应当将废旧放射源等固体废物按照国家有关规定和合同约定交回原生产单位或者送交有资质的城市放射性固体废物集中贮存单位贮存、处置,并承担相应的贮存、处置费用。

使用放射源的单位应当在废旧放射源交回、返回或者送交活动完成之日起 20 日内,向省级环境保护行政主管部门备案。

放射性固体废物在本单位暂存期间不得超过 3 个月,并应当有专门场所和容器贮存,设专人看管。

第三十二条 城市放射性固体废物集中贮存单位应当定期对库区内和库区周围环境进行监测,并及时向省环境保护行政主管部门报告放射性固体废物收贮、变更以及运营情况。

省城市放射性废物库的建设、运行和维护经费纳入省级排污费中列支。

第三十三条 核设施的放射性污染防治按照国家有关法律、法规规定执行。

第三章 电磁辐射污染防治

第三十四条 本条例所称电磁辐射污染是指电磁辐射设施和设备在环境中所产生的电磁能量或者强度超过国家电磁环境保护标准的现象。

本条例所称电磁辐射设施和设备是指列入国家规定的电磁辐射建设项目和设备名录的电磁辐射设施和设备。

第三十五条 从事电磁辐射活动的单位,应当向当地环境保护行政主管部门申报电磁辐射的种类、数量、强度、用途等文件资料以及污染防治措施。

第三十六条 新建、改建、扩建伴有电磁辐射影响的建设项目,或者在广播电视发射台(站)、雷达、微波通信站、卫星地球站等电磁辐射设施周围新建、改建、扩建的建设项目,建设单位在向环境保护行政主管部门报送的环境影响评价文件中,应当包含专项辐射环境影响报告书(表)或者登记表。

第三十七条 经批准的电磁辐射建设项目和设备环境影响评价文件中确定需要配套建设的防治电磁辐射污染环境的保护设施,应当与主体工程同时设计、同时施工、同时投产使用。

有审批权的环境保护行政主管部门和其他部门应当执行有关法律、法规规定,对主体工程与污染防治设施同时进行验收;验收合格的,方可投入生产或者使用。

第三十八条 移动通信基站建设应当符合城乡建设规划,基站对周围环境产生的电磁辐射影响应当符合国家电磁辐射环境保护标准。

已通过环境影响评价文件审批的移动通信基站,不得擅自提高经批准的功率。确需提高发射功率等参数的,应当经有审批权的环境保护行政主管部门批准后,方可投入使用。

第三十九条 在工业、科研、医疗等活动中使用电磁能利用装置的单位,应当采取屏蔽等措施,保证电磁场强度符合国家电磁辐射环境保护标准。

第四十条 从事电磁辐射活动的单位,应当制定监测计划,定期对工作场所以及周围环境进行监测或者委托有资质的机构进行监测,建立监测档案。发现异常情况的,应当立即采取措施,并及时向当地环境保护行政主管部门报告。

第四章 监督管理

第四十一条 对环境有放射性影响的建设项目、放射性同位素和射线装置的豁免水平,按照国家有关规定执行。

本条例所称豁免水平,是指国务院环境保护行政主管部门对辐射活动所规定的免于管理的限值。

第四十二条 辐射污染防治设施应当符合国家规定标准,不得擅自拆除或者闲置;确需拆除或者闲置的,应当经省环境保护行政主管部门批准。

第四十三条 辐射源、辐射场所、运输放射性物质的车辆应当设置明显的警示标识和中文警示说明。

第四十四条 产生辐射影响的单位应当定期检查辐射装置及其污染防护设施的性能,建立、健全辐射安全保卫和管理制度以及辐射污染源的档案资料,设置专(兼)职人员负责辐射安全防护工作,落实安全防护责任制。

第四十五条 县级以上环境保护、卫生计生、公安等有关行政主管部门对本行政区域内辐射污染防治情况依法进行现场检查时,检查人员应当出示证件。被检查单位应当如实反映情况,提供必要的资料。

第四十六条 县级以上人民政府应当组织环境保护、公安、卫生计生、财政等行政主管部门编制本行政区域的辐射事故应急预案,报上一级环境保护行政主管部门备案。应急预案中应当包括由于地震等自然灾害可能引发的辐射事故应对措施。

县级以上人民政府及其有关部门应当保证辐射事故应急所需设备、器材和其他物资的供给,加强辐射事故应急宣传教育、日常培训和实战演练等工作。

发生辐射事故,或者有证据证明辐射事故可能发生,危害公众健康和安全的,当地人民政府应当及时启动辐射事故应急预案。县级以上环境保护、公安、卫生和计划生育行政部门应当依法采取责令停止导致或者可能导致辐射事故的作业、控制事故现场等应急措施。

第四十七条 生产、销售、使用、运输、贮存放射性同位素和射线装置的单位,应当按照国家规定和技术规范的要求制定辐射事故应急预案,报当地环境保护行政主管部门备案。

发生放射源丢失、被盗、失控事故,或者放射性同位素和射线装置失控导致人员受到异常照射时,事故单位应当立即启动辐射事故应急预案,采取必要的防范措施,同时向当地环境保护、公安、卫生和计划生育行政部门报告。

第四十八条 生产、销售、使用放射性同位素和射线装置的单位,应当对直接从事生产、销售、使用活动的工作人员进行安全和防护知识教育培训。

县级环境保护行政主管部门应当配备辐射防护安全监督员。辐射防护安全监督员应当按照国家有关规定接受专业知识培训。

第四十九条 依法设立的辐射环境监测机构和单位,应当向省环境保护行政主管部门备案。

省卫生和计划生育行政部门应当将依法从事个人剂量监测的机构和单位名录抄送省环境保护行政主管部门。

第五十条 省环境保护行政主管部门应当组织建立辐射环境质量监测网络,建立辐射预警应急系统,建立、健全辐射环境质量监测制度,加强对辐射环境和辐射污染源监测的管理,并定期发布辐射环境状况公报。

监测网络的建设、运行、维护经费纳入省级排污费中列支。

第五章 法律责任

第五十一条 违反本条例规定,法律、法规已经作出相应处罚规定的,从其规定。

第五十二条 辐射污染防治监督管理部门及其工作人员有下列行为之一的,对直接负责的主管人员和其他直接责任人员,依法给予行政处分;涉嫌犯罪的,依法移送司法机关:

(一)对不符合法定条件的单位颁发辐射安全许可证或者办理批准文件的;

(二)发现违法行为不予查处的;

（三）未按照规定编制辐射事故应急预案或者不依法履行辐射事故应急处置职责的；

（四）缓报、瞒报、谎报或者漏报辐射事故的；

（五）在监督管理工作中有其他失职、渎职行为的。

第五十三条　违反本条例第十五条规定，安全和防护设施未正常运行的，由县级以上环境保护行政主管部门责令停止违法行为，限期改正；逾期未改正的，处 2 万元以上 10 万元以下的罚款。

第五十四条　违反本条例第二十二条规定，转移使用放射性同位素和射线探伤装置未按照规定备案的，由县级以上环境保护行政主管部门责令限期改正；逾期未改正的，由有审批权的环境保护行政主管部门暂扣或者吊销辐射安全许可证。

第五十五条　违反本条例第二十三条规定，在室外、野外使用放射源和射线装置未按照规定作业的，或者未按照规定检查、记录、上报使用情况和安全防护情况的，或者贮存场所无防盗、防射线泄漏等安全防护措施的，由县级以上环境保护行政主管部门责令限期改正；逾期未改正的，处 1 万元以上 3 万元以下的罚款。

第五十六条　违反本条例第二十五条第二款规定，未配备放射性检测设备或者未提供免费检测服务的，由县级以上工商行政主管部门责令限期改正；逾期未改正的，处 1 万元罚款。

第五十七条　违反本条例规定，有下列行为之一的，由县级以上环境保护行政主管部门责令停止违法行为，限期改正；逾期未改正的，处 1 万元以上 5 万元以下罚款：

（一）擅自改变放射性同位素和射线装置的使用或者贮存位置的；

（二）对放射源的安全防护未达到规定要求，存在安全隐患的；

（三）生产、使用放射性同位素单位销售的废旧金属未经放射性检测或者检测不合格的；

（四）未按照规定对进口、回收冶炼废旧金属进行监测或者在监测中发现问题未按照规定报告的。

第五十八条　违反本条例第二十七条规定，有下列行为之一的，由县级以上环境保护行政主管部门对放射源进行查封，责令限期改正；逾期未改正的，给予以下罚款：

（一）未按照规定处理闲置、废弃放射源的，处 5 万元以上 10 万元以下的罚款；

（二）对暂不使用的放射源不具备安全存放条件又未送交有资质的城市放射性固体废物集中贮存单位代管的，处 1 万元以上 5 万元以下的罚款。

第五十九条　违反本条例规定，有下列行为之一的，由县级以上环境保

护行政主管部门责令限期改正,逾期未改正的,处 1 万元以上 2 万元以下罚款:

（一）未按照规定办理电磁辐射申报登记或者在申报登记时弄虚作假的;

（二）提高基站发射功率等参数,未经有审批权的环境保护行政主管部门批准而擅自运行的;

（三）未按照规定定期进行监测或者报告有关监测结果的。

第六十条 违反本条例第四十二条规定,擅自拆除或者闲置辐射污染防治设施,造成辐射污染的,由县级以上环境保护行政主管部门责令重新安装使用,并处 2 万元以上 10 万元以下罚款。

第六十一条 违反本条例规定,生产、销售、使用、贮存放射性同位素和射线装置的单位缓报、瞒报、谎报或者漏报辐射事故的,由县级以上环境保护行政主管部门处 2 万元以上 10 万元以下的罚款。

第六十二条 违反本条例规定,发生辐射污染对公众造成损害的,依法承担赔偿责任;涉嫌犯罪的,依法移送司法机关。

第六章 附 则

第六十三条 本条例自 2011 年 9 月 1 日起施行。

黑龙江省森林公园管理条例

(2010 年 10 月 15 日黑龙江省第十一届人民代表大会常务委员会第二十次会议通过　根据 2016 年 12 月 16 日省十二届人大常委会第三十次会议《黑龙江省人民代表大会常务委员会关于废止和修改〈黑龙江省特种设备安全监察条例〉等 44 部地方性法规的决定》修正)

第一章　总　　则

第一条　为规范森林公园建设和管理,保护森林资源和生态环境,合理利用森林风景资源,促进生态文明建设和生态旅游发展,根据《中华人民共和国森林法》等有关法律、法规规定,结合本省实际,制定本条例。

第二条　凡在本省行政区域内从事与森林公园相关活动的单位和个人,应当遵守本条例。

本条例所称森林公园,是指以森林资源为依托,森林景观集中,具有一定规模,按照规定程序批准建立,有利于森林资源保护,可供开展森林生态旅游或者进行科学研究、文化教育等活动的地域。

第三条　森林公园的建设和管理应当坚持保护森林资源、优化环境、适度开发和可持续利用的原则,实现生态、社会、经济效益统一,人与自然和谐发展。

第四条　省林业行政主管部门是森林公园的主管部门,市(地)、县(市)林业行政主管部门具体负责本辖区的森林公园管理工作。

省森林工业主管部门是森工重点国有林区内森林公园的主管部门,负责该区域森林公园的管理工作。大兴安岭森林工业管理部门负责本辖区的森林公园管理工作。(各主管部门以下统称森林公园主管部门)

各级发展和改革、财政、价格、国土资源、旅游、建设、环保、水利等有关部门,按照各自职责,做好森林公园的有关管理工作。

第五条　省林业行政主管部门应当根据全省土地利用总体规划和森林风景资源状况,会同有关部门在省森林工业主管部门和大兴安岭森林工业管理部门各自编制的森林公园发展规划的基础上,汇总和编制全省森林公园发展规划,报省人民政府批准后组织实施。

第六条　县以上人民政府应当将森林公园的建设作为基础性、公益性建设项目纳入国民经济和社会发展计划。

森林公园建设和管理资金实行多渠道筹集，分级管理，接受森林公园主管部门和财政部门的监督。

第二章　设立与撤销

第七条　森林、林木和林地所有者和使用（经营）者，可以依照本条例规定申请设立森林公园。森林公园划分为国家级、省级和县级森林公园。

设立森林公园应当具备下列条件：

（一）符合本省森林公园发展规划；

（二）依法拥有对申请区域内各类资源和设施统一管理的权利，所占森林、林木、林地权属明确、界限清楚；

（三）面积不少于五百公顷，森林覆盖率在70%以上；

（四）森林风景资源质量等级达到国家森林公园风景资源质量等级评定三级以上标准；

（五）法律、法规和国家规定的其他条件。

设立省级森林公园，面积应当达到一千公顷，森林风景资源质量等级达到国家森林公园风景资源质量等级评定二级以上标准。

在生态脆弱或者敏感地区、城镇居民饮用水源保护区域以及具有其他特殊用途的森林区域，不得设立森林公园。

第八条　申请设立国家级森林公园的，依照国家有关规定办理。

申请设立省级和县级森林公园的，应当向森林公园主管部门提出书面申请，提交下列文件和资料：

（一）申请文件；

（二）可行性研究报告；

（三）风光图片及影像资料；

（四）权属证明材料。

第九条　森林公园主管部门收到设立省级和县级森林公园的申请后，应当在十个工作日内，在拟建立森林公园的所在地进行公示，公示期为三十日；公示期满无异议的，组织有关专家对森林风景资源进行评审并出具评审意见。

森林公园主管部门应当在收到评审意见之日起二十日内，对申请文件及有关资料进行审查，作出是否批准的决定，书面通知申请人，并报国务院林业行政主管部门备案。对作出不批准决定的应当说明理由。

省森林工业主管部门作出的批准设立省级森林公园的决定，在报国务院林业行政主管部门备案的同时，抄送省林业行政主管部门。

未经批准,不得擅自设立森林公园或者冒用森林公园名义开展森林旅游活动。

第十条 已经设立的森林公园需要撤销、改变管理范围或者变更隶属关系的,由承担森林公园管理职责的机构(以下简称森林公园管理机构)按照申请程序,报原审批机关批准。

森林公园经批准改变管理范围后,应当在十日内对该森林公园的面积和范围予以公告,并根据批准的面积和范围在六个月内完成对森林公园的标界立桩。

第十一条 森林公园有下列情形之一的,由原审批机关予以撤销:

(一)管理不善,森林风景资源受到严重破坏或者景观质量明显下降的;

(二)未设立森林公园管理机构,未落实保护和管理措施或者在批准设立后三年内未进行建设的;

(三)林地主要用途发生改变的;

(四)原批准机关认定的其他重大问题。

第十二条 在森林公园内设立风景名胜区、地质公园的,应当报批准设立森林公园的主管部门同意,按照法定程序报批;其界限、行政隶属关系以及森林资源资产所有权、使用权不变。

第三章 规划与保护

第十三条 经批准设立的森林公园,应当自批准之日起十八个月内,委托具备资质的规划设计单位完成森林公园总体规划(以下简称总体规划)的编制;森林公园改变管理范围的,应当自批准之日起十二个月内,由具有相应资质的规划设计单位完成总体规划的修编。总体规划的规划期为十年。

森林公园总体规划应当突出森林风景资源的自然特性、文化内涵和地方特色,其主要内容应当符合国家规定和标准。

第十四条 森林公园总体规划由森林公园主管部门组织专家进行评审,审查合格后予以批准;批准前,不得在森林公园范围内兴建永久性建筑、构筑物和机动车道。

经批准的森林公园总体规划,不得擅自变更;确需变更的,应当经原批准机关审批。

第十五条 任何单位和个人应当执行森林公园总体规划。禁止在森林公园范围内实施违反森林公园总体规划、破坏自然资源的行为。

禁止擅自征用、占用森林公园的林地,或者隐瞒森林公园身份办理征用、占用林地手续。

确需占用森林公园林地的,应当征得森林公园主管部门同意后依法办理相关手续。

已经批准占地的建设项目,应当严格按照批准的内容进行施工建设,不得随意改变。

禁止在森林公园内开发房地产、建设开发区,以及建设与森林公园功能和规划不符的其他项目。

第十六条 森林公园内的森林属于风景林,按照特种用途林管理。除依法进行的抚育和更新性质的采伐外,不得在森林公园内采伐林木。

森林公园管理机构应当对区域内的森林风景资源进行调查、鉴定和监测,建立保护管理档案,并制定相应的保护措施。

第十七条 未经许可不得引进非本地林区的生物物种。进入森林公园的各类植物和植物产品均应当进行检疫。

禁止改变或者围堵森林公园内的自然河溪、水面。禁止猎捕野生动物。

第十八条 任何单位和个人都有权对破坏森林公园资源的违法行为进行制止,或者向森林公园管理机构、森林公园主管部门举报。

森林公园管理机构、森林公园主管部门对举报应当立即进行处理,并将结果通知举报人。

第四章 经营与管理

第十九条 森林公园管理机构负责森林公园的日常管理工作。其主要职责:

(一)贯彻执行相关法律法规,制定森林公园管理制度;

(二)负责森林公园范围内的防火、病虫害防治等工作;

(三)对森林公园内的森林风景资源及生态环境进行监测;

(四)对森林公园内的森林、林木、林地、野生动植物、河溪、湖泊、瀑布、景点景观以及各类设施等进行保护;

(五)按照规定规划游览路线,设置防火、环保、安全等标志和设施,配备必要的服务管理人员,维护公园内的旅游秩序;

(六)对森林公园内濒危、珍稀和具有独特观赏、科研、经济价值的野生动植物定期组织调查,建立管理档案,对其主要栖息地或者生长地,划定保护带或者设置保护设施进行保护;

(七)建立森林旅游安全责任制和事故报告制度;

(八)引导建立游客人身意外伤害保险制度和旅游景区责任保险制度。

第二十条 森林公园内的自然资源按照国家规定实行有偿使用。

第二十一条 森林公园的建设活动应当符合总体规划,并与周围景观相协调。现有建设项目不符合总体规划的,应当按照规划改造、拆除或者迁出。

在森林公园内的建设活动,应当征得森林公园主管部门的同意,并按照基本建设审批程序,依法办理相关手续。

禁止在森林公园范围内建设破坏、影响野生动植物生存环境、自然景观、地质和古生物遗址、文物遗迹的工程设施以及可能污染环境、损害动植物资源的项目。

第二十二条 森林公园建设工程在施工过程中,不得对周边资源和环境造成破坏,施工结束后应当按照土地或者林地管理要求整理场地,美化绿化环境。

第二十三条 禁止在森林公园内开矿、采石、挖沙、取土、修建坟墓等破坏景观或者环境的活动。

因维护森林公园内的道路、设施,确需在森林公园内采石、挖沙、取土的,由森林公园管理机构提出申请,经省级森林公园主管部门同意后,依照有关规定办理手续。

第二十四条 森林公园管理机构应当根据森林公园的生态承载能力,合理组织旅游活动,控制接待规模,不得超容量接待游客。

在森林公园内组织文艺、体育等大型群众性活动或者进行影视拍摄的,应当在十个工作日之前向森林公园管理机构提出申请,并提交安全预案,签订相关协议。

第二十五条 森林公园管理机构应当在危险地段和游客可能遭受伤害的区域设置安全保护设施和警示标识,对危害安全、影响卫生和环境的燃料、包装材料等物品应当在明显位置设置禁用标识。

森林公园管理机构应当对森林公园内经营设施等进行定期检查维修,及时消除隐患。

第二十六条 森林公园内的单位、居民和进入森林公园的人员,应当遵守森林公园的有关管理制度,履行保护森林公园的景观、动植物资源和各项设施的义务,服从森林公园管理机构工作人员的统一管理。

第二十七条 森林公园管理机构应当根据实际需要,科学合理地确定森林公园内的服务经营项目,并与经营者签订有关生态环境保护、防火、安全等内容的责任书。在森林公园内从事服务经营活动的,应当经森林公园管理机构同意,在指定地点依法经营,并服从森林公园管理机构的管理。

森林公园内设置的特种设施、设备,应当符合国家有关规定和技术标准,经质量技术监督部门验收合格后,方可使用。

第二十八条 森林公园经森林公园主管部门验收合格后方可对外开放。

森林公园门票应当按照价格主管部门核定的标准收取,其收入主要用于森林风景资源的培育、保护及公园的建设、设施维护及日常管理。

身高一米四以下的儿童和持有有效证件的老年人、残疾人、现役军人可以免票入园。

第二十九条 森林公园管理机构应当制订突发事件应急预案,建立医疗急救站点和报警点。

进入森林公园的交通工具,应当按照森林公园管理机构指定的路线和地点行驶、停放。

没有安全保障的区域,不得对游客开放。

第三十条 在森林公园内进行科学研究、教学实习和标本采集活动,应当经森林公园管理机构同意并在指定区域内进行;涉及国家保护的野生动植物的,按照国家和省的有关规定执行。科研活动完成后,应当无偿向森林公园提供科研成果副本;接收副本的单位可以将该成果用于森林公园建设,但不得违法使用、转让。

森林公园管理机构应当采取多种形式宣传关于森林的科学知识,建立完备的解说系统,解说人员应当经过培训。

森林公园内的古树名木、特色植物应当悬挂标牌,主要景观应当设置文字说明。

第三十一条 森林公园主管部门应当定期对森林公园进行监督检查,纠正违法行为。

第五章 法律责任

第三十二条 森林公园范围内的违法行为,法律、法规已有规定的,依照法律、法规规定执行。

第三十三条 在森林公园内有下列行为的,由县以上林业行政主管部门或者重点国有林区主管部门及其所属的林业局予以处罚:

(一)违反本条例第九条第四款的规定,未经批准,擅自设立开发建设森林公园或者冒用森林公园名义开展旅游活动的,责令停止违法行为,没收违法所得,并处以一万元以上三万元以下罚款;

(二)违反本条例第十四条、第二十一条的规定,在森林公园内擅自建设游览娱乐设施、人造景观或者其他工程设施的,责令停止建设,恢复原貌,并处以一万元以上三万元以下罚款;

(三)违反本条例第十五条、第十七条、第二十二条、第二十三条的规定,破坏森林公园内的自然资源的,责令停止违法活动,恢复原貌,并处以一万元以上五万元以下罚款;

(四)违反本条例第二十八条第一款的规定,未经验收擅自开园的,责令停止违法行为,并处以一万元以上三万元以下罚款。

第三十四条　在森林公园内,有下列行为的,由森林公园管理机构给予处罚:

(一)损毁园内设施、设备、标志的,责令赔偿损失,并处以损毁金额一倍以上二倍以下的罚款;

(二)在森林公园内乱刻乱画、损毁林木、花草、采集野生植物、非法捕捞的,没收违法采集或者捕捞的产品及用具,并处以五十元以上二百元以下罚款;

(三)未按照规定地点丢弃废物、污染物的,责令改正,并处以五十元罚款;

(四)擅自设立商业摊点的,予以取缔,并处以五十元以上三百元以下罚款;

(五)放牧的,予以批评教育并责令改正;拒不改正的,处以一百元以上三百元以下罚款。

第三十五条　森林公园主管部门行政执法人员、森林公园管理机构工作人员有下列行为之一的,由有关部门依法给予行政处分:

(一)不执行森林公园发展建设规划的;

(二)不履行森林公园管理职责的;

(三)发现违反本条例行为未及时依法查处的;

(四)违反本条例的其他行为。

第六章　附　　则

第三十六条　本条例自 2010 年 12 月 1 日起施行。

黑龙江省防沙治沙条例

(2008年10月17日黑龙江省第十一届人民代表大会常务委员会第六次会议通过 根据2016年12月16日省十二届人大常委会第三十次会议《黑龙江省人民代表大会常务委员会关于废止和修改〈黑龙江省特种设备安全监察条例〉等44部地方性法规的决定》修正)

第一章 总 则

第一条 为预防土地沙化,治理沙化土地,维护生态安全,促进经济和社会的可持续发展,根据《中华人民共和国防沙治沙法》等有关法律、法规规定,结合本省实际,制定本条例。

第二条 在本省行政区域内从事土地沙化的预防、沙化土地的治理和开发利用活动,应当遵守本条例。

第三条 本条例所称沙化土地,包括已经沙化的土地和具有明显沙化趋势的土地。具体范围,依照全国防沙治沙规划和本条例的规定确定。

第四条 防沙治沙工作应当坚持科学规划,因地制宜,突出重点,综合治理,防治并重,合理利用,生态、经济和社会效益相统一,依法保障防沙治沙者合法权益的原则。

第五条 县级以上人民政府负责领导本行政区域的防沙治沙工作。省林业行政主管部门负责组织、协调、指导和监督全省防沙治沙工作,负责组织实施本条例,其所属的防沙治沙机构负责日常工作。市、县(含县级市、区,下同)林业行政主管部门负责组织、协调、指导和监督本行政区域内的防沙治沙工作。省农垦总局、分局所属的林业管理机构负责垦区内的防沙治沙工作,业务上接受省林业行政主管部门的指导和监督。县级以上林业、农业、草原、水利、国土资源、环境保护等行政主管部门和气象主管机构,按照有关法律、法规的规定和职责分工,各负其责,密切配合,共同做好防沙治沙工作。

第六条 沙化土地所在地区的市、县人民政府,应当建立行政领导防沙治沙任期目标责任考核奖惩制度,按照防沙治沙规划确定的年度防沙治沙任务,逐级签订目标责任书。未完成防沙治沙年度目标任务的,应当向上一级人民政府书面报告,并采取必要的补救措施。

第七条 省人民政府和沙化土地所在地区的市、县人民政府应当将防沙治沙纳入国民经济和社会发展规划及年度计划。

第八条 省人民政府和沙化土地所在地区的市、县人民政府应当按照防沙治沙规划,在本级财政预算中通过项目预算安排资金,用于本级人民政府确定的防沙治沙工程,并随着财力的增长,在同级财政预算中加大对防沙治沙的资金投入。在沙化土地所在地区安排扶贫开发、农业综合开发、水利和水土保持建设、草原建设等项目时,应当根据具体情况,设立防沙治沙子项目。

第九条 县级以上人民政府应当鼓励防沙治沙的科学研究和技术推广工作,支持大专院校、科研部门、防沙治沙机构研究推广防沙治沙新技术,解决防沙治沙关键性技术难题,培养防沙治沙专门技术人员。

第十条 县级以上人民政府应当加强有关防沙治沙的宣传教育,做好防沙治沙动员和组织发动工作,鼓励和支持民间团体和社会组织开展防沙治沙募捐和公益性宣传活动。新闻媒体应当将防沙治沙纳入公益性宣传项目,增强公民关注生态和防沙治沙意识。

第十一条 对在防沙治沙工作及其科学研究、技术推广中成绩突出的单位和个人,各级人民政府应当给予表彰和奖励。

第二章 规划与分区管理

第十二条 防沙治沙工作实行统一规划。省林业行政主管部门依据全国防沙治沙规划,会同省农业、草原、水利、国土资源、环境保护等有关主管部门以及省农垦总局编制全省防沙治沙规划,经省人民政府审核同意后,报国务院或者国务院指定的有关部门批准后实施。

沙化土地所在地区的市、县林业行政主管部门,应当依据上一级人民政府的防沙治沙规划,结合本区域特点,组织协调本级有关部门编制本行政区域的防沙治沙规划,经本级人民政府审核同意后,报上一级人民政府批准后实施。

各级防沙治沙规划应当符合本级人民政府的土地利用总体规划。防沙治沙规划中确定的沙化土地用途,应当符合本级人民政府土地利用总体规划确定的土地用途管制要求。

第十三条 编制防沙治沙规划,应当根据沙化土地状况及其所发挥的生态、经济和社会功能,因地制宜,因害设防,突出重点,规模推进,并对沙化土地实行分类保护、综合治理和合理利用。

第十四条 未纳入全国防沙治沙规划确定范围的沙化土地,由县级人民政府组织林业、农业、草原、水利、国土资源、环境保护等有关主管部门提出具体范围,逐级报省人民政府批准确定。

第十五条 沙化土地分为封禁保护区、预防保护区和治理利用区,实行分区管理。

封禁保护区是指在规划期内不具备治理条件的以及因保护生态需要不宜开发利用的连片沙化土地。

预防保护区是指具备自然恢复能力的连片沙化土地,以及经过治理已基本形成固定沙地,但稳定性差,一经破坏极易风化和活化的连片沙化土地。

治理利用区是指易被治理或者治理后能够适度利用的沙化土地。

封禁保护区的具体范围,由省人民政府按照国家和省防沙治沙规划确定并公布;预防保护区和治理利用区的具体范围,由沙化土地所在地区县级以上人民政府逐级报省人民政府批准后公布。

第十六条 封禁保护区所在地人民政府应当在明显位置设立标牌,明示封禁保护区的范围、界限和保护措施。

在封禁保护区内禁止一切破坏植被的行为,但经国务院或者国务院指定的部门同意进行修建铁路、公路等建设活动的除外。

第十七条 在预防保护区内,禁止砍挖林草植被以及放牧、开垦、采矿、挖沙、取土等破坏植被的活动。经沙化土地所在地区县级以上林业、草原等行政主管部门批准,可以对林草植被进行适度的抚育、复壮、补植等活动,改善和提高保护区的生态功能。

对预防保护区可以实行阶段性封禁,具体封禁期限、范围由沙化土地所在地区县级以上人民政府根据本地区实际情况确定。在预防保护区内,禁止安置移民。

第十八条 在治理利用区内,禁止砍挖灌木、药材及其他固沙植物。

治理利用区所在地人民政府应当按照防沙治沙规划,组织有关部门、单位和个人,采取造林育草等封沙措施,重点治理,增加植被;也可以将沙化土地治理经营权转让给公民、法人或者其他组织,进行治理。

第三章 土地沙化的预防

第十九条 县级以上林业或者其他有关行政主管部门,应当定期对管辖区域内土地的沙化程度和发展趋势进行监测,并将监测结果向本级人民政府及上一级行政主管部门报告。

第二十条 沙化土地所在地区县级以上人民政府以及相关部门,不得批准在流动沙地边缘地带和林地、草原开垦耕地;已经开垦的,应当有计划地组织退耕还林还草,并纳入防沙治沙规划。

第二十一条 县级以上林业行政主管部门应当严格控制防风固沙林的

采伐。因林木老化、病虫害等原因需要进行抚育更新的,应当事先在其附近形成接替林网、林带,报经省林业行政主管部门验收合格后,依照有关规定进行采伐。

江河沿岸和流动沙地边缘营造的乔木型防风固沙林,可以进行抚育和更新性质的采伐。未达到更新标准的,不得批准采伐。灌木型防风固沙林应当按照有关规定和技术规程进行平茬抚育。

对林木更新困难地区已有的防风固沙林,不得批准采伐。

第二十二条　沙化土地所在地区县级以上人民政府应当加强风沙危害区域的草原建设和管理,由草原行政主管部门按照草原保护、建设、利用规划和防沙治沙规划开展草地治理,保护草原植被,防止草原沙化、退化和碱化。

第二十三条　县级以上人民政府林业、农业、草原等行政主管部门应当加强对林草有害生物监测、防治和指导工作,做好苗木品种选择和苗木病、虫害检疫,注重对鼠、虫天敌的保护和利用,及时发布有害生物发生的预测、预报,组织开展统防统治。

第二十四条　沙化土地所在地区各级人民政府应当采取有效措施,解决城乡居民生活用能,因地制宜地开发利用沼气、风能、太阳能等能源,减轻沙区生产、生活用能对植被资源的依赖。

第二十五条　在不适合人居和开展生产经营活动的沙化土地范围内,当地人民政府应当依据有关规定进行生态移民,并进行全面治理或者封禁保护。

第二十六条　油气勘探开发以及矿产资源开采应当按照规划组织实施,并将地表植被恢复和建设纳入规划。在开发和开采前,应当进行环境影响评价,依法提交包括有关防沙治沙内容的环境影响报告。县级以上人民政府林业、国土资源、环境保护、草原等行政主管部门应当对开发和开采单位的地表植被恢复情况进行监督检查。

第二十七条　县级以上人民政府应当严格控制在沙化土地治理区域内批准建设用地。

在沙化土地所在地区从事开发建设活动,应当事先就开发建设项目可能对当地及相关地区生态环境产生的影响进行环境影响评价和水资源论证。对不具备水源条件,且有可能造成土地沙化、水土流失等灾害,严重破坏生态环境的开发建设项目,不得批准立项。

环境保护行政主管部门在审批环境影响报告时,应当就报告中有关防沙治沙的内容征得同级林业行政主管部门同意。

第四章 沙化土地的治理与开发利用

第二十八条 沙化土地的治理应当以生物措施为主,在恢复和保护现有林草植被的基础上,通过退耕退牧还林还草、封沙育林育草、三北防护林体系建设工程、湿地恢复与保护、小流域综合治理以及生态移民等措施,恢复和增加植被。

以植树造林为主要措施的沙化土地治理,应当鼓励和支持营造经济树种,发展生态经济型林业。

第二十九条 省人民政府和沙化土地所在地区人民政府、有关部门及单位,应当合理配置水资源,加强配套水源工程和小型蓄水节水设施建设,充分利用现有水利工程设施以及地下水资源,保障沙化地区生态用水。

第三十条 已经沙化的耕地,应当采取生态治理措施,根据土地沙化程度,采取改革农业生产方式,推广免耕技术,种植多年生经济作物和牧草,退耕还林、还草等措施。

前款所称沙化耕地的具体范围和治理措施,由省人民政府组织林业、国土资源、农业、环境保护等相关部门确定。

第三十一条 防沙治沙应当以风沙灾害治理为重点,改善生态脆弱地区的生态环境:

(一)龙江县、甘南县、泰来县、肇源县,重点增加、恢复和保护林草植被,治理土地沙化和草原退化、沙化、碱化;

(二)大庆市国家级防沙治沙综合试验示范区,重点增加和恢复林草植被,治理严重沙化的草原和荒滩、荒地;

(三)杜尔伯特蒙古族自治县,重点治理流动、半流动沙地的风沙危害;

(四)富裕县、讷河市、齐齐哈尔市郊区,重点治理沙化耕地和草原;

(五)三江平原等沙化和潜在沙化地区,重点治理沙化耕地,防止土地沙化加重,保护和恢复林草植被;

(六)江河沿岸和流动沙丘等沙化地区,重点增加、恢复和保护林草植被。

第三十二条 城镇、村庄、厂矿、部队营区、国防工业基地、农林牧渔场经营区、水库周围和铁路、公路、河流及水渠两侧的沙化土地,实行单位治理责任制,分别由责任单位负责,按照县级以上人民政府下达的治理责任书进行治理。责任单位没有能力进行治理的,可以委托有治理能力的单位代为治理,并在委托协议中明确各自的权利和义务。

各级人民政府及其林业行政主管部门应当对沙化土地治理责任的落实情况进行监督检查。

第三十三条 各级人民政府鼓励和支持单位、个人以捐资、投劳、参股、合作等形式开展防沙治沙活动。

单位和个人投资进行防沙治沙的,依照国家有关规定,税务部门在投资阶段免征各种税收,取得一定收益后,可以免征或者减征有关税收。金融部门应当给予信贷支持。

单位和个人在沙化土地上造林绿化的,均可享受国家和省相关造林绿化资金补助政策。

第三十四条　县级以上林业或者其他有关行政主管部门应当为公益性治沙活动提供治理地点和无偿技术服务,依法保护土地使用者和经营者的合法权益,妥善安排治理区内农牧民的生产生活。

从事公益性治沙活动的单位和个人,应当按照当地人民政府林业或者其他行政主管部门的技术要求进行治理。

第三十五条　从事营利性防沙治沙的单位和个人,应当依法取得沙化土地使用权,并签订治理协议,按照批准的治理方案进行治理。

从事营利性防沙治沙的单位和个人在治理任务完成后,经县级以上林业或者其他有关行政主管部门组织验收合格后,方可办理相关权属登记,并可以自主经营、开发利用,依法继承、转让和抵押,任何单位和个人不得侵犯其合法权益。

第三十六条　对在相对集中连片的沙化土地上营造的人工商品林达到一定规模的,实行采伐限额和木材生产计划单列。

前款所称一定规模,由省林业行政主管部门根据实际情况确定。

对在沙化耕地上营造的人工商品林,实行自主经营、自主采伐、备案管理。

第三十七条　沙化土地上生态公益林地的保护费用,应当逐步纳入国家、省、市和县级森林生态效益补偿基金。

第三十八条　沙化土地所在地区的县级人民政府,应当制定植被管护制度,严格保护植被,并根据需要在乡(镇)、村建立植被管护组织,确定管护人员。在沙化土地范围内,各类土地承包合同应当包括植被保护责任的内容。

第三十九条　沙化土地治理后被划为自然保护区或者生态公益林的,批准机关应当按照有关规定,给予治理者合理的经济补偿。

第四十条　沙化土地所在地区各级人民政府鼓励和支持沙产业开发,发展沙区特色种植业、养殖业、加工业、旅游业和其他产业;鼓励结合农业、林业、畜牧业结构调整,以公司加农户等多种形式建设沙区灌木林、药材和牧草基地,实行集约经营。

第五章　法律责任

第四十一条　具有防沙治沙职责的行政机关有下列行为之一的,对直接负责的主管人员和其他直接责任人员,依法给予行政处分:

(一)不按照规定组织实施防沙治沙规划和计划的;

(二)未落实各级行政领导防沙治沙任期目标责任考核奖惩制度的;

(三)没有正当理由,未完成防沙治沙年度目标任务,不向上一级人民政府书面报告并采取必要的补救措施的;

(四)不履行管理职责,或者发现违反本条例的行为未及时依法查处的;

(五)违反本条例的其他行为。

第四十二条　违反本条例第十七条第一款、第十八条第一款规定,破坏沙化土地植被的,由县级以上林业或者其他有关行政主管部门按照各自职责,责令停止违法行为,没收违法所得,限期恢复植被,可以并处破坏沙化土地植被面积每平方米 10 元以下的罚款。

第四十三条　违反本条例第三十五条第二款规定,擅自在他人的治理范围内从事治理或者开发活动的,由市级、县级林业或者其他有关行政主管部门按照各自职责,责令停止违法行为;给治理者造成损失的,应当赔偿损失。

第四十四条　违反本条例规定的其他行为,依照《中华人民共和国防沙治沙法》和有关法律、法规的规定处理。

第六章　附　　则

第四十五条　本条例自　2008 年 12 月 1 日起施行。

黑龙江省实验动物管理条例

(2008年10月17日黑龙江省第十一届人民代表大会常务委员会第六次会议通过　根据2015年4月17日黑龙江省第十二届人民代表大会常务委员会第十九次会议《关于废止和修改〈黑龙江省文化市场管理条例〉等五十部地方性法规的决定》第一次修正　根据2016年12月16日省十二届人大常委会第三十次会议《黑龙江省人民代表大会常务委员会关于废止和修改〈黑龙江省特种设备安全监察条例〉等44部地方性法规的决定》第二次修正)

第一章　总　　则

第一条　为加强实验动物管理,保证实验动物和动物实验的质量,维护公共卫生安全和实验动物福利,适应科学研究和社会发展的需要,根据有关法律、行政法规,结合本省实际,制定本条例。

第二条　实验动物管理工作应当遵循统一规划、合理分工、资源共享、市场规范的原则。

第三条　本条例适用于本省行政区域内从事实验动物生产、使用以及监督管理等活动的单位和个人。

第四条　省科学技术行政部门负责实验动物管理工作,并组织实施本条例。

市(地)科学技术行政部门管理本行政区域内的实验动物工作。

卫生计生、食品和药品监督、教育、畜牧兽医、林业、环境保护、质量技术监督等有关部门应当在各自职责范围内,做好实验动物管理工作。

第五条　动物实验设计和实验活动应当遵循替代、减少和优化的原则。

从事实验动物工作的单位和人员应当善待实验动物,维护实验动物福利,减轻实验动物痛苦。对不使用的实验动物活体,应当采取尽量减轻痛苦的方式进行妥善处理。

第六条　开展病原体感染、化学染毒、放射性动物实验以及从事实验动物基因修饰研究工作的单位和个人,应当遵守国家生物安全等相关规定。

第二章 从事实验动物工作的单位及人员

第七条 从事实验动物工作的单位应当设立实验动物管理机构,配备专业技术人员,负责对实验动物项目管理和伦理审查工作。

第八条 省或者市级科学技术行政部门应当定期组织对从事实验动物工作人员的业务培训。

第九条 从事实验动物工作的单位应当组织专业技术人员和技术工人参加与实验动物相关专业的继续教育;根据专业技术人员的岗位特点和专业水平评定、晋升专业技术职务;组织技术工人参加技术等级考核。

第十条 从事实验动物工作的单位对工作人员应当采取预防保护和保健措施,每年至少组织一次身体健康检查,及时调整健康状况不宜从事实验动物工作的人员。

第三章 实验动物许可

第十一条 本省实行实验动物许可证制度。实验动物许可证包括实验动物生产许可证和实验动物使用许可证。

实验动物生产许可证适用于从事实验动物及其相关产品的保种、繁育、供应、运输等生产经营活动的单位和个人。

实验动物使用许可证适用于从事利用实验动物及其相关产品进行科学研究、实验教学、实验、检定、检验以及利用实验动物生产药品和生物制品等使用活动的单位和个人。

第十二条 申请实验动物生产许可证的单位和个人应当具备下列条件:

(一)实验动物种子来源于国家实验动物种子中心或者国家认可的保种单位、种源单位,质量符合国家标准;

(二)实验动物的生产环境设施符合国家对不同等级实验动物的标准规定,并具有保证实验动物及其相关产品质量的基本检测手段;

(三)使用的实验动物饲料、垫料、笼器具及饮水等符合国家标准和有关规定;

(四)有健全的质量管理制度和标准操作规程。

第十三条 申请实验动物使用许可证的单位和个人应当具备下列条件:

(一)使用的实验动物及其相关产品应当来自有实验动物生产许可证的单位,质量符合国家标准;

(二)实验动物饲料、垫料、笼器具、饮用水等符合国家标准和有关规定;

（三）有符合国家标准的动物实验环境设施；

（四）从事感染性、化学染毒、放射性实验及基因修饰研究、饲育、应用的，应当经有关主管部门的认可；

（五）有健全的管理制度和标准的操作规程。

第十四条 市级科学技术行政部门受理实验动物许可申请，应当自受理申请之日起二十日内作出实验动物许可决定。依法作出不予许可的书面决定的，应当说明理由。

实验动物许可证的有效期五年。

第十五条 未取得实验动物许可证的单位和个人，不得从事与实验动物有关的活动。

第四章 实验动物生产与使用

第十六条 实验动物的等级分为四级：一级，普通动物；二级，清洁动物；三级，无特定病原体动物；四级，无菌动物（包括悉生动物）。

不同等级、品种、品系的实验动物应当按照相应的标准，在不同的环境设施中分别管理。

实验动物的生产、使用活动应当在不同区域进行，并严格隔离。

第十七条 从事实验动物保种、实验动物及其相关产品生产的单位和个人应当符合下列规定：

（一）使用具备有效合格证书的品种、品系的实验动物和标准的繁育方法；

（二）根据遗传学、寄生虫学、微生物学、营养学和生产环境设施方面的标准定期对实验动物进行质量检测或者委托检测；

（三）供应实验动物及其相关产品时，提供质量合格证明。

第十八条 运输实验动物的工具和笼器具，应当符合所运输实验动物的微生物和环境质量控制标准。

不同品种、品系、性别或者等级的实验动物，不得在同一笼器具内混合装运。

运输实验动物的单位和个人应当凭实验动物生产许可证进行运输。

第十九条 实验动物涉及野生动物的，依照有关法律、法规的规定执行。

第二十条 实验动物生产与使用的各项操作过程和检测数据应当有完整、准确的记录，保存时间不得少于三年。有关单位和个人应当对记录的真实性负责。

第二十一条 从事实验动物工作的单位和个人应当从有实验动物生产许可证的供应单位购买实验动物，并索要合格证；购买的实验动物应当隔离,经检验合格方可使用。

第二十二条　在科研项目的申报、验收,科研成果的鉴定、评奖,学位论文答辩,发表学术论文,实验教学,检定、检验中涉及实验动物的和以实验动物为生产原料或者载体生产产品的活动,应当符合下列规定:

(一)使用合格实验动物;

(二)使用相应等级的动物实验环境设施;

第五章　实验动物的防疫与质量检测

第二十三条　动物卫生监督机构、海关、交通、运输等有关部门对实验动物的免疫、检疫,应当执行动物防疫的有关法律、法规规定,并结合实验动物的特殊规定办理。

第二十四条　实验动物患病死亡的,应当及时查明原因,妥善处理并详细记录。

实验动物发生传染性疾病以及人畜共患疾病时,从事实验动物工作的单位和个人应当依照有关法律、法规的规定,立即报告当地动物卫生监督机构、卫生和计划生育行政部门以及省和市级科学技术行政部门,并采取隔离等控制措施。

第二十五条　从事实验动物工作的单位和个人对不使用的实验动物尸体以及实验过程中产生的有害废弃物、废水、废气等,应当按照无害化规定进行焚烧、高压等处理,并符合环境保护规定。

禁止食用和买卖实验动物尸体及其附属物。

第二十六条　从事实验动物质量检测工作的机构,应当经质量技术监督部门计量认证合格。

实验动物质量检测机构应当执行相应检测标准和操作规程,出具客观、公正的检验报告。

第六章　实验动物的管理与监督

第二十七条　实验动物的质量监督执行国家标准;尚未制定国家标准的,执行行业标准;国家、行业均未制定标准的,制定并执行地方标准。

第二十八条　省和市级科学技术行政部门对从事实验动物及其相关产品生产与使用的单位和个人进行监督检查,对实验动物及其相关产品的质量组织检测,并公示结果。

第二十九条　省和市级科学技术行政部门可以聘请实验动物质量监督员,协助对实验动物及其相关产品的生产和使用等活动进行监督检查。

第三十条　省科学技术行政部门应当对从事实验动物及其相关产品生产与使用的单位和个人建立信用管理制度,定期公布其信用信息。

第七章　法律责任

第三十一条　违反本条例的规定,未取得实验动物许可证,擅自从事实验动物生产、使用等活动的,由省或者市级科学技术行政部门责令其停止违法活动;有违法所得的,没收违法所得,并处五千元以上三万元以下罚款。

第三十二条　从事实验动物工作的单位和个人有下列情形之一的,由省或者市级科学技术行政部门责令限期改正;拒不改正的,处二千元以上二万元以下罚款;情节严重的,并处暂扣实验动物生产或者使用许可证:

(一)从事实验动物工作未采取防护措施的;

(二)不同来源、品种、品系和不同实验目的的实验动物不分开饲养或者实验动物生产、使用活动在同一区域的;

(三)未使用具备有效合格证书的品种、品系的实验动物和标准的繁育方法的;

(四)未根据遗传学、寄生虫学、微生物学、营养学和生产环境设施方面的标准定期对实验动物进行质量检测或者委托检测的;

(五)操作过程和检测数据的记录不完整、不准确的;

(六)供应、出售实验动物及其相关产品时,不提供实验动物生产许可证和质量合格证的;

(七)不同品种、品系、性别和等级的实验动物,在同一笼器具内混合装运的;

(八)实验动物的环境设施不符合国家标准或者饲料、笼器具、垫料、饮水不合格的;

(九)在同一间实验室同时进行不同品种、等级或者互有干扰的动物实验的;

(十)在动物实验过程中虐待实验动物,未采取尽量减轻痛苦的方式处置不再使用的动物活体的;

(十一)买卖实验动物尸体及其附属物的。

第三十三条　违反本条例规定,实验动物发生传染性疾病或者人畜共患疾病时,未立即采取隔离等措施或者未向有关部门报告的,由卫生和计划生育行政部门或者动物卫生监督机构依法进行处罚;省或者市级科学技术行政部门视情节暂扣或者吊销实验动物生产或者使用许可证。

第三十四条　违反本条例规定,对不使用的实验动物尸体和在实验过程中产生的废弃物、废水、废气等未进行无害化处理,影响公共卫生安全的,由环境保护行政部门依法进行处罚;省或者市级科学技术行政部门视情节暂扣或者吊销实验动物生产或者使用许可证。

第三十五条　实验动物许可证被吊销的单位和个人,自许可证被吊销之日起三年内不得申请实验动物许可证。

实验动物许可证被吊销的单位的法定代表人、主要负责人和直接责任人，三年内不得以个人名义申请实验动物许可证，并不得在其他从事实验动物工作的单位中担任管理人员以上的职务。

第三十六条 实验动物许可证被吊销两次的单位和个人，五年内不得再申请实验动物许可证。

实验动物许可证被吊销两次的单位的法定代表人、主要负责人和直接责任人，五年内不得以个人名义申请实验动物许可证，并不得在其他从事实验动物工作的单位中担任管理人员以上的职务。

第三十七条 省或者市级科学技术行政部门及其工作人员，有下列情形之一的，由监察机关或者其他有关行政主管部门责令改正；逾期不改正的，对直接负责的主管人员和其他直接责任人员依法给予行政处分：

（一）对符合法定条件的实验动物生产或者使用许可申请不予受理或者在法定期限内不做出许可决定的；

（二）在受理、审查、颁发实验动物生产或者使用许可过程中，未向申请人、利害关系人履行法定告知义务的；

（三）未依法说明不受理实验动物生产或者使用许可证申请理由的；

（四）对不符合法定条件的申请人准予实验动物生产或者使用许可，或者超越法定职权做出准予许可决定的；

（五）未依法公布有关单位和个人信用信息的；

（六）办理实验动物生产和使用许可、实施监督检查工作中，滥用职权、徇私舞弊、收受贿赂的。

第三十八条 违反本条例，构成犯罪的，依法追究刑事责任。

第八章 附 则

第三十九条 本条例所称实验动物，是指经人工饲养、繁育，对其携带的微生物以及寄生虫实行控制，遗传背景明确或者来源清楚，用于科学研究、实验教学、生产和检定以及其他科学实验的动物。

本条例所称实验动物相关产品，是指使用实验动物制作的细胞、血液及其制品、组织和器官等，以及用于实验动物的饲料、垫料、笼器具等材料。

第四十条 本条例自 2009 年 1 月 1 日起施行。

黑龙江省公共场所和特种行业
治安管理条例

(2007年12月14日黑龙江省第十届人民代表大会常务委员会第三十次会议通过 根据2013年12月13日黑龙江省第十二届人民代表大会常务委员会第七次会议《关于废止和修改〈黑龙江省赌博处罚条例〉等十九部地方性法规的决定》第一次修正 根据2015年4月17日黑龙江省第十二届人民代表大会常务委员会第十九次会议《关于废止和修改〈黑龙江省文化市场管理条例〉等五十部地方性法规的决定》第二次修正 根据2016年12月16日黑龙江省第十二届人民代表大会常务委员会第三十次会议《关于废止和修改〈黑龙江省特种设备安全监察条例〉等44部地方性法规的决定》第三次修正)

第一章 总 则

第一条 为规范公共场所和特种行业治安管理,维护社会治安秩序,保障公共安全,保护公民、法人和其他组织的合法权益,根据《中华人民共和国治安管理处罚法》《中华人民共和国人民警察法》等有关法律、法规,结合本省实际,制定本条例。

第二条 本省行政区域内公共场所和从事特种行业的单位和个人,适用本条例。

第三条 本条例所称公共场所是指:

(一)车站、港口、码头、机场、停车场等交通运输场所;

(二)歌舞厅、游艺室、棋牌室、影剧院、体育场(馆)、滑雪场等经营性文娱、体育健身场所;

(三)公园、游乐场、展览馆、旅游景区(点)等风景游览场所;

(四)商店、市场等商品交易场所;

(五)网吧、信息港等互联网上网服务营业场所;

(六)饭店、酒吧、咖啡厅、茶馆、洗浴、按摩、美容美发、信息中介等服务场所;

(七)省人民政府根据实际情况规定的需要按照公共场所管理的其他

场所。

第四条 本条例所称的特种行业是指：

(一)旅馆业；

(二)公章刻制业；

(三)典当业；

(四)开锁业；

(五)旧移动电话交易业；

(六)金银首饰加工、置换业；

(七)废旧金属收购业；

(八)机动车维修业；

(九)信托寄卖业。

第五条 公共场所和特种行业的治安管理,坚持管理与服务、教育与处罚相结合的原则。

第六条 公安机关是本省公共场所和特种行业治安管理工作的主管部门。县级以上公安机关具体负责管辖范围内的公共场所和特种行业的治安管理工作,并依法履行下列职责：

(一)实施行政许可和备案审查；

(二)监督、检查公共场所和特种行业治安防范制度以及治安防范措施的落实；

(三)组织、指导法定代表人或者负责人和从业人员的治安培训；

(四)检查治安情况,对存在的隐患及时提出整改意见,并督促整改；

(五)及时查处治安案件,处置突发事件和治安灾害事故。

第二章 从业条件与许可备案

第七条 开办公共场所和特种行业的,应当具备下列条件：

(一)有符合条件的法定代表人或者负责人；

(二)有符合条件的固定经营场所和营业设施；

(三)场地应当与易燃、易爆、剧毒、放射性等危险物品的工厂、仓库保持安全距离,场地的布局和设施符合消防安全和其他有关安全的要求；

(四)有治安管理制度及相应的管理措施；

(五)不得与居民共用一个楼门通道。

在铁路、矿区、油田、港口、机场、施工工地、军事禁区和金属冶炼加工企业附近不得设立废旧金属收购网点,禁止设立网点的区域由所在地县级公安机关划定,并抄告同级工商行政管理部门。

第八条 利用开锁、公章刻制、信托寄卖、金银首饰加工、置换从事犯罪活动受到刑事处罚的,废旧金属收购业违反规定收购生产性废旧金属情节严重的,不得从事本行业经营活动。

第九条　开办经营性公共场所、开锁业、旧移动电话交易业、金银首饰加工、置换业、机动车维修业、废旧金属收购业、信托寄卖业的,应当在取得营业执照后十五日内向所在地县级公安机关备案;有关闭、合并、迁移、更名、变更法定代表人等情形之一的,应当在注销、变更后十五日内书面告知公安机关。

开办非经营性公共场所的,应当自批准成立之日起十五日内向所在地县级公安机关备案。

第十条　公共场所、开锁业、旧移动电话交易业、金银首饰加工、置换业、机动车维修业、废旧金属收购业、信托寄卖业备案应当提供下列书面材料:

(一)营业执照复印件;

(二)有关部门的审批手续复印件;

(三)场地平面图和应急疏散预案。

备案材料齐全的,公安机关应当出具备案回执。

第十一条　符合公章刻制业、典当业、旅馆业开办条件的,应当在取得工商行政管理部门登记后三十日内,向所在地县级公安机关提出申请,取得《特种行业许可证》。

第十二条　公章刻制业、典当业、旅馆业有变更、注销情形的,应当经原核发《特种行业许可证》的公安机关办理变更、注销手续。

第十三条　公安机关办理特种行业许可的程序,按照《公安机关行政许可工作规定》执行。

第十四条　法律、法规规定的其他特种行业的管理,从其规定。

第三章　治安责任

第十五条　公共场所、特种行业的法定代表人或者负责人为治安责任人,其责任是:

(一)根据场所规模,配备专、兼职治安员或者按照有关规定配备保安员,组织本单位的保安员、治安员接受治安业务培训;

(二)制定治安安全制度和岗位责任制,检查治安隐患并进行整改,落实治安安全措施;

(三)配合公安机关查处治安案件和处置治安灾害事故;

(四)发生治安灾害事故时,应当立即报告有关部门救援、处理,组织抢救伤员、疏散群众,维护现场秩序。

第十六条　公共场所和特种行业聘用的从业人员应当持有合法身份证件,境外人员还应当持有国家规定的其他证件。

第十七条 公共场所和特种行业需要聘用保安员应当从保安服务企业聘用。

第十八条 公共场所和特种行业的法定代表人或者负责人、保安员、治安员应当接受治安业务培训。

第十九条 公共场所和特种行业的法定代表人、负责人、从业人员在经营过程中,发现治安违法行为或者涉嫌犯罪的行为、违禁物品和公安机关通报协查的人员或者物品的,应当立即向公安机关报告。

治安员或者保安员负责维护公共场所、特种行业内的治安秩序,防范治安灾害事故、治安案件和违法犯罪行为的发生,应当佩戴明显标志,坚守岗位。

第二十条 公共场所和特种行业应当遵守下列规定:

(一)不得为卖淫、嫖娼、赌博、吸毒、贩毒、封建迷信等违法犯罪活动提供条件;

(二)不得影响周围单位和居民的正常工作、生活;

(三)产生的社会生活噪声污染不得超过规定要求;

(四)不得收购、窝藏、销售赃物;

(五)对公安机关下发的协查通知,应当指定专人负责登记、保管和查对,严禁泄密;

(六)对本条例要求登记的项目,应当如实登记,并保存一年以上。

经营旅馆业、公章刻制业、典当业的,应当具备符合治安管理信息系统要求的设施。

其他特种行业治安管理信息系统的建立,由省人民政府规定。国家有规定的,从其规定。

第二十一条 经营旅馆业的,应当遵守下列规定:

(一)对旅客实行入住登记,查验有效身份证件,并按规定向公安机关报送相关信息。无身份证件的,经负责人同意,并立即报告当地公安机关;

(二)洗浴等场所提供住宿服务的,超过零时对留宿人员应当登记,并按规定向公安机关报送相关信息;

(三)建立旅客会客登记、财物保管和值班巡查等制度;

(四)对旅客遗留的财物,应当妥善保管,及时通知旅客领取或者送交公安机关依法处理;

(五)三星级或者相当于三星级以上的饭店,应当在大堂、电梯、楼道、停车场等部位安装符合国家规定标准的安全监控系统,并将系统储存的信息保存三十日以上。

第二十二条 经营公章刻制业的,应当遵守下列规定:

(一)按照规定的规格、式样、文字和数量刻制;

（二）凭公安机关出具的准刻证明，对委托单位的名称、经办人的姓名、身份证号码、住址以及所刻制公章的名称、数量、规格逐项登记，向公安机关报送相关信息，对登记的信息应当保存三年；

（三）指定专人负责承接、保管公章和作废公章的销毁工作，对逾期三个月不领取的，应当造册登记，送交所在地县级公安机关处理；

（四）不得委托其他单位和个人加工、制作公章。

第二十三条　经营典当业的，应当遵守下列规定：

（一）收当、续当、赎当实行查验登记、保管等制度，并按规定向公安机关报送相关信息；

（二）不得经营国家禁止典当的物品；

（三）不得收当无民事行为能力人、限制民事行为能力人所持有的贵重物品。

第二十四条　经营开锁业的，应当遵守下列规定：

（一）按照批准的经营范围从事经营活动；

（二）经营者和从业人员应当到公安机关留存相关信息；

（三）建立开锁业务登记制度；

（四）到居民家开入户门锁，开锁人、申请人应当到辖区公安派出所登记，开锁人应当出示本人有效身份证件和营业执照（或者复印件），公安派出所查验、出具登记证明后，由物业（社区）管理人员或者居（村）民委员会人员到场，方可开启；

（五）开启银行金库、机动车锁具、机关企事业单位门锁，应当通知"110"报警服务台，予以登记，并查验申请人的有效身份证件、行车执照或者单位书面证明。

第二十五条　经营旧移动电话交易业的，应当遵守下列规定：

（一）不得在核准登记的交易场所外从事交易活动；

（二）建立移动电话交易登记、查验制度；

（三）不得收售无原始发票或者无本人有效身份证件的移动电话；

（四）不得收购无民事行为能力人、限制民事行为能力人所持有的旧移动电话。

第二十六条　经营废旧金属收购业的，应当遵守下列规定：

（一）建立登记、查验、保管等制度；

（二）收购单位出售的油田、电力、电信通讯、水利、测量、矿山、军用和城市公用设施等报废的专用器材时，应当有出售单位的证明；

（三）不得收购国家禁止收购的物品。

第二十七条　经营信托寄卖业的，应当遵守下列规定：

（一）在批准的经营范围内从事活动；

（二）建立登记、查验、保管等制度，对寄卖人的姓名、住址、有效身份证件以及物品的名称、数量、规格、新旧程度等情况如实登记；

（三）不得寄卖无民事行为能力人、限制民事行为能力人所持有的贵重物品。

第二十八条 经营机动车维修业的，应当如实登记下列内容：

（一）登记送修车辆的号牌、车型、发动机号码、车架号码、厂牌型号、车身颜色；

（二）车主名称或者姓名、送修人姓名和本人的有效身份证件或者驾驶证号码；

（三）修理项目，事故车辆应当详细登记修理部位；

（四）送修时间、收车人姓名。

承修更换发动机或者车身（架）、改装车型、改变车身颜色等项目的，应当查验公安交通管理部门出具的机动车变更登记审批凭证。

第二十九条 经营金银首饰加工、置换业的，应当遵守下列规定：

（一）对顾客的姓名、住址、有效身份证件以及物品的名称、数量、规格、新旧程度等情况如实登记；

（二）不得加工、置换无民事行为能力人、限制民事行为能力人所持有的金银首饰。

第三十条 公共场所和特种行业依法建立的行业协会，应当协助公安机关做好公共场所、特种行业的治安管理工作。

第四章 监督检查

第三十一条 人民警察对公共场所和特种行业施行治安管理与检查时，应当出示证件，佩戴省级公安机关统一制发的治安检查专用标志。

第三十二条 人民警察对公共场所和特种行业进行检查时，应当严格实行治安检查登记制度，填写省级公安机关统一制作的《行业场所日常治安检查记录簿》，由人民警察和被检查方在记录簿上签字备查。

第三十三条 公安机关及其人民警察对公共场所和特种行业实施管理检查时，应当遵守下列规定：

（一）在批准的辖区内实施检查，依法办理治安案件；

（二）对查获的违法犯罪嫌疑人，应当带离现场；

（三）对扣押、收缴的物品应当依照规定办理相关手续，开具单据，并按法定的程序对物品进行处理；

（四）认真履行检查职责，了解、掌握辖区内公共场所和特种行业的基本情况；落实监督检查措施，避免发生重大治安灾害事故；

（五）根据实际情况采取定期检查、个别抽查等不同形式，避免影响公共场所、特种行业正常合法的经营活动。

第三十四条　人民警察不得参与、变相参与娱乐服务场所经营活动或者为公共场所、特种行业违法犯罪活动提供庇护。

第五章　法律责任

第三十五条　公共场所和特种行业经营者、从业人员违反本条例的,由公安机关依照《公安机关办理行政案件程序规定》和本条例的规定予以处罚。

警告或者五百元以下罚款的处罚,可以由公安派出所决定。

第三十六条　违反本条例,有下列情形之一的,处以警告;警告后仍未改正的,处以二百元以上五百元以下罚款:

(一)治安员或者保安员违反第十九条规定,未依法履行职责的;

(二)影响周围单位和居民正常工作、生活,制造社会生活噪声污染超过规定要求的;

(三)旅馆业留宿无身份证件的旅客,未向公安机关报告的。

第三十七条　旅馆业的工作人员对住宿的旅客不按规定登记的,处以二百元以上五百元以下罚款。

旅馆业的工作人员明知住宿的旅客是犯罪嫌疑人员或者被公安机关通缉的人员,不向公安机关报告的,处二百元以上五百元以下罚款;情节严重的,依据《中华人民共和国治安管理处罚法》处五日以下拘留,可以并处五百元以下罚款。

第三十八条　娱乐场所法定代表人、负责人或者从业人员发现违法或者涉嫌犯罪行为未按照规定向公安机关报告的,由公安机关给予警告;情节严重的,责令停业整顿。

第三十九条　除娱乐场所以外的公共场所和除旅馆业、典当业以外的特种行业,在经营过程中发现违反治安管理或者涉嫌犯罪的行为、违禁物品、公安机关通报协查的人员或者物品,未按照规定向公安机关报告的,由公安机关给予警告;情节严重的,处以五百元以上一千元以下罚款。

第四十条　违反本条例,有下列情形之一的,责令限期改正,处以二百元以上五百元以下罚款:

(一)除娱乐场所以外的公共场所、开锁业、旧移动电话交易业、金银首饰加工、置换业、机动车维修业、废旧金属收购业、信托寄卖业未按规定办理备案或者有注销、变更情形,未书面告知公安机关的;

(二)旅馆业、公章刻制业、典当业未配备符合治安管理信息系统要求的设施或者未按规定向公安机关报送相关信息的;

(三)公章刻制业无公安机关准刻证明刻制公章的;

（四）公章刻制业对作废的公章未按规定销毁或者未按规定送交公安机关处理的；

（五）旧移动电话交易业收售无原始发票和无本人有效身份证件的旧移动电话的。

第四十一条 违反本条例，有下列情形之一的，责令限期改正，处以五百元以上一千元以下罚款：

（一）洗浴等场所提供住宿服务，在零时后未对留宿旅客进行登记的；

（二）旅馆业对旅客遗留的财物，未妥善保管或者未送交公安机关处理的；

（三）公章刻制业委托其他单位和个人加工、制作公章的；

（四）经营开锁业，违反第二十四条第二项、第四项、第五项规定的；

（五）在核准登记的场所外从事旧移动电话交易的；

（六）废旧金属收购业违反第二十六条第二项规定的；

（七）收当、寄卖无民事行为能力人、限制民事行为能力人所持有的贵重物品，收购无民事行为能力人、限制民事行为能力人所持有的旧移动电话，加工、置换无民事行为能力人、限制民事行为能力人所持有的金银首饰的；

（八）除旅馆业、废旧金属收购业、机动车维修业以外的其他特种行业，违反第二十条第六项规定的。

第四十二条 违反本条例，有下列情形之一的，责令限期改正，逾期不改的，处以五百元以上一千元以下罚款：

（一）旅馆业、公章刻制业、典当业有变更、注销情形，未按规定到公安机关办理变更、注销手续的；

（二）治安责任人未依法履行第十五条规定的责任的；

（三）公共场所和特种行业的法定代表人或者负责人、保安员、治安员，未按规定接受治安业务培训的。

第四十三条 违反本条例，有下列情形之一的，责令限期改正，处以一千元以上二千元以下罚款：

（一）聘用的从业人员、保安员不符合第十六条、第十七条规定的；

（二）三星级或者相当于三星级以上的饭店，未按规定安装符合国家规定的安全监控系统或者未将系统存储信息保存三十日以上的。

第四十四条 废旧金属收购业违反第二十条第六项规定的，责令改正，视情节轻重，处以二千元以上五千元以下的罚款、责令停业整顿。

机动车维修业违反第二十条第六项规定的，责令改正，处以五百元以上三千元以下罚款。

第四十五条 未取得《特种行业许可证》擅自开办特种行业的，由公安机关责令限期改正,处以五百元以上一千元以下罚款;情节较轻的,处以五百元以下罚款;有违法所得的,没收违法所得。

第四十六条 违反本条例由公安机关责令改正的期限内未改正的特种行业,责令其停业整顿,逾期仍未改正的,由公安机关吊销其《特种行业许可证》。

第四十七条 娱乐场所为第二十条第一项所列违法犯罪活动提供条件的,由公安机关没收违法所得和非法财物,责令停业整顿三个月至六个月;情节严重的,对直接负责的主管人员和其他直接责任人员处以一万元以上二万元以下罚款。

其他公共场所和特种行业为第二十条第一项所列违法犯罪活动提供条件的,由公安机关责令改正,处以五百元以上一千元以下罚款。

第四十八条 废旧金属收购业收购公安机关通报协查的赃物以及国家禁止收购的其他物品的,处以五百元以上一千元以下罚款。

第四十九条 违反本条例的行为,应当处以拘留的,按照《中华人民共和国治安管理处罚法》的有关规定执行,构成犯罪的,依法追究刑事责任。

第五十条 当事人对具体行政行为不服的,可以依法提起行政复议或者行政诉讼。

第五十一条 违反本条例的限期整改的期限,不得超过十五日;停业整顿的期限为十五日以上六个月以下。

第五十二条 人民警察违反第三十一条至第三十四条规定的,根据情节给予批评教育或者行政处分;构成犯罪的,依法追究刑事责任。

第六章 附 则

第五十三条 本条例下列用语的含义是:

(一)旅馆业是指经营接待旅客住宿的宾馆、饭店、旅店、招待所以及其他以洗浴、计时休息、酒店式公寓、办事处等形式提供住宿休息服务的行业。

(二)开锁业是指经营以专业人员对锁具(含汽车锁、保险柜锁、门锁以及其他闭锁在标的物上的锁)进行技术操作,解除闭锁在标的物上锁具的闭锁状态或者对锁具进行修理的经营服务等业务的行业。

(三)旧移动电话交易业是指经营以二手移动电话和配件收购、销售、寄售、代购、代销等经营服务业务的行业。

第五十四条 本条例自 2008 年 5 月 1 日起施行。《黑龙江省旧货业治安管理条例》《黑龙江省实施〈旅馆业治安管理办法〉细则》《黑龙江省印铸刻字业治安管理规定》《黑龙江省公共场所治安管理规定》同时废止。

黑龙江省城市市容和环境卫生管理条例

(2007年10月12日黑龙江省第十届人民代表大会常务委员
会第二十九次会议通过　根据2011年12月8日黑龙江省第
十一届人民代表大会常务委员会第二十九次会议《黑龙江省
人民代表大会常务委员会关于修改〈黑龙江省野生动物保护
条例〉等12部地方性法规的决定》第一次修正　根据2016年
12月16日省十二届人大常委会第三十次会议《黑龙江省人民
代表大会常务委员会关于废止和修改〈黑龙江省特种设备安
全监察条例〉等44部地方性法规的决定》第二次修正)

第一章　总　　则

第一条　为加强城市市容和环境卫生管理,维护公共环境秩序和卫生,
保障城市道路清洁畅通,创造整洁、优美、文明的城市环境,根据国家有关法
律、法规规定,结合本省实际,制定本条例。

第二条　在本省行政区域内县级以上人民政府所在地的城市规划区内
和其他实行城市化管理的地区内,一切单位和个人都应当遵守本条例。

第三条　省建设行政主管部门负责本省行政区域内城市市容环境卫生
监督管理工作,并组织实施本条例。

市(行署)、县(市、区)人民政府城市市容环境卫生行政主管部门负责
本行政区域内的城市市容和环境卫生管理工作。实行相对集中行政处罚权
的,按照国家和省有关规定执行。

县级以上人民政府有关部门应当在各自的职责范围内,做好城市市容
和环境卫生管理的相关工作。

农垦垦区、森工林区小城镇的市容和环境卫生管理工作,由农垦、森工
系统的建设管理机构自行负责,业务上接受省建设行政主管部门的指导和
监督。

第四条　县级以上人民政府应当将城市市容环境卫生事业纳入国民经
济和社会发展规划,将城市市容和环境卫生事业所需资金纳入本级财政
预算。

鼓励和引导社会资本参与城市环境卫生设施的建设和运营,建立并推

广政府和社会资本合作的机制。

第五条　城市市容环境卫生行政主管部门应当根据城市总体规划,会同有关部门编制城市环境卫生专项规划,经省建设行政主管部门组织技术鉴定后,报同级人民政府批准实施。

第六条　从事城市生活垃圾清扫、收集、运输、处理和建筑垃圾处置等直接关系公共利益项目经营的市场准入,以及利用城市公共空间设置户外广告等经营的项目,实行特许经营制度。有关单位和个人应当按照国家和省的有关规定,取得经营许可证后方可从事特许经营活动。

第七条　城市人民政府应当加强对城市市容和环境卫生工作的宣传教育,提高公民的市容和环境卫生意识。

任何单位和个人都有享受良好的城市市容和卫生环境的权利,同时负有维护市容整洁、保持环境卫生的义务,对破坏城市市容和环境卫生的行为有权制止和举报。

城市市容环境卫生行政主管部门应当建立公开举报电话,及时调查、处理违反城市市容和环境卫生管理的行为。

第八条　城市人民政府应当支持环境卫生科学研究和技术开发推广,应用先进的科学技术装备及手段,改善环境卫生作业条件,实施垃圾分类收集和处理,推动垃圾无害化、资源化、减量化,逐步实现资源的有效和循环利用。

第二章　责任制度

第九条　城市市容和环境卫生管理实行责任区制度,具体划分如下:

(一)主、次干道、桥梁、公共广场、人行过街天桥或者地下通道等城市公共区域,由城市市容环境卫生行政主管部门组织专业单位负责。

(二)街巷、居民住宅区,由街道办事处或者镇人民政府组织专人负责。居民住宅区实行物业管理的,由物业服务单位负责。

(三)部队、机关、团体、企业、事业单位自用自管的房屋、场地,由本单位负责。

(四)机场、车站、码头、停车场、公交车始末站点、集贸市场、展销场馆、文化、体育、娱乐、游览等公众聚集场所,由管理单位负责。

(五)独立的科技园区、经济开发区、工业园区、风景名胜区和公共绿地,由管理单位负责。

(六)公共水域及岸线,由使用单位或者管理单位负责。

(七)穿过城区的铁路、公路、隧道,由管理单位负责。

(八)建设工程现场,未开工的,由建设单位负责;已开工的,由施工单位负责;已竣工交付使用的,由管理单位负责。

（九）建筑物、构筑物以及其他设施、场所，由其所有权人、使用人或者管理人负责。

第十条 道路、建筑物、构筑物或者其他设施、场所的所有权人、使用人、管理人之间约定有关责任的，按照约定内容确定责任人。

市容环境卫生责任人不明确的，由城市市容环境卫生行政主管部门确定并予以书面告知。

市容环境卫生责任人可以将责任区内的具体工作委托有关专业单位或者他人有偿承担。

第十一条 市容环境卫生责任区的责任要求：

（一）保持市容整洁，无乱设摊、乱搭建、乱吊挂、乱堆放等行为。

（二）保持环境卫生整洁，无暴露垃圾、粪便、污水、污迹、渣土。

（三）保持环境卫生等设施整洁、完好。

第十二条 城市市容环境卫生行政主管部门应当依照城市容貌标准和城市环境卫生质量标准、规范，对市容环境卫生责任人进行业务指导和监督检查，并依法出示证件。

第三章 市容管理

第十三条 建筑物、构筑物容貌应当符合城市容貌标准，保持整洁、完好、美观，并与周围环境相协调。

主要街道两侧建筑物阳台和门窗外，不得吊挂、摆放影响观瞻的物品。

第十四条 新建、改建建筑物，应当按照设计标准统一设置阳台、护栏、设备托架等设施；原有建筑物设置的阳台、护栏、设备托架等设施不符合城市容貌标准的，应当按照城市人民政府的统一要求，逐步改装或者拆除。

主要街道两侧建筑物进行门窗改建、外部装修或者封闭阳台的，应当经城市市容环境卫生行政主管部门同意并到有关部门办理审批手续后，方可组织施工。

第十五条 道路设施应当符合以下规定：

（一）车行道和人行道路面平整，道路无障碍设施及路边石完好。

（二）立交桥、人行过街天桥和地下通道设施完好。

（三）依附道路设置的交通、电信、邮政、电力、消防、供水、排水、燃气、热力、环境卫生、公安交通、人防、园林、道路指示牌等各类设施，应当符合有关设置规范并保持完好、整洁。

前款道路设施出现损毁、移位或者丢失的，有关责任人应当及时维修、更换、清洗或者油饰。

第十六条 任何单位和个人不得擅自在道路两侧、人行过街天桥和地下通道及广场周边摆摊设点、堆放物料。

在道路两侧及广场周边从事商业、服务业、制造加工、车辆清洗、维修等单位和个人,不得进行店外经营、作业、展示商品或者摆放物品。

在道路两侧各种护栏、电线杆、树木、绿篱、围墙等处不得晾晒衣物或者吊挂物品,但在一定期限内悬挂公益宣传品除外。

经批准临时占用道路的,占用单位或者个人应当保持占用道路周围环境卫生整洁,并及时清除相关废弃物。

第十七条　建设工程施工现场应当设置封闭性护栏或者围墙遮挡,材料、机具应当在指定区域内摆放整齐。

施工现场出入口应当硬铺装,并对驶出车辆轮胎进行冲洗,不得粘挂泥沙进入城市道路。

停工场地应当及时整理并做必要覆盖;竣工后应当及时清除废弃物料,拆除临时设施,铺装施工场地。

第十八条　道路行驶的各种机动车,应当保持外观良好,车身整洁。

机动车、非机动车在路边或者停车场停放,应当排列整齐。

机动车拉运建筑垃圾及散装货物、液体货物的,应当覆盖、密封,不得遗撒、泄漏污染道路。

第十九条　在道路、广场、绿地、建筑物或者构筑物墙体、机动车(船)外厢体等处设置牌匾、广告标牌、条幅、电子显示屏、宣传栏、实物造型、空中漂浮物、充气模型等户外设施,应当符合城市容貌标准,经城市市容环境卫生行政主管部门同意后,按有关规定办理审批手续。涉及其附着体物权的,还应当事前征得有关权利人的同意。

设置户外设施的单位和个人应当按照批准的设置时限、外形尺寸、材质及景观效果图制作设置,并安装牢固。

户外设施出现污损、字迹残缺的,设置单位和个人应当及时维修或者更换;超过设置时限的,设置单位和个人应当自行拆除,恢复其附着体原貌。

第二十条　城市人民政府应当组织有关市容环境卫生责任人,在道路两侧、居民住宅区等处选择适当场所设置公共信息栏,供市民发布个人信息,并负责管理和保洁。

任何单位和个人不得在树木、建筑物、构筑物、市政设施及地面上乱喷涂、乱刻画、乱张贴。

第二十一条　在建筑物、构筑物、广告设施以及道路、广场、绿地等处设置霓虹灯、射灯等景观灯光设施的,设置单位应当加强维护和管理,保持设施完好,并按规定的时间开启和关闭。

第二十二条　城市园林绿化养护单位应当及时对道路两侧的树木和草坪进行维护和修剪,及时清理绿地中的垃圾和废弃物,枯死、倒伏树木应当及时伐除和清理,保持树木和绿地整洁。

　　第二十三条　道路两侧的建筑物前,应当按照城市容貌标准的要求,选用透景、半透景的围墙、栅栏或者绿篱、花坛(池)、草坪作为分界,并保持整洁、美观;对不宜绿化的裸露地面应当进行铺装。

　　第二十四条　对影响市容的设施、设备及堆放的物品,无法通知和确认其所有权人或者管理人的,城市市容环境卫生行政主管部门应当发布公告,督促所有权人或者管理人自行清理。公告15日后仍未清理的,由城市市容环境卫生行政主管部门清理或者强制拆除。

第四章　环境卫生管理

　　第二十五条　城市市容环境卫生行政主管部门应当根据城市总体规划和城市环境卫生专项规划,参加城市公共、民用建筑中环境卫生设施配套工程的规划审查。

　　第二十六条　环境卫生设施的责任人,应当做好设施的维修、养护工作,并定期消毒,保持设施整洁、完好。

　　任何单位和个人不得擅自占用、封闭、损毁、迁移、拆除环境卫生设施或者改变环境卫生设施用途。

　　因建设需要必须拆除、迁移环境卫生设施的,建设单位应当在办理建设用地规划许可证前提出还建方案,经城市市容环境卫生行政主管部门批准后实施。

　　第二十七条　城市新区开发、旧区改造、房地产开发和公共建筑建设,应当按照城市环境卫生专项规划的要求,配套设置相应的环境卫生设施,所需费用纳入建设工程成本。

　　开发建设单位应当按照规划方案配套建设环境卫生设施,并与主体工程同时设计、同时施工、同时验收并交付使用。

　　任何单位和个人不得阻挠环境卫生设施建设,不得将规划确定的环境卫生设施用地移作他用。

　　第二十八条　城市市容环境卫生行政主管部门应当根据城市环境卫生专项规划,设置公共厕所。大中城市应当对原有旱式公共厕所制定改造计划,重点发展水冲式公共厕所。

　　非政府性投资新建单体水冲式公共厕所的,可以建设不超过公共厕所建筑面积的附属建筑,用于其他经营活动,投资单位或者个人拥有一定期限的经营权。

　　第二十九条　公共厕所设施及卫生条件应当符合国家标准。

　　车站、码头、商场、宾馆、饭店、旅游景区等公共场所及社会窗口服务单位的厕所应当免费对外开放。其他公共厕所未经批准不得收费。

　　第三十条　在城市市区内不得饲养鸡、鸭、鹅、兔、猪、羊、牛等家禽家畜。因教学、科研及其他特殊需要饲养的,应当经城市市容环境卫生行政主管部门批准。

禁止在阳台及门窗外等公共空间搭建鸽舍。

宠物在公共场所便溺的,饲养人应当即时清除。

第三十一条 占道经营的集贸市场,其经营单位应当设置垃圾收集容器和公共厕所,配备清扫保洁人员维护市场环境卫生。

集贸市场经营单位应当将集贸市场产生的垃圾自行送到城市市容环境卫生行政主管部门指定的垃圾处理场;自行运送有困难的,可以委托环境卫生专业单位有偿代运。

第三十二条 从事店面餐饮经营的,应当具备上下水设施。

单位和饮食业经营者产生的餐厨垃圾,应当按照城市人民政府的有关规定单独收集和处置,或者委托有关专业单位收集和处置,不得排入下水道。

第三十三条 生活垃圾应当按照城市市容环境卫生行政主管部门规定的时间、地点和方式倾倒。环境卫生专业单位应当按照规范收集、运输、处置生活垃圾,并日产日清。

单位或者个人收集、运输生活垃圾的,应当按照城市市容环境卫生行政主管部门指定的地点倾倒,并按要求密闭运输。

城市道路两侧、居住区、人流密集地区应当按规定设置果皮箱。

第三十四条 生活垃圾处理按照国家有关规定实行收费制度。产生生活垃圾的单位和个人应当按规定缴纳生活垃圾处理费,用于支付垃圾收集、运输和处理费用。

城市人民政府应当加快垃圾处理场建设,推进生活垃圾分类收集和减量化、无害化、资源化处理。对从事生活垃圾无害化、资源化处理的企业,应当实行环境保护产业优惠政策,按规定减免相关税费。

第三十五条 工业企业及医疗、科研等单位产生的工业固体废物或者危险废物,应当按照环境保护法律、法规的有关规定管理和处置,不得混入生活垃圾。

第三十六条 建筑垃圾不得擅自堆放、倾倒或者混入生活垃圾。

从事建筑垃圾运输的单位应当到城市市容环境卫生行政主管部门办理建筑垃圾准运证,并按照城市市容环境卫生行政主管部门指定的时间、路线运送到指定的场地倾倒。

第三十七条 居民装修房屋产生的垃圾,应当在居民委员会或者物业服务单位指定的地点堆放,并承担清运的费用。居民委员会或者物业服务单位应当及时委托环境卫生专业单位,将居民装修房屋产生的垃圾运至城市市容环境卫生行政主管部门指定的场所处置。

第三十八条 道路维修、供排水工程、园林植物修剪、供电线路维护等产生的废弃物,施工单位应当及时清理,不得乱堆乱放。

第三十九条 禁止下列影响环境卫生的行为:

(一)随地吐痰、便溺。

(二)乱扔果皮、纸屑、烟蒂、口香糖、塑料袋等废弃物。

(三)不按规定的时间、地点倾倒垃圾、污水、粪便,乱扔动物尸体。

(四)未按批准的时间、地点从事露天烧烤经营。

(五)在露天场所、垃圾收集容器内焚烧枝叶、垃圾或者其他废弃物。

(六)占用道路、广场经营性维修、清洗机动车辆,或者在室内清洗机动车辆向室外排放污水。

(七)在室外(不含集贸市场内)屠宰畜禽。

(八)有损环境卫生的其他行为。

第五章 法律责任

第四十条 市容环境卫生责任人未按要求履行义务的,由城市市容环境卫生行政主管部门责令限期履行,并可建议其上级机关对直接负责的主管人员给予处分。逾期未履行市容环境卫生责任的,处以 200 元以上 1000元以下罚款。

第四十一条 违反市容管理规定,有下列行为之一的,由城市市容环境卫生行政主管部门按照以下规定处理:

(一)在主要街道两侧建筑物阳台外或者窗外吊挂、摆放影响观瞻的物品的,责令改正;拒不改正的,处以 100 元以上 200 元以下罚款。

(二)擅自对主要街道两侧的建筑物进行门窗改建、外部装修、搭建或者封闭阳台的,责令停止违法行为、恢复原状,并处以 1000 元以上 5000 元以下的罚款。

(三)擅自占用道路、人行过街天桥和地下通道、广场周边摆摊设点、堆放物料的,责令停止违法行为,限期改正;逾期未改正或者继续违法行为的,处以 50 元以上 200 元以下罚款,并可以暂扣其经营器具。

(四)在道路两侧及广场周边进行店外经营、作业、展示商品、摆放物品的,责令停止违法行为,限期清理;逾期未清理或者继续违法行为的,可以暂扣其经营器具,并处以 200 元以上 500 元以下罚款。

(五)在护栏、电线杆、树木、绿篱、围墙等处晾晒衣物、吊挂物品的,责令改正;拒不改正的,处以 100 元的罚款。

(六)施工现场出入口未按规定硬铺装、不设置封闭性护栏或者围墙遮挡的,停工场地未及时整理并做必要覆盖的,责令限期改正;逾期未改正的,处以 2000 元以上 5000 元以下罚款。

（七）工程竣工后未及时清除废弃物料、拆除临时设施或者铺装施工场地的，责令限期改正；逾期未改正的，处以 20000 元以上 50000 元以下罚款。

（八）未对驶出施工现场的车辆轮胎进行清洗，污染道路的，运输建筑垃圾及散装货物、液体货物的车辆不密闭运输，遗撒、泄漏污染道路的，按每辆车处以 500 元以上 1000 元以下罚款；拒不接受处理，情节严重的，可以滞留车辆。

（九）未经批准设置户外牌匾、广告标牌等户外设施的，处以 500 元以上 2000 元以下罚款，并责令限期拆除；逾期不拆除的，依法强制拆除。

（十）在树木、建筑物、构筑物、市政设施及地面上乱喷涂、乱刻画、乱张贴的，责令清除，并处以每处 200 元以上 500 元以下罚款。在喷涂、刻画、张贴的内容中公布通信工具号码的，通知通信部门按照有关规定处理。

第四十二条　违反环境卫生管理规定，有下列行为之一的，由城市市容环境卫生行政主管部门按照以下规定处理：

（一）擅自占用、封闭、损毁、迁移、拆除环境卫生设施的，责令恢复原状或者按价赔偿，并处以 1000 元以上 5000 元以下罚款。

（二）未经批准，擅自改变环境卫生设施用途的，责令限期改正，并处以环境卫生设施造价二倍的罚款。

（三）未按规定配套建设环境卫生设施的，处以应建设施工程造价五倍的罚款。

（四）车站、码头、商场、宾馆、饭店、旅游景区等公共场所及社会窗口服务单位的厕所未免费对外开放的，责令限期改正；逾期未改正的，处以 3000 元以上 5000 元以下罚款。

（五）未经批准养殖家禽家畜的，责令限期改正；逾期未改正的，处以每只 50 元的罚款。

（六）在公共空间搭建鸽舍的，责令限期改正；逾期未改正的，依法强制拆除。

（七）宠物在公共场所便溺，饲养人未即时清除的，责令改正；拒不改正的，处以 100 元罚款。

（八）占道经营的集贸市场未设置垃圾收集容器和公共厕所，或者不具备上下水设施从事店面餐饮经营的，责令限期改正；逾期未改正的，责令停业。

（九）未按规定收集、处置餐厨垃圾的，处以 100 元以上 500 元以下罚款。

（十）将工业固体废物或者危险废物混入生活垃圾的，处以 5000 元以上 10000 元以下罚款。

（十一）未申办建筑垃圾准运证运输建筑垃圾的，处以每车 500 元以上 2000 元以下罚款。

（十二）擅自倾倒建筑垃圾的，责令改正，按每车 2000 元以上 5000 元以下处以罚款，并可以滞留运输工具。

（十三）居民装修房屋产生的垃圾未按规定运至指定场所处置的，责令改正；拒不改正的，处以每吨 200 元的罚款。

（十四）乱扔果皮、纸屑、烟蒂、口香糖、塑料袋等废弃物的，责令自行清除。拒不清除的，或者随地吐痰、便溺的，处以 20 元以上 100 元以下罚款。

（十五）不按规定的时间、地点倾倒垃圾、污水、粪便，乱扔动物尸体的，责令自行清除，并处以 50 元以上 200 元以下罚款；情节严重的，处以 200 元以上 1000 元以下罚款。

（十六）未按批准的时间、地点从事露天烧烤经营的，处以 200 元以上 1000 元以下罚款。造成地面等处环境卫生污染的，责令恢复原状，并可以暂扣其烧烤设备。

（十七）在露天场所或者垃圾收集容器内焚烧枝叶、垃圾或者其他废弃物的，处以 50 元以上 200 元以下罚款。对垃圾容器造成损毁的，责令按价赔偿。

（十八）占用道路、广场经营性维修、清洗机动车辆，或者在室内清洗机动车辆向室外排放污水的，责令改正，并处以 500 元以上 2000 元以下罚款。

（十九）从事室外(不含集贸市场内)畜禽屠宰的，责令停止违法行为，没收屠宰工具及已屠宰的畜禽。有违法所得的，处以违法经营额一倍以下罚款；情节严重的，处以违法经营额一倍以上三倍以下罚款。

第四十三条 城市市容环境卫生行政执法人员在执法过程中有下列行为之一的，依法给予行政处分；构成犯罪的，依法追究刑事责任：

（一）未依照法定权限和程序执法的。

（二）利用职权乱收费、乱罚款、乱采取行政强制措施的。

（三）收费、收缴罚款未使用专用票据的。

（四）故意损坏、擅自处理或者侵占当事人物品的。

（五）打骂、侮辱当事人的。

（六）对违反本条例的行为不及时处理的。

（七）滥用职权、徇私舞弊的。

违反前款规定，给当事人造成损失的，应当依法予以赔偿。

第四十四条 侮辱、殴打城市市容环境卫生行政执法人员或者阻挠其执行公务的，由公安机关依照《中华人民共和国治安管理处罚法》等有关法律规定处理。

第六章 附　　则

第四十五条　本条例所称的主、次干道和主要街道的范围,由城市人民政府按照城市道路标准划定并公告。

第四十六条　县级人民政府所在地以外的建制镇的市容和环境卫生管理工作,参照本条例执行。

第四十七条　本条例自 2007 年 12 月 1 日起 施行。黑龙江省人民政府 1993 年 11 月 17 日 发布的《黑龙江省实施〈 城市市容和环境卫生管理条例 〉办法》同时废止。

黑龙江省唐渤海国上京龙泉府遗址保护条例

(2006年6月9日黑龙江省第十届人民代表大会常务委员会
第二十一次会议通过 根据2015年4月17日黑龙江省第十
二届人民代表大会常务委员会第十九次会议《关于废止和修
改〈黑龙江省文化市场管理条例〉等五十部地方性法规的决
定》修正 根据2016年12月16日省十二届人大常委会第三
十次会议《黑龙江省人民代表大会常务委员会关于废止和修
改〈黑龙江省特种设备安全监察条例〉等44部地方性法规的
决定》第二次修正)

第一条 为加强唐渤海国上京龙泉府遗址的保护和利用,根据《中华
人民共和国文物保护法》等有关法律、行政法规,结合本省实际,制定本
条例。

第二条 本条例所称唐渤海国上京龙泉府遗址(以下简称渤海上京遗
址),是指位于宁安市境内的唐渤海国上京龙泉府都城遗址和渤海镇、三灵
乡涉及的三灵坟等渤海遗迹。

第三条 渤海上京遗址是全国重点文物保护单位。对渤海上京遗址的
保护以及在渤海上京遗址保护区域内从事生产、建设、旅游和其他活动的单
位和个人,应当遵守本条例。

第四条 渤海上京遗址的保护应当坚持保护为主、抢救第一、合理利
用、加强管理的方针,确保渤海上京遗址的真实性和完整性。

第五条 省人民政府应当加强对渤海上京遗址的保护工作,并实行统
一领导。

牡丹江市人民政府、宁安市人民政府和渤海镇及三灵乡人民政府应当
做好与渤海上京遗址保护相关的工作。

渤海上京遗址的保护事业应当纳入省、牡丹江市、宁安市国民经济和社
会发展规划。

第六条 省文化(文物)行政部门是渤海上京遗址保护工作的主管
部门。

牡丹江市、宁安市文化(文物)行政部门协助省文化(文物)行政部门做
好渤海上京遗址保护的业务指导和监督工作。

建设（规划）、交通、财政、发展与改革、国土资源、环境保护、水务、旅游、公安、农业、科技、林业等部门和镜泊湖风景名胜区、自然保护区管理机构在各自职责范围内，做好渤海上京遗址保护工作。

第七条　宁安市人民政府具体负责渤海上京遗址的保护、管理和利用等工作。

宁安市渤海上京遗址保护管理机构负责对渤海上京遗址的日常检查、养护、修缮、安全保卫等工作。

第八条　省文化（文物）行政部门应当组织编制渤海上京遗址保护规划，经国务院文物行政部门同意后，由省人民政府批准。

渤海上京遗址保护规划应当与土地利用总体规划、城乡建设规划和镜泊湖风景名胜区总体规划相衔接。

任何单位和个人应当遵守渤海上京遗址保护规划，不得擅自改变。

第九条　渤海上京遗址的保护经费以政府投入为主。鼓励、支持社会力量和个人捐赠。

第十条　渤海上京遗址的保护经费、专项资金、事业性收入、国内外捐赠的资金和物品以及其他款项，应当专门用于渤海上京遗址保护，不得挪作他用。

第十一条　对保护渤海上京遗址做出突出贡献的单位和个人，政府和有关部门应当给予表彰或者奖励。

第十二条　渤海上京遗址的保护区域分为保护范围和建设控制地带。保护范围分为特别保护区、重点保护区和一般保护区。

省人民政府应当依照保护区域的规定，设置保护标志、界桩或者说明。

第十三条　特别保护区：

（一）外城垣、内城垣及其内外两侧各5米以内；

（二）宫城、宫城垣及其外侧10米以内；

（三）御花园及其园墙外侧5米以内；

（四）外城内外渤海时期建筑台基及其周边5米以内；

（五）现兴隆寺围墙内全部及其围墙外侧5米以内；

（六）三灵坟陵园围墙内全部及其围墙外侧5米以内；

（七）内城中"横街"、"天街"及其两侧5米以内；

（八）内城中"点将台"、"水牢"外围5米以内；

（九）外城二处舍利函出土址及其外围5米以内。

第十四条　重点保护区：

（一）外城垣两侧、内城垣两侧、御花园围墙外侧距垣墙5至20米的范围；

（二）宫城外至内城内的全部区域；

（三）外城内外渤海时期建筑台基周边 5 至 10 米的范围；

（四）外城内主要道路与街坊遗址；

（五）外城内南北中轴线大街，南北长 2822 米，东西宽 110.5 米；

（六）南北中轴线大街东 200 米西 500 米以内的里坊遗址；

（七）内城"天街"、"横街"两侧 5 至 10 米的范围；

（八）内城"点将台"、"水牢"及其外城二处舍利函址外围 5 至 10 米的范围；

（九）御花园东侧 500 米以内；

（十）三灵坟陵园围墙外 5 至 10 米以及神道的范围。

第十五条 一般保护区：

（一）除特别保护区和重点保护区的都城遗址外城垣外侧 20 米以内的全部区域；

（二）三灵坟陵园围墙外围 10 至 50 米的范围。

第十六条 建设控制地带：

（一）渤海上京外城垣起，东界至 201 国道渤海路口公路建筑控制区边线、向南依 201 国道公路建筑控制区边线为界、向北直线至牡丹江河道管理范围外缘。南界从 201 国道公路建筑控制区边线向西转弯处起向西，沿外城南垣外 800 米距离平行向西至牡丹江河道管理范围外缘。西界、北界均至牡丹江河道管理范围外缘。河道管理范围外缘，有堤防的，以堤防背水面坡脚以外 30 米确定；无堤防的按历史最高洪水位或者设计洪水位确定。

（二）渤海至沙兰公路以东，现三星村建制范围。

第十七条 新发现的遗迹，需要划入保护区域的，由省人民政府批准公布，并对渤海上京遗址保护规划做出相应调整。

第十八条 在特别保护区内，禁止进行与文物保护无关的一切动土及其他影响文物安全的活动。

第十九条 在重点保护区内，禁止与文物保护无关的下列行为：

（一）挖沟、取土、筑路、打井、建房、修坟、深翻、平整土地、采伐树木、放牧等；

（二）存放易燃品、爆炸品；

（三）破坏地貌、文化层及危及文物安全的其他活动。

因特殊情况需要进行上述活动的，必须由省文化（文物）行政部门征得国务院文物行政部门同意后，报省人民政府批准。

建筑物、构筑物损毁或者灭失，按照渤海上京遗址保护规划的有关规定在保护区外异地重建。

第二十条 在一般保护区内，不得修建与渤海上京遗址保护规划相违背的建筑物和构筑物，因特殊情况需要建设的，按照本条例第十九条第二款的规定办理。

在一般保护区内,城镇和村屯以外的区域不得进行改变或者破坏地貌、风貌、环境等工程活动。

第二十一条　在建设控制地带内,禁止建设破坏渤海上京遗址历史风貌和造成环境污染的设施。

在建设控制地带内进行建设工程的,工程设计方案应当经国务院文物行政部门同意后,按照法定程序批准实施。

第二十二条　在保护范围内,不得污损、移动、拆除、破坏渤海上京遗址保护标志、界桩或者说明,不得破坏、擅自砍伐花草树木。

在保护范围内进行爆破、钻探、挖掘等作业以及其他建设工程的,应当经国务院文物行政部门同意后,由省人民政府批准。

第二十三条　保护范围内的现有土地没有划归国有文物保护用地的,应当维持现有土地使用状况;确需改变的须经省文化(文物)行政部门同意后,按照法定程序批准。

根据渤海上京遗址保护工作需要,可以依法动迁房屋,征收农民集体所有的土地。动迁房屋,征收农民集体所有的土地应当依法给予安置、补偿。

保护范围内的土地使用者应当依法承担文物保护责任。

第二十四条　在保护范围内的建筑物、构筑物,危害文物安全、破坏渤海上京遗址历史风貌的,应当限期拆除或者按照渤海上京遗址保护规划改造。

第二十五条　在保护范围和建设控制地带内,应当按照与渤海上京遗址保护规划相协调的原则依法编制村镇建设规划。

未列入村镇建设规划的建设项目,应当经省文化(文物)行政部门同意后,按照法定程序批准实施。

第二十六条　在保护范围和建设控制地带内进行的建设项目,应当依法事先进行文物调查、勘探,其文物调查、勘探、发掘费用,由建设单位列入建设工程预算。

第二十七条　在保护范围和建设控制地带内进行的考古发掘,由省文化(文物)行政部门报国务院文物行政部门审核,经国务院批准后,组织具有考古发掘资质的单位实施。

禁止任何单位或者个人私自发掘文物。

第二十八条　因制作出版物、音像制品以及其他需要,在保护范围内拍摄影像资料,应当在渤海上京遗址保护管理机构工作人员的监督下进行。

第二十九条　渤海上京遗址的利用,应当按照有利于文物保护的原则进行。任何单位和个人不得将渤海上京遗址组成部分租赁、承包、转让、出借给个人、社会团体或者企事业单位经营。

第三十条　违反本条例规定,由县级以上人民政府文化(文物)行政部门按照下列规定予以处罚:

(一)在特别保护区内擅自动土施工的,责令停止施工,处五万元以下罚款;造成严重后果的,处五万元以上五十万元以下罚款。

(二)在重点保护区内非法进行建设的,责令停止施工,拆除违法建筑,恢复原貌,处一万元以下罚款;造成严重后果的,处五万元以上二十万元以下罚款。

(三)在一般保护区和建设控制地带内,未经批准进行工程建设的,责令停止施工,拆除违法建筑,恢复原貌,处五千元以下罚款;造成严重后果的,处五万元以上十万元以下罚款。

(四)将渤海上京遗址组成部分租赁、承包、转让、出借给个人、社会团体或者企事业单位经营的,责令改正,没收违法所得,违法所得一万元以上的,处违法所得二倍以上五倍以下的罚款;违法所得不足一万元的,处五千元以上二万元以下的罚款。

第三十一条　违反本条例规定,由宁安市渤海上京遗址保护管理机构按照下列规定予以处罚:

(一)非法污损、移动、拆除、破坏渤海上京遗址保护标志、界桩或者说明,以及破坏、砍伐渤海上京遗址的花草树木的,责令改正,处二百元以下罚款;造成损失的,应当依法予以赔偿。

(二)在重点保护区除正常的农业生产外,擅自改变地貌、扩大耕种面积或者进行其他违法活动的,给予警告,处一百元以上一千元以下罚款。

第三十二条　国家工作人员滥用职权、玩忽职守、徇私舞弊等行为造成渤海上京遗址文物损毁、流失的,由其主管机关对直接负责的主管人员和其他直接责任人员依法给予行政处分。

第三十三条　本条例自 2006 年 10 月 1 日起施行。

黑龙江省草原条例

(2005 年 8 月 19 日黑龙江省第十届人民代表大会常务委员会
第十六次会议通过 根据 2016 年 12 月 16 日省十二届人大常
委会第三十次会议《黑龙江省人民代表大会常务委员会关于
废止和修改〈黑龙江省特种设备安全监察条例〉等 44 部地方
性法规的决定》修正)

第一章 总 则

第一条 为了保护和合理利用草原,发展现代畜牧业,维护生态平衡,
推进经济和社会的可持续发展,根据《中华人民共和国草原法》,结合本省
实际,制定本条例。

第二条 在本省行政区域内从事草原保护、管理、建设和利用以及承包
经营等活动,适用本条例。

本条例所称草原,是指具有草原生态功能或者适用于畜牧业生产的天
然草原和人工草地。天然草原包括草地、草山和草坡,人工草地包括改良草
地和退耕还草地。

第三条 省草原行政主管部门主管全省草原监督管理工作,并负责组
织实施本条例。

市(行署,下同) 、县(市 ,下同)草原行政主管部门主管本行政区域内
的草原监督管理工作。县以上草原行政主管部门根据《中华人民共和国草
原法》的规定设立草原监理机构,负责草原法律、法规执行情况的监督检
查,对违反草原法律、法规的行为进行查处。

省农垦总局 、省 森林工业总局负责本系统内草原的管理工作,并接受
省草原行政主管部门的业务指导和监督。

第四条 县以上人民政府应当将草原保护、管理和建设纳入国土整治
和国民经济发展总体规划,并 实行各级人民政府 领导负责制和责任追究
制,确保全省草原资源总量不减少。

第二章 保护与利用

第五条 县以上草原行政主管部门会同有关部门定期对草原权属、土

壤类型、草原类型、植被状况、牧草产量、利用现状、灾害发生等情况进行调查,绘制草原现状图,为编制草原规划提供依据。

第六条 县以上人民政府应当依法组织划定基本草原,建立档案,绘制基本草原分布图,由市以上 草原行政主管部门 组织验收后,设立保护标志,予以公告,并报省草原行政主管部门备案。

基本草原面积不得少于草原面积的百分之八十。

第七条 禁止在草原上实施下列行为:

(一)开垦草原,进行非草原建设;

(二)种植一年生牧草和饲料作物;

(三)毁坏围栏等草原建设设施;

(四)挖草皮、挖草炭、挖草垡、烧生石灰;

(五)建造坟墓;

(六)向草原倾倒生活垃圾、工程废料、残土、废渣等废物;

(七)向草原排放污水;

(八)以排水、截水等方式浸淹草原;

(九)在割草地放牧牲畜;

(十)在基本草原上以推挖土、采砂、采挖野生植物等方式破坏草原植被;

(十一)其他破坏草原的行为。

第八条 在基本草原以外的草原上推挖土、采砂、采挖野生植物等,应当报所在市、县 草原行政主管部门 批准,在批准的地点、范围内进行,作业期满后应当立即恢复植被。

建设单位在草原上修建道路和渠道时,应当修建足够的排水设施。

第九条 县以上 草原行政主管部门应当 对违法开垦的草原进行清理,责令违法开垦草原的单位和个人限期退耕还草。

第十条 松嫩平原的草原和其他已经严重退化、沙化、碱化的草原禁止放牧;松嫩平原以外中、轻度退化的草原实行季节性休牧。

松嫩平原草原的禁牧计划由省人民政府制定,由县以上人民政府组织实施。其他草原休牧、禁牧的区域,由县以上人民政府确定,提前一年予以公告,并向上级草原行政主管部门备案

实行休牧、禁牧的草原,草原使用权单位应当设立休牧、禁牧标志。

第十一条 松嫩平原以外的禁牧草原,植被达到盖度不低于百分之八十、可利用牧草所占比例不低于百分之五十时,草原使用权单位可以提出申请,经市、县 草原行政主管部门 核定后,由市、县人民政府发布解禁令解除禁牧。

解除禁牧的草原,草原使用单位应当严格按照本条例规定实行休牧或

者划区轮牧。

第十二条　每年三月十五日至六月十五日为春季草原防火期,九月十五日至十一月十五日为秋季草原防火期。县以上人民政府可以根据气候变化决定提前进入或者延长防火期。

第十三条　县以上人民政府应当加强鼠、虫灾害监测与防治工作,注重对鼠、虫天敌的保护和利用。草原面积较大的县草原行政主管部门应当建立鼠、虫害预测预报站点,监测鼠、虫发生发展动态,及时发布鼠、虫害预报,指导防治。

第十四条　县以上草原行政主管部门应当根据草原类型,确定割草场的割草期和留茬高度;依据放牧场牧草产量、单位时间内牧草生长量、国家颁布的草原载畜量标准,定期核定放牧草原的放牧强度、载畜量,确定轮牧周期和放牧天数。严禁超过核定的载畜量和放牧强度放牧牲畜。

县以上草原行政主管部门或者草原监理机构应当定期对草原保护利用情况进行监督检查,及时制止破坏草原植被和掠夺性利用的行为。

第十五条　各级人民政府应当根据当地的草食牲畜饲养量,确定饲草饲料年需要量,通过调剂牧草供给、扩大青贮和饲草饲料种植面积,发展草业生产,实现草畜平衡。

第十六条　各级人民政府应当组织有关部门做好草食牲畜舍饲圈养规划。

草原行政主管部门应当引导养畜户舍饲圈养、编制不同畜种的舍饲圈养技术规程,指导养畜户调整畜群品种和结构。

第十七条　矿藏开采和工程建设,确需征用或者使用草原的,应当经省草原行政主管部门审核同意后,按照国家土地管理法律、法规的规定办理用地审批手续,在工程实施前由用地单位依法支付补偿费、植被恢复费、附着物补偿费和当年草原应有收益以及承包者进行草原建设和改良的实际投入。

补偿费按照草原年产值的三十倍支付,植被恢复费按照国家规定支付;附着物补偿费和当年草原应有收益以及承包者进行草原建设和改良的实际投入按照实际损失合理支付。

征用集体所有的草原的补偿费归农村集体经济组织所有;植被恢复费由草原行政主管部门收取,用于恢复草原植被;其他补偿费应当支付给草原承包经营者。

国家所有确定给全民所有制单位、集体经济组织使用的草原补偿费的百分之五十上交同级财政,专户管理,由市、县草原行政主管部门制定使用计划,全额用于草原保护和建设;其余百分之五十留给全民所有制单位或者集体经济组织使用。

  第十八条 未经批准,任何单位和个人不得 将草原改为其他农用地。因项目建设确需将草原转为其他农用地的,应当经省草原行政主管部门审核同意报省人民政府批准,并由项目建设单位支付补偿费、附着物补偿费和当年草原应有收益以及承包经营者进行草原建设和改良的实际投入;占用基本草原的,项目建设单位还应当支付植被恢复费。

  第十九条 因地质普查、勘探、工程建设以及其他需要临时使用草原的,应当经县以上草原行政主管部门审核同意,并收取恢复植被保证金。

  临时使用草原单位应当按照批准的地点、面积、使用方式使用,并给予草原使用权单位补偿。在使用期满后,应当恢复草原植被。县以上草原行政主管部门对恢复植被的,应当及时退还恢复植被保证金;对未恢复植被的,用保证金代为恢复。恢复植被保证金的标准由草原行政主管部门根据恢复草原植被所需费用确定。

  第二十条 占用草原修建直接为草原保护和畜牧业生产服务的工程设施,面积在一千平方米以下的由县草原行政主管部门批准;面积在一千平方米以上五千平方米以下的由市草原行政主管部门批准;面积在五千平方米以上的由省草原行政主管部门批准。

  第二十一条 申请本条例第八条、第十七条、第十八条、第十九条、第二十条规定的行政许可的,应当具备以下条件:

  (一)该行为必须在拟使用的草原上进行,有明确的使用面积和期限;

  (二)实施该行为对周边草原环境无影响或者虽有一定影响,经申请单位采取措施后,可消除影响;

  (三)该行为已经征得草原使用权单位或者承包经营者同意;

  (四)本条例第十七条、第十八条规定的行为具有审批部门的批准意见;

  (五)本条例第八条、第十九条规定的行为完成后,通过采取措施能够立即恢复原有植被;

  (六)法律、法规规定的其他条件。

  草原行政主管部门受理申请后,经对上述条件进行评估和审查,在二十日内作出是否许可的决定。二十日内不能作出决定的,经受理单位负责人批准,可以延长十日。在延长期后仍未做出决定的,视为同意。

第三章 承包经营

  第二十二条 依法确定给集体经济组织使用的国家所有草原和集体所有草原,实行承包经营制度。

  国家所有草原使用权的转让应当经过县以上人民政府批准,收回原草原使用权证,重新核发草原使用权证。

第二十三条 集体所有的草原或者依法确定给集体经济组织使用的国家所有的草原,可以由本集体经济组织内的家庭或者联户承包经营。其承包期限为三十年至五十年。

第二十四条 集体经济组织内部无人承包的草原,经过集体经济组织成员的村民会议三分之二以上成员或者三分之二以上村民代表的同意,并报乡(镇)人民政府批准,可以采取公开竞价招标等方式承包。其承包合同应当约定双方的权利义务、承包期限和违约责任等。

在承包期内,承包方违反法律、法规规定使用草原或者不履行合同规定义务的,发包方可以终止或者解除合同。

第二十五条 集体所有的草原和依法确定给集体经济组织使用的国家所有的草原由使用该草原的集体经济组织发包。

承包经营草原,发包方和承包方应当签订草原承包合同。草原承包合同样式应当统一,由省草原行政主管部门公示。

第二十六条 草原承包经营应当实行有偿使用和生态效益优先的原则,鼓励适度规模经营。

本集体经济组织成员可以依法行使承包或者放弃承包草原的权利。

承包方案应当经集体经济组织成员的村民会议三分之二以上成员或者三分之二以上村民代表的同意。

第二十七条 草原承包应当按照以下程序进行:

(一)本集体经济组织成员的村民会议选举产生承包工作小组;

(二)承包工作小组依照法律、法规规定拟订承包方案;

(三)召开集体经济组织成员的村民会议或者村民代表会议,讨论通过承包方案,并将承包方案公示七日;

(四)拟定草原承包合同;

(五)依照承包方案公开组织实施草原承包,并签订承包合同。

发包方负责在十五日内将签订的承包合同报市、县草原行政主管部门备案,草原行政主管部门发现承包合同有违法或者违反本条例规定的,应当修订。

第二十八条 承包方向发包方交纳草原承包费。草原承包费应当根据草原前三年的平均产量、质量、位置等因素合理确定,并经集体经济组织成员的村民会议三分之二以上成员或者三分之二以上村民代表同意。

依法确定给集体经济组织使用的国家所有草原的承包费,按市、县百分之二十、乡百分之二十、村百分之六十的比例分别使用,全额用于草原保护和建设。

第二十九条 草原承包经营权通过竞价招标等方式取得的,该承包人死亡,其应得的承包收益,依照继承法的规定继承;在承包期内,其继承人可以继续承包。

第三十条 草原承包经营权受法律保护。

承包方可以依法按照自愿、有偿的原则,采取转包、出租、互换、转让方式流转,并由双方当事人依法签订书面合同。采取转让方式流转的,应当经发包方同意;采取转包、出租、互换方式流转的,应当书面通知发包方。

第三十一条 承包方应当按照法律、法规的规定保护和使用草原,严格履行承包合同约定的义务并承担相应的违约责任。

第三十二条 县以上草原行政主管部门应当对草原承包活动进行监督指导,对承包活动违反本条例规定或者合同内容不完善、不符合法律法规规定的,应当提出限期整改意见。

第三十三条 全民所有制单位使用的国家所有的草原,可以实行承包经营。

未确定使用权的国家所有的草原,市、县人民政府应当登记造册,由县草原行政主管部门负责保护、管理、建设和利用,并可以直接组织发包,所得收益上缴同级财政、专户管理,全额用于草原保护和建设。

第四章　建设责任与草种管理

第三十四条 县以上人民政府应当根据草原保护、建设、利用规划,在本级国民经济和社会发展计划中安排资金用于草原保护建设。草原退化、沙化、盐碱化和水土流失严重的,应当划定治理区,组织专项治理。

由政府投资进行的草原建设项目,应当符合草原保护、建设、利用总体规划,并报上级草原行政主管部门备案。

第三十五条 草原承包方应当采取补播、松土、灌溉、施肥等不翻耕草地的措施,开展草原建设;因草原建设确需翻耕草地的,应当选择适合当地气候、土壤、水肥条件的牧草品种,事前将整地时间、地点、面积、播种日期以及所播品种报市、县草原监理机构备案。

草原使用权单位应当监督承包方履行改良建设草原义务,保证草原牧草产量稳步提高。年亩产干草量低于二十五千克的草原,县以上草原行政主管部门应当责令草原使用权单位采取具体措施改良建设。

第三十六条 县以上人民政府应当加强草原管理专业技术人才的培养和使用,组织科研部门结合本地区实际情况,开展草原退化机理、生态演替规律等基础性研究,加强草原生态系统恢复与重建的宏观调控技术、优质抗逆牧草品种选育等关键技术的研究和开发,积极推广草原科研成果。

第三十七条 县以上草原行政主管部门负责草种的管理工作。

生产或者经营草种的,应当提出申请,经所在市、县草原行政主管部门审核,报省草原行政主管部门核发草种生产许可或者经营许可。

市、县草原行政主管部门受理生产或者经营草种申请后,应当在二十日内审核完毕;省草原行政主管部门接到市、县草原行政主管部门审核意见后应当在二十日内作出是否许可的决定。

草种经营者凭草种经营许可证向工商行政管理部门申请办理营业执照或者变更经营范围。

第三十八条 申请领取草种生产许可的单位和个人,应当具备下列条件:

(一)具有繁殖草种的隔离和培育条件;

(二)具有无检疫性病虫害的草种生产地点;

(三)具有与草种生产相适应的资金、生产、筛选、检验设施;

(四)具有草原生产和检验的技术人员;

(五)法律、法规规定的其他条件。

申请领取具有种权的草种生产许可证的,应当征得草种权人的书面同意。

第三十九条 申请领取草种经营许可的单位和个人,应当具备下列条件:

(一)具有与经营草种种类和数量相适应的资金以及独立承担民事责任的能力;

(二)具有能够正确识别所经营的草种、检验草种质量、掌握草种贮藏、保管技术的人员;

(三)具有与经营草种的种类、数量相适应的营业场所以及加工、包装、贮藏保管设施和检验草种质量的仪器设备;

(四)法律、法规规定的其他条件。

第四十条 采集野生草种的应当在采收期内进行。野生草种的采收期由县以上草原行政主管部门根据当地气候和牧草生长情况确定并公布。

经营省外不同生态适宜区的草种作为多年生草种使用的,应当进行两年以上引种试验,由省草原行政主管部门对其牧草产量、质量、越冬、病害等生态适宜性定期进行审查,并根据需要组织论证,应当在审查结束后二十日内作出是否批准的决定。

第四十一条 禁止生产、经营假、劣和未经审定的草种。

下列草种为假草种:

(一)以非草种冒充草种或者以此品种冒充他品种的;

(二)草种种类、品种、产地与标签标注的内容不符的。

下列草种为劣草种:

(一)质量低于国家规定的种用标准的;

(二)质量低于标签标注指标的;

（三）因变质不能作种子使用的；

（四）杂草种子的比率超过规定的；

（五）带有国家和省规定检疫对象的有害生物的。

县以上草原行政主管部门可以委托草种检验机构对生产、经营的草种进行质量检验。

第五章　法律责任

第四十二条　县以上草原行政主管部门和草原监理机构工作人员有下列行为之一的，由其所在单位或者有关主管部门依法 给予行政处分：

（一）对违法开垦草原或者破坏草原不依法查处的；

（二）对承包活动存在违反法律规定行为予以包庇或者不依法处理，造成严重后果的；

（三）办理草原权属证书或者许可过程中徇私舞弊的；

（四）挪用草原承包费、草原补偿费、草原植被恢复费的；

（五）其他违反本条例规定职责的行为。

第四十三条　违反本条例规定，有下列行为之一的，由县以上草原监理机构责令停止违法行为，限期恢复草原植被，没收非法财物和违法所得，并按下列规定处罚：

（一）开垦草原或者在草原种植一年生牧草和饲料作物的，处以违法所得一倍以上五倍以下的罚款；没有违法所得的，处以每平方米二元以上三元以下的罚款，罚款总额最高不得超过五万元 ；

（二）毁坏草原建设设施的，责令限期修复，处以一万元以下的罚款；

（三）在草原上挖草皮、挖草炭、挖草垡、烧生石灰的，处以每平方米五十元的罚款；

（四）在草原上建造坟墓的，责令限期迁出，处以每平方米一百元的罚款；

（五）向草原倾倒生活垃圾、工程废料、残土、废渣等废物的，责令限期清除，处以每平方米五十元的罚款；

（六）向草原排放污水的，处以每平方米三十元的罚款；

（七）以排水、截水等方式浸淹草原的，处以每平方米二十元的罚款；

（八）在基本草原上以推挖土、采砂等方式破坏草原植被的，或者未经批准、未在指定的非基本草原上以推挖土、采砂等方式破坏草原植被的，处以违法所得一倍以上二倍以下的罚款；没有违法所得的，处以每立方米土方一百元的罚款 ，罚款总额最高不得超过二万元；

（九）在基本草原上采挖 野生植物破坏草原植被的，或者未经批准、未在指定的非基本草原上采挖野生植物破坏草原植被的，处以违法所得一倍以上五倍以下的罚款;没有违法所得的,处以每千克鲜物质五十元以上一百元以下的罚款 ,罚款总额最高不得超过五万元。

第四十四条　违反本条例规定,有下列行为之一的,由县以上 草原监理机构 责令停止放牧,处以每次每羊单位十元的罚款:

(一)在割草地放牧牲畜的;

(二)在休牧、禁牧的草原上进行放牧牲畜的;

(三)超过核定的载畜量和放牧强度放牧牲畜的。

第四十五条　违反本条例规定,有下列行为之一的,由县以上 草原监理机构 责令停止违法行为, 退还草原,限期恢复草原植被,处 以 每平方米二十元 的罚款:

(一) 未经批准占用或者使用草原的 ;

(二)非法将草原改为其他农用地或者项目建设未经省人民政府批准,将草原转为其他农用地的;

(三) 未按批准的地点、面积、使用方式和使用期限使用草原的。

第四十六条　违反本条例规定对正在使用机械和设备开垦和破坏草原的,县以上草原行政主管部门可以暂扣其使用机械和设备,并处五千元以下的罚款。对开垦和破坏草原行为处罚后,应当及时返还其机械和设备。

第四十七条　县以上草原监理机构责令限期恢复草原植被,当事人拒不执行的,县以上草原监理机构 应当采取措施强行恢复植被,恢复植被所发生的实际费用由当事人承担。当事人拒不承担其费用的, 县以上草原监理机构可以向人民法院提起诉讼。

第四十八条　违反本条例规定,有下列行为之一的,由县以上草原行政主管部门责令停止违法行为,没收种子和违法所得,可以并处违法所得一倍以上五倍以下罚款;没有违法所得的,处二千元以上五万元以下罚款;情节严重的,可以报发证机关批准,吊销其种子生产许可证或者种子经营许可证:

(一)生产、经营假、劣草种的;

(二)未取得种子生产许可证或者伪造、变造、买卖、租借种子生产许可证以及未按照种子生产许可证的规定生产种子的;

(三)未取得种子经营许可证或者伪造、变造、买卖、租借种子经营许可证以及未按照种子经营许可证的规定经营种子的。

第四十九条　违反本条例规定,有下列行为之一的,由县以上草原行政主管部门责令停止违法行为,没收种子和违法所得,并按下列规定处罚:

(一)在非草种采收期采收野生草种的,可以暂扣采种机械或者工具,并处每千克种子十元的罚款;

(二)经营省外不同生态适宜区的草种作为多年生草种使用,未经两年以上引种试验或者未经省草原行政主管部门批准,或者生产、经营未经审定通过的种子的,可以处以一万元以上五万元以下罚款。

第五十条 违反本条例规定,有下列行为之一的,县以上人民政府可以收回其国有草原使用权:

(一)草原保护工作不利,发生严重开垦草原或者破坏草原植被行为的;

(二)应当实施禁牧而不组织实施的;

(三)两年内未组织承包经营的;

(四)发现承包活动违反本条例规定,经县以上草原行政主管部门提出整改意见,拒不整改的;

(五)年亩产干草量低于二十五千克的草原,县以上草原行政主管部门责令进行改良建设而拒不改良建设的。

第六章 附 则

第五十一条 本条例第四十四条的"羊单位"是指牲畜的计算单位。一只羊等于一个羊单位,一头牛等于五个羊单位,一匹马、驴、骡各等于五个羊单位,十只鹅等于一个羊单位。

第五十二条 本条例自 2006 年 1 月 1 日起施行。1994 年 1 月 21 日黑龙江省第八届人民代表大会常务委员会第七次会议通过的《黑龙江省实施〈中华人民共和国草原法〉条例》同时废止。

黑龙江省内部审计条例

(2004年8月20日黑龙江省第十届人民代表大会常务委员会
第十次会议通过　根据2016年12月16日省十二届人大常委
会第三十次会议《黑龙江省人民代表大会常务委员会关于废
止和修改〈黑龙江省特种设备安全监察条例〉等44部地方性
法规的决定》修正)

第一章　总　　则

第一条　为加强内部审计工作,规范内部审计行为,维护经济秩序,促进廉政建设,提高经济效益,根据《中华人民共和国审计法》和有关法律、法规规定,结合本省实际,制定本条例。

第二条　本条例所称内部审计,是指独立监督和评价本单位及其所属单位财政收支、财务收支以及与其相关的经济活动的真实、合法和效益的行为。

第三条　在本省行政区域内,下列单位应当依照本条例开展内部审计工作:

(一)使用、管理财政拨款和其他财政性资金、社会公共基金(资金)的机关、事业单位和其他组织;

(二)国有金融机构;

(三)国有企业以及国有资产占控股地位的企业;

(四)股份有限公司;

(五)法律、法规规定需要开展内部审计工作的其他单位。

第四条　省审计机关指导和监督本省内部审计工作,并负责组织实施本条例。

市(行署)、县(市、区)审计机关负责指导和监督管辖范围内的内部审计工作。

第五条　内部审计协会是内部审计行业的非营利、自律性民间组织,依照章程为内部审计工作提供协调和服务,依法履行行业管理职能。

第六条　单位应当建立健全内部审计制度,内部审计实行单位负责人负责制。

单位负责人是指单位法定代表人或者法律、行政法规规定代表单位行使职权的主要负责人。

单位负责人应当支持内部审计工作，保证内部审计机构或者人员依法履行职责，及时协调解决工作中遇到的问题，承担相应的失察责任。

第七条 内部审计机构或者人员应当在单位负责人的直接领导下独立实施审计。任何单位和个人不得拒绝、阻碍内部审计人员独立实施审计。

第八条 内部审计人员办理审计事项，应当遵守内部审计职业规范，忠于职守，做到独立、客观、公正、保密。

第九条 单位应当将内部审计经费列入预算，保证内部审计必需的经费。

第二章 机构和人员

第十条 下列单位应当设立内部审计机构：

（一）实行省级垂直管理的机关；

（二）年度行政事业性收费、罚没收入、预算外资金、专项资金数额较大的机关以及事业单位；

（三）国有地方金融机构；

（四）上市公司；

（五）大中型国有企业和国有资产占控股地位的企业；

（六）法律、法规规定的其他应当设立内部审计机构的单位。

前款规定以外的单位，可以根据需要设置内部审计机构或者配备内部审计人员，或者委托社会审计组织进行审计。

本条第一款第二项规定数额较大的标准，由省审计机关会同省财政、机构编制部门具体规定。

第十一条 设立内部审计机构的单位，审计人员不得少于二人。

资产总额一亿元以上的单位，应当设立审计委员会。审计委员会主任由单位负责人或者总审计师担任。审计委员会主要负责审理、审定审计事项的结论性意见、内部处理决定和建议等。

第十二条 内部审计机构负责人应当具备下列条件：

（一）具有审计师或者其他经济类中级以上专业技术职务任职资格；

（二）从事三年以上审计、会计或者相关工作。

机关所属的内部审计机构负责人，可以不具备前款第二项规定的专业技术职务任职资格。

第十三条 内部审计人员不得兼任财务以及其他经营性工作，不得参与原经办业务的内部审计工作。

第十四条 内部审计人员办理审计事项应当遵守《中华人民共和国审

计法实施条例》有关回避的规定。

第三章　职责和权限

第十五条　内部审计机构或者人员在本单位及其所属单位范围内履行下列职责:

(一)审计财政收支、财务收支及其有关经济活动;

(二)审计长期和短期投资;

(三)固定资产投资项目的事前、事中、事后审计以及审签基本建设工程概算(预算)、决算等事项;

(四)审计本单位内设机构、所属单位有关人员的经济责任;

(五)审计经济效益情况,审签有关合同;

(六)评审内部经济控制制度;

(七)根据需要开展有关专项审计调查;

(八)法律、法规规定和本单位负责人要求办理的其他事项。

第十六条　内部审计机构或者人员履行职责时,具有下列权限:

(一)要求被审计单位报送生产、经营、财务收支计划,预算执行情况和决算,会计报表和其他有关文件、资料;

(二)参加或者列席本单位及其所属单位的重大投资、资产处理、资金调度和其他重要经营决策等会议;

(三)审查有关生产、经营和财务活动的资料、文件,现场勘察实物,检查计算机财务会计管理系统及其电子数据和资料;

(四)向有关单位和个人调查;

(五)对违反有关法律、法规、规章或者其他有关规定的行为提出处理意见;

(六)对可能被转移、隐匿、篡改、毁弃的会计凭证、会计账簿、会计报表以及与经济活动有关的资料,经本单位负责人批准,予以封存;

(七)公示审计结论性文件,但法律、法规规定的涉密事项除外。

内部审计机构或者人员对正在进行的严重违反有关法律、法规、规章或者其他有关规定,以及可能造成严重损失浪费的行为,应当报告单位负责人并予以制止。

第十七条　内部审计机构或者人员就审计事项中的有关问题,有权责令被审计单位配合查询其在金融机构的各项存款,并取得证明材料;有关部门、金融机构应当予以协助。

第十八条　单位负责人可以在管理权限范围内,授予内部审计机构通报、警告、内部罚款、收缴违纪资金、责令改正等权力。

第四章　审计程序

第十九条　内部审计机构或者人员应当拟订当年审计项目计划,报单位负责人批准后实施。

第二十条　审计项目确定后,单位应当选派内部审计人员组成审计组,实施审计。

第二十一条　内部审计机构或者人员应当进行审前调查,制定审计实施方案。在实施审计三日前,向被审计单位或者人员送达审计通知书。

第二十二条　审计结束后,审计组应当提出审计组报告,征求被审计单位或者人员的意见后,提交单位负责人审定,形成审计报告。

第二十三条　其他内部审计程序,按照国家有关规定执行。

第五章　审计处理

第二十四条　审计报告应当对审计事项、审计结果作出评价,并反馈给被审计单位或者有关人员。

第二十五条　在实施内部审计过程中,对于被审计单位或者人员的下列情形,应当作出审计决定:

(一)应缴未缴、偷逃税款;

(二)隐瞒、截留收入和利润,乱挤、乱摊成本和费用;

(三)挤占、挪用专项资金;

(四)不依法设置会计账簿或者私设会计账簿;

(五)编制虚假财务会计报告;

(六)虚报产量、产值和原材料消耗;

(七)挥霍国家资产或者造成国家资产流失;

(八)违反发票和现金管理规定;

(九)违反财经法律、法规、规章的其他情形。

有前款情形,需要执法机关追究法律责任的,内部审计机构或者人员应当向有关执法机关提出追究法律责任的建议。

第二十六条　被审计单位或者人员有下列情形之一,尚未造成严重后果的,由内部审计机构或者人员根据本单位内部管理制度进行通报批评,责令改正;逾期未改正的,由单位给予内部处理:

(一)拒绝提供或者谎报与审计事项有关的文件、资料;

(二)拒绝、阻碍检查;

(三)转移、隐匿违反国家规定取得的资产;

(四)转移、隐匿、篡改、毁弃会计凭证、会计账簿、会计报表以及其他与财务收支有关的文件、资料;

（五）拒不执行审计决定。

由于前款情形造成严重后果的,由单位依照法律、法规规定转交有关部门查处。

第二十七条　单位在考核经济目标、兑现奖惩、任免所属单位和内设机构负责人时,应当将内部审计机构或者人员的有关审计结论作为重要依据。

第二十八条　内部审计报告可以作为审计机关、有关部门或者社会审计组织进行相关工作的参考依据。

第二十九条　内部审计机构或者人员对已办结的审计事项,应当按照国家档案管理规定建立审计档案。

第三十条　被审计单位或者人员对审计报告或者审计决定有异议的,可以在十五日内向单位负责人或者其上级内部审计机构提出意见,单位负责人或者上级内部审计机构应当在十日内予以答复,并根据单位内部管理制度予以处理。

第六章　法律责任

第三十一条　审计机关发现内部审计报告不适当或者不合法,应当责令其单位限期改正。

第三十二条　内部审计人员有下列情形之一的,所在单位应当给予警告或者通报批评;情节严重的,依法给予处分:

（一）隐瞒审计查出的问题或者提出虚假审计报告、审计决定;

（二）利用职权徇私舞弊;

（三）玩忽职守给国家或者被审计单位造成经济损失;

（四）应当回避而没有申请回避;

（五）泄露国家秘密或者商业秘密;

（六）违反法律、法规、规章的其他情形。

单位领导人员指使、授意内部审计人员出具虚假审计报告的,由审计机关会同主管部门依法查处。

第三十三条　审计机关、主管部门发现单位领导人员或者被审计对象打击报复内部审计人员的,应当责令改正;拒不改正的,按照管理权限给予责任人行政处分。

第七章　附　　则

第三十四条　本条例第三条规定范围以外的单位开展内部审计工作可以参照本条例执行。

第三十五条　本条例自 2004 年 10 月 1 日起施行。

黑龙江省合同格式条款监督条例

(2003年8月15日黑龙江省第十届人民代表大会常务委员会第四次会议通过 根据2016年12月16日省十二届人大常委会第三十次会议《黑龙江省人民代表大会常务委员会关于废止和修改〈黑龙江省特种设备安全监察条例〉等44部地方性法规的决定》修正)

第一条 为了规范合同中的格式条款,防止滥用格式条款损害消费者的合法权益,促使经营者诚实守信,根据《中华人民共和国消费者权益保护法》、《中华人民共和国合同法》和相关法律、法规的规定,结合本省实际,制定本条例。

第二条 本条例所称格式条款是指经营者为了重复使用而预先拟定,并在订立合同时未与消费者协商的条款。

适用于消费者的制度或者规定、商业广告、通知、声明、店堂告示、凭证、单据等,其内容具备要约条件并符合前款规定的,视为格式条款。

第三条 在本省行政区域内,经营者与为生活消费需要而购买、使用商品或者接受服务的消费者订立合同采用格式条款的,适用本条例。

第四条 各级工商行政管理部门和其他有关行政主管部门在各自的职责范围内,负责对格式条款进行监督。

行业组织对本行业内格式条款的制订和使用进行指导,并接受工商行政管理部门和有关行政主管部门的监督。

第五条 经营者拟定或者向消费者提出格式条款时,应当遵循公平、诚实信用的原则,不得滥用其优势地位,作出对消费者不公平、不合理的规定。应当采取合理的方式,以清晰、明白的文字或者语言告知消费者格式条款中含有的免除或者限制经营者责任的内容,并按照消费者的要求予以说明。

适用于消费者的制度或者规定、通知、声明、店堂告示等还应当设在醒目位置。

第六条 下列合同含有格式条款的,经营者应当自合同文本使用之日起三十日内,将合同文本报核发其营业执照的工商行政管理部门备案:

(一)房屋买卖、住宅装修装饰合同;

(二)物业管理合同;

　　(三)旅游合同;

　　(四)供用电、水、气、热合同;

　　(五)邮政、电信、有线电视合同;

　　(六)消费贷款和人身、财产保险合同;

　　(七)经营性教育、医疗合同;

　　(八)省人民政府规定应当备案的其他含有格式条款的合同。

　　经营者采用其上级部门或者单位统一制定或者推行的合同文本,其上级部门或者单位已经向工商行政管理部门备案的,经营者不再重复备案,但对该合同文本已进行修改的除外。

　　第七条　经备案的合同文本中的格式条款变更的,经营者应当在格式条款变更后十五日内,将变更后的合同文本报原备案部门备案。

　　第八条　工商行政管理部门对备案的合同文本,应当建立公开查阅制度,向社会提供无偿查询服务。

　　第九条　格式条款不准含有下列内容:

　　(一)免除或者部分免除经营者造成消费者死亡或者人身伤害的法律责任;

　　(二)免除或者部分免除经营者因为故意或者过失造成消费者财产损失而应当承担的赔偿责任;

　　(三)免除经营者应当承担的合同基本义务;

　　(四)免除或者部分免除经营者对其所提供的商品或者服务应当负有的保修、更换、退货责任;

　　(五)限制消费者依法变更或者终止合同的权利;

　　(六)限制消费者对合同争议提起诉讼或者申请仲裁的权利;

　　(七)规定消费者支付的违约金或者损害赔偿金超过合理数额;

　　(八)规定消费者承担应当由经营者承担的经营风险责任;

　　(九)规定经营者提供非政府定价或者非政府指导价格的商品或者服务价格上涨,而消费者不得拒绝履行该合同;

　　(十)规定消费者对于因经营者提供的商品或者服务受到的损害,不享有请求赔偿的权利;

　　(十一)规定经营者单方享有对合同的解释权;

　　(十二)违反法律、法规规定的其他内容。

　　第十条　消费者认为格式条款损害其合法权益的,可以向消费者协会投诉,向工商行政管理部门申诉,向仲裁机构申请仲裁或者向人民法院提起诉讼。

　　公民、法人或者其他组织发现格式条款违反本条例规定的,可以向工商行政管理部门或者有关行政主管部门举报。

第十一条 人民法院在审理案件中发现格式条款违反法律、法规强制性规定的,应当向工商行政管理部门或者有关行政主管部门提出司法建议。

消费者协会在处理投诉或者仲裁机构在审理仲裁案件时,发现格式条款违反法律、法规规定的,应当向工商行政管理部门或者有关行政主管部门提出处理建议。

第十二条 工商行政管理部门发现格式条款违反本条例第九条规定或者其他法律、法规规定的,应当书面通知经营者修改。

经营者对修改通知无异议的,应当自收到修改通知之日起十五日内作出修改。属于本条例规定备案范围的合同文本应当在修改后重新报原备案部门备案。

经营者对修改通知有异议的,应当自收到修改通知之日起七日内书面向工商行政管理部门提出申辩,并可以要求听证。

第十三条 工商行政管理部门应当在接到经营者提出申辩之日起十五日内作出书面答复。

经营者要求听证的,工商行政管理部门对属于本条例规定备案范围的合同文本应当组织听证,对本条例规定备案范围以外的格式条款可以根据实际情况决定是否组织听证。

第十四条 工商行政管理部门组织听证时,可以邀请消费者协会、有关行政主管部门、行业组织和专家学者、法律工作者以及消费者代表参加。

工商行政管理部门应当自听证结束之日起七日内作出书面答复。

第十五条 工商行政管理部门对经营者申辩的答复和听证结束后的答复仍要求经营者修改格式条款的,经营者应当在接到答复之日起十五日内修改。

第十六条 经营者对工商行政管理部门要求修改的格式条款在规定期限内拒不修改的,工商行政管理部门可以将该格式条款违反法律、法规和本条例的有关情况,通过报纸、电台、电视台等新闻媒体向社会公告。

市(行署)、县(市)工商行政管理部门向社会公告,应当报上一级工商行政管理部门批准。

向社会公告的范围由工商行政管理部门按照该格式条款的使用范围确定。

第十七条 工商行政管理部门在对格式条款进行监督检查时,可以采取下列措施:

(一)对经营者的经营场所实施现场检查;

(二)查阅、复制与违法行为有关的资料;

(三)法律、行政法规规定的其他措施。

第十八条 工商行政管理部门在对格式条款进行监督时,可以要求有关行政主管部门或者行业组织给予协助和处理。

国家有关行政主管部门、行业组织制定或者推行的含有格式条款的合同文本,违反有关法律、行政法规规定侵害消费者合法权益的,省工商行政管理部门应当建议国家有关行政主管部门或者行业组织处理。

第十九条　经营者违反本条例第十六条规定,对工商行政管理部门要求修改的格式条款在规定期限内拒不修改,经工商行政管理部门向社会公告后仍继续使用,损害消费者合法权益的,由工商行政管理部门按照《中华人民共和国消费者权益保护法》的有关规定给予处罚。

第二十条　经营者违反本条例第五条、第六条、第七条规定的,由工商行政管理部门责令限期改正;逾期不改正的,处以五百元以上一千元以下罚款。

第二十一条　工商行政管理部门和有关行政主管部门的行政执法人员在合同格式条款监督工作中有下列情形之一的,依法给予行政处分:

(一)不履行法定职责侵害经营者和消费者合法权益的;

(二)违反法律、法规规定采取行政强制措施的;

(三)利用职务便利索取或者收受经营者财物的;

(四)违反规定进行处罚或者私自处理罚款的;

(五)其他应当依法给予行政处分的行为。

第二十二条　农民购买直接用于农业生产的生产资料,与经营者订立含有格式条款的合同,参照本条例执行。

第二十三条　本条例自二〇〇三年十月一日起施行。

黑龙江省会计管理条例

(2002年10月18日黑龙江省第九届人民代表大会常务委员会第三十二次会议通过 根据2016年12月16日省十二届人大常委会第三十次会议《黑龙江省人民代表大会常务委员会关于废止和修改〈黑龙江省特种设备安全监察条例〉等44部地方性法规的决定》修正)

第一条 为了加强会计管理,规范会计行为,保证会计资料的真实、完整,维护社会主义市场经济秩序,根据《中华人民共和国会计法》(以下简称《会计法》)和有关法律、法规,结合本省实际,制定本条例。

第二条 本省行政区域内的国家机关、社会团体、企业、事业单位和其他组织(以下统称单位)办理会计事务,执行本条例。农村集体经济组织办理会计事务,适用本条例。

第三条 县级以上地方人民政府财政部门(以下简称财政部门)主管本行政区域内的会计工作,依照权限履行下列职责:

(一)组织实施会计法律、法规、规章和国家统一的会计制度,依法查处违法行为;

(二)制定会计工作管理办法;

(三)对会计账簿实施监督管理;

(四)负责会计从业资格、会计人员继续教育和会计人员诚信档案的管理工作,参与会计专业技术资格考试、评审工作;

(五)指导和监督会计电算化工作;

(六)指导和监督社会审计工作;

(七)管理会计服务工作;

(八)法律、法规、规章和国家统一的会计制度规定的其他职责。

第四条 财政部门应当设置专门机构或者指定专门人员管理本行政区域内的会计工作。

第五条 单位应当根据实际发生的经济业务事项填制或者取得真实、完整的原始凭证。

第六条 单位应当依照国家统一的会计制度规定,对各项会计要素进行合理的确认和计量,不得随意改变会计要素的确认标准或者计量方法。

第七条　单位应当使用印有财政部门建账监督管理专用章的会计账簿。

实行计算机替代手工记账的单位,应当按照规定持打印完整的会计账簿到财政部门办理监督管理手续。

第八条　单位在编制年度财务会计报告前,应当全面清查资产,核实债务、债权和所有者权益等,并根据国家统一的会计制度规定进行相应的会计处理。

第九条　单位应当结合实际建立财务收支审批、内部审计等内部会计管理制度。

第十条　任何单位或者个人不得以任何方式要求注册会计师及其所在机构出具不实或者不当的报告。

注册会计师及其所在机构不得按照委托单位和个人的要求或者示意出具不实、不当的报告。

注册会计师及其所在机构出具报告的程序和内容违反法律、法规、规章规定的,由省财政部门依法处理。

第十一条　除会计师事务所外从事代理记账业务的机构,应当向其所在的市级、县级财政部门申请代理记账资格,经审查批准后,方可从事代理记账业务。

从事代理记账业务的人员应当在代理记账机构执业,不得私自招揽、承接代理记账业务。

第十二条　实施监督检查需要查看会计账簿的,以单位提供符合本条例第七条规定的会计账簿为合法会计账簿。

第十三条　会计人员应当接受国家和省规定的继续教育。未接受继续教育或者未按照规定完成继续教育学时的人员,不予办理会计从业资格证书年检。单位应当对其会计人员的继续教育提供必要条件。

第十四条　未经批准擅自从事代理记账业务的机构,由财政部门责令停止代理记账业务,没收违法所得,并处 3000 元以上 1 万元以下罚款;对其直接负责的主管人员和直接责任人员可以处 2000 元以上 5000 元以下罚款。个人非法从事代理记账业务的,由财政部门责令停止代理记账业务,没收违法所得,并处 2000 元以上 5000 元以下罚款;情节严重的,吊销其会计从业资格证书。

第十五条　有《会计法》第四十二条第一款所列行为之一,或者违反本条例第六条规定的,由财政部门责令限期改正,可以对单位处 3000 元以上 2 万元以下罚款,对其直接负责的主管人员和直接责任人员可以处 2000 元以上 1 万元以下罚款;情节严重的,可以对单位处 2 万元以上 5 万元以下罚款,对其直接负责的主管人员和直接责任人员,可以处 1 万元以上 2 万元以下罚款,并对会计人员吊销会计从业资格证书。属于国家工作人员的,其所在单位或者有关单位依法给予行政处分。

第十六条 有《会计法》第四十三条、第四十四条所列行为之一的,由财政部门予以通报,可以对单位处 5000 元以上 5 万元以下罚款,对其直接负责的主管人员和直接责任人员可以处 3000 元以上 2 万元以下罚款;情节严重的,可以对单位处 5 万元以上 10 万元以下罚款,对其直接负责的主管人员和直接责任人员可以处 2 万元以上 5 万元以下罚款,并对会计人员吊销会计从业资格证书。属于国家工作人员的,由其所在单位或者有关单位依法给予撤职直至开除的行政处分。

第十七条 本条例第十五条、第十六条所称的情节严重是指下列情形:

(一)违法行为给国家利益或者其他单位、个人合法权益造成严重损害的;

(二)胁迫他人实施违法行为的;

(三)对单位的财务状况和经营成果产生恶劣影响的;

(四)以虚假的经济业务事项或者资料为依据进行会计核算,造成会计信息严重失实的;

(五)随意改变会计要素确认标准、计量方法,造成会计信息严重失实的;

(六)以截留、挪用、侵占、浪费国家财政资金为目的的;

(七)已构成犯罪但司法机关免于刑事处罚的;

(八)其他严重违反会计法律、法规、规章的行为。

第十八条 财政部门以及有关行政部门的工作人员在实施会计监督管理中有下列行为之一的,应当依法给予行政处分:

(一)无法定依据或者违反法定程序实施行政处罚的;

(二)违法处理罚没款的;

(三)泄漏国家秘密、商业秘密的;

(四)利用职务便利索取或者收受财物的;

(五)其他应当依法给予行政处分的行为。

第十九条 本条例所称会计人员是指依法取得会计从业资格证书的人员,包括总会计师、会计机构负责人和一般会计人员等。

第二十条 本条例自 2003 年 1 月 1 日起施行。

黑龙江省体育发展条例

(2002年8月17日黑龙江省第九届人民代表大会常务委员会
第三十一次会议通过 根据2005年6月24日黑龙江省第十
届人民代表大会常务委员会第十五次会议《关于修改〈黑龙
江省体育发展条例〉的决定》修正 根据2013年10月18日黑龙
江省第十二届人民代表大会常务委员会第六次会议《关于修
改〈黑龙江省体育发展条例〉等四部地方性法规的决定》第二
次修正 根据2016年12月16日省十二届人大常委会第三十
次会议《黑龙江省人民代表大会常务委员会关于废止和修改
〈黑龙江省特种设备安全监察条例〉等44部地方性法规的决
定》第三次修正)

第一条 为促进体育事业的发展,增强人民体质,提高运动技术水平,
推进社会主义物质文明和精神文明建设,根据《中华人民共和国体育法》和
有关法律、法规,结合本省实际,制定本条例。

第二条 本条例适用于本省行政区域内体育事业发展和管理。

第三条 各级体育行政部门负责本行政区域内的体育工作,并组织实
施本条例。各级计划、财政、工商、教育、卫生、建设、民族、残联等有关部门
应当在各自的职责范围内做好体育发展工作。农垦、森工、铁路主管部门负
责本系统体育管理工作,业务上接受省体育行政部门指导和监督。

第四条 各级人民政府应当坚持体育为经济建设和社会发展服务的方
向,并将体育事业纳入国民经济和社会发展计划,推进体育事业发展。各级
人民政府应当建立竞争协作和灵活高效的体育工作运行机制。开发体育无
形资产,发展体育产业,依法管理体育经营活动。

第五条 县级以上人民政府应当将体育事业经费、体育基本建设资金
列入本级财政预算和基本建设投资计划,并随着国民经济的发展逐步增加
对体育事业的投入。

第六条 各级体育总会、单项体育协会、体育科学学会等体育团体应当
按照各自章程,组织开展体育活动和体育科学研究等工作,促进体育事业的
发展。

第七条 各级人民政府应当为公民参加社会体育活动创造必要的条

件,支持群众性体育活动的开展。

　　第八条　推行全民健身计划。各级实施全民健身计划领导机构负责组织实施《全民健身计划纲要》,引导、鼓励公民积极参加体育活动,提高身体素质。各级体育行政部门负责当地实施全民健身计划领导机构的日常工作。

　　第九条　每年6月为本省全民健身活动月。各级体育行政部门应当会同各行政部门、企业事业单位、社会团体广泛组织开展全民健身活动,普及体育健身知识,推广科学健身项目和方法。健身活动月内,可以利用公共体育设施开展各类健身活动,经营性体育场所可以对消费者实行优惠。

　　第十条　城镇应当发挥社区居民委员会等组织的作用,组织多种形式的社区体育活动。农村应当发挥村民委员会等组织的作用,开展适合农村特点,具有地方特色的群众性体育活动。

　　第十一条　各级人民政府应当鼓励和支持青少年、老年人参加体育活动。各级共青团和老年人组织,应当积极开展多种形式的适合青少年、老年人特点的体育健身活动和体育竞赛活动。体育场所应当对学生、老年人参加体育活动实行优惠。

　　第十二条　鼓励残疾人参加体育活动。各级人民政府应当依托现有体育场馆,建立残疾人体育基地,定期举办残疾人运动会,选拔、培养残疾人体育人才。

　　第十三条　少数民族聚集地的人民政府应当建立少数民族体育协会,并结合民族特点,开展以民族传统项目为主要内容的健身活动,举办民族传统体育竞赛活动,选拔和培养少数民族体育人才。各级人民政府应当鼓励社会发掘和提高民族、民间传统体育项目。

　　第十四条　各级工会组织应当重视开展职工体育活动,发挥所属体育场馆的作用,倡导和推广适合职工特点的健身方法和锻炼项目。各级妇联组织应当开展适合妇女特点的体育健身活动。机关、企业事业单位、社会团体应当为职工提供必要的健身设施和场所,开展工间操等多种形式的体育活动和群众性体育竞赛。

　　第十五条　公共体育场所应当开展适合本场所用途的体育经营活动,最大限度地发挥其体育功能。公园应当在5时至8时对晨练者开放和免收门票。但动物园、游乐园和正在举办大型经营性活动的其他公园除外。学校体育场地可以在节假日、寒暑假向社会开放。

　　第十六条　乡镇和街道办事处应当建立体育指导站和体育健身活动点,配备专、兼职体育管理人员或者社会体育指导员;逐步建立符合要求的室内体育活动场所,室外活动场地人均不应少于0.2平方米,并设置相应的体育健身设施。

第十七条　新建的非营利性体育设施,各级人民政府可以采用划拨的方式提供用地。新建居民小区、经济开发区和学校必须配套建设相应的体育设施。

第十八条　各级体育行政部门应当根据国家有关规定把国民体质作为国家资源进行管理,实施体育锻炼标准,建立国民体质监测机构。国民体质监测机构应当按照规定对公民实行体质监测。建立国民体质数据库,定期发布监测数据。

第十九条　实行社会体育指导员技术等级制度。各级体育行政部门应当根据国家有关规定,对社会体育指导员进行培训、考核,颁发相应的技术等级证书,对其工作进行指导和管理,并成立社会体育指导员协会、社会体育指导员培训基地。社会体育指导员负责向公民传授体育健身的知识、技能和方法,组织公民进行健身、娱乐、康复等活动,协助开展体质测定、监测、评价等活动。

第二十条　各级教育行政部门和学校,应当执行《学校体育工作条例》等法规或者有关标准,培养全面发展的人才。学校应当按照国家规定组织学生定期进行体格健康检查,并对学生体质状况予以监测,建立学生健康档案。

第二十一条　学校应当开设体育课,将体育考试成绩作为学生评选先进、毕业及升学的依据之一。

第二十二条　普通中小学、职业中学应当每天安排1次课间操和眼保健操。学生课外体育活动每天不得少于1小时(含体育课)。学校应当组织住校生出早操。学校应当创造条件组织残疾学生开展适合其特点的体育活动。学校在冬季应当开设以冰雪运动为主要内容的体育课,每周不少于2课时。

第二十三条　学校应当开展适合学生特点的多种形式的体育活动,每年度至少举办一次全校性运动会。高等院校和有条件的普通中小学应当建立校体育运动代表队,开展课余训练和体育竞赛活动。

第二十四条　学校应当按照国家有关规定和教学计划设置体育教师编制,配备合格的体育教师,保障体育教师享受国家规定的待遇。

第二十五条　学校应当按照规定的标准配备体育场地、设施和器材。设施的建设应当纳入教学仪器供应计划。学校体育场地、设施和器材应当用于体育活动,不得侵占、挪作他用。

第二十六条　各级人民政府应当为参加或者举办全国运动会、全省运动会和重要国际赛事提供必要的资金保证;可以通过社会赞助等市场化运作,取得一定的资金补充。各级人民政府可以组织、鼓励社会力量举办重要国内、国际体育赛事,逐步推动体育市场化。大型体育竞赛活动期间可以招募青年志愿者,为赛会服务。

第二十七条　各类体育组织应当本着公开、平等、择优的原则,从具有体育特长的青少年中选招运动员,组建优秀运动队。

第二十八条　单项体育协会对本项目的运动员实行注册管理。经注册的运动员,应当根据国家和省体育行政部门的规定,参加有关体育竞赛和运动队之间的人员交流。

第二十九条　鼓励、支持有条件的企业事业单位、社会团体组建运动队,开展体育训练,培养和输送体育后备人才。有条件的体育项目应当推行协会制和俱乐部制。

第三十条　获得奥运会、世界锦标赛、世界杯赛前三名或者在亚洲杯、亚洲锦标赛、亚洲运动会获得冠军的运动员,可以免试升入高等院校。获得奥运会、世界锦标赛、世界杯赛录取名次或者亚洲运动会、全国运动会前六名及国家体育行政部门认定的全国最高水平比赛前三名运动员,在役期间可以免试升入省体育运动技术学院大专班,退役后可以免试升入省内高等院校。退役优秀运动员被院校录取后,户口迁入院校,在校学习期间的体育津贴由原单位发放,毕业后工资标准按照应届毕业生定级的规定办理。对获得残奥会、远南残疾人运动会前三名的运动员,可以参照本条前三款规定执行。

第三十一条　对本省在奥运会、世界锦标赛、世界杯赛中取得前六名或者在亚洲运动会和国家体育行政部门认定的全国最高水平比赛中取得冠军的退役优秀运动员,可以给予一次货币性安置。具体安置办法,按国家和省的有关规定执行。

第三十二条　省人民政府对本省参加重大国际比赛和全国综合性运动会获得优异成绩的运动员及其教练员给予表彰和奖励。各级人民政府对代表本行政区域参加上一级组织举办的运动会并取得优异成绩的运动员及其教练员,应当给予表彰和奖励。

第三十三条　各级体育行政部门对在发展体育事业、开展体育科研中做出突出贡献的组织和个人,给予表彰和奖励。

第三十四条　体育竞赛的省纪录由省体育行政部门确认。

第三十五条　体育竞赛实行公平竞赛的原则。体育竞赛的组织者和运动员、教练员、裁判员应当遵守体育道德,不得弄虚作假、行贿受贿。严禁在体育运动中使用禁用的药物和方法。严禁利用体育竞赛从事赌博和封建迷信活动。

第三十六条　重大体育竞赛,其名称、徽记、旗帜及吉祥物等标识按照国家有关规定予以管理和保护。

第三十七条　各级人民政府及社会各界应当支持体育彩票发行。体育彩票公益金必须用于体育事业发展,并定期向社会公布其收入和使用情况。任何部门、单位和个人,不得以任何理由截留或者挪用。

第三十八条 加强体育科学研究,推广先进、实用的体育科研成果,依靠科学技术发展体育事业。鼓励体育专业研究人员、体育专业院校教师和社会各界人士开展体育科学研究和体育科研成果推广工作。

第三十九条 违反本条例,公园在5时至8时未向晨练者开放和未免收门门票的,由有关部门责令立即改正;拒不改正的,对单位给予警告或者通报批评。

第四十条 违反本条例,有下列行为之一的单位或者个人,由当地教育行政部门责令改正,并视情节对直接责任人员给予行政处分:

(一)不按规定开设或者随意停止体育课的。

(二)未保证中小学生每天体育活动时间的。

(三)出具体育考试成绩证明时弄虚作假的。

第四十一条 违反本条例,有下列行为之一的,由县级以上体育行政部门给予直接责任人员处以1万元以上5万元以下罚款,有违法所得的,没收违法所得;是国家工作人员的,对直接责任人员给予行政处分;构成犯罪的,依法追究刑事责任:

(一)在竞技体育中弄虚作假和行贿受贿的。

(二)在体育活动中使用禁用药物和方法的。

(三)违反运动员注册管理规定和人员交流规定的。

第四十二条 利用体育经营项目从事赌博和封建迷信活动的,由体育行政部门协助公安机关责令停止违法活动,由公安机关依照《中华人民共和国治安管理处罚法》的有关规定给予处罚。

第四十三条 体育部门的工作人员在体育活动管理过程中有下列行为之一的,由其所在单位或者上级主管部门给予行政处分;构成犯罪的,依法追究刑事责任:

(一)对将体育场所挪作他用等行为不予处罚、制止的。

(二)体育行政执法人员在执行公务时,使用不正当方法,给国家和公民造成损失的。

(三)在注册、裁判和人员交流等工作中,违反公平竞争原则的。

(四)在彩票发行中和彩票公益金使用中违反规定的。

第四十四条 当事人对行政处罚决定不服的,可以依法申请行政复议或者提起行政诉讼。

第四十五条 本条例自2002年10月1日起施行。

黑龙江省产品质量条例

(2001 年 10 月 19 日黑龙江省第九届人民代表大会常务委员
会第二十五次会议通过　根据 2005 年 6 月 24 日黑龙江省第
十届人民代表大会常务委员会第十五次会议《关于修改〈黑龙
江省产品质量条例〉的决定》第一次修正　根据 2016 年 12 月
16 日省十二届人大常委会第三十次会议《黑龙江省人民代表
大会常务委员会关于废止和修改〈黑龙江省特种设备安全监
察条例〉等 44 部地方性法规的决定》第二次修正)

第一章　总　　则

第一条　为了加强对产品质量的监督管理,提高产品质量水平,明确产
品质量责任,保护消费者的合法权益,维护社会经济秩序,根据《中华人民
共和国产品质量法》(以下简称《产品质量法》)以及有关法律、法规,结合本
省实际,制定本条例。

第二条　在本省辖区内从事产品生产、销售活动,必须遵守本条例。

本条例所称产品是指经过加工、制作,用于销售的产品。

建设工程不适用本条例;建设工程使用的建筑材料、建筑构配件和设
备,属于前款规定的产品范围的,适用本条例。

军工产品不适用本条例;军工企业生产的民用产品,属于本条第二款规
定的产品范围的,适用本条例。

第三条　省产品质量监督部门主管全省产品质量监督工作,并负责组
织实施本条例。

市(行署)、县(市、区)产品质量监督部门主管本辖区内的产品质量监
督工作。省产品质量监督部门在农垦、森工系统设立的产品质量监督派出
机构,负责农垦、森工系统的产品质量监督工作。

县级以上人民政府有关部门在各自的职责范围内负责产品质量监督
工作。

法律对产品质量的监督部门另有规定的,依照规定执行。

第四条　鼓励和保护一切组织和个人,对违反《产品质量法》和本条例
的行为向产品质量监督部门或者其他有关部门检举;对检举属实和协助查

处案件有功的组织和个人给予奖励。

第二章　产品质量的监督

第五条　对产品质量实行监督检查制度。监督检查包括监督抽查、统一监督检查、定期监督检查：

（一）监督抽查是有计划、有组织地对重点产品质量进行的检查；

（二）统一监督检查是根据省人民政府的要求，对某类产品质量进行的检查；

（三）定期监督检查是根据实际需要，按照确定的产品目录和检验周期进行的检查。

第六条　监督检查应当按照省产品质量监督部门的统一计划进行，进行监督检查时应当出示检验计划或者检验任务书。

对同一组织的同种产品，除监督抽查不合格的产品外，自抽样之日起6个月内，国家监督抽查的，地方不得另行重复抽查；上级监督抽查的，下级不得另行重复抽查。

产品质量监督检验在同一检验周期内不得重复进行，检验数据应当共享。

生产者、销售者有权拒绝除法律、法规规定以外的任何单位和部门的产品质量监督检查。

第七条　监督检查检验结果应当告知被检查者。被检查者对检验结果有异议的，可以自收到检验结果之日起15日内向实施监督检查的产品质量监督部门或者其上一级产品质量监督部门提出书面复检申请，产品质量监督部门应当在10日内作出复检结论；复检时间需要延长的特定产品目录，由省产品质量监督部门制定。

在申请复检期间，有异议的产品不得出厂或者销售，经复检无误的，申请复检者应当缴纳复检费用。经复检属原检验失误的，由原承检单位承担复检费用并赔偿经济损失。

第八条　监督检查以及产品质量检验的依据：

（一）法律、法规和规章的规定；

（二）国家标准、行业标准、地方标准和经备案的企业标准；

（三）产品或者产品包装标识中明示的内容、实物样品、产品说明、合同中有关质量的约定；

（四）国家和省产品质量监督部门批准的产品检验方法或者质量评价规则。

未在省内备案的企业标准，由生产者、销售者在产品抽样之日起7日内提供。

第九条 监督抽查所需经费由财政纳入预算拨款解决,统一监督检查、定期监督检查所需检验费用,按照国家有关规定执行。

第十条 产品质量监督部门及其委托的产品质量检验机构在抽取样品时,应当使用省产品质量监督部门统一印制的抽样单,并按照标准数量和有关规定抽取样品。

监督检查抽取的样品由被检查者按照标准数量无偿提供,抽检单位对抽取的样品应当进行登记。检验结束后,被检查者对检验结果无异议的,承检单位应当于7日内通知被检查者在3个月内取回检验后的样品。

第十一条 对涉及人体健康和人身、财产安全的产品,由产品质量监督部门通过严格实行生产许可证、产品质量安全认证制度,加强监督管理。

第十二条 县级以上产品质量监督部门根据已经取得的违法嫌疑证据或者举报,对涉嫌违反《产品质量法》和本条例规定的行为进行日常检查时,不受本条例第六条的限制,并可以行使下列职权:

(一)实施现场检查;

(二)向有关人员调查了解有关情况;

(三)查阅、复制当事人有关的合同、发票、账簿以及其他有关资料;

(四)对有根据认为不符合保障人体健康和人身、财产安全的国家标准、行业标准的产品或者有其他严重质量问题的产品,以及直接用于生产、销售该项产品的原辅材料、包装物、生产工具,予以查封或者扣押。

县级以上工商行政管理部门依照国务院规定的职责范围,对涉嫌违反《产品质量法》和本条例规定的行为进行查处时,可以行使前款规定的职权。

第十三条 产品质量监督行政执法人员应当经省产品质量监督部门和省政府法制部门培训考核合格,取得行政执法证件后,方可执行产品质量监督检查任务。在执行检查任务时,应当出示行政执法证,否则生产者、销售者有权拒绝检查。

产品质量监督行政执法人员应当保守被检查者的商业秘密。

第十四条 产品质量检验机构应当依法设立,并具备相应的检测条件和能力,经省级以上产品质量监督部门或者其授权的部门考核合格后,方可承担产品质量监督检验工作。

从事产品质量检验的社会中介机构不得与行政机关和其他国家机关存在隶属关系或者其他利益关系。

第十五条 产品质量检验机构应当依照有关标准,客观、公正地出具检验结论,并对出具的检验报告负法律责任,不得伪造检验数据,不得出具虚假的检验结论,不得自行决定对产品质量进行监督抽样检验。

生产者、销售者对批量交易、以质定价的产品可以向产品质量检验机构申请公正检验。

第十六条　产品质量监督部门或者其他国家机关以及产品质量检验机构不得向社会推荐生产者的产品;不得以对产品进行监制、监销等方式参与产品经营活动。

第三章　生产者、销售者的产品质量责任和义务

第十七条　产品质量应当符合下列要求:

(一)不存在危及人身、财产安全的不合理的危险,有保障人体健康和人身、财产安全的国家标准、行业标准、地方标准的,应当符合该标准;

(二)具备产品应当具备的使用性能,但是,对产品存在使用性能的瑕疵作出说明的除外;

(三)符合在产品或者其包装上注明采用的产品标准,符合以产品说明、实物样品等方式表明的质量状况。

第十八条　产品或者其包装上的标识必须真实,并符合下列要求:

(一)有产品质量检验合格证明;

(二)有中文标明的产品名称、生产厂名和厂址;

(三)根据产品的特点和使用要求,需要标明产品执行的标准、规格、等级、所含主要成份的名称和含量的,用中文相应予以标明;需要事先让消费者知晓的,应当在外包装上标明,或者预先向消费者提供有关资料;

(四)机器、设备、仪器仪表、性能复杂的耐用消费品有安装、维修保养方法,附有中文使用说明书;

(五)实施生产(制造)许可证的产品,应当标明许可证标志或者证号;

(六)限期使用的产品,应当在显著位置清晰地标明生产日期和安全使用期或者失效日期;

(七)使用不当,容易造成产品本身损坏或者可能危及人身、财产安全的产品,应当有警示标志或者中文警示说明;

(八)法律、法规规定的其他要求。

裸装的食品和其他根据产品的特点难以附加标识的裸装产品,可以不附加产品标识。

第十九条　易碎、易燃、易爆、有毒、有腐蚀性、有放射性等危险物品以及储运中不能倒置和其他有特殊要求的产品,其包装质量必须符合相应要求,依照国家有关规定作出警示标志或者中文警示说明,标明储运注意事项。

第二十条　销售进口产品的标识应当符合本条例第十八和第十九条规定,附有中文说明书、检验检疫证明,并按照规定加贴检验检疫标志。限期使用的进口产品应当有中文注明的失效日期。用进口散件组装或者分装的

产品应当标明组装厂或者分装厂的厂名、厂址。

第二十一条 生产者、销售者不得生产、销售下列产品：

（一）掺杂、掺假，以假充真、以次充好，以不合格产品冒充合格产品；

（二）以不合格原材料、零部件生产、组装的产品；

（三）失效、变质的产品；

（四）伪造产地，伪造生产日期、安全使用期和失效日期，伪造、隐匿或者冒用他人厂名、厂址的产品；

（五）伪造、冒用或者使用已经被撤消、注销认证标志、条码、采标标志、质量证明等质量标志的产品；

（六）应当有生产（制造）许可证，而未取得生产（制造）许可证的产品；

（七）伪造或者冒用生产（制造）许可证标志的产品。

生产者不得生产国家明令淘汰的产品；销售者不得销售国家明令淘汰并停止销售的产品。

第二十二条 在产品销售和服务贸易中的赠品，各种抽奖活动中的奖品以及削价产品，应当符合质量规定。

第二十三条 产品质量达不到规定的标准，除食品、药品、医疗器械外，仍具备使用性能并且符合安全、卫生、环境保护、计量等要求的，销售者应当在产品或者其包装的显著位置标明处理品字样。

第二十四条 任何组织和个人不得为生产、销售假冒伪劣产品提供场地、设施、运输、仓储、银行账户、票据、证明等便利条件，不得以假充真的产品提供制假生产技术。

产品的监制者、展销会和专业市场的举办者、柜台出租者对生产和销售的产品质量承担连带责任。

第二十五条 公用企业和其他依法具有独占地位的经营者销售的燃气、自来水、电能、热能等产品，其质量应当符合国家有关标准要求，并按照承诺和明示担保条件承担民事责任。

第二十六条 在购销活动中，以单方质量检验结论为结算依据的，应当符合有关标准或者标样的规定，不得提等提级、压等压级。

第四章 法律责任

第二十七条 生产、销售不符合保障人体健康和人身、财产安全的国家标准、行业标准、地方标准的产品的，责令停止生产、销售，没收违法生产、销售的产品，并处违法生产、销售产品（包括已售出和未售出的产品，下同）货值金额1倍以上3倍以下的罚款；有违法所得的，并处没收违法所得；情节严重的，依照《产品质量法》吊销营业执照。

第二十八条 产品标识不符合本条例第十八条、第十九条、第二十条规定的,责令改正;有包装的产品标识不符合本条例第十八条第(六)项、第(七)项规定,情节严重的,责令停止生产、销售,并处违法生产、销售产品货值金额30%以下的罚款;有违法所得的,并处没收违法所得。

第二十九条 在产品中掺杂、掺假,以假充真、以次充好,或者以不合格产品冒充合格产品的,责令停止生产、销售,没收违法生产、销售的产品,并处违法生产、销售产品货值金额50%以上3倍以下的罚款;有违法所得的,并处没收违法所得;情节严重的,依照《产品质量法》吊销营业执照。

第三十条 生产国家明令淘汰的产品的,销售国家明令淘汰并停止销售的产品的,责令停止生产、销售,没收违法生产、销售的产品,并处违法生产、销售产品货值金额1倍以下的罚款;有违法所得的,并处没收违法所得;情节严重的,依照《产品质量法》吊销营业执照。

第三十一条 销售失效、变质的产品的,责令停止销售,没收违法销售的产品,并处违法销售产品货值金额50%以上2倍以下的罚款;有违法所得的,并处没收违法所得;情节严重的,依照《产品质量法》吊销营业执照。

第三十二条 伪造产品产地的,伪造生产日期、安全使用期和失效日期的,伪造、隐匿或者冒用他人厂名、厂址的,伪造、冒用或者使用已经被撤消、注销认证标志、条码、采标标志、质量证明等质量标志的,责令登报或者以电视广播等方式公开更正,没收违法生产、销售的产品以及用于生产该产品的标志和包装物,并处违法生产、销售产品货值金额1倍以下的罚款;有违法所得的,并处没收违法所得;情节严重的,依照《产品质量法》吊销营业执照。

第三十三条 以不合格原材料、零部件生产、组装产品的,应当有生产(制造)许可证而未取得生产(制造)许可证生产产品的,伪造或者冒用生产(制造)许可证标志的,责令停止生产、销售,并处违法生产、销售产品货值金额15%以上20%以下的罚款;有违法所得的,并处没收违法所得。

第三十四条 销售者销售本条例规定禁止销售的产品,有充分证据和理由证明其不知道该产品为禁止销售的产品并如实说明其进货来源的,可以从轻或者减轻处罚。

第三十五条 知道或者应当知道属于《产品质量法》和本条例规定禁止生产、销售的产品而为其提供运输、保管、仓储等便利条件的,或者为以假充真的产品提供制假生产技术的,没收全部运输、保管、仓储或者提供造假生产技术的收入,并处违法收入50%以上3倍以下的罚款。

第三十六条 在以单方质量检验结论为结算依据的购销活动中,不执行有关标准或者样标的规定,提等提级、压等压级的,没收违法所得;情节较轻的并处违法所得1倍以上3倍以下的罚款,情节严重的并处违法所得3倍以上5倍以下的罚款。

第三十七条 隐匿、转移、变卖、损毁被产品质量监督部门或者工商行政管理部门查封、扣押的物品的,处被隐匿、转移、变卖、损毁物品货值金额1倍以上3倍以下的罚款;有违法所得的,并处没收违法所得。

第三十八条 对生产者专门用于生产不符合保障人体健康和人身、财产安全的国家标准、行业标准、地方标准的产品,国家明令淘汰的产品或者以假充真的产品的原辅材料、包装物、生产工具,应当予以没收。

第三十九条 有下列行为之一的,依照本条例对销售者的处罚规定处罚:

(一)在产品销售和服务贸易中的赠品、各种抽奖活动中的奖品以及削价产品不符合质量规定的;

(二)通过使用产品提供服务的经营者将本条例规定禁止销售的产品用于经营性服务的。

第四十条 拒绝接受依法进行的产品质量监督检查的,给予警告,责令改正;拒不改正的,责令停业整顿;情节特别严重的,依照《产品质量法》吊销营业执照。

第四十一条 产品质量监督部门超过规定数量抽取样品的,由上级产品质量监督部门或者监察机关责令退还;给生产者、销售者造成损失的,应当承担赔偿责任;情节严重的,对直接负责的主管人员和其他直接责任人员依法给予行政处分。

第四十二条 产品质量监督行政执法人员泄露被检查者的商业秘密,给被检查者造成损失的,依法赔偿损失,并对直接责任人员给予行政处分。

第四十三条 产品质量检验机构伪造检验结果或者出具虚假证明的,责令改正,对单位处5万元以上10万元以下的罚款,对直接负责的主管人员和其他直接责任人员处1万元以上5万元以下的罚款,有违法所得的并处没收违法所得;情节严重的,依法撤销其检验资格。

产品质量检验机构出具的检验结果或者证明不实造成损失的,同时承担相应的赔偿责任;造成重大损失的,依法撤销其检验资格。

第四十四条 产品质量监督部门或者其他国家机关违反本条例第十七条规定,向社会推荐生产者的产品或者以监制、监销等方式参与产品经营活动的,由其上级机关或者行政监察机关责令改正,消除影响,并给予通报批评;有违法收入的予以没收;情节严重的,对直接负责的主管人员和其他直接责任人员依法给予行政处分。

产品质量检验机构有前款所列违法行为的,由产品质量监督部门责令改正,消除影响,有违法收入的予以没收,可以并处违法收入1倍以下的罚款;情节严重的,依法撤销其检验资格。

第四十五条 产品质量监督部门或者工商行政管理部门的行政执法人

员以及有关人员有下列行为之一的,依法给予行政处分:

（一）不履行法定职责的失职行为;

（二）无法定依据或者超过法定种类、幅度实施行政处罚的行为;

（三）违反法定程序规定实施行政处罚的行为;

（四）违反法律、法规、规章规定实施行政检查或者行政强制措施的行为;

（五）违反规定向被检查者收取检验费用或者将检验费用转嫁给被检查者的行为;

（六）违法处理罚没款、罚没物品的行为;

（七）利用职务的便利,索取或者收受他人财物,情节轻微的行为;

（八）法律、法规、规章规定应当给予行政处分的其他行为。

第四十六条 产品质量监督部门在行政执法中,作出错误的行政处罚决定,造成影响的,对该部门主要负责人、直接负责的主管人员和其他直接责任人员依法给予行政处分。

第四十七条 违反本条例规定构成犯罪的,依法追究刑事责任。

第四十八条 本条例规定的货值金额以违法生产、销售产品的标价计算;没有标价的,按照同类合法生产、销售的产品的市场价格计算。

第四十九条 本条例规定的吊销营业执照的行政处罚,由工商行政管理部门决定;其他行政处罚,由产品质量监督部门、工商行政管理部门按照各自的职权范围决定,但是,对当事人的同一个违法行为,不得给予两次以上罚款的行政处罚。法律、行政法规对行使行政处罚权的机关另有规定的,依照有关法律、行政法规的规定执行。

第五十条 当事人对行政处罚决定不服的,可以依法申请行政复议或者提起行政诉讼。

逾期不申请行政复议或者不提起行政诉讼,又不履行行政处罚决定的,作出行政处罚决定的机关,可以申请人民法院强制执行。

第五章 附 则

第五十一条 本条例自 2001 年 12 月 1 日起实施。1995 年 6 月 30 日黑龙江省第八届人民代表大会常务委员会第十六次会议通过的《黑龙江省产品质量监督管理条例》同时废止。

黑龙江省母婴保健条例

(2000年10月20日黑龙江省第九届人民代表大会常务委员会第十九次会议通过　根据2005年6月24日黑龙江省第十届人民代表大会常务委员会第十五次会议《关于修改〈黑龙江省母婴保健条例〉的决定》第一次修正　根据2013年12月13日黑龙江省第十二届人民代表大会常务委员会第七次会议《关于废止和修改〈黑龙江省赌博处罚条例〉等十九部地方性法规的决定》第二次修正　根据2015年4月17日黑龙江省第十二届人民代表大会常务委员会第十九次会议《关于废止和修改〈黑龙江省文化市场管理条例〉等五十部地方性法规的决定》第三次修正　根据2016年12月16日省十二届人大常委会第三十次会议《黑龙江省人民代表大会常务委员会关于废止和修改〈黑龙江省特种设备安全监察条例〉等44部地方性法规的决定》第四次修正)

第一章　总　　则

第一条　为提高人口素质,保障母婴健康,根据《中华人民共和国母婴保健法》和有关法律、法规的规定,结合本省实际,制定本条例。

第二条　本条例所称母婴保健是指为了保证母亲和婴幼儿的健康而进行的婚前保健、孕产期保健、婴幼儿保健等系列保健服务。

第三条　本省行政区域内的任何组织和个人均应当遵守本条例。

第四条　母婴保健工作实行以保健为中心,保健和临床相结合,面向群体、面向基层和预防为主的工作方针;坚持医疗保健服务与自我保健相结合的原则;推广先进实用技术,积极开展母婴保健科学研究;加强宣传教育,普及母婴保健知识。

本省推行和完善母婴保健保偿责任制。

第五条　各级人民政府应当加强对母婴保健工作的领导,将母婴保健事业纳入国民经济和社会发展计划,组织协调各有关部门做好母婴保健工作。

各级人民政府应当对边远贫困地区的母婴保健事业给予支持。

各级财政部门在安排卫生事业费时,应当根据财力,确定一定资金用于母婴保健事业。

第六条 县级以上人民政府卫生和计划生育行政部门是母婴保健工作的主管部门,负责组织实施本条例。

省农垦、森工主管部门负责垦区、林区内的母婴保健工作,业务上接受省卫生和计划生育行政部门的监督和指导。

各级财政、物价、民政、公安、教育、劳动等行政部门及工会、妇联等社团组织,应当在各自职责范围内,做好母婴保健工作。

第七条 对在母婴保健工作中做出显著成绩的单位和个人,应当给予表彰和奖励。

第二章 婚前保健

第八条 本省实行婚前医学检查制度(含涉外婚检,下同)。

县级以上人民政府卫生和计划生育行政部门,应当将本行政区域内经市级以上人民政府卫生和计划生育行政部门许可的开展婚前保健工作的妇幼保健机构或者医疗机构(以下统称医疗保健机构)的名单,送同级人民政府民政部门备案。

婚姻登记机关应当告知准备结婚的男女双方,到经卫生和计划生育行政部门许可的医疗保健机构进行婚前医学检查。

准备结婚的男女双方,应当接受婚前医学检查和婚前健康教育,凭婚前医学检查证明,到婚姻登记机关办理结婚登记。

第九条 申请开展婚前保健工作的医疗保健机构,应当符合国家卫生和计划生育行政部门颁发的婚前保健工作规范、母婴保健专项技术服务基本标准及本省卫生和计划生育行政部门制定的相关标准和要求。

县级以上卫生和计划生育行政部门应当定期对婚前保健工作进行监督检查。

第十条 开展婚前保健工作的医疗保健机构,应当为男女双方提供婚前卫生指导、婚前卫生咨询和婚前医学检查等服务,并依据检查结果出具婚前医学检查证明。婚前医学检查项目和有关要求,应当按照国家及省卫生和计划生育行政部门规定执行,任何单位和个人不得擅自改变。

第十一条 婚姻登记机关在办理结婚登记时,应当查验并留存男女双方婚前医学检查证明。有下列情况之一的,不予办理结婚登记:

(一)没有婚前医学检查证明的;

(二)患有艾滋病、淋病、梅毒、麻风病以及医学上认为影响结婚和生育的其他传染病未治愈者和精神分裂症、躁狂抑郁型精神病以及其他重型精神病在发作期间应暂缓结婚的;

（三）不宜生育又未施行结扎手术或者未采取其他长效避孕措施的；

（四）直系血亲和三代以内旁系血亲及患其他在医学上认为不应当结婚疾病禁止结婚的。

第十二条　不宜生育的严重遗传性疾病应当由省卫生和计划生育行政部门指定的医疗保健机构负责最终诊断，并出具诊断证明书。

第十三条　婚前医学检查收费标准按省人民政府规定执行。

对边远贫困地区交费确有困难的人员应当给予减免。

第三章　孕产期保健

第十四条　妇女妊娠3个月内，在城市的，应当到当地妇幼保健机构；在农村的，应当到乡卫生院或者村妇幼保健员处登记，并签订孕产期保健保偿合同，领取孕产妇保健手册（卡），接受孕产期保健服务。

第十五条　医疗保健机构应当为育龄妇女和孕产妇提供以孕产期保健为主要内容的生殖健康保健服务：

（一）为孕育健康后代提供医学指导与咨询；

（二）为孕妇提供系统保健服务，对高危孕妇进行重点管理；

（三）为孕妇住院分娩和治疗提供必要条件，完善产时监护制度，推行新生儿复苏技术；

（四）为产妇提供母乳喂养、新生儿护理等医疗保健服务；

（五）为产妇定期进行产后访视；

（六）省以上卫生和计划生育行政部门规定的其他服务。

第十六条　各级医疗保健机构发现有下列情况之一的，应当告知孕妇到省卫生和计划生育行政部门批准的医疗保健机构进行产前诊断，并接受医学指导：

（一）羊水过多或者过少；

（二）胎儿发育异常或者胎儿可能畸形的；

（三）孕早期接触过可能导致胎儿先天缺陷物质的；（四）曾经分娩过有先天性缺陷婴儿的；

（五）年龄超过35周岁的；

（六）原因不明多次流产、死胎、死产的；

（七）夫妻一方为染色体异常的；

（八）有血友病家族史的；

（九）省以上卫生和计划生育行政部门规定的其他情形。

第十七条　经产前诊断，有下列情形之一的，应当终止妊娠：

（一）胎儿患有遗传性疾病不宜出生的；

（二）胎儿有严重缺陷和发育异常的；

（三）因患严重疾病或者接触有毒、有害物质，继续妊娠可能危及孕妇生命安全或者严重影响孕妇健康和胎儿正常发育的。

第十八条 生育过严重病残儿的妇女再次妊娠前，夫妇双方应当到省卫生和计划生育行政部门批准的医疗保健机构，进行医学检查。医疗保健机构应当出具医学检查诊断证明，并书面通知女方户口所在地的计划生育部门。

第十九条 严禁采用技术手段对胎儿进行性别鉴定。医学上认为确需进行胎儿性别鉴定的，应当由母婴保健医学技术鉴定委员会同意，到省卫生和计划生育行政部门批准的医疗保健机构进行鉴定。

第二十条 居住在城镇的孕妇应当住院分娩。

居住在边远农村没有条件住院分娩的正常孕妇，应当由从事家庭接生的人员接生。

高危孕妇应当到有监护条件的医疗保健机构住院分娩。

第二十一条 医疗保健机构从事助产工作的医务人员和从事家庭接生的人员，应当依法为新生儿出具出生医学记录单。新生儿法定监护人，应当持出生医学记录单于新生儿出生后 15 日内到卫生和计划生育行政部门指定的单位换取出生医学证明。公安机关凭出生医学证明给予落户。

第二十二条 医疗保健机构及从事家庭接生的人员应当对新生儿出生、孕产妇死亡、婴儿死亡、出生缺陷等情况按规定向卫生和计划生育行政部门报告。

县级以上妇幼保健机构应当建立孕产妇死亡、围产儿死亡评审制度。

第二十三条 任何单位不得安排怀孕期、哺乳期的妇女，从事国家规定的第三级体力劳动强度的劳动和禁忌从事的其他劳动。

第四章　婴幼儿保健

第二十四条 母乳喂养是母亲应尽的义务，全社会都应当保护和支持母乳喂养。医疗保健机构应当逐步成为爱婴医院，为母乳喂养和母婴健康提供服务。

第二十五条 本省实行新生儿疾病筛查制度。

有产科的医疗保健机构和家庭接生人员负责新生儿疾病筛查的取样、送检工作。

新生儿疾病筛查中心负责新生儿疾病筛查的实验室检验、诊断、治疗和随访工作，并负责对医疗保健机构、助产人员进行技术指导和质量监控。

第二十六条 婴幼儿监护人应当在领取出生医学证明后，到当地妇幼保健机构登记，签订保健合偿合同，领取儿童保健手册(卡)，带领婴幼儿接受定期的健康检查和卫生保健指导。

第二十七条 医疗保健机构应当为婴幼儿提供下列服务：

（一）母乳喂养、合理膳食和科学育儿的宣传、教育、咨询与指导；

（二）对新生儿进行家庭访视；

（三）定期对婴幼儿进行体格检查、生长发育监测和育儿指导，对体弱儿进行专案管理；

（四）依照计划免疫程序，按时为儿童进行预防接种；

（五）婴幼儿口腔、眼、听力、心理保健服务；

（六）婴幼儿常见病、多发病和传染病的防治；

（七）婴幼儿早期教育和智力开发的科学研究；

（八）省以上卫生和计划生育行政部门规定的其他服务。

第二十八条 托儿所、幼儿园应当按本条例及国家卫生和计划生育行政部门与国家教委颁发的《托儿所幼儿园卫生保健工作管理办法》和《托儿所幼儿园卫生保健制度》的规定，做好卫生保健工作。

第二十九条 各级教育行政部门应当协助卫生和计划生育行政部门检查和指导幼儿园卫生保健工作。

第三十条 城镇和有条件的乡村婴幼儿入托儿所、幼儿园前，应当到当地妇幼保健机构或者乡（镇）卫生院进行健康检查。

托儿所、幼儿园招收婴幼儿，应当查验健康检查表和儿童保健手册（卡），符合规定，方可招收，并负责保管健康检查表和保健手册（卡）。

第三十一条 托儿所、幼儿园工作人员每年应当到妇幼保健机构按规定项目进行健康体检，取得卫生和计划生育行政部门颁发的健康证明书后，方可从事托儿所、幼儿园工作。

患有国家指定传染病，滴虫性阴道炎、化脓性皮肤病、精神病等疾病的，不得从事保教、炊事及婴幼儿看护工作。

第五章 医学技术鉴定

第三十二条 县级以上人民政府设立母婴保健医学技术鉴定委员会，负责对有异议的婚前医学检查、遗传病诊断和产前诊断结果进行医学技术鉴定。出现其他医疗纠纷按国家医疗事故处理有关规定执行。

第三十三条 对医疗保健机构出具的婚前医学检查、遗传病诊断和产前诊断结果持有异议的当事人，应当在接到检查、诊断结果15日内向当地母婴保健医学技术鉴定委员会提出医学鉴定的书面申请，同时提供有关资料，并按规定交纳鉴定费用。

第三十四条 母婴保健医学技术鉴定委员会应当在收到鉴定申请之日起30日内作出医学技术鉴定结论。当事人对鉴定结论仍有异议的，可以在收到鉴定结论15日内，向上一级母婴保健医学技术鉴定委员会申请重新鉴定。

省母婴保健医学技术鉴定委员会的鉴定结论为最终鉴定。

第六章　管理与监督

第三十五条　县级以上卫生和计划生育行政部门,对本行政区域内的母婴保健工作实施监督管理。

第三十六条　凡开展母婴保健专项技术服务的机构,应当获得卫生和计划生育行政部门颁发的医疗机构执业许可证,并按下列审批程序取得母婴保健技术服务执业许可证后,方可从业:

(一)开展结扎手术、助产技术、终止妊娠手术,应当经县级以上卫生和计划生育行政部门审批;

(二)开展婚前医学检查,应当经市行署级以上卫生和计划生育行政部门审批;

(三)开展遗传病诊断、产前诊断和涉外婚前医学检查,应当经省级卫生和计划生育行政部门审批。

第三十七条　经婚前医学检查或产前诊断,依照《中华人民共和国母婴保健法》和本条例规定需要施行结扎手术或者终止妊娠手术的,由医师提出医学意见,当事人应当到省卫生和计划生育行政部门指定的医疗保健机构接受结扎手术或者终止妊娠手术,并按国家规定享受休假,手术费用按劳保医疗或者公费医疗报销;不享受劳保医疗或者公费医疗的,由当地人民政府解决;实施医疗保险制度的,按有关规定执行。

医疗保健机构施行结扎手术或者终止妊娠手术,应当经当事人签字同意;当事人无行为能力的,应当经其监护人签字同意。

第三十八条　卫生和计划生育行政部门应当按照下列程序对从事母婴保健技术工作的人员进行培训考核,颁发母婴保健技术考核合格证书:

(一)从事遗传病诊断、产前诊断技术的人员,由省卫生和计划生育行政部门组织培训、考核、发证;

(二)从事婚前医学检查的人员,须经省卫生和计划生育行政部门培训合格后,由市(行署)级人民政府卫生和计划生育行政部门许可;

(三)从事助产技术、终止妊娠手术、结扎手术以及负责签发出生医学证明的人员,须经市(行署)级人民政府卫生和计划生育行政部门培训合格后,由县级人民政府卫生和计划生育行政部门许可,并发给相应的合格证书。

第三十九条　村应当有负责母婴保健工作的人员,离乡镇较远的村,可以设家庭接生员。

村民委员会应当合理解决村母婴保健员补贴、奖励和待遇;村民委员会解决奖励和待遇确有困难的,由乡镇人民政府协调解决。

第四十条 各级卫生和计划生育行政部门主管辖区内托儿所卫生保健管理工作,指导幼儿园(含学前班,下同)卫生保健管理工作,其职责是:

(一)对城镇托儿所、幼儿园的房屋建筑、基本设施、环境条件按照国家有关规定进行卫生保健指导与检查,合格者颁发卫生保健合格证;

(二)对托儿所、幼儿园卫生保健制度的建立和执行情况进行定期检查与指导;

(三)对托儿所、幼儿园卫生保健人员进行卫生保健知识的培训。

第四十一条 医疗保健机构管理、签发出生医学证明,并将出生医学证明专用章和签发出生医学证明人员的名章印模报当地公安机关备案。

第四十二条 公安机关在办理新生儿户籍登记时,应当依法查验并留存出生医学证明。对未取得有效出生医学证明的,不予办理新生儿户籍登记。

第四十三条 县级以上卫生和计划生育行政部门设立母婴保健监督员。

母婴保健监督员执行卫生和计划生育行政部门交付的监督检查任务,向医疗保健、婚姻登记、户籍登记、托儿所、幼儿园等部门了解情况,索取必要的资料,对母婴保健工作进行监督检查。

母婴保健监督员在执行任务时,应当出示监督检查证件,对医疗保健机构提供的技术资料,有保密的义务。

第四十四条 各级妇幼保健机构负责管辖范围内母婴保健工作监测、评估和业务指导。

第七章 法律责任

第四十五条 未取得母婴保健技术服务执业许可证,擅自开展母婴保健技术服务的,其出具的有关医学证明无效,由县级以上卫生和计划生育行政部门责令其停止违法活动,没收违法所得及药械,并处以5000元以上2万元以下罚款;对单位主要负责人处以1000元以上5000元以下罚款。

第四十六条 未取得母婴保健技术考核合格证书,擅自从事母婴保健技术工作或者从事家庭接生的,其出具的有关医学证明无效,由县级以上卫生和计划生育行政部门责令其停止违法活动,没收违法所得及药械,并处以1000元以上5000元以下罚款。

第四十七条 从事婚前医学检查时,少检、漏检、不检、不进行健康教育、擅自增加检查项目及出具虚假证明的,由市级、县级卫生和计划生育行政部门处以500元以上3000元以下罚款;情节严重的,吊销母婴保健技术考核合格证书和医师执业证书;对其所在单位主要负责人,由市级、县级卫生和计划生育行政部门处以 500 元以上 2000 元以下罚款。

第四十八条 擅自做胎儿性别鉴定的,由医疗保健机构对直接责任人给予行政处分;情节严重的,由县级以上卫生和计划生育行政部门吊销母婴保健技术考核合格证书和医师执业证书。

第四十九条 开展助产技术的单位和家庭接生人员,对新生儿出生、孕产妇死亡、婴儿死亡和出生缺陷儿未及时、准确上报的,由县级以上卫生和计划生育行政部门责令改正,并处以 200 元以上 500 元以下罚款。

第五十条 婚姻登记机关的工作人员,在办理结婚登记时,未查验当事人的婚前医学检查证明而给予登记的,由其所在单位或者有关主管部门给予行政处分。

第五十一条 公安机关的工作人员在办理新生儿户籍登记时,未查验并留存出生医学证明而进行登记的,由其所在单位或者有关主管部门给予行政处分。

第五十二条 教育部门的工作人员未查验卫生保健合格证而批准开办幼儿园的,由其所在单位或者有关主管部门给予行政处分。

第五十三条 未取得卫生保健合格证书而开办托儿所、幼儿园的,由市级、县级卫生和计划生育行政部门责令其限期补办卫生保健合格证书,并处以 2000 元以上 1 万元以下罚款。

第五十四条 托儿所、幼儿园有下列行为之一的,由市级、县级卫生和计划生育行政部门责令限期整改;逾期未改正的,处以 500 元以上 3000 元以下罚款;情节严重的,吊销卫生保健合格证:

(一)托儿所、幼儿园未按规定建立健全卫生保健制度的;

(二)招收婴幼儿入托儿所、幼儿园,未按规定查验其保健手册(卡)和健康检查表的;

(三)托儿所、幼儿园工作人员未取得健康证明书的。

第五十五条 卫生和计划生育行政部门及其工作人员、母婴保健监督员在母婴保健工作中玩忽职守、徇私舞弊、滥用职权,有下列情形之一的,由其所在单位或者上级主管部门对直接负责的主管人员和其他直接责任人员给予行政处分;构成犯罪的,依法追究刑事责任:

(一)未履行法定职责造成后果的;

(二)违法实施行政许可的;

(三)违反法定权限实施行政处罚的;

(四)违反法定程序实施行政处罚的;

(五)在母婴保健医学技术鉴定中索贿受贿,出具虚假医学技术鉴定结论的;

(六)法律、法规、规章规定应当给予行政处分的其他情形。

第五十六条 当事人对行政处罚决定不服的,可以依法申请行政复议或者提起行政诉讼。当事人在法定期限内不申请行政复议也不提起行政诉讼,又不履行行政处罚决定的,由作出行政处罚决定的卫生和计划生育行政部门申请人民法院强制执行。

第八章 附 则

第五十七条 本条例自 2000 年 12 月 1 日起施行。1992 年 6 月 9 日黑龙江省第七届人大常委会第 27 次会议通过的《黑龙江省优生保健条例》同时废止。

黑龙江省实施《中华人民共和国防洪法》条例

(2000年8月18日经黑龙江省第九届人民代表大会常务委员会第十八次会议通过　根据2010年8月13日黑龙江省第十一届人民代表大会常务委员会第十八次会议《关于修改〈黑龙江省实施《中华人民共和国水土保持法》办法〉等11部地方性法规的决定》第一次修正　根据2016年12月16日省十二届人大常委会第三十次会议《黑龙江省人民代表大会常务委员会关于废止和修改〈黑龙江省特种设备安全监察条例〉等44部地方性法规的决定》第二次修正)

第一章　总　　则

第一条　根据《中华人民共和国防洪法》,结合我省实际制定本条例。

第二条　本省辖区内从事防洪和一切与防洪有关的活动,应当遵守本条例。

第三条　防洪工作实行全面规划、统筹兼顾、预防为主、综合治理、局部利益服从全局利益的原则。

第四条　各级人民政府对本行政区内的防洪工作实行统一领导,全面负责。广泛宣传防洪法律、法规,提高全民水患意识,增强依法防洪的自觉性;组织协调有关部门完善水文、气象、通信、遥测遥控、预警及洪涝灾害监测系统;动员全社会力量,有计划地进行江河、湖泊治理;做好防汛抗洪和洪涝灾害后的恢复与救济工作;对在防洪工作中做出显著成绩的单位和个人给予表彰或奖励。

第五条　县级以上人民政府水行政主管部门在同级人民政府领导下,负责本行政区内防洪组织、协调、监督、指导等日常工作。

电力、农垦、森工等有关部门在所在地县级以上人民政府领导下,按照各自的职责,负责有关防洪工作。

第二章　防洪规划

第六条　防洪规划应当服从所在流域、区域的综合规划;区域防洪规划应当服从所在流域的流域防洪规划。防洪规划是江河、湖泊治理和防洪工程设施建设的基本依据。

松花江、嫩江干流防洪规划,依据流域综合规划,在流域管理机构的指导下,由省人民政府水行政主管部门负责组织编制,经国务院水行政主管部门审查提出意见后,报国务院批准。

黑龙江、乌苏里江、松阿察河、白棱河、瑚布图河、绥芬河、兴凯湖的国土防洪规划的拉林河、诺敏河、雅鲁河、绰尔河的防洪规划由省人民政府水行政主管部门组织编制,经省人民政府审查提出意见后,报国务院水行政主管部门批准。

额木尔河、呼玛河、逊别拉河、讷谟尔河、乌裕尔河、呼兰河、汤旺河、蚂蚁河、倭肯河、牡丹江、通肯河、穆棱河、挠力河的防洪规划由省人民政府水行政主管部门会同有关部门和市(行署,下同)、县(县级市、区,下同)人民政府编制,报省人民政府批准。

其他河流、湖泊的防洪规划,由有关市、县人民政府水行政主管部门会同有关部门编制,经同级人民政府批准后,报上一级人民政府水行政主管部门备案,其中跨县的由市人民政府水行政主管部门组织编制,经市人民政府批准,报省人民政府水行政主管部门备案;跨市的经省人民政府水行政主管部门审查提出意见后,报省人民政府批准。

哈尔滨、齐齐哈尔、牡丹江、佳木斯、大庆、伊春等国家确定的重点防洪城市的防洪规划,按照国务院规定的审批程序批准后,纳入城市总体规划。其中市级城市防洪规划由城市人民政府组织水行政主管部门和有关部门编制,经省人民政府水行政主管部门审查提出意见后,报省人民政府批准。

县级城市防洪规划由县人民政府组织水行政主管部门和有关部门编制,经市人民政府水行政主管部门审查提出意见后,报市人民政府批准。

修改防洪规划,应当报经原批准机关批准。

第七条 防洪规划确定的河道整治计划用地和规划建设的堤防用地范围内的土地,经土地管理部门和水行政主管部门会同有关地区核定,报经县级以上人民政府按照国务院规定的权限批准后,可以规定为规划保留区。经批准后划定的规划保留区,由当地人民政府明确界限,设立标示,并予以公告。

规划保留区内不得建设与防洪无关的工矿工程设施及其它建筑物;在特殊情况下,国家工矿建设项目确需占用规划保留区内的土地的,按照国家规定的基本建设程序报请批准,并征求有关人民政府水行政主管部门的意见。规划保留区内现有与防洪无关的工矿工程设施及其他建筑物,当地人民政府应当制定外迁计划并组织实施。

第三章　治理与防护

第八条　防洪洪水应当蓄泄兼施、标本兼治,有计划地进行堤防加固、水库除险和河道整治;实行封山育林,退耕还林,扩大林草植被,涵养水源,加强流域水土流失的综合治理。

第九条　县级以上人民政府水行政主管部门和其他有关部门应当根据防洪规划制定防洪设施建设的年度计划,报本级人民政府批准后组织实施。对应急度汛工程,应当制定应急措施,报同级人民政府批准后优先安排资金。

第十条　松花江、嫩江的规划治导线由流域管理机构拟定,报国务院水行政主管部门批准。

拉林河、诺敏河、雅鲁河、绰尔河的规划治导线由省人民政府水行政主管部门拟定,经省人民政府审查提出意见后,报国务院水行政主管部门批准。额木尔河、呼玛河、逊别拉河、讷谟尔河、乌裕尔河、呼兰河、汤旺河、蚂蚁河、倭肯河、牡丹江、通肯河、穆棱河、挠力河的规划治导线、由有关市人民政府水行政主管部门分别拟定,经同级人民政府审查提出意见后,报省人民政府水行政主管部门批准。

其他江河、河段规划治导线由有关市、县人民政府水行政主管部门拟定,报同级人民政府批准;其中跨县的由有关县人民政府水行政主管部门分别拟定,经同级人民政府审查提出意见后,报市人民政府水行政主管部门批准;跨市的有关市人民政府水行政主管部门分别拟定,经同级人民政府审查提出意见后,报省人民政府水行政主管部门批准。

第十一条　防共规划确定的河道整治计划用地、堤防建设用地及管理用地,由有关人民政府依照法律、法规的规定划拨或征用。

第十二条　建设跨河、穿河、穿堤、临河等工程设施及占用河滩地,实行占用河道审批管理制度;在江河、湖泊上建设防洪工程和其他水工程、水电站等,实行规划同意书制度。

第十三条　防洪工程建设,应当履行建设程序,依法实行项目法人负责制、招标投标制、工程质量监理制和合同管理制。

防洪工程建设,应当按照国家有关规定进行设计、放工、监理,确保工程符合国家质量标准;项目法人对工程质量负全面责任;设计、施工、监理单位按照合同和有关规定对各自承担的工作负责。

第十四条　对影响河道、湖泊和水库防洪安全的建筑物,经县级以上人民政府水行政主管部门认定后,必须限期改建或者拆除。

第四章 防洪区和防洪工程设施的管理

第十五条 防洪区是指洪水泛滥可能淹及的地区,分为洪泛区、蓄滞洪区和防洪保护区。

防洪区的范围由县级以上人民政府按照批准的防洪规划或者防御洪水方案划定,经上一级人民政府水行政主管部门审查提出意见,报省级以上人民政府按照国务院规定的权限批准后,由所在地人民政府进行公告。

第十六条 在洪泛区、蓄滞洪区内,应当严格控制非防洪建设项目。确需建设的,建设单位应当就建设项目对防洪可能产生的影响做出评价,编制洪水影响评价报告和水土保持方案大纲,提出防御洪水措施。建设项目可行性研究报告按国家规定的基本建设程序报请批准时,应当附具有关人民政府水行政主管部门审查批准的洪水影响评价报告;建设项目竣工或者投入使用前,其防洪设施应当经审查批准的人民政府水行政主管部门验收。

对居住在经常使用的蓄滞洪区的居民,由所在地人民政府采取必要的安全保护措施,并有计划地组织外迁。

第十七条 省人民政府和有关市、县人民政府应当对蓄滞洪共予以扶持。直接受益于蓄滞洪区的地区和单位,对蓄滞洪区应当承担补偿、救助义务。对蓄滞洪区的扶持和补偿、救助办法由省人民政府按照国家的有关规定另行制定。

第十八条 防洪工程设施的管理范围和保护范围由县级以上人民政府依法划定,并报省人民政府水行政主管部门备案。

第十九条 防洪工程设施建设立项时应当明确管理体制和管理机构,按照谁主管,谁负责的原则,实行分级、分部门管理。

省人民政府水行政主管部门负责管理直属的防洪工程设施;市、县人民政府水行政主管部门负责管理本行政区域内的防洪工程设施。中直和省直其他有关部门负责管理本行业的防洪工程设施。

第二十条 县级以上人民政府水行政主管部门,应当加强水政监察,按照有关法律、法规的规定查处危害防洪工程设施的行为,确保防洪工程设施的安全与完好。

第五章 防汛抗洪

第二十一条 防汛抗洪工程实行各级人民政府行政首长负责制,统一指挥,分级分部门负责。

各有关部门在同级人民政府的领导下,按照防洪责任制分工,负责有关的防汛抗洪工作。

第二十二条 县级以上人民政府设立由有关部门、当地驻军、人民武装部等负责人组成的防汛抗洪指挥机构,在上级防汛抗洪指挥机构和本级人民政府的领导下,指挥本行政区域内的防汛抗洪工作,其办事机构设在同级水行政主管部门。

在紧急防汛期,各级防汛指挥机构主要负责人应当坚实岗位,统管全局,科学调度;其他负责人亲临一线,遵章尽职。

第二十三条 在汛期,气象部门应当及时向各级防汛指挥机构提供有关天气预报和实时气象信息,灾害性天气预报应提前通知所在地防汛指挥机构;水文站、雨量站(点)应当及时向各级防汛指挥机构提供有关水文信息预报;交通、电信、公安等有关部门应当按照各自的职责,承担义务。

第二十四条 松花江、嫩江、拉林河、诺敏河、雅鲁河、绰尔河的防御洪水方案,由流域管理机构会同省人民政府制定,报国务院或者国务院授权的有关部门批准。

其他江河的防御洪水方案,由所在地县级以上人民政府负责制定,报上一级人民政府批准。

水库汛期防洪调度计划,由县级以上人民政府水行政主管部门或其他有关主管部门编制。大型、重点中型水库,经市人民政府水行政主管部门审查提出意见后,报省人民政府水行政主管部门批准;一般中型水库、重点小型水库报市人民政府水行政主管部门批准。

承担防洪任务的水电站汛期防洪调度计划,由水电站主管部门编制,经所在地市人民政府水行政主管部门批准,报省人民政府水行政主管部门备案。城市防御洪水方案,由所在地县级以上人民政府组织编制,报上一级人民政府水行政主管部门批准。国家另有规定的按其规定执行。

江河、城市防御洪水方案和水库及承担防洪任务的水电站汛期防洪调度计划,报省防汛指挥机构备案。

经批准的防御洪水方案和防洪调度计划,当地人民政府和有关部门必须执行。

第二十五条 本省汛期分为凌汛期和夏汛期,凌汛期为4月10日至5月15日,夏汛期为6月15日至9月20日。非常情况下,省人民政府防汛指挥机构可以宣布提前或延长防汛期。当江河、湖泊的水情接近保证水位或者安全流量,水库水位接近设计洪水位或者防洪工程设施发生重大险情时,有关县级以上人民政府防汛指挥机构可以宣布进入紧急汛期。

第二十六条 凌汛期前,有关市、县人民政府要根据气象、水文部门的预测预报,做好人员、财产转移预案,落实责任人,并有计划地对易受灾村屯进行外迁。

第二十七条 山洪、泥石流易发地区的市、县人民政府,应当组织有关部门对山体滑坡、崩塌和泥石流隐患进行全面调查,划定重点防治区,采取防治措施。

第二十八条 县级以上人民政府防汛指挥机构负责向社会发布汛情公告,其他任何单位和个人不得擅自发布。

第二十九条 在汛期,防汛指挥车辆和抢险救灾车辆免交过路(桥)费、停车费。防汛车辆标志牌由县级以上人民政府防汛指挥机构会同交通、公安等有关部门制发。

第三十条 在行洪河道内禁止设置阻水障碍物,已设置的按照谁设障、谁清除的原则,由防汛指挥机构责令限期拆除。

第三十一条 紧急防汛期,防汛指挥机构可以按照规定权限采取下列应急措施:

(一)决定陆地和水面效能管制;

(二)调用物资、设备、交通运输工具和人力;

(三)决定取土占地、砍伐林木、清除阻水障碍物等;

(四)对壅水、阻水严重的桥梁、码头和其他跨河工程设施作出紧急处置;

(五)需要采取的其他应急措施。

依照前款规定,在紧急防汛期所采取的应急措施,在汛期结束后,依照有关法律法规向有关部门补办手续、依法补偿或作其他处理。

第三十二条 根据汛情、险情,需要请求部队支援抗洪抢险的,由县级以上人民政府防汛指挥机构向省人民政府防汛指挥机构提出请求,由省人民政府负责协调。防汛出现紧急情况,市人民政府防汛指挥机构可直接请求当地驻军支援。有关市、县人民政府应当为参加抗洪抢险的部队提供必要的抗洪抢险用具和后勤保障。

第三十三条 洪涝灾害发生后,有关人民政府应及时、准确、全面核实上报灾情,并积极组织有关部门、单位做好灾区的生活供给、卫生防疫、救灾物资供应、治安管理、学校复课、恢复生产、重建家园和水毁工程设施修复等工作。水毁防洪工程的修复应当优先列入有关部门的年度建设计划。

第六章 保障措施

第三十四条 防洪费用按照政府投入与受益者合理承担的原则筹集。

第三十五条 县级以上人民政府应当安排防洪规划工作经费,保证实施防洪规划和水毁防洪工程修复所需的资金,落实防汛工作、物料储备所需资金。

第三十六条 江河、湖泊治理及防洪工程设施建设和管理等所需资金,除中央投入外,按照事权和财权相统一的原则,由省、市、县人民政府统筹安排。城市防洪工程设施和其他防洪工程建设和维护、管理所需资金,由城市人民政府承担。

第三十七条 在汛前,县级以上人民政府和有关部门根据现有工程状况和当年汛情预测,做好防汛抢险物资准备。实行分级负担、分级储备、分级管理、分级使用的原则,下级储备的防汛抢险物资,应当服从上级防汛指挥机构的统筹调用。

第三十八条 县级以上人民政府应当保证防洪各项资金及时到位,确保配套资金足额落实。

第三十九条 在防洪保护区内应当征收河道工程修建维护管理费。

第四十条 任何单位和个人不得截留、挪用防洪救灾资金和物资。

各级人民政府审计机关应当加强对防洪、救灾资金使用情况的审计监督。

第七章 法律责任

第四十一条 违反本条例第十条、第十二条、第十六条第一款规定的,由县级以上人民政府水行政主管部门按照《中华人民共和国防洪法》有关规定处罚。

第四十二条 违反本条例第十四、第三十条规定的,由县级以上人民政府水行政主管部门处以1万元以上10万元以下罚款。对逾期不拆除或者改建的,由县级以上人民政府防汛指挥机构依法组织强行拆除,所需费用由设障者承担。

第四十三条 违反本条例第二十八条规定,擅自发布汛情公告的,由有关主管部门对责任人给予行政处分;造成严重后果的,追究责任人的刑事责任。

第四十四条 违反本条例第三十九条规定,逾期不缴纳河道工程修建维护管理费的,由县级以上人民政府水行政主管部门责令限期补缴,并处以应缴数额10%的罚款。

第四十五条 阻碍、威胁防汛指挥机构、水行政主管部门或者流域管理机构的工作人员依法执行职务,构成犯罪的,依法追究刑事责任;尚不构成犯罪,应当给予治安处罚的,依照《中华人民共和国治安管理处罚法》的规定处罚。

第四十六条 违反本条例第四十条规定,截留、挪用防洪、救灾资金和物资,构成犯罪的,依法追究刑事责任;尚不构成犯罪的,给予行政处分。

第四十七条 国家工作人员,有下列行为之一的,构成犯罪的,依法追究刑事责任;尚不构成犯罪的,给予行政处分:

(一)对防洪工程建设不实行项目法人负责制、招标投标制、工程质量监理制的；

（二）滥用职权，玩忽职守，徇私舞弊，致使防汛抗洪工作造成重大损失的；

（三）拒不执行防御洪水方案、防汛抢险指令或者蓄滞洪方案、措施、汛期调度运用计划等防汛调度方案的；

（四）违反本条例规定，导致或者加重毗邻地区或其他单位洪灾损失的。

第八章 附 则

第四十八条 本条例由省人民政府水行政主管部门负责应用解释。

第四十九条 本条例自2000年9月1日起施行。

黑龙江省风景名胜区管理条例

(2000年6月6日黑龙江省第九届人民代表大会常务委员会第十七次会议通过　根据2016年12月16日省十二届人大常委会第三十次会议《黑龙江省人民代表大会常务委员会关于废止和修改〈黑龙江省特种设备安全监察条例〉等44部地方性法规的决定》修正)

第一章　总　　则

第一条　为加强风景名胜区管理,合理利用风景名胜资源,保障风景名胜区事业健康、可持续发展,繁荣旅游产业,根据国家有关法律、法规,结合本省实际,制定本条例。

第二条　本条例适用于本省辖区内风景名胜区的设立、规划、建设、保护和管理。

第三条　本条例所称风景名胜区是指风景名胜资源比较集中,具有一定规模和游览条件,经审定命名,划定范围,供人们游览、观赏、休息和进行科学文化教育活动的地域。

本条例所称风景名胜资源是指具有游览、观赏、文化和科学价值的自然景观和人文景观及其所处的环境。

第四条　风景名胜区工作应当坚持严格保护、统一管理、合理开发、永续利用的方针和为公众服务的原则,面向社会,开展健康、有益的游览和文化活动。

第五条　省建设行政主管部门主管本省辖区内的风景名胜区工作,并组织实施本条例。

市(含行署,下同)、县(含县级市,下同)建设行政主管部门主管本辖区内相应等级的风景名胜区工作,具体实施本条例。

农垦、森工系统的风景名胜区管理工作委托省农垦总局、森工总局负责,并接受省建设行政主管部门的指导与监督。

第六条　风景名胜区经批准机关公布后,人民政府应当依照国务院有关规定设立风景名胜区管理机构。风景名胜区管理机构根据法律、法规和风景名胜区规划,负责风景名胜区的统一规划、建设和管理,并在业务上加强与有关行政主管部门的协调、配合。其主要职责是：

（一）宣传、贯彻有关法律、法规、规章和政策；

（二）实施风景名胜区规划；

（三）保护风景名胜区资源及其生态环境；

（四）宣传风景名胜区景观特色及科学文化价值；

（五）组织开发、利用风景名胜资源；

（六）建设、维护和管理风景名胜区配套设施；

（七）制定风景名胜区公共规则；

（八）负责风景名胜区内游人安全保护和防火工作；

（九）行使本条例授权的行政处罚权；

（十）法律、法规和地方人民政府依法赋予的其他职责。

第七条 风景名胜区内不得重复设立管理机构。

风景名胜区的管理区域与自然保护区、森林公园、旅游度假区等管理区域重叠交叉，并有多个管理机构的，人民政府应当组织协调，成立一个管理机构，实行统一管理。

第八条 设在风景名胜区内的所有单位，涉及到风景名胜区的保护、开发、建设和管理活动的，都必须服从风景名胜区管理机构的统一规划和管理。

第九条 风景名胜资源归国家所有。任何单位和个人均有保护风景名胜资源和风景名胜区环境的义务。

第十条 各级人民政府应当加强对风景名胜区工作的领导，将风景名胜资源的保护、开发、建设和利用纳入国民经济和社会发展计划，并在政策上给予扶持。

在风景名胜区的保护、规划、建设和管理工作中做出显著成绩的单位和个人，由人民政府和有关部门给予表彰和奖励。

第二章 设立和变更

第十一条 风景名胜区按照国务院规定，分为国家重点、省级、市县级风景名胜区三个等级。

第十二条 符合下列条件的，可以申请设立风景名胜区：

（一）有重要的游览、观赏、文化或者科学价值，景观独特，规模较大，有相应的配套设施，在国内外有较高知名度的，可以申请设立国家重点风景名胜区；

（二）有比较重要的游览、观赏、文化或者科学价值景观有特色，具备一定规模，有相应的配套设施，在省内外影响较大的，可以申请设立省级风景名胜区；

(三)有一定的游览、观赏、文化或者科学价值,环境优美,规模较小的,可以申请设立市县级风景名胜区。

第十三条 设立风景名胜区,由建设行政主管部门会同有关部门提出申请,由所在地人民政府申报,提出风景名胜资源调查评价报告,经省建设行政主管部门审查同意后,按照国务院规定报有关人民政府审定公布。

自然保护区、森林公园、旅游度假区等可以设立同名风景名胜区,但在申请设立风景名胜区之前,应当报请省有关行政主管部门批准。

第十四条 风景名胜区的风景名胜资源或其配套设施和服务条件发生重大变化,已不具备该风景名胜区等级条件的,应当撤销该风景名胜区或者降低其等级。

撤销风景名胜区或者降低其等级的,由批准公布该风景名胜区的人民政府的建设行政主管部门报请人民政府审定公布。撤销市县级风景名胜区的,应当报省建设行政主管部门备案。

第十五条 风景名胜区内或其周边地区有重大风景名胜资源发现,或者原有的风景名胜资源价值经重新评估,具备升级条件的,可以申请重新划定风景名胜区范围或者提高风景名胜区等级。

第三章　规划和建设

第十六条 风景名胜区规划由风景名胜区管理机构在所隶属的人民政府领导下,会同有关部门按照规定的内容和程序编制。

风景名胜区总体规划应当包括名胜区的性质、范围、外围保护地带、功能区分、保护和开发风景名胜资源的措施、环境容量预测、配套设施的统筹安排、投资与效益的估算以及各项专业规划等内容。

风景名胜区详细规划应当包括风景名胜区开发建设具体方案、资源和景观具体保护措施、建设控制指标、建设项目的选址安排以及重大建设项目的景观设计方案等内容。

第十七条 编制风景名胜区规划应当遵循以下原则:

(一)贯彻、执行国家和省有关法律、法规;

(二)科学处理保护与利用、远期与近期、整体与局部的关系;

(三)符合城市总体规划、土地利用总体规划、生态环境保护规划,并与其他专业规划相协调;

(四)风景名胜区的建设规模、建设标准、定额指标以及风景名胜资源的开发程度应当与经济发展水平相适应,并为长远发展留有余地;

(五)风景名胜区内建设项目的布局、高度、体量、造型、风格以及色调应当与周围景观环境相协调;

(六)保护自然景观和人文景观风貌,维护生态平衡;

（七）科学评价风景名胜资源的特点和价值,突出风景名胜特色。

第十八条 国家重点、省级风景名胜区的总体规划和详细规划,由甲级规划设计单位编制;市县级风景名胜区的总体规划和详细规划,由乙级或者乙级以上的规划设计单位编制。

第十九条 风景名胜区规划实行分级审批:

（一）国家重点风景名胜区总体规划,由所在地市人民政府提交省风景名胜区规划技术鉴定委员会组织技术鉴定后,经省人民政府同意,报国务院审批;其详细规划由省建设行政主管部门报国务院建设主管部门审批。

（二）省级风景名胜区总体规划,由所在地市人民政府提交省风景名胜区规划技术鉴定委员会组织技术鉴定后,报省人民政府审批;其详细规划由所在地市人民政府审查后,报省建设行政主管部门审批。

（三）市县级风景名胜区总体规划,由其上一级建设行政主管部门审查同意,经省风景名胜区规划技术鉴定委员会组织技术鉴定后,由市县人民政府审批,同时报省建设行政主管部门备案;其详细规划由上一级建设行政主管部门审批。

第二十条 经批准的风景名胜区总体规划和详细规划必须严格执行,任何单位和个人不得擅自变更;确需变更的,应当按照原批准程序报批。风景名胜区内的村庄、集镇、农场、林场、建制镇规划,应当按风景名胜区总体规划的要求进行编制;已编制的不符合风景名胜区总体规划要求的,应当进行调整或者重新编制。

第二十一条 风景名胜区应当严格按照批准的规划进行建设。

第二十二条 风景名胜区设立后,在其总体规划和详细规划未批准前,不得在风景名胜区范围内进行各类建设活动。

在风景名胜区内不得新建各种工矿企业、仓库、货场及进行房地产开发;风景名胜区核心区内,除必需的保护和附属设施外,不得增建其他建筑和设施。

风景名胜区设立前已有的建筑物或者其他设施,凡不符合已批准的规划的,应当按照有关规定,在风景名胜区所隶属的人民政府规定的期限内拆除或者迁移。

第二十三条 在风景名胜区的非核心区内新建、扩建、改建工程项目,建设单位应当持规定的文件向风景名胜区管理机构提出申请,经其初步审查同意后,按下列规定报批:

（一）国家重点风景名胜区内的缆车、索道等重大建设项目,由省建设行政主管部门核准选址方案;国家重点风景名胜区和省级风景名胜区内的重大建设项目,由市建设行政主管部门核发建设选址审批书、建设用地规划许可证和建设工程规划许可证。

（二）市县级风景名胜区以及前项规定以外的其他建设项目，由风景名胜区管理机构签发建设选址审批书，由市县建设行政主管部门核发建设用地规划许可证和建设工程规划许可证。

（三）风景名胜区在城市规划区范围内的，由风景名胜区所在地的市城乡规划行政主管部门核发建设选址审批书、建设用地规划许可证和建设工程规划许可证。

建设单位依法取得有关批准文件，经风景名胜区管理机构现场验线后，方可办理开发手续。

第二十四条 在风景名胜区内施工作业，施工单位应当采取有效措施，保护自然景观和人文景观的原有风貌以及周围的植被、水体。工程竣工后，施工单位应当及时清理施工场地，恢复环境原貌。

第二十五条 风景名胜区内的建设项目竣工后，应当依法组织验收；未经验收或者验收不合格的，不得交付使用。

第四章　保护和管理

第二十六条 风景名胜区管理机构应当根据风景名胜区规划，加强风景名胜资源的保护与管理工作。

风景名胜区管理机构应当在有关行政主管部门的指导下，依法实施风景名胜区内的造林绿化、护林防火、水体保护、自然遗迹保护和环境污染防治等保护生态环境的工作。

第二十七条 风景名胜区管理机构应当会同有关部门对管辖区域内的古建筑、古园林、历史遗迹和其他人文景观以及古树名木等风景名胜资源进行调查、鉴定和登记，并设立保护标志。

第二十八条 对风景名胜区内存在不安全因素的景点、水面和路段，风景名胜区管理机构应当划定警戒范围，设置界标，悬挂明显的警示标志。

第二十九条 任何单位和个人未经依法批准并征得风景名胜区管理机构同意，不得以任何名义擅自出让或者变相出让风景名胜区内的资源。

第三十条 在风景名胜区内及其外围保护地带采集物种标本、野生药材和其他林副产品以及砍伐林木、取水，应当经风景名胜区管理机构同意后，依法报经有关行政主管部门批准。

第三十一条 风景名胜区内禁止下列行为：

（一）挖砂、采石、取土、开荒、填塘；

（二）修筑坟墓；

（三）排放超标准废水、废气、噪声以及倾倒固体废物；

（四）砍伐古树名木；

（五）偷猎或捕捉野生动物；

（六）涂写、刻画景物或者公共设施；

（七）乱扔废弃物、攀折林木花草；

（八）在禁火地点吸烟、动火。

第三十二条 未经风景名胜区管理机构同意和有关行政主管部门依法批准，在风景名胜区内不得从事下列活动：

（一）占用土地和水面；

（二）种植、养殖；

（三）泄放湖水；

（四）运入未经检疫的动植物；

（五）建造人文景观；

（六）设置、张贴广告；

（七）临时占用、挖掘道路；

（八）摆摊设点经营；

（九）圈占景点收费。

第三十三条 在风景名胜区内从事饮食、商业、旅游、交通运输等经营活动，应当报请风景名胜区管理机构同意，并依法办理其他有关审批手续。

第三十四条 风景名胜区内的单位以及从中经营活动的个人，应当承担占用范围内的绿化美化和环境卫生工作。

风景名胜区管理机构应当对管辖区域内的生活垃圾、建筑垃圾组织统一清运和进行无害化处理，并实行有偿服务。

第三十五条 风景名胜区管理机构应当健全风景名胜区档案，对风景名胜区的历史沿革、资源状况、范围界限、生态环境、服务设施以及建设活动的基本情况和有关资料，应当整理归档，妥善保存。

第三十六条 风景名胜资源实行有偿使用。凡依托风景名胜区从事经营和建设活动的单位和个人，除依法从事生产活动的林业、水产、农业等单位和个人外，均应当交纳风景名胜资源有偿使用费，用于风景名胜资源的保护、管理和开发。

风景名胜资源有偿使用费的具体收取标准，由省价格管理部门会同省财政、省建设行政主管部门制定。

第五章 法律责任

第三十七条 违反本条例规定，由省建设行政主管部门或者市、县建设行政主管部门，按照职责权限责令停止违法行为，限期改正，并给予下列处罚：

（一）违反本条例第二十二条第一款、第二款、第三十二条(五)项规定，可以恢复风景名胜资源原貌的，限期恢复原貌，并处以1万元以上5万元以

下罚款,不能恢复原貌的,按照建筑物面积或者设施占地面积,处以每平方米 500 元以上 1000 元以下的罚款;

(二)违反本条例第二十二条第三款规定,逾期未拆除或者未迁移的,对责任单位或者责任人处以建筑物面积或者设施占地面积每平方米 10 元以上 30 元以下的罚款,并依法强制拆除或者迁移;

(三)违反本条例第二十五条规定,工程项目竣工未经验收或者验收不合格交付使用的,按照有关法律、法规予以处罚。

第三十八条 违反本条例规定,由风景名胜区管理机构责令停止违法行为,限期改正,并给予下列处罚:

(一)违反本条例第二十四条规定,对施工单位处以 5000 元以上 5 万元以下的罚款;

(二)违反本条例第二十九条、第三十二条(九)项规定,没收违法所得,并可处以违法所得 20% 以下的罚款;

(三)违反本条例第三十一条(一)、(二)项,第三十二条(一)项规定,责令限期恢复风景名胜资源原貌,并可按照风景名胜资源被破坏情况,处以 1 万元以上 5 万元以下的罚款,有违法所得或者非法财物的,予以没收;

(四)违反本条例第三十一条(四)项、第三十二条(三)项规定,处以 5 万元以上 10 万元以下的罚款,有违法所得的,予以没收;

(五)违反本条例第三十一条(六)、(七)、(八)项规定,给予警告,并可处以不超过 100 元的罚款;

(六)违反本条例第三十二条(二)、(四)、(六)项规定,没收违法所得或者非法财物,并可处以 100 元以上 500 元以下的罚款;

(七)违反本条例第三十二条(七)项规定,占用道路的,处以 1000 元以上 2000 元以下的罚款,挖掘道路的,按照挖掘面积每平方米处以 200 元以上 500 元以下的罚款;

(八)违反本条例第三十三条规定,处以 1000 元以上 5000 元以下的罚款,有违法所得的,予以没收;

(九)违反本条例第三十四条第一款规定,给予警告,并可处以 100 元以上 500 元以下的罚款。

第三十九条 违反本条例规定,擅自变更经批准的风景名胜区总体规划和详细规划的,由省建设行政主管部门责令停止违法行为,限期改正;逾期未改正的,由其上级人民政府追究人员和直接责任人员的行政责任。

第四十条 违反本条例其他规定,由有关行政主管部门给予行政处罚。

第四十一条 妨碍建设行政主管部门或者风景名胜区管理机构执行公务的,由公安机关按照《中华人民共和国治安管理处罚条例》的规定给予处罚。

第四十二条 建设行政主管部门或者风景名胜区管理机构实施行政处罚时,应当按照《中华人民共和国行政处罚法》规定的程序执行。

第四十三条 当事人对行政处罚不服的,可以依法申请行政复议或者提起行政诉讼;当事人逾期未申请行政复议也未提起行政诉讼,又不履行行政处罚决定的,由作出行政处罚决定的机关依法申请人民法院强制执行。

第四十四条 建设行政主管部门或者风景名胜区管理机构工作人员玩忽职守、滥用职权、徇私舞弊,尚未构成犯罪的,由其所在单位或者上级主管部门给予行政处分。

第四十五条 违反本条例规定,给国家、集体及个人造成损失的,应当依法履行赔偿责任。

第四十六条 违反本条例规定构成犯罪的,依法追究刑事责任。

第六章 附 则

第四十七条 风景名胜资源有偿使用费的具体收取标准,应当在本条例施行之日起 12 个月内制订公布。

第四十八条 本条例具体应用问题由省建设行政主管部门负责解释。

第四十九条 本条例自 2000 年 7 月 1 日起施行。

黑龙江省盐业管理条例

(2000年6月6日黑龙江省第九届人民代表大会常务委员会第十七次会议通过 根据2015年4月17日黑龙江省第十二届人民代表大会常务委员会第十九次会议《关于废止和修改〈黑龙江省文化市场管理条例〉等五十部地方性法规的决定》第一次修正 根据2016年6月17日黑龙江省第十二届人民代表大会常务委员会第二十六次会议《黑龙江省人民代表大会常务委员会关于修改〈黑龙江省森林管理条例〉等五部地方性法规的决定》第二次修正 根据2016年12月16日省十二届人大常委会第三十次会议《黑龙江省人民代表大会常务委员会关于废止和修改〈黑龙江省特种设备安全监察条例〉等44部地方性法规的决定》第三次修正)

第一条 为了加强盐业管理,保证食盐专营,消除碘缺乏危害,保护公民身体健康,根据国家有关法律、法规规定,结合本省实际,制定本条例。

第二条 凡在本省辖区内从事盐产品加工、储备、购销活动的单位和个人,必须遵守本条例。

第三条 本条例所称盐产品包括:

(一)食盐,指直接食用的盐和食品加工用盐;

(二)纯碱及烧碱工业用盐(以下简称两碱工业用盐),指用于生产纯碱及烧碱的原料盐;

(三)一般工业用盐,指两碱工业用盐以外的其他工业用固体盐或者液体盐;

(四)农业用盐,指农作物浸种等使用的盐;

(五)复合盐制品,指以氯化钠为主要成分,添加其他原料制成的盐制品。

畜牧、渔业用盐按食盐进行管理。

第四条 省盐业主管机构负责全省盐业行政管理工作,并负责组织实施本条例。市(地)、县(市)盐业主管机构负责本辖区内的盐业管理工作。

各级卫生计生、工商、公安、交通运输、铁路、物价、质量技术监督等部门,应当按照各自职责,协同盐业主管机构做好盐业监督管理工作。

第五条 盐产品加工企业应当具备保证产品质量的生产条件和检测手段,并严格执行国家标准,不符合国家标准的盐产品不得销售。

第六条 加工、销售的食盐,其质量、计量以及包装上的标识应当符合有关法律、法规的规定。

第七条 从事食盐批发业务的企业,由省盐业主管机构审查批准,颁发国务院盐业行政主管机构统一制作的食盐批发许可证,并报国务院盐业行政主管机构备案。

第八条 禁止将下列盐产品作为食盐销售和用于食品加工:

(一)液体盐(含天然卤水);

(二)工业用盐、农业用盐;

(三)利用土盐、硝盐、工业废渣和废液制成的盐产品;

(四)不符合国家食盐标准的盐产品;

(五)其他非食用盐产品。

第九条 建立健全食盐储备制度,任何单位和个人不得擅自动用国家储备盐。对已建成的储备库,当地盐业主管机构应当对其加强管理和维护,任何单位和个人不得擅自占用和拆迁。

第十条 盐业行政执法人员在执行公务时,行使下列职权:

(一)对本辖区内的用盐单位、车站以及盐产品的储存、加工、销售场所和运输工具进行检查;

(二)对盐业违法行为的当事人、证人和涉及盐业违法行为的其他单位和个人进行调查、询问;

(三)查阅、抄录和复制与盐业违法案件有关的文件,向被检查、被调查的单位或者个人提取有关证明材料;

(四)在证据可能灭失或者以后难以取得的情况下,经盐业主管机构负责人批准,可以对与盐业违法案件有关的盐产品、包装物品、加工设备等财物先行登记保存,并在七日内作出处理决定。

第十一条 盐业行政执法人员应当秉公执法,并对举报人和被查阅、复制的文件保密。

第十二条 有关执法部门依法查获、没收的盐产品,应当交由当地盐业主管机构按照有关规定处理。

第十三条 违反本条例规定,加工、销售的食盐,其质量、计量以及包装上的标识不符合有关法律、法规规定的,由质量技术监督部门和工商行政管理部门按照有关法律、法规规定给予处罚。

第十四条 违反本条例规定,无食盐批发许可证批发食盐的,由当地盐业主管机构责令停止批发活动,没收违法经营的食盐和违法所得,可以并处违法经营的食盐价值3倍以下罚款。

第十五条　违反本条例规定,将非食用盐作为食盐销售或者用于食品加工的,由盐业主管机构责令停止销售,没收违法所得,可以并处违法所得5倍以下罚款。

第十六条　违反本条例规定,涉及其他有关法律、法规规定的,由有关部门依法给予处罚。

第十七条　拒绝、阻碍盐业行政执法人员依法执行公务的,由公安机关依照《中华人民共和国治安管理处罚法》的规定给予处罚。

第十八条　盐业主管机构的工作人员滥用职权、徇私舞弊尚未构成犯罪的,依法给予行政处分;造成损失的,依法予以赔偿。

第十九条　违反本条例规定,构成犯罪的,依法追究刑事责任。

第二十条　本条例自 2000 年 7 月 1 日起施行。

黑龙江省土地管理条例

(1999 年 12 月 18 日黑龙江省第九届人民代表大会常务委员会第十三次会议通过 根据 2013 年 12 月 13 日黑龙江省第十二届人民代表大会常务委员会第七次会议《关于废止和修改〈黑龙江省赌博处罚条例〉等十九部地方性法规的决定》第一次修正 根据 2015 年 4 月 17 日黑龙江省第十二届人民代表大会常务委员会第十九次会议《关于废止和修改〈黑龙江省文化市场管理条例〉等五十部地方性法规的决定》第二次修正 根据 2016 年 12 月 16 日省十二届人大常委会第三十次会议《黑龙江省人民代表大会常务委员会关于废止和修改〈黑龙江省特种设备安全监察条例〉等 44 部地方性法规的决定》第三次修正)

第一章 总 则

第一条 根据《中华人民共和国土地管理法》及有关法律、行政法规的规定,结合本省实际,制定本条例。

第二条 在本省行政区域内,土地所有权、使用权的确定和变更,土地调查、登记和统计,土地规划、保护、利用和监督,土地征收或者征用、土地使用权交易、土地用途改变以及土地所有权、使用权争议的处理等,必须遵守本条例。

第三条 省人民政府土地行政主管部门统一负责全省土地的管理和监督工作。

市(行署)、县(含县级市,下同)人民政府土地行政主管部门根据本条例的规定,负责本行政区域内土地的管理和监督工作。

设区的市人民政府土地行政主管部门对市辖区及其乡(含镇,下同)、县人民政府土地行政主管部门对乡的土地,实行垂直管理。

第四条 省人民政府土地行政主管部门在本省农垦、森工系统设立土地管理派出机构,负责垦区、森工国有林区经依法批准的农(牧)场、林业局(场)范围内土地的管理和监督工作。

第二章　土地的所有权和使用权

第五条　除国家法律、行政法规规定外,下列土地属于国家所有:

(一)国家拨给机关、企业、事业等单位及部队使用的土地;

(二)国家拨给农民集体经济组织和个人使用的土地;

(三)未经确权的荒山、荒地、岛屿等土地。

国家所有的土地,用地单位和个人只依法拥有使用权。

第六条　城乡土地由县以上人民政府土地行政主管部门负责登记。

农民集体所有的土地,由市、县人民政府登记造册,核发证书,确认所有权。

单位和个人依法使用的国有土地,由县以上人民政府登记造册,核发证书,确认使用权。其中,垦区所属农、牧、林场依法取得的国有土地使用权范围内的土地,国有森工林区内建设用地以及中、省直和部队所属农、牧、林、渔场使用的国有土地,由省人民政府登记造册,核发证书,确认使用权。

确认林地、草原的所有权或者使用权,确认水面滩涂的养殖使用权,分别依照《森林法》《草原法》和《渔业法》的有关规定办理。

对历史遗留的林农矛盾突出、争议较大的土地,由省人民政府组织有关部门制定具体解决办法。

县以上人民政府依法颁发的土地证书,是土地所有权、使用权的凭证。依法登记的土地的所有权和使用权受法律保护,任何单位和个人不得侵犯。

第七条　土地登记的具体工作由县以上人民政府土地行政主管部门负责办理。

第八条　依法改变土地所有权、使用权的,因依法转让地上建筑物、构筑物等附着物导致土地使用权转移的,以及依法改变土地用途的,必须依照国家规定进行土地所有权、使用权和土地用途变更登记。土地所有权、使用权的变更,自变更登记之日起生效。

垦区经依法批准的农、牧、林场范围内国有土地使用权发生变更和改变土地用途的,森工国有林区经依法批准的林业局(场)范围内建设用地使用权发生变更和改变土地用途的,由省人民政府土地行政主管部门的派出机构受理变更登记申请。

第九条　土地所有权、使用权争议,由当事人协商解决,协商不成的,按下列规定处理:

(一)城市和乡村非农业建设用地的土地所有权、使用权争议,由市、县人民政府处理;

(二)种植业、林业、畜牧业、渔业生产用地的土地所有权、使用权争议,乡、县、区所属单位间的,由县、区人民政府处理;市(行署)行政区域内县间

或者县与市(行署)所属单位间的,由市(行署)人民政府处理;市(行署)间或者县与省以上所属单位间的,由省人民政府处理;

(三)个人之间、个人与单位之间,在种植业、林业、畜牧业、渔业等生产用地的使用权争议,属于乡管辖的,由乡人民政府处理。

在土地所有权和使用权争议解决前,任何一方不得改变土地利用现状或者破坏土地上的附着物。属于耕地的,仍由原使用单位耕种,不得荒芜。

县以上人民政府土地行政主管部门负责调处土地权属争议的具体工作。

第三章 土地利用总体规划

第十条 土地利用总体规划,由各级人民政府组织本级土地行政主管部门和其他有关部门以及具有土地规划资质的单位编制。

垦区、森工国有林区的土地利用总体规划,由农垦、森工系统组织有关部门和具有土地规划资质的单位编制,按照本条例第十二条第五款规定的审批权限批准后,将规划内容分别纳入有关市、县土地利用总体规划。

第十一条 城市总体规划、村庄和集镇规划,应当与土地利用总体规划相衔接,城市总体规划、村庄和集镇规划中建设用地规模不得突破土地利用总体规划确定的城市和村庄、集镇建设用地规模。

土地整理、开发、复垦等专项规划,应当根据土地利用总体规划编制,经市(行署)人民政府土地行政主管部门审查,报省人民政府土地行政主管部门批准后实施。

第十二条 土地利用总体规划实行分级审批。

省土地利用总体规划,报国务院批准。

哈尔滨市、齐齐哈尔市以及国务院指定城市的土地利用总体规划,经省人民政府审查同意后,报国务院批准。

本条第二款、第三款规定以外的土地利用总体规划,逐级报省人民政府批准。其中,县人民政府所在地的建制镇以外的其他乡的土地利用总体规划,由设区的市人民政府、地区行政公署批准,报省人民政府备案。

垦区、森工国有林区土地利用总体规划,经省人民政府土地行政主管部门审查同意后,报省人民政府批准。

修改土地利用总体规划,应当报原批准机关批准。

土地利用总体规划经依法批准后,县以上人民政府应当制订具体办法,保证土地利用总体规划的贯彻实施。

第十三条 县以上人民政府应当建立土地调查统计制度。县以上人民政府土地行政主管部门应当会同同级有关部门组织具有土地勘测资质的单位进行土地调查,并根据调查成果、规划土地用途和国家制定的统一标准,评定土地等级。

第十四条 县以上人民政府应当根据国家规定,建立土地管理信息系统,对耕地和城镇建设用地等土地利用状况进行动态监测,定期向上一级人民政府土地行政主管部门报告土地利用状况。

第四章　耕地保护

第十五条 各级人民政府应当加强耕地保护,确保本行政区域内耕地总量不减少;个别市、县确因土地后备资源匮乏,新增建设用地后,新开垦耕地的数量不足以补偿所占用耕地的数量的,必须报经省人民政府批准减免本行政区域内开垦耕地的数量,进行易地开垦。

第十六条 凡从事非农业建设的单位和个人,经批准占用耕地的,应当由占用耕地者负责在土地利用总体规划确定的宜农荒地上,开垦与所占用耕地的数量和质量相当的耕地。凡在本市(不含所辖县)、县行政区域内占地单位自行开垦耕地的,应当同市、县人民政府土地行政主管部门签订补充耕地协议,明确开垦时限和要求。属于跨市、县易地开垦的,占地单位应当同省人民政府土地行政主管部门签订补充耕地协议。

占地单位自行开垦有困难的,应当依照前款规定向县以上人民政府土地行政主管部门缴纳耕地开垦费,由其专款用于组织开垦新的耕地。耕地开垦费具体标准和使用管理办法,由省人民政府土地行政主管部门会同省财政、物价主管部门制订。

承担补充耕地义务的占地单位,所需耕地开垦资金,应当作为建设用地成本在建设项目总投资中列支。

新开垦的耕地由批准农用地转用的市(行署)以上人民政府土地行政主管部门组织有关部门验收。其中,国务院批准农用地转用的,由省人民政府土地行政主管部门组织有关部门验收。

县以上人民政府土地行政主管部门,应当建立补充耕地项目库,用于储备补充建设项目占用的耕地。

县以上人民政府土地行政主管部门可以要求占用耕地的单位将所占用耕地耕作层的土壤用于新开垦耕地、劣质地或者其他耕地的土壤改良。对于利用表土进行土壤改良达到规定要求的,应当按照改良面积的百分之二十减少开垦面积或者相应的耕地开垦费。

第十七条 各级人民政府应当依照国家有关法律、行政法规规定划定基本农田保护区。

第十八条 禁止任何单位和个人闲置、荒芜耕地。已经办理审批手续的非农业建设占用耕地,一年内不用而又可以耕种并收获的,应当由原耕种该幅耕地的集体或者个人恢复耕种,也可以由用地单位组织耕种;满一年未动工建设的,由县以上人民政府土地行政主管部门向用地单位征收相当于征地费用总额百分之十以上、百分之二十以下的土地闲置费;连续两年未使用的,经原批准机关批准,由县以上人民政府无偿收回用地单位的土地使用权。该幅土地原为农民集体所有的,可以由市、县人民政府土地行政主管部门与农村集体经济组织签订国有土地使用合同,交原耕种该幅耕地的个人或者农村集体经济组织恢复耕种,也可以交其他单位或者个人恢复耕种。建设项目需要使用时,由市、县人民政府无偿收回,有青苗的,给予适当补偿。

第十九条 开发荒山、荒地、荒滩等从事种植业、林果业、畜牧业、渔业生产的,经依法批准,可以确定给开发单位或者个人使用,使用期限最长不得超过五十年。

一次性开发土地五十公顷以下(含五十公顷)的,由县人民政府批准;一次性开发五十公顷以上一百公顷以下(含一百公顷)的,由市(行署)人民政府批准;一次性开发一百公顷以上的,由省人民政府批准。

十五度以上的坡地、沙荒地以及县以上人民政府确定保护的湿地,禁止开垦。

第二十条 农业内部结构调整需要退耕还林、还牧、还渔的,应当按照土地利用总体规划有计划地进行,并须经土地所在市、县人民政府土地行政主管部门审核后,报市、县人民政府批准。

第二十一条 各级人民政府应当采取措施,按照土地利用总体规划开展土地整理。市、县人民政府土地行政主管部门应当会同乡人民政府,组织农村集体经济组织或村民委员会制定土地整理实施方案,报市、县人民政府批准后实施。

土地整理实施方案应当明确参与土地整理单位和个人的权利和义务以及新增耕地的分配原则。

土地整理经验收合格后,新增耕地面积的百分之六十可以用作折抵建设占用耕地的补偿指标。

第二十二条 因挖损、塌陷、压占等造成土地破坏,用地单位和个人应当按照国家有关规定负责复垦;没有条件复垦或者复垦不符合要求的,应当向县以上人民政府土地行政主管部门缴纳土地复垦费,由其专项用于土地复垦。复垦费具体标准和使用管理办法,由省人民政府土地行政主管部门会同省财政、物价主管部门制订。

第五章 建设用地

第二十三条 建设用地涉及农用地转为建设用地的,必须依照《中华人民共和国土地管理法》第四十四条规定,办理农用地转用审批手续。

各项建设确需占用或者征收、征用林地的,须经县以上人民政府林业主管部门审核同意后,依照有关法律、法规规定,办理建设用地审批手续。

第二十四条　征收农民集体所有土地的审批权限为:

(一)征收基本农田以外的耕地三十五公顷以下、其他土地七十公顷以下的,由省人民政府批准,报国务院备案;

(二)征收基本农田或者基本农田以外耕地、其他土地超过本款第(一)项规定面积限额的,报国务院批准。

国家依法征收集体所有土地,被征地单位和个人必须按期交出土地,不得阻碍。

第二十五条　具体建设项目使用土地利用总体规划确定的城市和村庄、集镇建设用地范围内的国有建设用地或者国有未利用土地的,由市、县人民政府批准,报上级人民政府土地行政主管部门备案。

具体建设项目使用土地利用总体规划确定的城市建设用地范围外的国有未利用土地的,按照下列权限办理审批手续:

(一)建设项目用地一公顷以下(含一公顷)的,由县人民政府批准,报市(行署)和省人民政府土地主管部门备案;

(二)建设项目用地一公顷以上的,由市(行署)人民政府批准,报省人民政府土地主管部门备案。

国家重点建设项目、军事设施和跨省行政区域的建设项目以及国务院规定的其他建设项目用地,需要占用土地利用总体规划确定的国有未利用土地的,报国务院批准。

第二十六条　征收土地应当向被征收单位支付土地补偿费、安置补助费、青苗及地上建筑物、附着物补偿费。被征收土地的所有权人、使用权人应当持土地权属证书到当地人民政府土地行政主管部门办理征地补偿登记。

土地补偿费支付给集体土地所有权单位,并由该农村集体经济组织设立专户存储,专门用于安排被征地农户的生活补助和本集体经济组织基础设施建设,兴办村办企业。需要使用土地补偿费的,必须经村民会议三分之二以上成员或者三分之二以上村民代表同意,报乡人民政府批准。

需要由集体经济组织安置的人员,安置补助费支付给集体土地所有权单位;由其他单位安置的,安置补助费支付给安置单位;不需要统一安置的,在征得被安置人员同意并同集体经济组织签订不再要求安置的协议后,安置补助费可支付给被安置人员个人或者用于支付被安置人员的保险费用。

青苗及地上建筑物、附着物补偿费,支付给土地承包经营者或者地上建筑物、附着物的产权人。

征收土地的土地补偿费、安置补助费和其他有关费用,任何单位和个人不得侵占、挪用。

第二十七条 征收土地按下列标准支付土地补偿费：

（一）征收耕地的土地补偿费，为该耕地被征收前三年平均年产值的六至十倍。该耕地前三年平均年产值难以计算的，可以由市、县人民政府根据本地实际，按照旱地、水田、菜地，制定平均年产值具体补偿标准，报省人民政府土地行政主管部门审核同意后，由市、县人民政府发布实施；

（二）征收宅基地和乡村企业等建设用地的，为当地旱地前三年平均年产值的四倍；

（三）征收种植三年以下的新垦耕地，按照上年产值的二倍补偿，并补偿开发投资；

（四）征收未利用土地和连续四年以上、十年以下弃耕地的，按旱地年产值的二倍补偿；

（五）征收鱼池，为被征收前三年平均年产值的三倍；

（六）征收园地、牧草地、苇地，按当地该地类年产值的六倍补偿；

（七）征收林地的补偿标准，依照国家规定办理。

第二十八条 征收土地的安置补助费，按照下列标准支付：

（一）征收耕地，为该耕地被征收前三年平均年产值的四至六倍，被征收前三年平均年产值的计算，依照本条例第二十七条第一款第一项规定执行；

（二）征收园地、鱼池的安置补助费标准为征收前三年平均年产值的三倍；

（三）征收宅基地、乡村企业等建设用地和荒山、荒地、牧草地、苇地、未利用土地和连续四年以上，十年以下的弃耕地以及种植三年以下的新开垦耕地，不支付安置补助费；

（四）征收林地的安置补助费，依照国家规定办理。

第二十九条 被征收的土地上有青苗的，应当支付青苗补偿费，其标准为当年当季该作物的产值。

被征收土地上有建筑物、构筑物等附着物的，应当按国家和省规定或者双方约定的标准给予补偿；没有规定或者约定标准的，由市、县人民政府根据实际损失价值确定。

土地征收前，市、县人民政府土地行政主管部门向被征地单位发出征地预告后，被征地单位或者个人在拟征收土地上抢栽抢种的农作物、树木或者抢建的设施，不予补偿。

第三十条 建设项目经依法批准使用其他单位具有合法使用权的国有农用土地的，应当参照征地补偿、安置标准，支付补偿、安置等费用。

建设项目经依法批准使用其他单位或者个人具有合法使用权的建设用

地的,应当参照城镇基准地价,由建设单位对土地使用权人予以适当补偿。

建设项目经依法批准,使用国有未利用土地的,不支付土地补偿费和安置补助费。

乡村兴办公共设施、公益事业等需要使用集体土地的,对被占地者应当给予安置补助费或者安排被占地农户符合有关规定条件的人员在村办企业就业,也可以采取调剂土地的方法解决。

第三十一条 建设用地经依法批准后,用地单位必须按规定及时支付土地补偿、安置等费用。不及时支付费用的,市、县人民政府土地行政主管部门不予供地。被占地单位不得在本条例规定的补偿、安置等费用以外,索取财物。

建设用地的土地分类、面积,以具有土地勘测资质的单位,按国家、省有关规定,进行实地勘测的成果为准。

第三十二条 建设项目可行性研究论证时,建设单位应当向建设项目批准机关的同级人民政府土地行政主管部门提出建设项目用地预申请。

受理预申请的土地行政主管部门在收到建设项目用地预申请后,应当根据土地利用总体规划、土地利用年度计划、用地定额标准、征地补偿、安置费用等,对建设项目用地有关事项进行审查,提出建设项目用地预审报告。

可行性研究报告报批时,必须附具土地行政主管部门出具的建设项目用地预审报告。未取得建设项目用地预审报告的,不得批准立项。

第三十三条 建设单位使用国有土地,除有关法律、法规规定可以划拨方式取得的外,应当以下列有偿使用方式取得:

(一)国有土地使用权出让;

(二)国有土地租赁;

(三)国有土地使用权作价出资或者入股。

以有偿使用方式取得国有土地使用权的建设单位和个人,按照国家规定缴纳土地有偿使用费和其他费用后,方可使用土地。

新增建设用地的土地有偿使用费,按规定上缴中央财政后的余额,应当全额上缴省财政。具体使用管理办法,由省人民政府土地行政主管部门会同省财政部门另行制订。

存量土地的有偿使用费全部留给有关市、县财政,用于城市基础设施建设和土地开发。

第三十四条 以出让方式取得国有土地使用权的,依照国家有关法律、行政法规办理。

第三十五条 建设项目施工和地质勘查、敷设电讯线路、埋设地下管道等需要临时使用土地的,由市、县人民政府土地行政主管部门批准。其中,垦区、森工国有林区的临时用地,由省人民政府土地行政主管部门的派出机构批准。在城市规划区的临时用地,在报批前,应当先经有关城市规划行政主管部门同意。

临时使用未确定使用权的国有土地,土地使用者应当与市、县人民政府土地行政主管部门签订临时使用土地合同;临时使用农民集体所有土地或者其他单位使用的国有土地的,土地使用者应当与原土地使用者或者土地所有者签订临时使用土地合同。土地使用者应当按照合同的约定支付临时使用土地补偿费。

临时使用土地的期限一般不超过二年。临时使用土地的使用者应当按照临时使用土地合同约定的用途使用土地,并不得修建永久性建筑物。临时用地使用者必须在临时用地期满后一年内恢复土地原状或者按规定负责复垦。不能恢复原状的,应当依照国家和省规定的标准,向土地行政主管部门缴纳土地复垦费。

第三十六条 建设单位或者个人必须按照批准的用途使用土地。确需改变土地用途的,应当报原批准机关重新审批,并按新的用途补交相应的土地税费。在城市规划区内改变土地用途的,报批前,应当经城市规划行政主管部门同意。

第三十七条 改建、扩建原有建筑物涉及土地用途改变的,除办理规划手续外,还应当向市、县人民政府土地行政主管部门办理批准手续。

第三十八条 农村村民建住宅,应当结合旧村改造,尽量使用原有宅基地和村内空闲地,凡村屯内超占宅基地可以安排村民建住宅的,不得向村外扩展。

农村村民新建住宅的宅基地,每户不得超过三百五十平方米。

城市近郊和乡政府所在地以及省属农、林、牧、渔场场部的宅基地,每户不得超过二百五十平方米。

原有宅基地超过标准的,应当根据村庄、集镇建设规划逐步进行调整。调整前可以临时使用或者按机动田管理,村庄、集镇建设需要时,原土地使用者必须无条件退回,不得阻碍。

禁止在超过用地标准的宅基地上建永久性建筑物。

第三十九条 农村村民建住宅用地,应当持户口簿向村民委员会申领、填报《农村村民建住宅用地申请审批表》,经村民代表会议通过后,报送乡人民政府审核,由县人民政府批准。其中,涉及农用地的,应当先办理农用地转用审批手续后,方可批准用地。

农村村民以盈利为目的出卖、出租住房再申请宅基地的,不予批准。

第四十条 农村集体经济组织使用乡土地利用总体规划确定的建设用地,兴办企业或者与其他单位、个人以土地使用权入股、联营等形式共同举办企业的,以及乡村公共设施、公益事业建设需要使用土地的,应当向县以上人民政府土地行政主管部门提出申请,依照本条例第二十五条第二款规定的批准权限,由县以上人民政府批准。其中,涉及占用农用地的,必须依法办理农用地转用审批手续。

第六章 土地使用权交易

第四十一条 以出让方式取得的国有土地使用权,可以依法转让、出租、抵押。转让、出租以划拨方式取得的国有土地使用权,必须依法办理土地使用权出让手续。

第四十二条 国有土地租赁,由市、县人民政府土地行政主管部门与土地使用者签订租赁合同,土地使用者必须按照合同的约定支付土地使用权租金。

土地使用权租赁期限一般为一至五年。土地使用权租赁期满,土地使用者可以依法申请续租。

房地产开发用地不得以租赁方式取得国有土地使用权。

第四十三条 国有土地使用权作价入股,报有批准权的人民政府批准后方可进行。

国家以土地使用权作价入股形成的国家股权,依照国家规定执行。

第四十四条 国有企业因破产、兼并、合并、分立、清算或者股份制改造等涉及划拨土地使用权处置的,应当向土地所在市、县人民政府土地行政主管部门申请,按下列权限办理土地评估结果确认:

(一)省属国有企业报省人民政府土地行政主管部门确认;

(二)市(行署)属国有企业报市(行署)人民政府土地行政主管部门确认;

(三)县属国有企业报县人民政府土地行政主管部门确认;

(四)企业土地使用权跨行政区域的,报上一级人民政府土地行政主管部门确认;

(五)上市公司报省级以上土地行政主管部门确认。

不按规定办理土地评估结果确认的,其处置行为无效。

第四十五条 县以上人民政府应当建立以基准地价、标定地价和出让底价为基础的地价体系。

基准地价由市、县人民政府土地行政主管部门组织有地价评估资质的单位负责编制,报省人民政府批准,由市、县人民政府公布施行。

第四十六条 国有企业因破产、兼并、合并、分立、清算或者股份制改造以及国家机关、社会团体、事业单位和国有企业处置划拨土地使用权的,必须委托有土地评估资质的单位进行地价评估。

企业改革后的用地,符合国家现行划拨供地规定的,可仍以划拨方式使用。国有和集体企业兼并国有企业涉及的土地,不属于划拨供地范围的,经县以上人民政府土地行政主管部门批准,也可以在一定年限内维持划拨使用。

第七章　监督检查

第四十七条　土地监察坚持预防为主,预防与查处相结合的原则,实行土地行政执法责任制度、土地巡回检查制度、土地违法案件报告制度、土地重大违法案件备案制度。

第四十八条　土地行政主管部门在履行监督检查职责时可以行使下列职权:

(一)上级人民政府土地行政主管部门对下级人民政府的违法批准占用土地和发证行为,宣布其批准文件和所发土地证件无效,并予以公告;建议行政监察机关对主要负责人和责任人员给予行政处分;构成犯罪的,应当将案件移送有关机关依法追究刑事责任。

(二)上级人民政府土地行政主管部门对下级人民政府土地行政主管部门的具体行政行为不合法或者明显不当的,责令其改正或者依法予以撤销。

(三)上级人民政府土地行政主管部门发现下级人民政府土地行政主管部门已发生法律效力的行政处罚、处理决定确有错误的,责令下级人民政府土地行政主管部门重新依法作出处罚、处理决定或者直接依法处罚、处理。

第八章　法律责任

第四十九条　不依法办理土地变更登记的,由县以上人民政府土地行政主管部门责令限期办理;逾期不办理的,处以每平方米十元以下的罚款。

第五十条　在土地所有权和使用权争议解决前,擅自改变土地利用现状或者破坏土地上的附着物的,由处理土地争议的人民政府责令当事人赔偿经济损失,并处以每平方米十元以下的罚款。对造成耕地荒芜的,对其责任者处以每平方米五元以下的罚款。

第五十一条　承担耕地开垦和土地复垦的义务人,在规定期限内拒不开垦、复垦或者未按规定开垦、复垦的,由县以上人民政府土地行政主管部门责令其限期改正,可以按应当开垦耕地和复垦面积处以每公顷二千元以上、一万元以下的罚款。

土地行政主管部门收取耕地开垦费、土地复垦费,不履行开垦、复垦义务的,其上级土地行政主管部门应当责令限期改正,建议行政监察机关对主要负责人和责任人给予行政处分。

第五十二条　未经批准开发荒山、荒地、荒滩等从事种植业、林果业、畜牧业、渔业生产的，符合土地利用总体规划的，由县以上人民政府土地行政主管部门责令限期补办用地手续，逾期不补办的，按照擅自开发土地面积，处以每公顷一千元以上、三千元以下的罚款；不符合土地利用总体规划的，由县以上人民政府土地行政主管部门收回土地，并按照擅自开发土地面积，处以每公顷二千元以上、三千元以下的罚款。

开垦十五度以上的坡地、沙荒地和禁止开垦的湿地，由县以上人民政府土地行政主管部门责令恢复土地原状并处以每公顷一万元以上、二万元以下的罚款。

第五十三条　违反本条例规定，非法占用或者非法批准占用土地的，由县以上人民政府土地行政主管部门按下列规定处罚：

（一）非法占用土地的，按非法占地面积，处以每平方米二元以上、十元以下的罚款；违反城市和村庄、集镇规划的，限期拆除在非法占用的土地上新建的建筑物和其他设施，恢复土地原状。

（二）非法批准占用土地的，其批准文件无效。对非法批准使用土地的主管人员和其他直接责任人，由有关部门给予行政处分；非法批准使用土地对当事人造成损失的，应当承担赔偿责任。

第五十四条　违反本条例第三十八条第四款规定，拒不退回超过标准的宅基地的，由市、县人民政府土地行政主管部门责令限期退还。在超过标准的宅基地上建永久性建筑物的，由市、县人民政府土地行政主管部门责令限期拆除。

第五十五条　违反本条例第四十条规定不办理用地批准手续的，由市、县人民政府土地行政主管部门责令限期办理用地批准手续。逾期不办理的，按建筑面积处以每平方米十元以上、三十元以下的罚款。

第五十六条　违反本条例有关规定，截留、挪用、占用耕地开垦费、土地复垦费和征地补偿、安置补助等费用，以及拒不缴纳土地有偿使用费的，由县以上人民政府土地行政主管部门责令如数退还或者缴纳，并处以非法截留、挪用、占用和应当缴纳费用百分之五以下的罚款。对于主要负责人和直接责任人，有关单位应当给予行政处分；构成犯罪的，依法追究刑事责任。

第五十七条　县以上人民政府土地行政主管部门作出的行政处罚决定，当事人不服的，可以按照《中华人民共和国行政复议法》《中华人民共和国行政诉讼法》的规定申请复议和诉讼。逾期不申请复议和诉讼又拒不履行处罚决定的，作出决定的土地行政主管部门可以申请人民法院强制执行，也可以查封违法占地建筑物或者收回土地。

第五十八条　土地行政主管部门工作人员玩忽职守、滥用职权、徇私舞弊，构成犯罪的，依法追究刑事责任；尚不构成犯罪的，依法给予行政处分。

第五十九条 拒绝、阻碍土地行政主管部门工作人员依法执行职务的，由公安机关依照《中华人民共和国治安管理条例》予以处罚；构成犯罪的，依法追究刑事责任。

第九章 附 则

第六十条 本条例由省人民政府土地行政主管部门负责应用解释。

第六十一条 本条例自2000年1月1日起施行。黑龙江省第六届人大常委会第二十八次会议通过的《黑龙江省土地管理实施条例》和黑龙江省第七届人大常委会第十二次会议通过的《关于修改〈黑龙江省土地管理实施条例〉的决定》同时废止。

黑龙江省献血条例

(1999年10月20日黑龙江省第九届人民代表大会常务委员会第十二次会议通过 根据2016年12月16日省十二届人大常委会第三十次会议《黑龙江省人民代表大会常务委员会关于废止和修改〈黑龙江省特种设备安全监察条例〉等44部地方性法规的决定》修正)

第一章 总 则

第一条 为保证医疗临床用血的需要和安全,保障献血者和用血者的健康,根据《中华人民共和国献血法》等有关法律、法规,结合本省实际,制定本条例。

第二条 本条例适用于本省行政区域内献血、采血、供血、输血、用血及其管理活动。

第三条 本省实行无偿献血制度。

提倡18周岁至55周岁的健康公民自愿献血。

第四条 县级以上人民政府领导本行政区域内的献血工作,负责制定和下达年度献血计划,保证献血工作经费,统一规划并组织、协调有关部门共同做好献血工作。

县级以上卫生和计划生育行政部门负责本行政区域内的献血监督管理工作,并组织实施本条例。

第五条 各级人民政府应当将献血工作作为精神文明建设的重要内容之一,纳入领导工作日程,采取措施广泛宣传无偿献血意义,普及血液和献血的科学知识,开展预防和控制经血液途径传播疾病的教育。

广播、电视、报刊等新闻媒介应当经常进行无偿献血、预防和控制经血液途径传播疾病知识的公益性宣传和教育。

学校应当将血液和献血的科学知识纳入健康教育的课程或者开设专题讲座。

第二章 机构及其职责

第六条 省卫生和计划生育行政部门负责本省采供血机构的设置规

划,按照国家有关规定审批采供血机构,并发放《采供血执业许可证》。

严禁个人和未取得《采供血执业许可证》的单位开展采供血业务。

第七条 各级卫生和计划生育行政部门在本行政区域内献血工作中的职责是:

(一)监督、检查献血计划的实施;

(二)负责血液调剂工作;

(三)管理医疗机构应急用血;

(四)负责医疗机构科学、合理、安全用血的监督管理工作;

(五)负责血液质量的监督管理工作;

(六)实施奖励和处罚。

第八条 县级以上卫生和计划生育行政部门聘任血液管理监督员,执行同级卫生和计划生育行政部门交付的血液质量监督管理及医疗机构科学、合理、安全用血的监督管理工作。

血液管理监督员有权对采供血机构和医疗机构的采供血工作进行现场检查,索取有关资料,发现问题应当及时向卫生和计划生育行政部门报告。血液管理监督员在履行职责时应当出示监督证件。

第九条 采供血机构分为血液中心、中心血站、基层血站或中心血库,其职责是:

(一)血液的采集、分离、储存、包装、运输;

(二)血液的统一检测和质量管理;

(三)供应本区域内的临床用血;

(四)输血医学科学的研究和技术指导。

第十条 医疗机构应当根据有关规定设置输血科(血库),在临床用血工作中履行下列职责:

(一)制定临床用血计划;

(二)向患者及其亲友宣传输血知识及用血规定;

(三)宣传并动员患者自身储血及其亲友互助献血;

(四)科学、合理用血,推行成分输血。

第十一条 经省卫生和计划生育行政部门批准,边远的垦区、林区可以设立相应的采供血机构,负责区域内的采供血工作。

第十二条 各级财政、物价、教育、劳动和社会保障、文化等行政部门应当按照各自职责,协同做好献血工作。

第十三条 各级红十字会应当依法参与、推动献血工作。

第三章 献 血

第十四条 鼓励国家工作人员、现役军人和大专院校学生率先献血,发挥表率作用。

第十五条　国家机关、军队、社会团体、企业事业单位、居民委员会、村民委员会应当动员和组织本单位或者本居住区域内的适龄公民参加献血。

第十六条　公民可以参加单位组织的献血,也可以直接到采供血机构或其设立的采血点(车)献血。

第十七条　采供血机构应当对献血的公民发给《无偿献血证》。

第十八条　采供血机构应当在采血前对献血公民进行必要的免费健康检查。

第十九条　采供血机构对献血者每次采集血液量一般为200毫升,在征得献血者同意后,最多不得超过400毫升,每两次采集间隔时间不得少于6个月。

第二十条　鼓励公民参加成分献血。对自愿参加成分献血的公民每次按无偿献血的全血量4次计算,发给《无偿献血证》。

鼓励稀有血型公民献血,确属抢救急需,稀有血型公民献血可适当缩短献血间隔时间,但两次献血间隔时间不得少于3个月,每次献血量不得超过400毫升,并给予适当补贴,发给《无偿献血证》。

第二十一条　边远的垦区、林区职工献血,当天不能返回的,应当视其交通、食宿情况由有关部门给予适当补贴。

第二十二条　动员和组织农民无偿献血。在应急情况下,组织农民献血,采供血机构可视其交通、食宿、误工情况给予适当补贴。

第二十三条　非固定采血点,经必要的免费健康检查后即可采血,然后按规定进行血液检测。对血液检测不合格者,也应当发给《无偿献血证》,献血者只享受献血量等量免费用血。

第二十四条　任何单位及个人不得雇用他人冒名献血,不得伪造、涂改、出租、买卖、转借《无偿献血证》。

第四章　采血和供血

第二十五条　采供血机构采血时,应当由具备采血资格的医务人员按照采血技术规范进行采血,并使用符合国家标准的一次性采血器材,用后予以销毁。采血工作人员对采血过程中发生的意外情况应当及时处理。

第二十六条　采供血机构采血后应当对采集的血液进行检测,未经检测或者检测不合格的血液,不得向医疗机构提供。血液的检测、分离、储存、包装、运输应当符合国家规定的标准。

第二十七条　采供血机构应当在交通便利、人流集中的街区设立与用血量相适应的流动采血车或固定采血点,为献血者服务。各级政府与社会各界应当为此提供便利条件。

第二十八条 医疗机构应急用血时,应当具备交叉配血及快速诊断方法检验乙型肝炎病毒表面抗原、丙型肝炎病毒抗体、艾滋病病毒抗体的条件,并符合下列情况之一的方可临时采集血液:

(一)边远地区的医疗机构和所在地无基层血站(中心血库)的;

(二)病人生命危急,急需输血,且其他医疗措施不能替代的。

医疗机构在临时采集血液后,10 日内将情况报告当地县级以上卫生和计划生育行政部门,详细登记和保存献血者档案,并由有关部门补发《无偿献血证》。

第二十九条 无偿献血的血液应当用于临床,不得买卖。采供血机构和医疗机构不得将无偿献血的血液出售给单采血浆站或者血液制品生产单位。

第三十条 各级采供血机构及医疗机构的工作人员,不得在采供血过程中勒卡献血者和病人。

第三十一条 因采血、输血引起的纠纷,按照国家有关医疗事故处理的规定处理。

第五章 医疗临床用血

第三十二条 医疗临床用血,实行公民个人储血、家庭成员互助、单位互助和社会援助相结合的用血制度。

第三十三条 公民医疗临床用血时,医疗机构应当按照国家规定的标准收取用于血液的采集、检测、分离、储存等费用。

无偿献血者自初次献血 30 日起,可凭本人居民身份证和《无偿献血证》按下列规定免费用血:

(一)5 年内,可享用献血量 3 倍的血量;

(二)5 年后,可享用献血量等量的血量;

(三)5 年内献血量累计满 600 毫升以上的,10 年内免费享用所需血量;

(四)5 年内献血量累计满 800 毫升以上的,15 年内免费享用所需血量;

(五)5 年内献血量累计满 1000 毫升以上的,终身免费享用所需血量。无偿献血者的配偶或直系亲属临床需要用血时,可以享受与献血者献血量等量的免费用血。

无偿献血者及配偶或直系亲属免费用血时,先交付用血费用,凭《无偿献血证》、用血结算单及有效身份证件到原采供血机构报销。

第三十四条 医疗用血实行等量用血互助金制。患者在用血后的 6 个月内持居民身份证和用血结算单及下列各项之一的有效证件,到原来供血机构办理返还用血互助金事宜:

(一)配偶及直系亲属《无偿献血证》和户口簿;

（二）民政部门的社会救济证明或五保户证明；

（三）血液病患者诊断证明；

（四）治安模范或勇敢市民荣誉证明；

（五）本人《无偿献血证》。

过期未领取用血互助金的不再返还，应当将此款用于发展输血事业，不得挪作他用。

第三十五条 医疗机构应当按照国家规定对医疗临床用血进行核查，未经核查或者经核查不符合国家规定要求的血液不得用于医疗临床。医疗机构不得为用血者提供虚假证明。

医疗机构应当到当地卫生和计划生育行政部门指定的采供血机构领取血液，并严格遵守血液储存管理制度。

第三十六条 医疗机构应当制定患者自身输血规范，确保采血、储血、输血过程中的安全。

第三十七条 自身储血、自体输血由就诊的医疗机构采集血液。

第六章 奖励与处罚

第三十八条 对在无偿献血工作中做出显著成绩的单位和个人按国家或省有关规定奖励。

对动员和组织献血工作不力，未完成献血计划的单位，由县级以上人民政府给予通报批评。

第三十九条 违反本条例，单位和个人雇用他人冒名献血的，由市级、县级卫生和计划生育行政部门处以违法献血量等量的用血费用 5 至 10 倍罚款。

第四十条 违反本条例，伪造、涂改、出租、买卖、转借《无偿献血证》的，由市级、县级卫生和计划生育行政部门没收该证件，并处以 200 元至 3000 元罚款。

第四十一条 违反本条例，有下列行为之一的，由县级以上卫生和计划生育行政部门予以取缔，没收违法所得，并处以 5 万元至 10 万元罚款；构成犯罪的，依法追究刑事责任：

（一）擅自设置采供血机构的；

（二）非法采集血液的；

（三）出售无偿献血者血液的；

（四）非法组织他人出卖血液的。

第四十二条 采供血机构违反操作规程和制度采集血液的，由县级以上卫生和计划生育行政部门责令改正；给献血者健康造成损害的，应当依法赔偿，对直接负责的主管人员和其他直接责任人员，依法给予行政处分；构成犯罪的,依法追究刑事责任。

采供血机构医疗临床用血的检测、分离、储存、包装、运输不符合国家规定的卫生标准和要求的,由市级、县级卫生和计划生育行政部门责令改正,给予警告,并处1000元至1万元的罚款。

采供血机构向医疗机构提供不符合国家和省规定标准的血液的,由县级以上卫生和计划生育行政部门责令改正;情节严重,造成经血液途径传播的疾病传播或者有传播严重危险的,令其立即整顿,对直接负责的主管人员和其他直接责任人员依法给予行政处分;构成犯罪的,依法追究刑事责任。

第四十三条　违反本条例,医疗机构未按规定核查或者将核查结果不符合国家规定要求的血液用于医疗临床的,对直接负责的主管人员和其他直接责任人员给予行政处分;给用血者健康造成损害的,应当依法赔偿;构成犯罪的,依法追究刑事责任。

医疗机构工作人员为用血者提供虚假证明的,对直接负责的主管人员依法给予行政处分;对其他直接负责人员处以违法用血量所需用血费用5至10倍罚款。

第四十四条　卫生和计划生育行政部门和医疗机构的工作人员及血液管理监督员,玩忽职守,滥用职权,徇私舞弊,收受贿赂的,依法给予行政处分;构成犯罪的,依法追究刑事责任。

第四十五条　违反本条例,采供血机构及医疗机构工作人员,借供血勒卡病人的,处以勒卡金额10倍罚款,并给予行政处分;构成犯罪的,依法追究刑事责任。

第四十六条　当事人对行政处罚决定不服的,可以依法申请行政复议或者提起行政诉讼。逾期不申请行政复议或者不提起行政诉讼、又不履行处罚决定的,由做出处罚决定的行政机关依法向人民法院申请强制执行。

第七章　附　　则

第四十七条　本条例由省卫生和计划生育行政部门负责应用解释。

第四十八条　本条例自1999年12月1日起施行。1993年12月27日黑龙江省人民政府颁布的《黑龙江省采供血机构和血液管理办法》同时废止。

黑龙江省体育经营活动管理条例

(1999 年 6 月 4 日黑龙江省第九届人民代表大会常务委员会第十次会议通过　根据 2005 年 6 月 24 日黑龙江省第十届人民代表大会常务委员会第十五次会议《关于修改〈黑龙江省体育经营活动管理条例〉的决定》第一次修正　根据 2013 年 12 月 13 日黑龙江省第十二届人民代表大会常务委员会第七次会议《关于废止和修改〈黑龙江省赌博处罚条例〉等十九部地方性法规的决定》第二次修正　根据 2015 年 4 月 17 日黑龙江省第十二届人民代表大会常务委员会第十九次会议《关于废止和修改〈黑龙江省文化市场管理条例〉等五十部地方性法规的决定》第三次修正　根据 2016 年 12 月 16 日省十二届人大常委会第三十次会议《黑龙江省人民代表大会常务委员会关于废止和修改〈黑龙江省特种设备安全监察条例〉等 44 部地方性法规的决定》第四次修正)

第一条　为加强对体育经营活动的管理,繁荣和发展体育事业,根据《中华人民共和国体育法》和有关法律、法规,结合本省实际,制定本条例。

第二条　本条例所称体育经营活动是指以营利为目的,以体育项目为内容的经营活动。

前款所指体育项目是经国际体育组织认定和国家体育主管部门批准开展的,以及本省具有增强体质、娱乐身心作用的民族、民间传统体育运动项目。

第三条　体育经营活动的范围是:

(一)体育竞赛、体育表演;

(二)体育健身、体育康复、体育娱乐;

(三)体育技术培训;

(四)体育场馆和其他体育专营活动场所的经营活动;

(五)体育彩票、体育赞助、体育广告;

(六)体育信息咨询;

(七)体育中介服务;

(八)其他体育经营活动。

第四条 凡在本省行政区域内从事体育经营活动及其管理的单位和个人均应当遵守本条例。

第五条 县级以上体育主管部门负责本行政区域内体育经营活动的监督管理工作,组织实施本条例。

县级以上人民政府的其他职能部门应当按照各自的职责,协同做好体育经营活动的管理工作。

农垦、森工主管部门,应当在省体育主管部门的监督和指导下,负责垦区、林区内体育经营活动的管理工作。

第六条 鼓励依法从事体育经营活动,鼓励经营者参与实施全民健身活动和培养优秀运动员工作。

第七条 从事体育经营活动应当具备以下条件:

(一)有符合安全、消防、环保、卫生标准和与经营活动相适应的场所设施;

(二)有符合要求的注册资金;

(三)有符合国家体育主管部门颁布标准的器材设备;

(四)有经过专业培训并取得体育行业特有工种职业资格证书的社会体育指导员和场地工;

(五)符合有关法律、法规规定的其他条件。

第八条 经营高危险性体育项目的,由体育主管部门按照有关规定实施行政许可。

其他体育项目经营活动实行备案管理制度。

经营国家实行强制性标准体育项目的,应当符合国家强制性标准。

第九条 申办体育经营活动应当提交以下基本材料:

(一)申请报告书;

(二)有关专业人员的合法证件;

(三)合作单位的协议、合同等副本;

(四)场所、设施、器材、资金等必要条件的说明材料;

(五)公安、环保、卫生等部门出具的其他有关材料。

第十条 申办国际性、全国性体育竞赛,应当按照国家有关规定审批。

县级以上人民政府体育主管部门举办的综合性运动会,由本级人民政府批准。

省体育主管部门所属单位,在本省申办体育竞赛、体育表演活动的,应当经省体育主管部门批准。

其他体育竞赛和体育表演活动,应当在举办前告知县级以上人民政府体育主管部门。体育主管部门应当给予技术指导和服务,加强监督和管理。

第十一条 从事体育经营活动的社会体育指导员和场地工,应当按照国家有关规定,经资格认定取得体育行业特有工种职业资格证书后持证上岗。

第十二条　发行中国体育彩票应当由省体育彩票管理机构按照国家体育主管部门和中国人民银行的规定组织实施。所得公益金应当用于发展体育事业。

第十三条　体育活动经营者和专业人员,应当在核定项目范围内从事体育经营活动。

第十四条　禁止伪造、涂改、转让、租借及买卖体育经营活动证件。

第十五条　体育主管部门应当定期对社会体育指导员和场地工的职业资格进行审核。

第十六条　体育活动经营者不得聘用未取得体育行业特有工种职业资格证书的人员从事社会体育指导员和场地工工作。

第十七条　体育经营活动项目、时间、地点不得随意改变。如确需要改变时应当提前申请并依法办理变更手续。

第十八条　体育经营活动中严禁进行封建迷信、赌博及色情服务等危害人民群众和青少年身心健康,扰乱社会治安的行为。

第十九条　体育活动经营者应当保证场地、设施及体育器材完好,确保安全和正常使用。

第二十条　参加体育活动者应当爱护体育场所设施、设备、遵守公共秩序,服从工作人员管理。损坏体育设施、设备的,应当按规定予以赔偿。

第二十一条　体育主管部门应当依法对体育经营活动进行监督检查。检查人员在执行公务时,应当出示由省人民政府统一颁发的行政执法证件。

第二十二条　对在实施全民健身、培育优秀运动员工作中取得显著成绩的体育活动经营者和对揭发、检举体育经营活动中违法行为的有功人员,应当予以表彰奖励。

第二十三条　违反本条例的单位和个人,县级以上体育主管部门可视情节轻重,按下列规定给予处罚:

(一)违反本条例,经营高危险性以外的体育项目,不符合国家强制性标准的,责令其停止经营活动,没收违法所得,并处2000元至1万元罚款。

(二)违反本条例,未取得体育行业特有工种职业资格证书,擅自从事有关体育经营活动的,责令其停止经营活动,并处500元至2000元罚款。

(三)违反本条例,聘用未取得体育行业特有工种职业资格证书的社会体育指导员和场地工,从事有关体育经营活动的,责令其停止体育经营活动,并处500元至2000元罚款。

(四)违反本条例,伪造、买卖体育行业特有工种职业资格证书的,没收其非法证书及违法所得,并处3000元至1万元罚款;情节严重构成犯罪的,由司法机关依法追究其刑事责任。

对涂改、转让、租借体育行业特有工种职业资格证书的,由体育主管部门吊销其证书,没收违法所得,并处 1000 元至 5000 元罚款。

(五)违反本条例,擅自改变体育经营活动项目、时间、地点的,责令其限期改正,并处 1000 元至 5000 元罚款;给消费者造成损失的,依法承担赔偿责任。

(六)由于场所、设施及器材的原因造成人员伤亡的,经营者应当依法承担责任。

(七)违反本条例,在体育经营活动中进行封建迷信、赌博及色情服务等危害人民群众和青少年健康、扰乱社会治安的,予以取缔;情节严重的,交公安、司法机关依法处理。

第二十四条 违反国家工商、税务、公安、环保、物价等法律和法规的,由有关部门按各自职责依法进行处罚。

第二十五条 体育主管部门及其工作人员在体育经营活动管理工作中玩忽职守、徇私舞弊、滥用职权,有下列情形之一的,由其所在单位或者上级主管部门对直接负责的主管人员和其他直接责任人员给予行政处分;构成犯罪的,依法追究刑事责任:

(一)未履行法定职责造成后果的;

(二)违法实施行政许可的;

(三)违反法定权限实施行政处罚的;

(四)违反法定程序实施行政处罚的;

(五)法律、法规、规章规定应当给予行政处分的其他情形。

第二十六条 当事人对行政处罚决定不服的,可以依法申请行政复议或提起行政诉讼。逾期不申请复议、不提起诉讼、又不履行处罚决定的,做出处罚决定的部门可依法向人民法院申请强制执行。

第二十七条 本条例自 1999 年 8 月 1 日起施行。本条例施行前颁布的本省有关法规和规章,与本条例不一致的,执行本条例。

黑龙江省计量条例

(1999年6月4日黑龙江省第九届人民代表大会常务委员会第十次会议通过 根据2002年6月13日黑龙江省第九届人民代表大会常务委员会第三十次会议《关于修改〈黑龙江省计量条例〉的决定》第一次修正 根据2005年6月24日黑龙江省第十届人民代表大会常务委员会第十五次会议《关于修改〈黑龙江省计量条例〉的决定》第二次修正 根据2016年12月16日省十二届人大常委会第三十次会议《黑龙江省人民代表大会常务委员会关于废止和修改〈黑龙江省特种设备安全监察条例〉等44部地方性法规的决定》第三次修正)

第一章 总 则

第一条 为了加强计量监督管理,保障国家计量单位制的统一和量值的准确可靠,保护消费者、生产者和经营者的合法权益,维护社会经济秩序,促进科学技术进步和国民经济发展,根据《中华人民共和国计量法》等有关法律、法规,结合本省实际,制定本条例。

第二条 凡在本省辖区内从事或者涉及计量活动的单位和个人,应当遵守本条例。

本条例所称计量活动包括:

(一)建立计量标准;

(二)进行计量认证,计量检定、测试和计量器具的校准;

(三)经营、使用计量器具;

(四)制造(含组装)、修理(含改装)、安装、进口计量器具;

(五)使用计量单位;

(六)出具计量数据;

(七)对产品、商品、服务进行计量结算;

(八)其他有关计量行为。

第三条 各级质量技术监督行政管理部门是计量监督管理工作的主管部门.负责组织实施本条例。

省质量技术监督行政管理部门负责本辖区内计量工作的统一监督管

理;市(行署)、县(市、区)质量技术监督行政管理部门负责本辖区内计量工作的监督管理。

各级人民政府有关行政主管部门、行业主管部门,在各自职责范围内,依法协同做好计量监督管理工作。

第四条 各级人民政府应当有计划地发展计量事业,鼓励计量科学研究,推广先进的计量科学技术和管理方法。

第五条 任何单位和个人应当遵守计量法律、法规,按照规定使用计量器具和计量单位,不得损害用户、消费者的合法权益。

企业、事业单位应当改进和完善检测手段,培训计量人员,加强计量管理,提高计量保证能力。

第二章 计量单位的使用

第六条 国际单位制计量单位和国家选定的其他计量单位为国家法定计量单位。国家法定计量单位的名称、符号按照国务院有关规定执行。

第七条 从事或者涉及下列活动,除法律、法规另有规定的以外,应当使用国家法定计量单位:

(一)制发公文、公报、统计报表;

(二)编制广播、电视节目;

(三)教学、科研,发表报告、学术论文;

(四)制定标准、技术规范、检定规程;

(五)制作、发布广告;

(六)出版图书、报刊、音像制品和电子出版物等;

(七)利用计算机互联网络进行的政务和商务活动;

(八)印制票据、票证、账册;

(九)生产、经营商品,标注商品标识、标签、标价签,编制产品使用说明书;

(十)出具检定、校准、测试、检验、试验数据和凭证;

(十一)国家规定应当使用法定计量单位的其他活动。

第八条 出口商品的计量单位,可以按照合同的约定使用;合同中无计量单位约定的,应当使用法定计量单位。

第三章 计量器具的制造、修理和安装

第九条 制造、修理计量器具的单位和个人应当具备相应的生产、技术条件,经质量技术监督行政管理部门审查合格,取得《制造计量器具许可证》、《修理计量器具许可证》。

不得伪造、冒用、转让或者骗取《制造计量器具许可证》、《修理计量器

具许可证》。

第十条 制造计量器具新产品的,应当按照规定向质量技术监督行政管理部门申请定型鉴定、型式批准或者样机试验。

计量器具新产品的定型鉴定,由国家质量技术监督行政管理部门授权的计量检定机构进行;计量器具新产品的型式,应当经省质量技术监督行政管理部门批准;计量器具新产品的样机试验,由省质量技术监督行政管理部门授权的计量检定机构进行。

第十一条 制造计量器具,应当按照规定在计量器具铭牌、合格证和说明书上,标注制造计量器具许可证标志及其编号,在计量器具铭牌或者其包装物上用中文标注企业名称及其地址。

第十二条 制造、修理计量器具不得有下列行为:

(一)制造、修理国家明令禁止使用或者淘汰的计量器具;

(二)用残次零配件组装、修理计量器具;

(三)出厂未经检定或者经检定不合格的计量器具;

(四)伪造或者冒用《制造计量器具许可证》标志及其编号和企业名称及其地址。

第十三条 从事计量器具安装业务的单位和个人,应当将其业务范围报当地质量技术监督行政管理部门备案。

第四章 计量器具的经营和使用

第十四条 经营计量器具的单位和个人,取得营业执照和进行税务登记后,应当向当地质量技术监督行政管理部门登记备案。

第十五条 任何单位和个人不得经营下列计量器具:

(一)国家明令禁止使用或者淘汰的;

(二)计量性能不合格的;

(三)无检定合格印、证和《制造计量器具许可证》标志及其编号以及企业名称及其地址的;

(四)伪造、冒用检定合格印、证或者《制造计量器具许可证》标志及其编号以及企业名称及其地址的;

(五)以旧充新、以次充好的;

(六)用残次零配件组装的;

(七)危及人身、财产安全的特殊计量器具无警示标志或者中文说明的;

(八)法律、法规和国家规定其他不得经营的。

第十六条 生产、经营中不得使用下列计量器具:

(一)国家明令禁止使用或者淘汰的;

(二)未达到国家、省或者行业规定的准确度的；

(三)未经检定或者经检定不合格以及超过检定证书有效期的；

(四)违反国家有关规定，使用非法定计量单位的；

(五)法律、法规规定其他不得使用的。

第十七条 使用计量器具不得有下列行为：

(一)破坏计量器具准确度；

(二)擅自开启检定封印、破坏检定封缄或者防作弊装置；

(三)利用计量器具作弊的其他行为。

第五章 计量检定与计量认证

第十八条 计量检定机构必须经质量技术监督行政管理部门依法设置或者授权，才能进行检定、校准、测试。

计量检定机构应当符合下列条件：

(一)使用的计量标准器具，具有有效的合格证书；

(二)检定环境符合国家有关规定；

(三)有必要的规章制度和质量保证措施。

计量检定机构应当按照批准的项目和区域范围进行检定、校准、测试，严格执行相应的计量检定规程和校准方法。

第十九条 计量检定机构接到受检计量器具时，应当在 20 日内完成检定、校准工作；确需延长检定、校准时间的，应当与受检单位协商确定。

第二十条 计量检定印、证，应当按照国家有关规定制、印、使用。任何单位和个人不得伪造、盗用、倒卖计量检定印、证。

第二十一条 使用强制检定工作计量器具的单位和个人，应当向当地县级以上质量技术监督行政管理部门指定的计量检定机构申请周期检定；计量检定机构应当定期向质量技术监督行政管理部门报送计量器具的检定情况。

本省实施强制检定的工作计量器具目录，由省质量技术监督行政管理部门制定，报省人民政府批准后执行。

安全防护、医疗卫生、环境监测和贸易计量结算使用强制检定工作计量器具的人员，应当经过培训合格。

第二十二条 非强制检定工作计量器具，由企业依法自主管理，其检定周期和检定方式，由企业自行决定。

第二十三条 企业、事业单位应当建立与生产、科研、经营管理相适应的计量检测体系。

企业、事业单位需要对其计量检测体系和检测数据有效性进行评定的，可以向县级以上质量技术监督行政管理部门申请计量确认。但涉及贸易计量结算、安全防护、医疗卫生、环境监测方面的,应当进行计量确认;具体计量确认项目,由省质量技术监督行政管理部门报省人民政府确定。

第二十四条　向社会提供公证数据的产品质量检验机构和为执法工作提供检测数据的技术机构,应当按照规定经国家或者省质量技术监督行政管理部门对其计量检定、测试的能力和可靠性进行计量认证。

计量认证合格证书有效期满前6个月,应当按照规定申请复查。

第二十五条　计量认证的内容包括:

(一)计量检定、测试设备的性能;

(二)计量检定、测试设备的工作环境以及人员操作技能;

(三)保证量值统一、准确的措施以及检测数据公正、可靠的管理制度。

第六章　贸易计量结算

第二十六条　在经营、服务中以计量单位结算所使用的计量器具,应当符合国家和省有关规定。

对与国民经济和人民群众生产、生活密切相关的计量器具,应当按照国家和省有关规定安装防作弊装置。

第二十七条　按照计量单位结算的商品量或者提供的服务量的实际值与结算值应当一致,其计量偏差不得超过国家和省有关规定,不得估算计量。

第二十八条　经营者不得利用异物改变商品量值,损害用户、消费者的利益。

第二十九条　生产定量包装商品的,应当在其包装的显著位置上,按照规定的标注方式和项目标明净含量,并向当地质量技术监督行政管理部门备案。

经营者不得销售未在包装的显著位置上,按照规定的标注方式和项目标明净含量的定量包装商品。

第三十条　现场交易计量商品,应当明示计量操作过程和计量器具显示的量值;对方有异议时,应当重新操作和显示。

第三十一条　商品交易市场和商场,应当设置无偿使用的公平秤、公平尺等计量器具。

第三十二条　直接用于贸易计量结算的电话计费器、里程计价器等计量计费器和电能表、水表、煤气表以及其他流量计等计量器具安装或者使用前,应当经质量技术监督行政管理部门指定的计量检定机构检定合格后,方可安装和投入使用。

第三十三条　房产交易中销售者应当标明建筑面积、使用面积,并按照国家和省有关面积结算方式的规定结算。

第七章 计量监督

第三十四条 各级质量技术监督行政管理部门应当对与国民经济以及人民群众生产、生活密切相关的计量活动和计量器具产品质量进行重点监督。

第三十五条 计量行政执法人员应当秉公执法、文明执法。实施监督检查时,应当两人以上参加,并出示执法证件。抽取样品时,应当严格执行国家有关规定,并妥善保管样品。除正常损耗和国家另有规定外,应当按时退还被抽取的样品。

第三十六条 承办计量器具新产品定型鉴定和样机试验以及进行检定和计量监督检查的单位及其人员,应当保守申请者和受检者的商业秘密。

第三十七条 质量技术监督行政管理部门实施计量监督检查所进行的检定和试验不收费。国家另有规定的,从其规定。

第三十八条 计量行政执法人员在依法执行职务时,行使下列职权:

(一)询问当事人和有关证人,调查与被监督的计量行为有关的情况;

(二)进行现场检查或者按照国家有关规定抽取样品;

(三)查阅、复制有关的凭证、账册等资料;

(四)封存有关计量器具和登记保存有关的其他物品。

第三十九条 被检查单位和个人有提供样机或者规定数量的定量包装商品的义务,不得拒绝、阻碍检查,不得擅自启封、转移、隐匿、销毁、变卖被封存的计量器具和登记保存的其他物品。

第四十条 任何单位和个人有权对违反计量法律、法规的行为进行举报、监督。

第八章 法律责任

第四十一条 应当使用国家法定计量单位而未使用的,责令其改正;属于出版物的,责令停止经营,并处 200 元以上 1000 元以下罚款。

第四十二条 违反本条例规定制造、修理、经营和使用计量器具,给予下列处罚:

(一)未取得《制造计量器具许可证》、《修理计量器具许可证》而制造、修理计量器具的,责令停止生产、经营,封存制造的计量器具,没收违法所得,可以并处违法所得 10% 以上 50% 以下罚款。

(二)伪造、冒用、转让或者骗取《制造计量器具许可证》、《修理计量器具许可证》的,责令停止生产、经营、收缴许可证,没收违法所得,可以并处生产、经营计量器具货值金额 40% 以上 50% 以下罚款。

(三)未按照规定制、印、使用强制检定印、证的,责令改正;伪造、盗用、倒卖强制检定印、证的，没收违法所得和检定印、证，可以并处400元以上2000元以下罚款。

（四）制造、经营未经型式批准或者样机试验合格的计量器具新产品的，责令停止制造、经营，封存该种新产品，没收违法所得，可以并处600元以上3000元以下罚款。

（五）未按照规定在计量器具铭牌、合格证和说明书上标注制造计量器具许可证标志及其编号，未在计量器具铭牌或者其包装物上用中文标注企业名称及其地址的，责令其改正；使用不当，容易造成计量器具本身损坏或者可能危及人身、财产安全的计量器具无警示标志或者中文警示说明，情节严重的，责令停止制造、经营，并处违法制造、经营计量器具货值金额30%以下罚款；有违法所得的，并处没收违法所得。

（六）制造、修理、经营国家明令禁止使用或者淘汰的计量器具的，责令停止制造、修理、经营，没收违法制造、修理、经营的计量器具，并处违法制造、修理、经营计量器具货值金额等值以下罚款；有违法所得的，并处没收违法所得；情节严重的，依照国家法律规定吊销营业执照。

（七）违反本条例第十二条第（二）项、第（三）项和第十五条第（二）项、第（五）项、第（六）项规定的，责令停止制造、组装、修理、经营，没收违法制造、组装、经营的计量器具，没收残次零配件，并处违法制造、组装、经营计量器具货值金额50%以上3倍以下罚款；有违法所得的，并处没收违法所得；情节严重的，依照国家法律规定吊销营业执照。

（八）违反本条例第十二条第（四）项和第十五条第（四）项规定的，责令改正，没收违法制造、经营的计量器具，并处违法制造、经营计量器具货值金额等值以下罚款；有违法所得的，并处没收违法所得；情节严重的，依照国家法律规定吊销营业执照。

（九）使用本条例第十六条规定的计量器具或者使用计量器具有本条例第十七条规定禁止行为的，责令停止使用；给国家和消费者造成损失的，没收计量器具和违法所得，可以并处400元以上2000元以下罚款。

第四十三条　经营者在经营活动中，发生商品量、服务量短缺，应当给用户、消费者补足缺量、补偿损失或者给予更换。

经营者在经营活动中，有计量欺诈行为的，应当按照用户、消费者的要求增加赔偿其受到的损失，增加赔偿的金额为用户、消费者购买商品的价款或者接受服务的费用的1倍。

第四十四条　计量检定机构违反本条例规定的，给予下列处罚：

（一）未经质量技术监督行政管理部门指定或者授权，擅自进行强制性检定的，责令停止检定，并处200元以上1000元以下的罚款。

（二）使用的计量标准器具未取得合格证书，未按照批准的项目和区域范围进行检定、校准、测试或者未执行相应的计量检定规程和校准方法的，责令其改正，没收违法所得，可以并处 200 元以上 1000 元以下罚款。

（三）检定环境不符合国家有关规定或者未建立必要的规章制度和质量保证措施的，责令限期改正；逾期不改正的，责令停止检定、校准、测试；情节严重的，收缴认证证书。

（四）未按照规定或者协商的期限完成检定、校准工作的，受检单位可以免交检定费；给受检单位造成损失的，依法给予赔偿；情节严重的，给予直接责任人员行政处分。

（五）损坏受检计量器具的，对直接损失依法给予赔偿。

第四十五条 使用强制检定工作计量器具的单位和个人，未按照规定向质量技术监督行政管理部门指定的计量检定机构申请周期检定，安装、使用直接用于贸易计量结算的电话计费器、里程计价器等计量计费器和电能表、水表、煤气表以及其他流量计等计量器具，未经质量技术监督行政管理部门指定的计量检定机构检定合格的，责令停止安装、使用，可以并处 200 元以上 1000 元以下罚款。

第四十六条 向社会提供公证数据的产品质量检验机构和为执法工作提供检测数据的技术机构，未经国家或者省质量技术监督行政管理部门对其计量检定、测试能力和可靠性进行计量认证而从事检验、检定、校准、测试的，责令停止检验、检定、校准、测试，没收违法所得，并处 200 元以上 1000 元以下罚款。

第四十七条 违反本条例规定进行贸易计量结算的，给予下列处罚：

（一）生产、经营定量包装商品，没有在包装的显著位置，按照规定的标注方式和项目标明净含量的，可以处 200 元以上 1000 元以下的罚款。

（二）按照计量单位结算的商品量、提供的服务量的实际值与结算值不一致，其计量偏差超过国家和省有关规定或者估算计量的，责令停止经营或者服务，没收违法所得，并处违法所得 1 倍以上 3 倍以下罚款。

（三）经营者利用异物改变商品量值的，责令其改正，并处违法经营商品货值金额 50% 以上 3 倍以下罚款；有违法所得的，并处没收违法所得；情节严重的，依照国家法律规定吊销营业执照。

（四）房产交易中销售者未标明建筑面积、使用面积的，责令其改正；未按照国家和省有关面积结算方式的规定结算的，责令其改正，没收违法所得，可以并处交易金额 10% 以上 20% 以下罚款；对有关责任者可以处 1000 元以上 5000 元以下罚款。

第四十八条 拒绝接受依法进行的计量监督检查的，给予警告，责令改正；拒不改正的，责令停业整顿；情节特别严重的，依照国家法律规定吊销营业执照；隐匿、转移、变卖、损毁被封存的计量器具和登记保存的其他物品的,处被隐匿、转移、变卖、损毁计量器具和其他物品货值金额等值以上3倍以下罚款;有违法所得的,并处没收违法所得。

第四十九条　法律、法规已规定由其他行政执法部门处罚的,从其规定;法律、法规未作规定的,由质量技术监督行政管理部门给予处罚。

第五十条　计量监督行政执法人员和计量检定人员有下列情形之一的,视其情节给予行政处分:

(一)不履行法定职责造成后果的;

(二)无法定依据或者超过法定种类、幅度实施行政处罚的;

(三)违反法律、法规、规章规定实施计量检查或者强制检定的;

(四)违反国家规定私自处理罚没、罚没物品的;

(五)伪造检定、检测数据或者出具错误数据使生产者、经营者合法权益造成损失的;

(六)违反规定向被检查者收取检定费用的;

(七)利用职务便利索取或者收受财物的;

(八)其他应当依法给予行政处分的行为。

第五十一条　当事人对行政处罚决定不服的,可以依法申请行政复议或者向人民法院提起行政诉讼;逾期不申请行政复议,也不提起行政诉讼,又不履行行政处罚决定的,由作出行政处罚决定的机关申请人民法院强制执行。

第五十二条　违反本条例规定构成犯罪的,依法追究刑事责任。

第九章　附　　则

第五十三条　在本省辖区内的部队系统及国防企事业单位计量工作的监督管理,按照国务院、中央军事委员会发布的《国防计量监督管理条例》执行。

第五十四条　本条例自1999年8月1日起施行。

黑龙江省土地监察条例

（1998 年 12 月 12 日黑龙江省第九届人民代表大会常务委员会第六次会议通过 根据 2016 年 12 月 16 日省十二届人大常委会第三十次会议《黑龙江省人民代表大会常务委员会关于废止和修改〈黑龙江省特种设备安全监察条例〉等 44 部地方性法规的决定》修正）

第一章 总 则

第一条 为保障土地管理法律、法规的实施，维护土地所有者和使用者的合法权益，及时查处土地违法案件，根据《中华人民共和国土地管理法》等法律、法规规定，结合本省实际，制定本条例。

第二条 本条例所称土地监察，是指县级以上地方人民政府土地行政主管部门依法对本省辖区内土地管理法律、法规的执行情况进行监督检查，对土地违法案件进行查处的活动。

本省辖区内的土地监察工作，适用本条例。

第三条 县级以上地方人民政府土地行政主管部门负责本行政区域内的土地监察工作，其设置的土地执法监察队，受本级土地行政主管部门的委托，负责土地监察具体工作。

省人民政府土地行政主管部门负责省农垦、森工系统的土地监察工作。上级人民政府土地行政主管部门内设置的监察机构对下级土地行政主管部门的监察机构实行业务指导。下级土地行政主管部门的监察机构负责人任免须征求上一级土地行政主管部门的意见。公安、行政监察等部门应当按照各自职责，配合土地行政主管部门做好土地监察工作。

第四条 土地监察工作应坚持公平、公正、公开的原则。

第五条 县级以上地方人民政府应当加强对土地监察工作的领导，协调解决土地监察工作中的实际问题。

第六条 任何单位和个人对违反土地管理法律、法规的行为有权检举和控告，受理机关应采取保密措施。任何单位和个人对检举和控告者不得打击报复。

第七条 各级地方人民政府应当对在土地监察工作中做出显著成绩的

单位和个人给予奖励。

第二章　监督检查

　　第八条　县级以上地方人民政府土地行政主管部门应当建立健全对土地管理法律、法规执行情况的监督检查制度,并根据实际需要进行检查。

　　第九条　从事土地监察工作的人员应当熟悉土地管理法律、法规,忠于职守,秉公执法,经省、市人民政府(行署)土地行政主管部门培训和考核后,由省人民政府土地行政主管部门核发土地管理监督检查证件。

　　第十条　县级以上地方人民政府土地行政主管部门的监察职责是:

　　(一)检查土地管理法律、法规的执行情况;

　　(二)受理对土地违法行为的检举和控告;

　　(三)查处土地违法案件;

　　(四)对下级地方人民政府及其土地行政主管部门履行土地管理职责的情况进行监督检查;

　　(五)指导下级地方人民政府土地行政主管部门的土地监察工作;

　　(六)法律、法规规定的其他职责。

　　第十一条　县级以上地方人民政府土地行政主管部门依法对下列行为进行监督检查:

　　(一)执行土地利用总体规划、土地专项规划及年度建设用地计划行为;

　　(二)各类用地划分行为;

　　(三)占用、征用、划拨、出让土地行为;

　　(四)土地使用权转让、出租、抵押、终止行为;

　　(五)土地权属登记和发证行为;

　　(六)农用地转为建设用地及其他改变土地用途行为;

　　(七)土地开发利用和土地复垦行为;

　　(八)违反土地管理法律、法规的其他行为。

　　第十二条　建设用地、农业开发用地和改变土地用途的单位和个人,依法履行土地审批手续。

　　县级以上地方人民政府土地行政主管部门应当对土地使用者在工程建设和土地开发期间的土地使用面积、位置、界限、用途和地价进行检查。

　　土地使用者在工程建设和土地开发竣工后,土地行政主管部门应当对其土地使用情况进行检查。

　　第十三条　县级以上地方人民政府土地行政主管部门履行监督检查职责时,有权采取下列措施:

　　(一)要求被检查者提供有关土地权利的文件和资料,进行查阅或者予

以复制;

(二)要求被检查者就有关土地权利的问题作出说明;

(三)进入被检查者占用的土地现场进行勘测;

(四)责令非法占用土地的单位或者个人停止违反土地管理法律、法规的行为;

(五)对涉嫌土地违法的单位或者个人,通知有关土地行政主管部门停止为其办理有关的审批用地或者土地登记手续;

(六)责令违法嫌疑人在调查期间不得变卖、转移与案件有关的财物,必要时,可以申请人民法院冻结其银行账户。

第十四条 土地监察人员履行土地监察职责,需要进入现场进行勘测、要求有关单位或者个人提供文件、资料和作出说明的,应当出示土地管理监督检查证件。

第十五条 有关单位和个人对县级以上地方人民政府土地行政主管部门就土地违法行为进行的监督检查应当支持与配合,并提供工作方便,不得拒绝与阻碍土地监察人员依法执行职务。

第三章 案件查处

第十六条 土地违法案件实行分级管辖制度。管辖权有争议的,由其共同的上一级地方人民政府土地行政主管部门协调或者指定管辖。

第十七条 省人民政府土地行政主管部门管辖下列案件:

(一)市人民政府(行署)及其土地行政主管部门超越批准权限批准的土地违法案件;

(二)在全省范围内有重大影响的土地违法案件;

(三)省人民政府和国务院土地行政主管部门交办的土地违法案件。

第十八条 市人民政府(行署)土地行政主管部门管辖下列案件:

(一)市辖区内的土地违法案件;

(二)县级人民政府及其土地行政主管部门超越批准权限批准的土地违法案件;

(三)所辖县(市)行政区域内有重大影响的土地违法案件;

(四)同级人民政府(行署)和省人民政府土地行政主管部门交办的土地违法案件。

第十九条 县(市)人民政府土地行政主管部门管辖本行政区域内的土地违法案件。

第二十条 县级以上地方人民政府土地行政主管部门发现土地违法行为或者接到土地违法行为的举报后,应当及时进行调查,经调查符合下列条件的,应当立案:

　　(一)有明确的违法行为人;

　　(二)有违反土地管理法律、法规的事实;

　　(三)依照土地管理法律、法规,应当追究行为人的法律责任;

　　(四)属于本部门所管辖的范围。

　　符合前款规定立案条件的,承办人员应当填写《土地违法案件立案呈批表》,经本级土地行政主管部门主管领导批准后立案。

　　第二十一条　县级以上地方人民政府土地行政主管部门对土地违法案件进行调查时,被调查单位和个人应当如实回答询问,提供有关情况和资料。

　　第二十二条　经调查有土地违法行为,并正在进行的,县级以上地方人民政府土地行政主管部门应当及时向违法单位或者个人发出《责令停止土地违法行为通知书》。

　　当事人接到《责令停止土地违法行为通知书》后,应当立即停止违法行为;拒不停止违法行为的,县级以上地方人民政府土地行政主管部门可查封用于施工的工具、设备、建筑材料;查封时,应当通知被查封人到场,拒不到场的,不影响查封程序进行。

　　第二十三条　土地违法案件调查结束后,县级以上地方人民政府土地行政主管部门应当分别下列情形依法处理:

　　(一)事实不清,证据不足的,予以撤销案件;

　　(二)违法事实清楚,证据确凿,依法需给予行政处罚的,作出《土地违法案件行政处罚决定书》;

　　(三)对国家工作人员违法行为需给予行政处分的,应当依法予以处理。自己无权处理的,应当作出《行政处分建议书》并附调查报告和有关证据,移送同级或者上级人民政府行政监察部门依法予以处理;

　　(四)违法行为构成犯罪的,移送司法机关依法追究刑事责任。

　　第二十四条　依照土地管理法律、法规规定应当给予行政处罚,而有关土地行政主管部门不给予行政处罚的,上级人民政府土地行政主管部门有权责令有关土地行政主管部门作出行政处罚决定或者直接给予行政处罚,并给予有关土地行政主管部门的负责人行政处分。

　　第二十五条　县级以上地方人民政府土地行政主管部门对土地违法案件,应当自立案之日起60日内作出处罚决定。重大、复杂的案件,可以适当延长期限。

　　第二十六条　《土地违法案件行政处罚决定书》送达后,作出行政处罚决定的土地行政主管部门应当督促当事人履行。当事人接到行政处罚决定后,在法定期限内既不履行,又不申请行政复议,也不提起行政诉讼的,作出处罚决定的土地行政主管部门,应当依法申请人民法院强制执行。

第二十七条 各级人民政府应当保证土地监察正常办案经费的需要。

第四章 法律责任

第二十八条 拒绝与阻碍土地行政主管部门依法执行职务、影响查封正常进行的,或对土地监察工作人员、举报人员打击报复的,由公安机关依法处罚。构成犯罪的,依法追究刑事责任。

第二十九条 各级人民政府和土地行政主管部门及其监察工作人员对土地违法行为隐瞒不报、不查,或者在处理土地违法案件中,玩忽职守、滥用职权、徇私舞弊的,对有关责任人员依法给予行政处分;构成犯罪的,依法追究刑事责任。

第五章 附 则

第三十条 本条例应用中的具体问题由省人民政府土地行政主管部门负责解释。

第三十一条 本条例自 1999 年 1 月 1 日起施行。

黑龙江省建设工程勘察设计条例

(1998 年 8 月 15 日黑龙江省第九届人民代表大会常务委员会第四次会议通过　根据 2008 年 6 月 13 日黑龙江省第十一届人民代表大会常务委员会第三次会议修订　根据 2015 年 4 月 17 日黑龙江省第十二届人民代表大会常务委员会第十九次会议《关于废止和修改〈黑龙江省文化市场管理条例〉等五十部地方性法规的决定》第一次修正　根据 2016 年 12 月 16 日省十二届人大常委会第三十次会议《黑龙江省人民代表大会常务委员会关于废止和修改〈黑龙江省特种设备安全监察条例〉等 44 部地方性法规的决定》第二次修正)

第一章　总　　则

第一条　为加强建设工程勘察(以下简称勘察)和建设工程设计(以下简称设计)的管理,规范勘察、设计行为,维护勘察、设计市场秩序和当事人的合法权益,保证建设工程质量,保护人民生命和财产安全,根据国家有关法律、法规,结合本省实际,制定本条例。

第二条　本条例所称勘察,是指根据建设工程的要求,查明并分析建设场地和有关范围内的地质地理环境特征、岩土工程条件,编制建设工程所需的勘察文件及其相关的活动。

本条例所称设计,是指根据建设工程的要求,对其技术、经济、资源、环境等进行综合分析、论证,编制建设工程所需的设计文件及其相关的活动。

第三条　在本省行政区域内从事勘察、设计和施工图审查活动,以及对其进行监督管理,均应当遵守本条例。

第四条　勘察、设计应当遵守有关法律、法规、规章,执行城乡规划和工程建设的标准、规范,贯彻安全适用、保护环境、节约用地、节省投资、节省能源的原则。

第五条　鼓励勘察、设计单位在勘察、设计中采用先进技术、先进设备、先进工艺和节能环保材料。不得采用已经淘汰或者不符合标准的技术、设备、工艺和材料。

第六条　省建设行政主管部门负责全省勘察、设计的监督管理,并组织实施本条例。

市(行署)、县(市)人民政府的建设行政主管部门负责本行政区域内勘察、设计的监督管理。

省农垦总局、省森工总局建设管理机构负责垦区、国有森工林区内勘察、设计的监督管理,业务上接受省建设行政主管部门的指导和监督。

交通、水利、人防等有关部门依据法律、法规赋予的职责,做好本专业勘察、设计的监督管理工作。

第二章 从业资格

第七条 勘察、设计单位,应当取得建设行政主管部门颁发的相应资质证书,方可从事勘察、设计业务。

第八条 申请勘察、设计资质证书,应当具备下列条件:

(一)有设立勘察、设计单位的申请文件;

(二)具有法人资格的营业执照;

(三)有符合规定的资产;

(四)有与其从事的勘察、设计活动相适应的专业技术人员和执业资格注册人员;

(五)有符合规定的固定工作场所和技术装备;

(六)法律、法规、规章规定的其他条件。

第九条 勘察、设计单位资质的标准、类别、级别和核定、升级、增项、变更等,以及审批程序按照国家有关规定执行。

第十条 取得勘察、设计资质的单位,按照规定可以承接与其资质等级确定的业务范围相应的工程咨询、技术服务业务。

第十一条 资质证书实行年度检验制度。勘察、设计单位应当接受省建设行政主管部门的年度检验。

未经年度检验或者年度检验不合格的,应当按照规定重新申请资质等级。在确定新的资质等级之前,不得从事勘察、设计活动。

第十二条 从事勘察、设计活动的专业技术人员,依法实行注册执业管理制度。未经注册的勘察、设计人员,不得以注册执业人员的名义从事勘察、设计活动。

勘察、设计注册执业人员和其他专业技术人员只能受聘于一个勘察、设计单位;未受聘于勘察、设计单位的,不得从事勘察、设计活动。

第十三条 勘察、设计注册执业人员和施工图审查人员及其他专业技术人员应当按照国家和省规定的学时和内容,定期接受所在单位或者法律、法规规定的其他专业部门组织的继续教育。

第十四条 勘察、设计单位和注册执业人员应当使用国家建设行政主管部门统一制作的资质证书、执业人员注册证书、执业印章。出图专用章、施工图审查专用章、施工图审查人员资格证书由省建设行政主管部门统一制作。

严禁转让、出借、涂改、伪造资质证书、执业人员注册证书、执业印章、出图专用章、施工图审查专用章和施工图审查人员资格证书。

第三章　发包与承包

第十五条　勘察、设计的发包与承包,应当遵循公开、公正、公平和诚实信用的原则。任何地区、任何部门不得分割、垄断、封闭勘察、设计市场。

第十六条　勘察、设计发包依法实行招标发包或者直接发包。

依法必须实行招标发包的,不得以技术服务和行政审查等方式取代招标发包。

第十七条　建设单位应当根据工程规模和专业技术要求,按照有关规定将勘察、设计业务发包给具有相应资质等级的勘察、设计单位。

对于影响城市景观和公共利益的标志性建筑物、构筑物或者重大的基础设施工程的设计方案,有关行政主管部门应当向社会公示,征求公众意见。

第十八条　建设单位应当将建设项目的勘察、设计业务发包给一个勘察、设计单位。大型或者技术复杂建设项目的勘察、设计业务可以发包给两个以上的勘察、设计单位,但是应当选择其中一个为主体勘察、设计单位,负责建设项目的协调与配合。

第十九条　承包整个建设项目勘察、设计业务的总承包方经建设单位书面同意,可以将所承包的勘察、设计业务中的部分专业或者非主体业务再分包给其他具有相应资质等级的勘察、设计单位;承包部分勘察、设计业务的单位作为分承包方不得将承包的业务再分包。

分承包方对总承包方负责,总承包方对发包方负责。

勘察、设计单位不得将承包的全部勘察、设计业务,以任何形式转手发包给其他勘察、设计单位。

第二十条　民用住宅建设项目中的水、电、燃气、消防、抗震设防、供热、电视、通讯等专业设计,不得分别发包,应当统一勘察、设计,统一出图,禁止行业或者部门垄断。

第二十一条　勘察、设计前,发包和承包双方应当签订勘察、设计合同,并使用国家和省制订的规范合同文本。

勘察、设计合同签订后15日内,建设单位应当将合同报送建设项目所在地建设行政主管部门登记备案。

第二十二条　发包和承包双方应当执行国家和省规定的勘察、设计取费标准,不得擅自提高或者降低;国家和省没有规定取费标准的,由双方协商确定。

第二十三条 建设单位应当按照勘察、设计合同约定的时间和额度,向勘察、设计单位支付勘察、设计费。

勘察、设计单位应当按照勘察、设计合同约定的时间和质量,向建设单位提供勘察、设计文件。

第四章 质量管理

第二十四条 勘察、设计单位应当建立健全勘察、设计质量保证体系和质量责任制,执行国家推行的质量体系认证制度,并逐步实行质量责任保险制度。

第二十五条 在勘察、设计前,建设单位应当向勘察、设计单位提供下列文件并对文件的真实性负责:

(一)建设项目勘察、设计发包书;

(二)依法批准的建设规划;

(三)建设项目环境影响评价文件;

(四)建设项目勘察、设计所需的其他基础资料和文件。

第二十六条 勘察、设计单位应当对勘察、设计的科学性和正确性负责。勘察、设计文件应当符合下列要求:

(一)法律、法规、规章的规定;

(二)建设项目勘察、设计发包书的要求和勘察、设计合同的约定;

(三)勘察、设计标准和规范、规程的要求;

(四)经济合理,计算准确,表述清楚,图纸清晰;

(五)有关勘察、设计责任人员签字齐全;

(六)按照规定加盖印章。

第二十七条 勘察、设计文件中所选用的材料、构配件和设备,应当注明其规格、型号、性能等技术指标,并符合国家规定的质量标准,但不得指定生产厂或者供应商。

第二十八条 建设单位应当将施工图设计文件报县以上建设行政主管部门和具备相应承接业务范围的施工图审查单位审查。未经审查或者经审查不合格的,不得使用。

施工图设计文件审查的范围、内容、程序和时限,由省建设行政主管部门依照国家有关规定制定。

第二十九条 在工程开工前,建设单位应当组织监理、勘察、设计、施工等单位并聘请有关专家,进行设计交底和施工图会审。未经设计交底和施工图会审进行施工造成质量事故的,建设单位应当承担相应责任。

第三十条　勘察、设计文件实施过程中,任何单位和个人不得擅自修改。确需修改的,应当由原设计单位负责,经原设计单位书面同意也可以委托其他具有相应资质的设计单位进行修改。

设计文件的修改部分以及修改部分对未修改部分产生的连带影响,由修改设计文件的单位承担相应的责任。

勘察、设计文件修改部分涉及工程建设强制性标准和地基基础与主体结构安全的,应当由原施工图审查单位重新进行审查。

第三十一条　设计文件实施过程中,设计单位应当向施工单位交代设计意图,解释设计文件,及时解决施工中出现的设计问题,参加主要阶段验收或者试车考核,做好设计总结和回访。重大和复杂工程应当签订现场技术服务合同,派驻现场设计代表。

建设工程发生重大质量事故,勘察、设计单位应当参加事故原因调查,并参与提出处理方案。

第三十二条　任何单位和个人不得以任何理由,要求勘察、设计和施工图审查单位违反法律、法规、规章和有关技术标准进行勘察、设计和施工图审查。

勘察、设计和施工图审查单位及其工作人员对违反前款规定的要求应当予以拒绝。

第三十三条　勘察、设计的地方标准,由省建设行政主管部门提出,省标准化行政主管部门审批、编号、发布,并报国务院建设行政主管部门和标准化行政主管部门备案。

凡通用性强而又具备条件的建筑构配件、建筑设备、建筑物、构筑物、公用设施以及单项工程项目设计,均应当编制建设标准设计图集,并积极推广应用。建设标准设计图集由省建设行政主管部门负责审查、批准。

第三十四条　勘察、设计文件的著作权由勘察、设计单位享有。勘察、设计文件除依据合同用于约定的建设项目外,任何单位和个人不得剽窃、抄袭,不得擅自出售、转让或者重复使用。

第三十五条　勘察、设计单位应当按照国家和省有关规定建立健全档案管理制度。凡与勘察、设计有关的文件,应当及时整理归档,不得损坏、涂改。

重大建设项目的勘察、设计文件,建设单位应当按照有关规定,交付当地档案管理部门保管。

第三十六条　县以上建设行政主管部门应当建立勘察、设计和施工图审查单位信用评价制度,设立信用档案,记录勘察、设计和施工图审查单位及其专业技术人员的基本情况、服务质量、不良行为等内容,并定期向社会公布。

第五章 法律责任

第三十七条 建设行政主管部门和有关部门有下列行为之一的,由其上级行政机关责令改正,并对直接负责的主管人员和其他直接责任人员依法给予行政处分:

(一)为不具备法定条件的申请单位办理审查、批准手续的;

(二)对符合法定条件的申请不予受理,或者未在法定期限内审查完毕或者作出决定的;

(三)施工图设计文件未经审查或者审查不合格发放施工许可证的;

(四)未按照国家工程建设标准和规范对勘察、设计实行质量监督,未及时处理有关勘察、设计质量投诉,或者未依法履行其他监督管理职责的;

(五)不按照规定建立勘察、设计和施工图审查单位信用档案的;

(六)分割、垄断、封闭勘察、设计市场或者指定勘察、设计单位的;

(七)其他违反法律、法规、规章的行为。

第三十八条 勘察、设计和施工图审查单位违反本条例规定,有下列行为之一的,由县以上建设行政主管部门责令停止违法行为,限期改正,没收违法所得,并按照以下规定给予处罚:

(一)未经年度检验或者年度检验不合格从事勘察、设计业务的,处以一万元以上三万元以下罚款;

(二)转让、出借资质证书或者出图专用章的,处以一万元罚款;涂改、伪造资质证书或者出图专用章的,处以三万元以上五万元以下罚款;情节严重的,由发证机关吊销资质证书;

(三)未按规定的内容和标准进行施工图审查或者施工图违反强制性标准未指出的,处以五万元以上十万元以下罚款。

第三十九条 勘察、设计人员违反本条例规定,转让、出借、涂改、伪造执业人员注册证书、执业印章、施工图审查人员资格证书的,由县以上建设行政主管部门责令停止违法行为,没收违法所得,并处违法所得一倍以上两倍以下罚款;情节严重的,由发证机关吊销从业资格证书。

第四十条 建设单位违反本条例规定,有下列行为之一的,由县以上建设行政主管部门责令停止违法行为,限期改正,并给予下列处罚:

(一)未按照规定期限办理勘察、设计合同登记备案手续的,处以五千元以上一万元以下罚款;

(二)对民用住宅建设项目中的专业设计分别发包的,处以一万元以上三万元以下罚款。

第四十一条 勘察、设计活动中的违法行为,本条例未作处罚规定的,依照国家有关法律、法规、规章的规定实施处罚。

第六章　附　　则

　　第四十二条　抢险救灾工程、临时性建筑和农民自建两层以下住宅的勘察、设计不适用本条例。

　　第四十三条　军队系统的勘察、设计单位承包地方勘察、设计业务的，应当执行本条例。

　　第四十四条　本条例自 2008 年 8 月 1 日起施行。

黑龙江省城市房地产开发管理条例

(1997 年 8 月 20 日黑龙江省第八届人民代表大会常务委员会第二十九次会议通过 根据 2013 年 10 月 18 日黑龙江省第十二届人民代表大会常务委员会第六次会议《关于修改〈黑龙江省体育发展条例〉等四部地方性法规的决定》第一次修正 根据 2015 年 4 月 17 日黑龙江省第十二届人民代表大会常务委员会第十九次会议《关于废止和修改〈黑龙江省文化市场管理条例〉等五十部地方性法规的决定》第二次修正 根据 2016 年 12 月 16 日省十二届人大常委会第三十次会议《黑龙江省人民代表大会常务委员会关于废止和修改〈黑龙江省特种设备安全监察条例〉等 44 部地方性法规的决定》第三次修正)

第一章 总 则

第一条 为加强城市房地产开发管理,规范房地产开发行为,维护房地产开发当事人的合法权益,促进房地产业的健康发展,根据《中华人民共和国城市房地产管理法》等法律、法规,结合本省实际,制定本条例。

第二条 本条例所称房地产开发,是指在城市规划区内取得国有土地使用权的土地上进行基础设施、房屋建设的行为。

第三条 在本省城市规划区内,从事房地产开发,实施房地产开发管理,应当遵守本条例。

第四条 房地产开发应当符合国家的产业政策,鼓励和扶持开发建设居民住宅。

第五条 房地产开发必须执行土地利用总体规划和城市规划,以项目定开发,按照经济效益、社会效益、环境效益相统一以及旧区改造和新区开发相结合的原则,实行全面规划、合理布局、综合开发、配套建设。

第六条 省人民政府建设行政主管部门主管全省的房地产开发管理工作,组织实施本条例。

市、县人民政府的建设行政主管部门或房地产管理部门(以下简称开发主管部门)主管本城市规划区内的房地产开发管理工作。

县以上人民政府的发展和改革、规划、土地、工商、物价等有关部门按照法律、法规赋予的职责,做好房地产开发管理的有关工作。

第七条 市(地)、县(市)人民政府要加强房地产开发管理,保证房地产开发健康、有序地发展。

市、县开发主管部门及有关部门应当实行公开办事制度,提高办事效率,公布并执行与房地产开发有关的审批程序和时限;逾期未批复的视为批准。

开发主管部门及有关部门在资质审批、综合验收等房地产开发管理中,应当严格履行法定职责,不得滥用职权,徇私舞弊,并对审批的结果或出具的结论负责。

第八条 房地产开发企业应遵循诚实、信用的原则,依法经营,认真履约,不得损害有关当事人合法权益,不得破坏房地产开发的正常管理秩序。

第二章 开发企业

第九条 房地产开发企业(以下简称开发企业),是指以营利为目的,从事房地产开发和经营的经济组织。

第十条 设立开发企业,除应当符合有关法律、法规的规定以外,还应当具备下列条件:

(一)有与资质等级相适应的专职技术、经济等管理人员;

(二)取得省建设行政主管部门或者市(地)开发主管部门颁发的资质等级证书。

设立开发企业,应当向工商行政管理部门申请设立登记。

第十一条 开发企业依法取得资质等级证书和营业执照后,即可从事房地产开发活动,各地不得再设置其他开发市场准入条件。

开发企业应当根据取得的资质等级承担相应的房地产开发项目(以下简称开发项目)。

第十二条 开发企业在本省行政区域内跨市(地)从事房地产开发活动,应当向开发项目所在地的开发主管部门办理资质等级备案。

第十三条 省建设行政主管部门或者市(地)开发主管部门发现开发企业不符合原定资质标准的,予以降级或者吊销资质等级证书。

第十四条 国家规定不得兴办企业的单位和开发主管部门不得兴办开发企业,其工作人员不得在开发企业兼职,不得参与房地产开发经营活动。

第三章 开发项目确立与取得

第十五条 开发主管部门应当根据国民经济和社会发展规划、城市规划、土地利用总体规划,会同有关部门编制房地产开发发展规划,报同级人民政府批准。

第十六条　开发主管部门应当根据房地产开发发展规划和年度建设用地计划,提出年度开发项目计划,按规定报计划部门批准立项。

第十七条　开发项目立项后,开发主管部门应当根据项目的性质、规模、规划设计条件、开发期限、基础设施和配套公用设施的建设、拆迁补偿安置等内容,编制房地产开发项目建设条件意见书,作为开发项目建设的依据。

第十八条　开发项目应由开发主管部门通过公开招投标,确定开发企业。招投标活动应当符合国家和省的有关规定,坚持公开、公平、公正的原则,不得舞弊。

第十九条　有下列情形之一的开发企业,不得参与开发项目的招投标活动:

(一)已取得的开发项目未按开发项目建设合同约定期限开工和建设的;

(二)已取得的开发项目未落实动迁安置方案的;

(三)已取得的开发项目未按动迁安置补偿协议约定期限安置被动迁人的;

(四)违反本条例其他规定的。

第二十条　开发企业取得开发项目后,应当依法办理土地使用权审批手续,取得土地使用权。

第四章　开发项目建设

第二十一条　开发企业在房地产开发建设过程中,应当严格执行开发项目建设合同和规划批准文件,不得擅自改变规划设计条件;确需改变的,应当按规定报经原批准机关批准,并相应调整开发项目综合价款底价。

第二十二条　开发企业应当将开发项目建设过程中的主要事项和有关部门对房地产开发活动的审查处理意见,记录在房地产开发项目手册中,并定期送开发主管部门核验。

第二十三条　开发项目竣工后,开发主管部门应当按照基本建设程序会同规划、消防等有关部门进行综合验收。

综合验收应当包括以下主要内容:

(一)开发项目建设是否符合规划、用地批准文件;

(二)基础设施和配套公用设施是否建设完毕;

(三)单位工程是否符合国家规定的工程质量验收标准和设计配套功能、验收手续及有关技术资料是否完备;

(四)拆迁补偿安置方案是否落实;

(五)环境绿化面积是否符合国家规定标准;

（六）法律、法规规定需要验收的其它事项。

开发项目验收合格后，方可交付使用。

第二十四条 住宅小区等群体建筑开发项目在交付使用前，应当选聘相应的物业管理公司；开发企业自行管理物业的，应当按照国家和省的有关规定办理资质审批手续。

第二十五条 开发企业应当严格执行《黑龙江省建筑市场管理条例》和《黑龙江省建设工程质量管理条例》，并对开发项目实行建设工程监理制度。

开发项目交付使用前，由开发企业划拨施工净产值5%的工程款，存入工程质量监督机构账户，作为质量保修抵押金，工程保修期满未发生质量问题的，抵押金连同利息返还给开发企业。

第五章　商品房预售

第二十六条 开发企业在开发项目建设过程中，可以预售商品房，但必须向开发项目所在地房地产管理部门申请，取得《商品房预售许可证》后方可进行。

第二十七条 开发企业在预售商品房时，应当向预购人出示开发项目许可证、商品房预售许可证，执行物价管理部门核准的基准价格；需要发布广告的，经工商行政管理部门审查合格后方可发布。

第二十八条 开发企业预售商品房，应当符合《中华人民共和国城市房地产管理法》第四十四条规定，与商品房预购人签订由省建设行政主管部门、省工商行政管理部门印制的书面合同。

开发企业应当按照国家有关规定将商品房预售合同报县以上人民政府房地产管理部门备案。

第二十九条 开发企业应当按照商品房预售合同约定的期限向商品房预购人交付质价相称的商品房；商品房预购人应当按照合同约定期限缴纳购房款项。合同双方当事人应当严格履行合同，违约者应当承担违约责任。

第三十条 开发企业预售商品房所得价款，必须专款用于开发项目建设，接受开发主管部门和同级财政部门的监督管理。

第三十一条 开发企业没有依法取得房屋产权证照，不得出租其商品房。开发企业已取得房屋产权证照出租商品房时，应执行法律法规和省人民政府的有关规定。

第六章　法律责任

第三十二条 违反本条例第十条、第十一条规定，未取得资质等级证书从事房地产开发活动或者超过其资质等级承担开发项目的，由开发主管部门责令停止房地产开发活动,没收违法所得,并处以开发项目投资额1%至3%的罚款。

第三十三条 违反本条例第十二条规定,开发企业未办理跨区备案手续的,由开发主管部门责令限期改正,并处以二千元至一万元的罚款。

第三十四条 违反本条例第二十三条规定,开发企业未如实填写或者未按时送验房地产开发项目手册的,由开发主管部门责令限期改正,并处以一千元至五千元的罚款。

第三十五条 违反本条例第二十七条规定,开发项目未经综合验收或者经验收不合格即交付使用的,由开发主管部门责令限期改正,并处以开发项目投资额1%至3%的罚款。

违反动迁安置补偿协议的,按《黑龙江省城市建设动迁管理条例》处罚。

第三十六条 违反本条例第二十九条规定,开发项目不实行建设工程监理制度的,由开发主管部门责令停止开发建设活动,并处以三万元至五万元的罚款;工程监理单位监理的工程质量不合格的,按国家和省的有关规定处罚,并承担赔偿责任。

第三十七条 违反本条例第三十条规定,开发企业未取得商品房预售许可证,擅自预售商品房的,由房地产管理部门责令停止预售活动,并处一万元至五万元的罚款。

第三十八条 违反本条例第三十一条规定,开发企业未经工商行政管理部门审查合格发布商品房预售广告的,由工商行政管理部门按有关法律法规处罚。

第三十九条 违反本条例第三十五条规定,出租商品房的,由有关部门按有关法律法规处罚。

第四十条 违反本条例有下列行为之一的,由监察机关或上级主管部门或所在单位对有关责任人员,视情节轻重,给予行政处分;造成损失的,应予赔偿;构成犯罪的,由司法机关依法追究刑事责任:

(一)开发项目招投标弄虚作假的;

(二)开发主管部门及有关部门的工作人员对不符合资质标准的开发企业予以批准或者对不合格开发项目出具验收合格结论的;

(三)开发主管部门及有关部门受理审批事项或到现场检查时,故意刁难,给企业造成损失的;

(四)开发主管部门及有关部门的工作人员在执法过程中勒卡的;

(五)出具验收结论与工程质量不符的。

第四十一条 有关主管部门在实施行政处罚时,应当按照《中华人民共和国行政处罚法》规定的程序执行。

第四十二条 当事人对行政处罚不服的,可以按《行政复议条例》和《中华人民共和国行政诉讼法》的规定申请复议或者提起诉讼;当事人逾期不申请复议或者不向人民法院起诉又不履行处罚决定的,由作出处罚决定的机关申请人民法院强制执行。

第七章 附 则

第四十三条 在城市规划区以外的国有土地范围内从事房地产开发活动,实施房地产开发管理,参照本条例执行。

第四十四条 本条例由省建设行政主管部门负责应用解释。

第四十五条 本条例自 1997 年 10 月 1 日起施行。

黑龙江省实施《中华人民共和国人民防空法》条例

(1997年8月20日黑龙江省第八届人民代表大会常务委员会第二十九次会议通过 根据2013年12月13日黑龙江省第十二届人民代表大会常务委员会第七次会议《关于废止和修改〈黑龙江省赌博处罚条例〉等十九部地方性法规的决定》第一次修正 根据2015年4月17日黑龙江省第十二届人民代表大会常务委员会第十九次会议《关于废止和修改〈黑龙江省文化市场管理条例〉等五十部地方性法规的决定》第二次修正 根据2016年12月16日省十二届人大常委会第三十次会议《黑龙江省人民代表大会常务委员会关于废止和修改〈黑龙江省特种设备安全监察条例〉等44部地方性法规的决定》第三次修正)

第一条 依据《中华人民共和国人民防空法》(以下简称《人民防空法》)等国家有关法律、法规,结合本省实际,制定本条例。

第二条 在本省行政区域内一切组织和个人,均应当遵守本条例,都有得到人民防空保护的权利,都必须依法履行人民防空的义务。

第三条 人民防空实行长期准备、重点建设、平战结合的方针,贯彻与经济建设协调发展、与城市建设相结合的原则。

第四条 省人民政府、省军区领导全省人民防空工作。

市(行署)、县(市、区)人民政府和同级军事机关领导本行政区域的人民防空工作。

第五条 省人民防空主管部门是省人民政府行政职能部门,负责管理全省人民防空工作。

市(行署)、县(市、区)人民防空主管部门(以下简称人民防空主管部门)是同级人民政府行政职能部门,负责管理本行政区域的人民防空工作。

县级以上人民政府的发展和改革、规划、建设等有关部门在各自的职责范围内负责有关的人民防空工作。

第六条 各级人民政府和同级军事机关应当根据国家规定的城市防护类别和标准,实行分类防护,在本行政区域内确定防护重点和重要经济目标,制定战时防护隐蔽措施和应急抢修方案。

有关部门和单位应当按有关规定建设和完善重要经济目标的防护设施并负责维护管理。

第七条　县级以上人民政府和军事机关要有计划地组织实施综合性防空袭演习,人民防空主管部门应当组织实施综合性防空袭演习,人民防空主管部门应当组织实施专项防空袭演习,普及防空常识,提高全民的防空意识。有关单位应当提供人员、物资、设备保障。

第八条　县级以上人民政府应当将人民防空建设纳入国民经济和社会发展计划。

地方人民政府负担的人民防空建设经费,由人民防空主管部门编制人民防空建设经费年度计划,按规定程序批准后,列入同级财政年度预算。有关单位应当按照国家和省人民政府的规定负担人民防空建设费用。

第九条　在城市规划区域内新建民用建筑,应当按国家和省有关规定,修建防空地下室。不宜修建防空地下室的民用建筑,建设单位应当按规定向人民防空主管部门缴纳易地建设费。

上级人民防空主管部门应当定期对下级人民防空主管部门结合民用建筑修建防空地下室工作进行检查监督,对不建防空地下室、不缴纳防空地下室易地建设费的,可以直接查处。

第十条　各机关、团体、企事业单位(含私营、外商独资、合资、合作企业)和个体业者,应当依据国家规定按城镇职工 1－2% 的比例向当地人民防空主管部门缴纳人员工资、福利、劳保用品和零星工具等义务工费,收费标准按省有关规定执行。

第十一条　鼓励平时开发利用人民防空工程和设施为经济建设和人民生活服务。平时使用人民防空工程和设施实行有偿使用和谁投资、谁受益的原则,平时使用人民防空工程和设施应当遵守人民防空有关规定。

第十二条　人民防空工程不得擅自拆除,确需拆除的,应当经省、市(行署)人民防空主管部门依据各自审批权限批准后,由拆除单位或个人负责补建或按现行造价向当地人民防空主管部门缴纳拆除补偿费,由人民防空主管部门组织补建。

第十三条　人民防空主管部门按本条例规定收取的人民防空工程和设施有偿使用费等,应当作为人民防空专项经费。人民防空专项经费纳入财政预算外资金管理,用于人民防空建设事业,各级人民政府和有关部门不得以任何理由占用、提留或挪作他用,保证人民防空经费的战备性质和专项投资方向。

第十四条　城市地下空间开发利用应当实行与人民防空相结合的原则。人民防空工程建设规划范围内,地下空间开发利用应当符合人民防空的规定。

第十五条 人民防空工程建设必须符合国家规定的防护标准和质量标准,竣工验收由批准立项的人民防空主管部门负责。

第十六条 人民防空主管部门应当加强人民防空工程的口部管理,任何单位和个人不得擅自在人民防空工程口部附近修建建筑物或者地下构筑物。确需修建的,应当符合人民防空工程设计规范的有关规定,经人民防空主管部门审核同意后,方可办理规划等审批手续。

第十七条 任何单位和个人未经批准,不得在人民防空工程50米范围内取土、采石及进行影响人民防空工程使用和降低防护能力的作业。确需在人民防空工程安全范围内建设地面设施和埋设地下管线的,应当经人民防空主管部门同意后,方可施工。工程竣工后由施工单位负责清理现场,恢复原状。

第十八条 人民防空工程和设施的消防、安全和维护管理平时由使用单位或个人负责。各级人民防空主管部门必须加强监督、检查和指导。

第十九条 各级人民政府应当依法保障人民防空通信、警报的畅通。各级人民防空主管部门负责制定本行政区域人民防空通信、警报建设规划,组织本行政区域人民防空通信、警报网的建设和管理。

第二十条 各级人民防空主管部门应当根据人民防空通信警报建设规划,在通信、广播、电视等系统安装用于传递和发放防空警报设备,并组织必要演习,有关单位应当积极配合并提供方便条件。

设置在有关单位的人民防空警报设备、设施,由所在单位维护管理,并承担所需费用。

各级人民防空主管部门可以按有关规定利用人民防空通信设施为社会服务,并接受通信主管部门的行业管理。

第二十一条 各级人民政府应当组织人民防空通信、警报建设规划的实施。邮电通信部门应当优惠提供防空警报所需的有线控制电路,并确保畅通;人民防空通信网和警报网所需中继线,邮电通信部门应当根据其性质、用途按有关规定,合理收费,并予以优先提供。

第二十二条 各级无线电管理部门按有关规定对人民防空主管部门用于军事、战备的专用电台所需频率,必须予以保障,并免收频率占用费。

第二十三条 县级以上人民政府应当根据城市人民防空疏散计划,组织有关部门、单位和预定疏散地区,加强疏散地域建设,为战时城市疏散人口的安置和物资储运、供应做必要的准备。

第二十四条 县级以上人民政府应当组织建设后方基地和战备仓库,战时为城市防空袭服务。各级人民防空主管部门,平时应当开发利用后方基地自然资源,搞好平战结合。

后方基地和战备仓库用地属于国防用地,其设施、设备属国防资产,依照《中华人民共和国国防法》和《中华人民共和国军事设施保护法》进行管理,不得侵占或损坏。

第二十五条 县级以上人民政府依法组建的群众防空组织,平时按城镇职工总数的2‰组建,战时按2%扩建。群众防空组织的训练,应当根据人民防空主管部门制定的训练大纲和训练计划,由组建单位组织实施。训练期间专业队员由所在单位给予与其他在岗人员同等待遇。

第二十六条 各级教育行政主管部门和各类学校应当安排人民防空教育内容,制定教育计划,并负责组织实施;国家机关、社会团体、企事业单位人员和其他人员,由所在单位和城乡基层人民政府按照国家人民防空教育计划和规定教育内容组织实施;各级人民防空主管部门依法进行监督检查。

第二十七条 城市新建民用建筑,不按国家和省有关规定修建防空地下室,又不缴纳易地建设费的,由县级以上人民防空主管部门对当事人责令限期改正,可以并处应当修建防空地下室建筑面积每平方米20元至60元的罚款,对一个单位工程的罚款最高不超过10万元。

第二十八条 违反本条例有下列行为之一的,由县级以上人民防空主管部门对当事人依法给予警告,并责令限期改正违法行为,可以对个人并处5百元至5千元的罚款;对单位并处1万元至5万元的罚款;造成损失的,应当依法赔偿损失:

(一)新建重要经济目标,不按国家防护类别、防护标准修建防护设施的;

(二)未按规定缴纳有关人民防空专项经费的;

(三)擅自在人民防空工程50米范围内取土、采石的;

(四)因管理不善造成人民防空警报设施毁坏、丢失的;

(五)侵占后方基地用地、损坏后方基地设备设施的;

(六)未履行提供人员、物资、设备等防空袭演习义务的。

第二十九条 故意损坏或盗窃人民防空通信、警报、后方基地等设备设施,干扰破坏防空袭演习或者在人民防空工程内生产、储存爆炸、剧毒、易燃、放射性等危险品,尚不构成犯罪的,依照治安管理处罚条例的有关规定处罚;构成犯罪的,依法追究刑事责任。

第三十条 各级人民防空主管部门的工作人员玩忽职守、滥用职权、徇私舞弊或者有其他违法行为的给予行政处分;构成犯罪的,依法追究刑事责任。

第三十一条 人民防空主管部门实施行政处罚时,应当按《中华人民共和国行政处罚法》的规定执行。

第三十二条 当事人对行政处罚决定不服的,可以依法申请复议或向人民法院起诉;当事人逾期不申请复议或者不向人民法院起诉又不履行处罚决定的,由作出处罚决定的机关申请人民法院强制执行。

第三十三条　本条例由黑龙江省人民防空主管部门负责应用解释。

第三十四条　本条例自 1997 年 9 月 1 日起施行。

黑龙江省港口管理条例

(1996年11月3日黑龙江省第八届人民代表大会常务委员会第二十四次会议通过　根据2010年8月13日黑龙江省第十一届人民代表大会常务委员会第十八次会议《关于修改〈黑龙江省实施《中华人民共和国水土保持法》办法〉等11部地方性法规的决定》第一次修正　根据2015年4月17日黑龙江省第十二届人民代表大会常务委员会第十九次会议《关于废止和修改〈黑龙江省文化市场管理条例〉等五十部地方性法规的决定》第二次修正　根据2016年12月16日省十二届人大常委会第三十次会议《黑龙江省人民代表大会常务委员会关于废止和修改〈黑龙江省特种设备安全监察条例〉等44部地方性法规的决定》第三次修正)

第一章　总　则

第一条　为了加强港口管理,保障港口正常的生产、经营秩序,促进港口事业的发展,发挥港口在全省水路运输中的枢纽作用,适应国民经济发展和人民生活需要,依据国家有关法律、法规的规定,结合本省实际,制定本条例。

第二条　本条例适用于本省行政区域内港口的规划、建设、生产、经营及其他与港口有关的活动。

第三条　省交通运输主管部门是全省港口的行政主管部门。省航务管理机构具体负责全省港口行政管理工作;港口所在地市(地)、县(市)交通运输主管部门或者其所属的航务管理机构(以下简称港口管理机构),具体负责本辖区港口的行政管理工作。

第四条　港口建设和经营,实行统筹规划、多方投资、多家经营、公平竞争的原则。

第五条　县以上人民政府应当将港口事业纳入国民经济和社会发展计划,并组织实施。

第二章　港口规划与建设

第六条　港口规划分为港口布局规划和港口总体规划。港口总体规划应当符合港口布局规划。

第七条　港口规划应当根据经济和社会发展需要编制,做到统筹安排,合理布局。

第八条　港口布局规划应当符合城市总体规划,并与土地利用总体规划和水资源综合规划相协调。编制城市总体规划和其他相关规划时,应当兼顾港口建设与发展。

第九条　全省港口布局规划由省人民政府根据全国港口布局规划组织编制,征求国务院交通运输主管部门同意后公布实施。

市(地)、县(市)港口总体规划由港口所在地港口管理机构组织编制。

港口布局规划和港口总体规划的批准程序,按国家和省有关规定执行。

第十条　港口布局规划和港口总体规划的修改,须经原编制规划的部门提出后报原批准机关批准。

第十一条　港口规划经批准后,应当划定港口区域(以下简称港区)。港区由当地港口管理机构会同有关部门编制划定方案,报所在地县(市)以上人民政府批准后公布。

第十二条　港口建设应当依据港口布局规划和港口总体规划,按照国家和省基本建设程序办理,并符合国家和行业规定的技术标准和要求。

第十三条　在港区内建设港口设施,建设单位或个人应当提出申请,经港口管理机构审查同意后,按有关法律、法规规定办理审批手续。

建设单位或个人提出申请时,应当持有下列文件:

(一)与建设规模相适应的资质证明;

(二)县级以上河道主管部门关于防汛安全的审查意见;

(三)当地港监、航道主管部门的审核意见;

(四)申请使用岸线地段陆域平面图和水域图。

港口管理机构接到申请之日起,须在三十日内做出书面答复。

第十四条　在港区外不得擅自建设港口设施。确需临时设置供船舶停靠、旅客上下、货物装卸的设施或装卸、堆存货物的,应当参照第十三条规定办理有关手续。

第十五条　港口建设项目实行招投标制度和工程监理制度。

港口建设项目的设计、施工、工程监理和竣工验收,应当依照法律、法规及港口工程技术规范和合同的规定进行。港口建设项目未经验收或验收不合格的,不得投入使用。

第十六条　机关、企事业单位建设自用、专用码头,按本章规定执行。

第三章　港口保护

第十七条　任何单位和个人都有爱护港口设施的义务。禁止破坏港口设施,扰乱港口生产、经营秩序。

第十八条　在港口内的所有单位和个人及进出港区的船舶、车辆,应当遵守港口管理和有关安全、治安、消防、环保等方面的规定,并接受有关部门的监督检查。

第十九条　在港区内禁止下列行为:

(一)设置、抛放障碍物;

(二)进行捕捞作业;

(三)排放有毒有害物质;

(四)其他妨碍港口生产作业的行为。

第二十条　在港区陆域设置设施、进行工程施工作业和使用港区岸线的,应当依法报经港口管理机构批准。

第二十一条　在港区水域范围内应当保证航道畅通。出现碍航的沉船、沉物等,船主、物主必须立即向港口管理机构报告,并在规定期限内进行清除、打捞。逾期不清除打捞的,由港口管理机构通知港监部门按国家有关规定处理。

第四章　港务管理

第二十二条　从事经营性港口业务的单位或个人(以下简称港口经营人)应当向当地港口管理机构提出申请,由当地港口管理机构审查批准,发给港口(码头)经营许可证。

第二十三条　申请从事经营性港口业务的单位,应当具备下列条件:

(一)有经营管理的组织机构、地点和负责人,并有章程;

(二)有与经营能力相适应的人员、设备、码头和安全设施;

(三)有与经营业务相适应的自有流动资金;

(四)有稳定的作业地点。

申请从事经营性港口业务的个人,应当具备上述条件,并持有街道办事处或乡(镇)人民政府的证明。

港口管理机构接到申请后,须在二十日内做出书面答复。

第二十四条　港口经营人要求变更经营范围和停业、歇业的,须向原批准机关申请办理审批或注销手续。

第二十五条　有自用、专用码头的机关、企事业单位(以下简称自用、专用码头单位),应当到港口管理机构办理港口设施登记。变更自用、专用码头用途或进行出租转让的,应当到港口管理机构办理变更登记。

第二十六条　在港区内装卸、转运和储存危险货物的,应当经当地港口管理机构会同有关部门批准,并按国家的有关规定执行。

第二十七条　港口经营人应当保证完成国家规定需要优先运输的货物以及抢险救灾等重要物资的装卸、集散、疏港任务。

第二十八条　港口经营人和自用、专用码头单位应当按规定,向当地港口管理机构报送生产经营基本情况和有关经济技术指标的统计资料。具体报送办法,由省港口管理机构统一制定。

第二十九条　港口管理机构应当为港口经营人和自用、专用码头单位提供港口业务指导和信息咨询服务,并对日常的港口业务活动进行监督、检查和协调。

第五章　法律责任

第三十条　违反本条例有下列行为之一的,由港口管理机构分别给予以下处罚:

(一)违反本条例第十三条规定,责令其停止施工,限期拆除所建设施,并处以 1000 元至 5000 元罚款。

(二)违反本条例第十四条规定,责令其停止作业或恢复原状,限期补办有关手续,并处以 100 元至 1000 元罚款。

(三)违反本条例第十九条规定,责令其停止违法行为,并处以 1000 元至 3000 元罚款。

(四)违反本条例第二十条规定,责令其停止施工,并处以 1000 元至 3000 元罚款。

(五)违反本条例第二十二条规定,责令其停止营业,限期补办经营许可证,没收非法所得,并处以非法所得 1 至 3 倍的罚款。

(六)违反本条例第二十四条规定,给予警告,限期补办审验手续,并处以 100 元至 1000 元罚款。

(七)违反本条例第二十五条规定,责令其停止港口业务活动,并处以 100 元至 1000 元罚款。

第三十一条　港口管理人员违反本条例规定,玩忽职守、滥用职权、徇私舞弊的,由其所在单位或上级主管机关给予行政处分。

第三十二条　港口管理机构在实施行政处罚时,应当按照《中华人民共和国行政处罚法》规定的程序执行。

第三十三条　当事人对行政处罚决定不服的,可以按照《中华人民共和国行政复议法》和《中华人民共和国行政诉讼法》的规定申请复议或向人民法院起诉。

第三十四条　违反本条例构成犯罪的,依法追究刑事责任。

第六章　附　　则

第三十五条　本条例自公布之日起施行。黑龙江省人民政府1990年6月8日发布的《黑龙江省港口管理暂行办法》同时废止。

附录:本条例下列用语的含义是:

(一)港口,是指在通航水域(含湖泊、水库)内,具有相应设施,供船舶停靠,旅客上下,货物装卸、储存、驳运及相关的服务功能,并按照一定程序划定的具有明确界线的水域、陆域和岸线构成的场所。

港口可以划分为一个或者若干个港区,每个港区可以设置一个或者若干个码头。

(二)港口布局规划,是指港口的分布规划。

港口总体规划,是指一个港口在一定时期的具体规划。

(三)港口区域,简称港区,是指经批准划定的港界范围以内的港口岸线及与其相应的水域和陆域,包括已建港区和规划港区。

港区岸线,是指可供船舶停靠的江河沿岸。它依据防洪墙、堤界或陆地坐标点确定,可以整段或分段划定。

港区水域,是指港区岸线以下的坡岸、滩地、水面与水下以及水上架空区域。

港区陆域,是指港区岸线以上的土地。

规划港区,是指根据港口规划为港口的进一步开发、建设而划定的具有明确界线的预留岸线、水域和陆域。

(四)港口设施,是指为停靠船舶或从事港口生产、经营活动而建造和设置的人工构造物及相关设备,主要包括码头、岸壁、护岸、港池、锚泊地、浮筒、趸船、铁路专用线、仓库、堆场、道路以及给排水、供电照明、通信、环保、消防等设施。

(五)经营性港口业务,是指以营利为目的,订有港口业务合同并发生各种方式费用结算,在港区内为运送货物、旅客,向船舶、货主和旅客提供服务的活动,主要包括装卸、储存、驳运、搬运、拖带、对货物进行简易处理以及为旅客候船和上下船舶提供的服务等行为。

(六)自用码头,是指为本单位生产、生活及执行公务使用的码头。

专用码头,是指具备某种特定功能专门从事某一种专项服务的码头。

黑龙江省野生动物保护条例

(1996年8月31日黑龙江省第八届人民代表大会常务委员会第二十三次会议通过 根据2010年8月13日黑龙江省第十一届人民代表大会常务委员会第十八次会议《关于修改〈黑龙江省实施《中华人民共和国水土保持法》办法〉等11部地方性法规的决定》第一次修正 根据2011年12月8日黑龙江省第十一届人民代表大会常务委员会第二十九次会议《关于修改〈黑龙江省野生动物保护条例〉等12部地方性法规的决定》第二次修正 根据2015年4月17日黑龙江省第十二届人民代表大会常务委员会第十九次会议《关于废止和修改〈黑龙江省文化市场管理条例〉等五十部地方性法规的决定》第三次修正 根据2016年12月16日省十二届人大常委会第三十次会议《黑龙江省人民代表大会常务委员会关于废止和修改〈黑龙江省特种设备安全监察条例〉等44部地方性法规的决定》第四次修正)

第一章 总 则

第一条 根据《中华人民共和国野生动物保护法》《中华人民共和国陆生野生动物保护实施条例》和《中华人民共和国水生野生动物保护实施条例》,结合本省实际,制定本条例。

第二条 本条例规定保护的野生动物,是指国家和省地方重点保护的陆生、水生野生动物和其他有益的或者有重要经济、科学研究价值的陆生野生动物。本条例所称野生动物,是指前款规定的受保护的野生动物;所称野生动物产品,是指野生动物的任何部分及其衍生物。

第三条 在本省行政辖区内从事野生动物保护、驯养繁殖、经营利用、科学研究等活动,必须遵守本条例。

第四条 省人民政府林业、渔业行政主管部门是省野生动物行政主管部门,分别主管全省陆生、水生野生动物管理工作。市(行署,下同)、县(含县级市、区,下同)人民政府林业、渔业行政主管部门分别主管本行政区域内陆生、水生野生动物管理工作。

省森林工业行政主管部门是森林工业系统野生动物行政主管部门,主管本系统陆生野生动物管理工作。森林工业系统内企业已实行政企分开,野生动物行政管理交给市县的,按本条第一款规定执行。

其他有关部门可按省林业、渔业行政主管部门的委托负责本系统野生动物管理工作。

公安、工商、环保、医药、公路、铁路、水运、航空、邮政、出入境检验检疫、海关、动植物检疫等有关部门,应当按各自职责做好有关野生动物管理工作。

第五条 野生动物行政主管部门应当根据实际需要,设立专门机构或配备专职人员,从事野生动物管理工作。

乡镇林业工作站、乡镇渔政站负责本行政区域内野生动物保护工作。

第六条 野生动物资源保护和管理所需经费,纳入县以上人民政府财政预算,在同级人民政府野生动物行政主管部门年度经费中列支。省人民政府建立野生动物保护基金制度。

第七条 在野生动物资源保护管理、宣传教育、科学研究和驯养繁殖方面成绩显著的单位和个人,由各级人民政府或有关部门给予表彰奖励。

第二章　野生动物保护

第八条 省野生动物行政主管部门应当定期组织有关部门开展野生动物资源调查。县以上野生动物行政主管部门应当建立野生动物资源档案和监测体系。

第九条 县以上人民政府应当制定保护、发展和合理利用野生动物资源的规划及措施。野生动物主要分布地域的市县人民政府制定的规划和措施,应当报省野生动物行政主管部门备案。

第十条 各级人民政府应当广泛开展保护野生动物资源的宣传教育,提高公民保护野生动物资源的意识。

每年4月24日至4月30日为爱鸟周,11月为保护野生动物宣传月。

第十一条 省地方重点保护野生动物名录由省人民政府制定并公布。省保护的有益或者有重要经济、科学研究价值的陆生野生动物(以下简称一般保护野生动物)名录及其调整,由省野生动物行政主管部门制定并公布。

第十二条 野生动物行政主管部门应当组织有关部门采取生物和工程技术等措施,保护和改善野生动物的生息繁衍环境,防止污染破坏。

野生动物因自然灾害受到威胁时,当地人民政府和有关部门应当采取抢救措施。

第十三条 开发湿地、整治河道、开采矿产、采伐森林等应当维护野生动物主要生息繁衍环境。禁止在野生动物集中分布地域以及重要繁衍场所,超标准排放工业污水、废气,堆积、倾倒工业废渣以及使用有毒有害物。禁止破坏野生动物的巢、穴、洞等生存环境。

第十四条 建设项目对国家或省地方重点保护野生动物的生存环境产生不利影响的,立项审批前,应当征得同级野生动物行政主管部门的同意。

第十五条 省人民政府应当在国家和省地方重点保护野生动物的主要生息繁衍地域建立自然保护区。

第十六条 县以上人民政府依据野生动物资源状况划定禁猎区,规定禁猎期并公告。

第十七条 在自然保护区、禁猎区、禁猎期和禁渔期内,禁止猎捕和其他妨碍野生动物生息繁衍的活动。

第十八条 任何单位和个人发现受伤、病弱、受困、迷途、死亡的国家和省地方重点保护的野生动物,应当采取保护措施,并及时报告或送交当地野生动物行政主管部门,严禁伤害,隐藏和出售。

第三章 野生动物管理

第十九条 捕捉省地方重点保护野生动物的,由省野生动物行政主管部门审批。

捕捉一般保护野生动物实行猎捕量限额管理,猎捕量限额由省野生动物行政主管部门审批。

森林工业系统捕捉省地方重点保护野生动物和一般保护野生动物猎捕量限额,由省野生动物行政主管部门牵头,会同省森林工业系统野生动物行政主管部门确定。任何单位和个人不得超限额猎捕。

猎捕者必须按批准的种类、数量、区域、期限、工具和方法凭狩猎证进行猎捕。狩猎证由县级人民政府野生动物行政主管部门或者其授权的单位核发,森林工业系统的狩猎证由省森林工业系统野生动物行政主管部门核发。

第二十条 禁止使用军用武器、汽枪、炸药、绝后窑、毒药、捉脚、地枪、地宫、粘网、非人为直接操作并危害人畜安全的狩猎装置、夜间照明行猎、歼灭性围猎、电击、火攻、烟熏以及县以上人民政府或者野生动物行政主管部门规定禁止使用的其他狩猎工具和方法狩猎。

第二十一条 猎枪和弹具的生产、销售、使用和管理必须按国家有关法律、法规的规定执行。

第二十二条 因猎捕野生动物造成农作物或者其他损失的,由猎捕者负责赔偿。

第二十三条 鼓励有条件的单位和个人驯养繁殖野生动物。

驯养繁殖省地方重点保护野生动物的,由省野生动物行政主管部门核发驯养繁殖许可证;驯养繁殖一般保护野生动物的,由市野生动物行政主管部门核发驯养繁殖许可证。森林工业系统驯养繁殖省地方重点和一般保护野生动物的,由省森林工业野生动物行政主管部门核发驯养繁殖许可证。

第二十四条 禁止非法出售、收购、利用野生动物及其产品。

出售、收购、利用省地方重点保护野生动物及其产品的,必须报省野生动物行政主管部门审批;森林工业系统的报省森林工业野生动物行政主管部门审批。

出售一般保护野生动物及其产品,必须持有驯养繁殖许可证或者狩猎证到野生动物行政主管部门和工商行政管理部门指定的集贸市场出售。禁止非法利用国家和省地方重点保护野生动物及其产品做菜肴从事经营活动,不得用国家和省地方重点保护野生动物及其产品的名称或者别称作菜谱招徕顾客。

刊印、播放、制作野生动物及其产品广告的,必须经野生动物行政主管部门审核。

第二十五条 经营野生动物及其产品必须办理野生动物经营许可证。驯养繁殖的国家和省地方重点保护野生动物及其产品的经营许可证,由省野生动物行政主管部门核发;一般保护野生动物及其产品的经营许可证,由县以上野生动物行政主管部门核发;森林工业系统省地方重点及一般保护野生动物的经营许可证,由省森林工业野生动物行政主管部门核发。野生动物经营许可证由省野生动物行政主管部门统一印制。

经营野生动物及其产品的单位和个人,必须按经营许可证规定的种类、限额、期限、方式从事经营利用活动。

第二十六条 运输、携带、邮寄野生动物及其产品必须办理野生动物运输证明。出省的野生动物及其产品的运输证明,省内运输、携带、邮寄国家和省地方重点保护野生动物及其产品的运输证明,由省野生动物行政主管部门核发;省内运输、携带、邮寄一般保护野生动物及其产品的运输证明,由县以上人民政府野生动物行政主管部门核发;森林工业系统在省内运输省地方重点和一般保护野生动物及其产品的运输证明,由省森林工业系统野生动物行政主管部门核发。任何单位和个人不得承运无运输证明的野生动物及其产品。公路、铁路、水运、航空、邮政等部门以及野生动物行政主管部门委托的木材检查站等单位对无运输证明运输的野生动物及其产品和运输工具有权扣留,交所在地野生动物行政主管部门依法处理。

第二十七条 依法猎捕、驯养、出售、收购、加工、运省地方重点和一般保护野生动物及其产品的,必须按国家和省有关规定交纳野生动物资源保护管理费。

野生动物资源保护管理费按预算外资金管理,纳入财政专户储存,专款专用,用于野生动物资源的保护管理、资源调查、宣传教育、驯养繁殖、科学研究等方面。

第二十八条　禁止任何单位和个人为非法猎捕、经营利用、运输、携带以及走私野生动物及其产品提供工具和储存、交易场所。

第二十九条　进出口野生动物及其产品和含其成分制成品的,应当经省野生动物行政主管部门审核,报国务院野生动物行政主管部门批准,取得国家濒危物种进出口管理机构核发的允许进出口证明书。

第三十条　禁止伪造、倒卖、转让、涂改特许猎捕证、特许捕捉证、狩猎证、驯养繁殖许可证、经营许可证、运输证明、允许进出口证明书等有关证件。

第四章　法律责任

第三十一条　非法捕杀国家重点保护野生动物的,依照《中华人民共和国陆生野生动物保护实施条例》第三十三条和《中华人民共和国水生野生动物保护实施条例》第二十六条执行。

第三十二条　违反本条例规定,在禁猎区、禁猎期、禁渔期或者使用禁用的猎捕工具和方法猎捕省地方重点和一般保护野生动物的,由野生动物行政主管部门没收猎获物、猎捕工具和违法所得,处以相当于猎获物价值8倍以下的罚款;没有猎获物的,处以2000元以下的罚款。

第三十三条　违反本条例规定,未取得狩猎证或者未按狩猎证规定猎捕野生动物的,由野生动物行政主管部门没收猎获物和违法所得,处以相当于猎获物价值5倍以下的罚款,可以没收猎捕工具、吊销狩猎证;没有猎获物的,处以1000元以下的罚款,可以没收猎捕工具、吊销狩猎证。

第三十四条　违反本条例规定,在自然保护区、禁猎区破坏国家或者省地方重点保护野生动物主要生息繁衍场所的,由野生动物行政主管部门责令停止破坏行为,限期恢复原状,并处以相当于恢复原状所需费用3倍以下的罚款;破坏一般保护野生动物主要生息繁殖场所的,由野生动物行政主管部门责令停止破坏行为,限期恢复原状,并处以相当于恢复原状所需费用2倍以下的罚款。

被责令限期恢复原状的单位和个人可以向野生动物行政主管部门交纳恢复原状所需费用,由野生动物行政主管部门代为恢复原状。

违反本条例规定,破坏野生动物巢、穴、洞的,视情节处以50元至1000元罚款。

第三十五条　违反本条例规定,未取得驯养繁殖许可证或者超越驯养繁殖许可证规定范围驯养繁殖省地方重点和一般保护野生动物的,责令限期补办,逾期不补办的,由野生动物行政主管部门没收违法所得,处以2000

元以下的罚款,可以没收野生动物。

第三十六条 违反本条例规定,出售、收购野生动物及其产品的,由野生动物行政主管部门或者工商行政管理部门按规定权限没收野生动物及其产品和违法所得,可以并处相当于实物价值 10 倍以下的罚款、吊销经营许可证。

第三十七条 违反本条例规定,非法利用国家和省地方重点保护野生动物及其产品作菜肴的,由野生动物行政主管部门没收野生动物及其产品和违法所得,并视野生动物及其产品种类、数量处以 2000 元至 50000 元的罚款;用国家和省地方重点保护野生动物及其产品的名称或者别称作菜谱的,由野生动物行政主管部门处以 200 元至 2000 元的罚款。

未经野生动物行政主管部门审核,刊印、播放、制作经营利用野生动物及其产品广告的,依照《中华人民共和国广告法》有关规定处罚。

第三十八条 违反本条例规定,无运输证明运输、携带、邮寄野生动物及其产品的,由野生动物行政主管部门予以没收,属国家和省地方重点保护野生动物及其产品的,可以并处相当于实物价值 10 倍以下的罚款;属一般保护野生动物及其产品的,可以并处相当于实物价值 3 倍以下的罚款;运输、携带、邮寄的野生动物及其产品与运输证明不符的,没收其超出部分,可以并处超出部分实物价值 2 倍以下的罚款。

第三十九条 违反本条例规定,为非法猎捕、经营利用、运输、携带、邮寄、走私野生动物及其产品提供工具和储存、交易场所的,由野生动物行政主管部门没收违法所得,处以 1000 元至 10000 元的罚款。

第四十条 违反本条例规定,伪造、倒卖、转让、涂改狩猎证、驯养繁殖许可证、经营许可证、运输证明的,由野生动物行政主管部门处以 5000 元以下的罚款;伪造、倒卖、转让、涂改特许猎捕证、特许捕捉证、允许进出口证明书的,处以 5000 元至 50000 元的罚款。

第四十一条 非法经营利用野生动物及其产品的,除依法处罚外,由野生动物行政主管部门按国家和省规定标准的 2 至 5 倍补收野生动物资源保护管理费。

第四十二条 野生动物行政主管部门在实施行政处罚时,应当按照《中华人民共和国行政处罚法》规定的程序执行。

第四十三条 违反野生动物保护法律、法规构成犯罪的,依法追究刑事责任。

第四十四条 当事人对行政处罚不服的,可以依照《行政复议法》和《中华人民共和国行政诉讼法》的规定依法申请复议和向人民法院起诉。

第四十五条 野生动物行政主管部门的工作人员玩忽职守、滥用职权、徇私舞弊的,由其所在单位或者上级主管机关给予行政处分;构成犯罪的,依法追究刑事责任。

第五章 附　　则

第四十六条　本条例由省野生动物行政主管部门负责应用解释。

第四十七条　本条例自 1996 年 10 月 1 日起施行。

黑龙江省统计监督处罚条例

（1995 年 10 月 14 日黑龙江省第八届人民代表大会常务委员会第十八次会议通过　根据 2000 年 6 月 6 日黑龙江省第九届人民代表大会常务委员会第十七次会议《关于修改〈黑龙江省统计监督处罚条例〉的决定》第一次修正　根据 2002 年 6 月 13 日黑龙江省第九届人民代表大会常务委员会第三十次会议《关于修改〈黑龙江省统计监督处罚条例〉的决定》第二次修正　根据 2016 年 12 月 16 日省十二届人大常委会第三十次会议《黑龙江省人民代表大会常务委员会关于废止和修改〈黑龙江省特种设备安全监察条例〉等 44 部地方性法规的决定》第三次修正）

第一条　为保证《中华人民共和国统计法》和《中华人民共和国统计法实施细则》的贯彻实施，加强统计监督检查，保障统计资料的准确和及时，制定本条例。

第二条　凡本省辖区内的国家机关、社会团体、企业事业组织、基层群众性自治组织、个体经营者和公民，及其在省外、境外举办的企业事业组织均应当履行统计义务，接受统计监督检查。

第三条　县级以上人民政府统计部门（以下简称统计部门）是统计执法机关，在本辖区内依法行使统计执法检查和行政处罚权。

企业事业组织主管机构的统计机构在当地统计部门的指导下，负责对本系统的统计活动进行监督检查。

授予省农垦总局、分局的统计机构在本系统内依法行使统计执法检查和行政处罚权。

第四条　统计部门和企业事业组织主管机构可以根据工作需要设置统计检查员，并依法进行相关检查。

国家机关、社会团体、企业事业组织、基层群众性自治组织、个体经营者对统计检查员执行职务时应当据实提供有关资料、介绍情况，不得拒绝、隐瞒和阻挠。

第五条　各级人民政府以及企业事业组织主管机构和社会团体的领导人应当执行本条例，支持统计部门、统计机构和统计人员依法行使统计工作职权。

第六条 统计部门应当建立举报制度,对举报的统计违法行为依法进行查处。对举报人应当予以保护,对举报有功的,给予奖励。对严重的统计违法行为应当通过新闻单位向社会公布。

第七条 统计调查对象有下列违法行为之一的,由统计部门责令改正,予以通报批评或者建议人民政府予以通报批评;情节较重的,由统计部门建议行政监察部门或者主管部门对负有直接责任的主管人员和其他直接责任人员依法给予行政处分:

(一)违反统计法律、法规规定和统计制度,上报不符合实际的统计数据的。

(二)隐瞒真实情况,编造、涂改或者不提供财务和业务核算账据、统计台账、统计报表等原始资料的。

(三)拒不接受统计部门依法组织的统计调查,未按期据实答复统计检查查询,经催报仍未在限定期限内报送统计资料的。

(四)违反统计制度规定,屡次迟报统计资料的。

第八条 企业事业组织有本条例第九条规定行为之一的,由统计部门予以警告,并可以给予下列处罚:

(一)有第七条第(一)项行为情节较轻的,处 2000 元以上 5000 元以下罚款;情节较重的,处 5000 元以上 2 万元以下罚款;情节特别严重的,处 2 万元以上 5 万元以下罚款。

(二)有第七条第(二)项行为情节较轻的,处 2000 元以上 5000 元以下罚款;情节较重的,处 5000 元以上 2 万元以下罚款;情节特别严重的,处 2 万元以上 4 万元以下罚款。

(三)有第七条第(三)项行为情节较轻的,处 1000 元以上 5000 元以下罚款;情节较重的,处 5000 元以上 1 万元以下罚款;情节特别严重的,处 1 万元以上 2 万元以下罚款。

(四)有第七条第(四)项行为的,处 1000 元以上 5000 元以下罚款。

个体工商户有本条例第七条第(一)项、第(二)项、第(三)项规定行为之一的,由统计部门予以警告,情节较轻的,并可以处 500 元以上 2000 元以下罚款;情节较重的,并可以处 2000 元以上 5000 元以下罚款;情节特别严重的,并可以处 5000 元以上 1 万元以下罚款。有第(四)项规定行为的,由统计部门予以警告,并可以处 200 元以上 1000 元以下罚款。

第九条 单位或者个人利用统计调查损害社会公共利益或者进行欺诈活动的,由统计部门责令改正,没收违法所得,并可以处违法所得 1 倍以上 3 倍以下罚款;没有违法所得的,可以处 3 万元以下罚款;窃取或者泄漏国家秘密的,依照有关法律规定处罚。

第十条　市(行署)、县(市、区)、乡(镇)以及部门、单位的领导人自行修改统计资料、编造虚假数据或者强令、授意统计机构、统计人员篡改统计资料或者编造虚假数据的,由统计部门建议行政监察部门或者主管部门依法给予行政处分,并由统计部门或者建议人民政府予以通报批评。市(行署)、县(市、区)、乡(镇)以及部门、单位领导人对拒绝、抵制篡改统计资料或者对拒绝、抵制编造虚假数据行为的统计人员进行打击报复的,由统计部门建议行政监察部门或者主管部门依法给予行政处分。

第十一条　统计人员对篡改统计资料弄虚作假行为不予拒绝、抵制的,由统计部门予以通报批评;参与篡改统计资料弄虚作假的,由其所在单位或者主管部门给予行政处分。

第十二条　违反统计法律、法规,骗取的荣誉称号、物质奖励或者晋升职务、职称的,由作出决定的机关取消其荣誉称号,追缴物质奖励,撤销晋升的职务、职称,并由行政监察机关或者主管部门监督实施。

第十三条　当事人对处罚决定不服的,可以依照《中华人民共和国行政复议法》或者《中华人民共和国行政诉讼法》的规定申请复议或者向人民法院提起诉讼。

当事人对行政处罚决定逾期不申请复议,也不向人民法院提起诉讼,又不履行的,作出处罚决定的机关可以申请人民法院强制执行。

第十四条　上级统计部门有权纠正下级统计部门处理不当的统计违法案件,有权直接查处本辖区内有重大影响的统计违法行为。

第十五条　统计执法检查人员有下列情形之一的,视其情节给予行政处分:

(一)在执法检查或者查处统计违法行为工作中,不履行法定职责或者超越职权造成后果的;

(二)无确凿证据、无法定依据或者违反法定程序,实施行政处罚的;

(三)利用执法检查工作的便利,索取或者收受财物的;

(四)干扰、阻碍统计行政处罚决定执行的;

(五)其他应当依法给与行政处分的行为。

第十六条　违反统计法律、法规构成犯罪的,依法追究刑事责任。

第十七条　本条例自 1995 年 12 月 1 日起施行。1991 年 10 月 30 日黑龙江省第七届人民代表大会常务委员会第二十三次会议通过的《黑龙江省统计检查监督条例》同时废止。

黑龙江省文物管理条例

(1986年1月21日黑龙江省第六届人民代表大会常务委员会第十九次会议通过　根据1993年5月16日黑龙江省第八届人民代表大会常务委员会第三次会议《关于修改＜黑龙江省文物管理条例＞的决定》第一次修正　根据2015年4月17日黑龙江省第十二届人民代表大会常务委员会第十九次会议《关于废止和修改〈黑龙江省文化市场管理条例〉等五十部地方性法规的决定》第二次修正　根据2016年12月16日省十二届人大常委会第三十次会议《黑龙江省人民代表大会常务委员会关于废止和修改〈黑龙江省特种设备安全监察条例〉等44部地方性法规的决定》第三次修正)

第一章　总　　则

第一条　为加强全省文物的保护和管理,根据《中华人民共和国文物保护法》和国家有关规定,结合我省具体情况,制定本条例。

第二条　本条例适用于本省境内的下列文物:

(一)具有历史、艺术、科学价值的古文化遗址、古墓葬、古建筑、石刻及其附属文物;

(二)与重大历史事件、革命运动和著名人物有关的具有纪念意义和史料价值的建筑物(包括附属建筑)、遗址、名木古树、纪念物,以及反映地方特色和传统风格的近代、现代典型建筑物(包括附属建筑);

(三)历史上珍贵的艺术品、工艺美术品、历代货币;

(四)革命文献资料以及具有历史、艺术、科学价值的手稿、古旧图书资料等;

(五)反映历史上各时代和各民族社会制度、社会生产、社会生活及风俗习惯的代表性实物;

(六)古人类化石及其遗址,古脊椎动物化石、重要的植物化石及其产地;

(七)外国侵华罪证的典型遗迹、遗物。

第三条　一切机关、企事业单位、部队、社会团体和公民都有保护文物的义务,对违反《中华人民共和国文物保护法》和本条例的行为,有权制止、检举或控告。

第四条 各级文物管理机构或文化管理部门是文物保护管理工作的主管部门,负责组织实施和监督执行本条例。

第五条 各行政公署、市和有省级或全国重点文物保护单位的县(市)设文物管理机构。

第六条 文物保护经费,要按文物保护单位的级别,分别列入各级财政预算,不准挪用。文物事业费和文物基建支出要随文物事业的发展逐年有相应的增长。

经专家鉴定需要征集的文物所需的经费,由当地文物管理机构报同级财政部门审核拨付。

第二章 文物保护单位和历史文化名城

第七条 各级文物管理机构或文化管理部门应选择本辖区内的有历史、艺术、科学价值的文物,报该级人民政府核定公布为该级文物保护单位,并报上一级人民政府备案。

省文物管理机构应选择有重要价值的文物,报省人民政府核定公布为省级文物保护单位,并报国务院备案;选择有重大价值的文物,报国家文化管理部门,推荐为全国重点文物保护单位。

第八条 文物保护单位的保护范围,按下列要求划定特别保护区、重点保护区和一般保护区,有些文物保护单位应划出建设控制地带。

(一)纪念建筑和古建筑周围,以主体建筑物高度的二至五倍为保护范围,主体建筑物高度的四至八倍为建设控制地带;

(二)古城址城墙墙基(包括护城壕)两侧十至二十米以内为重点保护区,城内外各类遗址周围十至二十米以内为重点保护区,城内的其他区域为一般保护区,都城的皇城内为重点保护区;

(三)古遗址和古墓葬区及其周围十至二十米以内为重点保护区,古墓葬区内的地上文物(包括封土、石碑、石人、石兽等)不得动土或移动位置;

(四)全国重点文物保护单位和省级文物保护单位中的古城址城墙墙基(包括护城壕)两侧和城址内重要遗址周围三至五米以内为特别保护区,并树立界标;

(五)革命遗址的保护范围,比照古遗址、古墓葬的保护范围划定。

第九条 省级以下文物保护单位的保护范围和建筑控制地带由本级人民政府划定并公布。

省级文物保护单位的保护范围和建筑控制地带,由市、县人民政府的主管部门会同省文物管理机构划定,由市、县人民政府公布,报省人民政府备案。

全国重点文物保护单位的保护范围和建设控制地带,由省文物管理机构和市、县人民政府共同划定,报省人民政府和国家文化行政管理部门核定,由省人民政府公布,并报国务院备案。

第十条　文物保护单位保护范围内的现有土地所有权不变。

第十一条　在文物保护单位的特别保护区内禁止动土、堆放杂物。

在重点保护区内,不得挖沟、取土、筑路、打井、建房、修坟、深翻、平整土地,采伐树木,禁止开山采石、放牧狩猎,禁止存放易燃品、爆炸品、禁止进行破坏地貌、文化层及一切危及文物安全的活动。

第十二条　在文物保护单位的保护范围内不得进行改变地貌、风貌、环境等工程活动。如有特殊需要或进行其他工程活动,应经原公布的人民政府和上一级文物管理机构同意,并报省文物管理机构备案。

在全国重点文物保护单位的保护范围内进行建设工程,应经省人民政府和国家文化行政管理部门同意。

第十三条　文物保护单位的特别保护区或重点保护区内的非文物旧建筑,应限期拆除或只拆不建;禁止新建、扩建或改建。

第十四条　使用文物建筑物的单位,应保护建筑物及附属文物的安全并负责其保养和维修。对文物建筑物进行维修,使用单位应根据文物保护单位的级别,事先将施工方案报相应的文物管理机构批准,方可进行施工,施工单位应接受文物管理机构的指导和监督。

第十五条　省建设行政管理部门和省文物管理机构应选择有重要历史价值和革命意义的城市,报省人民政府核定公布为省级历史文化名城,并选择其中有重大价值的,报国家建设行政管理部门和国家文化行政管理部门,推荐为国家历史文化名城。

国家级和省级历史文化名城所在地的人民政府应将保护辖区内的文物及反映地方特色和传统风格的主要街区列入城乡建设的总体规划。在国家级和省级历史文化名城中,应由文物管理机构划定保护区,如在保护区范围内进行工程建设,各级城乡建设、土地、规划等部门应事先征求同级文物管理机构或文化行政管理部门的意见。文物管理机构或文化行政管理部门应在十日内签署意见。

第三章　考古调查、发掘

第十六条　凡在我省进行考古调查、试掘应提出计划,经省文物管理机构同意。调查或试掘事宜完毕,应报告或通报省文物管理机构。试掘面积不得超过国家规定。古墓葬不准进行试掘。

第十七条　一切考古发掘必须按《中华人民共和国文物保护法》和文

物管理机构的要求履行报批手续。抢救性发掘,由发掘单位履行报批手续;抢救发掘的范围,以坍塌暴露或短期内有被破坏危险的为限,超过此范围应按考古发掘规定办理报批手续。

配合基本建设工程和生产建设工程进行的文物调查、勘探和考古发掘,所需经费和劳动力,由建设单位列入投资计划和劳动计划。

第十八条 凡在省文物管理部门划定的地上、地下文物丰富地段内,进行大中型基本建设项目,计划、土地及国土规划等部门应在立项前征求省文物管理机构的意见。

在划定的地段内进行基本建设,勘察和施工过程中,如发现文物,应在省文物管理机构采取保护措施后,方可进行施工建设。

第十九条 凡在本省进行的基本建设项目,在勘察和施工过程中,如发现文物,应立即暂停勘察和施工,保护好文物现场,报当地文物管理机构,文物管理机构应根据工程建设需要,及时组织力量清理发掘或采取其他保护措施,处理后方可继续施工。

第二十条 一切考古发掘单位应及时向国家文化行政管理部门和省文物管理机构提出发掘情况报告;出土文物应登记造册,文物标本经省文物管理机构批准方得留存。

未经发掘单位和省文物管理机构同意,任何单位和个人不得发表尚未公开发表的文物和考古资料。

第二十一条 任何单位或个人,在生产、生活中发现的一切出土文物均属国家所有,应立即报告或上交当地文物管理机构,不提擅自处理或据为己有。

第二十二条 考古发掘用地,按国家和省的有关规定办理,免收土地管理费。任何单位或个人,不得干扰考古发掘工作的进行。

第二十三条 外国团体或个人来本省进行考古调查、发掘工作,按国家有关规定办理;参观考古发掘现场,应经省文物管理机构同意。

第四章 馆藏文物

第二十四条 省文物管理机构应组织有关专家组成省文物鉴定小组,对全省境内馆藏文物进行分级鉴定。凡不具备收藏一级品条件的单位,省文物管理机构可指定具备条件的单位负责保管。

第二十五条 文物收藏单位应区别文物等级登记造册、建立档案,向上级文物管理机构和当地公安部门备案。未经批准,任何单位个人不得调用文物。

第二十六条 外宾赠送的具有重要历史、艺术、科学价值的礼品,经县以上人民政府批准可集中到当地文物管理机构或文化管理部门收藏。

第五章 流散文物

第二十七条 银行、冶炼厂、造纸厂以及废旧物资回收等部门,应与文物管理机构或文化管理部门负责拣选出掺杂在金银器和废旧物资中的文物,合理作价,移交给文物管理机构或文化管理部门处理;任何单位或个人不得藏匿、销毁或处理。

公安、海关、工商行政管理等部门依法没收的文物,应向当地文物管理机构或文化管理部门移交。

第二十八条 私人收藏的文物,其所有权受国家法律保护,严禁倒卖牟利,严禁私自卖给外国人。

第二十九条 未经省文物管理机构批准,任何单位或个人不得从事文物的购销活动。

第三十条 凡携带、托运、邮运出口文物,海关凭国家文化行政管理部门指定的文物出口鉴定组钤盖的特殊标志或开具的证明及文物商店的文物销售发货票,查验放行。

第六章 文物的复制、拓印、拍摄

第三十一条 馆藏文物的复制,按文物的级别由省文物管理机构指定的单位进行,其他单位不得复制。

第三十二条 除管理文物的单位外,其他任何单位或个人不得对古代石刻、壁画拓印、临摹。

第三十三条 开放的文物保护单位和博物馆的陈列品,禁止全面系统拍摄和将文物从展柜中提出拍摄;禁止使用危害文物安全的设备、方法拍摄。

外国人拍摄考古发掘现场或非开放地区的文物,应经省文物管理机构批准。

第三十四条 馆藏文物禁止作为实景或道具使用。

凡发表、使用文物照片,应经管理该文物的单位同意,不得作为商品转让或出卖。

第七章 奖励与惩罚

第三十五条 对有下列事迹之一的单位或个人,分别给予表彰奖励:

(一)认真执行文物政策、法规,保护文物成绩显著的;

(二)为保护文物同违法犯罪行为做坚决斗争的;

(三)将个人收藏的重要文物捐献给国家的;

(四)发现文物及时上报或者上交,使文物得到保护的;

（五）提供重要的文物线索,对发现保护文物有重要作用的;

（六）在文物面临被破坏危险时,抢救、保护文物有功的;

（七）长期从事文物工作有显著成绩的;

（八）在文物保护科学技术上,有重要发明创造或其他贡献的。

第三十六条 对有下列行为之一的单位或个人,根据情节轻重,由当地有关部门给予两万元以下罚款及其它行政处罚:

（一）在地下、水下及其他场所发现文物隐匿不报,不上交国家的,由公安部门给予警告或罚款,并追缴其非法所得的文物;

（二）未经省文物管理机构批准,从事文物购销活动的,由工商行政管理部门,或者由工商行政管理部门根据文物管理机构的意见,或者由文物管理机构,没收其非法所得和非法经营的文物,可以并处罚款;

（三）文物经营单位经营未经省文物管理机构许可经营的文物的,经工商行政管理部门会同文物管理机构检查认定,由工商行政管理部门没收其非法所得,可以并处罚款或者没收其非法经营的文物;

（四）将私人收藏的文物私自卖给外国人的,由工商行政管理部门罚款并没收其文物和非法所得;

（五）携运文物出口不向海关申报或伪报物品名称及规格的,由海关予以没收并罚款;

（六）在文物保护单位的保护范围内,擅自进行工程、建设或其他活动的,由文物管理机构或文化管理部门会同有关部门处以罚款,并责令限期治理;

（七）在文物保护范围内存放危险品、爆炸品或进行其他威胁文物安全活动的,由文物管理机构或文化管理部门予以制止,限期解决并罚款;

（八）移动、损坏文物保护标志、说明、界标的,由文物管理机构或文化管理部门令其恢复原状,并处以罚款;

（九）刻划、涂抹文物古迹的,由文物管理机构或文化管理部门处以罚款;

（十）因过失或失职造成文物破坏或丢失的,当事人所在单位给予责任人行政处分或罚款;

（十一）未履行报批手续,擅自进行考古调查、试掘、发掘的,由文物管理机构或会同有关部门收缴其所得文物标本和资料,并给予行政处分或罚款;

（十二）违反规定复制、拓印、拍摄文物的,由文物管理机构或文化管理部门没收其所得资料并处以罚款;

（十三）非法占用纪念建筑和古建筑的,应由当地人民政府令其限期迁出、赔偿损失并给以行政处分或罚款。

第三十七条 文物管理人员执行公务时,应出示合法证件,持证者有权按照规定执行处罚,任何人不得抵制和拒绝。

文物管理人员应二人以上执行罚没,并使用省财政部门印制的罚没票据,罚没财物全额上交同级财政部门。

文物管理人员应秉公执法、清正廉洁,不得徇私舞弊、以权谋私。

第三十八条 对依照本条例作出的行政处罚不服的,可在收到处罚通知书十五日内依法申请复议或向当地人民法院起诉;逾期不申请复议、不起诉又不履行的,由做出处罚决定的部门申请人民法院强制执行。

第三十九条 有下列行为之一的,由司法机关依法追究刑事责任:

(一)贪污、盗窃国家文物或盗掘古遗址、古墓葬的;

(二)盗运珍贵文物出口或进行文物投机倒把活动情节严重的;

(三)将私人收藏的珍贵文物私自卖给外国人的;

(四)破坏国家文物或名胜古迹的;

(五)国家工作人员玩忽职守,造成珍贵文物损毁、被盗或流失情节严重的;

(六)文物工作人员监守自盗文物的;

(七)对国家珍贵文物受到严重破坏负有直接责任和领导责任的;

(八)有第三十六条所列行为,情节恶劣,后果严重的。

第八章 附 则

第四十条 省内其他有关文物保护管理的规定,凡与本条例有抵触的以本条例为准。

第四十一条 本条例自 1986 年 5 月 1 日起施行。

黑龙江省促进科技成果转化条例

(2016 年 12 月 16 日黑龙江省第十二届人民代表大会
常务委员会第三十次会议通过)

第一章　总　则

第一条　为了促进科技成果转化为现实生产力,规范科技成果转化活动,加快实施创新驱动发展战略,推动经济建设和社会发展,根据《中华人民共和国促进科技成果转化法》等有关法律、行政法规,结合本省实际,制定本条例。

第二条　本省行政区域内科技成果转化及相关活动,适用本条例。

第三条　科技成果转化活动应当以企业为主体、以市场为导向,遵循自愿、互利、公平、诚实信用的原则,加强知识产权保护,保障参与科技成果转化各方主体的利益。

第四条　县级以上人民政府负责管理、指导和协调本行政区域内的科技成果转化工作,将科技成果的转化纳入国民经济和社会发展规划。

县级以上人民政府应当加强科技、财政、教育、投资、人才、产业、金融、知识产权、政府采购、国有资产管理、军民融合、信息等政策协同,制定有利于促进科技成果转化的政策措施。

第五条　县级以上科学技术行政部门是科技成果转化的综合管理部门,负责组织实施本条例。

发展和改革、财政、教育、人力资源和社会保障、工业和信息化、农业、商务、税务等有关部门在各自职责范围内,负责有关的科技成果转化工作。

第六条　县级以上人民政府应当支持科技成果首先在本省行政区域内实施转化。科技成果首先在本省行政区域内转化的,按照省、市有关规定优先享受补助、补贴和其他产业政策支持。

第二章　组织实施

第七条　县级以上人民政府应当通过政府采购、研究开发资助、奖励、后补助、发布产业技术指导目录、示范推广等方式,重点支持下列科技成果转化项目:

（一）能够促进重点产业和战略性新兴产业发展的；

（二）能够促进资源型城市转型升级的；

（三）能够显著提高国家安全能力和公共安全水平的；

（四）能够合理开发和利用资源、节约能源、降低消耗以及防治环境污染、保护生态、提高应对气候变化和防灾减灾能力的；

（五）能够改善民生和提高公共健康水平的；

（六）能够促进绿色食品、有机食品产业发展或者延长农产品产业链的；

（七）能够引领区域科技创新驱动发展，激发自主创新内生动力的。

第八条 省和市级人民政府应当建立军民科技成果相互转化的工作机制，加强军民科技计划的衔接与协调。

省和市级人民政府应当统筹军民共用重大科研基地和基础设施建设，推动军用与民用科学技术有效集成、资源共享。

省和市级人民政府应当支持研究开发机构、高等院校和企业参与承担国防科技计划任务，支持军用研究开发机构承担民用科技项目。

省和行政区域内军工企业较多的市级人民政府应当设立军民融合产业基金。

第九条 县级以上人民政府应当定期公布重点科技成果目录等信息，引导科技成果转化。

县级以上人民政府组织实施的重点科技成果转化项目，可以由有关部门组织采用公开招标的方式实施转化，自招标文件发出之日至投标人提交投标文件截止之日，不得少于20日。

第十条 科技成果持有者可以采用下列方式进行科技成果转化：

（一）自行投资实施转化；

（二）签订技术转让合同，向他人转让科技成果的所有权；

（三）签订技术许可合同，许可他人使用科技成果；

（四）签订技术开发合同，研究开发新技术、新产品、新工艺或者新材料及其系统；

（五）签订技术咨询合同，就特定技术项目提供可行性论证、技术预测、专题技术调查、分析评价报告；

（六）签订技术服务合同，以技术知识解决特定技术问题；

（七）以科技成果作为合作条件，与他人共同实施转化；

（八）以科技成果作价投资，折算股份或者出资比例；

（九）其他协商确定的方式。

第十一条 利用财政资金设立的研究开发机构、高等院校可以自主决定科技成果的使用、处置和收益，但法律、法规另有规定的除外。

利用财政资金设立的研究开发机构、高等院校持有的科技成果,处置前应当向社会公开信息,公示时间不得少于 5 日;处置后应当在本单位公示有关科技成果的基本情况和拟交易信息,公示时间不得少于 15 日,并公开异议处理程序和办法。

第十二条 利用财政资金设立的科技项目,立项部门应当与项目承担者就项目形成的科技成果约定实施转化期限。项目承担者逾期一年未实施转化的,立项部门可以许可他人有偿或者无偿实施转化。

第十三条 科技成果转化合同双方应当履行合同约定的义务。

利用财政资金设立的研究开发机构、高等院校取得的职务科技成果,完成人和参加人在不变更科技成果权属的前提下,可以根据与本单位的协议进行该项科技成果的转化,并享有协议规定的权益。该单位对上述科技成果转化活动应当予以支持。

科技成果完成人或者课题负责人,不得阻碍职务科技成果的转化,不得将职务科技成果及其技术资料和数据占为己有,不得泄露本单位的技术秘密,不得擅自转让或者变相转让职务科技成果。

第十四条 利用财政资金设立的研究开发机构、高等院校的专业技术人员经所在单位同意,在不侵害本单位合法权益的前提下,可以兼职或者离岗从事科技成果转化活动。离岗人员的人事关系按照省有关规定保留。

高等院校学生可以在省内创办科技型企业转化科技成果,其学籍应当按照有关规定予以保留。

第十五条 利用财政资金设立的研究开发机构和高等院校应当对从事科技成果转化、应用技术研究开发和基础研究的人员采取差异化的专业技术职称评聘和考核评价标准,并设定一定比例,用于对从事科技成果转化科技人员的专业技术职称评聘。

政府部门和利用财政资金设立的研究开发机构、高等院校应当将科技人员以市场委托方式获得的横向科研项目经费、本单位或者企业给予的股权和奖金奖励、创办科技型企业所缴纳的税款等,与利用财政资金设立科技项目的相应事项同等对待,作为对其考核、晋升专业技术职称的重要依据。

第十六条 研究开发机构、高等院校和国有企业的主管部门以及财政、科学技术、教育、人力资源和社会保障等相关行政部门应当建立有利于促进科技成果转化的绩效考核评价体系,将科技成果转化情况作为对相关单位及人员评价、科研资金支持的重要内容和依据之一,并对科技成果转化绩效突出的相关单位及人员加大科研资金支持。

利用财政资金设立的研究开发机构、高等院校和国有企业负责人已履行尽职义务、且未牟取非法利益的,可以依法免除其在科技成果定价中因科技成果转化后续价值变化产生的决策责任。

第十七条　省科学技术行政部门应当建立、完善科技成果信息系统,向社会公布科技项目立项、实施情况以及科技成果和相关知识产权信息,提供科技成果信息查询、筛选等公益服务。

利用财政资金设立的科技项目的承担者,应当按照规定及时提交相关科技报告,并将科技成果和相关知识产权信息汇交到科技成果信息系统。

利用财政资金设立的研究开发机构、高等院校应当按照有关规定向其主管部门报送本单位上一年度科技成果转化情况的年度报告,主管部门应当汇总到科技成果信息系统。

第十八条　县级以上人民政府及有关部门应当发挥企业在研究开发方向选择、项目实施和成果应用中的主导作用。利用财政资金设立的、市场导向明确的科技项目由企业牵头组织实施。

大型企业可以联合研究开发机构、高等院校、中小企业组建重大创新团队、承担重大创新项目、建设重大创新平台。

第十九条　县级以上人民政府及有关部门应当支持有条件的企业建立技术研究开发中心等各类研究开发机构。

县级以上人民政府应当支持创办独立运营、市场化运作、中间试验与孵化育成相结合的新型研究开发机构。

第二十条　县级以上人民政府支持企业通过科技成果转让、技术入股等方式,承接研究开发机构、高等院校等单位的科技成果并实施转化。对承接科技成果的企业,各级人民政府可以按照技术合同成交额或者技术入股出资额的一定比例给予补助。

第二十一条　国有企业应当建立对科研人员的中长期激励机制,完善国有企业科研人员收入与科技成果、创新绩效挂钩的奖励制度。符合条件的国有科技型企业,可以采取股权出售、股权奖励、股权期权等股权方式,或项目收益分红、岗位分红等分红方式进行激励。

第二十二条　国有资产管理部门应当将国有及国有控股企业研究开发投入、科技成果转化绩效等指标列入企业负责人经营业绩考核范围。

国有及国有控股企业当年在科技研究开发、收购创新资源、业态创新转型等方面的投入,可以在经营业绩考核中视同利润。

第二十三条　高等院校应当加强对科技成果转移转化的管理、组织和协调,统筹成果管理、技术转移、资产经营管理、法律等事务,建立成果转移转化管理平台,明确科技成果转化工作责任主体。

第二十四条　县级以上人民政府应当建立日常运行保障和绩效奖励相结合的经费支持机制,支持建立区域性、行业性技术市场以及技术转移机构;支持有条件的研究开发机构、高等院校和企业建立专门的技术转移机构。

对绩效考评优秀的国家级和省级技术转移示范机构,县级以上人民政府应当按照有关规定给予资金补助。

第二十五条 县级以上人民政府应当加强科技创新服务体系建设,支持研究开发机构、高等院校、科技人员和社会力量通过多种形式,依法创办技术评估、技术经纪、技术咨询、技术交易、技术服务等各类科技中介服务机构,推动科技服务业示范企业建设,通过政府购买服务等方式促进科技服务业发展。

科技中介服务机构提供服务,应当遵循公正、客观、诚实信用的原则,不得提供虚假的信息和证明,保守在服务过程中知悉的国家秘密和商业秘密。

县级以上人民政府可以发放科技创新券,支持科技型中小微企业购买科技服务,具体管理办法由省人民政府制定。

第二十六条 县级以上人民政府支持根据产业和区域发展需要建设公共研究开发平台,为科技成果转化提供技术集成、共性技术研究开发、中间试验和工业性试验、科技成果系统化和工程化开发、技术推广与示范、检验检测、标准认证、计量检定校准等服务。

第二十七条 支持科技企业孵化器、大学科技园、众创空间等科技企业孵化机构发展,为初创期科技型中小微企业提供孵化场地、创业辅导、研究开发、法律与管理咨询等服务。

县级以上人民政府可以按照有关规定对服务功能完善、孵化效率高的科技企业孵化机构给予奖励或者补贴等支持。

第三章 技术权益

第二十八条 利用财政资金设立的研究开发机构、高等院校转化科技成果所获得的收入全部留归本单位,在对完成、转化职务科技成果做出重要贡献的人员给予奖励和报酬后,主要用于科学技术研究开发与成果转化等相关工作。

第二十九条 职务科技成果转化后,科技成果完成单位应当按照本单位规定或者与科技人员约定的奖励、报酬的方式和数额,对完成、转化该项科技成果做出重要贡献的人员给予奖励和报酬。无规定且未与科技人员约定奖励、报酬的方式和数额的,按照下列标准给予奖励和报酬:

(一)将该项职务科技成果转让、许可给他人实施的,从该项科技成果转让净收入或者许可净收入中提取不低于百分之七十的比例;

(二)利用该项职务科技成果作价投资的,从该项科技成果形成的股份或者出资比例中提取不低于百分之七十的比例;

(三)将该项职务科技成果自行实施或者与他人合作实施的,应当在实施转化成功投产后连续五年,每年从实施该项科技成果的营业利润中提取不低于百分之五的比例；

（四）在科技成果转化工作中开展技术开发、技术服务、技术咨询的，从技术合同净收入中提取不低于百分之七十的比例。

国有企业、事业单位依照本条例规定对完成、转化职务科技成果做出重要贡献的人员给予奖励和报酬的支出计入当年本单位工资总额，但不受当年本单位工资总额限制、不纳入本单位工资总额基数。

第三十条 利用财政资金设立的研究开发机构、高等院校（不含内设机构）及其所属具有独立法人资格单位的法定代表人或者主要负责人，是科技成果的主要完成人或者对科技成果转化做出重要贡献的，可以按照本条例规定获得现金奖励。

其他担任领导职务的科技人员，是科技成果的主要完成人或者对科技成果转化做出重要贡献的，可以按照本条例的规定获得现金、股份或者出资比例等奖励和报酬。

对担任领导职务的科技人员的科技成果转化收益分配实行公开公示制度。担任领导职务的科技人员，不得利用职权侵占他人科技成果转化收益。

对科技成果转化做出重要贡献的人员，包括直接参与科技成果转化并做出突出成绩的科技人员、管理人员。

第四章 保障措施

第三十一条 县级以上人民政府应当建立人才管理服务权力清单和责任清单，列出各项职权的行使主体、办理流程、办结时限和监督方式等，并向社会公布。

第三十二条 县级以上科学技术和财政行政部门应当改革科研经费使用管理制度，建立科研经费的监督协同机制。

研究开发机构和高等院校应当建立科研经费内部管理办法，按照国家和省有关规定使用科研经费。

第三十三条 县级以上人民政府应当统筹安排资金，引导社会资金投入，推动科技成果转化资金投入的多元化。

省人民政府应当从科学技术资金中安排一定资金，用于科技成果转化事项。

第三十四条 有关部门应当落实国家支持企业技术创新的研究开发费用加计扣除、高新技术企业所得税优惠、固定资产加速折旧、股权激励和分红、技术开发和转让税收优惠等激励政策。县级以上人民政府应当将相关部门执行情况纳入绩效考核范围。

第三十五条 支持银行业金融机构加大对科技成果转化贷款的投放力度，创新金融产品和服务，开展知识产权质押、股权质押等贷款业务。

县级以上人民政府有关部门应当支持企业通过股权交易、依法发行股票和债券等直接融资方式为科技成果转化项目进行融资，并为其融资提供综合协调和指导服务。

省人民政府应当完善创新创业融资体系，建立市场化长效运行机制，引导社会资本支持创新创业和新兴产业发展。

第三十六条　支持保险机构开发符合科技成果转化特点的保险品种，为科技成果转化提供保险服务。企业支付的保险费按照国家有关规定，享受税收优惠。

第三十七条　县级以上人民政府金融管理部门应当引导和支持创业投资机构投资科技成果转化项目。

第五章　法律责任

第三十八条　违反本条例规定，科学技术、财政、税务、教育、人力资源和社会保障等有关部门及其工作人员有下列情形之一的，由任免机关或者监察机关责令改正；逾期未改正的，对直接负责的主管人员和其他直接责任人员依法给予处分：

（一）未建立、完善科技成果信息系统，并向社会公布科技项目立项、实施情况以及科技成果和相关知识产权信息的；

（二）未建立促进科技成果转化的绩效考核评价体系的；

（三）利用财政资金设立的科技项目，未与项目承担者就项目形成的科技成果约定实施转化期限的；

（四）未依法落实有关税收优惠政策的；

（五）其他滥用职权、玩忽职守、徇私舞弊的行为。

第三十九条　违反本条例规定，利用财政资金设立的研究开发机构、高等院校及其科技人员有下列情形之一的，由其主管部门责令改正；逾期未改正的，予以通报批评，并对直接负责的主管人员和其他直接责任人员依法给予处分：

（一）未提交科技成果转化情况年度报告的；

（二）未公示有关科技成果基本情况、拟交易信息或者异议处理程序和办法的；

（三）未将科技人员以市场委托方式获得的横向科研项目经费等与利用财政资金设立的科技项目相应事项同等对待的；

（四）未公示担任领导职务科技人员的科技成果转化收益的；

（五）担任领导职务的科技人员利用职权侵占他人科技成果转化收益的。

第四十条　违反本条例规定，公民、法人或者其他组织在申请财政资金资助的项目,以及申请享受各种转化扶持政策时,提供虚假数据、资料、信息或者评审材料的,由主管部门追回已资助的财政性资金,并记入科研诚信档案;情节严重的,依法给予处罚。

违反本条例规定,利用财政资金设立的科技项目的承担者,无正当理由未提交科技报告、汇交科技成果和相关知识产权信息,或者未按与立项部门约定转化的期限实施转化的,由组织实施项目的政府有关部门、管理机构责令返还项目资金;情节严重的,禁止其在一定期限内承担利用财政资金设立的科技项目。

第四十一条 违反本条例规定,科技服务机构及其从业人员故意提供虚假信息和证明的,由政府有关部门依照管理职责责令改正,没收违法所得,并依法处以罚款。

违反本条例规定,科技服务机构及其从业人员泄露国家秘密或者商业秘密的,依照有关法律、行政法规的规定承担相应的法律责任。

第六章 附 则

第四十二条 本条例下列用语的含义:

(一)科技成果,是指通过科学研究与技术开发所产生的具有实用价值的成果;

(二)职务科技成果,是指执行研究开发机构、高等院校和企业等单位的工作任务,或者主要是利用上述单位的物质技术条件所完成的科技成果;

(三)科技成果转化,是指为提高生产力水平而对科技成果所进行的后续试验、开发、应用、推广直至形成新技术、新工艺、新材料、新产品,发展新产业、新服务等活动;

(四)科技创新券,是指政府利用财政资金,支持我省中小微企业和创新创业团队向科技服务机构购买科技服务而发放的配额凭证。

第四十三条 本条例自 2017 年 2 月 1 日起施行。2000 年 10 月 20 日黑龙江省第九届人民代表大会常务委员会第十九次会议通过的《黑龙江省促进科技成果转化条例》同时废止。

黑龙江省食品安全条例

(2012年10月19日黑龙江省第十一届人民代表大会常务委员会第三十五次会议通过 2016年12月16日黑龙江省第十二届人民代表大会常务委员会第三十次会议修订)

目录

第一章 总 则

第一条 为了保证食品安全,保障公众身体健康和生命安全,根据《中华人民共和国食品安全法》(以下简称食品安全法)、《中华人民共和国农产品质量安全法》等法律、行政法规,结合本省实际,制定本条例。

第二条 本省行政区域内的食品、食品添加剂、食品相关产品生产经营和安全管理,食品生产经营者使用食品添加剂、食品相关产品,食品贮存和运输,食用农产品的市场销售等活动应当遵守本条例。

第三条 食品安全工作实行预防为主、风险控制、全程管理、社会共治,建立科学、严格的监督管理制度。

第四条 食品生产经营者对其生产经营食品的安全承担主体责任。

食品生产经营者应当按照法律、法规、规章和食品安全标准从事生产经营活动,诚实守信,对消费者负责,接受社会监督,承担社会责任和法律责任。

第五条 县级以上人民政府对本行政区域的食品安全监督管理工作负责,形成完善、统一、规范、严格的食品安全监督体系,加强食品安全诚信体系建设,建立健全从食用农产品种植(养殖)到食品生产、经营、消费全过程监督管理工作机制和食品安全监督管理部门协调联动机制。

县级以上人民政府应当将食品安全工作纳入本级国民经济和社会发展规划、政府年度工作目标考核,将食品安全工作经费列入本级政府财政预算,保障工作需要。

第六条 县级以上人民政府设立食品安全委员会,履行下列职责:

(一)研究部署、统筹指导食品安全工作,分析解决重大食品安全问题;

(二)分析本行政区域食品安全形势,研究制定食品安全工作重大方针政策;

(三)督促本级人民政府有关部门和下级人民政府落实食品安全责任;

(四)督促检查重大食品安全政策的落实;

(五)本级人民政府规定的其他职责。

食品安全委员会办公室负责食品安全委员会日常工作和食品安全监督管理综合协调。

第七条 乡(镇)人民政府和街道办事处负责本行政区域内的食品安全隐患排查、信息报告、协助执法、宣传引导等相关工作,确定食品安全协管员和信息员,协助食品安全监督管理部门做好食品安全工作。

村(居)民委员会应当配合食品安全监督管理部门开展食品安全监督检查,及时向有关部门报告食品安全违法违规情况。

第八条 县级以上人民政府有关部门应当在各自职责范围内承担本行政区域的食品安全监督管理工作,建立健全辖区监管责任制度,明确事权,划分责任。

县级以上人民政府食品药品监督管理部门按照法律、法规和本级人民政府规定的职责,对本行政区域的食品生产经营活动实施监督管理。

卫生行政、农业行政、畜牧兽医、质量监督、工商行政管理、粮食(盐业)、出入境检验检疫、工业和信息化、环境保护、公安、住房和城乡建设、教育行政、旅游、城市管理等有关部门按照法律、法规和本级人民政府规定的职责,承担有关食品安全工作。

交通运输航务部门负责水上航行船舶内的食品经营监督管理工作。

第九条 市、县级人民政府食品药品监督管理部门可以在乡镇或者大型食品批发市场、食用农产品批发市场、旅游景区、食品产业园区等特定区域、场所设立派出机构。

派出机构有权作出警告、五千元以下罚款、没收违法所得、没收非法财物的行政处罚。

第十条 县级以上人民政府及其有关部门应当有计划地组织开展食品安全法律、法规以及食品安全标准和知识的宣传教育,并将其纳入普法、科普以及中小学校安全教育内容。

食品行业协会应当加强行业自律,按照章程建立健全行业规范和奖惩机制,推进行业诚信建设,提高本行业食品安全水平。

消费者协会和其他消费者组织应当采用多种方式积极帮助消费者维护自身合法权益,对损害消费者合法权益的行为,依法进行社会监督。

新闻媒体应当开展食品安全法律、法规以及食品安全标准和知识的公益宣传,并对食品安全违法行为进行舆论监督。有关食品安全的宣传报道应当真实、公正。

第十一条 县级以上人民政府食品药品监督管理、质量监督等部门应当公布本部门接受举报的单位地址、电子邮件地址和电话,接受咨询、投诉、举报,并为举报人保密。对举报的食品生产经营违法行为查证属实的,应当按照相关规定及时兑现奖励。

第二章　食品安全风险监测和评估

第十二条 县级以上人民政府应当建立食品安全风险监测制度,对食源性疾病、食品污染以及食品中的有害因素进行监测。

县级以上人民政府卫生行政部门会同同级食品药品监督管理、质量监督、农业行政、畜牧兽医、工业和信息化、商务、粮食(盐业)、出入境检验检疫等部门建立食品安全风险监测数据通报和监测结果会商机制。

县级以上人民政府卫生行政部门应当加强本行政区域疾病预防控制机构实验室能力建设,组织疾病预防控制机构开展食品安全风险监测工作。

第十三条 县级以上人民政府卫生行政部门会同同级食品药品监督管理、质量监督、农业行政、畜牧兽医、工业和信息化、商务、粮食(盐业)、出入境检验检疫等部门统一制定、实施食品安全风险监测计划。

省食品安全风险监测计划应当依据国家食品安全风险监测计划制定,并根据省食品安全风险评估,食品安全标准制定、修订,食品安全监督管理等工作需要进行调整,报国务院卫生行政部门备案并实施。

市、县级人民政府卫生行政部门应当结合当地人口分布特征、食品消费结构、居民饮食习惯等区域特点,制定本级食品安全风险监测实施方案,报省人民政府卫生行政部门备案并实施。地方特色食品可以被纳入本级食品安全风险监测计划。

第十四条 医疗机构和疾病预防控制机构发现疑似食源性疾病病例或

者食源性疾病聚集病例后,应当按照规定及时报告。县级以上人民政府卫生行政部门接到报告后,应当及时组织同级疾病预防控制机构进行信息核实,核实后二十四小时内,报告上级人民政府卫生行政部门;当发现与食品生产经营行为有关的食品安全隐患时,应当及时将相关信息通报同级人民政府食品药品监督管理部门。

第十五条 省人民政府卫生行政部门建立统一组织实施、相关部门配合、地方有序参与、资源协同共享的食品安全风险评估工作机制。

本省行政区域的食品安全风险评估结果由省人民政府卫生行政部门统一管理。涉及本省行政区域以外或者进口食品的风险分析研判结果,由省人民政府卫生行政部门报送国务院卫生行政部门。

省食品安全风险评估专家委员会由省人民政府卫生行政部门组建和管理,负责审定食品安全风险评估结果报告,解释和交流食品安全风险评估结果。

第十六条 食品安全风险监测和评估等工作人员有权凭县级以上食品安全管理部门统一制发的工作证件或者委托书,进入相关食用农产品种植(养殖)、食品生产经营、粮食储运与加工等场所采集样品、收集相关数据。相关单位和人员不得隐瞒、拒绝或者阻挠。

采集用于风险监测和评估的样品,应当按照市场价格支付费用,被采集样品单位应当开具发票或者其他有效形式的购样凭证。

第三章 食品安全标准和食品检验

第十七条 对没有食品安全国家标准,需要在本省行政区域统一食品安全要求的地方特色食品,省人民政府卫生行政部门可以制定并公布食品安全地方标准。

省人民政府标准化行政部门应当提供食品安全地方标准编号。省人民政府食品药品监督管理、质量监督、农业行政、粮食(盐业)等有关部门应当支持、配合食品安全地方标准的制定、修订工作,提供相关监测、检测等数据资料和监督管理意见。

第十八条 制定食品安全地方标准应当充分考虑地方食品特点和传统饮食习惯,公开征集立项建议。任何组织或者个人均可以向省人民政府卫生行政部门提出食品安全地方标准制定、修订的建议。

食品安全地方标准草案应当向社会公布,广泛听取食品生产经营者、消费者、有关部门和社会组织等方面的意见。

食品安全地方标准应当经省人民政府卫生行政部门组织的食品安全地方标准审评委员会审查通过。食品安全地方标准审评委员会由医学、农业、食品、营养、生物、环境等方面的专家以及省人民政府有关部门、食品行业协会、消费者协会的代表组成,对食品安全地方标准草案的科学性和实用性等进行审查。

第十九条 鼓励食品生产企业制定严于食品安全国家标准或者地方标准的企业标准,在本企业适用,并报省人民政府卫生行政部门备案。省人民政府卫生行政部门应当对食品生产企业制定企业标准提供指导和咨询服务。

食品生产企业应当对企业标准的真实性、合法性、安全性负责。有关法律、法规、规章或者食品安全国家标准、地方标准发生变化时,食品生产企业应当主动对已备案的企业标准进行更新,并重新备案。

第二十条 省人民政府卫生行政部门应当会同同级食品药品监督管理、质量监督、农业行政、粮食(盐业)等部门,分别对食品安全国家标准和地方标准的执行情况进行跟踪评价。

省人民政府食品药品监督管理、质量监督、农业行政、粮食(盐业)等部门应当配合开展食品安全标准跟踪评价,对食品安全标准执行过程中存在的问题进行收集、汇总,并及时向省人民政府卫生行政部门通报。

食品生产经营者、食品行业协会发现食品安全标准在执行中存在问题的,应当及时向所在地县级以上人民政府卫生行政部门报告。各级卫生行政部门应当逐级上报省人民政府卫生行政部门。

第二十一条 县级以上人民政府应当加强食品安全检验能力建设,整合食品检验资源,建立协调统一的适应区域性检验需求的食品安全检验体系,实现资源共享。

倡导具有法定资质的社会检验机构和高等学校、科研机构的检验机构接受公民、法人和其他组织委托,提供食品检验服务。

消费者需要委托食品检验机构对食品进行检验的,应当委托具有法定资质的食品检验机构进行。食品检验机构应当接受消费者委托,提供食品检验服务,并按照国家和省规定的标准收取费用。

第二十二条 食品生产企业可以自行对所生产的食品进行检验,也可以委托具有法定资质的食品检验机构进行检验。食品生产企业对样品的真实性负责,检验机构和检验人对检验结果的准确性负责。

鼓励检验机构对小型食品生产者委托出厂检验提供价格优惠、程序便捷的服务。

第二十三条 推进食用农产品零售市场配备检验设备和检验人员,或者委托具备资质的检验机构,对进入零售市场销售的食用农产品进行检验。

推进学校、医院等大型集中用餐单位的食堂配备快速检测设备,对采购的食品原料进行检测。

第二十四条 省和设区的市人民政府应当通过改革等办法加强食用农

产品批发市场检验能力建设。

食用农产品批发市场应当保证检验所需费用投入,配备与其交易规模相适应的检验设备和检验人员,或者委托具有资质的食品检验机构,开展食用农产品检验活动;根据保障食品安全的实际需要,将农药残留、兽药残留、重金属以及转基因等确定为检验项目。

粮库应当配备检验设备和检验人员,或者委托具备资质的检验机构,对收储的粮食进行检验,并将农药残留、重金属以及转基因等确定为检验项目,经检验合格方可收储。

第四章　食品生产经营一般规定

第二十五条　从事下列活动的,应当依法取得许可:

(一)食品生产、经营;

(二)食品添加剂生产;

(三)属于生产许可管理范畴的食品相关产品生产。

销售食用农产品,不需要取得许可。

食品生产加工小作坊、食品小经营应当办理工商登记并取得食品生产加工小作坊核准证和食品小经营核准证。食品摊贩实行登记管理,取得食品摊贩登记卡后,方可从事食品经营活动。食品生产加工小作坊、食品小经营、食品摊贩的生产经营,分别适用本条例第六章第一节至第三节规定;没有规定的,适用本章规定。

从事食品贮存、运输的非食品生产经营者,食品添加剂经营者和食用农产品集中交易市场开办者应当在取得营业执照后三十个工作日内向所在地县级人民政府食品药品监督管理部门备案;网络食品交易第三方平台提供者应当在通信主管部门批准后三十个工作日内向所在地省人民政府食品药品监督管理部门备案,通过自建网站交易的食品生产经营者应当在通信主管部门批准后三十个工作日内向所在地市、县级人民政府食品药品监督管理部门备案。

第二十六条　委托生产属于生产许可管理范畴的食品相关产品的,应当委托具有相应生产许可资质的生产企业生产。

第二十七条　食品生产经营者应当将食品、食品添加剂、食品相关产品的生产许可证、食品经营许可证、营业执照、备案证明,或者食品生产加工小作坊核准证、食品小经营核准证等证件,悬挂或者摆放在生产经营场所显著位置。

食品、食品添加剂、食品相关产品生产经营者、食品生产加工小作坊、食品小经营应当在其生产经营场所门前显著位置悬挂牌匾。

食品生产加工小作坊、食品小经营、食品摊贩不得转让、出租、出借或者使用伪造、变造、冒用他人的食品生产加工小作坊核准证、食品小经营核准证、食品摊贩登记卡。

第二十八条 从事接触直接入口食品工作的食品生产经营人员、送餐人员,以及从事直接接触食品相关产品和餐具、饮具集中消毒的生产人员应当每年进行健康检查,取得健康证明后方可上岗工作,健康证明需随身携带或者存放在生产经营场所。健康证明在全省范围内有效。

第二十九条 食品生产经营企业应当组织食品安全管理人员、食品质量检验人员和其他从业人员进行食品安全知识培训,建立培训档案。

第三十条 食品生产经营应当符合下列要求:

(一)食品生产经营场所内不得生产、贮存有毒、有害及容易造成食品污染的物品;

(二)食品添加剂销售场所内不得存放化工原料等非食用物质;

(三)贮存食品和食品原料的库房应当设架分类存放,并保持通风干燥;

(四)食品生产经营设备或者设施应当定期维护,及时清洗,保持清洁卫生;

(五)餐饮服务提供者应当按照要求对餐具、饮具进行清洗、消毒,并存放在专用保洁设施内;

(六)使用餐具、饮具集中消毒服务单位生产的餐具、饮具的,应当查验并留存餐具、饮具集中消毒服务许可证复印件和消毒合格证明;

(七)食品原料、半成品、成品的盛放容器、包装材料,加工操作工具、设备,应当符合食品安全要求;

(八)接触直接入口食品的生产经营人员上岗时应当穿戴清洁的工作衣、帽等,不得佩戴影响食品安全的饰物;

(九)防止食品加工机具的润滑剂污染食品;

(十)法律、法规和国家强制性标准规定的其他要求。

食品生产经营者应当严格按照产品执行标准组织生产,生产经营的食品除符合食品安全标准以外,还应当符合产品明示标准和标签标注明示要求,确保产品各项质量指标合格。

餐饮服务提供者应当保障消费者对食品安全的知情权和监督权。鼓励餐饮服务提供者通过设立透明式、开放式、视频监控式厨房等形式,展示食品加工制作过程,接受社会监督。

第三十一条 禁止下列食品生产经营行为:

(一)用非食用物质和其他可能危害人体健康的物质作为食品和食品生产原料生产经营,或者用其处理食品;

(二)以病死、毒死、死因不明的禽、畜的油脂或者废弃食用油脂作为原

料加工制作食用油脂,以及以此类油脂作为原料加工制作食品;

(三)生产经营本省为防病等特殊需要明令禁止的食品;

(四)标注虚假生产日期、保质期;

(五)法律、法规禁止的其他行为。

第三十二条 食品和食品添加剂的标签、说明书应当清楚、明显,生产日期、保质期等事项应当按照规定显著标注,容易辨识。

鼓励食品生产企业将企业和产品等信息设置成二维码,在包装上进行标注。

第三十三条 食品、食品添加剂、食品相关产品生产者应当建立出厂检验留样制度。对出厂检验的所有批次产品应当留取备检的样品,保存期限不得少于产品保质期;没有明确保质期的,保存期限不得少于产品售出后二年。

第三十四条 食品、食品添加剂生产经营者对初次交易的食品供货者,应当查验其营业执照和生产经营许可证,并保存营业执照和许可证复印件,定期进行复核,确保其资质合法有效。

食品、食品添加剂经营者采购食品,应当索要并保存购货凭证和食品质量合格证明文件的复印件,购货凭证和证明文件复印件保存期限不得少于产品保质期满后六个月;没有明确保质期的,保存期限不得少于产品售出后二年。

第三十五条 食品、食品添加剂、食品相关产品生产者和食品批发企业、食品添加剂经营者应当建立销售台账,如实记录所销售食品、食品添加剂、食品相关产品的名称、规格、数量、生产日期或者生产批号、保质期、销售日期以及购货者名称、地址、联系方式等内容,并保存相关凭证。记录保存期限应当符合本条例第三十四条第二款规定。

第三十六条 食品生产经营者应当建立食品添加剂使用记录制度。记录使用食品添加剂的名称、使用范围、使用量、使用日期等相关内容。记录保存期限应当符合本条例第三十四条第二款规定。

食品生产经营者贮存食品添加剂,应当指定专人保管,专柜或者专区存放,并标示"食品添加剂"字样,盛放容器应当标示"食品添加剂"名称。

食品添加剂的使用应当符合国家有关规定,采用精确的计量工具称量。

第三十七条 暂时停止生产活动两个月以上的,在停产、复产时,食品生产者应当如实向市级或者县级人民政府食品药品监督管理部门报告停产、复产情况。复产后生产条件应当符合生产许可要求。

第三十八条 食品生产经营者应当定期检查库存和待销售食品、食品原料,发现食品、食品原料已经变质或者超过保质期的,应当立即停止用于食品生产销售,进行无害化处理或者销毁,并建立处理或者销毁记录,不得退回供货商或者生产者。记录保存期限不得少于二年。

鼓励食品经营者设置临近保质期食品销售专柜或者专区,并在显著位置进行明示。

第三十九条　婴幼儿配方食品生产企业应当建立食品安全追溯体系,利用信息化等手段实施从原料进厂到成品出厂的全过程质量控制,对出厂的婴幼儿配方食品实施逐批检验,保证质量安全。

食品经营者销售实行注册或者备案管理的保健食品、特殊医学用途配方食品和婴幼儿配方乳粉的,应当查验产品注册证书或者备案凭证,并留存复印件,核对产品标签标注内容与注册证书或者备案凭证所载明内容是否一致。

销售保健食品、特殊医学用途配方食品和婴幼儿配方食品的,应当设专柜或者专区,并在显著位置进行明示。

销售保健食品的,还应当在专柜或者专区显著位置标明"本品不能代替药物"字样。

在许可的保健食品经营场所内宣传推介保健食品的,其功能和成分宣传应当与保健食品标签、说明书相一致,可以现场销售。

在许可的保健食品经营场所外举办保健食品宣传推介活动的,应当依法取得省人民政府食品药品监督管理部门核发的保健食品广告批准文件,并告知市级或者县级人民政府食品药品监督管理部门,其宣传内容应当与保健食品广告批准文件一致,不得作虚假或者误导消费者的宣传,不得现场销售。

第四十条　食品集中交易市场开办者、食品柜台出租者和食品展销会、临时性(季节性)餐饮服务活动、附带餐饮服务的大型文体商务活动等举办者,除应当遵守食品安全法第六十一条规定以外,还应当履行下列管理义务:

(一)建立食品安全管理制度;

(二)查验接触直接入口食品从业人员的健康证明;

(三)与食品经营者签订食品安全承诺书;

(四)记载食品经营者基本情况、主要进货渠道、经营品种品牌等信息;

(五)设置垃圾收集容器,配备清扫保洁人员,维护环境卫生;

(六)设置信息公示媒介,及时发布食品安全管理信息;

(七)协助、配合食品安全监督管理部门开展监督管理工作。

食品展销会、临时性(季节性)餐饮服务活动、附带餐饮服务的大型文体商务活动等举办者,应当在展销会举办前五个工作日内向所在地县级人民政府食品药品监督管理部门书面报告,报告内容包括举办单位、举办时间、地点、展销品种、参展企业名录、食品安全管理措施等。

第四十一条　学校(含托幼机构)、养老机构实行食品安全校长(院长)负责制,建立健全食品安全管理制度以及突发事件应急制度,配备专职或者兼职的食品安全管理人员,加强食品安全日常管理,消除食品安全隐患。

学校(含托幼机构)食堂应当建立严格的食品安全岗位责任制度,执行食品安全相关标准和操作规程。在学校食堂推行视频监控等信息化技术,保障学校用餐安全。

第四十二条　食品药品监督管理部门负责网络经营食品安全的监督管理工作,通信管理部门负责网络相关电信与信息服务的监督管理工作。食品药品监督管理部门与通信管理部门应当建立监管协作和信息共享机制。

从事入网食品生产经营,应当依法取得许可,法律、法规规定不需要取得食品生产经营许可的除外。通过第三方平台进行交易的食品生产经营者应当在其经营活动主页面显著位置公示其食品生产经营许可证或者核准证;通过自建网站交易的食品生产经营者还应当在其网站首页显著位置公示营业执照。餐饮服务提供者应当同时公示餐饮服务食品安全监督量化分级管理信息。

网络餐饮服务提供者应当按照法律、法规、规章的规定和有关标准规范制作食品,并在容器或者包装上标注制作时间、保质期或者食用时间提示、经营者名称和联系方式等信息。

网络餐饮服务提供者自行送餐的,应当遵守下列规定:

(一)加强对送餐人员的培训和管理;

(二)不得安排患有国务院卫生行政部门规定的有碍食品安全疾病的人员从事送餐活动;

(三)盛放食品的容器应当保持清洁,符合食品安全标准和相关要求;

(四)送餐包、箱应当定期清洁、消毒;

(五)送餐时应当有防止灰尘、雨水、蚊蝇等污染食品的措施。

网络餐饮服务提供者不得委托不符合前款规定的第三方送餐。

从事自动售货设备食品经营的,应当在自动售货设备的明显位置公示经营者名称、地址、联系方式、营业执照和食品经营许可证编号等信息。自动售货设备及其放置地点应当符合食品安全条件。

第四十三条　从事食品贮存、运输、网络销售送货送餐服务的企业,应当加强食品贮存、运输过程的管理,保证食品贮存、运输条件满足食品安全要求。

食品生产经营者委托仓储、物流配送企业贮存、运输食品的,应当对受托的仓储、物流配送企业的食品安全保障能力进行审查,查验受托企业在食品药品监督管理部门的备案凭证,并留存备案凭证复印件。

受托从事食品贮存、运输的,应当按照规定查验并留存委托方食品生产经营许可证复印件,并承担贮存和运输过程中的食品安全责任。

第四十四条　从事餐具、饮具集中消毒服务,应当取得县级以上人民政府卫生行政部门核发的餐具、饮具集中消毒服务许可证。

申请餐具、饮具集中消毒服务许可,应当符合下列条件:

(一)厂区应当距离露天垃圾场、粪坑、污水池、非水冲式厕所等可能污染餐具、饮具的有害场所污染源三十米以上,且不得建于居民楼内,具备满足消毒服务工作所需的环境,无积水、无杂草、无露天堆放垃圾、无蚊蝇孳生地,环境清洁;

(二)生产场所(清洗、消毒、包装)总面积不得小于二百平方米,生产车间净高不低于三米,按回收、去残渣、浸泡、机洗、消毒、包装、储存的工艺流程合理布局,按清洗消毒流程设置回收暂存间(区)、除渣间(区)、粗洗间(区)、清洗间(区)、消毒间(区)、包装间、成品间、包材间、筷子消毒与包装间(区)以及周转箱清洗、消毒、晾晒间(区);

(三)生产区设更衣室,并配备衣柜、鞋架、流动水洗手等设施,包装间入口处设置洗手、消毒、二次更衣设施等通过式预进间;

(四)具备符合国家有关规定并与生产相适应的自动去渣设备、清洗—消毒—烘干—包装一体机、筷子消毒和专用包装设备、检验设备;

(五)自动清洗消毒机除符合国家相应标准要求以外,其消毒工艺(温度、时间)应当符合消毒设备的技术要求和国家消毒产品管理规定,设立卫生质量检验室,配备检验大肠菌群的相关仪器、设备及相应的检验人员;

(六)具有与生产相适应的防尘、防虫、防鼠、通风、更衣、洗手、消毒等设施。

第四十五条　餐具、饮具集中消毒服务单位在生产经营过程中应当遵守卫生规范,并符合下列要求:

(一)使用的餐具、饮具、洗涤剂、消毒剂、包装材料应当符合国家标准及有关要求;

(二)已消毒的餐具、饮具和未消毒的餐具、饮具应当分开存放;

(三)生产的餐具、饮具经检验合格后方可出厂;

(四)独立包装上应当标注餐具、饮具集中消毒单位名称、地址、联系电话、许可证号、消毒日期及保质期等内容;

(五)建立生产经营记录和物料采购验收记录,保存期限不得少于一年;

(六)用水符合国家规定的生活饮用水卫生标准;

(七)设立卫生管理员,建立健全卫生管理制度和卫生管理档案;

(八)法律、法规和国家强制性标准规定的其他要求。

第四十六条　经营转基因食用农产品和食品,应当显著标示。

销售转基因食用农产品和食品,应当设专柜或者专区,并在显著位置进行明示。

餐饮服务提供者使用转基因食品作为食品原料加工食品的,应当在经营场所显著位置进行明示。

第五章　食用农产品

第四十七条　县级以上人民政府农业行政、畜牧兽医和农垦、森工等有关部门按照法律、法规和本级人民政府规定的职责,坚持源头治理原则,负责食用农产品从种植(养殖)环节到进入批发、零售市场或者生产加工企业前的质量安全监督管理。

县级以上人民政府食品药品监督管理部门负责食用农产品市场销售质量安全的监督管理。

县级以上人民政府农业行政、畜牧兽医、食品药品监督管理等部门应当建立食用农产品产地准出和市场准入衔接机制,食用农产品生产者、销售者应当严格执行《中华人民共和国农产品质量安全法》等法律、法规和其他有关规定,保证食用农产品的质量安全。

第四十八条　各级人民政府应当采取保护性措施,禁止向农作物生产区域排放或者倾倒废水、废气、固体废物或者其他有毒有害物质,污染产地环境。

县级以上人民政府农业行政、畜牧兽医、林业和农垦、森工等有关部门应当建立食用农产品产地安全监测管理体系,落实食用农产品生产记录、农业投入品安全使用、检验检疫和产品认证等监管制度,加强食用农产品产地安全调查、监测和评价。

食用农产品生产者使用农药、肥料、兽药、饲料和饲料添加剂等农业投入品,应当符合法律、法规和其他有关规定,不得超过国家规定用量,并严格执行农业投入品使用安全间隔或者休药期的规定。有机食品的食用农产品生产者应当按照规定和标准使用农家肥、生物肥、有机肥,采用物理、生物等方法防虫治病,严禁使用化学合成的农业投入品。

第四十九条　县级以上人民政府农业行政部门负责建立和完善食用农产品质量安全追溯公共服务平台,构建源头可追溯、流向可追踪、信息可查询、责任可追究的食用农产品质量安全追溯体系。

鼓励和引导绿色食品、有机食品生产企业进入省级农产品质量追溯公共服务平台,并对所提供的信息负责。鼓励和引导食用农产品生产企业和农民合作社自建质量追溯平台,实施全程追溯。

第五十条　县级以上人民政府应当制定绿色食品和有机食品产业发展规划;根据产地环境和国家有关标准的要求,确定绿色食品和有机食品的食用农产品生产基地;整合各类涉农资金,优先发展绿色食品和有机食品的食用农产品生产基地的基础设施建设。

第五十一条 省人民政府农业行政主管部门应当会同环境保护行政部门根据绿色食品和有机食品质量标准对生产区域大气、土壤、水体进行监测,认为不适宜绿色食品和有机食品的食用农产品生产的,提出禁止生产意见,并通报所在地县级人民政府。

第五十二条 县级以上人民政府农业行政主管部门应当建立绿色食品、有机食品监督管理体系,严格执行绿色食品原料产地环境标准、农业投入品使用准则、产品标准、包装通用准则等规定,加强对产品认证的监督管理。

县级以上人民政府农业行政主管部门应当对绿色食品、有机食品的食用农产品生产者开展特定技能培训和技术指导。

第五十三条 鼓励和支持企业、科研院校、农民合作社从事绿色食品和有机食品研发、产业发展、产品精深加工等活动,建设省级和区域绿色食品、有机食品批发交易中心,设立绿色食品、有机食品专营店,开发绿色食品、有机食品电子商务,培育绿色食品、有机食品品牌。

第五十四条 鼓励和支持农作物种植、畜禽饲养、水产养殖等各类经营主体发展绿色食品和有机食品的食用农产品生产,并获得相关认证。

鼓励行业协会为特定区域内生产的具有独特性的农产品申请农产品地理标志登记和地理标志商标注册。

禁止冒用食用农产品质量标志。

第五十五条 本省行政区域内依法禁止种植转基因玉米、水稻、大豆等粮食作物,禁止非法生产、经营和为种植者提供转基因粮食作物种子,禁止非法生产、加工、经营、进境转基因或者含有转基因成分的食用农产品。

县级以上人民政府应当加强转基因食用农产品安全管理,防止非法扩散。

农业行政部门负责对种植转基因农作物进行监督管理。

食品药品监督管理部门负责对经营转基因食用农产品未按规定标示进行监督管理。

出入境检验检疫部门负责对进出境转基因食用农产品进行检验检疫以及监督管理。

第五十六条 食用农产品集中交易市场开办者对进入市场销售的食用农产品质量安全负责,应当遵守下列规定:

(一)建立健全食用农产品安全管理制度,配备专职或者兼职食用农产品安全管理人员、专业技术人员,开展食用农产品日常检查工作;

(二)按照食用农产品类别实行分区销售,保证销售和贮存食用农产品

的环境、设施、设备等符合质量安全要求;

(三)建立食用农产品入场销售者档案,记录入场销售者名称、联系方式、社会信用代码或者身份证号码、住所,食用农产品种类、进货渠道、产地等信息,档案保存期限不得少于销售者停止销售后的六个月;

(四)建立食用农产品质量安全信息公示制度,在市场醒目位置设置信息公示栏,公示食品安全管理制度、食品安全管理人员、食用农产品检验结果,以及不合格食用农产品处理情况、投诉举报电话等信息;

(五)查验并留存入场销售者的社会信用代码或者身份证复印件,食用农产品产地证明或者购货凭证、合格证明文件;

(六)发现违法行为或者存在潜在食品安全风险隐患的,及时制止并向所在地县级人民政府食品药品监督管理部门报告;

(七)定期向所在地县级人民政府食品药品监督管理部门报告食用农产品质量安全管理相关信息。

第五十七条 进入集中交易市场销售的食用农产品,应当具备下列有效证明之一:

(一)产地证明;

(二)购货凭证;

(三)销售者自检出具的质量安全合格证明;

(四)有关部门出具的质量安全合格证明;

(五)绿色食品、有机食品或者地理标志产品证书复印件(需加盖获证单位公章)。

不具备前款规定的有效证明之一的,批发市场开办者应当进行逐批留样检验或者快速检测。具备前款规定的有效证明之一的,批发市场开办者应当进行抽样检验或者快速检测。其中,具备前款第四项和第五项规定的有效证明之一的,可以适当降低抽样检验检测频次。具体步骤和办法由省人民政府食品药品监督管理部门在本条例施行之日起六个月内制定,并报省人民代表大会常务委员会备案。

畜禽肉类进入集中交易市场销售的,应当附有检验(检疫)合格证明和检疫标志,但是销售由加工企业以肉类为原料再次生产加工的肉类除外。

第五十八条 食用农产品批发市场开办者应当履行下列职责:

(一)与入场销售者签订食用农产品质量安全协议,明确双方权利义务;

(二)印制统一格式的销售凭证,载明食用农产品品名、产地、数量、销售日期以及销售者名称、地址、联系方式等内容。

鼓励食用农产品批发市场开办者与取得绿色食品、有机食品、农产品地理标志等认证的食用农产品种植(养殖)基地或者生产加工企业签订食用农产品质量安全合作协议。

第五十九条 销售按照规定应当包装或者附加标签的食用农产品,在包装或者附加标签后方可销售。包装或者标签上应当按照规定标注食用农产品名称、产地、生产日期等内容;对保质期有要求的,应当标注保质期;保质期与贮藏条件有关的,应当予以标明;有分级标准或者使用食品添加剂的,应当标明产品质量等级或者食品添加剂名称。

进入市场销售的食用农产品在包装、保鲜、贮存、运输中使用保鲜剂、防腐剂等食品添加剂和包装材料等食品相关产品,应当符合食品安全国家标准,不得违反法律、法规和国家有关强制性规范。

第六十条 经营多个品牌的生鲜肉品应当实行分区销售,进行明显标示,并在销售凭证上注明屠宰厂名。引导和鼓励生鲜肉经营者实行品牌销售或者专柜经营。

第六章 食品生产加工小作坊、食品小经营和食品摊贩

第一节 食品生产加工小作坊

第六十一条 县级以上人民政府统一领导食品生产加工小作坊监督管理工作,支持同类食品生产加工小作坊统一标准、规范工艺、联合经营,引导和帮助食品生产加工小作坊改善生产经营条件,提高生产经营管理水平。鼓励食品生产加工小作坊开展品牌创建活动。

第六十二条 本省对食品生产加工小作坊生产加工的食品品种实行目录管理。市级人民政府食品药品监督管理部门应当根据当地实际情况,制定《准予食品生产加工小作坊生产加工的食品目录》,报同级人民政府批准后公布实施。

制定目录,应当优先列入传统性、区域性的食品。

食品生产加工小作坊不得采取分装形式生产食品,不得接受委托生产加工。

第六十三条 申请食品生产加工小作坊核准证,应当符合下列条件:

(一)生产加工区与生活区有效隔离;

(二)具有与生产品种、数量相适应的固定生产加工场所和相应的卫生条件;

(三)具有与生产品种、数量相适应的工艺、设备或者设施;

(四)具有现行有效的产品执行标准;

(五)具有必要的食品安全管理制度。

第六十四条 申请食品生产加工小作坊核准证的,应当向县级或者市级人民政府食品药品监督管理部门提出申请。食品药品监督管理部门应当

对申请材料进行审核,并对生产加工场所进行现场核查;对符合条件的,予以核准并发放食品生产加工小作坊核准证;对不符合条件的,不予核准并书面说明理由。

食品生产加工小作坊核准证有效期为三年。

食品生产加工小作坊核准证的式样、编号规则、专用标识,由省人民政府食品药品监督管理部门规定。食品生产加工小作坊核准管理办法由市级人民政府食品药品监督管理部门制定。

第六十五条 食品生产加工小作坊生产,应当落实食品安全法关于食品生产加工原辅材料采购验证及记录、生产过程控制、出厂检验等制度要求,并符合本条例第三十条第一款第一项、第四项、第七项至第九项的规定,同时还应当符合下列要求:

(一)使用的原辅材料和食品添加剂符合食品安全标准;

(二)按照保证食品安全的要求贮存食品及原辅材料,及时清理变质或者超过保质期的食品及原辅材料;

(三)生产过程中防止生、熟食品和原辅材料、半成品、成品的交叉污染;

(四)用水符合国家规定的生活饮用水标准;

(五)法律、法规和国家强制性标准规定的其他要求。

第六十六条 食品生产加工小作坊生产的预包装食品包装上应当有食品标签,标明食品安全法第六十七条规定的除生产许可证编号以外的其他事项,并标注食品生产加工小作坊核准证编号和专用标识。

第六十七条 食品生产加工小作坊应当建立食品出厂检验制度。具备检验能力的,对所生产的食品进行出厂检验,并做好原始检验记录,检验合格后方可出厂销售。

不具备检验能力的,应当委托具有法定资质的食品检验机构进行出厂检验并出具检验报告,检验合格后方可出厂销售。首次出厂销售前应当进行全项检验,委托全项检验每年不得少于两次。

原始检验记录和检验报告保存期限不得少于产品保质期满后一年。

第二节 食品小经营

第六十八条 申请食品小经营核准证应当符合下列条件:

(一)具有与销售和制售经营品种、数量相适应的经营场所,食品经营区与生活区分离,并与有毒、有害场所以及其他污染源保持规定的距离;

(二)具有与销售、制售经营品种、数量相适应的设施设备,有相应的消毒、更衣、盥洗、采光、照明、通风、防腐、防尘、防蝇、防鼠、防虫、洗涤以及处理废水、存放垃圾和废弃物的设备或者设施;

（三）具有合理的设备布局和工艺流程，防止待销售、制售食品与直接入口食品、原料与成品交叉污染，避免食品接触有毒物、不洁物；

（四）具有与销售、制售经营相适应的保障食品安全的管理制度和食品安全管理人员。

第六十九条 申请食品小经营核准证的，应当向县级人民政府食品药品监督管理部门提出申请。县级人民政府食品药品监督管理部门应当对申请材料进行审核，并对经营场所进行现场核查。对符合条件的，予以核准并发放食品小经营核准证；对不符合条件的，不予核准并书面说明理由。

食品小经营核准证有效期为三年。

食品小经营核准证式样、编号规则、专用标识由省人民政府食品药品监督管理部门规定。食品小经营核准管理办法由市级人民政府食品药品监督管理部门制定。

第七十条 食品小经营应当符合下列要求：

（一）食品经营、贮存场所环境整洁；

（二）餐具、饮具、食品容器、工具和设备应当安全、无害，保持清洁；

（三）配备符合食品贮存温度要求的设备设施；

（四）使用的食品原料、食品相关产品和食品添加剂符合国家规定和食品安全标准；

（五）食品加工销售人员应当保持个人卫生，穿戴整洁的工作服、帽、手套和口罩等；

（六）用水符合国家规定的生活饮用水标准；

（七）法律、法规和国家强制性标准规定的其他要求。

第七十一条 校外托管机构食品经营除符合本条例第三十条规定以外，还应当符合下列要求：

（一）实行分餐制；

（二）每餐食品应当按照规定期限留样，并有留样记录。

第七十二条 县级以上人民政府应当建立健全校外托管机构安全工作部门联动机制和信息通报制度，组织教育行政、公安、卫生行政、工商行政管理、食品药品监督管理等有关部门对校外托管机构加强管理和综合治理。

县级人民政府食品药品监督管理部门应当在当地政府网站公布取得食品小经营核准证的校外托管机构名单和举报投诉电话，并通报同级教育行政部门。

教育行政部门和中小学校应当主动了解学生在校外托管机构就餐情况，发现问题应当及时通报所在地县级人民政府食品药品监督管理部门。

中小学校应当及时在学校醒目位置公布取得食品小经营核准证的校外托管机构名单。

鼓励中小学生法定监护人与校外托管机构签订供餐协议,同时告知学生所在学校。

第三节　食品摊贩

第七十三条　市、县级人民政府应当统一规划、建设适宜食品摊贩经营的固定场所,完善配套设施,制定相关鼓励措施,引导食品摊贩进入集中交易市场、店铺等固定场所经营。

市、县级人民政府应当对食品摊贩进行综合治理,按照方便群众、合理布局、保障安全的原则,划定食品摊贩经营区域或者临时经营场所(以下称食品摊区),规定经营时段,并向社会公布。

幼儿园、中小学校园门口道路两侧两百米范围内,不得划定为食品摊区。

第七十四条　市、县级人民政府应当指定部门或者机构对食品摊区进行管理。

管理食品摊区的部门或者机构履行下列职责:

(一)对食品摊贩予以登记,发放食品摊贩登记卡,并将登记信息告知食品药品监督管理部门以及乡镇人民政府或者街道办事处;

(二)合理划分食品经营区域;

(三)设置标识牌,标明摊区名称、管理单位、经营时段;

(四)提供必要的卫生设施,保持食品摊区卫生整洁;

(五)设立食品安全管理人员,建立食品安全管理制度和摊区食品经营规范;

(六)检查督促食品摊贩遵守摊区食品经营规范;

(七)发现食品安全问题及时向食品药品监督管理部门报告,并配合开展核查处置。

第七十五条　申请食品摊贩登记卡,应当提交以下材料:

(一)食品摊贩经营信息登记表,登记信息包括食品摊贩姓名、身份证号、现住所、联系方式和经营品种、经营方式(销售、制售)等;

(二)申请人身份证或者居住证明复印件;

(三)从事接触直接入口食品经营人员的健康证明;

(四)保证食品安全承诺书。

第七十六条　食品摊贩登记卡应当载明食品摊贩的姓名、摊位号、经营品种、经营方式(销售、制售)、联系方式、投诉电话等内容。

食品摊贩登记卡有效期为一年,有效期届满需要继续经营的,食品摊贩应当在有效期届满前一个月向食品摊区管理单位办理延续手续。

第七十七条　食品摊贩应当遵守下列规定:

（一）遵守食品摊区食品安全制度，执行食品摊区食品经营规范；

（二）在指定食品摊位和规定时段内从事食品经营活动；

（三）携带、张挂食品摊贩登记卡；

（四）使用符合国家食品安全标准的食品包装材料、容器、工具；

（五）具有符合卫生条件的销售和制售食品的设施；

（六）保持个人卫生，保持环境整洁；

（七）用水符合国家规定的生活饮用水卫生标准；

（八）食品添加剂按规定存放；

（九）保留载有所采购的食品、食品添加剂、食品相关产品的票据凭证，保存期限不得少于六个月。

第七十八条 市、县级人民政府食品药品监督管理部门负责食品摊区食品安全监督管理，履行下列职责：

（一）对食品摊区管理单位食品安全管理人员进行食品安全监督管理业务培训；

（二）定期对食品摊区进行食品安全监督检查；

（三）对食品摊区内食品、食用农产品进行抽样检验；

（四）对食品摊贩违法经营行为及时组织核查处置；

（五）建立食品摊贩不良信用记录档案，对其增加监督检查频次。

市、县级人民政府食品药品监督管理部门在监督检查中发现食品摊贩违反本条例规定的经营行为中，属于食品摊区管理部门职责的，应当及时向其通报。

第七十九条 县级以上人民政府城市管理执法部门负责对户外公共场所食品销售和餐饮摊点无证经营行为依法查处。

第七章 餐厨废弃物

第八十条 省人民政府应当制定优惠政策扶持收集、运输和处置餐厨废弃物产业。餐厨废弃物处置设施用地应当作为环境卫生设施用地纳入城乡规划，任何单位和个人不得擅自占用或者改变用途。

第八十一条 省住房和城乡建设行政部门负责全省餐厨废弃物的监督管理工作。

市、县级市容环境卫生行政部门负责本行政区域餐厨废弃物的监督管理工作。

第八十二条 餐厨废弃物的收集、运输和处置可以采用政府和社会资本合作模式，通过特许经营方式建设运营。未经许可的单位和个人，不得从事餐厨废弃物的收集、运输和处置活动。

第八十三条 从事餐厨废弃物收集、运输的企业，应当具备以下条件：

（一）具备企业法人资格；

（二）有具备分类收集功能的全密闭专用收集容器；

（三）有具有防臭味扩散、防遗撒、防遗漏功能的餐厨废弃物运输专用车辆；

（四）有合法的道路运输经营许可证、车辆行驶证；

（五）有固定的办公及机械、设备、车辆停放场所；

（六）法律、法规和国家强制性标准规定的其他条件。

第八十四条 从事餐厨废弃物处置的企业，应当具备以下条件：

（一）具备企业法人资格；

（二）处理设施的选址符合城乡规划，并取得规划许可；

（三）有至少五名具有初级以上专业技术职称的人员，其中包括环境工程、机械、环境监测等专业的技术人员；

（四）采用的技术、工艺符合相关标准；

（五）有可行的废水、废气、废渣等污染物处置技术方案和达标排放方案；

（六）有控制污染和突发事件应急预案；

（七）法律、法规和国家强制性标准规定的其他条件。

第八十五条 市级人民政府或者市容环境卫生行政部门应当通过招投标方式选择餐厨垃圾废弃物收集、运输、处置企业，向中标企业颁发餐厨废弃物收集、运输、处置许可证。

市级人民政府或者市容环境卫生行政部门应当与中标企业签订餐厨废弃物收集、运输、处置特许经营协议。特许经营协议应当明确约定经营期限、服务标准、违约责任等内容，并作为许可证的附件。

特许经营期限根据项目的经营规模、经营方式、投资回报周期等因素确定。特许经营期满，应当重新选择项目的特许经营者，在同等条件下，优先选择原特许经营者。

通过公开招投标方式确定特许经营者的程序按照国家有关规定执行。

第八十六条 餐厨废弃物的产生单位应当建立餐厨废弃物处置管理制度，按照有关规定处理餐厨废弃物；不得将餐厨废弃物排入公共排水设施、湖泊、河道、公共厕所和其他生活垃圾收集设施中；不得将餐厨废弃物交给未取得收集、运输和处置经营权的企业或者个人处置。

第八十七条 餐厨废弃物产生、收集、运输、处置单位应当建立管理台账，记录餐厨废弃物的种类、数量、去向、用途等有关情况，并定期向监督管理部门报告。餐厨废弃物管理记录保存期限不得少于二年。

第八十八条 利用餐厨废弃物生产的生物液体燃料，符合国家标准的，石油销售企业应当将其纳入燃料销售体系。

第八十九条 禁止利用餐厨废弃物提炼加工食用油脂;禁止用未经无害化处理的餐厨废弃物喂养畜禽;禁止使用利用餐厨废弃物提炼加工的油脂从事食品生产经营活动。

第九十条 餐厨废弃物监督管理部门应当建立健全监督管理制度,重点加强对城市近郊区餐厨废弃物收集、运输、处置活动的监督检查。

第八章 监督管理

第九十一条 县级以上人民政府和有关部门应当通过奖励、资金资助、信贷支持等措施,支持地方传统特色食品生产经营。

第九十二条 县级以上人民政府应当根据有关法律、法规的规定和上级人民政府食品安全事故应急预案以及本行政区域的实际情况,制定本行政区域的食品安全事故应急预案,并报上一级人民政府备案。

县级以上人民政府食品药品监督管理、卫生行政、质量监督、农业行政、畜牧兽医等部门,应当根据本级人民政府食品安全事故应急预案,分别制定本部门的食品安全事故应急预案,并报同级人民政府批准。

食品生产经营企业应当制定食品安全事故处置方案,建立食品安全应急管理制度和突发事件报告制度,定期检查本企业各项食品安全防范措施的落实情况。

第九十三条 发生食品安全事故的单位应当在发生事故起两小时内向事故发生地县级人民政府食品药品监督管理、卫生行政部门报告。

涉及两个以上市(地)的食品安全事故,由省人民政府食品药品监督管理部门依法组织事故责任调查。

第九十四条 县级以上人民政府应当建立健全食品安全监督管理责任制,按照食品安全法律、法规、规章规定的有关内容及食品安全年度监督管理计划,合理确定考核目标,量化考核标准,加强对下级人民政府和本级人民政府所属食品安全监督管理部门的年度评议考核,并将考核结果作为地方领导班子和领导干部综合考核评价的重要依据。

第九十五条 县级以上人民政府应当组织本级食品药品监督管理、卫生行政、质量监督、农业行政、畜牧兽医等部门制定本行政区域的食品安全年度监督管理计划,确定监督管理的重点、方式和频次,实施风险分级管理。食品安全年度监督管理计划应当向社会公布。

市、县级人民政府制定的食品安全年度监督管理计划,除应当包括食品安全法规定的监督管理重点以外,还应当包括食品添加剂、食用农产品、绿色食品、有机食品、食品生产加工小作坊、食品小经营、食品摊贩、学校(含托幼机构)食堂等。

第九十六条 省人民政府卫生行政部门发现已备案的企业标准违反法

律、法规规定,不符合食品安全国家标准、地方标准或者其他有关规定的,应当及时废止并告知备案企业。

第九十七条　食品生产经营者、食用农产品销售者、集中交易市场开办者、网络食品交易平台提供者等经营者有下列情形之一的,县级以上人民政府食品药品监督管理部门或者其他有关部门可以对其法定代表人或者主要负责人进行责任约谈:

(一)发生食品安全问题,造成社会关注的;

(二)生产经营过程存在食品安全隐患,未及时采取有效措施消除的;

(三)未及时处理投诉举报的食品安全问题,造成社会影响的;

(四)食品药品监督管理部门或者其他有关部门认为需要采取责任约谈的其他情形。

县级以上人民政府食品药品监督管理部门或者其他有关部门决定采取责任约谈的,应当提前两日通知到被约谈人。被约谈人无法按要求参加的,应当提前一日告知约谈单位。

第九十八条　县级以上人民政府应当完善部门间信息通报、信息共享、原因排查、结果跟踪、执法协作、联合惩戒等机制,构建食品安全全程监管工作机制。

县级以上人民政府食品药品监督管理、卫生行政、质量监督、农业行政、畜牧兽医等部门在日常监督检查中,发现不符合食品安全标准和要求、可能对人体健康造成较大危害的食品、食品添加剂、食品相关产品,应当报告上级部门并通报同级相关食品安全监督管理部门。

乡(镇)人民政府、街道办事处、村(居)民委员会发现食品、食品添加剂、食品相关产品及食品摊区内违法生产经营行为时,应当立即制止,并向有关食品安全监督管理部门报告,有关食品安全监督管理部门应当及时处理。

第九十九条　县级以上人民政府食品安全监督管理部门可以聘请食品安全义务监督员。食品安全义务监督员发现违法生产经营行为时,应当及时报告有关食品安全监督管理部门。

第一百条　食品安全监督管理部门实施检查时,不得妨碍食品生产经营者的正常生产经营活动。食品生产经营者应当配合依法进行的监督检查、监督抽检等工作。

第一百零一条　食品安全监督管理部门应当坚持服务与管理相结合,依法执法,文明执法,简化办证程序,提高办事效率;加强对执法人员食品安全法律、法规,专业知识和执法能力的培训,提高食品安全服务管理水平。

第一百零二条　县级以上人民政府承担重大活动食品安全保障属地管理责任。

省人民政府食品药品监督管理部门负责协调指导本行政区域重大活动食品安全保障工作。市、县级人民政府食品药品监督管理部门负责对本行政区域重大活动食品安全的监督管理工作。

重大活动组织者、主办单位应当明确食品安全管理机构,选择具有合法资质和食品安全保障能力的食品生产经营者,并督促其履行食品安全义务。

为重大活动提供食品的食品生产经营者应当依法承担食品安全主体责任,制定食品安全保障方案和应急处置方案,落实食品安全全程控制要求,保证食品安全。

县级以上人民政府食品药品监督管理、卫生行政、质量监督、农业行政、畜牧兽医等部门应当按照各自职责加强食品安全保障,加大供应商审核和食品检验力度。必要时,可以聘请专业机构评估。

鼓励重大活动的组织者、主办单位聘请社会专业机构提供重大活动的食品安全保障服务。

第一百零三条 省人民政府应当推进全省食品安全信用体系建设,建立食品安全信用联合奖惩机制。

县级以上人民政府食品药品监督管理部门应当建立并实时更新食品生产经营者食品安全信用档案,并依法向社会公布。

食品药品监督管理部门和其他有关部门应当根据食品生产经营者的信用状况,对其实行分级分类管理,对有不良记录的食品生产经营者重点监管,增加监督检查频次;逐步将食品生产经营者的信用状况作为行政审批、公共服务、评先评优、金融支持等的重要依据。

第九章 法律责任

第一百零四条 法律、行政法规对食品安全违法行为另有法律责任规定的,从其规定。但是,对同一违法行为不得重复进行罚款。

第一百零五条 违反本条例规定,医疗机构和疾病预防控制机构发现疑似食源性疾病病例或者食源性疾病聚集病例后,未按规定及时报告的,由卫生行政部门责令改正,通报批评,给予警告;造成严重后果的,对负有责任的主管人员和其他直接责任人员,依法给予降级、撤职或者开除的处分。

第一百零六条 违反本条例规定,有下列情形之一的,由食品药品监督管理部门没收违法所得和违法生产经营的食品,并可以没收用于违法生产经营的工具、设备、原料等物品;违法生产经营的食品货值金额不足一万元的,并处十万元以上十五万元以下罚款;货值金额一万元以上的,并处货值金额十五倍以上三十倍以下罚款;情节严重的,吊销许可证或者核准证:

(一)用非食用物质和其他可能危害人体健康的物质作为食品和食品生产原料生产经营,或者用其处理食品;

（二）以病死、毒死、死因不明的禽、畜的油脂或者废弃食用油脂、餐厨废弃物作为原料加工制作食用油脂，以及以此类油脂作为原料加工制作食品；

（三）生产本省为防病等特殊需要明令禁止的食品。

第一百零七条 违反本条例规定，生产经营标注虚假生产日期、保质期的食品、食品添加剂的，由食品药品监督管理部门没收违法所得和违法生产经营的食品、食品添加剂，并可以没收用于违法生产经营的工具、设备、原料等物品；违法生产经营的食品、食品添加剂货值金额不足一万元的，并处五万元以上十万元以下罚款；货值金额一万元以上的，并处货值金额十倍以上二十倍以下罚款；情节严重的，吊销许可证或者核准证。

第一百零八条 违反本条例规定，在本省行政区域内违法种植转基因玉米、水稻、大豆等粮食作物的，停止发放农业补贴，由省人民政府农业行政部门责令铲除、销毁；没有违法所得或者违法所得不足十万元的，可以并处十万元以上二十万元以下罚款；违法所得十万元以上的，可以并处违法所得二倍以上五倍以下罚款。

非法生产、经营、为种植者提供转基因粮食作物种子的，由县级以上人民政府农业行政部门责令停止生产经营，没收违法所得和种子；违法生产经营的货值金额不足一万元的，并处一万元以上五万元以下罚款；货值金额一万元以上的，并处货值金额五倍以上十倍以下罚款；情节严重的，吊销种子生产经营许可证。

第一百零九条 违反本条例规定，有下列情形之一的，由食品药品监督管理部门没收违法所得和违法生产经营的食品、食品添加剂，并可以没收用于违法生产经营的工具、设备、原料等物品；违法生产经营的食品、食品添加剂货值金额不足五千元的，并处五千元以上二万元以下罚款；货值金额五千元以上不足一万元的，并处二万元以上五万元以下罚款；货值金额一万元以上的，并处货值金额五倍以上十倍以下罚款；情节严重的，责令停产停业，直至吊销许可证或者核准证：

（一）食品和食品添加剂的标签、说明书不符合本条例第三十二条第一款规定的；

（二）经营转基因食用农产品和食品，未按照规定显著标示的；

（三）餐饮服务提供者使用转基因食品作为食品原料加工食品，未在经营场所显著位置进行明示的。

违反本条例规定，销售转基因食用农产品和食品未设专柜或者专区，或者未在显著位置进行明示的，由食品药品监督管理部门责令限期改正，给予警告；逾期不改正的，处以五千元以上五万元以下罚款。

第一百一十条 违反本条例规定，使用经非法转让、涂改、出租、出借、倒卖或者以其他非法方式取得的许可证从事食品生产经营或者食品添加剂生产活动,或者超出许可经营项目范围从事食品生产经营或者食品添加剂生产活动的,由食品药品监督管理部门没收违法所得和违法生产经营的食品、食品添加剂以及用于违法生产经营的工具、设备、原料等物品;违法生产经营的食品、食品添加剂货值金额不足一万元的,并处五万元以上十万元以下罚款;货值金额一万元以上的,并处货值金额十倍以上二十倍以下罚款。

未取得许可从事属于生产许可管理范畴的食品相关产品生产活动的,由质量监督部门依照前款规定处罚。

违反本条例规定,在许可的保健食品经营场所外举办保健食品宣传推介活动时现场销售保健食品的,依照本条第一款规定处罚。

第一百一十一条 违反本条例规定,有下列情形之一的,由食品药品监督管理部门或者有关主管部门依据各自职责责令限期改正,给予警告;逾期不改正的,处以一万元以上二万元以下罚款;情节严重的,责令停产停业,直至吊销许可证或者核准证:

(一)食品生产经营不符合本条例第三十条规定的;

(二)从事食品贮存、运输的非食品生产经营者,食品添加剂经营者,网络食品交易第三方平台提供者,通过自建网站交易的食品生产经营者,以及食用农产品集中交易市场开办者,未按规定备案的;

(三)食品生产者未履行停产、复产报告义务的;

(四)销售保健食品、特殊医学用途配方食品和婴幼儿配方食品,未按规定设专柜或者专区,或者未在显著位置进行明示的;

(五)销售保健食品未按规定在专柜或者专区显著位置标明"本品不能代替药物"字样的;

(六)食品生产经营者未按规定贮存食品添加剂,或者未采用精确的计量工具称量的;

(七)食品、食品添加剂、食品相关产品生产者对出厂检验的产品未留取备检样品或者保存期限不符合本条例第三十三条规定的;

(八)经营多个品牌的肉品未按规定分区销售并在销售凭证上注明屠宰厂名的;

(九)食品生产经营者未按本条例规定处置过期变质食品的;

(十)委托未取得相应生产许可的生产企业生产属于生产许可管理范畴的食品相关产品的。

第一百一十二条 违反本条例规定,食品生产者生产的食品不符合企业明示标准或者明示含量、限量的,由食品药品监督管理部门责令限期改正,并按照下列规定给予处罚:

(一)感官指标不符合企业明示标准的,处以一千元以上三千元以下

罚款;

（二）食品安全国家标准未作明确规定的水分、蛋白质、脂肪、总糖、灰分、微生物指示菌限量指标等理化指标、产品特征指标等不符合企业明示标准的,违法生产的食品货值金额不足五千元的,处以二千元以上五千元以下罚款;货值金额五千元以上不足一万元的,处以五千元以上一万元以下罚款;货值金额一万元以上的,处以货值金额一倍以上三倍以下罚款;情节严重的,责令停产停业,直至吊销许可证或者核准证。

食品生产者生产的食品的实际含量低于企业明示的净含量,其偏差超过国家和省有关规定的,由食品药品监督管理部门责令限期改正;逾期不改正的,没收违法所得,并处违法所得一倍以上三倍以下罚款。

第一百一十三条 违反本条例第二十七条第一款、第二款规定的,由有关主管部门按照各自职责分工,责令限期改正;逾期不改正的,处以五百元以上二千元以下罚款。

第一百一十四条 违反本条例规定,有下列情形之一的,由食品药品监督管理部门、质量监督部门和卫生行政部门根据各自职责分工,责令限期改正,给予警告;逾期不改正的,处以一万元以上五万元以下罚款;情节严重的,责令停产停业,直至吊销许可证:

（一）食品经营者销售实行注册或者备案管理的保健食品、特殊医学用途配方食品、婴幼儿配方乳粉的,未按规定查验产品注册证书或者备案凭证并留存复印件、未核对产品标签标注内容的;

（二）食品生产经营企业的食品安全管理人员经食品药品监督管理部门随机监督抽查考核不合格的;

（三）从事接触直接入口食品工作的食品生产经营人员、送餐人员,以及从事直接接触食品相关产品和餐具、饮具集中消毒的生产人员未按规定每年进行健康检查,并取得健康证明后上岗的,或者上岗工作时,未将健康证明随身携带或存放在生产经营场所的;

（四）食品、食品添加剂生产经营者未查验初次交易的食品供货者的营业执照和生产经营许可证的;

（五）食品、食品添加剂经营者采购食品未索要购货凭证和食品质量合格证明文件的;

（六）食品、食品添加剂、食品相关产品生产企业和食品批发企业、食品添加剂经营者未按规定建立并执行销售记录制度;

（七）食品生产经营者未按规定建立并执行食品添加剂使用记录制度。

第一百一十五条 食品集中交易市场开办者、食品柜台出租者和食品展销会、临时性(季节性)餐饮服务活动、附带餐饮服务的大型文体商务活动等举办者,未履行本条例规定的管理义务的,由食品药品监督管理部门处以五千元以上二万元以下罚款;情节严重的,责令停业,取得许可证的,由原发证机关吊销许可证。使消费者的合法权益受到损害的,应当与食品经营者承担连带责任。

第一百一十六条 违反本条例第三十九条第五款、第六款规定,在保健食品宣传推介活动中,对保健食品做虚假宣传的,依照食品安全法第一百四十条规定给予处罚。

第一百一十七条 违反本条例规定,入网食品经营者、自建网站食品经营者、自动售货设备食品经营者未公示相关信息的,由食品药品监督管理部门责令限期改正,给予警告;逾期不改正的,处以五千元以上三万元以下罚款。

违反本条例第四十二条第四款规定的,由食品药品监督管理部门责令限期改正,给予警告;逾期不改正的,责令停止经营活动,并处一万元以上五万元以下罚款;情节严重的,吊销许可证或者核准证。

第一百一十八条 违反本条例第四十三条规定的,由食品药品监督管理部门责令限期改正,给予警告;逾期不改正的,处以一万元以上五万元以下罚款。

第一百一十九条 违反本条例规定,未经许可擅自从事餐具、饮具集中消毒服务的,由卫生行政部门没收违法所得,违法生产经营的餐具、饮具和用于违法生产经营的工具、设备等物品,并处一万元以上五万元以下罚款。

违反本条例规定,餐具、饮具集中消毒服务单位生产经营活动不符合卫生规范或者要求的,由卫生行政部门责令限期改正;逾期不改正的,处以一万元以上五万元以下罚款;情节严重的,责令停产停业,直至吊销许可证。

第一百二十条 违反本条例规定,向农作物生产区域排放或者倾倒废水、废气、固体废物或者其他有毒有害物质,或者未对作为肥料的畜禽粪便进行无害化处理或者虽经处理但未达到相关标准,造成产地环境污染的,有关主管部门应当责令进行土壤修复,并依照有关环境保护法律、法规的规定给予处罚。

第一百二十一条 违反本条例规定,冒用食用农产品质量标志的,由有关主管部门没收违法所得,并处一万元以上二万元以下罚款。

第一百二十二条 食用农产品集中交易市场开办者违反本条例第五十六条规定未履行管理职责,食用农产品批发市场开办者违反本条例第五十七条第二款规定,未对不具备有效证明的食用农产品逐批留样检验或者快速检测的,由食品药品监督管理部门责令限期改正,给予警告;逾期不改正的,处以五千元以上二万元以下罚款;造成严重后果的,责令停业。

食用农产品批发市场开办者违反本条例第二十四条第二款规定,未开展食用农产品检验工作的,由食品药品监督管理部门责令限期改正,并处五万元以上二十万元以下罚款;造成严重后果的,责令停业,直至由原发证部门吊销许可证。

食用农产品批发市场开办者违反本条例第五十八条第一款规定,未履行管理职责的,由食品药品监督管理部门责令限期改正,给予警告;逾期不改正的,处以一万元以上三万元以下罚款。

第一百二十三条　食用农产品经营者违反本条例第五十九条第一款规定的,由食品药品监督管理部门责令限期改正,给予警告;逾期不改正的,处以五千元以上三万元以下罚款。

违反本条例第五十九条第二款规定的,由食品药品监督管理部门责令停止销售,对被污染的食用农产品进行无害化处理,对不能进行无害化处理的予以监督销毁;没收违法所得,并处五千元以上二万元以下罚款。

第一百二十四条　违反本条例规定,未取得食品生产加工小作坊核准证、食品小经营核准证从事食品生产经营活动的,以及食品生产加工小作坊生产加工未列入目录的食品品种或者超出核准范围生产加工食品的,由食品药品监督管理部门没收违法所得和违法经营的食品,以及用于违法生产经营的工具、设备、原料等物品,并处五千元以上五万元以下罚款。

违反本条例规定,未取得食品摊贩登记卡,从事食品经营活动的,由有关主管部门责令限期改正,给予警告;逾期不改正的,没收违法所得和违法经营的食品,并处二百元以上五百元以下罚款,可以没收用于违法生产经营的工具、设备、原料等物品。

使用伪造、变造或者冒用他人的食品生产加工小作坊核准证、食品小经营核准证从事食品生产经营活动的,依照本条第一款规定处罚。将食品生产加工小作坊核准证、食品小经营核准证出租、出借或者以其他形式转让的,由食品药品监督管理部门没收违法所得,并处五百元以上五千元以下罚款,由原发证部门吊销核准证。

明知未取得食品生产加工小作坊核准证、食品小经营核准证仍为其提供生产经营场所的,由食品药品监督管理部门没收违法所得,并处二千元以上二万元以下罚款。

第一百二十五条　违反本条例规定,食品生产加工小作坊采取分装方式生产食品,或者接受委托生产加工的,由食品药品监督管理部门没收违法所得、违法生产经营的食品,可以没收用于违法生产经营的工具、设备、原料等物品,并处五千元以上二万元以下罚款;情节严重的,责令停产停业,直至吊销核准证。

第一百二十六条　食品生产加工小作坊、食品小经营违反本条例第六十五条、第七十条规定的,由食品药品监督管理部门责令限期改正,给予警告;逾期不改正的,处以二千元以上五千元以下罚款。

校外托管机构食品经营者违反本条例第七十一条规定的,由食品药品监督管理部门责令限期改正,给予警告;逾期不改正的,处以二千元以上一万元以下罚款。

食品摊贩违反本条例第七十七条第四项至第九项规定的,由有关主管部门责令限期改正,给予警告;逾期不改正的,处以一百元以上五百元以下罚款。

第一百二十七条 食品生产加工小作坊、食品小经营违反本条例规定,有下列情形之一的,由食品药品监督管理部门或者有关主管部门给予警告,责令限期改正;逾期不改正的,处以五百元以上五千元以下的罚款,情节严重的,责令停产停业,或者由原发证部门吊销核准证:

(一)未建立并执行进货查验制度的;

(二)食品添加剂未按规定存放的。

食品生产加工小作坊未按本条例要求建立并执行出厂检验制度,或者生产的食品的标签不符合本条例规定的,依照本条第一款规定处罚。

第一百二十八条 违反本条例规定,拒绝、阻挠、干涉有关部门、机构及其工作人员依法开展食品安全监督检查、事故调查处理、风险监测和风险评估的,由有关主管部门按照各自职责分工责令停产停业,并处二千元以上五万元以下罚款;情节严重的,吊销许可证或者核准证;构成违反治安管理行为的,由公安机关依法给予治安管理处罚。

第一百二十九条 食品生产加工小作坊、食品小经营在一年内累计三次因违反本条例规定受到责令停产停业、吊销核准证以外处罚的,由食品药品监督管理部门责令停产停业,直至吊销核准证。

第一百三十条 被吊销食品生产加工小作坊核准证、食品小经营核准证的食品生产经营者、直接负责的主管人员和直接责任人员,自处罚决定作出之日起五年内不得从事食品生产经营工作。

食品生产经营者聘用人员违反前款规定的,由食品药品监督管理部门吊销其许可证、核准证。

第一百三十一条 违反本条例规定,未经许可从事餐厨废弃物经营性收集、运输、处置活动的,由市容环境卫生行政部门责令停止违法行为,没收违法所得,并对单位处以一万元以上三万元以下罚款,对未经许可从事餐厨废弃物收集、运输活动的个人处以二千元以上五千元以下罚款,对未经许可从事餐厨废弃物经营性处置活动的个人处以三千元以上一万元以下罚款。

第一百三十二条 违反本条例规定,有下列情形之一的,由市容环境卫生行政部门处以五千元以上五万元以下罚款:

(一)餐厨废弃物产生单位未按规定建立并执行餐厨废弃物处置管理制度的;

　　（二）餐厨废弃物产生单位未按规定处理餐厨废弃物，或者将餐厨废弃物排入公共排水设施、湖泊、河道、公共厕所和其他生活垃圾收集设施中的；

　　（三）餐厨废弃物产生单位将餐厨废弃物交给未取得餐厨废弃物收集、运输特许经营权的单位或者个人处理的；

　　（四）餐厨废弃物产生、收集、运输、处置单位未建立并执行餐厨废弃物管理台账制度和定期向监督管理部门报告的。

　　用未经无害化处理的餐厨废弃物喂养畜禽的，由畜牧兽医主管部门依照前款规定处罚。

　　第一百三十三条　食品生产经营者有下列情形之一的，依照法律、法规的规定从重处罚：

　　（一）造成严重人体损伤或者造成重大社会影响的；

　　（二）造成系统性、区域性食品安全风险的；

　　（三）一年内所生产经营的食品出现两次以上食品安全监督抽检不合格且危害人体健康、生命安全的；

　　（四）隐匿、伪造或者销毁有关证据材料的；

　　（五）法律、法规规定的其他从重处罚的情形。

　　第一百三十四条　违反本条例规定，造成人身、财产或者其他损害的，依法承担赔偿责任。

第十章　附　　则

　　第一百三十五条　本条例下列用语的含义：

　　食品相关产品，是指用于食品的包装材料、容器、洗涤剂、消毒剂和用于食品经营的工具、设备。

　　食品生产包括食品的生产和加工。

　　食品经营包括食品销售和餐饮服务。

　　食品安全风险监测，是指通过系统和持续地收集食源性疾病、食品污染以及食品中有害因素的监测数据及相关信息，并进行综合分析和及时通报的活动，风险监测结果不作为监管依据。

　　食品安全地方标准包括地方特色食品及原料、地方特色食品生产经营过程的卫生要求及检验方法与规程等。

　　严于食品安全国家标准或者地方标准，是指食品安全企业标准中的食品安全指标严于国家标准或者地方标准的有关规定。

　　食用农产品，是指在农业活动中获得的供人食用的植物、动物、微生物及其产品。农业活动，是指传统的种植、养殖、采摘、捕捞等农业活动，以及设施农业、生物工程等现代农业活动。植物、动物、微生物及其产品，是指在农业活动中直接获得的，以及经过分拣、去皮、剥壳、干燥、粉碎、清洗、切割、冷冻、打蜡、分级、包装等加工，但未改变其基本自然性状和化学性质的产品。

食用农产品集中交易市场包括食用农产品批发市场和食用农产品零售市场。

绿色食品，是指产自优良生态环境，按照绿色食品标准生产，实行全程质量控制并获得绿色食品标志使用权的安全、优质食用农产品及相关产品。

有机食品，是指按照有机食品标准生产，并通过有机食品认证机构认证的食品。

转基因食品，是指以利用基因工程技术改变基因组构成的动物、植物和微生物为原料生产加工的食品。

食品生产加工小作坊，是指有固定生产场所，从业人员较少，生产条件、设备和工艺简单，不具备取得食品生产许可证条件的食品生产加工者。

食品小经营，是指有固定经营门店或者在商场、超市、有形市场内租赁场地，经营场所和经营规模较小，从业人员较少，经营条件达不到核发许可证条件的，以小超市（小食杂店）、小餐饮（小餐馆、小吃店、小饮品店）、校外托管机构、现场制售方式经营食品的个体经营者。

食品摊贩，是指在有形市场或者固定店铺以外，在划定区域或者临时指定的经营场所和规定时段内，开展预包装食品、散装食品、食用农产品销售活动，以及现场制售食品的食品经营者。

校外托管机构，是指受学生监护人委托，在学校外专门为学生提供看护、辅导、餐饮服务等活动的经营者。

临时性（季节性）餐饮服务活动，是指在经城市管理部门批准的广场、街道，或者单位、企业、个人具有所有权、经营权或者使用权的场所提供短期性、聚集性餐饮服务的活动，如啤酒广场、美食广场、美食节等。

餐厨废弃物，是指居民日常生活以外的单位和食品生产经营者在食品生产加工、餐饮服务等活动中产生的食物残余和废弃食用油脂等废弃物。

重大活动食品安全保障，是指对县级以上党委、人大、政府、政协确定的具有特定规模和影响的政治、经济、文化、体育等重大事项开展食品安全监督管理的活动。

第一百三十六条 小餐饮（小餐馆、小吃店、小饮品店）经营场所的使用面积由市级人民政府食品药品监督管理部门在核准管理办法中确定，并应当限定在六十平方米以下。根据本地实际，确需超过六十平方米的，应当报省人民政府食品药品监督管理部门批准。

第一百三十七条 县级以上人民政府食品药品监督管理部门应当参照食品小经营的有关要求对农村集体聚餐活动进行监督管理，具体办法由省人民政府食品药品监督管理部门制定。

水上航行船舶内食品安全监督管理办法由省人民政府交通运输航务部门依照本条例和有关法律、法规制定。

第一百三十八条 本条例自 2017 年 5 月 1 日起施行。

黑龙江省水路运输管理条例

(1996 年 11 月 3 日黑龙江省第八届人民代表大会常务委员会第二十四次会议通过　根据 2010 年 8 月 13 日黑龙江省第十一届人民代表大会常务委员会第十八次会议《关于修改〈黑龙江省实施《中华人民共和国水土保持法》办法〉等 11 部地方性法规的决定》修正　根据 2016 年 12 月 16 日省十二届人大常委会第三十次会议《黑龙江省人民代表大会常务委员会关于废止和修改〈黑龙江省特种设备安全监察条例〉等 44 部地方性法规的决定》第二次修正)

第一章　总　　则

第一条　为加强水路运输管理,维护水路运输秩序,保障水路运输经营者、旅客和货主的合法权益,促进水路运输事业的发展,根据《中华人民共和国水路运输管理条例》等有关法律、法规规定,结合本省实际,制定本条例。

第二条　本条例适用于在本省行政区域内江河、湖泊及其它通航水域从事水路运输业的单位和个人。

本条例所称水路运输业,是指水路旅客、货物运输,渡船运输以及与之相关的水路运输服务和船舶管理业。

第三条　省交通运输主管部门主管全省的水路运输事业,负责组织实施本条例。省航务管理机构和市、县交通主管部门设置的航务管理机构具体负责行使水路运输管理职能。

省农垦总局交通管理机构负责本系统水路运输管理工作,业务上接受省交通主管部门的指导和监督。

第四条　各级人民政府应当把水路运输事业纳入国民经济和社会发展计划,充分利用水资源发展水路运输。

第五条　鼓励和支持社会力量投资兴办水路运输业,禁止垄断经营。

第六条　各级航务管理机构应当会同有关部门,为从事水路运输的船舶做好信息咨询、通讯导航、装卸等服务的组织协调工作,配合有关部门做好沿江堤防和环境保护工作。

第二章 开业、停业和歇业

第七条 经营普通客船运输(含旅游运输)、水路普通货物运输、水路危险货物运输、水路运输服务、船舶管理业的单位和个人,应当符合国家交通主管部门规定的经营资质条件。

经营漂流运输的,应当具备下列条件:

(一)排筏或者其他水上运输工具,应当具有船舶检验证书或者国家承认的产品质量合格证书;

(二)符合省交通主管部门对经营漂流运输的管理规定。

经营渡船运输的,应当具备下列条件:

(一)船舶取得合格的船舶技术证书;

(二)持有船舶所有权证书或船舶租赁合同;

(三)船员具有适任的职务证书;

(四)客渡运输应当办理第三人运输责任保险。

经营高速客船(含气垫船)运输的,应当具备下列条件:

(一)符合普通客船运输条件;

(二)具有三年以上普通客船运输经历。

经营中俄水路对应口岸普通客船运输或者货物运输的,除具备国家规定的资质外,还应当分别具有2年以上国内水路旅客运输或者货物运输的经历。

第八条 具备经营资质条件的单位和个人,应当按下列规定向有管辖权的航务管理机构申请核准:

(一)经营中俄对应口岸和跨市(地)旅客运输、跨省货物运输及船舶管理业的,由省航务管理机构核准;

(二)经营省内货物运输、市(地)内旅客运输(包括隶属不同市相邻县)以及水路运输服务业的,由市航务管理机构核准;

(三)经营县(市)内水路旅客、货物运输和渡船运输的,由所在县(市)航务管理机构核准;未设置航务管理机构的,由其上级航务管理机构核准。

第九条 申请经营国际水路运输业的,由省航务管理机构按国家有关规定办理。

第十条 省航务管理机构应当根据船舶运行安全和技术发展要求及国家有关行业标准,确定船舶经营资质条件。

第十一条 水路运输业的经营人和运输管理人员应当取得省航务管理机构颁发的运输安全及相关法律知识培训证书。

第十二条 申请经营水路运输业的单位和个人,应当按照国家有关规定申报材料。

第十三条　航务管理机构在接到申办水路运输业的单位和个人申请之日起 30 日内,对符合条件的发给水路运输许可证、水路运输服务许可证和船舶管理业许可证(以下统称许可证);对不符合条件的作出书面答复。

第十四条　领取营业执照并取得许可证的单位和个人,应当向原核准机构领取船舶营业运输证。船舶营业运输证应当随船携带。

第十五条　取得许可证、船舶营业运输证的单位和个人,应当按年度到原核准机构进行审验。审验的具体条件,由省航务管理机构依照本条例制定。

第十六条　从事非营业性水路运输的单位和个人,应当持船舶检验证书、船舶所有权证书向当地的航务管理机构办理船舶备案。

第十七条　从事水路旅客、货物运输的单位和个人新增运力,应当按有关规定办理相应手续。

第十八条　经营水路运输业的单位和个人,要求歇业的,应当向原核准机构和登记机关备案,歇业时间不得超过 1 年。从事水路旅客、货物运输歇业的,应当向原核准机构送交船舶营业运输证。

经营水路运输业的单位和个人,需要办理停业手续的,应当提前 10 日向原核准机构提出申请,办理有关手续。

经营水路运输业的单位和个人,需要变更经营项目、经营范围或者合并、分立的,应当报航务管理机构核准。

第十九条　运输船舶报废、停运或者改变用途,应当向原核准机构办理船舶营业运输证的注销或者变更手续。

第二十条　任何单位和个人不得转让、租借、倒卖、涂改、伪造许可证和船舶营业运输证。

第三章　水路旅客运输

第二十一条　本条例所称水路旅客运输,是指从事经营性的普通客船运输、高速客船运输和使用排筏及其他载客工具的运输。

第二十二条　运输船舶、排筏及其他载客工具,必须符合国家和省有关内河水上安全管理的规定。

第二十三条　运输船舶应当符合国家和省有关技术规范,保证技术状况、卫生条件良好,船舶经营者应当执行服务质量标准和服务程序规范。

在国家级自然保护区和风景名胜区从事水路运输的船舶应当采用清洁燃料为动力。

第二十四条　公布班期的客船应当按批准的班期、停靠站点经营。确需改变班期和停靠站点的,应当经批准,在实际变更前 7 日公告;需要临时取消或者变更的,应当提前 48 小时向航务管理机构提出申请,经批准后予以公告。

第二十五条 旅客应当遵守国家有关乘船规定,持有效船票乘船,任何人不得携带危险品和其他禁止携带的物品进站乘船。

第二十六条 运输船舶应当按照船票载明的船名、航次、时间和席位运送旅客,因承运人的责任发生船舶误班的,承运人应当负责旅客改乘其他班期船舶或者退票。

第四章 渡船运输

第二十七条 渡船运输,是指运输距离在 10 公里以内的车渡、客渡船舶运输。

第二十八条 渡船运输的承运人应当遵守渡口守则,公布渡运须知、渡运价格。公布班期的渡船不得随意变更发船时间。

第二十九条 渡船应当停靠固定的地点,并指定专人指引车辆上、下渡船,合理分布车位。

渡船应当停靠符合旅客安全乘降要求的码头,保持良好的乘降秩序。

乡镇人民政府负责乡镇船舶和渡口的安全管理工作,落实安全管理责任制。

第五章 水路货物运输

第三十条 水路货物运输实行合同运输。承运人与托运人应当按照有关法律、法规签订运输合同。

经营水路货物运输的单位和个人,应当公平竞争,不得垄断货源。

第三十一条 经营水路货物运输的单位和个人应当遵守法律、法规和省人民政府有关禁运、限运、凭证运输和危险货物运输的规定。

第三十二条 水路货物运输的承运人应当保证货物运输质量,计量准确,积载合理。运输船舶应当符合航次运输目的要求的技术状态,具备必需的苫垫资材。

第三十三条 运输船舶应当承担防洪、抢险、救灾、战备等指令性运输任务,承运人必须保证完成。

第六章 水路运输服务和船舶管理业

第三十四条 水路运输服务,是指接受委托,以委托人名义为委托人办理水路旅客、货物运输和港口作业等相关业务手续,以及利用水上浮动设施从事与水路运输相关的经营活动。

水路运输服务实行多家经营、平等竞争。水路运输服务企业应当遵守国家有关规定,为委托人提供高效、优质服务。

第三十五条 水路运输服务企业代办运输手续,代办旅客、货物中转,代办组织货源业务时,应当以委托人的名义签订合同,不得收取代理费以外的其他费用。

第三十六条 水路运输服务企业不得为未取得水路运输经营资格的承运人提供水路运输服务业务。

第三十七条 经营国际航线船舶代理业务的,应当遵守国家有关规定,并接受航务管理机构的管理。

第三十八条 船舶管理业,是指船舶管理经营人根据约定,为船舶所有人或者船舶承租人、船舶经营人提供下列船舶管理服务:

(一)船舶机务管理;

(二)船舶驾驶管理;

(三)船舶检修、保养;

(四)船员配给、管理;

(五)船舶买卖、租赁、营运及资产管理;

(六)其他船舶管理服务。

第三十九条 船舶管理经营人与船舶所有人、船舶承租人或者船舶经营人签订的合同应当明确双方的权利义务关系及安全责任。

第七章 价格、票据和统计

第四十条 水路运输价格实行市场调节价,经营者可以自主定价,任何部门不得非法增加水路运输价外费用。除合同运价外,经营者制定或调整水路客、货运输价格应当在实施前 30 日向社会公布,并报省价格主管部门、省航务管理机构备案。

第四十一条 经营水路运输业的单位和个人,在发生经营行为时,应当按规定使用全省统一印制的票据和单证。任何单位和个人不得私自印制、伪造、倒卖和转让。

第四十二条 从事水路运输业的单位和个人,应当按规定向所在地航务管理机构报送旅客、货物运输统计资料。

第八章 监督检查

第四十三条 航务管理机构有权对水路运输活动进行监督检查。

执法人员执行公务时,应当统一标志,按规定持统一制发的合法证件。

第四十四条 有下列行为之一的,航务管理机构可以按规定采取滞留船舶措施:

(一)无有效的许可证、船舶营业运输证,从事营业性水路旅客、货物运输的;

（二）被暂扣许可证、船舶营业运输证的船舶在完成本航次任务后,继续从事营业性水路

旅客、货物运输的;

（三）使用报废船舶从事水路旅客、货物运输的;

（四）承运禁运物资和不按规定承运危险货物的。

被滞留的船舶应当到指定的地点停泊,接受处理,对其承运的旅客、鲜活易腐物品、危险货物和禁运物资,船舶所有人应当按照航务管理机构的要求妥善安置和处理,由此产生的费用由船舶所有人承担。

第九章 法律责任

第四十五条 违反本条例有下列行为之一的,由航务管理机构责令停止违法行为,分别给予以下处罚:

（一）未经核准擅自从事营业性水路运输业的,或持伪造、涂改、租借、转让、失效等船舶营业运输证从事营业性水路运输的,没收违法所得,并处违法所得1倍以上3倍以下的罚款;没有违法所得的,处以1万元以上5万元以下的罚款;

（二）承运禁运物资和不按规定承运危险货物的,移交有关部门处理;

（三）水路运输企业超越经营范围从事经营活动的,没收违法所得,并处以违法所得1倍以上3倍以下罚款;

（四）未按规定使用国家规定使用的水路运输客票、渡船票的,视情节轻重给予警告或者处以300元以上1000元以下罚款;

（五）水路运输服务企业进行代办运输手续,代办旅客、货物中转,代办组织货源时,以自己名义签订承运合同或者为未取得水路运输经营资格的承运人提供水路运输服务的,没收违法所得,并处以1000元以上3000元以下罚款;

（六）水路旅客运输船舶不符合内河水上安全管理规定,责令停止经营;

（七）水路货物运输船舶无必需的苫垫资材、计量不准确、积载不合理的,处以1000元以上3000元以下罚款;给托运人造成经济损失的,应当承担赔偿责任;

（八）对非法增加水路运输价外费用的,责令停止非法行为,没收非法所得;

（九）被滞留船舶的责任人逾期不接受处罚的,申请人民法院拍卖被滞留的船舶,所得价款扣除有关费用外,返还责任人或上缴国库;利用报废船舶从事运输的,强制拆解被滞留的报废船舶,所发生的费用由船舶所有人承担。

第四十六条 违反本条例有下列行为之一的,由航务管理机构责令限期改正,并给予以下处罚:

(一)船舶报废、停运或者改变用途未按本条例规定到原核准机构办理手续的,处以 1000 元以上 3000 元以下罚款;

(二)水路旅客运输船舶卫生条件不符合规范要求的,处以 500 元以上 2000 元以下罚款;

(三)未按规定公布渡运价格、渡运须知的,处以 500 元以上 2000 元以下罚款;

(四)不按规定上报统计资料的,根据情节轻重处以 1000 元以上 3000 元以下罚款,暂扣或吊销许可证、船舶营业运输证;

(五)企业合并、分立时未按本条例规定到原核准机关办理有关手续的,处以营业收入 50% 的罚款,暂扣许可证和船舶营业运输证。

第四十七条 拒绝接受抢险救灾物资运输任务的,由航务管理机构强制其承运;情节严重的,吊销许可证和船舶营业运输证,并处以 1 万元以上 3 万元以下罚款。

第四十八条 航务管理机构及其工作人员玩忽职守、滥用职权、徇私舞弊有下列行为之一的,由有关机关对主管负责人和直接责任人给予行政处分:

(一)核准不符合经营资质条件的单位和个人从事水路运输业的;

(二)核准不符合经营资质条件的船舶从事营业性水路运输的;

(三)未履行资质核准手续,擅自发给许可证或者船舶营业运输证的;

(四)不履行管理职责,导致辖区内水运市场管理混乱,严重影响市场经营秩序的;

(五)违法采取滞留船舶强制措施的;

(六)其他违反本条例的行为。

第四十九条 违反本条例规定,构成犯罪的,依法追究刑事责任。

第五十条 当事人对行政处罚决定不服的,可以依法申请复议或者提起行政诉讼。

第十章 附　　则

第五十一条 本条例自公布之日起施行。

黑龙江省发展中医药条例

(2008年12月19日黑龙江省第十一届人民代表大会常务委员会第七次会议通过 根据2015年4月17日黑龙江省第十二届人民代表大会常务委员会第十九次会议《关于废止和修改〈黑龙江省文化市场管理条例〉等五十部地方性法规的决定》修正 根据2016年12月16日省十二届人大常委会第三十次会议《黑龙江省人民代表大会常务委员会关于废止和修改〈黑龙江省特种设备安全监察条例〉等44部地方性法规的决定》第二次修正)

第一章 总 则

第一条 为了继承和发扬中医药学,促进中医药事业的发展,保障人体健康,根据有关法律、行政法规,结合本省实际,制定本条例。

第二条 在本省行政区域内从事中医医疗、预防、保健、康复服务和中医药教育、科研、对外交流以及中医药事业管理等活动的单位和个人,应当遵守本条例。

中药的研制、生产、经营、使用、监督和行业管理依照《中华人民共和国药品管理法》等有关法律、行政法规执行。

第三条 县级以上人民政府主管中医药工作的行政部门(以下简称中医药行政部门)负责本行政区域内的中医药管理工作,并组织实施本条例。

市(地)、县级卫生和计划生育行政部门应当设置中医药管理机构或者配备中医药专职管理人员。

县级以上人民政府发展和改革、财政、人事、科学技术、教育、物价、劳动和社会保障、食品药品监督管理等部门在各自的职责范围负责与中医药有关的工作。

省农垦总局、省森工总局主管中医药工作的机构负责本系统内的中医药管理工作,业务上接受省中医药行政部门的指导和监督。

第四条 县级以上人民政府应当坚持中西医并重的方针,健全中医药管理体系,将中医药事业纳入国民经济和社会发展计划,把中医药事业发展情况纳入本级人民政府的工作目标进行考核。

第五条 发展中医药事业应当遵循中医药自身发展规律,坚持继承与创新相结合,实现中医药协调发展,保持和发扬中医药特色和优势,积极利用现代科学技术,促进中医药理论和实践的发展,推进中医药现代化。

第六条 县级以上人民政府应当建立发展中医药工作联席会议制度,定期协调解决发展中医药事业中的重大问题。

第七条 卫生计生、教育、文化、科技、广播电视、新闻出版等部门和中医药机构、行业协会、学会等组织应当通过多种途径在全社会宣传中医药。

每年十月二十二日的国际传统医药日为全省中医药宣传日。

第八条 中医药行政部门应当加强中医药行业协会、学会建设,发挥其在学术交流、知识普及、咨询服务等活动中的作用。

第二章 扶持措施

第九条 县级以上人民政府应当制定和落实扶持政策,支持中医药事业发展。有关部门制定涉及中医药的政策时,应当征求同级中医药行政部门的意见。

第十条 县级以上人民政府应当逐年增加对中医药事业的财政投入,提高中医医疗机构人员工资经费补贴标准。

县级以上人民政府应当设立发展中医药专项资金,用于支持中医药事业发展的重点项目。

第十一条 鼓励境内外组织和个人通过捐资、投资、技术合作等方式支持、参与中医药事业发展。

中医药知识产权以及中医药秘方、验方、专有技术和科技成果等,可以依法转让,也可以合作开发,作价入股。

第十二条 非营利性中医医疗机构依照国家和省有关规定,享受财政补贴、税收减免及基本建设免交有关附加、配套费用等优惠政策。

非营利性中医医疗机构的建设用地,按照有关法律、法规规定,符合《划拨用地目录》的,依法以划拨方式取得。

第十三条 实行政府指导价的中医药服务价格项目及标准由省物价部门会同省中医药行政部门制定。中医药价格标准的确定,应当根据中医药特色,体现中医药服务技术劳务价值。

第十四条 县级以上人民政府应当将符合条件的中医医疗机构纳入基本医疗保险和新型农村合作医疗定点医疗机构,将符合规定的中药和中医诊疗服务纳入基本医疗保险的诊疗项目、服务范围和药品目录以及新型农村合作医疗资金的支付范围。

第十五条 县级以上人民政府及有关部门应当支持中医药专业技术人员发掘和推广有独特疗效的中医药诊疗技术,鼓励中医医疗机构研制安全、简便和多样化的临床中药制剂。

经省食品药品监督管理部门批准,未取得《医疗机构制剂许可证》和不具备中药配制能力的医院类别的医疗机构可以委托符合条件的医疗机构制剂室或者药品生产企业配制中药制剂。

医疗机构的中药制剂经省食品药品监督管理部门批准可以在指定的医疗机构之间调剂使用。

第十六条　中医经典处方、中药协定处方、中医经验方,具备条件的,可以在有《医疗机构制剂许可证》的医疗机构按照传统的调配方法配制使用,具体实施办法由省食品药品监督管理部门制定。

第十七条　中医医疗机构应当同其他医疗机构共同承担社会医疗、预防、保健和康复工作任务。有关部门、单位在确定下列定点医疗机构时,应当根据技术配备的基本要求同等对待中医医疗机构:

(一)基本医疗保险定点医疗机构;

(二)新型农村合作医疗定点医疗机构;

(三)工伤保险协议医疗机构;

(四)交通事故等伤害救治医疗机构;

(五)突发公共卫生事件应急机构;

(六)急救中心、急救站;

(七)招生、用工、征兵体检以及伤残病退鉴定医院。

第十八条　下列事项应当成立专门的中医药评审、鉴定组织或者由中医药专家参加评审、鉴定:

(一)中医药专业技术人员职务任职资格的评审;

(二)中医药机构的评审、评估;

(三)中医药科研项目立项、成果、奖励的评审、鉴定;

(四)中医医疗事故的技术鉴定;

(五)中医药新技术评审;

(六)省中医药行政部门确定的其他项目。

第十九条　县级以上人民政府及有关部门应当加强县级中医医疗机构基础设施建设,重点建设对常见病、多发病、疑难病有独特疗效的特色中医专科。

高等中医药院(校)毕业生从参加乡(镇)医疗卫生机构中医药工作起,向上浮动一级薪级工资,工作满三年浮动工资应当固定。

第二十条　县级以上人民政府及有关部门应当鼓励社会力量按照国家有关规定,发展中医药非基本医疗保健事业,推进中医药非基本医疗保健的市场化、产业化。鼓励中医医疗机构发挥中医药在养生保健和亚健康诊疗方面的优势,开展预防、保健性服务。

第二十一条　在发展中医药事业中,有下列情形之一的,由县以上人民政府给予表彰奖励:

(一)在中医医疗、中医药教育、科研、管理、对外交流以及促进中西医结合等方面取得突出成绩的;

(二)捐献或者发掘、整理有价值的中医药学术文献以及有特效的处方、诊疗技术的;

(三)中医药专业技术人员带徒授业取得突出成绩的;

(四)长期在乡(镇)医疗卫生机构从事中医药工作业绩突出的;

(五)资助中医药事业发展有突出贡献的;

(六)对促进中医药事业发展有其他重大贡献的。

第三章　中医医疗机构与中医药从业人员

第二十二条　县级以上人民政府应当根据中医医疗机构设置标准和区域卫生规划,按照下列规定建立中医医疗服务体系:

(一)县以上行政区域应当设置相应规模的中医医疗机构;

(二)县级以上综合医院应当设置中医科或者中西医结合科和中药房,中医及中西医结合床位占医院床位总数的比例应当不低于百分之三;

(三)城市社区和乡(镇)医疗卫生机构应当设置中医科和中药房;

(四)城市社区卫生服务站和村医疗卫生机构应当提供中医药服务。

第二十三条　县级以上公立、非营利性中医医疗机构合并、撤销或者改变中医医疗性质的,应当经省中医药行政部门审核同意。

第二十四条　具备下列条件的药品零售企业,可以向县级以上中医药行政部门申请设置中医坐堂医诊所:

(一)具有《药品经营许可证》和营业执照;

(二)具有独立的中药营业区;

(三)坐堂医师应当具有《执业医师资格证书》并经执业注册,总数不得超过三人;

(四)中医坐堂医诊所的负责人由药品零售企业负责人担任。

第二十五条　具备下列条件的,可以向省中医药行政部门申请设立中医馆:

(一)设置五个以上中医一级临床科(室),并有中医内科、妇科、儿科、针灸科、推拿科等;

(二)设有独立的诊室、候诊室和煎药室;

(三)主要负责人具有《执业医师资格证书》,并经执业注册,取得主治中医师以上技术职称;

(四)有五名以上中医医师,其中至少有一名副主任医师和一名主治中医师以上技术职称,有两名以上护士,中医药人员占医药人员总数的比例不低于百分之七十五。

第二十六条 依法取得《医疗机构执业许可证》后,可以设立中医坐堂医诊所或中医馆,具体管理办法,由省中医药行政部门制定。

第二十七条 中医医疗机构从事医疗活动,应当以提供中医药服务为主,积极应用中药饮片、中药制剂等中药以及针灸、推拿等中医非药物疗法,结合现代科学技术手段,突出中医药的特色。

第二十八条 县级以上中医医疗机构应当设置针灸、推拿科。鼓励综合医院设置的中医科或者中西医结合科提供针灸、推拿等中医非药物疗法服务。

鼓励城市社区、乡(镇)、村医疗卫生机构提供针灸、推拿等中医非药物疗法服务。

第二十九条 具有执业资格并符合其他法定条件的中医医疗从业人员可以个体开业行医,申请设置中医医疗机构,从事中医执业活动不受年龄限制。

第三十条 省中医药行政部门应当组织未取得执业医师资格和执业助理医师资格的中医药师承人员以及确有专长的中医药从业人员,进行以临床效果和工作实践为主的专门培训,经考试合格后可以发给乡村医生执业证书,在村医疗卫生机构从事中医医疗活动。

第三十一条 鼓励西医药人员学习、运用中医药理论和中医诊疗技术;鼓励中医药从业人员学习和运用现代医学技术。

第三十二条 省中医药行政部门应当组织制定著名中医、知名特色专科和知名医院等评审制度,建立中医药机构和中医药从业人员评价机制,适时公布著名中医、知名特色专科和知名医院等评选情况。

省中医药行政部门应当通过配备学术继承人、组织出版专著、编纂医案、制作音像资料等形式,记录和保存著名中医的学术资料,发掘和保护特色中医药技术,总结和传承学术思想和诊疗经验。

第三十三条 县级以上人民政府应当加强对著名中医的保护,改善其工作条件。著名中医保护办法由省人民政府制定。

第四章 中医药教育与科研

第三十四条 鼓励医学院(校)设置中医药学课程。中医药院(校)教育应当以传授中医药基础理论和中医药临床实践为主,在修业年限、培养模式、课程设置、教学方式等方面体现中医药的学科特征。中医药教育机构专业设置标准,由省教育行政部门会同省中医药行政部门制定。

中医药院(校)应当开展高层次中西医结合教育和加强中医药职业教

育,培养中西医结合人才及中医药专业技术应用型人才。

第三十五条　省中医药行政部门应当建立中医药专业人员继续教育制度,制定中医药专业技术人员培训规划,可以委托中医药院(校)或者有关单位定期组织中医药专业技术人员进行中药加工炮制技术和针灸、推拿等中医非药物疗法的培训。

县级以上中医药行政部门应当组织开展对社区、乡村医生进行中医药基础理论和中医诊疗技术培训。

中医药机构和城市社区及乡(镇)医疗卫生机构应当保证中医药专业技术人员参加多种形式的继续教育学习,学习期间的工资、福利与在岗人员享受同等待遇。

第三十六条　鼓励符合国家规定条件的中医药专业技术人员作为师承教育指导教师和确有专长的考核教师。

师承和确有专长人员在取得《传统医学师承出师证书》或者《传统医学医术确有专长证书》后,在执业医师指导下,在医疗机构中试用期满一年,并考核合格,可以申请参加执业助理医师资格考试。

师承和确有专长人员取得执业助理医师执业证书后,在医疗机构中从事传统医学、医疗工作满五年,可以参加执业医师资格考试。

鼓励有中药炮制特长的中医药专业技术人员开展师承教育,带徒授业。

第三十七条　师承人员取得《传统医学师承出师证书》后,可以晋升专业技术职称,具体实施办法由省中医药行政部门会同省人事行政部门制定。

第三十八条　开办中医科研机构,应当经县级以上中医药行政部门审查同意,报县级以上科学技术行政部门审批。中医药科研机构的业务用房、仪器装备、专业技术人员配备、临床研究病床,应当达到国家和省规定的标准。

第三十九条　县级以上人民政府及中医药等有关部门应当鼓励捐献有价值的中医药文献、民间验方、秘方和有独特疗效的中医药诊疗技术,对于濒临消失的,可以通过有偿收购的方式进行抢救和保护,在资金、人员方面应当予以保证。

县级以上人民政府应当支持建设中医药科普教育基地。中小学健康教育应当包括通俗易懂的中医药常识。

第四十条　县级以上知识产权管理部门应当组织中医药机构和中医药从业人员申请中医药专利、地理标志、药用植物新品种等知识产权,帮助开发中医药专利产品、注册商标及对有关中医药著作进行版权登记。对不适宜专利保护的工艺、方法等,可以采取技术秘密的方式实施保护。

未经权利人许可,任何组织和个人不得披露、使用、占有权利人的中医药秘方、验方、专有技术和未经公开的科技成果,不得侵犯他人中医药著作权。

第五章　中医药对外交流与合作

第四十一条　县级以上人民政府及有关部门、中医药机构、中医药行业协会等组织应当通过多种途径推进中医药的国际传播。

鼓励中医药机构和具有中医药执业资格的公民到境外开展中医医疗活动以及其他形式的对外交流与合作。

边境口岸地区的县、市人民政府应当加强中医药机构建设,通过政策引导和资金投入等方式支持中医药机构的对外交流与合作。

第四十二条　举办涉外中医药短期培训班和进修班,应当具备规定的办学条件,经省中医药行政部门和省教育行政部门审查同意后,报国家有关部门批准。

第四十三条　中医药机构开展涉外中医药学术交流、医疗服务、技术合作、科技成果转让、科研课题合作研究等活动,应当报省中医药行政部门审查同意后,再办理其他审批手续。

第六章　监督管理

第四十四条　县级以上人民政府及各级公安机关应当依法维护中医医疗机构的合法权益和工作秩序,对于损害医疗设施,侮辱医务人员的行为,依法进行处罚。

中医药行政部门和中医医疗机构应当加强对中医药从业人员的职业道德教育,提高医疗服务质量,减少医疗差错,妥善处理医疗纠纷,规范医疗行为。

第四十五条　开展医疗性中医推拿、按摩、刮痧、拔罐和中医美容等活动,应当经县级以上中医药行政部门批准,取得《医疗机构执业许可证》。

第四十六条　中医药行政部门和其他有关部门应当依法规范中医医疗市场秩序,依法取缔以中医名义非法行医的行为。

非医疗机构开展推拿、按摩、刮痧、拔罐和美容等活动,在机构名称、经营项目名称和项目介绍中不得使用中医、医疗、治疗等医疗专业术语。

第四十七条　省中医药行政部门应当及时将已发布的违法中医医疗广告信息通过新闻媒体或者政府网站向社会公开。

第七章　法律责任

第四十八条　未经省中医药行政部门审核同意,擅自合并、撤销县级以上公立、非营利性中医医疗机构或者改变其性质的,由省中医药行政部门责令限期改正;逾期不改正或者造成严重后果的,建议有权处理的机关对直接负责的主管人员和其他直接责任人员依法给予行政处分。

第四十九条 有关人员违反本条例,有下列行为之一的,依法给予行政处分;有下列第三项、第四项行为之一的,由市级、县级中医药行政部门处以三千元以上一万元以下罚款:

(一)利用职权侵犯中医药机构和中医药从业人员合法权益的;

(二)限制公民自愿选择中医药服务权利的;

(三)损害和破坏中医药文物、档案的;

(四)泄露中医药技术秘密的。

第五十条 中医药机构和其他医疗机构不符合国家或者省规定的设置标准,由县级以上中医药行政部门责令限期改正;逾期不改正的,责令停业整顿;情节严重的,对直接负责的主管人员和其他直接责任人员给予行政处分。

第五十一条 违反本条例,有下列行为之一的,由县级以上中医药行政部门予以取缔,没收其违法所得,并处十万元以下罚款;对医师吊销执业证书;给患者造成损害的,依法承担赔偿责任:

(一)未经批准,擅自设立中医医疗机构的;

(二)未办理执业登记手续,擅自开展中医医疗服务的;

(三)未取得中医执业资格,非法从事中医诊疗活动的。

第五十二条 未经权利人许可,擅自披露、使用、占有权利人的中医药秘方、验方、专有技术和未经公开的科技成果以及其他侵犯中医药知识产权的,交有关机关依法处理。

第五十三条 中医药行政部门工作人员在中医药管理工作中违反本条例的规定,有下列行为之一的,依法给予行政处分:

(一)违法实施行政许可的;

(二)违法实施行政处罚的;

(三)利用职务上的便利收受他人财物或者获取其他利益的;

(四)发现违法行为不予查处,造成严重后果的;

(五)违反本条例的其他行为。

第八章　附　　则

第五十四条 本条例所称中医包括中医、中西医结合和民族医。

本条例所称中医药机构包括中医医疗机构、中医药教育机构、中医药科研机构。

本条例所称中医医疗机构是指依法取得医疗机构执业许可证的中医、中西医结合和民族医的医院、门诊部和诊所。

第五十五条 本条例自 2009 年 5 月 1 日起施行。1998 年 10 月 16 日黑龙江省第九届人民代表大会常务委员会第五次会议通过的《黑龙江省发展中医条例》同时废止。

黑龙江省大气污染防治条例

(2017 年 1 月 20 日黑龙江省第十二届人民代表大会
第六次会议通过)

第一章 总 则

第一条 为了保护和改善环境,防治大气污染,保障公众健康,推进生态文明建设,促进经济社会可持续发展,根据《中华人民共和国环境保护法》、《中华人民共和国大气污染防治法》和有关法律、行政法规,结合本省实际,制定本条例。

第二条 本省行政区域内大气污染防治及其监督管理活动,适用本条例。

第三条 防治大气污染,应当以改善大气环境质量为目标,坚持源头治理、规划先行、防治结合、突出重点的原则。

第四条 各级人民政府对本行政区域的大气环境质量负责。

县级以上人民政府应当将大气污染防治工作纳入国民经济和社会发展规划,转变经济发展方式,优化产业结构和布局,推广利用清洁能源,促进清洁生产,合理规划城市布局,使大气环境质量达到规定标准。

乡(镇)人民政府应当在县级人民政府的领导下,根据本地区实际,组织开展大气污染防治工作。

第五条 县级以上环境保护主管部门对本行政区域的大气污染防治实施统一监督管理。

县级以上其他有关行政主管部门在各自职责范围内重点履行以下大气污染防治监督管理职责:

(一)发展和改革部门负责优化能源结构,发展循环经济,推进新增集中供热热源以及热网工程、秸秆综合利用、节能等产业发展和项目建设。

(二)工业和信息化部门负责工业节能降耗,淘汰落后产能,推进工业锅炉升级改造和清洁生产。

(三)公安机关交通管理部门负责对高排放机动车限行和淘汰实施监督管理。

(四)住房和城乡建设部门负责对房屋建筑、市政基础设施建设等施工工地扬尘污染防治实施监督管理,并会同发展和改革部门推进集中供热。

(五)质量技术监督和工商行政管理部门按照职责分工分别负责对商品煤、车用成品油、高污染燃料禁燃区内高污染燃料的生产、加工和销售实施监督管理;设立市场监督管理部门的,由市场监督管理部门实施监督管理。

(六)煤炭管理部门负责组织、会同有关部门对煤炭质量实施监督管理。

(七)农业行政主管部门负责对农业污染防治、秸秆禁烧和限制性焚烧实施监督管理。

其他大气污染防治的监督管理,由相关部门依照有关法律、法规、规章和县级以上人民政府确定的职责分工实施。

县级以上负有大气环境保护监督管理职责的部门应当严格依法履行职责、协同配合,加强对排放大气污染物活动的日常监督管理,及时制止并依法处理污染大气环境的违法行为。

第六条 企业事业单位和其他生产经营者应当采取有效措施,防止和减少大气污染,对所造成的损害依法承担责任。

公民应当增强大气环境保护意识,采取低碳、节俭的生活方式,履行大气环境保护义务。

第七条 各级人民政府对执行严于国家和省规定的大气污染物排放和控制标准,主动开展技术改造、设备更新、能源替代的企业事业单位和其他生产经营者给予扶持或者奖励。

鼓励和支持社会资本参与大气污染防治。

第八条 各级人民政府应当支持大气污染防治科学技术研究,推广先进适用的大气污染防治技术和装备,促进科技成果转化,发挥科学技术在大气污染防治中的支撑作用。

各级人民政府以及有关部门应当宣传、普及大气污染防治科学知识,推动公众、社会组织参与大气环境保护。

第九条 本省实行大气环境质量目标责任制和考核评价制度。省人民政府负责制定考核办法,对设区的市级人民政府(含行政公署,下同)和县级人民政府大气环境质量改善目标、大气污染防治重点任务完成情况逐级实施考核。考核结果应当向社会公开。

第二章 监督管理

第十条 企业事业单位和其他生产经营者建设对大气环境有影响的项目,应当依法进行环境影响评价、公开环境影响评价文件;向大气排放污染物的,应当符合大气污染物排放标准,遵守重点大气污染物排放总量控制要求。

第十一条　向大气排放污染物的企业事业单位和其他生产经营者,应当配套建设大气污染防治设施。

配套建设的大气污染防治设施,应当与主体工程同时设计、同时施工、同时投产使用,不得擅自拆除或者闲置。

第十二条　本省按照国家规定实行大气污染物排污许可管理制度。

实行排污许可管理的企业事业单位和其他生产经营者,应当按照排污许可证的要求排放大气污染物;未取得排污许可证的,不得排放大气污染物。

第十三条　本省实行重点大气污染物排放总量控制制度。

省人民政府应当按照国务院下达的总量控制目标,控制或者削减本行政区域的重点大气污染物排放总量。

县级以上人民政府在控制重点大气污染物排放总量、实行排放总量削减计划的前提下,根据国家和省有关规定,按照有利于总量减少的原则,可以在重点大气污染物排放总量控制指标范围内,推行重点大气污染物排污权交易。

第十四条　省环境保护主管部门对超过国家重点大气污染物排放总量控制指标或者未完成国家下达的大气环境质量改善目标的地区,应当暂停审批该地区新增重点大气污染物排放总量的建设项目环境影响评价文件。

第十五条　有下列情形之一的,省环境保护主管部门应当会同有关部门约谈所在地设区的市级人民政府或者县级人民政府主要负责人,约谈情况应当向社会公开:

(一)大气环境质量恶化的;

(二)大气环境质量未达到改善目标的;

(三)发生重大、特大环境事故,造成重大影响的;

(四)未开展或者未完成环境保护目标责任考核的;

(五)省人民政府规定的其他情形。

第十六条　未达到国家大气环境质量标准的城市人民政府,应当按照国家和省大气污染防治目标要求和区域大气环境质量状况,制定大气环境质量限期达标规划,并采取措施,按照规定的期限达到大气环境质量标准。

第十七条　县级以上环境保护主管部门负责组织建设与管理本行政区域大气环境质量和大气污染源监测网,设置大气环境质量监测站(点),开展大气环境质量和大气污染源监测,统一发布本行政区域大气环境质量状况信息。

大气环境质量监测站(点)的设置应当符合有关监测技术规范要求。有关部门、大气环境质量监测站(点)周边单位和居民应当为大气环境质量监测站(点)的设置、建设和运行提供必要条件。大气环境质量监测站(点)

位置应当向社会公开。

禁止侵占、损毁或者擅自移动、改变大气环境质量监测站(点)。调整大气环境质量监测站(点)位置的,所在地环境保护主管部门应当报设置大气环境质量监测站(点)的环境保护主管部门批准。

第十八条　设区的市级人民政府和县级人民政府应当研究分析本行政区域大气污染来源及其变化趋势,编制大气污染物源排放清单,并向社会公布。

第十九条　县级以上环境保护主管部门和其他负有大气环境保护监督管理职责的部门,应当依法公开下列信息,为公众参与和监督大气环境保护提供便利:

(一)大气环境质量信息;

(二)重点大气污染物排放控制和削减情况;

(三)污染源监督性监测情况;

(四)监督检查商品煤、车用成品油、高污染燃料禁燃区内高污染燃料的生产、加工、销售和使用等情况;

(五)与大气环境保护相关的行政许可和行政处罚等信息;

(六)突发大气污染环境事件以及应对情况;

(七)其他依法应当公开的环境信息。

第二十条　设区的市级环境保护主管部门应当根据本行政区域的大气环境承载力、重点大气污染物排放总量控制指标的要求,以及企业事业单位和其他生产经营者排放大气污染物的种类、数量和浓度等因素,商有关部门确定重点排污单位名录,并向社会公布。

第二十一条　重点排污单位应当自重点排污单位名录公布之日起九十日内,通过其网站、企业事业单位环境信息公开平台或者所在地报刊等便于公众知晓的方式公开下列信息:

(一)基础信息,包括单位名称、统一社会信用代码、法定代表人姓名、生产地址、联系方式,以及生产经营与管理服务的主要内容、产品和规模;

(二)排污信息,包括主要污染物和特征污染物的名称、排放方式、排放口数量和分布情况、排放浓度和总量、超标排放情况,以及执行的污染物排放标准、核定的排放总量;

(三)污染防治设施的建设和运行情况;

(四)建设项目环境影响评价以及其他环境保护行政许可情况;

(五)突发环境事件应急预案;

(六)其他依法应当公开的环境信息。

列入国家重点监控企业名单的重点排污单位还应当公开其环境自行监测方案。

重点排污单位公开的信息有变化的,应当自信息变化之日起三十日内予以公开。

第二十二条 重点排污单位应当按照法律、法规和监测规范的要求,确定监测点位和设置采样监测平台,并对其排放的大气污染物进行自行监测或者委托有环境监测资质的单位监测。原始监测记录至少保存三年。

重点排污单位应当安装、使用大气污染物排放自动监测设备,与环境保护主管部门的监控设备联网,保证监测设备正常运行并依法公开排放信息。

第二十三条 本省推行大气污染第三方治理,提高治理专业化水平和治理效果。

企业事业单位和其他生产经营者可以委托第三方治理企业代其运营大气污染防治设施或者实施大气污染治理,并对治理结果承担法律责任。接受委托的第三方治理企业应当遵守环境保护法律、法规、规章和相关技术标准以及委托要求,承担约定的污染治理责任,不得弄虚作假,并接受县级以上环境保护主管部门的监督管理和公众监督。

新成立或者变更法定代表人的第三方治理企业,其法定代表人不得由社会诚信档案已有失信记录的企业法定代表人担任。

第二十四条 任何单位和个人有权对污染大气环境的行为,向县级以上环境保护主管部门或者其他负有大气环境保护监督管理职责的部门举报、投诉。

县级以上环境保护主管部门和其他负有大气环境保护监督管理职责的部门,应当公布举报、投诉方式。举报、投诉的违法行为属于本部门职责范围的,应当及时核实、处理,并答复实名举报、投诉人;不属于本部门职责范围的,应当及时移交有权处理的部门,并告知实名举报、投诉人。

县级以上人民政府可以公布统一的举报、投诉方式。

接到举报的部门应当为举报人保密,举报内容经查证属实的,对举报人给予奖励。

第二十五条 县级以上环境保护主管部门和其他负有大气环境保护监督管理职责的部门,应当建立大气环境违法行为通报制度,在有关媒体上公布企业事业单位和其他生产经营者及其主要负责人的重大违法行为和处理情况,并将大气环境违法信息记入社会诚信档案,及时通过省信用信息共享交换平台等向社会公布。

第二十六条 省环境保护主管部门应当加强大气环境管理信息化建设,建立健全环境空气质量、重点大气污染源监控、综合执法、应急管理、信息发布、数据中心等为一体的省大气环境大数据管理平台,实现各级各部门数据交换、联通与共享。

第二十七条 县级以上环境保护主管部门和其他负有大气环境保护监

督管理职责的部门,应当加强与人民法院、人民检察院、公安机关的配合,健全大气污染案件行政执法和刑事司法衔接机制,完善联席会议、信息共享、案情通报和案件移送等制度。

第二十八条 企业事业单位和其他生产经营者违反法律、法规规定排放大气污染物,造成或者可能造成严重大气污染,或者有关证据可能灭失或者被隐匿的,县级以上环境保护主管部门和其他负有大气环境保护监督管理职责的部门,可以对有关设施、设备、物品采取查封、扣押等行政强制措施。

第三章 大气污染防治措施

第一节 燃煤污染防治

第二十九条 各级人民政府应当调整能源结构,推广清洁能源的生产和使用,制定并组织实施煤炭消费总量控制规划,减少煤炭生产、使用、转化过程中的大气污染物排放。

第三十条 本省推行煤炭洗选加工,降低煤炭的硫分和灰分。生产煤炭的硫分和灰分含量应当达到规定标准。

鼓励煤矿采用煤与煤层气共采技术,提高煤层气抽采利用率。从事煤层气开采利用的,煤层气排放应当符合有关标准规范。

第三十一条 禁止生产、加工、储运、销售、进口和燃用不符合国家规定质量标准的商品煤,煤炭管理部门负责组织、会同有关部门实施监督管理,具体分工按照省人民政府有关规定执行。

第三十二条 燃煤电厂、燃煤供热锅炉以及其他燃煤单位,应当采用清洁生产工艺,配套建设除尘、脱硫、脱硝等装置或者采用技术改造等措施,减少大气污染物的产生和排放,排放的大气污染物应当达到规定标准。

第三十三条 设区的市级城市建成区内,禁止新建额定蒸发量低于每小时二十吨或者额定功率低于十四兆瓦的燃煤锅炉;已经建成的额定蒸发量每小时十吨以下或者额定功率七兆瓦以下的燃煤锅炉,应当在国家规定的期限内淘汰。国家对新建和淘汰燃煤锅炉另有规定的,从其规定。

设区的市级人民政府可以制定高于前款规定的标准。

县级以上人民政府应当向社会公布燃煤锅炉计划淘汰名单和时限,并合理控制城市建成区外规划区内额定蒸发量每小时十吨以下或者额定功率七兆瓦以下燃煤锅炉的建设和使用。工业和信息化、供热行政主管、环境保护主管部门分别负责工业锅炉、供热锅炉、商业经营锅炉淘汰的具体工作。

第三十四条 禁止新建设计用煤不符合国家规定商品煤质量标准的锅炉;已经建成的,应当按照国家和省有关规定进行技术改造。

第三十五条 设区的市级人民政府和县级人民政府应当积极推进棚户区改造,推行热电联产和区域锅炉等集中供热方式,逐步提高集中供热比例,制定计划将应当淘汰的分散燃煤锅炉供热区域纳入集中供热管网覆盖范围,并负责组织实施。

在集中供热管网未覆盖的区域,推广使用高效节能环保型锅炉或者进行锅炉高效除尘改造,或者使用新能源、清洁能源供热。

第三十六条 各级人民政府应当加强民用散煤管理,设区的市级人民政府可以制定具体的奖励或者补贴政策,推广供应和使用优质煤炭、洁净型煤和节能环保型炉灶。

第二节 工业污染防治

第三十七条 县级以上人民政府应当发展工业循环经济,调整、优化产业结构,推进清洁生产,鼓励产业集聚发展,按照主体功能区划合理规划工业园区的布局,引导工业企业入驻工业园区。

鼓励工业园区集中建设生产用热热源以及热网,逐步淘汰分散锅炉。

第三十八条 企业事业单位和其他生产经营者应当在规定期限内,淘汰列入国家综合性产业政策目录的严重污染大气环境的工艺、设备和产品。

第三十九条 生产、进口、销售和使用含挥发性有机物的原材料和产品的,其挥发性有机物含量应当符合质量标准或者要求。

鼓励生产、进口、销售和使用无挥发性有机物或者含低毒、低挥发性有机物的原材料和产品。

第四十条 下列产生含挥发性有机物废气的活动,应当按照国家规定在密闭空间或者设备中进行,并按照规定安装、使用污染防治设施;无法密闭的,应当采取措施减少废气排放:

(一)煤炭加工与转化、石油化工生产;

(二)燃油、溶剂的储存、运输和销售;

(三)涂料、油墨、胶粘剂、农药等以挥发性有机物为原材料的生产;

(四)涂装、印刷、粘合和工业清洗;

(五)其他产生含挥发性有机物废气的活动。

第四十一条 石油化工等工业企业应当采取泄漏检测与修复技术,对管道、设备进行日常检测、修复,及时收集处理泄漏物料。

垃圾填埋活动产生的可燃性气体应当回收利用,不具备回收利用条件的,应当进行污染防治处理。普遍推行垃圾分类制度。垃圾焚烧设施的运营单位,应当按照国家规定,采取有效措施,实现达标排放。

第三节 农业污染防治

第四十二条 各级人民政府应当推进转变农业发展方式,调整农业结构,发展农业循环经济,加大对废弃物综合处理的支持力度,加强对农业生产经营活动排放大气污染物的控制。

第四十三条 县级以上农业行政主管部门应当推广农业清洁生产技术,指导农业生产经营者科学合理使用农药、化肥和除草剂等农业投入品,减少排放氨、挥发性有机物等大气污染物。

第四十四条 各级人民政府应当制定鼓励和支持政策,推广秸秆肥料化、饲料化、能源化、原料化、基料化等综合利用,组织建立秸秆收集、贮存、运输和综合利用服务体系,采用财政补贴等措施支持农村集体经济组织、农民专业合作经济组织、企业等开展秸秆收集、贮存、运输和综合利用服务。

县级以上发展和改革部门应当推进秸秆综合利用产业发展和项目建设。

县级以上农业行政主管部门具体负责推广采用粉碎还田、造肥还田和过腹还田等方式进行秸秆还田工作,并推广使用秸秆还田新技术。

第四十五条 县级人民政府应当按照规定提出划定禁止露天焚烧秸秆区域的初步意见,经设区的市级人民政府确认,报省人民政府批准后向社会公布,并在禁止露天焚烧秸秆区域边界设立明显警示标志。在省人民政府批准的禁止露天焚烧秸秆区域内,禁止露天焚烧秸秆。划定的具体办法由省农业行政主管部门会同省交通运输、环境保护等有关主管部门在本条例施行之日起六个月内制定。

设区的市级、县级、乡(镇)人民政府对辖区内秸秆禁烧工作负总责,政府主要负责人是第一责任人,分管负责人是具体责任人,建立和完善秸秆禁烧工作责任制,逐级签订禁烧责任状,明确单位和个人的具体责任。县级以上农业行政主管部门具体负责秸秆禁烧工作。

在禁止露天焚烧秸秆区域外,县级人民政府应当根据气象条件公布适宜露天焚烧秸秆的气象信息,并引导有序焚烧,逐步减少秸秆露天焚烧量,降低对周边环境的影响。

第四十六条 畜禽养殖场、养殖小区应当及时对畜禽粪便和尸体等进行收集、贮存、清运和无害化处理,根据养殖规模和污染防治需要,建设相应的恶臭气体和其他大气污染物防治设施,并按照规定标准排放大气污染物。

县级人民政府应当加强对畜禽养殖废弃物综合利用和无害化处理的宣传,在农村建设畜禽粪便和尸体无害化集中处理设施,引导规模以下畜禽养殖者集中处置养殖废弃物,防止排放恶臭气体。乡(镇)人民政府应当加强对规模以下畜禽养殖活动的监督管理。

第四节 机动车污染防治

第四十七条 城市人民政府应当加强和改善城市交通管理,优先发展公共交通,优化路网结构,在主次干路规划、建设非机动车道和人行道,引导公众低碳、环保出行。

第四十八条 设区的市级人民政府应当推广符合国家标准的节能与新能源汽车,规划建设相应的充电站(桩)、加气站等基础设施,鼓励和支持公共交通、出租车、市容环境卫生、邮政、快递、机场通勤等行业用车和公务用车使用节能与新能源汽车。

第四十九条 公安机关交通管理部门对不符合注册登记地执行的排放标准的机动车,不得办理注册登记。

第五十条 在用机动车排放的大气污染物应当符合所在地执行的排放标准。

机动车在行驶过程中不得排放黑烟等明显可视大气污染物。

行驶过程中排放黑烟等明显可视大气污染物的拖拉机不得驶入城市道路。

第五十一条 达到国家强制报废标准的在用机动车,应当按照国家有关规定进行登记、拆解、销毁等处理,并由公安机关交通管理部门依法办理注销登记。

设区的市级人民政府和县级人民政府可以划定限制或者禁止高排放机动车通行的时间和区域。高排放机动车应当按照规定的时间和区域上道路行驶。

设区的市级人民政府和县级人民政府可以采取经济补偿等措施淘汰高排放机动车。公安机关交通管理部门具体负责高排放机动车淘汰工作。

第五十二条 在机动车进行安全技术检验前,应当进行排放检验。未经排放检验或者检验不合格的,公安机关交通管理部门不得核发安全技术检验合格标志。

机动车排放检验周期应当与安全技术检验周期一致。国家另有规定的,从其规定。

第五十三条 禁止生产、进口和销售不符合国家现行阶段标准的车用成品油。

价格主管部门应当及时确定并公布油品质量升级后的车用成品油价格。

车用成品油生产和加工企业应当通过其网站、省信用信息共享交换平台等便于公众知晓的方式,公示其生产和加工车用成品油的产品名称、生产企业、牌号、产品标准和检验合格证明等信息。

车用成品油零售经营者应当在经营场所公示销售车用成品油的产品名称、生产企业、牌号、价格、产品标准和检验合格证明等信息。

第五节　扬尘和其他污染防治

第五十四条　各级人民政府应当科学合理扩大绿地、水面、湿地和地面铺装面积,规划、组织建设建筑垃圾和工程渣土处置场,防治扬尘污染。

县级以上有关行政主管部门应当按照下列规定履行扬尘污染防治职责:

(一)住房和城乡建设部门负责对房屋建筑、市政基础设施建设等施工工地扬尘污染防治实施监督管理;

(二)市容环境卫生行政主管部门负责对城市公共区域道路清扫、园林绿化等领域扬尘污染防治实施监督管理;

(三)环境保护主管部门负责对企业物料堆场扬尘污染防治实施监督管理;

(四)煤炭管理部门负责对煤炭矿山的扬尘污染防治实施监督管理;

(五)安全生产监督管理部门负责对非煤矿山扬尘污染防治实施监督管理;

(六)县级以上人民政府确定的监督管理部门负责对运输煤炭、垃圾、渣土、砂石、土方、灰浆等散装、流体物料车辆扬尘污染防治实施监督管理。

第五十五条　建设单位应当将防治扬尘污染的费用列入工程造价,并在施工承包合同中明确施工单位的扬尘污染防治责任。房屋建筑、市政基础设施建设等施工单位应当制定、实施包括重污染天气应对措施在内的施工扬尘污染防治实施方案,并遵守下列规定:

(一)在施工工地设置硬质围挡,并负责维护;

(二)在施工工地公示扬尘污染防治措施、负责人、扬尘监督管理主管部门等信息;

(三)在施工工地出口设置车辆冲洗设施,车辆不得带泥上路,施工工地通道以及出入口周边的道路不得存放建筑垃圾;

(四)施工工地出入口、主要通道、加工区等采取硬化处理措施;

(五)对施工工地内堆存的建筑土方、工程渣土、建筑垃圾,采取密闭式防尘网遮盖;

(六)在施工工地建筑结构脚手架外侧设置有效抑尘的密闭式防尘网;

(七)采取封闭方式及时清运建筑垃圾;

(八)有效防尘、降尘的其他措施。

第五十六条　在道路、广场、停车场和其他公共场所进行清扫保洁作业的单位和个人,应当执行清扫保洁作业有关标准,防治扬尘污染。市容环境卫生行政主管部门应当及时巡查,对清扫不达标的,按照有关规定予以处理。

运输煤炭、垃圾、渣土、砂石、土方、灰浆等散装、流体物料的车辆,应当采取密闭或者其他措施防止物料遗撒、泄漏,并按照规定的路线和时间行驶。

第五十七条 暂时不能开工的建设用地,建设单位应当对裸露地面进行覆盖;超过三个月的,应当进行绿化、铺装或者遮盖。

除建设用地以外的其他裸露地面,使用权人或者管理单位应当进行绿化、铺装或者遮盖。

第五十八条 矿山企业应当按照设计和开发利用方案作业,设置废石、废渣、泥土等专门存放地,并采取围挡、硬化施工道路、洒水降尘、设置防风抑尘网或者防尘布等防尘、降尘措施。开采后应当及时进行生态修复,防治扬尘污染。

第五十九条 排放油烟的餐饮服务业经营者应当安装油烟净化设施并保持正常使用,或者采取其他油烟净化措施,达标排放油烟,并防止对附近居民的正常生活环境造成污染。

禁止在居民住宅楼、未配套设立专用烟道的商住综合楼以及商住综合楼内与居住层相邻的商业楼层内新建、改建、扩建产生油烟、异味、废气的餐饮服务项目。

任何单位和个人不得在所在地人民政府禁止的区域内露天烧烤食品或者为露天烧烤食品提供场地。

第六十条 各级人民政府应当引导公民文明、绿色祭祀。县级以上人民政府确定的监督管理部门应当对祭祀活动加强监督管理,确定焚烧祭祀品的时间和地点,并在确定的时间和地点设置焚烧祭祀品容器。

焚烧祭祀品的,应当在焚烧祭祀品容器内焚烧,减少焚烧产生的大气污染物。

县级以上人民政府可以划定禁止燃放烟花爆竹的时段和区域。

第四章 重点区域大气污染防治

第六十一条 省环境保护主管部门根据主体功能区划、区域大气环境质量状况和大气污染传输扩散规律,划定省大气污染防治重点区域(以下简称重点区域),报省人民政府批准。省人民政府应当统筹协调重点区域内的大气污染防治工作。

重点区域外设区的市级人民政府可以根据大气污染防治需要,决定在其行政区域内执行重点区域大气污染防治措施。

第六十二条 重点区域内设区的市级人民政府和县级人民政府应当建立联合防治协调机制,开展区域合作。

第六十三条 重点区域内设区的市级人民政府和县级人民政府,应当制定煤炭消费总量控制和煤质种类结构控制方案,优化煤炭消耗种类结构,减少煤炭使用总量,推广使用清洁能源,逐步实施煤改气、煤改电。

提供洗浴、住宿等服务的单位,应当使用清洁能源,鼓励使用工业余热等热源和集中配送的热水,并实施节能改造。

第六十四条　在重点区域和重污染天气集中出现的采暖季节,县级以上人民政府应当组织推行错峰生产。

在错峰生产期间,重点排污单位、大型建设工程和产能过剩行业企业应当对生产经营活动进行调整,减少或者停止排放大气污染物的生产、作业。

第六十五条　重点区域内设区的市级人民政府应当根据城乡规划,合理制定符合大气污染防治要求的经营性煤炭堆场和民用煤配送网点的布局规划,并按照规划组织建设经营性煤炭堆场。

在重点区域城市建成区内堆放煤炭的煤炭经营者应当将煤炭集中存放到经营性煤炭堆场。

第六十六条　城市人民政府和重点区域内县人民政府可以划定并公布高污染燃料禁燃区,并根据大气环境质量改善要求,逐步扩大高污染燃料禁燃区范围。高污染燃料的目录按照国家规定执行。

在高污染燃料禁燃区内,禁止销售、燃用高污染燃料;禁止新建、扩建燃用高污染燃料的设施,已经建成的,应当在城市人民政府和重点区域内县人民政府规定的期限内改用清洁能源。改用前,尚未实施清洁能源替代的燃用高污染燃料的设施,应当配套建设脱硫、脱硝、除尘装置或者采取其他措施,控制二氧化硫、氮氧化物和烟尘等污染物排放量。燃料应当符合国家和省规定的有关强制性标准和要求。燃用高污染燃料的设施应当达标排放。

第六十七条　重点区域内城市建成区及其周边的重污染企业,应当有计划地逐步搬迁、改造或者转型退出。

第六十八条　重点区域内使用额定蒸发量每小时二十吨以上或者额定功率十四兆瓦以上的燃煤锅炉,或者大气污染物排放量与其相当的窑炉的企业事业单位和其他生产经营者,应当配置经计量检定合格的大气污染物排放自动监测设备,实时监测大气污染物排放情况,并通过其网站、企业事业单位环境信息公开平台或者所在地报刊等便于公众知晓的方式如实公开自动监测数据。

第六十九条　重点区域内运输煤炭、垃圾、渣土、砂石、土方、灰浆等散装、流体物料的车辆应当安装卫星定位装置,接入所在地城市管理公共平台,并保持正常运行,但途经重点区域的运输车辆除外。

第五章　重污染天气应对

第七十条　省、设区的市级环境保护主管部门应当会同同级气象主管机构等有关部门建立重污染天气监测预警、会商和信息通报等机制,完善重污染天气预测预报体系。

第七十一条　省人民政府、设区的市级人民政府和可能发生重污染天气的县级人民政府,应当制定重污染天气应急预案,报上一级环境保护主管部门备案,向社会公布,并根据实际需要和情势变化适时修订。

重点排污单位应当根据所在地重污染天气应急预案,编制本单位重污染天气应急响应操作方案。

第七十二条　省人民政府和设区的市级人民政府负责重污染天气预警的发布、调整和解除,其他任何单位和个人不得擅自向社会发布。

预警信息发布后,县级以上人民政府及其有关部门应当通过电视、广播、网络、短信等途径告知公众采取健康防护措施,指导公众出行和调整其他相关社会活动。

第七十三条　县级以上人民政府应当根据重污染天气的预警等级,及时启动重污染天气应急预案,根据应急需要可以采取下列应急措施,相关单位和个人应当配合:

(一)责令有关企业停产、限产或者错峰生产;

(二)限制部分机动车行驶;

(三)禁止燃放烟花爆竹;

(四)停止施工工地土石方作业和建筑物拆除施工;

(五)停止露天烧烤;

(六)停止幼儿园和学校组织的户外活动,必要时可以停课;

(七)组织开展人工影响天气作业;

(八)组织行政机关、事业单位错时上下班,必要时可以放假;

(九)其他应急措施。

重点区域内设区的市级人民政府应当制定更高标准的预警预报要求和应急措施;对不利气象条件和环境质量急剧恶化,可能发生长时间、高浓度重污染天气的,提前预警并进入应急状态,减少大气污染物的累积。

第六章　法律责任

第七十四条　违反大气污染防治规定的行为,有关法律、法规已有法律责任规定的,从其规定。

第七十五条　各级人民政府、县级以上环境保护主管部门和其他负有大气环境保护监督管理职责的部门及其工作人员有下列情形之一的,对直接负责的主管人员和其他直接责任人员依照有关法律、行政法规和相关规定追究行政责任:

(一)违反法律法规、主体功能区定位、生态环境保护规划等盲目决策,

致使大气环境遭受破坏的;

(二)在职责范围内对严重大气污染事件处置不力导致严重后果的;

(三)对不符合行政许可条件准予行政许可的;

(四)应当依法公开大气环境信息而未公开的;

(五)篡改、伪造或者指使篡改、伪造监测数据的;

(六)截留、挪用大气污染防治专项资金的;

(七)对秸秆禁烧工作责任落实不力的;

(八)发现违法行为未依法及时纠正和查处的;

(九)包庇违法行为的;

(十)对举报、投诉不及时查处或者泄露举报人相关信息的;

(十一)应当移送公安机关立案侦查的大气污染案件而不移送的;

(十二)对移送立案侦查的案件应当接收而不接收的;

(十三)其他滥用职权、玩忽职守、徇私舞弊的行为。

县级以上人民政府主要负责人在任期内,区域大气环境质量持续恶化的,应当追究其行政责任。

第七十六条　重点排污单位违反本条例规定,有下列行为之一的,由县级以上环境保护主管部门责令改正,并处一万元以上三万元以下的罚款:

(一)不按照本条例规定的内容公开信息的;

(二)不按照本条例规定的方式公开信息的;

(三)不按照本条例规定的时限公开信息的;

(四)公开的信息不真实、弄虚作假的。

重点排污单位不公开或者不如实公开监测数据的,由县级以上环境保护主管部门责令改正,并处二万元以上二十万元以下的罚款;拒不改正的,责令停产整治。

重点区域内使用额定蒸发量每小时二十吨以上或者额定功率十四兆瓦以上的燃煤锅炉,或者大气污染物排放量与其相当的窑炉的企业事业单位和其他生产经营者,属于非重点排污单位的,未按照本条例规定公开或者如实公开自动监测数据,由县级以上环境保护主管部门责令改正,并处一万元以上三万元以下的罚款。

有前三款规定行为之一,受到罚款处罚,被责令改正而拒不改正的,依法作出处罚决定的县级以上环境保护主管部门可以自责令改正之日的次日起,按照原处罚数额按日连续处罚。

第七十七条　重点排污单位违反本条例规定,有下列行为之一的,由县级以上环境保护主管部门责令改正,并处二万元以上五万元以下的罚款;拒不改正的,责令停产整治:

(一)未确定监测点位或者设置采样监测平台的;

（二）原始监测记录未保存三年的。

第七十八条　受委托第三方治理企业未按照环境保护法律、法规、规章和相关技术标准运营大气污染防治设施、实施大气污染治理，或者在运营大气污染防治设施、实施大气污染治理中弄虚作假的，由县级以上环境保护主管部门责令改正，并处二万元以上十万元以下的罚款。

第七十九条　违反本条例规定，有下列行为之一的，由县级以上质量技术监督、工商行政管理部门按照职责责令改正，没收原材料、产品和违法所得，并处货值金额一倍以上三倍以下的罚款：

（一）生产、加工、销售不符合国家规定质量标准的商品煤的；

（二）生产、销售不符合国家现行阶段标准的车用成品油的；

（三）在禁燃区内销售高污染燃料的。

违反本条例规定，车用成品油零售经营者未在经营场所公示销售车用成品油的产品名称、生产企业、牌号、产品标准或者检验合格证明等信息的，由县级以上工商行政管理部门责令改正，并处二千元以上一万元以下的罚款。

设立市场监督管理部门的，前两款规定的行政处罚由市场监督管理部门实施。

第八十条　违反本条例规定，单位燃用不符合国家规定质量标准的商品煤的，由县级以上环境保护主管部门责令改正，并处货值金额一倍以上三倍以下的罚款。

第八十一条　违反本条例规定，有下列行为之一的，由县级以上工业和信息化、供热行政主管、环境保护主管部门按照职责责令限期拆除，并可以处二万元以上十万元以下的罚款：

（一）新建额定蒸发量低于每小时二十吨或者额定功率低于十四兆瓦的燃煤锅炉的；

（二）未在规定期限内淘汰已经建成的额定蒸发量每小时十吨以下或者额定功率七兆瓦以下的燃煤锅炉的；

（三）新建设计用煤不符合国家规定商品煤质量标准的锅炉的；

（四）未按照国家或者省有关规定对设计用煤不符合国家规定商品煤质量标准的燃煤锅炉进行技术改造的。

在城市集中供热管网覆盖地区新建、扩建分散燃煤供热锅炉，或者未按照规定拆除已经建成的不能达标排放的燃煤供热锅炉的，由县级以上环境保护主管部门依法处理。

第八十二条　违反本条例规定，产生含挥发性有机物废气的活动，未按照规定采取污染防治措施的，由县级以上环境保护主管部门责令改正，并处二万元以上二十万元以下的罚款；拒不改正的，责令停产整治。

第八十三条　违反本条例规定，在禁止露天焚烧秸秆的区域内露天焚烧秸秆的，由县级以上农业行政主管部门责令改正，并可以处五百元以上二千元以下的罚款；引起火灾，造成严重后果的，由公安机关依法予以拘留；构成犯罪的，依法追究刑事责任。

第八十四条　违反本条例规定，行驶的机动车向大气排放污染物超过规定的排放标准，或者排放黑烟等明显可视大气污染物的，由公安机关交通管理部门暂扣车辆行驶证，责令维修，并处二百元的罚款；维修后经有资质的检测单位检测符合排放标准的，发还车辆行驶证。

违反本条例规定，行驶过程中排放黑烟等明显可视大气污染物的拖拉机驶入城市道路的，由公安机关交通管理部门责令改正，并处二百元的罚款。

第八十五条　违反本条例规定，高排放机动车在限制或者禁止通行时间、区域上道路行驶的，由公安机关交通管理部门责令改正，并处一百元的罚款。

第八十六条　违反本条例规定，施工单位有下列行为之一的，由县级以上住房和城乡建设部门责令改正，并处罚款；拒不改正的，责令停工整治：

（一）违反本条例规定，未在施工工地设置硬质围挡并负责维护，或者未在施工工地出入口、主要通道、加工区等采取硬化处理措施，或者未对施工工地内堆存的建筑土方、工程渣土、建筑垃圾采取密闭式防尘网遮盖，或者未在施工工地建筑结构脚手架外侧设置有效抑尘密闭式防尘网的，处二万元以上十万元以下的罚款；

（二）违反本条例规定，未在施工工地公示扬尘污染防治措施、负责人、扬尘监督管理主管部门等信息，或者未在施工工地出口设置车辆冲洗设施，或者在施工工地通道以及出入口周边的道路存放建筑垃圾，或者未采取封闭方式及时清运建筑垃圾的，处一万元以上五万元以下的罚款。

第八十七条　违反本条例规定，驶出施工现场的车辆污染道路的，由县级以上市容环境卫生行政主管部门责令恢复原状，并按每辆车处五百元以上一千元以下的罚款。

第八十八条　违反本条例规定，重点区域内的煤炭经营者未将煤炭集中存放到经营性煤炭堆场的，由县级以上煤炭管理部门责令改正，对单位并处一万元以上三万元以下的罚款，对个人并处五百元以上二千元以下的罚款。

第八十九条　违反本条例规定，在重点区域的高污染燃料禁燃区内新建、扩建燃用高污染燃料的设施，或者未按照规定停止燃用高污染燃料的，由县级以上环境保护主管部门没收燃用高污染燃料的设施，并处二万元以上十万元以下的罚款。

　　第九十条 违反本条例规定,重点区域内运输煤炭、垃圾、渣土、砂石、土方、灰浆等散装、流体物料的车辆,未安装卫星定位装置、未接入所在地城市管理公共平台,或者不保持卫星定位装置正常运行的,由县级以上人民政府确定的监督管理部门责令改正,并对车辆所有者处每辆车三千元的罚款。

　　第九十一条 为排放大气污染物的单位和个人提供生产经营场所的出租人,应当配合环境保护主管部门对出租场所内违反本条例规定行为的执法检查,提供承租人的有关信息。出租人拒不配合或者拒不提供承租人信息的,由县级以上环境保护主管部门处二千元以上二万元以下的罚款。

　　第九十二条 排污单位违反规定发生环境污染事故、无排污许可证排放大气污染物、超过标准排放大气污染物,或者排放重点大气污染物超过核定排放总量控制指标的,除对单位进行处罚外,县级以上环境保护等有关主管部门还可以对单位主要负责人和直接责任人员处一万元以上十万元以下的罚款。

　　第九十三条 按照本条例规定实施行政处罚的部门应当制定行政处罚裁量标准,并在本条例施行之日起六个月内报本级人民代表大会常务委员会备案。

　　第九十四条 对环境保护主管部门和其他负有大气环境保护监督管理职责部门的行政行为不服的,行政行为的相对人以及其他与行政行为有利害关系的公民、法人和其他组织,可以依法申请行政复议或者提起行政诉讼。

　　县级以上环境保护等有关主管部门就其作出的责令停产整治或者停工整治决定申请强制执行,人民法院经依法审查裁定准予执行,而被执行人拒不执行的,人民法院可以向被执行人的水、电等供应单位发出协助执行通知书,供应单位应当予以协助。

　　第九十五条 违反大气污染防治法律、法规规定,排放大气污染物造成严重污染的,依照《中华人民共和国大气污染防治法》第一百二十七条的规定,追究刑事责任。

第七章 附 则

　　第九十六条 本条例下列用语的含义:

　　(一)高排放机动车,是指污染控制水平低、排放浓度高,按照国家和省规定鼓励提前报废或者限制使用的机动车。

　　(二)重点大气污染物,是指按照国家或者省规定的重点控制的直接从污染源排放的一次气态污染物,或者由一次气态污染物在大气中互相作用经化学反应或者光化学反应形成的与一次气态污染物的物理、化学性质完全不同的二次气态污染物。

第九十七条 设区的市级人民政府和县级人民政府应当自本条例施行之日起三十日内,根据《中华人民共和国大气污染防治法》和本条例规定的大气污染防治工作事项,确定具体负责的监督管理部门,并向社会公布。

第九十八条 本条例自 2017 年 5 月 1 日起施行。

黑龙江省人民代表大会专门委员会工作条例

（2017年1月20日黑龙江省第十二届人民代表大会
第六次会议通过）

第一章 总 则

第一条 为进一步规范和加强省人民代表大会专门委员会（以下简称专门委员会）工作，保障其依法履行职责，根据《中华人民共和国宪法》、《中华人民共和国地方各级人民代表大会和地方各级人民政府组织法》等法律规定，结合实际工作，制定本条例。

第二条 专门委员会是省人民代表大会的组成部分。省人民代表大会根据需要，可以设立若干专门委员会。

第三条 专门委员会受省人民代表大会领导，大会闭会期间受省人民代表大会常务委员会（以下简称常务委员会）领导。专门委员会依据有关法律、法规赋予的职责开展工作。

第四条 常务委员会主任会议指导和协调各专门委员会的工作。

专门委员会与常务委员会的办事机构、工作机构在工作运行中涉及的有关事项，由常务委员会领导协调。

第五条 专门委员会实行民主集中制原则，集体讨论和决定有关事项。

第六条 专门委员会开展工作，各有关方面应当支持和配合。专门委员会组成人员依法履行职务时，常务委员会机关、组成人员所在单位应当给予必要的保障。

第二章 专门委员会组织机构

第七条 专门委员会设主任委员一人，副主任委员三至五人，委员若干人。

专门委员会下设的相应处（室），在专门委员会领导下工作。

第八条 专门委员会组成人员中，应当有一定数量的专职组成人员和常务委员会委员。

第九条 专门委员会主任委员、副主任委员和委员人选，由省人民代表大会主席团在代表中提名，大会通过。

省人民代表大会闭会期间,常务委员会可以任免专门委员会的个别副主任委员和部分委员,由常务委员会主任会议在代表中提名,常务委员会会议通过,并报省人民代表大会备案。

第十条　省人民代表大会会议期间,专门委员会组成人员提出辞职的,由主席团提请大会全体会议决定;大会闭会期间提出辞职的,由常务委员会主任会议提请常务委员会会议决定。常务委员会接受辞职的,应当报省人民代表大会备案。

专门委员会组成人员的代表职务被停止执行或者其代表资格终止时,其专门委员会的职务相应停止或者终止。专门委员会的职务被终止的,由大会主席团或者常务委员会予以公告。

第十一条　专门委员会主任委员主持专门委员会工作,副主任委员协助主任委员工作。

专门委员会主任委员出缺时,可由常务委员会主任会议确定该专门委员会的一名副主任委员主持工作。

第十二条　专门委员会组成人员不得担任国家行政机关、审判机关和检察机关的职务。担任上述职务的,应当向省人民代表大会或者常务委员会辞去专门委员会的职务。

第三章　专门委员会工作职责

第十三条　向省人民代表大会或者常务委员会提出属于省人民代表大会或者常务委员会职权范围内与本委员会有关的议案。

第十四条　审议省人民代表大会主席团或者常务委员会主任会议交付的议案,并提出报告。

第十五条　提出属于省人民代表大会及其常务委员会职权范围内与本专门委员会有关的立法规划和年度立法、监督计划建议项目。

第十六条　起草或者参与起草与本专门委员会有关的地方性法规草案和决议、决定草案。

法规案由有关专门委员会提出审议意见书面印发会议,法制委员会根据常务委员会组成人员、有关专门委员会的审议意见和各方面提出的意见,对法规案统一审议。

承办全国人民代表大会及其常务委员会有关立法调查、执法检查、专题调研、法律草案征求意见工作。

第十七条　审议省人民代表大会主席团或者常务委员会主任会议交付的质询案,听取受质询机关对质询案的答复,并提出报告。

第十八条　审查省人民政府、省高级人民法院、省人民检察院报送的规范性文件以及下一级人民代表大会及其常务委员会报送的规范性文件,并提出审查处理意见。

　　第十九条　对属于省人民代表大会及其常务委员会职权范围内与本专门委员会有关的问题,进行调查研究,提出建议。

　　组织实施常务委员会开展的与本专门委员会有关的执法检查以及代表视察等项工作。

　　第二十条　组织实施由常务委员会对有关部门开展的与本专门委员会工作有关的专题询问。

　　第二十一条　参与省人民代表大会及其常务委员会组织的特定问题调查委员会的有关工作。

　　第二十二条　建立联系代表和代表参与专门委员会工作的机制。根据需要邀请有关代表列席专门委员会会议,听取意见和建议。

　　专门委员会组织活动,根据需要邀请相关领域的代表或者专家参加,听取意见和建议。

　　专门委员会审议主席团交付的代表联名提出的议案,可以邀请提出议案的代表列席会议,听取代表对议案审议的意见和建议。督办常务委员会主任会议确定的重点建议和承办代表建议,应当征求代表对建议办理工作的意见,必要时可以组织代表对建议办理情况进行监督检查。

　　第二十三条　承办省人民代表大会及其常务委员会交办的与本专门委员会有关的其他事项。

　　第二十四条　报请批准的地方性法规、自治条例和单行条例,由法制委员会提出对民族事务以外的地方性法规的审议意见的报告;由民族侨务外事委员会提出对民族事务的地方性法规、自治条例和单行条例审议意见的报告。法制委员会根据常务委员会组成人员的意见,向全体会议提出审查结果的报告和是否批准的决定草案。

　　第二十五条　省人民代表大会会议举行前,财政经济委员会对国民经济和社会发展五年规划草案初稿、国民经济和社会发展计划执行情况与国民经济和社会发展计划草案初稿、预算执行情况和预算草案初步方案,进行初步审查。

　　省人民代表大会会议期间,财政经济委员会对国民经济和社会发展五年规划草案、国民经济和社会发展计划执行情况与国民经济和社会发展计划草案、预算执行情况和预算草案进行审查,向主席团会议提出审查结果的报告。

　　财政经济委员会对国民经济和社会发展五年规划实施情况的中期评估报告、上半年预算执行情况的报告进行审议,向常务委员会提出审议结果的报告;对决算草案以及国民经济和社会发展五年规划、国民经济和社会发展计划、预算调整方案草案进行初步审查,向常务委员会提出审查结果的报告。

第二十六条　专门委员会组成人员应当出席专门委员会会议，参加常务委员会或者专门委员会组织的立法调研、执法检查、代表视察和专题调研等活动，并充分发表意见。兼职的专门委员会组成人员在履行职务时，优先参加专门委员会工作。

第二十七条　专门委员会组成人员应当努力学习党的理论和路线方针政策，熟悉宪法、法律、法规和人大业务，掌握履行职务所必备的知识和工作规则。

第二十八条　专门委员会组成人员有下列不履职情形之一的，本人应当辞去或者由组织责成其辞去专门委员会的职务：

（一）一年内无故不参加专门委员会会议两次以上的；

（二）一年内请假次数超过专门委员会全年会议次数三分之二的；

（三）一年内无故不列席常务委员会会议次数超过全年会议次数二分之一的；

（四）一年内无故不参加常务委员会或者专门委员会组织的执法检查、代表视察和专题调研等活动的；

（五）因身体或者其他原因难以履行专门委员会的职务的。

第四章　专门委员会议事规则

第二十九条　召开专门委员会会议的日期、议题应当提前五个工作日通知专门委员会组成人员，同时送达相关材料。

第三十条　专门委员会会议由主任委员召集并主持。主任委员因故不能出席时，应当委托副主任委员主持。

第三十一条　专门委员会会议由过半数组成人员出席方能举行；议决事项，须经专门委员会全体组成人员的过半数通过。

第三十二条　专门委员会举行会议时，可以根据需要邀请有关部门负责人或者相关人员列席会议。

第三十三条　专门委员会审议议案、讨论问题时，可以要求省人民政府有关部门、省高级人民法院、省人民检察院派员到会听取意见，回答询问。

第三十四条　专门委员会组成人员的发言应当由会议工作人员进行记录整理，编印会议纪要并存档备查。

第三十五条　专门委员会可以建立主任办公会议制度，主任办公会议由主任委员、副主任委员组成。主任办公会议可以根据需要随时召开。主任办公会议的工作内容包括：

（一）研究、提出专门委员会会议议题草案；

（二）研究、提出关于专门委员会工作计划、工作总结的建议；

（三）研究、安排专门委员会的日常工作；

（四）听取专门委员会组成人员参加的有关会议精神的传达和专题调查的汇报；

（五）听取专门委员会各处（室）工作情况的汇报；

（六）办理常务委员会主任会议交付的工作事项；

（七）其他需要研究的事宜。

第三十六条 专门委员会应当于每年年初将年度立法、监督以及其他工作计划通知专门委员会组成人员。

专门委员会应当在专门委员会会议上将下一次会议议题的安排通知专门委员会组成人员。

第五章 附　则

第三十七条 市、县（区）人民代表大会专门委员会可以参照本条例有关规定执行。

第三十八条 本条例自 2017 年 3 月 1 日起施行。1994 年 3 月 1 日黑龙江省第八届人民代表大会第二次会议通过的《黑龙江省人民代表大会专门委员会暂行条例》同时废止。

黑龙江省禁毒条例

（2017年4月7日黑龙江省第十二届人民代表大会
常务委员会第三十三次会议通过）

第一章 总 则

第一条 为了预防和惩治毒品违法犯罪行为,保护公民身心健康,维护公共安全与社会秩序,根据《中华人民共和国禁毒法》、《戒毒条例》等有关法律、行政法规,结合本省实际,制定本条例。

第二条 禁毒是全社会的共同责任。国家机关、社会团体、企业、事业单位以及其他组织和公民,应当依法履行禁毒职责或者义务。

禁毒工作实行预防为主,综合治理,禁种、禁制、禁贩、禁吸与戒毒康复并举的方针。

禁毒工作实行政府统一领导,有关部门各负其责,社会力量广泛参与的工作机制。

第三条 县级以上人民政府应当将禁毒工作纳入国民经济和社会发展规划,并将禁毒经费列入本级财政预算。

国家和省拨付的禁毒经费应当专款专用,市、县人民政府不得挪用、截留或者克扣。

乡(镇)人民政府、城市街道办事处应当根据需要成立社区戒毒、社区康复工作领导小组,配备专(兼)职工作人员,落实工作责任制和各项保障措施,指导村民委员会、居民委员会禁毒防范工作,开展禁毒宣传教育和社区戒毒、社区康复等工作。

第四条 县级以上人民政府应当设立禁毒委员会,禁毒委员会的日常工作由本级公安机关承担。

各级禁毒委员会负责组织、协调、指导本行政区域的禁毒工作,建立成员单位协作机制和信息通报制度,并履行下列职责:

(一)制定本行政区域的禁毒工作规划、年度工作目标和禁毒工作措施;

(二)检查、督促成员单位和下级人民政府落实禁毒法律、法规、规章和政策,以及完成年度工作目标;

（三）协调有关部门和单位解决禁毒工作中的重大问题，组织有关部门和单位调查研究、评估、通报本行政区域的毒品问题现状、发展变化趋势和禁毒工作开展情况；

（四）上级禁毒委员会和本级人民政府规定的其他职责。

第五条 禁毒委员会各成员单位应当将禁毒工作列入本单位、本系统工作规划和年度计划，确定责任机构，定期向禁毒委员会报告禁毒工作情况。

公安机关负责麻醉药品、精神药品和易制毒化学品流入非法渠道等毒品违法犯罪案件的查处，禁吸戒毒、禁种铲毒等工作，根据公安部部署，开展禁毒国际合作等工作。

司法行政部门负责本系统强制隔离戒毒等场所管理，强制隔离戒毒人员、涉毒服刑人员戒治和教育改造，组织推动禁毒法治宣传教育等工作。

卫生和计划生育行政部门负责戒毒医疗机构监督管理，会同公安机关、司法行政部门制定戒毒医疗机构设置规划，指导、支持戒毒医疗服务，组织、指导吸毒所致精神障碍防治等工作。

食品药品监督管理部门负责麻醉药品、精神药品以及药品类易制毒化学品监督管理，药物滥用监测等工作。

安全生产监督管理部门负责非药品类易制毒化学品相关监督管理工作。

工会、共产主义青年团、妇女联合会应当结合各自工作对象的特点，组织开展禁毒志愿活动和吸毒人员社会帮扶，并配合本级人民政府开展禁毒相关工作。

文化、教育、科学技术、工业和信息化、民政、财政、农业、林业、商务、新闻出版广电、工商行政管理、人力资源和社会保障、交通运输、邮政、海关、人民银行、民航安全监督管理、铁路等部门，以及禁毒委员会其他成员单位，按照各自职责协同做好相关禁毒工作。

第六条 根据中国和俄罗斯两国政府签订的双边协议，并经公安部批准，省及边境地区市、县公安机关可以同俄罗斯远东地区禁毒执法机关开展边境禁毒查缉、协查、协作，定期交流情报信息。

第七条 县级以上人民政府应当建立健全举报毒品违法犯罪行为奖励制度。

公安机关应当对举报或者协助破案有功人员予以奖励，并对举报人身份信息和人身安全予以保护。

举报毒品违法犯罪有功人员奖励范围和标准由财政部门会同公安机关共同制定，并向社会公布。

第八条 各级人民政府支持志愿者组织、志愿者、社会工作者，以及其他单位和个人参与毒品预防、宣传教育、科学研究和戒毒社会服务等工作。

各级人民政府应当对志愿者组织、志愿者、社会工作者,以及其他单位和个人进行指导、培训,提供必要的工作条件,对作出突出贡献的单位、集体和个人,按照国家有关规定给予表彰、奖励。

对禁毒工作的社会捐赠,按照国家有关规定,给予税收优惠。

第二章 禁毒宣传教育

第九条 各级人民政府应当将毒品预防宣传教育纳入本行政区域工作目标,作为平安城市、文明城市(乡镇、单位)的创建内容,建立健全全民禁毒宣传教育工作体系,明确各有关职能部门责任,增强公民知毒、防毒、拒毒意识,提高公民抵制毒品的能力。

县级以上人民政府应当根据需要设立禁毒教育基地,免费向社会开放。

公安机关应当定期对国家机关、社会团体和基层组织从事禁毒工作相关人员进行培训;根据毒品违法犯罪的变化趋势,针对贩卖、吸食毒品等问题,选取典型案例,编制和更新培训材料,提升宣传效果;将禁毒宣传教育与公民素质教育、普法教育、健康教育、科普教育等工作相结合,实现禁毒宣传教育常态化。

第十条 国家机关,工会、共产主义青年团、妇女联合会等社会团体,企业事业单位及其他组织应当参与社会性禁毒教育工作,并对本单位工作人员开展禁毒宣传教育。

第十一条 公益广告主管部门应当将禁毒公益广告列入年度公益广告活动规划。

报刊社、广播电台、电视台等媒体,互联网信息服务提供者,电信业务经营者,应当每年定期或者不定期刊登、播放、展示禁毒公益广告和节目。

第十二条 各级教育主管部门应当将预防毒品教育纳入各类学校教育教学内容,培训专(兼)职师资力量,对学校落实毒品预防宣传教育情况开展监督检查。

学校应当确定专(兼)职教师,在学生中开展形式多样的毒品预防宣传教育活动;发现在校学生有吸食、注射毒品违法行为,应予制止并报告主管部门和公安机关,协助公安机关和学生家长督促吸毒学生戒除毒瘾,并加强引导和监督。

第十三条 机场、车站、影剧院、商业街区、广场、公园、风景名胜区等公共场所的经营者、管理者,应当配合公安机关和禁毒公益组织开展禁毒宣传活动。

娱乐场所和旅馆、酒吧、洗浴、会所、互联网上网服务等场所经营者应当在显著位置设置禁毒警示标志,公布举报电话,对本场所从业人员进行毒品预防教育培训,落实禁毒防范措施,预防毒品违法犯罪行为在本场所内发生。禁毒警示标志、毒品预防宣传品,由各级禁毒委员会无偿提供。

第十四条 未成年人父母或者其他监护人应当培养未成年人的法制观念和遵纪守法的行为习惯,创造和维护未成年人健康成长的家庭环境,对未成年人进行毒品危害教育,防止其吸食、注射毒品或者进行其他毒品违法犯罪活动。

居民委员会、村民委员会应当加强对涉毒人员家庭中未成年人的关心和帮助。

家庭成员吸食、注射毒品,其他家庭成员及亲属应当及时制止并进行教育,帮助其戒除毒瘾。

第三章 毒品管制

第十五条 各级人民政府应当组织公安、农业、林业等部门加强巡查,发现非法种植毒品原植物的,立即采取措施予以制止、铲除。村民委员会、居民委员会发现非法种植毒品原植物的,应当及时予以制止、铲除,并向当地公安机关报告。

单位和个人发现非法种植毒品原植物的,应当立即向公安机关报告。

第十六条 县级以上人民政府应当加强对精神药品、麻醉药品、易制毒化学品管理工作的领导和协调,建立部门联合管理制度,并明确牵头部门负责具体协调工作,防止精神药品、麻醉药品、易制毒化学品被用于制造毒品和流入非法渠道。

各级公安、食品药品监督管理、卫生和计划生育、安全生产监督管理、商务、财政、交通运输、工商行政管理、工业和信息化、环境保护、农业、海关、铁路、民航安全监督管理等部门应当建立健全毒品管制协作机制,加强精神药品、麻醉药品、易制毒化学品生产、销售、购买、运输、仓储、使用、进出口、赠与、出借和销毁等相关信息的动态管理和共享利用。

第十七条 公安机关根据毒品查缉需要可以在边境地区、口岸、飞机场、火车站、长途汽车站、码头和其他物流集散地,以及高速公路收费站、服务区对来往人员、物品、货物以及交通工具进行毒品和易制毒化学品查缉。

第十八条 易制毒化学品单位进行内部调剂、调拨易制毒化学品的,应当建立流转台账,如实记录调剂、调拨易制毒化学品的种类、数量、原因和库存等。相关资料应当留存备查,保存期限不少于二年。

第十九条 邮政、快递、物流寄递企业应当建立健全禁毒管理制度,配置必要的技术检验设备,提高查验技术,防止寄递毒品和非法寄递麻醉药品、精神药品、易制毒化学品。

邮政、快递、物流寄递企业应当依照国家有关规定实行寄递实名登记制度和收寄验视制度,发现寄递疑似毒品或者非法寄递精神药品、麻醉药品、易制毒化学品的,应当向公安机关报告。

邮政、快递、物流寄递企业对寄递详情单、物流提取单据留存期限应当不少于一年,电子信息档案的留存期限应当不少于三年。

第二十条　任何单位和个人不得非法发布麻醉药品、精神药品、药品类易制毒化学品,以及戒毒治疗的药品、医疗器械和治疗方法的销售信息,不得非法传授制毒方法或者麻醉药品、精神药品、易制毒化学品的制造方法。

互联网信息服务提供者应当建立信息巡查制度,不得制作、复制、发布、传播涉毒信息,发现其网站传输的信息涉及毒品违法犯罪活动的,应当立即停止传输,保存相关记录,并报告公安机关,协助、配合调查取证。

第二十一条　娱乐场所和旅馆、酒吧、洗浴、会所、互联网上网服务等场所应当建立并执行内部管理制度,加强日常巡查,防止场所内发生毒品违法犯罪行为。

本条第一款所列场所从业人员不得实施下列行为:

(一)贩卖、提供毒品;

(二)组织、强迫、教唆、引诱、欺骗、容留他人吸食、注射毒品;

(三)为进入场所的人员实施上述行为提供条件。

本条第一款所列场所从业人员发现场所内有贩毒、吸毒等违法犯罪活动的,应当立即报告公安机关并协助调查取证。

第二十二条　房屋出租人、承租人、房屋管理人、物业服务单位发现出租房屋内有毒品违法犯罪活动的,应当立即报告公安机关并协助、配合调查取证。

第二十三条　汽车租赁企业在办理汽车租赁业务时,应当如实登记承租人身份证件资料、联系电话等相应信息。信息保存期限应当不少于二年。

汽车租赁企业发现承租人利用租赁汽车进行涉毒违法犯罪活动的,应当立即报告公安机关并协助、配合调查取证。

第四章　工业用大麻管理

第二十四条　县级以上人民政府应当对工业用大麻品种选育、种植、销售和加工进行规划引导和监督管理,并加强工业用大麻与毒品大麻的区别等相关知识的宣传教育。

单位选育、引进工业用大麻,应当向省农业行政主管部门申请品种认定。

经认定符合规定的品种可以种植、销售、加工。

第二十五条　单位种植、选育和个人种植工业用大麻,应当在种植后十个工作日内向种植地县级人民政府公安机关备案,提供认定种子或者品种来源凭证,说明种植面积、种植区域、用途等情况。

单位或者个人从事工业用大麻花、叶、籽销售,应当在销售后十个工作日内向售出地县级人民政府公安机关备案,说明销售物来源、销售数量、销往地区、购买人等情况,并提交购买单位的营业执照或者个人身份证件、销售合同复印件等证明材料。

单位或者个人从事工业用大麻花、叶、籽加工,应当在加工后十个工作日内向加工地县级人民政府公安机关备案,说明原料来源、加工数量、加工损耗等情况。

第二十六条 单位或者个人种植、销售、加工工业用大麻,应当建立监督管理制度,加强日常巡查,对干物质重量比四氢大麻酚含量大于工业用大麻认定标准的糠壳、稃皮等花、叶、籽加工后的副产物应当进行无害化处理,不得丢弃、销售,防止其流入非法渠道。

具备检测条件的科研单位和大专院校可以为行政管理机关和工业用大麻种植、加工单位和个人提供四氢大麻酚含量检测技术服务。

工业用大麻丢失的,应当立即向公安机关报告。

第五章 戒毒管理和服务

第二十七条 县级以上人民政府建立自愿戒毒、社区戒毒、强制隔离戒毒、社区康复相互衔接的戒毒工作机制,对吸毒人员实行分类评估、分级管理、综合干预,帮助吸毒人员戒除毒瘾,教育和挽救吸毒人员。

县级以上人民政府应当将社区戒毒、社区康复人员管理工作纳入政府购买服务项目,组织禁毒社会工作专业人才参与社区戒毒、社区康复工作。

第二十八条 社区民警,社区戒毒、社区康复工作人员,社区医务人员,社区戒毒、社区康复人员的家庭成员以及禁毒志愿者共同组成社区戒毒、社区康复工作小组,具体实施社区戒毒、社区康复工作。

社区戒毒人员中有女性的,社区戒毒、社区康复工作小组应当有女性工作人员参加。

第二十九条 鼓励吸毒人员自行戒除毒瘾。

吸毒人员可以自行到戒毒医疗机构接受戒毒治疗。戒毒医疗机构应当与自愿戒毒人员或者其监护人签订《戒毒协议》,建立治疗病例档案。

第三十条 县级以上人民政府应当加强符合要求的戒毒医疗机构建设或者指定医疗卫生院所(科室)开展戒毒治疗。强制隔离戒毒场所开展戒毒医疗业务应当经省卫生和计划生育行政部门批准。

戒毒医疗机构应当配备专业人员,建立并完善自身戒毒医疗功能设施,为戒毒人员提供门诊治疗、住院治疗、心理咨询等戒毒医疗服务,配合所在地疾病预防控制中心开展艾滋病等传染病预防、咨询教育和筛查检测。

第三十一条 吸毒成瘾或者吸毒成瘾严重的认定,由市、县级人民政府公安机关作出。省公安机关可以会同省卫生和计划生育行政部门委托具有相应资质的戒毒医疗机构具体实施。

县级以上人民政府卫生和计划生育行政部门可以会同公安机关、司法行政等部门,指导戒毒医疗机构对吸毒成瘾的认定工作。

第三十二条 对吸毒成瘾人员,市、县级人民政府公安机关可以责令其接受社区戒毒,并出具责令社区戒毒决定书,送达本人及其家属,通知本人户籍所在地或者现居住地乡(镇)人民政府、城市街道办事处。

吸毒成瘾人员有下列情形之一的,由市、县级人民政府公安机关作出强制隔离戒毒的决定:

(一)拒绝接受社区戒毒;

(二)在社区戒毒期间吸食、注射毒品;

(三)严重违反社区戒毒协议;

(四)经社区戒毒、强制隔离戒毒后再次吸食、注射毒品。

对于吸毒成瘾严重,通过社区戒毒难以戒除毒瘾的人员,市、县级人民政府公安机关可以直接作出强制隔离戒毒决定。

第三十三条 省人民政府应当根据吸毒人员分布、分类收戒和收戒地区辐射范围、收治能力等情况合理设置收治患有严重疾病、传染病或者生活不能自理等特殊吸毒人员的强制隔离戒毒场所。

第三十四条 强制隔离戒毒场所应当根据戒毒人员性别、年龄、民族习惯,患病、吸食注射毒品种类等情况,开展戒毒治疗、教育和康复训练;根据戒毒治疗的不同阶段和戒毒人员表现,使其逐步回归社会。

强制隔离戒毒场所应当创造便利条件方便戒毒人员的亲属和所在单位或者就读学校的工作人员探访戒毒人员。

第三十五条 对符合强制隔离戒毒情形,患有严重疾病、传染病或者肢体残疾、生活不能自理的戒毒人员,公安机关、司法行政部门应当根据条件确定专门强制隔离戒毒场所,或者在强制隔离戒毒场所内设立专门区域,实行集中强制隔离戒毒治疗。

前款所列戒毒人员具体收戒办法,由省人民政府公安机关、司法行政部门会同省卫生和计划生育行政部门共同制定。

第三十六条 对符合强制隔离戒毒情形但因患有严重疾病、传染病或者肢体残疾、生活不能自理,经入所前检查诊断结果、伤残鉴定结论符合强制隔离戒毒所外就医标准且强制隔离戒毒场所不具备治疗条件,或者因其他情形导致无法执行强制隔离戒毒的吸毒成瘾严重人员,强制隔离戒毒场所应当当场向强制隔离戒毒决定机关出具书面拒收证明,并写明拒收原因。

强制隔离戒毒场所因不具备收治条件而拒收的,强制隔离戒毒决定机关应当将其转送到本条例第三十五条所列的具有收治条件的强制隔离戒毒场所,不得将其转为社区戒毒或者使其流向社会。

采用吞食异物、自伤自残等方式逃避强制隔离戒毒的,由强制隔离戒毒决定机关将异物取出、进行先期治疗,确定没有生命危险后,强制隔离戒毒场所予以收治。

第三十七条　公安机关、司法行政部门应当严格执行所外就医标准和制度,发现不符合所外就医情形,或者所外就医情形消失且强制隔离戒毒期限未满的,应当继续执行强制隔离戒毒。

第三十八条　强制隔离戒毒场所应当在强制隔离戒毒人员解除强制隔离戒毒三个工作日前通知强制隔离戒毒决定机关,出具解除强制隔离戒毒证明书送达戒毒人员本人,并通知其家属、所在单位、现居住地公安派出所或者户籍所在地公安派出所。

对依法可以提前解除强制隔离戒毒或者需要延长强制隔离戒毒期限的,由强制隔离戒毒场所提出意见,报强制隔离戒毒的决定机关批准。强制隔离戒毒的决定机关应当自接到报告之日起七个工作日内作出是否批准的决定;作出不批准决定的,应当书面说明原因。戒毒人员有异议的,可以依法提起行政复议或者行政诉讼。

第三十九条　公安机关应当依法对吸毒人员进行登记,实行动态管控。吸毒人员户籍所在地与现居住地不一致的,由现居住地公安机关负责动态管控,户籍所在地公安机关应当予以配合。

公安机关对符合下列情形之一的吸毒人员不再实行动态管控,并及时更新维护相关信息,但拒绝接受社区戒毒、社区康复或者严重违反社区戒毒、社区康复协议的除外:

(一)吸毒被查获后,未被认定为吸毒成瘾,自被查获之日起三年内没有吸毒行为的;

(二)被责令社区戒毒、社区康复,自执行之日起三年内没有吸毒行为的;

(三)被解除强制隔离戒毒或者由强制隔离戒毒变更为社区戒毒,自解除或者变更之日起三年内没有吸毒行为的。

对社区戒毒、社区康复人员需要变更、转入、转出执行地点的,依照就近就便原则收转。

第四十条　动态管控期间的吸毒人员在下列岗位工作的,公安机关应当通报其所在单位,所在单位应当予以调离:

(一)各类火车、机动车辆、船舶、轨道交通、航空器的驾驶、信号、指挥等岗位;

(二)电力、燃气、供热、石油、化工、仓储等行业对公共安全负有重大责

任的岗位;

(三)操作重要生产设备、精密仪器仪表的岗位;

(四)高空作业等危险工作岗位;

(五)医疗(含医疗事故鉴定、法医类鉴定)、卫生计生、教育的岗位;

(六)其他对公共安全负有重大责任的岗位。

第四十一条 戒毒人员在入学、就业、医疗、享受社会保障等方面不受歧视。

鼓励企业为戒毒康复人员提供就业岗位。为戒毒康复人员提供就业岗位的企业按照规定享受有关政策优惠。

公安民警、戒毒机构工作人员、社区工作人员、志愿者以及其他由于工作原因获知戒毒人员信息的人员,对戒毒人员戒毒的个人信息应当依法予以保密。

第六章 法律责任

第四十二条 违反本条例的行为,法律、行政法规另有法律责任规定的,依照其规定处理。

第四十三条 违反本条例第十九条第二款规定,发现寄递疑似毒品或者非法寄递精神药品、麻醉药品、易制毒化学品未报告的,由公安机关责令整改,给予警告,并处五千元以上一万元以下罚款。

第四十四条 互联网信息服务提供者违反本条例第二十条第二款规定发现其网站传输的信息涉及毒品违法犯罪活动未报告公安机关的,由公安机关对直接责任人处以二千元以上五千元以下罚款;情节严重的,处以五千元以上二万元以下罚款。

第四十五条 违反本条例第二十三条第一款规定,汽车租赁企业未按照规定期限保存相关信息的,由公安机关给予警告并责令整改;再次违反,发生涉毒案件的,处以五千元以上一万元以下罚款。

违反本条例第二十三条第二款规定,发现承租人利用租赁汽车进行涉毒违法活动未报告的,由公安机关对汽车租赁企业处以五千元以上一万元以下罚款。

第四十六条 违反本条例第二十五条第一款规定,单位从事工业用大麻种植、选育未按规定进行备案的,由县级人民政府公安机关给予警告,责令限期改正;再次违反的,处以五千元以上二万元以下罚款;发生涉毒案件,尚未构成犯罪的,处以二万元以上五万元以下罚款。个人从事工业用大麻种植未按规定进行备案的,由县级人民政府公安机关给予警告,责令限期改正;再次违反的,处以五百元以上一千元以下罚款;发生涉毒案件,尚未构成犯罪的,处以一千元以上三千元以下罚款。

违反本条例第二十五条第二款、第三款规定,单位从事工业用大麻花、叶、籽销售、加工未按规定进行备案的,由县级人民政府公安机关处以一万元以上五万元以下罚款。个人从事工业用大麻花、叶、籽销售、加工未按规定进行备案的,由县级人民政府公安机关处以五千元以上二万元以下罚款。

第四十七条 违反本条例第二十六条规定,种植、销售、加工单位或者个人未执行监督管理制度,或者未对工业用大麻花、叶、籽加工后的副产物进行无害化处理,或者工业用大麻丢失后未向公安机关报告的,由县级人民政府公安机关给予警告,责令限期改正;再次违反的,处以五千元以上二万元以下罚款;发生涉毒案件,尚未构成犯罪的,处以二万元以上五万元以下罚款。

第四十八条 国家工作人员吸食、注射毒品和参与其他涉毒违法犯罪活动的,公安机关应当通报其所在单位,由有权机关依照有关规定处理。

第四十九条 国家机关和有关单位的工作人员在禁毒工作中不依法履行禁毒工作职责、徇私舞弊、玩忽职守的,由同级禁毒委员会或者上级机关、主管部门、监察机关责令改正;尚不构成犯罪的,依法给予处分。

第七章 附 则

第五十条 本条例所称的工业用大麻,是指经省农业行政主管部门按照国家有关规定认定,专供纤维、食品、保健品、药品、动物饲料、建材制造加工等工业用途的大麻科大麻属一年生草本植物品种。

第五十一条 本条例自2017年5月1日起施行。1995年8月23日黑龙江省第八届人民代表大会常务委员会第十七次会议通过的《黑龙江省禁毒条例》同时废止。

黑龙江省税收保障条例

(2017 年 4 月 7 日黑龙江省第十二届人民代表大会
常务委员会第三十三次会议通过)

第一章 总 则

第一条 为了营造公平、公正的纳税环境,保护纳税人合法权益,规范税收行为,促进经济和社会发展,根据《中华人民共和国税收征收管理法》等法律、行政法规的规定,结合本省实际,制定本条例。

第二条 在本省行政区域内依法由税务机关征收的各种税收的保障工作,均适用本条例。

第三条 县级以上人民政府应当加强对税收保障工作的领导,建立健全税收保障协调机制,解决税收保障工作中的重大问题,对税收保障工作进行监督和考核。

乡镇人民政府、街道办事处应当协助做好本辖区内的税收保障工作。

第四条 税务机关(包括国家税务机关和地方税务机关)负责税收保障具体工作。

县级以上人民政府财政部门负责税收保障监督和协调工作,其他有关部门和单位按照本条例规定做好税收保障工作。

第二章 信息交换

第五条 省人民政府应当建立全省统一的涉税信息交换平台,实现全省涉税信息的交换和共享。

涉税信息交换平台的建设和管理,包括涉税信息的主体、提供方式、内容、时限等,由省人民政府制定具体实施办法,并根据经济和社会发展情况适时调整。

第六条 有关部门和单位应当通过涉税信息交换平台,及时、准确、完整地提供因下列事项产生的涉税信息:

(一)经依法登记成立的法人及其分支机构、非法人组织、个体工商户的设立、变更、注销登记;

(二)建设、医疗、民办教育、特种行业、文化、体育、广告、药品、危险化

学品、餐饮服务、道路运输、矿产资源开采等各类生产经营许可;

（三）建设工程施工合同签订,建设资金投入及工程款拨付,不动产登记,土地占用,房屋租赁,商品房买卖合同联机备案,征收补偿;

（四）国有企业改制重组、破产清算,国有资产转让、无偿划转、有偿使用;

（五）招商引资项目,技术改造投资,引进外资,对外投资,对外承包工程,对外提供劳务项目;

（六）外籍人员出入境,机动车辆、船舶登记,机动车驾驶员培训学校考试登记;

（七）商业性文艺演出,赛事、展会,医保定点服务机构的医保支付,服务业住宿流量,旅行社收入,彩票销售,定价目录;

（八）就业失业登记,企业吸纳下岗失业人员,残疾人证书核发,退役士兵自主就业,捐赠;

（九）高新技术企业、技术先进型服务企业认定,技术合同认定,专利、技术转让;

（十）股权变更或转让备案;

（十一）小额贷款公司、典当行等金融机构的贷款余额;

（十二）其他有关涉税事项。

第七条 无法通过涉税信息交换平台提供涉税信息或者已在其他平台公布涉税信息的,有关部门和单位应当与同级税务机关和财政部门商定交换或者共享的方式。

第八条 税务机关、财政部门及有关部门和单位在提供、使用和保管涉税信息时,应当对涉税信息涉及的国家秘密、商业秘密、个人隐私予以保密,不得将涉税信息用于履行法定职责之外的用途。

第九条 税务机关和财政部门应当综合分析和应用涉税信息,加强税源监控,防止税收流失。

第十条 税务机关应当每年向本级人民政府书面报告涉税信息利用情况,并定期向提供涉税信息的部门和单位通报。

第三章 税收协助

第十一条 税务机关因履行税收征收管理职责需要有关部门和单位协助的,有关部门和单位应当在职责范围内依法予以协助。

第十二条 不动产登记机构办理不动产权属变更登记,应当要求申请人依法提供纳税或者减免税证明,未提供的,不予办理相关手续。

不动产登记机构对税务机关依法查封不动产、需要其协助执行的,应当按照税务机关提供的生效法律文书和协助执行通知书办理协助执行事项。

不动产登记机构对税务机关依法委托拍卖纳税人以及其他涉税人员的不动产的,应当依法办理过户手续。

第十三条 金融机构在税务机关依法对纳税人、扣缴义务人实施开立账户情况查询、存款查询、冻结存款或者扣缴税款时,应当依法予以协助。

第十四条 对税务机关因税收征收管理和查办涉税案件,需要查询纳税人及其他涉案人员身份证明、居住情况等信息,以及税务机关采取行政强制措施和行政强制执行遇到违法阻碍提请公安机关协助的,公安机关应当依法予以协助;对税务机关依法移送的涉嫌犯罪案件及提供的其他涉税违法线索案件,公安机关应当依法处理。

公安机关出入境管理部门收到税务机关依照有关规定作出的通知后,应当依法阻止未结清应纳税款、滞纳金,又不提供纳税担保的纳税人或者其法定代表人出境。

第十五条 人民法院拍卖、变卖被执行人财产时,应当协助税务机关依法征收该财产在交易过程中产生的应纳税款;在审理破产案件时,人民法院发现未结清税款的,应当通知税务机关参加清算。

第十六条 供电、供水、供气、物流等单位应当根据税务机关核定税额和纳税评估等需要,提供从事生产经营的纳税人用电、用水、用气量及收发货物等情况。

第十七条 税务机关应当向同级财政部门提供税收完成、增减变化因素和收入预测情况,为财政部门编制税收收入预算和加强财政预算管理提供依据。

县级以上人民政府财政部门编制和调整税收收入预算,应当征求同级税务机关的意见。

第四章　服务监督

第十八条 税务机关应当依照法律、行政法规规定的权限和程序征收税款,不得违法开征、停征、多征、少征、提前征收、延缓征收或者摊派税款。

第十九条 税务机关应当建立健全政务公开制度,公开职责权限、征收依据、减免规定、办税程序、服务规范、救济权利等事项,依法保障纳税人、扣缴义务人的税收知情权、参与权和救济权。

税务机关应当将税收核定定额信息依法公开,接受纳税人和社会的监督,保障税收公平、公正。

第二十条 税务机关应当严格执行国家税收征管、服务规范,健全纳税服务机制,为纳税人、扣缴义务人提供法律、法规和政策咨询、纳税辅导、纳税提醒、预约办税、网络办税、延时服务、同城通办等服务。

省级税务机关应当组织基层税务人员学习税收法律、法规、政策等相关业务知识。遇有税收法律、法规、政策调整时,税务机关应当及时告知纳税人。

第二十一条 税务机关应当建立服务合作机制,采取国税、地税信息共享、互设窗口、共建办税服务厅、共驻政务服务中心等方式,实现一家受理、分别处理、限时办结反馈的服务模式,为纳税人、扣缴义务人提供服务。

第二十二条 税务机关应当规范、简化、合并纳税人、扣缴义务人报表资料,逐步实行纳税人涉税信息国税、地税一次采集,按户存储,共享共用。能够从信息系统提取数据信息的,不得要求纳税人、扣缴义务人重复报送。

第二十三条 税务机关及税务人员为纳税人、扣缴义务人提供纳税服务不得收取费用,不得刁难纳税人、扣缴义务人,不得收受、索取纳税人、扣缴义务人财物或者谋取其他不正当利益。

第二十四条 税务机关和财政部门应当保证人大常委会实时查询涉税信息的提供和使用情况。

第二十五条 县级以上人民政府对税收保障工作监督和考核的主要内容包括:

(一)相关部门和单位提供涉税信息的情况;

(二)相关部门和单位履行税收协助义务的情况;

(三)税务机关应用涉税信息的情况。

县级以上人民政府应当定期通报考核结果。

第二十六条 任何单位和个人都有权检举违反税收法律、法规的行为。

税务机关对被检举的违反税收法律、法规行为应当及时调查、处理,并为检举人保密。经税务机关查证属实的,应当按照规定对检举人给予奖励。

第五章 法律责任

第二十七条 违反本条例规定,有下列情形之一的,由有权机关依法追究责任:

(一)未按要求提供涉税信息的;

(二)不履行税收协助义务的;

(三)不履行保密义务的;

(四)违规使用涉税信息的。

有前款第一项、第二项情形之一,造成税款流失的,对直接负责的主管人员和其他直接责任人员依法追究责任。

第二十八条 违反本条例规定,擅自开征、停征、多征、少征、提前征收、延缓征收或者摊派税款的,应当立即改正,补征应征未征税款,及时、足额退还多征税款,并由有权机关视情节依法追究责任。

第二十九条 违反本条例规定,税务机关及税务人员有下列行为之一

的,对直接负责的主管人员和其他直接责任人员依法追究责任:

(一)未应用涉税信息造成税款流失的;

(二)为纳税人、扣缴义务人提供纳税服务收取费用,刁难纳税人、扣缴义务人,收受、索取纳税人、扣缴义务人财物或者谋取其他不正当利益的;

(三)有其他滥用职权、玩忽职守、徇私舞弊行为的。

第六章　附　　则

第三十条　本条例自 2017 年 7 月 1 日起施行。

黑龙江省村民委员会选举办法

(1999年10月20日黑龙江省第九届人民代表大会常务委员会第十二次会议通过　根据2002年6月13日黑龙江省第九届人民代表大会常务委员会第三十次会议《关于修改〈黑龙江省村民委员会选举办法〉的决定》修正　2017年4月7日黑龙江省第十二届人民代表大会常务委员会第三十三次会议修订)

第一章　总　　则

第一条　为了规范村民委员会的选举工作,保障村民依法实行自治和行使民主权利,根据《中华人民共和国村民委员会组织法》,结合本省实际,制定本办法。

第二条　本省辖区内村民委员会的换届选举工作适用本办法。

第三条　全省村民委员会的换届选举工作由省人民政府统一部署,市(地)、县(市、区)、乡(镇)的人民政府负责组织实施。

县级以上人民政府民政部门负责指导辖区内村民委员会换届选举日常工作。县级以上人民政府农业、财政、公安、监察、信访等有关部门在各自职责范围内做好村民委员会换届选举保障工作。

村民委员会成员的任期和离任经济责任审计,由乡(镇)人民政府负责组织,由县级人民政府农业行政主管部门指导监督,其中离任经济责任审计结果应当在推选村民选举委员会成员工作开始前公布。

第四条　县级以上人民政府组织指导、培训村民委员会换届选举工作的经费纳入同级财政预算。

村民委员会自行解决选举经费,不足部分由县、乡两级人民政府财政给予补助。

任何组织和个人不得向村民摊派村民委员会换届选举工作经费。

第五条　村民委员会选举应当依法进行,遵循公开、公平、公正的原则。

第六条　村民委员会由主任、副主任、委员三至七人单数组成。具体人数由村民会议或者村民代表会议根据村型规模大小、人口数量、经济社会发展情况决定。

村民委员会成员中，应当有妇女成员，多民族村民居住的村应当有人数较少的民族的成员。

第七条　村民委员会成员由登记参加选举的村民采取无记名投票方式直接选举产生。任何组织或者个人不得指定、委派或者撤换村民委员会成员。

村民委员会每届任期三年，届满应当及时换届选举。村民委员会成员可以连选连任。

第八条　中国共产党在农村的基层组织，按照党章进行工作，发挥领导核心作用，领导和支持村民委员会行使职权；依照宪法和法律，支持和保障村民开展自治活动、直接行使民主权利。

第九条　县级以上人民代表大会及其常务委员会和乡(镇)人民代表大会、主席团，依法监督村民委员会选举工作。

第二章　选举工作机构

第十条　村民委员会换届选举前，各级人民政府应当成立村民委员会换届选举工作指导机构，指导机构主要履行下列职责：

(一)制定本级选举工作方案；

(二)宣传有关法律、法规、政策和换届选举纪律；

(三)培训选举工作指导机构人员；

(四)受理换届选举中的申诉、检举或者控告；

(五)总结和组织交流选举工作经验；

(六)办理换届选举工作中的其他事项。

第十一条　村民委员会的换届选举工作，在村党组织的领导下，由村民选举委员会主持。

村民选举委员会由主任和委员五至九人单数组成，其成员由村党组织组织召开村民会议、村民代表会议或者各村民小组会议，采取无记名投票的方式，按得票多少的顺序推选产生。村民选举委员会成员名单应当报乡(镇)人民政府村民委员会换届选举工作指导机构备案。

任何组织和个人不得擅自指定、委派或者撤换村民选举委员会成员。

村民选举委员会应当按照少数服从多数的原则决定有关选举事项。

村民选举委员会及其成员履行职责至新一届村民委员会、村务监督委员会产生，并完成工作移交时终止。

第十二条　村民选举委员会主要履行下列职责：

(一)制定具体换届选举实施方案，提名选举工作人员，经村民会议、村民代表会议或者各村民小组会议讨论通过并公布名单，报乡(镇)人民政府村民委员会换届选举工作指导机构备案；

（二）开展换届选举宣传动员工作,告知村民选举事项,解答有关选举的询问;

（三）公布选举的时间、地点和投票方式;

（四）培训选举工作人员;

（五）审查、确认村民参加选举的资格,登记并公布参加选举的村民名单;

（六）依法确定候选人名额,主持候选人推选工作,审查候选人资格,公布候选人名单,组织竞选活动;

（七）审查、确认委托投票申请,办理委托投票手续,公布委托人和受委托人名单;

（八）主持换届选举大会,组织投票选举,公布选举结果;

（九）组织推选村务监督委员会成员;

（十）主持村民委员会工作移交;

（十一）受理村民有关选举的检举和申诉;

（十二）总结上报有关村民委员会换届选举情况,建立选举工作档案;

（十三）办理选举工作中的其他事项。

第十三条 村民选举委员会成员不依法履行职责的,由村民选举委员会主任或者乡(镇)人民政府村民委员会换届选举工作指导机构提出免职建议,由推选其产生的村民会议、村民代表会议或者各村民小组会议讨论通过,终止其职务。

村民选举委员会成员两次擅自不参加村民选举委员会会议的,由村民选举委员会确认,其职务自行终止。

村民选举委员会成员被提名为村民委员会成员候选人的,应当退出村民选举委员会。

村民选举委员会成员退出村民选举委员会或者因其他原因出缺的,按照原推选结果依次递补,或者另行推选。

第三章 选民登记

第十四条 年满十八周岁的村民,不分民族、种族、性别、职业、家庭出身、宗教信仰、教育程度、财产状况、居住期限,都有选举权和被选举权;但是,依照法律被剥夺政治权利者除外。

第十五条 村民委员会选举前,村民选举委员会应当对下列人员进行登记,列入参加选举的村民名单:

（一）户籍在本村并且在本村居住的村民;

（二）户籍在本村,不在本村居住,本人表示参加选举的村民;

（三）户籍不在本村,在本村居住一年以上,本人申请参加选举,并且经村民会议或者村民代表会议同意参加选举的公民。

已在户籍所在地或者居住地登记参加选举的村民,不得再登记参加其他地方村民委员会的选举。

第十六条　村民有下列情形之一的,由村民选举委员会确认,不列入参加选举的村民名单,不计入选民基数:

(一)不能准确表达自己意志的;

(二)本人表示不参加选举的;

(三)登记期间,经公告、电话等方式均无法与本人取得联系的。

第十七条　参加选举的村民的年龄计算的时间以选举日为准。参加选举的村民的出生日期以身份证为准,年满十八周岁尚未办理身份证的,以户口簿记载的日期为准。对出生日期有异议的,由公安机关予以核实。

第十八条　登记参加选举的村民名单应当在选举日的二十日前在村民委员会和各村民小组所在地张榜公布,登记参加选举的村民在发放选票前领取参选证。

对公布的登记参加选举的村民名单有异议的,应当自名单公布之日起五日内向村民选举委员会申诉,村民选举委员会应当自收到申诉之日起三日内作出处理决定,并公布处理结果。对处理决定不服的,应当在三日内向乡(镇)人民政府村民委员会换届选举工作指导机构提出书面申诉,乡(镇)人民政府村民委员会换届选举工作指导机构应当在三日内协调村民选举委员会处理。

第四章　候选人的产生

第十九条　选举村民委员会成员,可以采取有候选人的方式或者无候选人的方式进行,具体方式由村民会议或者村民代表会议讨论决定。

第二十条　村民委员会成员候选人应当具备下列条件:

(一)符合本办法第十五条规定的已经登记参加选举的村民;

(二)遵纪守法、品行良好、公道正派、热心公益;

(三)具有一定的组织协调能力,一般应当具有初中以上学历。

第二十一条　采取有候选人方式选举村民委员会成员的,候选人由登记参加选举的村民直接提名。每一村民提名的候选人不得多于应选人数。

村民委员会主任、副主任候选人人数都应当比应选人数多一名;村民委员会委员候选人人数应当比应选人数多一至三名。当提名人选超出应选人数差额比例时,应当进行预选,确定候选人。

村民委员会成员候选人出现缺额的,从提名人选结果中按得票数多少依次递补。

候选人中应当有一名以上妇女人选。

第二十二条 村民委员会成员候选人确定后,村民选举委员会应当在选举日的五日前以得票多少为序张榜公布候选人名单。得票数相同的以姓名笔画为序进行公布。

第二十三条 村民选举委员会应当客观公正地向村民介绍候选人的情况,组织候选人同村民见面,由候选人阐述履职设想,回答村民提出的问题。可以安排候选人在投票选举前进行竞选演说。

候选人阐述履职设想或者竞选演说,应当实事求是,不得脱离本村实际,不得违背法律、法规、政策,不得诋毁他人。

候选人的履职设想或者竞选演说文稿应当有竞职承诺、履职承诺、辞职承诺,并且应当在候选人阐述履职设想或者竞选演说日的两日前送村民选举委员会审查、备案。

第二十四条 禁止候选人及他人有下列拉票贿选行为:

(一)使用金钱、有价证券、实物或者提供各种消费活动拉选票;

(二)指使他人贿赂村民或者选举工作人员;

(三)许诺当选后为投票人谋求不正当利益;

(四)可能影响选举结果的其他贿选行为。

第二十五条 采取无候选人方式选举村民委员会成员的,由登记参加选举的村民直接投票选举产生村民委员会主任、副主任和委员。

第二十六条 选举村民委员会主任、副主任和委员,可以同时选举,也可以分次投票先选主任,再选副主任,最后选委员。具体方式由村民选举委员会在本村具体换届选举实施方案中确定。

第五章 选举程序

第二十七条 村民选举委员会应当在选举日前完成以下工作:

(一)在选举日的十日前公告选举时间和投票地点;

(二)组织工作人员学习、了解、掌握选举程序;

(三)核实、公布参选人数;

(四)办理委托投票手续、公布委托人和受委托人;

(五)准备票箱和选票,布置选举会场;

(六)办理选举的其他准备事项。

村民委员会成员候选人及其近亲属不得担任监票人、唱票人、计票人等选举工作人员。

第二十八条 村民委员会的选举,应当在村民选举委员会主持下,采取召开选举大会的方式进行。

人口较多或者居住分散的村,可以设立中心投票站和若干分投票站。投票站应当设有选票发放处、代写处、秘密写票处和投票箱。投票箱应当符合安全保密要求,每个投票箱应当有三名以上监票人员负责监管。

村民选举委员会根据选举工作需要可以设立流动票箱。流动票箱仅限于行动不便等不能到选举中心会场或者投票站投票的登记参加选举的村民使用,由村民选举委员会成员带领两名以上工作人员到其住所接受投票。

乡(镇)人民政府应当派员到选举大会现场指导。

第二十九条 村民委员会的选举,采取无记名投票的方法,登记参加选举的村民凭参选证或者委托投票证领取选票,选票由登记参加选举的村民本人或者被委托人、代写人独立填写。

登记参加选举的村民在填写选票时,任何人不得接近秘密写票处或者以任何方式干扰、影响登记参加选举的村民填写选票。

第三十条 登记参加选举的村民不能填写选票的,由本人申请,经过村民选举委员会审核同意后,可以委托除候选人以外的登记参加选举的村民代为填写选票。代写选票不得违背委托人的意愿。每个登记参加选举的村民最多只能为三人代写选票。

登记参加选举的村民,选举期间外出不能参加投票的,由本人书面或者利用视频等可确信的方式提出申请,经村民选举委员会同意,可以委托候选人以外的本村有选举权的村民代为投票。每个有选举权的村民接受委托投票不得超过三人。

第三十一条 每个登记参加选举的村民在一次选举中只有一次投票权,对候选人可以投赞成票、投反对票、投弃权票,也可以另选其他登记参加选举的村民。

每张选票所选的人数等于或者少于应选名额的有效,多于应选名额的无效;经村民选举委员会确认,每张选票中无法辨认的部分和不按规定符号填写的部分无效。

全部无法辨认和不按规定符号填写的选票为废票,废票计入选票总数。

每次选举收回的选票等于或者少于投票人数的,选举有效;多于投票人数的,选举无效。

第三十二条 选举采取公开唱票、计票的方法。投票结束后,选举工作人员应当将所有票箱立即送到村民选举委员会指定的计票地点,当众开箱,公开唱票和计票,当场公布选举结果,并由监票人、唱票人、计票人记录签字。

第三十三条 选举村民委员会成员,有登记参加选举的村民过半数投票,选举有效;候选人或者另选人获得参加投票的村民过半数的选票,始得当选。获得过半数选票的候选人或者另选人多于应选名额时,以得票多者当选;得票相等,不能确定当选人时,应当对得票相等的候选人或者另选人重新投票,得票多者当选。

主任、副主任的当选人中有妇女的,委员的当选人按照得票多少的顺序确定;没有妇女的,委员的当选人按照下列原则确定:

(一)有妇女获得过半数选票的,应当首先确定得票最多的妇女当选,其他当选人按照得票多少的顺序确定;

(二)没有妇女获得过半数选票的,应当在委员的应选人数中留出一个名额用于另行选举妇女成员,其他当选人按照得票多少的顺序确定。

第三十四条 当选人数不足应选名额的,不足的名额另行选举。另行选举应当在本次选举日后的三十日内举行。另行选举时,按照未当选人得票多少的先后顺序确定候选人,上述人选中有不符合候选人条件的,可以由其他未当选人按照得票多少的先后顺序依次递补。另行选举的,以得票多者当选,但是所得票数不得少于已投选票总数的三分之一。

经过两次投票选举后,当选人数达到三人以上,仍然不足应选名额时,不足的名额可以暂缺。村民委员会主任暂缺的,由当选的副主任临时主持工作,直至选出主任为止。当选人数不足三人的,应当在二十日内召开村民会议或者由村民会议授权的村民代表会议,就不足的人数进行选举。

第三十五条 村民委员会成员之间实行近亲属关系回避制度。已选出的村民委员会成员之间有近亲属关系的,职务最高的一人当选;职务相同,得票最多的一人当选。

第三十六条 村民委员会选举结果经过村民选举委员会确认有效后,应当在投票选举日当天张榜公布,并于三日内形成书面的选举报告,上报乡(镇)人民政府和县级人民政府民政部门备案。选票由乡(镇)人民政府保管,期限三年。县级人民政府民政部门会同乡(镇)人民政府应当在收到选举报告的十五日内,向当选的村民委员会成员颁发全省统一印制的《当选证书》。

第三十七条 上一届村民委员会应当在新一届村民委员会产生之日向新一届村民委员会移交印章,并于十日内将村民委员会办公场所、办公用具、财务账册、固定资产、工作档案、债权债务等移交完毕。

村民委员会工作移交由村民选举委员会主持,乡(镇)人民政府监督。

第三十八条 村民或者其他公民对选举程序、选举结果有异议的,可以向乡(镇)人民政府或者乡(镇)人民代表大会主席团反映,由乡(镇)人民政府调查核实,并在接到反映后的三十日内作出书面处理决定。当事人对处理决定不服的,可以向县级人民政府或者县级人民代表大会常务委员会提出申诉,由县级人民政府调查核实,县级人民政府应当在三十日内作出书面处理决定。

第三十九条 村民委员会根据需要可以设立人民调解、治安保卫、公共卫生与计划生育、民政福利等委员会。村民委员会成立后应当在十五日内产生下属委员会成员和村民小组长、村民代表。

下属委员会成员由村民委员会提名,经村民代表会议表决通过。

村民小组长由村民小组会议推选产生。

村民代表由村民按每五户至十五户推选一人,或者由各村民小组推选若干人。村民代表的总数由村民会议确定,村民代表总数一般不得少于三十五人。

第四十条 新一届村民委员会产生之日起三十日内,村民选举委员会应当组织村民会议或者村民代表会议,从村民中推选产生村务监督委员会成员。

村务监督委员会成员由三至五人单数组成,其中主任一名,村务监督委员会成员任期与村民委员会成员相同,可以连选连任。

村务监督委员会应当有具备财会、管理知识的人员。村民委员会成员及其近亲属不得担任村务监督委员会成员。

第四十一条 在选举过程中,不得有下列行为:

(一)以威胁、欺骗、诽谤等不正当手段妨害村民行使选举权和被选举权;

(二)采取打砸抢夺票箱、阻拦投票、撕毁选票或者寻衅滋事等不正当手段破坏选举;

(三)伪造选举文件或者选票、涂改选票、虚报选举票数以及其他选举舞弊行为;

(四)对检举村民委员会选举中违法行为的村民进行打击报复;

(五)破坏村民委员会选举的其他违法行为。

第六章　罢免、辞职、职务终止与补选

第四十二条 本村五分之一以上有选举权的村民或者三分之一以上的村民代表联名,可以以书面形式向村务监督委员会提出罢免村民委员会成员的要求,并写明罢免理由。

村务监督委员会应当在收到罢免要求的三十日内召开村民会议,投票表决。村务监督委员会逾期不召开村民会议的,乡(镇)人民政府应当督促、协助村民监督委员会召开村民会议投票表决。

村务监督委员会应当在投票表决罢免日十五日前公告罢免的事由、时间、地点。

第四十三条 村民会议在表决罢免村民委员会成员投票前,被提出罢免的村民委员会成员有权出席会议并提出申辩意见。

罢免村民委员会成员,须经有登记参加选举的村民过半数投票,并须经投票的村民过半数通过。被通过罢免的村民委员会成员,自通过之日起,终

止职务,十日内办理工作交接手续。表决的程序和方法适用本办法的有关规定。罢免未能通过的,一年之内针对该村民委员会成员以同一事实和理由再次提出的罢免要求,不予受理。

第四十四条　村民委员会成员要求辞职的,应当以书面形式向村民委员会提出,村民委员会应当在收到辞职申请的十五日内召开村民会议或者村民代表会议讨论决定,并予以公布。

第四十五条　村民委员会成员任职期间有下列情形之一的,其职务自行终止:

(一)丧失行为能力的;

(二)被判处刑罚的;

(三)连续两次民主评议为不称职的。

第四十六条　村民委员会成员辞职、被罢免、职务终止或者由于其他原因缺额和需要补选的,村民委员会或者村务监督委员会应当在三日内报乡(镇)人民政府和县级人民政府民政部门备案。

村民委员会成员因当选人数不足、辞职、被罢免、职务终止或者其他原因出现缺额时,应当在三个月内,由村民会议或者村民代表会议进行补选。补选的程序、方法参照本办法的有关规定执行。

第七章　法律责任

第四十七条　违反本办法第二十三条第二款、第三款规定的,由村民选举委员会责令改正,情节严重的,取消其候选人资格。

第四十八条　违反本办法第二十四条规定的,乡(镇)人民政府或者县级人民政府有关部门应当予以制止,经乡(镇)人民政府或者县级人民政府调查核实,情况属实的,取消其候选人资格。确因贿选手段当选的,由负责调查的人民政府宣布其当选无效。

第四十九条　违反本办法第三十七条规定,村民委员会成员未按时进行村民委员会工作移交,造成村集体财产损失的,依法承担赔偿责任;妨害新一届村民委员会开展工作的,由公安机关依法处理;涉嫌犯罪的,依法追究刑事责任。

第五十条　违反本办法第四十一条规定和对提出罢免村民委员会成员要求的村民进行打击报复的,村民或者其他公民有权向乡(镇)人民代表大会、主席团和乡(镇)人民政府或者县级人民代表大会常务委员会和县级人民政府举报,乡(镇)人民政府和县级人民政府负责调查并依法处理;违反《中华人民共和国治安管理处罚法》的,由公安机关依法处理;构成犯罪的,依法追究刑事责任。

以不正当手段当选村民委员会成员的,由负责调查的人民政府宣布其当选无效。

第五十一条　乡(镇)人民政府或者县级人民政府有关部门及其工作人员有下列行为之一的,由上级人民政府或者有关主管部门责令改正;情节严重的,对其主管领导和有关责任人依据相关规定给予处分:

(一)擅自指定、调整、变更村民委员会成员候选人的;

(二)擅自停止村民委员会成员工作的;

(三)指定、委派、撤换村民委员会成员的;

(四)不及时组织村民委员会换届选举的;

(五)对举报或者发现的违法行为拒绝或者拖延调查处理的;

(六)违反本办法的其他行为。

第八章　附　　则

第五十二条　辖区范围内有村的街道办事处,依照本办法规定的乡(镇)人民政府职责,组织村民委员会选举工作。

第五十三条　本办法所称近亲属包括配偶、父母、子女、兄弟姐妹、祖父母、外祖父母、孙子女、外孙子女。

第五十四条　本办法自 2017 年 5 月 1 日起施行。

黑龙江省社会矛盾纠纷多元化解条例

(2017 年 10 月 13 日黑龙江省第十二届人民代表大会
常务委员会第三十六次会议通过)

第一章 总 则

第一条 为促进和规范社会矛盾纠纷多元化解工作,保障当事人合法权益,维护社会和谐稳定,弘扬社会主义核心价值观,完善社会治理体系,提高社会治理能力,根据有关法律、行政法规的规定,结合本省实际,制定本条例。

第二条 本省辖区内的国家机关、企业、事业单位、人民团体、社会团体和其他组织以及公民个人,通过调解、行政裁决、行政复议、公证、仲裁、诉讼等途径,解决当事人矛盾纠纷适用本条例。

法律、行政法规、司法解释对化解矛盾纠纷有其他规定的,适用该规定。

第三条 社会矛盾纠纷多元化解应当遵循下列原则:

(一)不违背法律、法规,遵循公序良俗,诚实信用,不得损害国家利益、社会公共利益和他人合法权益;

(二)和解、调解优先,多种纠纷化解途径有机衔接;

(三)坚持政府主导、综合治理部门协调、司法指导、部门联动和社会参与,及时、就地化解矛盾纠纷;

(四)坚持属地管理和谁主管谁负责相结合,坚持预防和化解相结合。

第四条 当事人在纠纷化解活动中享有下列权利:

(一)依法自愿选择纠纷化解途径;

(二)自主表达真实意愿;

(三)自愿达成协议,不受胁迫。

第五条 当事人在纠纷化解活动中应当履行下列义务:

(一)如实陈述纠纷事实;

(二)遵守现场秩序,尊重纠纷化解工作人员;

(三)尊重对方当事人行使权利;

(四)及时履行达成的协议和生效法律文书。

第二章　职责分工

第六条　各级人民政府应当加强社会矛盾纠纷多元化解能力建设,促进各类纠纷化解组织的发展,督促各行政部门落实纠纷化解责任。

县级以上人民政府应当将社会矛盾纠纷多元化解工作纳入国民经济和社会发展规划。

第七条　各级社会治安综合治理部门负责社会矛盾纠纷多元化解组织协调、督导检查和评估工作,组织建立联动处理机制,将矛盾纠纷化解工作纳入综合治理目标和考核体系。

第八条　人民法院应当建立健全诉讼与和解、调解、行政裁决、行政复议、公证、仲裁等非诉讼纠纷化解渠道相衔接的工作制度,与行政机关、公证机构、仲裁机构和调解组织协调配合,负责效力确认、生效法律文书执行和法律指导等工作。

第九条　人民检察院对依法可以和解的刑事案件、刑事案件中的人身财产损害赔偿问题,依据《中华人民共和国刑事诉讼法》和相关司法解释的规定建议当事人和解。

第十条　公安机关在办理治安、交通事故、轻微刑事等案件中,对符合和解、调解条件的,可以协调当事人和解、调解,并可以参与乡镇、街道、社区居民委员会、村民委员会化解纠纷的和解、调解工作。

矛盾纠纷化解组织在化解纠纷过程中,发现纠纷激化,有可能引起治安案件、刑事案件,向当地公安机关报警求助的,公安机关应当及时出警,维持纠纷化解工作秩序、保护纠纷化解工作人员和当事人的人身安全。

第十一条　司法行政机关负责指导人民调解工作,推动设立行业性、专业性调解组织和网络化建设,促进人民调解与行政调解、司法调解等相关调解组织的衔接联动,引导律师事务所、司法鉴定机构、法律援助机构、公证机构和基层法律服务所等法律服务组织参与纠纷化解工作。

第十二条　人民政府法制工作机构负责本级人民政府行政调解、行政裁决的综合协调和指导工作,依法办理行政复议案件,开展行政复议和解、调解工作。

第十三条　信访工作机构应当按照其法定职责依法协调处理来信来访反映的问题。对正在通过行政裁决、行政复议、仲裁、诉讼等途径处理的诉求,信访工作机构不予受理。

第十四条　行政机关应当依照职责进行行政调解、行政裁决和行政复议,应当对本领域行业性、专业性调解组织的工作予以支持、指导和监督。职责范围内纠纷化解工作较多的行政机关可以建立调解平台和信息库。

法律、法规授权的具有管理社会公共事务职能的组织应当参与与其管理职能有关的调解工作。

跨行政区域、跨部门、跨行业的纠纷,负有纠纷化解职责的行政机关或者具有管理社会公共事务职能的组织应当加强协调配合,共同予以化解。

第十五条 民事商事仲裁机构、劳动人事争议仲裁机构、农村土地承包仲裁机构应当依法履行职责,对受理的案件,应当引导当事人和解或者主动进行调解。

第十六条 工会、共产主义青年团、妇女联合会、残疾人联合会、工商业联合会等组织应当依照各自工作职责做好预防和化解纠纷工作。

第十七条 法学研究会、律师协会等组织应当根据章程的规定,运用专业知识为各种纠纷化解组织提供法律帮助和支持。

第十八条 行业协会、商会等社会组织可以设立行业性、专业性调解组织,调解具有行业性、专业性以及特定类型的民事、商事纠纷。

行业协会、商会、社会服务机构可以设立商事调解组织,在投资、金融、证券期货、保险、房地产、物业、工程承包、技术转让、知识产权、国际贸易等领域为当事人提供商事调解服务。

第十九条 村民委员会、社区居民委员会应当健全人民调解组织,对村民、居民纠纷进行调解。

第二十条 企业、事业单位根据需要建立调解组织,负责调解本单位的劳动、人事等纠纷。

第二十一条 各类调解组织应当配备符合条件的调解人员。

第二十二条 各类纠纷化解组织和当事人可以邀请双方信赖、有威望、有纠纷化解能力的公民参与纠纷的预防和化解工作。

公益慈善类、城乡社区服务类社会组织和新闻媒体等单位可以参与民间纠纷化解工作。

第二十三条 各类矛盾纠纷化解组织应当建立矛盾纠纷定期排查机制,及时了解群众关注和期望解决的热点、难点问题,掌握相关矛盾纠纷情况,将矛盾纠纷化解在初期。

各类矛盾纠纷化解组织对已经初步解决的矛盾纠纷应当回访,了解各方当事人对和解协议、调解协议等矛盾纠纷化解方案或者生效法律文书的履行情况,对当事人反悔或者其他原因未履行的,应当予以说服教育,督促其履行。

第三章 化解途径

第二十四条 鼓励当事人通过协商达成纠纷和解,和解有困难的可以申请调解组织进行调解。

调解组织应当通过说服、疏导等方法,促使当事人自愿达成调解协议,化解纠纷。

当事人不能或者不同意通过和解、调解解决纠纷的，可以通过行政裁决、行政复议、仲裁、诉讼或者法律、法规规定的其他途径解决。

第二十五条　调解纠纷应当适用法律、法规、政策，在不违背法律、法规、政策的情况下可以适用行业规范、习惯和村规民约。

第二十六条　企业、事业单位与职工发生的劳动、人事争议可以通过本单位具有调解职能的组织进行调解，也可以到用人单位所在地的劳动人事争议调解组织或者人民调解组织进行调解。

第二十七条　律师、法律工作者和有关专家，可以接受各方当事人的共同委托，对争议事实、法律依据和争议结果进行评估，提出纠纷化解途径的建议，评估意见可以作为协商、调解的参考依据。

律师、法律工作者和有关专家，可以接受当事人单方委托，辅助或者代理其参与和解、调解。

第二十八条　行政机关在履行职责过程中，当事人申请调解与行政管理职责有关的纠纷，依法可以由行政机关调解的，应当调解；依法应当由行政机关调解的，应当主动进行调解。

行政机关依职权处理具有民事权利义务内容的纠纷时，经双方当事人同意，可以委托相关调解组织调解。

政府或者有关部门对资源开发、环境污染、公共安全等方面的纠纷，以及涉及人数较多、影响较大、可能影响社会稳定的纠纷，应当进行分析研判、预测预警、采取预防措施并依职权主动进行调解。政府部门调解不成的，应当及时向本级政府报告；政府调解不成的，应当及时向上级主管部门报告。

第二十九条　对当事人起诉到人民法院适宜调解的案件，登记立案前征得当事人同意，人民法院可以委托公证机构、特邀调解组织、特邀调解员进行调解。

第三十条　审理过程中，人民法院认为适宜调解的案件，经当事人同意，可以委托特邀调解组织、特邀调解员或者人民法院专职调解员进行调解。

根据前款规定，委托调解达成协议，当事人申请人民法院出具调解书的，人民法院审查后依法出具调解书。

第四章　途径引导

第三十一条　各类纠纷化解组织应当鼓励当事人按照和解、调解、行政裁决、行政复议、仲裁和诉讼的顺序选择适宜的纠纷化解途径，但应当告知当事人有关诉讼时效的规定。

有关行政机关可以在制定的格式合同范本中告知当事人具有选择调

解、行政裁决、行政复议、仲裁和诉讼等方式解决纠纷的权利。

第三十二条 行政机关和法律、法规授权的具有管理社会公共事务职能的组织在其法定职权范围内,可以通过建议、辅导、规劝等方式,引导当事人通过和解、调解化解纠纷。

第三十三条 行政机关和法律、法规授权的具有管理社会公共事务职能的组织受理行政裁决或者行政复议申请后,依法可以调解的,应当先行调解,调解不成的,作出行政裁决或者行政复议决定。

第三十四条 行政机关和法律、法规授权的具有管理社会公共事务职能的组织依法调解民事纠纷不成的,应当引导当事人通过行政裁决、仲裁、诉讼等方式解决。

第三十五条 民事商事仲裁机构在仲裁过程中,可以优先组织和解或者调解。

第三十六条 公证机构对于当事人有争议的适合公证调解的事项,可以进行调解。调解成功的,根据当事人的申请,可以办理公证。调解不成的,应当引导当事人通过其他非诉讼或者诉讼途径解决纠纷。

第三十七条 调解组织和调解人员对不适宜调解,或者调解不成的纠纷,应当及时告知当事人依法向有关行政机关申请处理、向仲裁机构申请仲裁或者向人民法院起诉。

第五章　效力确认

第三十八条 经过调解组织或者公民调解,当事人依法达成的调解协议对于当事人具有法律约束力。

第三十九条 经过调解组织调解,当事人未达成调解协议的,调解人员对调解过程中各方没有争议的事实,在征得当事人同意后,应当进行记载并书面告知当事人法律后果,经当事人签字或者盖章确认。

当事人就部分争议事项达成调解协议的,调解组织可以就该部分先行确认并制作调解协议。

第四十条 调解未达成协议,但当事人之间已经就主要事项达成一致,仅就个别事项还有争议的,调解人员征得各方当事人书面同意后,可以提出调解方案并书面送达当事人。当事人在规定期限内对该调解方案书面认可的,调解方案成立;一方当事人提出书面异议的,视为调解方案不成立;未提出书面异议的,应当继续调解。

第四十一条 经过行政机关、公证机构、人民调解组织、商事调解组织、行业调解组织调解达成的调解协议,当事人可以共同向有管辖权的人民法院申请确认其效力。

调解协议具有给付内容的,当事人可以向公证机构申请办理保管、提存或者共同向公证机构申请办理具有强制执行效力的债权文书公证。

第四十二条　经过人民法院确认效力的调解协议,一方当事人不履行的,对方当事人可以依法向有管辖权的人民法院申请强制执行,人民法院应当及时执行。

第六章　工作规范

第四十三条　各级人民政府、人民政府所属部门、人民法院、人民检察院应当建立社会矛盾纠纷化解责任制,明确承办工作机构和人员的纠纷化解责任。

第四十四条　各级人民政府所属部门、人民法院、人民检察院、人民团体、新闻媒体和其他社会组织应当开展社会矛盾纠纷多元化解工作的宣传,加深公众对社会矛盾纠纷多元化解的理解和认同。

第四十五条　各类矛盾纠纷化解组织应当履行告知义务,在纠纷化解场所内张贴纠纷化解告知书,书面告知当事人各种解决纠纷方式的风险和成本,不得作出不符合法律规定和实际情况的承诺。

第四十六条　有关国家机关、人民团体和其他社会组织应当加强对本系统、本单位调解人员的业务培训,提高其执业水平,推动调解人员队伍专业化建设。

第四十七条　人民法院应当建立诉讼与非诉讼对接平台,为化解纠纷提供服务。

调解组织可以在该平台设立调解工作室。

第四十八条　行政机关对当事人提出的属于其职权范围内的行政调解申请,应当在收到申请之日起五个工作日内征求对方当事人意见并决定是否受理,出具书面凭证;法律关系复杂的,或者涉及多个部门的,应当在收到申请之日起十个工作日内作出决定。

第四十九条　人民法院对行政机关、公证机构、人民调解组织、商事调解组织、行业调解组织等调解达成的调解协议进行司法确认,不得收取任何费用。

劳动人事争议仲裁机构、农村土地承包仲裁机构、人民调解组织、行政调解组织、行业调解组织开展调解工作,不得向当事人收取任何费用。

民事商事仲裁机构、公证机构、商事调解组织、律师事务所调解纠纷,可以按照争议标的金额或者调解时长收取调解费,但应当在受理前征得当事人同意。

参与纠纷和解、调解评估或者其他辅助工作的律师、相关专家或者其他中立第三方,在事先征得当事人同意情况下,和解、调解协议达成后,可以收取适当费用。

承担纠纷化解职责的各类国家机关以及本条所列不得收费的纠纷化解组织,委托本条所列可以收费的机构和人员进行纠纷化解工作的,应当由委托方根据双方协议支付纠纷化解费用,不得向当事人收取费用。

第五十条 除法律、法规另有规定外,一般社会矛盾纠纷调解期限为十五日;疑难、重大社会矛盾纠纷经双方当事人同意延期的,可以延长十五日。

第五十一条 各类调解组织的调解人员与一方当事人有利害关系的,应当回避;但全体当事人书面表示不需要回避的除外。

第五十二条 调解组织和调解人员对当事人的个人隐私和商业秘密应当予以保密。

第五十三条 调解组织可以依托网络信息化平台,通过在线咨询、调解等方式,面向社会提供专业调解服务。

第五十四条 调解组织在调解过程中,可以根据需要邀请相关单位和人员参与调解。

第七章 工作保障

第五十五条 人民调解委员会工作补助经费、人民调解员补贴经费、劳动人事争议仲裁委员会经费、农村土地承包经营纠纷仲裁工作经费应当纳入各级人民政府财政预算。

第五十六条 各级人民政府、人民政府所属部门、人民法院、人民检察院和有条件的人民团体可以通过购买服务的方式,支持有关调解组织开展社会矛盾纠纷多元化解工作。

第五十七条 各类纠纷化解组织应当定期收集、整理、汇编调解典型案例,向各类调解组织免费发放,总结、宣传效果显著的调解方式、方法。

各级人民法院应当对本行政区域内的纠纷化解组织的培训工作提供专业指导,对具体问题的法律适用提出指导意见。

第五十八条 当事人符合社会救助条件的,民政、卫生计生、教育、住房城乡建设、人力资源社会保障等部门应当依法予以救助;符合司法救助条件的,人民法院、人民检察院应当依法提供司法救助;符合法律援助条件的,法律援助机构应当依法提供法律援助。

第五十九条 鼓励高等院校或者中等、初等职业教育学校开设社会矛盾纠纷多元化解专业或者培训课程,培养专业化的调解人才。

鼓励社会力量开办调解人员培训机构,成立调解工作志愿者队伍,为社会矛盾纠纷化解提供人才储备。

第八章 责任追究

第六十条 人民政府、人民政府所属部门、人民法院、人民检察院有下列情形之一的,由本级或者上一级社会治安综合治理部门予以通报、约谈、督办;造成严重后果的,建议有权机关对主管人员和其他直接责任人员依法处分:

（一）未建立社会矛盾纠纷化解责任制或者未明确纠纷化解责任承办工作机构和人员的;

（二）负有纠纷化解职责,无正当理由,拒不受理纠纷化解申请的;

（三）化解纠纷不及时,没有采取有效措施的;

（四）未履行本条例规定的其他义务的。

第六十一条　调解人员在调解工作中有下列行为之一的,由其所在的调解组织给予批评教育、责令改正;情节严重的,由推选或者聘任单位予以免职或者解聘,造成严重后果的,依法追究其相关法律责任:

（一）偏袒一方当事人的;

（二）侮辱当事人的;

（三）索取当事人财物或者牟取其他不正当利益的;

（四）泄露当事人个人隐私、商业秘密的;

（五）应当回避而未回避的;

（六）属于调解范围,无正当理由,拒不调解的;

（七）其他违反调解人员职业道德的行为。

第六十二条　人民调解组织、行业调解组织、行政机关调解组织化解纠纷,向当事人收取费用或者以其他名义收取报酬的,由主管部门责令退还,对直接负责的主管人员和其他直接责任人员依法处分。

第六十三条　可以收费的调解组织及其工作人员违反规定收取费用的,由其主管部门责令退还,并对直接责任人员给予处分;以调解为名骗取当事人财物的,由公安机关依法处理。

第六十四条　当事人在纠纷化解过程中扰乱纠纷化解工作秩序,侮辱纠纷化解工作人员和对方当事人的,纠纷化解工作人员可以终止纠纷化解工作,违反《中华人民共和国治安管理处罚法》的,由公安机关依法予以处罚。

第九章　附　　则

第六十五条　本条例自 2018 年 1 月 1 日起施行。

黑龙江省老年人权益保障条例

(2017年10月13日黑龙江省第十二届人民代表大会
常务委员会第三十六次会议通过)

第一章 总 则

第一条 为了保障老年人合法权益,发展老龄事业,弘扬中华民族敬老、养老、助老的美德,根据《中华人民共和国老年人权益保障法》等法律、行政法规,结合本省实际,制定本条例。

第二条 本省行政区域内保障老年人合法权益的活动适用本条例。

本条例所称老年人是指六十周岁以上的公民。

第三条 老年人有从国家和社会获得物质帮助的权利,有享受社会服务和社会优待的权利,有参与社会发展和共享发展成果的权利。

禁止歧视、侮辱、虐待或者遗弃老年人。

老年人应当自尊、自立、自强,遵纪守法,履行法律、法规规定的义务。

第四条 保障老年人的合法权益、发展老龄事业,应当遵循政府主导、社会参与、全民行动的原则,促进人口老龄化与经济社会协调发展。

建立完善以居家为基础、社区为依托、机构为补充、医养相结合的多层次养老服务体系,更好适应和谐社会养老服务需求。

健全完善老年人权益保障各项制度,关心老年人精神文化需求,实现老有所养、老有所医、老有所学、老有所为、老有所乐。

第五条 县级以上人民政府应当加强对老龄工作的领导,将老龄事业纳入国民经济和社会发展规划,老龄事业经费列入本级财政预算,建立与人口老龄化相适应的、稳定的经费保障机制,推动老龄工作机构和队伍建设。

第六条 县级以上人民政府老龄工作机构履行下列职责:

(一)宣传、贯彻有关老年人权益保障工作的法律、法规以及政策;

(二)受政府委托,拟定并协调实施老龄事业发展规划和年度计划;

(三)组织、指导、协调、检查、督促有关单位做好老年人权益保障工作;

(四)开展老龄工作的调查研究、统计分析,参与制定涉及老年人权益的政策措施;

(五)培育、发展老年人组织,并予以指导。

县级以上人民政府其他有关部门在各自职责范围内,负责有关的老年人权益保障工作。

乡镇人民政府、街道办事处应当确定具体工作人员配合有关部门做好老年人权益保障工作。

村(居)民委员会(社区)应当协助有关部门做好老年人权益保障工作。

第七条 县级以上人民政府及其有关部门应当进行人口老龄化省情教育,宣传老年人权益保障的法律、法规和相关政策,引导老年人及其家属依法维护自身权益,推动全社会开展敬老、养老、助老宣传教育活动,树立尊重、关心、帮助老年人的社会风尚。

青少年组织、学校和幼儿园应当对青少年和儿童进行敬老、养老、助老的教育,对青少年进行维护老年人合法权益的法制教育。

广播、电视、报刊、网络等传播媒介应当通过新闻报道、公益广告、开展公益性媒体活动等多种方式,宣传孝亲敬老、老有所为等先进典型,传播科学健身、健康养生和预防老年病、慢性病等知识,引导老年人保持积极向上的精神状态和健康的生活方式。

第八条 省人民政府对维护老年人合法权益和敬老、养老、助老成绩显著的组织、家庭或者个人,对参与社会发展做出突出贡献的老年人,按照国家有关规定给予表彰或者奖励。

第九条 每年九月为本省敬老月。

县级以上人民政府应当在农历九月初九老年节和本省敬老月组织开展敬老、养老、助老主题活动。

第二章 家庭赡养与扶养

第十条 老年人养老以居家为基础,老年人有权自主选择养老方式。

赡养人应当履行对老年人经济上供养、生活上照料和精神上慰藉的义务,不得违背老年人意愿将其与配偶分开赡养,不得要求老年人承担力不能及的劳动。

赡养人是指老年人的子女以及其他依法负有赡养义务的人。

赡养人的配偶以及其他家庭成员应当支持、协助赡养人履行赡养义务。

第十一条 赡养人应当保障老年人的衣、食、住、行等基本生活需求。赡养人对经济困难并与其分开生活的老年人,应当按期给付赡养费、提供必需的生活物品。倡导赡养人为有走失风险的老年人配备信息卡、定位手环等防走失物品。

第十二条 赡养人应当使患病的老年人及时得到治疗和护理;对经济困难的老年人,应当提供医疗费用。

对生活不能自理的老年人,赡养人应当承担照料责任;不能亲自照料的,可以按照老年人的意愿委托他人或者养老机构等照料;对经济困难的老年人,应当提供照料和护理费用。

老年人患病住院期间,子女所在单位应当给予其陪护假。独生子女的陪护假每年累计二十日,非独生子女的陪护假每年累计十日。陪护期间工资福利待遇不变。

第十三条　赡养人应当妥善安排老年人的住房,不得强迫老年人居住或者迁居条件低劣的房屋,并对老年人自有住房负有维修义务。

老年人自有或者承租的住房,子女或者其他亲属不得侵占,未经老年人同意不得改变产权关系或者租赁关系。

老年人与子女或者其他亲属共同购买、建造房屋以及改建共有房屋时,应当优先满足老年人的住房需求。购买、建造、改建、拆迁房屋时,不得侵占老年人依法享有的份额。

第十四条　赡养人有义务耕种或者委托他人耕种老年人承包的田地,照管或者委托他人照管老年人的林木和牲畜等,收益归老年人所有。

赡养人不得以任何方式侵犯老年人的土地承包经营权。

赡养人应当将其代老年人领取的各种补贴和物品,及时交给老年人。

第十五条　家庭成员应当尊重老年人的生活方式,满足老年人合理的精神文化生活需要,不得忽视、冷落老年人,不得阻碍老年人参与有益身心健康的社会活动。

与老年人分开居住的家庭成员,应当经常看望或者通过各种方式关心、问候老年人。家庭成员较长时间未看望老年人或者老年人要求其看望的,村(居)民委员会(社区)或者养老机构等可以帮助联系、督促其前往看望。

用人单位应当按照国家有关规定,保障赡养人探亲休假的权利。鼓励用人单位为赡养人看望、照料老年人提供便利。

第十六条　老年人的婚姻自由受法律保护。子女或者其他亲属不得以隐匿、扣押老年人合法财产、有关证件,或者以威胁、恐吓、刁难等方式干涉老年人离婚、再婚及婚姻生活。

第十七条　老年人对个人的财产,依法享有占有、使用、收益和处分的权利,子女或者其他亲属不得干涉,不得以窃取、骗取、强行索取等方式侵犯老年人的财产权益,不得侵占、抢夺、转移、隐匿或者损毁应当由老年人继承或者接受赠与的财产。

有独立生活能力的成年子女或者其他亲属向老年人索要财产,以各种方式要求老年人给予其经济资助和物质帮助,或者要求老年人承担其因婚姻、购置资产等原因形成的债务,老年人有权拒绝。

第十八条　老年人与配偶有相互扶养的义务。

由兄、姐扶养的弟、妹成年后,有负担能力的,对年老无赡养人的兄、姐有扶养的义务。

第十九条 赡养人不得以放弃继承权、一次性给付赡养费、老年人婚姻关系变化或者其他理由,拒绝履行赡养义务。

赡养人、扶养人不履行赡养、扶养义务的,村(居)民委员会(社区)、老年人组织或者赡养人、扶养人所在单位应当督促其履行。

赡养人之间签订赡养协议的,村(居)民委员会(社区)、老年人组织或者赡养人所在单位监督协议的履行。赡养协议的内容不得违反法律的规定和老年人的意愿。

第二十条 禁止对老年人实施家庭暴力。

家庭暴力是指家庭成员之间以殴打、捆绑、残害、限制人身自由以及经常性谩骂、恐吓等方式实施的身体、精神等侵害行为。

单位、个人发现正在发生的、针对老年人的家庭暴力行为,有权及时劝阻。村(居)民委员会(社区)和老年人组织发现对老年人实施家庭暴力的,应当及时向公安机关报案,并采取劝阻、制止、调解等措施,保护老年人的人身安全。

公安机关接到有关老年人的家庭暴力报案后,应当及时出警,制止家庭暴力,按照有关规定调查取证,协助受害人就医、鉴定伤情。家庭暴力情节较轻,依法不给予治安管理处罚的,由公安机关对加害人给予批评教育或者出具告诫书。

老年人遭受家庭暴力或者面临家庭暴力的现实危险,可以向人民法院申请人身安全保护令。

第二十一条 省人民政府及其有关部门应当根据国家有关规定,制定和完善老年人随配偶、赡养人和扶养人迁徙、异地生存认证与养老金领取、医疗保险结算、享受养老服务等具体办法,为家庭成员与老年人共同生活或者就近居住、照料老年人提供条件。

第三章　社会保障

第二十二条 县级以上人民政府应当通过基本养老保险制度,保障老年人的基本生活。

省人民政府应当按照国家有关规定,结合本省实际,适时提高基本养老保险待遇水平。

第二十三条 县级以上人民政府应当通过基本医疗保险制度,保障老年人的基本医疗需求。

最低生活保障和低收入家庭中的老年人,以及特困供养老年人,参加城乡居民基本医疗保险所需个人缴费部分,按照有关规定由政府给予补贴。

省人力资源和社会保障、卫生计生等部门应当按照有关规定,扩大老年人医疗康复项目的基本医疗保险支付范围,减轻老年人的医疗康复负担;建立慢性病患者长处方等机制,完善基层医疗卫生机构用药政策,满足老年人常见病、慢性病的基本用药需求。

第二十四条　县级以上人民政府应当推动老年人长期护理保障工作,保障老年人的护理需求。

县级以上人民政府有关部门应当按照有关规定,对最低生活保障和低收入家庭的失能、半失能老年人给予护理补贴。

第二十五条　县级以上民政部门应当按照有关规定,对特困供养老年人,流浪乞讨、遭受遗弃等生活无着老年人和失独老年人,给予供养或者救助。

对因灾、因病或者遭遇其他特殊困难的老年人家庭,符合条件的,县级以上民政部门应当通过发放临时救助金或者实物等方式给予临时救助。对给予临时救助后仍不能解决困难的,乡镇人民政府、街道办事处应当协助老年人申请最低生活保障或者医疗、住房等专项救助。

第二十六条　县级以上人民政府在实施公共租赁住房等住房保障制度时,应当优先照顾符合条件的老年人,优先分配适于其居住的楼层;在农村进行危旧房屋改造时,对符合条件的老年人住房应当优先安排改造。

第二十七条　凡具有本省户籍且年龄在八十至八十九周岁的最低生活保障和低收入家庭老年人以及九十周岁以上老年人,按照有关规定享受高龄津贴待遇。市、县级人民政府可以提高津贴标准,扩大发放范围,对一百周岁以上老年人予以特殊照顾。

第二十八条　县级以上人民政府应当通过特别扶助制度为失独老年人提供扶助。

县级人民政府及其有关部门应当按照国家和省有关规定,为失独老年人及时发放特别扶助金。

失去劳动能力、没有经济来源或者最低生活保障和低收入家庭中的失独老年人,可以优先入住公立养老机构,其费用由县级财政直接拨付。

失独老年人死亡后的基本殡葬服务费用,由县级财政承担。街道办事处、村(居)民委员会(社区)应当协助做好丧葬事宜。

第四章　养老服务

第二十九条　县级以上人民政府应当将发展养老服务业纳入政府重要议事日程,在设施建设、土地供应、资金投入等方面制定扶持政策,推进养老服务业发展,完善养老服务评估机制,加强对城乡社区养老服务机构的监督、管理和服务。

县级以上人民政府及其有关部门在制定城市总体规划、控制性详细规划时,应当按照人均用地不少于0.1平方米的标准,分区分级规划设置养老服务设施。

新建城区和新建居住(小)区按照标准配套建设的养老服务设施,应当与住宅同步规划、同步建设、同步验收、同步交付使用。老城区和已建成居住(小)区无养老服务设施或者现有设施未达到标准要求的,应当通过购置、置换、租赁等方式予以完善。

第三十条　县级以上人民政府及其有关部门应当支持城市社区建立日间照料中心、居家养老服务中心等养老服务设施,并通过政府购买服务等方式支持企业和社会组织,运用互联网、物联网等技术手段创新居家养老服务模式,建设居家服务网络平台,为老年人提供紧急呼叫、供餐服务、家政预约、物品代购、服务缴费、精神慰藉、医疗卫生、健康养生等适合老年人的服务项目,引导、支持养老服务企业和社会组织上门为居家老年人提供助餐、助浴、助洁、助急、助医等服务。

第三十一条　县级人民政府及其有关部门应当支持农村地区依托行政村、较大自然村建设日间照料中心、托老所等互助型养老服务设施,支持村民委员会、医疗机构、学校、老年人组织等开展农村老年人家庭入户服务。

市、县级人民政府及其有关部门应当引导城市养老服务实体建立对口帮扶协作机制,采取提供服务、人员培训、技术指导、设备支援等方式提升农村养老服务水平。

第三十二条　乡镇人民政府、街道办事处应当为城乡留守、空巢以及失独老年人、无子女老年人提供生活照料、生产帮助、房屋维修、紧急救援、医疗护理、精神慰藉、文化娱乐等关爱服务。

村(居)民委员会(社区)应当为本地区六十周岁以上的独居、失独或者残疾、行动不便等老年人建档立卡,定期了解其生活情况,并提供帮助。

鼓励社会工作服务机构、志愿者与城乡留守、空巢、失独老年人以及无子女老年人结对,为其提供帮助和服务。

第三十三条　县级以上人民政府应当加强政府投资兴办的养老机构建设,逐步推动政府投资兴办的养老机构通过公建民营等方式管理运营,鼓励社会资本通过委托管理等方式运营公有产权的养老服务设施。

政府投资兴办的养老机构应当为特困供养老年人提供无偿供养和护理服务,为最低生活保障和低收入家庭老年人以及经济困难的失能、半失能老年人提供低收费供养和护理服务。

第三十四条　县级以上人民政府可以采取补助投资、贷款贴息、运营补贴、购买服务等方式,支持社会力量兴办或者运营养老机构。

县级以上人民政府应当采取有效措施,支持社会力量兴办以长期照料、专业护理和临终关怀服务为主的失能、半失能老年人养护机构。

第三十五条 养老机构应当建立健全安全、消防、卫生、财务、应急、值班、服务协议、档案管理等制度,定期开展安全检查,及时消除安全隐患,保障老年人的生命财产安全。

养老机构应当在醒目位置公示服务项目、收费依据和标准,并按照国家有关规定开展服务。

养老机构应当定期组织工作人员进行职业道德教育和业务培训,并改善工作人员的工作条件,加强劳动保护和职业防护,依法缴纳社会保险费。

养老机构应当加强老年人营养膳食管理,为老年人提供健康饮食。

养老机构及其工作人员不得歧视、侮辱、虐待或者遗弃老年人,不得以任何方式侵害老年人的合法权益。

第三十六条 县级以上人民政府及其有关部门应当促进医疗卫生资源进入养老机构、社区和居民家庭,逐步利用闲置医疗资源转型创办医疗养老机构。鼓励医疗机构开办养老机构,符合条件的养老机构享受相关建设补贴、运营补贴等政策扶持。

县级以上人民政府及其有关部门应当支持养老机构设置医疗机构,符合条件的按照有关规定纳入基本医疗保险定点范围。

县级以上卫生和计划生育行政部门应当支持医疗机构为老年人增加康复护理病床,按照有关规定纳入医疗保险报销范围。

鼓励医疗机构与养老机构建立业务协作机制,开通预约就诊绿色通道,协同做好老年人慢性病管理和康复护理。

第三十七条 市、县级人民政府应当规划、支持候鸟式养老、异地养生等夏季养老服务业发展。

市、县级人民政府支持大型养老机构、疗养机构根据市场需求,开发夏季品牌旅游线路、医疗旅游养老等特色服务产品。

县级以上人民政府应当加强夏季养老宣传,搭建异地养老协作平台,与异地养老服务实体或者养老联盟组织建立候鸟式置换性服务合作机制,逐步实现夏季养老宣传促销专业化、市场化。

提供夏季养老服务的从业单位,应当执行本省有关服务规范,提升管理服务质量。

第三十八条 县级以上人民政府可以通过补贴保险费等方式引导养老机构参加责任保险,并推动老年人意外伤害保险和长期护理保险工作。

第三十九条 县级以上人民政府及其有关部门应当对符合土地利用总体规划的养老服务设施建设项目用地予以优先保障;闲置土地依法处置后由政府收回且规划用途符合要求的,可以优先用于养老服务设施建设项目用地,并纳入国有建设用地供应计划。

公益性养老服务设施用地,可以依法使用国有划拨土地或者农民集体所有的土地。经营性养老服务设施用地,按照国家有关规定依法办理有偿用地手续,优先保障供应。

养老服务设施用地,非经法定程序不得改变用途。

第四十条　养老机构的建设和运营按照国家有关规定,享受税收和行政事业性收费减免优惠政策。

养老机构用水、用气、用热和生活用电按照居民生活类价格执行,电视用户终端基本收视维护费按照居民用户的80%交纳,固定电话、宽带互联网费用执行家庭住宅价格。

第四十一条　县级以上人民政府用于发展服务业的资金应当重点向养老服务业倾斜,福利彩票公益金用于支持养老服务业发展的比例不得低于50%。

县级以上人民政府有关部门应当支持养老服务企业依法通过股权交易、发行股票和债券等直接融资方式为养老服务项目进行融资,并为其融资提供综合协调和指导服务。

县级以上人民政府应当充分发挥政府资金的引领和放大作用,通过设立养老产业投资基金或者提供政策性担保、建立风险补偿机制,引导社会资本参与养老产业的发展。

鼓励和引导金融机构创新金融产品和服务方式,加大对养老服务企业的信贷投入。

第四十二条　县级以上人民政府应当建立健全养老服务人才培养、使用、评价和激励制度,发展专职、兼职的养老服务人员和志愿者、社会工作者相结合的养老服务队伍。

县级以上民政、人力资源和社会保障等部门应当制定养老服务从业人员培训规划,将其纳入城市再就业人员、农民工及家庭服务业从业人员培训范围,并对符合条件的参加养老护理职业培训和职业技能鉴定的从业人员,按照有关规定给予补贴。

县级以上教育、人力资源和社会保障、民政、卫生计生等部门应当支持高等院校、中等职业学校、职业培训机构等设置养老服务相关专业和课程,培养老年医学、康复、护理、营养、心理和社会工作等方面的专门人才。

第四十三条　省人民政府应当将老年服务和产品纳入省级扶持行业目录。

县级以上人民政府及其有关部门应当支持企业开发安全有效的康复辅具、食品药品、服装服饰等老年用品用具和服务产品;支持金融机构开发适合老年人的储蓄、投资、以房助养等金融产品;支持保险机构发挥商业保险对养老产业的促进和保障功能,开发各类养老保险产品。

第五章　社会优待

第四十四条　老年人享受下列优待：

（一）优先购买车票、船票、飞机票，优先托运行李、物品，优先乘坐公共交通工具和景区内的观光车、缆车等代步工具；

（二）优先办理金融、供电、供水、供气、供热、电信、电视等业务；

（三）在医疗机构优先就诊、化验、检查、交费、取药、住院；

（四）六十五周岁以上的老年人进入收费旅游景区免收门票，六十周岁以上未满六十五周岁的老年人享受门票半价优惠；

（五）六十五周岁以上的老年人免费乘坐公共汽车、轨道交通、轮渡等城市公共交通工具，六十周岁以上未满六十五周岁的老年人享受半价优惠；老年人在出行高峰时段乘坐城市轨道交通工具的具体规定由市级人民政府制定；

（六）农村老年人不承担兴办公益事业的筹劳义务；农村七十周岁以上老年人以及最低生活保障、低收入家庭老年人和特困供养老年人，不承担兴办公益事业的筹资义务；

（七）扶贫对象中的农村老年人可以优先得到扶持；

（八）其他优待事项。

市、县级人民政府应当对提供前款第四项、第五项优待服务的单位给予适当的经济补偿，并可以逐步扩大享受优待政策的老年人范围，提高优待标准。

为老年人提供优待服务的场所和设施，应当设置老年人优待窗口、等候专区、老年人座席等助老设施，并在醒目处设置优待标识，公示优待服务内容。有关工作人员或者服务人员在提供服务时应当主动告知老年人优待服务内容。

第四十五条　公共文化场所应当为老年人文艺团体开展活动提供免费或者低收费场地。

公共体育场馆应当为老年人提供免费或者低收费活动场地，不得对进入场馆的老年人进行年龄限制，并做好老年人体育活动的安全保障工作，向老年人提示相关风险。

国家机关、事业单位、国有企业所属的文化体育设施或者场地，具备条件的，可以在固定时段对老年人免费开放。

第四十六条　县级以上人民政府及其有关部门应当为老年人领取养老金、抚恤金、救济金、最低生活保障金，以及结算医疗费和享受其他物质帮助提供便利条件和优质服务，不得克扣、拖欠或者挪用。

县级以上人民政府及其有关部门办理房屋所有权、土地承包经营权、宅基地使用权等权属关系变更,以及户口迁移等涉及老年人权益的重大事项时,应当就办理事项是否为老年人的真实意思表示向其本人进行询问,并依法优先办理。

公安、土地、房产、公证、金融机构等提供公共服务、公共产品的政府部门、企业事业单位和其他组织,应当对有特殊困难、行动不便的老年人提供特需服务或者上门服务。

村(居)民委员会(社区)应当建立日常联系、巡访制度,经常走访老年人,及时了解老年人的生活现状,并给予必要的帮助。

金融机构对办理转账、汇款业务或者购买金融产品的老年人,应当进行风险提示。

第四十七条 任何单位和个人不得欺骗、误导老年人购买商品和服务。

县级以上人民政府及其有关部门、乡镇人民政府、街道办事处应当定期组织开展老年人预防诈骗知识宣传等活动,及时制止、查处针对老年人的恶意推销保健品、食品、药品、器材等行为。

工商(市场监管)等部门应当加大对无证营销老年商品以及虚假广告的打击力度,并予以曝光。食品药品监督管理部门应当对在许可的保健食品经营场所外,举办保健食品宣传推介时现场销售保健食品的行为,依法进行查处。

卫生计生、食品药品监督管理等部门应当在医疗、药品、医疗器械和保健食品广告发布前,对广告内容进行审查;未经审查的广告,不得发布。广播电台、电视台、报刊音像出版单位、互联网信息服务提供者不得以介绍健康、养生知识等形式变相发布医疗、药品、医疗器械、保健食品广告。

公安等管理部门、电信和金融机构应当加强预防和打击针对老年人的电信网络诈骗等违法犯罪行为。

第四十八条 医疗机构应当通过完善挂号、诊疗系统管理以及开设专用窗口或者绿色通道、提供导医服务等方式,为老年人特别是高龄、重病、失能、残疾老年人挂号(退换号)、就诊、转诊、综合诊疗提供优先服务。

鼓励医疗机构减免享受最低生活保障的老年人和符合条件的低收入家庭中的老年人就医诊察费,为老年人提供义诊、上门医疗等服务。

社区卫生服务中心和站点、乡镇卫生院等基层医疗卫生机构应当完善家庭医生签约服务体制,并为辖区内常住的六十周岁以上失独老年人以及六十五周岁以上老年人,每年至少提供一次免费体检和健康指导,并逐步增加免费体检项目。

第四十九条 老年人因其合法权益受侵害提起诉讼交纳诉讼费确有困难的,可以缓交、减交或者免交;需要获得律师帮助,但无力支付律师费用的,可以获得法律援助。对老年人提出的法律援助申请,法律援助机构应当按照有关规定简化程序,优先受理、审查和指派人员办理。

鼓励律师事务所、公证处、司法鉴定机构、基层法律服务所对经济困难的老年人减免法律服务收费。

人民调解委员会应当优先受理老年人的调解申请。

第五十条 各级人民政府应当建立失踪老年人寻找机制。社会求助服务平台应当为寻找失踪老年人提供帮助。

第六章 宜居环境

第五十一条 各级人民政府和有关部门应当推进老年人宜居环境建设,统筹规划适宜老年人的生活、卫生、文化、体育、娱乐设施建设,完善老年服务设施建设标准,为老年人提供安全、便利和舒适的生活环境。

第五十二条 县级以上住房和城乡建设主管部门应当会同民政、财政等部门和老龄工作机构,制定年度老年人家庭和居住区公共设施无障碍改造计划,推进宜居环境建设。

老年人家庭设施无障碍改造应当重点解决居家生活基本需要,优先安排经济困难、病残、高龄、独居、空巢、失能等特殊困难老年人家庭的无障碍改造。

居住区公共设施无障碍改造应当重点推进居住区缘石坡道、轮椅坡道、人行通道,以及建筑公共出入口、公共走道、地面、楼梯、电梯候梯厅及轿厢等设施和部位的无障碍改造。鼓励、支持已经建成的多层住宅加装电梯。

新建、改建和扩建道路、公共交通设施、建筑物、居住区等,应当符合国家无障碍设施工程建设标准。

第五十三条 市、县级人民政府应当设立与辖区内老年人口规模相适应的老年活动中心。

县级人民政府应当建设老年人室内活动场所,或者将现有空置室内场所改造成适合老年人活动的场所,为老年人冬季活动提供条件。

第七章 精神文化生活

第五十四条 老年人依法通过各种途径和形式,参与国家和社会事务管理。

制定法规、规章和公共政策涉及老年人权益重大问题的,应当听取老年人和老年人组织的意见。老年人和老年人组织有权向国家机关提出老年人权益保障、老龄事业发展等方面的意见和建议。

第五十五条 老年人在自愿和量力的情况下,可以发挥自身优势和专长,依法参与基层民主监督、社会治安、公益慈善、移风易俗、民事调解、文教卫生、全民健身等社会活动。有关部门、组织应当为其创造条件。

任何单位和个人不得安排老年人从事危害其身心健康的活动。

第五十六条 县级以上人民政府及其有关部门应当完善社区老年教育服务体系,整合利用现有社区教育资源,以及群众艺术馆、文化馆、社区文化活动中心等,开展适应老年人需求的教育活动。

县级以上人民政府及其有关部门应当支持、扶持社会力量兴办老年大学,推动有条件的各级各类学校定期向老年人开放场地、图书馆、设施设备等资源。

鼓励老年大学、开放大学、广播电视大学、普通高校和职业院校开设和完善老年教育课程,开展老年人科学文化、养生保健、心理健康、职业技能、法律法规、家庭理财、闲暇生活等方面的教育。

第五十七条 县级以上人民政府及其有关部门应当将适合老年人体育健身的场地、设施纳入体育健身圈建设内容,在公园、广场、绿地及现有空置场所建设适合老年人体育健身的设施,做好夜间照明、休息座椅和公共卫生间等基础配套设施建设和日常维护。

县级以上体育主管部门应当支持、指导老年人体育组织利用全民健身日、节假日、纪念日等,组织老年人开展体育表演展示交流,打造具有地方特色的老年人体育活动。

第五十八条 县级以上文化主管部门和老龄工作机构等应当通过举办文艺会演、放映影视节目、组织书画摄影展览等方式开展文化娱乐活动,丰富老年人文化生活。

县级以上文化主管部门应当组织群众文化工作者免费指导老年人开展文化娱乐活动。

村(居)民委员会(社区)应当健全文化活动室、图书室、文化广场等场所,组织开展老年人文化娱乐活动。

第五十九条 县级以上人民政府及其有关部门应当加强对老年人组织建设的指导和支持,推动老年人自我管理、自我教育、自我服务。

老年人组织应当结合老年人自身特点、健康状况,组织开展有益于老年人身心健康的文化体育活动。

第八章 监督检查

第六十条 县级以上人民政府及其有关部门应当对有关单位及其工作人员履行老年人权益保障职责和义务的情况进行监督检查。

第六十一条 县级以上人民政府老龄工作机构应当建立、健全监督检查制度,对侵害老年人合法权益的行为,有权向有关部门提出查处的意见或者建议。

有关部门收到意见或者建议后,应当进行调查处理,并及时将处理情况书面告知老龄工作机构。

第六十二条　公民、法人和其他组织有权对侵犯老年人合法权益的行为向有关部门或者老龄工作机构投诉或者举报,有关部门或者老龄工作机构应当及时受理,不得推诿、拖延,并将处理结果反馈给投诉、举报人。

第九章　法律责任

第六十三条　县级以上人民政府及其有关部门违反本条例规定,有下列情形之一的,由有权机关责令限期改正;逾期未改正的,对直接负责的主管人员和其他直接责任人员依法给予处分:

（一）未将老龄事业纳入国民经济和社会发展规划的;

（二）未对符合条件的老年人参加城乡居民基本医疗保险所需个人缴费部分给予补贴的;

（三）未对符合条件的老年人发放特别扶助金、给予供养或者救助的;

（四）未落实高龄津贴待遇的;

（五）在制定城市总体规划、控制性详细规划时,未按照国家和省规定的标准分区分级规划设置养老服务设施的;

（六）未制定年度老年人家庭和居住区公共设施无障碍改造计划的;

（七）未落实养老服务税费优惠政策的;

（八）未履行老年人权益保障工作监督检查职责的;

（九）未对老龄工作机构提出的查处意见或者建议进行调查处理并反馈处理情况的;

（十）未及时受理投诉举报并反馈处理结果的;

（十一）其他滥用职权、玩忽职守、徇私舞弊的行为。

第六十四条　违反本条例规定,干涉老年人婚姻自由,对老年人负有赡养义务、扶养义务而拒绝赡养、扶养,虐待、遗弃老年人或者对老年人实施家庭暴力的,由有关单位给予批评教育;构成违反治安管理行为的,依法给予治安管理处罚。

违反本条例规定,侮辱、诽谤老年人或者家庭成员盗窃、诈骗、抢夺、侵占、勒索、故意损毁老年人财物,构成违反治安管理行为的,依法给予治安管理处罚。

第六十五条　违反本条例规定,养老机构及其工作人员未按照国家有关规定开展服务,或者歧视、侮辱、虐待、遗弃老年人以及有其他侵害老年人权益行为的,由有关主管部门依法给予行政处罚。

第六十六条　违反本条例规定,未按规定履行优待老年人义务的,由有关主管部门责令改正。未改正的,对直接负责的主管人员和其他直接责任人员依法给予行政处分。

第十章　附　　则

第六十七条　本条例自 2018 年 1 月 1 日起施行。1997 年 10 月 20 日黑龙江省第八届人民代表大会常务委员会第三十次会议通过的《黑龙江省实施〈中华人民共和国老年人权益保障法〉条例》同时废止。

黑龙江省气象信息服务管理条例

(2017年10月13日黑龙江省第十二届人民代表大会
常务委员会第三十六次会议通过)

第一条 为了规范气象信息服务活动,促进气象信息服务健康、有序发展,满足社会公众对气象信息的多样化需求,根据《中华人民共和国气象法》《气象灾害防御条例》等有关法律、法规的规定,结合本省实际,制定本条例。

第二条 在本省行政区域内从事气象信息服务及相关监督管理活动,应当遵守本条例。

气象信息包括公众气象信息和非公众气象信息。

公众气象信息是指面向公众需求的公众气象预报、灾害性天气警报、气象灾害预警信号以及气象探测资料。

非公众气象信息是指满足特定群体需求的气象信息。

第三条 气象信息服务应当遵循公益性为主、公益性与市场化经营相结合的原则。

第四条 省气象主管机构负责全省气象信息服务活动的监督管理工作,并组织实施本条例。

市(地)、县(市、区)气象主管机构负责本行政区域气象信息服务活动的监督管理工作。

各级人民政府有关部门和机构,应当按照职责分工做好气象信息服务相关工作。

第五条 从事气象信息服务活动,应当执行国家和省规定的气象技术标准、规范和规程。

第六条 县级以上人民政府应当加强对气象信息服务工作的领导、组织和协调,将公众气象信息服务事业纳入本级国民经济和社会发展规划,将灾害性天气警报和气象灾害预警信号传播设施建设、维护和运行所需经费纳入同级财政预算。

县级以上人民政府、气象主管机构以及宣传、教育、科学普及等单位,应当加强气象科学知识的宣传教育,增强公民和全社会的防灾减灾意识和能力。

第七条　县级以上气象主管机构所属的气象台站,应当密切监测天气变化情况,及时为当地政府决策提供防灾减灾、农业生产所需的内部气象信息。内部气象信息属于保密范围的,应当遵守国家有关规定。

县级以上气象主管机构所属的气象台站为国防建设、国家安全需要提供气象信息,按照国家有关规定执行。

第八条　县级以上气象主管机构所属的气象台站,应当按照职责制作、发布公众气象预报、灾害性天气警报,并根据天气变化情况及时补充或者订正。

县级以上气象主管机构所属的气象台站,应当充分利用技术装备和科技创新成果,结合当地天气气候特点,不断提高公众气象预报、灾害性天气警报的及时性、准确性和前瞻性。

第九条　公众气象信息由县级以上气象主管机构所属的气象台站统一发布。其他任何组织或者个人不得向社会发布公众气象预报、灾害性天气警报和气象灾害预警信号。气象探测资料的发布按照国家有关规定执行。

省人民政府有关部门所属的气象台站,可以发布供本系统使用的专项气象预报。

公众气象信息发布是指公众气象信息无偿向社会公开的过程。

第十条　科研教学单位、学术团体和个人研究形成的气象预报意见和结论,可供气象主管机构所属的气象台站制作气象预报时参考,但不得以任何形式向社会公开发布。

第十一条　鼓励多渠道传播气象主管机构所属的气象台站发布的公众气象信息,满足社会公众对气象信息服务的需求。

公众气象信息传播是指将已发布的公众气象信息进行传播、转载的过程。

广播、电视、报纸、电信、网站等媒体或者信息服务平台不得传播气象主管机构所属的气象台站以外的其他任何组织或者个人发布的公众气象信息。

从事公众气象信息传播应当及时、准确、完整,并标明发布气象台站名称和发布时间。

任何单位和个人在传播公众气象信息时,不得更改信息内容和结论,不得传播虚假信息和通过非法渠道获得的信息。

第十二条　各级广播、电视台站和人民政府指定的报纸,应当安排专门的时间或者版面,每天及时播发或者刊登公众气象信息。

第十三条　县级以上人民政府应当加强灾害性天气警报和气象灾害预警信号传播设施建设,采取自建、租用、政府购买服务等多种方式,逐步达到城镇、村屯全覆盖。

第十四条 县级以上人民政府应当加强突发事件预警信息发布系统建设。

县级以上气象主管机构所属的气象台站,应当及时将灾害性天气警报和气象灾害预警信号上传至当地政府突发事件预警信息发布平台,由该平台统一向本级人民政府及有关部门和广播、电视、报纸、电信、互联网等媒体发布灾害性天气警报和气象灾害预警信号。

行政区域性的有线电视台站在收到当地气象主管机构所属的气象台站发布的Ⅱ级(橙色)、Ⅰ级(红色)气象灾害预警信号后,应当及时以滚动字幕的方式向有线电视用户传播。

通信管理部门、气象主管机构和电信运营企业应当按照应急预案的有关规定,优化工作流程,建立应急短信快速发送渠道。电信运营企业应当无偿及时发送应急短信,提醒有关部门和社会公众做好气象灾害预防准备。

第十五条 县级以上人民政府应当建立灾害性天气警报、气象灾害预警信号传播机制和多种快速传播渠道。

传播灾害性天气警报和气象灾害预警信号的组织和个人,应当按照各自职责及时、准确、完整传播,并标明发布气象台站名称和发布时间。

第十六条 乡镇人民政府、街道办事处、村民委员会、居民委员会接收灾害性天气警报和气象灾害预警信号后,应当及时向辖区内公众传播。

学校、托幼机构、医院、机场、火车站、客运站、客运码头、商场、体育场馆、旅游景区等人员密集场所,有关单位应当指定专人按照有关规定接收、传播灾害性天气警报和气象灾害预警信号。

第十七条 鼓励互联网信息服务提供者通过网站和移动互联网应用程序等渠道,从事公众气象预报传播服务。

第十八条 向本省行政区域内用户传播公众气象信息的互联网信息服务提供者,应当及时向受气象灾害影响区域的群体传播灾害性天气警报和气象灾害预警信号。

第十九条 非公众气象信息服务实行市场化经营,鼓励和支持发展多种形式的非公众气象信息服务活动。

鼓励非公众气象信息服务单位观测、收集气象信息,并按照国家有关规定汇交给气象主管机构所属的气象台站使用。对做出突出贡献的单位和个人,由省气象主管机构给予表彰。

从事非公众气象信息服务的互联网信息服务提供者等有关单位,应当按照国家有关规定取得有关资质或者备案。

从事非公众气象信息服务的互联网信息服务提供者,应当在版面显著位置标明发布单位名称和发布时间。

第二十条 县级以上气象主管机构应当按照国家有关规定,制定气象探测资料社会公共资源开放目录,实现资源共享。

第二十一条　从事气象探测的单位和个人,应当按照国家有关规定向省气象主管机构汇交所探测的气象资料。除用于公益性的规划、科研、教学等活动外,应当遵守气象探测资料汇交单位和个人的附加使用限制条件。

第二十二条　使用涉及国家秘密的气象探测资料,应当经省气象主管机构进行保密技术处理,并按照保密等级采取必要的措施,确保其使用的气象探测资料的安全。

第二十三条　公众气象信息传播服务实行质量评价制度。

省气象主管机构应当组织或者委托第三方机构,定期对传播本省行政区域公众气象信息的单位进行传播服务质量评价,并将评价结果向社会公布。

第二十四条　省气象主管机构应当向符合国家和省传播质量评价标准的单位颁发气象信息传播信用标识,任何单位和个人不得伪造、冒用。

气象信息传播信用标识具体管理办法,由省气象主管机构另行制定。

第二十五条　传播本省行政区域内灾害性天气警报和气象灾害预警信号的互联网信息服务提供者,应当记录所传播灾害性天气警报和气象灾害预警信号的内容、时间和互联网地址。记录备份应当至少保存60日,并在有关部门依法查询时予以提供。

第二十六条　互联网信息服务提供者发现违反本条例第十一条第三款规定的内容,应当立即删除,并保存有关记录。

第二十七条　鼓励气象信息服务单位建立气象信息服务行业组织,制定行业自律制度和执业准则,实行行业自律管理,并接受气象主管机构的监督和指导。

第二十八条　非公众气象信息服务单位实行信用评价制度。

省气象主管机构应当组织或者委托第三方机构,定期对面向本省行政区域内用户开展气象信息服务活动的单位进行信用评价,并将评价结果向社会公布。

第二十九条　省气象主管机构应当将非公众气象信息服务单位信用信息向省工商行政主管部门报送。

省工商行政主管部门应当将非公众气象信息服务单位信用信息纳入企业信用信息征集范围。

第三十条　气象主管机构及其所属的气象台站和其他负有气象信息服务、管理职责的部门和机构有下列行为之一的,对负有直接责任的主管人员和其他直接责任人员,依法给予行政处分:

(一)漏发公众气象预报、灾害性天气警报和气象灾害预警信号的;

(二)擅自向社会提供非公开气象信息或者未经保密技术处理的涉密

气象信息的;

（三）应当根据天气变化情况及时补充、订正而未及时补充、订正的;

（四）接到灾害性天气警报和气象灾害预警信号后,应当按照各自职责传播而未传播的;

（五）其他滥用职权、玩忽职守、徇私舞弊的行为。

第三十一条　违反本条例规定,有下列行为之一的,由县级以上气象主管机构责令停止违法行为,给予警告;有违法所得的,没收违法所得;情节严重的,可以并处 1 万元以上 5 万元以下罚款;造成损失的,依法承担赔偿责任:

（一）非法发布公众气象预报、灾害性天气警报和气象灾害预警信号的;

（二）伪造、冒用气象信息传播信用标识的。

第三十二条　违反本条例规定,在传播公众气象信息时,更改信息内容和结论,或者传播虚假信息和通过非法渠道获得的信息的,由县级以上气象主管机构责令停止违法行为,给予警告;情节严重的,可以并处 5 千元以上 2 万元以下罚款。

第三十三条　违反本条例规定,电信运营企业未无偿及时发送应急短信的,由县级以上气象主管机构给予警告,可以并处 2 万元罚款。

第三十四条　本条例自 2018 年 1 月 1 日起施行。

黑龙江省政府非税收入管理条例

(2017 年 10 月 13 日黑龙江省第十二届人民代表大会
常务委员会第三十六次会议通过)

第一章 总 则

第一条 为规范政府非税收入管理,保障自然人、法人和非法人组织的合法权益,优化经济发展环境,根据《中华人民共和国预算法》等法律、行政法规,结合本省实际,制定本条例。

第二条 本省政府非税收入的立项、征收、资金、票据的管理和服务监督适用本条例。

第三条 本条例所称政府非税收入,是指各级国家机关、事业单位、代行政府职能的社会团体以及其他组织(以下统称执收单位)依法取得的下列收入:

(一)行政事业性收费收入;

(二)政府性基金收入;

(三)罚没收入;

(四)国有资源、国有资产有偿使用收入;

(五)国有资本收益;

(六)彩票公益金收入;

(七)特许经营收入;

(八)以政府名义接受的捐赠收入;

(九)主管部门集中收入;

(十)政府收入的利息收入;

(十一)其他政府非税收入。

第四条 政府非税收入应当纳入预算,实行分级分类管理。

政府非税收入管理工作应当坚持依法、规范、公开透明、高效便民的原则。

第五条 县级以上人民政府应当加强对政府非税收入管理工作的领导,完善政府非税收入管理体系和监督机制,协调解决政府非税收入管理工作中出现的问题。

第六条　各级人民政府财政部门是政府非税收入的主管部门,负责本级政府非税收入管理工作。

县级以上人民政府价格主管部门、审计机关和中国人民银行分支机构(以下简称人民银行)等有权机关,按照各自职责负责政府非税收入管理、监督工作。

第七条　执收单位应当依法、及时、足额征收和上缴政府非税收入。

第二章　征收管理

第八条　省人民政府财政部门应当制定政府非税收入项目目录,通过政府网站、公共媒体等便于公众知晓的方式公开,提高政府非税收入管理工作透明度,依法保障社会公众知情权、参与权和监督权。

项目目录包括政府非税收入项目的名称、执收部门、征收依据和资金管理方式等。

第九条　本省行政事业性收费项目应当依法设立。涉企行政事业性收费项目的设立应当依据法律、行政法规执行;非涉企行政事业性收费项目应当依据法律、行政法规、省人民代表大会及其常务委员会制定的地方性法规和决议、决定设立。

省人民政府及其财政、价格主管部门在本条例实施前确定的行政事业性收费项目,继续有效。

省人民政府及其财政、价格主管部门,应当对前款规定的行政事业性收费项目征收情况进行分析评价,根据分析评价结果和本省经济社会发展状况,适时调整或者取消。

第十条　政府非税收入由法律、法规、规章、国务院及其财政部门和省人民政府及其财政部门规定的单位征收。

跨行政区域征收政府非税收入的执收单位,由涉及的相关人民政府协商确定,或者报请共同的上一级人民政府确定。

第十一条　执收单位应当履行下列职责:

(一)按照规定的政府非税收入项目名称和征收对象、标准、范围、期限和方式,征收、上缴政府非税收入;

(二)记录、汇总、核对政府非税收入征收、上缴情况,并按照本级人民政府财政部门规定报送;

(三)向社会公布本单位及其主管部门以及本级人民政府财政、价格主管部门和审计机关的投诉、举报电话和电子邮箱;

(四)执行政府非税收入管理的其他有关规定。

第十二条　执收单位不得隐瞒、滞留、截留、挪用、坐支政府非税收入。

执收单位不得擅自集中下级单位的政府非税收入。

第十三条　执收单位征收政府非税收入，应当采取直接缴库以及集中汇缴的方式。

执收单位采取集中汇缴方式征收政府非税收入的，经本级财政部门批准，可以开设政府非税收入汇缴专户，汇缴专户内的资金应当按照省人民政府财政部门的规定上缴。

第十四条　缴款义务人应当按照规定或者约定的期限、金额和方式履行政府非税收入缴纳义务。

执收单位未提供有效的政府非税收入征收依据的，缴款义务人有权拒绝缴纳。

第三章　资金管理

第十五条　政府非税收入应当按照收入归属和缴库要求，分别缴入相应级次国库。

第十六条　政府非税收入实行分成的，应当按照下列规定执行：

（一）中央与地方的分成比例，按照国务院或者其财政部门规定执行；

（二）省级与市、县级的分成比例，由省人民政府或者其财政部门确定；

（三）部门、单位之间的分成比例，按照隶属关系执行国务院财政部门规定或者由省人民政府财政部门确定。

未经国务院及其财政部门、省人民政府及其财政部门批准，不得对政府非税收入实行分成或者调整分成比例。

第十七条　政府非税收入有下列情形之一的，应当办理退付：

（一）违法征收的；

（二）误缴、误收的；

（三）按照规定预收的政府非税收入在结算后应当退付的；

（四）因征收依据调整应当退付的；

（五）其他应当退付的情形。

省人民政府财政部门应当制定政府非税收入退付的具体管理办法，明确退付时限和流程。

第四章　票据管理

第十八条　政府非税收入票据由省人民政府财政部门统一监制和管理。

各级人民政府财政部门应当建立健全并执行政府非税收入票据的发放、使用、保存、审验、核销等制度。

执收单位应当执行政府非税收入票据管理制度，建立健全岗位职责，确定专人负责，加强内部管理。

　　第十九条　执收单位应当按照预算级次或者财务隶属关系,向本级人民政府财政部门申请领取政府非税收入票据。

　　执收单位发现政府非税收入票据遗失、灭失的,应当于三个工作日内向原发放票据的财政部门书面报告,并在财政部门所在地主要公共媒体上公告作废。

　　第二十条　执收单位征收政府非税收入,应当向缴款义务人开具政府非税收入票据。

　　执收单位未开具政府非税收入票据的,缴款义务人有权拒绝缴款,并可以向相关主管或者监管部门投诉、举报。

　　第二十一条　任何单位和个人不得有下列行为:

　　(一)擅自印制政府非税收入票据;

　　(二)转借、串用、代开政府非税收入票据;

　　(三)伪造、变造、买卖、擅自销毁政府非税收入票据;

　　(四)伪造、使用伪造的财政收入票据监制章;

　　(五)违反政府非税收入票据管理的其他行为。

　　第二十二条　省人民政府财政部门应当运用互联网、移动智能等信息技术手段,研究并推广政府非税收入电子票据(以下简称电子票据),建设电子票据管理系统和公共服务查验平台,实现电子票据制样、赋码、开具、传输、查验、入账、归档和社会化应用等功能,提高电子票据使用和管理效率。

第五章　服务与监督

　　第二十三条　各级人民政府财政部门应当公布本地区行政事业性收费和政府性基金项目的项目名称、征收依据、执收部门和资金管理方式等。

　　执收单位应当公布由本单位征收的政府非税收入项目的名称和征收依据、对象、标准、范围、期限和方式等。

　　政府非税收入项目发生变化时,各级人民政府财政部门和执收单位应当及时调整公开信息。

　　第二十四条　省人民政府财政部门应当完善全省政府非税收入收缴电子信息管理系统,实现财政部门、代收银行和执收单位之间的信息共享,采取网上银行、手机银行、第三方支付等多种电子化征收方式,为执收单位、缴款义务人提供便利,提高征收、上缴效率。

　　第二十五条　各级人民政府财政部门应当按照便民、高效、公正、公开的原则,采取招标投标方式确定政府非税收入代收银行,并向社会公布。

　　第二十六条　政府非税收入的收缴情况应当接受本级人民代表大会及其常务委员会的监督。

　　县级以上人民政府财政部门政府非税收入收缴电子信息管理系统应当

与本级人民代表大会常务委员会预算审查监督工作机构联网,开通查询权限。

第二十七条 各级人民政府财政部门应当加强政府非税收入管理,建立健全政府非税收入的日常监督、年度稽查和专项检查制度,通过查阅票据、会计账簿、银行日报表等方式,检查和处理政府非税收入管理中的违法、违规行为。

各级人民政府财政部门对政府非税收入检查中发现的违法、违规行为,应当予以通报。

第二十八条 县级以上人民政府价格主管部门、审计机关和人民银行等有权机关,应当按照各自职责,加强对政府非税收入管理的监督检查,纠正违法、违规行为。

第二十九条 执收单位应当接受财政、价格主管部门和审计机关等有权机关的监督检查,如实提供有关票据、会计账簿、银行日报表等资料,如实反映政府非税收入收缴、财务执行等情况。

第三十条 任何单位和个人对政府非税收入管理中的违法、违规行为,可以举报和投诉。

财政、价格主管部门和审计机关以及人民银行等有权机关,应当按照各自职责受理举报、投诉,并为举报人、投诉人保密。

第六章 法律责任

第三十一条 违反本条例规定,有下列行为之一的,由县级以上人民政府及其财政部门或者其他有关部门责令改正,对单位和直接负责的主管人员及其他直接责任人员由有权机关依法追究责任:

(一)未按照规定制定政府非税收入项目目录、公布政府非税收入相关信息的;

(二)未按照规定的政府非税收入项目名称和征收对象、标准、范围、期限和方式,征收、上缴政府非税收入的;

(三)未按照规定记录、汇总、核对政府非税收入征收、上缴情况,未向本级人民政府财政部门报送的;

(四)未向社会公布本单位及其主管部门以及本级人民政府财政、价格主管部门和审计机关的投诉、举报电话和电子邮箱的;

(五)隐瞒、滞留、截留、挪用、坐支政府非税收入的;

(六)擅自集中下级单位的政府非税收入的;

(七)未经本级人民政府财政部门批准开设政府非税收入汇缴专户的;

(八)未按照收入归属和缴库要求将政府非税收入缴入相应级次国库的;

（九）未按照规定办理退付的；

（十）发现政府非税收入票据遗失、灭失，未按照规定报告、公告作废的；

（十一）未按照规定向缴款义务人开具政府非税收入票据的；

（十二）擅自印制政府非税收入票据的；

（十三）转借、串用、代开政府非税收入票据的；

（十四）伪造、变造、买卖、擅自销毁政府非税收入票据的；

（十五）伪造、使用伪造的财政收入票据监制章的。

第三十二条　县级以上人民政府财政、价格主管部门和审计机关以及人民银行及其工作人员，在政府非税收入管理工作中有玩忽职守，滥用职权，徇私舞弊，泄露举报人、投诉人信息和举报、投诉内容等行为的，由有权机关依法追究责任。

第三十三条　任何单位和个人违反本条例情节严重的，有关行政部门应当将其信息记入信用记录。

第七章　附　　则

第三十四条　有关法律、行政法规对政府非税收入管理另有规定的，从其规定。

第三十五条　本条例自 2018 年 1 月 1 日起施行。

黑龙江省水土保持条例

(2017 年 12 月 27 日黑龙江省第十二届人民代表大会
常务委员会第三十七次会议通过)

第一章 总 则

第一条 为了预防和治理水土流失,保护和合理利用水土资源,减轻水、旱、风沙灾害,改善生态环境,促进生态文明建设,保障经济社会可持续发展,根据《中华人民共和国水土保持法》及有关法律、法规,结合本省实际,制定本条例。

第二条 本省行政区域内从事水土保持及相关活动的单位和个人,应当遵守本条例。

本条例所称水土保持,是指对自然因素和人为活动造成水土流失采取的预防和治理措施。

第三条 水土保持工作实行预防为主、保护优先、全面规划、综合治理、因地制宜、突出重点、科学管理、注重效益的方针;坚持谁开发利用水土资源谁保护、谁造成水土流失谁治理、谁承包治理谁受益的原则。

第四条 县级以上人民政府应当加强对水土保持工作的统一领导,建立健全水土流失预防治理和水土保持监督管理沟通协调机制,将水土保持工作纳入本级国民经济和社会发展规划,对水土保持规划确定的任务,根据事权与支出责任相适应的原则,安排水土保持资金,并组织实施。

在水土流失重点预防区和重点治理区,各级人民政府应当将水土保持工作纳入生态文明建设目标评价考核体系,依法对水土保持工作责任制落实情况 进行考核奖惩。

乡(镇)人民政府应当做好本行政区域内水土保持相关工作。村(居)民委员会协助乡(镇)人民政府落实水土流失防治任务,发现违法行为有权制止,并应当及时报告。

第五条 县级以上水行政主管部门主管本行政区域内的水土保持工作。

县级以上发展和改革、国土资源、财政、林业、农业、畜牧兽医、环境保护、住房和城乡建设、交通运输等有关部门按照各自职责,做好水土流失预防和治理相关工作。

县级以上水行政主管部门及其他有关部门应当实行信息共享,共同做好水土保持工作。

第六条　各级人民政府及其有关部门应当采取多种形式,加强水土保持宣传教育工作,普及水土保持科学知识,增强公众的水土保持意识。

第七条　县级以上人民政府应当鼓励和支持高等院校、科研单位、社会团体开展水土保持科学技术研究、试验示范、技术服务、人才培养等工作,促进水土保持科技成果推广应用。

第八条　县级以上人民政府应当鼓励和支持社会力量参与水土保持工作。

对水土保持工作中成绩显著的单位和个人,应当按照国家有关规定给予表彰和奖励。

第二章　规　划

第九条　水土保持规划应当在水土流失调查结果及水土流失重点预防区和重点治理区划定的基础上编制。

第十条　省水行政主管部门应当每五年组织一次本行政区域的水土流失调查并公告调查结果。因重大灾害等情况造成水土流失的,省水行政主管部门应当及时组织开展相关水土流失调查。

第十一条　水土流失调查结果的公告应当包含水土流失面积、侵蚀类型、分布状况、程度、成因、危害及趋势、防治情况及其效益等内容。

第十二条　县级以上人民政府应当组织水行政主管部门和相关部门划定本行政区域的水土流失重点预防区和重点治理区,并予以公告。

第十三条　下列区域应当划定为水土流失重点预防区:

(一)饮用水水源保护区、水源涵养区、河流源头区;

(二)水库库区、湖泊、湿地;

(三)国家公园、自然保护区、风景名胜区、地质公园、森林公园;

(四)水土流失潜在危险较大,对生态安全、区域防洪安全、水资源安全或者人居环境等有重大影响的其他区域。

第十四条　下列区域应当划定为水土流失重点治理区:

(一)水土流失严重的荒山、荒沟、荒丘、荒滩;

(二)侵蚀沟道密集、森林植被严重退化、土地沙化严重的区域;

(三)崩塌、滑坡危险区和泥石流易发区;

(四)矿山开采、公路工程取土等人为活动造成严重水土流失的区域;

(五)水土流失严重、对经济社会发展产生严重影响的其他区域。

第十五条　水土保持规划分为总体规划和专项规划。县级以上水行政主管部门会同同级有关部门编制本行政区域水土保持总体规划以及小流域综合治理、侵蚀沟治理、坡耕地治理等专项规划,报本级人民政府或者其授权的部门批准后,由水行政主管部门组织实施。

水土保持规划应当与土地利用总体规划、水资源规划、城乡规划、环境保护规划和地质灾害防治规划等相协调。

第十六条 有关基础设施建设、矿产资源开发、城镇建设、公共服务设施建设、工业园区建设、旅游开发等方面的规划,在实施过程中可能造成水土流失的,规划的组织编制机关应当在规划中提出水土流失预防和治理的对策和措施,并在规划报请审批前征求本级水行政主管部门的意见。

第三章 预 防

第十七条 各级人民政府应当按照水土保持规划,采取封育保护、自然修复等措施保护地表植被,组织单位和个人植树种草,扩大林草覆盖面积,涵养水源,预防和减轻水土流失。

县级人民政府应当划定并公告封育保护范围,在封育保护区域的主要路口、边界等地依法设立标牌、界桩等明显标志设施。

第十八条 各级人民政府应当加强对取土、挖砂、采石、采矿、林木采伐等活动的管理,统筹规划活动地点,规范活动行为,预防和减轻水土流失。

禁止在崩塌、滑坡危险区和泥石流易发区从事取土、挖砂、采石等可能造成水土流失的活动。崩塌、滑坡危险区和泥石流易发区的范围,由县级以上人民政府划定并公告。崩塌、滑坡危险区和泥石流易发区的划定,应当与地质灾害防治规划确定的地质灾害易发区、重点防治区相衔接。

第十九条 水土流失严重、生态脆弱的地区,应当限制或者禁止可能造成水土流失的生产建设活动,严格保护植物、沙壳、结皮、地衣等。

在侵蚀沟的沟坡和沟岸、河流的两岸以及湖泊和水库的周边,土地所有权人、使用权人或者有关管理单位应当营造植物保护带。

禁止开垦、开发等破坏植物保护带的行为;禁止擅自砍伐、损毁水土保持林,以及在水土保持林地取土。

第二十条 政府投资建设的水土保持设施,经验收合格后,由县级水行政主管部门设立标志,确定管护单位,落实管护责任,也可以通过购买服务的方式进行管护。

生产建设单位或者经营管理单位应当安排专项资金,用于生产建设项目水土保持设施的管理和维护。

任何单位和个人不得破坏或者侵占水土保持设施。

第二十一条 禁止在十五度以上的坡地开垦种植农作物。在十五度以上坡地种植经济林的,应当科学选择树种,合理确定规模,采取水土保持措施,防止造成水土流失。

禁止开垦的坡地的范围由县级人民政府划定并公告。

第二十二条 在五度以上坡地植树造林、抚育幼林、种植中药材等,应当采取修建水平梯田、鱼鳞坑、果树台田、水平阶、营造等高植物带等水土保持措施。

在五度以上十五度以下荒坡地开垦种植农作物的,应当根据不同情况,采取修建梯田、坡面水系整治、蓄水保土耕作等水土保持措施。

第二十三条 生产建设项目选址、选线应当避让水土流失重点预防区和重点治理区;无法避让的,应当提高防治标准,严格控制工程占地面积,优化施工工艺,减少地表扰动和植被损坏范围,缩短地表裸露时间,有效控制可能造成的水土流失。

第二十四条 在山区、丘陵区、风沙区以及水土保持规划确定的容易发生水土流失的其他区域,开办下列涉及扰动地表、土石方挖填、运移等可能造成水土流失的生产建设项目,生产建设单位应当编制水土保持方案,报县级以上水行政主管部门审批,并按照经批准的水土保持方案,采取水土流失预防和治理措施:

(一)铁路、公路、机场、港口、码头、桥梁、通信、市政、水工程等基础设施项目;

(二)煤炭、电力、石油、天然气等能源设施项目;

(三)城镇新区、开发区、工业园区(工业聚集区)等建设项目;

(四)矿产、冶炼、建材、房地产开发、旅游开发和滑雪运动等生产建设项目;

(五)其他可能造成水土流失的生产建设项目。

生产建设单位没有能力编制水土保持方案的,应当委托具备相应技术能力的机构编制。

第二十五条 水土保持方案经批准后,生产建设项目地点、规模发生重大变化,存在下列情形之一的,生产建设单位应当及时补充、修改水土保持方案,并报原审批机关批准:

(一)水土流失防治责任范围增加百分之二十以上的;

(二)挖填土石方总量增加百分之二十以上的;

(三)线型工程山区、丘陵区部分横向位移超过三百米的长度累计达到百分之二十以上的;

(四)在水土保持方案确定的废弃砂、石、土、矸石、尾矿、废渣等专门存放地外新设弃渣场的,或者需要提高弃渣场堆渣量达到百分之二十以上的。

水土保持方案实施过程中,表土剥离量减少百分之三十以上、植物措施总面积减少百分之三十以上等水土保持措施需要作出重大变更的,应当经原审批机关批准。

第二十六条 依法应当编制水土保持方案的生产建设项目,生产建设单位未编制水土保持方案或者水土保持方案未经水行政主管部门批准的,生产建设项目的主体工程、附属配套工程以及前期建设工程等不得开工建设。

生产建设项目开工建设十个工作日内,生产建设单位应当向水土保持方案审批机关书面报告开工信息。

第二十七条 依法应当编制水土保持方案的生产建设项目,生产建设单位应当遵守下列规定:

(一)生产建设项目主体工程初步设计和施工图设计阶段,应当按照批准的水土保持方案和有关技术标准,同时完成水土保持设施设计;

(二)生产建设项目建设阶段,水土保持设施应当与主体工程同时施工;

(三)生产建设项目投产使用前,生产建设单位应当依据经批复的水土保持方案以及批复意见,组织第三方机构编制水土保持设施验收报告,向社会公开并向水土保持方案审批机关备案。

生产建设项目中的水土保持设施未经验收或者验收不合格的,生产建设项目不得投产使用。

第二十八条 县级以上水行政主管部门应当对生产建设项目水土保持方案的下列实施情况进行跟踪检查:

(一)水土保持措施设计情况;

(二)水土保持监测情况;

(三)水土流失防治措施实施进度和质量情况;

(四)水土保持方案变更手续办理及实施情况;

(五)其他依法应当跟踪检查的情况。

第四章 治 理

第二十九条 县级以上人民政府应当根据水土保持规划,保证水土保持投入,加强水土流失重点预防区和重点治理区的坡耕地改造、侵蚀沟治理等水土保持重点工程建设,加大生态修复力度。

第三十条 开办生产建设项目或者从事其他生产建设活动造成水土流失的,应当由生产建设单位进行治理。

在山区、丘陵区、风沙区以及水土保持规划确定的容易发生水土流失的其他区域开办生产建设项目或者从事其他生产建设活动,损坏水土保持设施、地貌植被,不能恢复原有水土保持功能的,应当缴纳水土保持补偿费,专项用于水土流失预防和治理。生产建设单位缴纳水土保持补偿费不免除水土流失防治责任。

各级财政、水行政主管部门应当按照规定使用水土保持补偿费。

第三十一条 县级以上人民政府应当引进、培育和扶持与水土保持密切相关的产业,制定资金补助、项目扶持、技术支持等优惠政策,鼓励、支持单位和个人采取承包、投资入股等方式参与水土流失治理,并依法保护其合法权益。

第三十二条 水土流失治理应当根据不同区域的水土流失特点,因地制宜、分类施策:

(一)大小兴安岭山地区主要以水源涵养、生态维护为主,采取封育保护、生态修复、侵蚀沟治理和退耕还林、还草、还湿等措施;

(二)东南部、西部山地丘陵区主要以土壤保持、防灾减灾和矿山治理为主,采取小流域综合治理、坡耕地和侵蚀沟专项治理以及矿山水土保持功能恢复等措施;

(三)中部漫川漫岗黑土区主要以拦沙减沙、农田防护、防止黑土流失为主,采取小流域综合治理、坡耕地和侵蚀沟专项治理等措施;

(四)西部风沙区主要以防风固沙为主,采取农田牧场防护林建设、封育保护退化草场、恢复植被、配套节水灌溉设施等措施;

(五)三江兴凯平原农田防护区主要以生态维护为主,采取植树种草、保护植被以及退耕还林、还草、还湿等措施。

第三十三条 城市水土流失治理应当按照功能要求科学规划,统筹实施。采取植树、种草等生物措施及固坡、护岸、雨水蓄渗和利用、防洪排导等工程措施,恢复和提高生态系统功能,美化城市人居环境。

第三十四条 矿产资源开采区所在地的市、县级人民政府以及有关部门应当组织单位和个人,建设矿区防护林带、防护片林,综合整治土地和灌溉排水系统,减少或者避免矿坑疏干排水,防止地裂、沉陷,防治因开采活动造成的水土流失。

第三十五条 已在十五度以上的坡地开垦种植农作物的,县级人民政府应当制定限期退耕还林、还草计划,并组织落实;退耕前,应当根据实际情况采取水土保持措施。

在十五度以下坡耕地开垦种植农作物的,应当根据不同情况,采取修建梯田、坡面水系整治、蓄水保土耕作或者退耕等措施。

第三十六条 生产建设活动需要临时占用土地的,对地表土应当采取覆盖、隔离等保护措施,减少地表扰动范围;永久占用土地的,对地表土应当分层剥离、保存和利用。工程土石方应当做到挖填平衡,禁止乱挖滥弃。

在生产建设施工过程中,应当采取截排水、沉沙、拦挡、苫盖、洒水等临时防护措施,防止水土流失。对生产建设活动中确因不能综合利用需要废弃的砂、石、土、矸石、尾矿、废渣等,应当设置专门存放地,并采取拦挡、坡面防护、防洪排导和生物修复等措施。

生产建设活动结束后,应当及时回覆表土,在取土场、开挖面和存放地的裸露土地上植树种草、恢复植被,对闭库的尾矿库进行复垦。

第三十七条 生产建设项目停建、缓建或者停工、停产的,生产建设单位应当对已经形成的路堤、堑坡、场地、堆土弃渣和施工道路等采取水土流失防治措施。

第三十八条 各级人民政府应当鼓励和支持采取下列有利于水土保持的措施:

(一)秸秆还田、免耕、等高耕作、轮耕轮作、草田轮作和间作套种等;

(二)封禁抚育、轮封轮牧和舍饲圈养等;

(三)发展沼气、节柴灶,利用太阳能、风能和水能,以煤、电、气代替薪柴等;

(四)其他有利于水土保持的措施。

第五章 监测和监督

第三十九条 县级以上人民政府应当加强水土保持监测工作,完善水土保持监测体制机制,保障水土保持监测工作经费,发挥水土保持监测工作在政府决策、生态保护与建设、经济社会发展和社会公众服务中的作用。

第四十条 省水行政主管部门应当建立健全水土保持监测网络,合理设置水土保持监测站(点),对全省水土流失进行动态监测。

市、县水行政主管部门应当对本行政区域的水土流失进行动态监测,掌握水土流失治理及变化情况。

第四十一条 对可能造成严重水土流失的大中型生产建设项目,生产建设单位应当自行或者委托具有水土保持监测能力的机构,对生产建设活动造成的水土流失进行监测,并将监测情况按年度报送当地水行政主管部门。

第四十二条 从事水土保持监测、方案编制、技术评估的机构,应当遵守国家有关技术标准、规范和规程,不得伪造数据或者提供虚假报告。

第四十三条 县级以上人民政府应当定期对下一级人民政府的水土保持工作情况进行监督检查,指导相关部门做好水土保持工作。

上级水行政主管部门应当定期对下级水行政主管部门的水土保持工作情况进行监督检查。

第四十四条 县级以上水行政主管部门应当开展水土保持日常监督检查,及时发现、制止和查处水土保持违法行为,被检查单位或者个人拒不停止违法行为,造成严重水土流失的,可以依法查封、扣押实施违法行为的工具及施工机械、设备等。

第四十五条 任何单位和个人均有权对破坏水土资源、造成水土流失的行为进行举报。县级以上水行政主管部门应当向社会公布举报方式,接到举报应当及时处理。

第六章　法律责任

第四十六条 水行政主管部门或者其他依照本条例规定行使监督管理权的部门,存在下列行为之一的,对直接负责的主管人员和其他直接责任人员依法给予处分:

(一)不依法作出行政许可决定或者不依法办理批准文件;

(二)发现违法行为或者接到对违法行为的举报不予查处;

(三)未按规定征求相关行政主管部门意见;

(四)其他未履行法定职责的行为。

第四十七条 违反本条例规定,在崩塌、滑坡危险区或者泥石流易发区从事取土、挖砂、采石等可能造成水土流失的活动的,由县级以上水行政主管部门责令停止违法行为,没收违法所得,按照下列标准处以罚款:

(一)个人取土、挖砂、采石不足二十立方米的,处二千元以上五千元以下罚款;二十立方米以上的,处五千元以上一万元以下罚款。

(二)单位取土、挖砂、采石不足二十立方米的,处五万元以上十万元以下罚款;二十立方米以上的,处十万元以上二十万元以下罚款。

第四十八条 违反本条例规定,在十五度以上坡地开垦种植农作物,或者在禁止开垦、开发的植物保护带内开垦、开发的,由县级以上水行政主管部门责令停止违法行为,采取退耕、恢复植被等补救措施;按照开垦或者开发面积,对个人处每平方米二元罚款、对单位处每平方米十元罚款。

第四十九条 违反本条例规定,有下列行为之一的,由县级以上水行政主管部门责令停止违法行为,限期补办手续:

(一)依法应当编制水土保持方案的,未编制水土保持方案或者编制的水土保持方案未经批准而开工建设的;

(二)生产建设项目地点、规模发生重大变化,未补充、修改水土保持方案或者补充、修改的水土保持方案未经原审批机关批准的;

(三)水土保持方案实施过程中,未经原审批机关批准,对水土保持措施作出重大变更的。

违反前款规定,逾期不补办手续的,按照下列标准处以罚款:

(一)征占地面积不足一万平方米的,处五万元以上十万元以下罚款;

(二)征占地面积一万平方米以上不足三万平方米的,处十万元以上二十万元以下罚款;

（三）征占地面积三万平方米以上不足十万平方米的,处二十万元以上三十万元以下罚款;

（四）征占地面积十万平方米以上的,处三十万元以上五十万元以下罚款。

第五十条　违反本条例规定,在水土保持方案确定的专门存放地以外的区域倾倒砂、石、土、矸石、尾矿、废渣等的,由县级以上水行政主管部门责令停止违法行为,限期清理,按照下列标准处以罚款:

（一）倾倒数量三十立方米以下的,处每立方米十元以上十五元以下罚款;

（二）倾倒数量超过三十立方米的,处每立方米十五元以上二十元以下罚款。

逾期仍不清理的,县级以上水行政主管部门可以指定有清理能力的单位代为清理,所需费用由违法行为人承担。

第五十一条　违反本条例规定,生产建设活动结束后,未及时回覆表土、植树种草、恢复植被或者复垦的,由县级以上水行政主管部门责令生产建设单位限期整改;逾期仍未整改的,对其处整改所需费用二倍的罚款。

第七章　附　　则

第五十二条　有关法律、行政法规对水土保持另有规定的,从其规定。

第五十三条　本条例下列用语的含义:

（一）水土流失,是指在水力、风力、重力和冻融等自然营力和不合理的人为活动作用下,水土资源和土地生产能力的破坏和损失,包括土地表层侵蚀和水的损失;

（二）水土保持设施,是指具有预防和治理水土流失功能的各类人工建筑物的总称;

（三）地貌植被,是指人工植被和天然植被。

第五十四条　本条例自 2018 年 3 月 1 日起施行。1993 年 11 月 23 日黑龙江省第八届人民代表大会常务委员会第六次会议通过的《黑龙江省实施〈中华人民共和国水土保持法〉办法》同时废止。

第二编

黑龙江省人大常委会关于加强
预算绩效监督的决定

(2013 年 8 月 16 日黑龙江省第十二届人民代表大会
常务委员会第五次会议通过)

为贯彻落实党的十八大关于加强对政府全口径预算决算审查和监督的精神,根据全国人大、国务院有关提高财政资金使用绩效和政府工作效能的要求,结合我省实际,作以下决定。

一、加强对政府财政资金使用绩效的监督,重点监督数额较大的基础设施、产业、科技和重大民生项目等专项资金的使用绩效。

二、编制专项资金预算要设立绩效目标。专项资金要落实到具体项目,重点基础设施、产业、科技和重大民生项目资金安排要向社会公开。

三、加强绩效项目的实施和检查,加快专项资金执行进度,减少资金结转沉淀。重点基础设施、产业、科技和重大民生项目预算执行结果,要向人大常委会报告。

四、创新预算绩效评价机制,逐步扩大第三方专业中介机构的委托和评价范围,增加人大代表及社会方面的参与。建立绩效评价指标体系、专家库和绩效信息数据化系统,加大业务培训力度,夯实绩效管理工作基础。

五、要把绩效评价结果作为安排下年度预算的依据。对于绩效评价发现的重大问题应及时启动问责程序。加强绩效审计监督。

六、提请人大及其常委会审议的财政、审计报告,应当报告预算资金使用绩效情况。财政、审计等政府部门要协助人大常委会开展好部门预决算绩效审查。各级人大常委会要适时听取和审议预算绩效情况的专项报告,组织人大代表视察,进行专项检查。

黑龙江省人民代表大会常务委员会关于进一步落实人民陪审员制度的决定

(2013 年 12 月 13 日黑龙江省第十二届人民代表大会常务委员会第七次会议通过)

黑龙江省第十二届人民代表大会常务委员会第七次会议听取并审议了省高级人民法院关于全省法院落实人民陪审员制度工作情况的报告。为深入贯彻十八届三中全会精神,切实加强和改进人民陪审工作,促进司法民主和司法公开,依据全国人民代表大会常务委员会《关于完善人民陪审员制度的决定》,结合我省实际情况,特作如下决定:

一、人民陪审员制度是社会主义民主在司法领域的重要体现,是人民群众依法参与管理国家事务的一种重要的、直接的形式,加强和改进人民陪审工作,有利于坚持和完善中国特色社会主义司法制度,是深化司法体制改革、维护司法公正的必然要求。各级人民代表大会常务委员会、人民政府、人民法院等国家机关应当加强和促进人民陪审员制度的落实,任何单位和个人不得阻碍或干扰人民陪审员依法履行职责。

二、人民陪审员选任应当符合人民陪审工作的发展需要。基层人民法院人民陪审员数量应当不少于基层法院法官数量;地域面积广、辖区人口多、受理案件量大的基层法院,人民陪审员数量可以适当增加。具体名额由基层人民法院根据实际需要提出,报请同级人民代表大会常务委员会确定。

基层农垦、林区、铁路运输法院所需人民陪审员,应当提请其所在行政区划县级人民代表大会常务委员会确定并选任后,专选专用。

三、人民陪审员选任应当具有代表性和广泛性。要合理规划人员结构,注意选任社会不同行业、性别、年龄、民族的人员担任人民陪审员,提高工人、农民、进城务工人员、离退休干部、退伍军人、社区居民等基层群众的比例。适当增加民主党派、妇女名额。

选任人民陪审员时,应当认真执行法定选任标准,注重选取具有社会责任感和正义感、在群众中已形成公信力、热心社会公益事业的公民出任人民陪审员。

四、符合担任人民陪审员条件的公民,可以由其所在单位或者户籍所在地的基层组织向基层人民法院推荐,或者本人提出申请,由基层人民法院会同同级人民政府司法行政机关进行审查,并由基层人民法院院长提出人民陪审员人选,提请同级人民代表大会常务委员会任命。

五、人民法院审判下列第一审案件,由人民陪审员和法官组成合议庭进行,适用简易程序审理的案件和法律另有规定的案件除外:

(一)社会影响较大的刑事、民事、行政案件;

(二)刑事案件被告人、民事案件原告或者被告、行政案件原告申请由人民陪审员参加合议庭审判的案件。

人民陪审员可以应人民法院邀请参加诉前调解、判后答疑、协助执行、法制宣传等工作。

六、人民法院应切实保障人民陪审员在参审过程中的法定权利。人民陪审员参加合议庭审判案件,对事实认定、法律适用独立行使表决权。合议庭评议案件时,实行少数服从多数的原则。人民陪审员同合议庭其他组成人员有意见分歧的,应当将其意见写入笔录,必要时,人民陪审员可以要求合议庭将案件提请院长决定是否提交审判委员会讨论决定。

七、人民陪审员依法参审过程中,人民法院工作人员对其施加不当影响或暗示干扰其独立行使表决权的,人民陪审员有权向所在人民法院和同级人民代表大会常务委员会反映情况,人民法院应当就此进行调查,并向同级人民代表大会常务委员会报告。人民代表大会常务委员会认为必要时,可以自行组织调查。

八、人民法院可以会同同级人民政府司法行政机关对人民陪审员按地域、行业、专业等类型进行划分,由人民法院建立数据库分类管理。人民法院在调配安排人民陪审员参审时,应当严格执行随机抽取制度。

九、省高级人民法院应当制定人民陪审员履行职务的考核办法,各级人民法院应加强对人民陪审员的考核管理,有条件的人民法院应当设立人民陪审工作办公室。

十、基层人民法院应当建立陪审工作考评档案,对人民陪审员进行考核,将年度考评结果报送同级人民代表大会常务委员会并抄送同级人民政府司法行政机关,同时书面通知人民陪审员本人及其所在单位。对于连续两年考评不称职的人民陪审员,基层人民法院可以劝其辞职。对于符合免职情形的,人民法院会同同级人民政府司法行政机关查证后,提请同级人民代表大会常务委员会免除其职务。

人民代表大会常务委员会依据年终考核结果,应当对表现突出的人民陪审员进行表彰奖励。

十一、人民法院应当会同同级人民政府司法行政机关制定培训工作计划,明确培训内容,确定培训时间,认真做好人民陪审员岗前任职培训及日常培训工作,提升其参审能力。

十二、人民法院应当为人民陪审员提供必要的办公场所用于阅卷和庭间休息,庭审时间长的应当提供工作餐。

十三、人民陪审员所在单位应对人民陪审员依法参审或参加培训给予支持,不得因人民陪审员履行法定职责克扣或变相克扣其工资、奖金及其他福利待遇。

人民陪审员因依法参审受到单位不公待遇的,人民法院应向其所在单位或单位主管部门提出纠正意见,并将意见报送同级人民代表大会常务委员会。

十四、各级人民政府应当保障人民法院和司法行政机关为实施陪审制度所必需的开支,人民陪审员的培训和工作经费应当单独列项、统一管理、专款专用。

基层人民法院对人民陪审员参审产生的费用和法定补助应当及时予以发放。

十五、各级人民政府、人民法院应当做好人民陪审员制度的宣传工作,鼓励符合条件的人民群众积极参与选任,引导当事人选择和接受人民陪审员参审,加强社会公众对落实人民陪审员制度的监督。

十六、各级人民代表大会常务委员会应当加强对人民陪审工作的监督,支持人民陪审工作。

黑龙江省人民代表大会常务委员会关于修改《黑龙江省第十二届人大常委会立法规划》的决定

(2014年4月22日黑龙江省第十二届人民代表大会常务委员会第十次会议通过)

黑龙江省人民代表大会常务委员会第十次会议决定对《黑龙江省第十二届人大常委会立法规划》作如下修改：

一、立法规划分为三类项目，总计67件。第一类项目是条件比较成熟、本届任期内拟提请审议的法规草案，共38件。并在第一类项目后增加"国家和省委重大改革决策急需同步进行立法的项目"的内容；第二类项目是需要抓紧工作、条件成熟时提请审议的法规草案，共20件；第三类项目是立法条件尚不完全具备、需要继续研究论证的立法项目，共9件。

二、新增立法规划项目16件。包括清冰雪条例、审计条例、小额贷款公司管理条例、人口与计划生育条例(修正)、实施老年人权益保障法条例(修订)、行政审批管理条例、消防条例(修订)、司法鉴定管理条例、龙凤山区域大气本底站气象探测环境保护条例、人民代表大会常务委员会议事规则(修订)、消费者权益保护条例(修订)、实施义务教育法条例(修订)、本科高等学校章程制定条例、法律援助条例、政府非税收入管理条例、教育督导条例。

三、删除立法规划项目22件。包括人力资源市场管理条例、失业保险条例(修订)、鼓励留学人员创业工作条例、工伤保险条例、体育服务质量监督条例、体育经营活动管理条例、体育竞赛管理条例、出版管理条例(修订)、城市民族工作条例(修订)、广播电视管理条例、城镇企业职工基本养老保险条例、开发区管理条例、酒类管理条例、家庭服务业条例、重点国有林区森林资源管护经营条例、林木种子管理条例(修订)、城市地下管线工程管理条例、农作物种子管理条例(修订)、农产品质量安全条例、工资集体协商条例、反对家庭暴力条例、人民代表大会及其常务委员会立法条例(修正)。

黑龙江省人民代表大会常务委员会关于确定牡丹江、佳木斯、大庆、鸡西、伊春、黑河市人民代表大会及其常务委员会开始制定地方性法规的决定

(2016 年 6 月 17 日黑龙江省第十二届人民代表大会常务委员会第二十六次会议通过)

根据《中华人民共和国立法法》的有关规定,黑龙江省第十二届人民代表大会常务委员会决定,牡丹江、佳木斯、大庆、鸡西、伊春、黑河市人民代表大会及其常务委员会自本决定公布之日起,开始制定地方性法规。

在设区的市人大及其常委会行使地方立法权后,省人大常委会法工委要加强对设区的市立法工作的指导及立法人员的培训,掌握工作进展情况,对报批的法规实行严格审查,把好立法质量关;设区的市人大及其常委会要及时就年度立法计划和法规起草有关情况与省人大常委会法工委联系沟通,反映立法中遇到的问题,确保高质量完成立法任务。

本决定自公布之日起施行。

黑龙江省人民代表大会常务委员会关于开展第七个五年法治宣传教育的决议

（2016年6月17日黑龙江省第十二届人民代表大会常务委员会第二十六次会议通过）

黑龙江省第十二届人民代表大会常务委员会第二十六次会议听取和审议了《黑龙江省人民政府关于"六五"普法规划实施情况和"七五"普法规划意见的报告》。会议认为,2011年以来,全省第六个五年普法规划得到全面实施,全社会法治观念进一步增强,法治宣传教育在服务经济社会发展、维护和谐稳定、建设法治黑龙江中发挥了重要作用。会议认为,为了贯彻落实习近平总书记在黑龙江考察调研时重要讲话精神和省委十一届七次全会《决定》精神,深入推进法治黑龙江建设,"着力打造全面振兴好环境,努力走出老工业基地振兴发展新路子",按照党和国家的统一部署,从2016年到2020年在全省公民中组织实施法治宣传教育的第七个五年规划,是十分必要的。为此,特作决议如下:

一、进一步提高深入开展法治宣传教育重要性的认识。全民普法和守法是建设法治黑龙江的长期基础性工作。在全社会深入开展法治宣传教育,是形成全民守法的主要推动方式,对进一步增强全民法治观念,推动全社会树立法治意识,提高依法办事的能力,提高社会治理法治化水平,打造全面振兴好环境具有十分重要的意义。全体公民,尤其是各级领导干部和国家工作人员要进一步提高对深入开展法治宣传教育重要性的认识,积极投身于法治宣传教育实践,大力弘扬法治精神、培育法治理念、树立法治意识,不断提高运用法治思维和法治方式开展工作、解决问题、推动发展的能力,引导广大群众自觉守法、遇事找法、解决问题靠法,增强全社会厉行法治的积极性和主动性,形成守法光荣、违法可耻的社会氛围,以法治黑龙江建设的新成效促进全省全面振兴发展环境的大改善。

二、进一步明确法治宣传教育的内容。要充分发挥法治宣传教育在贯彻落实"十三五"规划纲要,建设法治黑龙江中的基础作用,为"努力走出老工业基地振兴发展新路子"营造良好的法治环境。坚持把学习宣传宪法摆在首要位置,在全社会普遍开展宪法宣传教育,重点学习宣传宪法确立的我国的国体、政体、基本政治制度、基本经济制度、公民的基本权利和义务等内容,弘扬宪法精度,树立宪法权威。认真落实《黑龙江省国家工作人员宪法宣誓办法》,组织开展"12·4"国家宪法日集中宣传活动,教育引导一切组织和个人以宪法为根本活动准则。要深入学习宣传国家基本法律,结合社会生活和工作实际,把学习宣传宪法相关法、民法商法、行政法、经济法、社会法、刑法、诉讼与非诉讼程序法等法律法规的基本知识作为法治宣传教育的基本任务。结合学习贯彻创新、协调、绿色、开放、共享发展理念,加强对相关法律法规的宣传教育。在全社会树立宪法法律至上、法律面前人人平等、权由法定、权依法使等基本法治理念。

三、进一步突出法治宣传教育的重点和关键。一切有接受教育能力的公民都要接受法治宣传教育,重点是领导干部和青少年。坚持问题导向,针对一些法治观念不强和法治意识淡薄的问题,把领导干部带头学法、模范守法、严格执法作为全社会树立法治意识的关键。把尊法学法守法用法情况作为领导班子和领导干部以及公务员考核的重要内容。健全领导干部和国家工作人员日常学法制度,把学习宪法和国家基本法律纳入干部教育培训总体规划,列为必修课。坚持把国家机关依法办事作为推动全社会厉行法治的关键,增强依法决策、依法行政、公正司法的能力,做引领全社会尊法学法守法用法的表率。健全重大决策合法性审查机制,推行政府法律顾问制度。切实把法治教育纳入国民教育体系。坚持从青少年抓起,把法治教育与品德教育、公民意识教育结合起来,抓好《全国青少年法治教育大纲》的落实工作,设立法治知识课程,完善法治课教材体系,开展针对性、系统性的法治教育。搞好青少年法治教育基地建设,把课堂教育与社会实践活动结合起来,并充分利用家庭法治教育对青少年的渗透作用,强化学校、家庭、社会"三位一体"的青少年法治教育格局。

四、进一步增强法治宣传教育的针对性和实效性。积极探索法治宣传教育的有效方式,推进法治宣传教育工作理念、方式方法、载体阵地和体制机制创新。结合不同地区、不同时期、不同群体的特点和需求,分类实施法治宣传教育,提高法治宣传教育的针对性和实效性,力戒形式主义。加强法治宣传教育志愿者队伍建设,深化法律进机关、进乡村、进社区、进学校、进企业、进单位、进军营等活动,扩大法治宣传教育的覆盖面和渗透力。推进社会主义法治文化建设,把法治文化建设纳入现代公共文化服务体系,繁荣法治文化作品创作推广,把法治元素融入城乡建设规划设计。广泛开展地域特色鲜明、群众参与程度高的法治文化活动。大力弘扬社会主义核心价值观,推动法治教育与道德教育相结合,促进法律的规范作用和道德的教化作用相辅相成。健全公民和组织守法信用记录,建立和完善学法用法先进集体、先进个人宣传表彰制度。坚持法治宣传教育与法治实践相结合,深化基层组织和部门、行业依法治理,深入开展法治城市、法治县(市、区)、民主法治示范村(社区)等法治创建活动,提高社会治理法治化水平。创新法治宣传教育的载体,遵循现代传播规律,把传统媒体和新媒体有机融合,充分发挥报刊、广播、电视和新媒体新技术在普法中的作用。健全大众传媒和新媒体公益普法制度,推动在重要频道、重要版面、重要时段开展公益普法。推进"互联网+法治宣传教育"行动,运用微信、微博、微视频、客户端等开展生动活泼、喜闻乐见、丰富多彩的普法宣传。加强全省各级各类普法网站和普法网络集群建设,推进法治宣传教育云平台建设。

五、进一步健全普法责任制。各国家机关和社会团体、企业事业单位和各类社会组织,按照"谁主管谁负责"的原则,认真履行普法责任。国家机关要自觉守法、严格执法,实行"谁执法谁普法"的普法责任制,建立普法责任清单制度。特别是司法机关要提高司法队伍的法律素质,增强公正司法的能力,完善司法公开制度,建立法官、检察官、行政执法人员、律师等以案释法制度,充分运用典型案例和社会热点问题,开展生动直观的法治宣传教育。政府司法行政部门要履行法治宣传教育主管机关的重要职责,督促普法责任制的落实,健全法治宣传教育工作基础制度,把法治宣传教育工作纳入法治化轨道。完善党委领导、人大监督、政府实施、各部门各负其责、全社会共同参与的法治宣传教育体制机制。各级政府要把法治宣传教育纳入各地经济社会发展规划和政府目标管理,把普法经费列入年度财政预算,落实到位,专款专用,切实解决基层法治宣传教育工作人员、教材、设施等方面存在的实际困难。

六、进一步加强组织实施和监督检查。各级人民政府要组织实施好法治宣传教育第七个五年规划,强化工作保障,完善法治宣传教育考核评估机制,做好中期检查、终期总结验收和表彰先进集体与个人工作,并向本级人民代表大会及其常务委员会报告。各级人民代表大会及常务委员会要认真履行保证宪法、法律法规实施的职责,把加强对法律法规执行情况的检查和对权力依法运行的监督与深入开展法治宣传教育结合起来,充分运用执法检查、听取和审议工作报告以及代表视察、专题调研等形式,加强对法治宣传教育工作的监督检查,保证本决议得到贯彻落实,推进法治黑龙江建设的进程。

黑龙江省人民代表大会常务委员会关于
进一步加强行政审判工作的决定

(2016年8月19日黑龙江省第十二届人民代表大会
常务委员会第二十八次会议通过)

黑龙江省第十二届人民代表大会常务委员会第二十八次会议听取和审议了省高级人民法院关于全省法院行政审判工作情况的报告,会议同意省高级人民法院的报告。会议认为,全省各级人民政府、人民法院、人民检察院认真贯彻实施中华人民共和国行政诉讼法,积极履行法定职责,为推进全省法治建设、维护公平正义发挥了重要作用,但工作中也存在一些需要解决的问题。为进一步加强行政审判工作,解决行政审判工作中遇到的突出问题,全面推进行政诉讼法的贯彻实施,特作如下决定:

一、各级人民政府、人民法院、人民检察院应当严格执行行政诉讼法的规定,高度重视行政审判工作,充分认识行政审判在化解行政争议、维护社会和谐稳定、保障人民群众合法权益、助推法治政府建设等方面的重要意义。要加强对行政诉讼法的宣传,为行政诉讼法的全面贯彻实施营造良好的氛围。

二、各级人民法院应当严格执行行政案件立案登记制度,不得违法限缩受案范围、违法增设起诉条件,严禁以反复要求起诉人补证起诉材料的方式变相拖延、拒绝立案。要加强对行政相对人的诉权保护力度,引导其理性合法行使诉权。

三、各级人民法院应当充分利用各类司法公开平台,加大司法公开力度,方便当事人及社会公众查询。每年应当选取一定数量的典型案件,邀请人大代表、政协委员、行政机关负责人及其工作人员、新闻媒体和人民群众旁听庭审,并通过法院系统的网络直播平台或者其他传播形式进行同步直播,接受社会各界的监督。

四、各级人民法院在行政诉讼中应当平等对待各方当事人,依法保障其委托代理、举证、开庭审理、上诉、申请再审等各项诉讼权利。

五、各级人民法院应当提高审判质效,繁案精审,简案快审。对社会影响较大的或者原告申请由人民陪审员参加合议庭审判的一审行政案件,应当由人民陪审员和法官组成合议庭进行审理,适用简易程序和法律另有规定的除外。

六、各级人民法院应当大力加强行政审判队伍建设,配齐配强行政审判人员,确保行政庭人员数量和素质适应行政审判工作需要。要加强教育培训,重点就新类型案件进行培训,切实提升行政审判人员的业务素养和司法能力。

七、各级人民法院应当加强与行政机关的联系,可以通过联席会议等形式,建立矛盾纠纷多元化解机制,使行政诉讼与行政调解、行政裁决、行政复议等有机衔接。

八、各级人民法院对行政案件审理中反映出的行政执法中存在的问题,应当及时向行政机关及其上级主管部门发出类案或者个案司法建议,并报送同级人大常委会。

九、各级人民法院对行政机关不作为、乱作为等导致的严重违法案件,应当及时将有关情况函告同级行政监察部门或者其上级主管部门。同级行政监察部门或者上级主管部门应当对案件展开调查,对于涉案的违法违纪人员,根据具体情节追究其责任。

十、省高级人民法院应当积极推进行政案件管辖制度改革,在总结我省集中管辖、异地管辖经验基础上,探索跨行政区划管辖行政案件。

十一、各级行政机关应当依法行政,严格规范执法,不得超越法定职权、违反法定程序作出行政行为,不得怠于履行职责,从源头上预防和减少行政争议发生;应当通过培训、组织旁听庭审等形式加强应诉能力建设。

十二、各级行政机关负责人应当履行行政应诉法定义务,积极出庭应诉。

行政机关正职负责人不能出庭的,按照"谁主管、谁负责"的原则,由副职负责人以及其他参与分管的负责人出庭应诉。副职负责人以及其他参与分管的负责人不能出庭的,应当委托工作人员出庭,或者委托工作人员与律师共同出庭,不得仅委托律师出庭。行政机关负责人应当出庭应诉而不出庭应诉的,或者工作人员不出庭应诉仅委托律师出庭应诉的,人民法院应当记录在案,并在裁判文书中载明,予以公告,建议任免机关、监察机关或者上一级行政机关对相关责任人严肃处理。

十三、下列行政案件,被诉行政机关正职负责人或者副职负责人以及其他参与分管的负责人必须出庭应诉:

　　(一)涉及重大公共利益的;

　　(二)社会高度关注的;

　　(三)可能引发群体性事件的;

　　(四)人民法院书面建议出庭的。

被诉行政机关经人民法院传票传唤,其负责人或者工作人员不得无正当理由拒不到庭,或者未经法庭许可中途退庭。

十四、各级行政机关应当支持人民法院依法受理和审理行政案件,认真做好答辩和举证工作,配合人民法院做好开庭审理工作,不得以任何形式干预人民法院受理和审理行政案件。

十五、各级行政机关应当自觉履行人民法院的生效判决、裁定、调解书,不得以任何理由拒绝履行。对人民法院责令重新作出行政行为的判决,不得以同一事实和理由作出与原行政行为基本相同的行政行为。

行政机关拒绝履行判决、裁定、调解书的,人民法院可以依据行政诉讼法有关规定,采取相应处罚措施。

十六、各级行政机关应当认真落实人民法院的司法建议,积极化解矛盾、改进工作、规范执法,并及时将落实情况反馈人民法院。行政机关不予反馈的,人民法院可以报请同级人大常委会进行监督。

十七、各级行政机关在行使职权过程中与行政相对人产生的行政争议,应当积极进行行政调解,畅通行政复议渠道,使行政争议解决在行政程序中,切实减少行政诉讼。

十八、各级人民检察院应当加强对行政审判工作的监督,监督人民法院依法行使审判权和执行权,切实维护公民、法人和其他组织的合法权益。

十九、各级人民检察院应当对行政违法行为和行政不作为依法开展监督,对行政机关违反法律规定的行为,应当及时向行政机关提出检察建议或者提起公益诉讼。对行政执法中存在的违法违纪或者涉嫌犯罪的,应当及时依法处理。

二十、各级人大常委会应当通过听取和审议人民法院行政审判工作专项报告、专题调研、执法检查、组织代表庭审观摩等方式,监督人民法院的行政审判工作,支持人民法院依法独立公正行使审判权。对行政机关应诉、生效裁判履行情况及司法建议反馈情况积极开展监督。

黑龙江省人民代表大会常务委员会关于确定双鸭山、七台河、鹤岗、绥化市人民代表大会及其常务委员会行使地方立法权的决定

（2016 年 12 月 16 日黑龙江省第十二届人民代表大会常务委员会第三十次会议通过）

根据《中华人民共和国立法法》的有关规定,黑龙江省第十二届人民代表大会常务委员会决定,双鸭山、七台河、鹤岗、绥化市人民代表大会及其常务委员会自本决定公布之日起,开始行使地方立法权。

在设区的市人大及其常委会行使地方立法权后,省人大常委会要加强对设区的市立法工作的指导,对报批的法规实行严格审查,把好立法质量关;设区的市人大及其常委会要及时就年度立法计划和法规起草有关情况与省人大常委会法工委联系沟通,反映立法中遇到的问题,确保高质量完成立法任务。

本决定自公布之日起施行。

黑龙江省人民代表大会常务委员会关于设立黑龙江省全民冰雪活动日的决定

（2016年12月16日黑龙江省第十二届人民代表大会常务委员会第三十次会议通过）

为深入贯彻落实习近平总书记关于"黑龙江的冰天雪地就是金山银山"的重要讲话精神，充分发挥我省冰雪资源优势，激发全省人民热爱冰雪、享受冰雪、利用冰雪的热情，通过开展丰富多彩的群众性锻炼身体、冰雪体育、冰雪艺术、冰雪民俗、冰雪娱乐等活动，带动全省冰雪旅游产业发展，促进冰雪相关产业深度融合，全面提升我省冰雪旅游的影响力和吸引力，做大做强冰雪经济，快速拉动经济增长，千方百计把"冷资源"变成"热经济"、把"冰天雪地"变成"金山银山"，黑龙江省第十二届人民代表大会常务委员会第三十次会议决定：

从2016年起，将每年的12月20日设立为黑龙江省全民冰雪活动日，国有冰雪体育场馆、设施有序向市民免费开放，支持各类公益性与商业性冰雪活动广泛开展。

黑龙江省人民代表大会常务委员会
关于促进全民阅读的决定

(2017年4月7日黑龙江省第十二届人民代表大会常
务委员会第三十三次会议通过)

为了提高公民的思想道德修养和科学文化素质,促进全民阅读,保障公民的基本文化权益,建设学习型社会,推进文化强省建设,全面建成小康社会,根据《中华人民共和国公共文化服务保障法》等有关法律法规,结合我省实际,作出如下决定:

一、全民阅读是推动我省经济社会发展的重要举措

(一)全民阅读是一项国家文化战略,是提升地方文化软实力的重要手段,是提高公民素质的重要途径,是丰富公民精神文化生活的重要方式,是加强现代公共文化服务体系建设的重要措施。

依法促进全民阅读,应当弘扬社会主义核心价值观,传承中华优秀传统文化和龙江优秀地域文化,吸收借鉴国外优秀文化成果,保障公民的阅读权利,培养公民的终身阅读习惯,传播现代文化科学知识,推动社会文明程度整体进步。

(二)全民阅读活动坚持政府引导、社会参与;重在内容、提升质量;少儿优先、保障重点;公益普惠、深入基层的基本原则,遵循全民阅读的科学规律和属性。

二、强化促进全民阅读的政府责任

(三)县级以上人民政府应当将全民阅读纳入国民经济和社会发展规划,确定工作目标、任务和措施;将全民阅读公共设施建设纳入城乡建设规划;将全民阅读工作经费纳入本级财政预算,专项用于组织全民阅读活动、支持优秀出版物出版以及扶持农村地区、贫困地区、少数民族地区、边境地区和革命老区开展全民阅读;将全民阅读活动成效纳入社会主义精神文明建设和现代公共文化服务体系目标考核体系。

(四)各级人民政府应当结合本地区实际情况,合理配置全民阅读基础设施,通过财政扶持、购买服务、提供场所等方式,充分利用国家和省有关项目资金,加大对出版物发行网点、阅读设施建设和服务的投入,促进全民阅读均衡协调发展。

各级人民政府应当创建学习型机关,工作人员应当发挥全民阅读的带头示范作用,引领开展全民阅读活动。

三、建立健全促进全民阅读的长效机制

(五)县级以上人民政府应当建立全民阅读组织协调机制,负责指导协调本行政区域内全民阅读工作,加强组织领导。组织协调机构办公室设在本级新闻出版广电行政主管部门,负责日常具体工作。

县级以上人民政府发展改革、财政、文化、教育、人力资源社会保障、住房城乡建设、民政、司法等行政主管部门,按照各自职责共同做好促进全民阅读工作。

(六)县级以上人民政府应当制定全民阅读规划,建立全民阅读评估制度,定期开展全民阅读状况调查,提升阅读活动质量和效果。

(七)县级以上人民政府及其有关部门应当根据未成年人身心发展状况和实际情况,建立家庭、学校与社会相结合的促进全民阅读工作机制;制定未成年人阅读促进计划、实施方案和阅读分类指导目录,为未成年人的父母或者其他监护人开展家庭阅读、亲子阅读等提供阅读指导。

(八)各级人民政府及其教育行政部门应当指导学校把阅读纳入相关课程和教学考核,保证每周有适当课时用于阅读教学。

各级各类学校应当把培养学生阅读能力作为素质教育的重要内容,结合教学计划,加强阅读教学,开展校园主题阅读活动,保障学生阅读时间。

(九)各级人民政府及其有关部门应当保障老年人、低收入家庭成员、外来务工人员及其子女、农村留守儿童等群体的基本阅读需求,提供必要的阅读资源。

各级人民政府及其有关部门应当根据需要和实际条件,在少数民族居民相对集中的区域,加强具有民族特点的双语阅读资源和全民阅读设施建设,组织开展全民阅读活动。

各级人民政府及其有关部门和全民阅读公共服务场所应当为残障人士等特殊困难群体和社会福利机构提供特殊阅读资源、辅助设施与服务,帮助其参加全民阅读活动。

监狱、戒毒场所、社区矫正机构应当为服刑人员、戒毒人员和社区矫正对象制定阅读计划,提供阅读资源和阅读指导,定期开展阅读活动。

(十)工会、共青团、妇联、科协和文联、作协、社科联、残联等人民团体及其他社会组织应当在促进全民阅读中发挥积极作用。

四、完善促进全民阅读的公共服务体系

(十一)建立和完善省、市、区、县(市)公共图书馆服务体系,推进以基层综合文化服务中心、农家书屋、社区书屋、职工书屋、公共阅报栏(屏)等为主体的全民阅读基础设施和服务体系建设,为城乡居民提供方便快捷的阅读服务,逐步健全全民阅读公共服务体系。

(十二)公共图书馆应当加强数字阅读、移动阅读和网络阅读平台建设,统筹实现城乡公共文化服务资源整合和互联互通、共享共用。

(十三)文化馆(站)、科技馆、工人文化宫、青少年宫、妇女儿童活动中心、老年人活动中心等公益性文化单位应当常年开展主题读书活动。

五、形成促进全民阅读的社会合力

(十四)各级人民政府及其有关部门应当围绕"书香龙江"阅读品牌,开展"书香城市(县、乡、镇)""书香机关""书香校园""书香企业""书香家庭"等活动,推进全民阅读活动进机关、进学校、进企业、进社区、进家庭、进军营、进农村,提高全民阅读活动的影响力和辐射力。

(十五)各级人民政府及其有关部门应当在每年 4 月 23 日"世界读书日"前后一个月内,组织开展形式多样的"龙江读书月"活动,推动公民积极参与全民阅读活动。

(十六)各级人民政府可以采取政府购买、项目补贴、以奖代补、发放购书券等方式,鼓励和吸引社会力量参与全民阅读活动。

(十七)鼓励和支持高校图书馆、科研院所图书馆及企事业单位的阅读场所向公众免费开放,提供全民阅读服务。

(十八)鼓励和支持出版发行单位和实体书店提供低价或免费的阅读服务。

(十九)鼓励和支持社会组织和个人通过捐赠、提供阅读场所和服务等多种方式参与全民阅读活动。

(二十)有关部门和单位对在全民阅读促进工作中作出突出贡献的单位、家庭和个人,按照有关规定可以给予表彰奖励。

六、创新促进全民阅读的服务方式

(二十一)建立健全全民阅读推广服务体系,依法成立各级全民阅读促进协会。

鼓励和支持成立读书协会、读书俱乐部等组织,开展全民阅读活动。

(二十二)鼓励和支持设立全民阅读公益基金或者基金会,依法接受公民、法人或者其他组织捐赠。全民阅读公益基金或者基金会应当依法向社会公开信息,接受社会监督。

公民、法人或者其他组织向全民阅读公益基金或者基金会捐赠的,依法享受有关优惠政策。

(二十三)鼓励和支持阅读推广组织和阅读推广人队伍建设,为公众开展阅读活动提供指导与服务。

鼓励和支持志愿服务组织和个人参与全民阅读促进工作,扶持基层全民阅读志愿服务站建设,开展全民阅读志愿服务活动。

（二十四）鼓励和支持新媒体、新技术在全民阅读中的开发和应用,为公众提供方便快捷的阅读服务。

（二十五）报刊、广播电视等新闻媒体,互联网信息提供者、通信运营商和广告运营商应当积极宣传、参与全民阅读活动,并以开辟学习交流平台、推介优秀读物、普及阅读知识、刊播阅读公益广告等方式提供全民阅读信息服务,营造全民阅读氛围。

（二十六）本决定自 2017 年 4 月 23 日起施行。

第三编

哈尔滨市全民体育健身条例

(2001 年 12 月 27 日哈尔滨市第十一届人民代表大会常务委员会第三十一次会议通过 2002 年 4 月 18 日黑龙江省第九届人民代表大会常务委员会第二十九次会议批准 2013 年 4 月 9 日哈尔滨市第十四届人民代表大会常务委员会第七次会议通过 根据 2013 年 5 月 31 日黑龙江省第十二届人民代表大会常务委员会第四次会议批准的《哈尔滨市人大常委会关于修改〈哈尔滨市市民体育健身条例〉的决定》修正)

第一条 为保障和促进全民体育健身活动的开展,增强公民体质,根据《中华人民共和国体育法》等有关法律、法规,结合本市实际,制定本条例。

第二条 本条例适用于本市行政区域内全民体育健身活动及其管理。

第三条 市、区、县(市)人民政府体育行政部门(以下简称体育行政部门)是本级行政区域内全民体育健身工作的行政主管部门,负责组织实施本条例。

市、区、县(市)人民政府其他有关部门在各自的职责范围内协同做好全民体育健身工作。

第四条 公民依法享有体育健身活动的权利。

开展全民体育健身活动应当遵守国家有关法律、法规和社会公德,坚持科学文明和因地制宜的原则,不得影响他人正常的工作和生活。

第五条 市、区、县(市)人民政府应当将全民体育健身事业纳入国民经济和社会发展计划,加强对全民体育健身工作的组织和领导。

第六条 市人民政府应当按照国家对城市公共体育设施用地定额指标的规定,把公共体育设施建设纳入城市总体规划和土地利用总体规划。

乡、镇人民政府应当随着经济发展,逐步建设和完善公共体育设施。

市体育行政部门应当会同有关部门制定公共体育设施发展规划,报市人民政府批准后实施。

本条例所称公共体育设施,是指由政府或者社会力量建设的,向公众开放用于开展全民体育健身活动的公益性场地、建筑物和设备。

第七条 市、区、县(市)人民政府应当将公共体育设施建设资金列入基本建设投资计划,并随着国民经济的发展逐步增加投入。

市、区、县(市)人民政府加大对农村地区和城市社区等基层公共体育设施建设的投入,促进全民体育健身事业均衡协调发展。

体育行政部门可以依法通过多种形式筹集公共体育设施建设资金。

第八条 政府建设的公共体育设施的维护管理费用应当列入同级财政预算,以保证其正常使用。

公共体育设施的收益应当保证其维修、养护和更新的需要。

第九条 鼓励组织和个人对全民体育健身事业提供捐赠、赞助。提倡社会力量投资建设公共体育设施。市、区、县(市)人民政府对在全民体育健身事业中做出突出贡献的组织和个人给予表彰和奖励。

第十条 机关、企事业单位、社会团体及其他组织应当宣传科学健身知识,推广全民体育健身科技成果和健身方法。

第十一条 体育行政部门应当根据国家的有关标准,制定公民体质监测方案,会同有关部门组织实施,并定期公布监测结果。

中小学校学生的体质监测由教育行政部门组织实施。

机关、企事业单位、社会团体及其他组织应当配合体育行政部门开展体质监测活动。

第十二条 市、区、县(市)人民政府应当促进城乡体育资源均衡配置,改善农村的全民体育健身环境和条件,加大农村全民体育健身器材的投放力度。

街道办事处和乡、镇人民政府应当加强对全民体育健身活动的组织和管理,指定人员组织、协调和开展街道、村镇的全民体育健身活动。根据城镇和农村的特点,加强文体活动站(室)的建设,发挥社区居民委员会、村民委员会在开展全民体育健身活动方面的作用。

第十三条 市、区、县(市)人民政府应当推广和普及冰雪体育健身运动,为青少年上冰雪、市民上冰雪等冬季体育健身活动创造必要条件。

区、县(市)人民政府应当建立公益性的滑冰场,免费向社会开放。

具备条件的区、县(市),应当建立公益性的滑雪场、滑冰馆等冬季体育健身活动场所,免费或者优惠向社会开放。

鼓励机关、企事业单位、社会团体以及其他组织举办滑冰、滑雪、冰球、冰壶、冬泳、雪地足球等具有冰雪特色的冬季体育健身活动。

第十四条 鼓励有条件的学校建立以冬季项目为重点的青少年体育俱乐部、业余体育训练队等课余体育健身活动组织,开展相应的体育健身活动。

第十五条 机关、企事业单位、社会团体及其他组织应当为本单位职工体育健身活动提供时间、场所、设施等基本条件,并根据各自特点组织开展广播体操及其他体育健身活动。

第十六条 本市依法实行社会体育指导员制度。

体育行政部门应当加强社会体育指导员的培训、管理和服务工作,提高社会体育指导员的综合素质。

社会体育指导员应当在全民体育健身活动中宣传科学健身知识、传授全民体育健身技能、组织指导全民体育健身活动。

经营性体育健身活动单位,应当配备持有职业资格证书的体育健身指导人员。

鼓励体育教师、体育教练员等体育专业技术人员从事社会体育指导工作。

第十七条 鼓励各类体育协会或者专业体育组织依法开展全民体育健身活动、组织体育竞赛,开展体育专业教育,培养体育人才。

第十八条 新建、改建、扩建公共体育设施,应当符合本市公共体育设施发展规划和国家规定的技术指标及安全、卫生标准,由体育行政部门审核后,报城乡规划行政部门批准。

第十九条 城市新建、改建、扩建居住区的建设单位,应当按照国家、省关于城市居住区规划设计规范和城市公共体育设施用地人均不低于 0.2 平方米的标准,配套建设体育设施。城市居住区配套建设的体育设施,应当与居住区主体工程的配套设施同时交付使用。

村镇新建的居住区,应当按照人均不低于 0.2 平方米的标准建设体育场所。

城乡规划行政部门在组织编制居民住宅区所在区域的控制性详细规划时,应当征求体育行政部门的意见。

第二十条 任何单位和个人不得侵占、损坏公共体育设施,不得擅自改变其性质和用途。

因规划建设需要拆除公共体育设施的,应当先行择地新建偿还。新建的公共体育设施不得低于原有标准和规模。

第二十一条 公共体育设施应当向社会开放。开放时间每年不少于300 天,每天不少于 8 小时;受季节限制的公共体育设施的开放时间,由体育行政部门另行规定。

公共体育设施的管护责任单位应当公示公共体育设施的名称、地址、健身项目、使用方法及注意事项、开放时间、管护责任单位名称、服务监督联系方式等信息。

实行有偿使用的公共体育设施,应当对未成年人、老年人、残疾人实行优惠。

鼓励单位体育设施向社会开放。

第二十二条 公共体育设施应当明确管护责任单位。管护责任单位不确定的,由体育行政部门予以明确。

利用体育彩票公益金和社会捐赠建设的公共体育设施,管理单位或者受赠单位是管护责任单位。无法确定管护责任单位的,该公共体育设施所在地的街道办事处、乡(镇)人民政府为管护责任单位。

第二十三条 公共体育设施的管护责任单位应当加强日常管理和维护,确保公共体育设施的完好和正常使用,并履行下列职责:

(一)建立日常管理制度;

(二)对设施登记造册;

(三)配备专兼职管理人员,做好设施的维护和保养工作;

(四)对损坏的设施,应当及时修复,不能及时修复的,应当设置警示标志或者予以拆除,并按规定向体育行政部门报告;

(五)做好日常开放管理工作,配备相应数量的社会体育指导员,为群众提供体育健身指导服务。

第二十四条 体育行政部门应当加强全民体育健身公共信息服务网络建设,提高全民体育健身公共信息服务能力和管理水平。

第二十五条 体育行政部门应当依法加强高危险性体育项目的审批管理。

高危险性体育项目经营场所改变名称、地址、法定代表人的,应当向体育行政部门备案。

第二十六条 从事高危险性体育经营活动的单位及个人,应当建立健全安全管理制度,配备医疗救护和安全指导人员。

经营中发生安全事故的,经营者应当及时采取有效措施,组织抢救,防止事故扩大,并立即向当地区、县(市)安全生产监督管理部门和体育行政部门报告。

第二十七条 对违反本条例规定,有下列行为之一的,由各级体育行政部门责令其限期改正;违反城乡规划、城乡建设、国土资源、住房保障、公安、消防、教育、卫生等法律法规的,由有关主管部门按照各自职责依法进行处罚:

(一)应建而未建公共体育设施,已建但未按规定标准或者时限要求建设公共体育设施的;

(二)擅自改变公共体育设施性质和用途的;

(三)新建、改建、扩建公共体育设施,未按规定办理批准手续,或者虽经审核批准,但未按规定标准建设的;

(四)城市新建、改建、扩建居住区,未按规定标准配套建设体育设施

的,或者村镇新建居住区,未按规定标准建设体育场所的;

(五)侵占、损坏公共体育设施的。

第二十八条 违反本条例第二十条第二款规定,拆除公共体育设施没有先行择地新建偿还的,由体育行政部门责令限期改正。

第二十九条 违反本条例第二十五条第二款规定,从事高危险性体育项目经营活动的单位或者个人未依法备案的,由体育行政部门责令限期改正;逾期无正当理由拒不改正的,处二百元以上一千元以下罚款。

第三十条 体育、城乡规划、城乡建设、国土资源、住房保障、公安、教育、卫生等国家行政机关工作人员及体育场所管理人员违反本条例,滥用职权,徇私舞弊,玩忽职守的,由其所在单位或其上级主管部门视情节轻重给予行政处分。

第三十一条 本条例自 2002 年 6 月 1 日起施行。

哈尔滨市历史文化名城保护条例

(2009 年 7 月 22 日哈尔滨市第十三届人民代表大会常务委员会第十七次会议通过　2009 年 10 月 23 日黑龙江省第十一届人民代表大会常务委员会第十三次会议批准　根据 2011 年 11 月 30 日哈尔滨市第十三届人民代表大会常务委员会第三十二次会议通过　2011 年 12 月 8 日黑龙江省第十一届人民代表大会常务委员会第二十九次会议批准的《关于修改〈哈尔滨市林地林木管理条例〉等 7 部地方性法规的决定》修正　根据 2014 年 4 月 28 日哈尔滨市第十四届人民代表大会常务委员会第十四次会议通过　2014 年 6 月 13 日黑龙江省第十二届人民代表大会常务委员会第十一次会议批准的《关于修改〈哈尔滨市历史文化名城保护条例〉等十二部地方性法规的决定》二次修正)

第一章　总　　则

第一条　为了加强哈尔滨历史文化名城(以下简称历史文化名城)的保护、管理和利用,维护历史文化遗产的真实性和完整性,继承和弘扬城市特色风貌,根据《中华人民共和国城乡规划法》、《中华人民共和国文物保护法》、《历史文化名城名镇名村保护条例》等法律、法规,结合本市情况,制定本条例。

第二条　本市建成区内的历史城区、历史文化街区、历史院落和历史建筑的保护、管理和利用,适用本条例。

涉及文物、古树名木的保护,法律、法规另有规定的,从其规定。

第三条　历史文化名城保护工作,应当遵循科学规划、严格保护、合理利用的原则。

第四条　本条例由市人民政府负责组织实施。

市城乡规划行政主管部门(以下简称市规划部门)负责历史文化名城保护、管理和利用的具体工作。

市文化、财政、建设、房产住宅、城市管理、国土资源、工商、宗教、旅游、公安等行政主管部门,按照各自职责权限,负责做好历史文化名城保护、管理和利用的相关工作。

第五条 本市设立历史文化名城保护专家委员会(以下简称专家委员会),对历史文化名城保护的有关事宜进行论证和评审。

专家委员会由规划、建筑、房产、园林、文化、文物、历史、社会和法律等方面的专家组成。具体组成办法和工作规则由市人民政府规定。

第六条 在不影响保护的前提下,可以采取商业运作等形式,有效利用历史文化街区、历史院落和历史建筑。

第七条 市人民政府应当积极组织开展历史文化名城保护的宣传活动,增强市民的保护意识,对在历史文化名城保护工作中做出突出贡献的单位和个人给予表彰、奖励。

第八条 任何单位或者个人都有保护历史文化名城的义务,对破坏历史文化名城的行为有权投诉和举报。

第二章 保护规划

第九条 市人民政府应当组织编制历史文化名城保护规划(以下简称保护规划),经省人民政府批准后,及时向社会公布。

保护规划应当包括下列内容:

(一)保护原则、保护内容和保护范围;

(二)保护措施、开发强度和建设控制要求;

(三)传统格局和历史风貌保护要求;

(四)历史城区的保护范围、历史文化街区的核心保护范围和建设控制地带;

(五)保护规划分期实施方案。

第十条 市规划部门应当根据保护规划,组织编制历史城区、历史文化街区、历史院落和历史建筑保护详细规划(以下简称详细规划),经市人民政府批准后,及时向社会公布。

第十一条 保护规划(含详细规划,下同)应当根据城市整体风貌进行编制。

编制城市其他专项规划或者详细规划等,应当与保护规划相协调。

第十二条 编制保护规划,应当征求有关部门和公众的意见,并由专家委员会进行评审;必要时,可以举行听证。

第十三条 经依法批准的保护规划,不得擅自修改;确需修改的,保护规划的组织编制机关应当向原审批机关提出专题报告,经同意后,方可编制修改方案。修改后的保护规划,应当按照原审批程序报送审批。

第十四条 市规划部门应当严格按照经依法批准的保护规划履行规划审批手续。

第十五条　历史城区和历史文化街区的确定,应当由市规划部门组织调查,经专家委员会评审通过,报市人民政府批准后向省人民政府申报。

历史院落和历史建筑的认定、调整、撤销,由市规划部门组织调查,征求有关方面意见,经专家委员会评审通过,报市人民政府批准后向社会公布。

第三章　保护措施

第十六条　市和区人民政府应当把历史文化名城保护资金(以下简称保护资金)列入同级财政预算。

保护资金主要用于以下方面:

(一)濒危历史建筑的抢救工作;

(二)对历史院落、历史建筑的收购;

(三)对历史文化街区、历史院落和历史建筑等进行维护和修缮;

(四)对在历史文化名城保护工作中做出突出贡献的单位和个人给予奖励;

(五)与历史文化名城保护相关的其他工作。

第十七条　鼓励企业、事业单位、社会团体和个人以投资、捐赠等形式参与历史文化街区、历史院落和历史建筑的保护。

第十八条　保护资金和受赠款项,应当专项用于历史文化名城保护,不得挪作他用。

第十九条　市人民政府应当加强对历史城区的整体保护,保持传统的空间尺度、道路线形、城市风貌和建筑环境,严格控制历史城区内的建设强度,并按照保护规划要求,实施下列保护措施:

(一)合理确定历史城区用地构成;

(二)控制历史城区人口数量;

(三)完善历史城区的基础设施;

(四)增加历史城区绿化量。

第二十条　历史文化街区应当保持原有的空间尺度和道路线形,保留带有历史风貌特色和与历史风貌特色相协调的建筑物、广场、绿地、市政设施和地面铺装。

第二十一条　历史文化街区核心保护范围内的建筑物外装修、装饰、色彩,市政设施、雕塑等设计与安装位置,应当与历史文化街区的总体环境相协调。

第二十二条　在历史文化街区核心保护范围内,不得进行新建、扩建活动;但新建、扩建必要的基础设施和公共服务设施除外。

新建、扩建必要的基础设施和公共服务设施,应当符合保护规划确定的建设控制要求。

第二十三条 在历史城区和历史文化街区建设控制地带内,新建、改建、扩建建筑物、构筑物的高度、体量、色彩和风格,应当符合保护规划确定的建设控制要求。

第二十四条 对历史城区或者历史文化街区内的危旧房屋进行改造,不得破坏其传统格局和历史风貌。

建设单位在办理改造危旧房屋规划审批手续时,应当提交对历史城区或者历史文化街区传统格局和历史风貌产生影响的评估报告。

第二十五条 对历史院落应当保护其空间边界、空间尺度、道路和绿地等,完善必要的基础设施和公共服务设施,提高历史院落环境质量。

第二十六条 对历史院落应当注重保护原有传统建筑及其附属设施,并按照保护规划的要求,结合城市改造,拆除历史院落内与历史风貌不相协调的建筑物或者构筑物,并依法给予补偿。

第二十七条 对历史建筑按照下列规定实施分类保护:

(一)一类历史建筑,不得改变建筑原有的立面造型、表面材质、色调、结构体系、平面布局和有特色的室内装饰。

(二)二类历史建筑,不得改变建筑原有的立面造型、表面材质、色调和主要平面布局。

(三)三类历史建筑,不得改变建筑原有的立面造型、表面材质和色调。

历史建筑的分类标准由市人民政府制定,历史建筑的分类名单由市人民政府公布。

第二十八条 对历史建筑应当实施原址保护;任何单位或者个人不得擅自拆除、迁移历史建筑。

因公共利益需要进行建设活动,对历史建筑无法实施原址保护,必须迁移异地保护或者拆除的,经专家委员会评审通过后,由市规划部门会同同级文物部门报省有关部门批准。

经批准迁移或者拆除历史建筑的,建设单位应当自批准之日起30个工作日内,按照规定形成历史建筑测绘、图像等资料,报市规划部门备案。

第二十九条 任何单位或者个人不得实施下列行为:

(一)在历史建筑上设置户外广告;

(二)在历史建筑及其附属建筑设施内存放易燃、易爆、腐蚀性等危害历史建筑的物品;

(三)在历史建筑及其附属建筑设施内,安装影响历史建筑使用寿命的设备;

(四)在历史建筑上刻划、张贴、涂污;

(五)其他危害、损毁历史建筑或者影响历史建筑风貌的行为。

第三十条 单位或者个人实施下列行为,有关部门办理审批手续时,应当征求市规划部门意见：

（一）在历史建筑上设置牌匾、空调散热器、照明设备等设施；

（二）在历史文化街区内历史建筑以外的建筑物上设置牌匾或者户外广告；

（三）在历史文化街区核心保护范围内设置临时商服用房。

设置牌匾或者户外广告，所占面积、色彩、材料以及形式应当符合保护规划的要求，并与建筑立面相协调；可能影响历史建筑房屋安全的，应当提供房屋安全鉴定。

第三十一条　历史院落和历史建筑的所有权人，应当按照保护规划的要求，负责对历史院落和历史建筑适时进行维护和修缮。

市和区人民政府可以利用保护资金对历史院落和历史建筑的维护、修缮给予补助。

历史院落和历史建筑的使用人，应当为所有权人的维护和修缮提供方便条件。

第三十二条　对历史院落和历史建筑进行外部修缮装饰、添加设施以及改变历史建筑的结构或者使用性质的，应当向市规划部门提出申请，经专家委员会评审后，由市规划部门会同市文物主管部门批准，并依照有关法律、法规的规定办理相关手续。

历史院落和历史建筑的所有权人，应当按照批准内容，对历史院落和历史建筑进行维护、修缮。

第三十三条　历史建筑的所有权人和使用人，应当按照建筑的使用性质对其进行使用。

第三十四条　历史院落和历史建筑有损毁危险，其所有权人不具备维护和修缮能力时，可以向市规划部门提出申请，由市人民政府委托专门机构予以收购。

第三十五条　市规划部门应当自历史文化街区被批准认定之日起30个工作日内，在核心保护范围的主要出入口设置标志牌。

市规划部门应当自历史院落和历史建筑被批准认定、调整之日起30个工作日内，设置标志牌，并向所有权人颁发保护确认证书。

任何单位或者个人不得涂改、损毁或者擅自设置、移动标志牌。

第三十六条　市规划部门应当加强对历史城区、历史文化街区、历史院落、历史建筑保护的日常监督、检查，对违反本条例规定的违法行为及时进行处理。

第三十七条　市规划部门应当建立历史城区、历史文化街区、历史院落和历史建筑档案。有关单位或者个人应当配合做好建档工作。

第四章　法律责任

第三十八条　违反本条例规定,市、区人民政府及其有关主管部门的工作人员,不履行监督管理职责,发现违法行为不予查处或者有其他滥用职权、玩忽职守、徇私舞弊行为,构成犯罪的,依法追究刑事责任;尚不构成犯罪的,依法给予处分。

第三十九条　违反本条例规定,在历史城区和历史文化街区建设控制地带内,新建、改建、扩建建筑物、构筑物,高度、体量、色彩或者风格,不符合保护规划确定的建设控制要求的,由市规划部门责令停止违法行为、限期改正或者限期拆除,并处70万元以上100万元以下罚款。

第四十条　违反本条例规定,有下列行为之一的,由市规划部门按照下列规定给予处罚:

(一)擅自迁移、拆除历史建筑的,责令停止违法行为,限期原址恢复原状,或者由市规划部门指定有能力的单位代为恢复原状,所需费用由违法者承担,并处以70万元以上100万元以下罚款。

(二)未经市规划部门审核同意,改建、扩建历史建筑及其附属设施的,责令限期改正,对单位并处10万元以上20万元以下罚款,对个人并处5万元以上10万元以下罚款。

(三)在历史建筑及其附属建筑设施内安装影响历史建筑使用寿命的设备的,责令限期拆除,对单位并处2万元以上5万元以下罚款,对个人并处1万元以上2万元以下罚款。

第四十一条　违反本条例规定,建设单位未在规定期限内将批准迁移或者拆除的历史建筑的测绘、图像等资料备案的,由市规划部门责令限期补报备案;逾期未补报备案的,处以5千元以上1万元以下罚款;未形成历史建筑的测绘、图像等资料的,处以10万元以上20万元以下罚款。

第四十二条　违反本条例规定,未经市规划部门会同市文物主管部门批准,对历史院落和历史建筑进行外部修缮装饰、添加设施以及改变历史建筑的结构或者使用性质的,由市规划部门责令停止违法行为、限期恢复原状或者采取其他补救措施;有违法所得的,没收违法所得;造成严重后果的,对单位并处5万元以上10万元以下的罚款,对个人并处1万元以上5万元以下的罚款;造成损失的,依法承担赔偿责任。

第四十三条　违反本条例规定,有下列行为之一的,由集中行使行政处罚权的行政执法机关按照下列规定给予处罚:

(一)在历史建筑上设置户外广告的,责令限期拆除;逾期未拆除的,对单位处以5万元以上10万元以下罚款,对个人处以2万元以上5万元以下罚款。

(二)未经批准在历史建筑上设置牌匾、空调散热器、照明设备等设施,或者在历史文化街区内历史建筑以外的建筑物上设置牌匾、户外广告的,责令限期拆除;逾期未拆除的,对单位处以 2 万元以上 5 万元以下罚款,对个人处以 1 万元以上 2 万元以下罚款。

(三)未经批准在历史文化街区核心保护范围内设置临时商服用房的,责令限期拆除;逾期未拆除的,对单位处以 5 万元以上 10 万元以下罚款,对个人处以 1 万元以上 5 万元以下罚款。

第四十四条 市规划部门、集中行使行政处罚权的行政执法机关作出责令停止违法行为、限期改正或者拆除的决定后,当事人未停止违法行为或者逾期未改正以及拆除的,建设工程所在地县级以上地方人民政府可以责成有关部门采取查封现场、强制拆除等措施。

第四十五条 违反本条例其他规定的,由市规划或者有关行政管理部门依照有关法律、法规的规定予以处罚。

第五章 附 则

第四十六条 本条例下列用语的含义:

(一)历史城区,是指经省人民政府核定公布,能体现哈尔滨城市历史发展过程或者某一发展时期风貌,历史范围清楚,历史建筑较多,需要保护控制的区域。

(二)历史文化街区,是指经省人民政府核定公布,保存文物特别丰富、历史建筑集中成片、能够较完整和真实地体现传统格局和历史风貌,并具有一定规模的区域,包括核心保护范围和建设控制地带。

(三)历史院落,是指经市人民政府确定公布,空间布局形态和建筑风格具有传统地方风貌特点,或者能够比较完整、真实地反映一定历史时期的历史事件、历史人物活动,主要由历史建筑所围合、限定的,有明确的空间边界和历史环境质量的院落。

(四)历史建筑,是指经市人民政府确定公布,具有较高历史、科学或者艺术价值,能够反映历史风貌和地方特色,未公布为文物保护单位,也未登记为不可移动文物的建筑物、构筑物。

第四十七条 本条例实施前公布的保护建筑纳入历史建筑保护范围。

第四十八条 县(市)历史文化街区、历史院落和历史建筑的保护、管理和利用,参照本条例执行。

第四十九条 本条例自 2010 年 1 月 1 日起施行。2001 年 10 月 19 日公布的《哈尔滨市保护建筑和保护街区条例》同时废止。

哈尔滨市城市公共汽车电车
轮渡船客运管理条例

(2009年11月26日哈尔滨市第十三届人民代表大会常务委员会第十九次会议通过 2010年1月19日黑龙江省第十一届人民代表大会常务委员会第十五次会议批准 根据2011年11月30日哈尔滨市第十三届人民代表大会常务委员会第三十二次会议通过 2011年12月8日黑龙江省第十一届人民代表大会常务委员会第二十九次会议批准的《关于修改〈哈尔滨市林地林木管理条例〉等7部地方性法规的决定》修正 根据2014年4月28日哈尔滨市第十四届人民代表大会常务委员会第十四次会议通过 2014年6月13日黑龙江省第十二届人民代表大会常务委员会第十一次会议批准的《关于修改〈哈尔滨市历史文化名城保护条例〉等十二部地方性法规的决定》二次修正)

第一章 总 则

第一条 为加强城市公共汽车、电车和轮渡船客运管理,规范营运秩序,提高服务质量,维护乘客、经营者和从业人员的合法权益,促进公共交通事业健康发展,根据有关法律、法规规定,结合本市实际,制定本条例。

第二条 本条例适用于本市市区(含郊区)公共汽车、电车和轮渡船的客运管理。

第三条 本条例所称城市公共汽车、电车和轮渡船客运,是指利用公共汽车、电车和轮渡船按照固定线路(航线)、站点(码头)和时间运载乘客,并按照政府核定价格收费的运输活动。

本条例所称公共汽车、电车和轮渡船设施,是指为保障城市公共汽车、电车和轮渡船运营的设施、设备,包括公共汽车、电车场站、换乘停车场、站台、候车亭、专用道、优先通行信号装置、智能化设施设备、供配电设施以及轮渡码头等。

第四条 城市公共汽车、电车和轮渡船客运管理应当遵循统筹规划、政策扶持、规模发展、规范运营、服务公众的原则。

第五条 市交通运输行政主管部门负责本条例的组织实施。

市公共交通管理机构负责城市公共汽车、电车和轮渡船客运行业的日常管理工作。

发展和改革、建设、城乡规划、工商、公安、财政、城市管理、质量技术监督等行政管理部门，按照各自职责，负责城市公共汽车、电车和轮渡船客运管理的相关工作。

第六条 城市公共交通是社会公益性事业。

市人民政府应当优先发展城市公共汽车、电车客运，优化运营结构，为公众提供安全可靠、方便快捷、经济舒适、节能环保的城市公共交通服务。

市人民政府应当将城市公共交通设施建设等列入财政预算，增加资金投入。在政府性基金、经济补贴、设施用地、交通管理等方面制定和落实优先发展政策，促进城市公共汽车、电车和轮渡船客运行业健康发展，形成政府主导、多方参与、规模经营、有序竞争的格局。

第七条 市人民政府应当利用高新技术和先进的管理方式，改进城市公共交通系统，推进智能化城市公共交通体系建设。

第八条 公交企业应当根据行业要求，采取各种方式对从业人员进行培训，不断提高从业人员职业素质，提高服务质量。

第二章 规划与建设

第九条 市交通运输行政主管部门应当会同有关行政管理部门，根据本市经济社会发展、城市建设、环境保护和人民生活需要，编制公共汽车、电车和轮渡船客运交通规划，经市人民政府批准后纳入城市公共交通规划。

城市公共汽车、电车线路和轮渡航线的设置、调整，应当符合城市公共交通规划，并广泛听取公众、专家和有关部门的意见。

第十条 新建、改建、扩建大型公共场所、公共设施或者居住区等建设项目，应当规划配套建设公共汽车、电车客运交通设施，并与主体工程同步设计、施工和验收。

建设单位组织建设项目竣工验收，应当通知市交通运输行政主管部门参加。

第十一条 城市公共交通规划确定的停车场、保养场、首末站、调度中心、枢纽站等设施用地，符合《划拨用地目录》的，应当以划拨方式供地。

城市公共汽车、电车设施用地应当符合国家关于城市公共交通设施用地定额指标的规定。

任何单位和个人不得侵占、挪用城市规划确定的城市公共汽车、电车设施用地。特殊需要占、挪用的，应当按照原审批程序报批。

第十二条 市人民政府应当根据城市公共交通规划，建设换乘枢纽中心,并配备建设相应的机动车停车场及换乘服务设施。

市有关行政管理部门应当根据城市道路的实际状况,开设公共交通专用道、港湾式站台,设置公共汽车、电车优先通行信号系统;应当完善城市公共交通无障碍设施,为残疾人出行创造无障碍环境。

第十三条 市交通运输行政主管部门应当依据公共汽车、电车和轮渡船客运交通规划,建设城市公共交通线路运行显示系统、乘客服务信息系统等。

第十四条 公共汽车、电车枢纽站建设应当具备清洗、维护、安全检查、储存车辆、加油加气功能,有条件的应当设置室内候车场所。

第十五条 任何单位和个人不得擅自拆除、迁移公共汽车、电车和轮渡船场站设施。因城市规划建设需要拆除、迁移的,应当按照规定办理相关批准手续,并按照规划进行还建。

第三章 经营许可

第十六条 公共汽车、电车线路和轮渡航线经营权(以下简称经营权)的取得(含转让、延续)实行经营许可制度。

公共汽车、电车线路经营权授予期限为 7 年,轮渡航线经营权授予期限为 10 年。

第十七条 经营权一般通过招标方式授予。特殊情况可以通过直接授予方式实施,直接授予的范围由市人民政府确定。

第十八条 申请经营权应当具备下列条件:

(一)具有相应购车资金或者符合营运要求的车辆、船只;

(二)具有符合营运要求的场站设施;

(三)具有健全的营运服务、安全、养护和保修等方面的管理制度;

(四)具有相应的管理机构、管理人员和驾驶员;

(五)具有合理、可行的经营方案;

(六)法律、法规规定的其他条件。

第十九条 经营权招标活动结束后,市交通运输行政主管部门应当在7 个工作日内,与中标者签订经营权授予协议,核发《经营许可证》和《线路(航线)许可证》。市交通运输行政主管部门应当在核发《经营许可证》和《线路(航线)许可证》后 7 个工作日内为营运车辆、船只办理《营运证》。

第二十条 公共汽车、电车驾驶员应当具备下列条件:

(一)具有符合准驾车型的《机动车驾驶证》;

(二)近 3 年无重大以上交通责任事故记录;

(三)男性在 60 周岁以下,女性在 55 周岁以下;

(四)无职业禁忌症;

(五)经市交通运输行政主管部门培训合格;

(六)法律、法规规定的其他条件。

轮渡船驾驶员除符合本条前款(四)、(五)项规定外,还应当取得海事管理部门核发的《内河船舶适任证书》。

从事城市公共汽车、电车服务的乘务员、调度员等人员由公交企业培训合格后,方可上岗。

第二十一条 公交企业在经营期限内转让经营权的,应当与受让方共同向市交通运输行政主管部门提出书面申请。

市交通运输行政主管部门受理后,应当对受让方是否具备条件进行审查,符合本条例第十八条规定的,应当自受理之日起 7 个工作日内作出准予转让的决定。

第二十二条 公交企业在经营期限内合并、分立或者变更法定代表人、企业名称的,应当在办理变更工商登记手续后 7 个工作日内书面告知市交通运输行政主管部门。

第二十三条 经营权授予期限届满经营者需要继续经营的,应当在届满前 9 个月,向市交通运输行政主管部门提出延续经营权申请。

市交通运输行政主管部门受理申请后,对符合本条例规定条件的,应当在经营期限届满 6 个月前批准延续经营权,重新签订经营权授予协议,核发《经营许可证》。不予批准延续经营权的,市交通运输行政主管部门应当在作出不予批准决定之日起 7 个工作日内,告知申请人不予批准的理由。

第二十四条 任何单位和个人不得使用伪造、出租或者串用《经营许可证》、《线路(航线)许可证》和《营运证》。

第二十五条 市交通运输行政主管部门应当定期对营运公共汽车、电车、轮渡船和《营运证》进行免费审验。

公交企业和驾驶员应当按照规定接受审验。

第四章　营运管理

第二十六条 公交企业在营运过程中应当遵守下列规定:

(一)制定营运计划,报市公共交通管理机构备案;

(二)按照规定的线路(航线)、时间、站点(码头)、班次、车辆(船只)营运;

(三)执行价格行政管理部门核准的票价;

(四)按照规定记录、报告营运、安全情况,保管营运、安全记录;

(五)不得将车辆、船只交给不具备公共汽车、电车和轮渡船客运服务资格的人员驾驶;

(六)定期对从业人员进行职业道德、专业技能和安全教育培训,并为驾驶员办理《驾驶员服务监督卡》。

(七)组织制定客运安全事故应急救援预案。

公交企业在营运中应当执行载客定员标准。

第二十七条 安全员、驾驶员应当在每日出车前、运行中和收车后对车辆进行安全检查,做好安全检查记录,发现问题及时报告。

公交企业应当对安全员、驾驶员发现的问题及时进行整改,整改不合格的不得营运。

第二十八条 公共汽车、电车和轮渡船发生安全事故时,驾驶员、乘务员、水手应当采取救援措施,并及时报告有关行政管理部门和所在公交企业。

第二十九条 公交企业应当按照行业卫生标准的要求,保持营运车辆内外整洁。

第三十条 公交企业新增、更新、减少车辆或者船只,临时增加、替换车辆或者船只的,应当符合经营权授予协议,并在情况发生之日起7个工作日内报市交通运输行政主管部门、市公安机关交通管理部门备案。

第三十一条 公交企业非因不可抗力原因不得停业、歇业。

公交企业终止营运的,应当提前3个月书面告知市交通运输行政主管部门。

市交通运输行政主管部门应当在公交企业终止营运前,依法确定新的经营者。

第三十二条 因公共交通线网规划调整、客流量发生较大变化等情况,市交通运输行政主管部门应当会同有关行政管理部门变更线路、航线、站点、码头,并提前10日向社会公示。

因城建施工、重大社会活动等情况,需要临时变更线路、航线、站点、码头的,建设单位或者主办单位应当提前5日书面告知市交通运输行政主管部门、市公安机关交通管理部门和市城市管理部门,市交通运输行政主管部门和市公安机关交通管理部门应当对线路、航线、站点、码头变更作出调整,并提前3日向社会公示,在沿线站点公告,设置临时站点、站牌。

第三十三条 遇有抢险救灾、突发事件等特殊情况时,公交企业应当服从市交通运输行政主管部门统一调度。

第三十四条 公共汽车、电车驾驶员、乘务员在营运中应当遵守下列规定:

(一)按照规定的线路、站点、班次、时间营运,依次进站、停靠,不得拒载、捡客、越站、超时等客或者敞门运行;

(二)起车、停车平稳,路况不平整时减速慢行,不得争道抢行;

(三)携带《机动车驾驶证》、《营运证》,佩戴《驾驶员服务监督卡》;

（四）开启电子报站设备和车载显示屏，电子报站设备发生故障时，进行口语报站；

（五）不得吸烟、聊天、使用手机；

（六）不得载客加油、加气；

（七）执行免费、优惠乘车规定；

（八）备有付费凭据；

（九）为老、幼、病、残、孕乘客提供必要的帮助；

（十）冬季室外温度低于零下10℃时开启暖风设施，夏季室外温度高于零上26℃时，空调车辆开启空调设施；

（十一）车辆发生故障不能继续行驶的，安排乘客换乘同线路后续车辆，属于末车的，即时通知所在公交企业安排其他车辆继续营运；

（十二）维护车辆、船只内秩序，发现有违法犯罪行为，及时报警并协助公安机关进行处理。

轮渡船驾驶员、水手等应当遵守本条前款（一）、（五）、（七）、（九）、（十二）项规定。

第三十五条 乘客乘坐公交车辆、轮渡船应当遵守下列规定：

（一）在站点、码头依次候乘，老、幼、病、残、孕乘客可以优先乘车（船）；

（二）不得携带易燃、易爆、有毒等危险品以及有碍乘客安全和健康的物品；

（三）乘坐公共汽车、电车不得携带重量超过30公斤，体积超过0.2立方米或者长度超过2米的物品，乘坐轮渡船不得携带摩托车；

（四）不得吸烟、随地吐痰或者乱扔果皮、纸屑等；

（五）不得携带猫、狗等动物；

（六）精神病患者和学龄前儿童乘车应当有人监护。

第三十六条 乘客对擅自提高票价或者城市通智能卡电子服务设施发生故障不能使用的，可以拒付车费。

第三十七条 下列人员可以免费乘坐市区公共汽车、电车和轮渡船：

（一）持有《革命伤残军人证》和《因公伤残警察证》的；

（二）持有《老干部离休荣誉证》的；

（三）持有哈尔滨市人民政府制发的《敬老优待证》的；

（四）盲人；

（五）重度肢体残疾人；

（六）身高1.2米以下儿童。

盲人、重度肢体残疾人以外的残疾人可以半费乘坐市区公共汽车、电车和轮渡船。

本条一款（一）、（二）、（三）、（五）项和二款规定人员享受乘车优惠的，应当以刷卡方式验证;外地70岁以上的老年人,可以持本人身份证享受乘车优惠。

身高1.2米以上的学龄前儿童,可持户口办理学生城市通智能卡。

第五章　车辆、船只和设施管理

第三十八条　从事营运的公共汽车、电车和轮渡船应当符合下列规定:

(一)国家、地方和行业技术标准;

(二)门窗、座椅、扶手、暖风、空调等设施完好;

(三)报站器、城市通智能卡电子服务设施完好;

(四)车体完好,无破损;

(五)在规定位置标明线路营运标志、线路走向图、运价标准、服务投诉电话号码和禁烟标志;

(六)设有老、幼、病、残、孕等专用座位;

(七)设有符合标准的灭火器、安全锤、救生衣等安全设备和救生设备。

第三十九条　公交企业应当按照规定定期对车辆、船只进行维修保养和检测,保证技术性能和设施完好。

第四十条　鼓励公交企业购置清洁能源车辆或者对现有车辆进行清洁能源改造。

公交企业购置清洁能源车辆或者对现有车辆进行清洁能源更新改造的,应当在购置或者改造后7个工作日内,书面告知市交通运输行政主管部门。

公交企业应当建立相应的安全管理制度和操作规程,配备相应的检测仪器和安全、技术、检修人员。

车辆使用清洁能源的技术改造及维修、检测,应当委托具有资质的企业实施。

公交企业应当组织清洁能源车辆驾驶员、安全技术人员参加有关部门的操作和安全知识培训,并持证上岗。

第四十一条　公交企业和驾驶员应当按照规定统一安装和使用卫星定位系统、城市通智能卡等电子服务设施,不得擅自改装、拆卸或者改变使用性能。发生损坏的,应当及时通知维护单位进行修复;丢失的应当按价赔偿。

第四十二条　任何单位和个人不得有下列行为:

(一)损坏、侵占公共汽车、电车和轮渡船客运服务设施;

(二)覆盖或者涂改公共汽车、电车站牌、标志牌及客运交通标志;

(三)在站台和停车场范围内停放其他车辆、设置摊点、摆放物品等;

(四)其他影响公共汽车、电车和轮渡船营运的行为。

第四十三条　公共汽车、电车站亭、站牌,轮渡码头、售票亭的设置应当便民、美观,与周边环境、建筑风格相协调。

公共汽车、电车站亭和站牌由市公共交通管理机构统一设置,具备条件的可以实施市场化运作。轮渡码头由轮渡经营企业设置。

公共汽车、电车站亭、站牌及轮渡码头的日常管护,由设置单位负责,发现损坏应当及时修复。

第四十四条　在公共汽车、电车和轮渡船设置广告,应当符合有关法律、法规的规定,图案美观,色彩与车辆、船只颜色相协调。设置的具体位置和规格标准,由市交通运输行政主管部门会同市市容行政管理部门制定。

第四十五条　公共汽车、电车站点,应当以所在区域地名、街路名、历史文化景点名称或者城市公共服务机构名称等命名,方便公众识别。

第六章　监督与投诉

第四十六条　市交通运输行政主管部门应当会同有关管理部门针对自然灾害、突发事件和重、特大公共交通运营安全事故制定公共交通应急预案,报市人民政府批准后实施。

第四十七条　市交通运输行政主管部门应当加强对公共汽车、电车和轮渡船客运秩序,车辆、船只管理,场站设施管理等情况的监督检查,及时制止和查处扰乱公共交通秩序的行为。

市公共交通管理机构应当定期对公共汽车、电车和轮渡船安全营运情况进行巡查和抽查,发现问题及时责令有关公交企业和个人进行整改,防止出现安全事故。

被检查者应当如实提供有关资料和情况,不得拒绝或妨碍检查。

第四十八条　市交通运输行政主管部门应当建立公共汽车、电车和轮渡船客运服务质量考核制度,将考核结果记入信用档案,并作为政府财政补贴,经营权授予和收回的依据。

具体考核办法由市交通运输行政主管部门制定,报市人民政府同意后实施。

第四十九条　市公共交通管理机构和公交企业应当建立投诉举报制度,公开投诉举报方式,及时受理乘客、驾驶员投诉。

市公共交通管理机构和公交企业应当自受理投诉之日起15个工作日内调查处理完毕,同时答复投诉人;依法应当由其他管理部门调查处理的,及时移送有关管理部门。

第五十条　市公共交通管理机构认为需要公交企业负责人、驾驶员、乘务员当面接受调查的,可以向公交企业发出《调查处理通知书》,公交企业负责人接到《调查处理通知书》后,应当在规定的期限内带领被投诉驾驶员、乘务员到市公共交通管理机构接受调查。

市公共交通管理机构在调查和处理期间,可以根据需要暂扣被投诉车辆《营运证》,暂扣期限最长不得超过 7 日,驾驶员可以凭暂扣证明继续营运。

第五十一条　公交企业和驾驶员、乘务员、水手等有下列情形之一的,由市交通运输行政主管部门给予表彰或者奖励:

(一)在营运、服务过程中作出突出贡献的;

(二)在抢险、救灾等特殊客运任务中做出突出贡献的;

(三)拾金不昧、见义勇为、救死扶伤等事迹突出的;

(四)参与行业文明创建、社会公益活动事迹突出的。

第五十二条　市交通运输行政主管部门、市公共交通管理机构及其工作人员,应当遵守下列规定:

(一)在经营权授予、转让过程中,坚持公开、公平、公正的原则,严格审查,加强监督,按时核发相关证件;

(二)加强对非法营运活动的查处,不得参与非法营运活动,或者为非法营运活动提供保护;

(三)按照规定及时受理投诉;

(四)依法加强对公共汽车、电车和轮渡船客运行业的管理,维护运营秩序,不得干涉经营者正常的经营活动;

(五)不得利用职务之便索取、收受他人财物或者牟取其他利益;

(六)在管理过程中应当遵守的其他规定。

第七章　法律责任

第五十三条　单位和个人违反本条例规定,擅自侵占、挪用城市规划确定的城市公共汽车、电车设施用地的,由市交通运输行政主管部门责令停止违法行为。

第五十四条　单位和个人违反本条例规定,未取得经营权擅自从事营运活动的,由市交通运输行政主管部门责令停止违法行为,暂扣非法营运车辆、船只,每辆(艘)处以 5 万元罚款。

第五十五条　公交企业违反本条例规定,有下列情形之一的,由市交通运输行政主管部门收回经营权,吊销《线路(航线)许可证》:

(一)擅自转让经营权的;

(二)两年考核不合格的;

(三)审验过程中发现经营资质发生变化,达不到本条例规定条件的;

(四)擅自停业、歇业的;

(五)终止营运未按照规定书面告知市交通运输行政主管部门的;

（六）公交企业未按照经营权授予协议购置符合规定标准的车辆、船只投入营运的；

（七）因经营管理不善，造成重大社会影响的。

第五十六条 单位和个人违反本条例规定，使用伪造、出租或者串用《经营许可证》、《线路（航线）许可证》和《营运证》的，由市交通运输行政主管部门责令限期改正，并处以5000元罚款。

第五十七条 公交企业违反本条例规定，有下列情形之一的，由市交通运输行政主管部门责令改正，处以3000元以上5000元以下罚款：

（一）未对安全员、驾驶员发现的安全问题及时进行整改，或者整改不合格进行营运的；

（二）未委托具有资质企业实施清洁能源车辆的技术改造、维修和检测的；

（三）未按照规定定期对车辆进行维修保养和检测的；

（四）未设有符合标准的灭火器、安全锤、救生衣等安全设备和救生设备的；

（五）将车辆、船只交给不具备公共汽车、电车和轮渡船客运服务资格人员驾驶的；

（六）轮渡船超过定员载客的。

第五十八条 公交企业违反本条例规定，有下列情形之一的，由市交通运输行政主管部门责令限期改正，处以2000元以上3000元以下罚款：

（一）未定期对从业人员进行职业道德、专业技能和安全教育培训的；

（二）合并、分立或者变更法定代表人、企业名称未按照规定书面告知市交通运输行政主管部门的；

（三）未制定营运计划的；

（四）未按照规定的线路（航线）、时间、站点（码头）、班次、车辆（船只）营运的；

（五）未执行价格管理部门核准票价的；

（六）未为驾驶员办理《驾驶员服务监督卡》的；

（七）新增、更新、减少车辆或者船只，临时增加、替换车辆或者船只未按照规定报市交通运输行政主管部门备案的；

（八）未按照规定接受市交通运输行政主管部门对营运公共汽车、电车、轮渡船和《营运证》进行审验的；

（九）购置清洁能源车辆或者对现有车辆使用清洁能源进行更新改造未按照规定书面告知市交通运输行政主管部门的；

（十）未建立清洁能源车辆的安全管理制度和操作规程，配备相应的检测仪器和安全、技术、检修人员的；

（十一）未组织清洁能源车辆驾驶员、安全技术人员参加有关部门的操作和安全知识培训的。

第五十九条　公交企业违反本条例规定，有下列情形之一的，由市交通运输行政主管部门责令整改，处以1000元以上2000元以下罚款：

（一）未将制定的营运计划报市公共交通管理机构备案的；

（二）未按照规定记录、报告营运、安全情况，保管运营、安全记录的；

（三）未按照规定标明线路营运标志、线路走向图、运价标准、服务投诉电话号码和禁烟标志的；

（四）未按照行业卫生标准保持运营车辆内外整洁的；

（五）遇有抢险救灾、突发事件等特殊情况，未服从市交通运输行政主管部门统一调度的；

（六）车体、门窗、座椅、扶手等破损的；

（七）未按照规定统一安装和使用卫星定位系统、城市通智能卡等电子服务系统，或者擅自改装、拆卸、改变使用性能的；

（八）未组织制定客运安全事故应急救援预案的。

第六十条　驾驶员违反本条例规定，有下列情形之一的，由市交通运输行政主管部门责令改正，处以200元以上500元以下罚款：

（一）未按照规定的线路、站点、班次、时间营运，依次进站、停靠，或者拒载、捡客、越站、超时等客、敞门运行的；

（二）载客加油、加气的；

（三）未按照规定使用统一安装的卫星定位系统、城市通智能卡等电子服务设施，或者擅自改装、拆卸、改变使用性能的。

第六十一条　驾驶员违反本条例规定，有下列情形之一的，由市交通运输行政主管部门责令改正，处以100元以上200元以下罚款：

（一）未携带《营运证》、佩戴《驾驶员服务监督卡》的；

（二）未开启电子报站设备或者车载显示屏，电子报站设备发生故障时未进行口语报站的；

（三）未执行免费、优惠乘车规定的；

（四）未备有付费凭据的；

（五）冬季室外温度低于零下10℃时未开启暖风设施，或者夏季室外温度高于零上26℃时，空调车辆未开启空调设施的；

（六）车辆发生故障不能继续行驶的，未安排乘客换乘同线路后续车辆，或者属于末车，未即时通知所在公交企业安排其他车辆继续运营的。

第六十二条　单位和个人违反本条例规定，有下列情形之一的，由市交通运输行政主管部门责令改正，处以200元罚款：

（一）损坏、侵占公共汽车、电车和轮渡船客运服务设施的；

（二）覆盖、涂改公共汽车或者电车站牌、标志牌、客运交通标志的。

违反本条前款（一）项规定造成损失的，应当承担赔偿责任。

第六十三条　安全员、驾驶员违反本条例规定，未在每日出车前、运行中和收车后对车辆进行安全检查，未做好安全检查记录，发现问题未及时报告的，由市交通运输行政主管部门责令改正，处以200元罚款。

第六十四条　公共汽车、电车站亭和站牌实施市场化运作的设置人以及轮渡经营企业，违反本条例规定，未按照规定对公共汽车、电车站亭、站牌及轮渡码头进行管护，或者发现损坏未及时修复的，由市交通运输行政主管部门责令改正，处以500元罚款。

第六十五条　单位和个人有本条例第五十四条规定情形，被暂扣车辆超过30日不履行行政处罚决定的，由市交通运输行政主管部门依据《中华人民共和国行政处罚法》第五十一条规定处理。

第六十六条　违反本条例其他规定，由有关行政管理部门按照相关规定进行处罚。

第六十七条　市交通运输行政主管部门、市公共交通管理机构及其工作人员，违反本条例规定的，由具有行政处分权的部门责令改正；情节严重的，对主管人员和其他直接责任人员依法给予行政处分。

第八章　附　　则

第六十八条　县（市）公共汽车、电车和轮渡船客运管理，可以参照本条例执行。

第六十九条　本条例自2010年5月1日起施行。2004年3月10日市人大常委会发布并根据2005年5月11日公布的《关于修改〈哈尔滨市地名管理条例〉等十部地方性法规的决定》修正的《哈尔滨市城市客运交通管理条例》同时废止。

哈尔滨市城市道路管理条例

(2011年3月15日哈尔滨市第十三届人民代表大会常务委员会第二十八次会议通过 2011年4月14日黑龙江省第十一届人民代表大会常务委员会第二十四次会议批准 根据2013年08月27日哈尔滨市第十四届人民代表大会常务委员会第十次会议通过2013年10月18日黑龙江省第十二届人民代表大会常务委员会第六次会议批准的《关于修改〈哈尔滨市城市道路管理条例〉的决定》修正 根据2014年4月28日哈尔滨市第十四届人民代表大会常务委员会第十四次会议通过2014年6月13日黑龙江省第十二届人民代表大会常务委员会第十一次会议批准的《关于修改〈哈尔滨市历史文化名城保护条例〉等十二部地方性法规的决定》二次修正)

第一章 总 则

第一条 为加强城市道路管理,保障城市道路完好,发挥城市道路功能,促进城市经济和社会发展,根据国务院《城市道路管理条例》,结合本市实际,制定本条例。

第二条 本条例适用于本市城市规划区内的城市道路规划、建设、养护、维修和路政的管理。

第三条 本条例所称城市道路,是指城市内供车辆、行人通行的,具备一定技术条件的道路、桥梁及其附属设施。

城市道路范围以已实施的规划道路红线为准;规划道路红线尚未实施的,以现状道路为准。

城市道路分为快速路、主干路、次干路和支路。

第四条 城市道路管理实行统一规划、配套建设、协调发展和建设、养护、管理并重的原则。

第五条 本条例由市人民政府负责组织实施。

市、区人民政府有关行政主管部门按照下列规定履行职责:

(一)市城乡建设行政主管部门负责全市城市道路建设的管理工作;

(二)市城市管理行政主管部门(以下简称市城管部门)负责全市城市

道路养护、维修和路政的管理工作,相关的日常工作由市道桥管理机构负责;

（三）区城市管理行政主管部门(以下简称区城管部门)按照职责权限,负责辖区内城市道路养护、维修和路政的管理工作;

（四）集中行使城市管理行政处罚权的行政执法机关负责实施本条例规定的相关行政处罚;

（五）发展和改革、城乡规划、公安交通、财政等行政主管部门和国有资产管理机构,按照职责权限,负责城市道路管理的相关工作。

第二章 规划和建设

第六条 市人民政府应当组织市发展和改革、城乡建设、城乡规划、国土资源、财政、城管、公安交通、交通运输等行政主管部门依据城市总体规划和国民经济社会发展规划,编制城市道路发展规划。

新建城市道路时,应当规划建设管线(含缆线,下同)共同沟等地下空间设施;改造城市道路时,具备条件的应当规划建设管线共同沟等地下空间设施。

规划建设管线共同沟的区域,同类管线应当纳入管线共同沟。

第七条 市城乡建设行政主管部门应当根据城市道路发展规划,编制城市道路建设年度计划,纳入年度城建计划实行统一管理。

第八条 城市道路规划和建设应当符合国家有关技术标准、规范,并遵守下列规定:

（一）快速路、主干路、次干路与铁路相交处建设立体交通设施;

（二）设计时速超过三十公里每小时的,设置机动车道与非机动车道分离设施;

（三）建设无障碍设施;

（四）在快速路、主干路过街人流相对集中的区域建设人行过街设施;

（五）道路排水设施建设与防止道路内涝相适应。

具备条件的,应当规划和建设公共交通专用道、港湾式公共交通停靠站台和公共停车场。

第九条 建设城市道路应当依法履行建设审批程序。

建设单位应当依法通过招投标方式确定城市道路建设工程的勘察、设计、施工、监理单位。

第十条 城市道路建设工程开工前,建设单位应当到市城乡建设行政主管部门办理工程质量监督注册手续,并提报下列材料:

（一）建设、施工、监理单位的质量技术管理机构组成材料及相关人员岗位资质证书;

（二）施工图设计文件技术审查报告和行政审查批准书；

（三）法律、法规规定的其他材料。

市城乡建设行政主管部门应当在材料齐全后一个工作日内予以办理质量监督注册手续。

第十一条 投资额在三十万元以上的道路建设工程开工前，建设单位应当依法向市城乡建设行政主管部门申请领取建设工程施工许可证。

申请领取建设工程施工许可证，应当具备下列条件：

（一）建设工程规划许可证；

（二）中标通知书；

（三）施工图审查批准书；

（四）质量监督注册表；

（五）安全技术措施备案登记表；

（六）备案的施工合同；

（七）备案工程监理委托合同。

市城乡建设主管部门应当在材料符合要求后的四个工作日内予以颁发施工许可证。

第十二条 城市道路的勘察、设计、施工和监理活动，应当符合国家和省的技术标准、规范和规程的规定。

第十三条 建设单位组织城市道路建设工程竣工验收前，应当向城乡建设、城乡规划、城管、公安交通、环境保护等行政主管部门提出城市道路建设工程的竣工认可申请，城乡建设、城乡规划、城管、公安交通、环境保护等有关行政主管部门应当在法定期限内出具是否认可或者准许使用的文件。

城市道路建设工程竣工后，建设单位应当组织勘察、设计、施工、监理等单位共同验收，市政质量监督机构应当负责监督。

城市道路建设工程竣工后未经验收或者验收不合格的，不得投入使用。

建设单位应当在工程竣工验收合格之日起十五日内，到市市政工程质量监督机构办理竣工备案手续，并提交下列材料：

（一）工程竣工验收报告，包括勘察、设计、施工、监理单位分别签署的工程质量合格文件；

（二）城乡建设、城乡规划、城管、公安交通、环境保护等有关行政主管部门对专项工程的认可和准许使用文件；

（三）施工单位签署的工程质量保修书；

（四）法律、法规规定的其他材料。

第十四条 城市道路建设工程竣工验收合格后，建设单位应当按照规定向市城建档案馆报送工程建设档案。

第十五条 城市道路工程实行工程质量保修制度。桥梁工程的地基基础、主体结构保修期为设计文件规定的该工程合理使用年限；其他工程保修期按照国家有关法律、法规的规定执行。

保修期自竣工验收合格之日起计算。保修期内出现工程质量问题，由责任单位负责保修；超过保修期的，由管理养护单位负责维修。

第十六条 城市道路工程质量实行保证金制度。保证金由施工单位按照工程造价的百分之五预留。保证金的存入、使用和监督管理按照有关规定执行。

第十七条 城市道路建设工程竣工验收后应当办理建管交接。

城市道路建设工程办理建管交接时，应当具备下列条件：

（一）已履行工程竣工备案程序；

（二）道路及附属设施完好、齐全、整洁；

（三）施工机械设备、物料、工程暂设、临时围挡等全部撤离现场。

第十八条 建设单位应当在办理城市道路建设工程竣工备案后十五日之内，向市城乡建设行政主管部门书面提出建管交接申请，并提交下列材料：

（一）书面申请；

（二）工程竣工备案书；

（三）工程竣工图纸和完整的建设内业资料；

（四）工程竣工验收报告；

（五）城市道路工程质量评估报告；

（六）城乡建设、城乡规划、城管、公安交通、环境保护等有关行政主管部门对专项工程的认可和准许使用文件；

（七）工程质量保修书。

第十九条 市城乡建设行政主管部门收到建设单位提交的建管交接申请材料后，应当在十五个工作日内会同市城管、水务等部门进行审查。符合条件的，应当在七个工作日内完成建管交接；不符合条件的，责令限期改正，改正后履行建管交接程序。

第二十条 城市道路建设工程建管交接由市城乡建设行政主管部门会同市城管、水务等部门共同组织进行，通知相关部门和单位参加。

参加城市道路建设工程建管交接的相关部门和单位应当签订交接书，明确交接事项。

第二十一条 城市道路建设工程未申报建管交接或者未完成建管交接的，由建设单位自行组织管理维护，并承担因维护不力造成的人身伤害、财产损失等责任。

第三章 养护和维修

第二十二条 市城管部门应当根据城市道路类别、养护等级、养护维修定额和检测评估结果,测算城市道路年度养护维修经费,编制年度养护维修计划,经市发展和改革、城乡建设、财政、公安交通等部门综合平衡,报市人民政府批准后,由市城管部门组织实施。

第二十三条 城市道路养护维修责任,按照下列规定划分:

(一)城市快速路、主干路的养护维修,由市城管部门委托专业道路养护维修单位承担;市管范围以外城市道路的养护维修,由所在区城管部门委托专业道路养护维修单位承担。

(二)工业区和住宅区的开放型道路以及企事业单位投资建设的道路,由建设单位或者使用单位委托专业道路养护维修单位承担;其中工业区和住宅区的开放型道路符合城市道路标准和路网需要的,由市、区城管部门按照职责委托专业道路养护维修单位承担。

(三)市政桥梁的养护维修由市城管部门委托专业养护维修单位承担。

第二十四条 城市道路养护维修应当逐步实行小修保养、中修工程定额承包制和大修工程招投标制。

第二十五条 城市道路养护维修责任单位应当按照技术规范和周期对城市道路进行养护维修,并在规定的期限内完成,确保道路畅通和车辆安全通行。

第二十六条 城市道路养护维修责任单位应当按照有关规定对城市道路进行经常性检查、定期检测和特殊检测,并根据检测评定结果进行养护维修,保障城市道路功能完好。

第二十七条 城市道路养护维修责任单位应当实行养护维修信息化管理,建立养护维修技术档案和养护管理系统。

第二十八条 城市道路养护维修责任单位作业时,应当避开交通流量高峰期,在作业现场设置规范的围挡及安全警示防护设施,并设专人维护现场交通秩序。

城市道路养护维修作业应当采用低噪声、防扬尘的施工设备和施工方法。

第二十九条 城市道路大修工程实行保修期制度,保修期为二年。自竣工验收之日起,在保修期内出现的质量问题,由责任单位负责维修。

第三十条 设置在城市道路上的各类管线检查井,应当符合国家和地方有关技术规范和标准。

检查井的产权单位为检查井的管护责任单位,负责检查井的巡视、养护维修和管理。发现检查井破损、与路面不平顺以及井盖丢失的,应当立即设置警示标志,采取规范的防护措施。检查井盖丢失的,应当在六个小时内补齐;检查井破损的,应当在二十四个小时内修复;检查井与路面不平顺的,应当按照规范标准维修。

第三十一条 城管部门应当建立检查井登记备案制度。对检查井管护责任单位的巡视、养护维修和管理进行监督检查。

经确认为无主的检查井,暂由城管部门代管,并及时落实管护责任单位。对废弃的检查井,城管部门可以进行填埋处理。

第四章 路政管理

第一节 一般规定

第三十二条 位于道里区、道外区、南岗区和香坊区的城市快速路、主干路、桥梁的路政管理,由市城管部门委托市道桥管理机构负责;其他城市道路的路政管理,由所在区城管部门负责。

城市桥梁和隧道实行专项管理,建立城市桥梁和隧道管理系统。

第三十三条 在城市道路范围内不得有下列行为:

(一)搅拌水泥砂浆、混凝土及其他拌合物,打砸硬物,排放污染腐蚀物;

(二)从事各类生产、维修、冲洗车辆及经营加工活动;

(三)机动车违反规定占压人行道;

(四)移动或者损毁道路设施;

(五)其他侵占、损坏城市道路行为。

第三十四条 市城管部门应当按照国家养护技术规范要求,在城市道路上设置限载、限高等标志。

公安交通管理部门改变桥梁行车道或者调整行车路线超过道路限载、限高规定的,应当征求市城管部门的意见。

第三十五条 履带车、铁轮车或者运载不可解体货物的超重、超高、超长车辆需要通过城市道路的,应当采取安全防护措施,经市城管部门同意后,按照公安交通管理部门指定的时间、路线行驶。

运载不可解体货物的超高、超宽船通过桥梁安全保护区域的,应当提前通知市城管部门。市城管部门应当组织人员进行现场监护,保证桥梁安全。

第三十六条 经批准占用、挖掘城市道路的,除非经营性的公益设施免交城市道路占用费外,应当按照规定的标准,向城管部门缴纳城市道路占用费和城市道路挖掘修复费。

经批准占用城市道路的,应当按照城市道路占用费的百分之五十缴纳占道押金。占用道路期满,未造成损坏的,返还占道押金。造成道路损坏的,用占道押金修复,剩余部分返还,不足部分的费用由占道单位或者个人支付。

对未按照规定缴纳城市道路占用费、挖道修复费、占道押金的,限期补缴,逾期未补缴的,按日加收百分之一的滞纳金。拒不交纳的,城管部门可以依法申请人民法院强制执行。

第三十七条 城市道路占用费和挖掘修复费上缴财政,专款专用,全部用于城市道路养护维修、挖掘修复和管理。确需减免占、挖道费的,应当按照国家、省规定的程序报批。

第三十八条 损坏城市道路设施的,责任人应当承担修复费用。

责任人不承担修复费用的,城管部门可以依法申请人民法院强制执行。

第三十九条 城管部门应当建立城市道路巡视检查制度,明确路政管理人员职责,组织人员进行日常巡查,发现违法行为应当及时予以制止,并移交集中行使城市管理行政处罚权的行政执法机关依法处罚。

路政管理人员发现影响道路安全的情形,应当采取相应的防护措施,并按照有关规定报告。

第二节 城市道路占用管理

第四十条 任何单位和个人不得擅自占用城市道路。

确需临时占用城市道路的,应当经城管部门批准,领取《临时占用道路许可证》后方可占用。临时占用城市道路影响交通安全的,还应当征得公安交通管理部门的同意。

占用位于道里区、道外区、南岗区、香坊区的快速路、主干路的,应当经市城管部门批准;占用其他城市道路的,应当经所在区城管部门批准。全市统一规划设置的经营性占道的,应当经市城管部门批准。

申请临时占用城市道路的,应当提供下列材料:

(一)临时占用城市道路申请;

(二)建设工程规划许可证;

(三)占用城市道路示意图;

(四)施工作业组织方案。

申请单位提交的申请材料齐全的,城管部门应当在收到材料二个工作日内完成审批,情况复杂的在五个工作日内完成审批。

第四十一条 下列情形城管部门不得批准临时占用城市道路:

(一)占用快速路、主干路和距主干路道路红线十米以内设置除公益设施以外经营性设施的;

(二)占压盲道、地下管线检查井的;

(三)占道设施预留人行通道宽度少于1.5米的;

（四）占道设施高度与周围建筑物门窗间距少于1∶1.5比例的；

（五）建设永久性围挡设施的；

（六）搭建门斗、阳台的；

（七）其他不得占用行为。

第四十二条　经批准临时占用城市道路的，占道单位或者个人应当按照批准的位置、面积、结构、期限和用途占用。

临时占用城市道路期限最长为一年。占用期满后需要继续占用的，占道单位或者个人应当在期满前一个月重新办理审批手续。

占用期满后，占道单位或者个人应当及时清理占用现场，恢复城市道路的原状。

第四十三条　建筑工地施工占用城市道路的，建设单位按照规定办理批准手续。设置实体围挡，对建筑工地周边城市道路和其他公共设施进行有效防护，及时修复因施工损坏的城市道路和其他公共设施。

经批准建筑工地施工需要临时封闭城市道路的，施工单位应当向社会进行公告。因工程未竣工需要延期封闭城市道路的，应当办理延期审批并重新公示。

工程竣工后，建设单位应当及时拆除占道围挡、暂设房等临时占道设施，清除现场物料，修复因施工损坏的城市道路和其他公共设施，铺装新建建筑物临街的裸露地面，并由城管部门组织验收。

第四十四条　市人民政府应当严格控制占用城市道路作为集贸市场。确需占用城市道路作为集贸市场的，应当经市人民政府批准。

市城管部门应当会同市城乡规划、公安交通管理、工商等部门组织编制临时占道的书报亭(摊)、早餐亭、冷饮摊点、自动售货机、治安亭、信息亭等公共服务设施的临时占道规划和设置规范。市、区城管部门依据临时占道规划和设置规范，进行设置审批和日常监管。

第三节　城市道路挖掘管理

第四十五条　任何单位和个人不得擅自挖掘城市道路(包括改变道路结构)。

需要挖掘城市道路的，应当经城管部门批准，领取《挖掘道路许可证》后方可挖掘；挖掘城市道路影响交通安全的，还应当征得公安交通管理部门的同意。

挖掘位于道里区、道外区、南岗区、香坊区的快速路、主干路的，应当经市城管部门批准；挖掘其他城市道路的，应当经所在区城管部门批准。

第四十六条　需要挖掘城市道路的单位应当向市城管部门申报挖掘城市道路年度计划。除特殊情况外，未纳入挖掘城市道路年度计划的，不得挖掘城市道路。

市城管部门应当根据申报单位提出的挖掘城市道路年度计划,会同城乡建设、城乡规划、公安交通等行政主管部门共同研究编制挖掘城市道路计划。各有关行政主管部门和挖道单位,应当严格执行挖掘城市道路计划。

第四十七条 申请挖掘城市道路的,应当提供下列材料:

(一)挖掘城市道路申请;

(二)年度挖道计划;

(三)上级主管部门批准的工程计划文件;

(四)建设工程规划许可证;

(五)各地下管线设施管护责任单位和其他障碍物主管单位的会签文件;

(六)施工作业图纸和具体施工方案;

(七)文明施工方案。

申请单位提交的申请材料齐全的,城管部门应当在收到材料二个工作日内完成审批,情况复杂的在五个工作日内完成审批。

第四十八条 下列情形不得挖掘城市道路:

(一)建设的城市道路交付使用后五年内;

(二)大修的城市道路竣工三年内;

(三)在当年十月二十日至次年四月二十日城市道路禁挖期内;

(四)同一道路地下相同管线建设竣工后未满三年的;

(五)挖道单位违反挖掘城市道路规定,经查处未整改的;

(六)法律、法规规定其他不得挖掘城市道路的情形。

特殊情况确需挖掘城市道路,属于前款(一)、(二)项规定的,应当经市城管部门审查后,报市人民政府批准,加收二倍挖掘城市道路修复费;属于前款(三)项规定的,经城管部门审批后,加收一倍挖掘城市道路修复费。

第四十九条 城市地下管线发生故障需要紧急抢修的,可以先行挖掘道路抢修,同时通知城管部门和公安交通管理部门,并在二日内持地下管线设施主管部门的证明,按照规定补办批准手续。属于本条例第五十一条第一款(一)、(二)项规定的,只收取一次挖掘城市道路修复费;在禁挖期内抢修的,加收一倍挖掘城市道路修复费。

第五十条 挖掘城市道路的施工单位应当按照批准的位置、面积、时限挖掘城市道路。

第五十一条 挖掘城市道路应当遵守下列规定:

(一)分段挖掘、分段施工,除经批准的特殊情况外,每段挖掘长度不得超过一百米;

(二)应当先割后挖,确需使用机械挖掘的,经城管部门认定后实施;

（三）挖掘车行道路面宽度不得小于七十厘米；

（四）开挖断面严禁上窄下宽；

（五）道路结构修复时应当满足其使用功能和结构安全。

第五十二条　地下管线设置时，具备条件的应当采用非挖掘路面施工方法。

横过街挖掘城市道路应当采取非开挖路面施工方法。因地下情况复杂需要开挖路面，具备夜间施工条件的应当采取夜间施工方法，并按照规定时限恢复道路交通。

建设单位采取非开挖路面施工方法的，应当提报施工组织设计，经城管部门审定，缴纳道路安全保证金后方可施工。二年后，城市道路未发生结构变形、塌陷等问题的，返还道路安全保证金。

第五十三条　挖掘城市道路施工现场，应当设置规范的封闭围挡设施、安全警示标志和统一监制的公告牌。

挖道施工材料应当按照批准的位置堆放，弃土及时外运，日产日清，保证道路畅通。

第五十四条　挖掘城市道路沟槽回填和路面修复，由专业道路养护维修单位负责实施。

第五十五条　地下管线设置完工后，主、次干道横向挖掘的，应当在当日回填修复；主、次干道纵向挖掘和支路横向挖掘的，应当在三日内回填修复；支路纵向挖掘的，应当在五日内回填修复；采取特殊工艺回填修复的，应当按照城管部门认定的时限回填修复。

第五章　桥梁安全管理

第五十六条　市城管部门应当按照国家有关规定和本市桥梁的具体技术特点、结构安全条件等情况，划定城市桥梁安全保护区域范围，经市人民政府批准后，公布实施。

第五十七条　在城市桥梁安全保护区范围内禁止下列行为：

（一）从事采砂、取土、爆破等危及城市桥梁安全的作业或者活动；

（二）堆放、储存易燃易爆或者其他危险物品；

（三）在桥梁上垂钓、堆放物品以及在桥梁护栏上拴绳挂物等；

（四）其他危及城市桥梁安全的行为。

第五十八条　市城管部门应当严格控制桥下空间占用行为，合理利用桥下空间资源，适当设置桥下空间的封闭围挡设施。

有关单位和个人应当严格按照市城管部门批准的用途使用桥下空间。

第五十九条　在城市桥梁安全保护区域内从事河道疏浚、挖掘、打桩、地下管道顶进等作业的，施工单位应当制定安全保护措施，并与城管部门签订城市桥梁安全保护协议后,方可施工。

第六十条 依附城市桥梁及其附属设施架设管线的,应当经市城管部门批准,领取《桥梁架设市政管线许可证》后,方可施工和占用,并按照规定标准缴纳费用。在桥梁扩建、改建、维修时,管线所属单位应当按照规定时限自行拆除;逾期不拆除的,依法强制拆除。

第六十一条 市城管部门应当建立、健全城市桥梁安全检测评估制度,定期组织专业检测机构对城市桥梁的安全检测评估。

经安全检测评估,城市桥梁承载能力下降,但尚未构成危桥的,城市桥梁养护单位应当及时变更承载能力标志,进行维修和加固。

经安全检测评估认定危桥的,城市桥梁养护单位应当及时采取措施,设立安全警示标志、实施封桥等紧急措施,防止事故的发生。实施封桥措施的应当事先通知公安交通管理部门。

城市桥梁遭遇自然灾害或者人为事故,造成结构隐患时,城市桥梁养护单位应当进行专项安全检测评估,并迅速组织抢修。

第六章 法律责任

第六十二条 违反本条例规定,施工单位未按照规定缴纳工程保证金的,由城乡建设行政主管部门责令改正,并处以一万元以上二万元以下的罚款。

第六十三条 违反本条例规定,建设单位未按时申报或者未完成城市道路建管交接的,由市城乡建设行政主管部门责令限期改正,逾期拒不改正的处以十万元以上二十万元以下的罚款。

第六十四条 违反本条例规定,道路建设工程未依法领取施工许可证擅自施工的,由市建设行政主管部门责令停止施工,限期改正,对建设单位处以工程合同价款的百分之一以上百分之二以下的罚款;对施工单位处以五千元以上三万元以下的罚款。

第六十五条 违反本条例规定,有下列情形之一的,由集中行使城市管理行政处罚权的行政执法机关按照下列规定处罚:

(一)井盖丢失未在六个小时内补齐,检查井破损未在二十四个小时内修复的,责令限期改正,对管护责任单位处以五百元以上一千元以下的罚款。

(二)在城市道路范围内搅拌水泥砂浆及其他拌合物、打砸硬物、排放污染腐蚀物、冲洗车辆的,责令限期改正,并处以二百元以上三千元以下的罚款。

(三)在城市道路范围内从事生产、维修、加工活动的,移动、损毁道路设施的,责令限期改正,并处以五千元以上一万元以下的罚款。

（四）机动车违反规定占压人行道的，责令停止违法行为，并处以一百元的罚款。

（五）履带车、铁轮车或者运载不可解体货物的超重、超高、超长车通过城市道路未采取安全防护措施的，处以一千元以上五千元以下的罚款。

（六）未经批准占用城市道路的，予以现场查封，责令限期自行清除，逾期不清除的，强制清除，并处以五百元以上三千元以下的罚款。

（七）未按照批准的位置、面积、时限占用城市道路的，责令限期改正，并处以五百元以上一千元以下的罚款。

（八）未按照批准的结构、用途占用城市道路的，责令限期改正，并处以五千元以上一万元以下的罚款。

（九）占用城市道路建筑施工未按照规定围挡、对建筑工地周边城市道路和其他公共设施未进行有效防护的，责令限期改正，并处以一千元以上五千元以下的罚款。

（十）建筑工程竣工后，未按照规定清除现场、修复因施工损坏的道路和其他市政公用设施、铺装新建建筑物临街裸露地面的，责令限期改正，并按每平方米一百元以上五百元以下处以罚款。

（十一）未经批准挖掘城市道路的，责令限期补办手续，并按挖道修复费五倍以上十倍以下处以罚款；逾期不补办手续的，强制回填道路。

（十二）紧急抢修城市地下管线未按照规定补办挖掘道路批准手续的，责令限期补办手续，并处以一千元以上三千元以下的罚款。

（十三）未按照批准的位置、面积、时限挖掘城市道路的，责令限期改正，并处以一千元以上三千元以下的罚款。

（十四）挖掘城市道路现场未设封闭围挡设施、安全警示标志和公告牌，挖道施工材料未按照批准位置堆放，弃土清运未日产日清，影响通道畅通的，责令限期改正，并处以一千元以上五千元以下的罚款。

第六十六条　违反本条例规定，有下列情形之一的，由集中行使城市管理行政处罚权的行政执法机关责令限期改正；逾期未改正的，可以暂扣施工设备和工具，并对挖道单位处以一千元以上五千元以下的罚款：

（一）挖掘城市道路未分段挖掘、分段施工的。

（二）挖掘城市道路未先割后挖的。

第六十七条　违反本条例规定，在城市桥梁安全保护区范围内有下列情形之一的，由集中行使城市管理行政处罚权的行政执法机关责令限期改正，并处以一千元以上五千元以下的罚款：

（一）从事采砂、取土、爆破等危及城市桥梁安全的作业或者活动。

（二）堆放、储存易燃易爆或者其他危险物品。

（三）在桥梁上堆放物品以及在桥梁护栏上拴绳挂物等。

（四）其他危及城市桥梁安全的行为。

第六十八条 违反本条例规定，未经批准擅自在城市桥梁及其附属设施上架设管线的，由集中行使城市管理行政处罚权的行政执法机关责令其停止违法行为，并处以五千元以上二万元以下的罚款；造成桥梁设施损坏的，应当依法承担赔偿责任。

第六十九条 违反本条例其他规定的，由有关行政管理部门依据相关法律、法规进行处罚。

第七十条 集中行使城市管理行政处罚权的行政执法机关依照本条例作出处罚决定，涉及责令限期改正、自行清除、补办手续的，应当在处罚决定中载明具体期限；对城管部门在书面抄告事项中载明已作出责令限期改正、自行清除、补办手续而当事人逾期拒不执行的，应当直接作出处罚。

第七十一条 有关行政管理部门、管理机构及其工作人员违反本条例规定，不履行法定职责、玩忽职守、滥用职权、徇私舞弊的，由具有行政处分权的部门责令改正；情节严重的，对主管人员和其他直接责任人员依法给予行政处分。

第七章 附 则

第七十二条 县（市）城区内的城市道路管理，可以参照本条例执行。

第七十三条 本条例自 2011 年 6 月 1 日起施行。市人大常委会 1996 年 11 月 18 日发布，1996 年 12 月 1 日施行的《哈尔滨市城市道路管理条例》同时废止。

哈尔滨市地名管理条例

(1995 年 12 月 22 日哈尔滨市第十届人民代表大会常务委员会第十九次会议通过,1996 年 2 月 9 日黑龙江省第八届人民代表大会常务委员会第二十次会议批准　根据 1997 年 8 月 24 日哈尔滨市第十届人民代表大会常务委员会第三十四次会议通过、1997 年 10 月 20 日黑龙江省第八届人民代表大会常务委员会第三十次会议批准的《关于修改〈哈尔滨市园林绿化管理条例〉等二十三部地方性法规的决定》修正　根据 2004 年 12 月 24 日哈尔滨市第十二届人民代表大会常务委员会第十三次会议通过　2005 年 4 月 8 日黑龙江省第十届人民代表大会常务委员会第十四次会议批准的《关于修改〈哈尔滨市地名管理条例〉等十部地方性法规的决定》二次修正　根据 2010 年 11 月 29 日哈尔滨市第十三届人民代表大会常务委员会第二十六次会议通过　2010 年 12 月 17 日黑龙江省第十一届人民代表大会常务委员会第二十二次会议批准的《关于修改〈哈尔滨市林地林木管理条例〉等 12 部地方性法规的决定》三次修正　根据 2014 年 4 月 28 日哈尔滨市第十四届人民代表大会常务委员会第十四次会议通过　2014 年 6 月 13 日黑龙江省第十二届人民代表大会常务委员会第十一次会议批准的《关于修改〈哈尔滨市历史文化名城保护条例〉等十二部地方性法规的决定》四次修正)

第一章　总　　则

第一条　为加强对地名的管理,适应社会主义现代化建设和对外交往的需要,根据国务院《地名管理条例》和有关规定,结合我市情况,制定本条例。

第二条　本条例适用于本市行政区域内的地名管理。

第三条　本条例所称地名是指:

(一)市、区、县(含县级市,下同)、乡(含镇,下同)、街道办事处等行政区划名称;

（二）居民住宅小区和街路、巷、胡同、广场、村、屯、临时性居民点、农牧点等居民地名称；

（三）山、江、河、湖、沟、湾、泉、滩涂、洲、岛、平原、地域等自然地理实体名称；

（四）具有地名意义的铁路、公路、隧道、桥梁、码头、渡口、闸坝、涵洞、水库及房屋等人工建筑物名称；

（五）专业部门使用的台、站、港、场及开发区、风景区、游览地、自然保护区、纪念碑（塔）、古遗址、名胜古迹等具有地名意义的名称；

（六）具有地名意义的企事业单位和其它经济组织的名称。

第四条 地名管理应当从地名的历史和现状出发，保持地名的相对稳定，实现地名标准化和译写规范化。

第五条 市民政部门是地名管理的行政主管部门，负责本条例的组织实施。

政府有关部门和邮政、电信等部门应当按照各自的职责，配合民政部门做好地名管理工作。

第二章　地名的命名、更名、废名与审批

第六条 地名的命名，应当遵守下列规定：

（一）反映当地历史、文化、民族、地理和经济特征；

（二）一般不以人名作地名，禁止用国家领导人的名字命名地名；

（三）用字准确、规范，不用生僻字和字形字音容易混淆或者容易产生歧义的字；

（四）同一市、县内的乡名称，同一乡内的村、屯名称，同一城镇内的街路、巷、胡同、广场名称，不准重名，不准同名异写或者异名同音；

（五）以现行地名命名的行政区划名称、具有地名意义的企事业单位和其它经济组织的名称及专业部门使用的具有地名意义的名称，应当与当地标准地名相一致。

第七条 地名的更名，应当遵守下列规定：

（一）凡有损于我国领土主权和民族尊严的，带有民族歧视性质和妨碍民族团结的，带有侮辱性质和字义庸俗的，以及其他违背国家方针、政策的地名，必须更名；

（二）不符合本条例第六条第（三）、（四）、（五）项规定的地名，应当更名；

（三）一地多名、一名多写的，应当确定一个统一的名称和用字。

第八条 由于行政区划变更和城区改造消失的地名，应当予以废名。

第九条 地名的命名、更名、废名，应当按照国家、省有关规定履行相关

手续。任何单位和个人不得擅自命名、更名、废名。

第十条　经批准命名、更名、废名的地名，由市或者县民政部门统一公布。

第三章　标准地名的使用

第十一条　经批准的地名，为标准地名。在下列范围内使用现行地名时，应当与标准地名相一致：

（一）对外签订的协定和涉外文件；

（二）政府及所属部门发布的文告、文件；

（三）报刊、广播、电视和有关书籍；

（四）其他标有现行地名的各类商标、牌匾、广告、印信和公共交通站牌等。

本条例施行前已经工商部门核准注册的商标中使用的地名和以地名作为字号的企业名称与标准地名不一致的，可暂予保留，限期改正。

第十二条　在本条例第十一条所列范围内书写标准地名，应当遵守下列规定：

（一）用汉字书写地名，应当使用国家确定的规范汉字；

（二）用汉字译写少数民族语地名和外国地名，应当执行国家规定的译写规则；

（三）用汉语拼音字母拼写中国地名，应当以《汉语拼音方案》为统一规范，按照国家的有关规定执行。

第十三条　民政部门编排的门牌号为标准门牌号，实行注册登记制度。任何单位和个人，不准擅自编排和使用非标准门牌号。

第十四条　有关部门、单位出版本行政区域的地图，应当使用由市或者县民政部门统一公布的标准地名。

第四章　地名标志的设置和管理

第十五条　地名标志是由政府确认标示地名的牌、碑、匾等法定标志物。

第十六条　地名标志的设置、管理和经费来源：

（一）市区的街路牌、巷牌、胡同牌、广场牌，由市民政部门负责设置和管理，所需经费由同级财政承担；

（二）市区的楼牌、门牌、乡（镇）牌、村牌、屯牌，由区民政部门负责设置和管理，所需经费由同级财政承担；

（三）县（市）的街路牌、巷牌、胡同牌、广场牌、楼牌、门牌、乡（镇）牌、村牌、屯牌，由县（市）民政部门负责设置和管理，所需经费由同级财政承担；

（四）其它地名标志,由使用单位或者主管部门负责设置、管理并承担所需经费。

第十七条 设置地名标志应当统一标准,做到美观、大方、醒目。

第十八条 任何单位和个人不准有下列行为:

（一）涂改、玷污和遮挡地名标志;

（二）在地名标志上悬挂各类物品;

（三）毁坏或者擅自移动地名标志。

因施工等原因需要移动地名标志的,应当按照地名标志管理的分工报批。

第五章 地名档案的管理

第十九条 地名档案工作由市民政部门统一指导,各级民政部门分级管理,在业务上接受同级档案管理部门的监督、指导。

第二十条 地名档案按照国家和省的有关规定进行管理,并经常补充地名资料,保持地名档案资料的现实性、实用性。

第二十一条 地名档案管理应当贯彻国家的保密规定,积极开展地名信息咨询,为社会服务。

第六章 管理职责

第二十二条 民政部门管理地名工作的职责:

（一）贯彻执行有关地名工作的法律、法规;

（二）制定地名工作规划并组织实施;

（三）承办地名命名、更名、废名工作;

（四）监督、检查标准地名的使用;

（五）组织地名标志的设置;

（六）调查、搜集、整理、审定和储存地名资料,管理并完善地名档案;

（七）编辑、出版地名书刊;

（八）开展地名学研究和地名咨询服务活动;

（九）负责查处违反本条例的行为。

第二十三条 地名管理人员应当认真履行职责,依法管理,不准利用职权徇私舞弊。

第七章 法律责任

第二十四条 违反本条例规定的,由民政部门按照下列规定处罚:

（一）违反本条例第七条规定的,责令限期改正,逾期不改正的,处以一千元以上三千元以下的罚款;

（二）违反本条例第九条规定的,责令补办手续或者停止使用,并处以五百元以上一千元以下的罚款;

（三）违反本条例第十一条第（一）、（二）项、第十二条规定的,责令限期改正,对直接责任人处以二十元以上一百元以下的罚款;

（四）违反本条例第十一条第（三）、（四）项规定的,责令限期改正,逾期不改正的,处以一千元以上二千元以下的罚款;

（五）违反本条例第十三条第二款规定的,责令停止使用,并处以五十元以上二百元以下的罚款;

（六）违反本条例第十四条规定使用非标准地名的,责令其销毁出版物,并处以销售额一倍以上三倍以下的罚款;

（七）违反本条例第十八条规定的,责令限期改正,并可处以五十元以上一百元以下的罚款,造成损坏的,责令赔偿。

第二十五条　违反本条例第二十三条规定的,按照管理权限和审批程序给予行政处分;构成犯罪的,依法追究刑事责任。

第八章　附　　则

第二十六条　本条例自 1996 年 6 月 1 日起施行。市人民政府 1988 年 9 月 14 日发布的《哈尔滨市地名管理办法》同时废止。

哈尔滨市养犬管理条例

(2011 年 7 月 21 日哈尔滨市第十三届人民代表大会常务委员会第三十次会议通过　2011 年 10 月 20 日黑龙江省第十一届人民代表大会常务委员会第二十八次会议批准　根据 2014 年 4 月 28 日哈尔滨市第十四届人民代表大会常务委员会第十四次会议通过　2014 年 6 月 13 日黑龙江省第十二届人民代表大会常务委员会第十一次会议批准的《关于修改〈哈尔滨市历史文化名城保护条例〉等十二部地方性法规的决定》修正)

第一章　总　则

第一条　为加强养犬管理,规范养犬行为,保障公民人身安全和健康,维护市容环境和社会公共秩序,建设文明和谐城市,根据国家有关法律、法规,结合本市实际,制定本条例。

第二条　哈尔滨市城市建成区、县(市)人民政府所在地镇的犬只饲养及相关管理活动,适用本条例。

军用、警用及动物园、科研机构等因特定工作需要饲养犬只的管理,按照有关法律、法规的规定执行。

第三条　养犬管理应当遵循管理与服务相结合,政府监管与社会监督相结合,教育引导与养犬人自律相结合的原则。

第四条　市、区、县(市)人民政府应当建立由公安、畜牧兽医、城管行政执法、工商、卫生、财政、价格等部门参加的养犬管理协调工作机制,组织协调本辖区内的养犬管理工作。

第五条　市公安机关负责本条例的具体实施。

区、县(市)公安机关按照管理权限,负责本辖区内的养犬管理工作。

公安机关可以委托符合法律、法规规定条件的组织实施养犬管理的具体事务。

其他行政管理部门应当按照各自的职责,共同做好养犬管理工作。

第六条　养犬人应当依法养犬,不得损害社会公共利益和他人合法权益。

单位和个人对于违法养犬行为,有权进行劝阻、举报和投诉。

第二章　管理与监督

第七条　公安机关履行下列职责：

(一)办理养犬登记；

(二)建立养犬信息化管理系统,为公众提供养犬信息服务；

(三)巡查、处理违法养犬行为；

(四)处理犬只扰民、伤人引起的治安案件；

(五)公布举报、投诉电话,受理对违法养犬行为的举报、投诉,并告知处理结果；

(六)收留、处理养犬人送交的犬只和流浪犬只；

(七)捕杀狂犬；

(八)其他依法应当履行的职责。

第八条　畜牧兽医行政管理部门履行下列职责：

(一)对犬只进行免疫,建立犬只免疫档案；

(二)建立犬只疫情监测网络,对狂犬病进行预防和控制；

(三)对犬只尸体的无害化处理实施监督；

(四)其他依法应当履行的职责。

第九条　城管行政执法部门履行下列职责：

(一)查处养犬影响市容环境卫生的行为；

(二)收缴占道售犬设施；

(三)其他依法应当履行的职责。

第十条　工商行政管理部门负责办理犬只交易市场、犬只经营者工商登记,监督犬只交易市场的经营活动。

第十一条　卫生行政管理部门负责人间狂犬病疫情监控、人间狂犬病防治知识宣传和人用狂犬疫苗预防接种的管理。

第十二条　价格、财政行政管理部门依法对与养犬有关的服务收费事项进行监督管理。

第十三条　相关基层人民政府和街道办事处应当配合有关部门做好养犬管理工作。

第十四条　社区居民委员会应当协助有关行政管理部门开展依法养犬、文明养犬的宣传教育,调解因养犬行为引起的纠纷。

社区居民委员会、业主委员会可以组织制定养犬公约,开展文明养犬评比活动。

物业服务企业在本居住区内开展依法养犬、文明养犬宣传,引导、督促养犬人遵守养犬的行为规范。

第十五条　养犬协会等社会团体和组织应当协助有关行政管理部门做

好养犬管理工作,开展文明养犬宣传,引导养犬人自觉遵守养犬管理法律、法规。

第十六条 广播、电视、报纸等新闻媒体,应当做好养犬管理法律、法规及养犬知识的宣传教育工作。

第三章 免疫与登记

第十七条 养犬实行免疫、登记和年检制度。

逐步实现养犬的免疫、登记、年检在同一场所办理。

第十八条 养犬人应当按期到动物疫病预防控制机构或者其委托的动物诊疗机构为犬只注射狂犬病疫苗,领取犬只免疫证明。

初生幼犬三月龄时进行狂犬病初次免疫,十二月龄时进行第二次免疫,以后每年免疫一次;其它疫病的免疫按照有关规定处理。

第十九条 居民养犬,每户限养一只,禁止饲养烈性犬。除因导盲、扶助等需要外,禁止饲养大型犬。

烈性犬、大型犬品种的目录,由市公安机关会同市畜牧兽医行政管理部门确定,并向社会公布。

第二十条 居民养犬应当具备下列条件:

(一)有完全民事行为能力;

(二)有固定的居住场所,且独户居住。

第二十一条 居民养犬应当携犬到住所地公安机关办理养犬登记,同时提交下列材料:

(一)养犬人身份证明;

(二)房产、房屋租赁等居住场所证明;

(三)犬只免疫证明。

因导盲、扶助等需要饲养大型犬的,还应当提交残疾证明。

第二十二条 单位确因需要饲养护卫犬只的,应当具备下列条件:

(一)有独立承担民事责任的主体资格;

(二)饲养地不在对外办公或者经营场所及居民区;

(三)有确定的犬只管养人员;

(四)有犬笼、犬舍等圈养设施;

(五)有健全的养犬安全管理制度。

第二十三条 单位饲养护卫犬只,应当持下列材料到所在地公安机关办理养犬登记:

(一)单位主体资格证明,法定代表人或者负责人的身份证明;

(二)养犬登记申请;

(三)犬只免疫证明;

（四）养犬安全管理制度。

单位养犬登记，实行一犬一证。

第二十四条　单位不得将饲养的犬只转让给居民，居民不得将饲养的犬只挂靠在单位名下。

第二十五条　公安机关受理居民养犬申请，应当在三个工作日内决定是否予以登记。

公安机关受理单位养犬申请，应当对养犬的必要性及拟养犬只的品种及数量认真审查，在五个工作日内决定是否予以登记。

公安机关应当为准予登记的犬只植入电子身份标识，发放养犬登记证书和犬牌。对不予登记的，应当书面告知理由。

第二十六条　养犬人应当于养犬登记证书期满前三十日内，携带犬只、养犬登记证书和犬只免疫证明到公安机关进行年度审验。

第二十七条　公安机关应当建立养犬登记电子档案，登载下列内容：

（一）养犬人的姓名或者单位名称、住所以及联系方式；

（二）犬只照片；

（三）犬只的品种、主要体貌特征；

（四）初始登记时间；

（五）养犬登记证书变更、补发、注销等情况；

（六）年度审验情况；

（七）免疫时间；

（八）违法养犬和犬只伤人记录。

第二十八条　养犬人住所或者联系方式变动的，应当自变动之日起三十日内到公安机关办理变更登记。

养犬人变更的，应当自变更之日起三十日内到公安机关办理变更登记。

第二十九条　养犬人在狂犬病免疫有效期届满后超过十日仍未对犬只进行免疫的，由公安机关注销养犬登记。

已登记犬只死亡或者失踪的，养犬人应当自所养犬只死亡或者失踪之日起三十日内办理注销登记。

养犬人放弃饲养犬只且无法自行安置的，应当自犬只送交留检机构之日起三十日内办理注销登记。

第三十条　犬只免疫证明由市畜牧兽医行政管理部门统一印制，养犬登记证书、犬牌、犬的电子身份标识，由市公安机关统一订制。

养犬登记证书、犬牌或者犬只电子身份标识遗失、损毁的，养犬人应当及时到公安机关补办或者补植。

第三十一条　养犬人应当按照年度缴纳管理服务费，第一年每只缴费三百元，以后每年缴费二百元。

管理服务费应当用于犬只的免疫、电子身份标识制作、伤人责任保险、尸体无害化处理及留检机构建设等项服务。

管理服务费的收费标准需要调整时,由市人民政府依法办理。

第三十二条 盲人饲养导盲犬、肢体重残人饲养扶助犬、享受低保待遇的鳏寡孤独老人养犬,免缴管理服务费;非营利性犬只救助组织收养流浪犬、遗弃犬的,收养期间免缴管理服务费。

养犬人对饲养的犬只实施绝育的,凭绝育手术证明,减半收取管理服务费。

犬只死亡,养犬人再次养犬,提交犬只尸体无害化处理证明的,减半缴纳初次管理服务费。

第三十三条 管理服务费由公安机关统一收取,集中上缴财政,实行收支两条线管理,专款专用。

管理服务费的收取和使用情况应当定期向社会公布。

第四章 养犬行为规范

第三十四条 养犬人应当依法养犬、文明养犬,训练犬只养成良好的行为习惯,不得因养犬干扰他人正常生活、影响公共秩序与安全或者破坏公共环境卫生。

养犬人应当妥善饲养犬只,避免疾病传播,不得遗弃、虐待或者擅自处死犬只,不得组织、参与"斗犬"等可能伤害犬只的活动。

第三十五条 养犬人在住所内饲养犬只,应当有效控制犬只吠叫。

禁止利用敞开式阳台饲养犬只。

禁止在公共楼道等建筑物的共有区域搭设犬舍、放置犬笼和其他养犬器具,以及实施为犬只梳理毛发、洗澡等行为。

第三十六条 犬只外出活动时,应当由具有完全民事行为能力的人牵领或者携带,并遵守下列规定:

(一)为犬只挂犬牌;

(二)用犬绳牵领犬只,犬绳长度不得超过2米;

(三)在公共楼道、电梯及其他拥挤场合为犬只戴嘴套或者怀抱;

(四)不得携犬与他人争道抢行,主动避让行人尤其是老年人、残疾人、孕妇和儿童;

(五)有效制止犬只追咬行人、持续吠叫或者在人员聚集处追逐嬉闹;

(六)及时清理犬只的排泄物;

(七)不得乘坐公共汽车、电车、轮渡等公共交通工具,乘坐出租汽车的,应当征得驾驶人员同意。

第三十七条 禁止携犬进入下列区域:

（一）机关、企业事业单位办公区；

（二）学校教学区、食宿区，学前教育机构，医院，少年儿童聚集、活动的场所；

（三）影剧院、图书馆、博物馆、美术馆、体育场馆等公众文化娱乐场所；

（四）宾馆、饭店、商店；

（五）候车（船、机）厅等公共场所，但符合有关规定的除外；

（六）中央大街等步行街、休闲体育广场、绿化地带和公园。

除前款规定外，其他单位和个人有权决定其经营或者管理的场所禁止携带犬只进入。

禁止携犬进入的区域，应当设置明显的禁入标志。

第三十八条　本条例第三十六条第（七）项、第三十七条不适用于饲养导盲犬的盲人和饲养扶助犬的肢体重残人。

第三十九条　公安机关可以会同有关行政管理部门划定犬只户外活动公共区域，限定遛犬时间。

第四十条　下列犬只必须拴养或者圈养：

（一）单位饲养的犬只；

（二）需要隔离的病犬；

（三）种犬及待售犬；

（四）尚未进行免疫或者登记的犬只。

前款规定的犬只因免疫、诊疗等原因需要携带外出的，应当装入犬笼。

第四十一条　养犬人不得驱使或者放任犬只恐吓、伤害他人。

犬只伤害他人的，犬只饲养人或者管理人应当立即将受害人送到医疗卫生机构进行诊治，并先行垫付医疗费用。

第四十二条　养犬人未遵守犬只外出规定，致使犬只因交通事故伤亡的，由养犬人自行承担损失。

第四十三条　携带外地犬只进入哈尔滨市城市建成区、县（市）人民政府所在地镇的，应当携带养犬登记证书；未办理养犬登记的，应当到有关部门办理犬只免疫证明。

第四十四条　禁止从事经营性犬只养殖活动，以及在居民生活区内开设犬只销售、展览、表演等场所。

交易犬只应当在依法设立的专门交易场所进行，不得流动售犬或者占道售犬。

第四十五条　从事犬只销售、培训、展览、表演等经营活动，应当符合《中华人民共和国动物防疫法》、《黑龙江省动物防疫条例》规定的条件，依法办理相关许可、登记、证明，并向经营场所地的区、县（市）公安机关备案。

第五章　留检与处理

第四十六条　公安机关设立犬只留检机构,收留流浪犬只,养犬人送交的犬只,以及依法留置或者没收的犬只。动物卫生监督机构应当配合公安机关及时对留检的犬只进行检疫。

公安机关可以委托民间犬只救助机构对犬只进行收留和处理。

支持和鼓励民间犬只救助机构从事犬只救助活动;犬只救助机构不得从事犬只经营活动。

第四十七条　养犬人应当妥善处理下列犬只;无法自行处置的,应当将犬只送交留检机构:

(一)放弃饲养的;

(二)超过限养数量的;

(三)不符合条件无法办理养犬登记的。

第四十八条　经依法登记的流浪犬只,留检机构应当自犬只被收留之日起三个工作日内通知养犬人认领;养犬人自接到通知之日起七日内未认领或者无法找到养犬人的,按无主犬只处理。

第四十九条　留检机构收留的没收犬只、养犬人送交的犬只和无主犬只,可以由符合条件的单位和个人认养;自收留之日起三十日内无人认养的,留检机构按照国家有关规定处理。

第五十条　留检机构和其他救助机构对收留的养犬人送交的犬只和无主犬只,应当建立接收和处理档案。对养犬人放弃饲养的,应当向弃养人出具犬只收留证明。

第五十一条　犬只伤害他人的,养犬人应当在二十四小时内将伤人犬只送到留检机构,由动物疫病预防控制机构进行传染病检验。

动物疫病预防控制机构应当将检验情况报送公安机关,由公安机关载入犬只登记电子档案。

第五十二条　任何单位和个人发现犬只患有或者疑似患有狂犬病、其他严重人畜共患传染性疫病的,应当及时向当地畜牧兽医行政管理部门、动物卫生监督机构报告。

发生狂犬病或者其他严重人畜共患传染性疫病时,畜牧兽医、卫生行政管理部门以及市、县(市)人民政府应当按照《中华人民共和国动物防疫法》、《中华人民共和国传染病防治法》、《中华人民共和国突发事件应对法》的有关规定,立即采取相关处理措施,控制疫情。

第五十三条　犬只死亡的,养犬人应当将犬只尸体及时送畜牧兽医部门指定的机构进行无害化处理,有关机构应当出具证明。

第六章　法律责任

第五十四条　公安机关和其他有关行政管理部门及其工作人员有下列行为之一的,由上级行政机关或者监察部门责令改正,并对直接负责的主管人员和其他直接责任人员依法给予行政处分:

(一)违反本条例规定办理养犬登记或者拖延不办的;

(二)对违法行为的举报、投诉不依法处理或者相互推诿的;

(三)违法实施行政处罚、行政强制措施或者其他执法行为,造成公共利益或者养犬人、利害关系人利益损失的;

(四)违法要求行政相对人作为或者不作为、谋取私利的;

(五)泄露举报人个人信息的;

(六)违反规定泄露养犬登记信息致使养犬人合法权益受到损害的。

公安机关和其他有关行政管理部门及其工作人员侵犯养犬人及其他利害关系人的合法权益,造成损失的,应当依法承担赔偿责任。

第五十五条　养犬人违反本条例规定未对犬只免疫的,由动物卫生监督机构责令改正,给予警告;拒不改正的,由动物卫生监督机构代作处理,所需处理费用由违法行为人承担,可以处一千元以下罚款。

第五十六条　养犬人违反本条例规定饲养烈性犬、大型犬的,由公安机关没收犬只。

第五十七条　未取得养犬登记证书或者未经年检养犬的,由公安机关扣留犬只,责令限期改正;逾期不改正的,没收犬只。

第五十八条　养犬人违反本条例规定未办理养犬登记变更的,由公安机关责令限期补办,逾期不补办的,处以一百元罚款。

第五十九条　养犬人违反本条例规定未及时清理犬只排泄物的,由城管行政执法部门责令清除,并处以一百元以上二百元以下罚款。

第六十条　养犬人违反本条例规定有下列行为之一的,由公安机关责令改正,对个人处以二百元罚款,对单位处以一千元罚款;情节严重的,可以并处没收犬只、吊销养犬登记证书:

(一)利用敞开式阳台饲养犬只或者在公共楼道等建筑物的共有区域搭设犬舍、放置犬笼和其他养犬器具的;

(二)未按规定用犬绳牵领犬只的;

(三)未按规定使用犬绳、嘴套或者怀抱的;

(四)携犬乘坐除出租车以外的公共交通工具的;

(五)携犬进入本条例规定的禁入区域的;

(六)违反本条例规定携犬外出的;

(七)单位将饲养的犬只转让给居民的;

（八）居民将饲养的犬只挂靠在单位名下的。

第六十一条 犬只伤人后,犬只饲养人或者管理人不立即将被伤害人送至医疗卫生机构诊治或者先行支付医疗费用的,由公安机关没收犬只,吊销养犬登记证书,对单位处以一千元以上五千元以下罚款,对个人处以五百元以上一千元以下罚款。

第六十二条 违反本条例规定未将伤人犬只送到留检机构留检的,由公安机关责令改正,拒不改正的,由公安机关将伤人犬只送到留检机构,对养犬人处以一千元罚款。

第六十三条 有下列情形之一的,由公安机关没收犬只,吊销养犬登记证书:

（一）犬只有两次伤人记录的;

（二）犬只一次伤害两人以上的;

（三）犬只致人重伤或者死亡的;

（四）养犬人有三次违法养犬记录的。

第六十四条 养犬人违反本条例规定有下列行为之一的,由公安机关依据《中华人民共和国治安管理处罚法》的规定处罚:

（一）饲养犬只干扰他人正常生活的;

（二）驱使、放任犬只恐吓他人的;

（三）伪造、变造、倒卖养犬登记证书的;

（四）抗拒、阻挠行政执法人员执行公务的。

第六十五条 养犬人违反本条例规定遗弃、虐待犬只的,由公安机关予以警告;情节严重的,收留犬只,吊销养犬登记证书,并处以一千元罚款。组织或者参与"斗犬"活动的,由公安机关没收犬只,吊销养犬登记证书,处以二千元罚款。

第六十六条 违反本条例规定流动售犬或者占道售犬的,由公安机关没收犬只,城管行政执法部门没收占道售犬设施,并由公安机关对违法人处以五百元以上一千元以下罚款。

第六十七条 违反本条例规定随意抛弃或者掩埋犬只尸体的,由公安机关处以一千元罚款。

第六十八条 养犬人违反本条例规定被公安机关给予没收犬只、吊销养犬登记证书处罚的,三年内不得再次申请养犬。

第七章 附 则

第六十九条 本条例实施前居民饲养的烈性犬、大型犬的处理办法,由市公安机关制定并公布。

第七十条 本条例自 2012 年 4 月 1 日起施行。1996 年 12 月 12 日市人大常委会公布的《哈尔滨市限制养犬规定》同时废止。

哈尔滨市少数民族权益保障条例

(1998年10月30日哈尔滨市第十一届人民代表大会常务委员会第六次会议通过 1998年12月12日黑龙江省第九届人民代表大会常务委员会第六次会议批准 根据2014年4月28日哈尔滨市第十四届人民代表大会常务委员会第十四次会议通过 2014年6月13日黑龙江省第十二届人民代表大会常务委员会第十一次会议批准的《关于修改〈哈尔滨市历史文化名城保护条例〉等十二部地方性法规的决定》修正)

第一章 总 则

第一条 为保障少数民族的合法权益,巩固和发展平等、团结、互助的社会主义民族关系,促进少数民族经济和各项事业发展,根据宪法和有关法律、法规,结合本市实际,制定本条例。

第二条 本条例所称的少数民族是指在本市行政区域内居住的,经国家正式认定的除汉族以外的各民族。

本条例所称的少数民族权益是指少数民族享有宪法和法律规定的权利,主要包括:民族平等权利;获得国家帮助发展经济、文化的权利;使用和发展本民族语言文字的自由;保持或者改革本民族风俗习惯的自由;宗教信仰自由等。

本市各机关、团体、企事业单位和公民均应当遵守、执行本条例。

第三条 市、区、县(市)人民政府应当把少数民族经济和社会事业发展列入当地国民经济和社会发展规划,并组织实施。

第四条 少数民族公民享有宪法、法律规定的权利,同时应当履行宪法和法律规定的义务。

本市各级国家机关应当经常对各民族公民进行爱国主义、社会主义、民主法制以及民族政策教育。

各民族公民应当互相尊重,互相学习,和睦相处,自觉维护国家统一和民族团结。

第五条 市民族事务行政主管部门负责组织实施本条例。

区、县(市)民族事务行政主管部门负责本辖区少数民族权益保障工作。

有关行政管理部门依据职责权限和本条例的规定,协同进行民族权益保障工作。

第二章　少数民族社会权益

第六条　市、区、县(市)和辖有少数民族聚居村的乡(镇)人民代表大会代表中,少数民族的代表,每一代表所代表的人口数可以少于当地人民代表大会每一代表所代表的人口数。民族乡(镇)人民代表大会中,少数民族代表名额比例应当不少于少数民族占全乡(镇)总人口数的比例。

市人民代表大会常务委员会和少数民族人口较多、辖有民族乡(镇)的区、县(市)人民代表大会常务委员会组成人员中,应当有少数民族成员。

第七条　本市各级国家机关应当重视少数民族干部的培养、选拔和使用,保证少数民族干部比例与少数民族人口比例相适应。

第八条　国家机关面向社会录用公务员时,在同等条件下,对少数民族应考人员应当优先录用。

有关部门和企事业单位对待业的少数民族公民,应当优先安排技能培训;对符合录用条件的,优先录用。

第九条　公民的民族成分依照国家有关规定确定。更改民族成分,依照国家及省的有关规定办理。

第十条　有关部门应当按照国家有关规定,加强少数民族文字的翻译、出版和语言文字教学研究工作。

少数民族公民有使用本民族语言文字进行诉讼的权利。对不通晓汉语言文字的少数民族诉讼参与人,司法机关应当为之提供翻译。

第十一条　少数民族公民受到侵害或者遭受歧视、侮辱时,可以向有关部门提出控告和申诉,有关部门应当及时调查,依法处理。

本市各级国家机关在处理涉及少数民族特殊问题时,应当充分听取少数民族群众的意见,并征询当地民族事务行政主管部门的意见,及时妥善处理。

第十二条　少数民族公民享有信仰或者不信仰宗教的自由。任何组织和个人不得强制少数民族公民信仰或者不信仰宗教,不得歧视信仰或者不信仰宗教的少数民族公民。

第十三条　新闻出版、文艺创作、影视等媒介,应当尊重少数民族的风俗习惯、宗教信仰,严禁在广播、影视、音像、报刊、文学艺术作品及其他活动中出现歧视、侮辱少数民族的语言、文字和图像。

第三章　少数民族经济

第十四条　市、区、县(市)在财政预算中,每年应当安排一定数额的城市民族贸易补助费和民族事业专项补助费。

民族事业专项补助费应当按少数民族人口人均一元以上额度安排,用于发展本地区的少数民族经济和各项事业。

第十五条　本市各级人民政府及有关部门应当采取措施,扶持民族经济的发展。

对外地来本市兴办企业和从事其他合法经营活动的少数民族公民,有关部门应当在经营场地、费用等方面给予照顾。

第十六条　民族乡(镇)的财政体制由上一级人民政府按照现行财政管理体制和优待民族乡(镇)的原则确定。

民族乡(镇)的上一级人民政府在编制财政预算时,应当给民族乡(镇)安排一定的机动财力。乡(镇)财政收入的超收部分和财政支出的节余部分,应当全部留给民族乡(镇)使用。对支大于收的民族乡(镇),应当采取定额补助或者定额递增补助的办法,递增的比例应当根据区、县(市)财力,由财政部门和民族乡(镇)研究确定;对财政收入比较稳定的民族乡(镇),应当保持财政体制相对稳定。

第十七条　银行信贷部门对城市民族企业生产经营和民族乡(镇)用于生产建设、资源开发、兴办企业等方面的贷款应当给予照顾。

第十八条　有关部门在安排使用扶贫资金、农业发展资金、科技兴农资金等专项经费时,应当充分考虑贫困民族乡(镇)、村的特殊需要。

区、县(市)人民政府及有关部门应当积极帮助民族乡(镇)加强交通、通讯、水利、电力等基础设施建设。

第十九条　在民族乡(镇)开发、利用各种资源的单位,应当按照有关规定照顾民族乡(镇)的利益。

第四章　少数民族文化、教育事业

第二十条　市、区、县(市)人民政府应当设立少数民族教育补助专款,并逐年增加对民族教育的投入,帮助民族学校改善办学条件,提高教育教学水平。

市教育行政管理部门应当设立民族教育管理机构,辖有民族乡(镇)的区、县(市)教育行政管理部门应当指定专人负责民族教育工作。

第二十一条　市属重点高中、中师、普通高中、职业高中和技工学校录取少数民族考生时,应当按照有关规定给予照顾。

第二十二条　对师范院校毕业的少数民族学生,有关部门应当优先分配给民族学校。

用民族语言授课的民族中小学师资不足时,有关部门应当从师范院校的外地少数民族毕业生中予以调配。

第二十三条 少数民族比较聚居的区、县(市)人民政府应当兴办少数民族幼儿园(所),并在经费、设施建设等方面给予优先照顾。

教育行政管理部门应当根据需要,兴办民族职业高中或者在普通职业高中设立民族班。

第二十四条 市和辖有民族乡(镇)的区、县(市)人民政府,应当有计划地在少数民族中开展科学技术普及和科技人员培训工作,组织和促进科学技术的交流与合作。

第二十五条 市、区、县(市)人民政府及有关部门应当重视少数民族文化设施建设,组织开展具有民族特点的文化艺术活动,发掘和继承少数民族优秀文化遗产。

第二十六条 市、区、县(市)人民政府应当采取措施,扶持少数民族医疗卫生事业发展,按照国家有关规定做好少数民族的计划生育工作,做好民族乡(镇)、村的地方病、传染病的防治工作。

有关部门应当优先保证民族医院对医疗卫生人员的需要。

第二十七条 有关部门应当有计划地组织少数民族开展具有民族特点的传统体育活动,扶持民族乡(镇)、村逐步建设和完善体育设施。

少数民族职工参加市、区、县(市)统一举办的少数民族传统节日活动,所在单位应当给予支持,工资照发。

第五章 少数民族风俗习惯

第二十八条 少数民族公民有保持或者改革自己风俗习惯的权利,任何单位和个人不得干涉。

第二十九条 本市各级人民政府应当把清真食品生产纳入规划,保证民族商业服务网点的合理布局。市、区、县(市)大型商场以及机场、火车站、客运码头等流动人口较多的场所,应当设立清真饮食服务点。

第三十条 清真饮食服务企业和食品生产、加工企业的主要负责人、采购员、保管员和主要操作者,应当由具有清真饮食习俗的少数民族职工担任。

清真食品的加工、储存、运输、销售等环节应当符合有关规定;店堂装饰、牌匾旗幌、字号名称等应当符合少数民族的风俗习惯。

清真饮食服务企业和食品生产、加工企业兼并或者被兼并时,不得随意改变其服务方向,确需改变服务方向的,必须征得当地民族事务行政主管部门同意。

　　第三十一条 具有清真饮食习俗的少数民族职工较多的单位,应当设立清真灶;不能设立清真灶的,应当按照国家和省的有关规定,发放清真饮食补助费。

　　第三十二条 申请生产、经营清真食品的单位和个人,应当按照国家和《黑龙江省清真食品生产经营管理条例》等关于申请清真食品标志的有关规定办理批准手续。

　　民族事务行政主管部门应当加强对清真食品生产、经营过程中涉及少数民族饮食习俗事务的监督管理工作;食品药品监督管理、畜牧兽医等相关部门应当依据各自职责,加强对清真食品生产、经营活动的监督管理工作。

　　第三十三条 畜牧兽医行政主管部门应当建设布局合理的牛羊清真屠宰点和检疫、销售清真牛羊肉的服务点,并设立明显标志。

　　任何单位和个人不得私自屠宰清真用牛羊、销售清真牛羊肉。

　　第三十四条 居住在城市具有清真饮食习惯的少数民族公民其配偶进城落户,有关部门应当给予照顾。

　　第三十五条 市、区、县(市)人民政府应当尊重回族等信仰伊斯兰教公民的丧葬习俗,应当合理安排公墓建设用地和资金,并做好管理工作。

　　允许土葬的少数民族公民,凡本人生前留有遗嘱或者家属自愿实行火化的,任何人不得干涉。

第六章　奖励与处罚

　　第三十六条 对在维护民族团结、发展少数民族经济和各项事业工作中做出突出成绩的单位和个人,市、区、县(市)人民政府应当给予表彰奖励。

　　第三十七条 违反本条例规定的,由民族事务行政主管部门按下列规定处罚:

　　(一)违反本条例第十三条规定的,责令改正,采取补救措施;造成经济损失的,责令赔偿;构成犯罪的,由司法机关依法追究刑事责任。

　　(二)违反本条例第三十条第二款规定的,责令限期改正,并处以二百元以上五百元以下罚款。

　　(三)违反本条例第三十三条第二款规定的,处以五百元以上一千元以下罚款,没收违法所得。

　　第三十八条 违反本条例其他规定的,由民族事务行政主管部门予以警告、限期改正、责令停止侵权行为等处罚或者交有关部门依法查处。

　　第三十九条 民族事务行政主管部门工作人员滥用职权、徇私舞弊的,由所在单位或者上级机关给予行政处分;构成犯罪的,依法追究刑事责任。

　　第四十条 对违反本条例的行为,法律、法规已有处罚规定的,按照有关法律、法规的规定执行。

第七章 附 则

第四十一条 本条例自 1999 年 1 月 1 日起施行。

哈尔滨市粉煤灰综合利用管理条例

(2000 年 9 月 27 日哈尔滨市第十一届人民代表大会常务委员会第二十一次会议通过 2000 年 10 月 20 日黑龙江省第九届人民代表大会常务委员会第十九次会议批准 根据 2004 年 10 月 21 日哈尔滨市第十二届人民代表大会常务委员会第十二次会议通过 2004 年 12 月 18 日黑龙江省第十届人民代表大会常务委员会第十二次会议批准的《关于修改〈哈尔滨高新技术产业开发区条例〉等十六部地方性法规的决定》修正 根据 2013 年 6 月 27 日哈尔滨市第十四届人民代表大会常务委员会第八次会议通过 2013 年 8 月 16 日黑龙江省第十二届人民代表大会常务委员会第五次会议批准的《关于修改〈哈尔滨市粉煤灰综合利用管理条例〉等两部地方性法规的决定》二次修正 根据 2014 年 4 月 28 日哈尔滨市第十四届人民代表大会常务委员会第十四次会议通过 2014 年 6 月 13 日黑龙江省第十二届人民代表大会常务委员会第十一次会议批准的《关于修改〈哈尔滨市历史文化名城保护条例〉等十二部地方性法规的决定》三次修正)

第一条 为加强粉煤灰综合利用管理,提高环境质量,保护土地资源,根据《中华人民共和国固体废物污染环境防治法》等有关法律、法规的规定,结合我市实际,制定本条例。

第二条 本条例适用于本市行政区域内粉煤灰综合利用的管理。

第三条 本条例所称粉煤灰,是指从煤粉锅炉烟气中收集的粉尘,以及各种燃煤锅炉、煤气发生炉、蒸汽机等设备经过燃烧产生的有综合利用价值的灰渣。

第四条 本条例所称粉煤灰综合利用,是指利用粉煤灰生产建筑材料、混凝土、磁化肥和筑路、回填、改良土壤、提取有用物质等行为。

第五条 粉煤灰综合利用,应当坚持谁排放谁治理,谁利用谁受益和统一规划、总量平衡、科学管理、鼓励利用的原则。

第六条 市计划部门负责全市粉煤灰综合利用的管理工作。

市粉煤灰综合利用管理机构负责粉煤灰综合利用的日常管理工作。

　　市环境保护部门依法对全市粉煤灰综合利用情况进行监督管理。

　　市有关部门应当在各自职责范围内协助做好粉煤灰的综合利用管理工作。

　　第七条　粉煤灰综合利用规划和年度计划，由市计划部门会同市有关部门编制，报市人民政府批准后，纳入国民经济和社会发展计划。

　　第八条　粉煤灰排放单位应当按照粉煤灰综合利用规划和计划建立粉煤灰综合利用目标责任制，开展粉煤灰综合利用。

　　第九条　粉煤灰排放、利用单位应当每年向市粉煤灰综合利用管理机构报送一次粉煤灰排放、利用情况统计报表。粉煤灰排放、利用单位报送的粉煤灰排放、利用情况统计报表应当与实际发生的数量相一致。

　　第十条　新建、改建、扩建燃煤发电、供热等工程项目，其环境影响报告书应当有相应的粉煤灰综合利用的内容。

　　粉煤灰综合利用设施必须与主体工程同时设计、同时施工、同时投产使用。

　　第十一条　建材企业生产的建筑材料及其制品能够掺用粉煤灰的，必须按照规定的比例掺用粉煤灰。

　　筑路、筑坝、筑港等大体积混凝土工程，必须按照规定的比例掺用粉煤灰。回填、复垦造地，改良土壤，生产肥料等有条件使用粉煤灰的，应当使用粉煤灰。

　　第十二条　距粉煤灰堆存场地 20 公里范围内，不准新建、扩建生产实心粘土砖的企业。

　　第十三条　按照有关规定应当利用粉煤灰或者粉煤灰制品的建设工程项目，承担设计任务的单位应当将粉煤灰或者粉煤灰制品的利用纳入设计方案。

　　施工单位应当按照设计方案使用粉煤灰或者粉煤灰制品。建设工程监理单位应当按照有关部门批准的设计方案进行监理。

　　第十四条　对利用经加工符合国家或者行业标准的成品粉煤灰的利用单位，可以适当收取费用，具体标准由双方协商确定。

　　第十五条　粉煤灰排放单位不具备综合利用条件的，可以向利用单位提供车辆运输粉煤灰。

　　第十六条　运输粉煤灰的车辆必须采取封闭措施或者其他防护措施，不准在运输过程中丢弃、抛撒粉煤灰。

　　第十七条　粉煤灰排放单位未按照规定建设粉煤灰贮存、处置的设施、场所，或者建设粉煤灰贮存、处置的设施、场所不符合环境保护标准的，责令限期改正，并按照国家规定向市环境保护部门缴纳排污费。

　　第十八条　粉煤灰利用单位可以享受下列优惠待遇：

（一）列入市科技计划的粉煤灰综合利用项目，可以依据有关规定享受优惠待遇；

（二）生产或者销售自产综合利用粉煤灰产品，粉煤灰及灰渣掺入量达到国家规定比例的，可以依照国家有关规定享受税收优惠待遇。市粉煤灰综合利用管理机构应当按照国家有关规定，为企业申请享受税收优惠待遇，向省资源综合利用主管部门提供资源综合利用认定意见；

（三）开发综合利用粉煤灰项目，经市计划部门批准，可以从粉煤灰综合利用费用中优先安排资金；

（四）利用粉煤灰的生产企业，每利用 1 吨粉煤灰可以按照 1 元至 1.5 元的标准提取费用，用于有关职工的保健补贴。

第十九条 粉煤灰综合利用费用的来源：

（一）粉煤灰排污费征收总额的 30%；

（二）市财政适当投入部分资金。

粉煤灰综合利用费用，由财政专户存储，专款专用。

第二十条 市粉煤灰综合利用管理机构应当对粉煤灰排放和综合利用情况进行监督检查，被检查单位应当主动配合。

第二十一条 对综合利用粉煤灰进行科学研究，促进科技成果转化及做出突出成绩和贡献的单位和个人，应当给予表彰或者奖励。

第二十二条 对在规定时间内未缴纳或者少缴纳粉煤灰排污费的，市环境保护部门应当责令其限期缴纳。逾期仍不缴纳的，市环境保护部门可以申请人民法院强制执行。

第二十三条 对违反本条例规定有下列行为之一的，由市粉煤灰综合利用管理机构按照下列规定处罚：

（一）未按照规定时间报送粉煤灰排放、利用情况统计报表的，责令限期改正；

（二）粉煤灰排放单位少报排灰量或者利用单位多报用灰量的，按照少报和多报的数量每吨处以 3 元罚款；

（三）建材企业生产建筑材料及其制品未按照规定比例掺用粉煤灰的，按照少掺入粉煤灰量每吨处以 5 元以下罚款；

（四）筑路、筑坝、筑港等大体积混凝土工程未按照规定掺用粉煤灰的，按照少掺入粉煤灰量每吨处以 5 元以下罚款；

（五）运输粉煤灰过程中，车辆未采取封闭措施或者其他防护措施，或者丢弃、抛撒粉煤灰的，每车处以 200 元以上 500 元以下罚款；

（六）设计单位未按照建设工程项目审查批复和初步设计将粉煤灰或者粉煤灰制品的利用纳入设计方案的，责令其改正，并按照建设工程项目设计费的 10% 以上 30% 以下处以罚款；

（七）施工单位未按照设计方案使用粉煤灰或者粉煤灰制品的,责令其改正,并按照少掺入粉煤灰量每吨处以5元以下罚款。

第二十四条　粉煤灰综合利用管理人员滥用职权、玩忽职守、徇私舞弊的,依法给予行政处分;构成犯罪的,依法追究刑事责任。

第二十五条　本条例自2000年12月1日起施行。

市人民政府1997年4月28日发布的《哈尔滨市炉渣综合利用管理办法》同时废止。

哈尔滨市节约用水条例

(2011 年 3 月 15 日哈尔滨市第十三届人民代表大会常务委员会第二十八次会议通过 2011 年 4 月 14 日黑龙江省第十一届人民代表大会常务委员会第二十四次会议批准 根据 2011 年 11 月 30 日哈尔滨市第十三届人民代表大会常务委员会第三十二次会议通过 2011 年 12 月 8 日黑龙江省第十一届人民代表大会常务委员会第二十九次会议批准的《关于修改〈哈尔滨市林地林木管理条例〉等 7 部地方性法规的决定》修正 根据 2014 年 4 月 28 日哈尔滨市第十四届人民代表大会常务委员会第十四次会议通过 2014 年 6 月 13 日黑龙江省第十二届人民代表大会常务委员会第十一次会议批准的《关于修改〈哈尔滨市历史文化名城保护条例〉等十二部地方性法规的决定》二次修正)

第一章 总 则

第一条 为加强节约用水管理,保护和合理开发水资源,提高水资源利用效率,促进经济、社会可持续发展,根据有关法律、法规,结合我市实际,制定本条例。

第二条 本条例适用于本市行政区域内的节约用水及其监督管理。

第三条 节约用水管理应当坚持统一规划、合理开发、总量控制、科学利用的原则。

第四条 市水行政主管部门组织实施本条例,负责全市节约用水的监督管理工作。

县(市)水行政主管部门负责本辖区内节约用水的监督管理工作。

市和县(市)水资源管理机构按照职责权限,负责节约用水的日常管理工作。

有关行政管理部门按照各自职责,负责做好节约用水的相关管理工作。

第五条 市和县(市)人民政府应当鼓励节约用水科学技术研究,推广节约用水新技术、新工艺、新设备,推行节约用水措施,提高节约用水管理水平。

第六条　市和区、县(市)人民政府、各有关部门,应当坚持开展节约用水宣传活动,提高全民节约用水意识。

新闻媒体应当开展节约用水的公益宣传。

第七条　任何单位和个人有节约用水的义务,有对违反本条例的行为进行投诉和举报的权利。

水行政主管部门应当公布投诉、举报电话,并向投诉、举报人反馈处理结果。

第八条　市和区、县(市)人民政府对有下列情形之一的单位和个人,应当予以表彰、奖励:

(一)研究推广节约用水技术、设备、工艺等有突出贡献的;

(二)实施节约用水技术改造项目有显著效果的;

(三)在再生水利用方面做出显著成绩的;

(四)对严重浪费水资源和私自取水等行为进行举报经查证属实的;

(五)在节约用水方面做出其他突出成绩的。

表彰、奖励的具体办法,由市人民政府另行规定。

第二章　用水管理

第九条　市水行政主管部门应当编制市水资源开发利用保护规划、节约用水规划,并报市人民政府批准。

市水行政主管部门应当会同市发展和改革部门编制市年度用水计划,报市人民政府批准,纳入市国民经济和社会发展年度计划。

县(市)水行政主管部门应当编制县(市)节约用水规划,会同县(市)发展和改革部门编制县(市)年度用水计划,经县级人民政府同意后,报市水行政主管部门分别纳入市节约用水规划和市年度用水计划。

第十条　单位(含个体工商户,下同)用水实行计划与定额相结合的管理方式。

实行计划和定额用水管理的单位范围,由市和县(市)水资源管理机构根据单位用水规模、行业性质等有关规定划定。

第十一条　市和县(市)水资源管理机构应当按照管理权限,在每年末向实行计划用水管理的单位下达下一年度用水计划,并负责用水计划执行情况的监督管理。

用水计划按照下列依据核定:

(一)市或者县(市)年度用水计划;

(二)省用水定额地方标准;

(三)单位水平衡测试报告;

(四)单位实际用水情况和用水计划考核结果;

（五）单位调整下一年度用水计划说明；

（六）单位使用节约用水设施情况。

实行计划用水管理的单位应当执行用水计划,并与市、县(市)水资源管理机构签订计划用水协议。

第十二条　市和县(市)水资源管理机构应当根据用水规模、产品结构和生产工艺等情况,确定进行水平衡测试的用水单位。

需要进行水平衡测试的用水单位,应当按照国家和省的有关规定,定期进行水平衡测试,确定合理用水量。

水平衡测试完成后,由市或者县(市)水资源管理机构组织验收核定。经测试发现不符合规定的,应当整改。

第十三条　用水单位用水实行超计划或者超定额累进征收水费和水资源费制度。

使用城市公共供水管网供水的,应当按照下列标准向市或者县(市)水资源管理机构缴纳超计划或者超定额用水水费:

（一）超计划或者超定额用水百分之十以下(含百分之十)的部分,按照现行水价的二倍交费;

（二）超计划或者超定额用水百分之十以上百分之二十以下(含百分之二十)的部分,按照现行水价的四倍交费;

（三）超计划或者超定额用水百分之二十以上的部分,按照现行水价的五倍交费。

使用自建设施供水的,应当按照规定的标准缴纳超计划或者超定额用水水资源费。

农业生产取水不适用超计划或者超定额累进征收水资源费的规定。

第十四条　市和县(市)水行政主管部门应当制定用水应急预案,根据水资源供需状况,经同级人民政府批准,宣布进入用水紧缺期,实行限量或者限时供水。

在用水紧缺期,市和县(市)水行政主管部门应当根据可供水量,制定水量临时分配方案;优先保证居民生活用水,限制洗浴、游泳、水上娱乐、洗车等用水。

第十五条　市和县(市)水资源管理机构应当做好用水和节约用水的统计分析,定期向社会公布。

用水单位应当自每季度结束之日起五个工作日内,向市或者县(市)水资源管理机构报送季度用水、节约用水统计报表。

供水单位应当自每季度结束之日起十个工作日内,向市或者县(市)水资源管理机构报送季度供、售水量。

第十六条　新建、改建、扩建工程项目,应当配套建设节约用水设施,与主体工程同时设计、同时施工、同时投入使用。

设计单位在建设项目设计时,应当选用符合国家规定的节约用水技术、设备和工艺;施工单位应当按照设计要求施工。

第十七条　用水单位应当按照规定使用、维护节约用水设施,保证节约用水设施的正常运行。

第十八条　用水单位应当把节约用水措施纳入本单位技术改造计划,采用节约用水技术、设备和工艺。

禁止生产、销售或者使用国家列入淘汰名录的节约用水技术、设备和工艺。

第十九条　饮用水生产企业的产水率不得低于百分之七十;产生的尾水应当回收利用,不得直接排放。

第二十条　工业用水应当采取有效措施,提高水的重复利用率,减少污水排放量。

第二十一条　洗浴、游泳、水上娱乐、洗车等经营场所,应当安装节约用水设施、设备。市或者县(市)水资源管理机构应当将其安装和使用节约用水设施、设备情况纳入日常管理工作,对其执行用水计划或者定额的情况进行监督。

具备条件的洗车经营场所应当使用循环用水洗车设备或者利用再生水洗车。

第二十二条　供水单位应当制定公共供水管网更新改造计划,加强公共供水设施、设备的维护管理,减少水的漏失。

第二十三条　公园、花园、住宅小区的绿地,应当逐步采用滴灌、喷灌、微灌等节约用水方式进行灌溉。

景观用水应当逐步安装使用节约用水技术、设备。

第二十四条　市和县(市)规划区内新建住宅,应当安装分户用水计量水表。原有住宅未安装分户用水计量水表的,供水单位应当按计划安装水表,房屋产权人或者使用人应当积极配合。

第二十五条　用水单位和个人不得有下列行为:

(一)擅自拆动自建设施用水计量设施铅封取水;

(二)超越用水计量设施设旁通管;

(三)用水设施损坏未及时修复造成跑、冒、滴、漏;

(四)直接排放冷却水;

(五)用水管直接冲洗汽车、砂石、路面等浪费用水的行为。

第二十六条　市和区、县(市)人民政府以及水、农业等行政主管部门,应当加大农田水利基础设施建设资金投入,推进农业节约用水社会化服务体系建设,加强节约用水技术推广,提高农业用水效率。

第二十七条　市和区、县(市)人民政府以及农业行政主管部门应当根据水源状况,合理调整农业生产布局、农作物种植结构和林、牧、渔业用水结构,引导农业生产经营者发展高效益、节水型农业。

第二十八条　农田灌溉应当使用管道输水、防渗渠道输水,或者采取喷灌、滴灌、渗灌等节约用水灌溉措施,提高用水效率。

农业灌溉用水应当实行计量制度,安装计量设施,逐步实现农业用水总量控制和计划管理、定额管理。

第三章　取水管理

第二十九条　单位或者个人取用水资源,依据管理权限由市和县(市)水资源管理机构审批的,应当向市或者县(市)水资源管理机构提出取水申请,按照国家规定提交有关材料,经批准取得取水申请批准文件后,方可兴建取水工程或者设施。

市和县(市)水资源管理机构应当自受理取水申请之日起二十个工作日内作出审批决定。决定批准的,同时签发取水申请批准文件。

第三十条　经批准同意取水的,申请人应当自取水工程或者设施建成之日起三个工作日内,按照规定向市或者县(市)水资源管理机构报送验收材料。

市和县(市)水资源管理机构应当自收到验收申请和验收材料之日起十五个工作日内进行验收,验收合格的,发放《取水许可证》。

未取得《取水许可证》,不得取水;法律、法规另有规定的除外。

第三十一条　取水单位或者个人应当按照取水要求取水。需要变更《取水许可证》载明事项的,应当到市或者县(市)水资源管理机构办理变更手续。

在取水许可的有效期、取水限额内,取水单位和个人经市或者县(市)水资源管理机构批准,可以依法有偿转让其节约的水资源,并办理取水权变更手续。

第三十二条　建设单位实施疏干降水工程,应当持疏干降水凿井申请、施工方案等相关材料,到市或者县(市)水资源管理机构办理取水许可。

第三十三条　取水单位和个人应当安装符合国家计量标准的取水计量设施,保证取水计量设施正常运行。经市或者县(市)水资源管理机构批准,改变取水用途或者有偿转让其节约的水资源的,应当加装取水计量设施。

未安装取水计量设施的,总取水计量设施按照二十四小时水泵标牌流量计算用水量、分户取水计量设施按照二十四小时入户管管径流通能力计算用水量计征水资源费。

第三十四条 取水单位和个人应当与市或者县(市)水资源管理机构签订《水资源费收缴协议》。《水资源费收缴协议》所载明事项发生变更时，应当办理变更手续。

取水单位和个人应当按照规定标准，逐月向市或者县(市)水资源管理机构缴纳水资源费。国家规定免征水资源费的除外。

第三十五条 收缴的水资源费应当按照国家规定专款专用，不得挪用。

第三十六条 取水设施停用后十个工作日内，取水单位和个人应当报市或者县(市)水资源管理机构封停；连续停止取水满二年的，由市或者县(市)水资源管理机构注销《取水许可证》。

确定报废的水井应当自确定报废之日起，或者建设工程疏干降水井应当自降水结束后五个工作日内，经市或者县(市)水资源管理机构监督，由具备相应技术等级的施工单位进行回填。

第三十七条 市和县(市)水资源管理机构应当定期对地下水动态进行监测，有关单位和个人应当予以配合。

任何单位和个人不得侵占、毁坏地下水动态监测设施。

第三十八条 从事凿井和维修水井施工的单位或者个人，应当具备承揽相应凿井和维修水井施工工程的能力。在凿井施工时，按照取水申请批准文件规定的井点布局、取水层位等有关要求和国家有关凿井技术规范进行施工。

任何施工单位或者个人不得为未取得取水申请批准文件的单位或者个人开凿取水井，依法不需要申请取水许可证的除外。

第四章　再生水和雨水利用

第三十九条 市水行政主管部门应当会同市城乡规划、环境保护、城乡建设等部门编制市再生水、雨水利用发展规划，并纳入市节约用水规划。

第四十条 市和区、县(市)人民政府应当制定有关政策，鼓励、支持建设再生水利用系统和集雨水窖、水池、水塘等蓄水工程，增加有效水源，对相关建设活动给予资金扶持。

鼓励单位和个人投资建设再生水利用系统和从事再生水经营活动。

第四十一条 新建、改建、扩建污水处理厂，应当建设再生水利用系统。

污水处理厂应当加强再生水利用系统管理，确保再生水利用系统正常运转，水质符合国家再生水水质标准。

第四十二条 再生水用水管网覆盖区域内的单位，应当按照再生水利用发展规划的要求使用再生水。

第四十三条 下列新建、扩建工程应当建设再生水利用系统：

(一)建筑面积二万平方米以上的宾馆、饭店、公寓等建筑；

（二）建筑面积三万平方米以上的机关、科研单位、大专院校和文化、体育场所等建筑；

（三）建筑面积五万平方米以上，或者可回收水量大于 150 立方米／日的居住区和集中建筑区等。

符合前款规定的现有建筑，具备建设场地等条件的，应当按照市再生水利用发展规划逐步配套建设再生水利用系统。

符合本条第一、二款规定能够利用其他再生水利用系统供水的，可以不建独立的再生水利用系统，但应当建设再生水用水管道及其附属设施。

第四十四条 对应当建设再生水利用系统的建设工程，建设单位在申请办理建设工程规划许可证时，所提交的建设工程设计方案中应当包括再生水利用系统设计方案。

城乡规划行政主管部门应当按照市再生水利用发展规划对再生水利用系统设计方案进行审查。无再生水利用系统设计方案的，城乡规划行政主管部门不得颁发建设工程规划许可证。

第四十五条 绿地、道路、停车场等建设项目，应当配套建设低洼草坪、渗水地面等雨水渗透设施。

绿化、景观、环卫、消防等用水，应当优先选用再生水、雨水。

第五章 法律责任

第四十六条 市和县(市)水行政主管部门、水资源管理机构以及其他有关机关及其工作人员，违反本条例规定有下列行为之一的，由具有行政处分权的部门责令改正；情节严重的，对直接负责的主管人员和其他直接责任人员依法给予处分：

（一）未编制水资源开发利用保护规划、节约用水规划、年度用水计划、再生水和雨水利用发展规划的；

（二）对应当建设再生水利用系统的建设工程，无再生水利用系统设计方案而颁发建设工程规划许可证的；

（三）对符合法定条件的取水申请不予受理或者不在法定期限内批准的；

（四）对不符合法定条件的申请人签发取水申请批准文件或者发放取水许可证的；

（五）违反审批权限签发取水申请批准文件或者发放取水许可证的；

（六）发现有关违法行为或者接到对有关违法行为的投诉或者举报后不予查处的；

（七）利用职务便利谋取利益的；

（八）其他滥用职权、玩忽职守、徇私舞弊的行为。

第四十七条　城市公共供水管网损坏未及时修复造成水资源浪费的,由市和县(市)水行政主管部门依据管理权限,责令限期改正,并处以供水单位一万元以上二万元以下罚款。

第四十八条　违反本条例有下列情形之一的,由市和县(市)水资源管理机构依据管理权限,按照下列规定处罚:

(一)实行计划用水管理的单位未执行用水计划的,给予警告,责令限期改正;逾期拒不改正的,对使用城市公共供水管网供水的,核算实际用水量,按照应缴纳水费的五倍处以罚款;对使用自建设施供水的,核算实际用水量,按照应缴纳水资源费的十倍处以罚款;

(二)用水单位未按照规定进行水平衡测试的,给予警告,责令限期改正;逾期拒不改正的,处以五千元罚款;

(三)饮用水生产企业的产水率低于百分之七十,责令限期改正;逾期拒不改正的,责令停业整顿;直接排放尾水的,处以饮用水生产企业月用水量水费或者水资源费一倍以上三倍以下罚款;

(四)新建、改建、扩建工程项目配套建设的节约用水设施未与主体工程同时设计、同时施工、同时投入使用的,责令限期改正,并处以建设单位五万元以上十万元以下罚款;

(五)设计单位在建设项目设计时,未选用符合国家规定的节约用水技术、设备和工艺的,责令限期改正;逾期拒不改正的,处以设计单位设计取费额百分之十的罚款;

(六)洗浴、游泳、水上娱乐、洗车等经营场所未安装和使用节约用水设施、设备的,责令限期改正;逾期拒不改正的,处以经营者一万元以上二万元以下罚款;

(七)具备条件的洗车经营场所未使用循环用水洗车设备或者再生水洗车的,责令限期改正,并处以五千元以上一万元以下罚款;逾期拒不改正的,由市或者县(市)水行政主管部门暂扣其洗车设备;

(八)用水单位未按照规定使用、维护节约用水设施,保证节约用水设施正常运行的,责令限期改正,并处以一万元以上二万元以下罚款;

(九)用水单位或者个人擅自拆动自建设施用水计量设施铅封取水、超越用水计量设施设旁通管的,责令限期改正,补交水资源费或者水费,对单位处以五千元以上一万元以下罚款,对个人处以一千元以上五千元以下罚款;

(十)用水单位或者个人用水设施损坏未及时修复造成跑、冒、滴、漏的,给予警告,责令限期改正;逾期拒不改正的,按照每处二千元以上一万元以下处以罚款;

(十一)用水单位或者个人直接排放冷却水的,责令限期改正,并处以二千元以上一万元以下罚款；

（十二）用水单位或者个人用水管直接冲洗汽车、砂石、路面等浪费用水的，责令改正，并按照每处一千元以上五千元以下处以罚款；

（十三）用水单位未按照规定报送季度用水、节约用水统计报表，或者供水单位未按照规定报送季度供、售水量，责令限期改正；逾期拒不改正的，处以一千元以上五千元以下罚款；

（十四）再生水用水管网覆盖区域内的单位，未按照再生水利用发展规划的要求使用再生水的，给予警告，责令限期改正；逾期拒不改正的，处以应缴纳水费或者水资源费一倍以上三倍以下罚款。

第四十九条 违反本条例有下列情形之一的，由市和县（市）水资源管理机构依据管理权限，按照下列规定处罚：

（一）擅自取水的，责令停止违法行为，限期补办有关手续、补交水资源费，并处以二万元以上十万元以下的罚款；

（二）擅自转让取水权的，责令限期改正，并处以二万元以上十万元以下罚款；情节严重的，吊销其《取水许可证》；

（三）未按照规定安装取水计量设施取水的，责令限期改正，并处以五千元以上二万元以下罚款；情节严重的，吊销《取水许可证》；

（四）取水计量设施运行不正常或者计量设施不符合国家计量标准取水的，责令限期改正；逾期拒不改正的，按照日最大取水能力计算的取水量和水资源费征收标准计征水资源费，可以处一千元以上一万元以下罚款；情节严重的，吊销《取水许可证》；

（五）取水设施停用未按照规定期限报封停，或者报废水井和建设工程疏干降水井未按照规定回填的，按照每处取水设施或者每眼井处以一万元以上二万元以下罚款，并由市或者县（市）水行政主管部门封停或者组织回填，所需费用由建设单位承担；

（六）侵占、毁坏地下水动态监测设施的，责令采取补救措施，并处以一万元以上五万元以下罚款；

（七）未按照取水申请批准文件规定的井点布局、取水层位等有关要求和国家有关凿井技术规范进行施工的，责令限期改正，并按照每眼井处以施工单位或者个人一千元以上五千元以下罚款，由市或者县（市）水行政主管部门暂扣施工机具。

第五十条 违反本条例其他规定的，由有关行政管理部门依照有关法律、法规的规定予以处罚。

第六章 附　　则

第五十一条 本条例所称再生水，是指城市污水经过工艺净化处理后，达到规定的水质标准,可以在一定范围内重复使用的非饮用水。

　　第五十二条　本条例自 2011 年 6 月 1 日起施行。2002 年 10 月 23 日市人大常委会公布的《哈尔滨市城市节约用水条例》同时废止。

哈尔滨市河道管理条例

(2005 年 11 月 2 日哈尔滨市第十二届人民代表大会常务委员会第十八次会议通过 2005 年 12 月 15 日黑龙江省第十届人民代表大会常务委员会第十八次会议批准 根据 2011 年 11 月 30 日哈尔滨市第十三届人民代表大会常务委员会第三十二次会议通过 2011 年 12 月 8 日黑龙江省第十一届人民代表大会常务委员会第二十九次会议批准的《关于修改〈哈尔滨市林地林木管理条例〉等 7 部地方性法规的决定》修正 根据 2014 年 4 月 28 日哈尔滨市第十四届人民代表大会常务委员会第十四次会议通过 2014 年 6 月 13 日黑龙江省第十二届人民代表大会常务委员会第十一次会议批准的《关于修改〈哈尔滨市历史文化名城保护条例〉等十二部地方性法规的决定》二次修正)

第一章 总 则

第一条 为加强河道管理,防治洪涝灾害,改善、保护城乡水环境,维护人民生命和财产安全,促进经济和社会事业发展,根据《中华人民共和国水法》《中华人民共和国防洪法》《中华人民共和国河道管理条例》和《黑龙江省河道管理条例》等法律、法规,结合本市实际,制定本条例。

第二条 本条例适用于本市行政区域内的河道(包括湖泊、人工水道、行洪区、滞洪区、蓄洪区、滩地、沙洲)的整治、保护、利用等管理活动。

河道内的航道、港口,同时适用航道、港口管理法律、法规。

本市城镇规划区的内河管理,不适用本条例。

第三条 本条例由市水行政主管部门负责组织实施。

区、县(市)人民政府水行政主管部门按照各自的权限,负责辖区内河道的管理。

第四条 本市河道管理实行科学规划、综合整治、严格保护、合理利用的原则。

河道的整治、维护和管理,实行统一管理与分级负责相结合制度。

第五条 各级人民政府应当有计划地组织对河道内的现有耕地进行退

耕还水、还草,保护好滩地植被。

第六条　任何单位和个人都负有保护河道堤防安全、保护水环境和依法参加防汛抢险的义务,并享有制止和检举违反本条例行为的权利。

第二章　河道整治

第七条　河道整治规划应当符合流域综合规划和国家规定的防洪、排涝、环境保护、通航标准以及有关技术规定,符合自然生态要求,并与人文景观相协调。

河道整治规划应当纳入本级人民政府制定的城乡建设总体规划。

第八条　河道整治规划由市、县(市)水行政主管部门按照河道管理权限编制,报同级人民政府批准。

河道整治规划需经上级主管部门批准的,还应当按照规定报上级主管部门批准。

河道整治规划的调整,应当报经原批准机关批准。

第九条　河道整治应当严格按照规划实施,依据河道监测资料对整治方案进行科学论证。

第十条　水行政主管部门整治河道时涉及航道的,应当兼顾航运需要,并事先征求海事管理部门和航务管理部门的意见。

第十一条　河道整治工程需要占用土地,应当按照国家有关法律、法规的规定办理审批手续;汛期情况紧急时可以先占用后补办手续。

第十二条　河道整治所增加的土地属国家所有,应当纳入城市规划和土地利用规划,并根据需要优先安排河道管理和防汛物资仓储用地。

河道整治所增加的土地出让或者出租取得的收益,应当重点用于河道整治和防洪设施建设。

第三章　河道保护

第十三条　河道管理的具体范围,由市、县(市)人民政府按照下列规定确定:

(一)有堤防的河道,为两岸堤防之间的水域、沙洲、滩地(包括可耕地)、行洪区,两岸堤防、防洪通道及护堤地;

(二)无堤防的河道,根据历史最高洪水位或者设计洪水位确定;也可以按照河道规划两岸堤防走线之间的行洪区确定。

河道管理范围内的土地确权,由国土资源行政主管部门按照国家有关规定办理。

第十四条　松花江干流哈尔滨江南城区西起顾乡堤段,东至化工堤段的沿江一条线,迎水面自堤脚起100米以内,为护堤地范围;背水面不划定护堤地,按照堤防工程保护区进行管理。

松花江干流其它堤段和其它河流护堤地范围,按照《黑龙江省河道管理条例》的规定确定。

第十五条 护堤地由水行政主管部门按照管理权限管理和使用,用于营造防浪林、防汛用材林及建设河道堤防管理设施,不得改变用途。

第十六条 建设单位在河道管理范围内从事下列工程建设,应当经水行政主管部门按照管理权限审查同意后,再按照基本建设程序履行审批手续:

(一)开发利用水资源、防治水害、整治河道的各类工程;

(二)跨河、穿河、穿堤、临河的桥梁、码头、道路、渡口、管道、缆线、取水、排水等工程设施;

(三)新建、改建、扩建工业和民用建筑、旅游设施以及其它公共设施。

建设单位到水行政主管部门办理审查手续,应当在建设项目审批立项前,或者在申办建设用地规划选址手续前进行,并提交工程建设方案及防洪影响评价报告。

第十七条 水行政主管部门应当在受理建设单位申请之日起10个工作日内,将审查意见书面通知申请单位,或者按照管理权限报上级主管部门审批。

第十八条 建设跨河、穿河、穿堤、临河的桥梁、码头、道路、渡口、管道、缆线、取水、排水等工程设施,需要占用河道管理范围内土地,跨越河道空间范围或者穿越河床的,在办理开工手续前,应当由水行政主管部门按照管理权限,根据河道监测资料,对该工程的位置和界限进行审批。

建设单位办理审批手续时,应当提交批准文件、设计文件及施工安排、施工期度汛措施、占用河道管理范围内土地情况等资料。

第十九条 建设单位应当按照经批准的文件及工程设计、度汛措施进行施工,并接受水行政主管部门的监督检查。

工程竣工验收时,水行政主管部门应当参加。未经水行政主管部门验收或者验收不合格,不得投入使用。

第二十条 河道管理范围内建设的各类工程及临时设施,竣工验收前,建设单位应当按照要求清除施工残渣、引道、围堰,平整河床,恢复原貌。

未按照要求清除和平整的,由水行政主管部门组织实施,所需费用由建设单位承担。

第二十一条 建设单位对在堤身及护堤地内修建的涵闸、泵站,埋设的穿堤管线、缆线等构造物及设施,应当定期检查,发现问题及时处理。并制定汛期防洪预案,向具有管辖权的水行政主管部门报告,确保防洪安全。

水行政主管部门应当会同有关部门对本条前款规定的工程进行监督检

查,发现隐患,及时消除。

第二十二条 在行洪区内开发利用土地、滩地、沙洲,设置砂场,应当符合防洪规划和河道整治规划,并经水行政主管部门按照管理权限批准。

单位或者个人需要临时占用河道管理范围内水域或者陆域进行经营活动的,应当按照河道管理权限办理审批手续。

第二十三条 经批准占用河道管理范围内水域、陆域的单位或者个人,需要改变用途的,应当报原批准部门批准。

第二十四条 限制车辆通行的堤防,除防汛、抢险、紧急军务、消防、公安、环保监测等执行公务的车辆外,其它车辆不得通行。

在非指定码头,除防汛、抢险、公安、海事、航道等公务船只外,其它船只不得擅自停靠。

在高水位期间,机动船只靠近堤坝时,应当减低船速,防止水浪冲击堤坝。

第二十五条 在河道管理范围内进行下列活动,应当经水行政主管部门按照管理权限批准,涉及其它部门的,由水行政主管部门会同有关部门批准:

(一)堆放物料;

(二)爆破、钻探、挖洞、打桩、开渠、挖筑渔池等;

(三)开采地下资源、进行考古发掘。

第二十六条 在河道管理范围内,不得有下列行为:

(一)倾倒矿渣、煤灰、残土、垃圾等废弃物和带有杂物、融雪剂的冰雪;

(二)种植高棵树木、农作物(护堤林、防浪林除外);

(三)排放、掩埋有毒有害物质;

(四)在堤身及护堤地内建房、打井、埋葬、晒粮、挖掘草皮、取土挖洞、扒道口、开采地下资源、进行考古发掘及开展集市贸易活动等;

(五)损坏防洪工程、水文监测、防洪照明通讯等设施;

(六)擅自砍伐或者损坏防浪、护堤林木;

(七)在各种水利标志附近设置障碍物;

(八)搬动、破坏护坡石,在堤顶、堤基插钎;

(九)其它有碍河道治理、防洪安全及水文监测环境的行为。

第二十七条 松花江、牡丹江、拉林河、呼兰河堤防背水面300米以内,其它江河堤防背水面100米以内为堤防工程保护区。

在堤防工程保护区内,不得擅自钻探、打深井和修筑地下工程,特殊情况需要钻探、打深井和修筑地下工程的,应当经水行政主管部门按照管理权限批准,并由建设单位负责进行安全处理。水行政主管部门应当对安全处理情况进行监督。

第二十八条　河道堤防的防汛岁修费按照分级管理的原则,由市和区、县(市)人民政府负担,列入本级财政预算,专款专用;任何单位和个人不得挪用、挤占和截留。

第二十九条　水行政主管部门应当认真履行职责,加强河道工程养护,保持河道的整体功能,有计划地营造护堤护岸林草,保护滩地植被,防止水土流失和河道淤积。

第四章　采砂管理

第三十条　河道内采砂(含取土)实行统一规划。采砂规划由市、县(市)水行政主管部门按照河道管理权限分级制定。

河道采砂规划应当符合流域综合规划和流域防洪、河道整治及航道整治等专业规划,符合环境保护、防洪安全和航道畅通的要求。

第三十一条　在下列河道管理范围内不得采砂:

(一)堤防迎水面50米以内;

(二)河床凹岸、堤防险工地段及河道整治工程周边100米以内;

(三)铁路桥及国家级公路桥、引道及防护工程上下游各500米以内;一般公路桥、引道及防护工程上下游各200米以内;

(四)航道整治工程上游300米,下游200米以内;

(五)拦河闸坝、泵站引水口上下游各300米以内;

(六)水文测验断面和设施上下游各1000米以内;

(七)跨河道电缆、高压线的塔(杆)及穿河道管线上下游各200米以内。

第三十二条　在河道管理范围内采砂实行一户或者一船一证的许可制度。采砂的单位和个人应当向具有管辖权的水行政主管部门申请,取得《河道采砂许可证》后方可进行。按照法律、法规规定还应当办理其它手续的,应当按照规定办理。

水行政主管部门应当自受理采砂申请之日起5个工作日内予以审批。

采砂许可应当采用市场竞争机制,通过招投标等方式实施。

第三十三条　采砂的单位和个人应当遵守下列规定:

(一)按照批准的地点、范围、深度、开采量、开采期限、作业方式实施开采,随采随运;

(二)按照河道整治要求对开采后的河床及时平复,保持平顺,无坑无坨;

(三)在采砂区域设置警示标志;

(四)将采砂许可证正本留存在采砂地点备查;

(五)不得出租、转让、出售《河道采砂许可证》和采砂场地;

（六）法律、法规规定应当遵守的其它行为。

经批准采砂的单位或者个人，应当按照国家规定交纳河道采砂管理费。

第三十四条　水行政主管部门应当对采砂区域进行监测，并根据区域内河道变化状况及时调整采砂区域和采砂量，保障河道安全、畅通。

第五章　法律责任

第三十五条　违反本条例规定有下列行为之一的，由水行政主管部门责令其停止违法行为、采取补救措施、限期清除障碍；对有第（一）项所列行为的，予以警告或者处以 3000 元以下的罚款；对有第（二）、（三）、（四）项所列行为的，处以 5000 元以上 5 万元以下的罚款：

（一）在河道管理范围内倾倒带有杂物、融雪剂的冰雪，擅自堆放物料，或者在堤身及护堤地内埋葬、晒粮的；

（二）在河道管理范围内倾倒废弃物，种植高棵树木、农作物的；

（三）在堤身及护堤地内建房、打井、挖掘草皮、取土挖洞、扒道口、开采地下资源、进行考古发掘及开展集市贸易活动的；

（四）损坏防洪工程、水文监测、防洪照明通讯等设施的。

第三十六条　违反本条例规定有下列行为之一的，由水行政主管部门责令其停止违法行为，限期补办有关手续或者拆除违法建筑物、构筑物，恢复原状；逾期不拆除、不恢复原状的，由水行政主管部门强行拆除，所需费用由违法单位或者个人负担，并处以 1 万元以上 10 万元以下的罚款：

（一）未经水行政主管部门批准，在河道管理范围内进行工程建设的；

（二）未经水行政主管部门批准，在河道管理范围内爆破、钻探、挖洞、打桩、开渠、挖筑鱼池的。

第三十七条　违反本条例规定未办理《河道采砂许可证》擅自采砂，或者在禁采区采砂的，由具有管辖权的水行政主管部门责令停止违法行为，没收违法所得，暂扣采砂设备，并处以 1 万元以上 5 万元以下的罚款；情节严重的，吊销《河道采砂许可证》。

对前款规定进行行政处罚后，具有管辖权的水行政主管部门应当依法处理暂扣的采砂设备。

第三十八条　违反本条例规定未按照《河道采砂许可证》的规定采砂或者未对开采后的河床进行平复的，由水行政主管部门责令限期改正，没收违法所得，处以 1 万元以上 3 万元以下的罚款；情节严重的，吊销《河道采砂许可证》。

第三十九条　违反本条例规定未在采砂区域设置警示标志的，由水行政主管部门责令限期改正，逾期不改正的，处以 500 元的罚款。

第四十条　违反本条例规定未将采砂许可证正本留存在采砂地点备查

的,由水行政主管部门给予警告或者处以 200 元的罚款。

第四十一条　违反本条例规定出租、转让、出售《河道采砂许可证》和采砂场地的,由水行政主管部门没收违法所得,并处以 1 万元以上 3 万元以下的罚款,收缴《河道采砂许可证》。

第四十二条　违反本条例规定不缴纳河道采砂管理费的,由水行政主管部门责令限期缴纳;逾期不缴纳的,按日加收 2‰的滞纳金。

第四十三条　河道管理工作人员应当按照法定的权限和程序,认真履行法定管理和监督职责,不得越权执法或者推诿、放弃法定职责,不得滥用职权,徇私舞弊。

违反本条前款规定的,由所在单位或者上级主管部门给予行政处分;构成犯罪的,依法追究刑事责任。

第六章　附　　则

第四十四条　本条例自 2006 年 3 月 1 日起施行。市人民政府 1989 年 5 月 26 日发布的《哈尔滨市江河道堤防管理办法》、1990 年 5 月 6 日发布的《哈尔滨市江河道砂石开采管理办法》及 2001 年 12 月 5 日发布的《哈尔滨市河道城区段滩地沙洲管理办法》同时废止。

哈尔滨市妇女权益保障条例

(2014 年 6 月 20 日哈尔滨市第十四届人民代表大会常务委员会第十五次会议通过 2014 年 8 月 14 日黑龙江省第十二届人民代表大会常务委员会第十三次会议批准)

第一条 为了维护和保障妇女合法权益,促进男女平等,根据《中华人民共和国妇女权益保障法》、《黑龙江省实施〈中华人民共和国妇女权益保障法〉办法》等有关法律、法规,结合本市实际,制定本条例。

第二条 本市行政区域内的妇女权益保障适用本条例。

第三条 国家机关、企业事业单位、社会团体、城乡基层群众性自治组织以及其他组织应当采取必要措施消除性别歧视,保障男女两性享有同等机会,获得共同发展。

第四条 市、区、县(市)妇女儿童工作委员会是同级人民政府的妇女权益保障机构,负责组织、协调、指导、督促有关部门、单位在职责范围内做好妇女权益保障工作。

第五条 各级妇女联合会依照法律、法规和中华全国妇女联合会章程,代表和维护妇女的利益,做好维护妇女权益的工作。

工会、共产主义青年团、残疾人联合会等社会团体,社区居民委员会、村民委员会等城乡基层群众性自治组织,按照法律、法规的规定,做好维护妇女权益工作。

第六条 市、区、县(市)人民政府应当建立和完善社会性别统计制度,做好相关经济社会发展的分性别统计、监测、评估工作,定期发布社会性别统计报告。

第七条 大众传播媒体应当加强维护和保障妇女权益的宣传,不得制作、播放、发布含有歧视女性内容的节目、广告。

第八条 市、区、县(市)人民政府在提供公共服务或者建设公共服务设施时,应当兼顾女性的特殊需求。

第九条 市、区、县(市)人民政府在制定公共政策时,对涉及妇女权益的重大问题,应当听取妇女联合会的意见,并公开征求各界妇女意见。

第十条 卫生、文化和新闻出版、民政等部门,妇女联合会等社会团体,城乡基层群众性自治组织应当采取措施,加强对留守妇女和空巢、失独、年老等妇女的人文关怀和心理疏导。

第十一条　市、区、县(市)人民政府应当采取措施,促进妇女就业,支持妇女自主创业,并为就业困难妇女提供就业援助。

农业部门应当针对农村妇女开展实用技术培训和职业技能培训,帮助农村妇女就业创业。

第十二条　用人单位在招聘、录用人员时,除国家规定的不适合妇女的工种或者岗位外,不得设置性别要求,不得以性别、婚姻、生育等为由提高妇女的招录标准。

第十三条　用人单位可以与女职工订立女职工权益保护专项集体合同,或者将女职工的特殊保护内容纳入集体合同。

第十四条　用人单位应当保障女职工职业卫生安全,减少职业病的发生,并按规定给女职工发放卫生费用。

第十五条　工业企业新建、扩建、改建生产工作用房时,应当根据女职工的需要和国家有关工业企业设计卫生标准的规定,设计、配备保护女职工的设施。

第十六条　有条件的用人单位应当安排女职工进行妇科疾病检查,并承担费用。

第十七条　市、区、县(市)人民政府应当采取措施预防人口出生缺陷,免费为准备结婚的男女双方提供婚前医学检查服务。

第十八条　市、区、县(市)人民政府应当完善流动妇女权益保障制度,逐步实现流动妇女享有与本行政区域妇女同等的权利和服务。

第十九条　农村集体经济组织中的女性成员在农村集体经济组织中的收益分配、股权配置、土地征收或者征用补偿费分配、宅基地使用等方面,享有与男性成员平等的权利。

农村集体经济组织不得因妇女未婚、结婚、离婚、丧偶等原因,侵害其在本集体经济组织中的各项权益。

第二十条　乡、镇人民政府或者街道办事处发现所辖行政区域内的村民自治章程、村规民约、农村集体经济组织章程、村民会议或者村民代表会议的决定有侵害妇女合法权益内容的,应当责令其改正。

第二十一条　夫妻对双方共有的房产、农村土地承包经营权、林权以及其他共有财产申请共有登记的,登记机构应当依法办理。

第二十二条　男方在女方提出离婚、拒绝或者终止恋爱关系后,以及在解除夫妻关系后,不得对女方及其亲属施以纠缠、骚扰、侮辱、威胁、打骂等行为。

第二十三条　用人单位和公共场所管理单位应当采取措施预防和制止对妇女的性骚扰行为。妇女受到性骚扰,可以向公安机关报案或者向所在单位、公共场所管理单位求助。接到报案、求助的单位应当依法及时处理。

第二十四条 市、区、县(市)人民政府、企业事业单位、社会团体、城乡基层群众性自治组织和其他组织应当将预防和制止家庭暴力工作纳入本地区、本单位社会管理综合治理工作范围,开展预防和制止家庭暴力的法制宣传教育,共同做好预防和制止家庭暴力工作。

第二十五条 社区居民委员会、村民委员会应当依法做好家庭矛盾疏导和调解工作,预防家庭暴力的发生。

第二十六条 遭受家庭暴力的妇女可以自行或者委托他人向所在地公安机关报案或者向社区居民委员会、村民委员会、妇女联合会以及当事人所在单位求助。

公安机关接到报案后,应当及时出警并依法处理。

社区居民委员会、村民委员会、妇女联合会以及当事人所在单位接到求助请求后,应当及时进行救助、调解,不得拒绝、推诿。

第二十七条 家庭暴力受害妇女要求提供受害情况证明的,公安机关、社区居民委员会、村民委员会、当事人所在单位、医疗机构等应当及时为其提供。

第二十八条 区、县(市)人民政府应当根据实际情况设立或者指定家庭暴力庇护场所,为家庭暴力受害妇女提供庇护和其他必要的临时性救助。

第二十九条 妇女儿童工作委员会应当根据需要,组织公安、司法行政、卫生、民政、妇女联合会等有关单位建立工作协调机制,为家庭暴力受害妇女提供法律援助、医疗救治、心理咨询等服务。

第三十条 妇女合法权益受到侵害向妇女联合会求助的,妇女联合会应当就侵害事件了解相关情况,必要时可以向有关部门或者单位发出维权意见书。有关部门或者单位应当研究办理,并在接到维权意见书之日起二十日内书面答复查处情况。

有关部门或者单位对侵害妇女合法权益的行为不依法查处的,妇女联合会可以建议同级妇女儿童工作委员会督促该部门或者单位依法履行职责。有关部门或者单位应当自收到妇女儿童工作委员会书面督促意见之日起三十日内书面报告查处情况。逾期不处理也不报告的,妇女儿童工作委员会可以提请同级人民政府责令有关部门或者单位改正。

第三十一条 对于经济确有困难申请法律援助或者司法救助的妇女,法律援助机构或者人民法院应当依据法律和相关规定提供法律援助或者司法救助。

妇女联合会应当协助经济确有困难需要帮助的妇女依法获得法律援助或者司法救助。

第三十二条 国家机关、企业事业单位、社会团体、城乡基层群众性自治组织、医疗机构及其工作人员对在工作中知悉的妇女个人隐私,应当予以保密。

第三十三条 违反本条例规定侵害妇女合法权益,应当予以行政处罚的,由有关部门按照法律、法规的规定处罚。

第三十四条 国家机关及其工作人员未依法履行职责,对侵害妇女合法权益的行为未及时制止或者未给予受害妇女必要帮助,造成严重后果的,由上级机关或者其所在单位依法对直接负责的主管人员和其他责任人员给予行政处分。

第三十五条 本条例自 2014 年 11 月 1 日起施行。

哈尔滨市城市绿化条例

(2014 年 6 月 20 日哈尔滨市第十四届人民代表大会常务委员
会第十五次会议通过 2014 年 8 月 14 日黑龙江省第十二届
人民代表大会常务委员会第十三次会议批准)

第一章 总 则

第一条 为了促进城市绿化事业的发展,保护和改善城市生态环境,创建生态园林城市,根据有关法律、法规,结合本市实际,制定本条例。

第二条 本条例适用于本市行政区域内城市(含建制镇)规划区内城市绿化的规划、建设、保护和管理。

法律、法规规定由林业行政主管部门实施管理的绿化工作,依照有关规定执行。

第三条 城市绿化应当坚持生态优先、因地制宜、政府组织、全民参与、社会监督的原则。

第四条 本市各级人民政府应当把城市绿化纳入国民经济和社会发展规划,确定城市绿化发展目标,加大城市绿化科研经费投入,保障城市绿化所需资金及用地,落实城市绿化责任。

第五条 市城市绿化行政主管部门负责全市城市绿化工作,并负责组织实施本条例。

区、县(市)城市绿化行政主管部门按照职责分工,负责本辖区内城市绿化工作。

发展和改革、城乡规划、国土资源、城乡建设、财政、城市管理行政执法、交通运输、水务、住房保障和房产管理等部门,应当按照各自职责,做好城市绿化相关工作。

水务、林业行政主管部门按照各自职责,做好滩涂、湿地的保护管理工作。

第六条 鼓励和加强城市绿化科学技术研究,推广先进技术和设备,培育、引进适应本地的优良植物品种,促进城市绿化科技成果转化。

第七条 鼓励公民、法人和其他组织以投资、捐资、认养等方式,参与城市绿化建设和养护工作。

捐资、认养的公民、法人或者其他组织可以享有城市绿地、树木一定期限的冠名权,具体办法由市人民政府另行制定。

第八条 单位和个人有保护城市绿化的义务,有权制止、举报损害城市绿化的行为。

第九条 市、区、县(市)人民政府应当建立全民义务监督制度,并对城市绿化做出显著成绩的单位和个人给予表彰、奖励。

第二章 规划和建设

第十条 市、县(市)城乡规划行政主管部门应当会同城市绿化行政主管部门共同组织编制城市绿地系统规划。

编制城市绿地系统规划时,应当广泛征求相关部门和社会各界意见。

第十一条 市、县(市)城市绿化行政主管部门应当根据城市绿地系统规划,结合城市近期建设规划编制城市绿地系统分期实施规划,报同级人民政府批准后实施。

编制城市绿地系统分期实施规划时,应当与松花江两岸城区段堤防升级改造相结合。

第十二条 市、县(市)城乡规划行政主管部门应当会同城市绿化行政主管部门,依据城市绿地系统规划划定城市绿线,报同级人民政府批准后实施。

已划定的城市绿线,不得擅自调整。确因公共利益需要调整的,应当按照原审批程序报批。城市绿线调整后不得减少规划绿地的总量。

市、县(市)城乡规划行政主管部门应当自城市绿线批准之日起二十日内,向社会公布,接受公众监督。

第十三条 禁止以任何名义和形式侵占城市绿地。

不得擅自改变城市绿地性质。确因公共利益需要改变城市绿地性质的,属于一级保护地块的城市绿地,市人民政府应当提前三十日提出调整方案,经市人大常委会审议批准后,依法履行相关审批程序;其他城市绿地经市、县(市)人民政府按照规定程序批准,并按照审批权限分别报市、县(市)人大常委会备案。

对于新建成的符合一级保护地块条件的城市绿地,市人民政府应当及时补充到保护目录中,报市人大常委会审议确定后,向社会公布。

第十四条 经批准改变城市绿地性质的,城乡规划行政主管部门应当按照改变城市绿地的面积和性质在同等土地价格地段内就近规划新的城市绿地。

第十五条 市城市绿化行政主管部门应当会同有关部门,根据城市绿地系统规划编制公园发展规划,报同级人民政府批准后实施。

第十六条 公园绿地的绿化用地面积占其总用地面积的比例,应当不低于百分之七十。

已建成的公园的绿地率未达到前款规定标准的,应当采取措施增加绿地,并不得新建、扩建各类建筑物、构筑物。

已建成的公园的地下空间禁止商业性开发。

违反本条第二款规定的,责令限期改正,恢复原状,并对建设单位处以两万元以上五万元以下罚款。

第十七条 建设项目城市绿化用地面积占建设项目用地总面积的比例,应当符合下列规定:

(一)新开发建设的居住区不低于百分之三十,旧城改造建设的居住区不低于百分之二十五;

(二)医院、疗养院、学校、机关团体不低于百分之三十五;

(三)交通枢纽、商业中心不低于百分之二十;

(四)产生有毒、有害气体、粉尘等污染物的单位不低于百分之三十,并设置宽度不少于五十米的防护林带;

(五)新建城市道路红线宽度在五十米以上的,不低于百分之三十;红线宽度在四十米以上至五十米以下的,不低于百分之二十五;红线宽度在三十米以上至四十米以下的,不低于百分之二十;红线宽度在三十米以下的,根据实际合理安排。

内河水系新建、改建工程两侧城市绿化用地,规划为防护绿地的,防护林带宽度不少于三十米。

建设项目城市绿化用地面积占建设项目用地总面积的比例未达到前款规定标准的,建设单位应当按照城乡规划行政主管部门依法确定的地点及范围异地建设所缺面积的绿地,并承担建设费用,由有关行政主管部门追缴土地出让金等相关费用。

违反本条第一款、第二款规定的,责令限期改正,并对建设单位按照不足绿地面积数处以所在区域当年基准地价的一倍以上两倍以下罚款。

第十八条 城市绿化工程的设计、施工和监理,应当由具备相应资质的单位承担。

违反本条前款规定的,责令限期改正,没收违法所得,并对设计或者监理单位处以合同约定价款的一倍以上两倍以下罚款;对施工单位处以工程合同价款百分之二以上百分之四以下罚款;对建设单位处以设计费、施工费或者监理费百分之十以上百分之五十以下罚款。

第十九条 城市绿化工程的设计单位和施工单位,应当按照规定的技术规范和工程建设标准组织设计和施工。

违反本条前款规定的,责令限期改正,对设计、施工单位处以设计费、施工费百分之五以上百分之十以下罚款。

第二十条 城市绿化工程取得建设工程规划许可证之前,市城市绿化行政主管部门应当按照有关规定在部门联合会审中对绿化工程相关内容进行审查。

第二十一条 城市绿化建设应当优先选用本地乡土植物,注重植物多样性,形成合理的种植结构。

栽植应用本省没有自然分布的植物种类和胸径在十五厘米以上乔木时,建设单位应当委托具有相应资质的专业机构先期进行可行性技术论证,控制栽植数量。

第二十二条 城市绿化应当坚持实行平面绿化与立体绿化相结合,扩大绿化空间。

城市立交桥、道路隔离带等市政公用设施及高架道路下用地,适宜绿化的,应当实施绿化。城市主要道路两侧沿线单位,应当实施通透式绿化。

第二十三条 城市绿地内铺装道路、广场和有行道树的人行道等,应当使用透水、透气、防滑材料。

第二十四条 城市绿化工程施工前,对工程所需的园林植物及其木质支撑物按照国家有关规定进行检疫。

第二十五条 城市绿化工程建设单位应当在领取施工许可证前按照有关规定办理工程质量监督手续。

违反本条前款规定的,责令限期改正,逾期不改正的,对建设单位处以一千元以上五千元以下罚款。

第二十六条 承担绿化工程质量监督的机构应当对城市绿化工程的质量、施工单位履行质量管理职责、质量控制程序、技术资料和质量实效性等情况进行监督检验。

第二十七条 建设项目附属城市绿化工程,应当与建设项目主体工程同步规划、同步设计、同步建设、同步验收。因季节原因不能与主体工程同步竣工的,竣工时间不得晚于主体工程竣工后的下一个绿化季节。

第二十八条 城市绿化行政主管部门组织建设的绿化工程,由其组织竣工验收;其他单位组织建设的绿化工程竣工时,应当通知城市绿化行政主管部门参加验收。

第二十九条 施工单位应当按照施工合同约定的期限承担养护责任。

养护期满后,按照规定由城市绿化行政主管部门承担养护责任的城市绿化工程,建设单位应当及时与城市绿化行政主管部门进行建管交接,建管交接应当通知财政部门参加。

第三十条 建设单位与城市绿化行政主管部门进行城市绿化工程建管交接时,应当符合下列条件:

（一）按照设计文件完成全部项目建设；

（二）植物长势良好，成活率百分之百；

（三）附属设施及建筑小品完好率达到百分之百；

（四）竣工验收合格，竣工资料齐全，竣工决算已由有关部门审定。

其他城市绿化工程的建管交接条件参照前款规定执行。

第三十一条　建设单位取得土地使用权后不能在春、夏季开工建设的，应当实施临时绿化，利用植物覆盖裸露土地，防止扬尘。

第三十二条　生产绿地的建设应当适应城市绿化发展的需要，生产绿地面积占城市建成区面积的比率应当不低于百分之二。

园林苗圃应当培育适宜本市生长的优质苗木和花草，逐步实现城市绿化苗木花草自给。

第三章　保护和管理

第三十三条　城市绿化保护管理责任按照以下规定确定：

（一）公共绿地和行道树，由城市绿化行政主管部门负责；

（二）机关、团体、部队、学校及其他企业事业单位附属绿地，由所在单位负责；

（三）居住区绿地，由业主委托的物业服务企业负责，未实行物业管理的由街道办事处（社区）或者镇政府负责；

（四）铁路、公路、水务管理范围内的防护绿地，分别由铁路、公路、水务主管部门负责，市政府对河道防护绿地管理职责另有规定的除外。

保护管理责任不清或者有争议的城市绿地和树木，由市、县（市）城市绿化行政主管部门确定责任单位。

第三十四条　城市绿化保护管理责任单位应当履行下列职责：

（一）建立管理制度；

（二）做好绿化植物养护巡视，按照绿化养护规范修剪、浇水、防治病虫害、施肥扶壮等，保证植物正常生长；

（三）加强绿化设施日常维护，保持完整美观；

（四）发现枯死树木，及时报告，并按照有关规定清除、补植。

第三十五条　城乡规划行政主管部门在办理建设项目规划审批时，应当保护城市绿化成果。涉及既有绿地和珍贵树木的建设项目应当事先征求城市绿化行政主管部门的意见。

第三十六条　城市绿化行政主管部门应当建立城市绿化信息管理系统，定期对城市绿地位置、面积、植物种类、数量、城市绿地养护管理责任单位、养护管理情况等信息进行采集、整理、分析、更新，并且每年向社会公布。

城乡规划、城乡建设、住房保障和房产管理、林业、交通运输、水务等有关部门应当向城市绿化行政主管部门提供相关信息。

第三十七条　市城市绿化行政主管部门应当依据国家有关规定,结合我市城市绿化养护管理实际,编制城市绿化养护地方标准,经质量技术监督部门审定发布后执行。

第三十八条　城市绿化行政主管部门应当加强苗木生产基地规划和建设的指导,组织搞好城市绿化的科学研究,培育优良品种,保证城市绿化需要。

第三十九条　城市绿化行政主管部门应当组织园林植物检疫、病虫害预测预报工作,并指导、监督养护管理责任单位做好园林植物的病虫害防治工作。

第四十条　市、县(市)城市绿化行政主管部门应当建立园林植物防治检测网络体系和应急预案。遇灾害性天气时,应当提前预警,并采取安全防范措施。

发生大面积暴发性、突发性或者危险性园林植物病虫害时,市、县(市)城市绿化行政主管部门应当立即报告同级人民政府并迅速启动应急预案,控制疫情蔓延。

第四十一条　禁止下列损坏城市绿化及其设施的行为:

(一)践踏草坪、攀折花木、乱钉乱画、晾晒物品、拴绳挂物等;

(二)刻扒树皮、挖掘树根等;

(三)在城市绿地内饲养家禽、遛放宠物、种植农作物;

(四)在城市绿地内挖坑取土、焚烧物品、野餐、烧烤;

(五)在城市绿地内或者树池倾倒和堆放垃圾、含融雪剂的冰雪等影响植物生长的物质;

(六)在城市绿地内或者依托树木设置广告、搭建建筑物、构筑物;

(七)损坏建筑小品、雕塑、围栏、挡墙等绿化设施;

(八)其他损害城市绿化的行为。

违反本条前款第一项规定的,责令改正或者采取其他补救措施,处以五十元以上一百元以下罚款。违反第三项规定的,责令改正或者采取其他补救措施,处以一百元以上五百元以下罚款。违反第四项规定的,责令改正或者采取其他补救措施,处以二百元以上一千元以下罚款。违反第二、五项规定的,责令改正,处以五百元以上一千元以下罚款。违反第六、七项规定的,责令限期改正,恢复原状,处以一千元以上五千元以下罚款。

第四十二条　禁止在滩涂、湿地范围内进行开垦耕种、挖掘地表植被以及擅自修建建筑物、构筑物等破坏行为。

违反前款规定的,由水务、林业行政主管部门按照相关法律、法规处罚。

第四十三条　禁止擅自占用、挖掘城市绿地。因城市建设或者其他特殊情况,需要临时占用、挖掘城市绿地的,应当经市、县(市)城市绿化行政主管部门批准,并缴纳绿地占挖费和恢复费。

市、县(市)城市绿化行政主管部门应当自受理申请之日起十个工作日内做出审批决定;不予批准的,应当书面说明理由。

违反本条第一款规定的,责令限期改正,恢复原状,处以所占绿地面积应缴占挖费和恢复费一倍以上三倍以下罚款。

第四十四条　临时占用绿地期限不得超过一年。超过一年确需继续占用的,应当在期满前十五个工作日内重新办理审批手续。每次延期时限为六个月,临时占用总期限不得超过两年。

占用、挖掘单位应当在占用、挖掘期满前按照规定恢复绿地;恢复的,退还恢复费;未恢复的,不退还恢复费,由城市绿化行政主管部门委托专业施工单位绿化。

第四十五条　施工场地内的树木,由建设单位负责保护。建设单位在工程开工前与城市绿化行政主管部门签订树木保护协议时,应当按照树木赔偿费两倍缴纳树木保护押金。

违反本条前款规定的,责令限期改正,逾期不改正的,对建设单位处以树木赔偿费两倍以上三倍以下罚款。

第四十六条　各类管线应当与街路、绿地内的树木保持安全间距,乔木的安全间距为2米,灌木的安全间距为1.5米。因特殊情况,需在安全间距内铺设、维修地下管线的,管线管理单位应当事先告知城市绿化行政主管部门,并在城市绿化专业人员指导下挖掘。

违反本条前款规定的,责令改正;造成树木损坏的,对管线管理单位处以树木赔偿费一倍以上三倍以下罚款;造成树木死亡的,对管线管理单位处以树木赔偿费三倍以上五倍以下罚款。

第四十七条　开发利用绿地地下空间的,应当符合有关建设规范,确保地下设施上缘留有符合植物生长要求的覆土层,不得影响树木正常生长和绿地的使用功能。

违反本条前款规定的,责令改正,并对建设单位处二万元以上五万元以下罚款。

第四十八条　因树木生长影响线缆、交通设施、高架线等公共设施安全的,线缆或者交通设施管理等单位应当在城市绿化行政主管部门指导、监督下修剪。

违反本条前款规定的,责令改正,并处以每株五百元以上一千元以下罚款;造成树木死亡的,处以树木赔偿费三倍以上五倍以下罚款。

第四十九条　禁止擅自移植树木。

确因公共利益需要移植树木的,建设单位应当向树木所在地的市、县

（市）城市绿化行政主管部门提出申请，经批准后方可实施移植。树木移植五日前，由审批部门在施工现场进行公示。

同一工程需要移植或者砍伐乔木超过五十株的，由市、县（市）城市绿化行政主管部门审核后报市人民政府批准。

违反本条第一款规定的，责令改正，并处以树木赔偿费三倍以上五倍以下罚款。

第五十条 经批准移植树木的，申请人应当向城市绿化行政主管部门缴纳成活保证金。补栽、移植成活的，退还保证金；未成活的，以保证金抵作栽植费用。

第五十一条 移植树木应当由具有相应资质的施工单位实施。

施工单位应当按照树木移植技术规程进行移栽。

违反本条第一款规定的，责令改正，并对建设单位处以五千元以上一万元以下罚款。违反本条第二款规定的，责令改正，并对施工单位处以五千元以上一万元以下罚款。

第五十二条 禁止砍伐古树名木及古树后续资源。

不得擅自砍伐其他树木。

符合下列情形之一的，经市、县（市）城市绿化行政主管部门批准，应当及时砍伐：

（一）已经死亡的；

（二）严重倾斜阻碍交通或者危及公共安全的；

（三）发生病虫害无法治愈的；

（四）更新、改造、城市建设需要且无移植价值的。

违反本条第一款规定的，责令停止违法行为，并处以每株五万元以上二十万元以下罚款；违反本条第二款规定的，责令改正，并处以树木赔偿费三倍以上五倍以下罚款。

第五十三条 经批准砍伐树木的，除第五十二条第三款第（一）项至第（三）项外，申请人应当向树木所有权人缴纳树木赔偿费，同时每伐一株，应当补栽五株以上，并向市、县（市）城市绿化行政主管部门缴纳成活保证金。

第五十四条 市人民政府应当每年组织对一级保护地块内的城市绿地以及其范围内古树名木保护情况的专项检查，并将检查情况报市人大常委会审议。

第五十五条 绿地占挖费、绿地恢复费、树木赔偿费和成活保证金的标准应当由价格、财政、城市绿化行政主管部门共同拟定，报市人民政府批准。

政府收缴的绿地占挖费、树木赔偿费和扣缴的绿地恢复费、树木保护押金、成活保证金应当专项用于城市绿化。

第五十六条 城市绿化行政主管部门、城市管理行政执法部门和相关部门应当建立健全信息共享的协作机制,按照职责对城市绿化活动实施监督检查。

城市绿化行政主管部门发现违反城市绿化管理的行为时,应当及时告知城市管理行政执法部门,城市管理行政执法部门应当及时查处,并将查处结果在两个工作日内告知城市绿化行政主管部门。

城市管理行政执法部门发现违反城市绿化管理的行为时,应当及时告知城市绿化行政主管部门,对绿地面积、数量、标准或者涉及城市绿化专业内容的事项不能直接确认的,书面征求城市绿化行政主管部门意见。城市绿化行政主管部门应当在两个工作日内予以答复,城市管理行政执法部门应当将查处结果在两个工作日内告知城市绿化行政主管部门。

第五十七条 本条例规定的行政处罚,实行相对集中行政处罚权的,由集中行使行政处罚权的部门实施;未实行相对集中行政处罚权的,由有关行政主管部门依据职责实施。

本条例对行政处罚未作具体规定的,由有关部门依据相关法律、法规、规章的规定实施。

第五十八条 城市绿化行政主管部门应当会同城市管理行政执法部门建立日常巡查制度,及时纠正和查处损害城市绿化的行为。

第五十九条 城市绿化行政主管部门、城市管理行政执法部门应当设立举报电话,接受举报投诉。接到投诉举报后应当在五个工作日内完成核查、处理,并将处理情况反馈举报投诉人。

第六十条 城市绿化行政主管部门以及其他有关行政管理部门的工作人员玩忽职守、滥用职权、徇私舞弊的,由其所在单位或者上级主管机关给予行政处分。

城市绿化行政主管部门以及其他有关行政管理部门的工作人员违反行政问责规定的,由监察机关或者本部门对其主管领导和直接责任人给予行政问责。

第四章 附 则

第六十一条 本条例所称城市绿地包括:

(一)公共绿地,是指向公众开放的公园、小游园、街道广场绿地,以及植物园、动物园、特种公园等。

(二)生产绿地,是指为城市园林绿化提供苗木、花草、种子的苗圃、花圃等圃地。

(三)防护绿地,是指具有卫生、隔离和安全防护功能的绿地。

(四)附属绿地,是指城市建设用地中绿地之外各类用地中的附属绿化用地。

（五）其他绿地，是指对城市生态环境质量、居民休闲生活、城市景观和生物多样性保护有直接影响的绿地。

第六十二条　本条例所称城市绿线，是指在城市规划建设中确定的各种城市绿地的边界线。

第六十三条　本条例所称保护地块的范围及等级，由市人民政府提出，经市人大常委会审议确定。

第六十四条　本条例自 2015 年 1 月 1 日起施行。2003 年 12 月 25 日哈尔滨市第十二届人民代表大会常务委员会第六次会议通过　2004 年 4 月 9 日黑龙江省第十届人民代表大会常务委员会第八次会议批准，2004 年 6 月 1 日起施行的《哈尔滨市城市绿化条例》同时废止。

哈尔滨市城市环卫作业人员安全保障条例

(2014 年 10 月 29 日哈尔滨市第十四届人民代表大会常务委员会第十八次会议通过　2015 年 1 月 19 日黑龙江省第十二届人民代表大会常务委员会第十七次会议批准)

第一条　为了加强城市环卫作业人员安全保障,根据《中华人民共和国劳动法》、《中华人民共和国道路交通安全法》、《中华人民共和国安全生产法》等法律,结合我市实际,制定本条例。

第二条　本条例适用于本市建成区以及市人民政府确定的其他实行城市环境卫生管理的区域。

第三条　本条例所称环卫作业人员,是指在城市道路、广场、桥梁等公共场所从事清扫、保洁、粪便清掏和垃圾收集、运输等市容环境卫生作业的人员。

第四条　环卫作业人员安全保障工作,坚持统一领导、分工负责、安全第一、预防为主的原则。

第五条　本条例由市人民政府负责组织实施。

城市环境卫生行政主管部门(以下简称环卫部门)负责环卫作业人员安全保障的组织管理工作。

公安交通管理、财政、人力资源和社会保障、交通运输、卫生和计划生育、安全生产监督管理、城市管理行政执法等行政管理部门应当加强配合,按照各自职责,负责环卫作业人员安全保障的相关工作。

第六条　市、区、县(市)人民政府应当按照国家有关规定保障环卫作业专项经费。

环卫作业单位应当加大机械化作业设施、设备的投入,减轻环卫作业人员劳动强度,提高作业效率和安全系数。

第七条　广播、电视、报刊等媒体应当开展环境卫生方面的公益性宣传,倡导公众尊重环卫作业人员的劳动成果。对车辆沿街撒落、随意倾卸垃圾、向外抛弃废弃物,行人随地吐痰、乱扔废弃物等不文明行为进行曝光。

环卫、公安交通管理等部门应当采取多种监控手段,依法获取破坏城市环境卫生行为的违法证据材料,并通过媒体曝光。

第八条　任何单位和个人应当尊重环卫作业人员劳动成果,不得妨碍环卫作业安全,对危害环卫作业安全的行为有权进行举报。

第九条 市环卫部门应当根据我市实际,制定环卫作业安全规范并组织实施。

区、县(市)环卫部门、环卫作业单位应当依据环卫作业安全规范,制定环卫作业安全保障的相关制度并组织实施。

环卫作业安全规范应当包括环卫作业人员安全作业的教育培训、防护、组织、管理等内容。

第十条 环卫作业实行安全培训制度。

环卫部门、环卫作业单位应当制定环卫作业人员安全培训计划,建立安全教育档案,定期组织环卫作业人员安全培训。对新录用的环卫作业人员上岗培训应当包括作业安全培训。

公安交通管理部门应当会同环卫部门,定期对环卫作业人员开展交通安全知识的培训。

公安交通管理和交通运输部门应当把保障环卫作业人员安全列入驾驶员培训内容,开展相关安全教育。

第十一条 环卫作业单位应当依法为环卫作业人员办理保险,足额缴纳保险费。

第十二条 环卫部门、环卫作业单位应当保证环卫作业人员工间休息,根据有关规定设置环卫作业人员休息用房,为环卫作业人员工间休息及车辆停放提供条件。

市、区、县(市)人民政府在棚户区改造、新区建设时,应当优先安排环卫作业人员休息用房。

第十三条 环卫部门、环卫作业单位应当加强环卫作业健康的宣传教育,为环卫作业人员提供口罩等防护用品,定期组织健康检查。

第十四条 市环卫部门应当和公安交通管理部门共同制定具备警示作用的我市环卫作业人员专业标志服装以及环卫作业设施、设备的标准。

区、县(市)环卫部门和环卫作业单位应当根据季节变化,为环卫作业人员配发符合标准的环卫专业标志服装和作业设施、设备。

第十五条 环卫作业人员应当增强自我保护意识和提高安全防护技能,依法享有作业安全保障的权利,并履行相关作业安全的义务。

第十六条 环卫作业人员作业时,应当统一穿着环卫专业标志服装,使用符合标准的环卫作业安全防护器材和作业车辆。

专业标志、安全防护器材、作业车辆出现破损、故障时,环卫作业单位应当及时修复或者更换。

第十七条 环卫作业人员在日常人工作业时,应当使用安全警示标志。大面积人工作业或者环卫作业车辆在弯道作业、停放时,应当按照国家相关规定设置安全锥、警示牌等。

　　机动车驾驶员应当主动避开清扫作业区域,避让环卫作业人员及环卫作业车辆。

　　第十八条　环卫部门、环卫作业单位不得安排年龄或者身体健康状况等不适合的人员,在车行道、桥梁上从事环卫作业。

　　第十九条　遇下列天气,应当停止车行道、桥梁上的人工保洁作业:

　　(一)能见度小于一百米;

　　(二)六级以上风力;

　　(三)其他严重影响作业安全的天气。

　　第二十条　环卫作业人员作业时,发现直接危及人身安全的紧急情况,有权停止作业或者采取可能的应急措施后撤离作业场所。

　　任何单位不得因环卫作业人员有本条前款行为而降低其工资、福利等待遇或者解除劳动关系。

　　第二十一条　环卫作业人员应当遵守环卫作业安全规范和相关规定,不得有下列行为:

　　(一)不按照规定参加作业安全培训;

　　(二)随意翻越护栏、乱穿道路;

　　(三)作业车辆逆向行驶、随意变更车道或者随意停放;

　　(四)作业车辆擅自改变作业路线、时间;

　　(五)人工清扫作业行为粗放、不文明,妨碍他人;

　　(六)事业单位环卫职工将自己承担的工作委托给他人;

　　(七)其他违反作业安全要求的行为。

　　第二十二条　公安交通管理部门应当加强安全事故多发区域、路段的监管,并设置必要的警示标志。

　　第二十三条　灾害性降雪发生时,公安交通管理部门应当根据清冰雪作业需要,依法采取临时限制车辆通行等措施,保证清冰雪作业安全进行。

　　第二十四条　城市快速路、主干路和高架桥的环卫作业,应当采用机械化方式。

　　因突发事件等确需批量组织人工作业时,环卫部门、环卫作业单位应当通知公安交通管理部门。公安交通管理部门应当及时采取道路作业安全措施。

　　第二十五条　环卫部门和其他有关行政管理部门及其工作人员应当依法履行环卫安全职责,不得玩忽职守、滥用职权、徇私舞弊。

　　违反本条前款规定的,由监察机关或者有权机关对其主管领导和直接责任人给予行政处分;违反行政问责规定的,由监察机关或者本部门行政问责机构对其主管领导和直接责任人给予行政问责。

第二十六条　环卫作业人员违反本条例第二十一条规定的,环卫部门应当责令改正,并按照相关规定给予处分。

第二十七条　环卫作业单位违反本条例规定有下列行为之一的,由环卫部门按照下列规定处罚:

(一)未按照规定对新录用的环卫作业人员上岗前进行作业安全培训的,责令改正,逾期不改正的,处以五千元以上二万元以下罚款;

(二)未按照规定为环卫作业人员配发符合标准的环卫专业标志服装和作业用具的,责令改正,逾期不改正的,处以五千元以上一万元以下罚款;

(三)未按照规定及时修复或者更换出现破损、故障的专业标志、安全防护器材、作业车辆的,责令改正,逾期不改正的,处以五千元以上一万元以下罚款;

(四)未按照规定确定作业方式、安排作业人员的,责令改正,并处以五千元以上一万元以下罚款。

第二十八条　本条例自 2015 年 4 月 1 日起施行。

哈尔滨市磨盘山水库饮用水水源保护条例

（2012 年 5 月 31 日哈尔滨市第十四届人民代表大会常务委员会第二次会议通过　2012 年 8 月 24 日黑龙江省第十一届人民代表大会常务委员会第三十四次会议批准　根据 2015 年 8 月 27 日哈尔滨市第十四届人民代表大会常务委员会第二十四次会议通过　2015 年 10 月 22 日黑龙江省第十二届人民代表大会常务委员会第二十二次会议批准的《关于修改〈哈尔滨市磨盘山水库饮用水水源保护条例〉的决定》修正）

第一章　总　　则

第一条　为加强磨盘山水库饮用水水源的保护,保障城市居民饮用水安全,根据《中华人民共和国水法》、《中华人民共和国水污染防治法》、《中华人民共和国防洪法》、《水库大坝安全管理条例》等有关法律、法规的规定,结合本市实际,制定本条例。

第二条　本条例适用于磨盘山水库饮用水水源(以下简称水源)的保护。

本条例所称水源保护包括对水资源、水质的保护和对水源枢纽工程、输水管线设施的保护。

第三条　水源保护坚持安全第一、预防为主、防治结合、综合治理的原则。

第四条　本条例由市人民政府负责组织实施。

市水务、环境保护以及城乡规划、城乡建设、国土资源、林业、农业、公安等有关行政主管部门和所在地人民政府,应当按照各自职责,负责水源保护的相关工作。

水库管理机构负责水源保护的日常管理工作,水源地环境保护机构负责水源水质保护的日常监督管理工作。

市有关行政主管部门可以根据管理需要,在其法定权限内依法委托相关单位实施行政处罚。

第五条　市人民政府应当将水源保护工作纳入国民经济和社会发展计划,组织协调有关行政主管部门和所在地人民政府按照各自职责,做好水源保护工作。

第六条　任何单位和个人都有保护水源的义务,并有对破坏水源水质及水源枢纽工程、输水管线设施等行为进行制止、检举和控告的权利。

第七条　市人民政府或者有关行政主管部门,应当对在水源保护工作中做出显著成绩的单位和个人给予表彰和奖励。

第二章　水资源和水质保护

第八条　水源保护区分为一级保护区、二级保护区,在水源保护区外围划定准保护区。

一级保护区水域范围:水库正常蓄水 318 米水位线(以下简称 318 米水位线)以下的全部水域面积,水库上游的入库河流拉林河、大沙河、洒沙河由入库口(318 米水位线)沿河道上溯 1000 米的水域,水库坝址下游 100 米的拉林河水域;一级保护区陆域范围:水库 318 米水位线外延 200 米范围的陆域,拉林河、大沙河、洒沙河入库口(318 米水位线)上溯 1000 米相对应的陆域沿岸纵深与河岸(大沙河、洒沙河平均河宽为 10 米,拉林河平均河宽15 米)的水平距离 100 米范围。

二级保护区水域范围:大沙河水域范围从一级保护区的上游边界上溯11.5 公里,洒沙河水域范围从一级保护区的上游边界上溯 8.6 公里;二级保护区陆域范围:水库(318 米水位线)一级保护区陆域边界外延 5 公里范围的区域,大沙河、洒沙河二级水域对应的现有河道两岸横向外延 1000 米范围,拉林河从一级保护区水域的上边界起上溯至 10.6 公里所对应的现有河道两岸横向外延 1000 米范围。

准保护区水域范围:大沙河二级保护区的上游边界上溯 15.8 公里,洒沙河二级保护区的上游边界上溯 11.4 公里;准保护区陆域范围:水库沿二级保护区边界向外延伸 5 公里的区域(遇分水岭以分水岭为界),大沙河、洒沙河相应水域沿岸与河岸水平距离 2000 米范围内,拉林河从距离一级保护区上游边界 10.6 公里处起至上游 16.8 公里水域范围所对应的现有河道两岸横向外延 2000 米范围。

第九条　水源保护区内水质及拉林河上游河流水质,不得低于国家《地表水环境质量标准》中的 Ⅱ 类标准和国家《生活饮用水卫生标准》中的生活饮用水源卫生标准。

准保护区的水质应当能满足二级保护区的水质标准。

第十条　市环境保护行政主管部门应当按照有关规定对水源保护区和准保护区内的水质进行监测,发现问题及时处理。

第十一条　在准保护区内不得有下列行为:

(一)新建和扩建化工、印染、酿造、化学制浆、农药、电镀以及其他严重

污染水体的生产项目,或者改建建设项目增加排污量;

（二）毁林开荒、破坏植被;

（三）使用剧毒、高残留农药;

（四）开矿、采石;

（五）毒鱼、炸鱼、电鱼;

（六）向水体排放油类、酸液、碱液;

（七）向水体排放剧毒废液,或者将含有汞、镉、砷、铬、铅、氰化物、黄磷等的可溶性剧毒废渣向水体排放、倾倒或者直接埋入地下;

（八）在水体清洗装贮过油类、有毒污染物的车辆或者容器;

（九）向水体排放、倾倒工业废渣、城镇垃圾或者其他废弃物;

（十）向水体排放、倾倒放射性固体废物或者含有高放射性、中放射性物质的废水;

（十一）违反国家有关规定或者标准,向水体排放含低放射性物质的废水、热废水或者含病原体的污水;

（十二）利用渗井、渗坑、裂隙或者溶洞排放、倾倒含有毒污染物的废水、含病原体的污水或者其他废弃物;

（十三）利用无防渗漏措施的沟渠、坑塘等输送或者存贮含有毒污染物的废水、含病原体的污水或者其他废弃物;

（十四）设置含有汞、镉、砷、铬、铅、氰化物、黄磷等的可溶性剧毒废渣的堆放场所;

（十五）设置贮存工业废水、医疗废水和生活污水的坑塘、沟渠等场所;

（十六）利用不符合国家农田灌溉水质标准的水进行灌溉;

（十七）可能影响水源保护的其他行为。

对已经建成的工业企业,由有关行政主管部门实施强制性清洁生产审核。

第十二条　准保护区内应当采取工程措施或者建造湿地、水源涵养林等生态保护措施,防止水污染物直接排入水体。现有直接或者间接向水体排放污染物的,应当符合国家和地方规定水污染物排放标准、重点水污染物排放总量控制指标,并向水源地环境保护机构进行排污申报登记,申领排污许可证。

在水源保护区和准保护区内的建设项目,建设单位应当向水源地环境保护机构报批建设项目环境影响评价文件审批手续。

第十三条　在二级保护区内除应当遵守本条例第十一条规定外,不得有下列行为:

（一）新建、改建、扩建排放污染物的建设项目;

（二）设置排污口;

（三）在水体中清洗船舶、车辆，进行肥水养殖，在距水体 50 米范围内进行畜禽养殖；

（四）设置化工原料、矿物油类及有毒有害矿产品的贮存场所，建设生活垃圾、工业固体废物和危险废物的堆放场所和转运站，建设无隔离设施的输油管道；

（五）围水造田；

（六）从事网箱养殖和旅游经营活动；

（七）可能影响水体的其他行为。

对已建成排放污染物的建设项目，由市人民政府依法责令拆除或者关闭。

第十四条 在一级保护区内除应当遵守本条例第十一条、第十三条规定外，不得有下列行为：

（一）新建、改建、扩建与供水设施和保护水源无关的建设项目；

（二）在水体中清洗衣物或者其他器具；

（三）旅游、游泳、垂钓或者其他可能污染饮用水水体的活动；

（四）放养畜禽；

（五）水上训练以及其他水上体育、娱乐活动；

（六）挖砂、取土、埋坟、丢弃及掩埋动物尸体；

（七）与水源保护无关或者产生污染的船舶下水；

（八）可能影响水质的其他行为。

对已建成的与水源保护无关的建设项目，由市人民政府依法责令拆除或者关闭。

第十五条 依法严格保护水源保护区和准保护区内的林木，使其持续发挥涵养水源功能，满足水库水源需求。

禁止任何单位和个人毁坏或者擅自采伐林木。

第十六条 水源保护区和准保护区内的单位和个人产生的垃圾、污水、粪便，应当向指定地点倾倒、排放，由有关专业单位统一收集，并按照环境保护规定标准处置。

第十七条 市环境保护行政主管部门应当根据国家有关规定，会同有关部门制定水源保护应急预案，报经市人民政府批准后发布。

水源保护区和准保护区内发生污染事故或者其他突发事件，造成或者可能造成水质污染时，有关单位和个人应当采取有效措施防止或者减轻污染，并立即向水源地环境保护机构或者所在地环境保护行政主管部门、所在地人民政府报告。

第十八条 农业行政主管部门及所在地人民政府，应当采取有效措施，指导农业生产者科学、合理地施用化肥和农药，控制化肥和农药的过量使用,防止造成水污染。

第十九条 农业行政主管部门及所在地人民政府,应当组织和引导水源二级保护区和准保护区内的农民改变畜禽零散养殖方式,开展畜禽集中养殖,对畜禽养殖污染进行集中防治。

第二十条 市人民政府应当有计划地组织一级保护区内现有居民实施搬迁。

所在地人民政府及公安部门,应当根据水源保护的需要,控制水源保护区以外的人口迁入。

第三章 水源枢纽工程和输水管线设施保护

第二十一条 本条例所称水源枢纽工程包括:水库大坝、溢洪道、灌溉洞、供水洞、变电所、水文观测站、水库综合楼、永一路、永二路、坝下交通桥、库区公路及附属机械设备、电气设备等。

本条例所称输水管线设施包括:自水库输水口至净水厂输水管线和附属的阀门、井室、井室护坡、溢流管、标志桩、通讯光缆、维护站(点)等设施。

第二十二条 水库管理机构负责对水源枢纽工程进行日常巡查和维护,城市供水企业负责对输水管线设施进行日常巡查和维护。

第二十三条 水源枢纽工程保护区范围:坝轴线上游150米,坝左端(南侧)向外延长200米,坝右端(北侧)向外延长100米,大坝背水坡从堤脚线至坝下交通桥,永一路和永二路之间的范围,以及水文观测断面上下游各1000米以内护坝用地和水文观测保护范围。

第二十四条 水源枢纽工程保护区内不得有下列行为:

(一)侵占或者损坏水源枢纽工程;

(二)爆破、打井、取土、挖砂、埋坟、挖沟、筑坝、设障、建造建筑物、放牧、垦种、养殖;

(三)非大坝管理人员操作输水闸门、泄洪闸门和相关设施;

(四)搬动护坡石,堵塞观测井;

(五)其他危害水源枢纽工程安全的行为。

第二十五条 在水库灌溉洞出口和溢洪道出口至下游1000米范围内,不得进行养殖、捕鱼、游泳、划船等活动。

第二十六条 输水管线和两侧外延各10米、通讯光缆两侧外延各3米、附属设施周边10米的范围内为输水管线设施安全保护区,禁止爆破、挖坑、取土、埋坟,堆放垃圾、物料,修建池塘、道路、建筑物、构筑物等影响输水管线设施安全或者占压输水管线设施的行为。在输水管线设施安全保护区周边,实施上述行为的,应当确保输水管线设施安全。

第二十七条 水库管理机构应当采取措施,保证汛期水库安全运行。

防洪度汛方案和水库汛期调度运用计划应当按照国家有关规定批准后组织实施。

第二十八条 水库管理机构和城市供水企业应当按照有关规定和标准,对水源枢纽工程、输水管线设施进行定期检查、检测、养护,发现安全隐患,及时采取有效措施予以消除。发生紧急事故需要立即进行抢修的,可先抢修后办理相关批准手续。

城市供水企业对输水管线设施进行维护、抢修,应当在作业结束后及时恢复原状,造成损失的,依法承担赔偿责任。

第二十九条 各有关单位和个人应当对水库工程设施维修、养护、加固、更新等活动给予支持和配合。

任何单位和个人不得妨碍、阻挠城市供水企业对输水管线设施进行维护、抢修。

第四章 监督管理

第三十条 市水务、环境保护行政主管部门及水库管理机构、水源地环境保护机构应当与所在地人民政府及有关部门、单位建立信息通报、定期联系、联合执法等协作机制,及时通报信息、协调工作,共同做好水源保护工作。

第三十一条 市环境保护行政主管部门应当在水源保护区和准保护区范围的边界,设立明确的地理界标和明显的警示标志及保护水源宣传牌。

市水务行政主管部门应当在水源枢纽工程保护区、输水管线设施安全保护区范围的边界,设立明确的地理界标和明显的警示标志及保护水源宣传牌。

任何单位和个人不得移动、占用、损毁地理界标和警示标志及保护水源宣传牌。

第三十二条 水库管理机构和水源地环境保护机构,应当分别建立健全巡查监测等制度,加强日常监管,发现影响水源保护的行为,及时进行查处。

城市供水企业发现危害输水管线设施安全的情形,应当及时报告市水务行政主管部门或者其委托的单位。

第三十三条 本条例规定行使监督管理权的有关行政主管部门和管理机构依法进行监督检查时,有权进入现场,调阅有关资料,按照有关法律规定封存、扣押相关证据,约见有关单位负责人以及相关人员。有关单位和人员应当予以配合。

第三十四条 水库管理机构应当根据实际制定水源供应计划,科学合理调配水源下泄流量,优先保证城市供水,兼顾水库下游农业灌溉等其他用水需求。

水库管理机构应当将制定的水源供应计划及时抄告水库下游乡(镇)人民政府。

水库下游乡(镇)人民政府应当根据水库安排的水源下泄流量计划,引导农民合理用水。

第五章　法律责任

第三十五条　违反本条例规定有下列行为之一的,由市环境保护行政主管部门或者其委托的单位责令停止违法行为,处以10万元以上50万元以下罚款,并报经市人民政府批准,依法责令拆除或者关闭:

(一)在一级保护区内新建、改建、扩建与水源保护无关的建设项目的;

(二)在二级保护区内新建、改建、扩建排放污染物的建设项目的;

(三)在准保护区内新建和扩建化工、印染、酿造、化学制浆、农药、电镀以及其他严重污染水体的生产项目,或者改建建设项目增加排污量的。

第三十六条　在水源保护区内设置化工原料、矿物油类及有毒有害矿产品的贮存场所,建设生活垃圾、工业固体废物和危险废物的堆放场所和转运站,建设无隔离设施的输油管道的,由市环境保护行政主管部门或者其委托的单位责令停止违法行为,限期拆除,恢复原状,处以5万元以上50万元以下罚款。

第三十七条　在水源保护区内设置排污口的,由市人民政府责令限期拆除,处以10万元以上50万元以下罚款;逾期不拆除的,强制拆除,所需费用由违法者承担,处以50万元以上100万元以下罚款,并可以责令停产整顿。

第三十八条　违反本条例规定有下列行为之一的,由市环境保护行政主管部门或者其委托的单位按照下列规定处罚:

(一)在水源保护区和准保护区内使用剧毒、高残留农药的,责令停止违法行为,限期采取治理措施,消除污染,处以1000元以上2万元以下罚款;

(二)在水源保护区和准保护区内向水体排放油类、酸液、碱液,向水体排放、倾倒工业废渣、城镇垃圾或者其他废弃物,利用无防渗漏措施的沟渠、坑塘等输送或者存贮含有毒污染物的废水、含病原体的污水或者其他废弃物的,责令停止违法行为,限期采取治理措施,消除污染,处以2万元以上20万元以下罚款;逾期未采取治理措施的,可以指定有治理能力的单位代为治理,所需费用由违法者承担;

(三)在水源保护区和准保护区内向水体排放剧毒废液,或者将含有汞、镉、砷、铬、铅、氰化物、黄磷等的可溶性剧毒废渣向水体排放、倾倒或者直接埋入地下,向水体排放、倾倒放射性固体废物或者含有高放射性、中放射性物质的废水,利用渗井、渗坑、裂隙或者溶洞排放、倾倒含有毒污染物的废水、含病原体的污水或者其他废弃物的,责令停止违法行为,限期采取治理措施,消除污染,处以 5 万元以上 50 万元以下罚款;逾期未采取治理措施的,可以指定有治理能力的单位代为治理,所需费用由违法者承担;

（四）在水源保护区和准保护区内水体清洗装贮过油类、有毒污染物的车辆或者容器的,违反国家有关规定或者标准,向水体排放含低放射性物质的废水、热废水或者含病原体的污水的,责令停止违法行为,限期采取治理措施,消除污染,处以 1 万元以上 10 万元以下罚款;逾期未采取治理措施的,可以指定有治理能力的单位代为治理,所需费用由违法者承担;

（五）在水源保护区和准保护区内设置含有汞、镉、砷、铬、铅、氰化物、黄磷等的可溶性剧毒废渣的堆放场所的,设置贮存工业废水、医疗废水和生活污水的坑塘、沟渠等场所的,责令停止违法行为,限期采取治理措施,消除污染,处以 1 万元以上 10 万元以下罚款;

（六）在水源保护区和准保护区内利用不符合国家农田灌溉水质标准的水进行灌溉的,责令停止违法行为,处以 1000 元以上 5000 元以下罚款;

（七）在水源保护区和准保护区内向指定地点以外区域倾倒或者排放垃圾、污水、粪便的,责令改正,处以 20 元以上 500 元以下罚款;

（八）在水源保护区内水体中清洗船舶、车辆或者进行肥水养殖,在距水体 50 米范围内进行畜禽养殖的,责令停止违法行为,处以 1 万元以上 10 万元以下罚款;

（九）在二级保护区内从事网箱养殖、旅游经营活动的,责令停止违法行为,限期采取治理措施,处以 2 万元以上 5 万元以下罚款;

（十）在一级保护区内从事网箱养殖或者组织进行旅游、垂钓或者其他可能污染饮用水水体活动的,责令停止违法行为,处以 2 万元以上 10 万元以下罚款。个人在一级保护区内游泳、垂钓或者从事其他可能污染饮用水水体活动的,责令停止违法行为,可以处以 200 元以下罚款。

第三十九条 违反本条例规定侵占或者损坏水源枢纽工程、输水管线设施的,由市水务行政主管部门或者其委托的单位责令停止违法行为,恢复原状或者赔偿损失,处以一万元以上五万元以下罚款。

第四十条 违反本条例规定有下列行为之一的,由市水务行政主管部门或者其委托的单位按照下列规定处罚:

（一）在水源枢纽工程保护区内爆破、打井、取土、挖砂、埋坟、挖沟、筑坝、设障、建造建筑物的,责令停止违法行为,恢复原状,处以 5000 元以上 1 万元以下罚款;

（二）在水源枢纽工程保护区内放牧、垦种、养殖的,责令停止违法行

为,处以 500 元以上 1000 元以下罚款;

(三)在输水管线设施安全保护区内爆破、挖坑、取土、埋坟,堆放垃圾、物料,修建池塘、道路、建筑物、构筑物等影响输水管线设施安全或者占压输水管线设施的,责令停止违法行为,恢复原状,处以 5000 元以上 1 万元以下罚款;

(四)非大坝管理人员操作输水闸门、泄洪闸门和相关设施,搬动水源枢纽工程护坡石、堵塞观测井的,责令停止违法行为,处以 1000 元以上 5000 元以下罚款;

(五)在水库灌溉洞出口和溢洪道出口至下游 1000 米范围内从事养殖、捕鱼、游泳、划船等活动的,责令停止违法行为,处以 100 元以上 5000 元以下罚款;

(六)在水源保护区和准保护区内毒鱼、炸鱼、电鱼的,责令停止违法行为,没收工具和违法所得,处以 1 万元以上 5 万元以下罚款;

(七)在水源保护区内围水造田的,责令停止违法行为,限期恢复原状,处以 1 万元以上 5 万元以下罚款;

(八)在一级保护区内挖砂、取土、埋坟、丢弃及掩埋动物尸体,放养畜禽、与水源保护无关或者产生污染的船舶下水、在水体中清洗衣物或者其他器具、水上训练以及其他水上体育、娱乐活动的,责令停止违法行为,处以 1000 元以上 1 万元以下罚款;

(九)妨碍、阻挠城市供水企业对输水管线设施进行维护、抢修的,责令改正;拒不改正的,处以一千元以上一万元以下罚款。

第四十一条　违反本条例规定移动、占用、损毁地理界标和警示标志及保护水源宣传牌的,由水源地环境保护机构、水库管理机构或者市水务行政主管部门委托的单位责令停止违法行为,处以一千元以上一万元以下罚款。

第四十二条　违反本条例规定应当由其他有关行政管理部门处罚的,按照有关法律、法规、规章的规定执行。

第四十三条　市环境保护、水务等有关行政主管部门、水库管理机构、水源地环境保护机构和受委托的单位,未依法履行职责有下列情形之一的,由具有行政处分权的部门责令改正,对主管人员和其他直接责任人依法给予行政处分,造成损失的,依法承担赔偿责任:

(一)未依法履行职责,造成水体污染的;

(二)保护措施不当,造成水源枢纽工程损坏的;

(三)对水源保护区和准保护区、水源枢纽工程保护区巡查不到位,发生违反本条例规定行为未及时制止并依法查处的;

(四)对水源枢纽工程维修、养护不利,影响安全的;

(五)其他玩忽职守、滥用职权、徇私舞弊或者渎职、失职的行为。

第六章 附 则

第四十四条 本条例自 2012 年 11 月 1 日起施行。

哈尔滨市应用散装水泥
和预拌混凝土管理条例

(2007年10月11日哈尔滨市第十三届人民代表大会常务委员会第四次会议通过 2007年12月14日黑龙江省第十届人民代表大会常务委员会第三十次会议批准 根据2015年10月29日哈尔滨市第十四届人民代表大会常务委员会第二十五次会议通过 2015年12月18日黑龙江省第十二届人民代表大会常务委员会第二十三次会议批准的《关于修改〈哈尔滨市应用散装水泥和预拌混凝土管理条例〉的决定》修正)

第一条 为促进散装水泥和预拌混凝土发展应用,节约资源,保护和改善环境,保证建设工程质量,推进建筑业技术进步,根据《中华人民共和国节约能源法》、《中华人民共和国清洁生产促进法》、《中华人民共和国建筑法》等有关法律规定,结合本市实际,制定本条例。

第二条 本市行政区域内散装水泥和预拌混凝土(含砂浆,下同)的应用管理,适用本条例。

第三条 本条例所称散装水泥,是指不用包装物包装,通过专用工具进行装运、储存和使用的水泥。

本条例所称预拌混凝土,是指将水泥、集料、水以及根据需要掺入的外加剂、矿物掺和料等组分按照一定比例,在搅拌站经计量、拌制后出售并采用运输车,在规定时间内运至使用地点的混凝土拌合物。

第四条 市建设行政主管部门负责本市行政区域内应用散装水泥、预拌混凝土的管理工作。

县(市)建设行政主管部门负责辖区内应用散装水泥、预拌混凝土的管理工作。

市、县(市)散装水泥和预拌混凝土行政管理机构负责辖区内应用散装水泥、预拌混凝土的日常管理工作。

市、县(市)工信、规划、交通和公安、财政、环境保护、市场监督管理等行政管理部门按照各自职责,负责应用散装水泥、预拌混凝土的相关管理工作。

第五条 市建设行政主管部门应当编制本市散装水泥、预拌混凝土发展应用规划和年度计划,并组织实施。

县(市)建设行政主管部门应当根据本市发展应用规划和年度计划,结合本地实际,编制辖区内散装水泥、预拌混凝土发展应用规划和年度计划,并负责组织实施。

第六条　市、县(市)散装水泥和预拌混凝土行政管理机构应当采取多种形式开展散装水泥和预拌混凝土发展应用的宣传、信息交流、技术培训等活动,推广应用散装水泥和预拌混凝土新技术、新工艺、新设备、新材料。

第七条　市散装水泥和预拌混凝土行政管理机构应当将散装水泥的运输、销售、统计和预拌混凝土的生产、质量、运输、使用、统计等关键环节的监管,纳入散装水泥行业智能信息化管理平台,实行智能动态监管。

水泥、预拌混凝土生产企业及散装水泥、预拌混凝土专用运输单位应当安装符合散装水泥行业智能信息化管理要求的配套设备,并接入散装水泥行业智能信息化管理平台。

第八条　市、县(市)人民政府应当鼓励散装水泥、预拌混凝土的发展应用,对在散装水泥、预拌混凝土发展应用工作中做出突出贡献的单位和个人予以表彰、奖励。

第九条　水泥生产企业配置的散装水泥发放设施应当不低于水泥生产能力的百分之八十。

水泥生产企业散装水泥供应量应当不低于水泥供应总量的百分之七十五。

第十条　预拌混凝土、水泥制品企业生产预拌混凝土、水泥制品应当全部使用散装水泥。

市区内的建设工程项目,散装水泥使用量应当不低于水泥使用量(不含预拌混凝土中的散装水泥)的百分之九十。

县(市)建制镇内的建设工程项目,散装水泥使用比例由当地人民政府确定,但不得低于水泥使用量(不含预拌混凝土中的散装水泥)的百分之七十。

第十一条　市区以及县(市)建制镇内禁止在建设工程施工现场搅拌混凝土,但法规规定可以现场搅拌的情形除外。

第十二条　市建设行政主管部门应当会同市有关部门,根据城市发展规划,按照供需平衡、分布合理、符合环境保护要求的原则,编制本市预拌混凝土生产企业搅拌站布局方案。

新建、扩建预拌混凝土生产企业搅拌站应当符合本市预拌混凝土生产企业搅拌站布局。

第十三条　预拌混凝土生产企业应当具备国家规定的资质条件,依法取得资质证书后,方可承揽工程。预拌混凝土使用单位应当使用具有资质企业生产的预拌混凝土。

违反前款规定使用无资质企业生产预拌混凝土的，市建设行政主管部门应当要求停止使用，并责令建设单位委托质量鉴定单位对已使用部分进行质量鉴定，对未能达到设计要求的，按照相关标准和设计文件的要求处理。

第十四条 预拌混凝土生产企业应当遵守下列规定：

（一）建立健全质量保证体系，全面实行标准化作业；

（二）按照国家质量标准和建设工程设计要求生产预拌混凝土；

（三）使用合格原材料；

（四）销售经检验合格的预拌混凝土；

（五）向使用单位出具预拌混凝土出厂合格证。

预拌混凝土生产企业出具的出厂合格证和使用的外加剂合格证，应当按照有关规定向散装水泥和预拌混凝土行政管理机构备案。

第十五条 预拌混凝土生产企业应当推广先进技术，加强管理，降低产品成本，提高产品质量。

预拌混凝土生产企业应当公平有序竞争，禁止以任何方式垄断价格。

第十六条 散装水泥和预拌混凝土行政管理机构应当按照有关规定，对预拌混凝土生产企业实行信用管理，建立信用档案，并向社会公布企业的信用情况。

第十七条 工程设计单位应当依据设计规范和预拌混凝土标准进行设计，并在施工图设计文件中明确预拌混凝土的品种和性能指标。

施工图审查机构在审查施工图设计文件时应当对前款所列内容进行审查。

第十八条 工程监理单位应当按照有关法律、法规规定及设计文件要求对建设工程使用预拌混凝土的施工过程进行监理，对涉及建筑工程结构安全的地基基础和主体结构等关键部位和工序的混凝土施工实行旁站监理。

对施工单位使用不符合设计文件要求或者无资质企业生产的预拌混凝土的，应当要求施工单位停止使用，并采取措施予以整改；对未按照相关施工技术标准施工的，应当予以制止，并要求施工单位采取措施予以整改。施工单位拒不改正的，工程监理单位不得签认相关监理文件，并应当及时向所在地建设行政主管部门报告。

第十九条 依法实行招标的建设工程项目，招标人或者招标代理机构，应当将使用预拌混凝土项目列入招标文件；投标人应当将使用预拌混凝土费用列入投标报价。未列入招标文件或者未列入投标报价的，招投标管理机构不予办理招投标备案手续。

第二十条 建设、施工单位应当将使用预拌混凝土价格纳入工程概算、施工图预算、工程量清单报价以及竣工结算。

第二十一条 散装水泥、预拌混凝土供应单位,应当依据合同约定按时足量供应散装水泥和预拌混凝土。

第二十二条 水泥和预拌混凝土生产、经销企业应当使用规范格式的发货凭证。

水泥和预拌混凝土生产、经销企业应当于每月的前五个工作日内,向市散装水泥和预拌混凝土行政管理机构报送上月生产、销售流向等相关报表,不得拒报、虚报、瞒报。

第二十三条 散装水泥、预拌混凝土的生产、运输和使用,应当符合环境保护和环境卫生的有关规定。

第二十四条 散装水泥和预拌混凝土行政管理机构应当对散装水泥和预拌混凝土的生产、经销、运输、使用情况进行监督检查。

被检查单位和有关人员应当予以配合,接受检查,提供相关文件和资料。

第二十五条 水泥生产企业、水泥使用单位生产和使用袋装水泥,应当按照国家有关规定缴纳散装水泥专项资金。

建设单位应当依法在建设工程开工前预缴散装水泥专项资金;未预缴的,建设行政主管部门不予办理施工许可证。

第二十六条 市、县(市)散装水泥和预拌混凝土行政管理机构按照权限负责征收散装水泥专项资金。

任何单位和个人不得违反国家规定,擅自改变散装水泥专项资金的征收对象、范围、标准,或者减、免、缓、停征散装水泥专项资金。

第二十七条 建设工程项目竣工之日起三十日内,建设单位凭有关部门批准的工程决算以及购进水泥、预拌混凝土原始凭证等资料,经市散装水泥和预拌混凝土行政管理机构审核无误后,及时办理散装水泥专项资金清算手续,实行多退少补。

第二十八条 市、县(市)审计、财政部门应当加强对散装水泥专项资金征收、使用、返退和管理工作的监督检查。

第二十九条 违反本条例有关规定的,由市、县(市)建设行政主管部门按照下列规定处罚:

(一)水泥生产和使用单位,供应和实际使用散装水泥未达到规定比例的,责令改正,并对未达到规定比例部分,按照每吨水泥二十元以上五十元以下处以罚款。

(二)未经批准,建设工程施工现场搅拌混凝土的,责令改正,并按照实际搅拌量每立方米一百元处以罚款;拒不接受处罚的,没收现场搅拌设备。

（三）预拌混凝土生产企业未取得资质承揽工程的，责令停止违法行为，并处以工程合同价款百分之二以上百分之四以下罚款，没收违法所得。

（四）预拌混凝土使用单位使用无资质企业生产的预拌混凝土的，责令改正，并按照实际使用量处以每立方米一百元罚款。

（五）预拌混凝土生产企业未按照建设工程设计要求生产预拌混凝土、使用不合格原材料、销售未经检验合格预拌混凝土的，责令停止违法行为，没收违法所得，并处以二万元以上十万元以下罚款；情节严重的，责令停业整顿，吊销资质证书。

（六）预拌混凝土生产企业出具的出厂合格证和使用的外加剂合格证未备案的，责令限期改正；逾期未改正的，分别处以一万元以上三万元以下罚款。

（七）建设单位未将使用预拌混凝土价格纳入竣工结算的，对未纳入部分，按照每立方米预拌混凝土一百元处以罚款。

（八）散装水泥、预拌混凝土供应单位未足量供应散装水泥和预拌混凝土的，责令改正，并处以不足量部分总价款三倍以上五倍以下罚款。

（九）水泥和预拌混凝土生产、经销企业未使用规范格式发货凭证的，责令限期改正；逾期未改正的，处以三千元以上一万元以下罚款。

（十）水泥和预拌混凝土生产、经销企业未按照规定报送生产、销售流向等相关报表的，责令限期改正；逾期未改正的，对拒报、虚报、瞒报部分，按照每吨水泥五十元或者每立方米预拌混凝土一百元处以罚款。

（十一）水泥生产企业、水泥使用单位生产和使用袋装水泥，未按照国家有关规定缴纳散装水泥专项资金的，责令限期足额缴纳，并自应缴纳之日起，按日加收万分之五滞纳金；逾期仍不缴纳的，处以应缴数额一倍以上三倍以下的罚款。

第三十条　违反本条例规定应当由其他有关部门处罚的，由有关部门依据有关法律、法规予以处罚。

第三十一条　从事散装水泥和预拌混凝土行政管理的工作人员应当依法履行职责，不得玩忽职守、滥用职权、徇私舞弊。

违反本条前款规定的，由其所在单位或者上级机关给予行政处分；构成犯罪的，依法追究刑事责任。

第三十二条　本条例自 2008 年 3 月 1 日起施行。市人民政府 1996 年 5 月 7 日发布的《哈尔滨市建设工程应用商品混凝土管理规定》和 2000 年 8 月 28 日发布的《哈尔滨市散装水泥管理办法》同时废止。

哈尔滨市燃煤污染防治条例

(2016年2月26日哈尔滨市第十四届人民代表大会常务委员会第二十九次会议通过 2016年4月21日黑龙江省第十二届人民代表大会常务委员会第二十五次会议批准)

第一章 总 则

第一条 为了防治燃煤污染,改善大气环境质量,根据《中华人民共和国环境保护法》、《中华人民共和国大气污染防治法》、《中华人民共和国煤炭法》、《中华人民共和国产品质量法》等法律、法规的规定,结合本市实际,制定本条例。

第二条 本市行政区域内燃煤污染防治,适用本条例。

第三条 燃煤污染防治坚持环境优先、预防为主、政府主导、社会参与、综合治理的原则。

第四条 市人民政府对燃煤污染防治工作负总责,并负责本条例的组织实施。区、县(市)人民政府在各自辖区范围内负相应责任。

市人民政府应当制定促进燃煤污染防治的鼓励政策,采取相应措施,加大资金投入,支持节能改造、热源建设、新能源技术研发、清洁能源和可再生能源推广使用等,引导和监督燃煤生产、加工、储运、购销、使用单位和个人履行防治义务,逐步削减燃煤污染物的排放量,改善大气环境质量。

燃煤生产、加工、储运、购销、使用单位和个人应当依法履行燃煤污染防治相关义务,共同保护大气环境质量。

第五条 市人民政府应当建立统一有效、分工明确的监管治理体系,加强统筹协调。

发展和改革、工业和信息化、环境保护、市场监管、供热、城乡建设、城乡规划、城市管理等行政主管部门应当按照各自职责,负责燃煤污染防治相关工作。

第六条 市人民政府应当将燃煤污染防治工作纳入对区、县(市)人民政府和市人民政府有关部门考核的内容。

第七条 市、县(市)人民政府应当每年向本级人民代表大会常务委员会报告燃煤污染防治情况。

第八条　鼓励单位和个人对燃煤污染大气环境行为进行监督。单位和个人发现违法行为有权向环境保护、市场监管行政主管部门举报。

环境保护、市场监管等行政主管部门应当建立燃煤污染防治举报奖励制度,公布举报电话、电子邮箱等,方便公众举报。受理举报后,应当及时调查处理,并向实名举报人反馈处理结果。对查实的,给予举报人奖励。

第九条　有关行政主管部门应当将违反本条例受到行政处罚的单位名单录入单位信用记录。情节严重的,通过媒体予以曝光。

第十条　广播、电视、报刊等新闻媒体应当开展对燃煤污染防治工作的公益性宣传,加强舆论监督,增强公众的环保意识。

第二章　燃煤消费总量控制

第十一条　实行燃煤消费总量控制和煤质种类结构控制。市人民政府应当制定燃煤消费总量控制规划,确定燃煤消费总量控制目标,逐步降低燃煤在一次能源消费中的比重,实现燃煤消费总量负增长。

第十二条　市发展和改革行政主管部门应当会同市工业和信息化、环境保护等有关行政主管部门根据本市燃煤消费总量控制规划,拟定城市燃煤消费总量控制和煤质种类结构控制方案,报市人民政府批准后公布实施。

市工业和信息化行政主管部门应当建立燃煤消费总量情况统计制度和信息化体系,组织市和区、县(市)有关行政主管部门统计燃煤消费情况,为制定和修订城市燃煤消费总量控制和煤质种类结构控制方案提供依据。

第十三条　区、县(市)人民政府应当按照市人民政府下达的燃煤消费总量控制方案,控制本辖区的燃煤消费总量。未完成燃煤消费总量控制任务的,市发展和改革行政主管部门应当暂停审批该地区新增燃煤消费总量的建设项目。

第十四条　严格控制高耗能、高污染、低热值燃煤项目建设,确需建设的,应当实行产能等量或者减量替代,用能设备应当达到国家一级能效标准。

第十五条　市人民政府应当建立高耗能、高污染行业过剩产能退出机制。依法制定财政、土地、金融等扶持政策,通过落实节能环保标准,支持、引导相关企业退出或者转型发展。

第十六条　燃煤发电企业在确保供电安全前提下,应当按照国家要求对在用燃煤发电机组实施节能升级改造,达到国家规定的供电煤耗标准。

第十七条　城市建设应当统筹规划集中供热,加快热源和供热管网工程建设,加强集中供热系统技术改造,提高热能利用效率。

市、县(市)人民政府应当组织供热行政主管部门和有关部门编制供热专项规划。供热专项规划经省建设行政主管部门评审后纳入城市总体规划,由市、县(市)供热行政主管部门组织实施。

第十八条　市、县(市)发展和改革行政主管部门应当采取措施,加大清洁能源、可再生能源的供应和推广力度,推广使用新能源技术,逐步实施煤改气、煤改电,提高城市清洁能源使用比重,减少燃煤生产、使用、转化过程中的大气污染物排放。

第十九条　市、县(市)工业和信息化行政主管部门应当会同有关行政主管部门组织协调热能富余单位与需要热能的用户对接,促进富余热能市场化交易。

第二十条　市和区、县(市)人民政府城乡建设行政主管部门应当推广建筑节能技术,制定既有建筑节能改造计划,报本级人民政府批准后组织实施。

第三章　燃煤质量管理

第二十一条　燃煤生产、加工、储运、购销、使用单位和个人应当严格执行国家、省规定的燃煤质量标准,不得生产、加工、储运、购销、使用不符合质量标准的燃煤。

市工业和信息化行政主管部门应当向社会公开燃煤质量标准。

第二十二条　燃煤销售单位、使用燃煤的工业企业和供热(包括自供热)单位应当建立燃煤管理档案,并自燃煤采购合同签订或者变更之日起三十日内,按照下列规定将燃煤采购合同、发票、煤质报告单等有关采购数量和煤质信息抄送所在地的区、县(市)相关行政主管部门:

(一)燃煤销售单位抄送市场监管行政主管部门;

(二)使用燃煤的工业企业和供热(包括自供热)单位抄送环境保护行政主管部门。

抄送的信息应当真实准确,不得弄虚作假。

第二十三条　市场监管和环境保护行政主管部门应当将燃煤质量纳入年度抽检计划,对销售、购买和使用的燃煤质量进行抽检。抽检结果应当向社会公开。

第二十四条　新建煤矿应当同步建设配套的燃煤洗选设施;已建成的煤矿,除所采燃煤属于低硫分、低灰分或者根据已经达标排放的燃煤电厂要求不需要洗选的以外,应当在所在地县(市)人民政府规定期限内建成配套的燃煤洗选设施。

第二十五条　市和县(市)人民政府应当采取措施,加强居民用煤市场监督管理,并制定相应补贴措施,鼓励居民燃用洁净型煤和生物质成型燃料,推广节能环保型炉灶。

第四章　燃煤设施管理

第二十六条　不得新建、扩建容量低于每小时十蒸吨、七兆瓦的燃煤锅炉。

第二十七条　市建成区、县(市)人民政府所在地建成区和建成区外的工业园区内,不得新建、扩建容量低于每小时三十五蒸吨、二十九兆瓦的燃煤锅炉。

低于本条前款规定标准在用的燃煤锅炉,应当在市、县(市)人民政府规定的期限内分批并入集中供热管网或者改用天然气、电等清洁能源和风能、太阳能等可再生能源。

新建、扩建使用天然气、电等清洁能源或者风能、太阳能等可再生能源的锅炉,不受本条第一款规定标准的限制。

第二十八条　在集中供热管网覆盖区域,禁止新建、扩建分散燃煤供热锅炉。既有的不能达标排放的分散燃煤供热锅炉,应当在市、县(市)人民政府规定的期限内拆除。

第二十九条　用煤单位使用的锅炉应当满足燃用符合规定标准燃煤的要求。

不符合前款规定在用的锅炉,应当在市人民政府规定的期限内完成升级改造。

第五章　燃煤使用管理

第三十条　市人民政府可以根据本市大气环境质量改善目标,报经省人民政府批准,实施更严格的锅炉大气污染物排放标准。

市环境保护行政主管部门应当向社会公布本市实施的锅炉大气污染物排放标准。

第三十一条　新建、扩建燃煤发电项目,应当达到国家大气污染物超低排放要求。

在用的燃煤发电机组应当按照国家要求实施超低排放改造,达到大气污染物超低排放要求。

第三十二条　燃煤使用单位应当采用清洁生产工艺,配备高效除尘、脱硫、脱硝等装置,或者采取技术改造等其他控制大气污染物排放的措施,达到大气污染物排放标准,并符合重点大气污染物排放总量控制要求。

燃煤使用单位的燃煤污染防治设施应当保持正常使用,环境保护行政主管部门应当对燃煤污染防治设施运行情况进行监督检查,对未正常使用的应当依法予以处理。

第三十三条　燃煤使用单位应当对除尘设施的除尘灰采取密闭方式收

集,并进行无害化综合利用。

　　第三十四条　运输和储存燃煤、煤灰渣应当采取密闭或者其他有效措施,防止遗撒造成扬尘污染。

　　第三十五条　用煤单位通过淘汰产能或者设备、清洁生产、污染治理、清洁能源改造、技术升级改造等措施稳定减少污染物排放所形成的低于核定总量指标的结余总量指标,可以进行交易。

　　第三十六条　电力、钢铁、水泥和集中供热等燃煤使用单位应当定期通过其网站、相关行业主管部门的信息公开平台或者报刊等,如实公布燃煤数量、质量情况和大气污染物排放浓度、方式、总量、超标排放等情况,以及燃煤污染防治设施的建设和运行情况,接受社会监督。

　　第三十七条　市和区、县(市)人民政府应当依据重污染天气应急等级,及时启动应急预案,可以根据应急需要责令有关燃煤企业停产或者限产。

第六章　法律责任

　　第三十八条　违反本条例规定,区、县(市)人民政府未完成燃煤消费总量控制任务的,由有权机关依法对主要负责人追究行政责任。

　　第三十九条　有关行政主管部门及其工作人员违反本条例规定,有下列情形之一的,由有权机关依法追究行政责任:

　　(一)未按照规定统计燃煤消费情况;

　　(二)未按照规定公开燃煤质量标准和锅炉大气污染物排放标准;

　　(三)未按照规定对燃煤质量进行抽检;

　　(四)未按照规定对燃煤使用单位燃煤污染防治设施运行情况进行监督检查;

　　(五)违反规定批准新建、扩建燃煤锅炉;

　　(六)未依法履行其他监管职责。

　　第四十条　违反本条例规定,有下列情形之一的,由市场监管行政主管部门责令改正,并按照下列规定予以处罚:

　　(一)燃煤销售单位逾期抄送燃煤采购数量和煤质信息或者所抄送信息不准确的,处以五千元以上一万元以下罚款;

　　(二)销售不符合质量标准燃煤的,没收燃煤和违法所得,并处以货值金额一倍以上三倍以下罚款。

　　第四十一条　违反本条例规定,有下列情形之一的,由环境保护行政主管部门责令改正,并按照下列规定予以处罚:

　　(一)使用燃煤的工业企业和供热(包括自供热)单位逾期抄送燃煤采购数量和煤质信息或者所抄送信息不准确的,处以五千元以上一万元以下

罚款;

（二）燃用不符合质量标准燃煤的,处以货值金额一倍以上三倍以下罚款;

（三）燃煤使用单位对除尘设施的除尘灰未采取密闭方式收集的,处以一万元以上三万元以下罚款;

（四）储存燃煤、煤灰渣未采取密闭或者其他有效措施防治扬尘污染的,处以一万元以上十万元以下罚款;拒不改正的,责令停工整治或者停业整治。

第四十二条 违反本条例规定,低于规定标准在用的燃煤锅炉未在规定期限内并入集中供热管网或者改用清洁能源和可再生能源的,由环境保护行政主管部门责令拆除燃煤锅炉,并处以二万元以上二十万元以下罚款。

第四十三条 违反本条例规定,运输燃煤、煤灰渣未采取密闭或者其他有效措施防止遗撒的,由城市管理行政执法部门责令改正,并处以二千元以上二万元以下罚款。

第四十四条 违反本条例规定,未定期公布燃煤数量、质量情况和大气污染物排放浓度、方式、总量、超标排放等排放情况,以及燃煤污染防治设施建设和运行情况的或者公布内容不真实准确的,由环境保护行政主管部门责令改正,并处以一万元以上三万元以下罚款。

第四十五条 违反本条例其他规定的,由有关行政主管部门按照有关法律、法规、规章的规定处罚。

第七章 附 则

第四十六条 本条例中下列用语的含义是:

（一）燃煤污染,是指用做燃料的煤炭在生产、加工、储运、使用等过程中对大气环境造成的污染;

（二）清洁能源,是指天然气、页岩气、液化石油气、电等能源;

（三）可再生能源,是指风能、太阳能、水能、地热能等非化石能源;

（四）生物质成型燃料,是指采用农林废弃物(秸秆、稻壳、木屑、树枝)为原料,通过专门设备在特定工艺条件下加工制成的棒状、块状或者颗粒状等生物质成型燃料;

（五）洁净型煤,是指灰分、硫分符合规定标准的型煤;

（六）超低排放,是指在基准氧含量百分之六条件下,烟尘、二氧化硫、氮氧化物排放浓度分别不高于每立方米十、三十五、五十毫克。

第四十七条 本条例自 2016 年 6 月 1 日起施行。

哈尔滨市新型墙体材料
发展应用和建筑节能管理条例

(2006 年 10 月 13 日哈尔滨市第十二届人民代表大会常务委员会第二十六次会议通过　2006 年 12 月 8 日黑龙江省第十届人民代表大会　常务委员会第二十四次会议批准　根据 2013 年 6 月 27 日哈尔滨市第十四届人民代表大会常务委员会第八次会议通过　2013 年 8 月 16 日黑龙江省第十二届人民代表大会常务委员会第五次会议批准的《关于修改〈哈尔滨市粉煤灰综合利用管理条例〉等两部地方性法规的决定》修正　根据 2016 年 6 月 28 日哈尔滨市十四届人大常委会第三十一次会议通过　2016 年 8 月 19 日黑龙江省第十二届人大常委会第二十八次会议批准的《关于修改〈哈尔滨市新型墙体材料发展应用和建筑节能管理条例〉等五部地方性法规的决定》第二次修正)

第一章　总　　则

第一条　为加强新型墙体材料发展应用和建筑节能管理,节约能源,保护土地资源和生态环境,根据《中华人民共和国建筑法》、《中华人民共和国节约能源法》、《中华人民共和国土地管理法》等有关法律、法规的规定,结合本市实际,制定本条例。

第二条　本条例适用于本市行政区域内新型墙体材料发展应用和建筑节能管理。

农民在宅基地自建住宅的,暂不适用本条例。

第三条　本条例所称新型墙体材料,是指符合国家、地方相关技术标准和产业政策,以非黏土材料为主要原料生产的具有节能、节土、环保等功能的建筑墙体材料。

本条例所称建筑节能,是指在规划、设计、建造和使用建筑物过程中执行建筑节能标准,应用建筑节能技术与产品,降低建筑能耗,合理、有效地利用能源的活动。

第四条　生产、使用新型墙体材料和建筑节能产品,应当确保建筑工程质量和人身健康安全。

第五条 市建设行政主管部门负责全市新型墙体材料发展应用和建筑节能的监督管理工作,并组织实施本条例。

县(市)建设行政主管部门负责辖区内新型墙体材料发展应用和建筑节能的监督管理工作。

市、县(市)墙体材料改革和建筑节能管理机构(以下简称墙改节能管理机构)负责辖区内的新型墙体材料发展应用与建筑节能的日常管理工作。

市、县(市)发展改革、经济、国土资源、房产住宅、城市管理、环境保护、科学技术、质量技术监督、财政、审计、税务、工商、供热等相关部门应当按照各自职责,做好新型墙体材料发展应用与建筑节能相关管理工作。

第六条 新型墙体材料的发展应用以城市规划区为重点,逐步向农村推广。

建筑节能技术与产品的发展应用以新建民用建筑为重点,逐步推进既有建筑的节能改造。

第七条 市、县(市)人民政府应当将新型墙体材料和建筑节能技术与产品的发展应用,纳入国民经济与社会发展计划。

市、县(市)人民政府以及有关行政主管部门应当鼓励、扶持新型墙体材料和建筑节能技术与产品的科研、开发、生产和推广应用;鼓励境内外投资者在本市行政区域内从事新型墙体材料技术开发、生产和建筑节能相关的活动;对在新型墙体材料发展应用和建筑节能工作中做出显著成绩的单位和个人予以表彰和奖励。

第八条 建设等有关行政主管部门应当加强新型墙体材料发展应用和建筑节能的宣传和教育,增强全民的建筑节能、保护资源和生态环境的意识。

第二章 一般规定

第九条 推广生产、使用下列新型墙体材料和建筑节能技术与产品:

(一)非黏土砖、普通混凝土小型空心砌块、轻集料混凝土小型空心砌块、轻质墙板、轻质复合保温墙板以及国家和省鼓励发展的其他新型墙体材料;

(二)新型墙体节能技术;

(三)屋面保温、隔热技术与产品;

(四)节能门窗保温和密闭技术;

(五)集中供热和热、电、冷联产联供技术;

(六)采暖供热系统温度调控和分户热量计量技术与装置;

(七)利用太阳能、地热等可再生能源应用技术与设备;

（八）建筑照明、采暖、通风、空调节能技术与产品；

（九）其他节能效果显著的技术和产品。

第十条 新型墙体材料和建筑节能产品应当符合国家标准、行业标准或者地方标准。

企业生产新研发的尚无国家标准、行业标准或者地方标准的新型墙体材料和建筑节能产品，应当依法制定企业产品标准，并报市质量技术监督行政主管部门和市建设行政主管部门备案。

第十一条 外埠生产的新型墙体材料和建筑节能产品进入本市建筑市场应用的，应当到市墙改节能管理机构备案。

第十二条 市墙改节能管理机构应当及时向社会公布经确认或者备案的新型墙体材料和建筑节能产品的目录。

第十三条 建设、施工单位在工程建设中应当严格执行建筑节能标准，使用市墙改节能管理机构确认或者备案的新型墙体材料和建筑节能产品。

第三章 新型墙体材料发展应用管理

第十四条 禁止企业新建、扩建、改建实心黏土砖生产设施、扩大生产规模或者使用客土生产实心黏土砖。

对已建成的占用耕地的黏土砖瓦窑（场），国土资源行政主管部门应当责令企业逐步复垦；占用非耕地的，建设、科技等有关行政主管部门应当指导、扶持企业进行技术改造，生产新型墙体材料。

第十五条 本市城市规划区内新建、扩建、改建建筑工程正负零零线以上墙体和临时建筑设施，禁止使用实心黏土砖。

县（市）建制镇规划区内新建、扩建、改建建筑工程，应当按照国家规定时限停止使用实心黏土砖。

为保持原建筑风貌，保护建筑、历史建筑和历史文化街区内的建设项目和其他维修项目，可以使用实心黏土砖。

第十六条 本市城市规划区内新建、扩建、改建建筑工程，不得有下列行为：

（一）建设单位要求设计单位设计使用或者变更设计使用实心黏土砖，要求施工单位使用实心黏土砖进行工程建设；

（二）设计单位在建筑工程正负零零线以上墙体设计使用实心黏土砖；

（三）施工图设计文件审查机构对违反规定使用实心黏土砖的设计，予以审查通过；

（四）施工单位未按照施工图设计文件要求施工，擅自变更设计使用实心黏土砖或者搭建临时建筑设施使用实心黏土砖；

（五）监理单位未履行监督职责，允许施工单位使用实心黏土砖施工；

(六)其他违反法律、法规规定使用实心黏土砖的行为。

第十七条 新建、扩建、改建建筑工程,建设单位应当在开工建设前按照国家和省有关规定预缴纳新型墙体材料专项基金。未按照规定缴纳新型墙体材料专项基金的,建设行政主管部门不予办理工程施工许可手续。

第十八条 市、县(市)墙改节能管理机构负责征收新型墙体材料专项基金,也可以委托其他单位代征。

新型墙体材料专项基金的征收、使用和管理,按照国家和省有关规定执行;财政、审计以及上级墙体材料和建筑节能主管部门应当加强对专项基金征收、使用和管理工作的监督检查。

任何单位和个人不得违反国家规定擅自改变新型墙体材料专项基金的征收对象、范围、标准,或者减、免、缓征新型墙体材料专项基金。

第十九条 使用新型墙体材料的建筑工程,建设单位应当在建筑墙体抹面前10个工作日内通知墙改节能管理机构进行现场核查。墙改节能管理机构接到核查通知后应当在3个工作日内完成现场核查,并出具使用新型墙体材料证明。

根据建设单位的申请,建设行政主管部门、财政部门按照国家、省的有关规定向建设单位返退新型墙体材料专项基金。

建设单位不得将返退的新型墙体材料专项基金计入建安工程成本。

第二十条 新型墙体材料专项基金纳入同级财政预算,实行收支两条线管理,专项用于下列支出:

(一)引进、新建、扩建、改造新型墙体材料生产线工程项目的贷款贴息;

(二)新型墙体材料示范项目(含引进项目)和推广应用试点工程的补贴;

(三)新型墙体材料的科研、新技术与新产品开发及推广;

(四)发展新型墙体材料的宣传;

(五)扶持新型墙体材料生产基地建设;

(六)代征手续费;

(七)与发展新型墙体材料有关的其他开支。

本条前款(一)、(二)、(三)、(四)、(五)项支出合计,不得少于当年新型墙体材料专项基金支出总额的90%。

第二十一条 新型墙体材料专项基金使用计划,由墙改节能管理机构负责编制,报同级财政部门核准后执行。

第四章　建筑节能管理

第二十二条 市建设行政主管部门应当根据国家和省有关建筑节能规

划,制定全市建筑节能规划。

县(市)建设行政主管部门应当根据全市建筑节能规划制定本县(市)建筑节能规划。

建筑节能规划经市、县(市)人民政府批准后,由建设行政主管部门组织实施。

第二十三条 建筑工程项目立项时,可行性研究报告应当有节能专篇,并作为行政主管部门批复可行性研究报告的条件之一。

第二十四条 建设单位在新建、改建、扩建建筑工程活动中,应当遵守下列规定:

(一)按照建筑节能要求和建筑节能强制性标准委托工程项目的设计、施工图审查、施工和监理;

(二)不得擅自修改节能设计文件、明示或者暗示施工单位使用不符合建筑节能要求的技术、产品、建筑构配件和器具,降低建筑节能标准。

第二十五条 设计单位应当按照建筑节能强制性标准和规范进行设计,保证建筑节能设计质量。

第二十六条 施工图设计文件审查机构进行施工图设计文件审查时,应当一并审查建筑节能设计内容,在审查报告中单列节能审查章节。对不符合建筑节能强制性标准的施工图设计文件,不予审查通过。

经审查合格的工程项目,施工图设计文件审查机构应当填写《民用建筑节能设计审查备案登记表》,报墙改节能管理机构备案。

第二十七条 施工单位应当按照建筑节能设计文件和技术规范施工,不得擅自改变建筑节能设计。

第二十八条 监理单位应当按照建筑节能设计文件进行监理。凡不符合建筑节能要求或者不合格的节能技术、产品、建筑构配件、设备和器具,不得允许在建筑工程中使用。

第二十九条 建设单位在实施建筑工程保温体系隐蔽工程前,应当按照建筑节能工程施工验收规范组织进行建筑工程节能专项验收,形成节能工程竣工验收报告,报墙改节能管理机构备案。

第三十条 使用新型墙体材料的建筑工程,根据国家规定范围应当对建筑能效进行测评、申请标识的,建设单位或者所有权人应当对建筑能效进行测评、申请标识,并予以公示。

第三十一条 对未达到建筑节能标准的既有建筑应当逐步进行围护结构和采暖供热、空调通风、供电照明等用能系统的节能改造。

大型公共建筑应当作为既有建筑节能改造的重点。

对既有建筑实施大型修缮的,应当同步进行节能改造。

第三十二条 市、县(市)人民政府以及有关部门应当制定激励政策,鼓励多元化、多渠道投资既有建筑节能改造。

第三十三条 对既有建筑实施节能改造后,应当委托具有相应资质的建筑节能测评机构进行建筑物能耗情况测评。不符合建筑节能标准的,应当进行整改。

第三十四条 房地产开发企业应当将所售商品房的耗热量指标、节能措施以及保护要求、节能工程质量保修期等基本信息在销售现场显著位置予以公示,并在商品房买卖合同和住宅使用说明书中予以载明。公示或者载明的基本信息应当真实、可靠。

第三十五条 采暖供热、空调制冷制热、照明等运行管理单位应当做好建筑物用能系统的运行管理工作,保证用能系统的运行符合国家标准。对超过用能指标或者未达到室内环境标准的,应当进行整改。

第三十六条 房屋产权人或者使用人在日常使用和装修建筑物时,不得损坏建筑物围护结构保温层和室内采暖系统。造成损坏的,应当负责修复。

第五章 法律责任

第三十七条 违反本条例规定,有下列情形之一的,由建设行政主管部门按照以下规定处罚:

(一)企业新建、扩建、改建实心黏土砖生产设施、扩大生产规模或者使用客土生产实心黏土砖的,责令改正;逾期不改正的,责令停产停业,并处以5万元以上10万元以下罚款;

(二)建设单位要求设计单位设计使用或者变更设计使用实心黏土砖,要求施工单位使用实心黏土砖进行工程建设的,责令改正;逾期不改正的,按照使用实心黏土砖量处以每立方米200元罚款;

(三)设计单位在建筑工程正负零零线以上墙体设计中使用实心黏土砖的,责令改正;逾期不改正的,处以5万元以上10万元以下罚款;

(四)施工单位未按照施工图设计文件要求施工,擅自变更设计使用实心黏土砖或者搭建临时建筑设施使用实心黏土砖的,责令改正;逾期不改正的,按照使用实心黏土砖量处以每立方米200元罚款;

(五)施工图设计文件审查机构对违反规定使用实心黏土砖的设计,予以审查通过的,责令改正;逾期不改正的,处以3万元以上5万元以下罚款;

(六)监理单位未履行监督职责,允许施工单位使用实心黏土砖施工的,责令改正;逾期不改正的,处以3万元以上5万元以下罚款;

(七)建设单位未按照规定缴纳新型墙体材料专项基金的,责令限期补交;逾期不补交的,责令停止施工,自逾期之日起,按日加收未缴新型墙体材料专项基金万分之五的滞纳金,并处以1万元以上4万元以下罚款。

第三十八条 违反本条例规定,有下列情形之一的,由建设行政主管部门责令改正,并按照下列规定处罚:

(一)建设单位擅自修改节能设计文件、明示或者暗示施工单位使用不符合建筑节能要求的技术、产品、建筑构配件和器具,降低建筑节能标准的,按照单位工程处以 20 万元以上 50 万元以下罚款;

(二)设计单位未按照建筑节能强制标准和规范进行设计的,处以 10 万元以上 30 万元以下罚款;

(三)施工图设计文件审查机构将未达到建筑节能设计标准的设计文件审查通过的,按照单位工程处以 3 万元以上 5 万元以下罚款;

(四)施工单位未按照建筑节能设计文件和技术规范施工,情节严重的,处以工程合同价款 2% 以上 4% 以下罚款;

(五)监理单位未按照有关规定进行监理,允许在建筑工程中使用不符合建筑节能要求或者不合格的节能技术、产品、建筑构配件、设备和器具的,按照单位工程处以 3 万元以上 5 万元以下罚款。

第三十九条 违反本条例规定,有下列情形之一的,由建设行政主管部门按照以下规定处罚:

(一)建设单位未按照建筑节能施工验收规范组织竣工验收或者验收未达到建筑节能标准的,责令组织验收或者重新组织验收;逾期不整改的,处以工程合同价款 2% 以上 4% 以下罚款;

(二)房地产开发企业在销售商品房时,未公示所售商品房的耗热量指标等基本信息,或者未在商品房买卖合同和住宅使用说明书中予以载明的,责令整改,并处以 1 万元以上 5 万元以下罚款。

第四十条 违反本条例其他规定的,由有关部门依据有关法律、法规予以处罚。

第四十一条 建设行政主管部门和墙改节能管理机构的工作人员玩忽职守、滥用职权、徇私舞弊的,由其所在单位或者上级行政主管部门给予行政处分;构成犯罪的,依法追究刑事责任。

第六章 附 则

第四十二条 本条例自 2007 年 2 月 1 日起施行。市人民政府 2003 年 2 月 18 日发布的《哈尔滨市墙体材料革新和建筑节能管理办法》同时废止。

哈尔滨市建筑市场管理规定

(2005年6月24日哈尔滨市第十二届人民代表大会常务委员会第十六次会议通过 2005年8月19日黑龙江省第十届人民代表大会常务委员会第十六次会议批准 根据2016年6月28日哈尔滨市十四届人大常委会第三十一次会议通过 2016年8月19日黑龙江省第十二届人大常委会第二十八次会议批准的《关于修改〈哈尔滨市新型墙体材料发展应用和建筑节能管理条例〉等五部地方性法规的决定》修正)

第一条 为了加强建筑市场管理,维护建筑市场秩序,创造规范诚信的建筑市场环境,保障当事人合法权益,促进建筑业健康发展,根据《中华人民共和国建筑法》《中华人民共和国招标投标法》等有关法律、法规的规定,结合本市实际,制定本规定。

第二条 在本市行政区域内从事建筑市场活动,实施对建筑市场监督管理,应当遵守本规定。

第三条 本规定所称建筑市场,是指房屋建筑工程和市政基础设施工程(以下简称建筑工程)的勘察、设计、建设(自建、开发)、施工以及建筑工程中介服务业务的交易行为和场所。

本规定所称房屋建筑工程,是指各类房屋建筑及其附属设施和与其配套的线路、管道、设备安装、居住区庭院配套工程以及建筑装修工程。

本规定所称市政基础设施工程,是指城市道路、公共交通、供水、排水、燃气、热力、园林、环卫、污水处理、垃圾处理、内河防洪、地下公共设施及附属设施的土建、管道和设备安装工程。

第四条 从事建筑市场活动应当遵循公平竞争、诚实信用和依法交易的原则;建筑市场的监督管理应当坚持统一、公开、公正的原则。

第五条 市建设行政主管部门负责全市建筑市场的监督管理,并组织实施本规定。

县(市)建设行政主管部门负责本行政区域内的建筑市场监督管理。

市、县(市)建设行政主管部门依据职责在本辖区内负责实施本规定中的行政处罚。

第六条 从事建筑工程活动,应当严格遵守基本建设程序,坚持先勘察、后设计、再施工。

市、区、县(市)人民政府及其有关部门、人员应当严格按照法定职权、条件、程序和时限,进行建设项目审批;不得违法审批或者擅自简化基本建设程序。

任何组织和个人不得干预建设项目审批。

第七条 建筑工程项目实行报建制度。建设单位应当自建筑工程立项文件批准或者备案之日起 30 日内到项目所在地市、县(市)建设行政主管部门办理报建手续。

报建内容包括工程名称、地点、投资规模、资金来源、当年投资额、开竣工日期、工程筹建情况等。

违反本条一款规定未办理报建手续的,责令改正,对建设单位处以 1 万元以上 3 万元以下罚款。

第八条 建设单位在本市行政区域内进行工程建设,应当依法领取施工许可证。按照国务院规定的权限和程序批准开工报告的建筑工程以及工程投资额在 30 万元以下或者建筑面积在 300 平方米以下的小型建筑工程不需领取施工许可证。

应当取得而未依法取得施工许可证的建设工程,建设单位不得开工建设;施工单位不得进行施工。

违反本条二款规定的,责令停止施工,限期改正,对建设单位处以工程合同价款 1% 以上 2% 以下的罚款,对直接负责的主管人员和其他直接责任人员处以单位罚款数额 5% 以上 10% 以下的罚款;对施工单位处以 5000 元以上 3 万元以下的罚款。

第九条 建设单位可以根据施工条件的准备情况,就整个建设工程项目或者单项工程申请施工许可。

第十条 建设单位在申请领取施工许可证时,应当具备国家和省规定的条件。其中建设资金的落实应当具备下列条件:

(一)已经按照规定交齐工程前期的各项费用;

(二)建设工期超过一年的工程,到位建设资金不少于工程合同价款的 30%,建设工期不超过一年的,到位建设资金不少于工程合同价款的 50%;

(三)已向施工单位支付不少于工程合同价款 25% 的预付工程款;

(四)不拖欠已竣工验收合格工程的工程款。

前款(一)、(二)、(三)项规定的资金到位条件,建设单位在申请领取施工许可证时应当提供有关资金到位证明、交费票据、财务收据等文件、票据;前款第(四)项拖欠工程款的确认,按照有关法规规定执行。

第十一条 建筑工程招标发包应当按照国家、省、市规定的条件、程序、方式进行,任何单位和个人不得干扰招标投标活动。

按照国家和省的规定必须进行公开招标的建筑工程,应当在政府批准设立的有形建筑市场进行招标活动。有形建筑市场应当按照省价格行政主管部门核定的收费标准收取服务费用。

不适宜招标发包的工程,按照国家有关规定批准后,可以直接发包。

第十二条 建筑工程勘察、设计、施工、监理单位不得允许其他单位或者个人以本单位的名义承揽工程。

任何单位和个人不得以其他单位名义承揽工程。

违反本条一款规定的,责令改正,没收违法所得,对勘察、设计单位和工程监理单位处以合同约定的勘察费、设计费和监理酬金1倍以上2倍以下的罚款;对施工单位处以工程合同价款2%以上4%以下的罚款;可以责令停业整顿,建议资质批准机关降低资质等级;情节严重的,建议资质批准机关吊销资质证书。

违反本条二款规定的,予以取缔,没收违法所得,并处以工程合同价款2%以上4%以下的罚款。

第十三条 发包单位不得要求承包单位以带资承包作为投标条件,承包单位不得用带资承包作为竞争手段承揽工程。

第十四条 发包单位和承包单位应当在规定时间内,按照招标文件和中标通知书规定的承包范围、工期、质量和价款等实体性内容为依据订立书面合同;不得再行订立背离合同实质性内容的其他协议。

非招标建设工程应当订立书面合同。

发包单位和承包单位应当在合同签订、补充和变更后5日内将合同文本报市或者县(市)建设行政主管部门备案。

违反本条一款规定的,责令改正,可以处以中标项目金额0.5%以上1%以下的罚款。

违反本条三款规定的,责令限期补办备案手续,逾期未补办的,处以1万元以上3万元以下的罚款。

第十五条 建筑工程合同价款应当按照国家规定的计价办法,由发包单位与承包单位在合同中约定。

全部或者部分使用国有资金投资或者国家融资的建设工程,应当按照国家发布的计价规则和标准编制招标文件、进行评标定标、确定工程承包合同价款。

第十六条 施工过程中,因设计或者其他变更而增减的工作量,应当经建设、设计、施工、监理等单位同意。增加工作量的,应当在合同中明确增加费用的承担方。

第十七条 逐步实行工程款支付担保和施工承包履约担保。建设单位要求施工单位提供履约担保的,同时也应当为施工单位提供工程款支付担保。

第十八条 工程竣工验收合格,施工单位已经全面实际履行合同,建设单位应当按照合同约定支付工程价款。

违反本条前款规定的,建设行政主管部门不予办理竣工验收备案,规划、国土资源、房产住宅和建设等行政主管部门中止办理该建设单位的其他新建项目的审批手续。

第十九条 推行建设工程总承包。发包单位可以根据工程性质将勘察、设计、施工、采购、试运行的多项或者全部发包给一个工程总承包单位。

发包单位不得肢解发包或者指定分包工程承包单位。

违反本条二款规定的,责令改正,处以工程合同价款 0.5% 以上 1% 以下的罚款。

第二十条 具有建设工程勘察资质、设计资质或者施工总承包资质的企业,可以承揽与其资质类别和等级相应的建设工程总承包业务;建设工程勘察、设计、施工企业也可以组成联合体对工程项目进行工程总承包。

第二十一条 两个以上的承包单位可以联合承包建设工程。联合承包的各方对承包合同的履行承担连带责任。发包单位可以要求承包联合体选定一家作为联合体负责单位。

两个以上资质类别相同但资质等级不同的承包单位实行联合共同承包的,应当按照资质等级低的单位的业务许可范围承揽工程;两个以上资质类别不同的承包单位实行联合承包的,应当按照联合体的内部分工,各自按照资质类别及等级的许可范围承担工程。

第二十二条 实行工程总承包和施工总承包的,总承包单位可以依照合同约定或者经建设单位认可,将所承包工程中的部分工程分包给具有相应资质的分包单位。

实行工程总承包的,总承包单位应将其不具备相应资质的勘察、设计、施工分包给具有相应资质的分包单位。

实行施工总承包的,建设工程主体结构的施工应当由总承包单位自行组织完成。

分包工程承包单位应当自行完成所承包的工程,不得将其承包的工程再行分包。

违反本条二、三款规定的,责令改正,没收违法所得,对总承包单位处以工程合同价款 0.5% 以上 1% 以下的罚款,可以建议资质批准机关责令停业整顿,降低资质等级;情节严重的,建议资质批准机关吊销资质证书。

第二十三条 总承包单位可以通过公开招标的方式选用分包工程承包单位。

第二十四条 建筑工程分包,应当依法订立书面分包合同,并由总承包单位在合同签订后7日内向工程所在地的市或者县(市)建设行政主管部门备案。分包合同发生重大变更的,总承包单位应当自变更后7日内将变更协议送原备案机关备案。

总承包单位应当按照合同约定及时结清并支付分包价款,分包工程承包单位应当按照劳动合同约定及时全额兑付劳动者工资。

总承包单位、分包工程承包单位可以就分包合同的履行要求对方提供履约担保或者付款担保。

违反本条一款规定的,责令限期补办备案手续,逾期未补办的,处以1万元以上3万元以下的罚款。

第二十五条 建设、施工单位应当按照市人民政府规定的比例使用散装水泥,限制使用袋装水泥。

禁止在本市(不含县、县级市)城区内的建筑工地现场搅拌混凝土。

违反本条一款规定使用袋装水泥的,责令改正,并按照每吨袋装水泥50元处以罚款。

违反本条二款规定的,责令改正,并按照现场搅拌混凝土每立方米100元处以罚款;拒不改正的,暂扣现场搅拌设备。

第二十六条 中介服务机构及其从业人员从事建筑活动,应当遵守国家法律法规、工程建设强制性标准,坚持独立、公正、科学、诚信的原则。

本规定所称的中介服务是指建设工程的项目管理、工程监理、招标代理、工程造价咨询、工程技术咨询、检验检测等专业服务活动。

第二十七条 中介服务委托方应当依法委托具有相应资质的中介服务机构承担中介服务业务,并签订书面委托合同。

第二十八条 中介服务机构及其执业人员不得有下列行为:

(一)超越资质等级承揽工程任务;

(二)出具虚假检验检测、鉴定验收报告、证明文件及其他文件;

(三)利用执业便利谋取不正当利益;

(四)采取欺诈、胁迫、贿赂、串通等非法手段,损害委托人或者他人利益;

(五)以回扣等不正当竞争手段承揽业务;

(六)转让所承揽的业务;

(七)法律、法规及行业规范禁止的其他行为。

中介服务机构及其执业人员不得与行政机关存在隶属关系或者利益关系。

违反本条前两款规定的,责令改正。情节严重的,建议资质和执业资格批准机关降低其资质和资格等级或者吊销其资质和资格证书。

第二十九条 中介服务机构不按照委托合同的约定履行义务,给委托方造成损失的,应当承担相应的赔偿责任。

中介服务机构与业务相对人串通,为相对人谋取非法利益,给委托人造成损失的,应当与相对人承担连带赔偿责任。

第三十条 市建设行政主管部门应当按照国家和省的有关规定对建设、勘察、设计、施工、中介服务单位及其执业人员和评标专业人员实行信用管理制度,建立信用档案系统。

第三十一条 建设行政主管部门对单位和个人的下列不良行为,应当及时向社会公布:

(一)未依法取得建设审批手续擅自开工建设的;

(二)通过欺骗手段取得建设审批手续的;

(三)不具备法定从业资格或者超越法定从业资格从事建筑活动的;

(四)违反承发包管理规定承发包工程的;

(五)违法进行建设工程项目招标投标的;

(六)不依法签订建设工程合同的;

(七)拖欠工程款等不依法履行建设工程合同的;

(八)不按照审查合格的施工图设计文件施工的;

(九)违反工程质量管理规定的;

(十)施工质量低劣的;

(十一)造成安全、质量事故的;

(十二)违法分包工程的;

(十三)拖欠务工人员工资的;

(十四)中介服务机构违法从事建筑活动的;

(十五)其他违反法律法规规章规定的行为。

对前款规定的不良记录行为,依照有关法律、法规规定进行处罚;拒不改正的,对建设单位不予办理新建项目审批手续,对勘察、设计、施工和中介服务单位一年之内不准在本市从事建筑活动,对个人不准继续在本市从事建筑活动。

第三十二条 建设行政主管部门制发的需要由管理相对人填写的各类图表,国家和省有规定格式文本的,按照国家和省的格式文本执行;国家和省没有规定格式文本的,建设行政主管部门可以制定格式文本,但内容应当简单,方便填写。

第三十三条 除法律、行政法规明确规定不得委托的事项外,建设行政主管部门可以根据需要委托专门的建筑市场执法监察机构,对于建设工程招投标、质量、安全、造价、合同等市场行为实施具体的监督检查工作。

第三十四条 建筑市场管理工作人员玩忽职守、徇私舞弊的,由所在单位或者上级机关给予行政处分;对当事人造成经济损失的,依照《中华人民共和国国家赔偿法》的有关规定执行;构成犯罪的,依法追究其刑事责任。

第三十五条 本规定中的行政审批事项,市人民政府规定进行联合审批的,按照市人民政府的规定执行。

第三十六条 本规定自 2005 年 12 月 1 日起施行。

哈尔滨市建设工程安全生产管理条例

(2008 年 8 月 29 日哈尔滨市第十三届人民代表大会常务委员
会第十次会议通过　2008 年 10 月 17 日黑龙江省第十一届人民
代表大会常务委员会第六次会议批准　根据 2011 年 11 月 30
日哈尔滨市第十三届人民代表大会常务委员会第三十二次会议
通过　2011 年 12 月 8 日黑龙江省第十一届人民代表大会常务
委员会第二十九次会议批准的《关于修改〈哈尔滨市林地林木
管理条例〉等 7 部地方性法规的决定》修正　根据 2016 年 6 月
28 日哈尔滨市十四届人大常委会第三十一次会议通过　2016
年 8 月 19 日黑龙江省第十二届人大常委会第二十八次会议批
准的《关于修改〈哈尔滨市新型墙体材料发展应用和建筑节能
管理条例〉等五部地方性法规的决定》第二次修正)

第一章　总　　则

第一条　为加强建设工程安全生产管理,预防和减少生产安全事故,保
障人民生命和财产安全,根据《中华人民共和国建筑法》、《中华人民共和国
安全生产法》、国务院《建设工程安全生产管理条例》等有关法律、法规,结
合本市实际,制定本条例。

第二条　在本市行政区域内建设工程的安全生产及其管理,适用本
条例。

军事、农垦、森工建设工程,民宅装修工程,抢险救灾和农民自建低层住
宅建筑活动的安全生产管理,不适用本条例。

本条例所称建设工程,是指土木工程、建筑工程、线路管道和设备安装
工程、拆除工程及装修工程。

第三条　建设工程安全生产管理,坚持安全第一、预防为主、标本兼治、
综合治理的方针。

第四条　市建设行政主管部门负责全市建设工程安全生产监督管理;
市建设工程安全监督管理机构负责日常工作。

区、县(市)建设行政主管部门按照职责,负责辖区内建设工程安全生
产监督管理;区、县(市)建设工程安全监督管理机构负责日常工作。

市、区、县(市)安全生产监督管理部门按照职责,对建设工程安全生产工作实施综合监督管理。

交通、水利等行业主管部门依法在各自的职责范围内,负责交通、水利等建设工程的安全生产监督管理工作。

人防、住宅、城管、广电、供热、供水、排水、电业等行业主管部门依据市政府有关规定,做好相关建设工程安全生产监督管理工作。

第五条 工会依法组织职工参加本单位安全生产工作的民主管理和民主监督。

第六条 任何单位和个人不得对依法实施的建设工程安全生产管理工作进行干涉。

第七条 任何单位和个人有权对影响建设工程安全生产的行为进行检举和控告。

单位和个人为避免发生建设工程重大生产安全事故作出突出贡献的,由建设行政主管部门或者受益单位给予相应奖励。

第二章 建设单位安全责任

第八条 建设单位在申请领取施工许可证时,应当提供建设工程有关安全施工措施的资料。

依法批准开工报告的建设工程,建设单位应当根据工程规模、性质、类别,在开工报告批准之日起15日内,将保证安全施工的措施报建设工程所在地的市或者区、县(市)建设行政主管部门或者其他有关部门备案。

建设单位提供的建设工程安全施工措施资料不符合要求的,建设行政主管部门不予核发施工许可证。

第九条 建设单位在发包建设工程时,应当对承包单位的资质和安全生产许可证依法进行审验。

建设单位与勘察、设计、施工、监理单位签订的合同中应当明确双方安全生产的权利、义务。

建设单位应当组织勘察、设计、施工和监理单位按照各自安全生产管理职责,制定安全保证措施并监督落实。

建设单位改变建筑主体和承重结构等危及安全的装修工程,应当委托原设计单位或者具有相应资质的设计单位做出结构改变设计;未做出结构改变设计的,不得施工。

第十条 建设单位不得违反法律规定将建筑工程肢解发包。违法肢解发包建设工程发生生产安全事故的,由建设单位承担相应安全生产责任。

第十一条 建设单位应当向施工单位提出建设项目安全生产管理要求,并对监理单位审查施工组织设计、专项安全技术措施的意见进行确认。

　　多个施工单位在同一现场施工的,建设单位应当设置专人组织协调各施工单位落实安全生产保证措施。

　　第十二条　建设单位发现或者接到监理单位报告的重大安全事故隐患后,应当督促施工单位立即停工整改。重大安全事故隐患未整改或者整改不合格的,建设单位不得要求施工单位继续施工。

　　第十三条　建设单位应当在建设工程开工前向施工单位支付安全作业环境及安全施工措施所需费用。安全作业环境及安全施工措施所需费用,应当纳入建设工程造价,不得列入招投标竞价项目。

　　第十四条　建设单位应当在建设工程结束后,向建设工程安全监督管理机构提出安全核验申请,未经安全核验合格的建设工程不予竣工备案。

第三章　勘察、设计、检测、供应单位安全责任

　　第十五条　勘察单位应当按照建设工程强制性标准以及操作规程进行勘察,出具真实、准确的勘察文件。

　　勘察单位未按照操作规程进行勘察导致各类管线、设施和周边建筑物、构筑物损坏,或者出具虚假勘察文件导致建设工程发生生产安全事故的,应当依法承担相应责任。

　　第十六条　勘察、设计单位应当对施工单位提出的与建设工程安全生产有关的勘察、设计问题及时进行处理,出具书面意见并经建设单位、监理单位签字确认。

　　第十七条　建筑起重机械设备、钢管、扣件以及安全防护用品的检测机构,应当自收到检测申请之日起14个工作日内完成检测并出具报告。

　　第十八条　为建设工程提供机械设备、施工机具、配件和安全防护用品的单位,应当按照规定标准提供符合安全施工要求的合格产品;提供假冒伪劣产品造成生产安全事故的,应当依法承担相应责任。

第四章　施工单位安全责任

　　第十九条　施工单位应当按照资质和工程项目等级设立安全总监、项目安全负责人以及专职安全生产管理人员。

　　第二十条　施工单位应当建立安全生产责任制,相关责任人应当做好安全工作记录,并按照下列规定承担责任:

　　(一)法定代表人对本单位安全生产负第一责任;

　　(二)安全总监对本单位安全生产负管理责任;

　　(三)项目负责人对所承担工程项目安全生产负第一责任;

　　(四)项目安全负责人对所承担工程项目安全生产负管理责任;

　　(五)专职安全生产管理人员对本单位或者本项目日常安全生产管理

负检查责任。

第二十一条　施工单位不得将承包的工程转包或者违法分包。转包或者违法分包建设工程发生安全生产事故的,由施工单位承担主要安全生产责任。

实行施工总承包的建设工程,总承包单位对施工现场的安全负责,应当严格审查分包单位的资格条件;分包单位向总承包单位负责,服从总承包单位对施工现场的安全生产管理,进入施工现场前应当将资格证明文件报建设单位、总承包单位、监理单位备案。

第二十二条　施工单位各类作业人员,应当经过安全教育培训;未经培训考核合格的,不得上岗作业。

第二十三条　安全作业环境及安全施工措施所需费用应当专款专用,施工单位不得挪用。

第二十四条　施工单位应当按照国家、省有关规定,在银行开设专门账户,并按照规定标准缴存安全生产风险抵押金。

安全生产风险抵押金应当专款专用,施工单位不得挪用。

第二十五条　施工单位应当建立安全生产保证体系,对本单位及其施工现场实施安全质量标准化管理;安全生产保证体系应当经由专业认证机构进行认证。

第二十六条　施工单位应当在施工组织设计中编制安全技术措施专篇,并按照规定编制专项施工方案。

施工单位编制的下列专项施工方案,应当组织专家进行论证:

(一)5米以上(含5米)深基坑或者深度虽未超过5米(含5米)但地质条件和周围环境及地下管线复杂的基坑;

(二)地下暗挖及遇有溶洞、暗河、瓦斯、岩爆、涌泥、断层等隧道工程;

(三)水平混凝土构件模板支撑系统高度超过8米,或者跨度超过18米,施工总荷载大于 $10kN/m^2$,或者集中线荷载大于 $15kN/m$ 的模板支撑系统;

(四)30米以上(含30米)高空作业工程;

(五)大江、大河中深水作业工程;

(六)城市房屋拆除爆破和其他土石大爆破工程。

施工单位应当根据专家论证意见修改专项施工方案,并按照修改后的专项施工方案组织实施。

第二十七条　施工单位应当在施工现场实行封闭围挡;应当在施工现场出入口处、施工起重机械、临时用电设施、电梯井口、基坑边沿等危险部位,设置明显的、符合国家标准的安全警示标志,并对安全警示标志进行维护管理。

第二十八条 同一施工现场有多个施工单位交叉作业的,各单位应当在建设单位的主持下签订《安全生产协议书》,明确各自的安全生产责任和义务,并报建设单位、监理单位、工程总承包单位备案。

第二十九条 施工单位应当由专业部门或者专业管理人员对安全防护用具、机械设备、施工机具及配件实施管理,定期检查、维修和保养,保证性能完好。

施工单位应当加强施工现场起重机械设备的管理工作,建立健全设备档案,严格执行起重机械安装、拆除规定。

在建筑起重机械设备和安全防护用具进入施工现场前,施工单位应当查验生产(制造)许可证或者强制性认证证明、产品合格证、检验合格报告、产品使用说明书等资料。

施工单位使用的建筑施工扣件式钢管脚手架钢管及扣件应当经过法定检测机构检测合格。

第三十条 施工单位的工程项目技术负责人应当就有关工程施工危险部位、环节和具体预防措施、安全注意事项以及操作规程、紧急避险措施等,向施工作业班组、作业人员作出详细说明,由双方签字确认。

第三十一条 建设工程暂时停止施工90日以上的,施工单位应当在停工、复工前,书面告知建设安全监督管理机构;施工单位在停工期间,不得擅自组织任何施工活动。

建设工程起重设备闲置时间超过150日重新恢复作业的,应当重新进行空载、额定荷载试验。

第三十二条 施工单位应当对日常检查中发现的生产安全事故隐患及时进行整改。

施工单位应当组织落实建设工程安全监督管理机构下达的隐患整改意见,并将整改结果书面报送建设、监理单位签署意见后,在限期内报告建设工程安全监督管理机构。

第三十三条 施工过程中发生生产安全事故,事故现场的施工单位有关人员应当立即组织救援,并在1小时内向事故发生地县级以上安全生产监督管理部门和建设安全监督管理机构及其他负有安全生产监督管理职责的部门报告。

第三十四条 施工单位应当按照工程项目建立安全生产管理档案,指定人员进行管理,保证档案资料准确、完整。

第五章　监理单位安全责任

第三十五条 监理单位应当依法对建设工程施工实施安全监理,承担建设工程安全监理责任。

第三十六条 监理单位应当按照规定配备专、兼职安全监理工程师。安全监理工程师应当依法经考核合格后持证上岗。

总监理工程师应当对建设工程项目的安全监理工作负总责;安全监理工程师应当对所承担的安全监理工作负责。

安全监理工程师应当按照《建设工程监理规范》等有关规定,采取巡视、旁站、平行检查等形式对建设工程实施安全监理。

第三十七条 监理单位应当按照下列规定实施安全监理:

(一)审查施工组织设计中的安全技术措施或者专项施工方案并监督施工;

(二)监督检查施工单位落实安全生产保证体系和安全生产责任制情况;

(三)监督施工单位重大生产安全事故隐患整改情况的落实,并对整改报告签署复核意见;

(四)监督施工单位落实安全教育和培训情况;

(五)监督施工单位安全防护用具质量和使用情况;

(六)监督建筑起重机械设备安拆、检测验收和使用情况;

(七)监督施工单位危险部位安全警示标志设置及维护管理情况;

(八)法律、法规规定的其他监理事项。

第三十八条 监理单位在实施监理过程中,发现存在生产安全事故隐患的,应当向施工单位下达整改指令;情况严重的,应当要求施工单位立即停工整改并及时报告建设单位;施工单位拒不停工整改的,应当及时向建设工程安全监督管理机构报告。

第六章　监督管理

第三十九条 市建设行政主管部门应当建立健全安全生产指标控制体系和监督考核制度,组织实施安全生产指标考核。

市建设行政主管部门应当对人防、住宅、城管、广电、供热、供水、排水、电业等行业主管部门和区、县(市)建设行政主管部门及其建设工程安全监督管理机构的安全生产监督管理工作进行指导、监督和考核,对考核不合格的提出处理意见。

第四十条 建设行政主管部门及其安全监督管理机构应当建立安全生产形势分析、安全生产预警提示、安全生产监督责任层级监督与重点地区监督检查、生产安全事故约谈等建设工程安全生产监督管理制度,指导、监督相关部门和责任主体依法履行建设工程安全生产管理责任。

第四十一条 建设行政主管部门应当对建设工程安全生产方面的严重违法、违规行为和生产安全事故及时予以通报;建立建设工程安全生产违法行为记录和查询系统,记载和定期公布安全生产违法行为及其处理结果。

第四十二条 建设行政主管部门和有关行业主管部门应当制定和完善建设工程生产安全事故应急救援预案,建立应急救援体系,配备相应的应急救援装备和器材,储备应急救援物资,组织应急救援预案演练。

第四十三条 建设工程安全监督管理机构应当建立健全安全生产监督工作责任制,按照下列规定实施日常监督管理并做好监督工作记录:

(一)实施安全生产许可证动态监管,对降低安全生产条件或者未取得安全生产许可证擅自承揽工程的施工单位,依法提出处罚意见;

(二)对采购、使用不符合国家或者行业安全技术标准安全防护用品的施工单位,依法提出处罚意见;

(三)受理建设工程安全核验申请,于5个工作日内出具核验意见。

第四十四条 建设工程安全监督管理机构应当指导、监督施工单位和施工现场实施安全质量标准化管理及有关安全生产保证体系认证工作。

第四十五条 建设工程安全生产监督管理机构应当受理建设工程生产安全事故或者重大生产安全事故隐患举报,对安全隐患及时核查处理;对安全事故及时报告安全生产监督管理部门。

第七章 法律责任

第四十六条 违反本条例规定,建设单位有下列行为之一的,由建设行政主管部门责令其改正,并处20万元以上30万元以下罚款:

(一)将建设工程发包给未取得安全生产许可证施工单位的;

(二)未将建筑主体和承重结构变动危及建筑安全的装修工程,委托原设计单位或者具有相应资质的设计单位做出结构改变设计,要求施工单位组织施工的;

(三)发现或者接到监理单位报告的重大生产安全事故隐患后,未督促施工单位立即停工整改,或者整改不合格要求施工单位继续施工的。

第四十七条 违反本条例规定,建设工程未经安全核验或者安全核验不合格即投入使用的,由建设行政主管部门责令建设单位限期改正;逾期未改正的,处以10万元以上20万元以下罚款。

第四十八条 违反本条例规定,建筑起重机械设备、钢管、扣件以及安全防护用品等检测机构,未按规定期限对申请项目完成检测并出具报告或者出具虚假检测报告的,由建设行政主管部门向有关部门提出处理建议,有关部门应当及时做出处理决定。

第四十九条 违反本条例规定,施工单位有下列行为之一的,由建设行政主管部门责令停工整改,并处10万元以上20万元以下罚款:

(一)未对重大生产安全隐患及时进行整改的;

（二）未按照规定对专项施工方案组织专家进行论证或者未按照专家论证意见修改专项施工方案并按照修改后方案组织施工的；

（三）在停工期间擅自组织施工活动的。

第五十条 违反本条例规定，施工单位有下列行为之一的，由建设行政主管部门责令限期改正；逾期未改正的，责令停工整改，并处 1 万元以上 3 万元以下罚款：

（一）未由专业部门或者专业管理人员对安全防护用具、机械设备、施工机具及配件实施管理，定期检查、维修和保养，保证性能完好的；

（二）使用的建筑施工扣件式钢管脚手架钢管及扣件未经法定检测机构检测合格的。

第五十一条 违反本条例规定，施工单位有下列行为之一的，由建设行政主管部门责令限期改正；逾期未改正的，处以 5000 元以上 1 万元以下罚款：

（一）未按照资质和工程项目等级设立安全总监、项目安全负责人以及专职安全生产管理人员的；

（二）作业人员未经过安全教育培训或者聘用培训考核不合格人员上岗作业的；

（三）未建立施工现场安全生产保证体系的。

第五十二条 违反本条例规定，施工单位有下列行为之一的，由建设行政主管部门责令限期改正；逾期未改正的，处以 1000 元以上 5000 元以下罚款：

（一）未在限期内将隐患整改结果书面报送建设工程安全监督管理机构的；

（二）相关责任人未做好安全检查和隐患整改工作记录的。

第五十三条 违反本条例规定，监理单位有下列行为之一的，由建设行政主管部门责令限期改正；逾期未改正的，处以 1000 元以上 5000 元以下罚款：

（一）安全监理工程师未按照规定采取巡视、旁站、平行检查等形式对建设工程实施安全监理的；

（二）未监督检查施工单位落实安全生产保证体系和安全生产责任制的；

（三）未对施工单位的隐患整改报告签署复核意见的；

（四）未监督施工单位落实安全教育和培训情况的；

（五）未监督施工单位安全防护用具质量和使用情况的；

（六）未监督建筑起重机械设备安拆、检测验收和使用情况的；

（七）未监督施工单位危险部位安全警示标志设置及维护管理情况的。

第五十四条　违反本条例其他规定的,由有关部门按照有关法律、法规的规定实施处罚。

第五十五条　违反本条例规定,建设行政主管部门及其安全监督管理机构或者其他有关管理部门的工作人员,有下列行为之一的,由其所在单位或者上级行政主管部门依法给予行政处分;构成犯罪的,依法追究刑事责任:

(一)向不具备安全生产条件的施工单位颁发资质证书的;

(二)向没有安全施工措施的建设工程颁发施工许可证的;

(三)发现违法行为未依法查处的;

(四)对生产安全事故或者重大生产安全事故隐患举报未及时核查处理的;

(五)对施工单位降低安全生产条件未依法提出安全生产许可证处理意见的;

(六)未依法履行监督管理职责的其他行为。

第八章　附　　则

第五十六条　本条例自 2008 年 12 月 1 日起施行。

哈尔滨市燃气管理条例

(2005年4月28日哈尔滨市第十二届人民代表大会常务委员会第十五次会议通过　2005年6月24日黑龙江省第十届人民代表大会常务委员会第十五次会议批准　根据2016年6月28日哈尔滨市十四届人大常委会第三十一次会议通过　2016年8月19日黑龙江省第十二届人大常委会第二十八次会议批准的《关于修改〈哈尔滨市新型墙体材料发展应用和建筑节能管理条例〉等五部地方性法规的决定》修正)

第一章　总　　则

第一条　为加强燃气管理,保障社会公共安全和人民生命财产安全,维护燃气用户和经营者的合法权益,促进燃气事业发展,根据国家和省的有关规定,结合本市实际,制定本条例。

第二条　本条例适用于本市行政区域内燃气的规划,燃气工程的建设,燃气的经营和使用,燃气设施的管护,燃气器具的销售、安装、维修,燃气的安全管理。

第三条　市建设行政主管部门是本市燃气行业行政主管部门(以下简称市燃气主管部门),负责本条例的组织实施,所属的燃气管理机构负责燃气日常管理工作。

县(市)人民政府燃气主管部门负责本辖区内的燃气管理工作,并接受市燃气主管部门的监督和指导。

规划、国土资源、公安、安全生产监督、质量技术监督、城市管理、交通、环境保护、工商、物价等有关行政部门,应当依据各自职责做好燃气管理的相关工作。

第四条　市、县(市)人民政府应当把燃气事业纳入国民经济和社会发展计划,坚持统一规划、配套建设、安全供气、方便用户、节约能源和保护环境的原则。

第五条　燃气主管部门和广播电视、新闻出版、教育等有关行政部门,以及燃气企业,应当加强燃气安全知识宣传、普及工作,提高用户安全意识,积极防范各种燃气事故的发生。

第二章 规划与建设

第六条 燃气发展规划,应当由市、县(市)燃气主管部门会同规划等有关行政部门编制,纳入城市总体规划,按照法定程序批准后组织实施。

第七条 新建、改建、扩建燃气工程项目,应当符合燃气发展规划,履行基本建设程序,并经市燃气主管部门会同公安消防等有关部门审查同意后方可施工。

违反本条前款规定未经批准擅自施工的,责令停止违法行为,处以5万元以上10万元以下罚款。

第八条 在燃气发展规划范围内的新建、改建、扩建工程,其配套的燃气设施应当与主体工程同步设计、施工、验收。

已投入使用的未配套建设管道燃气设施的工程,需要使用管道燃气的,应当有计划地进行管道燃气设施配套建设。

违反本条一款规定的,责令改正,处以燃气设施造价的10%以上20%以下罚款。

第九条 燃气工程竣工后,建设单位应当按照有关法律、法规的规定组织验收。未经验收或者验收不合格的,不得投入使用。

建设单位应当在燃气工程竣工验收合格之日起15日内,按照国家有关规定向市燃气主管部门及其他有关部门备案。

燃气工程竣工验收后,建设单位应当建立健全项目档案,及时向城建档案管理机构或者其他有关部门移交项目档案。

违反本条一款规定的,责令停止违法行为,处以工程合同价款2%以上4%以下罚款。

第三章 经营管理

第十条 设立燃气企业,应当符合国务院授权的建设行政主管部门规定的条件,经所在城市的市人民政府建设行政主管部门批准后,方可从事燃气经营活动。

所在城市的市人民政府建设行政主管部门应当按照规定的条件、程序和时限对申请进行审查,依法作出许可或者不予许可的决定。

违反本条一款规定的,责令停止违法行为,限期改正,处以5万元以上10万元以下罚款。

第十一条 设立燃气分销站点应当具备以下条件:

(一)符合燃气发展规划;

(二)有固定的经营场所;

(三)有两名以上专业从业人员;

（四）有安全保障和售后服务措施；

（五）法律、法规规定的其他条件。

第十二条　燃气企业设立燃气分销站点，应当向市燃气主管部门提出申请并提供相关资料，经市燃气主管部门会同公安消防部门审核同意后方可从事燃气分销经营活动。

对储存燃气钢瓶不过夜的临时服务站点，应当经市燃气主管部门同意。

市燃气主管部门自收到设立燃气分销站点的申请后，应当会同公安消防部门在 15 个工作日内依法作出许可或者不予许可的决定。

违反本条一款规定未经审核同意从事分销经营活动的，责令停止违法行为，没收违法所得，处以 1000 元以上 5000 元以下罚款。

第十三条　燃气企业与其他单位联合经营或者转让、出租设备设施，以及分销站点发生变更或者终止经营的，应当妥善处理用户转供有关事宜，并到原批准部门办理相关手续。

违反本条前款规定的，责令停止违法行为，没收违法所得，对燃气企业处以 5 万元以上 10 万元以下罚款，对分销站点处以 1000 元以上 5000 元以下罚款。

第十四条　燃气企业应当与用户签订供用气合同，就供气方式、供气质量、气费结算、供用气双方的权利和义务以及违约责任等有关内容作出约定。

第十五条　管道燃气企业在经营中应当遵守下列规定：

（一）保证正常、持续、稳定供气；

（二）保证燃气质量符合国家、省规定的标准；

（三）在城市管道燃气供应能力范围内，不得拒绝向符合法定用气条件的用户提供气源；

（四）不得限定用户购买其指定的燃气器具产品；

（五）严格执行物价部门批准的燃气价格，并将服务收费项目及收费标准向社会公开。

违反本条前款（三）、（四）项规定的，责令停止违法行为，没收违法所得，处以 5000 元以上 1 万元以下罚款。

第十六条　瓶装燃气企业在经营中应当遵守下列规定：

（一）为在本企业充装燃气的用户建立用气档案；

（二）向用户提供符合国家规定标准的燃气；

（三）在钢瓶充装燃气前，对钢瓶的安全状况进行检查，并按照规定抽取残液；

（四）充装燃气后按照规定进行漏气检验；

（五）不得擅自改变燃气设施用途；

（六）不得超量充装燃气；

（七）不得为不合格、超过检验期限的钢瓶充装燃气；

（八）不得为未在本企业建立用气档案的用户提供气源；

（九）不得为限量充装装置失灵的车用钢瓶充装燃气；

（十）不得向未抽取真空的初次使用或者重新检验后的钢瓶充装燃气。

违反本条前款（一）、（三）、（四）、（五）、（六）、（七）、（八）、（九）、（十）项规定的，责令停止违法行为，没收违法所得，限期改正，并处以 5000 元以上 1 万元以下罚款。

第四章 设施管护

第十七条 燃气设施的管理、维修、养护和更新由燃气企业负责。所需费用，居民用户的，由燃气企业承担；单位用户自己出资建设的，由本单位承担；燃气企业出资为单位用户建设的，由燃气企业承担。

燃气设施安装、维修和更新造成屋面、墙体等损坏的，由安装、维修、更新单位负责恢复原状或者赔偿。

燃气器具的维修、养护和更新由用户负责，费用由用户承担。

第十八条 在国家规定的燃气设施安全防护区内修建建筑物、构筑物，应当遵守下列规定：

（一）工程施工前，建设单位应当与燃气企业会签，查明地下燃气设施情况后方可施工；

（二）工地应当设立明显的施工标志，重要区段的大型地下施工，施工单位应当通知燃气企业派人现场监护；

（三）动火作业应当经公安消防部门批准，并按照燃气企业的要求，采取安全隔离等防范措施后方可作业；

（四）不得私自移动、启闭各种燃气设施以及管道阀门；

（五）施工中不得动用机械铲、空气锤等机械设备，不得压挤、碰撞燃气设施；

（六）施工中造成燃气设施损坏的，当事人应当保护现场，疏散群众，并及时通知燃气企业。

违反本条前款（一）、（三）、（四）、（五）、（六）项规定的，责令停止违法行为，对责任单位处以 1 万元以上 5 万元以下罚款；情节严重的，可以对工程予以查封；违反本条前款（二）项规定的，责令改正，对施工单位处以 5000 元以上 2 万元以下罚款。

第十九条 单位或者个人需要拆除、迁移或者改造燃气设施的，应当经燃气企业同意；按照有关法律、法规规定，需要有关部门审批的，还应当经过有关部门批准。

违反本条前款规定的,责令停止违法行为,限期改正,并对个人处以100元以上1000元以下罚款,对单位处以1000元以上1万元以下罚款。

第二十条　任何单位和个人不得有下列危及城市管道燃气设施的行为:

(一)将燃气管道作为负重支架或者电器的接地导体;

(二)在燃气管道、调压箱、计量表等设施上拴绳挂物或者堆放物品;

(三)涂改、覆盖、移动、拆卸、损坏城市管道燃气设施标志;

(四)在燃气设施安全防护区内挖坑取土、钻眼、打钎、安装塔吊、堆放重物;

(五)向城市燃气设施或者管道敷设沟内排放液体、气体和废料。

违反本条前款规定的,责令停止违法行为,对个人处以100元以上1000元以下罚款,对单位处以1000元以上1万元以下罚款。

第二十一条　燃气企业改动燃气设施的,应当经当地燃气主管部门按照国务院授权的建设行政主管部门规定的条件、程序、时限进行审批。

违反本条前款规定的,责令停止违法行为,对责任单位处以5000元以上5万元以下罚款。

第二十二条　任何单位和个人不得有下列危及长输燃气管道及其附属设施安全的行为:

(一)在管道中心线两侧及附属设施厂(站)区外各50米范围内,爆破、开山、修建大型建筑物或者构筑物;

(二)在管道中心线两侧各5米范围内,种植根深植物、采石、取土、挖塘、倾卸垃圾、盖房或者修筑其他建筑物;

(三)移动或者损坏各种标志桩、水土保护设施和截断阀室设施;

(四)穿越河流的长输燃气管道设施,在管道企业与河道、航道管理单位确定的安全保护范围内,修建码头、抛锚、掏沙、挖泥、炸鱼、水下爆破等;

(五)在管道安全保护范围内,未事先征得燃气企业同意,建设铁路、公路、桥梁、河渠,架空电力线路,埋设地下电(光)缆;

(六)在管道中心线两侧各50米至500米范围内,未事先征得燃气企业同意,进行爆破。

违反本条前款规定的,责令停止违法行为,限期改正,并对个人处以2000元以下罚款,对单位处以5万元以下罚款。

第二十三条　穿越河流、隧道、公路、铁路、桥涵的长输燃气管道、市区的地下管道及地上的燃气设施,负责管护的燃气企业应当在适当位置设置明显的警示标志。

第二十四条　燃气设施发生故障需要抢修时,燃气企业可以先施工,同时通知有关部门,并按照规定补办有关手续。

有关部门应当配合燃气企业,保证抢修及时进行。

第二十五条 因占、压或者施工造成燃气设施损坏的,由占、压或者施工者承担责任。

燃气设施出现事故需要抢修时,燃气企业可以拆除占、压物。

第二十六条 燃气企业应当对燃气设施进行维修、养护,需定期检测的设备设施,应当按照规定进行检测,保证设备设施正常使用。

违反本条前款规定的,责令停止违法行为,处以5000元以上1万元以下罚款。

第五章 使用管理

第二十七条 用户使用管道燃气,应当到当地管道燃气企业办理用气手续。

管道燃气企业对具备供气和用气条件的用户,应当自管道燃气工程验收合格之日起20日内予以通气。

用户使用瓶装燃气,应当到经批准的瓶装燃气企业办理用气手续。

违反本条二款规定的,市燃气主管部门应当自接到投诉之日起5日内,查清原因,责令责任单位限期解决;逾期仍不解决的,对管道燃气企业处以5万元以上10万元以下罚款。

第二十八条 用户应当按时交纳燃气费。逾期未交纳的,管道燃气企业可以从逾期之日起,对生产经营性用户每日按照所欠燃气费的1%加收滞纳金,对其他用户每日按照所欠燃气费的5‰加收滞纳金。

对于逾期未交纳燃气费的用户,管道燃气企业应当通知其限期交纳。超过限期仍未交纳的,管道燃气企业可以中止供气。用户申请恢复供气时,应当全额交纳所欠的燃气费和滞纳金。

第二十九条 管道燃气用户的燃气计量表,由燃气企业负责安装、管理、维修、更换,并由法定计量检测机构定期检测。管道用户对燃气计量表准确度有异议的,可以向燃气企业提出进行检测要求,或者向质量技术监督部门投诉。

第三十条 管道燃气企业接到用户检测燃气计量表要求后,应当在3日内与用户约定检测时间,请法定计量检测机构检测。

检测误差不超过国家规定指标的为正常,由用户交纳检测费;误差超过国家规定指标的,检测费由燃气企业支付,并由燃气企业免费更换新表。

因燃气计量表失灵引起的计数差额,其差额费用由燃气企业与用户协商解决。

第三十一条 任何单位和个人不得盗用管道燃气。

任何单位和个人不得擅自开启管道燃气企业封闭的燃气设施。

违反本条一款规定的,责令停止违法行为,追缴燃气费,对居民用户处以 100 元以上 1000 元以下罚款,对单位用户处以 1 万元以上 5 万元以下罚款;造成燃气设施损坏的,由窃气单位或者窃气个人赔偿损失。违反本条二款规定的,对个人处以 100 元以上 1000 元以下罚款,对单位处以 1000 元以上 1 万元以下罚款。

第三十二条 管道燃气企业需要停气、降压作业,影响用户用气的,除紧急情况外,应当提前 24 小时通过新闻媒体和其他适当方式将停气、降压时间及期限通知用户。

除因不可抗力和抢险抢修以及燃气主管部门审查同意的维修、更新、改造工程,管道燃气企业连续停止供气 48 小时以上的,应当赔偿用户直接损失。

管道燃气企业进行停气作业后,恢复供气应当在 6 时至 22 时内进行,并提前通知用户。

第三十三条 用户对瓶装燃气企业提供的服务不满意,有权另行选择其他瓶装燃气企业建立供、用气关系,并通知原供气企业注销用户档案。

第六章　安全管理

第三十四条 燃气企业应当严格执行燃气安全规程,建立和完善各项安全管理制度和应急预案,确保燃气设施、设备正常运行和安全供气。

违反本条前款规定的,责令改正,处以 5000 元以上 1 万元以下罚款。

第三十五条 燃气企业的专业管理、安全、技术和操作等从业人员,按照法律、行政法规规定应当由有关部门培训后上岗的,由市燃气主管部门组织有关部门依法进行联合培训,统一教材、统一考试、统一颁发从业人员岗位证书。从事压力容器作业的特种设备作业人员,应当取得国家统一格式的特种作业人员证书。

违反本条一款规定的,责令停止违法行为,处以 5000 元以上 1 万元以下罚款。

第三十六条 燃气企业应当实行每日 24 小时安全值班制度,设立抢修值班队伍,配备抢险设备,公开报警电话,保证及时、有效抢险。

违反本条前款规定的,责令改正,处以 5000 元以上 1 万元以下罚款。

第三十七条 在燃气设施安全防护区内修建经过会签同意的建筑物、构筑物,燃气企业接到施工单位现场监护通知后,应当及时派人现场监护。

违反本条前款规定的,责令改正,处以 5000 元以上 2 万元以下罚款。

第三十八条 液化石油气运输单位和个人,应当与瓶装燃气企业签订安全运输合同,并报市燃气主管部门备案。

未签订安全运输合同的运输单位和个人的车辆,不得进入瓶装燃气企业生产区。

违反本条二款规定的,责令停止违法行为,处以 5000 元以上 1 万元以下罚款。

第三十九条　从事液化石油气运输的单位和个人,应当遵守危险品运输有关规定,并不得有下列行为:

（一)拉运超过检验期、不合格的充气钢瓶;

（二)摔、砸或者上下直接堆放钢瓶;

（三)把槽车作为临时贮罐使用,从槽车直接充装钢瓶;

（四)装载液化石油气的运输车辆在人员密集场所、主要街道、明火地段、居民区及非专用停车场等处停留;

（五)进出液化石油气厂站生产区的车辆不配戴防火帽(罩)。

违反本条前款(一)、(二)、(四)、(五)项规定的,责令停止违法行为,没收违法所得,处以 1000 元以上 1 万元以下罚款;违反本条前款(三)项规定的,责令停止违法行为,没收违法所得,处以 1 万元以上 3 万元以下罚款。

第四十条　燃气分销站点在经营活动中,应当遵守下列规定:

（一)在批准的地点开展业务;

（二)收发与本企业签订安全运输合同的运输单位和个人拉运的钢瓶;

（三)收发在本企业建立用气档案的钢瓶;

（四)从业人员上岗时配戴统一标识;

（五)发放合格的钢瓶;

（六)过夜存放钢瓶,应当具备规定的条件。

违反本条前款(一)、(二)、(三)、(五)、(六)项规定的,责令停止违法行为,没收违法所得,处以 1000 元以上 5000 元以下罚款。

第四十一条　任何单位和个人不得有下列行为:

（一)无正当理由阻碍燃气企业开启燃气进户栓;

（二)用胶管过墙或者穿室使用燃气;

（三)将有燃气设施的房间作为居室使用;

（四)在有燃气设施的房间内储存、使用易燃易爆和可能影响燃气设施的腐蚀性物质,或者搭设和使用非燃气旺火炉具;

（五)擅自动用损坏燃气计量装置、调压箱、管道、阀门、加气机等燃气设施;

（六)使用不符合安全要求的设备盛装、使用燃气;

（七)将钢瓶倒置、加热使用或者露天存放。

（八)随意倾倒钢瓶内的残液;

（九)用燃气钢瓶互相转充燃气;

（十)挤、占、压燃气管道、设施;

（十一）其他危及燃气设施使用安全的行为。

违反本条前款（一）、（二）、（四）、（五）、（六）、（七）、（八）、（十）、（十一）项规定的，责令停止违法行为，对个人处以 1000 元以下罚款，对单位处以 1000 元以上 1 万元以下罚款；违反本条前款（九）项规定的，责令停止违法行为，没收违法所得，对非经营性的违法行为处以 100 元以上 500 元以下罚款，对经营性的违法行为处以 5000 元以上 1 万元以下的罚款。

第四十二条　商业、服务等用户使用燃气除遵守本条例第四十一条规定外，还应当遵守下列规定：

（一）商业、服务等公共场所内禁止使用钢瓶直接供气；

（二）商业、服务等公共场所内禁止存放已充装燃气或者含有残液的钢瓶；

（三）使用液化石油气或者新型气体燃料应当由合法经营单位提供；

（四）灶房内同时使用 3 个以上（含 3 个）钢瓶或者额定 50 公斤以上（含 50 公斤）钢瓶供气的，应当采用瓶组管道供应系统。

违反本条前款各项规定的，责令停止违法行为，处以 1000 元以上 1 万元以下罚款。

第四十三条　燃气汽车加气站、新型气体燃料站、工业燃气供应站不得充装民用钢瓶。

违反本条前款规定的，责令停止违法行为，处以 5000 元以上 2 万元以下罚款。

第四十四条　在本市行政区域内销售的燃气器具，产品气源适配性应当经法定检测机构检验合格，并向燃气主管部门备案，由市燃气主管部门列入哈尔滨市燃气器具销售目录，每年向社会公布一次。

燃气器具生产企业应当在销售地设有指定的维修站点，为用户提供必需的维修服务。

违反本条一款规定销售未经检验合格的产品的，责令停止违法行为，没收违法所得和非法物品，处以 1000 元以上 1 万元以下罚款。

第四十五条　燃气热水器及商服餐饮场所使用的燃气器具安装、维修，应当由依法设立的燃气器具安装、维修企业进行。

第四十六条　提倡已经使用管道燃气的用户安装燃气报警器。

新建、改建、扩建工程使用管道燃气的，建设单位应当安装燃气报警器，其费用纳入建设成本。

第四十七条　任何单位和个人发现燃气泄漏、供气设施异常或者供气异常，应当立即向燃气企业或者公安部门报警，并采取可行的应急措施；燃气企业接到报警后，应当立即组织抢修，发生燃气泄露的还应当向环保部门通报。

因燃气泄漏引发火灾、爆炸和人员中毒伤亡等事故,燃气企业应当立即向燃气主管、安全生产监督、卫生等有关部门报告。

第七章 其他规定

第四十八条 燃气价格进行调整时,物价主管部门应当采取听证会的方式征求消费者、经营者和有关方面的意见,并及时将调整后的价格及价格构成向社会公开。

第四十九条 燃气企业应当向社会公示服务承诺,接受用户的监督。对收到的用户投诉,应当在 3 个工作日内给予答复。用户对燃气企业的答复不满意的,可以向燃气主管部门或者其他有关行政部门投诉。

燃气主管部门应当建立举报和投诉制度,公开举报和投诉电话、信箱或者电子邮件地址,受理有关燃气安全、收费标准和服务质量的举报和投诉,并在接到举报或者投诉之日起 15 日内予以处理。处理结果应当及时反馈给投诉或者举报人。

第五十条 燃气主管部门及其工作人员应当依法履行职责,加强对实施有关燃气的法律、法规情况的监督检查,发现违法行为及时查处。

违反本条前款规定的,由有权监督的部门依法进行处理。给公民、法人或者其他组织造成损失的,应当依法予以赔偿。构成犯罪的,依法追究刑事责任。

第五十一条 燃气主管部门在履行监督检查职责时,有权要求被检查单位和个人提供有关燃气的文件和资料,有权进入被检查单位进行现场检查。

对不能保证安全的设施、设备、器具,燃气主管部门应当予以查封或者扣押,并在 15 日内作出处理决定。

第五十二条 有关单位和个人对燃气主管部门的监督和检查,应当支持和配合,不得拒绝和阻碍燃气执法人员依法执行公务。

侮辱、殴打燃气行政执法人员或者阻挠其执行公务的,依法追究相应法律责任。

第五十三条 本条例规定的行政处罚由市、县(市)燃气主管部门按照各自职责负责实施;本条例内容涉及其他法律、法规规定的行政处罚,由有关行政主管部门依法实施处罚。

第八章 附 则

第五十四条 本条例下列用语的含义是:

(一)燃气是指人工煤气、天然气、液化石油气和其他经批准使用的新型气体燃料总称。

（二）燃气企业是指生产、储存、输配、供应燃气的企业,包括管道燃气企业、瓶装燃气企业(含汽车加气站)、持有燃气经营许可证的燃气供应单位。

（三）燃气设施是指生产、储运、输配、供应燃气的各种设备及其附属设施和计量装置。

（四）燃气器具是指使用燃气的灶具(含胶管)、炊事器具、取暖器具、烘烤器具、热水和开水器具、冷暖机、燃气钢瓶、调压器及附属装置。

（五）燃气工程是指新建、改建、扩建的管道燃气工程、液化石油气贮灌站、混气站、气化站、燃气加气站、新型气体燃料站、人工煤气气源厂、工业燃气供应站及商业、服务场所的燃气设施安装工程。

（六）燃气分销站点是指管道液化气瓶组气化站、瓶装燃气供应站和其他自成系统的供气站点。

第五十五条　本条例自 2005 年 9 月 1 日起施行。哈尔滨市人民政府2000 年 12 月 29 日发布的《哈尔滨市管道燃气管理办法》同时废止。

哈尔滨市殡葬管理条例

(1998 年 6 月 19 日哈尔滨市第十一届人民代表大会常务委员会第四次会议通过 1998 年 8 月 15 日黑龙江省第九届人民代表大会常务委员会第四次会议批准 根据 2004 年 10 月 21 日哈尔滨市第十二届人民代表大会常务委员会第十二次会议通过 2004 年 12 月 18 日黑龙江省第十届人民代表大会常务委员会第十二次会议批准的《关于修改〈哈尔滨高新技术产业开发区条例〉等十六部地方性法规的决定》第一次修正 根据 2010 年 11 月 29 日哈尔滨市第十三届人民代表大会常务委员会第二十六次会议通过 2010 年 12 月 17 日黑龙江省第十一届人民代表大会常务委员会第二十二次会议批准的《关于修改〈哈尔滨市林地林木管理条例〉等 12 部地方性法规的决定》第二次修正 根据 2014 年 4 月 28 日哈尔滨市第十四届人民代表大会常务委员会第十四次会议通过 2014 年 6 月 13 日黑龙江省第十二届人民代表大会常务委员会第十一次会议批准的《关于修改〈哈尔滨市历史文化名城保护条例〉等十二部地方性法规的决定》第三次修正 根据 2016 年 6 月 28 日哈尔滨市十四届人大常委会第三十一次会议通过 2016 年 8 月 19 日黑龙江省第十二届人大常委会第二十八次会议批准的《关于修改〈哈尔滨市新型墙体材料发展应用和建筑节能管理条例〉等五部地方性法规的决定》第四次修正)

第一章 总 则

第一条 为加强殡葬管理,改革丧葬习俗,促进社会主义精神文明建设,根据国务院《殡葬管理条例》,结合我市情况,制定本条例。

第二条 本条例适用于本市行政区域内的殡葬管理。

第三条 殡葬管理,应当积极地、有步骤地实行火葬,改革土葬,节约殡葬用地,革除丧葬陋俗,提倡文明节俭办丧事。

第四条 各级人民政府应当把殡葬事业发展纳入国民经济和社会发展计划,合理安排殡葬设施建设用地和资金,适应殡葬改革的需要。

第五条　机关、团体、企业、事业单位和居民委员会、村民委员会,应当做好殡葬改革的宣传教育工作。

广播电台、电视台、报社等新闻单位,有义务进行殡葬改革宣传教育。

第六条　市民政部门主管全市殡葬管理工作。

区、县(市)民政部门依据职责权限负责本行政区的殡葬管理工作。

城市街道办事处和乡(镇)人民政府应当做好本辖区殡葬管理工作。

公安、工商、卫生、城乡规划、城乡建设、国土资源、城市管理、价格、民族宗教等有关行政管理部门,应当按照各自职责协同民政部门做好殡葬管理工作。

第二章　丧葬管理

第七条　本市公民死亡和外地公民在本市死亡,遗体应当就近火化。

第八条　办理遗体火化手续,应当凭下列证件:

(一)正常死亡的,凭公安部门或者卫生行政管理部门指定医疗机构的证明;

(二)非正常死亡和无名尸体,凭县级以上公安部门的证明;

(三)外国人死亡,凭本条第(一)或者第(二)项证明和死者家属或者所属国大使馆、领事馆的书面申请。

第九条　应当火化的遗体,由殡仪服务单位负责运送。偏远郊区和特殊情况除外。

外地公民在本市死亡需要将遗体运往户籍所在地火化的,应当由殡仪专用车辆运送。

第十条　遗体火化后,提倡不保留骨灰。保留骨灰的,可寄存在殡仪馆骨灰堂或者在公墓、公益性墓地采取以树代墓等多种形式安葬。

第十一条　允许土葬的公民死亡后,凡本人生前留有遗嘱或者家属自愿实行火化的,任何人不得干涉。

第十二条　市、县(市)应当逐步建立本辖区的殡仪服务中心。

殡仪服务中心应当对遗体运送、防腐、整容、火化等提供服务,实行规范化、科学化管理。

第三章　丧事管理

第十三条　办理丧事提倡节俭、文明,不得妨碍公共秩序,危害公共安全,污染环境卫生,不得侵害他人的合法权益。

第十四条　信教群众办理丧事举行的宗教仪式,应当在经批准的宗教活动场所内进行。

第十五条　禁止在丧事活动中摆放、焚烧冥币和纸人、纸马(牛)等扎糊的封建迷信丧葬用品,或者从事扮巫婆、神汉等封建迷信活动。

禁止在城镇街道烧纸、焚烧遗物或者抛撒纸钱。

第十六条 禁止在城镇街道或者其他公共场所停放遗体、搭设灵棚。

第十七条 殡仪专用车辆,应当按照约定的时间、地点运送。

对殡仪专用车辆和用具应当定期进行消毒,保持卫生,防止疾病传染。

第十八条 殡仪服务单位收取殡仪服务费用,应当按照省、市价格部门批准的价格标准执行,并明码标价。

殡仪服务人员应当遵守职业道德,实行规范化文明服务,不得利用工作之便索要或者收受财物。

第十九条 死者家属或者单位合法权益受到侵害时,可以向市或者县(市)殡葬管理机构投诉,接受投诉的机构应当及时受理,认真查处。

第四章 墓地管理

第二十条 建立公墓,应当经市民政部门审核同意,报省民政部门审批。

在县(市)建立公墓,经县(市)民政部门审核同意后,依据本条前款规定履行审批手续。

在本市城市规划控制区外设置公益性墓地,经乡(镇)人民政府同意、区民政部门审核后,报市民政部门审批;在县(市)设置公益性墓地,经乡(镇)人民政府审核同意,报县(市)民政部门审批,并报市民政部门备案。

第二十一条 公墓经营单位应当加强墓地的绿化、美化建设,创造整洁优美的环境。

第二十二条 禁止在下列区域兴建公墓或者设置公益性墓地:

(一)耕地、林地;

(二)风景名胜区、文物保护区和经济开发区;

(三)距水库、河流堤坝和水源保护区3000米以内;

(四)距铁路和公路主干线两侧各1000米以内;

(五)法律、法规规定的其他区域。

第二十三条 公墓用地属国家所有,公墓管理单位和墓穴认购者只有使用权。

公益性墓地,不得安葬本乡(镇)村民以外其他人员的骨灰,不得收取经营性费用。

第二十四条 公墓墓穴的认购者,应当向公墓经营单位交纳管理费。

第二十五条 公墓、公益性墓地以外现有的坟墓,除受国家保护的革命烈士墓、知名人士墓、华侨祖墓和具有历史、艺术、科学价值的古墓外,应当按市或者县(市)民政部门规定的期限迁移或者深埋,不留坟头、墓碑。

不得在公墓、公益性墓地以外修墓立碑。

第二十六条 任何单位和个人不得有下列行为:

(一)恢复或者建立宗族墓地;

(二)返迁或者重建已迁移、平毁的坟墓;

(三)将骨灰装棺埋葬。

第五章　丧葬用品管理

第二十七条 从事丧葬用品生产、经营的单位和个人,应当自领取营业执照之日起 30 日内,到市、县(市)民政部门备案。

从事丧葬用品生产、经营的单位和个人,应当严格按照审批范围生产、经营;经营丧葬用品应当明码标价。

第二十八条 禁止制作、销售冥币和纸人、纸马(牛)等扎糊的封建迷信丧葬用品,禁止销售棺木等土葬用品。

第六章　法律责任

第二十九条 违反本条例第七条,第二十五条第二款,第二十六条第(一)、(二)、(三)项规定的,由市或者区、县(市)民政部门责令限期改正,逾期拒不改正的,由民政部门依法向人民法院申请强制执行。

第三十条 违反本条例规定,在丧事活动中摆放、焚烧冥币和纸人、纸马(牛)等扎糊的封建迷信丧葬用品或者从事扮巫婆、神汉等封建迷信活动,在城镇街道或者其他公共场所停放遗体、搭设灵棚的,由市或者区、县(市)民政部门责令停止违法行为,可以并处 200 元以上 1000 元以下罚款。

第三十一条 违反本条例规定,在城镇街道烧纸、焚烧遗物的,由街道办事处、乡(镇)人民政府会同公安派出所予以制止;抛撒纸钱的,由市容和环境卫生行政主管部门会同公安交通管理部门予以制止;制止无效的,处以50 元以上 100 元以下罚款。

第三十二条 违反本条例规定,未经批准建立公墓、公益性墓地的,由市或者区、县(市)民政部门会同国土资源行政管理等有关部门责令恢复原貌,没收违法所得,可以并处违法所得 1 倍以上 3 倍以下罚款。

第三十三条 公益性墓地安葬本乡(镇)村民以外其他人员骨灰、收取经营性费用的,由市或者区、县(市)民政部门责令限期改正,可以并处 2000元以上 5000 元以下罚款。

第三十四条 违反本条例规定有下列行为之一的,由市或者区、县(市)民政部门会同工商行政管理部门责令停止违法行为,没收全部成品、半成品和违法所得,可以并处违法所得 1 倍以上 3 倍以下罚款:

(一)未领取营业执照从事丧葬用品生产、经营的;

(二)制作、销售冥币和纸人、纸马(牛)等扎糊的封建迷信丧葬用品的;

(三)销售棺木等土葬用品的;

(四)超范围生产、经营丧葬用品的。

第三十五条 殡葬管理工作人员应当认真履行职责,秉公办事,不准利用职权徇私舞弊。

殡仪服务人员违反本条例第十八条第二款、殡葬管理工作人员违反本条前款规定,索要或者收受财物的,由民政部门责令退赔;情节严重的,由其所在工作单位或者上级主管部门给予行政处分;构成犯罪的,依法追究刑事责任。

第七章 附 则

第三十六条 华侨或者港、澳、台胞及外国人死亡,亲属要求在本市安葬的,由市、县(市)民政部门按照国家有关规定办理。

第三十七条 本条例自公布之日起施行。1993 年 9 月 24 日、1997 年 11 月 19 日市人大常委会公布的《哈尔滨市殡葬管理条例》和《关于修改〈哈尔滨市殡葬管理条例〉的决定》同时废止。

哈尔滨市机动车排气污染防治条例

(2010年5月21日哈尔滨市第十三届人民代表大会常务委员会第二十三次会议通过 2010年8月13日黑龙江省第十一届人民代表大会常务委员会第十八次会议批准 根据2016年8月24日哈尔滨市第十四届人民代表大会常务委员会第三十四次会议通过 2016年10月21日黑龙江省第十二届人民代表大会常务委员会第二十九次会议批准的《哈尔滨市机动车排气污染防治条例(修正案)》修正)

第一条 为了防治机动车排气污染,保护和改善大气环境,保障公众健康,促进经济和社会的可持续发展,根据《中华人民共和国大气污染防治法》等法律、法规,结合本市实际,制定本条例。

第二条 在本市行政区域内的机动车排气污染防治适用本条例。

第三条 本条例所称机动车,是指由内燃机驱动的机动车辆,但铁路机车和拖拉机除外。

本条例所称机动车排气污染,是指由机动车排气管、曲轴箱、燃油系统排放或者蒸发的污染物所造成的污染。

第四条 市环境保护行政主管部门负责本条例的实施。

市机动车排气污染管理机构负责市区内机动车排气污染防治的日常工作。

县(市)环境保护行政主管部门负责辖区内机动车排气污染防治工作。

公安、交通运输、市场监督管理等有关管理部门按照各自职责,负责机动车排气污染防治的相关工作。

第五条 任何单位和个人有权对机动车排气污染大气环境的行为向市机动车排气污染管理机构或者县(市)环境保护行政主管部门举报。对提供违法行为属实、证据确凿的,市机动车排气污染管理机构和县(市)环境保护行政主管部门应当对举报人予以奖励。具体奖励办法由环境保护行政主管部门会同财政等相关部门制定。

市机动车排气污染管理机构和县(市)环境保护行政主管部门应当向社会公布举报电话,及时处理并反馈处理结果。

第六条 市人民政府应当制定相应的政策,鼓励、支持制造和使用以清洁能源为动力的机动车,逐步推进和完善配套设施建设。

第七条　机动车向大气排放污染物不得超过本市执行的排放标准。

第八条　本市鼓励未达到国家现行排放标准的老旧机动车提前报废。具体办法由市人民政府制定。

第九条　初次注册登记的机动车,符合本市执行的机动车污染物排放标准的,免予排气污染物检测;不符合上述标准的,公安机关交通管理部门不予办理注册登记。

第十条　外地转入的机动车应当符合本市新机动车注册登记执行的污染物排放标准,到具有相应资质的机动车排放检验机构进行检测。对检测不合格的,公安机关交通管理部门不予办理转移登记。

第十一条　在用的机动车应当按照国家和省有关规定定期到具有相应资质的机动车排放检验机构进行检测。检测合格的,由机动车排放检验机构出具环保部门统一编码的排放检验报告;检测不合格的,不予出具排放检验报告,公安机关交通管理部门不予核发安全技术检验合格标志。

第十二条　机动车排放检验机构应当按照规定的污染物排放标准、检测方法和技术规范进行机动车排气污染检测。

机动车排放检验机构应当对出具的机动车排气污染物检测数据真实性负责,不得伪造排放检验结果或者出具虚假的排放检验报告。

第十三条　机动车排放检验机构应当遵守下列规定:

(一)与环境保护行政主管部门联网,实现检验数据和电子检验报告实时共享,并按照国家规定保存检验信息和有关技术资料;

(二)接受环境保护行政主管部门的远程监控,保证监控设备的正常、有效运转,不得遮挡或者擅自调整监控设备位置,不得损坏或者擅自删除视频录像资料;

(三)不得经营或者参与经营机动车排气污染维修业务;

(四)公示计量认证资质证书、检验方法、排放限制标准、收费标准、检验流程、检验过程及结果和监督投诉电话,接受社会监督。

第十四条　市机动车排气污染管理机构和县(市)环境保护行政主管部门可以在机动车集中停放地、维修地对在用机动车的排气污染进行监督抽检;在不影响机动车正常通行的前提下,可以采用遥感等方法对道路上行驶的机动车排气污染进行抽检。

市机动车排气污染管理机构和县(市)环境保护行政主管部门应当对行驶的机动车排气污染进行巡查,对排放黑烟等明显可见污染物的机动车实施影像拍摄,并告知机动车所有者。机动车所有者应当在被告知之日起五个工作日内到机动车排放检验机构接受检测。

环境保护行政主管部门应当与公安机关交通管理部门建立机动车排气

污染监督检查工作协作机制,对行驶中排放黑烟等明显可见污染物的机动车排气污染进行监督抽检,公安机关交通管理部门应当予以配合。

第十五条　对监督检测排气污染物超过本市执行的排放标准的机动车,由市机动车排气污染管理机构和县(市)环境保护行政主管部门责令机动车所有者限期维修治理;维修治理后,到机动车排放检验机构复检。

第十六条　机动车所有者应当保证机动车排气污染物净化装置的正常使用,不得擅自拆除、闲置。

第十七条　违反本条例规定,首次未按照规定期限参加机动车排气污染物定期检验的,责令改正并予以警告。有下列行为之一的,由市机动车排气污染管理机构和县(市)环境保护行政主管部门责令改正,并按照下列规定予以处罚:

(一)两次未按照规定期限参加机动车排气污染物定期检验的,处以六百元罚款;

(二)三次以上未按照规定期限参加机动车排气污染物定期检验的,处以二千元罚款。

第十八条　违反本条例规定,有下列行为之一的,由市机动车排气污染管理机构和县(市)环境保护行政主管部门责令改正,并按照下列规定予以处罚:

(一)对已告知排放黑烟等明显可见污染物的机动车所有者未在限定期限内到机动车排放检验机构接受检测的,处以五百元罚款;

(二)排气污染物超过本市执行标准的机动车未经复检上路行驶的,处以三百元罚款;

(三)擅自拆除或者闲置机动车排气污染物净化装置的,处以一千元罚款。

第十九条　违反本条例规定,机动车排放检验机构有下列行为之一的,由环境保护行政主管部门按照下列规定予以处罚:

(一)未按照规定的污染物排放标准、检测方法和技术规范进行检测的,责令改正,处以二万元罚款;逾期未改正的,责令停业整治,并处以五万元罚款。

(二)未接受环境保护行政主管部门的远程监控,或者未保证监控设备的正常、有效运转,或者遮挡、擅自调整监控设备位置,或者损坏、擅自删除视频录像资料的,责令改正,处以两万元以上五万元以下罚款;逾期未改正的,停业整治,并处以五万元以上十万元以下罚款。

(三)经营或者参与经营机动车排气污染维修业务的,责令改正,并处以二万元罚款;逾期未改正的,停业整治,并处以五万元罚款。

(四)未公示计量认证资质证书、检验方法、排放限制标准、收费标准、检验流程、检验过程及结果和监督投诉电话信息的,责令改正;逾期未改正的,处以一万元罚款。

第二十条 违反本条例其他规定的,由有关行政管理部门依据相关法律、法规进行处罚。

第二十一条 从事机动车排气污染监督、检测的有关行政管理部门有下列行为之一的,对直接负责的主管人员和其他直接责任人员依法给予行政处分:

(一)不按照规定对排放检验报告进行统一编码的;

(二)对机动车排放检验机构不履行监督管理职责的;

(三)要求机动车所有者到指定的机动车排放检验机构进行定期检测的;

(四)推销或者指定使用机动车排气污染治理的产品,参与或者变相参与机动车排气污染物检测经营的;

(五)其他不履行法定职责、滥用职权、徇私舞弊的行为。

第二十二条 本条例自 2010 年 11 月 1 日起施行。

哈尔滨市城市排水与污水处理条例

(2016 年 10 月 26 日哈尔滨市第十四届人民代表大会常务委员会第三十六次会议通过 2016 年 12 月 16 日黑龙江省第十二届人民代表大会常务委员会第三十次会议批准)

第一条 为了加强城市排水与污水处理的管理,保障城市排水与污水处理设施安全运行,保护公民生命、财产安全和公共安全,根据《中华人民共和国水污染防治法》、《城镇排水与污水处理条例》等有关法律、法规,结合本市实际,制定本条例。

第二条 本市行政区域内城市(含建制镇)规划区的排水与污水处理的规划、管理,排水与污水处理设施的建设、运行和维护,以及内涝防治,适用本条例。

第三条 城市排水与污水处理坚持尊重自然,统筹规划,配套建设,保障安全,综合利用,建设、维护和管理并重的原则。

第四条 市水行政主管部门是本市城市排水与污水处理行业行政主管部门(以下称市排水主管部门),负责本条例的组织实施,并承担道里区、道外区、南岗区、香坊区和平房区排水与污水处理的监督管理工作。

呼兰区、松北区、阿城区、双城区及县(市)人民政府确定的排水主管部门负责本辖区排水与污水处理监督管理工作,业务上接受市排水主管部门指导监督。

发展和改革、城乡规划、城乡建设、环境保护、国土资源和城市管理等有关部门,应当按照各自职责做好城市排水与污水处理的相关管理工作。

第五条 市排水主管部门会同市发展和改革、城乡规划、城乡建设、环境保护、国土资源和城市管理等有关部门,根据本市经济社会发展水平和地理、气候特征,依据有关总体规划并衔接相关专项规划,编制本市城市排水与污水处理规划,报市人民政府批准后组织实施。

呼兰区、松北区、阿城区、双城区排水主管部门应当按照本条第一款相关规定,编制本辖区的排水与污水处理规划,经本级人民政府批准后报市排水主管部门统筹调整,纳入本市城市排水与污水处理规划。

县(市)排水主管部门应当按照本条第一款相关规定编制本辖区的排水与污水处理规划,经本级人民政府批准后组织实施。

调整排水与污水处理规划,应当按照原审批程序报送审批。

第六条 市排水主管部门,呼兰区、松北区、阿城区、双城区排水主管部门,县(市)排水主管部门应当根据降雨规律、暴雨内涝风险等因素,编制内涝防治专项规划,合理布局雨水滞渗、调蓄、抽排设施及排放通道。内涝防治专项规划应当纳入排水与污水处理规划。

第七条 市人民政府,呼兰区、松北区、阿城区、双城区人民政府,县(市)人民政府应当将城市排水与污水处理设施建设纳入城市建设年度计划,并安排专项资金,保障设施的建设、运行和维护。

第八条 新城区建设排水设施应当实行雨水、污水分流;旧城区具备条件的,应当按照城市总体规划和排水与污水处理规划要求,有计划地实施雨水、污水分流改造。在雨水、污水分流改造过程中涉及的有关单位和个人应当予以配合。

在已经实行雨水、污水分流区域,不得将污水排入雨水管网或者将雨水管网、污水管网相互混接。

第九条 建设城市道路、桥涵等项目时,建设单位应当同步建设公共排水设施。

第十条 新建、改建、扩建市政基础设施工程应当配套建设雨水收集利用设施,增强绿地、砂石地面、可渗透路面对雨水的滞渗能力,削减雨水径流,提高城市内涝防治能力。

第十一条 城市排水与污水处理设施建设项目,以及需要与已建成的城市排水与污水处理设施相连接的新建、改建、扩建建设工程,城乡规划主管部门在依法核发建设用地规划许可证时,应当就排水设计方案是否符合排水与污水处理规划和相关标准征求排水主管部门的意见。

排水主管部门应当在两个工作日内提出意见。

第十二条 公共排水设施建设工程竣工验收合格、具备正常运行功能的,建设单位应当组织建管交接,将排水设施移交维护运营单位,签订移交协议,移交竣工资料。建管交接应当通知排水主管部门参加。

排水设施不具备正常运行功能的,建设单位应当组织整改,具备正常运行功能后方可移交。

第十三条 城市排水设施维护运营责任按照下列规定划分:

(一)公共排水设施,由城市公共排水设施维护运营单位负责;

(二)封闭区域内的公共排水设施,封闭区域管理单位应当配合城市公共排水设施维护运营单位对设施进行维护管理,并签订排水设施安全保护协议;

(三)公共排水设施建设工程及城市道路、桥涵工程配套建设的公共排水设施在完成建管交接前,由建设单位负责;

（四）自建排水设施由产权单位或者使用单位负责。

第十四条　无人管理的排水设施,应当由排水主管部门组织确认维护运营单位。

对确认无维护运营单位的排水设施,经鉴定具备正常运行功能的,由城市公共排水设施维护运营单位进行维护;不具备正常运行功能的,由财政主管部门核拨费用,城市公共排水设施维护运营单位修缮和改造后纳入公共排水设施统一管理。

第十五条　自建排水设施接入公共排水管网,应当符合项目规划及相关技术要求。自建排水设施建设单位应当委托具有相应资质的单位承担相关的设计、施工工作。

自建排水设施接入公共排水管网设计方案经城市公共排水设施维护运营单位确认符合相关技术要求的,建设单位应当与城市公共排水设施维护运营单位签订接入公共排水管网协议。

自建排水设施建设单位应当按照设计方案建设连接排水管网等设施。城市公共排水设施维护运营单位与自建排水设施建设单位对接入公共排水管网工程的设计、施工是否符合相关要求存在争议的,由建设主管部门会同排水、规划主管部门裁决。

第十六条　城市公共排水设施维护运营单位应当对公共排水设施定期进行巡查、维护,并建立检查档案,保证各项设施完好、畅通、安全运行。

公共排水设施缺损或者发生污水外溢、雨水排泄不畅等情况,城市公共排水设施维护运营单位应当在发现或者接到报告后,及时采取有效措施,并组织维修、疏通。

因公共排水设施维护可能对排水造成影响的,城市公共排水设施维护运营单位应当提前二十四小时通知排水单位和个人;可能对排水造成严重影响的,应当事先向排水主管部门报告,采取应急处理措施,并向社会公告。

第十七条　城市排水设施维护运营单位从事管网维护、应急排水、井下及有限空间作业时,应当安排专人进行现场安全管理,设置醒目警示标志,并及时复原窨井盖,避免发生安全事故。

第十八条　公共排水设施发生管道破裂冒水、堵塞、塌陷等故障需要抢修的,城市公共排水设施维护运营单位应当在挖掘道路、移植树木前,及时告知公安机关交通管理、道路、园林绿化等部门。抢修完工后,按照规定补办相关手续。

第十九条　城市排水设施应当设置安全防护区,安全防护区的范围按照下列规定划分:

（一）排水重力流管网外缘两侧各三米以内、压力流管网外缘两侧各五米以内;

（二）排水泵站泵房边缘以外三十米以内；

（三）出水口、泄水口和起调蓄功能的人工或者天然水泡边缘以外十米以内；

（四）检查井、雨水井边缘以外三米以内。

在安全防护区范围内，有关单位从事爆破、钻探、打桩、顶进、挖掘、取土等可能影响城市排水设施安全的活动的，应当与城市排水设施维护运营单位等共同制定设施保护方案，并采取相应的安全防护措施。

第二十条　　任何单位和个人不得有下列损害城市排水设施安全的行为：

（一）圈占、覆盖、堵塞检查井、雨水井、排水管道进出口；

（二）掩埋、穿凿、损毁、盗窃城市排水设施及排水泵站配套电缆；

（三）向城市排水设施倾倒垃圾、渣土、施工泥浆等废弃物或者排放易燃易爆、有毒有害、油污等物质；

（四）建设占压城市排水设施的建筑物、构筑物或者其他设施；

（五）在城市排水设施安全防护区范围内滥垦滥种、截流取水、明火作业或者堆放物料、杂物等；

（六）在城市排水管网垂直地面上种植影响管网安全的树种、敷设线杆、安装广告牌基桩；

（七）擅自启闭城市排水设施闸门；

（八）穿越城市排水管网、检查井、雨水井敷设工程管线；

（九）其他损害城市排水设施安全的行为。

第二十一条　　本条例实施前已经占压城市排水设施的，占压者应当采取安全防护措施，确保排水设施安全运行。在城市改造时应当退出占压。

第二十二条　　城市排水设施维护运营单位应当在汛前按照防汛要求，对城市排水设施进行全面检查、维护、清疏；在广场、立交桥下、地下构筑物、低洼区等易涝点，增加必要的强制排水设施和装备。

在汛期或者发生突发情况时，城市公共排水设施维护运营单位应当在雨水排放量超过公共排水管网排放能力的区域，采取控制排放量和调整排放时间等应急措施，防止发生城市内涝。

第二十三条　　从事工业、建筑、餐饮、医疗等活动的企业事业单位、个体工商户（以下称排水户）向城市排水设施直接或者间接排放污水的，应当依法向排水主管部门申请领取污水排入排水管网许可证，并按照要求排放污水。

第二十四条　　排水户向城市排水设施排放的污水，应当符合国家有关标准；不符合标准的，应当进行预处理，达标后方可排放。

餐饮、汽车修理、洗车、建设工程施工等产生油脂或者泥砂的单位，应当配建油水分离器或者沉砂池等预处理设施,并保证设施正常运行。

　　第二十五条　排水主管部门委托的排水监测机构,应当对排水户排放污水的水质和水量进行监测,建立监测档案。排水户应当接受监测,如实提供有关资料。

　　第二十六条　城市污水应当集中处理。排水主管部门应当按照排水与污水处理规划,组织建设城市污水集中处理设施,提高污水的收集率和处理率。

　　第二十七条　排水主管部门应当通过招标、委托等方式,确定符合条件的单位对污水处理设施进行维护运营。

　　第二十八条　污水处理设施投入运行后,污水处理设施维护运营单位应当保证处理后的水质符合相关标准,不得降低污水处理等级,并应当定期向排水主管部门、环境保护行政主管部门报送相关信息。

　　环境保护行政主管部门应当依法对污水处理设施的出水水质、水量进行监督检查。

　　第二十九条　污水处理设施建设应当统筹考虑污泥处理处置,保证污水处理产生的污泥符合国家有关标准。

　　污水处理设施维护运营单位或者污泥处理处置单位应当按照国家有关标准对污泥进行处理处置,对产生的污泥以及处理处置后的污泥去向、用途、用量等进行跟踪记录,定期向排水主管部门和环境保护行政主管部门备案。

　　第三十条　污水处理设施维护运营单位、污泥处理处置单位和污泥运输单位应当建立污泥转运联单制度,如实填写转运联单,禁止接受无联单的污泥。污泥运输车辆应当符合密封、防水、防渗漏和防遗撒的标准。

　　第三十一条　市、区、县(市)人民政府应当鼓励污水处理再生利用,工业生产、城市绿化、道路清扫、车辆冲洗、建筑施工以及生态景观等,优先使用再生水。

　　市、区、县(市)人民政府应当鼓励土地改良、城市绿化、建筑材料等行业优先使用处理后的污泥。

　　第三十二条　排水单位和个人应当按照有关规定缴纳污水处理费。

　　向城市污水处理设施排放污水、缴纳污水处理费的,不再缴纳排污费。

　　第三十三条　排水、环境保护等有关部门工作人员,未依法履行职责,或者玩忽职守、滥用职权、徇私舞弊的,由具有行政处分权的部门责令改正,对直接负责的主管人员和其他直接责任人员依法给予处分。

　　第三十四条　违反本条例有下列行为之一的,由排水主管部门责令改正;拒不改正或者造成严重后果的,按照下列规定处罚:

　　(一)排水户拒绝接受排水监测或者提供虚假资料的,处以二万元以下

罚款;

（二）餐饮、汽车修理、洗车、建设工程施工等产生油脂或者泥砂的单位,未配建油水分离器或者沉砂池等预处理设施或者配建设施不能正常运行的,处以五万元以下罚款。

第三十五条 违反本条例有下列行为之一的,由排水主管部门责令改正;拒不改正的,对建设单位按照下列规定处罚:

（一）自建排水设施擅自接入公共排水管网的,处以十万元以上三十万元以下罚款;

（二）自建排水设施未按照相关技术要求接入公共排水管网的,处以五万元以上二十万元以下罚款。

第三十六条 封闭区域的管理单位违反本条例规定,拒绝配合公共排水设施维护运营单位对区域内的公共排水设施进行维护管理的,由排水主管部门责令改正,给予警告;逾期不改正或者造成严重后果的,处以三千元以上五万元以下罚款;造成损失的,依法承担赔偿责任。

第三十七条 违反本条例损害城市排水设施安全的,由排水主管部门责令停止违法行为,限期恢复原状或者采取其他补救措施,给予警告;逾期不采取补救措施或者造成严重后果的,按照下列规定处罚:

（一）堵塞检查井、雨水井、排水管道进出口,掩埋、穿凿、损毁城市排水设施及排水泵站配套电缆,向城市排水设施倾倒垃圾、渣土、施工泥浆等废弃物或者排放易燃易爆、有毒有害、油污等物质,建设占压城市排水设施的建筑物、构筑物或者其他设施的,对单位处以十万元以上三十万元以下罚款,对个人处以二万元以上十万元以下罚款;

（二）圈占、覆盖检查井、雨水井、排水管道进出口,在城市排水设施安全防护区范围内滥垦滥种、截流取水、明火作业或者堆放物料、杂物,在城市排水管网垂直地面上种植影响管网安全的树种、敷设线杆、安装广告牌基桩,擅自启闭城市排水设施闸门,穿越城市排水管网、检查井、雨水井敷设工程管线的,对单位处以三万元以上五万元以下罚款,对个人处以五千元以上三万元以下罚款。

第三十八条 违反本条例其他规定的,由有关行政管理部门按照相关法律、法规的规定处罚。

第三十九条 本条例所称城市排水设施,分为公共排水设施和自建排水设施。

公共排水设施是指政府投资建设的提供公共服务的排水设施,包括排水管网（管道）、调蓄池、泵站、闸门、检查井、雨水井,具有排水功能的沟渠、雨水收集设施。自建排水设施是指产权人自行建设的排水设施,包括出户管、化粪池、检查井、排水管网（管道）、泵站等。

　　本条例所称污水处理设施,包括污水处理厂及其他附属设施。

　　第四十条　本条例自 2017 年 3 月 1 日起施行。1996 年市人大常委会公布的《哈尔滨市城市排水条例》及 1997 年、2004 年、2010 年、2014 年的相关修改决定同时废止。

哈尔滨市重点污染物排放总量控制条例

(2016年10月26日哈尔滨市第十四届人民代表大会常务委员会第三十六次会议通过　2016年12月16日黑龙江省第十二届人民代表大会常务委员会第三十次会议批准)

第一章　总　　则

第一条　为了控制重点污染物排放总量,防治环境污染,保护和改善环境质量,促进经济和社会可持续发展,根据有关法律、法规的规定,结合本市实际,制定本条例。

第二条　本市行政区域内排放大气污染物的排污单位、排放水污染物的工业排污单位和污水集中处理单位等固定污染源的重点污染物排放总量控制,适用本条例。

第三条　本条例所称重点污染物,是指国家作为约束性指标进行总量控制的化学需氧量、氨氮、二氧化硫、氮氧化物等污染物和市人民政府确定的对本地区环境质量有突出影响的其他污染物。

本条例所称总量控制,是指以环境质量改善为目标,将一定期限内固定污染源产生的重点污染物的排放量控制在环境质量容许限度内而实行的一种污染控制方式。

第四条　市人民政府对重点污染物排放总量控制工作负总责,县(市)人民政府在各自辖区范围内负相应责任。

市人民政府应当制定促进排污单位减少重点污染物排放总量的政策措施,鼓励排污单位采取减少排放等措施治理污染,改善环境质量。

第五条　市环境保护主管部门负责本条例的组织实施,并负责市区内重点污染物排放总量控制的监督管理工作。

县(市)环境保护主管部门负责本辖区内重点污染物排放总量控制的监督管理工作。

市排污权储备交易机构负责总量指标的技术核算、总量指标储备和回购等工作。

第二章　总量指标核定

第六条　市、县(市)环境保护主管部门应当根据本地区的经济社会发展规划、环境功能区划、环境质量状况和上级政府下达的重点污染物排放总量控制目标,制定本地区重点污染物排放总量控制工作实施方案,报同级人民政府批准后实施。

第七条　环境保护主管部门按照国家重点污染物排放总量控制规划每五年核定一次排污单位重点污染物排放总量指标(以下简称总量指标)。排污单位应当符合重点污染物排放总量控制要求,逐步削减重点污染物排放总量。

第八条　有下列情形之一的,环境保护主管部门应当重新核定总量指标:

(一)区域、流域或者行业总量指标发生变化的;

(二)国家或者地方污染物排放标准发生变化的;

(三)环境功能区调整的。

第九条　新建、改建、扩建项目的排污单位总量指标由市环境保护主管部门负责核定。

本条例实施前和总量指标使用有效期满后重新核定总量指标时,已经建成投产并通过建设项目竣工环境保护验收的排污单位(以下统称现有排污单位)的总量指标,由市、县(市)环境保护主管部门按照权限核定。

第十条　新建、改建、扩建项目的排污单位总量指标,应当根据环境影响评价结果核定。

现有排污单位的总量指标,应当根据有关法律法规标准、污染物总量控制要求、产业布局、污染物排放现状、环境统计、排污申报等情况,采用排放绩效、排污系数、标准定额等方法予以核定。

核定总量指标不得超过区域总量和行业总量,不得对不符合国家产业政策的排污单位核定总量指标。

总量指标具体核定的技术规范由市环境保护主管部门依据国家、省的相关规定制定并公布实施。

第十一条　环境保护主管部门应当将核定的总量指标在环境保护主管部门网站进行公示,并书面通知排污单位。

排污单位对核定的总量指标有异议的,应当自公示之日起三日内向核定总量指标的环境保护主管部门提出书面复核申请,并提供相关佐证材料。环境保护主管部门应当自收到复核申请之日起十日内出具总量指标复核意见。

第三章总量指标取得

第十二条 现有排污单位总量指标应当采取定额出让方式取得,经市人民政府确定并报经省人民政府批准,可以暂免缴纳总量指标使用费。

新建项目的总量指标以及改建、扩建项目的新增总量指标,应当通过交易方式取得。

第十三条 市环境保护主管部门应当建立总量指标政府储备库,调控本市总量指标交易市场和保障重大项目建设。

政府储备的总量指标来源:

(一)环境保护主管部门核定总量指标时预留的部分;

(二)政府投入资金进行污染治理,完成总量指标后结余的部分;

(三)收回或者回购的总量指标;

(四)其他途径取得的总量指标。

符合国家环境保护支持政策的项目,其总量指标由市人民政府从政府储备总量指标中划拨。实行划拨的具体项目范围由市环境保护主管部门根据国家相关要求拟定,报市人民政府批准后执行。

第十四条 下列总量指标可以进行交易:

(一)排污单位通过淘汰落后和过剩产能、清洁生产、技术改造等措施结余的总量指标;

(二)排污单位破产、关停、被取缔或者迁出本市行政区不再排放污染物,其有偿取得的总量指标;

(三)政府储备的总量指标。

第十五条 火电建设项目(含其他行业自备电厂)总量指标应当来源于本行业,热电联产机组供热部分、垃圾焚烧发电厂及生物质发电厂的总量指标可以来源于其他行业。火电机组总量指标一般不得用于其他行业。

造纸、印染等建设项目总量指标应当来源于工业企业。

农业源总量指标不得用于工业企业或者工业类建设项目。

第十六条 国家和省环境保护主管部门挂牌督办的排污单位在未完成整改验收前,不得参与总量指标的交易。

第十七条 排污单位破产、关停、被取缔或者迁出本市行政区不再排放污染物的,其暂免缴纳总量指标使用费和从政府储备总量指标中划拨的总量指标由市环境保护主管部门收回。

第十八条 总量指标交易应当在总量指标交易平台上进行。总量指标交易平台提供交易、信息发布、清算交割等相关服务,并按照规定标准收取交易服务费。交易价格遵循市场规律,执行市场交易价格。

总量指标交易办法由市人民政府另行制定。

第四章　排污许可

第十九条　实行总量控制的排污单位应当向环境保护主管部门申请办理排放污染物许可证(以下简称排污许可证),并按照排污许可证载明的排放污染物的种类、浓度、总量指标、排放方式和排放去向排放污染物;未取得排污许可证的,不得排放污染物。

第二十条　新建项目的排污单位应当在生产前取得排污许可证。

现有排污单位应当在环境保护主管部门规定的期限内申请办理排污许可证。

第二十一条　排污单位申请排污许可证,应当符合下列条件:

(一)依法取得生产经营资质;

(二)生产能力、工艺、设备和产品符合国家和地方现行产业政策;

(三)污染防治设施、污染物处理能力符合国家和地方规定的标准与要求;

(四)污染物排放浓度达到国家或者地方规定的污染物排放标准,重点污染物排放总量符合环境保护主管部门核定的总量指标;

(五)按照规定需要安装中控系统和在线自动监测设施的,应当按照规定安装,其在线监测设施与环境保护主管部门联网并通过有效性审核。

新建、改建、扩建项目申请排污许可证除满足本条第一款第二项至第五项规定外,其环境影响评价文件应当经环境保护主管部门批复。

第二十二条　排污单位申请办理排污许可证,应当提交以下材料:

(一)排污许可证申请表;

(二)营业执照;

(三)中控系统和在线自动监测设施的验收合格材料;

(四)取得总量指标的缴款凭证或者总量指标划拨的相关材料。

新建、改建、扩建项目申请排污许可证除满足上款规定外,还应当提交环境保护主管部门批复的环境影响评价文件。

第二十三条　环境保护主管部门应当自受理排污许可证申请之日起二十日内做出准予或者不予许可的决定。做出准予许可决定的,应当自做出决定之日起十日内向申请人颁发排污许可证;做出不予许可决定的,应当书面说明理由,并告知申请人享有依法申请行政复议或者提起行政诉讼的权利。

环境保护主管部门二十日内不能做出决定的,经本部门负责人批准,可以延长十日,并将延期的理由书面告知申请人。

第二十四条　排污许可证载明的排放污染物的种类、浓度、总量指标、排放方式和排放去向发生变化的,排污单位应当提前二十日向环境保护主管部门提出变更申请,环境保护主管部门应当自受理变更申请之日起二十日内办理变更手续;排污单位名称、地址、法定代表人等其他事项发生变化的,排污单位应当自发生变化之日起十日内向环境保护主管部门提出变更申请,环境保护主管部门应当自受理变更申请之日起五个工作日内办理变更手续。

第五章 监督管理

第二十五条 环境保护主管部门应当建立总量控制数据库,录入实行总量控制的排污单位的名称、排放重点污染物的种类及排放总量等情况,实行动态化管理。

第二十六条 环境保护主管部门应当采取在线自动监测系统监控和随机抽测等现场监督检查相结合的方式,对排污单位的总量控制完成情况进行监督检查。

排污单位应当接受环境保护主管部门的监督检查,如实说明情况,提供相关资料。

第二十七条 排污单位应当在每年一月十五日前将上一年度总量控制完成情况报送有管辖权的环境保护主管部门。

县(市)环境保护主管部门应当在每年三月一日前将本辖区总量控制完成情况报送市环境保护主管部门。

第二十八条 市人民政府应当将年度重点污染物排放总量控制目标纳入目标责任管理,并对完成情况进行考核;未完成控制目标的,对该县(市)人民政府的主要领导予以问责,并暂停审批该地区及有关企业新增相关重点污染物排放总量的建设项目的环境影响评价文件。

第六章 法律责任

第二十九条 环境保护主管部门和市排污权储备交易机构及其工作人员有下列情形之一的,由监察机关或者有权机关责令改正,并对其主管领导和直接责任人给予处分:

(一)未制定重点污染物总量控制工作实施方案,或者在制定重点污染物总量控制工作实施方案中弄虚作假的;

(二)未按照规定核定总量指标的;

(三)未依法实施排污许可的;

(四)发现违法行为不予查处的;

(五)未按照规定履行总量指标技术核算等工作的;

(六)其他违法履行职责的情形。

第三十条 排污单位违反本条例规定,有下列情形之一的,由环境保护

主管部门责令改正,并按照下列规定予以处罚:

（一）未按照排污许可证载明的污染物种类、排放方式和排放去向排放污染物的,处以五万元以上十万元以下罚款;

（二）未按照规定变更排污许可证的,处以二万元以上十万元以下罚款;

（三）未按照规定报送上一年度总量控制完成情况的,处以五千元罚款。

第三十一条 违反本条例其他规定的,由有关行政管理部门按照有关法律、法规的规定处理。

第七章 附 则

第三十二条 本条例自 2017 年 3 月 1 日起施行。

哈尔滨市人民代表大会及其常务委员会
立法条例

(2017年1月25日哈尔滨市第十五届人民代表大会第一次会议通过　2017年4月7日黑龙江省第十二届人民代表大会常务委员会第三十三次会议批准)

第一章　总　　则

第一条　为了规范地方立法活动,完善地方立法程序,提高地方性法规质量,根据《中华人民共和国地方各级人民代表大会和地方各级人民政府组织法》《中华人民共和国立法法》,结合本市实际,制定本条例。

第二条　市人民代表大会及其常务委员会制定、修改、废止、解释地方性法规以及市人民政府规章的备案审查,适用本条例。

第三条　市人民代表大会及其常务委员会可以对城乡建设与管理、环境保护、历史文化保护等方面的事项制定地方性法规。

法律对市人民代表大会及其常务委员会制定地方性法规的事项另有规定的,从其规定。

市人民代表大会及其常务委员会已经制定的地方性法规,涉及本条第一款规定事项范围以外的,继续有效。

第四条　下列事项应当由市人民代表大会制定地方性法规:

(一)法律规定由市人民代表大会规定的事项;

(二)规范市人民代表大会自身活动的事项;

(三)本市需要制定地方性法规的特别重大事项。

前款第三项所指的特别重大事项由市人民代表大会主席团认定。

常务委员会制定本条第一款规定以外的地方性法规;在市人民代表大会闭会期间,可以对市人民代表大会制定的地方性法规进行部分补充和修改,但不得与该地方性法规的基本原则相抵触。

第五条　制定地方性法规应当依照法定的权限和程序,不与宪法、法律、行政法规和本省地方性法规相抵触,维护社会主义法制的统一和尊严。

第六条　制定地方性法规应当发扬社会主义民主,保障人民通过多种途径参与地方立法活动,坚持立法公开和广泛协商,科学合理地规定公民、法人和其他组织的权利与义务、国家机关的权力与责任。

第七条　制定地方性法规应当突出地方特色，具有针对性和可操作性，原则上不设定参照执行条款。

第八条　地方立法经费应当根据工作需要列入市本级财政预算。

第二章　地方立法准备

第九条　市人民代表大会及其常务委员会加强对地方立法工作的组织协调，发挥在地方立法工作中的主导作用。

常务委员会通过立法规划、年度立法计划等形式，加强对地方立法工作的统筹安排，提高立法的稳定性和针对性。

第十条　常务委员会工作机构应当向市人民政府、市人民代表大会专门委员会发函征集立法规划和年度立法计划建议项目。同时，向市人民代表大会代表征询立法建议项目。

常务委员会法制工作机构应当认真研究市人民代表大会代表议案和建议，并通过哈尔滨市人大常委会网站、哈尔滨日报和立法联系点等途径向社会广泛征集立法建议项目。

第十一条　区、县（市）人民代表大会及其常务委员会可以就地方事务提出立法建议，组织或者参与依法提出立法议案。

第十二条　提出立法建议项目应当采用书面形式。市人民政府、市人民代表大会专门委员会提出立法建议项目，应当同时提供立项论证说明。立项论证说明应当写明立法建议项目的必要性和可行性。

第十三条　常务委员会法制工作机构对立法建议项目进行初步筛选，形成立法规划、年度立法计划征求意见稿，征求市人民代表大会专门委员会、市人民政府法制部门等相关单位意见。

第十四条　常务委员会法制工作机构应当围绕年度立法计划征求意见稿确定的建议项目，从立法必要性、可行性、合理性、预期实施效果等方面逐一论证，形成年度立法计划草案。年度立法计划草案应当明确法规名称、提报时限、提案主体或者起草单位等。

第十五条　立法规划、年度立法计划由常务委员会主任会议通过并向社会公布，报省人民代表大会常务委员会备案。

常务委员会法制工作机构应当按照常务委员会的要求，督促立法规划和年度立法计划的落实。

市人民政府、市人民代表大会专门委员会等应当按照年度立法计划规定的时限要求提报地方性法规案，对列入年度立法计划的项目进行调整的，应当提交书面报告，并向主任会议说明。

立法规划、年度立法计划需要调整的，由常务委员会法制工作机构提请主任会议确定。

第十六条　列入立法规划和年度立法计划的地方性法规草案,由提案人组织起草。

常务委员会认为需要自行组织起草的地方性法规草案,可以由主任会议指定专门委员会或者常务委员会工作机构组织起草。

专业性较强的地方性法规草案,可以委托社会组织、有关专家、教学科研单位起草。

第十七条　提案主体或者起草单位应当邀请市人民代表大会有关专门委员会、常务委员会法制工作机构提前参与地方性法规草案的有关工作,了解相关情况。

第十八条　地方性法规草案涉及两个以上部门权限的,提案人在提请审议前应当做好协调工作。

第三章　地方性法规案的提出

第一节　向市人民代表大会提出地方性法规案

第十九条　市人民代表大会主席团可以向市人民代表大会提出地方性法规案,由市人民代表大会会议审议。

市人民代表大会常务委员会、市人民政府、市人民代表大会各专门委员会,可以向市人民代表大会提出地方性法规案,由主席团决定列入会议议程。

第二十条　十名以上的市人民代表大会代表联名可以向市人民代表大会提出地方性法规案,由主席团决定是否列入会议议程,或者先交有关的专门委员会审议、提出是否列入会议议程的意见,再由主席团决定是否列入会议议程。

有关的专门委员会审议的时候,可以邀请提案人列席会议,发表意见。

第二十一条　向市人民代表大会提出的地方性法规案,在市人民代表大会闭会期间,可以先向常务委员会提出,经常务委员会会议依照本条例第四章第二节规定的有关程序审议后,决定提请市人民代表大会审议,由常务委员会向大会全体会议作说明,或者由提案人向大会全体会议作说明。

常务委员会依照前款规定审议地方性法规案,应当征求市人民代表大会代表的意见,并将有关情况予以反馈;专门委员会和常务委员会法制工作机构进行立法调研,可以邀请有关的市人民代表大会代表参加。

第二十二条　常务委员会决定提请市人民代表大会会议审议的地方性法规案,应当在会议举行的十五日前将地方性法规草案发给市人民代表大会代表。

第二节　向市人民代表大会常务委员会提出地方性法规案

第二十三条　主任会议可以向常务委员会提出地方性法规案,由常务委员会会议审议。

市人民政府、市人民代表大会各专门委员会,可以向常务委员会提出地方性法规案,由主任会议决定列入常务委员会会议议程,或者先交有关的专门委员会审议、提出报告,再决定列入常务委员会会议议程。主任会议认为地方性法规案有重大问题需要进一步研究,可以建议提案人修改完善后再向常务委员会提出。

市人民政府、市人民代表大会各专门委员会提出的地方性法规案,应当经市人民政府常务会议、专门委员会会议讨论通过,并经市长、专门委员会主任委员签发。

第二十四条　常务委员会组成人员五人以上联名,可以向常务委员会提出地方性法规案,由主任会议决定是否列入常务委员会会议议程,或者先交有关的专门委员会审议、提出是否列入会议议程的意见,再决定是否列入常务委员会会议议程。不列入常务委员会会议议程的,应当向常务委员会会议报告或者向提案人说明。

有关的专门委员会审议的时候,可以邀请提案人列席会议,发表意见。

第二十五条　列入常务委员会会议议程的地方性法规案,应当在会议举行的五日前将地方性法规草案发给常务委员会组成人员。

提案人应当在常务委员会会议举行的十五日前将地方性法规案报送常务委员会。

第四章　地方性法规案的审议和表决

第一节　市人民代表大会审议和表决地方性法规案

第二十六条　列入市人民代表大会会议议程的地方性法规案,大会全体会议听取提案人的说明后,由各代表团进行审议。

各代表团审议地方性法规案时,提案人应当派人听取意见,回答询问。

各代表团审议地方性法规案时,根据代表团的要求,有关机关、组织应当派人介绍情况。

第二十七条　列入市人民代表大会会议议程的地方性法规案,由有关的专门委员会进行审议,向主席团提出审议意见,并印发会议。

第二十八条　列入市人民代表大会会议议程的地方性法规案,经各代表团和有关的专门委员会审议后,由法制委员会根据各代表团和有关的专门委员会的审议意见,对地方性法规案进行统一审议,向主席团提出审议结果报告和地方性法规草案修改稿,对重要的不同意见应当在审议结果报告中予以说明,经主席团会议审议通过后,印发会议。

第二十九条　列入市人民代表大会会议议程的地方性法规案,必要时,主席团常务主席可以召开各代表团团长会议,就地方性法规案中的重大问题听取各代表团的审议意见,进行讨论,并将讨论的情况和意见向主席团报告。

主席团常务主席也可以就地方性法规案中的重大专门性问题,召集代表团推选的有关代表进行讨论,并将讨论情况和意见向主席团报告。

第三十条　地方性法规案在审议中有重大问题需要进一步研究的,经主席团提出,由大会全体会议决定,可以授权常务委员会根据代表的意见进一步审议,作出决定,并将决定情况向市人民代表大会下次会议报告;也可以授权常务委员会根据代表的意见进一步审议,提出修改方案,提请市人民代表大会下次会议审议决定。

第三十一条　地方性法规草案修改稿经各代表团审议,由法制委员会根据各代表团的审议意见进行修改,提出地方性法规草案表决稿,由主席团提请大会全体会议表决,由全体代表的过半数通过。

第二节　市人民代表大会常务委员会审议和表决地方性法规案

第三十二条　列入常务委员会会议议程的地方性法规案,一般应当经两次常务委员会会议审议后再交付表决。

常务委员会会议第一次审议地方性法规案,在全体会议上听取提案人的说明,由分组会议进行初步审议。

常务委员会会议第二次审议地方性法规案,在全体会议上听取法制委员会关于地方性法规草案审议结果的报告,由分组会议对地方性法规草案修改稿进一步审议。

常务委员会审议地方性法规案时,根据需要可以召开联组会议或者全体会议,对地方性法规草案中的重要问题进行讨论。

第三十三条　常务委员会分组会议审议地方性法规案时,提案人应当派人听取意见,回答询问;根据小组的要求,有关机关、组织应当派人介绍情况。

分组审议地方性法规案应当依照会议议程逐案审议,不得将两件以上地方性法规案或者将地方性法规案与其他议题合并审议,不得缩减审议时间。

第三十四条　常务委员会会议审议地方性法规案时,常务委员会组成人员应当围绕地方性法规案提出简洁、明确的审议意见。

常务委员会组成人员在常务委员会会议上提出审议意见,可以采用口头形式,也可以采用书面形式。以口头形式提出的审议意见,由工作人员整理后交组成人员签字确认。

第三十五条　列入常务委员会会议议程的地方性法规案,由有关的专门委员会进行审议,提出审议意见。

有关的专门委员会审议地方性法规案时,可以邀请其他专门委员会的成员列席会议,发表意见。

有关的专门委员会的审议意见应当于常务委员会会议第一次审议地方性法规案后一个月内送法制委员会,并印发常务委员会第二次审议会议。

第三十六条　列入常务委员会会议议程的地方性法规案,由法制委员会根据常务委员会组成人员、有关的专门委员会的审议意见和各方面提出的意见,对地方性法规案进行统一审议,提出审议结果报告和地方性法规草案修改稿,对重要的不同意见应当在审议结果报告中予以说明。

法制委员会审议地方性法规案时,应当邀请有关的专门委员会的成员列席会议,发表意见;对有关的专门委员会的重要审议意见没有采纳的,应当向有关的专门委员会反馈。

第三十七条　专门委员会审议地方性法规案时,应当召开全体会议审议,根据需要,可以要求有关机关、组织派有关负责人说明情况。

第三十八条　专门委员会之间对地方性法规草案的重要问题意见不一致时,应当向主任会议报告。

第三十九条　列入常务委员会会议议程的地方性法规案,法制委员会、有关的专门委员会和常务委员会法制工作机构应当听取各方面的意见。听取意见可以采取座谈、论证、听证等多种形式。

地方性法规案有关问题专业性较强,需要进行可行性评价的,应当组织论证,听取有关专家、部门和市人民代表大会代表等方面的意见。论证情况应当向常务委员会报告。

地方性法规案有关问题存在重大意见分歧或者涉及利益关系重大调整,需要进行听证的,应当组织听证,听取有关基层和群体代表、部门、人民团体、专家、市人民代表大会代表和社会有关方面的意见。听证情况应当向常务委员会报告。

组织论证、听证,应当将有关材料提前发放并邀请起草单位和市人民政府法制部门参加。

第四十条　常务委员会法制工作机构应当将地方性法规草案发送相关领域的市人民代表大会代表,区、县(市)人民代表大会常务委员会以及有关部门、组织和专家征求意见。

列入常务委员会会议议程的地方性法规案,应当将地方性法规草案及其起草说明等向社会公布,征求意见。向社会公布征求意见的时间不少于十五日。

第四十一条 常务委员会法制工作机构应当收集整理分组审议的意见和各方面提出的意见以及其他有关资料,分送法制委员会和有关的专门委员会,并根据需要,印发常务委员会会议。

第四十二条 拟提请常务委员会会议审议通过的地方性法规案,在法制委员会提出审议结果报告前,常务委员会法制工作机构可以对地方性法规草案中主要制度规范的可行性、法规出台时机、法规实施的社会效果和可能出现的问题等进行评估。评估情况由法制委员会在审议结果报告中予以说明。

第四十三条 地方性法规草案修改稿经常务委员会会议审议,由法制委员会根据常务委员会组成人员的审议意见进行修改,提出地方性法规草案表决稿,由主任会议提请常务委员会全体会议表决,由常务委员会全体组成人员的过半数通过。

地方性法规草案表决稿交付常务委员会会议表决前,主任会议根据常务委员会会议审议的情况,可以决定将个别意见分歧较大的重要条款提请常务委员会会议单独表决。

单独表决的条款经常务委员会会议表决后,主任会议根据单独表决的情况,可以决定将地方性法规草案表决稿交付表决,也可以决定暂不付表决,交法制委员会和有关的专门委员会进一步审议。

第四十四条 对多部地方性法规中涉及同类事项的个别条款进行修改,一并提出地方性法规案的,经主任会议决定,可以合并表决,也可以分别表决。

第四十五条 列入常务委员会会议议程的地方性法规案,调整事项较为单一,各方面意见比较一致的,可以经一次常务委员会会议审议即交付表决,由法制委员会根据常务委员会组成人员和各方面提出的意见进行审议、修改,提出审议结果报告和地方性法规草案表决稿。

第五章　地方性法规的报批、公布和解释

第四十六条 市人民代表大会及其常务委员会制定的地方性法规,由市人民代表大会常务委员会报省人民代表大会常务委员会批准。

第四十七条 报送批准的地方性法规,省人民代表大会常务委员会在批准决定中就合法性问题附修改意见的,由常务委员会法制工作机构根据修改意见进行修改后,按照本条例第四十八条规定公布。

报送批准的地方性法规,省人民代表大会常务委员会就重大问题提出修改意见的,常务委员会法制工作机构向主任会议报告,由主任会议决定书面印发常务委员会会议。

第四十八条 市人民代表大会及其常务委员会制定的地方性法规经省

人民代表大会常务委员会批准后,由市人民代表大会常务委员会发布公告予以公布。

公布地方性法规的公告应当载明该地方性法规的制定、批准机关和通过、批准、施行日期。

第四十九条 地方性法规公布后,应当在哈尔滨市人民代表大会常务委员会公报、哈尔滨市人大常委会网站和哈尔滨日报上刊登。

在哈尔滨市人民代表大会常务委员会公报上刊登的地方性法规文本为标准文本。

哈尔滨日报社应当自接到地方性法规文本之日起五日内予以刊登。

第五十条 常务委员会法制工作机构负责地方性法规报批和公布的具体工作。

第五十一条 地方性法规有下列情况之一的,由市人民代表大会常务委员会解释:

(一)地方性法规的规定需要进一步明确具体含义的;

(二)地方性法规制定后出现新的情况,需要明确适用法规依据的。

第五十二条 市人民政府、市人民法院、市人民检察院和市人民代表大会各专门委员会以及区、县(市)人民代表大会常务委员会可以向市人民代表大会常务委员会提出地方性法规的解释要求。

地方性法规的解释要求应当以书面形式提出,内容包括要求解释的具体法规条文、该法规条文在实施中遇到的主要问题及要求进行解释的理由等。同时可以附法规解释内容的建议。

第五十三条 常务委员会法制工作机构研究拟订地方性法规解释草案,由主任会议决定列入常务委员会会议议程。

第五十四条 地方性法规解释草案经常务委员会会议审议,由法制委员会根据常务委员会组成人员的审议意见进行审议、修改,提出地方性法规解释草案表决稿,由常务委员会全体组成人员的过半数通过。

第五十五条 市人民代表大会常务委员会通过的地方性法规解释,报省人民代表大会常务委员会批准后,由市人民代表大会常务委员会发布公告予以公布。

第五十六条 市人民代表大会常务委员会的地方性法规解释同地方性法规具有同等效力。

第六章 备案审查

第五十七条 市人民政府制定的规章应当在公布之日起三十日内,报送市人民代表大会常务委员会备案。

因行政管理迫切需要,市人民政府在规章中设定没有上位法依据,减损公民、法人和其他组织权利或者增加其义务的规范的,应当在备案时进行说明。

第五十八条 市中级人民法院、市人民检察院和区、县(市)人民代表大会常务委员会认为市人民政府规章与宪法、法律、行政法规或者本省、市的地方性法规相抵触的,可以向市人民代表大会常务委员会书面提出进行审查的要求,由常务委员会法制工作机构分送市人民代表大会有关专门委员会进行审查、提出意见。

前款规定以外的其他国家机关和社会团体、企业事业组织以及公民认为市人民政府规章与宪法、法律、行政法规或者本省、市的地方性法规相抵触的,可以向市人民代表大会常务委员会书面提出进行审查的建议,由常务委员会法制工作机构进行研究,必要时,送市人民代表大会有关专门委员会进行审查、提出意见。

市人民代表大会有关专门委员会和常务委员会工作机构应当对报送备案的市人民政府规章进行主动审查。

第五十九条 市人民代表大会专门委员会、常务委员会工作机构在审查、研究中认为市人民政府规章与宪法、法律、行政法规或者本省、市的地方性法规相抵触的,可以向市人民政府提出书面审查意见、研究意见;也可以由法制委员会与有关专门委员会、常务委员会工作机构召开联合审查会议,要求市人民政府到会说明情况,再提出书面审查意见。

市人民政府应当在两个月内研究提出是否修改的意见,并向法制委员会和有关专门委员会或者常务委员会工作机构反馈。市人民政府按照所提意见对规章进行修改或者废止的,审查终止。

市人民代表大会法制委员会、有关专门委员会、常务委员会工作机构经审查、研究认为市人民政府规章与宪法、法律、行政法规或者本省、市的地方性法规相抵触而市人民政府不予修改的,应当向主任会议提出予以撤销的议案、建议,由主任会议决定向市人民政府提出撤销意见或者提请常务委员会审议决定。

第六十条 市人民代表大会有关专门委员会和常务委员会工作机构应当将审查、研究情况向提出审查建议的国家机关、社会团体、企业事业组织以及公民反馈。审查内容不存在与法律相抵触的,对有关情况予以书面说明;审查内容存在与法律相抵触的,书面告知审查情况及处理结果。

第六十一条 市人民代表大会及其常务委员会制定的地方性法规以及市人民代表大会常务委员会通过的地方性法规解释,应当按照相关规定备案。

第七章　其他规定

第六十二条　地方性法规的修改和废止程序,适用本条例第三章、第四章、第五章的有关规定。

地方性法规被修改的,应当公布新的地方性法规文本。

第六十三条　提出地方性法规案,应当同时提出地方性法规草案文本及其说明,并提供必要的参阅资料。修改地方性法规的,还应当提交修改前后的对照文本。地方性法规草案的说明应当包括制定或者修改该地方性法规的必要性、可行性和主要内容,以及起草过程中对重大分歧意见的协调处理情况。

地方性法规拟设定行政许可和行政强制的,提案人应当向制定机关说明设定的必要性、可能产生的影响以及论证、听证的情况。

第六十四条　向市人民代表大会或者市人民代表大会常务委员会提出的地方性法规案,在列入会议议程前,提案人有权撤回。

列入市人民代表大会或者市人民代表大会常务委员会会议议程的地方性法规案,在交付表决前,提案人要求撤回的,应当说明理由,经主席团或者主任会议同意,并向大会或者常务委员会报告,对该地方性法规案的审议即行终止。

第六十五条　列入市人民代表大会或者常务委员会会议审议的地方性法规案,因各方面对制定该地方性法规的必要性、可行性等重大问题存在较大意见分歧需要搁置审议或者暂不付表决的,由市人民代表大会主席团或者常务委员会主任会议决定。

地方性法规案搁置审议满一年的,或者因暂不付表决经过一年没有再次列入会议议程审议的,由市人民代表大会主席团向市人民代表大会报告或者常务委员会主任会议向常务委员会报告,该地方性法规案终止审议。

第六十六条　表决未获得通过或者终止审议的地方性法规案,提案人认为必须制定该地方性法规,可以按照本条例规定的程序重新提出,由主席团或者主任会议决定是否列入会议议程;其中,未获得市人民代表大会通过的地方性法规案,应当提请市人民代表大会审议决定。

第六十七条　地方性法规草案与本市其他地方性法规相关规定不一致的,提案人应当予以说明并提出处理意见,必要时应当同时提出修改或者废止本市其他地方性法规相关规定的议案。

法制委员会和有关的专门委员会审议地方性法规案时,认为需要修改或者废止本市其他地方性法规相关规定的,应当提出处理意见。

第六十八条　新制定的地方性法规实施一年后,市人民政府等实施主体应当向常务委员会报告地方性法规执行情况。

第六十九条 常务委员会法制工作机构根据需要可以组织对有关地方性法规进行立法后评估,并向常务委员会报告评估情况。

第七十条 常务委员会法制工作机构可以对地方性法规有关具体问题的询问进行研究予以答复,并报常务委员会备案。

第七十一条 除市人民政府外,未经地方性法规授权,任何机关不得制定地方性法规实施细则或者配套的具体规定。

地方性法规授权有关机关对专门事项制定实施细则或者配套的具体规定的,有关机关应当自地方性法规施行之日起六个月内制定,地方性法规对实施细则或者配套的具体规定制定期限另有规定的,从其规定。有关机关未能在期限内制定实施细则或者配套的具体规定的,应当向市人民代表大会常务委员会说明情况。

市人民政府、经地方性法规授权可以制定地方性法规实施细则或者配套的具体规定的机关,应当自该实施细则或者具体规定发布之日起七日内报市人民代表大会常务委员会备案。实施细则或者配套的具体规定不适当、与所实施的地方性法规相抵触或者不一致的,市人民代表大会常务委员会应当予以撤销。

第八章 附　　则

第七十二条 本条例自 2017 年 6 月 1 日起施行。

2001 年 2 月 13 日哈尔滨市第十一届人民代表大会第五次会议通过,根据 2016 年 1 月 22 日哈尔滨市第十四届人民代表大会第五次会议通过的《哈尔滨市人民代表大会关于修改〈哈尔滨市制定地方性法规程序的规定〉的决定》修正的《哈尔滨市制定地方性法规程序的规定》同时废止。

哈尔滨市人民代表大会常务委员会
关于对《哈尔滨市城乡规划条例》
第七十七条适用问题的解释

(2017 年 4 月 17 日哈尔滨市第十五届人民代表大会常务委员会第三次会议通过　2017 年 6 月 22 日黑龙江省第十二届人民代表大会常务委员会第三十四次会议批准)

哈尔滨市人民政府向哈尔滨市人民代表大会常务委员会提出,2012 年 1 月 1 日《哈尔滨市城乡规划条例》实施后,有关建设项目办理规划行政许可新旧法规适用问题需要进行立法解释。

哈尔滨市人民代表大会常务委员会经审议,对《哈尔滨市城乡规划条例》第七十七条解释如下:

2012 年 1 月 1 日前,已经按照城乡规划主管部门核准的规划条件进行国有土地上房屋拆迁或者征收的项目;已经取得国有土地出让手续或者建设用地规划许可证的项目,在办理后续规划行政许可时,可适用《哈尔滨市城市规划管理条例》中有关日照间距的规定。

现予公告。

哈尔滨市城市出租汽车客运管理条例

(2009 年 11 月 26 日哈尔滨市第十三届人民代表大会常务委员会第十九次会议通过 2010 年 1 月 19 日黑龙江省第十一届人民代表大会常务委员会第十五次会议批准 根据 2011 年 11 月 30 日哈尔滨市第十三届人民代表大会常务委员会第三十二次会议通过 2011 年 12 月 8 日黑龙江省第十一届人民代表大会常务委员会第二十九次会议批准的《关于修改〈哈尔滨市林地林木管理条例〉等 7 部地方性法规的决定》第一次修正 根据 2014 年 4 月 28 日哈尔滨市第十四届人民代表大会常务委员会第十四次会议通过 2014 年 6 月 13 日黑龙江省第十二届人民代表大会常务委员会第十一次会议批准的《关于修改〈哈尔滨市历史文化名城保护条例〉等十二部地方性法规的决定》第二次修正 根据 2017 年 8 月 30 日哈尔滨市第十五届人民代表大会常务委员会第五次会议通过 2017 年 12 月 27 日黑龙江省第十二届人民代表大会常务委员会第三十七次会议批准的《关于修改〈哈尔滨市城市出租汽车客运管理条例〉的决定》第三次修正)

第一章 总 则

第一条 为加强城市出租汽车客运管理,规范出租汽车市场营运秩序,提高服务质量,维护乘客、经营者和驾驶员的合法权益,促进出租汽车客运行业健康发展,根据有关法律、法规规定,结合本市实际,制定本条例。

第二条 本条例适用于本市除阿城区、呼兰区、双城区以外市区的出租汽车客运管理。

出租汽车服务主要包括巡游、网络预约等方式。网络预约出租汽车的客运管理不适用本条例,依据有关规定执行。

第三条 本条例所称出租汽车客运,是指利用小型客车,按照乘客需求提供客运服务,并按照行驶里程或者时间计费的经营活动。

第四条 出租汽车客运管理应当坚持总量调控、公平竞争、规范经营、优质服务、方便公众的原则。

第五条　市交通运输行政主管部门负责本条例的组织实施。

市出租汽车管理机构负责出租汽车客运行业日常管理工作。

发展和改革、工商、公安、财政、质量技术监督等行政管理部门,按照各自职责,负责出租汽车管理的相关工作。

第六条　市交通运输行政主管部门应当会同有关行政管理部门,根据本市经济社会发展、城市建设和出租汽车客运市场需求,编制城市出租汽车客运行业发展规划,报市人民政府批准后实施。

市交通运输行政主管部门应当定期对出租汽车客运市场需求进行调查评估,需要进行运力调整的,及时向市人民政府提出调整建议。

第七条　市人民政府应当根据出租汽车客运市场变化,对出租汽车客运行业实施相应的扶持政策,形成合理的价格机制。

鼓励出租汽车企业实行集约化、规模化经营。

第八条　市交通运输行政主管部门、出租汽车经营企业、出租汽车客运行业协会应当通过科学管理、加强培训、开展文明服务竞赛等方式,提高出租汽车行业从业人员素质,提高服务质量。

第九条　出租汽车经营企业应当依法成立工会组织,参与调解劳动纠纷,维护出租汽车驾驶员(以下简称驾驶员)的合法权益。

出租汽车客运行业协会应当根据协会章程,为出租汽车经营企业和个体经营者(以下统称经营者)及其从业人员提供服务和自律管理。

第二章　经营许可

第十条　出租汽车经营权实行许可制度。

出租汽车经营权实行无偿使用,出租汽车经营权的出让方式和程序由市人民政府另行制定。

出租汽车经营权实行期限制,期限为8年。

企业和个人从事出租汽车经营活动,应当取得出租汽车经营权。

出租汽车经营权实行一车一权制度。

第十一条　出租汽车经营权出让期限届满后经营者申请继续经营时,符合本条例规定的可以优先获得经营权,经考核优秀的可以享受有关优惠政策。具体办法由市人民政府另行制定。

第十二条　企业申请出租汽车经营权应当具备下列条件:

(一)具有符合规定的固定办公和停车场所;

(二)具有相应的经营管理制度;

（三）具有良好的企业信誉；

（四）具有相应购车资金或者符合营运要求的车辆；

（五）具有与经营业务和规模相适应的技术、财务、安全和经营管理人员；

（六）法律、法规规定的其他条件。

第十三条　个人申请出租汽车经营权应当具备下列条件：

（一）具有相应购车资金或者符合营运要求的车辆；

（二）法律、法规规定的其他条件。

第十四条　出租汽车经营权出让后，市交通运输行政主管部门应当在7个工作日内，与受让人签订出租汽车经营权出让协议，核发《出租汽车经营权证》和《出租汽车经营资格证》。

经营者应当凭《出租汽车经营权证》到市出租汽车管理机构办理营运车辆核验，为车辆安装标志灯、计价器、空车待租标志，张贴租价标签，喷印出租汽车企业名称和监督电话等，领取由市交通运输行政主管部门签发的《车辆营运证》。

市出租汽车管理机构应当自受理之日起7个工作日内办结。

第十五条　驾驶员应当取得市交通运输行政主管部门核发的《驾驶员客运资格证》后，方可从事出租汽车营运。

取得《驾驶员客运资格证》应当具备下列条件：

（一）具有《机动车驾驶证》，驾驶经历3年以上，近3年无重大以上交通责任事故记录；

（二）具有本市常住户口或者暂住证明；

（三）男性在60周岁以下，女性在55周岁以下，具有初中以上文化程度；

（四）无职业禁忌症；

（五）经市交通运输行政主管部门培训并考试合格；

（六）法律、法规规定的其他条件。

第十六条　出租汽车个体经营实行委托管理制度。

出租汽车个体经营者应当自主选择出租汽车行业协会或者经考核合格以上等级的出租汽车经营企业实施委托管理，并报市出租汽车管理机构备案。

出租汽车个体经营实施委托管理的具体办法，由市交通运输行政主管部门另行制定，经市人民政府同意后公布实施。

第十七条　经营者转让出租汽车经营权的，受让方应当符合本条例第十二条或者第十三条规定的条件,并取得市交通运输行政主管部门的出租汽车经营许可。

出租汽车经营权转让后的经营期限为原经营者剩余的经营期限。期满后申请继续经营的,按照本条例第十一条规定执行。

经营者不得擅自转让出租汽车经营权。

新增出租汽车经营权不得变更经营主体。

第十八条　出租汽车经营企业合并、分立或者变更法定代表人、企业名称的,应当在依法变更登记后 10 个工作日内书面告知市出租汽车管理机构。

第十九条　经营者在经营期内更新出租汽车的,应当到市出租汽车管理机构办理车辆相关营运手续的变更。

出租汽车退出经营时,经营者应当将《车辆营运证》、专用标志等交回市出租汽车管理机构。

第二十条　市交通运输行政主管部门应当定期对营运出租汽车和《车辆营运证》、《驾驶员客运资格证》进行免费审验。

经营者和驾驶员应当按照规定接受审验。

第三章　营运管理

第二十一条　出租汽车经营企业在营运过程中应当遵守下列规定:

(一)使用合同示范文本与驾驶员签订经营承包合同,并在签订后 7 个工作日内,报市工商行政管理部门和市出租汽车管理机构备案;

(二)对经营管理人员、技术人员、驾驶员进行日常管理,并定期组织安全、文明服务培训,提高服务水平;

(三)为驾驶员办理《服务监督卡》;

(四)按照规定定期对出租汽车进行技术等级评定和维护、检测,保持技术性能完好;

(五)将对驾驶员收费的项目和标准公示;

(六)按照规定领购和发放出租汽车票据,建立票据流向登记簿,不得借用、串用票据;

(七)不得将出租汽车交给无《驾驶员客运资格证》或者《服务监督卡》的人员驾驶;

(八)不得克扣、截留驾驶员各种政策性补贴;

(九)不得要求驾驶员出资购置车辆或者买断出租汽车经营权;

(十)不得超过规定标准向驾驶员收取承包费。

个体经营者应当遵守本条前款(一)、(四)、(六)、(七)、(八)、(九)、(十)项规定。

第二十二条 驾驶员在营运中应当遵守下列规定:

(一)执行客运服务标准,遵章驾驶、安全行车、文明服务;

(二)随车携带《机动车驾驶证》、《车辆营运证》、《驾驶员客运资格证》和《服务监督卡》;

(三)按照价格行政管理部门规定的价格标准收费;

(四)如实给付乘客有效票据,不得转借、串用票据;

(五)按照乘客合理要求使用车内空调、音响等设施;

(六)车辆发生故障、事故或者由于驾驶员原因不能继续行驶的,不得收费;

(七)不得拒绝租乘或者中途倒换乘客乘坐的车辆;

(八)不得利用车载对讲设施传播、接听与营运无关的信息;

(九)未经乘客同意不得合载,乘客同意合载时,可以与乘客协议租价和给付票据;

(十)按照规定使用计价器,不得使用未经检定或者检定不合格的计价器,不得私自改动、串用或者破坏计价器准确度;

(十一)未经乘客同意不得绕道行驶。

本条前款所称拒绝租乘,是指驾驶员在有乘客招手停车后不载客,停车待租时拒绝载客,载客后无正当理由中断服务的行为。

第二十三条 驾驶员应当按照规定使用统一安装的出租汽车智能服务车载系统、城市通智能卡电子服务设施,不得擅自改装、拆卸、改变使用性能或者拒绝乘客使用城市通智能卡。

第二十四条 乘客乘坐出租汽车应当遵守下列规定:

(一)不得携带易燃、易爆、管制器具等危险品;

(二)不得要求驾驶员违反规定行车、停车;

(三)需要出市区或者去偏远地区,应当配合驾驶员到公安机关设置的出城登记点或者就近的公安派出机构办理安全登记手续;

(四)交纳租乘中发生的路桥通行费;

(五)精神病患者和学龄前儿童乘车应当有人监护。

乘客违反本条前款规定的,驾驶员可以拒绝其乘车。

第二十五条 驾驶员未按照规定使用计价器,或者未出具有效票据的,乘客可以拒绝支付车费。

第二十六条 任何单位和个人不得挪用、使用伪造出租汽车营运证件、标志、标识从事客运经营。

第二十七条 经营者不得擅自停止营运,确需暂停营运的,应当向市出租汽车管理机构提出申请,办理报停手续,并将《车辆营运证》《服务监督卡》、计价器及专用标志暂时交市出租汽车管理机构统一保管。

经营者在报停期间不得从事经营活动。

第二十八条 经营者终止经营活动的,应当到市交通运输行政主管部门办理《出租汽车经营资格证》注销手续,并依法履行工商、税务等终止经营手续。

第二十九条 非本市出租汽车不得在本市市区内驻地营运。

本市出租汽车不得在规定的营运范围以外驻地营运。

第四章　车辆和场站管理

第三十条 出租汽车营运车辆应当达到下列要求:

(一)符合国家、行业和地方技术标准;

(二)符合本市规定的车型和车体颜色;

(三)车容整洁,设施、设备完好;

(四)安装符合规定的标志灯、计价器和空车待租标志等;

(五)张贴符合规定的营运证标志、租价标签,喷印经营企业名称和监督电话等;

(六)法律、法规规定的其他条件。

第三十一条 在出租汽车车体外部,不得设置、张贴广告。

在出租汽车内部设置、张贴广告,不得遮挡驾驶员视线。

第三十二条 经营者需要更换出租汽车发动机、车身、车架的,应当在公安部门办理变更登记手续后10个工作日内书面告知市出租汽车管理机构。

第三十三条 鼓励经营者购置清洁能源车辆或者对现有车辆使用清洁能源进行更新改造。

清洁能源车辆的技术改造、维修和检测应当委托具有资质的企业实施。

经营者购置清洁能源车辆或者对现有车辆进行清洁能源更新改造的,应当在购置或者改造后7个工作日内书面告知市交通运输行政主管部门。

出租汽车经营企业应当建立清洁能源车辆的安全管理制度和操作规程,配备相应的检测仪器和安全、技术、检修人员。

出租汽车经营企业应当组织清洁能源车辆驾驶员、安全技术人员参加有关部门的操作和安全知识培训,并持证上岗。

第三十四条 出租汽车专用停车场的日常运营服务秩序管理,由市出租汽车管理机构负责。

第三十五条 在机场、车站、码头等客运集散地以及繁华路段、风景名胜区,应当设置出租汽车停放的场站;在宾馆、饭店等公共场所,应当划定出租汽车停放的区域,根据需要配备专门的管理人员。

出租汽车场站管理人员应当佩戴统一服务标志,文明服务,维护场站的秩序。

出租汽车场站应当免费向出租汽车开放,任何单位和个人不得阻挠停车或者收费。

第三十六条 出租汽车进入设有出租汽车专用停车场站的区域,应当在出租汽车专用停车场站内,依次候客、下客,服从管理人员指挥。

第五章 监督管理

第三十七条 市交通运输行政主管部门及市出租汽车管理机构,应当加强对出租汽车营运情况的监督检查,及时制止和查处扰乱出租汽车市场秩序的行为。

被检查单位和个人应当如实提供有关资料和情况,不得拒绝或者妨碍检查。

第三十八条 市交通运输行政主管部门应当对经营者和驾驶员实行安全运营、服务质量考核制度,将考核结果记入信用档案,作为经营权出让、收回,以及取消驾驶员从业资格的依据。

具体考核办法由市交通运输行政主管部门制定,经市人民政府同意后公布实施。

第三十九条 市出租汽车管理机构和出租汽车经营企业应当建立投诉举报制度,公开投诉举报方式,及时受理乘客、驾驶员投诉。

市出租汽车管理机构认为需要出租汽车经营企业负责人、个体经营者或者驾驶员当面接受调查的,可以向出租汽车经营企业或者个体经营者发出《调查处理通知书》;出租汽车经营企业或者个体经营者接到《调查处理通知书》后,相关人员应当在规定的期限内到市出租汽车管理机构接受调查。

市出租汽车管理机构在调查和处理期间,可以根据需要暂扣被投诉车辆《车辆营运证》和被投诉驾驶员《驾驶员客运资格证》,暂扣期限最长不得超过 7 日,驾驶员可以凭暂扣证明继续营运。

市出租汽车管理机构和出租汽车经营企业应当自受理投诉之日起 15

个工作日内调查处理完毕,同时答复投诉人;依法应当由其他部门调查处理的,及时移送有关部门。

第四十条　市工商行政管理部门应当会同市交通运输行政主管部门制定出租汽车经营承包合同示范文本,并对合同执行情况进行监督。

第四十一条　经营者与驾驶员发生出租汽车经营权纠纷的,由市交通运输行政主管部门依法裁决。

第四十二条　经营者和驾驶员有下列情形之一的,市交通运输行政主管部门应当给予表彰或者奖励:

(一)参与行业文明创建、优质服务活动事迹突出的;

(二)在抢险、救灾等特殊客运任务中做出突出贡献的;

(三)拾金不昧、见义勇为、救死扶伤等事迹突出的;

(四)维护公共利益,社会稳定和参与社会公益活动事迹突出的。

第四十三条　市交通运输行政主管部门、市出租汽车管理机构及其工作人员,应当遵守下列规定:

(一)在出租汽车经营权出让、转让过程中,坚持公开、公平、公正的原则,遵守程序,严格审查,按照时限核发相关证件;

(二)维护出租汽车个体经营者自主选择出租汽车行业协会或者出租汽车企业实施委托管理的权利,不得指定委托;

(三)加强对出租汽车非法营运活动的查处,不得参与非法营运活动或者为非法营运活动提供保护;

(四)按照规定及时受理投诉;

(五)不得利用职务之便干涉经营者合法的经营活动;

(六)在管理过程中应当遵守的其他规定。

交通行政执法人员依法扣留车辆时,应当向当事人出具扣留凭证,并将扣留车辆统一停放,不得使用。

第六章　法律责任

第四十四条　单位和个人违反本条例规定,未取得出租汽车经营权擅自从事客运经营的,由市交通运输行政主管部门责令停止违法行为,暂扣非法营运车辆,按每辆车处以2万元罚款。经处罚后,仍从事非法运营的,予以没收车辆。

第四十五条　经营者违反本条例规定,有下列情形之一的,由市交通运输行政主管部门责令停止违法行为,暂扣车辆,按每辆车处以6000元罚款:

(一)取得出租汽车经营权后,未办理《车辆营运证》擅自从事出租汽营运的；

（二）报停期间擅自从事营运的；

（三）非本市出租汽车在本市市区内驻地营运的。

第四十六条 经营者违反本条例规定，有下列情形之一的，由市交通运输行政主管部门收回违法行为涉及的出租汽车经营权，吊销其《出租汽车经营权证》：

（一）擅自转让出租汽车经营权的；

（二）在经营期内单车运营两次年度考核不合格的；

（三）要求驾驶员出资购置车辆、买断出租汽车经营权，或者超过规定标准向驾驶员收取承包费的；

（四）驾驶员营运中出现服务质量问题，造成重大社会影响的。

第四十七条 经营者违反本条例规定，有下列情形之一的，由市交通运输行政主管部门吊销《出租汽车经营资格证》：

（一）在经营期内两次年度考核不合格的；

（二）经营资质发生变化，达不到本条例规定条件的；

（三）未经审批擅自停止营运达到两次的；

（四）经营管理混乱，造成重大社会影响的。

第四十八条 经营者违反本条例规定，有下列情形之一的，由市交通运输行政主管部门责令限期改正，处以3000元以上5000元以下罚款：

（一）未对经营管理人员、技术人员、驾驶员进行日常管理，定期组织安全、文明服务培训的；

（二）未委托具有资质企业实施清洁能源车辆的技术改造、维修和检测的。

第四十九条 经营者违反本条例规定，有下列情形之一的，由市交通运输行政主管部门责令限期改正，处以2000元以上3000元以下罚款：

（一）合并、分立，变更法定代表人、企业名称，未按照规定书面告知市出租汽车管理机构的；

（二）未使用合同示范文本与驾驶员签订经营合同，或者未按照规定将与驾驶员签订的经营合同报市出租汽车管理机构备案的；

（三）购置清洁能源车辆或者对现有车辆进行清洁能源更新改造未按照规定书面告知市交通运输行政主管部门的；

（四）未建立清洁能源车辆的安全管理制度和操作规程，配备相应的检测仪器和安全、技术、检修人员的；

（五）未组织清洁能源车辆驾驶员、安全技术人员参加有关部门的操作和安全知识培训的；

（六）未为驾驶员办理《服务监督卡》的；

（七）克扣、截留驾驶员各种政策性补贴的；

（八）将出租汽车交给无《驾驶员客运资格证》或者《服务监督卡》人员驾驶的。

第五十条 经营者违反本条例规定，有下列情形之一的，由市交通运输行政主管部门责令限期改正，处以 1000 元以上 2000 元以下罚款：

（一）未按照规定接受市交通运输行政主管部门对营运出租汽车和《车辆营运证》进行审验的；

（二）未定期对出租汽车进行技术等级评定和维护、检测的；

（三）未按照规定领购和发放出租汽车票据，建立票据流向登记簿或者借用、串用票据的；

（四）未将收费项目、收费标准向驾驶员公示的；

（五）更换车辆发动机、车身、车架未按照规定书面告知市出租汽车管理机构的；

（六）接到《调查处理通知书》后，未在规定期限内到市出租汽车管理机构接受调查或者答复投诉人的。

第五十一条 经营者或者驾驶员违反本条例规定，有下列情形之一的，由市交通运输行政主管部门责令限期改正，处以 200 元罚款：

（一）未达到车容整洁，设施、设备完好的；

（二）未安装符合规定的标志灯、计价器和空车待租标志的；

（三）未张贴符合规定的营运标志、租价标签，喷印出租汽车企业名称和监督电话的。

第五十二条 驾驶员有下列情形之一的，由市交通运输行政主管部门吊销《驾驶员客运资格证》：

（一）《机动车驾驶证》被吊销的；

（二）《驾驶员客运资格证》连续两年以上未参加审验的；

（三）违反客运服务标准，年度考核不合格的；

（四）出现服务质量问题，造成重大社会影响的；

（五）被判处刑罚或者被劳动教养的；

（六）严重扰乱社会公共秩序的。

有本条前款第（三）、（四）项规定情形的，2 年内不得重新申请《驾驶员客运资格证》；有第（五）、（六）项规定情形的，5 年内不得重新申请《驾驶员客运资格证》。

第五十三条 驾驶员违反本条例规定,有下列情形之一的,由市交通运输行政主管部门责令改正,处以1000元以上2000元以下罚款:

(一)未取得《驾驶员客运资格证》从事营运的;

(二)使用未经检定或者检定不合格计价器的;

(三)破坏计价器准确度,或者私自改动、串用的。

第五十四条 驾驶员违反本条例规定,有下列情形之一的,由市交通运输行政主管部门责令改正,处以300元以上500元以下罚款:

(一)拒绝租乘或者中途倒换乘客乘坐车辆的;

(二)利用车载对讲设施传播、接听与营运无关信息的;

(三)车辆发生故障、事故或者由于驾驶员原因不能继续行驶向乘客收取费用的;

(四)未经乘客同意合载的;

(五)未经乘客同意绕道行驶的;

(六)未按照规定使用统一安装的出租汽车智能服务车载系统,或者擅自改装、拆卸、改变使用性能的。

第五十五条 驾驶员违反本条例规定,有下列情形之一的,由市交通运输行政主管部门责令改正,处以100元以上200元以下罚款:

(一)未按照规定接受市交通运输行政主管部门对《驾驶员客运资格证》审验的;

(二)未执行客运服务标准,违反遵章驾驶、安全行车、文明服务有关规定的;

(三)未随车携带《车辆营运证》、《驾驶员客运资格证》和《服务监督卡》的;

(四)未按照规定使用计价器的;

(五)擅自改装、拆卸城市通智能卡电子服务设施,或者改变使用性能的;

(六)拒绝乘客使用城市通智能卡的;

(七)进入设有出租汽车专用停车场站的区域未按照规定进入出租汽车专用停车场站,不服从管理人员指挥依次候客、下客的。

第五十六条 驾驶员违反本条例规定,有下列情形之一的,由市交通运输行政主管部门责令改正,处以50元以上100元以下罚款:

(一)未如实给付乘客有效票据,或者转借、串用票据的;

(二)未按照乘客合理要求使用车内空调、音响等设施的。

第五十七条 经营者或者驾驶员违反本条例规定,挪用、使用伪造出租汽车营运证件、标志、标识从事客运经营的,由市交通运输行政主管部门责令改正,处以1000元以上2000元以下罚款。

第五十八条 经营者有本条例第四十四条、第四十五条规定情形,被暂扣车辆超过30日仍不履行行政处罚决定的,由市交通运输行政主管部门依据《中华人民共和国行政处罚法》第五十一条规定处理。

第五十九条 违反本条例其他规定的,由有关行政管理部门依据相关法律、法规规定进行处罚。

第六十条 市交通运输行政主管部门、市出租汽车管理机构及其工作人员违反本条例规定的,由具有行政处分权的部门责令改正;情节严重的,对主管人员和其他直接责任人依法给予行政处分;造成损失的,依法承担赔偿责任。

第七章 附 则

第六十一条 阿城区、呼兰区、双城区和各县(市)的出租汽车客运管理,可以参照本条例执行。

第六十二条 本条例自2010年5月1日起施行。

哈尔滨市电梯安全管理条例

(2017年10月26日哈尔滨市第十五届人民代表大会常务委员会第六次会议通过 2017年12月27日黑龙江省第十二届人民代表大会常务委员会第三十七次会议批准)

第一章 总 则

第一条 为了加强电梯安全管理,预防电梯事故,保障人身和财产安全,根据《中华人民共和国特种设备安全法》、《特种设备安全监察条例》等法律、法规,结合本市实际,制定本条例。

第二条 本市行政区域内电梯的设置、安装、改造、修理、运行使用、维护保养、检验检测和监督管理等活动,适用本条例。

第三条 本条例所称的电梯,包括载人电梯、载货电梯、自动扶梯、自动人行道。非公共场所安装且仅供单一家庭使用的电梯除外。

第四条 本条例由市特种设备安全监督管理部门负责组织实施。

区、县(市)特种设备安全监督管理部门按照职责分工,负责本辖区内的电梯安全监督管理工作。

城乡建设、房产管理、安全生产监督、公安、教育等有关行政主管部门,应当按照各自职责,做好电梯安全管理相关工作。

街道办事处、乡镇人民政府应当协助有关行政主管部门做好本辖区电梯安全管理相关工作。

第五条 市、区、县(市)人民政府应当加强对电梯安全工作的领导,将电梯安全工作纳入安全生产责任制考核,督促有关行政主管部门依法履行监督管理职责。

第六条 特种设备安全监督管理部门、新闻媒体、学校和电梯使用管理单位应当开展电梯安全知识的宣传教育,增强公众安全意识和自我保护能力。

市教育行政主管部门应当将电梯安全常识列入中小学安全教育内容。

第七条 任何单位或者个人发现危害电梯安全的行为或者电梯存在事故隐患的,可以向特种设备安全监督管理部门举报。

特种设备安全监督管理部门应当公布举报电话,接受举报。属于本部门职责的,应当在五个工作日内完成核查、处理,并向举报人反馈;不属于本部门职责的,应当在两个工作日内移交有权处理的部门,并告知举报人。有权处理的部门应当及时处理。

第二章　设置、安装、改造、修理

第八条　需要设置电梯的建设项目,电梯选型、数量配置、供电电源及安全设施应当符合国家、省的相关规定和标准。

第九条　安装使用的载人电梯,应当配备具有运行参数采集和网络远程传输功能的监测装置。

提倡电梯制造单位、使用管理单位、维护保养单位建立电梯远程监测系统,对电梯运行情况实施远程监测。

第十条　电梯的安装、改造、修理应当由电梯制造单位或者其委托的依法取得相应许可的单位进行。电梯制造单位委托其他单位进行电梯安装、改造、修理的,应当提供必要备件和技术支持。

制造单位已经注销或者不再具有相应资格的,电梯使用管理单位经电梯所有权人同意委托其他具有相应许可的单位进行改造、修理的,应当在改造、修理告知书中注明。

第十一条　电梯的安装、改造、修理单位应当遵守下列规定:

(一)施工时落实安全防护措施,确保施工安全;

(二)如实填写施工相关记录或者报告;

(三)对更换的电梯部件和安全保护装置提供不少于一年的质量保证,并履行保修义务;

(四)不得设置技术障碍,影响电梯正常运行;

(五)不得将安装、改造、修理业务再委托给其他单位;

(六)不得出借、出租电梯安装改造维修资质证书。

电梯使用管理单位经电梯所有权人同意委托其他具有相应许可的单位进行电梯改造的,改造单位应当按照安全技术规范的要求对电梯进行校验和调试,出具质量证明书,更换电梯产品铭牌,在质量证明书、产品铭牌中标明改造单位名称、许可证编号、改造日期等信息,完善相关技术资料,并对改造后电梯的安全性能负责。

电梯修理单位对电梯修理质量负责。

第十二条　电梯的安装、改造、重大修理过程,应当经电梯检验机构按照安全技术规范的要求进行监督检验;未经监督检验或者监督检验不合格的,不得交付使用。

第三章 运行使用

第十三条 电梯所有权人应当依法承担电梯日常管理、维护保养、更新、改造、修理、报废、检验、安全评估、保险等费用。

第十四条 电梯使用管理单位按照下列规定确定:

(一)新安装电梯未移交所有权人的,项目建设单位为电梯使用管理单位。

(二)自行管理电梯的,所有权人为电梯使用管理单位。

(三)委托物业服务企业或者其他管理人管理电梯的,受委托人为电梯使用管理单位。

(四)以出租、出借等方式转移电梯使用权的,按照约定确定电梯使用管理单位;未约定的,出租、出借单位是电梯使用管理单位。

第十五条 因更换物业服务企业或者物业服务企业擅自终止服务导致居民住宅小区电梯使用管理单位缺失的,电梯所在地街道办事处、乡镇人民政府应当督促房屋所有权人选聘新的物业服务企业。所有权人未选聘新的物业服务企业且未自行管理的,由街道办事处、乡镇人民政府指定社区物业服务机构作为电梯使用管理单位。

第十六条 电梯使用管理单位及其主要负责人应当对电梯使用安全负责。

第十七条 电梯使用管理单位应当履行下列义务:

(一)在电梯投入使用前或者投入使用后三十日内,向所在地区、县(市)特种设备安全监督管理部门办理使用登记;

(二)设置电梯安全管理机构或者配备取得电梯特种设备作业人员证的专职安全管理人员,并明确电梯安全管理人员日常安全管理职责,对其履行职责情况进行监督;

(三)建立电梯安全技术档案和安全管理制度;

(四)在电梯轿厢内或者出入口的显著位置张贴真实有效的电梯使用标志、安全注意事项和警示标志;

(五)确保电梯紧急报警装置即时应答、配备的视频监控设施有效运行;

(六)巡视电梯日常运行情况,并做好记录;

(七)对配置的备用电源定期进行维护;

(八)确保安全管理人员规范保管厅门钥匙、机房钥匙和安全提示牌;

(九)在电梯安装、改造、修理、检验、维护保养和应急救援时,协助落实安全防护措施;

(十)配合有关部门进行事故调查处理,做好事故善后处理工作。

学校、机场、车站、医院、商场、体育场馆、旅游景点等人员密集场所的电梯使用管理单位,应当配备视频监控设施。

居民住宅小区的物业服务企业退出项目管理前,应当按照规定向业主委员会移交完整的电梯安全技术档案;未成立业主委员会的,向所在地街道办事处、乡镇人民政府移交。

第十八条　电梯使用管理单位应当制定电梯应急措施和救援预案,并按照安全技术规范要求定期组织应急演练。

学校、机场、车站、医院、商场、体育场馆、旅游景点等人员密集场所的电梯使用管理单位,应当每年至少组织一次救援演练。

第十九条　电梯发生故障或者存在事故隐患的,电梯使用管理单位应当立即停止使用,组织进行全面检查,消除故障或者事故隐患后方可使用。

第二十条　发生电梯故障乘客被困时,电梯使用管理单位应当在接到报警后五分钟内通知电梯维护保养单位并赶赴现场,及时采取措施安抚被困人员,组织维修作业人员实施救援。

第二十一条　下列电梯应当由持有电梯特种设备作业人员证的人员操作:

(一)医院病床电梯;

(二)直接用于旅游观光的额定速度大于2.5米/秒的乘客电梯;

(三)其他需要由持有电梯特种设备作业人员证的人员操作的电梯。

第二十二条　乘用电梯应当遵守下列安全规定:

(一)遵守安全注意事项和警示标志的要求;

(二)服从工作人员的管理和指挥;

(三)照管好携带的宠物;

(四)不得乘用明示处于非正常状态下的电梯;

(五)不得乘用超过额定载荷的电梯,运送货物时不得超载;

(六)不得采用强行扒撬等非安全手段开启电梯层门、轿厢门;

(七)不得破坏电梯安全警示标志、报警装置等电梯部件、附属设施;

(八)不得擅自启动自动扶梯紧急制动装置;

(九)不得蹦跳、打闹、攀爬、逆行、吸烟;

(十)其他应当遵守的规定。

监护人应当履行对被监护人安全、文明使用电梯的监护义务。

乘客发现电梯运行异常的,应当立即告知电梯使用管理单位。

第二十三条　居民住宅小区电梯需要更新、改造、修理的,电梯使用管理单位和业主委员会应当及时组织实施。

更新、改造、修理居民住宅小区电梯所需资金按照下列方式筹集:

(一)已缴存住宅专项维修资金的,应当按照有关规定从住宅专项维修资金中列支。

（二）未缴存住宅专项维修资金或者住宅专项维修资金余额不足的，相关业主对费用承担有约定的，按照约定承担；没有约定或者约定不明确的，由相关业主按照其专有部分占建筑物总面积的比例承担。

第二十四条　居民住宅小区电梯存在严重事故隐患，不采取更新、改造、修理难以消除隐患且相关方对经费筹集、整改方案等未达成一致的，所在地街道办事处、乡镇人民政府应当组织电梯使用管理单位、业主代表共同商议，确定电梯更新、改造、修理方案和费用筹集方案。

第二十五条　居民住宅小区电梯存在严重事故隐患，经安全评估需要立即更新、改造、修理的，按照国家相关规定申请、使用住宅专项维修资金。

第二十六条　物业服务企业可以单独收取电梯费，收取的电梯费中的基础费用应当单独立账、专款专用、结转滚存用于电梯的更新、改造和修理。

物业服务企业应当每六个月公布一次电梯费使用情况。业主委员会有权对电梯费使用情况进行监督。

物业服务企业不得以业主未交纳物业服务费为由限制业主乘用电梯。

第二十七条　提倡电梯使用管理单位和电梯制造、安装、改造、修理、维护保养等单位投保电梯安全责任保险。

委托物业服务企业管理的电梯，电梯费中包含综合保险费的，物业服务企业应当投保电梯安全责任保险，并将投保的相关情况进行公示。

第二十八条　电梯存在无法消除的严重事故隐患，无改造、修理价值，或者达到安全技术规范规定的其他报废条件的，电梯使用管理单位应当按照相关规定予以报废，采取必要措施消除报废电梯及重要零部件的使用功能，并自报废之日起三十日内向原登记部门办理使用登记证书注销手续。

第四章　维护保养

第二十九条　电梯的维护保养应当由电梯制造单位或者依法取得许可的安装、改造、修理单位进行。

第三十条　电梯维护保养单位应当具备相应的资质，有固定的办公场所，配备必要的维护保养、应急救援仪器设备和专业技术人员等。

电梯维护保养单位应当将单位名称、主要负责人、资质范围、办公地点、作业人员、承接项目、应急救援电话等信息告知市特种设备安全监督管理部门。相关信息发生变更的，应当自变更之日起三个工作日内重新告知。

第三十一条　电梯维护保养单位应当持续保持获得相应许可时的资质条件，严格执行安全技术规范和使用维护保养说明，对维护保养的电梯的安全性能负责。

第三十二条　电梯使用管理单位应当与电梯维护保养单位签订维护保

养合同。

物业服务企业在确定电梯维护保养单位时,应当接受业主的监督,并将签订的维护保养合同及维护保养单位的相关情况进行公示。

第三十三条 电梯维护保养单位应当履行下列义务:

(一)对维护保养的电梯每年度至少进行一次自行检查,并向电梯使用管理单位出具自行检查记录或者报告。

(二)建立每部电梯的维护保养记录和故障处置记录,经电梯使用管理单位签字确认后归入电梯安全技术档案,并至少保存四年。

(三)设立应急救援电话,保证即时应答。

(四)在电梯轿厢显著位置公示电梯维护保养单位等信息。

(五)进行电梯维护保养时,作业人员不少于两人,并落实现场安全防护措施,保证作业安全。

(六)维护保养后三日内,在电梯轿厢显著位置公布最近一次维护保养信息,信息应当包括维护保养作业人员、维护保养时间和项目等。

(七)不得设置技术障碍,影响电梯正常运行。

(八)不得将维护保养业务再委托其他单位。

(九)不得出借、出租相关资质证书。

(十)发现事故隐患立即告知电梯使用管理单位;发现严重事故隐患的,还应当向所在地区、县(市)特种设备安全监督管理部门报告。

(十一)定期对维护保养作业人员进行技术培训,培训记录应当至少保存两年。

(十二)制定电梯应急措施和救援预案,每半年至少对维护保养的不同类别(类型)电梯进行一次应急演练。

(十三)协助电梯使用管理单位制定电梯安全管理制度、电梯应急措施和救援预案。

第三十四条 电梯维护保养单位接到电梯困人报警或者通知后,维修作业人员应当及时到达现场开展救援并做好记录。现场救援结束后,应当对电梯进行全面检查,排除故障后方可使用。

电梯维护保养单位应当将应急救援情况和故障原因分析报告及时上报所在地区、县(市)特种设备安全监督管理部门。

第三十五条 电梯维护保养合同终止的,电梯维护保养单位应当在合同终止之日起两个工作日内告知所在地区、县(市)特种设备安全监督管理部门。

第五章 检验检测

第三十六条 电梯使用管理单位应当按照安全技术规范的要求,在检验合格有效期届满前一个月向电梯检验机构提出定期检验要求。

未经定期检验或者检验不合格的电梯,不得继续使用。

第三十七条 电梯需要停用一年以上或者停用期超过下次检验日期的,电梯使用管理单位应当在停用后三十日内向所在地区、县(市)特种设备安全监督管理部门报告;重新启用前,电梯使用管理单位应当组织进行全面检查,向电梯检验机构提出检验要求,并向所在地区、县(市)特种设备安全监督管理部门报告。

移装电梯的,电梯使用管理单位应当向电梯检验机构提出检验要求,并办理注销和使用登记手续。

第三十八条 电梯检验机构及其检验人员应当按照安全技术规范的要求对电梯进行检验。经检验合格的,应当在十个工作日内出具检验报告,并发放电梯使用标志。

检验过程中,发现电梯存在不合格项目的,电梯检验机构应当在现场检验结束时,向受检单位出具特种设备检验意见通知书,提出限期整改要求;受检单位逾期未整改或者整改后仍不合格的,电梯检验机构应当出具检验不合格报告,并告知所在地区、县(市)特种设备安全监督管理部门,由所在地区、县(市)特种设备安全监督管理部门依法处理。

第三十九条 电梯检验机构及其检验人员在检验中发现电梯存在事故隐患的,应当及时书面告知电梯使用管理单位;发现严重事故隐患的,还应当立即向所在地区、县(市)特种设备安全监督管理部门报告。

第四十条 有下列情形之一的,电梯所有权人、电梯使用管理单位可以委托电梯检验机构对电梯进行安全评估,并根据评估结论确定对电梯继续使用或者更新、改造、修理:

(一)故障频率较高影响正常使用的;

(二)遭遇水浸、火灾、地震等灾害影响的;

(三)电梯使用十五年以上的;

(四)电梯所有权人、电梯使用管理单位认为需要更新、改造、修理的。

第四十一条 电梯检验机构接受安全评估委托后,应当组成不少于三人的专家组,按照相关规定和安全技术规范要求,对电梯的安全状况予以评估,并出具安全评估报告。

电梯经安全评估后,电梯所有权人、电梯使用管理单位应当将评估结论在电梯的显著位置公布。

第四十二条 电梯检验收费应当按照规定标准执行,不得采取减少检验项目、降低收费标准等方式进行恶性竞争,扰乱检验市场秩序。

第六章　监督管理

第四十三条　市、县(市)人民政府应当建立电梯安全管理联席会议制度,分析解决区域性电梯安全管理问题。

第四十四条　特种设备安全监督管理部门应当依法对电梯安装、改造、修理、运行使用、维护保养、检验检测活动实施监督检查。

第四十五条　市特种设备安全监督管理部门应当建立电梯应急处置服务平台,运用信息化手段加强电梯安全监管。

市人民政府应当加大对电梯应急处置服务平台建设的资金投入。鼓励社会资本参与应急处置服务平台建设。

电梯制造、安装、改造、修理、使用管理、维护保养单位和检验机构,应当按照要求向市特种设备安全监督管理部门传送相关信息,并对信息的真实性、完整性负责。

第四十六条　市特种设备安全监督管理部门应当建立电梯维护保养单位监督管理与信用评价制度,将有关信息纳入企业信用监管平台,并向社会公布。

第四十七条　区、县(市)特种设备安全监督管理部门在接到电梯存在严重事故隐患的报告后,应当及时到达现场,责令电梯使用管理单位或者电梯维护保养单位消除隐患。

第四十八条　特种设备安全监督管理部门在接到电梯事故报告后,应当立即赶赴现场。

市特种设备安全监督管理部门应当按照管理权限,会同有关部门组成事故调查组依法进行调查处理。

第四十九条　城乡建设行政主管部门应当加强对电梯井道、底坑和机房等部位的监管。

第五十条　房产管理行政主管部门应当对居民住宅小区电梯更新、改造、修理所需住宅专项维修资金使用情况进行监督管理,配合特种设备安全监督管理部门监督物业服务企业依法履行电梯安全管理职责。

第五十一条　街道办事处、乡镇人民政府应当督促本辖区电梯使用管理单位查找和报告电梯安全隐患,配合有关部门开展电梯安全检查,并将电梯安全检查纳入安全生产检查范围。

第五十二条　电梯行业自律组织和物业管理自律组织应当加强行业自律,推进行业诚信体系建设。

第七章　法律责任

第五十三条　有关行政机关及其工作人员违反本条例规定,有下列情

形之一的,由其上级机关或者监察机关责令改正,对直接负责的主管人员和其他直接责任人员,依法给予处分:

(一)接到举报后未依法及时处理的;

(二)发现在用电梯存在严重事故隐患未依法处理的;

(三)妨碍电梯事故救援或者事故调查处理的;

(四)发现危害电梯安全的行为未依法进行查处的;

(五)其他滥用职权、玩忽职守、徇私舞弊的行为。

第五十四条 电梯安装、改造、修理单位违反本条例规定,有下列情形之一的,由特种设备安全监督管理部门按照职责权限予以处罚:

(一)设置技术障碍,影响电梯正常运行的,责令改正,处以二万元以上三万元以下罚款;情节严重的,处以三万元以上五万元以下罚款。

(二)将安装、改造、修理业务再委托给其他单位的,责令改正,处以五万元以上十万元以下罚款。

(三)电梯改造单位完成电梯改造后未按照规定出具质量证明书,更换电梯产品铭牌,标明相关信息的,责令限期改正;逾期未改正的,处以一万元以上二万元以下罚款。

第五十五条 电梯使用管理单位违反本条例规定,有下列情形之一的,由特种设备安全监督管理部门按照职责权限予以处罚:

(一)伪造电梯使用标志的,处以五万元罚款。

(二)电梯紧急报警装置未即时应答、视频监控设施未有效运行的,责令改正,处以一万元以上二万元以下罚款。

(三)安全管理人员未规范保管厅门钥匙、机房钥匙和安全提示牌的,责令改正,处以一万元以上二万元以下罚款。

(四)发生电梯故障乘客被困时,未在规定时间内通知电梯维护保养单位或者未赶赴现场组织实施救援的,处以一万元以上二万元以下罚款。

(五)未委托电梯制造单位或者依法取得许可的安装、改造、修理单位进行维护保养的,责令改正,处以二万元以上五万元以下罚款。

(六)未与维护保养单位签订维护保养合同的,责令限期改正;逾期未改正的,处以一万元以上二万元以下罚款。

(七)重新启用或者移装电梯未进行检验的,责令限期改正;逾期未改正的,处以一万元以上三万元以下罚款。

第五十六条 物业服务企业违反本条例规定,有下列情形之一的,由房产管理行政主管部门责令限期改正;逾期未改正的,处以一万元以上五万元以下罚款:

(一)未将结转滚存的电梯费中的基础费用于电梯的更新、改造和修理的;

（二）未按照规定公布电梯费使用情况的；

（三）以业主未交纳物业服务费为由限制业主乘用电梯的；

（四）未对电梯费中包含综合保险费的电梯投保电梯安全责任保险，或者未将投保的相关情况进行公示的；

（五）未将签订的维护保养合同及维护保养单位的相关情况进行公示的。

第五十七条　电梯维护保养单位违反本条例规定，有下列情形之一的，由特种设备安全监督管理部门按照职责权限予以处罚：

（一）未将相关信息告知市特种设备安全监督管理部门的，责令限期改正；逾期未改正的，处以一万元以上二万元以下罚款。

（二）未按照规定对维护保养的电梯进行自行检查，或者未向电梯使用管理单位出具自行检查记录、报告的，责令改正，处以一万元以上二万元以下罚款。

（三）未建立电梯的维护保养记录和故障处置记录的，责令改正，处以一万元以上二万元以下罚款。

（四）未设立应急救援电话，或者未保证应急救援电话即时应答的，责令改正，处以一万元以上二万元以下罚款。

（五）未在电梯轿厢显著位置公示电梯维护保养单位等信息的，责令限期改正；逾期未改正的，处以五千元以上一万元以下罚款。

（六）维护保养后，未按照规定公布维护保养信息的，责令限期改正；逾期未改正的，处以五千元以上一万元以下罚款。

（七）设置技术障碍，影响电梯正常运行的，责令改正，处以二万元以上三万元以下罚款；情节严重的，处以三万元以上五万元以下罚款。

（八）将维护保养业务再委托其他单位的，责令改正，处以一万元以上二万元以下罚款；情节严重的，处以二万元以上三万元以下罚款。

（九）出借、出租相关资质证书的，责令改正，处以一万元以上二万元以下罚款；情节严重的，处以二万元以上三万元以下罚款。

（十）发现事故隐患未及时告知、报告的，责令改正，处以一万元以上二万元以下罚款。

（十一）未定期对维护保养作业人员进行技术培训的，责令改正，处以一万元以上二万元以下罚款。

（十二）未制定电梯应急措施和救援预案，或者未按照规定进行应急演练的，责令改正，处以一万元以上二万元以下罚款。

（十三）未协助电梯使用管理单位制定电梯安全管理制度、电梯应急措施和救援预案的，责令改正，处以一万元以上二万元以下罚款。

（十四）接到困人报警或者通知后，未及时到达现场开展救援的，处以一万元以上五万元以下罚款。

(十五)未将应急救援情况和故障原因分析报告及时上报所在地区、县(市)特种设备安全监督管理部门的,责令限期改正;逾期未改正的,处以五千元以上一万元以下罚款。

(十六)电梯维护保养合同终止,未按照规定告知所在地区、县(市)特种设备安全监督管理部门的,责令限期改正;逾期未改正的,处以五千元以上一万元以下罚款。

第五十八条 电梯检验机构及其检验人员有下列情形之一的,由市特种设备安全监督管理部门责令改正,对机构处以五万元罚款,对直接负责的主管人员和其他直接责任人员处以五千元以上一万元以下罚款:

(一)对检验合格的电梯未在十个工作日内出具检验报告,或者未按照规定发放电梯使用标志的;

(二)发现电梯存在不合格项目时,未按照规定出具特种设备检验意见通知书的;

(三)受检单位逾期未整改或者整改后仍不合格时,未按照规定出具检验不合格报告,或者未告知特种设备安全监督管理部门的。

第五十九条 单位或者个人违反本条例其他规定的,由有关行政主管部门依照相关法律、法规的规定予以处罚。

第八章 附 则

第六十条 本条例自 2018 年 3 月 1 日起施行。

哈尔滨市城市道路限制交通若干规定

(2017年10月26日哈尔滨市第十五届人民代表大会常
务委员会第六次会议通过 2017年12月27日黑龙江省第十
二届人民代表大会常务委员会第三十七次会议批准)

第一条 为了规范城市道路限制交通活动,维护交通秩序和安全,保障
行人和车辆合法通行权利,根据《中华人民共和国道路交通安全法》《中华
人民共和国道路交通安全法实施条例》和《黑龙江省道路交通安全条例》等
法律、法规,结合本市实际,制定本规定。

第二条 本市城市建成区内城市道路限制交通活动,适用本规定。

第三条 本规定所称限制交通,是指市公安交通管理部门依法对机动
车、非机动车、行人采取的疏导、限制通行、禁止通行等交通管理措施。

第四条 限制交通应当坚持以人为本,公交优先,公开透明,科学合理
的原则。

第五条 市公安机关负责本规定的组织实施。

市公安交通管理部门负责城市道路限制交通的具体工作。

交通运输、城乡建设、城市管理、环境保护、气象、文化广电新闻出版、政
府法制等部门依据各自职责,做好限制交通相关工作。

第六条 市公安交通管理部门应当对城市道路交通流量数据进行收
集、分析。

根据道路情况和交通流量分析研判结果,需要限制交通的,市公安交通
管理部门应当与相关部门沟通协调,广泛征求社会意见,制定限制交通方
案,作出限制交通决定。

第七条 城市道路建设、管廊建设、地铁建设等大范围施工作业,需要
对相关城市道路限制交通的,建设单位或者管理单位应当编制交通影响评
价报告,评审通过后,在施工前十五日向市公安交通管理部门提出申请。

施工作业未能在限制交通时限内完成,需要继续限制交通的,建设单位
或者管理单位应当向社会公开延期事由,在时限届满前十五日向市公安交
通管理部门提出延长限制交通时限的申请。

市公安交通管理部门应当自受理之日起十日内作出是否限制交通或者

延长限制交通时限的决定。

施工作业结束后,建设单位或者管理单位应当及时清理占用现场,恢复城市道路原状。

第八条 大型群众性活动,大型文化、体育和商贸活动等需要对相关城市道路临时限制交通的,组织单位或者相关部门应当在举办活动前十五日向市公安交通管理部门提出申请。

市公安交通管理部门应当自受理之日起十日内作出是否限制交通的决定。

第九条 遇有自然灾害、恶劣气象条件、重大交通事故等突发事件等影响交通安全的情形,采取其他措施难以保证交通安全时,市公安交通管理部门应当根据应急预案,立即采取限制交通措施,并及时向社会发布相关信息。

第十条 限制交通影响范围大或者限制交通时限在三个月以上的,市公安交通管理部门在作出限制交通决定前,应当通过举行听证会等形式征求社会意见,对限制交通的必要性、可行性进行科学论证。

作出限制交通决定时限在六个月以上的,市公安机关应当报市人民政府批准。

第十一条 市公安交通管理部门作出限制交通决定,除本规定第九条情形外,应当于限制交通五日前,通过报纸、广播、电视、相关网站、客户端等媒体及时、持续地向社会公告。

市公安交通管理部门向社会公告限制交通的内容,应当包括限制交通的原因、时限、区域、车型,车辆绕行引导,公交线路走向临时调整规定,便民措施等。

第十二条 市公安交通管理部门应当根据限制交通需要,及时增设、调换、更新交通标志、标线、信号灯等交通设施,相关责任单位应当予以配合。

相关责任单位应当在限制交通区域设置工程进度、限制通行起止时间、绕行路线等告示牌。

第十三条 市公安机关应当将限制交通的决定、通告等自发布之日起十五日内报市人民政府备案。

第十四条 市公安交通管理部门应当对限制交通实施效果组织评估,并根据评估结果,及时调整限制交通措施。

第十五条 市公安交通管理部门作出暂停执行、停止执行或者调整限制交通决定的,应当向社会告知。

第十六条 市人民政府应当每年向市人民代表大会常务委员会报告本规定执行情况、全年限制交通情况以及限制交通实施效果评估情况。

第十七条 本规定自 2017 年 3 月 1 日起施行。

齐齐哈尔市城乡规划条例

(2014 年 3 月 20 日齐齐哈尔市第十五届人民代表大会常务委
员会第十八次会议审议通过　2014 年 4 月 22 日经黑龙江省
第十二届人民代表大会常务委员会第十次会议批准)

第一章　总　　则

第一条　为了加强城乡规划管理,优化城镇布局和形态,改善人居环境,促进城乡经济社会全面协调可持续发展,根据《中华人民共和国城乡规划法》和有关法律、法规,结合本市实际,制定本条例。

第二条　在本市行政区域内制定、修改和实施城乡规划,在规划区内进行建设活动,应当遵守本条例。

本条例所称城乡规划,包括城镇体系规划、城市规划、镇规划、乡规划和村庄规划。城市规划、镇规划分为总体规划和详细规划。详细规划分为控制性详细规划和修建性详细规划。

本条例所称规划区,是指城市、镇和村庄建成区以及因城乡建设和发展需要,必须实行规划控制的区域。规划区的具体范围由有关人民政府在组织编制的城市总体规划、镇总体规划、乡规划和村庄规划中,根据城乡经济社会发展水平和统筹城乡发展的需要划定。

第三条　制定和实施城乡规划,应当遵循城乡统筹、合理布局、节约土地、集约发展和先规划后建设的原则,改善生态环境,促进资源、能源节约和综合利用,保护耕地、湿地等自然资源和历史文化遗产,保持地方特色和传统风貌,防止污染和其他公害,符合区域人口发展、防灾减灾和公共卫生、公共安全的需要。

城市、镇总体规划以及乡规划和村庄规划的编制,应当依据国民经济和社会发展规划,并与土地利用总体规划相衔接。

第四条　市城乡规划主管部门负责本市的城乡规划管理工作,市城乡规划主管部门的派出机构按照规定职责承担城乡规划管理工作。

县(市)城乡规划主管部门负责本行政区域内的城乡规划管理工作。

乡、镇人民政府按照规定权限负责本行政区域内的城乡规划管理工作。

市、县(市)、区人民政府有关部门按照各自职责,做好城乡规划的相关工作。

第五条 市、县(市)人民政府设立城乡规划委员会,审议、决定城乡规划工作中的重大事项。城乡规划委员会组成人员应当包括规划专家和人大代表。城乡规划委员会的具体组成形式、议事规则和程序由本级人民政府制定。

市城乡规划委员会设办公室,负责城乡规划委员会的日常工作。

第六条 各级人民政府应当将基础测绘、城乡规划编制和管理等经费纳入本级财政预算,保障城乡规划的制定和实施。

市、县(市)、区人民政府应当对镇规划、乡规划和村庄规划的编制给予财政支持。

第七条 市、县(市)人民政府应当加强城乡空间基础地理信息资源建设,建立城市基础地理信息公共服务平台,统一城市空间基准,实现信息共享。

第二章 城乡规划的制定与修改

第八条 城市、镇总体规划,乡规划、村庄规划按下列规定组织编制、审批:

(一)市城市总体规划由市人民政府组织编制,经省人民政府审查同意后,报国务院审批;

(二)县级市城市总体规划由县级市人民政府组织编制,经市人民政府审查同意后,报省人民政府审批;

(三)县人民政府所在地的镇的总体规划由县人民政府组织编制,报市人民政府审批;

(四)其他镇的总体规划、乡规划,由镇、乡人民政府组织编制。隶属于区的,由区人民政府报市人民政府审批;隶属于县(市)的,报县(市)人民政府审批;

(五)村庄规划由镇、乡人民政府组织编制,报县(市)、区人民政府审批。其中,村庄由街道办事处或者农业主管部门管理的,村庄规划由街道办事处或者农业主管部门组织编制。

城市总体规划确定的规划建设用地范围内的镇、乡、村庄,纳入城市规划,不再单独编制镇、乡、村庄规划;镇总体规划确定的规划建设用地范围内的村庄,纳入镇规划,不再单独编制村庄规划。

第九条 城市、镇总体规划在报送审批前应当先经本级人民代表大会常务委员会或者镇人民代表大会审议,本级人民代表大会常务委员会组成人员或者镇人民代表大会代表的审议意见和根据审议意见修改规划的情况一并报送。

乡规划在报送审批前应当经乡人民代表大会审议。

村庄规划在报送审批前应当经村民会议或者村民代表会议讨论同意。

第十条　控制性详细规划按下列规定组织编制、审批和备案:

(一)市区的控制性详细规划由市城乡规划主管部门组织编制,经市人民政府批准后,报市人民代表大会常务委员会和省人民政府备案;

(二)县级市、县人民政府所在地镇的控制性详细规划由县(市)城乡规划主管部门组织编制,经县(市)人民政府批准后,报县(市)人民代表大会常务委员会和市人民政府备案;

(三)其他镇的控制性详细规划由镇人民政府组织编制。隶属于区的,由区人民政府报市人民政府审批;隶属于县(市)的,报县(市)人民政府审批。

第十一条　城市、镇总体规划确定的近期建设用地范围应当编制控制性详细规划,中心区、滨水区、旧城改造区、历史文化街区、近期建设区等应当优先编制。

控制性详细规划应当符合总体规划和国家、省、市相关技术标准和规范。

第十二条　城乡规划主管部门可以组织编制沿江、沿湖等重要景观地段,历史文化街区、城市广场、商业文化中心以及重要交通枢纽周边的城市设计,纳入各层次城乡规划。

第十三条　建设项目需要编制修建性详细规划的,由所在地城乡规划主管部门在规划条件中确定;不需要编制修建性详细规划的,应当编制建设工程设计方案总平面图。

修建性详细规划、建设工程设计方案总平面图由建设单位委托具有相应资质的设计单位依据国家、省、市相关技术标准和规范以及城乡规划主管部门核发的规划条件编制,报所在地城乡规划主管部门审定。对区域交通影响较大的,应当在审定前进行交通影响评价;对区域市政管网影响较大的,应当进行市政管网承载能力评价。

修建性详细规划应当符合控制性详细规划。

第十四条　居住小区、公共设施、商业设施等具有室外公共空间的建设项目,在修建性详细规划审定后,应当委托具有相应资质的设计单位编制景观规划设计,经城乡规划主管部门审定后实施。

第十五条　专项规划由相关行业主管部门或者城乡规划主管部门组织编制。相关行业主管部门组织编制的专项规划应当征求城乡规划主管部门意见,城乡规划主管部门组织编制的专项规划,相关行政主管部门应当提出本行业的布局要求。

依法应当由省人民政府审批的专项规划,经市人民政府审查通过后,按规定报批。其他专项规划报市、县(市)人民政府审批;跨行政区域的专项规划,报共同的上一级人民政府审批。

第十六条　重要城乡规划批准前,城乡规划主管部门应当组织专家和有关部门进行论证和技术审查。

报省以上有关部门进行审查的城乡规划,在上报前,市城乡规划主管部门应当组织技术论证。

第十七条　城市、镇总体规划,乡规划,控制性详细规划在报送审批前,组织编制机关应当将城乡规划草案予以公告,征求专家和公众的意见。公告时间不得少于三十个工作日。

可能对相邻居住环境或者公共利益产生影响的建设项目,其修建性详细规划、建设工程设计方案总平面图在审定前应当进行公示,公示时间不得少于七个工作日。

国家规定不得公开的内容除外。

第十八条　城乡规划应当自批准后二十个工作日内向社会公布,国家规定不得公开的内容除外。

依法应当备案的城乡规划,应当自批准之日起二十个工作日内报法定机关备案。

第十九条　编制城乡规划应当遵守国家、省、市有关法律、法规、技术标准和规范,以上一层次城乡规划为依据,使用城市统一平面坐标系统和高程系统的基础测绘资料,并综合考虑地质灾害影响评价、环境影响评价和交通影响评价等因素。

城乡规划组织编制单位应当委托具有城乡规划编制相应资质等级的单位承担城乡规划的具体编制工作。

第二十条　城市、镇总体规划的组织编制机关应当定期组织有关部门和专家对总体规划的实施情况进行评估,采取论证会、听证会或者其他方式征求公众意见,形成评估报告,并将评估报告及征求意见情况报送本级人民代表大会常务委员会或者镇人民代表大会和原审批机关。

第二十一条　经依法批准的城乡规划未经法定程序不得修改。确需修改总体规划、控制性详细规划、修建性详细规划、项目规划的,应当由城乡规划委员会决定并依照法定程序和权限进行。

修改后的城乡规划应当依照本条例第八条、第九条规定的审批程序报批,依法重新备案、公布。

第二十二条　修改城市、镇总体规划,组织编制机关应当在修改前对原规划的实施情况进行总结,并向原审批机关报告;修改涉及总体规划强制性内容的,应当先向原审批机关提出专题报告,经同意后,方可编制修改方案。

第二十三条　有下列情形之一的,可以修改控制性详细规划:

（一）因城市、镇总体规划修改，对控制性详细规划控制区的功能和布局产生重大影响的；

（二）因基础设施、公共服务设施和其他重大项目建设对控制性详细规划功能和布局产生重大影响的；

（三）经评估认为控制性详细规划的内容或者深度存在明显缺陷，不适应经济社会发展需要的；

（四）国家、省的有关政策发生重大变化以及法律、法规、规章规定需要修改的其他情形。

修改控制性详细规划的，组织编制机关应当对修改的必要性进行论证，征求规划地段内利害关系人的意见，并向原审批机关提出专题报告。原审批机关同意修改的，组织编制机关方可修改并依照法定程序报原审批机关审批。控制性详细规划修改涉及总体规划强制性内容的，应当先修改总体规划。

第二十四条 有下列情形之一的，可以修改修建性详细规划、建设工程设计方案总平面图：

（一）因控制性详细规划修改，致使无法按照原修建性详细规划、建设工程设计方案总平面图建设的；

（二）因文物保护、地质灾害和公共利益，致使无法按照原修建性详细规划、建设工程设计方案总平面图建设的；

（三）在符合控制性详细规划强制性内容的前提下，确需修改原修建性详细规划、建设工程设计方案总平面图的其他情形。

修改经依法审定的修建性详细规划、建设工程设计方案总平面图的，城乡规划主管部门应当采取论证会、座谈会、听证会等形式，听取利害关系人的意见；因修改给利害关系人合法权益造成损失的，应当依法给予补偿。

第三章 城乡规划的实施

第二十五条 城市的建设和发展，应当合理确定城镇布局、建设规模和时序，严格保护自然资源、生态环境、城乡历史风貌和文物，妥善处理新区开发与旧区改建的关系，优先发展城乡基础设施和公共服务设施，增加公共绿地和公共空间，科学开发和利用地下空间。

镇的建设和发展，应当结合农村经济社会发展和产业结构调整，优先安排基础设施和公共服务设施的建设，为周边农村提供服务。

乡、村庄的建设和发展，应当因地制宜、节约用地，发挥村民自治组织的作用，引导村民合理进行建设，改善农村生产、生活条件。

第二十六条 市、县（市）、镇人民政府应当根据城市总体规划、镇总体规划、土地利用总体规划和年度计划以及国民经济和社会发展规划，制定近期建设规划,报总体规划审批机关备案。

近期建设规划应当以重要基础设施、公共服务设施和保障性住房建设以及生态环境保护为重点内容,明确近期建设的时序、发展方向和空间布局。

第二十七条 城市新区、开发区、各类园区,应当符合城市、镇总体规划确定的建设用地范围和规划布局,由所在地城乡规划主管部门统一实施规划管理。

垦区、国有重点林区等单位的国有土地位于城乡规划区内的,毗邻区的规划建设应当与城乡规划相衔接。市、县(市)人民政府应当与上述单位建立协商机制,共同解决规划衔接问题。

第二十八条 本市依法实施规划许可制度。各项建设用地和建设工程应当符合城乡规划,依法取得城乡规划许可。城乡规划许可包括选址意见书、建设用地规划许可证、建设工程规划许可证、乡村建设规划许可证和相应的临时规划许可证。

第二十九条 地下空间的开发利用,应当符合城乡规划和城乡规划主管部门确定的规划条件,依法办理规划许可。

与地面建设工程一并开发利用地下空间的,应当与地面建设工程一并办理规划许可;独立开发利用地下空间的,单独办理规划许可。

第三十条 城乡规划主管部门应当加强城市道路、配套基础设施以及地下管线建设的规划管理和综合协调,统筹各专业管线的规划和建设,建立统一的综合地下管线地理信息公共服务平台。

依附道路建设的地下管线,应当与新建、改建、扩建道路同步铺设。具备建设条件的,应当配套建设地下公共管沟;已经建成地下公共管沟的道路,不得另行擅自开挖铺设管线。已有的地上管线应当按照规划确定的时序改造入地。

城乡规划主管部门应当组织对地下管线进行普查和竣工测量,由普查或者测量单位编制地下管线档案,并在普查或者测量结束后三个月内报送当地城建档案管理机构统一管理。

第三十一条 本市行政区域内通信基站的选址与建设,应当符合城乡规划。城乡规划主管部门应当统筹规划通信基站。城乡规划确定的通信基站应当由各通信运营商共建共享,提高通信基站利用率。

第三十二条 按照国家规定需要有关部门批准或者核准的建设项目,以划拨方式提供国有土地使用权的,建设单位在报送有关部门批准或者核准前,应当依法向城乡规划主管部门申请核发选址意见书。

第三十三条 国有土地使用权出让前,城乡规划主管部门应当依据控制性详细规划、相关技术标准和规范,确定拟出让地块的规划条件,作为国有土地使用权出让合同的组成部分。

规划条件应当包括以下内容：

(一)地块的使用性质、位置、范围和面积；

(二)建筑密度、建筑高度、容积率、绿地率；

(三)建筑退让、出入口方位、停车泊位；

(四)应当配置的基础设施和公共服务设施的内容、位置和规模，以及地下空间开发利用等规划要求；

(五)拟建建筑风格、色彩等有关规划指导要素。

第三十四条 未确定规划条件的地块，不得出让国有土地使用权。规划条件未纳入国有土地使用权出让合同的，该国有土地使用权出让合同无效。

规划条件确定满一年未出让国有土地的，在国有土地出让前，应当由城乡规划主管部门重新核定规划条件。

国有土地使用权依法出让、转让不得擅自改变规划条件。

第三十五条 城乡规划主管部门应当参与土地储备年度计划和国有土地使用权出让计划的制定。

实施土地储备应当符合城乡规划。

第三十六条 以出让或者划拨方式取得国有土地使用权的建设项目，建设单位或者个人应当依法向城乡规划主管部门申请核发建设用地规划许可证。

第三十七条 涉及日照需求的建筑间距应当符合国家强制性标准有关日照的规定，采取日照间距系数或者日照分析方法确定。具体规定由市人民政府制定。

采取日照分析方法确定建筑间距时，编制日照分析报告的单位应当具备城乡规划编制资质，采用国家技术认定的日照分析软件。

第三十八条 在城市、镇规划区内进行建筑物、构筑物、道路、管线、广场、地下工程、水利工程、绿化工程和其他工程建设的，建设单位或者个人应当向市、县(市)城乡规划主管部门或者省人民政府确定的镇人民政府申请办理建设工程规划许可证。

第三十九条 在乡、村庄规划区内进行乡镇企业、乡村公共设施和公益事业建设以及农村村民住宅建设的，建设单位或者个人应当向乡、镇人民政府提出申请，由乡、镇人民政府报市、县(市)城乡规划主管部门核发乡村建设规划许可证。

第四十条 分期建设的建设项目，经城乡规划主管部门批准，可以分期核发建设工程规划许可证或者乡村建设规划许可证。

分期建设的住宅项目，应当合理划分建设时序，优先安排配套公共服务设施和需配建的保障性住房建设。

第四十一条 建设单位或者个人应当在选址意见书核发后一年内,取得建设用地规划许可证;在建设用地规划许可证核发后一年内,取得用地批准文件;在建设工程规划许可证或者乡村建设规划许可证核发后一年内,取得施工许可证。期满未取得后续批准文件需要延续的,应当在期满三十日前向城乡规划主管部门提出申请,经批准可以延续一次,延续期限不得超过一年。

建设单位或者个人在前款规定期限内未取得后续批准文件又未申请延期的,已取得的选址意见书、建设用地规划许可证、建设工程规划许可证或者乡村建设规划许可证自行失效。

第四十二条 选址意见书、建设用地规划许可证、建设工程规划许可证、乡村建设规划许可证规定的内容,不得擅自变更;确需变更的,建设单位或者个人应当向城乡规划主管部门提出申请。

前款许可内容依法可以变更的,经城乡规划主管部门审查批准后变更;变更内容涉及公众利益的,城乡规划主管部门应当公示变更内容,并可以采取座谈会、听证会等形式,听取利害关系人的意见。

变更内容不符合控制性详细规划的,城乡规划主管部门不得批准。

因公共利益需要,城乡规划主管部门可以依法变更或者撤回已作出的规划许可。因变更或者撤回规划许可给被许可人合法权益造成损失的,应当依法给予补偿。

第四十三条 严格控制临时建设,确需在城市、镇规划区内进行临时建设的,应当向城乡规划主管部门申请办理临时建设用地规划许可证、临时建设工程规划许可证。

临时建设工程不得转让、抵押,不得办理房屋产权登记。

第四十四条 临时建设用地规划许可、临时建设工程规划许可期限不得超过两年;确需延期的,建设单位或个人应当在期限届满三十日前向城乡规划主管部门提出申请,经批准可以延续一次,延续期限不得超过一年。

临时建设使用期满,临时建设申请人应当自届满之日起三十日内自行无偿拆除,恢复场地原貌。

第四十五条 取得建设工程规划许可证或者乡村建设规划许可证的建设单位或者个人,应当在建设工程开工前委托具有相应测绘资质的单位按照规划许可内容放线;在建筑工程开工前,通知城乡规划主管部门验线;在建设工程竣工后,向城乡规划主管部门申请规划核实。未经核实或者经核实不符合规划条件的,建设单位不得组织竣工验收。

规划条件确定应当同步建设的基础设施、公共服务设施和其他设施以及临时建筑的拆除情况,应当一并核实。

申请规划核实前,建设单位或者个人应当委托具有相应资质的测绘单位对建设工程进行竣工测量。竣工测量成果应当纳入规划核实的依据。

第四十六条　建设单位应当签订《报送建设工程竣工档案责任书》。工程竣工后,建设工程档案应当经城建档案管理机构检查验收,验收合格,出具《工程项目竣工档案合格证》。未取得《工程项目竣工档案合格证》的建设项目不得通过竣工验收。

第四章　监督检查

第四十七条　各级人民政府应当每年向本级人民代表大会常务委员会或者乡镇人民代表大会书面报告城乡规划的实施情况,并接受监督。

第四十八条　市、县(市)人民政府有关主管部门对城乡规划的实施情况进行监督检查时,有权采取以下措施:

(一)要求有关单位和人员提供与监督事项有关的文件、资料,并进行复制;

(二)要求有关单位和人员就监督事项涉及的问题作出解释和说明,并根据需要进入现场进行勘测;

(三)责令有关单位和人员停止违反有关城乡规划的法律、法规的行为。

第四十九条　建设单位或者个人应当在施工现场设立公示牌,公开建设工程规划许可证内容以及经审定的建设工程设计方案总平面图和立面效果图,并注明投诉举报受理单位和受理途径,接受社会监督。但是,国家规定不得公开的和农村村民住宅建设除外。

第五十条　县(市)城乡规划主管部门违反《中华人民共和国城乡规划法》及本条例作出行政许可的,市城乡规划主管部门有权责令其撤销或者直接撤销该行政许可。

依法应当给予行政处罚,县(市)城乡规划主管部门未给予行政处罚的,市城乡规划主管部门有权责令其作出行政处罚决定或者建议县(市)人民政府责令其作出行政处罚决定。

第五十一条　任何单位和个人都应当遵守经依法批准并公布的城乡规划;并有权就涉及其利害关系的建设活动是否符合城乡规划向城乡规划主管部门查询;有权向城乡规划主管部门或者其他有关部门举报或者控告违反城乡规划的行为。城乡规划主管部门或者其他有关部门对举报或者控告,应当及时受理并组织核查、处理。

第五章　法律责任

第五十二条　各级人民政府、各级城乡规划以及其他相关主管部门有下列行为之一的,由上级行政机关或者监察机关依法责令改正、通报批评,对有关人民政府负责人、直接负责的主管人员和其他直接责任人员依法给予处分:

(一)未依法编制城乡规划,或者未按法定程序编制、审批、修改城乡规划,以及委托不具有相应资质等级的单位编制城乡规划的;

(二)未依法对城乡规划进行批前公示和批后公布,或者同意修改修建性详细规划、建设工程设计方案总平面图前未依法听取利害关系人意见的;

(三)超越职权或者对不符合法定条件的申请人核发选址意见书、建设用地规划许可证、建设工程规划许可证、乡村建设规划许可证的;

(四)对未依法取得选址意见书的建设项目核发建设项目批准或者核准文件的;

(五)未依法在国有土地使用权出让合同中确定规划条件、改变国有土地使用权出让合同中依法确定的规划条件或者对未依法取得建设用地规划许可证的建设单位划拨国有土地使用权的;

(六)发现未依法取得规划许可或者违反规划许可进行建设的行为,而不予查处或者接到举报后不依法处理的;

(七)擅自改变规划用途或者规划许可证内容的。

第五十三条 城乡规划编制单位超越资质等级许可的范围承揽规划编制任务,未按照国家、省、市技术标准和城乡规划主管部门核发的规划条件编制规划,以及出具虚假日照分析报告的,由项目所在地城乡规划主管部门责令限期改正,并处合同约定编制费二倍的罚款。情节严重的,建议原发证机关对其停业整顿、降低其资质等级或者吊销其资质证书。

第五十四条 未在项目施工现场设置规划公示牌或者公示牌不符合规定的,由市、县(市)城乡规划主管部门责令限期改正,并处二万元的罚款。

第五十五条 擅自变更建筑物外立面造型或者色彩,以及擅自变更广场、绿地等其他景观设计的,由市、县(市)城乡规划主管部门责令限期改正,并处五万元的罚款。

第五十六条 在城市、镇规划区内,未取得建设工程规划许可证进行建设,未按照建设工程规划许可证规定内容进行建设或者利用失效的建设工程规划许可证进行建设的,由市、县(市)城乡规划主管部门责令停止建设;尚可采取改正措施消除对规划实施的影响的,限期改正,处建设工程造价百分之五以上百分之十以下的罚款;无法采取改正措施消除影响的,限期拆除;不能拆除的,没收实物或者违法收入,可以并处建设工程造价百分之十以下的罚款。

第五十七条 在乡、村庄规划区内,未依法取得乡村建设规划许可证或者未按照乡村建设规划许可证的内容进行建设的,由乡镇人民政府或者区人民政府责令停止建设,限期改正;无法采取改正措施的,应当拆除。

第五十八条　临时建设工程未取得临时建设用地规划许可证、临时建设工程规划许可证，未按照临时建设工程规划许可证内容进行建设或者超过批准期限未拆除的，由城乡规划主管部门责令限期拆除，可以并处该建设工程造价一倍以下的罚款。

违反批准文件规定改变临时建设用地性质或者临时建筑物、构筑物使用性质的，由城乡规划主管部门责令限期改正，没收违法收入，并处一万元以上三万元以下罚款；逾期未改正的，吊销临时建设用地规划许可证或者临时建设工程规划许可证。

第五十九条　委托无相应测绘资质的单位放线、未按照规划许可内容放线或者未经城乡规划主管部门验线擅自开工建设的，由城乡规划主管部门责令停止建设，限期改正，并处三万元的罚款。

未按照许可内容建设配套设施的，由建设工程所在地市、县(市)城乡规划主管部门责令限期补建，在规定期限内未补建或者无法进行补建的，处应配建部分建设工程造价五倍以上十倍以下罚款。

未经规划核实或者经核实不符合规划条件，建设单位组织竣工验收或者擅自投入使用的，由建设工程所在地市、县(市)城乡规划主管部门责令改正，并处以五万元以上十万元以下罚款。

第六十条　城乡规划主管部门作出责令停止建设的决定后，当事人不停止建设的，建设工程所在地市、县(市)、区人民政府可以责成有关部门采取查封施工现场，通知相关单位暂停提供施工用水、用电等措施。

城乡规划主管部门作出责令限期拆除的决定后，当事人逾期不拆除的，建设工程所在地市、县(市)人民政府可以责成有关部门采取依法拆除等措施。

对无法确定建设单位或者所有人的，可以通过在公共媒体或者建设工程所在地发布公告的方式督促建设单位或者所有人依法接受处理，公告时间不得少于三十日。公告期满，仍无法确定建设单位或者所有人的，建设工程所在地市、县(市)人民政府可以责成有关部门在采取证据保全措施后依法拆除。

第六十一条　本章规定由城乡规划主管部门负责处理的违法行为，依法实行相对集中行政处罚权管理的行政区域，由实行相对集中行政处罚权管理确定的机构处理；未实行相对集中行政处罚权管理的行政区域，由市、县(市)人民政府职能划分确定的机构处理。

第六章　附　　则

第六十二条　本条例自 2014 年 6 月 6 日起施行，1995 年 7 月 10 日齐齐哈尔市人民代表大会常务委员会公布施行的《齐齐哈尔市城市规划管理条例》同时废止。

齐齐哈尔市防震减灾条例

(2014年9月19日齐齐哈尔市第十五届人民代表大会常务委员会第二十四次会议通过 2014年10月23日经黑龙江省第十二届人民代表大会常务委员会第十五次会议批准)

第一章 总 则

第一条 为了防御和减轻地震灾害,保护人民生命财产安全,根据《中华人民共和国防震减灾法》《黑龙江省防震减灾条例》等法律、法规的规定,结合本市实际,制定本条例。

第二条 在本市行政区域内从事地震监测预报、地震灾害预防、地震应急救援等防震减灾活动,适用本条例。

第三条 防震减灾工作,实行预防为主、防御与救助相结合的方针。

第四条 市、县(市)、区人民政府应当将防震减灾工作纳入本级国民经济和社会发展规划,加强对防震减灾工作的领导,健全防震减灾工作体系,并将防震减灾工作纳入本级政府工作目标管理。防震减灾所需经费纳入同级财政预算。

第五条 市、县(市)、区人民政府地震工作管理部门(以下简称地震工作管理部门)在同级人民政府领导下,会同发改、财政、住建、规划、民政、卫生、公安、教育、交通运输、水务、国土资源、环保、消防和科技等有关部门,按照职责分工,密切配合,共同做好防震减灾工作。

乡(镇)人民政府、街道办事处、村民委员会和社区居民委员会应当指定人员,在地震工作管理部门的指导下做好防震减灾工作。

第六条 市、县(市)、区人民政府抗震救灾指挥机构负责统一领导、指挥和协调本行政区域的抗震救灾工作,日常工作由地震工作管理部门承担。

第七条 市、县(市)、区人民政府应当做好下列防震减灾工作,进行监督检查,并推动落实:

(一)防震减灾工作体系的健全和完善;

(二)防震减灾规划的编制与实施;

(三)防震减灾工作经费的落实;

(四)地震监测设施和地震观测环境的保护;

（五）建设工程抗震设防要求的执行；

（六）地震应急预案的落实和演练；

（七）防震减灾知识的宣传教育；

（八）抗震救灾物资的储备以及质量安全；

（九）其他防震减灾工作的落实。

第八条　市、县（市）、区人民政府应当支持防震减灾科研工作，推广和应用符合抗震设防要求以及地震应急救援需要的新技术、新工艺、新材料和新设施。

第九条　每年的 5 月 12 日所在周为全市防震减灾宣传活动周。

市、县（市）、区人民政府应当组织开展防震减灾知识宣传教育，支持开展地震群测群防工作，建立和完善防震减灾科学普及宣传网络，提高全社会的防震减灾能力。

市、县（市）、区人民政府新闻、宣传等主管部门应当组织新闻媒体每年结合防震减灾宣传活动周进行防震减灾知识的重点宣传，并做好防震减灾知识的日常宣传教育工作。

第二章　防震减灾规划

第十条　市、县（市）、区人民政府应当结合本地实际，组织编制本行政区域防震减灾规划。

市防震减灾规划由市地震工作管理部门根据省防震减灾规划和本市实际情况，会同同级发改、国土、规划、住建、民政等有关部门组织编制，报市人民政府批准后组织实施，并报省人民政府地震工作管理部门备案。

县（市）、区防震减灾规划由县（市）、区地震工作管理部门根据市防震减灾规划和本行政区域的实际情况，会同同级发改、国土、规划、住建、民政等有关部门组织编制，报本级人民政府批准后组织实施，并报市地震工作管理部门备案。

第十一条　防震减灾规划应当与土地利用总体规划和城乡规划等规划相协调。

第十二条　防震减灾规划一经批准公布，应当严格执行；因震情形势变化和经济社会发展的需要确需修改防震减灾规划的，应当按照原审批程序报送审批。

第三章　地震监测预报

第十三条　本市地震监测台网按照有关规定实行统一规划，分级、分类建设和管理。

市、县（市）、区地震工作管理部门应当根据上一级地震监测台网规划，编制本级地震监测台网规划,报本级人民政府批准并报上一级地震工作管理部门备案。

第十四条 已纳入本市地震监测台网的台站正式运行后,不得擅自中止或者终止。确需中止或者终止的,应当经省人民政府地震工作管理部门批准,并报国务院地震工作主管部门备案。

第十五条 建设单位应当按照法律、法规的规定,对可能诱发地震灾害和受地震破坏可能引发严重次生灾害的重大建设工程,建设专用地震监测台网或者设置强震动监测设施。

第十六条 地震监测设施及其观测环境受法律保护。任何单位和个人不得侵占、损毁、拆除或者擅自移动地震监测设施,不得危害地震观测环境以及干扰和妨碍地震监测台网的正常工作。

市、县(市)、区地震工作管理部门应当会同公安、国土、规划等部门在地震监测设施附近设立保护标志。

第十七条 市、县(市)、区地震工作管理部门应当会同同级有关部门,按照国务院有关规定划定地震观测环境保护范围,并纳入土地利用总体规划和城乡规划。

第十八条 在地震观测环境保护范围内的新建、扩建、改建建设工程项目,城乡规划主管部门在核发选址意见书、建设用地规划许可证或者乡村建设规划许可证时,应当征求管理该地震监测设施的地震工作管理部门的意见。

第十九条 建设国家或者省重点工程,确实无法避免对地震监测设施和地震观测环境造成危害的,建设单位应当增建抗干扰工程。确有特殊情况无法增建的,应当新建地震监测设施。新建地震监测设施建成并运行满一年后,达到监测效能的,方可拆除原地震监测设施。

增建抗干扰设施或者新建地震监测设施的费用以及由此造成的损失,由建设单位承担。

第二十条 市、县(市)、区地震工作管理部门应当做好地震监测台网建设管理,组织做好震情跟踪、流动监测以及可能与地震有关的异象观测和群测群防,及时将有关情况报上级地震工作管理部门。

观测到可能与地震有关现象的单位和个人,可以向所在地县级以上地震工作管理部门报告。

第二十一条 地震预报应当按照国家有关规定,实行统一发布制度,任何单位和个人不得擅自发布。

禁止制造和传播地震谣言。发生扰乱社会秩序的地震谣传、误传时,市、县(市)、区地震工作管理部门应当立即采取有效措施予以制止和澄清,其他有关部门、单位和新闻媒体应当予以配合、协助。

第四章　地震灾害预防

第二十二条　市、县(市)、区人民政府应当将新建、扩建、改建建设工程抗震设防要求管理纳入基本建设管理程序。

市地震工作管理部门负责全市建设工程抗震设防要求的监督管理工作。

第二十三条　新建、扩建、改建建设工程应当达到抗震设防要求。重大建设工程、可能发生严重次生灾害的建设工程和其他重要建设工程,按照法定机构审定的地震安全性评价报告结果确定抗震设防要求;一般建设工程,由市地震工作管理部门按照国家颁布的地震动参数区划图确定抗震设防要求。

学校、医院等人员密集场所的建设工程,应当高于当地房屋建筑的抗震设防要求一档进行设计和施工。

第二十四条　下列建设工程应当按照有关规定进行地震安全性评价:

(一)国家和省重大建设工程;

(二)国家建筑工程抗震设防分类标准规定应当进行地震安全性评价的建设工程;

(三)受地震破坏后可能引发水灾、火灾、爆炸,或者剧毒、强腐蚀性、放射性物质大量泄漏,以及其他严重次生灾害的建设工程,包括水库、堤防、石油化工、大型矿山、核电站以及其他核设施,贮存易燃易爆或者剧毒、强腐蚀性、放射性物质的设施,以及其他可能发生严重次生灾害的建设工程;

(四)大型发、变电工程,高等级公路、高速公路和铁路干线上的大型桥梁,大型广播电视发射工程,救灾物资储备库建筑,特大型火车站的客运候车楼,航管楼,城市轨道交通工程,一级汽车客运站候车楼,大型影剧院、体育场(馆)等人员密集场所的大型建设工程。

(五)省人民政府认为对本行政区域有重大价值或者有其他重大影响的工程。

第二十五条　已建成的建设工程,未采取抗震设防措施的或者抗震设防措施未达到抗震设防要求的,应当按照国家、省有关规定执行。

第二十六条　市、县(市)、区人民政府应当加强对农村公共建筑工程抗震设防的管理,加强对农村民房建设抗震设防的规划和指导,逐步提高抗震能力。

(一)新农村建设民居、移民搬迁、灾后恢复重建的村民住宅和三层以上农村村民自建住宅,应当按照抗震设防要求和有关建设工程的强制性标准进行抗震设防。

(二)乡镇建设中的公共建筑、统建的住房以及乡镇企业生产、办公用房,应当按照抗震设防要求和有关建设工程的强制性标准进行抗震设防。

（三）其他农村村民住宅,应当采用国家和本省有关村镇建筑抗震设防技术标准进行抗震设防。

第二十七条 市、县（市）、区人民政府对需要抗震设防的农村村民住宅和乡村公共设施,应当在技术指导、工匠培训、信息服务等方面给予必要支持。

第二十八条 积极推行适合不同地区的乡村抗震住宅设计。市、县（市）、区人民政府应当组织编制达到抗震设防要求的农村村民个人建房通用建筑设计图纸,向农村村民推荐并免费提供。

第二十九条 市、县（市）、区人民政府及其有关部门应当加强对采矿、采油和水库蓄水等诱发地震以及火山预警的研究工作。

市、县（市）、区人民政府对地震可能引发的火灾、水灾、爆炸、山体滑坡和崩塌、泥石流、地面塌陷、放射性污染、毒气泄漏等次生灾害以及传染病疫情的发生,应当采取有效防范措施。

第三十条 市、县（市）、区人民政府应当制定地震应急避难场所布局规划,合理利用广场、公园、城市绿地、人防设施、公共体育场馆、学校操场等公共场所或者选择符合国家标准的其他场所,建立地震应急避难场所,完善配套的交通、供水、供电、保暖、排污等基础设施,并对地震应急避难场所的建设、管理进行统筹协调。

市、县（市）、区人民政府应当在地震应急避难场所及其周边设置明显的指示标识,向社会公告并定期宣传其功能和使用方法。

第三十一条 地震应急避难场所的管理单位应当按照国家有关规定,对场所、设施等进行维护和管理,保持应急疏散通道畅通。

市、县（市）、区地震工作管理部门应当会同有关部门,对地震应急避难场所的建设、管理给予技术指导,并定期进行检查。

第三十二条 市、县（市）、区人民政府应当在本级财政预算和物资储备中安排适当的抗震救灾资金和物资。

第三十三条 市、县（市）、区人民政府根据实际需要,充分利用当地公安、消防等部门和企业事业单位的现有队伍,按照一队多用、专职与兼职相结合的原则,建立地震灾害紧急救援队伍。

市、县（市）、区人民政府及其有关部门、单位应当为地震灾害紧急救援队伍组成人员办理人身意外伤害保险,配备相应的防护装备和器材,开展培训和演练,提高地震灾害紧急救援能力,减少应急救援人员的人身风险。

市、县（市）、区人民政府及其有关部门根据实际需要,建立地震灾害救援志愿者队伍,并组织开展地震应急救援知识培训和演练。

第三十四条 市、县（市）、区地震工作管理部门和政府有关部门、社会组织、新闻媒体应当共同做好防震减灾宣传教育工作。

市、县(市)、区地震工作管理部门应当结合本地区的地震环境和防震减灾工作目标任务,将防震减灾科学普及工作纳入规划和计划,建立健全防震减灾科学普及工作体系、运行机制和监督管理体制,完善和规范各级防震减灾科学普及网络,提高全民防范意识,增强社会防震减灾能力。

各级人民政府应当组织机关、企业事业单位、社区居民委员会、学校定期开展地震应急避险演练、防震减灾科普知识宣传教育活动,增强公民的防震减灾意识,提高公民在地震灾害中自救互救的能力。

第五章 地震应急救援

第三十五条 市、县(市)、区人民政府和乡(镇)人民政府应当制定本行政区域的地震应急预案。市人民政府地震应急预案应当同时报省人民政府地震工作管理部门和国务院地震工作管理部门备案;县(市)、区人民政府地震应急预案应当报市地震工作管理部门备案;乡(镇)人民政府地震应急预案应当报县(市)、区地震工作管理部门备案。

地震应急预案应当根据实际情况适时修订,经修订的地震应急预案应当按照原程序报送备案。

第三十六条 下列部门和单位应当根据有关规定,结合实际情况,制定地震应急预案并报所在地的地震工作管理部门备案:

(一)市、县(市)、区人民政府有关部门;

(二)交通、通信、铁路、供水、供电、燃气等基础设施的经营管理单位;

(三)学校、幼儿园、医院、大型商场、酒店、宾馆、体育场、大型公共娱乐场所、车站、机场等人员密集场所的经营管理单位;

(四)可能发生次生灾害的核电、矿山、危险物品等生产经营和储备单位;

(五)大型厂矿企业;

(六)其他应当制定地震应急预案的单位。

地震工作管理部门应当对有关部门、单位的地震应急预案制定工作给予指导。

第三十七条 地震预报意见发布后,市、县(市)、区人民政府应当按照地震应急预案,组织有关部门做好临震应急反应工作。

第三十八条 在临震应急期,市、县(市)、区人民政府应当根据实际情况,向预报区的居民以及其他人员提出避震撤离的劝告;情况紧急时,应当有组织地进行避震疏散。

第三十九条 在临震应急期,市、县(市)、区人民政府有权在本行政区域内紧急调用物资、设备、人员和占用场地,任何组织或者个人均不得阻拦;

调用物资、设备或者占用场地的,事后应当及时归还或者给予补偿。

第四十条　地震灾害发生后,市、县(市)、区人民政府应当及时组织有关部门和单位启动地震应急预案,及时将震情、灾情及其发展趋势等信息报告上级人民政府;必要时可以越级上报,不得迟报、谎报和瞒报。

第四十一条　地震灾害发生后,灾区的人民政府、有关部门和单位、地震紧急救援队伍、中国人民解放军、中国人民武装警察部队、民兵组织、预备役部队和医疗队伍应当按照国家有关规定,由抗震救灾指挥机构统一部署实施抢险救援。

第四十二条　市、县(市)、区人民政府应当对在地震应急救援工作中伤亡的人员依法给予抚恤。

第四十三条　地震灾后的过渡性安置和恢复重建按照有关法律、法规等规定进行。

抗震救灾所需资金和物资,通过调拨、自筹、捐赠、保险理赔和信贷等方式筹集,筹集到的资金和物资应当统一管理,专款专用。

审计机关应当对地震救灾资金使用情况予以审计监督。

第六章　法律责任

第四十四条　市、县(市)、区地震工作管理部门和依照本条例规定行使管理权的其他部门及其工作人员,有下列行为之一的,对直接负责的主管人员和其他直接责任人员,依法给予行政处分:

(一)未依法作出行政许可或者办理批准文件的;

(二)未执行抗震设防有关规定、有关标准的;

(三)迟报、谎报、瞒报地震震情、灾情信息的;

(四)拒不服从上级人民政府或者抗震救灾指挥机构的决定和指挥的;

(五)其他未依法履行职责的行为。

第四十五条　违反本条例规定,有下列行为之一的,由市、县(市)、区地震工作管理部门责令停止违法行为,恢复原状或者采取其他补救措施:

(一)侵占、毁损、拆除或者擅自移动地震监测设施的;

(二)新建、扩建、改建建设工程,对地震监测设施和地震观测环境造成危害的。

单位有前款所列违法行为之一项,造成地震监测设施破坏或者影响地震观测环境的,处二万元以上十万元以下的罚款;拒不停止违法行为,延续和扩大危害后果的,处十万元以上二十万元以下的罚款。个人有前款所列违法行为,情节严重的,处二千元以下的罚款。

第四十六条　违反本条例规定,未按照要求增建抗干扰设施或者新建地震监测设施的,由市、县(市)、区地震工作管理部门责令限期改正;逾期不改正的,处二万元以上十万元以下的罚款;情节严重的,处十万元以上二十万元以下的罚款。

第四十七条 本条例规定需进行地震安全性评价的建设工程,建设单位未依法进行地震安全性评价,或者未按照地震安全性评价报告所确定的抗震设防要求进行抗震设防的,由市、县(市)、区地震工作管理部门责令限期改正;逾期不改正的,处三万元以上十五万元以下罚款;情节严重的,处十五万元以上三十万元以下罚款。

第四十八条 违反本条例规定,有下列情形之一的,由公安机关依照《中华人民共和国治安管理处罚法》的有关规定,依法给予处罚:

(一)散布地震谣言,故意扰乱公共秩序的;

(二)损毁地震应急避难场所设施的;

(三)阻碍国家机关工作人员依法执行职务的。

第七章 附 则

第四十九条 本条例下列用语的含义:

(一)地震监测设施,是指用于地震信息检测、传输和处理的设备、仪器和装置以及配套的监测场地。

(二)地震观测环境,是指按照国家有关标准划定的保障地震监测设施不受干扰、能够正常发挥工作效能的空间范围。

(三)重大建设工程,是指对社会有重大价值或者有重大影响的工程。

(四)地震动参数区划图,是指以地震动参数(以加速度表示地震作用强弱程度)为指标,将全国划分为不同抗震设防要求区域的图件。

(五)地震应急,是指为了减轻地震灾害而采取的不同于正常工作程序的紧急防灾和抢险行动。

第五十条 本条例所称"以上""以下",均包含本级、本数在内。

第五十一条 本条例自2015年1月1日起施行。

齐齐哈尔市机动车排气污染防治条例

(2015年9月24日齐齐哈尔市第十五届人民代表大会常务委员会第三十七次会议通过　2015年12月18日黑龙江省第十二届人民代表大会常务委员会第二十三次会议批准)

第一章　总　则

第一条　为了防治机动车排气污染,保护和改善大气环境,保障公众健康,促进经济社会可持续发展,根据《中华人民共和国大气污染防治法》等有关法律、法规,结合本市实际,制定本条例。

第二条　本条例所称机动车是指以汽油、柴油、天然气、液化石油气等作为燃料以及使用双燃料的各种机动车辆。

本条例所称机动车排气污染,是指通过机动车排气管、曲轴箱及燃油燃气系统等向大气排放污染物所造成的污染。

第三条　本市行政区域内的机动车排气污染防治适用本条例。

第四条　市人民政府应当建立机动车排气污染防治工作协调机制。

市环境保护行政主管部门负责统一监督管理全市机动车排气污染防治管理工作,组织实施本条例。各县(市)、区环境保护行政主管部门对所辖区域内的机动车排气污染防治实施监督管理。

公安、交通运输、质监、工商等行政管理部门根据各自职责,做好相关的机动车排气污染防治监督管理工作。

第五条　市、县(市)、区人民政府应当将机动车排气污染防治纳入环境保护规划。从城乡规划、建设、管理等方面采取措施,大力发展公共交通,改善道路状况,控制机动车排气污染物总量。

市人民政府应当制定相应政策,鼓励和推广城市公交及道路客运使用以天然气、太阳能、电能等新能源和清洁能源为动力的机动车,逐步推进和完善清洁能源机动车配套设施建设。

第六条　市、县(市)、区人民政府应当对在机动车排气污染防治工作中做出显著成绩或者突出贡献的单位和个人给予奖励。

第二章 污染控制

第七条 本市行政区域内的机动车污染物排放标准依照国家和省有关规定执行,由市环境保护行政主管部门向社会公布。

机动车污染物排放应当符合国家和省规定的排放标准。

机动车所有人、驾驶人不得拆除、闲置在用机动车排气污染控制装置。

第八条 在本市行政区域内销售的机动车污染物排放应当符合国家和省规定标准。

销售车用燃料应当符合国家标准并且明示燃料质量标准。禁止生产、销售、使用不符合规定标准的车用燃料。

第九条 机动车排放检验机构应当依法通过计量认证,使用经依法检定合格的机动车排放检验设备,按照国务院环境保护主管部门制定的规范,对机动车进行排放检验。

在本市进行排气污染定期检验的机动车,应当在机动车排放检验机构进行检验。检验不合格的,由机动车维修单位维修。

在用机动车经维修或者采取控制技术后,排放污染物仍超过规定排放标准的应当依法强制报废。其所有人应当将机动车交售给报废机动车回收拆解企业,由报废机动车回收拆解企业按照国家有关规定进行登记、拆解、销毁等处理。

第十条 环境保护行政主管部门应当建立机动车排气污染检验网络监控系统,对机动车排放检验机构的检验活动进行监督管理,及时向社会公布机动车排放检验机构名单。

第十一条 机动车排放检验机构,应当遵守下列规定:

(一)按照规定的排气污染检验方法、技术规范和排放标准进行检验,并且如实出具检验报告;

(二)排放检验设备符合规定的标准并且经质量技术监督管理部门检定合格;

(三)建立检验数据信息传输网络,与环境保护行政主管部门联网,实现检验数据实时共享,接受监督管理;

(四)按照物价、财政部门批准的收费项目和标准收取检验费;

(五)不得从事机动车排气污染维修治理业务;

(六)法律、法规规定的其他事项。

第十二条 从事机动车维修业务的单位,应当遵守下列规定:

(一)配备机动车排气污染维修治理专业技术人员和排气污染治理的测量设备;

(二)测量设备符合规定的标准并且经质量技术监督管理部门检定合

格,按照规定向质量技术监督管理部门申请周期检定;

(三)按照机动车排气污染防治的要求和有关技术规范进行维修,维修后的机动车排气污染达到规定的标准并且提供相应的维修服务质量保证;

(四)对大修、发动机总成维修及排气污染防治专项维修的机动车进行排气污染检验,符合规定标准的方可出厂并且出具合格证;

(五)建立完整的维修档案,对机动车号牌、识别代码、发动机号、维修项目及维修情况进行详细记录;

(六)法律、法规规定的其他事项。

第三章 监督管理

第十三条 本市实行机动车环保检验合格标志分类管理制度,分别为绿色标志和黄色标志。

未取得有效环保检验合格标志的机动车,不得上道路行驶。

市人民政府可以根据本市大气环境质量状况和不同类别机动车排气污染程度,对使用黄色标志的机动车采取限制通行区域、通行时间的交通限制措施。交通限制措施应当提前征求意见并向社会公示。

第十四条 机动车环保检验合格标志由环境保护行政主管部门统一制作。机动车环保检验合格标志应当贴在机动车前挡风玻璃右上角内侧。

禁止转让、转借、伪造、变造机动车环保检验合格标志或者使用伪造、变造的机动车环保检验合格标志。

第十五条 初次注册登记的机动车,应当依据环保达标车型查询系统的查询结果,确定其污染物排放是否达标。对符合机动车排放标准的,免予排气污染检验,核发环保检验合格标志。

未列入环保达标车型查询系统的机动车,应当进行机动车排气污染检验。不符合机动车污染物排放标准的,环境保护行政主管部门不予核发环保检验合格标志,公安机关交通管理部门不予办理注册登记。

第十六条 外地机动车申请在本市行政区域内转入登记的,应当符合本市注册登记执行排放标准。

已取得环保检验合格标志的外地机动车,凭环保检验合格标志,到申请地环境保护行政主管部门换发环保检验合格标志。

无环保检验合格标志的外地机动车,应当进行机动车排气污染检验,凭检验机构出具的合格证明,向申请地环境保护行政主管部门申请核发环保检验合格标志,由公安机关交通管理部门办理转移登记手续。

第十七条 机动车应当按照机动车安全技术检验的期限接受排气污染检验。机动车排气污染检验与机动车安全技术定期检验同步进行,国家另有规定的除外。

经排气污染检验合格的机动车,由环境保护行政主管部门核发相应的机动车环保检验合格标志。对排气污染检验不合格的,环境保护行政主管部门不予核发环保检验合格标志;公安机关交通管理部门不予核发机动车安全技术检验合格标志。营运机动车排气污染检验不合格的,道路运输管理机构不予办理定期审验合格手续。

第十八条 环境保护行政主管部门可以在机动车集中停放地、维修地对在用机动车污染物排放状况进行监督抽测。抽测结束后应当当场向机动车驾驶人告知抽测结果。

环境保护行政主管部门可以采取遥感监测等技术手段对在道路上行驶的机动车排气污染状况进行监督抽测。

经监督抽测未达到排放标准的机动车所有人、驾驶人,应当按照环境保护行政主管部门规定的期限进行复检。

环境保护行政主管部门进行的监督抽测不得收取费用。

第十九条 任何单位和个人不得拒绝、阻挠或者干扰环境保护行政主管部门对机动车排气污染状况进行监督抽测。

第二十条 环境保护行政主管部门应当会同公安机关交通管理部门,结合公安机关交通管理部门实施的路检工作,对行驶中排放黑烟等明显可见污染物的机动车进行监督检查。经检验不合格的,机动车所有人、驾驶人应当按照环境保护行政主管部门规定的期限进行复检。

第二十一条 环境保护行政主管部门应当会同公安、交通运输等部门建立机动车排气污染防治数据传输系统以及共享数据库,建立和完善机动车排气污染监测制度,定期向社会公布机动车排气污染监测情况和有关数据并且提供查询服务。

第二十二条 环境保护行政主管部门应当建立机动车排气污染投诉和举报制度。对机动车排气污染的投诉和举报,环境保护行政主管部门应当在十个工作日内予以处理和答复,公安、交通运输等行政管理部门应当给予协助。

第四章 法律责任

第二十三条 不按照规定的排气污染检验方法、技术规范和排放标准进行检验,伪造机动车排放检验结果或者出具虚假排放检验报告的,由相关部门依照《中华人民共和国大气污染防治法》予以处罚。

第二十四条 违反本条例第七条第三款规定,擅自拆除、闲置在用机动车排气污染控制装置的,由环境保护行政主管部门责令其限期改正,并处1000元罚款。

第二十五条 违反本条例第十三条第三款规定,机动车未取得相应的机动车环保检验合格标志,进入排气污染防治交通管制限行区域的,由公安机关交通管理部门对机动车驾驶人处以 100 元罚款。

第二十六条 违反本条例第十四条第一款规定,未按照规定张贴环保检验合格标志上道路行驶的,由公安机关交通管理部门通知当事人提供环保检验合格标志并且张贴到指定位置,可以处以 50 元罚款。

违反本条例第十四条第二款规定,使用转让、转借、伪造、变造的环保检验合格标志的,由公安机关交通管理部门予以收缴,并处 200 元以上 500 元以下罚款。

第二十七条 违反本条例第十七条第一款规定,机动车未按时参加机动车排气污染定期检验的,由环境保护行政主管部门责令限期改正,并且视情节按照下列规定予以处罚:

(一)一次未参加机动车排气污染定期检验的,处以每辆车 300 元罚款;

(二)两次以上(含两次)未参加机动车排气污染定期检验的,处以每辆车 1000 元罚款。

实施前款处罚的同时,应当对车辆所属单位予以警告,责令限期改正;逾期不改正的,对车辆所属单位处以 1 万元以上 5 万元以下罚款。

第二十八条 违反本条例第十八条第三款、第二十条规定,逾期不复检的,由环境保护行政主管部门对机动车所有人、驾驶人处以 300 元罚款;复检后仍未达到排放标准的,撤销并且收缴环保检验合格标志。

第二十九条 违反本条例第十九条规定,拒绝、阻挠环境保护行政主管部门对机动车进行监督抽测的,由环境保护行政主管部门处以 500 元以上 1000 元以下罚款。

第三十条 机动车排气污染防治管理部门直接负责的主管人员和其他直接责任人员滥用职权、玩忽职守、徇私舞弊的,由其所在单位或者上级主管部门依法给予行政处分。

第五章 附 则

第三十一条 铁路机车及拖拉机排气污染防治按照国家和省有关规定执行。

第三十二条 本条例自 2016 年 2 月 1 日起施行。

齐齐哈尔市城市房屋安全管理条例

(2015 年 11 月 20 日齐齐哈尔市第十五届人民代表大会常务
委员会第三十八次会议通过　2015 年 12 月 18 日黑龙江省第
十二届人民代表大会常务委员会第二十三次会议批准)

第一章　总　　则

第一条　为了加强城市房屋安全管理,保障人民群众的生命及财产安全,规范执法行为,根据有关法律法规的规定,结合本市实际,制定本条例。

第二条　本条例适用于本市行政区域内城镇国有土地上已经合法建成并且交付使用房屋(以下简称房屋)的安全管理。

第三条　房屋安全管理应当遵循安全使用、权责统一、限制拆改、防治结合的原则。

第四条　市、县(市)、区人民政府应当加强对房屋安全管理工作的领导,设定机构,核定编制,配备人员,建立由市、县(市)、区房屋安全行政主管部门、相关部门和街道办事处(镇人民政府)、社区居民委员会以及物业服务企业等组成的房屋安全监管网络,共同做好房屋安全管理工作。

第五条　市人民政府房产行政主管部门是全市房屋安全行政主管部门,其主要职责是:

(一)贯彻执行有关房屋安全管理的法律、法规、规章;

(二)监督、检查、指导县(市)、区房屋安全管理工作;

(三)编制全市房屋安全应急预案,并综合协调房屋安全应急抢险工作。

住建、规划、城管、公安、公安消防、工商、安全监管、质监等部门应当按照各自职责,做好房屋安全管理工作。

第六条　县(市)、区人民政府房产行政主管部门是本辖区房屋安全行政主管部门,其主要职责是:

(一)贯彻执行有关房屋安全管理的法律、法规、规章;

(二)房屋结构拆改的审批;

(三)监督检查房屋安全;

(四)编制本辖区的房屋安全应急预案;

（五）组织房屋所有权人、使用人及物业服务企业对房屋安全隐患进行治理,组织对危险房屋的应急抢险;

（六）负责危险房屋排险解危备案工作;

（七）受理与房屋安全有关的举报、投诉。

市、县(市)、区房产行政主管部门可以委托所属的房屋安全监察机构负责本辖区房屋安全监察工作,查处房屋安全违法行为。

第七条 街道办事处(镇人民政府)应当确定房屋安全管理的责任部门和责任人员负责本辖区房屋安全管理工作:

（一）房屋安全隐患的排查、登记、上报;

（二）协助组织房屋安全隐患的治理和危险房屋的应急抢险;

（三）受理与房屋安全相关的举报、投诉,对擅自拆改房屋的行为进行劝阻,并向有关部门报告。

社区居民委员会在街道办事处的指导下,协助做好房屋安全管理工作。

第八条 任何单位和个人均有举报违反房屋安全管理规定行为的权利。

市、县(市)、区人民政府应当对危及社会公共安全的严重房屋安全事件的举报人给予适当奖励。

第二章 房屋安全责任人

第九条 房屋所有权人是房屋安全责任人。超过保修期的房屋,房屋所有权人履行房屋的安全检查、维修、养护责任。

共有的房屋,共有人履行房屋的安全检查、维修、养护责任。

房屋所有权不清或者房屋所有权人下落不明的,代管人(使用人)履行房屋的安全检查、维修、养护责任。

房屋所有权人或者使用人无民事行为能力的,对其负有监护责任的单位或者个人履行房屋的安全检查、维修、养护责任。

法律、法规对房屋安全检查、维修、养护责任另有规定的除外。

第十条 施工单位履行房屋保修期内的施工保修责任和合理使用期间施工质量缺陷的治理责任。住宅建设工程项目在保修范围和保修期限内发生质量缺陷的,由建设单位先行承担保修责任,建设单位在承担保修责任后,可以向造成质量缺陷的责任方追偿。

房屋勘察、设计、施工、监理等单位按照与建设单位签订的合同及相关法律、法规的规定承担房屋安全责任。

第十一条 新建房屋交付使用时,建设单位应当将房屋的主体结构、承重结构、抗震设计、消防设计和设计使用年限等事项书面(图示)告知购房人。

房屋在转让或者出租时,转让人或者出租人不得向受让人或者承租人隐瞒房屋安全缺陷信息。

房屋所有权人或者使用人在装饰装修房屋前,有权向售房单位、物业服务企业、转让(出租)人或者城建档案机构查询房屋主体结构、承重结构、抗震设计、消防设计和设计使用年限等事项,被查询人应当配合查询。

第十二条 物业服务企业应当按照物业服务合同约定,承担房屋共用部分的维修、养护责任。

未实行物业服务的,房屋所有权人承担房屋共用部分的维修、养护责任。

所有权为公产、自管产、拨用产的,由房屋所有权人承担房屋共用部分的维修、养护责任。

第三章　房屋安全使用

第十三条 房屋所有权人、使用人应当按照房屋设计结构、功能和用途使用房屋。

第十四条 对城镇国有土地上合法建成并交付使用的房屋,禁止下列行为:

(一)在承重墙体上拆扒洞口,扩大房屋承重墙上原有的门、窗尺寸,在承重墙体上拆扒孔、槽,拆除连接阳台的砌体、混凝土墙体;

(二)违反原始设计,在屋面、楼面、阳台、雨篷上增加对房屋安全有影响的荷载;

(三)违反原始设计,在室内、外增加房屋层数和降低室内地面标高,改变房屋高度,增建、扩建地下室;

(四)变动承重墙、梁、柱、楼板、基础或者剪力墙等主体结构或者结构构件;

(五)未经公安消防机构审批,擅自改变建筑物内原有消防设施和疏散条件;改造外立面时擅自使用易燃、可燃保温材料、装饰材料;

(六)违反原始设计,破坏非承重结构影响消防、抗震功能;

(七)其他损害房屋结构安全的行为。

第十五条 因特殊情况,对房屋结构进行拆改的,应当提交下列资料,报县(市)、区房屋安全行政主管部门批准:

(一)书面申请;

(二)房屋所有权人证明及身份证明;

(三)原始设计单位或者具有相应资质等级设计单位出具的,经审图机构审查合格的拆改房屋结构施工设计文件;

(四)房屋安全鉴定机构出具的拆改意见书;

（五）相关行政部门的审批意见。

申请人不是房屋所有权人的,应当提供房屋所有权人同意拆改的证明。

申请人应当对资料的真实性负责。

第十六条 县(市)、区房屋安全行政主管部门对要件齐全、符合标准的,自受理申请之日起5个工作日内核发批准文件;对不符合条件的,书面告知理由。

第十七条 有下列情形之一的,其房屋结构拆改申请不予批准:

（一）房屋所有权有争议的;

（二）房屋已经列入征收范围的;

（三）经鉴定为危险房屋或者房屋存在安全隐患的;

（四）经鉴定,拆改影响房屋安全的;

（五）违反其他有关规定的。

第十八条 实施房屋结构拆改应当符合批准文件的内容、范围。拆改中,不得使用不符合规定的建筑材料。

需要变更、新增拆改部位的,应当到原批准机关重新办理批准手续。

第十九条 因特殊情况及装饰装修对房屋结构进行拆改的,实行房屋安全查验制度。房屋拆改工程结束后,由房屋所有权人申请房屋安全查验。对查验合格的,由市、县(市)、区房屋安全监察机构出具《房屋安全查验合格单》;对查验不合格的,提出整改建议,并由责任人进行整改。整改后,由市、县(市)、区房屋安全监察机构再次查验合格后,方可投入使用。

市、县(市)、区房屋安全监察机构在现场查验过程中,对于需要进行房屋安全鉴定的,应当依据房屋安全鉴定机构出具的房屋拆改鉴定报告进行查验,并在《房屋安全查验合格单》中载明房屋可以继续正常使用的年限。

第二十条 擅自改变房屋使用用途、拆改房屋结构,影响房屋安全的,市、县(市)、区房地产产权管理机构应当在其房屋登记簿上予以记载,在办理房屋转移和抵押等登记时,需提交房屋安全行政主管部门出具的已完成整改的证明文件。

第二十一条 房屋所有权人、使用人以及装饰装修企业在从事装饰装修施工活动中,应当保证房屋安全。

第四章 安全检查及鉴定

第二十二条 物业服务企业应当建立房屋安全管理档案,并且向县(市)、区房屋安全行政主管部门报送相关信息。

物业服务企业发现物业服务区域内有危害房屋安全行为及房屋存在安全隐患的,应当劝阻并及时向县(市)、区房屋安全行政主管部门报告。县(市)、区房屋安全行政主管部门接到有关危害房屋安全行为或者房屋存在安全隐患的报告后,应当及时到现场进行处理。

第二十三条　县(市)、区房屋安全行政主管部门应当组织未实行物业服务的房屋所有权人或者使用人对房屋安全情况定期进行检查。

第二十四条　公共场所房屋按照下列规定进行房屋安全检查及鉴定:

(一)市、县(市)、区房屋安全行政主管部门应当定期组织相关部门对学校、幼儿园、养老院、医院等单位和商场、影剧院等公共场所房屋进行安全普查或者抽查,对检查中发现存在安全隐患的房屋,及时责成有关单位和人员进行房屋安全鉴定;

(二)教育、卫生、体育、文化、交通运输、商贸服务、洗浴、室内公共游泳场馆等公共场所房屋经过拆改后,达到房屋拆改鉴定报告确定的可以继续正常使用年限的,应当重新进行房屋安全鉴定;

(三)超过设计使用年限的公共场所房屋,应当进行房屋安全鉴定。

第二十五条　承重墙、剪力墙、梁、柱、楼板、基础等结构构件出现危及房屋安全迹象的或者发生自然灾害、火灾、爆炸等意外事故影响房屋安全的,应当立即进行房屋安全鉴定。

第二十六条　因工程施工原因,导致毗连房屋结构出现安全隐患的,建设单位应当及时申请对毗连房屋进行房屋安全鉴定,并且承担相应责任。

第二十七条　房屋安全鉴定机构应当依法设立,并具备法定资格。房屋安全鉴定机构和房屋安全鉴定人员从事房屋安全鉴定时,应当按照有关专业技术标准、规范、规程进行。

房屋安全鉴定机构出具的鉴定结论,是认定房屋安全状况的依据,鉴定机构及鉴定人员应当对出具的鉴定结论负责。

第二十八条　房屋所有权人、使用人和利害关系人均可委托房屋安全鉴定机构进行房屋安全鉴定。

第二十九条　房屋安全鉴定机构应当在接受房屋安全鉴定委托之日起5个工作日内进行现场查勘。查勘完毕后,一般项目在15个工作日内出具房屋安全鉴定报告书。

房屋所有权人、使用人、利害关系人对房屋安全鉴定结论有异议的,自收到房屋安全鉴定报告书之日起15日内向市房屋安全行政主管部门申请复核。市房屋安全行政主管部门应当另行组织复核鉴定。

第三十条　房屋所有权人、使用人应当对鉴定工作予以配合,提供房屋档案资料以及必要的现场鉴定条件,不得拒绝或者阻挠房屋安全鉴定工作。

第五章　隐患治理及危险房屋管理

第三十一条　房屋出现下列安全隐患时,房屋所有权人应当委托有资质的企业进行治理:

（一）建筑物外墙体开裂、鼓胀、脱落；

（二）房屋结构变形、断裂、位移；

（三）房屋受力结构件的材料严重风化、腐朽；

（四）房屋出现倾斜、连接构件脱离或者失效、受力构件断裂；

（五）因荷载变化造成房屋结构受到破坏。

随时可能发生安全事故、事故征兆明显的房屋，房屋所有权人或者使用人应当立即排除隐患或者采取相应的防护措施。

房屋所有权人不能及时进行治理的，房屋所在地县（市）、区房屋安全行政主管部门应当采取相应防护措施排除隐患，发生的费用由责任人承担；没有责任人的，由房屋所有权人承担。

房屋所有权不清或者房屋所有权人下落不明有前款规定情形之一的，房屋所在地县（市）、区房屋安全行政主管部门应当采取相应的防护措施排除隐患。

第三十二条　经鉴定为危险房屋的，房屋安全鉴定机构应当立即向县（市）、区房屋安全行政主管部门通报并由房屋安全行政主管部门向危险房屋所有权人或者使用人出具《危险房屋通知书》。

第三十三条　县（市）、区房屋安全行政主管部门应当在《危险房屋通知书》中提出相应处理意见：

（一）《危险房屋通知书》要求观察使用的，所有权人或者使用人应当采取适当安全技术措施，短期内继续观察；

（二）《危险房屋通知书》要求处理使用的，所有权人或者使用人应当采取适当安全技术措施修缮；

（三）《危险房屋通知书》要求停止使用的，应当停止使用。

第三十四条　危险房屋责任人应当根据鉴定结论及时进行维修治理，县（市）、区房屋安全行政主管部门应当督促、指导危险房屋责任人对危险房屋进行维修治理，保证房屋安全。

《危险房屋通知书》要求观察使用及处理使用的房屋，房屋所有权人不得将房屋进行出租。

第三十五条　存在明显险情需要迅速采取措施的房屋，房屋所有权人或者使用人、物业服务企业应当在建筑物显著位置设置危险警示标志，需要隔离、封闭的，县（市）、区人民政府应当及时采取相应措施。

第三十六条　房屋所有权人、使用人以及各相关部门应当配合房屋安全行政主管部门进行房屋安全管理。因危险房屋采取排险措施需要房屋所有权人或者使用人临时迁出的，房屋所有权人或者使用人应当及时迁出。

第三十七条　危险房屋险情解除后，房屋所有权人或者使用人应当在30日内持房屋安全鉴定机构出具的鉴定结论，向县（市）、区房屋安全行政主管部门备案。

第六章　法律责任

第三十八条　违反本条例第十条规定,施工单位未按规定对房屋保修或者治理的,由住房和城乡建设行政主管部门责令限期维修或者治理,逾期未维修、治理的,处 10 万元以上 20 万元以下的罚款。同时,施工单位承担购房人在保修期间或者正常使用期内因施工质量缺陷造成损失的赔偿责任。

第三十九条　违反本条例规定,有下列行为之一的,由市、县(市)、区房屋安全行政主管部门按照下列规定进行处罚。造成他人损害的,依法承担赔偿责任:

(一)有第十四条第(一)(二)(七)项行为,损害房屋结构安全的,予以警告,责令立即恢复原状;逾期未恢复原状的,由房屋安全行政主管部门强制恢复,所需费用由责任人承担,并对个人处 1000 元以上 2000 元以下罚款,对单位和其他组织处 2000 元以上 1 万元以下罚款;

(二)有第十四条第(三)项行为,损害房屋结构安全的,予以警告,责令立即恢复原状;逾期未恢复原状的,由房屋安全行政主管部门强制恢复,所需费用由责任人承担,并对个人处 1 万元以上 3 万元以下罚款,对单位和其他组织处 3 万元以上 5 万元以下罚款;

(三)有第十四条第(四)项行为,损害房屋结构安全的,责令限期改正;逾期未改正的,处 5 万元以上 10 万元以下罚款。

第四十条　违反本条例第十八条规定,超出批准内容、范围拆改的,由市、县(市)、区房屋安全行政主管部门予以警告,责令限期恢复原状;逾期未恢复原状的,由房屋安全行政主管部门强制恢复,所需费用由责任人承担,并对个人处 500 元以上 1000 元以下罚款,对单位和其他组织处 2000 元以上 5000 元以下罚款。

第四十一条　违反本条例第十九条第一款规定,未经验收投入使用的,由市、县(市)、区房屋安全行政主管部门责令限期改正;逾期未改正的,对个人处 1000 元罚款,对单位和其他组织处 5000 元罚款。

第四十二条　违反本条例第二十二条规定,物业服务企业未建立房屋安全管理档案的,由市、县(市)、区房屋安全行政主管部门责令限期改正;逾期未改正的,处 3000 元罚款;物业服务企业发现服务区域内房屋存在安全隐患未及时向县(市)、区房屋安全行政主管部门报告的,由市、县(市)、区房屋安全行政主管部门对物业服务企业处 2000 元罚款。

第四十三条　违反本条例第二十四条、第二十五条、第二十六条规定,未进行房屋安全鉴定的,责令限期改正;逾期未改正的,由市、县(市)、区房屋安全行政主管部门对个人处 1000 元以上 5000 元以下罚款,对单位和其他组织处 5000 元以上 3 万元以下罚款。国家另有规定的,从其规定。

第四十四条 违反本条例第二十七条规定,房屋安全鉴定机构出具虚假鉴定结论的,由市、县(市)、区房屋安全行政主管部门处 1 万元以上 5 万元以下罚款。造成经济损失的,依法承担赔偿责任。

非法从事房屋安全鉴定的,其出具的鉴定结论无效,市、县(市)、区房屋安全行政主管部门应当责令其停止违法行为,并处违法所得 5 倍以下的罚款。

第四十五条 违反本条例第三十三条第(三)项规定,对要求停止使用的危险房屋继续使用的,由市、县(市)、区房屋安全行政主管部门责令限期改正,有违法所得的,处法所得 3 倍以下的罚款,没有违法所得的,处 5000 元以下的罚款。

第四十六条 违反本条例第三十四条第二款规定,经鉴定为危险房屋后,将要求观察使用和处理使用的危险房屋进行出租的,由市、县(市)、区房屋安全行政主管部门责令限期改正,并处违法所得 2 倍以下罚款。

第四十七条 违反本条例规定,应当由公安、公安消防、地震等部门实施处罚的,由其按相关规定进行处罚。

第四十八条 当事人拒不履行行政处罚决定,拒不承担依法应当由其承担的恢复原状费用或者未按照本条例规定治理房屋安全隐患的,由市、县(市)、区房屋安全行政主管部门依法申请有管辖权的人民法院强制执行。

第四十九条 房屋安全行政主管部门或者有关部门工作人员滥用职权、玩忽职守、徇私舞弊或者不作为的,由其所在单位或者监察机关依法给予行政处分。

第七章 附 则

第五十条 本条例所称承重结构,是指直接将本身自重与各种外加作用力系统地传递给基础、地基的主要结构构件和其连接节点,包括承重墙体、立杆、框架柱、支墩、楼板、梁、屋架、悬索等。

本条例所称承重墙,是指在砌体结构中支撑着上部楼层重量的墙体。

本条例所称剪力墙,是指房屋中主要承受风荷载或地震作用引起的水平荷载的墙体。

本条例所称危险房屋,是指结构已严重损坏或者承重构件已属危险构件,随时有可能丧失结构稳定和承载能力,不能保证使用安全的房屋。

第五十一条 本条例中的"以上""以下"均含本数。

第五十二条 本条例自 2016 年 2 月 1 日起施行。2011 年 10 月 1 日实施的《齐齐哈尔市城市房屋安全管理条例》同时废止。

齐齐哈尔市城市供热管理规定

(2017 年 5 月 31 日齐齐哈尔市第十六届人民代表大会常务委员会第三次会议通过 2017 年 8 月 25 日黑龙江省第十二届人民代表大会常务委员会第三十五次会议批准)

第一条 为加强城市供用热管理,规范供热采暖行为,维护热用户、供热单位和热源单位的合法权益,依据国家有关法律、法规和《黑龙江省城市供热条例》,结合本市实际,制定本规定。

第二条 在本市城市规划区以及其他实行城市化管理的地区从事供热规划、建设、经营、管理的单位、个人和热用户,应当遵守本规定。

第三条 城市供热应当遵循"统一规划、属地管理、安全运营、规范服务、保证质量、节能环保"的原则。

第四条 市供热行政主管部门负责本市的供热管理工作。

市供热主管部门负责全市供热工作的监督指导和管理,具体负责龙沙区、建华区和铁锋区的供热管理工作。

各县(市)、梅里斯达斡尔族区、富拉尔基区、昂昂溪区、碾子山区供热主管部门具体负责本行政区域内的供热管理工作。

发改、财政、物价、质量技术监督、规划、环保、电力、公安等有关部门,在各自的职责范围内共同做好供热管理相关工作。

第五条 城市供热应当以热电联产、大型热源等集中供热为主,加快淘汰能耗高、污染重、效能低的供热方式。

热电联产、大型热源等集中供热管网范围内的燃煤锅炉,污染物排放应当符合大气污染物排放标准。

第六条 新增集中供热热源由热源建设单位投资建设,产权归热源建设单位所有。

第七条 新建建筑建设单位应当在建筑工程项目报建审批前向供热主管部门提出供热负荷配套申请,供热主管部门应当根据供热专项规划确定供热方案。

新建供热工程设计、施工过程中,建设单位应当向供热主管部门提出协同审查申请,供热主管部门应当协调供热单位组织专业技术人员参与设计、施工全过程及各项技术审查,并及时提出整改意见,确保设计、施工质量达到行业技术规范标准。

第八条 供热单位不得擅自买卖、承接、卸载既有供热负荷。确需调整供热负荷的,应当提前向供热主管部门报告,并经供热主管部门同意。

第九条 新建建筑使用燃气、电、地源热泵等清洁能源供热方式的,建设单位在办理《建设工程规划许可证》后,应当向供热主管部门备案。

既有建筑由水暖供热方式改变为燃气、电等清洁能源供热方式的,应当于年度供热期开始30日前经供热单位同意,并向相关行业主管部门备案。

第十条 市、县(市)、区人民政府应当将城市老旧供热管网改造的资金纳入预算安排。供热单位也应当自主投入资金对供热负荷区域内的老旧供热管网进行升级、改造,逐年加大老旧供热管网改造力度,使城市老旧供热管网改造与城市市政公用设施管网规划建设相协调。

供热再次加压设施的维修和管理,由供热单位负责。

第十一条 本市供热的起止时间为当年10月15日至次年4月15日。

第十二条 热用户办理供热合同更名的,原热用户应当在办理更名手续前,与供热单位结清热费。

第十三条 供热单位应当建立热用户室内温度定期抽样测温制度,根据负荷区域情况,科学合理设置测温抽样采集点与检测时间,测温记录应当由热用户签字。

第十四条 在供热期内,供热单位应当保证居民卧室、起居室(厅)温度全天不低于18℃,其他部位温度应当达到设计规范标准。

居民室内温度低于18℃,高于16℃(含16℃)的,按日退还用户日标准热费的30%;室温低于16℃,高于14℃(含14℃)的,按日退还用户日标准热费的50%;室温低于14度的,按日退还用户日标准热费的100%。属于热源单位原因的,供热单位先行赔付,再向热源单位追偿。

本市建立供热考核奖励机制。提倡和鼓励居民卧室、起居室(厅)舒适温度全天不低于20℃,提高供热质量和服务水平。

第十五条 实行分户供热的热用户申请停止供热的,应当于年度供热期开始30日前向供热单位提出申请,供热单位应于接到申请后10日内形成书面答复意见。对不同意停止供热的,应当说明理由。

申请停止供热的热用户应当向供热单位缴纳本户热费总额20%的供热设施运行基础费。

有下列情形之一的,不得申请停止用热:

(一)非分户供热的热用户;

(二)新建建筑供热设施保修期内;

(三)首层、顶层的房屋危害相邻热用户用热安全或者室内公共设施安全运行的;

(四)其他可能危害相邻热用户用热安全或者室内公共设施安全运行的。

第十六条　新进户的用户,其热费应从开具进户通知单的日期起计算。开具进户通知单之前发生的房屋热费由建设单位缴纳。

第十七条　未实行热计量收费的热费应当按照建筑面积(含分摊面积)标准计收。热价由价格主管部门按规定核定。

第十八条　未实行热计量收费的房屋,层高超过3.2米的,每超过0.1米,加收基本热价的3%。文化、教育、体育以及保护建筑等公共事业性建筑加收至100%为上限。

第十九条　有供热设施的阁楼、地下室,顶板下表面与地面的净高在1.2米(不含1.2米)以下的,不计算建筑面积;净高在1.2米(含1.2米)以上,2.1米(不含2.1米)以下的,按照建筑面积的二分之一计算;净高在2.1米(含2.1米)以上的,全部计入建筑面积。

第二十条　为保证供热质量和供热安全,热网挂表供热单位应当在供热期前向热电联产供热单位预交不少于上一个供热期热费总额的30%,用于充抵末寒期热费结算。同时,应当于每月初向热电联产供热单位结清实际热费,4月末结清全部热费。热电联产供热单位应当按照合同约定履行相关义务。

供热期内,热网挂表供热单位应当按照供热标准科学运行,不得擅自调低或者关闭热网流量,影响供热质量和热网系统安全运行。

第二十一条　供热单位违反本规定第八条,未经供热主管部门同意,擅自买卖、承接、卸载既有供热负荷的,供热主管部门应当责令其限期改正;逾期未改正的,由供热主管部门依法吊销其《供热许可证》。

第二十二条　违反本规定第二十条,有下列情形之一的,由供热主管部门给予以下处罚:

(一)热网挂表供热单位未按照时限交费,影响供热质量和供热安全的,责令其限期整改;逾期未整改的,处以5千元以上1万元以下罚款;

(二)热电联产供热单位未履行合同约定,影响供热质量和供热安全的,处以3万元以上5万元以下罚款;

(三)热网挂表供热单位未按照供热标准科学运行,擅自调低或者关闭热网流量的,处以1万元以上3万元以下罚款;影响供热质量和热网系统安全运行的,依法吊销其《供热许可证》。

第二十三条　乡村实行集中供热的,参照本规定执行。

第二十四条　本规定自公布之日起施行。

牡丹江市住宅物业管理条例

(2017年9月15日牡丹江市第十六届人民代表大会常务委员会第四次会议通过 2017年10月13日黑龙江省第十二届人民代表大会常务委员会第三十六次会议批准)

第一章 总 则

第一条 为了规范物业管理活动,维护业主和物业服务企业的合法权益,改善人民群众的居住环境,根据《中华人民共和国物权法》、国务院《物业管理条例》等法律、法规,结合本市实际,制定本条例。

第二条 本市行政区域内的住宅物业管理、使用及其监督活动,适用本条例。

本条例所称住宅物业管理(以下简称物业管理),是指住宅区内的业主通过选聘物业服务企业,由业主和物业服务企业按照物业服务合同约定,对房屋及配套的设施设备和相关场地进行维修、养护、管理,维护物业管理区域内的环境卫生和相关秩序的活动。

第三条 物业管理应当坚持业主自治、专业服务、政府监管、行业自律的原则。

第四条 市、区、县(市)人民政府应当将物业服务纳入现代服务业发展规划,建立和完善专业化、社会化、市场化的物业管理机制,鼓励采用新技术、新方法提高物业管理和服务水平。

街道办事处(乡镇人民政府)按照规定职责负责辖区内物业管理活动的指导、协调和监督。社区居(村)民委员会应当协助街道办事处(乡镇人民政府)开展相关工作。

第五条 市物业管理行政主管部门负责全市物业服务的统一监督管理,区、县(市)物业管理行政主管部门负责本行政区域内物业服务的监督管理。

建设、规划、价格、公安、城管、环保、工商、质监、市场监管等行政主管部门应当按照各自职责,做好物业管理的相关工作。

第六条 物业服务行业协会应当加强行业自律管理,规范从业行为,促进物业服务企业诚信经营。

第二章　业主、业主大会和业主委员会

第七条　房屋的所有权人为业主。业主依据相关法律、法规规定,享有权利,履行义务,共同决定有关事项。业主不得以放弃权利为由不履行义务。

基于房屋买卖、赠与、继承、安置等民事法律行为已经合法占有房屋,但尚未依法办理所有权登记的公民、法人和其他组织,在物业管理中享有业主权利,承担业主义务。

业主应当与物业使用人约定在物业管理中的权利和义务。

第八条　物业管理区域符合下列条件之一的,应当召开首次业主大会会议:

(一)房屋出售并交付使用的建筑面积达到建筑物总面积百分之五十以上的;

(二)已入住户数达到总户数百分之五十以上的;

(三)首套房屋出售并交付使用满两年且入住户数的比例达到百分之二十五以上的。

对具备召开首次业主大会会议条件的,建设单位应当在三十日内向物业所在地的街道办事处(乡镇人民政府)提出召开首次业主大会会议的书面申请,并提供有关资料。建设单位在规定期限内未提出申请的,十人以上业主联名可以书面提出召开首次业主大会会议的申请。

第九条　建设单位应当提供筹备首次业主大会会议所需要的下列材料:

(一)经备案的物业管理区域划分证明;

(二)物业管理区域内建筑物、构筑物及配套设施设备和相关场地明细;

(三)业主名册;

(四)建筑规划总平面图;

(五)共用设施设备交付使用的证明;

(六)物业服务用房配置证明;

(七)召开首次业主大会会议必需的其他资料。

第十条　首次业主大会会议的筹备经费根据物业管理区域规模、业主户数和建筑面积等因素确定,由建设单位承担。建设单位应当在提出召开首次业主大会会议书面申请的同时,将首次业主大会会议筹备经费交至街道办事处(乡镇人民政府)设立的专用账户,供首次业主大会会议筹备组使用。

第十一条　街道办事处(乡镇人民政府)对符合召开首次业主大会会

议条件的,应当在收到召开首次业主大会会议书面申请后六十日内,指导组建首次业主大会会议筹备组(以下简称筹备组)。

筹备组由业主代表和街道办事处(乡镇人民政府)代表、社区居(村)民委员会代表、建设单位代表组成。筹备组成员人数应当为单数,其中业主代表所占比例不得低于筹备组总人数的百分之五十。筹备组成员应当具有完全民事行为能力,且本人及其配偶、直系亲属与本物业管理区域物业服务企业没有利害关系。

筹备组组长由街道办事处(乡镇人民政府)代表担任。筹备组中的业主代表由街道办事处(乡镇人民政府)或者社区居(村)民委员会组织业主推荐产生。

筹备组应当在成立后将成员名单在物业管理区域内显著位置公示,公示期不少于七日。业主对筹备组成员有异议的,由街道办事处(乡镇人民政府)协调解决。

第十二条 筹备组应当自成立之日起九十日内按照国家有关规定完成首次业主大会会议筹备工作,组织召开首次业主大会会议,并于业主大会成立后自动解散。

筹备组未在九十日内完成筹备工作的,可以延期三十日。经延期仍不能完成筹备工作的,由街道办事处(乡镇人民政府)解散筹备组并书面公告。

第十三条 首次业主大会会议应当讨论决定管理规约、业主大会议事规则,选举业主委员会。

第十四条 业主大会会议表决一般采用纸质方式实名投票;在确保业主意思表示真实、有效的前提下,也可以采用手机信息、电子邮件等方式实名投票。业主大会会议表决结果和决定应当以书面形式向全体业主公告。

第十五条 业主委员会经依法选举产生后,业主大会会议由业主委员会组织召开。业主委员会应当于业主大会会议召开十五日前将会议时间、地点和内容通知全体业主,并同时告知街道办事处(乡镇人民政府)、社区居(村)民委员会。街道办事处(乡镇人民政府)、社区居(村)民委员会应当进行指导和监督。

第十六条 业主委员会一般由五至十一人的单数委员组成,每届任期三至五年,委员可以连选连任。具体选举办法由业主大会议事规则约定。

业主委员会委员应当由本物业管理区域内热心公益事业、责任心强、具有一定组织能力的业主担任。业主有下列情形之一的,不得担任业主委员会委员;已经担任的,应当按照业主大会确定的规则予以罢免:

(一)本人及其配偶、直系亲属与本物业管理区域物业服务企业有利害关系的;

（二）损坏房屋承重结构、违法搭建或者破坏房屋外貌的；

（三）擅自改变物业规划用途或者违法出租房屋的；

（四）拖欠物业服务费、未缴纳住宅专项维修资金的；

（五）索取、非法收受建设单位、物业服务企业利益的；

（六）其他违反法律、法规、管理规约以及有不良社会诚信记录的。

业主委员会应当在选举产生后将成员名单在物业管理区域内显著位置公示，公示期不少于七日。

业主委员会应当自选举产生之日起三十日内，向物业所在地的区、县（市）物业管理行政主管部门和街道办事处（乡镇人民政府）备案。

第十七条　业主委员会履行下列职责：

（一）执行业主大会的决定和决议；

（二）组织召开业主大会会议，报告物业管理情况，并在物业管理区域内显著位置公布物业管理情况，接受业主质询；

（三）根据业主大会决定代表业主与业主大会选聘的物业服务企业签订物业服务合同；

（四）及时了解业主、物业使用人的意见和建议，监督和协助物业服务企业履行物业服务合同，协调处理物业管理活动中的相关问题；

（五）督促业主、物业使用人遵守管理规约，调解业主之间因物业使用、维护和管理产生的纠纷；

（六）督促业主交纳物业服务费及其他相关费用；

（七）组织和监督住宅专项维修资金的筹集和使用；

（八）根据管理规约和业主大会议事规则，决定共用部位、共用设施设备的经营方式，管理、使用并公布经营所得收益情况；

（九）法律、法规规定或者业主大会赋予的其他职责。

第十八条　业主委员会举行会议时应当有过半数的委员出席，业主委员会委员不得委托他人参加会议。

业主委员会作出的决定，应当经全体委员半数以上签字同意。业主委员会应当自作出决定之日起三日内，将会议情况以及决定事项在本物业管理区域内显著位置公告。

业主委员会召开会议应当告知社区居（村）民委员会，社区居（村）民委员会应当进行指导和监督。

第十九条　除首次业主大会会议外，业主大会和业主委员会的工作经费由全体业主承担。具体筹集办法由业主大会决定。

业主委员会应当每半年在物业管理区域内显著位置公示工作经费的收支情况，接受业主监督。

第二十条　业主委员会任期届满前三个月，应当书面告知街道办事处

(乡镇人民政府)、社区居(村)民委员会。街道办事处(乡镇人民政府)应当指导成立换届改选小组,由换届改选小组组织召开业主大会会议,选举产生新一届业主委员会。

换届改选小组产生至新一届业主委员会选举产生期间,业主委员会不得就选聘、解聘物业服务企业等共同管理事项,组织召开业主大会会议,但发生危及房屋安全和人身财产安全的紧急情况,需要立即使用专项维修资金进行维修、更新、改造的除外。

第二十一条　业主委员会应当在任期届满之日起三日内,将其保管的有关凭证、档案、印章以及其他属于全体业主共有的财物,移交给新一届业主委员会,并办理交接手续。

物业所在地的街道办事处(乡镇人民政府)应当进行指导和监督。

第二十二条　新一届业主委员会应当对上一届业主委员会的工作经费和收支情况等进行审核,审核时可以邀请街道办事处(乡镇人民政府)或者社区居(村)民委员会进行监督,也可以委托第三方进行审核。审核结果应当在物业管理区域内显著位置公示。

第二十三条　物业管理区域有下列情形之一的,可以成立物业管理委员会代行业主委员会职责:

(一)不具备成立业主大会条件的;

(二)具备成立业主大会条件但未成立,经区、县(市)物业管理行政主管部门或者街道办事处(乡镇人民政府)指导后仍不能成立的;

(三)业主委员会不履行职责达一年以上或者无法正常开展工作,需要调整或者重新选举业主委员会,经区、县(市)物业管理行政主管部门或者街道办事处(乡镇人民政府)指导后仍不能选举产生新一届业主委员会的。

第二十四条　物业管理委员会由街道办事处(乡镇人民政府)组织成立,由业主代表以及社区居(村)民委员会、建设单位等派员组成。

物业管理委员会人数应当为单数,其中业主成员人数应当超过总人数的百分之五十,由街道办事处(乡镇人民政府)组织业主推荐产生,主任由业主担任。业主成员资格应当符合本条例第十六条的规定。

物业管理委员会应当在成立后将成员名单在物业管理区域内显著位置公示,公示期不少于十五日。业主对物业管理委员会成员有异议的,由街道办事处(乡镇人民政府)协调解决。

物业管理委员会应当自成立之日起三十日内,将成立情况书面告知区、县(市)物业管理行政主管部门。区、县(市)物业管理行政主管部门应当对物业管理委员会的工作进行指导和监督。

第二十五条　物业管理委员会应当依法履行职责,就物业共同管理事项征求全体业主意见,形成业主共同决定。决定应当在物业管理区域内显著位置公示,公示期不少于十日。

物业管理委员会自业主大会成立之日起停止履行职责,并在七日内与业主大会或者业主委员会办理移交手续后解散。

第三章　前期物业管理

第二十六条　物业管理区域的划分应当考虑物业的共用设施设备、建筑物规模、自然界线、社区建设等因素。

新建住宅区物业管理区域以建设用地规划许可证确定的用地范围为准。建设单位应当在申请办理房屋预售许可或者房屋现售备案前,向区、县(市)物业管理行政主管部门备案物业管理区域,区、县(市)物业管理行政主管部门应当自备案后七日内将备案的物业管理区域范围书面告知街道办事处(乡镇人民政府)。房屋买卖合同中应当明示备案的物业管理区域。

本条例施行前已经建成并交付,但尚未划分物业管理区域的,由区、县(市)物业管理行政主管部门会同街道办事处(乡镇人民政府)征求业主和社区居(村)民委员会意见后划分。

本条例施行前已经划分物业管理区域,但尚未备案的,由物业服务企业、业主委员会或者物业管理委员会向物业所在地的区、县(市)物业管理行政主管部门备案。

第二十七条　新建住宅区物业管理区域内,建设单位应当按照不低于房屋建筑总面积千分之二的比例且不低于一百平方米的标准,无偿配置物业管理用房。规划部门在核发建设工程规划许可证时,应当在附图中注明物业管理用房的具体位置。

物业管理用房应当是地面以上能够独立使用的房屋,具备水、电、热、通风、采光等使用功能,并安装独立的经检定合格的水、电、热等计量器具。物业管理用房所在楼层不得高于四层,但配置电梯的除外。

物业管理用房属全体业主共有,未经业主大会同意,物业服务企业不得改变用途。业主委员会议事活动用房在物业管理用房中调剂,建筑面积不得低于二十平方米。

第二十八条　新建住宅区在业主大会选聘物业服务企业之前,实行前期物业管理。建设单位在房屋销售前,应当通过本市统一的物业管理招投标平台依法公开选聘具有相应资质的物业服务企业实施前期物业管理。一个物业管理区域应当整体进行招投标。

投标人少于三个或者建筑物总面积在二万平方米以下的,经区、县(市)物业管理行政主管部门批准,建设单位可以采用协议方式选聘物业服务企业。

市物业管理行政主管部门负责建立本市统一的物业管理招投标平台,

并制定具体的住宅物业招投标管理办法。

第二十九条 建设单位应当与选聘的物业服务企业依法签订前期物业服务合同。建设单位与买受人签订房屋买卖合同时,应当将前期物业服务合同作为房屋买卖合同的附件。

业主委员会与物业服务企业签订的物业服务合同生效或者业主大会作出自行管理决定时,前期物业服务合同终止。

第三十条 物业服务企业承接前期物业服务项目时,应当按照国家有关规定,与建设单位共同对物业共用部位和共用设施设备进行查验,双方共同确认查验记录,签订承接查验协议。

建设单位应当按照国家规定向物业服务企业移交相关资料。物业服务企业应当在前期物业服务合同终止时将相关资料移交给业主委员会。

物业服务企业应当自物业交接之日起三十日内,将前期物业服务合同、建设单位移交的相关资料、物业承接查验记录、承接协议及其他与承接查验有关的材料向区、县(市)物业管理行政主管部门备案。区、县(市)物业管理行政主管部门应当自备案后七日内将备案的前期物业服务合同复印件交至街道办事处(乡镇人民政府)存档。

业主专有部分由业主查验。出现质量问题的,由业主向建设单位提出维修要求。物业服务企业有义务协助业主向建设单位提出维修要求。

第三十一条 房屋交付前发生的前期物业服务费用,由建设单位承担。房屋交付后发生的物业服务费用,由业主承担。

第四章 物业管理服务

第三十二条 物业服务内容主要包括下列事项:

(一)物业共用部位、共用设施设备的使用、管理和维护;

(二)公共区域环境卫生的维护;

(三)公共区域秩序维护、安全防范等事项的协助管理;

(四)公共绿化的养护;

(五)物业使用中对禁止行为的告知、劝阻、制止和报告;

(六)物业档案的保管;

(七)法律、法规、规章规定和物业服务合同约定的其他物业服务事项。

第三十三条 业主大会可以通过物业管理招投标平台公开招标选聘物业服务企业。

业主委员会应当拟定选聘物业服务企业的方案。选聘方案应当包括拟选聘物业服务企业的诚信情况、为抵御风险采取的保险等保障措施、物业服务内容和收费标准、物业服务合同期限和选聘方式等内容。

选聘方案经业主大会会议表决通过后,业主委员会应当在物业管理区域内显著位置公告。

第三十四条　业主委员会应当与业主大会选聘的物业服务企业依法签订书面物业服务合同。物业服务合同对全体业主具有约束力。

物业服务合同应当对物业管理事项、服务质量、服务费用、双方的权利义务、专项维修资金的管理与使用、物业管理用房、合同期限、违约责任等内容进行约定。

物业服务企业应当自物业服务合同签订之日起十五日内,向区、县(市)物业管理行政主管部门备案。区、县(市)物业管理行政主管部门应当自备案后七日内将备案的物业服务合同复印件交至街道办事处(乡镇人民政府)存档。

第三十五条　物业服务企业应当按照法律、法规和物业服务合同约定,提供相应的服务,不得擅自终止合同。未提供相应服务的,应当按照企业信用信息有关规定录入物业服务企业信用档案。

第三十六条　物业服务企业承接物业时,应当按照法律法规和国家有关规定与业主委员会办理物业验收手续。

物业服务企业应当妥善保管物业档案,不得损毁档案资料,不得泄露业主信息。

第三十七条　物业服务企业应当建立物业管理从业人员档案,实行项目经理责任制,并在物业管理区域内公示项目经理姓名和联系方式。

业主委员会根据业主意见,要求物业服务企业更换项目经理的,物业服务企业应当及时更换,并在物业管理区域内公示。

第三十八条　物业服务收费应当区分不同物业的性质和特点,遵循合理、公开以及收费价格与服务水平相适应的原则,实行政府指导价和市场调节价。

第三十九条　物业服务企业应当在物业管理区域内公示物业服务企业名称、服务内容及项目构成、服务标准及构成、收费标准、收费依据以及监督举报电话,接受业主和物业使用人监督。物业服务企业不得向业主或者物业使用人收取任何未予公示的费用。

第四十条　业主应当根据物业服务合同的约定交纳物业服务费用。业主未按照约定交纳物业服务费用的,物业服务企业可以通过到户催交、在本物业管理区域内公示等方式,督促其限期交纳;逾期仍不交纳的,物业服务企业可以按约定申请仲裁或者依法提起诉讼。

法律文书生效后,业主拒不履行的,按照个人信用信息有关规定录入个人信用档案。

第四十一条　物业管理区域内,供水、供电、供气、供热、通信等专业经营单位应当向最终用户收取有关费用。专业经营单位不得因部分最终用户未履行交费义务,而停止对已交费用户和共用部位的服务。物业服务企业不得以业主拖欠物业服务费用为由,限制或者变相限制专业经营单位的服务。

第四十二条 物业管理区域内的公共场所照明、电梯、电子防盗门、电子门铃、消防、绿地、门卫、车库等非经营性用水、用电、用热价格,按照当地居民使用价格标准执行。

第四十三条 物业管理区域内,物业服务企业发现应由自己负责管理的共用部位、共用设施设备存在安全隐患时,应当设置警示标识,采取具体防范措施,并及时消除安全隐患;发现应由其他责任主体负责管理的共用部位、共用设施设备存在安全隐患时,应当及时通知责任主体消除隐患。

第四十四条 物业服务合同期限届满前三个月,业主委员会应当组织召开业主大会会议,决定续聘或者重新选聘物业服务企业。物业服务企业决定不再续签物业服务合同的,应当在业主大会会议召开之前书面告知业主委员会。

业主委员会应当将续聘或者重新选聘决定书面告知物业服务企业、物业所在地的区、县(市)物业管理行政主管部门和街道办事处(乡镇人民政府),并在物业管理区域内显著位置公告。

业主大会决定续聘的,业主委员会应当在物业服务合同期限届满前三十日内与物业服务企业重新签订物业服务合同。

物业服务合同期限届满,业主大会未作出续聘或者重新选聘决定,原物业服务企业按照原合同约定继续提供服务的,原合同对双方仍具有约束力。

第四十五条 业主大会决定解除物业服务合同的,被解聘的物业服务企业应当在物业服务合同依法解除后十五日内办理完毕交接手续后,退出物业管理区域;退出物业管理区域前,应当维持正常的物业管理秩序。

被解聘的物业服务企业拒不退出物业管理区域或者拒不移交资料的,业主委员会可以向区、县(市)物业管理行政主管部门投诉,也可以请求公安机关予以协助。

第四十六条 被解聘的物业服务企业或者不再续签合同的物业服务企业,应当与业主委员会,或者在业主委员会的监督确认下与新选聘的物业服务企业履行下列交接义务:

(一)移交物业档案;

(二)移交物业共用部位、共用设施设备、物业管理用房等资产;

(三)结清预收、代收和预付、代付的有关费用;

(四)法律、法规规定和物业服务合同约定的其他事项。

交接各方应当对物业管理区域内电梯、消防、监控等共用设施设备的使用维护现状给予确认,并报物业所在地的街道办事处(乡镇人民政府)备案。电梯、消防、监控等共用设施设备无法正常使用的,原物业服务企业应当修复或者承担相应责任。

区、县(市)物业管理行政主管部门和街道办事处(乡镇人民政府)应当对物业服务企业交接进行指导和监督。

第五章　物业的使用与维护

第四十七条　新建住宅区物业管理区域内的供水、供电、供气、供热、通信等终端用户的分户计量表或者终端用户入户端口以前的专业经营设施设备及相关管线,应当符合国家技术标准和技术规范,所需费用由建设单位承担。

建设单位在组织竣工验收时,应当通知专业经营单位参加;在竣工验收合格后,应当将物业管理区域内专业经营设施设备及相关管线移交给专业经营单位负责管理,并提供相关配套资料。专业经营单位依法承担维修、养护和更新的责任。

本条例施行前已经建成的住宅区物业管理区域内的供水、供电、供气、供热、通信等终端用户的分户计量表或者终端用户入户端口以前的专业经营设施设备及相关管线,自本条例施行后,由相关专业经营单位负责维修、养护和更新。

相关费用承担,由市人民政府制定具体办法。

第四十八条　专业经营单位因维护、更新、改造等需要,临时占用、挖掘物业管理区域内的道路和场地的,应当告知业主委员会和物业服务企业,并于施工前在物业管理区域内通告,施工时采取安全保障措施,施工结束后及时恢复原状。

第四十九条　物业在保修期限内出现质量问题的,建设单位应当在接到业主或者物业服务企业提出维修要求后二十四小时内到现场核实。情况属实的,应当在七十二小时内维修。

第五十条　业主、物业使用人对物业的使用与维护,应当遵守法律、法规、管理规约和业主大会的决定,不得有下列行为:

(一)擅自改变物业规划用途;

(二)损坏、擅自变动房屋建筑主体、承重结构;

(三)将没有防水要求的房间或者阳台改为卫生间、厨房;

(四)擅自设置、改变烟道、排风、排水管道;

(五)违法搭建建筑物、构筑物,破坏或者擅自改变房屋外貌;

(六)损坏或者擅自占用、改动物业共用部位、共用设施设备;

(七)存放易燃、易爆、剧毒、放射性物质等危险性物品,或者超荷载存放物品;

（八）制造超过规定标准的噪音、振动、异味或者影响邻居采光、通风；

（九）任意弃置垃圾、排放污染物、抛掷杂物；

（十）擅自摆设摊点、占道经营，无序停放车辆；

（十一）擅自在建筑物、构筑物上悬挂、张贴、涂写、刻画；

（十二）违反规定饲养动物；

（十三）法律、法规、临时管理规约和管理规约禁止的其他行为。

有前款所列行为之一的，物业服务企业、业主委员会、业主、物业使用人有权劝阻、制止；劝阻、制止无效的，应当及时报告有关行政主管部门，有关行政主管部门应当及时依法处理。

第五十一条　物业管理区域内不得有下列车辆停放行为：

（一）占用公共绿地、公共健身娱乐场地；

（二）堵塞安全出口、疏散通道、消防车通道和其他机动车通道；

（三）影响其他车辆和行人通行；

（四）停放工程车辆和大中型客货车辆，但因公安、消防、抢险、救护等特殊车辆执行公务以及工程建设、设施设备维修等确需停放的临时停车除外。

物业服务企业应当履行车辆停放管理义务，并加强巡查，及时督促违反规定停放的车辆驶离；督促无效的，应当及时报告有关行政主管部门，相关部门应当及时依法处理。

第五十二条　业主、物业使用人装饰装修房屋，应当遵守房屋装饰装修安全、环保等规定，并事先告知物业服务企业。物业服务企业应当书面告知业主、物业使用人房屋装饰装修的禁止行为和注意事项，并进行现场巡查。

第五十三条　专有部分长期空置的，业主应当告知物业服务单位，并与物业服务单位对专有部分的维修、养护、管理等事项进行协商，采取措施防止漏水、漏气等事故的发生。

设置于房屋内部的共用设施设备发生损坏或者妨碍正常使用时，业主、物业使用人应当及时告知物业服务企业或者有关管理单位进行维修。

对物业共用部位、共用设施设备以及供水、排水、供电、供气、供热、通讯等设施设备实施维修养护时，有关业主和物业使用人应当予以配合；因其妨碍维修、养护、更新和改造的行为，给其他业主、物业使用人造成损害的应当依法承担赔偿责任。

维修、养护、更新和改造施工结束后应当及时恢复原状，给业主、物业使用人造成损失的，应当给予补偿。

第五十四条　物业管理区域内利用业主共有的道路或者其他场地设置的停车车位，属于全体业主共有，建设单位不得销售；车位的设置、使用、收费等管理事项，由业主大会决定，所得收益扣除管理服务成本后，归全体业主所有。

第五十五条　利用物业共用部位、共用设施设备进行经营的,应当在征得相关业主、业主大会、物业服务企业的同意后,按照规定办理有关手续。

经营性收益去除成本后,归全体业主所有。所得收益应当主要用于补充专项维修资金或者共用部位、共用设施设备的维修、更新、改造,也可以按照业主大会的决定用于业主大会和业主委员会工作经费等。

经营性收益由物业服务企业代管的,应当单独列账,接受业主委员会的监督;由业主委员会自行管理的,应当接受业主和社区居(村)民委员会的监督。经营性收益的收支情况应当每半年在物业管理区域内显著位置公示。

前期物业服务期间,经营性收益的使用管理由建设单位和物业服务企业按照规定在前期物业服务合同中约定。前期物业服务结束时,物业服务企业应当委托相关机构对经营性收益收支情况进行审价,并在物业管理区域内显著位置公示审价结果。

第五十六条　住宅物业、住宅小区内的非住宅物业、与单幢住宅楼结构相连的非住宅物业的业主,出售公有住房的售房单位,应当按照有关规定交存、使用住宅专项维修资金。

住宅专项维修资金属于业主所有,专项用于物业保修期满后物业共用部位、共用设施设备的维修和更新、改造,不得挪作他用。

住宅专项维修资金管理实行统一交存、专户存储、按幢立账、按户核算、专款专用、所有权人决策、政府监督的原则。

第五十七条　物业共用部位、共用设施设备的维修、更新和改造工程决算应当在物业管理区域内显著位置向业主公示。

物业共用部位、共用设施设备维修、更新和改造工程如产生监理、审价、鉴定等费用,应当列入工程成本。

第五十八条　住宅物业建设工程质量保修期满后,在物业管理区域发生下列危及住宅物业或者人身、财产安全,需要立即对住宅物业共用部位、共用设施设备进行维修、更新或者改造的,物业服务企业应当及时组织应急维修:

(一)屋面渗漏;

(二)电梯故障;

(三)楼体外立面脱落或者有脱落危险;

(四)排水设施因坍塌、堵塞、爆裂等造成功能障碍;

(五)危及住宅物业或者人身、财产安全的其他情形。

物业服务企业未及时组织应急维修的,业主委员会或者物业管理委员会、相关业主应当组织应急维修。

应急维修资金的使用按照有关规定执行。

第六章　监督管理

第五十九条　市、区、县(市)人民政府应当将物业管理工作纳入城市治理工作体系,建立物业管理综合协调与目标责任机制、部门合作与联动机制、资金投入与保障机制。

第六十条　物业管理、建设、规划、价格、公安、城管、环保、工商、质监、市场监管等行政主管部门,应当建立物业管理区域内违法行为投诉登记制度,公布执法人员姓名和联系方式,依法查处物业管理区域内的违法行为。

物业服务企业、业主自治组织应当为执法单位开展执法工作提供便利。

第六十一条　市、区、县(市)人民政府有关行政主管部门应当按照下列规定对物业管理区域内的有关事项进行监督管理:

(一)物业管理行政主管部门负责对物业企业资质、物业管理招投标、物业合同备案、专项维修资金使用、物业服务质量、业主大会成立和决定、业主委员会履行职责等情况的监督管理;

(二)建设行政主管部门负责建设项目配套设施建设的监督管理,监督建设单位履行房屋及设施设备的保修责任;

(三)规划行政主管部门负责物业管理区域划分等规划行政许可执行情况的监督管理;

(四)价格行政主管部门负责物业服务收费等的监督管理;

(五)公安机关负责治安、消防、技防、车辆停放及居民室内噪声扰民等的监督管理;

(六)城市管理行政主管部门按照法定分工负责社会生活噪声超标、违法违规建设、损害绿地等的监督管理;

(七)环境保护及其他相关行政主管部门负责污水、烟尘、废气超标排放等的监督管理;

(八)房产及其他相关行政主管部门根据各自职责负责住宅室内装饰装修等的监督管理;

(九)工商、质量监督、市场监管行政主管部门负责侵害消费者合法权益、不正当竞争、格式合同、广告、电梯等特种设备安全运行等的监督管理;

(十)卫生计生行政主管部门负责供水卫生、防疫等的监督管理;

(十一)人力资源和社会保障行政主管部门负责物业服务企业劳动法律法规履行情况等的监督管理;

(十二)供水行政主管部门负责供水设施建设及供水设备运行等的监督管理;

(十三)园林管理部门负责绿化调整的指导和监督管理;

(十四)司法行政主管部门负责指导物业服务纠纷人民调解工作;

(十五)其他行政主管部门按照各自职责分工做好物业管理相关工作。

第六十二条 建设单位应当依照国家规定对物业保修期内的建设工程质量承担保修义务。建设单位在工程质量保修期限内不履行或者延迟履行保修义务的,业主、业主委员会或者物业管理委员会应当向建设工程质量监督管理部门提出建设工程质量保证金使用申请。

建设工程质量监督管理部门现场核实属于质量保修责任范围的,业主、业主委员会或者物业管理委员会组织维修,费用从建设工程质量保证金中列支。

建设工程质量保证金退还前,建设工程质量监督管理部门应当将拟退还的建设工程质量保证金事项在相关物业管理区域内显著位置公示,公示期不少于三十日,公示期满无异议的予以退还。

第六十三条 建立前期物业服务履约保证金制度。前期物业服务企业在承接物业项目时,应当按照有关规定向物业所在地的区、县(市)物业管理行政主管部门缴存前期物业服务履约保证金。前期物业服务履约保证金实行企业缴存、政府监管、专户存储的原则,专项用于前期物业服务企业擅自退出后的临时接管以及影响居民正常生活的重大突发事件应急处置等情况。

前期物业服务履约保证金管理办法由市人民政府另行制定。

第六十四条 区、县(市)物业管理行政主管部门应当建立由街道办事处、乡镇人民政府、社区居(村)民委员会、公安机关、行业协会、物业服务企业、业主委员会或者业主代表、专业经营单位和有关行政主管部门等参加的物业管理联席会议制度,协调各成员单位履行管理服务职责,解决管理服务中出现的问题,协调物业管理服务中出现的矛盾纠纷。

第六十五条 市物业管理行政主管部门应当建立物业服务企业诚信履约监督机制,健全物业服务企业和从业人员诚信档案,记录违法违规和诚信履约信息,进行综合评价,并向社会公布。

区、县(市)物业管理行政主管部门应当对物业服务企业和从业人员实行动态管理,负责物业服务企业和从业人员诚信信息采集、汇总和上报。

街道办事处(乡镇人民政府)、社区居(村)民委员会应当协助开展物业服务企业信用信息的征集工作。

第七章　法律责任

第六十六条 对违反本条例规定的行为,法律、法规已有处罚规定的,从其规定。

第六十七条 建设单位违反本条例规定有下列行为之一的,由市、区、县(市)物业管理行政主管部门依据职责权限按照下列规定给予处罚：

（一）未按规定配置及移交物业管理用房的,责令限期改正,给予警告,没收违法所得,并处二十万元以上五十万元以下的罚款。

（二）未通过招投标或者未经批准擅自采用协议方式选聘物业服务企业的,责令限期改正,给予警告,可以并处三万元以上十万元以下的罚款。

（三）未将前期物业服务合同作为房屋买卖合同附件的,责令限期改正;逾期不改正的,处一万元以下的罚款。

（四）未按规定提出召开首次业主大会会议申请、提供筹备首次业主大会会议所需材料或者交纳筹备首次业主大会会议经费的,责令限期改正;逾期不改正的,处五万元以上十万元以下的罚款。

（五）未按规定向物业服务企业移交有关资料的,责令限期改正;逾期不改正的,处五万元以上十万元以下的罚款。

第六十八条 物业服务企业违反本条例规定有下列行为之一的,由市、区、县(市)物业管理行政主管部门依据职责权限按照下列规定给予处罚：

（一）未按规定履行报告义务造成严重后果的,给予警告,并处一万元以上五万元以下的罚款。

（二）擅自终止物业合同和物业服务的,责令限期改正,给予警告,并处三万元以上十万元以下的罚款。

（三）损毁物业档案资料造成严重后果的,处一万元以上五万元以下的罚款。

（四）退出物业管理区域前未维持正常物业管理秩序,未按规定办理退出交接手续、移交有关资料或者拒不退出物业管理区域的,责令限期改正;逾期不改正的,处三万元以上十万元以下的罚款。

（五）未按规定缴存前期物业服务履约保证金的,责令限期缴存;逾期仍不缴存的,处以应缴存额百分之二十的罚款。

第六十九条 违反本条例规定,擅自改变物业管理用房用途的,由市、区、县(市)物业管理行政主管部门责令限期改正,给予警告,并处五万元以上十万元以下的罚款;有收益的,所得收益归全体业主所有,用于物业管理区域内物业共用部位、共用设施设备的维修、养护,剩余部分按照业主大会的决定使用。

第七十条 国家机关工作人员在物业管理工作中滥用职权、玩忽职守、徇私舞弊的,由相关部门对直接负责的主管人员和其他直接责任人员依法给予行政处分;构成犯罪的,依法追究刑事责任。

第八章 附 则

第七十一条 住宅区内的非住宅物业、与单幢住宅楼结构相连的非住宅物业的管理,参照本条例执行。

经业主或业主大会决定自行管理或者委托其他人管理物业的,参照本条例执行,并应当接受区、县(市)物业管理行政主管部门和街道办事处(乡镇人民政府)的指导和监督。

第七十二条　未实施物业管理的旧住宅区,市、区、县(市)人民政府应当结合城市环境综合整治和更新改造工作,制定旧住宅区物业管理规划和年度实施计划,完善基础设施和公共服务设施,改善旧住宅区综合环境,逐步实施物业管理。

市、区、县(市)人民政府应当建立旧住宅区管理机制,给予适当财政补贴。街道办事处(乡镇人民政府)可以委托物业服务机构对旧住宅区提供清扫保洁、物业共用部位和共用设施设备日常综合维修等基础性服务,所需费用由相关业主承担。

旧住宅区由市、区、县(市)人民政府界定。

第七十三条　市物业管理行政主管部门应当制定管理规约、临时管理规约、业主大会议事规则、物业服务合同等文件的示范文本,供物业管理活动中参照使用。

第七十四条　本条例下列用语的含义是:

(一)住宅区,是指以住宅为主,并有相应配套公用设施及非住宅房屋的居住区。

(二)物业使用人,是指除本条例第七条第一款、第二款规定的业主和合法占有人之外的,依法对物业享有使用权的人。

(三)物业管理用房,包括物业办公用房(含保安、监控用房)、档案用房、仓储用房和维修、保洁用房等。

(四)物业档案,包括物业权属资料、技术资料、验收资料,业主、物业使用人的权属资料、个人资料、物业运行记录、物业维修记录、物业服务记录和物业管理相关合同资料等。

第七十五条　本条例自 2018 年 5 月 1 日起施行。

佳木斯市人民代表大会及其常务委员会立法条例

(2017 年 1 月 11 日佳木斯市第十六届人民代表大会第一次会议通过　2017 年 4 月 7 日黑龙江省第十二届人民代表大会常务委员会第三十三次会议批准)

第一章　总　　则

第一条　为了规范地方立法活动,完善地方立法程序,提高地方立法质量,发挥立法的引领和推动作用,根据《中华人民共和国立法法》《中华人民共和国地方各级人民代表大会和地方各级人民政府组织法》《黑龙江省人民代表大会及其常务委员会立法条例》的有关规定,结合本市实际,制定本条例。

第二条　市人民代表大会及其常务委员会制定、修改、解释、废止地方性法规,适用本条例。

第三条　地方立法应当坚持以下原则:

(一)坚持依照法定的权限和程序,维护社会主义法制统一和尊严,不得与宪法、法律、行政法规和本省地方性法规相抵触;

(二)坚持立法公开,发扬社会主义民主,保障人民通过多种途径参与立法活动;

(三)科学合理地规定公民、法人和其他组织的权利与义务、地方国家机关的权力与责任,维护人民的根本利益;

(四)坚持立法与改革决策相衔接,适应经济社会发展和全面深化改革的要求,促进经济发展和社会进步。

第四条　市人民代表大会及其常务委员会可以就城乡建设与管理、环境保护、历史文化保护等方面的下列事项制定地方性法规:

(一)为了执行法律、行政法规的规定,需要根据本市的实际情况作具体规定的事项;

(二)法律规定由地方性法规作出规定的事项;

(三)属于本市地方性事务需要制定地方性法规的事项;

(四)除《中华人民共和国立法法》第八条规定的事项外,国家尚未制定

法律或者行政法规,且省人民代表大会及其常务委员会也尚未制定地方性法规的,根据本市实际,需要先行作出规定的事项;

(五)依法有权规定的其他事项。

第五条　规定本市特别重大事项的地方性法规,应当由市人民代表大会通过。

市人民代表大会有权改变或者撤销市人民代表大会常务委员会制定的不适当的地方性法规。

市人民代表大会闭会期间,常务委员会可以对市人民代表大会制定的法规进行部分补充和修改,但是不得同该法规的基本原则相抵触。

第六条　市人民代表大会及其常务委员会应当加强对地方立法工作的组织协调,健全地方立法工作机制,发挥在地方立法工作中的主导作用。

第二章　立法准备

第七条　市人民代表大会常务委员会(以下简称常务委员会)通过立法规划、年度立法计划等形式,加强对地方立法工作的统筹安排。

第八条　常务委员会的立法规划和年度立法计划,由常务委员会法制工作机构负责编制,并按照常务委员会的要求,督促立法规划和年度立法计划的落实。

编制立法规划和年度立法计划,应当认真研究代表议案和建议,广泛征集意见,科学论证评估,根据经济社会发展和民主法治建设的需要,确定立法项目,提高立法的稳定性和针对性。

第九条　立法规划应当于市人民代表大会换届后六个月内完成编制工作;年度立法计划应当于市人民代表大会会议后一个月内完成编制工作。

第十条　常务委员会工作机构应当向市人民政府、市人民代表大会各专门委员会发函征集立法规划和年度立法计划建议项目,并通过市人大网站和佳木斯日报等途径向社会广泛征集立法建议项目。

提出立法建议项目,应当采用书面形式,并提供法规草案初稿和立项论证报告。立项论证报告应当对项目的必要性、合理性、可行性、立法时机等进行论证。个人提出立法建议项目,可以只提供建议项目名称和主要理由。

第十一条　立法规划和年度立法计划由常务委员会主任会议通过并向社会公布,报省人民代表大会常务委员会备案。

第十二条　市人民政府、市人民代表大会专门委员会对所提出的年度立法项目进行调整的,应当提交书面报告,并向主任会议说明。

立法规划和年度立法计划需要调整的,由常务委员会法制工作机构提请主任会议确定。

第十三条　列入常务委员会年度立法计划的正式项目,应当确定法规草案的提案人和提请时间。提案人不能按时完成起草任务的,应当向常务委员会法制工作机构和有关的专门委员会说明原因,由常务委员会法制工作机构或者有关的专门委员会向常务委员会主任会议报告。

第十四条 列入常务委员会年度立法计划的地方性法规草案,一般由提案人组织由立法工作者、实际工作者及专家、学者等方面人员组成的起草小组起草。专业性较强的法规草案也可以由提案人委托有关专家、教学科研单位、社会组织起草。提案人可以邀请市人民代表大会代表参与起草工作。

综合性、全局性、基础性的重要法规草案,可以由有关的专门委员会或者常务委员会相关工作机构组织起草。

市人民代表大会有关的专门委员会、常务委员会工作机构应当提前参与法规草案的起草工作。

第十五条 起草地方性法规草案,应当针对问题深入调查研究,广泛听取意见,科学论证评估,遵循立法技术规范,保证法规草案文本质量。

第三章 市人民代表大会立法程序

第十六条 市人民代表大会主席团(以下简称主席团)可以向市人民代表大会提出制定、修改、废止地方性法规的议案(以下简称法规案),由市人民代表大会会议审议。

常务委员会、市人民政府、市人民代表大会专门委员会可以向市人民代表大会提出法规案,由主席团决定列入会议议程。

第十七条 一个代表团或者十名以上的市人民代表大会代表联名,可以向市人民代表大会提出法规案,由主席团决定是否列入大会议程;或者先交由有关的专门委员会审议,提出是否列入会议议程的意见,再决定是否列入会议议程。列入会议议程的,有关的专门委员会的审议意见应当印发会议。主席团决定不列入会议议程的,应当向大会报告或者向提案人说明。

有关的专门委员会审议法案的时候,可以邀请提案人列席会议,发表意见。

第十八条 向市人民代表大会提出的法规案,在市人民代表大会闭会期间,可以先向常务委员会提出,经常务委员会会议依照本条例第四章规定的有关程序审议后,决定提请市人民代表大会审议,由常务委员会向大会全体会议作说明,或者由提案人向大会全体会议作说明。

常务委员会依照前款规定审议法规案,应当通过多种形式征求代表意见,并将有关情况予以反馈。市人民代表大会各专门委员会和常务委员会工作机构进行立法调研,可以邀请有关的市人民代表大会代表参加。

第十九条 常务委员会决定提请市人民代表大会会议审议的法规案,

应当在会议举行的十五日前将法规草案发给代表。

第二十条 列入市人民代表大会会议议程的法规案,大会全体会议听取常务委员会或者提案人的说明后,由各代表团进行审议。

各代表团审议法规案时,提案人应当派人听取意见,回答询问;根据代表团的要求,有关机关或者组织应当派人介绍情况。

第二十一条 列入市人民代表大会会议议程的法规案,由有关的专门委员会进行审议,向主席团提出审议意见,并印发会议。

第二十二条 列入市人民代表大会会议议程的地方性法规案,由法制委员会根据各代表团和有关的专门委员会的审议意见,对法规案进行统一审议,向主席团提出审议结果报告和法规草案修改稿,对重要的不同意见应当在审议结果报告中予以说明,经主席团会议审议通过后,印发会议。

第二十三条 列入市人民代表大会会议议程的地方性法规案,必要时,主席团常务主席可以召开各代表团团长会议,就法规案中的重大问题听取各代表团的审议意见,进行讨论,并将讨论的情况和意见向主席团报告。

主席团常务主席也可以就法规案中重大的专门性问题,召集代表团推选的有关代表进行讨论,也可以向有关专家咨询,并将讨论的情况和意见向主席团报告。

第二十四条 法规案在审议中有重大问题需要进一步研究的,经主席团提出,由大会全体会议决定,可以授权常务委员会根据代表的意见进一步审议,作出决定,并将决定情况向市人民代表大会下次会议报告;也可以授权常务委员会根据代表的意见进一步审议,提出修改方案,提请市人民代表大会下次会议审议决定。

第二十五条 列入市人民代表大会会议议程的法规案,在交付表决前,提案人要求撤回的,应当说明理由,经主席团同意,并向大会报告,对该法规案的审议即行终止。

第二十六条 法规草案修改稿经各代表团审议,由法制委员会根据各代表团的审议意见进行修改,提出法规草案表决稿,由主席团提请大会全体会议表决,由全体代表的过半数通过。

第四章 市人民代表大会常务委员会立法程序

第二十七条 常务委员会主任会议可以向常务委员会提出法规案,由常务委员会审议。

市人民政府、市人民代表大会专门委员会可以向常务委员会提出法规案,由常务委员会主任会议决定列入常务委员会会议议程,或者先交由有关的专门委员会审议,提出报告,再决定列入常务委员会会议议程。如果常务委员会主任会议认为法规案有重大问题需要进一步研究,可以建议提案人修改完善后再向常务委员会提出。

第二十八条 常务委员会组成人员五人以上联名,可以向常务委员会提出法规案,由主任会议决定是否列入常务委员会会议议程,或者先交由有关的专门委员会审议,提出是否列入会议议程的意见,再决定是否列入常务委员会会议议程。不列入常务委员会会议议程的,应当向常务委员会会议报告或者向提案人说明。

有关的专门委员会审议的时候,可以邀请提案人列席会议,发表意见。

第二十九条 提请常务委员会会议审议的法规案,提案人应当在会议举行的十五日前向常务委员会提出。

列入常务委员会会议议程的法规案,除特殊情况外,应当在会议举行的七日前将法规草案发给常务委员会组成人员。

常务委员会会议审议法规案,应当邀请有关的市人民代表大会代表列席会议。

第三十条 列入常务委员会会议议程的法规案,一般应当经两次常务委员会会议审议后交付表决。

常务委员会会议第一次审议法规案,在全体会议上听取提案人的说明,有关的专门委员会提出审议意见印发会议,由分组会议进行审议。会后,法制委员会根据常务委员会组成人员、有关的专门委员会的审议意见和各方面提出的意见,对法规案统一审议。

常务委员会会议第二次审议法规案时,由法制委员会提出审议结果的报告和法规草案修改稿,对重要不同意见应当在审议结果的报告中予以说明。分组会议审议后,由法制委员会根据组成人员的意见对法规草案继续修改,提出草案表决稿。

常务委员会会议审议法规草案时,根据需要可以召开联组会议或者全体会议进行审议,对法规草案中的主要问题进行讨论,分歧较大的,主任会议可以组织分歧各方进行辩论。

第三十一条 法规案的调整事项比较单一或者只作部分修改,且各方面的意见比较一致的,经常务委员会主任会议决定,可以经一次常务委员会会议审议即交付表决。

实行一次常务委员会审议的法规案,由提案人向全体会议作说明,有关的专门委员会提出审议意见书面印发会议。分组会议审议后,由法制委员会提出审议结果的报告和草案表决稿。提案人为法制委员会的,在全体会议上不再听取法制委员会关于法规草案审议结果的报告。

第三十二条 常务委员会分组会议审议地方性法规案时,提案人应当派人听取意见,回答询问;根据小组的要求,有关机关、组织应当派人介绍情况。

分组审议地方性法规案应当依照会议议程逐案审议,不得将两件以上地方性法规案或者将地方性法规案与其他议题合并审议,不得缩减审议时间。

第三十三条　市政府提出法规案后,列入常务委员会会议议程前,常务委员会主任会议先交有关的专门委员会进行审议。有关的专门委员会应当对法规案的立法必要性、主要内容的可行性和是否列入会议议程进行审议,提出意见,并向常务委员会主任会议报告。

常务委员会主任会议决定列入会议议程的,有关的专门委员会审议意见印发常务委员会会议。

有关的专门委员会审议法规案时,可以邀请提案人、其他专门委员会的成员、常务委员会有关工作委员会的工作人员列席会议,发表意见。

第三十四条　常务委员会会议审议法规案时,常务委员会组成人员应当围绕法规案提出简洁、明确的审议意见。

常务委员会组成人员在常务委员会会议上提出审议意见可以用口头形式,也可以用书面形式。口头形式的审议意见由工作人员整理后交组成人员签字确认。

第三十五条　列入常务委员会会议议程的法规案,由法制委员会根据常务委员会组成人员、有关的专门委员会的审议意见以及各方面提出的意见,对法规案进行统一审议,提出法规案修改情况或者审议结果报告和法规草案修改稿,由常务委员会会议审议。对重要的不同意见应当在汇报或者审议结果报告中予以说明。对有关的专门委员会的审议意见和工作委员会的审查意见没有采纳的,应当向有关的专门委员会和工作委员会反馈。

法制委员会审议法规案时,应当邀请有关的专门委员会、工作委员会的成员列席会议,发表意见。

第三十六条　法制委员会与专门委员会之间对法规草案的重要问题意见不一致的,应当向主任会议报告。

第三十七条　列入常务委员会会议议程的法规案,法制委员会、有关的专门委员会和常务委员会工作机构应当就法规案的有关问题进行调查研究,听取各方面意见。听取意见可以采取召开座谈会、论证会、听证会、实地考察等形式。

法规案有关问题专业性较强,需要进行可行性评价的,应当召开论证会,听取有关专家、部门和市人民代表大会代表等方面的意见,或者委托第三方组织论证,论证情况应当向常务委员会报告。

法规案有关问题存在重大意见分歧或者涉及利益关系重大调整,需要进行听证的,应当召开听证会,听取有关基层和群体代表、部门、人民团体、专家、市人民代表大会代表和社会有关方面的意见,听证情况应当向常务委员会报告。

常务委员会法制工作机构应当将法规草案发送市人民代表大会代表、县(市、区)的人民代表大会常务委员会以及有关部门、组织和专家征求意见。

第三十八条 列入常务委员会会议议程的法规案,应当在常务委员会会议第一次审议后将法规草案、法规草案修改稿及其起草、修改的说明等向社会公布,征求意见。实行一次审议或者常务委员会主任会议决定不公布的除外。

第三十九条 列入常务委员会会议议程的法规案,常务委员会工作机构应当收集整理分组审议的意见,分送法制委员会、有关的专门委员会和工作委员会,并根据需要,印发常务委员会会议。

第四十条 拟提请常务委员会会议审议通过的法规案,在法制委员会提出审议结果报告前,常务委员会工作机构可以对地方性法规草案中主要制度规范的可行性、法规出台时机、法规实施的社会效果和可能出现的问题等进行评估。评估情况由法制委员会在审议结果报告中予以说明。

第四十一条 列入常务委员会会议议程的法规案,在交付表决前,提案人要求撤回的,应当说明理由,经常务委员会主任会议同意,并向常务委员会报告,对该法规案的审议即行终止。

第四十二条 法规草案修改稿经常务委员会会议审议,由常务委员会法制工作机构根据常务委员会组成人员的审议意见进行修改,经法制委员会审议提出法规草案表决稿,由主任会议提请常务委员会全体会议表决,由常务委员会全体组成人员的过半数通过。

法规草案表决稿交付常务委员会会议表决前,主任会议根据常务委员会会议审议的情况,可以决定将个别意见分歧较大的重要条款提请常务委员会会议单独表决。

单独表决的条款经常务委员会会议表决后,主任会议根据单独表决的情况,可以决定将法规草案表决稿交付表决,也可以决定暂不交付表决,交法制委员会进一步审议。

第四十三条 对多部法规中涉及同类事项的个别条款进行修改,一并提出修正案的,经主任会议决定,可以合并表决,也可以分别表决。

第四十四条 列入常务委员会审议的法规案,因各方面对制定该法规案的必要性、可行性等重大问题存在较大意见分歧搁置审议满两年的,或者因暂不交付表决满两年没有再次列入常务委员会会议议程审议的,由主任会议向常务委员会报告,该法规案终止审议。

第五章　报批和公布程序

第四十五条　市人民代表大会及其常务委员会制定的地方性法规应当依法报请省人民代表大会常务委员会批准。报请批准时应当提交报请批准地方性法规的书面报告、地方性法规文本及其说明。

第四十六条　报请批准的地方性法规经省人民代表大会常务委员会批准后,由市人民代表大会常务委员会发布公告予以公布。

常务委员会公告应当载明该地方性法规的制定、批准机关和通过、批准、施行日期。

第四十七条　常务委员会公告及其颁布的地方性法规文本应当在佳木斯市人民代表大会常务委员会公报、佳木斯人大网和《佳木斯日报》上全文刊载。

在佳木斯市人民代表大会常务委员会公报上刊载的地方性法规文本为标准文本。

第四十八条　市人民代表大会常务委员会应当在地方性法规批准后七个工作日内,将公布的地方性法规的公告及地方性法规文本和有关材料报送省人民代表大会常务委员会,由省人民代表大会常务委员会报全国人民代表大会常务委员会和国务院备案。

第四十九条　常务委员会法制工作机构负责地方性法规报批、公布和备案的具体工作。

第六章　其他规定

第五十条　提出法规案应当同时提出法规草案文本及其说明,并提供必要的参阅资料。修改法规的,还应当提交修改前后的对照文本。

法规草案的说明应当包括制定或者修改法规的必要性、可行性和主要内容,以及起草过程中对重大分歧意见的协调处理情况。

地方性法规拟设定行政许可和行政强制措施的,提案人应当向制定机关说明设定的必要性和可能产生的影响。

第五十一条　向市人民代表大会及其常务委员会提出的法规案,在列入会议议程前,提案人有权撤回。

第五十二条　交付市人民代表大会及其常务委员会全体会议表决未获得通过的法规案,如果提案人认为必须制定该地方性法规,可以按照本条例规定的程序重新提出,由主席团、常务委员会主任会议决定是否列入会议议程;其中,未获得市人民代表大会通过的法规案,应当提请市人民代表大会审议决定。

第五十三条　地方性法规草案有关内容与本市其他地方性法规相关规

定不一致的,提案人应当予以说明并提出处理意见,必要时应当同时提出修改或者废止本市其他地方性法规相关规定的议案。

法制委员会和有关的专门委员会审议法规案时,认为需要修改或者废止本市其他地方性法规相关规定的,应当提出处理意见。

第五十四条 市人民代表大会及其常务委员会制定或者修改的地方性法规实施满一年的,市人民政府应当向常务委员会书面报告法规执行情况。

第五十五条 市人民代表大会常务委员会应当建立立法咨询专家制度、立法协商制度和基层联系制度,健全立法工作与社会公众的沟通机制。

第五十六条 市人民代表大会专门委员会、常务委员会工作机构应当组织对有关地方性法规或者地方性法规中有关规定进行立法后评估。评估情况应当向常务委员会报告。

立法后评估应当遵循客观真实、公开透明、公众参与和科学规范的原则。

第五十七条 常务委员会各工作委员会,应当根据各自职责范围分别对有关地方性法规定期进行清理。发现本市的地方性法规的内容与法律、行政法规、本省的地方性法规相抵触的,或者与本市相关地方性法规不协调的,或者不适应新的形势要求的,应当及时提出处理意见。

地方性法规清理情况以及处理意见向常务委员会主任会议报告。经常务委员会主任会议同意的地方性法规清理意见,作为地方性法规制定规划、计划调整的依据之一。

第五十八条 常务委员会法制工作机构可以对市地方性法规有关具体问题的询问进行研究予以答复,并报常务委员会备案。

第五十九条 常务委员会法制工作机构负责市地方性法规的汇编、出版和译本的审定。

第六十条 市人民代表大会及其常务委员会制定的地方性法规要求市人民政府及有关部门对专门事项作出配套的具体规定的,市人民政府及有关部门应当自法规施行之日起一年内作出规定,法规对配套的具体规定制定期限另有规定的,从其规定。

市人民政府及有关部门不得将被授予的权力转授给其他机关、组织,制定的规定不得与市地方性法规相违背。

市人民政府及有关部门对专门事项作出配套的具体规定应当同时报常务委员会备案。

市人民政府及有关部门未能在规定期限内作出配套的具体规定的,应当向常务委员会说明情况。

第六十一条 市人民代表大会及其常务委员会可以根据改革发展的需要,决定就行政管理等领域的特定事项授权在一定期限内在部分地方暂时调整或者暂时停止适用市地方性法规设定的部分规定,并依照本条例第五章的有关规定报请省人民代表大会常务委员会审查批准。

第六十二条　国家机关、社会团体、企业事业组织以及公民发现本市的地方性法规的内容与法律、行政法规、本省的地方性法规相抵触的,或者与本市相关地方性法规不协调的,或者不适应新的形势要求的,可以向市人民代表大会常务委员会提出修改和废止的意见、建议。

第六十三条　地方性法规的修改、废止程序,适用本条例第三章、第四章的规定。

地方性法规部分条文被修改的,应当公布新的地方性法规文本。

经过修改的地方性法规,应当依次载明修改机关、修改日期。

第七章　地方性法规的解释

第六十四条　市人民代表大会及其常务委员会制定的地方性法规,有以下情况之一的,由常务委员会负责解释:

(一)地方性法规的规定需要进一步明确具体含义的;

(二)地方性法规制定后出现新的情况,需要明确适用法规依据的。

第六十五条　市人民政府、市中级人民法院、市人民检察院和市人民代表大会专门委员会以及各县(市、区)人民代表大会常务委员会,可以向常务委员会提出法规解释的要求。

第六十六条　常务委员会法制工作机构研究拟订地方性法规解释草案,由主任会议决定列入常务委员会会议议程。

第六十七条　法规解释草案经常务委员会会议审议,由法制委员会根据常务委员会组成人员的审议意见进行审议、修改,提出法规解释草案表决稿。

第六十八条　法规解释草案表决稿由主任会议提请常务委员会全体会议表决,经常务委员会全体组成人员的过半数通过,经省人民代表大会常务委员会批准后,由常务委员会发布公告予以公布,并在佳木斯市人民代表大会常务委员会公报、佳木斯人大网和《佳木斯日报》上全文刊载。

第六十九条　常务委员会的地方性法规解释同地方性法规具有同等效力。

第八章　附　　则

第七十条　本条例自 2017 年 4 月 7 日起施行。

大庆市人民代表大会及其常务委员会立法条例

(2017年1月13日大庆市第十届人民代表大会第一次会议通过 2017年4月7日黑龙江省第十二届人民代表大会常务委员会第三十三次会议批准)

第一章 总 则

第一条 为了规范地方立法活动,提高立法质量,发挥立法的引领、推动和保障作用,全面推进依法治市,根据《中华人民共和国立法法》《中华人民共和国地方各级人民代表大会和地方各级人民政府组织法》和《黑龙江省人民代表大会及其常务委员会立法条例》等法律、法规,结合本市实际,制定本条例。

第二条 市人民代表大会及其常务委员会制定、修改、废止以及解释地方性法规,适用本条例。

第三条 地方立法应当遵循下列原则:

(一)坚持中国共产党的领导,依照法定的权限和程序,维护社会主义法制的统一和尊严,不得同宪法、法律、行政法规和省人民代表大会及其常务委员会制定的地方性法规相抵触;

(二)体现人民的意志,发扬社会主义民主,坚持立法公开,保障人民通过多种途径参与立法活动;

(三)从本市实际出发,适应经济社会发展和全面深化改革的要求,突出地方特色;

(四)法规内容应当明确、具体,具有针对性和可执行性,对上位法已经明确规定的,一般不作重复性规定。

第四条 市人民代表大会及其常务委员会应当加强对立法工作的组织协调,发挥在地方立法工作中的主导作用。

第五条 立法经费应当列入财政预算。

第二章 立法权限

第六条 市人民代表大会及其常务委员会可以对城乡建设与管理、环

境保护、历史文化保护等方面涉及的下列事项制定地方性法规:

(一)为执行法律、行政法规和省人民代表大会及其常务委员会制定的地方性法规,根据本市的实际情况,需要作出具体规定的事项;

(二)属于本市的地方性事务,需要用法规加以规范和调整的事项;

(三)除《中华人民共和国立法法》第八条规定的事项外,国家尚未制定法律或者行政法规,省人民代表大会及其常务委员会尚未制定地方性法规,根据本市的实际情况,需要先行作出规定的事项。

前款规定的事项中,涉及本行政区域内特别重大事项的,应当由市人民代表大会通过。

第七条 市人民代表大会有权改变或者撤销常务委员会制定的不适当的地方性法规。

第八条 在市人民代表大会闭会期间,常务委员会可以对市人民代表大会制定的地方性法规进行部分补充和修改,但不得同该地方性法规的基本原则相抵触。

第九条 市人民代表大会及其常务委员会制定的地方性法规要求市人民政府及其有关部门对专门事项作出配套的具体规定的,市人民政府及其有关部门应当自该地方性法规施行之日起一年内作出规定;地方性法规对配套的具体规定制定期限另有规定的,从其规定。市人民政府及其有关部门未能在期限内作出配套的具体规定的,应当向市人民代表大会常务委员会书面说明情况。

市人民政府及其有关部门不得将被授予的权力转授给其他机关、组织,作出配套的具体规定不得与市地方性法规相违背。

市人民政府及其有关部门对专门事项作出配套的具体规定应当同时报市人民代表大会常务委员会备案。

第十条 市人民代表大会及其常务委员会可以根据改革发展的需要,决定就行政管理等领域的特定事项授权在一定期限内在部分地方暂时调整或者暂时停止适用市地方性法规的部分规定。

第十一条 市人民代表大会常务委员会有权撤销市人民政府制定的不适当的规章。

第三章 立法准备

第十二条 市人民代表大会常务委员会通过立法规划、年度立法计划等形式,加强对立法工作的统筹安排。

常务委员会法制工作机构负责编制立法规划草案和年度立法计划草案,并按照常务委员会的要求,督促立法规划和年度立法计划的落实。

第十三条 市人民代表大会常务委员会应当在每届第一年度编制立法

规划。根据立法规划,结合实际需要,每年制定年度立法计划。

立法规划、年度立法计划应当与省人民代表大会常务委员会立法规划和年度立法计划相衔接。

第十四条 常务委员会法制工作机构应当向市人民代表大会各专门委员会、常务委员会工作机构和市人民政府法制工作机构等单位征集立法规划和年度立法计划的建议项目,广泛征集市人民代表大会代表和常务委员会组成人员的意见,并在网站、报刊上公告,向社会公开征集立法建议项目。

第十五条 提出立法建议项目,应当采用书面形式。单位提出立法建议项目,应当提供立项论证报告和法规草案初稿。立项论证报告应当对项目的必要性、合理性、可行性、立法时机等进行论证。个人提出立法建议项目,可以只提供建议项目名称和主要理由。

第十六条 市人民代表大会有关的专门委员会、常务委员会工作机构和市人民政府法制工作机构应当根据需要,对立法建议项目进行调研、评估和论证,提出是否列入立法规划和年度立法计划的意见。

第十七条 常务委员会法制工作机构应当召开立项会议,组织专家逐项听取项目提出单位对立法建议项目的说明,对项目的必要性、合理性、可行性、立法时机等进行论证,并根据论证情况,拟定立法规划和年度立法计划项目,形成立法规划草案和年度立法计划草案。

立项会议应当邀请市人民代表大会有关的专门委员会、常务委员会工作机构和市人民政府法制工作机构参加。

第十八条 立法建议项目有下列情形之一的,不予列入年度立法计划:

(一)超越立法权限或者主要内容与上位法相抵触的;

(二)拟解决的主要问题已经通过其他立法途径解决的;

(三)立法目的不明确或者拟设定的制度、规范难以实现立法目的的;

(四)主要内容难以操作执行的;

(五)与主要内容相关的上位法正在修改,即将出台的。

第十九条 立法规划和年度立法计划由常务委员会主任会议通过并向社会公布,同时报省人民代表大会常务委员会备案。

立法规划和年度立法计划正式项目的变更和调整由常务委员会法制工作机构综合各方面的意见,提请常务委员会主任会议决定。

年度立法计划应当明确责任单位、完成时限、送审和安排审议的时间,并根据需要提出有关工作要求。

第二十条 市人民政府年度立法计划中的地方性法规项目应当与市人民代表大会常务委员会年度立法计划相衔接。市人民政府法制工作机构应当及时跟踪了解市人民政府各部门落实立法计划的情况,加强组织协调和督促指导。

拟列入市人民政府年度立法计划的政府规章项目应当同时告知市人民代表大会常务委员会法制工作机构。

第二十一条　市人民代表大会各专门委员会、常务委员会工作机构应当认真研究市人民代表大会代表提出的立法意见、建议,并由常务委员会法制工作机构在编制立法规划草案和年度立法计划草案时统筹考虑。

第二十二条　列入年度立法计划的地方性法规项目,法规草案由提案人组织起草。

常务委员会认为需要由自己组织起草的地方性法规草案,可以由主任会议指定市人民代表大会有关的专门委员会或者常务委员会工作机构组织起草。

综合性、全局性、基础性的重要地方性法规草案,可以由市人民代表大会有关的专门委员会或者常务委员会工作机构组织起草。

专业性较强的地方性法规草案,可以吸收相关领域的专家参与起草工作,或者委托有关专家、教学科研单位、社会组织起草。

提案人组织起草地方性法规草案,应当邀请市人民代表大会有关的专门委员会、常务委员会工作机构提前参与。

第二十三条　起草地方性法规草案,常务委员会可以成立由市人民政府、市人民代表大会有关的专门委员会、常务委员会工作机构参加的起草工作领导小组,加强对地方性法规草案起草工作的领导,研究解决地方性法规草案起草中的重大问题。

第二十四条　市人民政府有关部门在起草地方性法规草案过程中,市人民代表大会有关的专门委员会、常务委员会法制工作机构应当了解地方性法规草案起草情况,并参与调查研究和论证工作。

第二十五条　起草地方性法规草案,应当深入开展调查研究,广泛听取各方面的意见,准确掌握实际情况,真实反映公民、法人和其他组织的利益和诉求。

对于地方性法规草案中的专门性问题或者重要问题,起草人应当提出专题可行性报告。

起草地方性法规草案,可以根据需要征求立法联系点、立法咨询专家、民主党派、工商联、人民团体、社会组织、政协委员和无党派人士的意见。

第二十六条　起草的地方性法规草案涉及两个以上部门权限的,提案人在提请审议前应当做好协调工作。

第四章　市人民代表大会立法程序

第二十七条　市人民代表大会主席团可以向市人民代表大会提出地方性法规案,由市人民代表大会会议审议。

常务委员会、市人民政府、市人民代表大会各专门委员会可以向市人民代表大会提出地方性法规案,由主席团决定列入会议议程。

一个代表团或者市人民代表大会代表十人以上联名可以向市人民代表大会提出地方性法规案,由主席团决定是否列入会议议程,或者先交有关的专门委员会审议,提出是否列入会议议程的意见,再决定是否列入会议议程。不列入会议议程的,应当向提案人说明。

第二十八条 向市人民代表大会提出的地方性法规案,在市人民代表大会闭会期间,可以先向常务委员会提出,经常务委员会依照本条例第五章规定的有关程序审议后,决定提请市人民代表大会审议,由常务委员会向大会全体会议作说明,或者由提案人向大会全体会议作说明。

常务委员会依照前款规定审议地方性法规案,应当通过多种形式征求市人民代表大会代表意见,并将有关情况予以反馈;市人民代表大会有关的专门委员会和常务委员会工作机构进行立法调研,可以邀请有关的市人民代表大会代表参加。

第二十九条 常务委员会决定提请市人民代表大会会议审议的地方性法规案,应当在会议举行的一个月前将地方性法规草案及相关材料发给代表。

第三十条 列入市人民代表大会会议议程的地方性法规案,大会全体会议听取提案人的说明后,由各代表团进行审议。

各代表团审议地方性法规案时,提案人应当派人听取意见,回答询问。

各代表团审议地方性法规案时,根据代表团的要求,有关机关、组织应当派人介绍情况。

第三十一条 列入市人民代表大会会议议程的地方性法规案,由有关的专门委员会进行审议,向主席团提出审议意见,并印发会议。

第三十二条 列入市人民代表大会会议议程的地方性法规案,由法制委员会根据各代表团和有关的专门委员会的审议意见进行统一审议,向主席团提出审议结果的报告和地方性法规草案修改稿,对重要的不同意见应当在审议结果报告中予以说明,经主席团会议审议通过后,印发会议。

第三十三条 列入市人民代表大会会议议程的地方性法规案,必要时,主席团常务主席可以召开代表团团长会议,就地方性法规案中的重大问题听取各代表团的审议意见,进行讨论,并将讨论的情况和意见向主席团报告。

主席团常务主席也可以就地方性法规案中的重大的专门性问题,召集代表团推选的有关代表进行讨论,并将讨论的情况和意见向主席团报告。

第三十四条 列入市人民代表大会会议议程的地方性法规案,在交付表决前,提案人要求撤回的,应当说明理由,经主席团同意,并向大会报告,对该地方性法规案的审议即行终止。

第三十五条　地方性法规案在审议中有重大问题需要进一步研究的，经主席团提出，大会全体会议决定，可以授权常务委员会根据代表的意见进一步审议，作出决定，并将决定情况向市人民代表大会下次会议报告；也可以授权常务委员会根据代表的意见进一步审议，提出修改方案，提请市人民代表大会下次会议审议决定。

第三十六条　地方性法规草案修改稿经各代表团审议，由法制委员会根据各代表团的审议意见进行修改，提出地方性法规草案表决稿，由主席团提请大会全体会议表决，由全体代表的过半数通过。

审议中意见较多的，经主席团决定，表决前由法制委员会在全体会议上汇报审议修改情况并提出地方性法规草案表决稿。

第三十七条　经市人民代表大会全体会议表决未获得通过的地方性法规案，如果提案人认为必须制定该地方性法规，可以依照本章规定的程序重新提出。

第三十八条　市人民代表大会修改、废止其制定的地方性法规，改变或者撤销常务委员会制定的不适当的地方性法规，依照本章的有关规定执行。

第五章　常务委员会立法程序

第一节　提出法规案

第三十九条　主任会议可以向常务委员会提出地方性法规案，由常务委员会会议审议。

第四十条　市人民政府、市人民代表大会各专门委员会可以向常务委员会提出地方性法规案，由主任会议决定列入常务委员会会议议程，或者先交有关的专门委员会审议，提出报告，再决定列入常务委员会会议议程。

主任会议认为地方性法规案有重大问题需要进一步研究的，可以建议提案人修改完善后再向常务委员会提出。

第四十一条　常务委员会组成人员五人以上联名，可以向常务委员会提出地方性法规案，由主任会议决定是否列入常务委员会会议议程，或者先交有关的专门委员会审议，提出是否列入会议议程的意见，再决定是否列入常务委员会会议议程。不列入常务委员会会议议程的，应当向常务委员会会议报告或者向提案人说明。

有关的专门委员会审议的时候，可以邀请提案人列席会议，发表意见。

第四十二条　市人民代表大会全体会议决定授权常务委员会根据代表的审议意见，对地方性法规案中的重大问题进一步审议的，由主任会议决定列入常务委员会会议议程。

第四十三条 市人民政府提出的地方性法规案,应当经其全体会议或者常务会议讨论通过,并于市人民代表大会常务委员会举行会议十五日前提交常务委员会。

未按期限提交的地方性法规案,不列入该次常务委员会会议议程。

第四十四条 提出地方性法规案,应当同时提出地方性法规草案文本及其说明,并提供必要的参阅资料。修改地方性法规的,还应当提交修改前后的对照文本。地方性法规草案的说明应当包括制定或者修改地方性法规的必要性、可行性、立法时机和主要内容,以及起草过程中对重大分歧意见的协调处理情况。

对有关行政许可、行政处罚、行政强制、行政收费条款的依据应当作出具体说明。

地方性法规草案与本市其他地方性法规有关规定不一致的,提案人应当予以说明并提出处理意见,必要时应当同时提出修改或者废止本市其他地方性法规有关规定的议案。

第四十五条 列入常务委员会会议议程的地方性法规案,除特殊情况外,应当在会议举行的十日前将地方性法规草案及相关材料发给常务委员会组成人员。

常务委员会组成人员可以对地方性法规案进行调查研究,准备审议意见。

对重要的地方性法规案或者地方性法规案中的重大问题,常务委员会组成人员可以组织进行调查研究。需要由市人民代表大会有关的专门委员会或者常务委员会工作机构协助的,应当予以协助。

第二节 常务委员会审议

第四十六条 列入常务委员会会议议程的地方性法规案,一般应当经两次常务委员会会议审议后交付表决。

对意见分歧较大或者意见较多的地方性法规案,应当经隔次常务委员会会议审议后交付表决,或者经两次常务委员会会议审议后交付下次常务委员会会议表决。

常务委员会会议第一次审议时,听取提案人关于地方性法规草案的说明,地方性法规草案和有关的专门委员会提出的审议意见印发会议。

常务委员会会议第二次审议时,听取法制委员会关于审议结果的报告,提出的地方性法规草案修改稿印发会议。

对部门间争议较大的地方性法规案,可由常务委员会委托第三方评估,充分听取各方意见,协调决定。

第四十七条 列入常务委员会会议议程的地方性法规修正案、废止案、解释案、有关法规问题的决定案以及调整事项单一的地方性法规案,各方面的意见比较一致的,可以经一次常务委员会会议审议即交付表决。

第四十八条 常务委员会会议审议地方性法规案,应当依照会议议程逐案审议,并有充足的时间保证。

第四十九条 常务委员会会议审议地方性法规案时,常务委员会组成人员应当围绕地方性法规案提出审议意见。审议意见应当具体、明确,具有针对性和可操作性。

常务委员会组成人员提出审议意见可以采用口头形式,也可以采用书面形式。不能出席会议审议的,可以提交书面审议意见。

第五十条 常务委员会会议审议地方性法规案时,提案人应当派人听取意见,回答询问。

第五十一条 常务委员会会议审议地方性法规案时,应当邀请有关的市人民代表大会代表列席会议,列席代表可以发表意见。

常务委员会会议审议地方性法规案时,根据需要允许公民旁听。

第五十二条 列入常务委员会会议议程的地方性法规案,应当在常务委员会会议后将地方性法规草案及其起草、修改说明等向社会公布,征求意见,但是经主任会议决定不公布的除外。向社会公布征求意见的时间一般不少于三十日。征求意见的情况应当向社会通报。

第五十三条 列入常务委员会会议议程的地方性法规案,在交付表决前提案人要求撤回的,应当说明理由,经主任会议同意,并向常务委员会报告,对该地方性法规案的审议即行终止。

第五十四条 列入常务委员会会议审议的地方性法规案,因各方面对制定该地方性法规的必要性、可行性等重大问题存在较大意见分歧搁置审议满两年的,或者因暂不付表决经过两年没有再次列入常务委员会会议议程审议的,由主任会议向常务委员会报告,该地方性法规案终止审议。

第五十五条 常务委员会法制工作机构在常务委员会会议审议地方性法规案过程中,应当履行下列职责:

(一)汇总、整理常务委员会组成人员和有关的专门委员会的审议意见;

(二)收集、整理社会各方面对地方性法规草案的意见;

(三)向常务委员会组成人员和有关的专门委员会反馈意见、建议的采纳情况;

(四)起草法制委员会审议结果的报告和修改情况的汇报等材料草稿;

(五)向省人民代表大会常务委员会法制工作机构通报地方性法规案审议情况;

(六)其他审议服务工作。

第三节 专门委员会审议

第五十六条 列入常务委员会会议议程的地方性法规案,由有关的专门委员会进行审议,提出审议意见,印发常务委员会会议。

第五十七条 对实行两次常务委员会会议审议的地方性法规案,常务委员会会议第一次审议后,由法制委员会根据常务委员会组成人员和有关的专门委员会的审议意见及各方面的意见,对地方性法规案进行统一审议,提出审议结果的报告和地方性法规草案修改稿。对重要的不同意见应当在审议结果的报告中予以说明。常务委员会组成人员的重要意见和有关的专门委员会的审议意见未被采纳的,应当予以反馈。

常务委员会会议第二次审议后,由法制委员会根据常务委员会组成人员的意见对地方性法规草案继续修改,提出修改情况的汇报和地方性法规草案表决稿。

法制委员会统一审议地方性法规案时,应当邀请有关的专门委员会的成员列席会议,发表意见。

第五十八条 对实行一次常务委员会会议审议的地方性法规案,常务委员会会议审议后,由法制委员会根据常务委员会组成人员和有关的专门委员会的审议意见及各方面的意见,对地方性法规案进行统一审议,提出审议结果的报告和地方性法规草案表决稿。

第五十九条 拟提请常务委员会会议审议表决的地方性法规案,在法制委员会提出审议结果的报告前,常务委员会法制工作机构可以组织对地方性法规草案中主要制度规范的可行性、法规出台时机、法规实施的社会效果和可能出现的问题等进行评估。评估情况由法制委员会在审议结果的报告中予以说明。

第六十条 地方性法规案经两次常务委员会会议审议后仍有重大问题需要进一步研究的,由主任会议决定,交法制委员会或者有关的专门委员会进一步审议,法制委员会或者有关的专门委员会应当进行研究,向主任会议提出是否继续提请常务委员会会议审议的意见。

第六十一条 法制委员会、有关的专门委员会审议地方性法规案时,应当召开全体会议审议,意见不一致时依照少数服从多数原则进行表决。根据需要,可以要求有关机关、组织派有关负责人说明情况。

法制委员会、有关的专门委员会对地方性法规草案的重要问题意见不一致时,应当向常务委员会主任会议报告。

第六十二条 法制委员会、有关的专门委员会审议地方性法规案时,应当听取各方面的意见。听取意见可以采取座谈会、论证会、听证会等多种形式。

地方性法规案有关问题专业性较强,需要进行可行性评价的,应当召开论证会,听取有关部门、专家和市人民代表大会代表等方面的意见。论证情况应当向常务委员会报告。

地方性法规案有关问题存在重大意见分歧或者涉及利益关系重大调整,需要进行听证的,应当召开听证会,听取有关基层和群体代表、部门、人民团体、专家、市人民代表大会代表和社会有关方面的意见。听证情况应当向常务委员会报告。

第四节　表　　决

第六十三条　地方性法规草案表决稿由主任会议提请常务委员会会议表决,由常务委员会全体组成人员的过半数通过。

第六十四条　地方性法规草案表决稿交付常务委员会会议表决前,主任会议根据常务委员会会议审议的情况,可以决定将个别意见分歧较大的重要条款提请常务委员会会议单独表决。

单独表决的条款经常务委员会会议表决后,主任会议根据单独表决的情况,可以决定将地方性法规草案表决稿交付表决,也可以决定暂不付表决,交法制委员会和有关的专门委员会进一步审议。

第六十五条　对多部地方性法规中涉及同类事项的个别条款进行修改,一并提出地方性法规案的,经主任会议决定,可以合并表决,也可以分别表决。

第六十六条　经常务委员会会议表决未获通过的地方性法规案,如果提案人认为必须制定该地方性法规,可以依照本章规定的程序重新提出。

第六章　报批、公布和生效

第六十七条　市人民代表大会及其常务委员会制定、修改、废止地方性法规,由市人民代表大会常务委员会报请省人民代表大会常务委员会批准。

报请批准时,应当按照格式和数量要求提交报请批准地方性法规的书面报告、法规文本及其说明、必要的参阅资料。根据要求,指派有关负责人在省人民代表大会常务委员会全体会议上作说明。

第六十八条　制定的地方性法规经省人民代表大会常务委员会批准后,由市人民代表大会常务委员会发布公告予以公布。

省人民代表大会常务委员会采取附审查修改意见的形式批准的,按照附审查修改意见修改后,发布公告予以公布。

地方性法规文本连同公告,应当及时在常务委员会公报、大庆人大网和《大庆日报》上刊载。

在常务委员会公报上刊登的地方性法规文本为标准文本。

地方性法规规定的施行日期与公布日期的间隔至少为三十日,但特殊情况除外。

第六十九条 地方性法规被修改的,应当公布新的法规文本。

地方性法规被废止的,除由其他法规规定废止该地方性法规的以外,由市人民代表大会常务委员会发布公告予以公布。

第七章 地方性法规的适用和解释

第七十条 适用地方性法规时,应当遵循下列原则:

(一)与上位法规定不一致的,适用上位法的规定;

(二)特别规定与一般规定不一致的,适用特别规定;

(三)新的规定与旧的规定不一致的,适用新的规定;

(四)不溯及既往,但为了更好地保护公民、法人和其他组织的权利和利益而作的特别规定除外。

第七十一条 地方性法规适用中,如果与法律、行政法规、省人民代表大会及其常务委员会制定的地方性法规的规定不一致,应当适用法律、行政法规、省人民代表大会及其常务委员会制定的地方性法规。但执行机关应当向市人民代表大会常务委员会及时报告。

第七十二条 地方性法规适用中,如果与国务院部门规章对同一事项的规定不一致,不能确定如何适用时,执行机关应当向市人民代表大会常务委员会及时报告,由市人民代表大会常务委员会报请省人民代表大会常务委员会研究、提出处理意见。

第七十三条 地方性法规适用中,如果与省人民政府规章对同一事项的规定不一致,不能确定如何适用时,执行机关应当向市人民代表大会常务委员会及时报告,由市人民代表大会常务委员会报请省人民代表大会常务委员会研究、提出处理意见。

第七十四条 地方性法规有以下情况之一的,由市人民代表大会常务委员会解释:

(一)地方性法规的规定需要进一步明确具体含义的;

(二)地方性法规制定后出现新的情况,需要明确适用地方性法规依据的。

第七十五条 市人民政府、市中级人民法院、市人民检察院和市人民代表大会各专门委员会,可以向市人民代表大会常务委员会提出地方性法规解释的要求。

前款规定以外的其他国家机关和社会团体、企业事业组织以及公民要求对地方性法规进行解释的,可以向常务委员会法制工作机构提出建议。

第七十六条 地方性法规解释草案由常务委员会法制工作机构拟订,

由主任会议决定列入常务委员会会议议程。

第七十七条　地方性法规解释草案经常务委员会会议审议，由法制委员会根据常务委员会组成人员的意见进行审议和修改，提出地方性法规解释草案表决稿。

第七十八条　地方性法规解释草案表决稿由主任会议提请常务委员会会议表决，经常务委员会全体组成人员的过半数通过。

地方性法规解释报请省人民代表大会常务委员会批准后，由市人民代表大会常务委员会发布公告予以公布。

第七十九条　市人民代表大会常务委员会的地方性法规解释同地方性法规具有同等效力。

第八十条　常务委员会法制工作机构可以对地方性法规中有关具体问题的询问进行研究，予以答复，并报常务委员会备案。

第八章　备案审查

第八十一条　市人民代表大会及其常务委员会制定、修改、废止、解释的地方性法规，应当在批准后七个工作日内报省人民代表大会常务委员会备案，并由省人民代表大会常务委员会报全国人民代表大会常务委员会和国务院备案。

市人民代表大会及其常务委员会对有关法规问题的决定，应当在作出后七个工作日内报省人民代表大会常务委员会备案。

报备案时，市人民代表大会常务委员会应当按照要求提交备案所需材料，并同时报送相关电子文本。

第八十二条　市人民政府制定的规章应当在公布后三十日内报国务院、省人民代表大会常务委员会、省人民政府和市人民代表大会常务委员会备案。

报备案时，市人民政府应当按照要求提交备案所需材料，并同时报送相关电子文本。

第八十三条　市人民政府、市中级人民法院、市人民检察院认为规章及规范性文件同宪法、法律、行政法规、省地方性法规和市地方性法规相抵触的，可以向市人民代表大会常务委员会书面提出进行审查的要求，由常务委员会法制工作机构分送有关的专门委员会进行审查，提出意见。

前款规定以外的其他国家机关和社会团体、企业事业组织以及公民认为规章及规范性文件同宪法、法律、行政法规、省地方性法规和市地方性法规相抵触的，可以向市人民代表大会常务委员会书面提出进行审查的建议，由常务委员会法制工作机构进行研究，必要时，送有关的专门委员会进行审查，提出意见。

市人民代表大会有关的专门委员会、常务委员会法制工作机构可以对报送备案的规章及规范性文件进行主动审查。

第八十四条 市人民代表大会有关的专门委员会、常务委员会法制工作机构在审查、研究中认为规章及规范性文件同宪法、法律、行政法规、省地方性法规和市地方性法规相抵触的，可以向制定机关提出书面审查意见、研究意见；也可以由法制委员会与有关的专门委员会、常务委员会法制工作机构召开联合审查会议，要求制定机关到会说明情况，再提出书面审查意见。制定机关应当在两个月内研究提出是否修改的意见，并向法制委员会和有关的专门委员会或者常务委员会法制工作机构反馈。

市人民代表大会法制委员会、有关的专门委员会、常务委员会法制工作机构根据前款规定，向制定机关提出审查意见、研究意见，制定机关按照所提意见对规章及规范性文件进行修改或者废止的，审查终止。

市人民代表大会法制委员会、有关的专门委员会、常务委员会法制工作机构经审查、研究认为规章及规范性文件同宪法、法律、行政法规、省地方性法规和市地方性法规相抵触而制定机关不予修改的，应当向常务委员会主任会议提出予以撤销的议案、建议，由主任会议决定向市人民政府提出撤销意见或者提请常务委员会会议审议。

第八十五条 市人民代表大会有关的专门委员会、常务委员会法制工作机构应当按照规定要求，将审查、研究情况向提出审查建议的国家机关和社会团体、企业事业组织以及公民反馈，并可以向社会公开。

第九章 附 则

第八十六条 市人民代表大会有关的专门委员会、常务委员会法制工作机构可以组织对本市的有关地方性法规或者地方性法规中的有关规定进行立法后评估。评估情况应当向常务委员会报告。

立法后评估应当遵循客观真实、公开透明、公众参与和科学规范的原则。

第八十七条 市人民代表大会有关的专门委员会、常务委员会法制工作机构应当对市地方性法规进行定期清理，发现地方性法规内容同法律、行政法规、省地方性法规相抵触，与本市其他地方性法规不协调，或者与现实情况不适应的，应当提出修改或者废止地方性法规的意见和建议。

修改或者废止地方性法规的意见和建议，由常务委员会法制工作机构组织研究论证，确需修改或者废止地方性法规的，提请常务委员会主任会议决定，列入年度立法计划。

第八十八条 地方性法规一般采用条例、办法、决定、规定、规则等名称。

　　地方性法规根据内容需要,可以分编、章、节、条、款、项、目。编、章、节、条的序号用中文数字依次表述,款不编序号,项的序号用中文数字加括号依次表述,目的序号用阿拉伯数字依次表述。

　　地方性法规的题注应当载明制定机关、通过日期、批准机关和批准日期。经过修改的地方性法规,应当依次载明修改机关、修改日期、批准机关和批准日期。

　　第八十九条　地方性法规编纂、译审工作由常务委员会法制工作机构负责。

　　第九十条　本条例自公布之日起施行。

鸡西市人民代表大会及其常务委员会
制定地方性法规条例

(2017年1月12日鸡西市第十五届人民代表大会第一次会议
通过 2017年4月7日黑龙江省第十二届人民代表大会常务
委员会第三十三次会议批准)

目 录

第一章 总 则

第一条 为了规范地方立法活动,保证地方性法规质量,发挥立法的引领、推动和保障作用,全面推进依法治市,根据《中华人民共和国立法法》《中华人民共和国地方各级人民代表大会和地方各级人民政府组织法》和《黑龙江省人民代表大会及其常务委员会立法条例》等法律法规的规定,结合本市实际,制定本条例。

第二条 市人民代表大会及其常务委员会对城乡建设与管理、环境保护、历史文化保护等方面的事项制定、修改、废止、解释地方性法规,适用本条例。

第三条 制定地方性法规应当依照法定的权限和程序,维护社会主义法制的统一和尊严,不得同宪法、法律、行政法规和省人民代表大会及其常务委员会制定的地方性法规相抵触。

第四条　制定地方性法规应当体现人民的意志,发扬社会主义民主,坚持立法公开,保障人民通过多种途径参与地方立法活动。

第五条　制定地方性法规应当从本市实际需要出发,适应经济社会发展和深化改革的要求,具有地方特色。

地方性法规应当明确、具体,具有针对性和可执行性。

第六条　市人民代表大会及其常务委员会应当加强对立法工作的组织协调,发挥在立法工作中的主导作用。

第七条　立法活动经费应当列入财政预算。

第二章　立法准备

第八条　市人民代表大会常务委员会(以下简称常务委员会)通过立法规划、年度立法计划等形式,统筹安排立法工作。

常务委员会法制工作机构负责编制立法规划草案和年度立法计划草案,并按照常务委员会的要求,督促立法规划和年度立法计划的落实。

第九条　常务委员会法制工作机构应当向市人民代表大会专门委员会(以下简称专门委员会)、常务委员会工作机构和市人民政府法制工作机构等单位征集立法规划和立法计划建议项目。广泛征集市人民代表大会代表和常务委员会组成人员意见,并在鸡西市人大网和《鸡西日报》上公告,向社会公开征集立法建议项目。

第十条　提出立法建议项目,应当采用书面形式。单位提出立法建议项目,应当同时提供法规草案初稿和立项论证报告。立项论证报告应当写明建议项目的必要性和可行性。个人提出立法建议项目,可以只提供建议项目名称和主要理由。

第十一条　常务委员会法制工作机构可以根据需要对立法建议项目进行调研,召开立法建议项目协调会,听取建议项目提出单位和个人关于建议项目情况的说明,提出是否列入立法规划和年度立法计划的意见。

第十二条　常务委员会法制工作机构应当召开立项会,组织有关专家围绕立法规划和年度立法计划建议项目,从立法的必要性、合理性、可行性、立法时机、预期实施效果等方面逐一进行论证,并听取有关专门委员会、常务委员会有关工作机构和市人民政府法制工作机构意见,形成立法规划草案和年度立法计划草案。

第十三条　立法规划、年度立法计划由主任会议通过并向社会公布。

市人民政府、专门委员会对所提出的年度立法项目进行调整的,应当提交书面报告,并向主任会议说明。

立法规划、年度立法计划需要调整的,由常务委员会法制工作机构提请主任会议决定。

第十四条 列入立法规划和年度立法计划的地方性法规草案,由提案人组织起草。

常务委员会认为需要自行组织起草的地方性法规草案,可以由主任会议指定专门委员会或者常务委员会工作机构组织起草。

专业性较强的地方性法规草案,可以吸收相关领域的专家参与起草工作,或者委托有关专家、教学科研单位、社会组织起草。

提案人组织起草法规草案,应当邀请有关专门委员会、常务委员会有关工作机构提前参与,可以根据需要征求立法联系点、立法咨询专家、民主党派、工商联、人民团体、社会组织、政协委员和无党派人士意见。

第十五条 市人民政府有关部门在起草法规草案过程中,专门委员会、常务委员会法制工作机构应当了解法规起草情况,并参与调查研究和论证工作。

第十六条 地方性法规草案涉及两个以上部门权限的,提案人在提请审议前应当做好协调工作。

第三章 地方性法规案的提出

第一节 向市人民代表大会提出地方性法规案

第十七条 市人民代表大会主席团可以向市人民代表大会提出地方性法规案,由市人民代表大会会议审议。

常务委员会、市人民政府、专门委员会,可以向市人民代表大会提出地方性法规案,由主席团决定列入会议议程。

第十八条 一个代表团或者十名以上的市人民代表大会代表联名可以向市人民代表大会提出地方性法规案,由主席团决定是否列入会议议程,或者先交有关专门委员会审议,提出是否列入会议议程的意见,再决定是否列入会议议程。

第十九条 向市人民代表大会提出的地方性法规案,在市人民代表大会闭会期间,可以先向常务委员会提出,经常务委员会会议依照本条例第四章第二节规定的有关程序审议后,决定提请市人民代表大会审议,由常务委员会向大会全体会议作说明,或者由提案人向大会全体会议作说明。

常务委员会依照前款规定审议地方性法规案,应当征求市人民代表大会代表的意见,并将有关情况予以反馈;专门委员会和常务委员会法制工作机构进行立法调研,可以邀请有关的市人民代表大会代表参加。

第二十条 常务委员会决定提请市人民代表大会会议审议的地方性法

规案,应当在会议举行的一个月前将地方性法规草案发给代表。

第二节　　向常务委员会提出地方性法规案

第二十一条　主任会议可以向常务委员会提出地方性法规案,由常务委员会会议审议。

市人民政府、专门委员会,可以向常务委员会提出地方性法规案,由主任会议决定是否列入常务委员会会议议程,或者先交有关专门委员会审议提出意见,再决定是否列入常务委员会会议议程。

市人民政府提出的地方性法规案,应当经市人民政府全体会议或者常务会议讨论通过,并且经市长签发。

专门委员会提出的地方性法规案,应当经专门委员会会议讨论通过,并经专门委员会主任委员签发。

主任会议认为地方性法规案需要进一步研究,可以建议提案人修改完善后再向常务委员会提出。

第二十二条　常务委员会组成人员五人以上联名,可以向常务委员会提出地方性法规案,由主任会议决定是否列入常务委员会会议议程,或者先交有关专门委员会审议,提出是否列入会议议程的意见,再决定是否列入常务委员会会议议程。

第二十三条　列入常务委员会会议议程的地方性法规案,应当在会议举行的十五日前将地方性法规草案发给常务委员会组成人员。

提案人应当在常务委员会会议举行的三十日前将地方性法规案报送常务委员会,未按期限提交的地方性法规案不列入该次常务委员会会议议程。

第四章　　地方性法规案的审议和表决

第一节　　市人民代表大会审议和表决地方性法规案

第二十四条　列入市人民代表大会会议议程的地方性法规案,大会全体会议听取提案人或者常务委员会的说明后,由各代表团进行审议。

各代表团审议地方性法规案时,提案人应当派人听取意见,回答询问。

第二十五条　列入市人民代表大会会议议程的地方性法规案,由有关专门委员会进行审议,向主席团提出意见,并印发会议。

第二十六条　列入市人民代表大会会议议程的地方性法规案,由法制委员会根据各代表团和有关专门委员会的审议意见,对地方性法规案进行统一审议,向主席团提出审议结果报告和地方性法规草案修改稿,对重要的不同意见应当在审议结果报告中予以说明,经主席团会议审议通过后,印发会议。

第二十七条　列入市人民代表大会会议议程的地方性法规案,必要时,主席团常务主席可以召开各代表团团长会议,就地方性法规案中的重大问题听取各代表团的意见,进行讨论,并将讨论的情况和意见向主席团报告。

主席团常务主席也可以就地方性法规案中的重大的专门性问题,召集代表团推选的有关代表进行讨论,并将讨论的情况和意见向主席团报告。

第二十八条　地方性法规案在审议中有重大问题需要进一步研究的,经主席团提出,大会全体会议决定,可以授权常务委员会根据代表的意见进一步审议,作出决定,并将决定情况向市人民代表大会下次会议报告;也可以授权常务委员会根据代表的意见进一步审议,提出修改方案,提请市人民代表大会下次会议审议决定。

第二十九条　地方性法规草案修改稿经各代表团审议,由法制委员会根据各代表团的意见进行修改,提出法规草案表决稿,由主席团提请大会全体会议表决,由全体代表的过半数通过。

第二节　常务委员会审议和表决地方性法规案

第三十条　列入常务委员会会议议程的地方性法规案,一般应当经两次常务委员会会议审议后交付表决。对意见分歧较大或者意见较多的地方性法规案,应当经隔次或者三次常务委员会会议审议后交付表决,或者经两次常务委员会会议审议后交付下次常务委员会会议表决。

第三十一条　常务委员会会议第一次审议地方性法规案,在全体会议上听取提案人说明,由分组会议进行初步审议。常委会第一次审议地方性法规案后,应当及时向省人民代表大会常务委员会法制工作机构报告情况。

常务委员会会议第二次审议地方性法规案,在全体会议上听取法制委员会关于地方性法规草案审议结果的报告,由分组会议对地方性法规草案修改稿进一步审议。

常务委员会审议地方性法规案时,根据需要可以召开联组会议或者全体会议,对地方性法规草案中的重要问题进行讨论。

第三十二条　列入常务委员会会议议程的地方性法规案,由有关专门委员会进行审议,提出审议意见。

有关专门委员会审议地方性法规案时,可以召开全体会议,邀请其他专门委员会的组成人员和提案人列席会议,发表意见。

有关专门委员会的审议意见,印发常务委员会第一次审议会议。

第三十三条　常务委员会分组会议审议地方性法规案时,提案人应当派人听取意见,回答询问;根据审议小组的要求,有关机关、组织应当派人介绍情况。

分组审议地方性法规案应当依照会议议程逐案审议,不得将两件以上地方性法规案或者将地方性法规案与其他议题合并审议,应当有充足的时间保证。

第三十四条 常务委员会组成人员在常务委员会会议上提出审议意见可以用口头形式,也可以用书面形式。不能出席常务委员会会议审议地方性法规案时,可以提交书面审议意见。

第三十五条 列入常务委员会会议议程的地方性法规案由法制委员会进行统一审议。

第三十六条 法制委员会审议地方性法规案时,应当召开全体会议审议,根据需要可以要求有关机关、组织派有关负责人说明情况。

法制委员会审议地方性法规案时,应当邀请有关专门委员会的组成人员列席会议,发表意见;对有关专门委员会的审议意见没有采纳的,应当向有关专门委员会反馈。

第三十七条 法制委员会和有关专门委员会之间对地方性法规草案的重要问题意见不一致时,应当向主任会议报告。

第三十八条 常务委员会法制工作机构应当将地方性法规草案修改稿(征求意见稿)以及起草说明报送省人大常委会法制工作机构征求意见。

同时将草案修改稿(征求意见稿)发送相关领域的市人民代表大会代表、县(市)、区人民代表大会常务委员会以及有关部门、组织和专家征求意见。

列入常务委员会会议议程的地方性法规案,应当将地方性法规草案修改稿(征求意见稿)向社会公布。向社会公布征求意见的时间一般不少于三十日。

第三十九条 列入常务委员会会议议程的地方性法规案,法制委员会、有关专门委员会和常务委员会法制工作机构应当听取各方面的意见。听取意见可以采取座谈会、论证会、听证会等多种形式。

地方性法规案有关问题专业性较强,需要进行可行性评价的,应当召开论证会,听取有关专家、部门和市人民代表大会代表等方面的意见。论证情况应当向常务委员会报告。

地方性法规案有关问题存在重大意见分歧或者涉及利益关系重大调整,需要进行听证的,应当召开听证会,听取有关基层和群体代表、部门、人民团体、专家、市人民代表大会代表和社会有关方面的意见。听证情况应当向常务委员会报告。

召开论证会、听证会时,可以邀请起草单位和市人民政府法制工作机构参加。

第四十条 拟提请常务委员会会议审议通过的地方性法规案,由法制委员会根据常务委员会组成人员、有关专门委员会的审议意见和各方面提出的意见进行审议,提出审议结果的报告和地方性法规草案修改稿,对重要的不同意见应当在审议结果报告中予以说明。

第四十一条   地方性法规草案修改稿经常务委员会会议审议后,由法制委员会根据常务委员会组成人员的审议意见进行修改,提出地方性法规草案表决稿,由主任会议决定提请常务委员会会议表决,由常务委员会全体组成人员的过半数通过。

地方性法规草案表决稿交付常务委员会会议表决前,主任会议根据常务委员会会议审议的情况,可以决定将个别意见分歧较大的重要条款提请常务委员会会议单独表决。

单独表决的条款经常务委员会会议表决后,主任会议根据单独表决的情况,可以决定将地方性法规草案表决稿交付表决,也可以决定暂不交付表决,交法制委员会和有关专门委员会进一步审议。

第四十二条   列入常务委员会会议议程的地方性法规案,调整事项较为单一,各方面意见比较一致的,也可以经一次常务委员会会议审议即交付表决。

第四十三条   决定经一次常务委员会审议即交付表决的地方性法规案,应当在决定列入常务委员会会议议程前就地方性法规案文本向省人大常委会有关部门征求意见。提请常务委员会会议审议后,法制委员会根据常务委员会组成人员和各方面提出的意见进行审议、修改,提出审议结果报告和地方性法规草案表决稿。

第四十四条   列入常务委员会会议审议的地方性法规案,因各方面对制定该地方性法规的必要性、可行性等重大问题存在较大意见分歧搁置审议满两年的,或者因暂不交付表决经过两年没有再次列入常务委员会会议议程审议的,由主任会议向常务委员会报告,该地方性法规案终止审议。

第五章   地方性法规的报批、公布和备案

第四十五条   市人民代表大会及其常务委员会制定的地方性法规,由常务委员会报省人民代表大会常务委员会批准。

第四十六条   市人民代表大会及其常务委员会制定的地方性法规经省人民代表大会常务委员会批准后,由常务委员会发布公告予以公布。

公布地方性法规的公告应当载明该地方性法规的制定、批准机关和通过、批准、施行日期。

第四十七条   地方性法规公布后,应当及时在常务委员会公报和鸡西市人大网、《鸡西日报》上全文刊载。

在常务委员会公报上刊登的地方性法规文本为标准文本。

第四十八条   地方性法规公布后,常务委员会应当按照有关备案的规定,将地方性法规文本及有关材料报送省人民代表大会常务委员会。

第四十九条　常务委员会法制工作机构负责地方性法规报批、公布和备案的具体工作。

第六章　地方性法规的修改、废止、解释

第五十条　地方性法规的修改和废止程序,适用本条例第三章、第四章、第五章、第六章的有关规定。

法规被修改的,应当公布新的法规文本。

法规被废止的,除由其他法规规定废止该法规的以外,由常务委员会发布公告予以公布。

第五十一条　市人民代表大会闭会期间,常务委员会可以依照本条例规定的程序对市人民代表大会制定的地方性法规进行部分补充和修改,但不得同该地方性法规的基本原则相抵触。

第五十二条　地方性法规有以下情况之一的,由常务委员会解释:

(一)地方性法规的规定需要进一步明确具体含义的;

(二)地方性法规制定后出现新的情况,需要明确适用法规依据的。

第五十三条　市人民政府、市中级人民法院、市人民检察院和各专门委员会以及县(市)、区人民代表大会常务委员会可以向常务委员会提出地方性法规的解释要求。

第五十四条　常务委员会法制工作机构研究拟订地方性法规解释草案,由主任会议决定列入常务委员会会议议程。

法规解释案可以由主任会议或者专门委员会作提案人提出。

第五十五条　地方性法规解释草案经常务委员会会议审议,由法制委员会根据常务委员会组成人员的审议意见进行审议、修改,提出地方性法规解释草案表决稿,由常务委员会全体组成人员的过半数通过。

第五十六条　常务委员会通过的地方性法规解释、补充和修改,应当报省人民代表大会常务委员会批准后,由常务委员会发布公告予以公布。

第五十七条　常务委员会的地方性法规解释同地方性法规具有同等效力。

第七章　其他规定

第五十八条　提出地方性法规案,应当同时提出地方性法规草案文本及其说明,并提供必要的参阅资料。修改地方性法规的,还应当提交修改前后的对照文本。地方性法规草案的说明应当包括制定或者修改该地方性法规的必要性、可行性和主要内容,以及起草过程中对重大分歧意见的协调处理情况。

地方性法规拟设定行政许可和行政强制的,提案人应当向制定机关说

明设定的必要性、可能产生的影响以及听取和采纳意见的情况。

第五十九条 向市人民代表大会或者常务委员会提出的地方性法规案,在列入会议议程前,提案人有权撤回。

列入市人民代表大会或者常务委员会会议议程的地方性法规案,在交付表决前,提案人要求撤回的,应当说明理由,经主席团或者主任会议同意,并向大会或者常务委员会报告,对该地方性法规案的审议即行终止。

第六十条 交付市人民代表大会或者常务委员会全体会议表决未获得通过的地方性法规案,提案人认为必须制定该地方性法规,可以按照本条例规定的程序重新提出。

第六十一条 地方性法规草案与本市其他地方性法规相关规定不一致的,提案人应当予以说明并提出处理意见,必要时应当同时提出修改或者废止本市其他地方性法规相关规定的议案。

法制委员会和有关专门委员会审议地方性法规案时,认为需要修改或者废止本市其他地方性法规相关规定的,应当提出处理意见。

第六十二条 市人民代表大会及其常务委员会表决通过的地方性法规,公布施行满一年的,市人民政府应当向常务委员会书面报告地方性法规执行情况。

常务委员会法制工作机构应当对收到的报告进行研究,根据需要可以组织对有关地方性法规或者地方性法规中有关规定进行立法后评估。评估情况应当向常务委员会报告。

第六十三条 常务委员会法制工作机构可以对地方性法规有关具体问题的询问进行研究予以答复,并报常务委员会备案。

第六十四条 市人民代表大会及其常务委员会制定的地方性法规要求市人民政府及其有关部门对专门事项作出配套的具体规定的,市人民政府及其有关部门应当自该法规施行之日起一年内作出规定,地方性法规对配套的具体规定制定期限另有规定的,从其规定。市人民政府及其有关部门未能在期限内作出配套的具体规定的,应当向常务委员会书面说明情况。

市人民政府及其有关部门应当自配套的具体规定发布之日起七日内报常务委员会备案。

第八章 附　则

第六十五条 本条例自 2017 年 5 月 1 日起施行。

双鸭山市人民代表大会及其常务委员会 立法条例

（2017年1月10日双鸭山市人民代表大会第一次会议通过 2017年4月7日黑龙江省第十二届人民代表大会常务委员会 第三十三次会议批准）

第一章 总 则

第一条 为了规范地方立法活动,提高地方立法质量,发挥立法的引领和推动作用,根据《中华人民共和国立法法》《中华人民共和国地方各级人民代表大会和地方各级人民政府组织法》《黑龙江省人民代表大会及其常务委员会立法条例》的有关规定,结合本市实际,制定本条例。

第二条 市人民代表大会及其常务委员会制定、修改、解释、废止地方性法规,适用本条例。

第三条 地方立法应当坚持以下原则:

（一）坚持依照法定的权限和程序,维护社会主义法制统一和尊严,不得与宪法、法律、行政法规和本省地方性法规相抵触;

（二）坚持立法公开,发扬社会主义民主,保障人民通过多种途径参与立法活动;

（三）科学合理地规定公民、法人和其他组织的权利与义务、地方国家机关的权力与责任,维护人民的根本利益;

（四）坚持立法与改革决策相衔接,适应经济社会发展和全面深化改革的要求,促进经济发展和社会进步。

第四条 市人民代表大会及其常务委员会可以就城乡建设与管理、环境保护、历史文化保护等方面的下列事项制定地方性法规:

（一）为了执行法律、行政法规的规定,需要根据本市的实际情况作具体规定的事项;

（二）法律规定由地方性法规作出规定的事项;

（三）属于本市地方性事务需要制定地方性法规的事项;

（四）除《中华人民共和国立法法》第八条规定的事项外,国家尚未制定法律或者行政法规,且省人民代表大会及其常务委员会也尚未制定地方性

法规的,根据本市实际,需要先行作出规定的事项;

(五)依法有权规定的其他事项。

第五条　规定本市特别重大事项的地方性法规,应当由市人民代表大会通过。

市人民代表大会有权改变或者撤销市人民代表大会常务委员会制定的不适当的地方性法规。

市人民代表大会闭会期间,常务委员会可以对市人民代表大会制定的法规进行部分补充和修改,但是不得同该法规的基本原则相抵触。

第六条　市人民代表大会及其常务委员会应当加强对地方立法工作的组织协调,健全地方立法工作机制,发挥在地方立法工作中的主导作用。

地方立法经费应列入市本级财政预算。

第二章　立法准备

第七条　市人民代表大会常务委员会(以下简称常务委员会)通过立法规划、年度立法计划等形式,加强对地方立法工作的统筹安排。

第八条　常务委员会的立法规划和年度立法计划,由常务委员会法制工作机构负责编制,并按照常务委员会的要求,督促立法规划和年度立法计划的落实。

编制立法规划和年度立法计划,应当认真研究代表议案和建议,广泛征集意见,科学论证评估,根据经济社会发展和民主法治建设的需要,确定立法项目,提高立法的稳定性和针对性。

第九条　立法规划应当于市人民代表大会换届后六个月内完成编制工作;年度立法计划应当于市人民代表大会会议后一个月内完成编制工作。

第十条　常务委员会工作机构应当向市人民政府、市人民代表大会各专门委员会发函征集立法规划和年度立法计划建议项目,并通过市人大网站和双鸭山日报等途径向社会广泛征集立法建议项目。

提出立法建议项目,应当采用书面形式,并提供法规草案初稿和立项论证报告。立项论证报告应当对项目的必要性、合理性、可行性、立法时机等进行论证。个人提出立法建议项目,可以只提供建议项目名称和主要理由。

第十一条　立法规划和年度立法计划由常务委员会主任会议通过并向社会公布,报省人民代表大会常务委员会备案。

第十二条　市人民政府、市人民代表大会专门委员会对所提出的年度立法项目进行调整的,应当提交书面报告,并向主任会议说明。

立法规划和年度立法计划需要调整的,由常务委员会法制工作机构提请主任会议确定。

第十三条　列入常务委员会年度立法计划的正式项目,应当确定法规草案的提案人和提请时间。提案人不能按时完成起草任务的,应当向常务委员会法制工作机构和有关的专门委员会说明原因,由常务委员会法制工作机构或者有关的专门委员会向常务委员会主任会议报告。

第十四条 列入常务委员会年度立法计划的地方性法规草案,一般由提案人组织由立法工作者、实际工作者及专家、学者等方面人员组成的起草小组起草。专业性较强的法规草案也可以由提案人委托有关专家、教学科研单位、社会组织起草。提案人可以邀请市人民代表大会代表参与起草工作。

综合性、全局性、基础性的重要法规草案,可以由有关的专门委员会或者常务委员会相关工作机构组织起草。

市人民代表大会有关的专门委员会、常务委员会工作机构应当提前参与法规草案的起草工作。

第十五条 起草地方性法规草案,应当针对问题深入调查研究,广泛听取意见,科学论证评估,遵循立法技术规范,保证法规草案文本质量。

第三章 市人民代表大会立法程序

第十六条 市人民代表大会主席团(以下简称主席团)可以向市人民代表大会提出制定、修改、废止地方性法规的议案(以下简称法规案),由市人民代表大会会议审议。

常务委员会、市人民政府、市人民代表大会专门委员会可以向市人民代表大会提出法规案,由主席团决定列入会议议程。

第十七条 一个代表团或者十名以上的市人民代表大会代表联名,可以向市人民代表大会提出法规案,由主席团决定是否列入大会议程;或者先交由有关的专门委员会审议,提出是否列入会议议程的意见,再决定是否列入会议议程。列入会议议程的,有关的专门委员会的审议意见应当印发会议。主席团决定不列入会议议程的,应当向大会报告或者向提案人说明。

有关的专门委员会审议法规案的时候,可以邀请提案人列席会议,发表意见。

第十八条 向市人民代表大会提出的法规案,在市人民代表大会闭会期间,可以先向常务委员会提出,经常务委员会会议依照本条例第四章规定的有关程序审议后,决定提请市人民代表大会审议,由常务委员会向大会全体会议作说明,或者由提案人向大会全体会议作说明。

常务委员会依照前款规定审议法规案,应当通过多种形式征求代表意见,并将有关情况予以反馈。市人民代表大会各专门委员会和常务委员会工作机构进行立法调研,可以邀请有关的市人民代表大会代表参加。

第十九条 常务委员会决定提请市人民代表大会会议审议的法规案,

应当在会议举行的十五日前将法规草案发给代表。

第二十条 列入市人民代表大会会议议程的法规案,大会全体会议听取常务委员会或者提案人的说明后,由各代表团进行审议。

各代表团审议法规案时,提案人应当派人听取意见,回答询问;根据代表团的要求,有关机关或者组织应当派人介绍情况。

第二十一条 列入市人民代表大会会议议程的法规案,由有关的专门委员会进行审议,向主席团提出审议意见,并印发会议。

第二十二条 列入市人民代表大会会议议程的法规案,由法制委员会根据各代表团和有关的专门委员会的审议意见,对法规案进行统一审议,向主席团提出审议结果报告和法规草案修改稿,对重要的不同意见应当在审议结果报告中予以说明,经主席团会议审议通过后,印发会议。

第二十三条 列入市人民代表大会会议议程的法规案,必要时,主席团常务主席可以召开各代表团团长会议,就法规案中的重大问题听取各代表团的审议意见,进行讨论,并将讨论的情况和意见向主席团报告。

主席团常务主席也可以就法规案中重大的专门性问题,召集代表团推选的有关代表进行讨论,也可以向有关专家咨询,并将讨论的情况和意见向主席团报告。

第二十四条 法规案在审议中有重大问题需要进一步研究的,经主席团提出,由大会全体会议决定,可以授权常务委员会根据代表的意见进一步审议,作出决定,并将决定情况向市人民代表大会下次会议报告;也可以授权常务委员会根据代表的意见进一步审议,提出修改方案,提请市人民代表大会下次会议审议决定。

第二十五条 列入市人民代表大会会议议程的法规案,在交付表决前,提案人要求撤回的,应当说明理由,经主席团同意,并向大会报告,对该法规案的审议即行终止。

第二十六条 法规草案修改稿经各代表团审议,由法制委员会根据各代表团的审议意见进行修改,提出法规草案表决稿,由主席团提请大会全体会议表决,由全体代表的过半数通过。

第四章 市人民代表大会常务委员会立法程序

第二十七条 常务委员会主任会议可以向常务委员会提出法规案,由常务委员会审议。

市人民政府、市人民代表大会专门委员会可以向常务委员会提出法规案,由常务委员会主任会议决定列入常务委员会会议议程,或者先交由有关的专门委员会审议,提出报告,再决定列入常务委员会会议议程。如果常务委员会主任会议认为法规案有重大问题需要进一步研究,可以建议提案人修改完善后再向常务委员会提出。

第二十八条　常务委员会组成人员五人以上联名,可以向常务委员会提出法规案,由主任会议决定是否列入常务委员会会议议程,或者先交由有关的专门委员会审议,提出是否列入会议议程的意见,再决定是否列入常务委员会会议议程。不列入常务委员会会议议程的,应当向常务委员会会议报告或者向提案人说明。

有关的专门委员会审议的时候,可以邀请提案人列席会议,发表意见。

第二十九条　提请常务委员会会议审议的法规案,提案人应当在会议举行的十五日前向常务委员会提出。

列入常务委员会会议议程的法规案,除特殊情况外,应当在会议举行的七日前将法规草案发给常务委员会组成人员。

常务委员会会议审议法规案,应当邀请有关的市人民代表大会代表列席会议。

第三十条　列入常务委员会会议议程的法规案,一般应当经两次常务委员会会议审议后交付表决。

常务委员会会议第一次审议法规案,在全体会议上听取提案人的说明,有关的专门委员会提出审议意见印发会议,由分组会议进行审议。会后,法制委员会根据常务委员会组成人员、有关的专门委员会的审议意见和各方面提出的意见,对法规案统一审议。

法规案第一次审议后,报省人大常委会征求意见。

常务委员会会议第二次审议法规案时,由法制委员会提出审议结果的报告和法规草案修改稿,对重要不同意见应当在审议结果的报告中予以说明。分组会议审议后,由法制委员会根据组成人员的意见对法规草案继续修改,提出草案表决稿。

常务委员会会议审议法规草案时,根据需要可以召开联组会议或者全体会议进行审议,对法规草案中的主要问题进行讨论,分歧较大的,主任会议可以组织分歧各方进行辩论。

第三十一条　法规案的调整事项比较单一或者只作部分修改,且各方面的意见比较一致的,经常务委员会主任会议决定,可以经一次常务委员会会议审议即交付表决。

实行一次常务委员会审议的法规案,由提案人向全体会议作说明,有关的专门委员会提出审议意见书面印发会议。分组会议审议后,由法制委员会提出审议结果的报告和草案表决稿。提案人为法制委员会的,在全体会议上不再听取法制委员会关于法规草案审议结果的报告。

第三十二条　常务委员会分组会议审议地方性法规案时,提案人应当派人听取意见,回答询问;根据小组的要求,有关机关、组织应当派人介绍情况。

分组审议地方性法规案应当依照会议议程逐案审议,不得将两件以上地方性法规案或者将地方性法规案与其他议题合并审议,不得缩减审议时间。

第三十三条 市政府提出法规案后,列入常务委员会会议议程前,常务委员会主任会议先交有关的专门委员会进行审议。有关的专门委员会应当对法规案的立法必要性、主要内容的可行性和是否列入会议议程进行审议,提出意见,并向常务委员会主任会议报告。

常务委员会主任会议决定列入会议议程的,有关的专门委员会审议意见印发常务委员会会议。

有关的专门委员会审议法规案时,可以邀请提案人、其他专门委员会的成员、常务委员会有关工作委员会的工作人员列席会议,发表意见。

第三十四条 常务委员会会议审议法规案时,常务委员会组成人员应当围绕法规案提出简洁、明确的审议意见。

常务委员会组成人员在常务委员会会议上提出审议意见可以用口头形式,也可以用书面形式。口头形式的审议意见由工作人员整理后交组成人员签字确认。

第三十五条 列入常务委员会会议议程的法规案,由法制委员会根据常务委员会组成人员、有关的专门委员会的审议意见以及各方面提出的意见,对法规案进行统一审议,提出法规案修改情况或者审议结果报告和法规草案修改稿,由常务委员会会议审议。对重要的不同意见应当在汇报或者审议结果报告中予以说明。对有关的专门委员会的审议意见和工作委员会的审查意见没有采纳的,应当向有关的专门委员会和工作委员会反馈。

法制委员会审议法规案时,应当邀请有关的专门委员会、工作委员会的成员列席会议,发表意见。

第三十六条 法制委员会与专门委员会之间对法规草案的重要问题意见不一致的,应当向主任会议报告。

第三十七条 列入常务委员会会议议程的法规案,法制委员会、有关的专门委员会和常务委员会工作机构应当就法规案的有关问题进行调查研究,听取各方面意见。听取意见可以采取召开座谈会、论证会、听证会、实地考察等形式。

法规案有关问题专业性较强,需要进行可行性评价的,应当召开论证会,听取有关专家、部门和市人民代表大会代表等方面的意见,或者委托第三方组织论证,论证情况应当向常务委员会报告。

法规案有关问题存在重大意见分歧或者涉及利益关系重大调整,需要进行听证的,应当召开听证会,听取有关基层和群体代表、部门、人民团体、专家、市人民代表大会代表和社会有关方面的意见,听证情况应当向常务委员会报告。

常务委员会法制工作机构应当将法规草案发送市人民代表大会代表、县(区)的人民代表大会常务委员会以及有关部门、组织和专家征求意见。

第三十八条 列入常务委员会会议议程的法规案,应当在常务委员会会议第一次审议后将法规草案、法规草案修改稿及其起草、修改的说明等向社会公布,征求意见。实行一次审议或者常务委员会主任会议决定不公布的除外。

第三十九条 列入常务委员会会议议程的法规案,常务委员会工作机构应当收集整理分组审议的意见,分送法制委员会、有关的专门委员会和工作委员会,并根据需要,印发常务委员会会议。

第四十条 拟提请常务委员会会议审议通过的法规案,在法制委员会提出审议结果报告前,常务委员会工作机构可以对地方性法规草案中主要制度规范的可行性、法规出台时机、法规实施的社会效果和可能出现的问题等进行评估。评估情况由法制委员会在审议结果报告中予以说明。

第四十一条 列入常务委员会会议议程的法规案,在交付表决前,提案人要求撤回的,应当说明理由,经常务委员会主任会议同意,并向常务委员会报告,对该法规案的审议即行终止。

第四十二条 法规草案修改稿经常务委员会会议审议,由常务委员会法制工作机构根据常务委员会组成人员的审议意见进行修改,经法制委员会审议提出法规草案表决稿,由主任会议提请常务委员会全体会议表决,由常务委员会全体组成人员的过半数通过。

法规草案表决稿交付常务委员会会议表决前,主任会议根据常务委员会会议审议的情况,可以决定将个别意见分歧较大的重要条款提请常务委员会会议单独表决。

单独表决的条款经常务委员会会议表决后,主任会议根据单独表决的情况,可以决定将法规草案表决稿交付表决,也可以决定暂不交付表决,交法制委员会进一步审议。

第四十三条 对多部法规中涉及同类事项的个别条款进行修改,一并提出修正案的,经主任会议决定,可以合并表决,也可以分别表决。

第四十四条 列入常务委员会审议的法规案,因各方面对制定该法规案的必要性、可行性等重大问题存在较大意见分歧搁置审议满两年的,或者因暂不交付表决满两年没有再次列入常务委员会会议议程审议的,由主任会议向常务委员会报告,该法规案终止审议。

第五章 报批和公布程序

第四十五条 市人民代表大会及其常务委员会制定的地方性法规应当依法报请省人民代表大会常务委员会批准。报请批准时应当提交报请批准地方性法规的书面报告、地方性法规文本及其说明。

第四十六条 报请批准的地方性法规经省人民代表大会常务委员会批准后,由市人民代表大会常务委员会发布公告予以公布。

常务委员会公告应当载明该地方性法规的制定、批准机关和通过、批准、施行日期。

第四十七条 常务委员会公告及其颁布的地方性法规文本,应当在双鸭山市人民代表大会常务委员会公报、双鸭山人大网和《双鸭山日报》上全文刊载。

在双鸭山市人民代表大会常务委员会公报上刊载的地方性法规文本为标准文本。

第四十八条 市人民代表大会常务委员会应当在地方性法规批准后七个工作日内,将公布的地方性法规的公告及地方性法规文本和有关材料报送省人民代表大会常务委员会,由省人民代表大会常务委员会报全国人民代表大会常务委员会和国务院备案。

第四十九条 常务委员会法制工作机构负责地方性法规报批、公布和备案的具体工作。

第六章 其他规定

第五十条 提出法规案应当同时提出法规草案文本及其说明,并提供必要的参阅资料。修改法规的,还应当提交修改前后的对照文本。

法规草案的说明应当包括制定或者修改法规的必要性、可行性和主要内容,以及起草过程中对重大分歧意见的协调处理情况。

地方性法规拟设定行政许可和行政强制措施的,提案人应当向制定机关说明设定的必要性和可能产生的影响。

第五十一条 向市人民代表大会及其常务委员会提出的法规案,在列入会议议程前,提案人有权撤回。

第五十二条 交付市人民代表大会及其常务委员会全体会议表决未获得通过的法规案,如果提案人认为必须制定该地方性法规,可以按照本条例规定的程序重新提出,由主席团、常务委员会主任会议决定是否列入会议议程;其中,未获得市人民代表大会通过的法规案,应当提请市人民代表大会审议决定。

第五十三条 地方性法规草案有关内容与本市其他地方性法规相关规

定不一致的,提案人应当予以说明并提出处理意见,必要时应当同时提出修改或者废止本市其他地方性法规相关规定的议案。

法制委员会和有关的专门委员会审议法规案时,认为需要修改或者废止本市其他地方性法规相关规定的,应当提出处理意见。

第五十四条 市人民代表大会及其常务委员会制定或者修改的地方性法规实施满一年的,市人民政府应当向常务委员会书面报告法规执行情况。

第五十五条 市人民代表大会常务委员会应当建立立法咨询专家制度、立法协商制度和基层联系制度,健全立法工作与社会公众的沟通机制。

第五十六条 市人民代表大会专门委员会、常务委员会工作机构应当组织对地方性法规或者地方性法规中有关的规定进行立法后评估,评估情况应当向常务委员会报告。

立法后评估应当遵循客观真实、公开透明、公众参与和科学规范的原则。

第五十七条 常务委员会各工作委员会应当根据各自职责范围,分别对有关地方性法规定期进行清理。发现本市的地方性法规的内容与法律、行政法规、本省的地方性法规相抵触的,或者不适应新的形势要求的,应当及时提出处理意见。

地方性法规清理情况以及处理意见向常务委员会主任会议报告。经常务委员会主任会议同意的地方性法规清理意见,作为地方性法规制定规划、计划调整的依据之一。

第五十八条 常务委员会法制工作机构可以对地方性法规有关具体问题的询问进行研究予以答复,并报常务委员会备案。

第五十九条 常务委员会法制工作机构负责市地方性法规的汇编、出版和译本的审定。

第六十条 市人民代表大会及其常务委员会制定的地方性法规要求市人民政府及有关部门对专门事项作出配套的具体规定的,市人民政府及有关部门应当自法规施行之日起一年内作出规定,法规对配套的具体规定制定期限另有规定的,从其规定。

市人民政府及有关部门不得将被授予的权力转授给其他机关、组织,制定的规定不得与市地方性法规相违背。

市人民政府及有关部门对专门事项作出配套的具体规定应当同时报常务委员会备案。

市人民政府及有关部门未能在规定期限内作出配套的具体规定的,应当向常务委员会说明情况。

第六十一条 市人民代表大会及其常务委员会可以根据改革发展的需要,决定就行政管理等领域的特定事项授权在一定期限内,在部分地方暂时调整或者暂时停止适用市地方性法规设定的部分规定,并依照本条例第五章的有关规定报请省人民代表大会常务委员会审查批准。

第六十二条 国家机关、社会团体、企业事业组织以及公民发现本市的地方性法规的内容与法律、行政法规、本省的地方性法规相抵触的,或者不适应新的形势要求的,可以向市人民代表大会常务委员会提出修改和废止的意见、建议。

第六十三条 地方性法规的修改、废止程序,适用本条例第三章、第四章的规定。

地方性法规部分条文被修改的,应当公布新的地方性法规文本。

经过修改的地方性法规,应当依次载明修改机关、修改日期。

第七章 地方性法规的解释

第六十四条 市人民代表大会及其常务委员会制定的地方性法规,有以下情况之一的,由常务委员会负责解释:

(一)地方性法规的规定需要进一步明确具体含义的;

(二)地方性法规制定后出现新的情况,需要明确适用法规依据的。

第六十五条 市人民政府、市中级人民法院、市人民检察院和市人民代表大会专门委员会以及各县(区)人民代表大会常务委员会,可以向常务委员会提出法规解释的要求。

第六十六条 常务委员会法制工作机构研究拟订地方性法规解释,由主任会议决定列入常务委员会会议议程。

第六十七条 法规解释经常务委员会会议审议,由法制委员会根据常务委员会组成人员的审议意见进行审议、修改,提出法规解释表决稿。

第六十八条 法规解释表决稿由主任会议提请常务委员会全体会议表决,经常务委员会全体组成人员的过半数通过,经省人民代表大会常务委员会批准后,由常务委员会发布公告予以公布,并在双鸭山市人民代表大会常务委员会公报、双鸭山人大网和《双鸭山日报》上全文刊载。

第六十九条 常务委员会的地方性法规解释同地方性法规具有同等效力。

第八章 附 则

第七十条 本条例自公布之日起施行。

七台河市人民代表大会及其常务委员会
立法条例

(2017 年 8 月 24 日七台河市第十一届人民代表大会第二次会议通过 2017 年 10 月 13 日黑龙江省第十二届人民代表大会常务委员会第三十六次会议批准)

第一章 总 则

第一条 为了规范地方立法活动,提高立法质量,发挥立法的引领、推动和保障作用,全面推进依法治市,根据《中华人民共和国地方各级人民代表大会和地方各级人民政府组织法》《中华人民共和国立法法》和《黑龙江省人民代表大会及其常务委员会立法条例》等法律、法规的有关规定,结合本市实际,制定本条例。

第二条 市人民代表大会及其常务委员会制定、修改、废止、解释地方性法规,适用本条例。

市人民代表大会常务委员会(以下简称常务委员会)审查市人民政府报送备案的政府规章,适用本条例。

第三条 地方立法应当遵循下列原则:

(一)坚持中国共产党的领导,维护社会主义法制的统一和尊严,不得与宪法、法律、行政法规和省人民代表大会及其常务委员会制定的地方性法规相抵触;

(二)坚持立法与改革决策相衔接,适应经济社会发展和全面深化改革的要求,符合地方实际,突出地方特色,促进经济发展和社会进步;

(三)体现人民的意志,发扬社会主义民主,坚持立法公开,保障人民通过多种途径参与立法活动;

(四)地方性法规内容应当明确、具体,具有针对性和可执行性,对上位法已经明确规定的,一般不作重复性规定。

第四条 市人民代表大会及其常务委员会应当加强对立法工作的组织协调,发挥在地方立法工作中的主导作用。

第五条 立法经费应当列入财政预算。

第二章　立法权限

第六条　市人民代表大会及其常务委员会可以对城乡建设与管理、环境保护、历史文化保护等方面涉及的下列事项制定地方性法规：

（一）为执行法律、行政法规和省人民代表大会及其常务委员会制定的地方性法规，根据本市实际，需要作出具体规定的；

（二）属于本市的地方性事务，需要用地方性法规加以规范和调整的；

（三）除《中华人民共和国立法法》第八条规定的事项外，国家尚未制定法律或者行政法规，省人民代表大会及其常务委员会尚未制定地方性法规，根据本地方实际，需要先行作出规定的。

第七条　市人民代表大会及其常务委员会制定的地方性法规要求市人民政府及其有关部门对专门事项作出配套具体规定的，市人民政府及其有关部门应当自该地方性法规施行之日起一年内作出规定，地方性法规对配套具体规定制定期限另有规定的，从其规定。

市人民政府及其有关部门不得将被授予的权力转授给其他机关、组织，制定的规定不得与市地方性法规相违背。

市人民政府及其有关部门对专门事项作出配套的具体规定应当同时报常务委员会备案。

市人民政府及其有关部门未能在期限内作出配套的具体规定的，应当向常务委员会书面说明情况。

第三章　立法准备

第八条　常务委员会通过立法规划、年度立法计划等形式，统筹安排立法工作。

常务委员会法制工作机构负责编制立法规划草案和年度立法计划草案，并按照常务委员会的要求，督促立法规划和年度立法计划的落实。

第九条　常务委员会应当在每届第一年度编制五年立法规划。根据立法规划，结合实际需要，在每年第一季度制定年度立法计划。

第十条　常务委员会法制工作机构应当向市人民代表大会各专门委员会、常务委员会工作机构和市人民政府法制工作机构等单位征集立法规划和年度立法计划的建议项目，广泛征集市人民代表大会代表和常务委员会组成人员的意见，并在七台河人大网站、微信公众号和机关内刊上向社会公开征集立法建议项目。

第十一条　提出立法建议项目，应当采用书面形式。单位提出立法建议项目，应当提供地方性法规草案初稿和立项论证报告。立项论证报告应当对项目的必要性、合理性、可行性、立法时机等进行论证。个人提出立法建议项目,可以只提供建议项目名称和主要理由。

第十二条 市人民代表大会有关专门委员会、常务委员会工作机构和市人民政府法制工作机构应当根据需要,对立法建议项目进行调研、评估和论证,提出是否列入立法规划和年度立法计划的意见。

第十三条 常务委员会法制工作机构应当召开立项会议,组织专家逐项听取项目提出单位对立法建议项目的说明,对项目的必要性、合理性、可行性、立法时机等进行论证,并根据论证情况,拟定立法规划和年度立法计划项目,形成立法规划草案和年度立法计划草案。

立项会议应当邀请市人民代表大会有关专门委员会、常务委员会工作机构和市人民政府法制工作机构参加。

第十四条 立法建议项目有下列情形之一的,不予列入年度立法计划:

(一)超越立法权限或者主要内容与上位法相抵触的;

(二)拟解决的主要问题已经通过其他立法解决的;

(三)立法目的不明确或者拟设定的制度、规范难以实现立法目的的;

(四)主要内容难以操作执行的;

(五)与主要内容相关的上位法正在修改,即将出台的。

第十五条 年度立法计划应当明确责任单位、完成时限、送审和安排审议的时间。

立法规划和年度立法计划由常务委员会主任会议通过并向社会公布,同时报送省人民代表大会常务委员会备案。

立法规划和年度立法计划正式项目的变更和调整由常务委员会法制工作机构综合各方面的意见,提请主任会议决定。

第十六条 市人民政府年度立法计划中的政府规章项目应当与常务委员会年度立法计划相衔接。市人民政府法制工作机构应当及时跟踪了解市人民政府各部门落实立法计划的情况,加强组织协调和督促指导。

拟列入市人民政府年度立法计划的政府规章项目应当同时告知常务委员会法制工作机构。

第十七条 市人民代表大会专门委员会、常务委员会工作机构应当认真研究市人民代表大会代表提出的立法议案和意见、建议,并由市人民代表大会常务委员会法制工作机构在编制立法规划草案和年度立法计划草案时统筹考虑。

第十八条 列入年度立法计划的地方性法规项目,地方性法规草案由提案人组织起草。

常务委员会认为需要由自己组织起草的地方性法规草案,可由主任会议指定市人民代表大会专门委员会或者常务委员会工作机构组织起草。

综合性、全局性、基础性的重要地方性法规草案,可以由市人民代表大会有关专门委员会或者市人民代表大会常务委员会工作机构组织起草。

专业性较强的地方性法规草案,应当吸收相关领域的专家参与起草工作,可以委托有关专家、教学科研单位、社会组织起草。

市人民政府相关部门组织起草地方性法规草案,应当邀请市人民代表大会有关专门委员会、常务委员会法制工作机构提前参与。

第十九条 常务委员会应当成立市人民政府、市人民代表大会有关专门委员会和常务委员会工作机构组成的地方性法规草案起草工作领导小组,加强对地方性法规起草工作的领导,研究解决地方性法规起草中的重大问题。

第二十条 市人民政府有关部门在起草地方性法规草案过程中,市人民代表大会有关专门委员会、常务委员会法制工作机构应当了解地方性法规起草情况,并参与调查研究和论证工作。

第二十一条 起草地方性法规草案,应当深入开展调查研究,广泛听取各方面意见,准确掌握实际情况,真实反映公民、法人和其他组织的利益和诉求。

对于地方性法规中的专门问题或者重要问题,起草人应当提出专题可行性报告。

起草地方性法规草案,可以根据需要征求基层立法联系点、立法咨询专家、民主党派、工商联、人民团体、社会组织、政协委员和无党派人士的意见。

第二十二条 起草的地方性法规草案涉及两个以上部门权限的,提案人在提请审议前应当做好协调工作。

第四章　市人民代表大会立法程序

第二十三条 市人民代表大会主席团可以向市人民代表大会提出地方性法规案,由市人民代表大会会议审议。

常务委员会、市人民政府、市人民代表大会专门委员会可以向市人民代表大会提出地方性法规案,由主席团决定列入会议议程。

第二十四条 一个代表团或者市人民代表大会代表十人以上联名,可以向市人民代表大会提出地方性法规案,由主席团决定是否列入会议议程,或者先交有关专门委员会审议,提出是否列入会议议程的意见,再决定是否列入会议议程。

第二十五条 向市人民代表大会提出的地方性法规案,在市人民代表大会闭会期间,可以先向常务委员会提出,经常务委员会审议后,提请市人民代表大会审议。

常务委员会依照前款规定审议地方性法规案,应当通过多种形式征求代表意见,并将有关情况予以反馈。

市人民代表大会有关专门委员会和常务委员会工作机构进行立法调研,可以邀请有关代表参加。

第二十六条 常务委员会决定提请市人民代表大会审议的地方性法规案,应当在会议举行的一个月前将地方性法规草案发给代表。

第二十七条 列入市人民代表大会会议议程的地方性法规案,大会全体会议听取提案人的说明后,由各代表团进行审议。

各代表团审议地方性法规案时,提案人应当派人听取意见,回答询问。

根据代表团要求,有关机关、组织应当派人说明情况。

第二十八条 列入市人民代表大会会议议程的地方性法规案,由有关专门委员会审议,向主席团提出审议意见,并印发会议。

第二十九条 列入市人民代表大会会议议程的地方性法规案,由法制委员会根据各代表团和有关专门委员会的审议意见进行统一审议,向主席团提出审议结果的报告和地方性法规草案修改稿,对重要的不同意见应当在审议结果报告中予以说明,经主席团会议审议通过后,印发会议。

第三十条 市人民代表大会会议审议地方性法规案时,主席团常务主席可以召开代表团团长会议,就地方性法规案中的重大问题听取各代表团的意见,进行讨论,并将讨论情况和意见向主席团报告。

主席团常务主席也可以就地方性法规案中的重大问题和专业性问题,召集代表团推选的有关代表进行讨论,并将讨论情况和意见向主席团报告。

第三十一条 地方性法规案在审议中有重大问题需要进一步研究的,经主席团提出,大会全体会议决定,可以授权常务委员会根据代表的意见进一步审议,作出决定,并将决定情况向市人民代表大会下次会议报告,也可以授权常务委员会根据代表的意见进一步审议,提出修改方案,提请市人民代表大会下次会议审议决定。

第三十二条 地方性法规草案修改稿经各代表团审议后,由法制委员会根据各代表团的审议意见进行修改,提出地方性法规草案表决稿,由主席团提请大会全体会议表决,由全体代表过半数通过。

审议中意见较多的,经主席团决定,表决前由法制委员会在全体会议上汇报审议修改情况并提出地方性法规草案表决稿。

第五章　市人民代表大会常务委员会立法程序

第一节　提出地方性法规案

第三十三条 主任会议可以向常务委员会提出地方性法规案,由常务委员会会议审议。

第三十四条 市人民政府、市人民代表大会专门委员会可以向常务委员会提出地方性法规案,由主任会议决定列入常务委员会会议议程。

市人民政府向常务委员会提出地方性法规案,应当先交有关的市人民代表大会专门委员会审议,提出审议意见,再由主任会议决定列入常务委员会会议议程。

主任会议认为地方性法规案有重大问题需要进一步研究的,可以建议提案人修改完善后再向常务委员会提出。

第三十五条 常务委员会组成人员五人以上联名,可以向常务委员会提出地方性法规案,由主任会议决定是否列入常务委员会会议议程,或者先交有关的专门委员会审议,提出审议意见,再决定是否列入常务委员会会议议程。不列入常务委员会会议议程的,应当向常务委员会会议报告或者向提案人说明。

专门委员会审议时,可以邀请提案人列席会议,听取意见,回答询问。

第三十六条 市人民代表大会全体会议决定授权常务委员会根据代表的审议意见对地方性法规案中的重大问题进一步审议的,由主任会议决定列入常务委员会会议议程。

第三十七条 市人民政府提出的地方性法规案,应当经其全体会议或者常务会议讨论通过,并于常务委员会举行会议15日前提交常务委员会。

未按期限提交的地方性法规案,不列入该次常务委员会会议议程。

第三十八条 提出地方性法规案,应当同时提出法规草案文本及其说明,并提供必要的参阅资料。修改地方性法规的,还应当提交修改前后的对照文本。地方性法规草案的说明应当包括制定或者修改地方性法规的必要性、可行性和主要内容,以及起草过程中对重大分歧意见的协调处理情况。

对有关行政许可、行政处罚、行政强制、行政收费条款的依据应当作出具体说明。

地方性法规草案与其他地方性法规有关规定不一致的,提案人应当予以说明并提出处理意见,必要时,应当同时提出修改或者废止其他地方性法规相关规定的议案。

第三十九条 列入常务委员会会议议程的地方性法规案,除特殊情况外,应当在会议举行的10日前将地方性法规草案和相关材料发给常务委员会组成人员。

常务委员会组成人员可以对地方性法规案进行调查研究,准备审议意见。

对重要的地方性法规案或者地方性法规案中的重大问题,常务委员会组成人员可以组织人员进行调查研究。需要由市人民代表大会有关专门委员会或者常务委员会工作机构协助的,应当予以协助。

第二节 常务委员会审议

第四十条 列入常务委员会会议议程的地方性法规案,一般应当经两次常务委员会会议审议后交付表决。

对意见分歧较大或者意见较多的地方性法规案,应当经隔次常务委员会会议审议后交付表决,或者经两次常务委员会会议审议后交付下次常务委员会会议表决。

常务委员会会议第一次审议地方性法规案时,由提案人向会议作说明,地方性法规草案和有关的专门委员会的审议意见印发会议。

常务委员会会议第二次审议地方性法规案时,听取法制委员会关于审议结果的报告,地方性法规草案修改稿印发会议。

对部门间争议较大的地方性法规案,可由常务委员会委托第三方评估,充分听取各方意见,协调决定。

第四十一条 列入常务委员会会议议程,调整事项单一的地方性法规案、修正案及地方性法规的废止和解释,各方面的意见比较一致的,可以经一次常务委员会会议审议即交付表决。

第四十二条 常务委员会会议审议地方性法规案,应当依照会议议程逐案审议,且有充足的时间保证。

第四十三条 常务委员会会议审议地方性法规案时,提案人应当派人听取意见,回答询问。

第四十四条 常务委员会会议审议地方性法规案时,常务委员会组成人员应当围绕地方性法规案提出审议意见。审议意见应当具体、明确,具有针对性和可操作性。

常务委员会组成人员提出审议意见可以用口头形式,也可以用书面形式。不能出席审议地方性法规案的常务委员会会议时,可以提交书面审议意见。

第四十五条 常务委员会会议审议地方性法规案时,可以邀请有关的市人民代表大会代表列席会议,发表意见。根据需要允许公民旁听。

第四十六条 列入常务委员会会议议程的地方性法规案,应当在常务委员会会议初次审议后,将地方性法规草案修改稿向相关的省、市人民代表大会代表征求意见,并向社会公布,但是经主任会议决定不公布的除外。

向社会公布征求意见的时间一般不少于15日。

第四十七条 列入常务委员会会议议程的地方性法规案,在交付表决前提案人要求撤回的,提案人应当说明理由,经主任会议同意,并向常务委员会报告,对该地方性法规案的审议即行终止。

第四十八条 列入常务委员会会议审议的地方性法规案,因各方面对制定该地方性法规的必要性、可行性等重大问题存在较大意见分歧搁置审议满两年的，或者因暂不付表决经过两年没有再次列入常务委员会会议议程审议的，由主任会议向常务委员会报告，该地方性法规案终止审议。

第四十九条 常务委员会法制工作机构在常务委员会会议审议地方性法规案过程中，应当履行下列职责：

（一）汇总、整理常务委员会组成人员和有关专门委员会的审议意见；

（二）收集、整理社会各方面对地方性法规草案的意见；

（三）向有关专门委员会、常务委员会组成人员反馈意见、建议的采纳情况；

（四）起草法制委员会审议结果的报告和修改情况的汇报等材料草稿；

（五）向省人民代表大会常务委员会法制工作机构通报地方性法规案审议情况；

（六）其他审议服务工作。

第三节 专门委员会审议

第五十条 有关专门委员会应对地方性法规草案草稿进行审议，提出审议意见，提请主任会议审议决定列入常委会会议议程。

第五十一条 对实行两次常务委员会会议审议的地方性法规案，常务委员会会议第一次审议时，由提案人向全体会议作说明，有关专门委员会提出审议意见书面印发会议。会后，法制委员会根据常务委员会组成人员、有关专门委员会的审议意见和各方面提出的意见，对地方性法规案统一审议。

常务委员会会议第二次审议时，由法制委员会提出审议结果的报告和地方性法规草案修改稿。对重要的不同意见应当在审议结果的报告中予以说明。有关专门委员会的审议意见和常务委员会组成人员的重要意见未被采纳的，应当给予反馈。分组会议审议后，法制委员会根据常务委员会组成人员的意见对地方性法规草案继续修改，提出修改情况的汇报和地方性法规草案表决稿。

法制委员会统一审议地方性法规案时，应当邀请有关专门委员会的成员列席会议，发表意见。

第五十二条 对实行一次常务委员会会议审议的地方性法规案，由提案人向全体会议作说明，有关专门委员会提出审议意见书面印发会议。分组会议审议后，由法制委员会向全体会议提出审议结果的报告和地方性法规草案表决稿。

第五十三条 拟提请常务委员会会议审议表决的地方性法规案，在法制委员会提出审议结果报告前，常务委员会法制工作机构可以对地方性法规草案中主要制度规范的可行性、出台时机、实施的社会效果和可能出现的问题等进行评估。评估情况由法制委员会在审议结果报告中予以说明。

第五十四条　地方性法规案经两次常务委员会会议审议后仍有重大问题需要进一步研究的，由主任会议决定，交法制委员会或者有关专门委员会进一步审议，法制委员会或者有关专门委员会应当进行研究，向主任会议提出是否继续提请常务委员会审议的意见。

第五十五条　法制委员会、有关专门委员会审议地方性法规案应当召开全体组成人员会议。意见不一致时依据少数服从多数原则进行表决。有关机关、组织负责人应当到会听取意见，回答询问。

法制委员会、有关专门委员会对地方性法规草案的重要问题意见不一致时，应当向主任会议报告。

第五十六条　有关专门委员会审议地方性法规案时，可以邀请常务委员会法制工作机构的有关人员和其他专门委员会组成人员列席会议。

第五十七条　法制委员会和有关专门委员会审议地方性法规案时，可以组织听证会或者论证会，听取有关部门、专家和利害关系人的意见。

地方性法规案有关问题存在重大意见分歧或者涉及利益关系重大调整，需要进行听证的，应当召开听证会，听取有关基层和群体代表、部门、人民团体、专家、市人民代表大会代表和社会有关方面的意见。听证情况应当向常务委员会报告。

第四节　表　　决

第五十八条　地方性法规草案表决稿，由常务委员会全体组成人员过半数通过。

第五十九条　地方性法规草案表决稿交付常务委员会会议表决前，主任会议根据常务委员会会议审议的情况，可以决定将个别意见分歧较大的重要条款提请常务委员会会议单独表决。

单独表决的条款经常务委员会会议表决后，主任会议根据单独表决的情况，可以决定将地方性法规草案表决稿交付表决，也可以决定暂不交付表决，交法制委员会和有关专门委员会进一步审议。

第六十条　对多部地方性法规中涉及同类事项的个别条款进行修改，一并提出地方性法规案的，经主任会议决定，可以合并表决，也可以分别表决。

第六十一条　经常务委员会会议表决未获通过的地方性法规案，如果提案人认为必须制定地方性法规的，可以依照本章规定的程序重新提出。

第六章　报请批准、公布、生效和备案

第六十二条　地方性法规草案经常务委员会会议第一次审议后，常务

委员会法制工作机构应当向省人民代表大会常务委员会法制工作机构及时通报情况。

第六十三条 市人民代表大会及其常务委员会制定、修改、废止、解释地方性法规，由常务委员会报请省人民代表大会常务委员会批准。

报请批准时，应当按照格式和数量要求提交报请批准地方性法规的书面报告、地方性法规文本及其说明、必要的参阅资料。省人民代表大会常务委员会主任会议决定列入省人民代表大会常务委员会会议议程后，常务委员会指派有关负责人在省人民代表大会常务委员会全体会议作说明。

第六十四条 市人民代表大会及其常务委员会制定的地方性法规经省人民代表大会常务委员会批准后，由常务委员会发布公告予以公布。

省人民代表大会常务委员会采取附审查修改意见的形式批准的，按照附审查修改意见修改后，发布公告予以公布。

公告和地方性法规应当及时在常务委员会公报、七台河人大网站和《七台河日报》上刊载。

在常务委员会公报上刊登的地方性法规文本为标准文本。

地方性法规规定的生效日期与公布日期的间隔至少为30日，但特殊情况除外。

第六十五条 地方性法规被修改的，应当公布新的地方性法规文本。

地方性法规被废止的，除由其他地方性法规规定废止该地方性法规的以外，由常务委员会发布公告予以公布。

第六十六条 市人民代表大会及其常务委员会制定、修改、废止、解释的地方性法规，应当在批准后7个工作日内报省人民代表大会常务委员会备案。

常务委员会应当按要求提交备案所需材料，并同时报送相关电子文本。

第七章 地方性法规的适用、修改、废止和解释

第六十七条 适用地方性法规时，应当遵循下列原则：

（一）与上位法规定不一致的，适用上位法的规定；

（二）特别规定与一般规定不一致的，适用特别规定；

（三）新的规定与旧的规定不一致的，适用新的规定；

（四）不溯及既往，但为了更好地保护公民、法人和其他组织的权利和利益而作的特别规定除外。

第六十八条 市人民代表大会有权修改、废止其制定的地方性法规，改变或者撤销常务委员会制定的地方性法规。

第六十九条 在市人民代表大会闭会期间，常务委员会可以对市人民代表大会制定的地方性法规进行部分补充和修改，但不得与该地方性法规

的基本原则相抵触。

第七十条　市人民代表大会有关专门委员会、常务委员会法制工作机构发现地方性法规和市政府规章内容与法律、行政法规、省级人大及其常委会制定的地方性法规相抵触，或者与现实情况不适应的，应当提出修改或者废止的意见和建议。由常务委员会法制工作机构组织研究论证，确需修改或者废止的，提请主任会议决定，列入常委会会议议程。

第七十一条　地方性法规有下列情形之一的，由常务委员会解释：

（一）地方性法规的规定需要进一步明确具体含义的；

（二）地方性法规制定后出现新的情况，需要明确适用地方性法规依据的。

第七十二条　市人民政府、市中级人民法院、市人民检察院和市人民代表大会各专门委员会，可以向常务委员会提出地方性法规解释的要求。

前款规定以外的其他国家机关和社会团体、企业事业组织以及公民要求对地方性法规进行解释的，可以向常务委员会法制工作机构提出建议。

第七十三条　地方性法规解释草案由常务委员会法制工作机构拟订，由主任会议决定列入常务委员会会议议程。

第七十四条　常务委员会会议审议地方性法规解释案时，法制委员会根据常务委员会组成人员的意见进行审议、修改，提出地方性法规解释草案表决稿。

第七十五条　地方性法规解释草案表决稿由主任会议提请常务委员会会议表决，经常务委员会全体组成人员过半数通过。报请省人民代表大会常务委员会批准后，由常务委员会发布公告予以公布。

第七十六条　常务委员会的地方性法规解释同地方性法规具有同等效力。

第七十七条　常务委员会法制工作机构可以对地方性法规中有关具体问题的询问进行研究，予以答复，并报常务委员会备案。

第八章　政府规章及规范性文件备案审查

第七十八条　市人民政府制定的规章应当在公布后 30 日内报国务院备案，同时报市人民代表大会常务委员会、省人民代表大会常务委员会及省人民政府备案。

市人民政府应当按要求提交备案所需材料，并同时报送相关电子文本。

第七十九条　市人民政府、市中级人民法院、市人民检察院认为市人民政府制定的规章及规范性文件同宪法、法律、行政法规、本省地方性法规和本市地方性法规相抵触的，可以向常务委员会书面提出进行审查的要求，由常务委员会法制工作机构分送有关的专门委员会进行审查，提出意见。

　　前款规定以外的其他国家机关和社会团体、企业事业组织以及公民认为市人民政府制定的规章及规范性文件同宪法、法律、行政法规、本省地方性法规和本市地方性法规相抵触的,可以向常务委员会书面提出进行审查的建议,由常务委员会法制工作机构进行研究,必要时,送有关的专门委员会进行审查,提出意见。

　　市人民代表大会有关专门委员会和常务委员会法制工作机构可以对报送备案的规章及规范性文件进行主动审查。

　　第八十条　市人民代表大会专门委员会、常务委员会工作机构在审查、研究中认为市人民政府制定的规章及规范性文件与宪法、法律、行政法规、本省地方性法规和本市地方性法规相抵触的,可以向制定机关提出书面审查意见、研究意见;也可以由法制委员会与有关专门委员会、常务委员会工作机构召开联合审查会议,要求制定机关到会说明情况,再提出书面审查意见。制定机关应当在两个月内研究提出是否修改的意见,并向法制委员会和有关专门委员会或者常务委员会工作机构反馈。

　　制定机关按照所提意见对规章及规范性文件进行修改或者废止的,审查终止。

　　市人民代表大会法制委员会、有关专门委员会、常务委员会工作机构经审查、研究认为市人民政府制定的规章及规范性文件同宪法、法律、行政法规、本省地方性法规和本市的地方性法规相抵触而制定机关不予修改的,应当向主任会议提出予以撤销的议案或建议,由主任会议决定向市人民政府提出撤销意见或者提请常务委员会会议审议决定。

　　第八十一条　市人民代表大会有关专门委员会、常务委员会法制工作机构应当按照规定要求,将审查、研究情况向提出审查建议的国家机关、社会团体、企业事业组织以及公民反馈,并可以向社会公开。

第九章　附　　则

　　第八十二条　市人民代表大会有关专门委员会、常务委员会法制工作机构可以组织对有关地方性法规或者地方性法规中的有关规定进行立法后评估。评估情况应当向常务委员会报告。

　　立法后评估应当遵循客观真实、公开透明、公众参与和科学规范的原则。

　　第八十三条　地方性法规一般采用条例、办法、决定、规定、规则等名称。

　　地方性法规根据内容需要,可以分章、节、条、款、项、目。章、节、条的序号用中文数字依次表述,款不编序号,项的序号用中文数字加括号依次表述,目的序号用阿拉伯数字依次表述。

地方性法规的题注应当载明制定机关、通过日期、批准机关和批准日期。经过修改的地方性法规,应当依次载明修改机关、修改日期。

第八十四条　地方性法规编纂、译审工作由常务委员会法制工作机构负责。

第八十五条　本条例自 2017 年 12 月 1 日起施行。

绥化市人民代表大会及其常务委员会
制定地方性法规条例

(2017 年 1 月 10 日绥化市第四届人民代表大会第一次会议通过　2017 年 4 月 7 日黑龙江省第十二届人民代表大会常务委员会第三十三次会议批准)

目　　录

第一章　总　　则

第一条　为了规范地方立法活动,完善立法程序,提高立法质量,发挥立法的引领和推动作用,根据《中华人民共和国地方各级人民代表大会和地方各级人民政府组织法》《中华人民共和国立法法》和《黑龙江省人民代表大会及其常务委员会立法条例》的规定,结合本市实际,制定本条例。

第二条　市人民代表大会及其常务委员会制定、修改、废止和解释地方性法规,适用本条例。

第三条　制定地方性法规应当遵循以下原则:

(一)不得与宪法、法律、行政法规和本省的地方性法规相抵触;

(二)主动适应经济社会发展和全面深化改革的需要,科学合理地规定公民、法人和其他组织的权利与义务、地方国家机关的权力与责任;

(三)从本市实际出发,尊重社会的客观规律,注重解决实际问题;

(四)坚持立法公开,保障公民多种途径参与立法活动;

（五）法规规范应当明确、具体，具有针对性和可执行性。

第四条　市人民代表大会及其常务委员会加强对立法工作的组织协调，发挥在立法工作中的主导作用。

第二章　地方性法规制定权限

第五条　市人民代表大会及其常务委员会可以对城乡建设与管理、环境保护、历史文化保护等方面的下列事项制定地方性法规：

（一）为执行法律、行政法规和本省的地方性法规的规定，需要根据本市的实际情况作具体规定的事项；

（二）属于本市地方性事务需要制定地方性法规的事项；

（三）除《中华人民共和国立法法》第八条规定的事项外，国家和省尚未制定法律或者行政法规、地方性法规的，根据本市具体情况需要制定地方性法规的事项。

法律对设区的市制定地方性法规的事项另有规定的，从其规定。

第六条　规定本市特别重大事项的地方性法规，应当由市人民代表大会通过。

第七条　在市人民代表大会闭会期间，常务委员会可以对市人民代表大会制定的地方性法规进行部分补充和修改，但是不得同该法规的基本原则相抵触。

第三章　立法准备

第八条　常务委员会应当编制立法规划、年度立法计划。

常务委员会法制工作机构负责编制立法规划草案和拟定年度立法计划草案，由主任会议研究确定，并按照常务委员会的要求，督促立法规划和年度立法计划的落实。

立法规划、年度立法计划应当向社会公布，并报省人民代表大会常务委员会备案。

第九条　立法规划原则上五年编制一次，立法计划原则上一年编制一次。

立法规划的编制工作应当在市人民代表大会换届前的六月份启动，遵循着重解决突出问题、区分轻重缓急的原则，确定立法规划项目。

年度立法计划编制工作应当在每年七月份启动，由常务委员会法制工作机构在广泛征求各方面意见的基础上，按照五年立法规划的总体要求，拟定年度立法计划草案，提请主任会议研究决定。年度立法计划项目分为正式项目、预备项目和调研项目。

第十条　常务委员会法制工作机构应当向市人民代表大会专门委员

会、常务委员会工作机构和市人民政府法制工作机构以及县（市、区）人民代表大会常务委员会等单位征集立法规划和年度立法计划建议项目。

其他国家机关、社会团体、企业事业组织以及公民可以向常务委员会提出有关立法项目的意见、建议。

征集立法规划和年度立法计划项目的信息应当在网站、报刊上公告,向社会公开征集立法建议项目。

第十一条 市人民代表大会专门委员会、常务委员会工作机构应当认真研究代表提出的立法议案和意见、建议,并由常务委员会法制工作机构在编制立法规划和年度立法计划时统筹考虑。

第十二条 提出立法建议项目,应当采用书面形式。立法项目的建议应当包括法规名称、立项依据、需要解决的主要问题和拟采取的对策。单位提出立法建议项目,应当提供法规草案初稿。

第十三条 市人民代表大会专门委员会、常务委员会法制工作机构可以根据工作需要,对立法建议项目进行调研、评估、论证,并提出是否列入立法规划和年度立法计划的意见,提请主任会议研究决定。

第十四条 常务委员会法制工作机构应当召开立项会议,听取项目提出单位或者个人对立法建议项目的说明,对项目的必要性、合理性、可行性以及立法时机进行论证,并根据论证情况,拟定立法规划和年度立法计划草案。

立项会议应当邀请市人民代表大会有关的专门委员会、常务委员会有关工作机构、市人民政府法制工作机构和县（市、区）人民代表大会常务委员会参加。根据工作需要可以邀请专家、学者参加立项会议。

第十五条 立法建议项目有下列情形之一的,不予列入年度立法计划:

（一）超越立法权限的;

（二）主要内容与上位法相抵触的;

（三）拟解决的主要问题已经通过其他立法解决的;

（四）立法目的不明确,或者拟设定的制度、规范难以实现立法目的的。

第十六条 立法规划和年度立法计划需要调整的,应当由常务委员会法制工作机构提出,提请主任会议研究决定。

第十七条 列入年度立法计划的法规项目,一般由提案人组织起草。提案人可以邀请市人民代表大会代表、法律工作者和专家学者等方面人员参与法规草案起草工作。

综合性、全局性、基础性的重要法规草案,可以由有关的专门委员会或者常务委员会工作机构组织起草。

专业性较强的法规草案,可以吸收相关领域的专家参与起草工作,或者委托有关专家、教学科研单位、社会组织起草。

第十八条　市人民代表大会有关的专门委员会、常务委员会法制工作机构应当提前参与有关方面的法规草案起草工作，必要时，可以参与调查研究和论证工作。

第十九条　起草法规草案，应当针对问题深入调查研究，可以通过座谈、论证、听证、咨询等工作机制，广泛听取各方面的意见、建议，并真实的反映公民、法人和其他组织的利益和诉求。

第二十条　起草法规草案时，应当一并起草其说明。法规草案说明应当包括制定或者修改法规的必要性、可行性、依据和主要内容，以及起草过程中对重大分歧意见的协调处理情况。

第二十一条　提出法规案，提案人应当在市人民代表大会会议、常务委员会会议举行的一个月前提交法规草案文本及其说明，并提供必要的参阅资料。修改法规的，还应当提交修改前后的对照文本。

未按时提交法规草案文本的，一般不列入当次市人民代表大会会议、常务委员会会议议程。

第四章　市人民代表大会立法程序

第二十二条　市人民代表大会主席团可以向市人民代表大会提出法规案，由市人民代表大会会议审议。

市人民代表大会常务委员会、市人民政府、市人民代表大会各专门委员会，可以向市人民代表大会提出法规案，由主席团决定列入会议议程。

第二十三条　一个代表团或者市人民代表大会代表十人以上联名，可以向市人民代表大会提出法规案，由主席团决定是否列入会议议程，或者先交有关的专门委员会审议，提出是否列入会议议程的意见，再决定是否列入会议议程。

第二十四条　向市人民代表大会提出的法规案，在市人民代表大会闭会期间，可以先向常务委员会提出，经常务委员会依照本条例第五章规定的有关程序审议后，决定提请市人民代表大会审议，由常务委员会向大会全体会议作说明，或者由提案人向大会全体会议作说明。

常务委员会依照前款规定审议法规案，应当通过多种形式征求市人民代表大会代表的意见，并将有关情况予以反馈；专门委员会和常务委员会工作机构进行立法调研，可以邀请有关的市人民代表大会代表参加。

第二十五条　常务委员会决定提请市人民代表大会会议审议的法规案，应当在会议举行的三十日前将法规草案及其说明发给代表。

第二十六条　列入市人民代表大会会议议程的法规案，大会全体会议听取提案人的说明后，由各代表团进行审议。

各代表团审议法规案时，提案人应当派人听取意见，回答询问。

各代表团审议法规案时,可以要求有关机关、组织派人介绍情况。

第二十七条 列入市人民代表大会会议议程的法规案,由有关的专门委员会进行审议,向主席团提出审议意见,并印发会议。

有关的专门委员会审议法规案时,可以邀请提案人、其他专门委员会的成员和常务委员会法制工作机构有关人员列席会议,发表意见。

第二十八条 列入市人民代表大会会议议程的法规案,由法制委员会根据各代表团和有关的专门委员会的审议意见,对法规案进行统一审议,向主席团提出审议结果报告和法规草案修改稿。对重要的不同意见应当在审议结果报告中予以说明,经主席团会议审议通过后,印发会议。

第二十九条 列入市人民代表大会会议议程的法规案,必要时,主席团常务主席可以召开各代表团团长会议,就法规案中的重大问题听取各代表团的审议意见,进行讨论,并将讨论的情况和意见向主席团报告。

主席团常务主席也可以就法规案中的重大的专门性问题,召集代表团推选的有关代表进行讨论,并将讨论的情况和意见向主席团报告。

第三十条 列入市人民代表大会会议议程的法规案,在交付表决前,提案人要求撤回的,应当说明理由,经主席团同意,并向大会报告,对该法规案的审议即行终止。

第三十一条 法规案在审议中有重大问题需要进一步研究的,经主席团提出,由大会全体会议决定,可以授权常务委员会根据代表的意见进一步审议,作出决定,并将决定情况向市人民代表大会下次会议报告;也可以授权常务委员会根据代表的意见进一步审议,提出修改方案,提请市人民代表大会下次会议审议决定。

第三十二条 法规草案修改稿经各代表团审议后,由法制委员会根据各代表团的审议意见进行修改,提出法规草案表决稿,由主席团提请大会全体会议表决,由全体代表的过半数通过。

第五章 市人民代表大会常务委员会立法程序

第三十三条 主任会议可以向常务委员会提出法规案,由常务委员会会议审议。

第三十四条 市人民政府、市人民代表大会各专门委员会,可以向常务委员会提出法规案,由主任会议决定列入常务委员会会议议程,或者先交有关的专门委员会审议,提出审议意见,再决定列入常务委员会会议议程。

如果主任会议认为法规案有重大问题需要进一步研究的,可以建议提案人修改完善后再向常务委员会提出。

第三十五条 常务委员会组成人员五人以上联名,可以向常务委员会提出法规案,由主任会议决定是否列入常务委员会会议议程,或者先交有关的专门委员会审议，再由主任会议决定是否列入常务委员会会议议程。不列入会议议程的，应当向提案人说明。

专门委员会审议的时候，可以邀请提案人列席会议，发表意见。

第三十六条 列入常务委员会会议议程的法规案，常务委员会办公室应当在常务委员会会议举行的十日前将法规草案以及有关材料发给常务委员会组成人员。

第三十七条 列入常务委员会会议议程的法规案，一般应当经两次常务委员会会议审议后再交付表决。

第三十八条 对涉及本市重大事项或者存在较大分歧意见的法规案，经主任会议决定，可以经三次常务委员会会议审议后交付表决。调整事项较为单一或者部分修改的法规案，各方面的意见比较一致的，经主任会议决定，也可以经一次常务委员会会议审议即交付表决。

第三十九条 常务委员会审议法规案时，根据需要，可以召开联组会议或者全体会议，对法规草案中的主要问题进行讨论。

第四十条 常务委员会分组会议审议法规案时，提案人应当派人听取意见，回答询问。

常务委员会分组会议审议法规案时，有关单位应当派人参加会议，并按照小组的要求介绍情况。

第四十一条 常务委员会会议审议法规案，根据需要可邀请人大代表、公民旁听。

第四十二条 列入常务委员会会议议程的法规案，由有关的专门委员会在主任会召开七日前召开全体会议对法规案的必要性、合理性和主要内容的可行性进行审议，提出审议意见，向主任会议报告后印发常务委员会会议。

有关的专门委员会在审议法规案时，可以邀请提案人、其他专门委员会的成员和常务委员会法制工作机构有关人员列席会议，发表意见。根据需要，可以要求有关机关、组织负责人到会听取意见，回答询问。

第四十三条 常务委员会会议审议法规案，应当安排必要的时间，保证审议质量。

分组会议或者联组会议审议法规案应当依照会议议程逐案审议，常务委员会组成人员审议发言时要紧扣主题，简明扼要，提出的意见要有针对性和可操作性。

法制委员会统一审议法规案会议期间，不安排审议法规案的分组或者联组会议。

主任会议应当在法制委员会统一审议法规案会议半个工作日后审议法规草案修改稿或者表决稿。

第四十四条 法规案经常务委员会会议初次审议后,常务委员会法制工作机构应当将法规草案修改文稿向相关领域的人大代表征求意见,并通过《绥化日报》向社会公布征求意见,但是经主任会议决定不公布的除外。

向社会公布征求意见的时间一般不少于十五个工作日。

第四十五条 列入常务委员会会议议程的法规案,法制委员会、有关专门委员会和常务委员会工作机构应当就法规案的有关问题进行调查研究,听取各方面的意见。

法规案有关问题专业性较强,需要进行可行性评价的,应当召开论证会,听取人大代表、有关专家和相关部门等方面的意见,或者委托第三方组织论证。论证情况应当向常务委员会报告。

法规案有关问题存在重大意见分歧或者涉及利益关系重大调整,需要进行听证的,应当召开听证会,听取各方面的意见。听证情况应当向常务委员会报告。

第四十六条 常务委员会会议实行一次审议的法规案,在全体会议上听取提案人的说明,由分组会议进行审议。分组会议审议后,由法制委员会根据常务委员会组成人员、有关专门委员会的审议意见和各方面提出的意见对法规案进行统一审议,提出法规草案审议结果的报告和法规草案表决稿,由主任会议提请常务委员会全体会议表决。

第四十七条 常务委员会会议实行二次审议的法规案,常务委员会会议第一次审议法规案时,在全体会议上听取提案人的说明,由分组会议进行初步审议。常务委员会会议结束后,由法制委员会根据常务委员会组成人员、有关专门委员会的审议意见和各方面提出的意见对法规案进行统一审议,提出法规草案审议结果的报告和法规草案修改稿。

常务委员会会议第二次审议法规案时,在全体会议上听取法制委员会关于法规草案审议结果的报告,由分组会议对法规草案修改稿进行审议。分组会议审议后,

由法制委员会根据常务委员会组成人员的审议意见对法规案进行统一审议,提出法规草案修改稿修改情况的报告和法规草案表决稿,由主任会议提请常务委员会全体会议表决。

第四十八条 常务委员会会议实行三次审议的法规案,常务委员会会议第一次审议法规案时,依照本条例第四十七条第一款的规定。

常务委员会会议第二次审议法规案时,在全体会议上听取法制委员会关于法规草案审议结果的报告,由分组会议对法规草案修改稿进行审议。常务委员会会议结束后,由法制委员会根据常务委员会组成人员的审议意见和各方面提出的意见对法规案进行统一审议,提出法规草案修改稿修改情况的报告和法规草案二次修改稿。

常务委员会会议第三次审议法规案时,在全体会议上听取法制委员会关于法规草案修改稿修改情况的报告,由分组会议对法规草案二次修改稿进行审议。分组会议审议后,由法制委员会根据常务委员会组成人员的审议意见对法规草案继续修改,提出法规草案二次修改稿修改情况的报告和表决稿,由主任会议提请常务委员会全体会议表决。

第四十九条 法制委员会提出的审议结果的报告或者修改情况的报告应当对重要的不同意见予以说明。对有关专门委员会的审议意见和常务委员会组成人员的重要意见未被采纳的,应当给予反馈。

法制委员会审议法规案时,应当邀请有关专门委员会的成员列席会议,发表意见。

法制委员会与专门委员会之间对法规草案的重要问题意见不一致的,应当向主任会议报告。

第五十条 拟提请常务委员会会议审议表决的法规案,在法制委员会提出审议结果报告前,常务委员会法制工作机构可以对法规草案中主要制度规范的可行性、法规出台时机、法规实施的社会效果和可能出现的问题等进行评估。评估情况由法制委员会在审议结果报告中予以说明。

第五十一条 法规草案表决稿交付常务委员会会议表决前,主任会议根据常务委员会会议审议的情况,可以决定将个别意见分歧较大的重要条款提请常务委员会会议单独表决。

单独表决的条款经常务委员会会议表决后,主任会议根据单独表决的情况,可以决定将法规草案表决稿交付表决,也可以决定暂不付表决,交法制委员会和有关的专门委员会进一步审议。

第五十二条 对多件地方性法规中涉及同类事项的个别条款进行修改,一并提出法规案的,经主任会议决定,可以合并表决,也可以分别表决。

第五十三条 列入常务委员会会议议程的法规案,在交付表决前,提案人要求撤回的,应当说明理由,经主任会议同意,并向常务委员会报告,对该法规案的审议即行终止。

第五十四条 列入常务委员会会议审议的法规案,因各方面对制定该地方性法规的必要性、可行性等重大问题存在较大意见分歧,搁置审议满两年的,或者因暂不交付表决经过两年没有再次列入常务委员会会议议程审议的,由主任会议向常务委员会报告,该法规案终止审议。

第五十五条 经常务委员会表决未获通过的法规案,如果提案人认为必须制定地方性法规的,可以按照本章规定的程序重新提出。

第五十六条 常务委员会表决法规案,由常务委员会全体组成人员过半数通过。

第六章 地方性法规报批和公布

第五十七条 法规草案经常务委员会会议初次审议后,常务委员会法制工作机构应当在十五日内向省人民代表大会常务委员会法制工作机构通报情况。

第五十八条 市人民代表大会及其常务委员会通过的法规,应当自通过之日起三十日内报请省人民代表大会常务委员会批准。

报请批准法规的工作,由常务委员会法制工作机构负责。报请批准时应当提交报请批准地方性法规的书面请示、法规文本及其说明。

第五十九条 地方性法规经省人民代表大会常务委员会批准后,由常务委员会发布公告予以公布。

公告及其颁布的地方性法规,应当在常务委员会公报、《绥化日报》上全文刊载。在常务委员会公报上刊登的文本为地方性法规的标准文本。

法规规定的生效日期与公布日期的间隔至少为三十日,但特殊情况除外。

公告应当注明制定机关、通过时间、批准机关、批准时间和施行日期。

第六十条 法规被修改的,由常务委员会发布公告予以公布新的法规文本。

法规被废止的,除由其他法规规定废止该法规的以外,由常务委员会发布公告予以公布。

省人民代表大会常务委员会附审查修改意见批准的法规,常务委员会应当按照省人民代表大会常务委员会审查修改意见修改法规,由常务委员会发布公告予以公布修改后的法规文本。

第六十一条 常务委员会应当在地方性法规公布之日起七个工作日内将地方性法规文本和有关材料报送省人民代表大会常务委员会备案。

第七章 适用与解释

第六十二条 地方性法规在本市行政区域内具有法律效力,其效力高于本市政府规章。

第六十三条 适用地方性法规时,应当遵循下列原则:

(一)下位法与上位法规定不一致的,适用上位法的规定;

(二)特别规定与一般规定不一致的,适用特别规定;

(三)新的规定与旧的规定不一致的,适用新的规定;

(四)不溯及既往,但为了更好地保护公民、法人和其他组织的权利和利益而作的特别规定除外。

第六十四条 市人民代表大会及其常务委员会制定的地方性法规,由常务委员会解释。

市人民政府、市中级人民法院、市人民检察院和市人民代表大会各专门委员会以及县(市、区)人民代表大会常务委员会可以向市人民代表大会常务委员会提出地方性法规解释要求。

公民、法人和其他组织要求对地方性法规进行解释的,可以向常务委员会法制工作机构提出建议。

第六十五条　地方性法规解释草案由常务委员会法制工作机构拟订,由主任会议决定列入常务委员会会议议程。

常务委员会会议审议地方性法规解释案时,由法制委员会根据常务委员会组成人员的审议意见进行审议、修改,提出地方性法规解释草案表决稿。

第六十六条　地方性法规解释草案表决稿由常务委员会组成人员的过半数通过,并依照本条例第六章的有关规定报请省人民代表大会常务委员会批准。

地方性法规解释经省人民代表大会常务委员会批准后,由常务委员会发布公告予以公布,并向省人民代表大会常务委员会备案。

常务委员会的地方性法规解释同地方性法规具有同等效力。

第八章　其他规定

第六十七条　法规草案有关内容与其他地方性法规相关规定不一致的,提案人应当予以说明并提出处理意见,必要时应当同时提出修改或者废止其他地方性法规相关规定的议案。

法制委员会和有关的专门委员会审议地方性法规案时,认为需要修改或者废止其他地方性法规有关规定的,应当提出处理意见。

第六十八条　市人民代表大会及其常务委员会制定的地方性法规要求市人民政府对专门事项作出配套的具体规定的,市人民政府应当自该法规施行之日起一年内作出规定,并报常务委员会备案。未能在期限内作出配套的具体规定的,应当向常务委员会书面说明情况。

第六十九条　地方性法规实施后的社会环境发生重大变化的,有关的专门委员会、常务委员会工作机构应当对地方性法规进行立法后评估。根据实际需要,可以委托教学科研单位、行业协会对专业性较强的法规进行立法后评估,并由其制作评估报告。评估情况应当向常务委员会报告。

第七十条　地方性法规实施两年后,有关的专门委员会应当对该法规贯彻执行情况开展执法检查。

第七十一条　国家机关、社会团体、企业事业组织以及公民认为地方性法规同宪法、法律和行政法规、本省的地方性法规相抵触的,或者不适应新形式下经济社会发展需要的,可以向常务委员会书面提出修改或者废止的意见、建议,由常务委员会法制工作机构进行研究,必要时,送有关专门委员会进行审查、提出意见。

专门委员会的审查意见应当向主任会议报告,由主任会议决定是否列入常务委员会会议议程进行审议。

第七十二条 常务委员会应当根据需要及时组织开展地方性法规清理工作。

第七十三条 常务委员会法制工作机构可以对地方性法规中有关具体问题的询问进行研究,予以答复,并报常务委员会备案。

第七十四条 常务委员会根据立法工作需要,按照专业门类健全、知识结构合理、人员规模适度的原则,建立立法专家顾问库制度。

第七十五条 地方性法规编撰工作由常务委员会法制工作机构负责。

第七十六条 立法经费应当列入财政预算。

第九章 附 则

第七十七条 本条例自 2017 年 4 月 7 日起施行。

黑河市人民代表大会及其常务委员会
立法条例

(2017 年 1 月 11 日黑河市第六届人民代表大会第一次会议通过　2017 年 4 月 7 日黑龙江省第十二届人民代表大会常务委员会第三十三次会议批准)

第一章　总　　则

第一条　为了规范地方立法活动,完善地方立法程序,提高立法质量,发挥立法的引领、推动和保障作用,全面推进依法治市,根据《中华人民共和国立法法》《中华人民共和国地方各级人民代表大会和地方各级人民政府组织法》等有关规定,结合本市实际,制定本条例。

第二条　市人民代表大会及其常务委员会制定、修改、废止、解释地方性法规以及相关立法活动,适用本条例。

第三条　地方立法应当遵循《中华人民共和国立法法》的规定,坚持从实际需要出发,突出务实管用。对上位法已经明确规定的内容,一般不作重复性规定。

第四条　市人民代表大会及其常务委员会应当完善立法机制,加强对地方立法工作的组织协调,发挥在地方立法工作中的主导作用。

第二章　立法权限

第五条　市人民代表大会及其常务委员会可以对城乡建设与管理、环境保护、历史文化保护等方面的事项制定地方性法规。

第六条　在市人民代表大会闭会期间,市人民代表大会常务委员会(以下简称常务委员会)可以对市人民代表大会制定的地方性法规进行部分补充和修改,但是不得同该地方性法规的基本原则相抵触。

第七条　市人民代表大会及其常务委员会可以根据改革发展的需要,决定就行政管理等领域的特定事项授权在一定期限内在部分地方暂时调整或者暂时停止适用本市地方性法规的部分规定。

第八条　市人民代表大会有权改变或者撤销常务委员会制定的不适当的地方性法规。

常务委员会有权撤销市人民政府制定的不适当的规章。

第三章 立法准备

第一节 立法规划和年度立法计划的编制

第九条 常务委员会通过编制立法规划、年度立法计划等形式,加强对地方立法工作的统筹安排。

常务委员会法制工作机构负责编制立法规划草案和年度立法计划草案。

第十条 常务委员会法制工作机构应当向市人民代表大会专门委员会(以下简称专门委员会)、常务委员会工作机构和市人民政府法制机构等单位征集立法项目建议;向市人民代表大会代表征集立法项目建议;向社会公开征集立法项目建议。

第十一条 提出立法项目建议,应当采用书面形式。

单位提出立法项目建议,应当包括法规名称、立法依据、立法宗旨和目的、需要解决的主要问题和采取的对策等内容;个人提出立法项目建议,可以只提供法规名称和主要理由。

第十二条 常务委员会法制工作机构负责对立法项目建议进行初步审查,会同有关专门委员会、常务委员会工作机构、市人民政府法制机构调研、评估、论证,拟定立法规划草案和年度立法计划草案。

第十三条 立法规划和年度立法计划草案,经市人民代表大会法制委员会(以下简称法制委员会)审议后,提请常务委员会主任会议(以下简称主任会议)通过并向社会公布。同时报省人民代表大会常务委员会备案。

第十四条 常务委员会法制工作机构负责督促立法规划和年度立法计划的落实。有特殊情况需要调整年度立法计划的,由法制委员会提出调整意见,提请主任会议讨论决定。并报省人民代表大会常务委员会备案。

第十五条 市人民政府立法计划应当与常务委员会立法计划相衔接。

市人民政府法制机构应当及时掌握市政府各部门落实地方性法规立法计划的情况,加强组织协调和督促指导。

第十六条 地方性法规年度立法计划项目分为审议项目和预备项目。

第二节 地方性法规草案起草

第十七条 地方性法规草案(以下简称法规草案),一般由专门委员会、常务委员会工作机构或者市政府有关部门等组织起草。起草单位应当根据立法计划作出起草进度安排。

第十八条 市人民政府有关部门在起草法规草案过程中,有关专门委员会、常务委员会工作机构应当参与。

有关专门委员会、常务委员会工作机构根据需要,可以听取法规草案起草工作的情况汇报,督促起草工作按期完成。

第十九条 专业性较强的法规草案,可以吸收相关领域的专家参与起草工作,或者委托有关专家、教学科研单位、社会组织、其它专业机构等第三方起草。

起草单位负责委托起草工作的组织管理,并加强监督和评估。

第二十条 起草法规草案,应当开展调研和论证,广泛听取有关机关、组织、人大代表和社会公众的意见,准确掌握实际情况,真实反映公民、法人和其他组织的利益和诉求。

新设行政许可、行政收费、行政处罚、行政强制措施和其他涉及行政管理部门与管理相对人之间重大利害关系的,起草单位应当组织立法听证,并将听证报告作为法规草案附件一并报送。

第二十一条 在起草法规草案过程中,对法规草案中重大问题的不同意见,起草单位应当负责做好协调工作。

对于法规草案中的专门问题或者重要问题,起草单位应当提出专题可行性报告。

第二十二条 提请审议的地方性法规,应当在市人民代表大会举行的30日前、常务委员会会议举行的15日前,向常务委员会提交法规草案文本及其说明,并提供必要的参阅资料。修改法规的,还应当提交修改前后的对照文本。如不能按期提交,需写出报告,分别向主席团、主任会议说明情况。

法规草案的说明应当包括制定或者修改的必要性、可行性和主要内容,以及起草过程中对重大分歧意见的协调处理情况;新设行政许可、行政收费、行政处罚、行政强制措施的,还应当包括设定的必要性、法律依据、可能产生的影响等情况。

法规草案与其他地方性法规相关规定不一致的,应当予以说明并提出处理意见,必要时应当同时提出修改或者废止其他法规相关规定的议案。

第二十三条 提交的法规草案,不符合本条例第二十二条规定的,由有关专门委员会要求起草单位在5日内补充相关资料。未按要求补充的,将该法规草案退回起草单位。

第四章 市人民代表大会立法程序

第一节 地方性法规案的提出

第二十四条 市人民代表大会主席团可以向市人民代表大会提出制定地方性法规的议案(以下简称法规案),由市人民代表大会会议审议。

常务委员会、市人民政府、专门委员会,可以向市人民代表大会提出法规案,由主席团决定列入会议议程。

　　第二十五条　一个代表团或者市人民代表大会代表10人以上联名,可以向市人民代表大会提出法规案,由主席团决定是否列入会议议程;或者先交有关专门委员会审议,提出是否列入会议议程的意见,再由主席团决定是否列入会议议程。列入会议议程的,有关专门委员会的审议意见应当印发会议。不列入会议议程的,应当向提案人说明。

　　有关专门委员会审议法规案时,可以邀请提案人列席会议,发表意见;根据需要,可以要求有关机关、组织派人说明情况。

　　第二十六条　向市人民代表大会提出的法规案,在市人民代表大会闭会期间,可以先向常务委员会提出,常务委员会交有关专门委员会审议,并由专门委员会向大会全体会议作说明。

　　第二十七条　提请市人民代表大会会议审议的法规案,除特殊情况外,应当在会议举行的15日前将法规案发给代表。

第二节　地方性法规案的审议和表决

　　第二十八条　列入市人民代表大会会议议程的法规案,大会全体会议听取专门委员会或者提案人的说明,由各代表团进行审议。

　　各代表团审议法规案时,提案人应当派人听取意见,回答询问。根据代表团的要求,有关机关、组织应当派人介绍情况。

　　第二十九条　法制委员会根据各代表团的审议意见,对法规案进行统一审议,向主席团提出审议结果报告和法规草案修改稿,对重要的不同意见应当在审议结果报告中予以说明,经主席团会议审议通过后,印发会议。

　　第三十条　市人民代表大会会议审议法规案时,主席团常务主席可以召开各代表团团长会议,就法规案中的重大问题听取各代表团的审议意见,进行讨论,并将讨论的情况和意见向主席团报告。

　　主席团常务主席可以就法规案中重大的专门性问题,召集代表团推选的有关代表进行讨论,也可以向专家咨询,并将讨论的情况和意见向主席团报告。

　　第三十一条　法规案在审议中有重大问题需要进一步研究的,经主席团提出,由大会全体会议决定,可以授权常务委员会根据代表的意见进一步审议,作出决定,并将决定情况向市人民代表大会下次会议报告;也可以授权常务委员会根据代表的意见进一步审议,提出修改方案,提请市人民代表大会下次会议审议决定。

　　第三十二条　法规草案经各代表团审议后,由法制委员会根据各代表团的审议意见进行修改,提出法规草案表决稿,由主席团提请大会全体会议表决,由全体代表的过半数通过。

审议中意见较多的,经主席团决定,表决前由法制委员会在全体会议上汇报审议修改情况。

第五章　常务委员会立法程序

第一节　地方性法规案的提出

第三十三条　主任会议可以向常务委员会提出法规案,由常务委员会会议审议。

第三十四条　市人民政府、专门委员会,可以向常务委员会提出法规案。

市人民政府提出的法规案,由主任会议决定列入常务委员会会议议程,或者先交有关专门委员会审议,提出审议意见,再决定列入常务委员会会议议程。各专门委员会提出的法规案,由主任会议决定列入常务委员会会议议程。主任会议认为法规案有重大问题,需要进一步研究的,可以建议修改完善后再向常务委员会提出。

第三十五条　常务委员会组成人员 5 人以上联名,可以向常务委员会提出法规案,由主任会议决定是否列入常务委员会会议议程;或者先交有关专门委员会审议,提出审议意见,再决定是否列入常务委员会会议议程。

第三十六条　市人民代表大会全体会议决定交常务委员会审议的法规案,由主任会议决定列入常务委员会会议议程。

市人民代表大会主席团决定交常务委员会审议的法规案,应当先交有关专门委员会或者常务委员会工作机构审议,并提出审议意见,由主任会议决定列入常务委员会会议议程。

第三十七条　法规案提出后,主任会议先交有关专门委员会审议的,有关专门委员会应当提出审议意见,向主任会议报告。

有关专门委员会审议法规案时,可以邀请提案人、其他专门委员会或者常务委员会工作机构成员列席会议,发表意见;根据需要,可以要求有关机关、组织派负责人说明情况。

主任会议决定列入常务委员会会议议程的,审议意见印发会议。不列入常务委员会会议议程的,由常务委员会法制工作机构向提案人说明。

第三十八条　提请常务委员会审议的法规案,一般应当在常务委员会会议举行的 10 日前将法规案和相关材料发给常务委员会组成人员。

常务委员会组成人员可以对法规案进行调查研究,有关机关、组织应当予以协助和配合。

第二节　地方性法规案的审议和表决

第三十九条　列入常务委员会会议议程的法规案,一般应当经过两次常务委员会会议审议后交付表决。

常务委员会会议第一次审议时,由提案人向全体会议作说明,有关专门委员会提出审议意见印发会议。法制委员会根据常务委员会组成人员、有关专门委员会的审议意见和各方面提出的意见,对法规草案统一审议。

常务委员会会议第二次审议时,由法制委员会提出审议结果的报告和法规草案修改稿,对重要的不同意见应当在审议结果报告中予以说明。分组会议审议后,由法制委员会根据组成人员的意见,提出修改情况的汇报和法规草案表决稿。

法制委员会统一审议法规案时,可以邀请有关专门委员会的成员列席会议,发表意见。

第四十条 列入常务委员会会议议程的法规案,存在较大分歧的,经主任会议决定,可以经过三次常务委员会会议审议后交付表决。

法规案经三次常务委员会会议审议后仍有重大问题需要进一步研究的,由主任会议决定,交法制委员会或者有关专门委员会进一步审议,向主任会议提出是否继续提请常务委员会审议的意见。

第四十一条 法规案的调整事项比较单一或者只作部分修改,且各方面意见比较一致的,经主任会议决定,可以经过一次常务委员会会议审议后交付表决。

第四十二条 常务委员会会议审议法规案,主要审议法规草案是否同宪法、法律、行政法规和本省地方性法规相抵触,是否符合本市的具体情况和实际需要,具体条款是否适当,体例、结构是否科学以及法律用语是否准确、规范。

常务委员会会议审议法规案时,可以邀请有关的人大代表列席会议,也可以安排公民旁听。列席人员可以对法规案提出意见和建议。

第四十三条 常务委员会分组会议审议法规案时,提案人应当派人听取意见,回答询问;根据需要,有关机关、组织应当派人介绍情况。

分组审议法规案应当有充足的时间保证,依照会议议程逐案审议,不得将两件以上法规案或者将法规案与其他议题合并审议。

第四十四条 有关专门委员会重点对法规草案的科学性、合理性、可行性进行审议,负责对立法必要性、专业性审查把关;法制委员会重点对法规草案的合法性、协调性、规范性进行审议,负责对法规草案法言法语的准确性审查把关。

有关专门委员会或者法制委员会审议法规案意见不一致时,依据少数服从多数原则进行表决。根据需要,可以要求有关机关、组织负责人到会听取意见,回答询问。

第四十五条 有关专门委员会在审议法规案时,可以邀请其他专门委员会组成人员和常务委员会法制工作机构的有关人员列席会议。

第四十六条 法制委员会和有关专门委员会可以就法规案的有关问题进行调研，采取座谈会、论证会、听证会等多种形式听取各方面的意见。

第四十七条 各专门委员会之间对法规草案的重要问题意见不一致时，应当向主任会议报告，由主任会议研究决定。

第四十八条 实行两次或三次审议的法规案，经常务委员会会议第一次审议后，应当将法规草案报省人民代表大会常务委员会法制工作机构并向社会公布，征求意见；实行一次审议的法规案，应当在决定列入常务委员会会议议程前将法规草案向社会公布，征求意见。经主任会议决定不公布的除外。

第四十九条 提请常务委员会会议审议的法规案，在法制委员会提出审议结果报告前，根据需要，常务委员会法制工作机构可以对法规草案中主要制度规范的可行性、法规出台时机、法规实施可能出现的问题等进行评估。评估情况由法制委员会在审议结果报告中予以说明。

第五十条 法规草案经常务委员会会议第二次审议后，由法制委员会根据常务委员会组成人员的审议意见进行修改，提请主任会议审议，主任会议作出是否提请常务委员会表决的决定。提请常务委员会会议表决的，由常务委员会全体组成人员的过半数通过。

第五十一条 法规草案表决前，主任会议根据组成人员的审议情况，可以决定将个别意见分歧较大的条款提请常务委员会会议单独表决。根据单独表决的情况，主任会议可以决定将法规草案交付表决，也可以决定暂不付表决，交法制委员会或者有关专门委员会进一步审议。

列入常务委员会会议审议的法规案，在表决前，仍有重大问题需要进一步研究的，由主任会议提出，经全体会议同意，可以暂不付表决，交法制委员会进一步审议。

第五十二条 对多部地方性法规中涉及同类事项的个别条款进行修改，一并提出法规修正案的，经主任会议决定，可以合并表决，也可以分别表决。

第五十三条 列入常务委员会会议审议的法规案，组成人员对制定该法规草案存在较大意见分歧的，应当搁置审议。

搁置满两年的，或者因暂不付表决满两年没有再次列入常务委员会会议议程审议的，由主任会议向常务委员会报告，该法规案终止审议。

第六章 地方性法规的报批、公布

第五十四条 市人民代表大会及其常务委员会通过的地方性法规，应当在通过之日起 15 日内报省人民代表大会常务委员会批准。

省人民代表大会常务委员会会议审议后退回修改的,依照本条例第四章、第五章的规定对修改内容进行审议和表决后,再报请省人民代表大会常务委员会批准。

第五十五条　省人民代表大会常务委员会批准后,由常务委员会自批准之日起 5 日内发布公告予以公布。公告应当载明该地方性法规的制定、批准机关和通过、批准、施行日期。

第五十六条　常务委员会法制工作机构负责地方性法规报批、公布的具体工作。

第七章　地方性法规的修改、废止和解释

第五十七条　国家机关、社会团体、企事业单位、其他组织和公民发现地方性法规的内容与法律、行政法规、本省地方性法规相抵触的,或者与本市相关地方性法规不协调的,或者与现实情况不适应的,可以向常务委员会提出修改或者废止的意见和建议。

第五十八条　专门委员会、常务委员会工作机构和有关机关应当对地方性法规进行定期清理,提出修改或者废止地方性法规的意见和建议。

修改或者废止地方性法规的意见和建议,由法制委员会组织研究论证,确需修改或者废止的,报经主任会议同意,列入年度立法计划。

第五十九条　市人民政府、市中级人民法院、市人民检察院和专门委员会以及各县(市、区)人民代表大会常务委员会,可以向常务委员会提出地方性法规解释的要求。

公民、法人及其他组织要求对地方性法规进行解释的,可以向常务委员会法制工作机构提出。

第六十条　地方性法规由常务委员会负责解释。地方性法规解释同地方性法规具有同等效力。

第六十一条　地方性法规的修改、废止和解释程序,适用本条例第五章、第六章的有关规定。

地方性法规被修改的,应当公布新的地方性法规文本。

第八章　备案审查

第六十二条　常务委员会应当在地方性法规批准后 7 个工作日内,将公布的地方性法规的公告及地方性法规文本和有关材料报送省人民代表大会常务委员会备案。

第六十三条　市人民政府发布的规章,应当自公布之日起 30 日内报送常务委员会备案。

报送备案的文件,应当包括备案报告、规章正式文本和说明等文件,并

附有关法律、法规、规章等制定依据。

第六十四条　市中级人民法院、市人民检察院、县(市、区)人民代表大会常务委员会认为市人民政府发布的规章同宪法、法律、行政法规和本省、本市地方性法规相抵触的,可以向常务委员会提出书面审查的要求。

前款规定以外的其它国家机关、社会团体、企事业单位、其它组织和公民认为市人民政府发布的规章同宪法、法律、行政法规和本省、本市地方性法规相抵触的,可以向常务委员会法制工作机构提出书面审查的建议。

第六十五条　经审查,认为市人民政府发布的规章同宪法、法律、行政法规和本省、本市地方性法规相抵触的,应当向市人民政府提出书面审查意见或建议。

市人民政府按照所提意见对规章进行修改或者废止的,审查终止。市人民政府未按照所提意见对规章进行修改或者废止的,由主任会议决定提请常务委员会审议。

第六十六条　常务委员会对规章作出的撤销决定,由常务委员会发布公告予以公布。

第九章　其他规定

第六十七条　向市人民代表大会及其常务委员会提出的法规案,在列入会议议程前,提案人有权撤回。

列入市人民代表大会及其常务委员会会议议程的法规案,在交付表决前,提案人要求撤回的,应当说明理由,分别经主席团或者主任会议同意,并向市人民代表大会或者常务委员会报告,对该法规案的审议即行终止。

第六十八条　提请市人民代表大会及其常务委员会表决未获得通过或搁置的法规案,如果提案人仍认为应当制定该地方性法规,可以按照本条例规定的程序重新提出。

第六十九条　地方性法规明确要求有关国家机关对专门事项作出配套的具体规定的,有关国家机关应当自地方性法规施行之日起一年内作出规定,并报常务委员会备案。

第七十条　市人民代表大会及其常务委员会制定或修改的地方性法规实施满一年的,有关机关、组织应当向常务委员会报告地方性法规的实施情况。

常务委员会可以听取地方性法规实施情况的专项工作报告。

第七十一条　有关专门委员会、常务委员会工作机构可以组织对有关地方性法规及其有关规定进行立法后评估。评估情况应当向常务委员会报告。

第七十二条　地方性法规应当明确规定施行日期。除程序性规定外,地方性法规从公布到施行的日期不少于30日。

第七十三条　立法经费列入财政预算。

第十章　附　则

第七十四条　本条例由常务委员会负责解释。

第七十五条　本条例自公布之日起施行。

第十条　城镇应当发挥社区居民委员会等组织的作用，组织多种形式的社区体育活动。农村应当发挥村民委员会等组织的作用，开展适合农村特点，具有地方特色的群众性体育活动。

第十一条　各级人民政府应当鼓励和支持青少年、老年人参加体育活动。各级共青团和老年人组织，应当积极开展多种形式的适合青少年、老年人特点的体育健身活动和体育竞赛活动。体育场所应当对学生、老年人参加体育活动实行优惠。

第十二条　鼓励残疾人参加体育活动。各级人民政府应当依托现有体育场馆，建立残疾人体育基地，定期举办残疾人运动会，选拔、培养残疾人体育人才。

第十三条　少数民族聚集地的人民政府应当建立少数民族体育协会，并结合民族特点，开展以民族传统项目为主要内容的健身活动，举办民族传统体育竞赛活动，选拔和培养少数民族体育人才。各级人民政府应当鼓励社会发掘和提高民族、民间传统体育项目。

第十四条　各级工会组织应当重视开展职工体育活动，发挥所属体育场馆的作用，倡导和推广适合职工特点的健身方法和锻炼项目。各级妇联组织应当开展适合妇女特点的体育健身活动。机关、企业事业单位、社会团体应当为职工提供必要的健身设施和场所，开展工间操等多种形式的体育活动和群众性体育竞赛。

第十五条　公共体育场所应当开展适合本场所用途的体育经营活动，最大限度地发挥其体育功能。公园应当在5时至8时对晨练者开放和免收门票。但动物园、游乐园和正在举办大型经营性活动的其他公园除外。学校体育场地可以在节假日、寒暑假向社会开放。

第十六条　乡镇和街道办事处应当建立体育指导站和体育健身活动点，配备专、兼职体育管理人员或者社会体育指导员；逐步建立符合要求的室内体育活动场所，室外活动场地人均不应少于0.2平方米，并设置相应的体育健身设施。

黑河市市容和环境卫生管理条例

(2017 年 8 月 25 日黑河市第六届人民代表大会常务委员会第
四次会议通过　2017 年 10 月 13 日黑龙江省第十二届人民代
表大会常务委员会第三十六次会议批准)

第一章　总　　则

第一条　为了加强市容和环境卫生管理,创造和维护整洁、有序、优美、
文明的城市环境,根据有关法律、法规,结合本市实际,制定本条例。

第二条　本条例适用于市、县(市、区)城市建成区和其他实行城市化
管理的区域。

其他实行城市化管理的区域具体范围,由市、县(市、区)人民政府划
定、公布。

第三条　市、县(市、区)市容环境卫生主管部门负责本行政区域市容
和环境卫生监督管理工作。

发展改革、公安、财政、住房城乡建设、交通运输、水务、商务、文化广电
新闻出版、环境保护、城乡规划、国土资源、教育、旅游、卫生、市场监督等部
门,应当在各自职责范围内,共同做好市容和环境卫生管理的相关工作。

街道办事处、相关乡(镇)人民政府负责组织落实本辖区市容和环境卫
生管理的具体工作,对居民委员会、村民委员会的市容和环境卫生工作进行
指导和监督。

第四条　市、县(市、区)人民政府应当将市容和环境卫生事业纳入国
民经济和社会发展规划。市容和环境卫生事业所需经费列入本级财政
预算。

市人民政府应当结合本地实际,制定本市城市容貌标准。

第五条　市、县(市、区)人民政府应当实行城市数字化管理,建立市容
环境卫生管理信息共享机制,推进公安、卫生、环境保护、交通运输、市场监
督等部门公共数据互联互通和开放共享。

第六条　市、县(市、区)人民政府应当加强市容和环境卫生法规和科
学知识的宣传教育,引导公众有序参与市容和环境卫生管理,增强公民市容
环境卫生意识。

第七条 单位和个人有维护市容整洁和保持环境卫生的义务,对违反市容和环境卫生管理规定的行为有权劝阻和举报。

市容环境卫生主管部门应当建立相应的投诉举报、处理和反馈制度。

第二章 市容和环境卫生责任区管理

第八条 市容和环境卫生管理实行责任区制度。

本条例所称市容和环境卫生责任区,是指单位和个人所有、使用或者管理的建(构)筑物、设施、场所及其一定范围内的区域。

责任区内的市容和环境卫生工作由责任人负责。

第九条 按照下列规定划分责任区、确定责任人:

(一)城市主次干道、桥梁、广场、绿地等城市公共区域,由市容环境卫生主管部门负责;其他实行城市化管理的公共区域,由管理者负责。

(二)街巷、居民小区,由街道办事处或者相关乡(镇)人民政府负责;居民小区实行物业管理的,由物业服务单位负责,物业管理部门监督。

(三)机关、团体、部队、企业、事业等单位的管理区域,由本单位负责。

(四)机场、车站、码头、公交车站(点)、停车场、集贸市场、早(晚)市场、旅游景区、公园以及文化、体育、娱乐等公众聚集场所,由经营者或者管理者负责。

(五)铁路、公路、水域以及沿岸(堤防),由管理者负责。

(六)建设工地现场,未开工的,由建设单位负责;已开工的,由施工单位负责;已竣工交付使用的,由管理单位负责;弃管的,由建设行政主管部门负责;待建地块,由土地使用权人负责;国家收储土地,由土地储备机构负责。

(七)临街门店、经批准设置的便民摊点周围由经营者或者所有权人负责。

(八)科技园区、经济开发区、工业园区等独立园区,由管理者负责。

(九)政府资金建设的公共厕所、垃圾中转站、垃圾处理场、污水处理厂、化粪池、垃圾箱等环境卫生设施,由管理者负责;其他非政府资金建设的,由所有权人或者管理者负责。

(十)城市照明设施、报刊亭、户外广告设施、箱式变电间、通讯箱、检查井盖(箱)、交通信号灯、监控设备等设施以及电力、通信、有线电视等空中架设管线,由所有权人或者设置人负责。

(十一)城市雕塑、建筑小品、冰雪景观以及其他建(构)筑物、设施和场所,由所有权人或者管理者负责。

市容环境卫生责任区和责任人不明确或者有异议的,由市、县(市、区)市容环境卫生主管部门确定。

责任区内冰雪的清除、堆放和处置，依据《黑龙江省城市清除冰雪条例》执行。

第十条 责任人应当履行市容环境卫生管理责任，保证责任区符合下列要求：

（一）保持容貌整洁，无乱摆摊、乱搭建、乱挂晒、乱贴画、乱堆放、乱停放、乱占挖、乱泼倒等现象，保持责任区地面、建(构)筑物外立面完好整洁，保持绿地清洁、无杂物；

（二）保持环境卫生整洁，无垃圾、粪便、污水、积水、污迹、渣土等，水域无漂浮废弃物；

（三）保持市政公用、环境卫生、景观、健身(休闲)等公共设施完好和正常使用；

（四）法律、法规规定的其他市容环境卫生要求。

责任人对责任区内违反市容和环境卫生管理规定的行为制止无效的，有权要求市容环境卫生主管部门和其他有关部门予以查处。

第十一条 市容环境卫生主管部门应当依照城市容貌标准和城市环境卫生标准，对市容环境卫生责任人进行指导、监督和检查。

第三章　市容管理

第十二条 建(构)筑物外立面和门窗应当保持外形完好，整洁美观，并与周围环境相协调。出现破损、污秽等影响市容的，应当及时整修、清洁。

建筑物顶部、墙体外、未封闭阳台、平台、外走廊、门窗外、封闭阳台外，不得堆放、吊挂或者晾晒有碍市容和危及安全的物品。

建筑物沿街立面或者顶部安装的太阳能板、防盗卷帘门窗、空调外机、遮阳(雨)篷等设施，应当按照城市容貌标准设置。

第十三条 建筑物进行门窗改建、外立面装修、搭建阳台或者封闭阳台、平台和外走廊等工程建设，应当经城乡规划主管部门批准。涉及文物保护的建筑物，应当经文物主管部门批准。

第十四条 单位和个人不得擅自新建架空管线设施。现有架空管线应当逐步进行埋地敷设或者采取集中捆扎、贴墙等措施进行隐蔽设置改造，不得影响市容。

杆体、管线、箱体等设施废弃的，所有权人应当及时清除。

第十五条 临街或者在公共场地设置的城市雕塑、建筑小品、公共健身(休闲)等设施应当保持完好整洁，出现破损、污秽的，应当及时整修、清洁或者更换。

第十六条 城市各类建设工程施工现场应当设置封闭性围挡。建筑施工工地围挡高度应当不低于二点五米，市政设施、城市道路挖掘等施工工地围挡高度不低于一点八米,并设有夜间照明装置、配备反光标识;二点五米以上的工程立面应当使用符合规定的围网封闭。

围挡应当保证坚固,保持整洁美观,不得有污迹、破损;围挡外侧不得堆放材料、机具和废弃物;围挡内侧堆放的物品不得超过围挡高度。

第十七条 建设工程施工现场应当采取降尘措施,设置排水沟和沉淀池,场内道路和出入口应当进行硬化处理,并对驶出车辆轮胎进行冲洗,不得粘挂泥沙进入城市道路。

施工产生的垃圾应当及时清运。临时堆放的,应当进行苫盖。

工程竣工后,应当及时拆除工地围挡、工棚、仓库等临时设施,清除渣土、剩料等废弃物料,平整、硬化、绿化场地,修复施工中损坏的城市道路等公共设施。

第十八条 城市道路和公共场地应当保持地面平坦、完好整洁,路缘石整齐、无缺损,无障碍设施完好、畅通。

依附城市道路和公共场地设置的交通、邮政、通讯、供电、消防、供水、排水、供气、供热、环境卫生等设施,应当使用国家标准标志用公共信息图形符号,并保持完好整洁。出现破损、松动、移位、丢失、污秽的,应当及时维修、更换、清洗或者油饰。

单位和个人不得损坏或者擅自移动城市道路和公共场地附属设施。

第十九条 单位和个人不得在城市道路和公共场地擅自堆放物料、放置物品,搭建建(构)筑物或者其他设施。因建设、公共服务等需要,在城市道路和公共场地临时堆放物料、搭建临时建(构)筑物或者其他设施的,应当经市容环境卫生主管部门批准。堆放的物料可能对环境卫生造成污染的,应当采取防污染措施。

第二十条 单位和个人不得擅自占用城市道路和公共场地从事摆摊设点、兜售、揽工等经营活动。

需要临时占用城市道路和公共场地举办节庆、文化、体育、宣传、商业等活动的,应当经市容环境卫生主管部门同意。主办单位应当保持环境整洁,活动结束后及时清除临时设置的设施。

市容环境卫生主管部门可以在城市非主要干道两侧统一规划设置临时便民摊点。经营者应当按照规定的地点和时间有序经营,保持经营场地和设施卫生整洁。

第二十一条 单位和个人不得擅自挖掘城市道路和公共场地。因工程建设需要挖掘城市道路和公共场地的,应当经市容环境卫生主管部门批准。工程竣工后,应当及时恢复城市道路和公共场地原状。

第二十二条 城市道路和公共场地维修养护,园林绿化和供水、排水、供电、供气等公共设施维修产生废弃物的,作业单位应当及时清除。

第二十三条 临街门店经营者，未经批准，不得进行店外经营、生产加工、展示商品或者摆放物品。

城市道路两侧和公共场地周围门店经营者，不得在门头、橱窗上乱贴乱画。

第二十四条 禁止利用护栏、路牌、广告牌、杆线、树木、绿篱、草坪、花坛、墙体等设施或者场地吊挂物品、晾晒衣物、拉搭线缆。

第二十五条 在城市道路和公共场地行驶的车辆，应当车容整洁，不得粘带泥沙污染路面。

市容环境卫生主管部门应当会同公安交通管理部门，合理设置机动车停车场、停车泊位和非机动车停放点。机动车、非机动车驾驶人应当按照停车标识有序停放车辆，不得在城市道路和公共场地施划的停车泊位以外的区域停放车辆。

第二十六条 运输煤炭、垃圾、渣土、砂石、土方、灰浆等散体、流体物料的车辆，应当采取密闭措施，按照规定的路线、时间行驶，运输过程中不得遗撒、泄漏污染道路，不得沿途倾倒。

第二十七条 城市道路、公园、广场、车站、居民小区等应当配套设置功能照明设施。

下列区域和建（构）筑物、设施、场所应当设置景观照明设施：

（一）城市主要街道两侧建（构）筑物，非主要街道两侧标志性建（构）筑物；

（二）景观水道周围以及沿岸建（构）筑物、设施；

（三）机场、码头、车站、桥梁、电视塔等公共建（构）筑物；

（四）商业街（区）、各类场馆、公园、广场、公共绿地、旅游景区等公共场所；

（五）重点文物保护单位、历史风貌建筑；

（六）其他需要设置景观照明的建（构）筑物和设施。

市容环境卫生主管部门应当合理确定功能照明设施、景观照明设施开启和关闭时间，并向社会公布。

第二十八条 设置照明设施，应当安全、环保、节能。景观照明应当按照市容环境卫生主管部门的统一规划进行设置，亮化效果要体现建（构）筑物造型特点和特色文化内涵，并与整体景观相协调。照明灯具和附属设备应当妥善隐蔽安装，不得影响白昼的景观效果。

新建、改建、扩建工程的照明设施，应当与建设工程同步设计、施工、验收和使用。

设置照明设施的单位和个人应当加强维护和管理，并按照规定时间开启和关闭；出现污损、断亮等情形的，应当及时清洗、修复或者更换；涉及节庆灯饰的,活动结束后应当及时拆除。

单位和个人不得损坏或者擅自移动、拆除、利用照明设施。

第二十九条 在城市道路、公共场地、公共设施、建(构)筑物墙体等处和在交通工具上,设置牌匾、广告标牌、条幅、霓虹灯、灯箱、射灯、旗帜、喷绘、画廊、电子显示屏、指示牌(字)、实物造型、空中漂浮物、充气模型等户外广告、标识设施,应当经市容环境卫生主管部门同意。设置户外广告、标识设施涉及其附着体物权的,应当事前征得有关权利人的同意。

设置户外广告、标识设施的单位和个人,应当按照批准的设置时限、外形尺寸、材质和景观效果图制作设置,并确保安装牢固。

设置牌匾应当一店一匾,多面临街的单位和一处场所有多个单位的除外。

第三十条 户外广告、标识设施应当内容健康,符合国家通用语言文字规范。图案、文字、灯光显示不全或者出现污损、破旧的,应当及时修复、更换或者拆除。广告设施临时空置的,应当及时装饰或者以公益广告填充。

户外广告、标识设施需要延期设置的,应当在有效期届满三十日前提出申请。逾期未申请或者未取得延期设置许可的,设置人应当自有效期届满之日起七日内自行拆除,恢复其附着体原貌。

第三十一条 因举办文化、体育、旅游、公益活动或者各类展销、商业宣传等活动,需要临时设置户外广告设施的,应当经市容环境卫生主管部门同意。设置期满,应当自行拆除。

第三十二条 市容环境卫生主管部门应当按照便民原则,在不影响市容和环境卫生的情况下,统一规划设置公共信息栏。单位和个人需要张贴户外广告的,应当在公共信息栏内进行张贴,不得在其他公共区域乱喷涂、乱刻画、乱张贴。

公共信息栏应当定期清理、维护。

第三十三条 城市道路两侧的建筑物前,应当以绿篱、花坛(池)、草坪、透视围栏等作为分界。对不宜绿化的裸露地面应当进行铺装。

城市道路两侧的树木、公共绿地、绿化小品以及绿化设施应当进行日常维护、定期修剪,树木、其他植物和设施等不得遮挡路灯、交通信号、交通标志,影响车辆、行人通行。绿地中的垃圾和废弃物应当及时清理,枯死、倒伏树木应当及时伐除和清理,保持树木和绿地生长良好、整洁美观,保持绿化设施完好。

单位和个人不得擅自占用城市绿化用地。

第三十四条 各类船舶,临岸的码头、驳岸、涵闸、亲水平台等设施,应当保持整洁。

禁止在城市水域以及周边倾倒工业废渣、垃圾、油类等废弃物、污染物;

不得在城市水域清洗车辆、衣物。

第三十五条 居民小区容貌应当符合下列要求:

(一)路面完好整洁;

(二)环境整洁卫生,无乱堆杂物、违法搭建和摆摊设点现象,无侵占公共场地现象;

(三)施划停车泊位,车辆在划定的车位内有序停放,不堵塞道路;

(四)楼道、电梯无乱张贴、乱刻画、乱涂写现象;

(五)绿化、美化,绿地以及绿化植物定期养护,无侵占绿地或者毁绿种地现象;

(六)其他应符合居民小区容貌要求的。

第四章 环境卫生管理

第三十六条 市、县(市、区)人民政府应当根据城市总体规划,制定环境卫生专项规划,并组织实施。

第三十七条 城市道路两侧、商业街(区)、公园、广场、旅游景区、车站、机场、码头、水域沿岸以及其他人流密集场所,应当按照规定建设公共厕所、垃圾收集等环境卫生设施。

城市新区开发、旧区改造、居民小区建设、城市道路新建扩建以及其他公共建筑建设,应当按照环境卫生专项规划和设置标准配套建设公共厕所、垃圾收集等环境卫生设施,并与主体工程同步设计、施工、验收和交付使用,所需费用纳入建设工程成本。配套建设的环境卫生设施未经竣工验收或者验收不合格的,不得投入使用。原有公共厕所、垃圾收集等环境卫生设施不符合规划要求的,应当逐步予以改造。

市容环境卫生主管部门应当参加建设项目中环境卫生设施配套工程的竣工验收。

第三十八条 环境卫生设施应当及时养护、维修和更新,定期消毒,保证设施完好整洁和正常使用。

单位和个人不得阻挠环境卫生设施的建设和改造,不得占用、损毁或者擅自封闭、迁移、拆除环境卫生设施,不得擅自改变环境卫生设施用途。因建设等原因确需拆除、迁移环境卫生设施的,建设单位应当按照先建后拆的原则,在办理建设用地规划许可证前提出还建方案,经市容环境卫生主管部门同意后实施。

第三十九条 公共厕所应当建成水冲式厕所,尚不具备建设条件的,可以设置移动环保厕所。

公共厕所的设施和卫生条件应当符合国家规定标准,设置明显规范的标志标识,免费向公众开放,并配备专人负责管理。公共厕所使用人,应当自觉维护公共厕所清洁卫生,爱护公共厕所设施。

机场、车站、码头、医院、商场、宾馆、饭店、旅游景区等公共场所和社会窗口服务单位的厕所应当在工作(营业)期间免费对外开放。

第四十条 化粪池应当定期维护、疏通、清掏,采取有效措施预防和消灭蚊蝇。化粪池堵塞的,应当及时疏通、清理。化粪池的粪渣应当密闭运送到指定的消纳场所处置。

第四十一条 饲养宠物,不得影响环境卫生,不得干扰他人正常生活。宠物在城市道路和公共场地(所)等处排放的粪便,饲养人应当即时清除。

第四十二条 排放油烟的餐饮店,应当安装油烟净化设施并保持正常使用,不得污损相邻建(构)筑物和设施,不得影响附近居民的生活环境。

第四十三条 定点设置的早(晚)市场摊点,应当按照规定时间经营,保持摊位整洁。产生的油污、污水,经营者应当自行收集,并排放到指定的地点,不得污染路面。

第四十四条 市、县(市、区)人民政府应当统一规划设置再生资源回收经营场所。现有再生资源回收经营场所,经营者应采取围挡、遮盖等措施,不得影响周边环境卫生。

第四十五条 单位和个人不得在禁止的区域内进行露天烧烤或者为露天烧烤提供场地。经批准在其他区域进行露天烧烤经营的,应当按照规定时间、地点从事经营活动,并使用无烟烧烤炉具或者油烟净化设施,设立垃圾桶等环境卫生器具。经营活动结束后,应当恢复原貌,保持经营场地整洁。经营者应当引导顾客文明用餐,避免噪声扰民。

禁止进行露天烧烤的区域,由市、县(市、区)人民政府划定、公布。

第四十六条 禁止在城市主要街道、重点区域焚烧祭祀品。禁止在城市道路、公共场所等处抛撒冥器、冥钞等祭祀品。

城市主要街道、重点区域,由市容环境卫生主管部门确定、公布。

市、县(市、区)人民政府可以根据城市文明建设和环境卫生管理需要,禁止焚烧祭祀品。

第四十七条 法定休息日、节假日全天,工作日 12 时至 14 时、19 时至次日 7 时,禁止在已交付使用的住宅楼内进行产生噪声的装饰装修活动。

在城市市区街道、公园、广场等公共场所和居民小区、住宅内进行聚会、集会、娱乐、健身和饲养宠物等活动,不得排放噪声,干扰他人正常生活。

禁止单位和个人在城市市区噪声敏感建筑物集中区域内使用高音喇叭、音响器材或者采取其他发出高噪声的方法招揽顾客,以及宣传活动。

第四十八条 公民应当自觉维护公共环境卫生,不得有下列行为:

(一)随地吐痰、便溺;

(二)乱扔果皮(核)、纸屑、烟蒂、口香糖残渣、包装纸(袋、盒)、饮料罐

(瓶、盒)、塑料袋等废弃物；

　　(三)乱倒污水、粪便，乱扔动物尸体；

　　(四)从建筑物、车辆内向外抛掷垃圾等废弃物；

　　(五)在露天场所、垃圾收集容器内焚烧枝叶杂草、垃圾或者其他废弃物；

　　(六)从临街门店向店外清扫垃圾；

　　(七)在城市道路和公共场地清洗车辆；

　　(八)在公共场所屠宰畜禽；

　　(九)翻扒垃圾箱致使垃圾外溢；

　　(十)法律、法规规定的其他损害环境卫生的行为。

　　第四十九条　城市道路和公共场地的清扫保洁，应当按照作业规范和环境卫生标准要求进行，避开上下班人流高峰时段。

　　禁止将落叶、垃圾、冰雪以及其他废弃物扫入下水道或者抛撒到绿地、花坛等处。

　　第五十条　市、县(市、区)人民政府应当加快实施垃圾分类投放、收集、运输和处理。加强垃圾处理场等处置设施建设，推进垃圾处理减量化、无害化、资源化，逐步实现资源的有效和循环利用。对从事垃圾无害化、资源化处理的企业，应当给予鼓励和支持。

　　第五十一条　市、县(市、区)人民政府应当逐步实施生活垃圾分类管理。

　　产生城市生活垃圾的单位和个人应当按照要求，将生活垃圾投放到指定的垃圾容器或者垃圾中转设施，由取得相应许可资质的单位和个人定点收集、统一运输、集中处置，做到日产日清。

　　单位和个人不得随意倾倒、抛撒或者堆放生活垃圾。

　　第五十二条　建筑垃圾应当单独堆放，由施工单位或者其委托的取得建筑垃圾运输经营资质的单位和个人运送到市容环境卫生主管部门指定的消纳场所，不得混入城市生活垃圾。

　　单位和个人不得随意倾倒、抛撒或者堆放建筑垃圾。

　　第五十三条　城市生活垃圾处理实行收费制度。产生城市生活垃圾的单位和个人，应当按照市、县(市、区)人民政府确定的标准交纳城市生活垃圾处理费。单位和个人不得擅自减免城市生活垃圾处理费。

　　第五十四条　居民装饰装修房屋产生的垃圾，应当袋装收集，按照居民委员会或者物业服务单位指定的地点堆放，由居民或者其委托的居民委员会、物业服务单位在七日内清运到市容环境卫生主管部门指定的消纳场所。

　　第五十五条　餐厨废弃物的产生单位，应当按照规定将餐厨废弃物单独收集、装入密闭容器在室内存放，并交由取得餐厨废弃物收集、运输和处置经营资质的单位和个人处理,不得将餐厨废弃物排入公共排水设施、城市水域、公共厕所或者混入其他生活垃圾。

第五十六条 工业企业和医疗、科研等单位产生的工业固体废物、医疗废物或者危险废物,应当按照环境保护法律、法规的有关规定管理和处置,不得混入生活垃圾、建筑垃圾。

第五章 法律责任

第五十七条 市容环境卫生主管部门和其他有关部门应当依法履行职责,实行行政执法责任制和行政执法过错责任追究制,实行行政处罚自由裁量权基准制度,公正、规范、文明执法。

市容环境卫生主管部门和其他有关部门及其工作人员有下列行为之一的,依法给予行政处分;给当事人造成损失,符合国家赔偿条件的,应当依法给予国家赔偿,并向有故意或者重大过失的工作人员依法追偿;构成犯罪的,依法追究刑事责任:

(一)应当受理的事项不予受理或者应当查处的行为不予查处等不作为的;

(二)违法实施行政许可、行政收费、行政处罚、行政强制措施的;

(三)擅自处置或者侵占、损坏当事人财物的;

(四)刁难、侮辱、殴打当事人的;

(五)其他玩忽职守、滥用职权、徇私舞弊行为的。

第五十八条 违反本条例规定,对不符合城市容貌标准、环境卫生标准的建(构)筑物或者设施,由市容环境卫生主管部门责令有关单位和个人限期改造或者拆除;逾期未改造或者未拆除的,经市、县(市、区)人民政府批准,由市容环境卫生主管部门组织强制拆除,并可以处以二千元以上二万元以下的罚款。

第五十九条 违反本条例规定,有下列行为之一的,责令限期改正(清理);逾期未改正(清理)的,由市容环境卫生主管部门按照以下规定予以处罚:

(一)违反第十四条第二款规定的,处以一千元以上一万元以下的罚款。

(二)违反第十七条第二款规定,临时堆放未苫盖的,处以二千元以上五千元以下的罚款。

(三)违反第二十三条第一款规定的,可以暂扣其经营器具,并处以二百元以上五百元以下的罚款。

(四)违反第二十六条、第三十四条第二款、第五十一条第三款和第五十二条第二款规定,随意倾倒、抛撒或者堆放生活垃圾、建筑垃圾的,对单位处以五千元以上五万元以下的罚款,对个人处以五十元以上二百元以下的罚款;违反第五十二条第一款规定,建筑垃圾混入生活垃圾的,对单位处以五百元以上三千元以下的罚款,对个人处以二十元以上二百元以下的罚款。

第六十条 违反本条例规定,有下列行为之一的,责令立即改正(清理);拒不改正(清理)的,由市容环境卫生主管部门按照以下规定予以处罚:

(一)违反第十二条第二款规定,堆放、吊挂或者晾晒有碍市容物品的,处以一百元以上二百元以下的罚款。

(二)违反第十九条和第三十五条第二项规定擅自堆放物料或者物品的,违反第二十条第一款、第三款和第三十五条第二项规定擅自从事摆摊设点、兜售、揽工等经营活动或者未按照规定地点、时间经营的,处以五十元以上二百元以下的罚款,并可以暂扣其经营器具。

(三)违反第三十四条第二款规定清洗车辆或者衣物的,违反第四十三条规定污染路面的,处以五十元以上二百元以下的罚款。

(四)违反第四十八条第四项规定的,处以二十元以上一百元以下的罚款;违反第六项、第七项和第九项规定之一的,处以一百元以上二百元以下的罚款。

第六十一条 违反本条例规定,有下列行为之一的,由市容环境卫生主管部门按照以下规定处理:

(一)违反第十三条规定的,责令停止违法行为、恢复原状,并处以二千元以上五千元以下的罚款。

(二)违反第十八条第二款规定,依附城市道路和公共场地的设施出现破损、松动、移位、丢失、污秽,未及时进行维修、更换、清洗或者油饰的,责令限期改正,可以处以一千元以上一万元以下的罚款;违反第三款规定的,责令限期改正,并处以一千元以上五千元以下的罚款。

(三)违反第二十条第二款规定,未经批准擅自占用城市道路和公共场地的,责令限期改正,并处以一千元以上二千元以下的罚款;未及时清除废弃物或者临时设施的,责令限期清除,并处以五百元以上二千元以下的罚款。违反第二十一条规定,未经批准擅自挖掘城市道路和公共场地的,责令限期改正,并处以每平方米二百元以上五百元以下且不超过二万元的罚款。

(四)违反第二十八条第四款规定的,责令限期改正,对单位处以一千元以上三万元以下的罚款,对个人处以二百元以上一千元以下的罚款;造成损失的,依法赔偿损失。

(五)违反第三十二条第一款规定,乱喷涂、乱刻画、乱张贴的或者指使他人乱喷涂、乱刻画、乱张贴的,处以每处二百元以上五百元以下的罚款。

(六)违反第三十三条第三款和第三十五条第五项规定,擅自占用城市绿化用地的,责令恢复原状,用于非经营活动的,处以五百元以上一千元以下的罚款;用于经营活动,有违法所得的,处以三万元以上五万元以下的罚款,没有违法所得的,处以五千元以上二万元以下的罚款。

(七)违反第四十五条规定,未使用无烟烧烤炉具或者油烟净化设施的,处以二百元以上一千元以下的罚款。

(八)违反第四十七条规定,排放噪声干扰他人正常生活的,处以警告,警告后不改正的,处以二百元以上五百元以下的罚款。

第六十二条 市容环境卫生责任人未按照规定履行市容环境卫生责任区责任的,由市容环境卫生主管部门责令限期履行;逾期未履行的,处以五百元以上一千元以下的罚款。

市容环境卫生主管部门未履行市容环境卫生责任区责任的,由有权机关对主要领导、主管领导和直接责任人给予行政处分。

第六十三条 违反本条例规定的其他行为,法律、法规作出处罚规定的,从其规定。

城市建成区以外的实行城市化管理区域的行政处罚,市容环境卫生主管部门可以委托街道办事处或者乡(镇)人民政府行使。

第六十四条 市容环境卫生主管部门应当将拒不改正违法行为、拒不履行行政处罚决定和屡次实施违法行为的单位和个人列入黑名单,并向社会曝光。

第六十五条 单位和个人阻碍市容环境卫生主管部门和其他有关部门工作人员依法执行公务,侮辱、围攻、殴打执法人员或者破坏、损毁执法设备的,由公安机关依法予以处罚,构成犯罪的,依法追究刑事责任。

第六章 附 则

第六十六条 五大连池风景名胜区自然保护区市容和环境卫生管理依照本条例执行。

第六十七条 本条例自 2018 年 1 月 1 日起施行。

黑龙江省杜尔伯特蒙古族自治县
城镇市容和环境卫生管理条例

（2013年2月22日杜尔伯特蒙古族自治县第十五届人民代表
大会第三次会议通过　2013年5月31日黑龙江省第十二届
人民代表大会常务委员会第四次会议批准）

第一章　总　则

第一条　为了加强城镇市容和环境卫生管理,创造整洁、优美、文明的工作、生活环境,根据国家有关法律、法规,结合杜尔伯特蒙古族自治县(以下简称自治县)实际,制定本条例。

第二条　本条例所称城镇,是指县政府所在地的城关镇。

本县城关镇范围内的一切单位和个人,都应当遵守本条例。

第三条　自治县人民政府市容环境卫生行政主管部门负责本行政区的市容和环境卫生监督管理工作,并组织实施本条例。

工商、环保、卫生、公安、交通等部门根据各自职能协同做好相关管理工作。

第四条　自治县人民政府应当将城镇市容和环境卫生事业纳入国民经济和社会发展规划,将城镇市容和环境卫生事业所需资金纳入本级财政预算。

第五条　市容环境卫生行政主管部门应当根据城镇总体规划,会同相关部门编制城镇市容和环境卫生专项规划,经省建设行政部门组织技术鉴定后,报自治县人民政府批准实施。

第六条　自治县人民政府应当加强对城镇市容和环境卫生工作的宣传教育,提高公民的市容和环境卫生意识。

任何单位和个人都有享受良好的城镇市容和卫生环境的权利,同时负有维护市容整洁、保持环境卫生的义务,对违反城镇市容和环境卫生规定的行为有权制止和举报。

市容环境卫生行政主管部门应当建立、公开举报电话,及时核实举报内容,并在三个工作日内处理已核实的违规行为。

第七条　自治县人民政府应当建立以公共财政投入为主、社会资金投入为辅的多元投资体制,并采用先进装备和手段,逐步改善环境卫生作业条件。

第八条 自治县人民政府每年应当对在市容和环境卫生工作中成绩显著的单位和个人给予表彰和奖励。

第九条 自治县市容和环境卫生实行责任区制度,具体责任区划分按照《黑龙江省城市市容和环境卫生管理条例》的规定执行,但清雪责任区的划分由自治县人民政府确定。

城镇内清雪责任区的责任单位应当按照规定及时清除积雪。

市容环境卫生责任人未按要求履行义务的,由市容环境卫生行政主管部门责令限期履行,并可建议其上级机关对直接负责的主管人员给予处分。

逾期未按标准清除积雪的,由市容环境卫生行政主管部门组织专业单位进行清除,清除费用由责任人承担,并处每平方米十元以下罚款;逾期未履行其他市容环境卫生责任的,处二百元以上一千元以下罚款。

第十条 对临街单位实行城镇市容与环境卫生承包制度。市容环境卫生行政主管部门应当依据县人民政府有关规定,与临街单位签订责任书,明确管理内容和范围,并监督实施。

责任单位应当按照责任书的规定,做好城镇市容和环境卫生工作。

第二章 城镇市容管理

第十一条 城镇道路和其他公共场地上设置的各种井盖由产权单位负责保持完好、正位。井盖产权单位应当定期进行巡查。井盖出现破损、移位或丢失的,产权单位在发现或在接到报告、通知后,应当立即采取设置警示标志、护栏等临时防护措施并及时维修更换。

市容环境卫生行政主管部门在得知井盖破损、移位或丢失的情况后,应当进行现场确认,向产权单位下发整改通知单。井盖产权单位在接到通知后,如没有及时整改超过十二小时,处二千元罚款,超过二十四小时处五千元罚款,造成人员伤亡和财产损失的,处五千元以上二万元以下罚款。

第十二条 城镇主要街道两侧的建筑物前应当选用透景或半透景的围墙、栅栏或者绿篱、花坛(池)、草坪等作为分界。

未按规划方案设计建设的,责令限期改造或拆除。

第十三条 政府以公共利益为目的,新建、改建、扩建城镇道路、电力、电信、供热、燃气、供水、排水管网等公共基础设施,需要拆除或改建地上或地下原有光缆、电缆、管道等设施时,原有设施产权人或产权单位应当按照自治县人民政府的要求,在限定时间内改建或拆除。

原有设施有合法审批手续的,由自治县人民政府给予相应补偿;无合法审批手续的无条件拆除,费用由所有权单位自行承担。未及时改建或拆除的,处三千元以上一万元以下罚款。

第十四条 建设单位在城镇内街路两侧新建、改建建(构)筑物时,建(构)筑物周围地面硬化、绿化以及外立面亮化应当与主体工程同时设计、同时验收并且交付使用,所需费用纳入建设工程成本。设计方案应当征求市容环境卫生行政主管部门意见。

未按设计方案完成的,责令限期整改;逾期未整改的,不给予验收,并处一万元以上五万元以下罚款。

第十五条 建(构)筑物容貌应当符合城镇容貌标准,并与周围环境相协调,由责任人定期清洗、粉刷和修饰,保持其外形整洁、完好、美观。

责任人未定期清洗、粉刷和修饰的,责令限期整改;拒不改正的,处清洗、粉刷和修饰所需费用二倍的罚款。

第十六条 城镇内临时设置占道的农贸市场、小商品市场、夜市、大集和年货大街等,应当经市容环境卫生行政主管部门批准。经营者应当严格按照规定的经营地点、营业时间、经营时限、卫生标准等要求执行。

违反前款规定的,责令限期改正,并处一百元以上五百元以下罚款。

第十七条 在建筑物、构筑物、广告设施以及道路、广场、绿地等处设置霓虹灯、射灯、景观灯等亮化设施的,应当经市容环境卫生行政主管部门批准后,按照批准方案,设计安装。设置单位和责任人应当加强维护和管理,保持设施完好并且按照规定的时间开启和关闭。

违反前款规定的,责令限期改正;逾期不改正的,处二百元以上五百元以下罚款。

第十八条 确需挖掘城镇道路等公共场所地面施工的单位和个人,应当经市容环境卫生行政主管部门批准方可挖掘。

未经批准擅自挖掘城镇道路等公共场所地面的,责令限期恢复原貌,并处一千元以上二万元以下罚款。

经批准临时占用和挖掘城镇道路或公共场所的,应当按照有关规定在施工现场设置围挡、安全标志及警示灯具,保持周围环境卫生整洁,并在规定期限内完工,清理、拆除现场设施,恢复道路原貌。

违反前款规定的,责令限期整改,并可处二万元以下罚款。

第十九条 在城镇内运行的机动车、非机动车应当在划线停车位或停车场整齐停放,不得占压人行道、排水沟盖板和公共绿地等设施。

由于占压毁坏设施的,责令限期恢复原状,并处五十元以上二百元以下罚款。

第二十条 超重车、铁轮车、履带车因特殊情况需通过城镇道路时,应当经市容环境卫生行政主管部门批准后,采取安全保护措施按指定路线和时间通过,不得损坏路面。

未经批准擅自上路行驶损坏路面的,应当按照修复路面所需费用二倍以下赔偿。

第二十一条 在城镇内道路两侧、广场上设置候车亭、值勤岗亭、报刊亭、电话亭、电话交接箱、箱式变电间、有线电视端子箱、监控器或其他设施的,应当经市容环境卫生行政主管部门批准,按照有关要求设置,并由设置单位保持设置物的完好和整洁。

未经批准或未按审批标准设置的,责令限期改正或拆除,并可按每处设施一千元处罚款。

第二十二条 任何单位和个人不得损坏市政公用设施。对城镇公共照明设施、地上地下管线,不得随意移动、拆除,不得随意搭接或安装其他设施。

违反前款规定的,责令恢复原状,并处五百元以上一千元以下罚款。

第三章 城市环境卫生管理

第二十三条 从事店面餐饮经营的,应当具备上下水和排烟设施。产生的餐厨垃圾、污水、烟尘,应当按照市容环境卫生行政主管部门的有关规定单独收集、处置和排放。餐厨垃圾可以委托有关专业单位收集和处置,不得排入下水、雨水管道。

未按规定配备上下水和排烟设施的,责令限期改正;逾期未改正的,责令停业。未按规定收集、处置餐厨垃圾的,处一百元以上五百元以下罚款。

第二十四条 在城镇内建筑施工、装饰装修等应当采取低噪声防护措施,禁止噪声污染周围环境。在街道、广场、公园等公共场所组织的宣传、庆典、娱乐、集会等活动,禁止使用大功率音响设备产生过大音量,干扰周围生活环境。

违反前款规定的,责令立即改正;拒不改正的,处一百元以上五百元以下罚款。

第二十五条 清明节等传统祭奠活动期间,市容环境卫生行政主管部门应当在居民区的主要路口临时设置专门焚烧设施。市民应当在市容环境卫生行政主管部门指定的地点或设施内焚烧冥纸(币)及其它祭祀物品。

未在指定地点或设施内焚烧冥纸(币)的,责令立即改正;拒不改正的,处五十元以上二百元以下罚款。

第二十六条 城镇内饲养狐、貉、畜、禽等应当在市容环境卫生行政主管部门指定的区域内饲养,并按照相关要求处置垃圾和粪便,维护周边环境卫生。严禁在城镇内街路两侧室外从事狐、貉、畜、禽屠宰行为。

未在指定区域内饲养狐、貉、畜、禽的,责令限期处理,逾期未处理的,可按每只五十元处罚款。在城镇内街路两侧室外从事狐、貉、畜、禽屠宰的,责令停止违法行为,并清除污染物。有违法所得的,处违法经营额一倍以下罚款;情节严重的,处违法经营额一倍以上三倍以下罚款。

第二十七条 饲养宠物和信鸽不得影响环境卫生,避免产生噪音和异味干扰他人正常生活及休息环境。携犬出户时,应当对犬束犬链,由成年人牵领,并应当避让老年人、残疾人、孕妇和儿童;不得携大型犬、烈性犬进入商业街区、公园、广场、公共绿地等公共场所。宠物饲养人应当及时清除宠物在城镇道路和公共场所排放的粪便。

产生噪音和异味干扰他人的,劝其饲养人员改正;携犬出户不束犬链、携大型犬、烈性犬进入商业街区、公园等公共场所或饲养宠物随意排放粪便破坏环境卫生的,处一百元以下罚款。

大型犬、烈性犬品种的目录参照黑龙江省、大庆市的相关规定执行。

第四章 其他规定

第二十八条 本条例规定的行政处罚、行政许可等行政行为涉及相关部门职责的,按照有关法律、行政法规规定执行。

第二十九条 对侮辱、殴打市容环境卫生管理人员或阻挠执行公务的,依照《中华人民共和国治安管理处罚法》规定处罚;构成犯罪的,依法追究刑事责任。

第三十条 行政处罚应当严格按照《中华人民共和国行政处罚法》规定执行。

第三十一条 对行政处罚决定不服的,可依法申请行政复议或提起行政诉讼。

逾期不申请行政复议或者提起行政诉讼,又不履行行政处罚决定的,由作出行政处罚决定的机关依法申请人民法院强制执行。

第三十二条 市容环境卫生行政执法人员应当严格执法,文明执法。有下列行为之一的,依法给予行政处分;构成犯罪的,依法追究刑事责任:

(一)打骂、侮辱当事人的;

(二)故意损坏、擅自处理或者侵占当事人物品的;

(三)未按照法定权限和程序执法的;

(四)违法实施行政处罚、行政许可,违法采取行政强制措施的;

(五)徇私舞弊、滥用职权、贪污受贿的;

(六)未使用统一的行政执法文书及罚没专用收据的;

(七)其他违法行为。

违反前款规定,给当事人造成损失的,应当依法予以赔偿。

第三十三条 本县人民政府所在地以外的建制镇的市容和环境卫生管理工作,参照本条例执行。

　　第三十四条　条例自黑龙江省人民代表大会常务委员会批准之日起施行。2002 年 6 月 13 日黑龙江省第九届人民代表大会常务委员会第三十次会议批准实施的《黑龙江省杜尔伯特蒙古族自治县城镇建设管理条例》同时废止。

第四编

废止的地方性法规

1. 黑龙江省赌博处罚条例
   (2013 年 12 月 13 日黑龙江省第十二届人民代表大会常务委员会第七次会议废止)

2. 黑龙江省严禁卖淫嫖娼的规定
   (2013 年 12 月 13 日黑龙江省第十二届人民代表大会常务委员会第七次会议废止)

3. 黑龙江省义务教育投入条例
   (2013 年 12 月 13 日黑龙江省第十二届人民代表大会常务委员会第七次会议废止)

4. 黑龙江省城市房屋拆迁管理条例
   (2013 年 12 月 13 日黑龙江省第十二届人民代表大会常务委员会第七次会议废止)

5. 黑龙江省文化市场管理条例
   (2015 年 4 月 17 日黑龙江省第十二届人民代表大会常务委员会第十九次会议废止)

6. 黑龙江省工业污染防治条例
   (2015 年 4 月 17 日黑龙江省第十二届人民代表大会常务委员会第十九次会议废止)

7. 黑龙江省药品监督管理条例
   (2015 年 4 月 17 日黑龙江省第十二届人民代表大会常务委员会第十九次会议废止)

8. 黑龙江省兴办侨属企业条例
   (2016 年 6 月 17 日黑龙江省第十二届人民代表大会常务委员会第二十六次会议废止)

9. 黑龙江省注册会计师管理条例
   (2016 年 6 月 17 日黑龙江省第十二届人民代表大会常务委员会第二十六次会议废止)

10. 黑龙江省民营科技企业条例
    (2016 年 6 月 17 日黑龙江省第十二届人民代表大会常务委员会第二十六次会议废止)

11. 黑龙江省人民代表大会常务委员会关于加强财经监督的若干规定
    (2016 年 6 月 17 日黑龙江省第十二届人民代表大会常务委员会第二十

12. 黑龙江省商品市场管理条例

(2016 年 6 月 17 日黑龙江省第十二届人民代表大会常务委员会第二十六次会议废止)

13. 黑龙江省企业负担监督管理条例

(2016 年 6 月 17 日黑龙江省第十二届人民代表大会常务委员会第二十六次会议废止)

14. 黑龙江省国有企业法定代表人经济责任审计条例

(2016 年 6 月 17 日黑龙江省第十二届人民代表大会常务委员会第二十六次会议废止)

15. 黑龙江省特种设备安全监察条例

(2016 年 12 月 16 日黑龙江省第十二届人民代表大会常务委员会第三十次会议废止)

16. 黑龙江省质量认证条例

(2016 年 12 月 16 日黑龙江省第十二届人民代表大会常务委员会第三十次会议废止)

17. 黑龙江省医疗、药品、医疗器械广告条例

(2016 年 12 月 16 日黑龙江省第十二届人民代表大会常务委员会第三十次会议废止)

18. 黑龙江省结核病防治条例

(2016 年 12 月 16 日黑龙江省第十二届人民代表大会常务委员会第三十次会议废止)

19. 黑龙江省监护治疗管理危害社会治安精神病人条例

(2016 年 12 月 16 日黑龙江省第十二届人民代表大会常务委员会第三十次会议废止)

20. 黑龙江省乡镇畜牧业综合服务管理条例

(2016 年 12 月 16 日黑龙江省第十二届人民代表大会常务委员会第三十次会议废止)

21. 黑龙江省种畜禽管理条例

(2016 年 12 月 16 日黑龙江省第十二届人民代表大会常务委员会第三十次会议废止)

废止的决议、决定

1. 黑龙江省人民代表大会常务委员会关于进一步做好拥军优属、拥政爱民工作的决议

(2016 年 8 月 19 日黑龙江省第十二届人民代表大会常务委员会第二十

八次会议废止)

2. 黑龙江省人民代表大会常务委员会关于认真学习宣传执行维护宪法的决议
  (2016 年 8 月 19 日黑龙江省第十二届人民代表大会常务委员会第二十八次会议废止)

3. 黑龙江省关于保护农村专业户合法权益若干问题的决定
  (2016 年 8 月 19 日黑龙江省第十二届人民代表大会常务委员会第二十八次会议废止)

4. 黑龙江省人大常委会关于广泛开展尊师重教活动的决议
  (2016 年 8 月 19 日黑龙江省第十二届人民代表大会常务委员会第二十八次会议废止)

5. 黑龙江省人大常委会关于做好抗灾自救工作的决议
  (2016 年 8 月 19 日黑龙江省第十二届人民代表大会常务委员会第二十八次会议废止)

6. 黑龙江省人民代表大会常务委员会关于授予荣誉称号的决定
  (2016 年 8 月 19 日黑龙江省第十二届人民代表大会常务委员会第二十八次会议废止)

7. 黑龙江省人大常委会关于进一步加强科技工作的决议
  (2016 年 8 月 19 日黑龙江省第十二届人民代表大会常务委员会第二十八次会议废止)

8. 黑龙江省人民代表大会常务委员会关于加强廉政监督的决定
  (2016 年 8 月 19 日黑龙江省第十二届人民代表大会常务委员会第二十八次会议废止)

9. 黑龙江省人大常委会关于搞好社会治安综合治理维护社会稳定的决议
  (2016 年 8 月 19 日黑龙江省第十二届人民代表大会常务委员会第二十八次会议废止)

10. 黑龙江省人大常委会关于深入进行"扫黄"工作的决议(2016 年 8 月 19 日黑龙江省第十二届人民代表大会常务委员会第二十八次会议废止)

11. 黑龙江省人民代表大会常务委员会关于学习、宣传、贯彻实施《中华人民共和国全国人民代表大会和地方各级人民代表大会代表法》的决定
  (2016 年 8 月 19 日黑龙江省第十二届人民代表大会常务委员会第二十八次会议废止)

12. 黑龙江省人民代表大会常务委员会关于进一步实施科教兴省战略方针的决议
  (2016 年 8 月 19 日黑龙江省第十二届人民代表大会常务委员会第二十八次会议废止)

13. 黑龙江省人大常委会关于进一步做好减轻农民负担工作的决议
（2016 年 8 月 19 日黑龙江省第十二届人民代表大会常务委员会第二十八次会议废止）

14. 黑龙江省人大常委会关于动员和组织全省各级人大代表为振兴黑龙江做贡献的决定
（2016 年 8 月 19 日黑龙江省第十二届人民代表大会常务委员会第二十八次会议废止）

15. 黑龙江省人大常委会关于设立黑龙江省农民科技节的决定（2016 年 8 月 19 日黑龙江省第十二届人民代表大会常务委员会第二十八次会议废止）

16. 黑龙江省人大常委会关于《中华人民共和国食品卫生法》执法检查报告的决议
（2016 年 8 月 19 日黑龙江省第十二届人民代表大会常务委员会第二十八次会议废止）

17. 黑龙江省人大常委会关于进一步加强反贪污贿赂工作的决议
（2016 年 8 月 19 日黑龙江省第十二届人民代表大会常务委员会第二十八次会议废止）

18. 黑龙江省人大常委会关于进一步贯彻实施《黑龙江省农民负担管理条例》、《黑龙江省村集体经济组织资产管理条例》、《黑龙江省村集体经济组织财务管理条例》若干问题的决定
（2016 年 8 月 19 日黑龙江省第十二届人民代表大会常务委员会第二十八次会议废止）

19. 黑龙江省人民代表大会常务委员会关于加强全省社会治安工作的决议
（2016 年 8 月 19 日黑龙江省第十二届人民代表大会常务委员会第二十八次会议废止）

20. 黑龙江省人大常委会关于加强检察机关人民监督员试点工作若干问题的决定
（2016 年 8 月 19 日黑龙江省第十二届人民代表大会常务委员会第二十八次会议废止）

彩票公益金必须用于体育事业发展,并定期向社会公布其收入和使用情况。任何部门、单位和个人,不得以任何理由截留或者挪用。

第三十八条　加强体育科学研究,推广先进、实用的体育科研成果,依靠科学技术发展体育事业。鼓励体育专业研究人员、体育专业院校教师和社会各界人士开展体育科学研究和体育科研成果推广工作。

第三十九条　违反本条例,公园在5时至8时未向晨练者开放或未免收门票的,由有关部门责令立即改正;拒不改正的,对单位给予警告或者通报批评。

第四十条　违反本条例,有下列行为之一的单位或者个人,由当地教育行政部门责令改正,并视情节对直接责任人员给予行政处分:

(一)不按规定开设或者随意停止体育课的。

(二)未保证中小学生每天体育活动时间的。

(三)出具体育考试成绩证明时弄虚作假的。

第四十一条　违反本条例,有下列行为之一的,由县级以上体育行政部门给予直接责任人员处以1万元以上5万元以下罚款,有违法所得的,没收违法所得;是国家工作人员的,对直接责任人员给予行政处分;构成犯罪的,依法追究刑事责任:

(一)在竞技体育中弄虚作假和行贿受贿的。

(二)在体育活动中使用禁用药物和方法的。

(三)违反运动员注册管理规定和人员交流规定的。

第四十二条　利用体育经营项目从事赌博和封建迷信活动的,由体育行政部门协助公安机关责令停止违法活动,由公安机关依照《中华人民共和国治安管理处罚法》的有关规定给予处罚。

第四十三条　体育部门的工作人员在体育活动管理过程中有下列行为之一的,由其所在单位或者上级主管部门给予行政处分;构成犯罪的,依法追究刑事责任:

(一)对将体育场所挪作他用等行为不予处罚、制止的。

(二)体育行政执法人员在执行公务时,使用不正当方法,给国家和公民造成损失的。

(三)在注册、裁判和人员交流等工作中,违反公平竞争原则的。

(四)在彩票发行中和彩票公益金使用中违反规定的。

第四十四条　当事人对行政处罚决定不服的,可以依法申请行政复议或者提起行政诉讼。

第四十五条　本条例自2002年10月1日起施行。